밥언매

개념&실전 문제편

밥 먹듯이 매일매일 언어와 매체 사용 설명서

밥 언매로 기출 언어와 매체 끝내기

'2독(讀) 2해(解)'

1단계 전체 문제 1독 1해

2독(讀) 2해(解)의 첫 단계로, 교재의 전체 내용을 차례대로 학습한다. 먼저 언어와 매체 개념을 꼼꼼하게 학습한다. 다음으로 제시된 시간을 고려하여 기출문제를 풀고, '제대로 접근법'을 보며 문제에 대한 해결 전략을 익힌다. 마지막으로 〈기출 정복 해설편〉을 보며 필요한 내용을 정리하고 복습한다.

★ 학습 전 준비물　　밥 언매, 스톱워치, 개인 노트, 필기구

[학습 전]

1. 권장 학습 플랜(8p)을 참고하여 자신의 1단계 학습 플랜(9p)을 작성

2. 자신의 1단계 학습 플랜에 따라 매일매일 꾸준히 학습할 것을 다짐

[매일 학습 시작]

3. 언어와 매체 개념 학습 시작

3-1. 언어를 학습할 때는 먼저 '개념 학습'을 통해 필수 문법 개념을 익힌 뒤 '개념 완성 TEST'와 '내신 기출문제'를 학습

　　🚨 이해가 되지 않은 개념이 있다면 확실하게 이해될 때까지 '개념 학습'으로 돌아가 부족한 부분을 반복해서 학습할 것

3-2. 매체를 학습할 때는 '미리 배우는 핵심 개념'을 통해 매체 개념을 학습

4. 언어와 매체 기출문제 풀이 시작.
언어 수능 기출문제와 매체 01~09회 문제를 풀 때는 스톱워치를 켜고 문제 풀이 시작.
문제를 풀고 나면 실제 소요 시간을 체크하여 권장 풀이 시간과 차이가 있는지 확인!!

　　🚨 정답 및 정답 선택 이유는 개인 노트에 기록하고 교재에 직접 쓰지 말 것

　　🚨 문제를 풀 때는 '제대로 접근법'을 보지 말고 학습할 것

5. '빠른 정답 CHECK'를 이용하여 개인 노트에 채점하고 틀린 문제는 교재에도 표시

　　🚨 채점을 할 때 〈기출 정복 해설편〉을 활용해도 좋으나, 틀린 문제의 해설은 읽지 말 것

[매일 학습 마무리]

6. 채점까지 끝냈으면 복습으로 학습 마무리

6-1. 맞은 문제의 '제대로 접근법' 확인. 자신의 접근법과 일치하면 ○표, 일치하지 않으면 다른 내용을 간단히 메모함

6-2. 〈기출 정복 해설편〉에서 맞은 문제의 정·오답 이유를 확인

　　🚨 틀린 문제는 2단계에서 다시 풀어야 하므로, '제대로 접근법'과 〈기출 정복 해설편〉의 내용을 읽지 말 것

7. '학습 점검표'에 채점 결과를 체크하며 학습 마무리

[1단계 학습 마무리]

8. 〈매일 학습 시작〉 ➡ 〈매일 학습 마무리〉의 과정으로 전체 내용을 처음부터 끝까지 학습

　　🚨 학습 분량이나 학습 기간 등은 개인의 학습 능력에 따라 다를 수 있으니, 자신의 계획에 맞추어 꾸준히 공부하는 데에만 신경 쓸 것

　　🚨 1단계 학습이 마무리된 후 교재의 상태는?
　　　　• 틀린 문제 '/' 표시, 맞은 문제 '제대로 접근법' 메모 또는 ○표
　　　　• '학습 점검표' 점검 표시

2독(讀) 2해(解)는 '밥 언매'를 2단계에 걸쳐 공부하는 학습법이다. 1단계에서는 제시되어 있는 전체 문제를 빠짐없이 풀고, 2단계에서는 1단계에서 틀린 문제들만 다시 푼다. 2단계에서도 정답을 맞히지 못한 문제만 문제와 해설, 필요한 개념을 오려서 1단계에서 사용한 개인 노트에 정리한다. 이렇게 언어와 매체 과목 정리 노트를 스스로 만들어 시간이 날 때마다 복습한다.

2단계 1단계에서 틀린 문제만 다시 1독 1해

2독(讀) 2해(解)의 두 번째 단계로, 1단계에서 맞힌 문제는 제외하고 '틀린' 문제만을 학습한다. 개개인에 따라 2단계에서 학습할 양이 교재 전체 분량의 반이 넘을 수도 있고, 1/3이 되지 않을 수도 있다. 틀린 문제를 다시 풀며 답을 찾고, 왜 틀렸는지 그 이유를 확인하는 것이 2단계의 목표이다.

★ 학습 전 준비물   밥 언매, 1단계에서 사용한 개인 노트, 필기구, 가위, 풀

[2단계 학습 전]

1. 1단계에서 틀린 문제의 양에 따라 자신의 2단계 학습 플랜(9p)을 다시 작성

1단계에서 틀린 양에 따라 다시 시작할 거야!

2. 자신의 2단계 학습 플랜에 따라 매일매일 꾸준히 학습할 것을 다짐!

3. 1단계에서 틀린 문제만을 마지막으로 다시 풀어 보는 단계라는 것을 기억할 것

[매일 학습 시작]

4. 언어와 매체 개념 다시 점검. 모든 문제 풀이의 바탕이 되므로 반복해서 학습함

내 것이 될 때까지 반복!!

5. 문제 풀이 시간에 구애받지 말고 '/' 표시된 문제를 다시 풂
   - 주의 1단계에서 틀린 문제만 다시 풀기 때문에 스톱워치는 더 이상 필요 없음
   - 주의 이 문제를 마지막으로 보겠다는 심정으로 풀 것!

6. 문제를 풀고 난 후, 1단계 때와는 달리 정답 및 정답 선택 이유를 교재의 해당 문제에 직접 기록
   - 주의 2단계에서도 틀린 문제는 오리거나 발췌하여 개인 노트에 정리할 것임

2단계는 정답 선택 이유를 교재에 적어 보자!!

7. 〈기출 정복 해설편〉을 이용하여 교재에 직접 채점함. 맞은 문제에는 ⃠ 표시

[매일 학습 마무리]

8. 맞은 문제는 '제대로 접근법', 〈기출 정복 해설편〉의 정답과 오답의 이유를 정독함
   - 주의 〈기출 정복 해설편〉의 해설 방향이 자신의 생각과 다르면, 빈 공간 등에 메모를 하였다가 네이버 카페(http://cafe.naver.com/baps)에 질문할 것

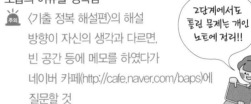

2단계에서도 틀린 문제는 개인 노트에 정리!!

9. 2단계에서도 틀린 문제의 경우, '/' 표시 위에 '\' 표시를 추가하고 문제·해설·관련 개념 등을 개인 노트에 오려 붙이거나 옮겨 적어 정리함

10. 개인 노트에 정리한 '2단계에서도 틀린 문제'와 개념은 시간이 날 때마다 반복하여 살펴봄

[2단계 학습 마무리]

11. 〈매일 학습 시작〉 ➡ 〈매일 학습 마무리〉에 따라 개인 노트가 완성되면 2단계 학습 마무리
    - 주의 각 단계의 학습을 중간에 멈추지 말고 계획에 따라 진행할 것
    - 주의 단계별로 작성하는 오답 노트는 학습 효과가 크지 않은 경우가 많음. 반드시 2단계 학습까지 완료한 후에 틀린 문제만으로 개인 노트를 만들어 활용할 것
    - 주의 기출로 구성된 밥 언매와 매체 한 권을 자신이 틀린 문제 중심으로 두 번 반복 학습하여 언어와 매체 과목을 완성함

나만의 언매 교재 (정리 노트)

이 책의 차례 CONTENTS

I부 언어

4

매체

❖ **빠른 정답 CHECK** ● <기출 정복 해설편> 128~134쪽
❖ **일러두기** ● 예 2024 9월 모의평가 ➡ 2023년 9월에 평가원에서 실시한 수능모의평가를 이름
　　　　　● 예 2021 3월 고3 학력평가 ➡ 2021년 3월에 교육청에서 실시한 고3 전국연합학력평가를 이름

구성과 특징

개념 & 실전 문제편

▶ 학습 제안 | 문제의 난이도에 따라 하루 학습 분량이 달라질 수 있습니다. 권장 학습 플랜을 참조하여 자신의 학습 능력에 따라 나만의 학습 플랜을 수립해 보세요.

언어

❶ 꼼꼼한 문법 개념 정리
- 수능에 꼭 나오는 필수 문법 개념을 충실하고 꼼꼼하게 정리하여 제시
- 개념에 맞는 예시로 이루어진 활동을 통해 개념을 다질 수 있도록 구성

❷ 문제로 훈련하는 '개념 완성 TEST' & '내신 기출문제' 제시
- 필수 문법 개념을 제대로 이해했는지 점검하며 문제로 개념을 완성할 수 있는 '개념 완성 TEST' 제시
- 학교 내신에 대비할 수 있도록 엄선한 '내신 기출문제' 수록

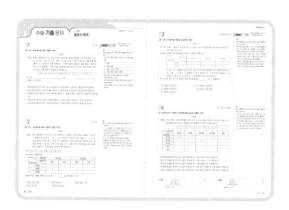

❸ 가장 질 좋은 기출문제 총망라
- 수능, 평가원, 학력평가 기출문제를 개념 흐름에 맞게 수록
- 기출문제를 통해 출제 경향을 파악하고 문제 풀이법을 익힐 수 있도록 구성

❹ 문제 해결력 향상을 위한 '제대로 접근법' 배치
- 언어(문법) 출제 유형과 문제에 대한 접근 방법, 해결 전략 등을 익힐 수 있는 '제대로 접근법' 배치
- 먼저 기출문제를 풀고 채점까지 마친 다음 '제대로 접근법'을 학습하면서 문제 해결 능력을 기를 것

매체

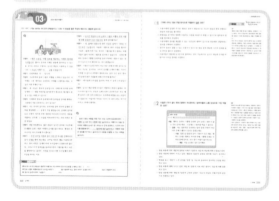

❶ 매체 대표 기출문제 총망라
- 수능, 평가원 수능모의평가, 교육청 전국연합학력평가 기출문제 수록

❷ 자료 해석 능력 향상을 위한 '제대로 질문하기' 배치
- 매체 자료의 유형과 특성, 핵심 내용을 제대로 파악했는지 확인할 수 있는 간단한 문제 제공

❸ 문제 해결력 향상을 위한 '제대로 접근법' 배치
- 매체 출제 유형과 문제에 대한 접근 방법, 해결 전략 등을 익힐 수 있는 '제대로 접근법' 배치

기출 정복 해설편

▶ **학습 제안** | 정답을 찾는 방법, 오답을 피하는 요령, 매력적인 오답 대처법 등을 풀이하였습니다. 꼼꼼하게 학습하고 문제 해결 능력을 키워 1등급에 도전해 보세요.

언어

❶ 친절하고 자세한 첨삭식 문제 해설
- 〈개념&실전 문제편〉에 수록된 문제의 발문과 선택지를 재수록 하여 문제와 해설을 한눈에 살펴볼 수 있도록 구성
- 선택지를 분석해 행간주로 제시함으로써 문제 해결을 위한 키워 드가 무엇인지 파악할 수 있도록 구성
- 답을 틀렸다면 문제와 관련된 문법 개념을 설명한 '개념 학습'으 로 가서 꼼꼼하게 복습할 것

❷ 정답률, 매력적인 오답 제시
- 문제의 난이도를 알려 주는 정답률 제시
- 헷갈리는 선택지를 알려 주는 매력적인 오답 제시
- 정답률이 높은 문제를 틀렸을 경우, '제대로 접근법'을 통해 문제 풀이 방법을 점검할 것

❸ 자세한 정답의 이유와 오답의 이유 제시
- 정답의 이유와 근거를 쉽고 명쾌하게 풀어서 해설
- 문제의 선택지별로 오답의 이유와 근거를 명쾌하게 풀어서 해설

매체

❶ 지문 이해를 돕는 '제대로 자료 분석'
- 매체 자료의 유형, 생산자, 핵심 내용, 주제 등 자료의 이해를 돕 기 위한 꼼꼼한 분석 제시
- 다양한 매체 자료의 특성을 이해하고, 자료의 내용을 효과적으 로 분석하는 훈련을 할 수 있도록 구성

❷ 정답률, 매력적인 오답 제시
- 문제의 난이도를 알려 주는 정답률 제시
- 헷갈리는 선택지를 알려 주는 매력적인 오답 제시

❸ 자세한 정답의 이유와 오답의 이유 제시
- 정답의 이유와 오답의 이유를 쉽고 명쾌하게 풀어서 해설

학습 플랜 LEARNING PLAN

수준별 권장 학습 플랜

중위권을 위한 1단계 학습 플랜

공부할 날(월/일)			학습 내용
1일차 (	월	일)	음운_개념 01, 수능 기출(01)
2일차 (	월	일)	음운_개념 02~03
3일차 (	월	일)	음운_수능 기출(02~03)
4일차 (	월	일)	단어_개념 04, 수능 기출(04)
5일차 (	월	일)	단어_개념 05~07
6일차 (	월	일)	단어_수능 기출(05~07)
7일차 (	월	일)	단어_개념 08, 수능 기출(08)
8일차 (	월	일)	문장과 담화_개념 09, 수능 기출(09)
9일차 (	월	일)	문장과 담화_개념 10, 수능 기출(10)
10일차 (	월	일)	문장과 담화_개념 11~12
11일차 (	월	일)	문장과 담화_수능 기출(11~12)
12일차 (	월	일)	문장과 담화_개념 13, 수능 기출(13)
13일차 (	월	일)	문장과 담화_개념 14, 수능 기출(14)
14일차 (	월	일)	어문 규정_개념 15~17
15일차 (	월	일)	어문 규정_수능 기출(15~17)
16일차 (	월	일)	어문 규정_개념 18
17일차 (	월	일)	어문 규정_수능 기출(18)
18일차 (	월	일)	국어의 역사_개념 19, 수능 기출(19)
19일차 (	월	일)	국어의 역사_개념 20~22
20일차 (	월	일)	국어의 역사_수능 기출(20~22)
21일차 (	월	일)	매체 개념, 01회
22일차 (	월	일)	매체 02~03회
23일차 (	월	일)	매체 04~05회
24일차 (	월	일)	매체 06~07회
25일차 (	월	일)	매체 08~09회

상위권을 위한 1단계 학습 플랜

공부할 날(월/일)			학습 내용
1일차 (	월	일)	음운_개념 01~02, 수능 기출(01)
2일차 (	월	일)	음운_개념 03, 수능 기출(02~03)
3일차 (	월	일)	단어_개념 04~05, 수능 기출(04)
4일차 (	월	일)	단어_개념 06~07, 수능 기출(05~07)
5일차 (	월	일)	단어_개념 08, 수능 기출(08)
6일차 (	월	일)	문장과 담화_개념 09~10, 수능 기출(09)
7일차 (	월	일)	문장과 담화_개념 11~12, 수능 기출(10)
8일차 (	월	일)	문장과 담화_수능 기출(11~12)
9일차 (	월	일)	문장과 담화_개념 13~14, 수능 기출(13, 14)
10일차 (	월	일)	어문 규정_개념 15~17, 수능 기출(15~17)
11일차 (	월	일)	어문 규정_개념 18, 수능 기출(18)
12일차 (	월	일)	국어의 역사_개념 19~20, 수능 기출(19)
13일차 (	월	일)	국어의 역사_개념 21~22, 수능 기출(20~22)
14일차 (	월	일)	매체 개념, 01~02회
15일차 (	월	일)	매체 03~05회
16일차 (	월	일)	매체 06~09회

* 2단계 학습 플랜은 1단계 학습이 끝난 뒤, 자신이 틀린 문항의 개수를 고려하여 스스로 세워 보세요.

나만의 2독 2해 학습 플랜

자신의 학습 능력과 상황에 따라 스스로 학습 플랜을 완성하고,
2독 2해 학습에 반드시 활용해 보세요.

1단계 학습 플랜

공부할 날(월/일)	학습 내용
(월 일)	
(월 일)	
(월 일)	
(월 일)	
(월 일)	
(월 일)	
(월 일)	
(월 일)	
(월 일)	
(월 일)	
(월 일)	
(월 일)	
(월 일)	
(월 일)	
(월 일)	
(월 일)	
(월 일)	
(월 일)	
(월 일)	
(월 일)	
(월 일)	
(월 일)	
(월 일)	
(월 일)	
(월 일)	
(월 일)	
(월 일)	
(월 일)	
(월 일)	

2단계 학습 플랜

공부할 날(월/일)	학습 내용
(월 일)	
(월 일)	
(월 일)	
(월 일)	
(월 일)	
(월 일)	
(월 일)	
(월 일)	
(월 일)	
(월 일)	
(월 일)	
(월 일)	
(월 일)	
(월 일)	
(월 일)	
(월 일)	
(월 일)	

수능 1등급을 위한 8가지 공부 습관

1 필수적인 문법 개념을 꼭 알아 둔다.

- 문학이나 비문학 독서와 다르게 언어(문법)는 문법 지식을 바탕으로 푸는 문제가 출제된다. 따라서 언어 영역만의 특별한 공부 방법이 필요하다.
- 언어는 음운, 단어, 문장과 담화, 어문 규정, 국어의 역사 등 전 영역에 걸쳐 고르게 출제된다. 각 영역의 모든 문법 개념을 충실히 공부하지 않으면 실전에 임했을 때 당황할 수 있다.
- 각 영역마다 필수적인 문법 개념을 빠짐없이 정리해 놓았으므로, 확실하게 이해될 때까지 하나하나 꼼꼼하게 공부할 필요가 있다.

2 문법 개념을 암기만 하려고 하지 말고 이해하려고 노력한다.

- 문법을 특히 어려워하는 학생이 있는데, 이는 모든 문법 개념을 암기해야 한다고 생각하기 때문이다. 물론 필요한 문법 개념은 암기하고 있어야 하지만, 공부해야 할 문법의 범위가 너무 넓어 세부적인 개념까지 모두 암기하는 것은 사실 쉽지 않다.
- 수능은 암기력을 평가하는 시험이 아니기 때문에, 묻고자 하는 내용과 관련된 문법 지식을 〈보기〉로 제시한 다음 이를 활용해 문제를 풀도록 한다.
- 기본적인 문법 개념을 암기하고 있고 그 개념이 용례에 적용되는 원리만 이해하고 있다면 충분히 수능 언어(문법) 문제를 해결할 수 있다.

3 문법 개념을 '용례'와 함께 이해하는 습관이 필요하다.

- 문법 개념을 제대로 이해하고 활용하기 위해서는 '용례'와 함께 공부하는 것이 좋다. 예를 들어 '비음화'의 개념을 공부했다면, '국물[궁물]'이 왜 비음화의 용례에 해당하는지까지 알고 있어야 한다.
- 수능 언어 문제는 대부분 '발문 – 〈보기〉의 문법 개념 – 선택지에서의 용례 적용'과 같은 형태로 출제된다. 따라서 용례에 적용하는 방법을 모른 채 개념만 암기한다면 좋은 결과를 얻기 힘들다.
- 문법 개념과 그 용례를 반드시 묶어서 공부하는 습관을 들인다. 이 책의 '개념 완성 TEST'에서는 소단원마다 문법 개념을 문제에 적용하여 용례와 함께 제시하고 있으므로, 이를 통해 자신이 부족한 부분이 무엇인지 점검하여 개념을 확실하게 이해한다.

4 문법 출제 유형을 익혀 둔다.

- 언어의 출제 범위가 넓기는 하지만 특정 영역에서 출제되는 문제 유형은 비슷한 경우가 많다.
- 기출문제를 많이 풀다 보면 당연히 문제 해결력이 높아질 뿐만 아니라, 문제 유형에 익숙해져 문제 풀이 시간도 단축할 수 있다.
- 교육 과정의 변화나 출제진의 의도에 따라 신유형이 출제되기도 하므로, 이러한 경향을 미리 알아 두면 문제 해결에 도움이 된다.

5. 문제 안에 주어진 자료를 바르게 해석하는 연습을 한다.

- 수능 언어 문제는 사전에 별도의 문법 지식을 가지고 있지 않더라도 주어진 〈보기〉와 선택지의 내용만으로도 답을 찾을 수 있게 출제되는 경우가 많다.
- 이러한 문제를 해결하기 위해서는 주어진 자료를 정확하게 해석할 수 있는 독해력이 필요하다. 물론 이때도 기본적인 문법 개념은 사전에 알고 있어야 한다. '형태소', '어간과 어미', '합성어와 파생어' 등의 기초적인 개념에 대한 설명은 〈보기〉에 제시되지 않을 수 있기 때문이다.
- 지문과 결합하여 2문제 이상을 출제하는 경우도 있다. 이런 문제를 해결하기 위해서도 주어진 자료를 바르게 해석할 수 있는 독해력은 꼭 필요하다.

6. 문법은 빼먹지 말고 복습하는 것이 중요하다.

- 문법 개념은 정확하게 이해하지 않았을 경우에 쉽게 잊어버릴 수 있다. 따라서 개념이 확실하게 이해될 때까지 반복해서 학습하는 것이 좋다.
- 문제를 틀렸다면 왜 그 문제를 틀렸는지 이유를 파악하고, 〈기출 정복 해설편〉에 제공된 정답과 오답의 이유 및 관련 문법 지식을 보며 문제를 확실하게 이해한다.

7. 매체를 공부할 때는 교과서에 나오는 개념을 이해하는 것이 기본이다.

- 매체는 수능에 가장 최근에 추가된 과목으로, 다른 과목에 비해 문제 유형, 출제 경향에 대한 자료가 많이 축적되지 않았다. 교과서가 가장 양질의 자료이므로 교과서에 나오는 매체 관련 개념을 충실하게 학습하는 것이 유리하다.
- 매체의 유형과 특성, 매체 언어의 특성, 매체 자료의 수용과 생산 등 매체의 핵심적인 개념을 교과서 단원별로 정리해 두는 것이 좋다.
- 기출문제를 풀 때 해당 문제가 어떤 개념과 관련을 맺고 있는지 파악하고, 문제를 틀렸을 때는 해당 문제와 관련된 개념을 복습한다.

8. 평소에 매체 자료를 해석하는 훈련을 꾸준히 한다.

- 매체 문제는 누리 소통망 대화, 웹 페이지, 스토리보드 등 실제 매체 자료가 지문으로 출제된다. 따라서 매체 자료를 해석하여 문제 풀이에 필요한 정보를 찾아내는 연습을 꾸준히 해야 한다.
- 문자 언어뿐만 아니라 그림, 동영상, 통계 자료 등 다양한 요소로 매체 자료가 구성되는 경우가 많으므로 문제를 풀 때는 지문에서 글이 아닌 부분도 꼼꼼하게 살펴봐야 한다.

선생님이 들려주는 생생 공부법

➕ 어떤 문법 현상에 대해 질문했을 때, 그 물음에 바로 대답할 수 있을 정도로 개념이 완벽하게 정리되어 있어야 합니다. 내신이나 수능 시험을 볼 때 어떤 문제를 접해도 바로 적용할 수 있도록 말이죠. 단, 기계적으로 개념을 암기하는 것은 NO! 해당 개념이 적용되는 조건 및 다양한 용례들을 반드시 함께 공부해 기본기를 탄탄하게 다져야 합니다.
　　　－ 하성욱(서울)

➕ 개념을 확실하게 이해하는 것이 언어 공부의 출발입니다. 문법 개념을 완벽하게 숙지하고 있어야 이를 적용해 문제를 정확하고 빠르게 해결할 수 있기 때문이죠. 무작정 기출문제만 풀지 말고, 시간이 오래 걸리더라도 개념부터 차근차근 공부하세요. '개념 학습 – 개념과 관련된 기초 문제 학습 – 심화 문제 학습과 같은 단계적 학습을 거쳐야 문법 실력의 향상을 기대할 수 있습니다.
　　　－ 서민찬(용인)

➕ 집을 짓기 위해 벽돌을 하나하나 쌓아 올리듯, 문법의 완성을 위해서는 개념을 차근차근 익혀야 합니다. 개념을 탄탄히 다졌다면, 문제 풀이를 통해 실력을 확인해 보아야 합니다. 틀린 문제나 불명확한 개념은 따로 기록해 두세요. 반복의 힘을 믿고 꾸준히 공부하면 어느덧 문법의 달인이 되어 있을 것입니다.
　　　－ 김　흙(분당)

➕ 문법 문제에는 기본적으로 자료가 덧붙습니다. 특히 최근 수능에서는 보다 심화된 개념을 자료로 제시한 문법 문제들이 출제되고 있습니다. 그런데 바로 이 자료에 답의 근거가 들어 있는 경우가 꽤 많습니다. 주어진 자료만 정확하게 분석해도 답을 찾을 수 있다는 뜻입니다. 언어(문법) 영역 역시 국어의 다른 영역과 마찬가지로 제시된 자료를 정확하게 독해하고 핵심 내용을 깔끔하게 정리하는 습관을 들이는 것이 좋습니다.
　　　－ 이석호(산본)

➕ 한꺼번에 여러 문법 개념을 공부하는 것보다는, 하나의 개념을 완벽하게 이해한 후에 다음 개념을 학습하는 것이 좋습니다. 그리고 문제를 풀고 난 후에는 반드시 선택지를 꼼꼼히 분석하여 정답인 이유와 오답인 이유를 스스로 설명해 보고, 해당 개념이 문제에서 어떻게 적용되고 있는지 살펴보도록 합니다.
　　　－ 김행열(목동)

➕ 최근 5년 안팎의 문법 기출문제들을 꼼꼼히 점검하여 출제의 흐름을 파악한 후, 빈출 유형과 필수 개념을 확인합니다. 일반적으로 수능에서는 기본적인 개념들을 용례에 잘 적용할 수 있는지 묻고 있습니다. 따라서 세부적인 개념까지 암기하기보다는 기본적인 문법 개념을 이해한 후, 이를 제시된 자료와 선택지에 대응시키는 연습을 꾸준히 해야 합니다.
　　　－ 옥성훈(부천)

➕ 한 번 공부했다고 하더라도 시간이 지나면 문법 개념을 잊어버리는 경우가 많습니다. 따라서 학습한 개념을 바탕으로 관련 문제를 풀면서 반복적으로 개념을 확인하는 과정이 필요합니다. 잘 몰랐거나 틀린 문제는 해당 개념을 다시 확인한 후 반드시 정리해 두세요. 이 교재에 수록된 개념 완성 TEST와 내신·수능 기출문제를 통해 문법 개념이 확실하게 이해될 때까지 반복적으로 공부하는 것이 좋습니다.
　　　－ 설규환(강남)

➕ 매체는 복잡한 매체 자료가 지문으로 출제되는 경우가 많습니다. 매체 문제를 푸는 방법은 문학, 비문학 문제를 푸는 방법과 크게 다르지 않습니다. 선택지를 판단하는 근거는 모두 자료에 제시되어 있습니다. 문제를 꾸준히 풀면서 선택지에서 맞는 진술과 틀린 진술을 구분하는 훈련을 계속한다면 더 이상 매체가 어렵게 느껴지지 않을 것입니다.
　　　－ 홍보영(서울)

➕ 매체 기출문제를 살펴보면 매체 언어의 표현 방법을 묻는 문제가 자주 출제되는 경향이 있습니다. 이러한 문제 유형은 매체 자료에 사용된 문법 요소와 그 효과가 무엇인지 파악하는 문제 유형으로, 사실은 언어(문법) 문제에 가깝습니다. 따라서 이러한 유형의 문제를 해결하기 위해서는 매체 개념뿐만 아니라 문법 개념을 완벽하게 숙지하고 있어야 합니다. 매체가 언어와 함께 묶이는 과목이라는 점을 기억합시다.
　　　－ 안정광(순천)

졸업생이 들려주는 생생 공부법

신주용 | 서울대학교 자유전공학부

언어와 매체는 출제 범위가 상대적으로 제한된 과목이기 때문에, 모든 개념을 정확하게 공부하는 것이 핵심입니다. 특히 문법 개념은 무작정 암기하지 말고, 문법 규칙을 이해하면서 관련 예문을 참고하여 외워야 해요. 그리고 문제를 풀 때는 모든 선택지에서 답의 근거를 찾아낸 뒤, 내가 찾은 답의 근거가 해설의 근거와 일치하는지를 꼭 확인해야 합니다. 그래야 이해가 부족한 부분을 보완하고 실수를 줄여 나갈 수 있어요.

김이진 | 연세대학교 의예과

언어와 매체 공부의 핵심은 '개념'과 '기출문제'입니다. 언어와 매체 노트에 개념을 먼저 정리한 다음, 기출문제에서 자주 출제되는 유형 혹은 헷갈리는 유형을 파악해 해당 개념 아래에 같이 적어 두세요. 이렇게 하면 비슷한 유형의 문제가 나왔을 때 푸는 시간이 훌쩍 줄어들어 언어와 매체에서 시간을 절약할 수 있어요.

김병서 | 고려대학교 식품자원경제학과

언어와 매체의 여러 개념 중 자신의 강점과 약점을 파악하여, 취약점을 보완해 나가는 방향으로 공부하는 것을 추천합니다. 다양한 유형의 문제를 풀면서 문제에서 다루는 개념을 그때그때 확인하고, 헷갈리는 부분이나 어려운 부분은 형광펜으로 표시하여 관련 개념을 반복적으로 복습하세요. 형광펜 표시가 많은 부분, 자주 찾게 되는 개념이 곧 자신의 취약한 부분이겠죠? 그 부분에 좀 더 집중해 공부하면서 약점을 강점으로 만들어 보세요!

박다은 | 서울대학교 중어중문학과

기출문제를 살펴보면 최근 긴 지문을 활용한 문법 문제가 출제되고 있고, 문제를 풀기 위해 적지 않은 양의 문법 자료를 분석해야 하는 경우가 많습니다. 이런 문제를 정확하면서도 빠르게 해결하려면, 핵심 개념을 완벽하게 익히고 이를 문법 자료에 적용하는 연습을 꾸준히 반복해야 합니다. 주어지는 지문이나 자료에 겁먹거나 당황하지 말고, 차근차근 분석해 보며 조금씩 문제 해결 속도를 높여 보세요. 자신감과 함께 문법 실력도 향상될 수 있을 거예요!

송태영 | 연세대학교 응용통계학과

언어는 문법 개념에 대한 이해와 암기가 절대적입니다. 문법 문제를 처음 풀 때 어렵게 느껴질 수도 있는데, 공부할 때 책에 있는 예문을 보면서 개념이 적용된 예문에 익숙해지는 것도 좋다고 생각합니다. 매체의 학습 분량은 언어에 비해 많지 않지만, 매체별 기본 특성 등을 알아 두면 문제를 더 쉽고 빠르게 풀 수 있습니다. 또한 매체 문제 중 〈보기〉가 주어진 문제는 문학 영역과 마찬가지로 〈보기〉를 꼼꼼히 해석해서 푼다면 더욱 쉽게 풀 수 있습니다.

정동현 | 경희대학교 영어영문학과

언어와 매체는 문법과 매체 개념을 완벽히 숙지하는 것이 기본입니다. 특히 문법 개념을 공부할 때 처음에는 막막할 수 있지만, 공부를 하다 보면 문법 개념끼리 일맥상통하는 부분도 있고 평소에 자주 사용하는 표현도 있어 힘든 공부 속에서 나름의 재미를 찾을 수 있을 거예요. 문법과 매체 개념을 완벽히 숙지했다면 이를 응용하는 연습도 필요합니다. 이때는 기출문제를 많이 풀어 보면서 수능 언어와 매체 문항의 메커니즘을 파악하는 연습을 한다면 효율적인 공부가 될 것입니다.

❖ 출제 경향 및 학습 대책

❶ 필수 문법 개념은 예시와 함께 익혀 두자.

언어는 수능 국어 선택 과목 '언어와 매체'에서 총 5문항이 출제되는 경향이 있다. '음운', '단어', '문장과 담화', '어문 규정', '국어의 역사'에서 문제가 고르게 출제되는 경우가 일반적이므로 각 단원의 개념을 정확하게 이해하는 것이 중요하다. 필수 문법 개념을 예시와 함께 익혀 둔다면 시험 볼 때 큰 도움을 받을 수 있다.

❷ 지문 활용 문제도 개념 이해가 우선이다.

최근 2문항은 지문을 활용하여 푸는 문제가 출제되고 있다. 이때 지문을 활용하여 푸는 문제도 관련 개념에 대한 이해를 바탕으로 지문과 〈보기〉를 적극적으로 활용한다면 충분히 해결할 수 있다.

I부

언어

01 음운의 개념과 체계

음운의 개념과 종류

1 음운: 말의 뜻을 구별해 주는 소리의 최소 단위

> 웹 물, 불, 풀 → 자음 'ㅁ', 'ㅂ', 'ㅍ'으로 인해 말의 뜻이 달라짐

2 음운, 음성, 음절

음운	머릿속에서 같은 소리로 인식하는 추상적이고 관념적인 말소리 – 말의 뜻을 구별해 주는 변별적 기능이 있음
음성	사람의 발음 기관을 통해 나오는 구체적이고 물리적인 말소리 – 말의 뜻을 구별해 주는 변별적 기능이 없음
음절	발음할 때 한 번에 낼 수 있는 소리의 단위. 국어의 음절은 모음의 수와 일치함 – 음절은 표기가 아니라 발음을 기준으로 삼음

3 음운의 종류

분절 음운	소리마디의 경계를 나눌 수 있는 것	• 자음 • 모음
비분절 음운	소리마디의 경계를 나눌 수는 없지만 의미의 변별 기능이 있는 것	• 소리의 길이 웹 눈:[雪] / 눈[眼] • 억양 웹 학교 가.(↘)–평서문 학교 가!(→) – 평서문, 명령문 학교 가?(↗) – 의문문

음운의 체계

1 자음: 허파에서 나오는 공기가 목구멍, 혀, 입 등의 조음 기관에 의해 장애를 받으면서 나는 소리. 자음은 홀로 소리 날 수 없으며 모음과 결합해야 소리가 남

조음 방법	조음 위치		두 입술	윗잇몸, 혀끝	센입천장, 혓바닥	여린입천장, 혀 뒤	목청 사이
안울림소리	파열음	예사소리	ㅂ	ㄷ		ㄱ	
		된소리	ㅃ	ㄸ		ㄲ	
		거센소리	ㅍ	ㅌ		ㅋ	
	파찰음	예사소리			ㅈ		
		된소리			ㅉ		
		거센소리			ㅊ		
	마찰음	예사소리		ㅅ			ㅎ
		된소리		ㅆ			
울림소리	비음(콧소리)		ㅁ	ㄴ		ㅇ	
	유음(흐름소리)			ㄹ			

(1) 조음 방법에 따른 분류

파열음	폐에서 나오는 공기를 막았다가 막은 자리를 터뜨리면서 내는 소리
파찰음	파열음과 마찰음의 두 가지 성질을 다 가지는 소리
마찰음	조음 기관이 좁혀진 사이로 공기가 나오면서 마찰하여 나는 소리
비음	입안의 통로를 막고 코로 공기를 내보내면서 내는 소리
유음	혀끝을 잇몸에 가볍게 대었다가 떼거나, 잇몸에 댄 채 공기를 양옆으로 흘려 보내면서 내는 소리

(2) 조음 위치에 따른 분류

입술소리(양순음)	두 입술 사이에서 나는 소리
잇몸소리(치조음)	혀끝이 윗잇몸에 닿아서 나는 소리
센입천장소리(경구개음)	혓바닥과 센입천장 사이에서 나는 소리
여린입천장소리(연구개음)	혀뿌리와 여린입천장 사이에서 나는 소리
목청소리(후음)	목청 사이에서 나는 소리

❷ 모음

: 허파에서 나오는 공기가 목구멍, 혀, 입 등의 조음 기관에 의해 장애를 받지 않고 나는 소리. 모음은 홀로 소리 날 수 있으며, 울림소리에 속함

(1) 단모음(10개): 발음하는 동안 혀의 위치나 입술 모양이 달라지지 않는 모음

혀의 높이 \ 혀의 위치, 입술 모양	전설 모음		후설 모음	
	평순 모음	원순 모음	평순 모음	원순 모음
고모음	ㅣ	ㅟ	ㅡ	ㅜ
중모음	ㅔ	ㅚ	ㅓ	ㅗ
저모음	ㅐ		ㅏ	

(2) 이중 모음(11개): 발음하는 동안 혀의 위치나 입술 모양이 달라지는 모음. 단모음과 반모음이 결합하여 이루어짐

'ㅣ[j]'+단모음	ㅑ, ㅕ, ㅛ, ㅠ, ㅒ, ㅖ
'ㅗ/ㅜ[w]'+단모음	ㅘ, ㅙ, ㅝ, ㅞ
ㅡ+ㅣ[j]	ㅢ

❸ 비분절 음운

(1) 소리의 길이(장단): 소리의 길이가 길고 짧음에 따라 단어의 뜻이 구별됨. 장음은 단어의 첫음절에서만 나타나는 것이 원칙이며, 길게 발음되던 단어도 둘째 음절 이하에 오면 짧게 발음됨

> 예 ・성ː인(聖人) / 성인(成人)　・함박+눈ː[雪] → 함박눈[雪]

(2) 억양: 소리의 상대적인 높이에 따라 문장의 뜻이 구별됨(※교과서에 따라 억양을 비분절 음운으로 다루지 않는 경우도 있음)

> 예 ・지금 학교 가?(↗) ・지금 학교 가.(↘) ・지금 학교 가.(→)
> 　　의문의 의미　　　　평서문의 의미　　　평서문(사무적인 느낌)이나 명령문의 의미

활동3 조음 위치에 따른 자음 분류

※ 조음 위치에 유의하여 빈칸에 알맞은 자음을 써 보자.

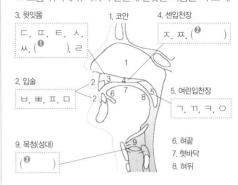

3. 윗잇몸
ㄷ, ㄸ, ㅌ, ㅅ, ㅆ(❶), ㄹ

4. 센입천장
ㅈ, ㅉ(❷)

1. 코안

2. 입술
ㅂ, ㅃ, ㅍ, ㅁ

5. 여린입천장
ㄱ, ㄲ, ㅋ, ㅇ

9. 목청(성대)
(❸)

6. 혀끝
7. 혓바닥
8. 혀뒤

개념⊕ 단모음의 분류

혀의 위치	전설 모음	혀의 최고점이 앞쪽에 있을 때 발음되는 모음
	후설 모음	혀의 최고점이 뒤쪽에 있을 때 발음되는 모음
입술 모양	원순 모음	입술을 둥글게 오므려서 발음하는 모음
	평순 모음	입술을 평평하게 하여 발음하는 모음
혀의 높이	고모음 (폐모음)	입이 조금 열려서 혀의 위치가 높은 모음
	중모음	입이 중간 정도 열린 채 발음되는 모음
	저모음 (개모음)	입이 크게 열려서 혀의 위치가 낮은 모음

개념⊕ 모음 사각도

모음을 발음할 때의 혀의 위치와 개구도에 따라 사각형으로 분류하여 그림으로 나타낸 것

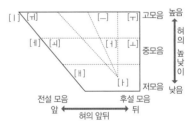

개념⊕ 반모음

음성의 성질로 보면 모음과 비슷하지만, 반드시 다른 모음에 붙어야만 발음될 수 있으므로 음절을 이루지 못하는 소리. 국어의 반모음에는 'ㅣ[j]'와 'ㅗ/ㅜ[w]'가 있음

활동4 입술 모양에 따른 모음 분류

※ 다음에 제시된 모음을 입술의 모양에 따라 나눠 보자.

> ㅏ, ㅓ, ㅗ, ㅜ, ㅡ, ㅣ

・평순 모음: ❶
・원순 모음: ❷

정답 활동3 ❶ ㄴ ❷ ㅊ ❸ ㅎ 활동4 ❶ ㅏ, ㅓ, ㅡ, ㅣ ❷ ㅗ, ㅜ

개념 완성 TEST

01
음운의 개념

음운에 대한 설명으로 적절한 것에는 ○표, 적절하지 않은 것에는 ×표를 해 보자.

(1) 음운은 구체적이고 물리적인 소리를 말한다. ( )
(2) 음운 하나의 차이로 말의 뜻이 달라질 수 있다. ( )
(3) 소리의 길이에 따라 단어의 뜻이 달라지기도 한다. ( )

02
음운과 음절

음운과 음절에 대한 설명으로 적절한 것에는 ○표, 적절하지 않은 것에는 ×표를 해 보자.

(1) '물'과 '불'은 'ㅁ'과 'ㅂ'의 차이로 인해 뜻이 달라진다. ( )
(2) '물'과 '불'은 각각 하나의 음절에 해당한다. ( )
(3) 모음이 없어도 음절을 이룰 수 있다. ( )

03
소리의 길이

다음 밑줄 친 단어의 발음이 적절한 것에는 ○표, 적절하지 않은 것에는 ×표를 해 보자.

(1) 아기의 눈:[眼]이 초롱초롱하다. ( )
(2) 나는 어제 뜬눈으로 밤:[夜]을 새웠다. ( )
(3) 여름에는 문에 발:[簾]을 늘어뜨리고 지낸다. ( )
(4) 오랫동안 소:식(消息)이 끊긴 친구에게 연락이 왔다. ( )

04
음절의 유형

다음 음절의 유형을 써 보자.

(1) 형 → ( )으로 이루어진 음절
(2) 완 → ( )으로 이루어진 음절
(3) 와 → ( )으로 이루어진 음절
(4) 소 → ( )으로 이루어진 음절

05
자음의 체계

다음에 해당하는 자음을 모두 써 보자.

(1) 두 입술 사이에서 나는 소리 ( )
(2) 목청소리이자 마찰음 ( )
(3) 여린입천장소리이자 비음 ( )
(4) 센입천장소리이자 거센소리 ( )

06
자음의 체계

다음에 해당하는 자음을 모두 써 보자.

(1) 파열 후에 마찰을 일으키는 소리 ( )
(2) 여린입천장과 혀 뒤 사이에서 나는 소리 ( )
(3) 잇몸소리이자 유음 ( )
(4) 거센소리이자 잇몸소리 ( )

07
모음의 체계

다음에 해당하는 모음을 모두 써 보자.

(1) 입을 조금 열고 혀의 위치를 높여서 발음하는 모음
( )
(2) 전설 모음 중 평순 모음 ( )
(3) 후설 모음 중 원순 모음이면서 고모음 ( )

08
자음과 모음의 체계

다음의 〈조건〉이 결합하여 날 수 있는 소리를 써 보자.

― 〈조건〉 ―
• 자음: 잇몸소리(치조음)이자 비음
• 모음: 후설 평순 중모음

내신 기출 문제

01
음운의 개념

국어의 음운에 대한 설명으로 적절하지 않은 것은?

① 음운은 말의 뜻을 구별해 주는 소리의 가장 작은 단위이다.
② 음운은 음성에서 공통적인 요소만을 뽑아 머릿속에서 같은 소리로 인식하는 추상적인 말소리이다.
③ '달'과 '말'은 'ㄷ'과 'ㅁ'의 차이에 의해 뜻이 달라지므로, 'ㄷ'과 'ㅁ'을 각각 하나의 음운으로 볼 수 있다.
④ 분절 음운에는 19개의 자음과 21개의 모음이 있다.
⑤ 비분절 음운은 말의 뜻을 구별하는 기능을 하지 못한다.

02
음운과 음절

〈보기〉의 음운 카드를 활용하여 학습한 내용으로 적절하지 않은 것은?

〈보기〉

• 음운: 말의 뜻을 구별해 주는 소리의 가장 작은 단위

① 'ㅁ', 'ㅓ', 'ㄱ'을 차례로 사용하면 '먹'이라는 단어를 만들 수 있군.
② '먹'의 가운뎃소리인 'ㅓ' 대신 'ㅗ'를 사용하면 새로운 단어가 되는군.
③ '목 : 곰'에서 보면 첫소리가 끝소리에, 끝소리가 첫소리에도 쓰일 수 있군.
④ '먹 : 목'처럼 가운뎃소리는 첫소리의 오른쪽에 써야 하는군.
⑤ '목 / 먹 / 곰 / 검'처럼 음운의 결합에 따라 의미가 다른 여러 단어를 만들 수 있군.

03
비분절 음운

〈보기〉에서 길게 발음해야 하는 단어만을 골라 바르게 묶은 것은?

〈보기〉

강철: 너 이번에 제주도 갔다 왔다며? 어땠는지 ㉠말[言] 좀 해 봐.
나영: 정말 재미있었어. ㉡말[馬]을 타고 달려도 보고, ㉢굴[窟] 속에 들어가 구경도 하고, ㉣밤[夜] 늦게까지 놀면서 여러 가지 추억을 쌓을 수 있었어.
강철: 제주도는 언어가 다른 지역이랑 많이 다르다던데 알아듣는데 어려움은 없었어?
나영: 제주도 방언이 정말 특이해서, 마치 한국㉤말[言]이 아닌 것처럼 느껴졌어.
강철: 날씨는 어땠어? 서울에는 함박㉥눈[雪]이 내렸었는데, ㉦눈[雪]은 안 왔어?
나영: 제주도는 여행하기에 좋은 날씨였어.

① ㉠, ㉢, ㉤
② ㉠, ㉢, ㉦
③ ㉠, ㉣, ㉥, ㉦
④ ㉡, ㉢, ㉣, ㉥
⑤ ㉢, ㉤, ㉥, ㉦

04
자음과 모음의 체계

〈보기〉의 (가)는 자음이 발음될 때의 조음 위치와 조음 방법을 설명한 것이고, (나)는 모음이 발음될 때의 혀의 위치와 높이, 입술 모양을 설명한 것이다. (가)와 (나)가 결합하여 날 수 있는 소리는?

〈보기〉

(가) • 혀 뒤와 여린입천장 사이에서 나는 소리
• 공기를 막았다가 터뜨리면서 내는 소리
• 된소리보다 더 크고 거친 느낌을 주는 소리
(나) • 혀의 최고점이 뒤쪽에 위치하고 혀의 높이가 높으며 입술 모양이 평평한 소리

① 거　　　② 쁘　　　③ 처
④ 티　　　⑤ 크

01

2020 수능

〈보기〉의 [A]에 들어갈 말로 적절한 것은?

―〈보기〉―

선생님 : 음절은 발음할 수 있는 최소의 언어 단위인데, 음절의 유형은 크게 분류하면 '①모음, ②자음+모음, ③모음+자음, ④자음+모음+자음'이 있어요. 예를 들면 '꽃[꼳]'은 ④, '잎[입]'은 ③에 속하지요. 그런데 복합어 '꽃잎'은 음운 변동이 일어나 [꼰닙]으로 발음돼요. 이때 [닙]은 ④에 해당되며 음운의 첨가로 음절 유형이 바뀐 것이지요. 이제 아래 단어들을 탐구해 봅시다.

> 밥상(밥+상), 집일(집+일), 의복함(의복+함), 국물(국+물), 화살(활+살)

학　생 : 　　　　　　　　　　　　[A]
선생님 : 네, 맞아요.

① '밥상[밥쌍]'에서의 [쌍]은 첨가의 결과이고, 음절 유형이 단일어인 '상[상]'과 달라졌어요.
② '집일[짐닐]'에서의 [닐]은 교체의 결과이고, 음절 유형이 단일어인 '일[일]'과 달라졌어요.
③ '의복함[의보캄]'에서의 [캄]은 축약의 결과이고, 음절 유형이 단일어인 '함[함]'과 달라졌어요.
④ '국물[궁물]'에서의 [궁]은 교체의 결과이고, 음절 유형이 단일어인 '국[국]'과 같아요.
⑤ '화살[화살]'에서의 [화]는 탈락의 결과이고, 음절 유형이 단일어인 '활[활]'과 같아요.

02

2019 수능

〈보기〉의 ㉠에 들어갈 말로 적절하지 않은 것은?

―〈보기〉―

선생님 : 최소 대립쌍이란 하나의 소리로 인해 뜻이 구별되는 단어의 짝을 말해요. 가령 최소 대립쌍 '살'과 '쌀'은 'ㅅ'과 'ㅆ'으로 인해 뜻이 달라지는데, 이때의 'ㅅ', 'ㅆ'은 음운의 자격을 얻게 되죠. 이처럼 최소 대립쌍을 이용해 음운들을 추출하면 음운 체계를 수립할 수 있어요. 이제 고유어들을 모은 [A]에서 최소 대립쌍들을 찾아 음운들을 추출하고, 그 음운들을 [B]에서 확인해 봅시다.

[A]　쉬리, 마루, 구실, 모래, 소리, 구슬, 머루

[B] 국어의 단모음 체계

혀의 앞뒤 입술 모양 혀의 높낮이	전설 모음		후설 모음	
	평순	원순	평순	원순
고모음	ㅣ	ㅟ	ㅡ	ㅜ
중모음	ㅔ	ㅚ	ㅓ	ㅗ
저모음	ㅐ		ㅏ	

[학생의 탐구 내용] 추출된 음운들 중 　　㉠　　을 확인할 수 있군.

① 2개의 전설 모음　　② 2개의 중모음　　③ 3개의 평순 모음
④ 3개의 고모음　　　⑤ 4개의 후설 모음

01
음운 변동과 음절 유형에 대한 이해를 확인하는 유형이다.
• 〈보기〉에 따르면 음절의 유형은 네 가지로 분류된다.

①	모음
②	자음+모음
③	모음+자음 ⑩ 잎[입]
④	자음+모음+자음 ⑩ 꽃[꼳]

• 음운 변동의 유형에 대해 정확히 이해한다. (교체, 탈락, 첨가, 축약)
• 〈보기〉에 제시된 단어들의 음운 변동과 음절 유형을 정리한다.
• 정리한 내용을 바탕으로 선택지 내용의 적절성을 판단한다.

02
음운의 개념과 단모음 체계에 대한 이해를 확인하는 유형이다.
• 최소 대립쌍에 대한 개념을 바탕으로 〈보기〉의 [A]에 제시된 단어에서 최소 대립쌍을 찾는다. 이때, [A]에서의 최소 대립쌍은 모두 단모음으로 인해 뜻이 달라짐을 기억한다.
• 찾은 최소 대립쌍을 이용해 음운을 추출한다.
• 추출된 음운을 [B]에서 찾아 동그라미 표시한다.
• 전설 모음, 후설 모음, 평순 모음, 원순 모음, 고모음, 중모음, 저모음에 해당하는 음운의 개수를 확인한다.

03

〈보기〉의 ㉠에 들어갈 내용으로 알맞은 것은?

─〈보기〉─

학   생: '식물'이 [싱물]로 발음되는데, 두 자음이 만나서 발음될 때 조음 위치나 방식 중 무
        엇이 바뀐 것인가요?
선생님: 아래의 자음 분류표를 보면서 그 답을 찾아봅시다.

조음 방식 ＼ 조음 위치	양순음	치조음	연구개음
파열음	ㅂ	ㄷ	ㄱ
비음	ㅁ	ㄴ	ㅇ

이 표는 국어 자음을 조음 위치와 조음 방식에 따라 분류한 자음 체계의 일부입니
다. '식'의 'ㄱ'이 '물'의 'ㅁ' 앞에서 [ㅇ]으로 발음되지요. 이와 비슷한 예들로는 '입
는[임는]', '뜯는[뜬는]'이 있는데, 이 과정에서 무엇이 달라졌나요?
학   생: 세 경우 모두 두 자음이 만나서 발음될 때, ____㉠____ 이/가 변했네요.

① 앞 자음의 조음 방식   ② 뒤 자음의 조음 방식
③ 두 자음의 조음 방식   ④ 앞 자음의 조음 위치
⑤ 뒤 자음의 조음 위치

03
자음 체계를 참고하여 음운 변동에 대한 이해를 확
인하는 유형이다.
〈보기〉에서 답을 찾을 수 있는 거의 모든 정보를 제
공하고 있기 때문에 쉽게 해결할 수 있는 문제였다.
정답률도 95%에 달하는 평이한 난도의 문제였다.
• 〈보기〉에 나타난 '식물', '입는', '뜯는'이 발음될
  때 변한 것에 동그라미 표시를 하여 앞 자음이 변
  하는지, 뒤 자음이 변하는지를 살펴본다.
• 〈보기〉의 자음 분류표를 바탕으로 동그라미 표시
  한 것이 음운 변동이 일어나기 전과 비교해서 조
  음 위치나 조음 방식이 바뀌었는지를 파악한다.

04

〈보기〉에 제시된 '선생님'의 질문에 대한 답으로 적절한 것은?

─〈보기〉─

선생님: 음운 변동이 일어날 때에는 조음 위치 및 조음 방법이 변하기도 합니다. 다음 단어
        를 발음할 때 일어나는 변화를 자음 체계를 참고하여 설명해 볼까요?

맏이[마지], 꽃눈[꼰눈], 강릉[강능], 실내[실래], 앞날[암날]

조음 방법 ＼ 조음 위치	양순음	치조음	경구개음	연구개음	후음
파열음	ㅂ/ㅃ/ㅍ	ㄷ/ㄸ/ㅌ		ㄱ/ㄲ/ㅋ	
파찰음			ㅈ/ㅉ/ㅊ		
마찰음		ㅅ/ㅆ			ㅎ
비음	ㅁ	ㄴ		ㅇ	
유음		ㄹ			

① '맏이'를 발음할 때 일어나는 음운 변동에서는 조음 위치만 한 번 변합니다.
② '꽃눈'을 발음할 때 일어나는 음운 변동에서는 조음 위치만 두 번 변합니다.
③ '강릉'을 발음할 때 일어나는 음운 변동에서는 조음 방법만 한 번 변합니다.
④ '실내'를 발음할 때 일어나는 음운 변동에서는 조음 위치가 변한 후 조음 방법이 변합니다.
⑤ '앞날'을 발음할 때 일어나는 음운 변동에서는 조음 방법이 변한 후 조음 위치가 변합니다.

04
자음 체계를 참고하여 음운 변동에 대한 이해를 확
인하는 유형이다.
• 〈보기〉에 나타난 '맏이', '꽃눈', '강릉', '실내', '앞
  날'이 발음될 때 변한 것에 동그라미 표시를 한다.
• 〈보기〉의 자음 분류표를 바탕으로 동그라미 표시
  한 것이 음운 변동이 일어나기 전과 비교해서 조
  음 위치나 조음 방법이 바뀌었는지를 파악한다.
  특히 둘 이상의 음운 변동이 일어난다면 조음 위
  치나 조음 방법이 몇 번 변하는지 파악한다.

1차 채점	맞은 문항 수	개
	틀린 문항 수	개
	헷갈리는 문항 번호	

• 틀린 문항 '／' 표시

→

2차 채점	맞은 문항 수	개
	틀린 문항 수	개
	헷갈리는 문항 번호	

• 틀린 문항 '×' 표시

02 음운 변동의 유형 / 교체

음운 변동의 개념과 유형

❶ 음운 변동: 한 음운이 다른 음운과 결합할 때 그 놓이는 환경에 따라 발음이 달라지는 현상. 발음을 더 쉽게 하고, 표현을 명료하게 하여 뜻을 좀 더 분명하게 전달하기 위해 일어남. 따라서 음운의 변동은 발음 및 표기와 밀접한 관련이 있음

❷ 음운 변동의 유형

교체 (交替)	어떤 음운이 다른 음운으로 바뀌는 현상 예 국민 → [궁민]	음절의 끝소리 규칙, 비음화, 유음화, 구개음화, 된소리되기
탈락 (脫落)	원래 있던 음운이 없어지는 현상 예 좋아 → [조:아]	자음군 단순화, 'ㄹ' 탈락, 'ㅎ' 탈락, 'ㅡ' 탈락, 'ㅏ, ㅓ' 탈락
첨가 (添加)	없던 음운이 새로 생기는 현상 예 담요 → [담:뇨]	'ㄴ' 첨가, 반모음 첨가
축약 (縮約)	두 음운이 한 음운으로 줄어드는 현상 예 입학 → [이팍]	자음 축약(거센소리되기)

음운의 교체

❶ 음절의 끝소리 규칙: 음절의 끝에서 'ㄱ, ㄴ, ㄷ, ㄹ, ㅁ, ㅂ, ㅇ'의 7개 자음 중 하나로만 발음되는 현상

끝소리 표기	대표음	예
ㄱ, ㄲ, ㅋ	[ㄱ]	• 국 → [국]　　• 밖 → [박]　　• 부엌 → [부억]
ㄴ	[ㄴ]	• 눈 → [눈]　　• 손 → [손]
ㄷ, ㅌ, ㅅ, ㅆ, ㅈ, ㅊ, ㅎ	[ㄷ]	• 받침 → [받침]　• 끝 → [끋]　　• 옷 → [옫] • 있다 → [읻따]　• 낮 → [낟]　　• 꽃 → [꼳] • 놓치다 → [녿치다]
ㄹ	[ㄹ]	• 굴 → [굴]　　• 말 → [말]
ㅁ	[ㅁ]	• 담 → [담]　　• 몸 → [몸]
ㅂ, ㅍ	[ㅂ]	• 밥 → [밥]　　• 무릎 → [무릅]
ㅇ	[ㅇ]	• 강 → [강]　　• 상공 → [상:공]

※ 음절의 끝소리 규칙 관련 유의 사항

① 자음으로 끝나는 음절+모음으로 시작하는 형식 형태소 → 음절의 끝소리 규칙을 적용하지 않고 연음하여 발음함

예 • 낮이 → [나지]　　　　　• 꽃이 → [꼬치]

② 자음으로 끝나는 음절+모음으로 시작하는 실질 형태소 → 음절의 끝소리 규칙을 적용한 다음 연음하여 발음함

예 • 겉옷 → [걷옷] → [거돋]
　• 꽃 아래 → [꼳아래] → [꼬다래]

개념 ➊ 음운 변동의 유형 이해

변동 이전		변동 이후	
•	XaY	→ XbY	(교체)
•	XaY	→ XY	(탈락)
•	XY	→ XaY	(첨가)
•	XabY	→ XcY	(축약)

예 못한 → [몯:한] → [모:탄]
　　　　ㅅ → ㄷ(교체)　　ㄷ+ㅎ → ㅌ(축약)

활동 1 음운 변동의 유형

유형	예
교체	학문 → [항문]
❶	여덟 → [여덜]
❷	한여름 → [한녀름]
❸	각하 → [가카]

활동 2 음절의 끝소리 규칙

한낮 → [한낟]	밤[夜] → [밤]
키읔 → [키윽]	물 → [물]
히읗 → [❶　　　]	밖 → [❷　　　]
쫓다 → [❸　　　]	잎 → [❹　　　]

활동 3 음절의 끝소리 규칙 관련 유의 사항

• 동녘이 → [동녀키]
• 깎이다 → [까끼다]
• 옷 위 → [❶　　　]
• 헛웃음 → [❷　　　]

② **비음화**: 비음이 아닌 자음이 비음의 영향을 받아 비음 [ㅇ, ㄴ, ㅁ]으로 바뀌는 현상

① 받침 'ㄱ, ㄷ, ㅂ'이 뒤에 오는 비음 'ㄴ, ㅁ'의 영향으로 비음 [ㅇ, ㄴ, ㅁ]으로 바뀌는 경우

예 ・국물 → [궁물]　　・받는다 → [반는다]　　・밥물 → [밤물]

② 비음 'ㅁ, ㅇ' 뒤에서 'ㄹ'이 [ㄴ]으로 바뀌는 경우

예 ・담력 → [담:녁]　　・침략 → [침:냑]　　・항로 → [항:노]

③ 'ㄱ, ㄷ, ㅂ' 뒤에서 'ㄹ'이 [ㄴ]으로 바뀌고, [ㄴ]의 영향으로 'ㄱ, ㄷ, ㅂ'도 [ㅇ, ㄴ, ㅁ]으로 바뀌는 경우

예 ・독립 → [독닙] → [동닙]　・몇 리 → [멷니] → [면니]　・협력 → [협녁] → [혐녁]

③ **유음화**: 비음 'ㄴ'이 유음 'ㄹ'의 앞뒤에서 유음 [ㄹ]로 바뀌는 현상

예 ・신라 → [실라]　　・난로 → [날:로]　　・줄넘기 → [줄럼끼]

④ **구개음화**: 받침 'ㄷ, ㅌ'이 모음 'ㅣ'나 반모음 'ǐ'로 시작하는 형식 형태소(조사, 접미사)를 만나 경구개음인 [ㅈ, ㅊ]으로 바뀌는 현상

ㄷ + ㅣ → [ㅈ]	예 ・굳이 → [구지]　・미닫이 → [미:다지] ・해돋이 → [해도지]
ㅌ + ㅣ → [ㅊ]	예 ・같이 → [가치]　・피붙이 → [피부치] ・낱낱이 → [난:나치]
ㅌ + ǐ → [ㅊ]	예 ・붙여 → [부쳐] → [부처]

⑤ **된소리되기**: 예사소리가 된소리로 바뀌는 현상

① 받침 'ㄱ, ㄷ, ㅂ'의 뒤에서 'ㄱ, ㄷ, ㅂ, ㅅ, ㅈ'이 된소리로 발음됨

예 ・국밥 → [국빱]　　・뻗대다 → [뻗때다]　　・입술 → [입쑬]

② 어간 받침 'ㄴ, ㅁ'의 뒤에서 어미의 첫소리 'ㄱ, ㄷ, ㅅ, ㅈ'이 된소리로 발음됨

예 ・신고 → [신:꼬]　　・껴안다 → [껴안따]　　・더듬지 → [더듬찌]

③ 한자어의 'ㄹ' 받침 뒤에서 'ㄷ, ㅅ, ㅈ'이 된소리로 발음됨

예 ・갈등 → [갈뜽]　　・말살 → [말쌀]　　・발전 → [발쩐]

④ 관형사형 '-(으)ㄹ'의 뒤에서 'ㄱ, ㄷ, ㅂ, ㅅ, ㅈ'이 된소리로 발음됨

예 ・할 것을 → [할꺼슬]　・갈 데가 → [갈떼가]　・만날 사람 → [만날싸람]

개념 다지기

활동 4 비음화

・먹는 → [멍는]　　　・박물관 → [방물관]
・닫는 → [단는]　　　・맏며느리 → [만며느리]
・꽃망울 → [꼳망울] → [❶　　　]
・집는다 → [짐는다]　　・밥맛 → [밤맏]
・정릉 → [❷　　　]　　・능름 → [능늠]
・석류 → [석뉴] → [❸　　　]
・십 리 → [심니]　　　・섭리 → [섬니]

활동 5 유음화

・난리 → [날:리]　　　・천리 → [철리]
・찰나 → [❶　　　]　　・광한루 → [광:할루]
・달님 → [❷　　　]　　・대관령 → [대:괄령]
・훑는 → [훌른]　　　・짧나 → [짤라]
・뚫네 → [뚤레]　　　・불놀이 → [불로리]
・줄넘기 → [줄럼끼]　　・망할 놈 → [망할롬]

활동 6 구개음화

・땀받이 → [땀바지]
・곧이듣다 → [고지듣따]
・밭이 → [❶　　　]
・샅샅이 → [❷　　　]

활동 7 된소리되기

・잡고 → [잡꼬]
・삼고 → [삼:꼬]
・갈증 → [❶　　　]
・할 도리 → [❷　　　]

활동 정답 **4** ❶ [꼰망울] ❷ [정능] ❸ [성뉴] **5** ❶ [찰라] ❷ [달림] **6** ❶ [바치] ❷ [삳싸치] **7** ❶ [갈쯩] ❷ [할또리]

개념 완성 TEST

01
음절의 끝소리 규칙

음운의 끝소리 규칙에 유의하여 다음 단어들의 발음을 써 보자.

(1) 옷 → [   ]

(2) 꽃 → [   ]

(3) 무릎 → [   ]

(4) 낮이 → [   ]

02
음절의 끝소리 규칙

음운의 끝소리 규칙에 유의하여 다음 단어들의 발음으로 옳은 것을 찾아 써 보자.

(1) 옷이[오시 / 오지] → [   ]
옷 안[오산 / 오단] → [   ]

(2) 꽃을[꼬즐 / 꼬츨] → [   ]
꽃 위[꼬취 / 꼬뒤] → [   ]

(3) 무릎에[무르베 / 무르페] → [   ]
무릎 위[무르뷔 / 무르퓌] → [   ]

(4) 깎아[까가 / 까까] → [   ]
덮이다[더비다 / 더피다] → [   ]

03
비음화

비음화에 유의하여 다음 빈칸에 들어갈 알맞은 말을 써 보자.

(1) '격노'는 받침 'ㄱ'이 뒤에 오는 비음 '(   )'의 영향으로 비음으로 바뀌어 [   ](으)로 발음한다.

(2) '능력'은 'ㄹ'이 비음 '(   )' 뒤에서 비음으로 바뀌어 [   ](으)로 발음한다.

(3) '법리'는 'ㅂ'과 'ㄹ'이 결합할 때 앞소리가 [   ](으)로, 뒷소리가 [   ](으)로 바뀌어 [   ](으)로 발음한다.

04
비음화

비음화에 유의하여 다음 단어들의 발음을 써 보자.

(1) 앞니 → [   ]

(2) 침략 → [   ]

(3) 독립 → [   ]

05
유음화

유음화에 유의하여 다음 단어들의 발음을 써 보자.

(1) 권력 → [   ]

(2) 설날 → [   ]

(3) 뚫는 → [   ]

06
구개음화

구개음화에 유의하여 밑줄 친 단어들의 발음이 적절한 것에는 ○표, 적절하지 않은 것에는 ×표를 해 보자.

(1) 그는 길을 가다가 밭을[바츨] 갈고 있는 소녀를 보았다.
(   )

(2) 새해 아침, 바닷가는 해돋이[해도지]를 보러 온 사람들로 북적거렸다.
(   )

(3) 하늘이 먹구름으로 뒤덮이더니 곧이어[고지어] 빗방울이 떨어지기 시작했다.
(   )

07
된소리되기

된소리되기에 유의하여 다음 단어들의 발음을 써 보자.

(1) 덮개 → [   ]

(2) 앉고 → [   ]

(3) 만날 사람 → [   ]

08
동화 현상

〈보기〉는 표준 발음법 제5장 '음의 동화' 규정이다. ㉠~㉢의 규정에 따라 바르게 발음한 것에는 ○표, 바르게 발음하지 않은 것에는 ×표를 해 보자.

〈보기〉

㉠ 받침 'ㄷ, ㅌ(ㄾ)'이 조사나 접미사의 모음 'ㅣ'와 결합되는 경우에는, [ㅈ, ㅊ]으로 바꾸어서 뒤 음절 첫소리로 옮겨 발음한다.

㉡ 받침 'ㄱ(ㄲ, ㅋ, ㄳ, ㄺ), ㄷ(ㅅ, ㅆ, ㅈ, ㅊ, ㅌ, ㅎ), ㅂ(ㅍ, ㄼ, ㄿ, ㅄ)'은 'ㄴ, ㅁ' 앞에서 [ㅇ, ㄴ, ㅁ]으로 발음한다.

㉢ 'ㄴ'은 'ㄹ'의 앞이나 뒤에서 [ㄹ]로 발음한다.

(1) ㉠에 따라 '홑이불'을 [호치불]로 발음해야 한다. (   )

(2) ㉡에 따라 '신문'을 [심문]으로 발음해야 한다. (   )

(3) ㉢에 따라 '칼날'을 [칼랄]로 발음해야 한다. (   )

내신 기출 문제

01

다음 밑줄 친 단어의 발음이 적절하지 <u>않은</u> 것은?

① 이 <u>옷[온]</u>, 너한테 정말 잘 어울려.
② 들판에 <u>젖소[전쏘]</u>가 뛰어놀고 있다.
③ 정원에 아름다운 <u>꽃이[꼬시]</u> 활짝 피었다.
④ 가을이 되니 나무의 <u>잎도[입또]</u> 떨어진다.
⑤ 어머니는 <u>밭 아래[바다래]</u> 고랑으로 내려가셨다.

02

밑줄 친 단어 중 〈보기〉와 같은 음운 변동 양상이 나타나지 <u>않는</u> 것은?

〈보기〉
• 먹는다 → [멍는다], 닫는다 → [단는다], 잡는다 → [잠는다]
• 침략 → [침:냑], 강릉 → [강능]
• 막론 → [막논] → [망논], 협력 → [협녁] → [혐녁]

① 그는 <u>급류</u>에 휩쓸려 위험에 처했다.
② 최근 <u>곡물</u> 빵에 대한 수요가 늘고 있다.
③ <u>몇 리</u>를 더 가야 읍내에 도착할 수 있니?
④ 세 시간을 달려 <u>대관령</u>에 이를 수 있었다.
⑤ <u>동란</u> 중에 태어난 아이가 벌써 예순이 되었다.

03

밑줄 친 단어 중 〈보기〉에 해당하는 사례가 <u>아닌</u> 것은?

〈보기〉
구개음화는 끝소리가 'ㄷ, ㅌ'인 형태소가 모음 'ㅣ'나 반모음 'ĭ'로 시작되는 형식 형태소와 만나 'ㄷ, ㅌ'이 [ㅈ, ㅊ]으로 바뀌어 소리 나는 현상이다.

① 나는 너와 <u>같이</u> 가지 않을 거야.
② 모든 사실을 <u>낱낱이</u> 밝히도록 해라.
③ 저기를 <u>굳이</u> 가겠다는 이유가 무엇이냐?
④ 이제는 <u>맏이</u>인 네가 아버지 역할을 해야 해.
⑤ 그는 <u>밭이랑</u>에 엎드려 열심히 김을 매고 있었다.

04

다음 ㉠~㉢의 음운 변동에 대한 설명으로 적절하지 <u>않은</u> 것은?

㉠ 입고[입꼬], 묻다[묻따], 국밥[국빱], 박사[박싸], 값지다[갑찌다]
㉡ 아기를 안다[안:따], 담을 넘다[넘:따]
㉢ 할 것을[할꺼슬], 할 데가[할떼가], 할 바를[할빠를], 할 수는[할쑤는], 할 적에[할쩌게]

① ㉠과 같은 예로 '옆집[엽찝]', '낮잠[낟짬]'이 있다.
② ㉠은 받침 'ㄱ, ㄷ, ㅂ' 뒤에서 예사소리가 된소리로 변하는 현상이다.
③ ㉡과 같은 예로 '눈을 감다[감:따]', '차를 탄다[탄따]'가 있다.
④ ㉡은 용언 어간 말음 'ㄴ, ㅁ' 뒤에서 예사소리가 된소리로 변하는 현상이다.
⑤ ㉢은 관형사형 '-(으)ㄹ' 뒤에서 예사소리가 된소리로 변하는 현상이다.

음운의 탈락

1 자음 탈락

(1) **자음군 단순화**: 음절 끝에 두 개의 자음(겹받침)이 올 때, 이 중에서 한 자음이 탈락하는 현상. 앞에 있는 자음이 탈락하기도 하고, 뒤에 있는 자음이 탈락하기도 함

'ㄳ, ㄵ, ㄼ, ㄽ, ㄾ, ㅄ' → 뒤의 자음 탈락	• 넋 → [넉] • 앉다 → [안따] • 여덟 → [여덜] • 외곬 → [외골] • 핥고 → [할꼬] • 값 → [갑]
'ㄺ, ㄻ, ㄿ' → 앞의 자음 탈락	• 닭 → [닥] • 젊다 → [점:따] • 읊고 → [읍꼬]

※ 자음군 단순화의 예외

① 'ㄺ' → 용언의 어간 말음 'ㄺ'은 'ㄱ' 앞에서 뒤의 [ㄱ]이 탈락됨

> 예 • 맑게 → [말께]   • 묽고 → [물꼬]

② 'ㄼ' → '밟-'은 자음 앞에서 앞의 [ㄹ]이 탈락되고, '넓-'도 일부의 경우에 앞의 [ㄹ]이 탈락됨

> 예 • 밟다 → [밥:따], 밟지 → [밥:찌]
 • 넓적하다 → [넙쩌카다]   • 넓죽하다 → [넙쭈카다]   • 넓둥글다 → [넙뚱글다]

(2) **'ㄹ' 탈락**: 용언의 활용 과정이나 합성어 및 파생어의 형성 과정에서 'ㄹ'이 탈락하는 현상

① 어간 끝소리 'ㄹ'이 'ㄴ, ㅂ, ㅅ, -오' 등의 어미 앞에서 탈락함

> 예 • 둥글-+-ㄴ → 둥근   • 날-+-ㅂ니다 → 납니다
 • 놀-+-시-+-다 → 노시다   • 멀-+-(으)오 → 머오

② 합성어나 파생어에서 앞말의 끝소리 'ㄹ'이 'ㄴ, ㄷ, ㅅ, ㅈ'의 앞에서 탈락함

> 예 • 솔+나무 → 소나무   • 달+달+-이 → 다달이   • 울-+짖다 → 우짖다

(3) **'ㅎ' 탈락**: 어간 끝소리 'ㅎ'이 모음으로 시작하는 어미나 접미사 앞에서 탈락하는 현상

> 예 • 좋-+-으니 → [조:으니]   • 쌓-+-이다 → [싸이다]

2 모음 탈락

(1) **'ㅡ' 탈락**: 용언의 어간 말 모음 'ㅡ'가 모음으로 시작하는 어미 앞에서 탈락하는 현상

> 예 • 끄-+-어 → 꺼   • 쓰-+-어라 → 써라

(2) **'ㅏ/ㅓ' 탈락**: 어간이 모음 'ㅏ/ㅓ'로 끝나고 '-아/-어'로 시작하는 어미와 결합할 때 연속되는 동일한 모음 'ㅏ/ㅓ' 중 하나가 탈락하는 현상

> 예 • 가-+-아서 → 가서   • 서-+-어라 → 서라

활동 1 자음군 단순화

- 삯 → [삭]
- 없다 → [업따]
- 읽고 → [❶   ]
- 맑다 → [❷   ]
- 읊다 → [❸   ]
- 젊다 → [점:따]
- 옰 → [올]
- 훑다 → [훌따]
- 가엾다 → [가:업따]

활동 2 'ㄹ' 탈락

- 알-+-오 → [아오]
- 어질-+-ㄴ → [어진]
- 걸-+ 는 → [❶   ]
- 불-+-니 → [부니]
- 말+소 → [마소]
- 딸+님 → [❷   ]

활동 3 'ㅎ' 탈락

- 넣-+-어 → [너어]
- 찧-+-어 → [❶   ]
- 싫-+-어도 → [❷   ]
- 낳-+-은 → [나은]
- 많-+-은 → [마:는]

활동 4 'ㅡ' 탈락

- 담그-+-아도 → [담가도]
- 예쁘-+-어 → [   ]

활동 5 'ㅏ/ㅓ' 탈락

- 일어나-+-아서 → [일어나서]
- 건너-+-어서 → [   ]

1 **'ㄴ' 첨가**: 합성어 및 파생어에서 앞말이 자음으로 끝나고 뒷말이 모음 'ㅣ'나 반모음 'ㅣ'로 시작할 때 'ㄴ'이 새로 생기는 현상

> 예 • 솜+이불 → [솜ː니불] • 맨-+입 → [맨닙]
> • 담(毯)+요 → [담뇨] • 한-+여름 → [한녀름]
> • 늦-+여름 → [늗여름] → [늗녀름] → [는녀름]

2 **반모음 첨가**

- 모음으로 끝나는 형태소 뒤에 단모음으로 시작하는 형태소가 올 때, 반모음 'ㅣ'나 'ㅗ/ㅜ'가 첨가되는 현상
- 반모음 첨가는 표준 발음으로 인정하지 않는 것이 원칙이나, 일부 단어에서 반모음 'ㅣ'를 첨가하는 것을 표준 발음으로 허용함

> 예 • 되-+-어 → [되-+ㅣ+-어] → [되여] (표준 발음으로 허용함)
> • 좋-+-아 → [조-+ㅗ+-아] → [조와] (표준 발음으로 허용하지 않음)

1 **자음 축약(=거센소리되기)**: 예사소리 'ㄱ, ㄷ, ㅂ, ㅈ'이 'ㅎ'과 결합하여 거센소리 'ㅋ, ㅌ, ㅍ, ㅊ'으로 줄어드는 현상

> 예 • 좋고 → [조ː코] • 놓다 → [노타] • 법학 → [버팍]
> • 쌓지 → [싸치] • 좁히다 → [조피다] • 꽂히다 → [꼬치다]

> ※ **사잇소리 현상으로서의 된소리되기**: 관형격 기능을 지니는 사이시옷이 있어야 할 합성어의 경우, 뒤 단어의 첫소리 'ㄱ, ㄷ, ㅂ, ㅅ, ㅈ'이 된소리로 변함

> 예 • 밤+길 → 밤길[밤낄] • 산+새 → 산새[산쌔] • 문+고리 → 문고리[문꼬리]
> • 길+가 → 길가[길까] • 아침+밥 → 아침밥[아침빱] • 창+살 → 창살[창쌀]

※ **사이시옷이 붙은 단어의 사잇소리 현상**

① 사이시옷 뒤에 'ㄱ, ㄷ, ㅂ, ㅅ, ㅈ'으로 시작하는 단어가 올 때 자음을 된소리로 발음함(사이시옷을 [ㄷ]으로 발음 허용)

> • 냇가[내ː까/낻ː까] • 샛길[새ː낄/샏ː낄] • 뱃속[배쏙/밷쏙]

② 사이시옷 뒤에 'ㄴ, ㅁ'이 결합할 때 [ㄴ]으로 발음함

> • 콧날[콘날 → 콘날] • 아랫니[아랟니 → 아랜니] • 뱃머리[밷머리 → 밴머리]

③ 사이시옷 뒤에 'ㅣ'음이 결합할 때 [ㄴㄴ]으로 발음함

> • 깻잎[깬닙 → 깬닙] • 나뭇잎[나묻닙 → 나문닙]

활동 6 'ㄴ' 첨가

- 식용+유 → [시굥뉴]
  'ㄴ' 첨가
- 막-+일 → [막닐] → [❶   ]
  'ㄴ' 첨가   비음화
- 물+약 → [물냑] → [❷   ]
  'ㄴ' 첨가   유음화

개념✚ 표준 발음으로 허용되는 반모음 첨가

다음 네 단어에서 일어나는 반모음 첨가는 표준 발음으로 허용하고 있음(표준 발음법 제22항)

> • 되어[되어 / 되여]
> • 피어[피어 / 피여]
> • 이오[이오 / 이요]
> • 아니오[아니오 / 아니요]

활동 7 사잇소리 현상으로서의 된소리되기

- 손등 → [손뜽] • 눈동자 → [눈똥자]
- 강가 → [❶   ] • 손재주 → [손째주]
- 신바람 → [❷   ] • 물동이 → [물똥이]

활동 8 거센소리되기

- 국화 → [구콰] • 좋던 → [조ː턴]
- 맏형 → [❶   ] • 각하 → [가카]
- 잡히다 → [❷   ] • 앉히다 → [안치다]
- 젖히다 → [❸   ] • 옷 한 벌 → [오탄벌]

[차지어 ❶ 나치여]
❷ [이오미] ❸ 8 [ㅣ피잡] ❹ [냐치] ❶ [냘물] ❷ [룡민] ❷ [ㄹ뮹] ❶ 9 동활

개념 완성 TEST

01

자음군 단순화에 유의하여 다음 단어들의 발음을 써 보자.

(1) 흙 → [   ], 젊다 → [   ]
(2) 몫 → [   ], 훑지 → [   ]
(3) 늙고 → [   ], 넓죽하다 → [   ]

02

다음과 같이 형태소가 결합할 때, 어떤 음운이 탈락되는지 써 보자.

(1) 좋-+-아서 → [조:아서] : _____ 탈락
(2) 뜨-+-어 → 떠: _____ 탈락
(3) 솔+나무 → 소나무 : _____ 탈락
(4) 자-+-았-+-다 → 잤다 : _____ 탈락

03

'ㅎ' 탈락에 유의하여 다음 단어들의 발음을 써 보자.

(1) 낳은 → [   ]
(2) 쌓이다 → [   ]
(3) 놓아 → [   ]

04

'ㄴ' 첨가에 유의하여 다음 단어들의 발음을 써 보자.

(1) 맨-입 → [   ]
(2) 꽃-잎 → [   ]
(3) 신-여성 → [   ]

05

사잇소리 현상에 유의하여 다음 단어들의 발음을 써 보자.

(1) 냇가 → [   ], 햇살 → [   ]
(2) 툇마루 → [   ], 아랫니 → [   ]
(3) 뒷윷 → [   ], 도리깻열 → [   ]

06

자음 축약(거센소리되기)에 유의하여 다음 단어들의 발음을 써 보자.

(1) 놓고 → [   ]
(2) 좋던 → [   ]
(3) 쌓지 → [   ]
(4) 숱하다 → [   ]

07

반모음 첨가에 대한 설명으로 적절한 것에는 ○표, 적절하지 않은 것에는 ×표를 해 보자.

(1) '피어'는 [피어]와 [피여]로 모두 발음할 수 있다.   (   )
(2) '아니오'는 [아니오]로 발음할 수 있지만 [아니요]로 발음하는 것은 허용되지 않는다.   (   )

08

다음에 나타난 음운 변동 현상을 쓰고, 그것이 '교체, 탈락, 축약, 첨가' 중 어느 유형에 속하는지 적어 보자.

(1)	먹히다[머키다]		
(2)	식용유[시굥뉴]		
(3)	먹는다[멍는다]		
(4)	선릉[설릉]		
(5)	닭[닥]		

내신 기출 문제

01
자음군 단순화

〈보기〉를 바탕으로 겹받침의 표준 발음을 탐구한 내용으로 적절하지 **않은** 것은?

〈보기〉

㉠ 닭[닥], 맑다[막따], 읽다[익따]
㉡ 여덟[여덜], 넓다[널따], 얇다[얄ː따]
㉢ 맑고[말꼬], 읽고[일꼬]
㉣ 밟게[밥ː께], 밟지[밥ː찌]
㉤ 넓적하다[넙쩌카다], 넓둥글다[넙뚱글다]

① ㉠을 보니, 겹받침 'ㄺ'은 어말 또는 자음 앞에서 [ㄱ]으로 발음되는군.
② ㉡을 보니, 겹받침 'ㄼ'은 어말 또는 자음 앞에서 [ㄹ]로 발음되는군.
③ ㉢을 보니, ㉠과 달리 용언의 어간 말음 'ㄺ'은 'ㄱ' 앞에서 [ㄹ]로 발음되는군.
④ ㉣을 보니, ㉡과 달리 용언의 어간 말음 'ㄼ'은 'ㄱ, ㅈ' 앞에서 [ㅂ]으로 발음되는군.
⑤ ㉤을 보니, ㉡과 달리 파생어나 합성어의 경우에 '넓'으로 표기된 것은 [넙]으로 발음되는군.

02
'ㄴ' 첨가와 비음화

다음은 표준 발음법 수업의 일부이다. ㉠의 사례와 같은 것은?

선생님: '내복-약'은 [내ː봉냑]으로 발음됩니다. 이렇게 발음되는 이유는 'ㄴ' 첨가 현상과 비음화 현상이 일어났기 때문입니다. 'ㄴ' 첨가는 합성어나 파생어에서 앞말이 자음으로 끝나고 뒷말이 '이, 야, 여, 요, 유'로 시작할 때 'ㄴ' 소리를 첨가하여 [니, 냐, 녀, 뇨, 뉴]로 발음하는 현상입니다. 그리고 비음화는 비음이 아닌 자음이 비음의 영향을 받아 비음 'ㄴ, ㅁ, ㅇ'으로 동화되는 현상을 말합니다. 그래서 ㉠'내복약'은 [내ː복냑 → 내ː봉냑]으로 발음하게 되는 것입니다.

① 꽃-망울[꼰망울]
② 눈-요기[눈뇨기]
③ 서울-역[서울력]
④ 툇-마루[퇸ː마루]
⑤ 학-여울[항녀울]

03
축약

〈보기〉를 참고할 때, ⓐ~ⓔ의 음운 변동에 대한 설명으로 적절하지 **않은** 것은?

〈보기〉

두 개의 음운이 합쳐져서 하나의 음운으로 줄어드는 현상을 축약이라고 하는데, 국어의 축약은 자음 축약(거센소리되기)이 있다.

• 거센소리되기: 'ㄱ, ㄷ, ㅂ, ㅈ'이 'ㅎ'과 만나 거센소리인 'ㅋ, ㅌ, ㅍ, ㅊ'이 되는 현상 예 낳고 → [나ː코]

ⓐ 밝히다 → [발키다]   ⓑ 맑게 → [말게]
ⓒ 앉히고 → [안치고]   ⓓ 맏형 → [마텽]
ⓔ 급히 → [그피]

① ⓐ는 받침 'ㄺ'에서 'ㄱ'이 뒤에 오는 'ㅎ'과 만나 'ㅋ'으로 줄어들어 발음되는 거센소리되기가 나타난다.
② ⓑ는 받침 'ㄺ'에서 'ㄱ'이 뒤에 오는 'ㄱ'과 만나 'ㄲ'으로 줄어들어 발음되는 거센소리되기가 나타난다.
③ ⓒ는 받침 'ㄵ'에서 'ㅈ'이 뒤에 오는 'ㅎ'과 만나 'ㅊ'으로 줄어들어 발음되는 거센소리되기가 나타난다.
④ ⓓ는 받침 'ㄷ'이 뒤에 오는 'ㅎ'과 만나 'ㅌ'으로 줄어들어 발음되는 거센소리되기가 나타난다.
⑤ ⓔ는 받침 'ㅂ'이 뒤에 오는 'ㅎ'과 만나 'ㅍ'으로 줄어들어 발음되는 거센소리되기가 나타난다.

04
음운 변동 통합

〈보기〉를 바탕으로 음운 변동을 바르게 이해한 것은?

〈보기〉

음운의 변동은 크게 네 가지로 나눌 수 있다. 어떤 음운이 다른 음운으로 바뀌는 ㉠교체, 하나의 음운이 없어지는 ㉡탈락, 새로운 음운이 생기는 ㉢첨가, 두 음운이 하나의 음운으로 합쳐지는 ㉣축약이 그것이다.

① '꽃잎[꼰닙]'에서는 ㉢과 ㉣의 음운 변동이 일어난다.
② '부엌만[부엉만]'에서는 ㉠과 ㉡의 음운 변동이 일어난다.
③ '늦여름[는녀름]'에서는 ㉠과 ㉢의 음운 변동이 일어난다.
④ '여닫이[여ː다지]'에서는 ㉡과 ㉣의 음운 변동이 일어난다.
⑤ '낙하산[나카산]'에서는 ㉡과 ㉢의 음운 변동이 일어난다.

[01-02] 다음 글을 읽고 물음에 답하시오.

음운은 단어의 뜻을 변별하는 데 사용되는 소리로 언어마다 차이가 있다. 예컨대 국어에서는 음운으로서 'ㅅ'과 'ㅆ'을 구분하지만 영어에서는 구분하지 않는다. 음운이 실제로 발음되기 위해서는 발음의 최소 단위인 음절을 이뤄야 하는데 음절의 구조도 언어마다 다르다. 국어는 한 음절 내에서 모음 앞이나 뒤에 각각 최대 하나의 자음을 둘 수 있지만 영어는 'spring[spriŋ]'처럼 한 음절 내에서 자음군이 형성될 수 있다.

음운은 그 자체로는 뜻이 없다. 음운이 하나 이상 모여 뜻을 가지면 의미의 최소 단위인 형태소가 된다. 그리고 우리는 이러한 형태소를 결합하여 단어를 만들고 말을 한다. 이때 ㉠ 형태소와 형태소가 만나는 경계에서 음운이 다양하게 배열되고 발음이 결정되는데, 여기에 음운 규칙이 관여한다. 예컨대 국어에서는 '국물[궁물]'처럼 '파열음 – 비음' 순의 음운 배열이 만들어지면, 파열음은 동일 조음 위치의 비음으로 교체된다. 그런데 이런 음운 규칙도 모든 언어에 적용되는 것은 아니어서 영어에서는 'nickname[nikneim]'처럼 '파열음(k) – 비음(n)'이 배열되어도 비음화가 일어나지 않는다.

이러한 음운, 음절 구조, 음운 규칙은 말을 할 때뿐만 아니라 말을 들을 때도 작동한다. 이들은 말을 할 때는 발음을 할 수 있게 만드는 재료, 구조, 방법이 되고, 말을 들을 때는 말소리를 분류하고 인식하는 틀이 된다. 예컨대 '국'과 '밥'이 결합한 '국밥'은 된소리되기가 적용되어 늘 [국빱]으로 발음되지만, 우리는 이것을 '빱'이 아니라 '밥'과 관련된 것으로 인식한다. 그 이유는 [국빱]을 들을 때 된소리되기가 인식의 틀로 작동하여 된소리되기 이전의 음운 배열인 '국밥'으로 복원되기 때문이다. 더불어 외국어를 듣는 상황을 생각해 보자. 국어의 음절 구조와 맞지 않는 소리를 듣는다면 국어의 음절 구조에 맞게 바꾸고, 국어에 없는 소리를 듣는다면 국어에서 가장 가까운 음운으로 바꾸어 인식하게 된다. 영어 단어 'bus'를 우리말 음절 구조에 맞게 2음절로 바꾸고, 'b'를 'ㅂ' 또는 'ㅃ'으로 바꾸어 [버쓰]나 [뻐쓰]로 인식하는 것이 그 예이다.

제대로 개념 정리

☆ 문제 채점까지 마친 후 복습할 때 보세요.

(1) 음운, 음절, 형태소의 개념
• 음운: 단어의 뜻을 변별하는 데 사용되는 소리
• 음절: (❶   )의 최소 단위
• 형태소: 의미의 최소 단위

(2) 국어와 영어의 차이
① 음운의 차이: 국어는 'ㅅ'과 'ㅆ'을 구분하나 영어는 구분하지 않음
② (❷   )의 차이: 국어는 한 음절 내에서 자음군이 형성될 수 없으나 영어는 형성될 수 있음
③ 음운 규칙의 차이: 국어에서는 파열음 – 비음 순의 음운 배열이 만들어지면 파열음이 비음으로 교체되나, 영어에서는 같은 배열에서도 (❸   )가 일어나지 않음

(3) 음운, 음절 구조, 음운 규칙의 작동 양상
① 말을 할 때뿐만 아니라 말을 들을 때도 작동함
  예 [국빱]이 '국밥'으로 복원
    → (❹   )가 인식의 틀로 작동
② 외국어를 우리말에 맞게 인식하게 함
  예 'bus'를 [버쓰]나 [뻐쓰]로 인식
    → 우리말 음절 구조와 국어에 가장 가까운 음운으로 바꾸어 인식

정답 ❶ 발음 ❷ 음절 구조 ❸ 비음화 ❹ 된소리되기

01

윗글을 통해 추론한 내용으로 적절하지 않은 것은?

① 국어 음절 구조의 특징을 고려하면 '몫[목]'의 발음에서 음운이 탈락하는 것을 이해할 수 있겠군.

② 국어 음운 'ㄹ'은 그 자체에는 뜻이 없지만, '갈 곳'의 'ㄹ'은 어미로 쓰이고 있으므로 뜻을 가진 최소 단위가 되겠군.

③ 국어에서 '밥만 있어'의 '밥만[밤만]'을 듣고 '밤만'으로 알았다면 그 과정에서 비음화 규칙이 인식의 틀로 작동했겠군.

④ 영어의 'spring'이 국어에서 3음절 '스프링'으로 인식되는 것은 국어 음절 구조 인식의 틀이 제대로 작동한 결과이겠군.

⑤ 영어의 'vocal'이 국어에서 '보컬'로 인식되는 것은 영어 'v'와 가장 비슷한 국어 음운이 'ㅂ'이기 때문이겠군.

제대로 접근법 ☆ 문제 채점까지 마친 후 복습할 때 보세요.

01
음운, 음절 구조, 음운 규칙의 개념과 작동 양상을 이해하고 있는지 묻는 유형이다. 오답률이 매우 높은 문제로, 우리말과 영어에서 음운, 음절 구조, 음운 규칙 간의 차이점이 무엇인지 정확히 이해해야 한다.

• 영어를 우리말로 바꾸어 인식할 때 어떤 원리가 적용되는지 생각해 본다.

• 음운 규칙이 말소리를 분류하고 인식하는 틀로 작용한다는 내용을 이해하여 선택지의 적절성을 판단한다.

02

㉠의 위치에서 음운 변동이 일어난 예만을 〈보기〉에서 고른 것은?

─────〈보기〉─────

ⓐ 앞일[암닐]
ⓑ 장미꽃[장미꼳]
ⓒ 넣고[너코]
ⓓ 걱정[걱쩡]
ⓔ 굳이[구지]

① ⓐ, ⓑ, ⓒ
② ⓐ, ⓒ, ⓔ
③ ⓐ, ⓓ, ⓔ
④ ⓑ, ⓒ, ⓓ
⑤ ⓑ, ⓓ, ⓔ

02
음운 변동을 이해하고 있는지 묻는 유형이다.

• 지문에서 형태소의 개념을 확인하고, 〈보기〉에 제시된 단어를 형태소로 분석한다.

• 〈보기〉에 제시된 단어의 표기와 발음을 비교하여 음운의 변동이 일어나는 위치를 파악한다.

• 하나의 형태소 안에서 음운의 변동이 일어난 것은 ㉠의 예에 해당하지 않는다는 점에 유의하여 선택지의 적절성을 판단한다.

‘음절’은 발음의 단위이다. 음절의 특징을 이해하는 것은 국어 발음의 특징과 여러 가지 음운 변동 현상을 이해하기 위한 기초가 된다. 한글은 소리를 나타내는 문자이기 때문에 한글의 표기와 발음이 동일하다고 생각하기 쉽다. 하지만 한글 표기법에는 소리를 그대로 적는다는 원칙도 있지만 ⓪의미를 효과적으로 전달하기 위해 하나의 의미는 하나의 형태로 고정하여 적는다는 원칙도 있어서, ⓛ표기가 실제 발음을 그대로 드러내지 않는 경우가 많다. 그런데 표기된 글자가 실제 발음과 다르더라도, 우리는 실제 발음이 아니라 ©표기된 글자 하나하나를 ‘음절’이라고 인식하는 관습이 있다. 끝말잇기도 이러한 관습을 규칙으로 하여 이루어지는 놀이이다. 그러나 발음의 특징을 이해하기 위해서는 표기가 아니라 발음을 기준으로 음절을 인식해야 한다.

발음을 기준으로 할 때 우리말의 음절은 네 가지 유형으로 나뉜다. 어떤 음절이든 자음과 모음의 결합 방식에 따라 ⓔ‘모음’, ‘자음＋모음’, ‘모음＋자음’, ‘자음＋모음＋자음’ 중 한 가지 유형에 해당한다. 각 음절 유형은 표기 형태에 그대로 나타나는 경우도 있지만, ‘축하[추카]’와 같이 ⓜ표기 형태가 음절 유형을 그대로 나타내지 않는 경우도 있다.

[A] 그런데 우리말에는 음절의 구조에 제약이 존재한다. 우선 초성에는 ‘ㅇ’이 올 수 없다. 또한 종성에는 ‘ㄱ, ㄴ, ㄷ, ㄹ, ㅁ, ㅂ, ㅇ’만 올 수 있다는 제약이 있다. 그래서 종성 자리에 올 수 없는 자음이 놓여 발음할 수 없으면, 다른 자음으로 교체되는 음운 변동이 일어나 발음이 가능해진다. 그리고 종성에는 둘 이상의 자음이 올 수 없다는 제약이 있다. 종성 자리에 두 개의 자음이 놓이게 되면 둘 중 하나가 탈락하는 음운 변동이 일어난다. 한편 음절 구조 제약과 관계없이 일어나는 음운 변동도 있다. 예를 들어 ‘논일[논닐]’에서 ‘ㄴ’이 첨가되는 것은 음절 구조 제약과는 무관한 음운 변동이다.

☆ 문제 채점까지 마친 후 복습할 때 보세요.

제대로 개념 정리

(1) 음절의 개념
(❶   )의 단위
→ 국어 발음의 특징과 여러 가지 음운 변동 현상을 이해하기 위한 기초가 됨

(2) 음절에 대한 관습적 오개념
표기된 글자가 실제 발음과 다른 경우, 표기된 글자 하나하나를 음절로 인식하는 관습이 있음
→ 발음의 특징을 이해하기 위해서는 (❷   )가 아니라 발음을 기준으로 음절을 인식해야 함

(3) 우리말의 음절 유형
① 모음
② 자음 ＋ 모음
③ 모음 ＋ 자음
④ 자음 ＋ (❸   ) ＋ 자음

(4) 우리말 음절 구조의 제약
① 초성에는 ‘(❹   )’이 올 수 없음
② 종성에는 ‘ㄱ, ㄴ, ㄷ, ㄹ, ㅁ, ㅂ, ㅇ’만 올 수 있음
→ 종성 자리에 올 수 없는 자음이 놓여 발음할 수 없으면, 다른 자음으로 교체됨
③ 종성에는 둘 이상의 자음이 올 수 없음
→ 종성 자리에 두 개의 자음이 놓이게 되면 둘 중 하나가 탈락함

○ ❹ ㅇ ❸ 모음 ❷ 표기 ❶ 발음

03

⓪~ⓜ을 이해한 내용으로 적절하지 <u>않은</u> 것은?

① ⓪에 따라 ‘싫증’은 싫다는 의미를 효과적으로 전달하기 위해 첫 글자의 형태를 고정하여 표기한 예이다.
② ⓛ에 해당하는 예로 ‘북소리’와 ‘국물’을 들 수 있다.
③ ©에 따라 끝말잇기를 할 때, ‘나뭇잎’ 뒤에 ‘잎새’를 연결할 수 있다.
④ ⓔ의 구분에 따르면 ‘강’과 ‘복’은 같은 음절 유형에 해당하지만, ‘목’과 ‘몫’은 서로 다른 음절 유형에 해당한다.
⑤ ⓜ에 해당하는 예로 ‘북어’를, 해당하지 않는 예로 ‘강변’을 들 수 있다.

☆ 문제 채점까지 마친 후 복습할 때 보세요.

제대로 접근법

03
음절에 대한 이해를 묻는 유형이다.
정답률이 92%에 달하는 평이한 문제로, 우리말의 음절 유형에 대한 개념은 반드시 알고 있어야 한다.
• 음절과 음절 유형에 대한 개념을 정확히 이해한다. 음절 유형은 표기가 아닌, 발음을 기준으로 나뉜 것임에 유의하자.
• 이를 바탕으로 선택지의 적절성을 판단한다.

04

[A]를 바탕으로 할 때, 〈보기〉의 ⓐ~ⓔ에 대한 설명으로 적절한 것은?

〈보기〉

	표기	발음
ⓐ	굳이	[구지]
ⓑ	옷만	[온만]
ⓒ	물약	[물략]
ⓓ	값도	[갑또]
ⓔ	핥는	[할른]

① ⓐ: 음절 구조 제약과 관련된 교체가 한 번 일어난다.

② ⓑ: 음절 구조 제약과 관련된 교체가 한 번, 음절 구조 제약과 무관한 교체가 한 번 일어난다.

③ ⓒ: 음절 구조 제약과 무관한 첨가가 한 번, 음절 구조 제약과 관련된 교체가 한 번 일어난다.

④ ⓓ: 음절 구조 제약과 관련된 탈락이 한 번, 음절 구조 제약과 무관한 첨가가 한 번 일어난다.

⑤ ⓔ: 음절 구조 제약과 관련된 탈락이 한 번, 음절 구조 제약과 관련된 교체가 한 번 일어난다.

★ 문제 채점까지 마친 후 복습할 때 보세요.

제대로 접근법

04

음운의 변동에 대한 이해와 적용 능력을 확인하는 유형이다.

• [A]를 바탕으로 우리말의 음절 구조에 존재하는 제약을 정리한다. 음절 구조 제약과 관련된 음운 변동에는 음절의 끝소리 규칙(교체), 자음군 단순화(탈락) 등이 있음을 기억한다.

• 〈보기〉에 제시된 ⓐ~ⓔ의 표기와 발음을 비교하여 ⓐ~ⓔ에 일어나는 음운 변동을 정리한다.

• 정리한 내용을 바탕으로 선택지의 적절성을 판단한다.

05

〈보기〉의 ㉮에 들어갈 말로 적절한 것은?

〈보기〉

선생님: 용언 어간 뒤에 '-아/어'로 시작하는 어미가 결합할 때, 단모음이 반모음으로 교체되는 음운 변동이 일어날 수 있어요. 가령, 어간 '오-'와 어미 '-아'가 결합해 [와]로 발음될 때, 단모음 'ㅗ'가 반모음 'w'로 교체되는 것이지요. 우리말의 반모음은 'j'도 있으니까 반모음 'j'로 교체되는 예도 있겠죠? 그럼 용언 어간의 단모음이 '-아/어'로 시작하는 어미와 결합할 때 반모음 'j'로 교체되는 예를 들어 볼까요?

학 생: 네, [㉮] 로 발음되는 예를 들 수 있어요.

① 어간 '뛰-'와 어미 '-어'가 결합해 [뛰여]

② 어간 '차-'와 어미 '-아도'가 결합해 [차도]

③ 어간 '잠그-'와 어미 '-아'가 결합해 [잠가]

④ 어간 '견디-'와 어미 '-어서'가 결합해 [견뎌서]

⑤ 어간 '키우-'와 어미 '-어라'가 결합해 [키워라]

05

음운의 변동에 대한 이해를 묻는 유형이다.

• 반모음 및 반모음화와 관련된 개념을 정확히 숙지한다. 반모음은 홀로 발음될 수 없으며, 반모음 'j'(반모음 'ㅣ')와 반모음 'w'(반모음 'ㅗ/ㅜ')가 있다. 또한 반모음화는 원래 있던 모음이 반모음으로 바뀌는 현상이다.

• 〈보기〉에 제시된 반모음화의 예를 바탕으로, 선택지에 제시된 예에 일어나는 음운 변동을 정리한다. 특히 어간과 어미가 결합하는 부분에서 나타나는 모음의 변화에 주목한다.

• 정리한 내용을 바탕으로 용언 어간의 단모음이 '-아/어'로 시작하는 어미와 결합할 때 반모음 'j'로 교체되는 예를 찾는다.

06

2024 9월 모의평가

〈학습 활동〉을 수행한 결과로 적절한 것은?

〈학습 활동〉

'교체, 탈락, 첨가, 축약'과 같은 네 가지 유형의 음운 변동을 탐구해 보면, 한 단어에서 서로 다른 유형의 음운 변동이 일어나기도 하고 같은 유형의 음운 변동이 두 번 이상 일어나기도 한다.

- 한 단어에 음운 변동이 한 번 일어난 예
  예 빗[빋], 여덟[여덜], 맨입[맨닙], 축하[추카]
- 한 단어에 서로 다른 유형의 음운 변동이 일어난 예
  예 밟는[밤:는], 닭장[닥짱]
- 한 단어에 같은 유형의 음운 변동이 두 번 이상 일어난 예
  예 앞날[암날], 벚꽃[벋꼳]

이를 참고하여 ㉠~㉤에 해당하는 예를 두 개씩 생각해 보자.

㉠ '교체가 한 번, 탈락이 한 번' 일어난 것
㉡ '교체가 한 번, 첨가가 한 번' 일어난 것
㉢ '교체가 한 번, 축약이 한 번' 일어난 것
㉣ '교체가 두 번, 탈락이 한 번' 일어난 것
㉤ '교체가 두 번, 첨가가 한 번' 일어난 것

① ㉠: 재밌는[재민는], 얽매는[엉매는]
② ㉡: 불이익[불리익], 견인력[겨닌녁]
③ ㉢: 똑같이[똑까치], 파묻힌[파무친]
④ ㉣: 읊조려[읍쪼려], 겉늙어[건늘거]
⑤ ㉤: 버들잎[버들립], 덧입어[던니버]

07

2024 6월 모의평가

〈보기〉의 ㉮, ㉯에 들어갈 수 있는 단어로 적절한 것은?

〈보기〉

선생님: 지난 시간에 음운의 변동 가운데 ⓐ음절의 끝소리 규칙, ⓑ자음군 단순화, ⓒ된소리되기를 학습했는데요. 이번 시간에는 음운 변동의 적용 유무를 기준으로 단어를 분류하는 활동을 진행해 볼게요. 그럼, 표준 발음을 고려해서 다음 단어들을 분류해 보죠.

분류 전

넓디넓다, 높푸르다, 늦깎이, 닭갈비, 쑥대밭, 앞장서다, 읊다, 있다, 짓밟다, 흙빛

ⓐ	ⓑ	ⓒ	분류 후
○	○	○	→ ㉮
○	×	○	→ ㉯
○	×	×	→
×	○	○	→

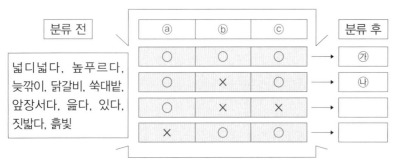

○: 해당 음운 변동이 일어난 것.
×: 해당 음운 변동이 일어나지 않은 것.

	㉮	㉯
①	짓밟다	늦깎이
②	넓디넓다	있다
③	읊다	높푸르다
④	흙빛	쑥대밭
⑤	닭갈비	앞장서다

제대로 접근법

문제 채점까지 마친 후 복습할 때 보세요.

06
음운의 변동에 대한 이해와 적용 능력을 확인하는 유형이다.
- 〈학습 활동〉에 제시된 예를 통해 음운 변동의 네 가지 범주인 '교체, 탈락, 첨가, 축약'을 확실하게 이해한다.
- 선택지에 제시된 표기와 발음을 비교하며 각각에서 일어나는 음운 변동을 꼼꼼하게 정리한 뒤 조건을 모두 충족하는 선택지를 찾는다.

07
음운 변동에 대한 이해와 적용 능력을 확인하는 유형이다.
- 음절의 끝소리 규칙, 자음군 단순화, 된소리되기 현상을 정확하게 이해하고 있어야 한다.
- 시간을 절약하기 위해 ㉮의 예문들부터 분석해서 조건에 부합하지 않는 선택지들을 지운다.
- 남은 선택지의 ㉯의 예문을 분석하여 모든 조건을 충족하는 선택지를 고른다. ㉯의 예문들은 모두 음절의 끝소리 규칙이 일어나므로, 된소리되기가 일어난 예문을 찾아야 한다.

08

〈보기〉를 바탕으로 음운 변동에 대해 이해한 내용으로 적절하지 <u>않은</u> 것은?

───〈보기〉───

　　한 음운이 다른 음운과 만날 때 환경에 따라 다른 음운으로 바뀌어서 소리 나는 현상을 음운 변동이라고 한다. 음운 변동은 그 양상에 따라 교체, 축약, 탈락, 첨가로 나눌 수 있다. 이러한 음운 변동은 한 단어에서 두 가지 이상이 함께 나타나기도 한다.

① '물약[물략]'에서는 첨가와 교체의 음운 변동이 일어난다.
② '읊는[음는]'에서는 탈락과 교체의 음운 변동이 일어난다.
③ '값하다[가파다]'에서는 탈락과 축약의 음운 변동이 일어난다.
④ '급행요금[그팽뇨금]'에서는 탈락과 축약과 첨가의 음운 변동이 일어난다.
⑤ '넓죽하다[넙쭈카다]'에서는 탈락과 교체와 축약의 음운 변동이 일어난다.

제대로 접근법 ☆ 문제 채점까지 마친 후 복습할 때 보세요.

08
음운의 변동에 대한 이해와 적용 능력을 묻는 유형이다.
• 음운 변동에 대한 개념을 정확히 이해한다. 교체, 축약, 탈락, 첨가에 해당하는 음운 변동의 유형을 정리한다.
• 정리한 내용을 바탕으로 선택지에 제시된 예에 일어나는 음운 변동을 파악한다. 한 단어에 둘 이상의 음운 변동이 일어날 수 있음에 유의하자.

09

〈보기〉의 음운 변동을 분석한 것으로 적절하지 <u>않은</u> 것은?

───〈보기〉───

　　㉠ 밭일[반닐]　　　　㉡ 훑는[훌른]　　　　㉢ 같이[가치]

① ㉠에는 음절 끝에 올 수 있는 자음이 제한되어 있기 때문에 일어난 음운 변동이 있다.
② ㉠과 ㉡은 음운 변동의 결과 음운의 개수에 변화가 생겼다.
③ ㉠은 실질 형태소끼리 결합할 때, ㉢은 실질 형태소와 형식 형태소가 결합할 때 음운 변동이 일어났다.
④ ㉡은 자음으로 인한, ㉢은 모음으로 인한 음운 변동이 일어났다.
⑤ ㉠, ㉡, ㉢에 공통적으로 일어난 음운 변동은 탈락과 교체이다.

09
음운의 변동에 대한 이해와 적용 능력을 묻는 유형이다.
• 음운 변동에 대한 개념을 바탕으로 교체, 축약, 탈락, 첨가에 해당하는 음운 변동의 유형을 정리한다.
• 음운 변동의 결과 음운의 개수에 변화가 없는 교체와는 달리, 탈락, 첨가, 축약은 변화가 있다는 것을 기억한다.
• 〈보기〉의 '밭일', '훑는', '같이'에 일어난 음운 변동의 유형, 음운 변동의 횟수, 음운의 개수 등을 분석한 뒤 선택지의 적절성을 판단한다.

[A]에 들어갈 말로 적절한 것은?

학 생: 선생님, 표준 발음법 제18항을 보다가 궁금한 점이 생겼어요. 이 조항에서 'ㄱ, ㄷ, ㅂ' 옆의 괄호 안에 다른 받침들이 포함된 것은 무엇을 나타내나요?

> 제18항 받침 'ㄱ(ㄲ, ㅋ, ㄳ, ㄺ), ㄷ(ㅅ, ㅆ, ㅈ, ㅊ, ㅌ, ㅎ), ㅂ(ㅍ, ㄼ, ㄿ, ㅄ)'은 'ㄴ, ㅁ' 앞에서 [ㅇ, ㄴ, ㅁ]으로 발음한다.

선생님: 좋은 질문이에요. 그건 받침이 'ㄱ, ㄷ, ㅂ'이 아니더라도, 음운 변동의 결과로 그 발음이 [ㄱ, ㄷ, ㅂ]으로 바뀌면 비음화 현상이 적용될 수 있다는 사실을 나타낸 거예요.

학 생: 아, 그렇다면 _____[A]_____ 비음화 현상이 적용된 거네요?

선생님: 네, 맞아요.

① '밖만[방만]'은 자음군 단순화가 적용된 후
② '폭넓다[퐁널따]'는 자음군 단순화가 적용된 후
③ '값만[감만]'은 음절의 끝소리 규칙이 적용된 후
④ '겉늙다[건늑따]'는 음절의 끝소리 규칙이 적용된 후
⑤ '호박잎[호방닙]'은 음절의 끝소리 규칙이 적용된 후

- 〈보기〉의 비음화 현상뿐만 아니라 선택지에 사용된 자음군 단순화와 음절의 끝소리 규칙도 이해하고 있어야 문제를 해결할 수 있다.
- 비음화는 〈보기〉에 제시된 '제18항'의 내용으로 이해할 수 있다. '자음군 단순화'는 음절 끝에 겹받침(두 개의 자음)이 올 때, 이 중에서 한 자음이 탈락하는 현상이다. '음절의 끝소리 규칙'은 서로 다른 음운들이 음절의 끝에서 'ㄱ, ㄴ, ㄷ, ㄹ, ㅁ, ㅂ, ㅇ'의 7개 자음 중 하나로만 발음되는 현상이다.
- 문법 현상에 대한 이해를 바탕으로 선택지의 단어들에 일어나는 음운 변동이 무엇인지 파악하고, [A]에 들어갈 문장을 적절하게 제시한 선택지를 골라 보자.

〈보기 1〉을 참고하여 〈보기 2〉의 ㉠~㉤에 대해 설명한 내용으로 가장 적절한 것은?

── 〈보기 1〉 ──

[구개음화]
　교체 현상의 하나로, 받침이 'ㄷ', 'ㅌ'인 형태소가 모음 'ㅣ'나 반모음 'ㅣ[j]'로 시작되는 형식 형태소와 만나면 그것이 각각 구개음 [ㅈ], [ㅊ]이 되거나, 'ㄷ' 뒤에 형식 형태소 '-히-'가 올 때 'ㅎ'과 결합하여 이루어진 [ㅌ]이 [ㅊ]이 되는 현상

── 〈보기 2〉 ──

- 나는 벽에 ㉠붙인 게시물을 떼었다.
- 교수는 문제의 원인을 ㉡낱낱이 밝혔다.
- 그녀는 평생 ㉢밭이랑을 일구며 살았다.
- 그의 말소리는 소음에 ㉣묻히고 말았다.
- 그는 겨울에도 방에서 ㉤홑이불을 덮고 잤다.

① ㉠의 '붙-'은 접미사의 모음 'ㅣ'와 만나므로 구개음화 현상이 일어나지 않는다.
② ㉡의 '-이'는 실질 형태소이므로 '낱'의 받침 'ㅌ'은 [ㅊ]으로 발음되지 않는다.
③ ㉢의 '이랑'은 모음 'ㅣ'로 시작되는 형식 형태소이므로 '밭'의 'ㅌ'은 [ㅊ]으로 발음된다.
④ ㉣의 '묻-'은 접미사 '-히-'와 만나므로 'ㄷ'이 'ㅎ'과 결합하여 이루어진 [ㅌ]은 [ㅊ]으로 발음된다.
⑤ ㉤의 '홑-'과 결합한 '이불'은 모음 'ㅣ'로 시작되는 실질 형태소이므로 '홑-'의 받침 'ㅌ'은 구개음화 현상이 일어난다.

- 〈보기 1〉을 바탕으로 구개음화에 대한 개념을 정확히 이해한다.
- 받침이 'ㄷ', 'ㅌ'인 형태소가 모음 'ㅣ'나 반모음 'ㅣ[j]'로 시작되는 형식 형태소와 만나거나 'ㄷ' 뒤에 형식 형태소 '-히-'가 올 때 구개음화가 일어난다는 조건을 기억한다.
- 구개음화에 대한 개념을 바탕으로 〈보기 2〉에 나타난 음운 변동을 정리한다.
- 〈보기 2〉의 음운 변동을 분석한 것을 바탕으로 선택지의 적절성을 판단한다.

12

〈보기〉에 대한 이해로 적절하지 않은 것은?

─── 〈보기〉 ───

ⓐ 풀잎[풀립]   ⓑ 읊네[음네]   ⓒ 벼훑이[벼훌치]

① ㉠, ㉡에서는 음운 변동이 각각 세 번씩 일어났군.
② ㉠, ㉡에서는 인접한 자음과 조음 방법이 같아지는 음운 변동이 일어났군.
③ ㉠에서 첨가된 음운과 ㉡에서 탈락된 음운은 서로 다르군.
④ ㉠, ㉢에서는 음운 개수가 달라지는 음운 변동이 일어났군.
⑤ ㉠은 'ㄹ'로 인해, ㉢은 모음 'ㅣ'로 인해 동화되는 음운 변동이 일어났군.

▶해설편 7쪽

12
음운 변동 현상의 이해와 적용 능력을 확인하는 유형이다.
정답률이 56%에 불과한 문제로, 음운 변동 현상에 대한 기본 지식을 갖추고 이를 바탕으로 〈보기〉의 ㉠~㉢에서 일어나는 음운 변동 과정을 차례대로 분석할 수 있어야 한다.

• 음운 변동 현상에 대한 개념을 정확히 이해한다. 특히 인접한 자음과 조음 방법이 같아지는 음운 변동인 동화에는 비음화, 유음화가 있음을 기억한다.
• 〈보기〉의 ㉠~㉢에 나타난 음운 변동의 유형, 음운 변동의 횟수, 음운 개수의 변화 등을 분석한다.
• 〈보기〉에서 일어난 음운 변동에 대해 분석한 것을 바탕으로 선택지의 적절성을 판단한다.

13

〈보기〉의 ⓐ~ⓒ에 들어갈 말로 적절한 것은?

─── 〈보기〉 ───

• 탐구 과제
  겹받침을 가진 용언을 발음할 때 어떤 음운 변동이 나타나야 표준 발음에 맞는지 혼동되는 경우가 있다. 자음군 단순화, 된소리되기, 비음화, 유음화, 거센소리되기 등의 음운 변동으로 비표준 발음과 표준 발음을 설명해 보자.

• 탐구 자료

	비표준 발음	표준 발음
㉠ 긁는	[글른]	[긍는]
㉡ 짧네	[짬네]	[짤레]
㉢ 끊기고	[끈기고]	[끈키고]
㉣ 뚫지	[뚤찌]	[뚤치]

• 탐구 내용
  ㉠의 비표준 발음과 ㉡의 표준 발음에는 자음군 단순화 후 (ⓐ)가 나타난다. 이에 비해, ㉠의 표준 발음과 ㉡의 비표준 발음에는 자음군 단순화 후 (ⓑ)가 나타난다. ㉢과 ㉣의 표준 발음은 (ⓒ)만 일어난 발음이다.

	ⓐ	ⓑ	ⓒ
①	유음화	비음화	거센소리되기
②	유음화	비음화	된소리되기
③	비음화	유음화	거센소리되기
④	비음화	유음화	된소리되기
⑤	비음화	된소리되기	거센소리되기

13
음운 변동 현상의 이해와 적용 능력을 확인하는 유형이다.
• 음운 변동 현상에 대한 개념을 정확히 이해한다. (비음화, 유음화, 된소리되기, 자음군 단순화, 거센소리되기 등)
• 〈보기〉에 제시된 탐구 자료의 비표준 발음과 표준 발음이 각각 어떤 음운 변동에 따른 것인지 분석한다. 특히 자음군 단순화 후에 어떤 음운 변동이 나타나는지, 자음군 단순화가 일어나지 않으면 어떤 음운 변동만 나타나는지 주목한다.
• ㉠~㉣의 비표준 발음과 표준 발음의 음운 변동을 비교하여 ⓐ~ⓒ에 해당하는 내용을 찾는다.

〈보기〉의 (가)~(다)에 들어갈 내용으로 적절한 것은? [3점]

―――――――〈보기〉―――――――

선생님: 지난 시간에 배운 음운의 변동에 대해 잘 기억하는지 질문 하나 하겠습니다. '낫다' 와 '낳다'가 활용될 때 공통적으로 일어나는 음운 변동은 무엇일까요?

학 생: 둘 다 음운의 ____(가)____ 현상이 일어납니다.

선생님: 맞아요. 그래서 사람들이 가끔 혼동해서 틀리곤 하지요. ____(가)____ 현상이 일어나는 용언들 가운데 불규칙 활용을 하는 것은 모두 음운 변동이 표기에 반영되는 반면, 규칙 활용을 하는 것은 표기에 반영되기도 하고 반영되지 않기도 합니다. '낫다' 와 '낳다'는 다음 중 어떤 유형에 해당할까요?

표기 반영 여부 / 활용 유형	반영	미반영
규칙 활용	Ⓐ	Ⓑ
불규칙 활용	Ⓒ	

학 생: '낫다'는 ____(나)____ , '낳다'는 ____(다)____ 에 해당됩니다.

	(가)	(나)	(다)
①	축약	Ⓐ	Ⓒ
②	탈락	Ⓑ	Ⓐ
③	탈락	Ⓒ	Ⓑ
④	교체	Ⓑ	Ⓒ
⑤	교체	Ⓒ	Ⓑ

14
음운 변동의 유형을 이해하고 있는지 확인하는 유형이다.
정답률이 30%에 불과했던 문제로 학생들이 상당히 까다롭게 느꼈던 것으로 보인다.
• '낫다'와 '낳다'가 활용할 때 일어나는 음운 변동을 정리하여 '낫다'와 '낳다'에 공통적으로 일어나는 음운 변동을 찾는다.
• '낫다'의 어간 받침 'ㅅ'이 모음으로 시작하는 어미('-아', '-으니' 등)와 만나면 어떤 음운 변동이 일어나는지 살피고, 음운 변동이 표기에 반영되는지를 확인한다.
• '낳다'의 어간 받침 'ㅎ'이 모음으로 시작하는 어미('-아', '-으니' 등)와 만나면 어떤 음운 변동이 일어나는지 살피고, 음운 변동이 표기에 반영되는지를 확인한다.
• 〈보기〉의 (가)~(다)에 들어갈 내용으로 적절한 것을 찾는다.

〈보기〉를 참조하여 단어의 발음을 설명한 내용으로 적절하지 않은 것은?

―――――――〈보기〉―――――――

연음은 앞 음절의 종성에 있던 자음이 모음으로 시작하는 뒤 음절의 초성으로 옮겨 가 발음되는 현상이다. 뒤에 모음으로 시작하는 형식 형태소가 오면 곧바로 연음이 일어나지만, 'ㅏ, ㅓ, ㅗ, ㅜ, ㅟ'들로 시작되는 실질 형태소가 올 때에는 '홑옷[호돋]'처럼 음절의 끝소리 규칙이 먼저 적용된 후 연음이 일어난다.

① '밭은소리'는 용언의 활용형인 '밭은'과 명사 '소리'가 결합된 단어이므로 [바든소리]로 발음한다.

② '낱'에 조사 '으로'가 붙으면 [나트로]라고 발음하지만, 어근 '알'이 붙으면 [나달]로 발음한다.

③ '앞어금니'는 어근 '앞'과 '어금니'가 결합된 단어이므로 [아버금니]로 발음한다.

④ '겉웃음'은 '웃-'이 어근이고, '-음'이 접사이므로 [거두슴]으로 발음한다.

⑤ '밭' 뒤에 조사 '을'이 붙으면 연음되어 [바틀]로 발음한다.

15
단어의 구조와 표준 발음의 이해를 확인하는 유형이다.
• 〈보기〉에서 설명하고 있는 연음이 일어나는 조건을 파악한다.
• 실질 형태소가 뒤에 올 때에는 음절의 끝소리 규칙이 먼저 적용된 후 연음이 일어난다는 사실에 유의한다.
• 선택지에 제시된 단어들의 구조를 정리하여 앞 음절에 실질 형태소가 결합했는지, 형식 형태소가 결합했는지를 살펴 선택지의 적절성을 판단한다.

16

〈보기〉의 ㉠에 해당하는 예로 적절한 것은?

―― 〈보기〉 ――

　　음운 변동의 유형으로는 교체, 탈락, 축약, 첨가가 있다. 한 단어가 발음될 때, 이러한 음운 변동 유형들 중 ㉠한 가지 유형만 나타나는 경우가 있고, 두 가지 이상의 유형이 나타나는 경우가 있다. 가령 '꽃밭[꼳빧]'은 교체 한 가지만 나타나지만, '꽃잎[꼰닙]'은 교체와 첨가 두 가지가 나타난다.

① 깎다[각따]
② 막일[망닐]
③ 색연필[생년필]
④ 값하다[가파다]
⑤ 설익다[설릭따]

☆ 문제 채점까지 마친 후
복습할 때 보세요.

제대로 접근법

16

음운 변동의 유형을 이해하고 있는지 확인하는 유형이다.

• 음운 변동의 유형을 정리한다.

교체	음절의 끝소리 규칙, 비음화, 유음화, 구개음화, 된소리되기 등
탈락	자음군 단순화, 'ㅎ' 탈락, 'ㅡ' 탈락 등
첨가	'ㄴ' 첨가 등
축약	거센소리되기 등

• 선택지의 단어에 나타난 음운 변동을 정리한다. 특히 선택지에 나타난 음운 변동이 교체, 탈락, 첨가, 축약 중 어떤 유형에 해당하는지 확인한다.
• 정리된 내용에서 음운 변동 유형들 중 한 가지 유형만 나타나는 것을 찾는다.

17

〈보기〉의 ㉠에 들어갈 말로 적절한 것은? [3점]

―― 〈보기〉 ――

선생님 : 오늘은 일상생활에서 흔하게 들을 수 있는 부정확한 발음에 대해 알아볼까요? 우선 아래 표에서 부정확한 발음과 정확한 발음을 확인해 보세요.

예	찰흙이	안팎을	넋이	끝을	숲에
부정확한 발음	[찰흐기]	[안파글]	[너기]	[끄츨]	[수베]
	⇩	⇩	⇩	⇩	⇩
정확한 발음	[찰흘기]	[안파끌]	[넉씨]	[끄틀]	[수페]

다 봤나요? 그럼 정확한 발음을 참고하여, 부정확한 발음을 하게 된 이유를 말해 볼까요?

학　생 : _____ ㉠ _____

선생님 : 네, 맞아요. 그럼 이제 정확한 발음을 일상생활에서 실천해 보세요.

① '찰흙이'는 자음군 단순화를 적용하고 연음해야 하는데, [찰흐기]는 자음군 단순화를 적용하지 않고 연음을 했습니다.
② '안팎을'은 음절의 끝소리 규칙을 적용하지 않고 연음해야 하는데, [안파글]은 음절의 끝소리 규칙을 적용하고 연음을 했습니다.
③ '넋이'는 연음을 하고 된소리되기를 적용해야 하는데, [너기]는 음절의 끝소리 규칙을 적용하고 연음을 했습니다.
④ '끝을'은 연음을 하고 구개음화를 적용해야 하는데, [끄츨]은 구개음화를 적용하고 연음을 했습니다.
⑤ '숲에'는 거센소리되기를 적용하지 않고 연음해야 하는데, [수베]는 거센소리되기를 적용하고 연음을 했습니다.

17

음운 변동 현상의 이해와 적용 능력을 확인하는 유형이다.

정답률이 40%에 불과한 문제로 음운 변동 현상과 연음 현상에 대한 개념을 정확히 이해해야 한다.

• 연음 현상은 하나의 자음으로 끝나는 말 뒤에 모음으로 시작하는 형식 형태소가 결합할 때 받침을 그대로 옮겨 뒤 음절의 첫소리로 발음하는 것이라는 것을 기억한다.
• 〈보기〉에 제시된 단어들의 부정확한 발음과 정확한 발음에 나타난 음운 변동을 정리한다. 특히 연음 현상이 언제 일어나는지 주목한다.
• 정리된 내용을 바탕으로 선택지의 적절성을 판단한다.

1차 채점				2차 채점		
	맞은 문항 수		개		맞은 문항 수	개
	틀린 문항 수		개	→	틀린 문항 수	개
	헷갈리는 문항 번호				헷갈리는 문항 번호	

• 틀린 문항 '/' 표시
• 틀린 문항 'X' 표시

형태소와 단어

❶ 형태소: 의미를 가진 가장 작은 말의 단위. 하나의 형태소를 쪼개면 원래의 의미를 잃어버림

자립성 유무에 따라	자립 형태소	다른 형태소의 도움 없이 홀로 쓰일 수 있는 형태소 – 명사, 대명사, 수사, 관형사, 부사, 감탄사
	의존 형태소	홀로 쓰일 수 없어 다른 형태소와 함께 쓰이는 형태소 – 조사, 용언(동사, 형용사)의 어간과 어미, 접사
실질적 의미 유무에 따라	실질 형태소	실질적인 의미를 지닌 형태소 – 명사, 대명사, 수사, 관형사, 부사, 감탄사, 용언의 어간
	형식 형태소	문법적인 기능을 하는 형태소 – 조사, 용언의 어미, 접사

❷ 단어: 문장에서 자립할 수 있는 가장 작은 단위. 단, 조사는 자립할 수 없지만 단어로 인정함. 단어는 하나 이상의 형태소로 이루어짐

❸ 형태소와 단어의 분석

문장	언니는 엄마를 닮았다.					
형태소	언니	는	엄마	를	닮-	-았-	-다
자립/의존	자립	의존	자립	의존	의존	의존	의존
실질/형식	실질	형식	실질	형식	실질	형식	형식
단어	언니	는	엄마	를	닮았다		
어절	언니는		엄마를		닮았다		

어근과 접사

❶ 어근: 단어를 형성할 때 실질적인 의미를 나타내는 중심 부분

> 예
> • 지우- + -개 → 지우개
>   어근   접사
> • 군- + 소리 → 군소리
>   접사   어근
> • 김 + 밥 → 김밥
>   어근 어근

❷ 접사: 어근에 붙어 그 뜻을 제한하는 주변 부분

(1) 파생 접사: 단어의 파생에 기여하는 접사

접두사	• 어근의 앞에 붙어 특정한 뜻을 더하거나 강조하는 접사 • 대부분 어근의 품사를 바꾸지 않음 예 덧-(접두사)+버선(명사 어근) → 덧버선(명사)
접미사	• 어근의 뒤에 붙어 특정한 뜻을 더하는 접사 • 접두사에 비해 종류가 많으며, 어근의 품사를 바꾸기도 함 예 덮-(동사 어근)+-개(접미사) → 덮개(명사)

(2) 굴절 접사: 문장에서 문법적 기능을 하는 접사. 일반적으로 '어미'라고 함

> 예 치- + 솟- + -다 → 치솟다
> 파생 접사   어근   굴절 접사
> (접두사)   (어미)

개념 다지기

개념➕ 이형태

의미는 같지만 음운 환경에 따라 둘 이상의 모습으로 나타나는 형태소

> 주격 조사 이/가
> • 이: 앞말이 자음으로 끝날 때
> • 가: 앞말이 모음으로 끝날 때

개념➕ 어절

문장을 구성하고 있는 각각의 마디. 문장 성분의 최소 단위로서 띄어쓰기의 단위가 됨

개념➕ 어근과 어간의 구분

① 어근은 단어의 형성에서 사용하는 개념으로, 단어를 형성할 때 실질적인 의미를 나타내는 부분임

> • 먹다: 먹-(어근)+-다(접사)
> • 먹보: 먹-(어근)+-보(접사)

② 어간은 용언의 활용에서 사용하는 개념으로, 용언이 활용할 때 변하지 않는 부분임

> • 먹다: 먹-(어간)+-다(어미)
> • 먹으니: 먹-(어간)+-으니(어미)

③ 하나의 어근으로 이루어진 단일어는 어근과 어간이 일치하지만, 파생어와 합성어는 어근과 어간이 일치하지 않을 수 있음

> • 밟다: 어근(밟-), 어간(밟-)
> • 짓밟다: 어근(밟-), 어간(짓밟-)

활동1 어근과 접사의 구분

> • 맨-+손 → 맨손
>   접사 어근
> • 새- + 빨갛- + -다 → 새빨갛다
>   (❶)   (❷)   접사

1 단어의 분류

단일어		하나의 어근으로 이루어진 단어 ⑩ 하늘, 바다, 어머니, 구름, 막대(막-: 어근)
복합어	파생어	어근에 접사가 붙어 이루어진 단어 ⑩ • 먹-(어근) + -이(접사) → 먹이 • 드-(접사) + 넓다(넓-: 어근) → 드넓다
	합성어	두 개 이상의 어근이 결합된 단어 ⑩ • 밤(어근) + 낮(어근) → 밤낮 • 높-(어근) + 푸르다(푸르-: 어근) → 높푸르다

2 파생어

접두 파생어	접두사가 붙어서 만들어진 파생어 ⑩ • 헛- + 기침 → 헛기침　　　• 들- + 볶다 → 들볶다
접미 파생어	접미사가 붙어서 만들어진 파생어 ⑩ • 걸레 + -질 → 걸레질　　　• 장난 + -꾸러기 → 장난꾸러기

3 합성어

(1) 배열 방식에 따른 구분

통사적 합성어	우리말의 일반적인 단어 배열법과 일치하는 방식으로 된 합성어	
	• 명사 + 명사	⑩ 집안(집+안), 논밭(논+밭)
	• 관형사 + 명사	⑩ 새해(새+해), 온종일(온+종일)
	• 부사 + 부사	⑩ 곧잘(곧+잘), 더욱더(더욱+더)
	• 부사 + 용언	⑩ 잘하다(잘+하다), 가로막다(가로+막다)
	• 용언의 관형사형 + 명사	⑩ 작은집(작은+집), 늙은이(늙은+이)
	• 용언의 어간 + 연결 어미+용언	⑩ 돌아가다(돌-+-아+가다), 벗어나다(벗-+-어+나다)
	• 조사가 생략된 경우(비통사적 합성어로 착각하기 쉬움)	⑩ 힘(이) 들다 → 힘들다, 앞(에) 서다 → 앞서다, 본(을) 받다 → 본받다
비통사적 합성어	우리말의 일반적인 단어 배열법에서 벗어난 방식으로 된 합성어	
	• 용언의 어간 + (관형사형 어미 생략) + 명사	⑩ 덮밥(덮-+(-은)+밥), 검버섯(검-+(-은)+버섯)
	• 용언의 어간 + (연결 어미 생략) + 용언	⑩ 뛰놀다(뛰-+(-어)+놀다), 높푸르다(높-+(-고)+푸르다)
	• 부사 + 명사(부사가 명사를 직접 꾸며 줌)	⑩ 부슬비(부슬+비), 산들바람(산들+바람)

(2) 의미 관계에 따른 구분

대등 합성어	어근과 어근이 본래의 뜻을 유지하며 대등하게 결합한 합성어 ⑩ 앞뒤(앞과 뒤), 마소(말과 소), 뛰놀다(뛰고 놀다)
종속 합성어	한쪽의 어근이 다른 한쪽의 어근을 꾸며 주는 합성어 ⑩ 돌다리(돌로 만든 다리), 손수건(손 닦는 수건), 얕보다(얕게 보다)
융합 합성어	각 어근이 가진 의미를 잃고 새로운 의미를 나타내는 합성어 ⑩ 밤낮[늘], 춘추(春秋)[나이], 강산(江山)[자연], 돌아가다[죽다]

개념+ 직접 구성 성분을 이용한 합성어와 파생어의 구별

① 직접 구성 성분은 어떤 언어 단위를 층위를 두고 분석할 때 일차적으로 분석되어 나오는 성분을 말함. 즉, 단어를 두 조각으로 한 번만 나누었을 때 나오는 성분임

② 직접 구성 성분은 단어의 형성 과정을 파악하는 데 유용함. 단어를 일차적으로 둘로 나누었을 때 각 성분이 어근과 어근이라면 합성어, 어근에 접사가 붙은 것이라면 파생어임

- 놀이터 → [놀+-이] + [터] ⇒ 합성어
　　　　　　어근　　　　어근
- 짓밟다 → [짓-] + [밟-+-다] ⇒ 파생어
　　　　　　접사　　　어근

활동 2　접두 파생어와 접미 파생어의 구분

접두 파생어	• 개-+살구 → 개살구 • (❶　　　)+(❷　　　) → 새파랗다
접미 파생어	• 살림+-꾼 → 살림꾼 • (❸　　　)+(❹　　　) → 어른스럽다

활동 3　통사적 합성어와 비통사적 합성어의 구분

- 힘들다 (통)　• 날뛰다 (비)
- 부슬비 (❶　　)　• 작은형 (❷　　)
- 돌아가다 (❸　　)　• 여닫다 (❹　　)

개념+ 합성어와 구(句)의 구별

합성어는 두 개 이상의 어근으로 이루어져 있기 때문에, 둘 이상의 단어가 모여 문장의 일부분을 이루는 '구(句)'와 구별하기 어려운 경우가 있음. 합성어와 '구(句)'는 다음과 같은 차이가 있음

① 합성어는 의미 변화를 수반하지만, 구는 의미 변화를 수반하지 않음

- 작은형: 맏형이 아닌 형 → 합성어
- 작은 형: 키가 작은 형 → 구

② 합성어는 띄어쓰기를 하지 않지만(한 단어임), 구는 띄어쓰기를 함(한 단어가 아님)

- 작은형이 도서관에 갔다. → 합성어
- 키가 작은 형이 도서관에 갔다. → 구

③ 합성어에는 다른 말이 끼어들 수 없지만, 구에는 다른 말이 끼어들 수 있음

- 작은형은 키가 작다. → 합성어
- 키가 작은 우리 형 → 구

개념 완성 TEST

01
형태소의 개념

형태소에 대한 설명으로 적절한 것에는 ○표, 적절하지 않은 것에는 ×표를 해 보자.

(1) 관형사는 실질 형태소이자 자립 형태소이다. (　　　)
(2) 자립 형태소는 혼자 쓰일 수 없는 형태소이다. (　　　)
(3) 용언의 어간은 형식 형태소이면서 의존 형태소이다.
(　　　)
(4) 조사, 용언의 어간과 어미, 접사는 의존 형태소이다.
(　　　)

02
형태소 분석

다음 문장의 형태소를 분석해 보자.

> 바다가 넓고 푸르다.

(1) 실질 형태소 : _____
(2) 형식 형태소 : _____
(3) 자립 형태소 : _____
(4) 의존 형태소 : _____

03
형태소와 단어의 구분

다음 문장의 형태소와 단어의 수를 써 보자.

> 꽃이 매우 예쁘다.

(1) 형태소 → _____
(2) 단어 → _____

04
단일어, 파생어, 합성어

다음 단어를 각각 단일어, 합성어, 파생어로 분류해 보자.

> 높푸르다, 바다, 밤낮, 비웃음, 짓밟다, 하늘

(1) 단일어 → _____
(2) 합성어 → _____
(3) 파생어 → _____

05
단어의 구조

다음 단어의 구조를 분석하고, 어근과 접사로 구분해 보자.

(1) 목걸이 → _____
(2) 비빔밥 → _____
(3) 어른스럽다 → _____

06
어간과 어근의 구분

다음 용언들의 어간과 어근을 구분해 보자.

	용언	어간	어근
(1)	힘쓰다		
(2)	꿈꾸다		
(3)	열리다		
(4)	잡히다		

07
통사적 합성어와 비통사적 합성어

다음 합성어들을 통사적 합성어(통)와 비통사적 합성어(비)로 구분해 보자.

(1) 타고나다 (　　　) 　　(2) 오르내리다 (　　　)
(3) 온종일 (　　　) 　　(4) 검버섯 (　　　)
(5) 여닫다 (　　　) 　　(6) 이슬비 (　　　)

08
합성어의 종류

다음 단어들을 대등 합성어, 종속 합성어, 융합 합성어로 구분해 보자.

> 광음(光陰), 논밭, 손수건, 앞뒤, 얕보다, 연세(年歲)

(1) 대등 합성어 → _____
(2) 종속 합성어 → _____
(3) 융합 합성어 → _____

내신 기출 문제

01
형태소의 분류

〈보기〉를 참고하여 아래 단어들의 형태소를 분석했을 때, 적절하지 않은 것은? (단, '-' 표시 생략)

─〈보기〉─

형태소는 자립성 유무에 따라 혼자 쓰일 수 있는 자립 형태소와 반드시 다른 말에 기대어 쓰이는 의존 형태소로 나눌 수 있다. 또 실질적 의미의 유무에 따라 구체적 대상이나 동작, 상태와 같은 실질적인 의미를 가지고 있는 실질 형태소와 형식적인 의미(문법적인 의미)만을 가지고 있는 형식 형태소로 나눌 수 있다.

─────

ㄱ 덧신
ㄴ 돌배
ㄷ 새빨갛다

① 자립 형태소를 모두 찾으면 '신, 배'가 있어.
② ㄱ의 '덧'과 ㄷ의 '새'는 뜻을 더하는 실질 형태소야.
③ ㄴ의 '돌'은 '품질이 떨어지는' 또는 '야생으로 자라는'의 뜻을 더하는 접사로 쓰였기 때문에 의존 형태소야.
④ ㄷ의 '빨갛'은 반드시 어미와의 결합을 필요로 하는 의존 형태소야.
⑤ ㄷ의 '다'는 의존 형태소이면서 형식 형태소로 분류될 수 있어.

02
접사

〈보기〉의 ㉠에 해당하는 예로 적절하지 않은 것은?

─〈보기〉─

접사는 단어의 어근에 붙어 새로운 단어를 만들어 내는 형식 형태소이다. 이러한 접사가 결합하면 본래 단어의 의미가 한정되거나 새로운 의미가 더해지는데, 이렇게 만들어진 단어를 파생어라고 한다. 파생어는 ㉠본래 단어의 품사가 변화되는 경우와 품사가 변화되지 않는 경우로 나뉜다.
예 • 깊-('깊다'의 어근)+-이(접사) = 깊이 (형 → 명)
　　• 덧-(접사)+신(어근) = 덧신 (명 → 명)

① 먹이
② 놀이
③ 덮개
④ 날개
⑤ 들국화

03
어근과 어간의 구분

〈보기〉를 참고하여 각 단어의 어근과 어간을 분석한 결과로 옳지 않은 것은?

─〈보기〉─

[수업 게시판에 올라온 질문]
Q. '어근'과 '어간'이 항상 헷갈려요. 예를 들어 '짓밟다' 같은 단어에서 무엇이 어근이고 무엇이 어간인가요?

[선생님의 답변]
A. 어근은 단어를 형성할 때 실질적인 의미를 나타내는 중심 부분을, 어간은 용언이 활용할 때에 변하지 않는 부분을 가리킵니다. (활용할 때 어간의 형태가 변하는 경우도 있습니다.)
'짓밟다'는 '밟다'에 접두사 '짓-'이 결합되어 만들어진 단어입니다. 이때 '밟-'이 단어의 중심 부분이기 때문에 이를 어근이라고 합니다. 그리고 '짓밟다'는 '짓밟아, 짓밟고'처럼 '짓밟-'에 어미가 붙어 활용되므로 '짓밟-'이 어간이 됩니다.

① '드넓다'는 어근이 '넓-'이고, 어간은 '드넓-'이다.
② '잡히다'는 어근이 '잡-'이고, 어간은 '잡히-'이다.
③ '짓누르다'는 어근이 '누르-'이고, 어간은 '짓누르-'이다.
④ '날아가다'는 어근이 '날아가-'이고, 어간은 '날-', '가-'이다.
⑤ '설익다'는 어근이 '익-'이고, 어간은 '설익-'이다.

04
합성어의 종류

밑줄 친 단어가 〈보기〉의 ㉠~㉢에 해당하는 예로 적절하지 않은 것은?

─〈보기〉─

합성어는 형성 방법이 매우 다양하고 그 종류도 많다. 합성어는 의미에 따라 대등 합성어, 종속 합성어, 융합 합성어로 나눌 수 있다. ㉠대등 합성어는 어근이 대등하게 본래의 뜻을 유지하며 이루어진 합성어이고, ㉡종속 합성어는 한쪽의 어근이 다른 한쪽의 어근을 수식하며 이루어진 합성어이다. 또 ㉢융합 합성어는 어근들이 완전히 하나로 융합하여 원래 각각의 어근이 가진 의미를 잃고 새로운 의미를 나타내는 합성어이다.

① ㉠: 군인들이 손발을 척척 맞춰서 행진하고 있다.
② ㉡: 민하는 지금 가시방석에 앉은 기분이다.
③ ㉡: 그들은 함께 손을 잡고 돌다리를 건넜다.
④ ㉢: 기철이는 밤낮으로 열심히 공부한다.
⑤ ㉢: 피땀 흘려 노력한 만큼, 좋은 결과가 있을 것이다.

[01-02] 다음 글을 읽고 물음에 답하시오.

[A] 복합어는 합성과 파생을 통해 형성된 합성어와 파생어로 나뉜다. 의미를 고려하여 어떤 말을 둘로 나누었을 때 그 둘 각각을 직접 구성 요소라 하는데, 합성어는 직접 구성 요소가 모두 어근인 단어이고, 파생어는 직접 구성 요소가 어근과 접사인 단어이다. 그리고 한 개의 형태소가 직접 구성 요소가 되기도 하고 두 개 이상의 형태소가 모여 직접 구성 요소가 되기도 한다. 예를 들어 '꿀벌'은 그 직접 구성 요소 '꿀'과 '벌'이 모두 어근이므로 합성어이다. 그리고 '꿀'과 '벌'은 각각 한 개의 형태소이다.

일반적으로 합성과 파생을 통해 단어가 형성될 때에는 그 구성 요소의 형태가 유지된다. 그런데 단어가 형성될 때 형태가 줄어드는 경우도 있다. 먼저 ㉠한 단어에서 형태가 줄어드는 경우가 있다. '대낚'은 '낚싯대를 써서 하는 낚시질'을 뜻하는 '대낚시'의 일부가 줄어들어 형성된 단어이다. 다음으로 ㉡단어 형성에 사용된 말들의 첫음절끼리 결합한 경우가 있다. '고법(高法)'은, '고등(高等)'과 '법원(法院)'이 결합하여 형성된 '고등 법원'이라는 말의 '고(高)'와 '법(法)'이 결합하여 형성되었다. 또한 ㉢단어 형성에 사용된 말들에서 어떤 말의 앞부분과 다른 말의 뒷부분이 결합한 경우가 있다. '교과 과정을 이수하기 위하여 일선 학교에 나가 교육 실습을 하는 학생'을 뜻하는 '교생(敎生)'은 '교육(敎育)'의 앞부분과 '실습생(實習生)'의 뒷부분이 결합하여 형성되었다.

이처럼 단어 형성에 사용된 말이 줄어들어 형성된 단어는, 그 단어의 형성에 사용된 말과 여러 의미 관계를 맺을 수 있다. 예를 들어, '대낚'과 '대낚시'는 서로 바꾸어 써도 그 의미에 차이가 거의 없으므로 서로 유의 관계를 맺고, '고법'은 '법원'의 일종이므로, '고법'과 '법원'은 상하 관계를 맺는다. 그러나 '고법'이 형성될 때 사용된 '고등'은 '고법'과 의미 관계를 맺지 않는다.

01

2024 9월 모의평가

[A]를 바탕으로 추론한 내용으로 적절한 것은?

① '용꿈'의 직접 구성 요소는 모두, 한 개의 자립 형태소로 이루어진 어근이군.
② '봄날'과 '망치질'은 모두, 직접 구성 요소 중 하나가 접사이므로 파생어이군.
③ '필자'를 뜻하는 '지은이'의 직접 구성 요소는 모두, 자립 형태소를 포함하고 있군.
④ '놀이방'과 '단맛'의 직접 구성 요소 중에는 의존 형태소만으로 이루어진 것이 있군.
⑤ '꽃으로 장식한 고무신'을 뜻하는 '꽃고무신'을 직접 구성 요소로 분석하면 '꽃고무'와 '신'으로 분석할 수 있군.

02

윗글을 바탕으로 〈보기〉의 ⓐ~ⓔ를 이해한 내용으로 적절한 것은?

―〈보기〉―

형성된 단어	뜻	단어 형성에 사용된 말
ⓐ 흰자	알 속의 노른자위를 둘러싼 흰 부분	흰자위
ⓑ 공수	공격과 수비를 아울러 이르는 말	공격, 수비
ⓒ 직선	선거인이 직접 피선거인을 뽑는 선거	직접, 선거
ⓓ 민자	민간이나 사기업이 하는 투자	민간, 투자
ⓔ 외화	다른 나라에서 만든 영화	외국, 영화

① ⓐ는 ㉠에 해당하고, 단어 형성에 사용된 말과 유의 관계를 맺지 않는다.

② ⓑ는 ㉠에 해당하고, 단어 형성에 사용된 두 말 중 어느 하나와 유의 관계를 맺는다.

③ ⓒ는 ㉡에 해당하고, 단어 형성에 사용된 두 말 중 어느 하나와 상하 관계를 맺는다.

④ ⓓ는 ㉡에 해당하고, 단어 형성에 사용된 두 말 중 어느 말과도 유의 관계를 맺지 않는다.

⑤ ⓔ는 ㉢에 해당하고, 단어 형성에 사용된 두 말 중 어느 말과도 상하 관계를 맺지 않는다.

03

〈학습 활동〉을 수행한 결과로 적절한 것은?

―〈학습 활동〉―

형태소는 자립성의 유무와 의미의 유형에 따라 다음과 같이 구분된다.

의미의 유형 \ 자립성의 유무	자립 형태소	의존 형태소
실질 형태소	㉠	㉡
형식 형태소		㉢

다음 문장의 형태소를 ㉠, ㉡, ㉢으로 분류한 후, 그 결과를 정리해 보자.

우리는 비를 맞고 바람에 맞서다가 드디어 길을 찾아냈다.

① '우리는'의 '우리'와 '드디어'는 ㉡에 속한다.

② '비를'과 '길을'에는 ㉠과 ㉡에 속하는 형태소만 있다.

③ '맞고'의 '맞-'과 '맞서다가'의 '맞-'은 모두 ㉢에 속한다.

④ '바람에'에는 ㉡과 ㉢에 속하는 형태소만 있다.

⑤ '찾아냈다'에는 ㉡과 ㉢에 속하는 형태소만 있다.

제대로 접근법 ☆ 문제 채점까지 마친 후 복습할 때 보세요.

02
단어의 형성 방법과 단어의 의미 관계를 묻는 유형이다.
• 〈보기〉의 ⓐ~ⓔ를 각각 단어 형성에 사용된 말과 비교해 보며 ㉠~㉢ 중, 어디에 해당하는지 이해한다.
• ⓐ~ⓔ와 단어 형성에 사용된 말이 서로 유의 관계인지 또는 상하 관계인지를 판단하여 적절한 설명을 한 선택지를 고른다.

03
형태소의 종류를 이해하고 있는지 묻는 유형이다.
• 다른 형태소의 도움 없이 홀로 쓰일 수 있느냐 없느냐에 따라 자립성 유무가 나뉜다는 것과 실질적인 의미를 지녔느냐 문법적인 기능을 하느냐에 따라 의미의 유형이 나뉜다는 것을 알아야 한다.
• 〈학습 활동〉에 제시된 문장을 형태소로 분석하고, 형태소들을 자립성의 유무와 의미의 유형에 따라 분류해 보자.
• 형태소로 분석한 결과를 바탕으로 선택지의 적절성을 판단한다.

우리는 단어의 의미와 유래를 통해 단어에 담긴 언중의 인식과 더불어 시대상을 짐작할 수 있다. 그리고 단어의 구조를 통해 단어 구성 방식도 이해할 수 있다.

유길준의 『서유견문』(1895)에는 '원어기(遠語機)'라는 말이 등장하는데, 이것은 영어의 'telephone'에 해당하는 단어로 '말을 멀리 보내는 기계'라는 뜻이다. 오늘날의 '전화기(電話機)'가 '전기를 통해 말을 보내는 기계'의 뜻이라는 점과 비교해 보면 '원어기'는 말을 '멀리' 보낸다는 점에, '전화기'는 말을 '전기로' 보낸다는 점에 초점을 맞춘 단어이다. 이처럼 대상을 어떻게 인식하느냐에 따라 그것을 표현하는 단어는 달라지기도 한다. 또한 개화기 사전에 등장하는 '소젓메쥬(소젖메주)'처럼 새롭게 유입된 대상을 일상의 단어로 표현한 경우도 있다. '소젓메쥬'는 '치즈(cheese)'에 대응하는 단어인데, 간장과 된장의 재료인 '메주'라는 일상의 단어를 통해 대상을 인식했음을 보여 준다.

한편, 『가례언해』(1632)에 따르면 '총각(總角)'은 '머리를 땋아 갈라서 틀어 맴'을 이르는 말이었으나 그러한 의미는 사라지고 오늘날에는 '결혼하지 않은 성년 남자'를 뜻한다. 특정한 행위를 나타내던 단어가 이와 관련된 사람을 지시하는 말로 그 의미가 변화한 것이다. 여기에서 남자도 머리를 땋아 묶었던 과거의 관습을 짐작할 수 있다. 또한 '부대찌개' 역시 한국 전쟁 이후 미군 부대에서 나온 재료로 찌개를 끓였던 것에서 유래한 단어라는 점에서 시대의 흔적을 담고 있다.

우리는 단어의 구조를 통해 단어가 구성되는 방식도 파악할 수 있다. 『한불자전』(1880)에는 이전 시기의 문헌에서는 볼 수 없었던 '두길보기'와 '산돌이'가 등장한다. "양쪽 모두의 눈치를 보는 사람"으로 풀이된 '두길보기'의 '두길'은 ⓐ 관형사가 후행하는 명사를 수식하는 것으로 분석된다. "같은 장소를 일 년에 한 번만 지나가는 큰 호랑이"로 풀이된 '산돌이'는 ⓑ 단어의 구성 요소들이 의미상 목적어와 서술어의 관계로 이루어져 '산을 돌다'라는 의미를 나타내고 있다. 이와 같이 예전에도 오늘날처럼 다양한 방식으로 단어를 만들어 생각을 표현하고 있었던 셈이다.

제대로 개념 정리 ☆ 문제 채점까지 마친 후 복습할 때 보세요.

(1) 단어에 담긴 언중의 인식
① 대상의 인식 방식에 따라 대상을 표현하는 단어가 달라짐
예 원어기 → 말을 '(❶   )' 보낸다는 점에 초점을 맞춤
② 새롭게 유입된 대상을 (❷   )의 단어로 인식해 표현함
예 소젓메쥬 → '메주'를 통해 대상을 인식하고 표현함

(2) 단어에 담긴 시대상
① 단어의 의미 변화를 통해 과거의 관습을 짐작할 수 있음
예 총각 → 특정한 행위를 나타내던 단어가 이와 관련된 사람을 지시하는 말로 의미가 변화함
② 단어의 유래에 시대의 흔적이 담김
(❸   ) → 한국 전쟁 이후 미군 부대에서 나온 재료로 찌개를 끓였던 것에서 유래함

(3) 단어의 구조를 통한 단어 구성 방식 이해
① (❹   )가 후행하는 명사를 수식함
예 두길보기 → 관형사 '두'가 명사 '길'을 수식함
② 단어의 구성 요소들이 의미상 목적어와 서술어의 관계로 이루어짐
예 산돌이 → 산을(목적어) + 돌다(서술어)

답 ❶ 멀리 ❷ 일상 ❸ 부대찌개 ❹ 관형사

04

ⓐ과 ⓑ을 모두 충족하는 단어만을 〈보기〉에서 있는 대로 고른 것은?

〈보기〉

새해맞이, 두말없이, 숨은그림찾기, 한몫하다

① 새해맞이, 숨은그림찾기, 한몫하다
② 두말없이, 숨은그림찾기, 한몫하다
③ 두말없이, 숨은그림찾기
④ 새해맞이, 한몫하다
⑤ 새해맞이

제대로 접근법 ☆ 문제 채점까지 마친 후 복습할 때 보세요.

04
단어의 구성 방식을 제대로 파악할 수 있는지 묻는 유형이다.
정답률이 32%에 불과한 문제로, 품사와 문장 성분의 개념을 혼동했던 것으로 보인다.
• 〈보기〉에 제시된 단어의 구성 방식을 분석하여 관형사가 후행하는 명사를 수식하는 것을 찾는다. 이때 관형사와 관형어를 혼동하지 않도록 주의하자.
• 단어의 구성 요소들이 의미상 목적어와 서술어의 관계로 이루어진 것을 찾는다. 이때 구성 요소들 사이에 목적격 조사를 넣어 의미상 자연스러운 것을 찾아보자.

05

윗글과 〈보기〉를 바탕으로 추론한 내용으로 적절하지 <u>않은</u> 것은?

─〈보기〉─

◦ '립스틱'을 여성들이 입술에 바르던 염료인 '연지'라는 단어를 사용해 '입술연지'라고도 했다.

◦ '변사'는 무성 영화를 상영할 때 장면에 맞추어 그 내용을 설명하던 직업을 가진 사람을 뜻한다.

◦ '수세미'는 박과의 한해살이 덩굴풀을 뜻하는데, 그 열매 속 섬유로 그릇을 닦았다. 오늘날 공장에서 만든 설거지 도구도 '수세미'라고 한다.

◦ '혁대'의 순화어로 '가죽으로 만든 띠'라는 뜻의 '가죽띠'와 '허리에 매는 띠'라는 뜻의 '허리띠'가 제시되어 있다.

◦ '양반'은 조선 시대 사대부를 이르는 말이었지만 지금은 '점잖은 사람'의 뜻으로 주로 쓰인다.

① '입술연지'는 '소젖메쥬'처럼 일상의 단어로 새로운 대상을 인식한 예로 볼 수 있겠군.

② '변사'는 무성 영화와 관련해 쓰인 단어라는 점에서 시대상이 반영된 예에 해당하겠군.

③ '수세미'는 기존의 의미에 새로운 의미가 더해졌다는 점에서 '총각'과 유사하겠군.

④ '가죽띠'는 '재료'에, '허리띠'는 '착용하는 위치'에 초점을 둔 단어라는 점에서 서로 다른 인식이 반영된 것이겠군.

⑤ '양반'은 신분의 구분이 있었던 사회의 모습을 엿볼 수 있다는 점에서 시대의 흔적을 담고 있겠군.

※ 문제 채점까지 마친 후 복습할 때 보세요.

제대로 접근법

05

단어의 의미 형성에 대한 이해를 묻는 유형이다.

• 지문을 읽고 단어에 담긴 언중의 인식과 시대상을 정리한다. 이때, 지문에 제시된 예('원어기', '소젖메쥬', '총각', '부대찌개')를 중심으로 정리한다.

• 〈보기〉의 예에 나타나는 언중의 인식이나 시대상을 정리한다. 특히 지문에 제시된 예시와 관련지어 선택지의 적절성을 판단한다.

06

〈보기〉의 ㉮에 들어갈 말로 적절하지 <u>않은</u> 것은? [3점]

─〈보기〉─

선생님: 다음은 접사의 특징을 확인하기 위해 수집한 파생어들이에요. ㉠~㉤에서 각각 확인되는 접사의 공통점을 설명해 보세요.

┌─────────────────────────────┐
㉠ 넓이, 믿음, 크기, 지우개
㉡ 끄덕이다, 출렁대다, 반짝거리다
㉢ 울보, 낚시꾼, 멋쟁이, 장난꾸러기
㉣ 밀치다, 살리다, 입히다, 깨뜨리다
㉤ 부채질, 풋나물, 휘감다, 빼앗기다
└─────────────────────────────┘

학 생: 예, 접사가 [㉮]는 공통점이 있습니다.

① ㉠에서는 용언에 결합하여 명사를 만든다

② ㉡에서는 부사에 결합하여 동사를 만든다

③ ㉢에서는 사람을 가리키는 의미의 단어를 만든다

④ ㉣에서는 주동사에 결합하여 사동사를 만든다

⑤ ㉤에서는 어근과 품사가 동일한 단어를 만든다

06

파생어의 형성에 대한 이해를 묻는 유형이다.

• 파생어에 대한 개념을 정확히 이해한 뒤, 〈보기〉의 ㉠~㉤에서 확인되는 접사에 밑줄을 긋는다.

• 밑줄 그은 접사가 어떤 품사의 어근에 결합했는지, 어떤 의미를 나타내는지 등을 정리한다.

• 이를 바탕으로 선택지의 적절성을 판단한다.

선생님: 여러분, 현대 사회에서 인공위성이 다양하게 활용되고 있다는 것은 잘 알죠? 그런데 '인공위성'은 옛날에는 쓰이지 않았던 말입니다. '인공위성'이라는 말이 어떻게 쓰이게 되었는지 생각해 봅시다. 행성의 궤도를 도는 인공적 물체가 처음 만들어졌을 때, 그 물체를 가리키는 말이 필요해서 '인공위성'이라는 말이 생긴 거겠죠? 이 말은 어떻게 만들어졌을까요?

학생 1: '인공'과 '위성'을 합쳐 만든 것입니다.

선생님: 맞아요. 그래서 오늘은 '인공위성'이라는 말을 만든 것처럼 새 단어를 만드는 원리를 알아볼 텐데, 그중에서도 실생활에서 자주 사용되는 합성 명사가 어떻게 만들어지는지를 먼저 알아보려고 합니다. 합성 명사는 어떻게 만들어질까요?

학생 2: 선생님, 합성 명사는 명사와 명사가 합쳐진 말 아닌가요?

선생님: 네, 그런 경우가 많지요. 예를 들어 '논밭, 불고기'처럼 명사에 명사가 결합하는 경우가 있어요. 그 밖에 용언의 활용형이 명사와 결합한 '건널목, 노림수, 섞어찌개'와 같은 경우도 있고 '새색시'처럼 명사를 꾸며 주는 관형사가 앞에 오는 경우도 있어요.

학생 3: 그런데 선생님, 말씀하신 합성 명사들을 보니 뒤의 말이 모두 명사네요?

선생님: 그래요. 우리말에서 합성어의 품사는 뒤에 오는 말의 품사와 같은 것이 원칙이에요. 앞에서 말한 예들이 다 그래요. 그런데 이러한 일반적인 경우와는 달리 ㉠명사가 아닌 품사들로만 이루어진 합성 명사도 있답니다.

학생 4: 아, 그렇군요. 그런데 선생님, 생각해 보니 요즘 자주 쓰는 말들은 그런 방식과는 다르게 만들어지는 것 같아요.

선생님: 맞아요. 여러분들이 자주 쓰는 '인강'이라는 말은 '인터넷'과 '강의'가 합쳐지면서 줄어든 말인데, 앞말과 뒷말의 첫음절만 따서 만들어진 것이에요. 또한 컴퓨터를 잘 다루지 못하는 사람이라는 뜻의 '컴시인'은 '컴퓨터'와 '원시인'이 합쳐지면서 줄어든 말인데, 앞말의 첫음절과 뒷말의 둘째, 셋째 음절을 따서 만들어진 것이에요.

제대로 개념 정리

(1) 합성 명사 형성 방식
① 뒤의 말이 명사인 경우
• 명사에 명사가 결합하는 경우
  예 논밭(논+밭), 불고기(불+고기)
• (❶   )이 명사와 결합한 경우
  예 건널목(건널+목), 노림수(노림+수), 섞어찌개 (섞어+찌개)
• 명사를 꾸며 주는 (❷   )가 앞에 오는 경우
  예 새색시(새+색시)
② 명사가 아닌 품사들로만 이루어진 경우
  예 잘못 → 잘(부사)+못(부사)

(2) 예외적인 합성 명사 형성 방식
① 앞말과 뒷말의 (❸   )만 따서 만들어진 것
  예 인강(인터넷+강의)
② 앞말의 첫음절과 뒷말의 둘째, 셋째 음절을 따서 만들어진 것
  예 컴시인(컴퓨터+원시인)

정답 ❶ 용언의 활용형 ❷ 관형사 ❸ 첫음절

07

2018 9월 모의평가

〈보기〉의 ㄱ～ㅁ 중 윗글에서 설명한 단어 형성 방법의 사례에 해당하는 것만을 있는 대로 고른 것은?

〈보기〉

ㄱ. '선생님'을 줄여서 '샘'이라는 말을 만들었다.
ㄴ. '개-'와 '살구'를 결합하여 '개살구'라는 말을 만들었다.
ㄷ. '사범'과 '대학'을 결합하여 '사대'라는 말을 만들었다.
ㄹ. '점잖다'라는 형용사로부터 '점잔'이라는 말을 만들었다.
ㅁ. '비빔'과 '냉면'을 결합하여 '비빔냉면'이라는 말을 만들었다.

① ㄱ, ㄹ
② ㄷ, ㅁ
③ ㄱ, ㄴ, ㄷ
④ ㄴ, ㄷ, ㅁ
⑤ ㄴ, ㄹ, ㅁ

제대로 접근법

07
대화의 내용을 바탕으로 단어 형성의 원리를 이해하고 적용하는 유형이다.
• 대화의 내용을 통해 합성 명사 형성 방법을 표로 정리한다.

	명사+명사
	용언의 활용형+명사
	관형사+명사
합성 명사 형성 방법	명사가 아닌 품사들로만 결합
	앞말과 뒷말의 첫음절만 결합
	앞말의 첫음절과 뒷말의 둘째, 셋째 음절 결합

• 정리한 내용을 바탕으로 〈보기〉에 대응시켜 보자.

08

2018 9월 모의평가

밑줄 친 단어 중 ㉠의 예로 적절한 것은?

① 자기 잘못은 자기가 책임져야 한다.
② 언니는 가구를 전부 새것으로 바꿨다.
③ 아이가 요사이에 몰라보게 훌쩍 컸다.
④ 오늘날에는 교육에서 창의성이 중시된다.
⑤ 나는 갈림길에서 어디로 가야 할지 몰랐다.

▶ 해설편 15쪽

제대로 접근법 ☆문제 채점까지 마친 후 복습할 때 보세요.

08
단어의 품사와 단어 형성 방법에 대한 이해를 확인하는 유형이다.
- 선택지에 제시된 합성 명사가 어떤 단어를 합쳐 만든 것인지 분석한다.
- 선택지의 합성 명사를 분석한 후 합쳐지기 전 각각의 단어가 들어간 짧은 문장을 만들어 봄으로써 각 단어의 품사를 유추한다.
- 명사가 아닌 품사의 단어들로만 이루어진 합성 명사를 찾는다.

09

2021 4월 고3 학력평가

〈보기〉는 학생들이 작성한 탐구 보고서의 일부이다. [가]에 들어갈 내용으로 적절한 것은?

〈보기〉

◦ 탐구 개요

　학생들은 형태가 동일한 두 형태소가 하나는 어근, 하나는 접사로 사용되는 경우 이를 구분할 때 어려움을 겪는 경향이 있다. 그래서 우리 반 학생들을 대상으로 관련 사례에 대한 반응을 조사한 후 이를 토대로 결과를 분석하고 추가 예시 자료를 제시하여 학생들의 이해를 돕고자 한다.

◦ 사례

　1. 마당 한가운데 꽃이 폈다.
　　　㉠
　2. 그가 이 책의 지은이이다.
　　　　　　㉡
　3. 커다란 알밤을 주웠다.
　　　　㉢

◦ 학생들의 반응

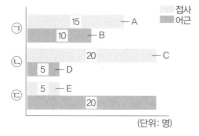

(단위: 명)

◦ 결과 분석 및 추가 예시 자료 제시

[가]

① '사례 1'에 대해 ㉠을 잘못 알고 있는 학생들이 더 많다. 이에 따라 'A 집단'의 이해를 돕기 위해 ㉠이 쓰인 예로 '한번'을 제시한다.
② '사례 1'에 대해 ㉠을 잘못 알고 있는 학생들이 더 적다. 이에 따라 'B 집단'의 이해를 돕기 위해 ㉠이 쓰인 예로 '한복판'을 제시한다.
③ '사례 2'에 대해 ㉡을 잘못 알고 있는 학생들이 더 많다. 이에 따라 'C 집단'의 이해를 돕기 위해 ㉡이 쓰인 예로 '먹이'를 제시한다.
④ '사례 2'에 대해 ㉡을 잘못 알고 있는 학생들이 더 적다. 이에 따라 'D 집단'의 이해를 돕기 위해 ㉡이 쓰인 예로 '미닫이'를 제시한다.
⑤ '사례 3'에 대해 ㉢을 잘못 알고 있는 학생들이 더 적다. 이에 따라 'E 집단'의 이해를 돕기 위해 ㉢이 쓰인 예로 '알사탕'을 제시한다.

09
단어의 구조를 제대로 파악할 수 있는지 묻는 유형이다.
정답률이 48%에 불과한 문제로, 어근과 접사에 대한 개념을 정확히 이해하고 적용해야 한다.
- 어근은 단어의 실질적 의미를 나타내는 중심 부분이며, 접사는 어근에 붙어 그 뜻을 제한하는 주변 부분임을 기억하자.
- '사례 1, 2, 3'에 제시된 ㉠~㉢이 어근인지, 접사인지 구분한 뒤, 학생들의 반응과 비교하여 ㉠~㉢을 잘못 알고 있는 학생들이 더 많은지, 혹은 더 적은지 확인한다.
- 선택지를 읽으며 ㉠~㉢을 잘못 알고 있는 집단의 이해를 돕기 위해 제시할 추가 자료가 적절한지 판단한다.

문제 채점까지 마친 후
복습할 때 보세요.
제대로 개념 정리

국어에서 동사나 형용사에 붙어 새로운 단어를 형성하는 접미사는 다양한 문법적 특징을 지니고 있다. 그 특징은 다음과 같다.

첫째로, 접미사는 동사나 형용사에 붙어 새로운 어간을 형성한다. 예를 들면, '녹다'의 어근 '녹-'에 접미사 '-이-'가 붙어 새로운 어간 '녹이-'가 형성된다. 이렇게 만들어진 '녹이다'의 어간 '녹이-'는 '녹다'의 어간 '녹-'과 구별된다. 둘째로, 접미사는 동사나 형용사의 어근에 붙어 품사를 바꾸기도 한다. 예를 들면, 명사 '먹이'나 '넓이'는 각각 동사와 형용사의 어근에 접미사 '-이'가 붙어 형성된 단어이다. 이때 '먹이'와 '넓이'의 '먹-'과 '넓-'은 서술어로 기능하지 못한다. 셋째로, ㉠접미사는 동사나 형용사에 붙어 사동의 의미를 더하기도 한다. 예를 들면, 동사 '익다'와 '먹다'의 어근에 각각 접미사 '-히-'와 '-이-'가 붙어 형성된 '익히다'와 '먹이다'는 '고기를 익히다'와 '아이에게 밥을 먹이다'에서와 같이 사동의 의미를 가진다. 넷째로, ㉡접미사는 타동사에 붙어 피동의 의미를 더하기도 한다. 예를 들면, '안다'의 어근 '안-'에 접미사 '-기-'가 붙어 형성된 '안기다'는 '아기가 엄마한테 안기다'와 같이 피동의 의미를 가진다. 이때 피동을 나타내는 접미사는 '눕다', '식다'와 같은 자동사에는 결합하지 않는다.

한편, 하나의 접미사가 모든 동사나 형용사에 자유롭게 결합하는 것은 아니다. 예를 들면, 접미사 '-히-'는 '읽다'의 어근 '읽-'에 붙어 '읽히다'를 만들 수 있지만, '살다'의 어근 '살-'에는 붙지 못한다. 어근 '살-'에는 접미사 '-리-'가 붙어 '살리다'가 형성된다. 또한 어근과 접미사 사이에는 다른 형태소가 끼어들 수 없다. 가령, 어근 '읽-'과 접미사 '-히-' 사이에 '-시-'와 같은 선어말 어미가 끼어든 '읽시히-'와 같은 것은 만들어지지 않는다.

(1) 접미사의 문법적 특징
① 동사나 형용사에 붙어 새로운 (❶   )을 형성함
  예 녹-(어근)+-이-(접미사) → 녹이-(어간)
② 동사나 형용사의 어근에 붙어 (❷   )를 바꿈
  예 먹-(동사의 어근)+-이(접미사) → 먹이(명사)
③ 동사나 형용사에 붙어 (❸   )의 의미를 더함
  예 익-(어근)+-하-(접미사)+-다 → 익히다(사동)
④ 타동사에 붙어 (❹   )의 의미를 더함
  예 안-(어근)+-기-(접미사)+-다 → 안기다(피동)

(2) 접미사의 결합 제약
① 하나의 접미사가 모든 동사나 형용사에 자유롭게 결합하는 것은 아님
  예 읽-+-히-+-다 → 읽히다 (○)
     살-+-히-+-다 → 살히다 (×)
     살-+-리-+-다 → 살리다 (○)
② 어근과 접미사 사이에는 다른 (❺   )가 끼어들 수 없음
  예 읽-+-시-+-히- → 읽시히- (×)

답 ❶ 어간 ❷ 품사 ❸ 사동 ❹ 피동 ❺ 형태소

10

윗글을 바탕으로 〈보기〉의 ⓐ~ⓔ를 이해한 내용으로 적절한 것은?

〈보기〉
ⓐ 달콤한 휴식을 위해 시간을 비워 놓았다.
ⓑ 아주 높이 나는 새라야 멀리 볼 수 있다.
ⓒ 마을 앞 공터를 놀이 공간으로 조성했다.
ⓓ 멀리서 찾아온 손님을 위해 차를 끓였다.
ⓔ 할아버지께서는 오늘 일찍 오시기 힘들다.

① ⓐ에서 '비워'의 어간은 '시간이 빈다.'에서 '비다'의 어간과 같다.
② ⓑ에서 '높이'는 형용사 '높다'의 어근 '높-'에 접미사 '-이'가 붙어 형성된 명사이다.
③ ⓒ에서 '놀이'는 명사이므로 '놀이' 속의 '놀-'은 서술어로 기능하지 못한다.
④ ⓓ에서 '끓였다'의 어근에 붙은 접미사 '-이-'는 모든 동사에 자유롭게 결합한다.
⑤ ⓔ에서 '오시기'는 '오-'와 '-기' 사이에 다른 형태소가 끼어든 것이므로 명사이다.

문제 채점까지 마친 후
복습할 때 보세요.
제대로 접근법

10
접미사의 문법적 특징을 제대로 이해하고 있는지 확인하는 유형이다.
지문에 제시된 내용을 정확히 파악한 다음 이를 〈보기〉에 적용해야 한다.
• 접미사의 문법적 특징과 결합 제약과 관련된 지문 내용을 정리한다.
• 하나의 접미사는 모든 동사나 형용사에 자유롭게 결합하는 것이 아니며, 어근과 접미사 사이에는 다른 형태소가 끼어들 수 없다는 것을 기억하자.
• 지문에 제시된 내용을 〈보기〉의 ⓐ~ⓔ에 대응시킨 뒤, 선택지의 적절성을 판단한다.

11

밑줄 친 부분이 ㉠, ㉡에 해당하는 예로 적절한 것은?

① ㉠: 형이 동생을 울렸다.
   ㉡: 그는 지구본을 돌렸다.

② ㉠: 이제야 마음이 놓인다.
   ㉡: 우리는 용돈을 남겼다.

③ ㉠: 공책이 가방에 눌렸다.
   ㉡: 옷이 못에 걸려 찢겼다.

④ ㉠: 바위 뒤에 동생을 숨겼다.
   ㉡: 피곤해서 눈이 자꾸 감겼다.

⑤ ㉠: 나는 종이비행기를 하늘로 날렸다.
   ㉡: 그는 소년에게 중요한 임무를 맡겼다.

11

사동사와 피동사를 제대로 구별할 수 있는지 묻는 유형이다.

• 지문에 제시된 접미사의 문법적 특징에 따르면 접미사는 동사나 형용사에 붙어 사동의 의미를 더하기도 하며, 타동사에 붙어 피동의 의미를 더하기도 한다는 것을 기억하자.

• 이를 바탕으로 선택지의 밑줄 친 부분이 사동사인지 피동사인지 선택지 옆에 '사/피'로 메모하면서 정리한다.

• ㉠은 사동의 의미, ㉡은 피동의 의미를 가진 단어여야 하므로 이를 충족하는 선택지가 무엇인지 찾아본다.

12

〈보기〉의 ⓐ, ⓑ가 사용된 예를 ㉠～㉤에서 바르게 고른 것은?

─── 〈보기〉 ───

선생님: 여러분이 헷갈려 하는 것들 중 ⓐ용언의 어간과 결합하는 명사형 어미 '-(으)ㅁ', '-기'와 ⓑ어근과 결합하여 명사를 만드는 접미사 '-이', '-음', '-기'가 있어요. 전자는 용언의 품사를 바꾸지 않으며, 전자가 결합해 활용된 용언은 서술하는 기능이 유지되고 부사어의 수식을 받을 수 있어요. 한편 후자가 결합하여 만들어진 명사는 관형어의 수식을 받을 수 있어요.

○ 세상은 홀로 ㉠살기가 어렵다.
○ 형은 충분히 ㉡잠으로써 피로를 풀었다.
○ 날씨가 더워 시원한 ㉢얼음이 필요하다.
○ 우리에게 건전한 ㉣놀이 문화가 필요하다.
○ 이곳은 풍경이 매우 ㉤아름답기로 유명하다.

	ⓐ	ⓑ
①	㉠, ㉡	㉢, ㉣, ㉤
②	㉠, ㉤	㉡, ㉢, ㉣
③	㉢, ㉣	㉠, ㉡, ㉤
④	㉠, ㉡, ㉤	㉢, ㉣
⑤	㉡, ㉢, ㉣	㉠, ㉤

12

접사와 어미의 쓰임에 대해 파악하는 유형이다.

• 〈보기〉에 제시된 명사형 어미 '-(으)ㅁ', '-기', 명사 파생 접미사 '-이', '-음', '-기'의 특징을 간략히 정리한다.

• 제시된 문장에서 ㉠～㉤의 단어가 부사어의 수식을 받는지, 관형어의 수식을 받는지 확인한다.

• 이를 바탕으로 제시된 문장에서 ㉠～㉤의 단어에 명사형 어미가 사용되었는지, 명사를 만드는 접미사가 사용되었는지 판단한다.

[13-14] 다음 글을 읽고 물음에 답하시오.

여러 형태소로 이루어진 단어나 여러 단어들로 이루어진 문장은 그 구조를 명확히 파악하기 어렵다. 가령, '민물고기'가 합성어인지 파생어인지를 판별하기 어렵고 "언니가 찾던 책이 여기 있구나."와 같은 문장에서 주어가 무엇인지를 파악하기 쉽지 않다. 이처럼 복잡한 단어나 문장의 구조를 명확히 파악하기 위한 효과적인 방법으로 직접 구성 요소 분석이 있다.

직접 구성 요소란 어떤 말을 직접 이루고 있는 두 부분으로 나누었을 때 나오는 두 요소이다. 위의 '민물고기'에서는 '민물'과 '고기'가 직접 구성 요소가 된다. 이 분석은 '민물'에 대해서도 더 적용할 수 있다. 이렇게 직접 구성 요소를 분석해 보면 한 단어에 합성과 파생 과정이 모두 있는 '민물고기'는 파생어가 아닌 합성어임을 알 수 있다.

직접 구성 요소 분석 시에는 특히 두 가지를 고려해야 한다. 첫째, 직접 구성 요소로 분석되는 말이 실제로 존재하는가 하는 점이다. 가령, '살얼음'은 '살–'과 '얼음'으로 분석해야 하는데, 만약 '살얼–'과 '–음'으로 분석하면 '살얼다'가 존재하지 않으므로 잘못된 분석이 된다. 둘째, 직접 구성 요소들과 그 전체 구성의 의미가 서로 통하는가 하는 점이다. '벽돌집'을 직접 구성 요소로 나누면 '벽돌'과 '집'이 분석된다. 이를 '벽'과 '돌집'으로 나누면 '벽돌로 만든 집'이라는 의미를 갖지 못한다.

긴 문장도 직접 구성 요소 분석을 통해 그 구조를 알 수 있다. 일반적으로 문장에는 주어와 서술어가 나타나므로, 문장의 직접 구성 요소는 주어와 서술어가 된다. 그런데 서술어는 홀로 나오기도 하지만 주어 이외의 필수 성분과 결합하여 나오는 경우도 있다. 따라서 "내 동생은 엄마의 칭찬을 많이 받았다."는 첫 분석 층위에서 주어 '내 동생은'과 '엄마의 칭찬을 많이 받았다'로 그 직접 구성 요소가 분석된다. 또 '엄마의 칭찬을 많이 받았다'는 한 층위 아래에서 '엄마의 칭찬을'과 '많이 받았다'로 나뉜다. 또한 '내 동생'의 직접 구성 요소는 '내'와 '동생'인데, 이처럼 꾸미는 말과 꾸밈을 받는 말이 인접하면 그 두 요소는 바로 위 층위의 말을 이루는 직접 구성 요소가 된다. 이렇게 직접 구성 요소를 분석해 보면 "언니가 찾던 책이 여기 있구나."에서 '언니가'는 관형사절 속에 포함된 주어일 뿐이며 문장 전체의 주어, 즉 가장 위 층위에 있는 직접 구성 요소는 '언니가 찾던 책이'임을 알 수 있다.

☆ 문제 채점까지 마친 후 복습할 때 보세요.

제대로 개념 정리

(1) 직접 구성 요소의 개념
어떤 말을 직접 이루고 있는 두 부분으로 나누었을 때 나오는 두 요소
예 민물고기: [민–+물]+고기
   파생어 단일어 → 합성어
→ '민물고기'의 직접 구성 요소: 민물, 고기
→ '민물'의 직접 구성 요소: 민–, 물

(2) 직접 구성 요소 분석 시 고려할 점
① 직접 구성 요소로 분석되는 말이 (❶   ) 존재해야 함
   예 살얼음 → 살–+얼음 (○)
      → 살얼–+–음 (×)
② 직접 구성 요소들과 그 전체 구성의 (❷   ) 가 서로 통해야 함
   예 벽돌집 → 벽돌+집 → 벽돌로 만든 집 (○)
      → 벽+돌집 → 벽돌로 만든 집 (×)

(3) 긴 문장의 직접 구성 요소 분석
① 문장의 직접 구성 요소: (❸   ), 서술어
② 문장의 직접 구성 요소 분석의 예
   [(내) (동생은)] [(엄마의 칭찬을) (많이 받았다).]
   → '내 동생은 엄마의 칭찬을 많이 받았다.'의 직접 구성 요소: (❹   ), 엄마의 칭찬을 많이 받았다
   → '내 동생'의 직접 구성 요소: 내, 동생
   → '엄마의 칭찬을 많이 받았다'의 직접 구성 요소: 엄마의 칭찬을, 많이 받았다

정답 ❶ 내 동생은 ❷ 주어 ❸ 의미 ❹ 실제로

13

2017 9월 모의평가

〈보기〉는 윗글을 바탕으로 진행된 학습 활동이다. ⓐ~ⓔ에 대한 이해로 적절한 것은?

─────── 〈보기〉 ───────

학 생: '민물고기'에 있는 접두사 '민–'은 '민물고기'의 직접 구성 요소가 아니라, '민물'을 직접 구성 요소로 분석할 때 나오는 것이군요. 이제 왜 '민물고기'가 파생어가 아니라 합성어인지 알겠어요.
선생님: 직접 구성 요소 분석에 대해 잘 이해했구나. 그럼 아래의 단어들도 분석해 보자.

| ⓐ 나들이옷 | ⓑ 눈웃음 | ⓒ 드높이다 |
| ⓓ 집집이 | ⓔ 놀이터 | |

① ⓐ는 그 직접 구성 요소 중 하나가 합성어인 합성어이다.
② ⓑ는 그 직접 구성 요소 중 하나가 파생어인 합성어이다.
③ ⓒ는 그 직접 구성 요소 중 하나가 합성어인 파생어이다.
④ ⓓ는 그 직접 구성 요소 중 하나가 파생어인 파생어이다.
⑤ ⓔ는 그 직접 구성 요소 중 하나가 합성어인 파생어이다.

☆ 문제 채점까지 마친 후 복습할 때 보세요.

제대로 접근법

13
직접 구성 요소에 대한 이해를 바탕으로 단어의 구조를 바르게 분석할 수 있는지 확인하는 유형이다.
• 〈보기〉에 제시된 단어를 지문에서 설명하고 있는 직접 구성 요소 개념을 이용해 분석해 보자.
• 직접 구성 요소로 분석할 때는 직접 구성 요소로 분석되는 말이 실제로 존재하는지, 직접 구성 요소들과 그 전체 구성의 의미가 서로 통하는지를 고려해야 한다는 것을 기억하자.
• 〈보기〉의 단어를 분석할 때 〈보기〉의 단어가 파생어인지, 합성어인지를 확인하고 그 직접 구성 요소는 파생어인지, 합성어인지 구분한다.
• 분석한 내용을 바탕으로 선택지의 적절성을 판단한다.

14

윗글의 관점에서 〈보기〉의 ㉠~㉤을 분석한 것으로 옳지 <u>않은</u> 것은?

〈보기〉

㉠ 지희는 목소리가 곱다.
㉡ 소포가 도착했다고 들었다.
㉢ 동수가 미애에게 선물을 주었다.
㉣ 그가 익명의 기부자임이 밝혀졌다.
㉤ 인생은 짧고 예술은 길다는 말은 명언이다.

① ㉠은 '지희는'과 '목소리가 곱다'로 분석되겠군.
② ㉡은 '소포가'와 '도착했다고 들었다'로 분석되겠군.
③ ㉢은 '동수가'와 '미애에게 선물을 주었다'로 분석되겠군.
④ ㉣은 '그가 익명의 기부자임이'와 '밝혀졌다'로 분석되겠군.
⑤ ㉤은 '인생은 짧고 예술은 길다는 말은'과 '명언이다'로 분석되겠군.

14
직접 구성 요소에 대한 이해를 바탕으로 문장의 구조를 바르게 분석할 수 있는지 확인하는 유형이다.
• 지문에 제시되어 있는 '문장의 직접 구성 요소는 주어와 서술어', '서술어는 주어 이외의 필수 성분과 결합', '가장 위 층위에 있는 직접 구성 요소' 등을 적용하여 〈보기〉를 분석한다.
• 지문의 '관형사절 속에 포함된 주어일 뿐', '문장 전체의 주어, 즉 가장 위 층위에 있는 직접 구성 요소' 등을 통해, 긴 문장의 직접 구성 요소를 분석할 때는 주어가 포함된 가장 위 층위와 서술어가 포함된 가장 위 층위로 나누어야 한다는 것을 알 수 있다.
• 이를 바탕으로 선택지의 적절성을 판단한다.

15

〈보기〉의 ㉠과 ㉡을 모두 충족하는 예로 적절한 것은?

〈보기〉

　'붙잡다'의 어간 '붙잡-'은 어근 '붙-'과 어근 '잡-'으로 나뉘고, '잡히다'의 어간 '잡히-'는 어근 '잡-'과 접사 '-히-'로 나뉜다. 이렇듯 어떤 말을 둘로 나누었을 때 나누어진 두 요소 각각을 직접 구성 요소라 하는데, 어근과 어근으로 분석되는 말을 합성어라 하고 어근과 접사로 분석되는 말을 파생어라 한다.
　그런데 ㉠어간이 3개 이상의 구성 요소로 이루어진 경우가 있다. 이때 ㉡<u>직접 구성 요소가 먼저 어근과 어근으로 분석되면 합성어이고 어근과 접사로 분석되면 파생어이다.</u> 예컨대 '밀어붙이다'는 직접 구성 요소가 먼저 어근과 어근으로 분석되므로 합성어이다.

① 밤새 거센 비바람이 <u>내리쳤다</u>.
② 책임을 남에게 <u>떠넘기면</u> 안 된다.
③ 차바퀴가 진흙 바닥에서 <u>헛돌았다</u>.
④ 거리에는 매일 많은 사람이 <u>오간다</u>.
⑤ 그들은 끊임없이 <u>짓밟혀도</u> 굴하지 않았다.

15
직접 구성 요소에 대한 이해를 바탕으로 단어의 구조를 파악할 수 있는지 확인하는 유형이다.
• 직접 구성 요소에 대한 개념을 정확히 이해한다. 특히 합성어는 어근과 어근으로 분석되는 말임을 주목한다.
• 선택지에 제시된 단어들의 어간을 구분한 후 어간이 어근과 어근으로 분석되는지, 어근과 접사로 분석되는지 파악한다.
• 선택지에 제시된 단어들이 몇 개의 구성 요소로 이루어지는지 확인한다.
• 이를 바탕으로 직접 구성 요소가 어근과 어근으로 분석되고 어간이 3개의 구성 요소로 이루어진 것을 찾는다.

1차 채점		
맞은 문항 수		개
틀린 문항 수		개
헷갈리는 문항 번호		

→

2차 채점		
맞은 문항 수		개
틀린 문항 수		개
헷갈리는 문항 번호		

• 틀린 문항 '/' 표시

• 틀린 문항 '×' 표시

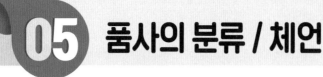

05 품사의 분류 / 체언

품사의 개념과 분류

❶ 품사: 공통된 성질을 가진 단어들을 모아 갈래를 지어 놓은 것. 형태, 기능, 의미의 세 가지 기준에 의해 분류할 수 있음

형태	기능	의미
불변어	체언	명사
		대명사
		수사
	수식언	관형사
		부사
	독립언	감탄사
	관계언	조사
		(서술격 조사)
가변어	용언	동사
		형용사

❷ 품사의 분류 기준

(1) 형태에 따른 분류: 단어의 형태가 변하는지의 여부에 따라 구분함

가변어	형태가 변하는 단어	용언, 관계언 중 서술격 조사
불변어	형태가 변하지 않는 단어	체언, 수식언, 독립언, 관계언

(2) 기능에 따른 분류: 단어가 문장에서 어떤 기능을 하는지에 따라 구분함

체언	주어, 목적어, 보어 등의 기능을 하는 단어	명사, 대명사, 수사
용언	주어를 서술하는 기능을 하는 단어	동사, 형용사
수식언	다른 말을 꾸며 주는 기능을 하는 단어	관형사, 부사
관계언	주로 체언 뒤에 붙어 다양한 역할을 하는 단어	조사
독립언	문장에서 독립적으로 쓰이는 단어	감탄사

(3) 의미에 따른 분류: 단어가 어떤 의미를 가지고 있는지에 따라 구분함

명사	사람이나 사물, 장소 등의 이름을 나타내는 단어
대명사	명사를 대신하여 그것을 가리키는 말로 사용되는 단어
수사	사물의 수량이나 순서를 나타내는 단어
동사	주어의 움직임이나 작용을 나타내는 단어
형용사	주어의 성질이나 상태를 나타내는 단어
관형사	체언 앞에 놓여 체언을 꾸며 주는 단어
부사	용언이나 다른 부사, 문장을 꾸며 주는 단어
조사	앞말에 붙어 다른 말과의 관계를 나타내는 단어
감탄사	부름이나 응답, 놀람, 느낌 등을 나타내는 단어

개념 다지기

활동 1 품사의 분류

※ 품사 분류를 위한 문장의 예
아! 그곳에는 헌 물건은 아예 없고, 새 물건 하나만 판다.

(1) 형태에 따른 분류

- 아 → 불변어
- 에는 → 불변어
- 물건 → 불변어
- 아예 → (❷   )
- 새 → 불변어
- 하나 → 불변어
- 판다 → (❸   )
- 그곳 → 불변어
- 헌 → (❶   )
- 은 → 불변어
- 없고 → 가변어
- 물건 → 불변어
- 만 → 불변어

(2) 기능에 따른 분류

- 아 → 독립언
- 에는 → 관계언
- 물건 → 체언
- 아예 → (❺   )
- 새 → 수식언
- 하나 → 체언
- 판다 → 용언
- 그곳 → 체언
- 헌 → (❹   )
- 은 → 관계언
- 없고 → 용언
- 물건 → 체언
- 만 → (❻   )

(3) 의미에 따른 분류

- 아 → 감탄사
- 에는 → (❼   )
- 물건 → 명사
- 아예 → 부사
- 새 → 관형사
- 하나 → (❾   )
- 판다 → 동사
- 그곳 → 대명사
- 헌 → 관형사
- 은 → 조사
- 없고 → (❽   )
- 물건 → 명사
- 만 → 조사

■ **체언**: 문장에서 주어, 목적어, 보어 등 몸체의 기능을 하는 단어. 명사, 대명사, 수사가 있음. 조사와 결합할 수 있으며, 형태가 변하지 않음

1 명사: 사람이나 사물, 장소 등의 이름을 나타내는 단어

사용 범위에 따라	보통 명사	어떤 속성을 지닌 대상들에 두루 쓰이는 이름 예 고양이, 우산, 학교, 학생
	고유 명사	특정한 대상을 다른 것과 구별하기 위해 쓰이는 이름 예 정약용, 불국사, 이순신, 한강
자립 여부에 따라	자립 명사	다른 말의 도움 없이 단독으로 쓰일 수 있는 명사 예 고양이, 정약용, 모든 고유 명사, 대부분의 보통 명사
	의존 명사	다른 말의 도움을 받아야 쓰일 수 있는 명사 예 먹을 <u>것</u>, 할 <u>수</u> 있다, 웃고만 있을 <u>뿐</u>이다

※ **의존 명사의 종류**

① 형식적 의존 명사: 실질적 의미가 다소 불분명한 것으로 앞의 관형어와 어울릴 때만 그 의미가 분명해지는 의존 명사

> 예 그럴 <u>리</u>가 없다.

② 단위성 의존 명사: 수량, 단위라는 실질적 의미를 가지고 있는 의존 명사

> 예 굴 세 <u>개</u>를 먹었다.

2 대명사: 명사를 대신하여 그것을 가리키는 말로 사용되는 단어

지시 대명사	사물 지시	예 이, 그, 저, 이것, 그것, 저것, 무엇
	장소 지시	예 여기, 거기, 저기, 어디
인칭 대명사	1인칭	예 나, 저, 우리, 저희, 소인(小人), 짐(朕)
	2인칭	예 너, 자네, 그대, 당신, 너희, 여러분
	3인칭	예 그, 그녀, 이분, 그분, 저분, 이이, 그이, 저이

※ **그 밖의 인칭 대명사**

① 미지칭: 대상의 이름이나 신분을 모를 때 쓰는 인칭 대명사

> 예 저 사람이 <u>누구</u>입니까?

② 부정칭: 특정 대상을 가리키지 않는 경우에 쓰는 인칭 대명사

> 예 • 죄를 지으면 <u>누구</u>나 벌을 받는다.　　• 이 일은 <u>아무</u>나 할 수 있다.

③ 재귀칭: 앞에 한 번 나온 명사를 다시 가리킬 때 쓰는 인칭 대명사

> 예 그는 뭐든지 <u>자기</u> 고집대로 한다.

3 수사: 사물의 수량이나 순서를 나타내는 단어

양수사	수량을 나타내는 수사	예 하나, 둘, 셋, 일, 이, 삼
서수사	순서를 나타내는 수사	예 첫째, 둘째, 셋째, 제일, 제이, 제삼

활동 2　명사의 분류

※ 다음 명사를 종류에 따라 분류해 보자.

> 우산, 다보탑, 때문, 노래, 한국, 것

• 보통 명사: ❶
• 고유 명사: ❷
• 자립 명사: ❸
• 의존 명사: ❹

개념➕ 인칭 대명사 '당신'의 다양한 쓰임

① 듣는 이를 가리키는 2인칭 대명사

> 이 일을 한 사람이 당신이오?

② 부부 사이에서, 상대편을 높여 이르는 2인칭 대명사

> 당신, 요즘 직장에서 피곤하시죠?

③ 맞서 싸울 때 상대편을 낮잡아 이르는 2인칭 대명사

> 당신이 뭔데 참견이야.

④ '자기'(3인칭 재귀칭)를 아주 높여 이르는 말

> 할아버지께서는 생전에 당신의 장서를 소중히 다루셨다.

활동 3　수사의 분류

※ 서수사에 ○표, 양수사에 △표, 수사가 아니면 □표를 하자.

한	둘째	제산
사(四)	열	이십
서른	닷	제일
세	하나	네

개념 완성 TEST

01
품사의 분류

품사 분류 기준을 고려하여, 다음 문장에서 해당하는 단어를 찾아 보자.

> 민희는 새 구두를 신었다.

(1) 가변어 : _____
(2) 수식언 : _____
(3) 명사 : _____

02
품사의 분류

다음 문장을 품사 분류 기준에 따라 분류해 보자.
(※ ‖로 분류의 경계를 표시할 것)

> 은지는 시장에서 수박을 하나 샀다.

(1) 형태에 따라 : _____
(2) 기능에 따라 : _____
(3) 의미에 따라 : _____

03
명사

다음 문장에서 명사만을 찾아 밑줄을 그어 보자.

(1) 아버지께서 밖에 나가셨다.
(2) 친구와 함께 꽃구경을 가기로 했다.
(3) 그것은 우리의 것이 아니다.

04
명사의 종류

다음 명사를 종류에 따라 분류해 보자.

> 사과, 북한산, 하늘, (노력한) 만큼, 한강, (고마울) 따름

(1) 보통 명사 : _____
(2) 고유 명사 : _____
(3) 자립 명사 : _____
(4) 의존 명사 : _____

05
자립 명사와 의존 명사

다음 밑줄 친 단어들을 자립 명사와 의존 명사로 구분해 보자.

(1) 비싼 물건 (   )
(2) 못 본 척 (   )
(3) 기쁠 뿐 (   )
(4) 어린 아기 (   )
(5) 세 마리 (   )
(6) 붉은 사과 (   )

06
대명사

다음 문장에서 밑줄 친 대명사가 몇 인칭인지 써 보자.

(1) 자네는 올해 나이가 몇인가? (   )
(2) 이 일을 한 사람이 당신이오? (   )
(3) 아버님! 이이가 몸이 많이 아픈가 봐요. (   )
(4) 우리 아이들은 저희들끼리 할 수 있다고 말한다. (   )
(5) 저희는 이 동네에서 가장 맛있는 음식점을 찾고 있어요. (   )

07
대명사

다음 문장에서 밑줄 친 대명사를 미지칭 대명사(미)와 부정칭 대명사(부)로 구분해 보자.

(1) 방금 온 사람이 누구니? (   )
   누구든지 들어와도 된다. (   )
(2) 무엇이라도 먹어야겠다. (   )
   오늘 아침에 무엇을 먹었어? (   )
(3) 이따가 어디에 갈 거니? (   )
   어디나 정들면 다 고향이다. (   )

08
수사

다음 밑줄 친 단어가 수사인지 수 관형사인지 분류하여, 빈칸에 기호를 써 보자.

> ㉠ 하나를 알면 열을 안다.
> ㉡ 나는 친한 친구 셋이 있다.
> ㉢ 민아는 강아지 두 마리를 키운다.
> ㉣ 우리 팀의 공연 순서는 일곱 번째이다.
> ㉤ 할아버지는 오래된 시계 하나를 가지고 계신다.

수사	수 관형사

내신 기출 문제

01
품사의 분류

〈보기〉는 품사의 분류에 대한 설명이다. ⓐ~ⓒ를 기준으로 ㉠~㉺을 분류할 때 적절하지 않은 것은?

─〈보기〉─

공통된 성질을 가진 단어들을 모아 갈래를 지어 놓은 것을 품사라고 한다. 국어의 품사는 단어의 형태, 기능, 의미를 기준으로 분류한다. 먼저 단어의 ⓐ형태에 따라 가변어와 불변어로 나눌 수 있다. 다음으로 문장 속에서 단어가 담당하는 ⓑ기능에 따라 체언, 관계언, 용언, 수식언, 독립언으로 나눌 수 있다. 끝으로 개별 단어가 지닌 ⓒ의미에 따라 명사, 대명사, 수사, 조사, 동사, 형용사, 관형사, 부사, 감탄사의 아홉 가지로 나눌 수 있다.

- 구름 ㉠한 점 없이 ㉡맑은 하늘에 비행기 ㉢하나가 날아간다.
- 거기 있던 ㉣어느 누구도 쉬 잠들지 못하는 그런 밤㉤이었다.
- 그는 ㉥새 옷을 입고 ㉦기쁜 마음으로 회사에 출근을 하였다.

① ⓐ에 따라 나누면, ㉡과 ㉦을 제외한 것은 모두 불변어이다.
② ⓑ에 따라 나누면, ㉠과 ㉥은 둘 다 수식언이다.
③ ⓑ에 따라 나누면, ㉡과 ㉦은 둘 다 용언이다.
④ ⓒ에 따라 나누면, ㉠과 ㉢은 다른 품사이다.
⑤ ⓒ에 따라 나누면, ㉣과 ㉥은 같은 품사이다.

02
명사

명사에 대한 설명으로 적절한 것은?

① 명사는 문장에서 조사와 결합하여 주어로만 사용된다.
② 의존 명사는 꾸미는 말 없이 혼자서 자립적으로 쓰일 수 있다.
③ '포클레인, 호치키스'처럼 고유 명사가 그 기능을 잃으면 보통 명사로 바뀌기도 한다.
④ 특정한 대상을 다른 개체와 구별하기 위해 붙인 고유 명사에는 '해, 달, 아기' 등이 있다.
⑤ 보통 명사는 어떤 속성을 지닌 대상을 두루 이르는 말로, '책상, 사과, 유관순, 이순신' 등이 이에 해당한다.

03
대명사

〈보기〉의 ㉠에 해당하는 예로 볼 수 있는 것은?

─〈보기〉─

대명사는 인칭에 따라 1인칭, 2인칭, 3인칭으로 나뉜다. 그런데 다음과 같이 ㉠동일한 형태가 1인칭, 2인칭, 3인칭 중에서 두 가지 인칭으로 쓰이기도 한다.

예 선생님, 저희들이 청소하겠습니다. (1인칭)
　　애들이 아직 어려서 저희들밖에 모른다. (3인칭)

① 그는 좋은 사람이다.
　그와 같은 사실을 아무도 모르다니.
② 너희는 어디서 왔니?
　너희 학교는 어디에 있니?
③ 저 앞에 계신 분은 누구시죠?
　누구도 그 일에 대해 말하지 않았다.
④ 우리는 놀이공원에 안 갈 거야.
　우리 회사는 계속 발전할 것이다.
⑤ 내 앞에 있는 당신은 도대체 어떤 사람입니까?
　어머니께서는 당신이 젊었을 때 날씬했다고 주장하셨다.

04
수사

밑줄 친 단어의 품사가 나머지 넷과 다른 것은?

① 나에게는 소원이 딱 하나가 있다.
② 내 생일 잔치에 네 명의 친구를 초대했다.
③ 서현이의 필통 속에는 볼펜이 두 자루밖에 없다.
④ 언니는 혼자 살면서 강아지 세 마리를 키우고 있다.
⑤ 우리 집 마당에는 감나무 다섯 그루가 심어져 있다.

06 용언

■ **용언**: 문장의 주어를 서술하는 기능을 하는 단어로, 동사, 형용사가 있음. 부사어의 꾸임을 받을 수 있으며, 쓰임에 따라 형태가 변함

① 동사: 주어의 움직임이나 작용을 나타내는 단어

자동사	목적어 없이 쓰일 수 있는 동사 예 뛰다, 걷다, 울다
타동사	목적어를 필요로 하는 동사 예 잡다, 누르다, 쓸다

② 형용사: 주어의 성질이나 상태를 나타내는 단어

성상 형용사	성질이나 상태를 나타내는 형용사 예 고요하다, 향기롭다, 아름답다
지시 형용사	사물의 성질, 시간, 수량 등이 어떠하다는 것을 형식적으로 나타내는 형용사 예 이러하다, 저러하다, 어떠하다

③ 동사와 형용사의 구별

① 기본형에 현재 시제 선어말 어미 '-는-/-ㄴ-', 관형사형 어미 '-는'과 결합할 수 있으면 동사, 결합할 수 없으면 형용사임

> 예 • 보물을 찾는다. (○) → 동사   • 키가 작는다. (×) → 형용사
> • 먹는 사람 (○) → 동사   • 예쁘는 꽃 (×) → 형용사

② 의도를 뜻하는 어미 '-(으)려'나 목적을 뜻하는 어미 '-(으)러'와 결합할 수 있으면 동사, 결합할 수 없으면 형용사임

> 예 • 먹으려 한다. (○) → 동사   • 예쁘려 한다. (×) → 형용사
> • 먹으러 간다. (○) → 동사   • 예쁘러 간다. (×) → 형용사

③ 명령형 어미 '-아라/어라'나 청유형 어미 '-자'와 결합할 수 있으면 동사, 결합할 수 없으면 형용사임

> 예 • 먹어라. (○) → 동사   • 예뻐라. (×) → 형용사   • 행복하라 (×) → 형용사
> • 먹자. (○) → 동사   • 예쁘자. (×) → 형용사   • 행복하자 (×) → 형용사

④ 본용언과 보조 용언

(1) **본용언**: 문장의 주체를 주되게 서술하면서 보조 용언의 도움을 받는 용언. 단독으로 쓰일 수 있음 예 밥을 먹었다.

(2) **보조 용언**: 본용언과 연결되어 그것의 뜻을 보충하는 역할을 하는 용언. 단독으로 쓰일 수 없음

> 예 밥을 먹고 있다(진행), 일을 해 버렸다(완료), 그곳에 가고 싶다(희망), 밥을 먹어야 한다(당위), 나를 화나게 만들다(사동), 그를 만나게 되다(피동)

⑤ 어간과 어미

(1) **어간**: 용언이 활용할 때 형태가 변하지 않는 부분 예 놀다 / 놀고 / 놀며

활동 1 동사의 종류

> ┌ 새가 운다. → 자동사
> └ 그가 마당을 쓸었다. → 타동사
> ┌ 그가 웃는다. → (❶   )
> └ 그가 책을 본다. → (❷   )

활동 2 형용사의 종류

• 방 안이 고요하다. → 성상 형용사
• 책의 내용이 어떠합니까? → (   )
• 그는 아무런 대답도 못하고 있다. → 지시 형용사
• 사람마다 식성이 다르듯 동물도 그러하다. → 지시 형용사

활동 3 동사와 형용사의 구분

※ 다음의 단어들을 동사(동)와 형용사(형)로 구분해 보자.

• 향기롭다	(형)
• 읽다	(동)
• 달리다	(❶)
• 고요하다	(❷)
• 착하다	(❸)
• 웃다	(❹)

활동 4 본용언과 보조 용언의 구분

• 도둑을 잡아 간다.
　　　본용언 본용언
• 사과를 먹어 버렸다.
　　　본용언 보조 용언
• 잠을 자고 싶다.
　　(❶   ) (❷   )

정답 활동 1 ❶ 자동사 ❷ 타동사 활동 2 지시 형용사 활동 3 ❶ 동 ❷ 형 ❸ 형 ❹ 동 활동 4 ❶ 본용언 ❷ 보조 용언

(2) **어미**: 어간 뒤에 붙어서 형태가 다양하게 변하는 부분

어말 어미	종결 어미	평서형	-다, -네, -오, -ㅂ니다	나는 아침을 먹는다.
		의문형	-니, -(느)냐, -ㅂ니까	너는 아침을 먹었니?
		감탄형	-구나, -군, -로구나	너는 아침을 먹는구나.
		명령형	-아라/-어라, -ㅂ시오	너는 아침을 먹어라.
		청유형	-자, -세, -ㅂ시다	우리 아침을 먹자.
	연결 어미	대등적	-고, -며, -나, -지만	산이 높고 강이 깊다.
		종속적	-면, -니, -거든	봄이 오면 꽃이 핀다.
		보조적	-아/-어, -게, -지, -고	나는 밥을 먹고 싶다.
	전성 어미	명사형	-(으)ㅁ, -기, -듯이	나는 그가 뛰어남을 알았다.
		관형사형	-는, -던, -(으)ㄴ, -(으)ㄹ	그는 아름다운 청년이다.
		부사형	-게, -도록, -듯이	꽃이 아름답게 피었다.
선어말 어미	주체 높임		-(으)시-	아버지께서 말씀하시었다.
	공손		-옵-, -오-	장군께 아뢰옵니다.
	시제	현재	-는-/-ㄴ-	아침을 먹는다.
		과거	-았-/-었-, -더-(회상)	아침을 먹었다.
		미래	-겠-	아침을 먹겠다.

❻ 용언의 활용

(1) 규칙 활용: 용언이 활용할 때 어간이나 어미가 규칙적인 형태로 결합하는 것

어간과 어미의 형태가 바뀌지 않는 경우		예 먹다 : 먹고, 먹어, 먹으니, ……
어간의 변화가 규칙적인 경우	'ㄹ' 탈락	예 울-+-니 → 우니, 졸-+-니 → 조니
	'_' 탈락	예 끄-+-어 → 꺼, 치르-+-어 → 치러

(2) 불규칙 활용: 용언이 활용할 때 어간이나 어미가 불규칙하게 달라지는 것

어간이 바뀌는 경우	'ㅅ' 불규칙	'ㅅ'이 모음 어미 앞에서 탈락	예 짓-+-어 → 지어
	'ㄷ' 불규칙	'ㄷ'이 모음 어미 앞에서 'ㄹ'로 바뀜	예 걷-+-어 → 걸어[步]
	'ㅂ' 불규칙	'ㅂ'이 모음 어미 앞에서 '오/우'로 바뀜	예 줍-+-어 → 주워
	'르' 불규칙	'르'가 모음 어미 앞에서 'ㄹㄹ'로 바뀜	예 흐르-+-어 → 흘러
	'우' 불규칙	'우'가 모음 어미 앞에서 탈락	예 푸-+-어 → 퍼
어미가 바뀌는 경우	'여' 불규칙	'하-' 뒤에 오는 어미 '-아/어'가 '-여'로 바뀜	예 공부하-+-아/어 → 공부하여
	'러' 불규칙	어간이 르로 끝나는 용언의 어미 '-어'가 '-러'로 바뀜	예 푸르-+-어 → 푸르러
어간과 어미가 바뀌는 경우	'ㅎ' 불규칙	어간 끝소리 'ㅎ'이 탈락하면서 어미도 모습이 바뀜	예 파랗-+-아 → 파래

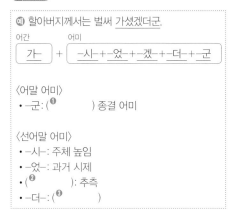

개념 완성 TEST

01
동사와 형용사의 구분

다음 밑줄 친 단어의 품사를 써 보자.

(1) 귤 한 박스를 <u>사</u> 가지고 왔다. ( )
(2) 집으로 향하는 발걸음이 <u>가벼워</u> 보였다. ( )
(3) 오늘 우리 가족은 유럽으로 여행을 <u>떠난다</u>. ( )
(4) 책상 위에 있는 꽃의 향기가 매우 <u>향기롭다</u>. ( )

02
어말 어미의 종류

밑줄 친 어말 어미와 그 종류를 바르게 연결해 보자.

(1) 언제 밥 한번 먹<u>자</u>. •   • ㉠ 종결 어미
(2) 그의 청결함은 알아줘<u>야</u> 해. •   • ㉡ 연결 어미
(3) 비가 많이 내려<u>서</u> 길이 막힌다. •   • ㉢ 전성 어미

03
어말 어미의 종류

다음 문장에 사용된 어말 어미의 종류를 적어 보자.

(1) 다 같이 노래를 불러 보<u>자</u>. ( )
(2) 여기가 내가 다니<u>던</u> 학교야. ( )
(3) 따뜻한 봄이 오<u>니</u> 꽃이 핀다. ( )
(4) 가게의 위치를 찾<u>기</u>가 무척 힘들었다. ( )

04
연결 어미

연결 어미 '-(으)며'를 '-(으)면서'로 바꾸어 쓸 수 있는 것에는 ○표, 바꾸어 쓸 수 없는 것에는 ×표를 해 보자.

(1) 진수는 밥을 먹<u>으며</u> 신문을 보았다. ( )
(2) 화영이는 음악을 들<u>으며</u> 공부를 했다. ( )
(3) 우리는 함께 각오를 다지<u>며</u> 수능 시험에 대비했다. ( )
(4) 체육 시간에 일부는 탁구를 치<u>며</u> 일부는 수영을 했다. ( )

05
선어말 어미

용언의 선어말 어미에 대한 설명으로 적절한 것에는 ○표, 적절하지 않은 것에는 ×표를 해 보자.

(1) '나는 어제 그 책을 <u>읽었다</u>.'에서 '-었-'은 과거를 나타낸다. ( )
(2) '어제 보니 민수가 그 책을 <u>읽더라</u>.'에서 '-더-'는 미래를 나타낸다. ( )
(3) '민수는 내일 그 책을 <u>읽겠구나</u>.'에서 '-겠-'은 추측을 나타내고, '나는 내일 꼭 그 책을 <u>읽겠다</u>.'에서 '-겠-'은 의지를 나타낸다. ( )

06
본용언과 보조 용언

다음 밑줄 친 용언이 본용언이면 '본', 보조 용언이면 '보조'라고 적어 보자.

(1) 빨리 집에 <u>가고</u> 싶다. ( )
(2) 벚꽃이 활짝 피어 <u>있다</u>. ( )
(3) 오늘은 유이를 만나 <u>볼까</u> 해. ( )
(4) 영희가 종이배를 접어 <u>띄웠다</u>. ( )
(5) 혜수가 과자를 다 먹어 <u>버렸다</u>. ( )

07
용언의 활용

다음 용언들의 활용형을 3가지 이상 쓰고, 규칙 활용과 불규칙 활용으로 구분해 보자.

(1) 읽다 : _____ → ( )
(2) 줍다 : _____ → ( )
(3) 씻다 : _____ → ( )
(4) 노랗다 : _____ → ( )

08
용언의 활용

다음은 불규칙 활용을 하는 용언들이다. 불규칙 활용의 종류를 쓰고, 어간만 바뀌는 경우는 '어간', 어미만 바뀌는 경우는 '어미', 어간과 어미가 모두 바뀌는 경우는 '모두'라고 유형을 적어 보자.

	용언	종류	유형
(1)	잇다	( ) 불규칙	
(2)	눕다	( ) 불규칙	
(3)	파랗다	( ) 불규칙	
(4)	오르다	( ) 불규칙	
(5)	누르다[黃]	( ) 불규칙	

내신 기출 문제

01

동사와 형용사의 구분

〈보기〉는 동사와 형용사를 구분하는 기준에 대해 탐구 활동을 하기 위한 자료이다. 탐구한 내용으로 적절하지 <u>않은</u> 것은?

〈보기〉

ㄱ. 와, 저 선수 키 진짜 [크다(○) / 큰다(×)].
ㄴ. 난 요즘도 키가 매달 1cm씩 [크다(×) / 큰다(○)].
ㄷ. 밥을 빨리 먹어라.(○) / 죽을힘을 다해 뛰어라.(○)
ㄹ. 나는 예쁘러 미용실에 간다.(×)
ㅁ. 밥을 먹는 아이(○) / 마음씨가 예쁜 아이(○)

① ㄱ으로 보아 형용사의 어간에는 현재 시제를 나타내는 어미를 붙일 수 없군.
② ㄴ의 '큰다'는 '성장한다'라는 의미이므로 동사로 보아야 하겠군.
③ ㄷ으로 보아 동사의 어간에는 명령형 어미를 붙일 수 있군.
④ ㄹ로 보아 형용사의 어간에는 '목적'을 나타내는 어미를 붙일 수 없군.
⑤ ㅁ으로 보아 동사와 형용사의 어간에는 동일한 형태의 관형사형 어미가 붙는군.

02

어말 어미의 종류

〈보기〉와 같이 어말 어미를 분류할 때, 이에 대한 이해로 적절하지 <u>않은</u> 것은?

〈보기〉

용언이 활용을 할 때 변하지 않는 부분을 어간이라 하고 그 뒤에 붙어서 변하는 부분을 어미라 한다. 어미 중에서 단어의 끝자리에 오는 어말 어미는 다시 다음과 같이 분류할 수 있다.

㉠ 문장의 끝을 맺어 주는 기능을 하는 어미
㉡ 용언의 어간에 붙어 다음 말에 연결하는 구실을 하는 어미
㉢ 용언의 어간에 붙어 다른 품사의 기능을 수행하게 하는 어미

① '옷을 따뜻하게 입어라.'의 '-어라'는 ㉠에 해당한다.
② '시험이 끝나면 같이 놀러 가자.'의 '-자'는 ㉠에 해당한다.
③ '봄이 가고 여름이 온다.'의 '-고'는 ㉡에 해당한다.
④ '바람이 불어서 창문이 흔들린다.'의 '-어서'는 ㉢에 해당한다.
⑤ '네가 열심히 공부하기를 바란다.'의 '-기'는 ㉢에 해당한다.

03

본용언과 보조 용언

〈보기〉의 ㉠에 해당하는 예로 볼 수 <u>없는</u> 것은?

〈보기〉

용언 중에서 본용언은 실질적인 의미를 나타내고, ㉠보조 용언은 본용언의 뒤에 붙어 의미를 더해 주는 역할을 한다.

예 '옷이 젖어 있다.'에서 '있다'는 그 동사가 뜻하는 행동이나 변화가 끝난 상태가 지속됨을 나타낸다.

① 공원에서 음료수를 먹고 <u>버렸다</u>.
② 매일 하루 동안 있었던 일을 적어 <u>둔다</u>.
③ 겨울 방학에 외국으로 여행을 가고 <u>싶다</u>.
④ 운동장에서 놀던 친구들이 먼저 가 <u>버렸다</u>.
⑤ 나는 가방이 얼마나 무거운지 직접 들어 <u>보았다</u>.

04

용언의 활용

〈보기〉를 참고하여 ㉠~㉢에 해당하는 단어를 찾는 과제를 수행하였다. 과제를 제대로 수행한 것은?

〈보기〉

형태가 고정된 어간에 여러 어미가 번갈아 결합하는 현상을 활용이라 한다. 용언이 활용할 때 어간이나 어미의 기본 형태가 달라지는 경우를 불규칙 활용이라 하고, 이러한 용언을 불규칙 용언이라고 한다. 불규칙 용언에는 ㉠어간이 바뀌는 것, ㉡어미가 바뀌는 것, ㉢어간과 어미가 모두 바뀌는 것이 있다.

	㉠	㉡	㉢
①	(글씨를) 쓰다	빠르다	듣다
②	푸다	오다	(소리를) 지르다
③	흐르다	(장소에) 이르다	노랗다
④	(시간이) 이르다	(빵을) 굽다	빨갛다
⑤	돕다	(하늘이) 푸르다	짓다

수식언, 관계언, 독립언

수식언

■ **수식언**: 문장에서 다른 말을 꾸며 주는 기능을 하는 단어로, 관형사, 부사가 있음

❶ 관형사: 체언 앞에 놓여 체언을 꾸며 주는 단어. 조사와 결합하지 않음

성상 관형사	사물의 성질이나 상태를 나타내는 관형사 예 새, 헌, 옛, 순(純)
지시 관형사	어떤 대상을 가리키는 관형사 예 이, 그, 저, 이런, 다른, 무슨, 어느, 웬
수 관형사	수량이나 순서와 같은 수 개념을 나타내는 관형사 예 한, 두, 한두, 두세, 서너, 첫째, 둘째, 여러, 모든

❷ 부사: 용언이나 다른 부사, 문장을 꾸며 주는 단어. 제한적으로 체언이나 관형사를 꾸며 주기도 하며, 보조사와 결합할 수 있음

(1) **성분 부사**: 문장의 한 성분만을 꾸며 주는 부사

성상 부사	상태나 정도를 나타내는 부사 예 잘, 매우, 바로, 가장, 일찍, 조금
지시 부사	장소나 시간, 앞에 나온 사실 등을 가리키는 부사 예 이리, 그리, 저리, 오늘, 내일, 모레
부정 부사	용언의 앞에 놓여 그 내용을 부정하는 부사 예 못, 안(아니)
의성 부사	사람이나 사물의 소리를 흉내 내어 뒷말을 꾸미는 부사 예 개굴개굴, 멍멍, 우당탕, 철썩철썩
의태 부사	사람이나 사물의 모양이나 움직임을 흉내 내어 뒷말을 꾸미는 부사 예 데굴데굴, 뒤뚱뒤뚱, 깡충깡충, 초싹초싹

(2) **문장 부사**: 문장 전체를 꾸며 주는 부사

양태 부사	말하는 이의 태도를 나타내는 부사 예 과연, 설마, 제발, 아마, 결코
접속 부사	체언과 체언, 문장과 문장을 이어 주는 부사 예 그리고, 그러나, 또는

관계언

■ **관계언**: 주로 체언 뒤에 붙어 다양한 역할을 하는 단어로, 조사가 있음. 대부분 형태가 변하지 않지만, 서술격 조사 '이다'는 활용

❶ 격 조사: 앞에 오는 체언이 문장 안에서 일정한 자격을 갖도록 하는 조사

주격 조사	이/가, 께서, 에서	산이 높다.
목적격 조사	을/를	나는 책을 읽었다.
관형격 조사	의	이것은 나의 가방이다.
보격 조사	이/가	물이 얼면 얼음이 된다.
부사격 조사	에, 에서, 에게, 로서, 로써	부모님은 집에 계신다.
호격 조사	아/야, 이여, 이시여	철수야, 어디 가니?
서술격 조사	이다	침묵은 금이다.

개념 다지기

활동 1 관형사의 종류

• 새 집, 온갖 시련 → 성상 관형사
• 이 책상, 그 집, 저 사람 → (❶   )
• 세 명, 공책 다섯 권 → (❷   )

활동 2 부사의 종류

• 그녀는 매우 착하다. → 성상 부사
• 그가 오늘 왔다. → (❶   )
• 비가 안 온다. → 부정 부사
• 퐁당퐁당 돌을 던지자. → (❷   )
• 토끼가 깡충깡충 뛰었다. → 의태 부사
• 설마 나를 의심하니? → (❸   )
• 그는 자리에서 일어났다. 그리고 창문을 열었다.
  → 접속 부사

활동 3 격 조사

※ 격 조사를 찾아 밑줄을 그어 보자.

주격 조사	어머니께서 말씀하신다.
목적격 조사	❶ 동생이 영화를 본다.
관형격 조사	❷ 친구의 펜을 잃어 버렸다.
보격 조사	❸ 이번에 누가 회장이 되었니?
부사격 조사	❹ 민준이는 미희에게 선물을 주었다.
호격 조사	❺ 하늘이시여, 우리를 지켜 주소서.
서술격 조사	❻ 그는 매사에 적극적이다.

개념 ➕ 서술격 조사의 특징

① 문장 안에서의 쓰임에 따라 활용됨

나는 학생이다. / 나는 학생이고 너는 직장인이다. / 친구 관계인 두 사람

② 앞말이 모음으로 끝날 때는 '이'가 생략될 수 있음

민지는 배구 선수(이)다.

정답 [활동1] ❶ 지시 관형사 ❷ 수 관형사 [활동2] ❶ 지시 부사 ❷ 의성 부사 ❸ 양태 부사 [활동3] ❶ 를 ❷ 의 ❸ 이 ❹ 에게 ❺ 이시여 ❻ 이다

②접속 조사: 두 단어를 같은 자격으로 이어 주는 조사. 와/과, 하고, (이)랑 등

> 예 • 우리는 자유와 평등의 실현을 위해 싸웠다.
> • 나는 영희랑 철수를 우리 집에 초대했다.

③보조사: 앞말에 특별한 뜻을 더해 주는 조사. 은/는, 도, 만, 까지, 마저, 부터 등

> 예 • 모임에 그 사람만 참석했다. → 다른 것으로부터 제한하여 어느 것을 한정함을 나타냄
> • 밥만 먹지 말고 반찬도 먹어라. → 이미 어떤 것이 포함되고 그 위에 더함의 뜻을 나타냄

개념 다지기

개념➕ **보조사의 의미와 용례**

분류	의미	용례
은/는	대조	인생은 짧고, 예술은 길다.
	화제	오늘은 금요일이다.
	강조	너에게도 잘못은 있다.
도	포함, 더함	밥만 먹지 말고 반찬도 먹어라.
	강조	성적이 그렇게도 중요한가?
만	한정	하루 종일 잠만 잤더니 머리가 띵했다.
뿐	단독	믿을 것은 오직 실력뿐이다.
요	존대	잠이 안 오는걸요.
마저	포함, 더함	너마저 나를 떠나는구나.
조차	포함, 더함	날씨조차 도와주지 않는다.
부터	시작	너부터 먼저 먹어라.

독립언

■ **독립언**: 문장 속의 다른 성분에 얽매이지 않고 독립적으로 쓰이는 단어. 감탄사가 있음

①감탄사: 부름이나 응답, 놀람, 느낌 등을 나타내며 다른 성분들에 비해 독립적으로 쓰이는 단어. 놓이는 위치가 자유로우며, 조사가 결합할 수 없음

감정 감탄사	상대방을 의식하지 않고 감정을 표출하는 감탄사 예 어허, 에끼, 아이고
의지 감탄사	상대방을 의식하며 자기의 생각을 표시하는 감탄사 예 자, 아서라, 그래
무의미 감탄사	입버릇이나 더듬거리는 의미 없는 소리 예 뭐, 에, 말이지

품사의 통용

■ **품사의 통용**: 하나의 단어가 두 가지 이상의 품사로 쓰이는 것

의존 명사 / 조사	• 노력한 만큼 대가를 얻는다. → 의존 명사 • 명주는 무명만큼 질기지 못하다. → 조사 • 예상했던 대로 시험 문제는 까다로웠다. → 의존 명사 • 처벌하려면 법대로 해라. → 조사
동사 / 형용사	• 벌써 새벽이 밝아 온다. → 동사 • 달이 휘영청 밝았다. → 형용사 • 키가 몰라보게 컸구나. → 동사 • 가구가 커서 방에 들어가지 않는다. → 형용사
수사 / 관형사	• 오늘은 다섯이나 지각을 했다. → 수사 • 나는 사과 다섯 개를 먹었다. → 관형사
명사 / 부사	• 모두 제 잘못입니다. → 명사 • 소년은 길을 잘못 들어서 한참 헤맸다. → 부사
명사 / 관형사	• 그는 매사에 너무 비판적이다. → 명사 • 우리는 매사에 비판적 태도를 취할 필요가 있다. → 관형사

✎ 활동 4 **품사의 통용**

※ 밑줄 친 단어가 어떤 품사로 사용되고 있는지 써 보자.

┌ 나는 참을 만큼 참았다. (❶)
└ 너만큼 똑똑한 사람은 못 봤다. (❷)

┌ 예상했던 대로 우리가 패했다. → 의존 명사
└ 네 마음대로 해라. → 조사

┌ 열을 세고 눈을 떠라. (❸)
└ 열 사람이 밥을 먹는다. (❹)

┌ 그 일은 모두의 책임이었다. (❺)
└ 그는 평생 모은 돈을 모두 기부했다. (❻)

┌ 벌써 날이 밝아 온다. (❼)
└ 벽지가 밝아 집 안이 아주 환해 보인다.
　　　　　　　　　　　　　(❽)

┌ 그는 너무 부정적이다. → 명사
└ 그는 매사에 부정적 태도를 취한다. → 관형사

⑧ 형용사 ⑦ 동사
❶ 의존 명사 ❷ 조사 ❸ 명사 ❹ 관형사 ❺ 명사 ❻ 부사 **정답** 활동4

개념 완성 TEST

01
관형사와 부사

밑줄 친 단어의 품사를 적어 보자.

(1) 바다가 매우 푸르다. ( )
(2) 온갖 정성을 기울였다. ( )
(3) 오늘은 손님이 한 사람도 오지 않았다. ( )
(4) 다행히 날씨가 좋아서 여행을 갈 수 있었다. ( )

02
조사

밑줄 친 단어가 격 조사인 것은 '격', 접속 조사인 것은 '접', 보조사인 것은 '보'라고 적어 보자.

(1) 하늘이 참 푸르다. ( )
(2) 물이 얼음이 되었다. ( )
(3) 너마저 나를 떠나는구나. ( )
(4) 사과와 배를 모두 먹었다. ( )
(5) 오른쪽에 있는 게 왼쪽에 있는 것만 못하다. ( )
(6) 백화점에 가서 구두랑 모자랑 원피스랑 샀다. ( )

03
격 조사

다음의 ㉠~㉤에 들어갈 알맞은 말을 써 보자.

> 주격 조사 '이'는 앞말이 (㉠　　　　)(으)로 끝날 때, '가'는 앞말이 (㉡　　　　)(으)로 끝날 때 쓰인다. 그리고 목적격 조사 '을'은 앞말이 (㉢　　　　)(으)로 끝날 때, '를'은 앞말이 (㉣　　　　)(으)로 끝날 때 쓰인다. 따라서 주격 조사 '이/가', 목적격 조사 '을/를'은 형태는 다르지만 기능이 같은 (㉤　　　　) 관계에 있음을 알 수 있다.

04
보조사

밑줄 친 보조사와 그 의미를 바르게 연결해 보자.

(1) 인생은 짧고, 예술은 길다. • • ㉠ 강조
(2) 모임에 그 사람만 참석했다. • • ㉡ 대조
(3) 이따가 영화라도 보러 가자. • • ㉢ 차선의 선택
(4) 노는 게 좋아도 숙제는 해야지. • • ㉣ 한정

05
감탄사

〈보기〉에서 감탄사를 모두 찾아 쓰시오.

> ─〈보기〉─
> 아버지: 현우야, 아빠랑 운동하러 갈래?
> 현　우: 네, 그럴게요.
> 어머니: 여보, 지금 시간이 너무 늦었어요. 내일 해요.
> 아버지: 이런, 벌써 시간이 이렇게 됐네.

06
관형사, 부사, 조사, 감탄사

〈보기〉에서 관형사, 부사, 조사, 감탄사를 찾아 각각 쓰시오.

> ─〈보기〉─
> 그래, 이 가방은 아주 낡았지만, 나는 새 가방보다 이것을 더 소중하게 여긴단다.

(1) 관형사 : ＿＿＿＿＿＿＿＿＿＿＿
(2) 부사 : ＿＿＿＿＿＿＿＿＿＿＿
(3) 조사 : ＿＿＿＿＿＿＿＿＿＿＿
(4) 감탄사 : ＿＿＿＿＿＿＿＿＿＿＿

07
품사의 통용

다음 문장에서 밑줄 친 단어가 각각 어떤 품사로 쓰였는지 써 보자.

(1) 초저녁부터 달이 휘영청 밝았다. ( )
　　날이 밝는 대로 떠나겠습니다. ( )
(2) 오늘이 제 생일입니다. ( )
　　어제 주문했으니 오늘 도착하지 않을까? ( )
(3) 우리는 보다 나은 미래를 바란다. ( )
　　희철이는 영수보다 키가 크다. ( )
(4) 우리는 지칠 대로 지친 몸으로 산을 넘었다. ( )
　　모든 일이 당신 뜻대로 이루어지기를 바랍니다.
　　 ( )

내신 기출 문제

01
관형사와 부사

〈보기 1〉을 참고하여 〈보기 2〉를 탐구한 내용으로 적절하지 <u>않은</u> 것은?

─〈보기 1〉─

관형사: 체언 앞에 놓여서 체언을 꾸며 주는 단어를 관형사라고 한다. 관형사는 조사와 결합할 수 없으며 형태가 변하지 않는다. 관형사는 지시 관형사, 성상 관형사, 수 관형사로 나눌 수 있다.

부　사: 용언이나 문장을 꾸며 주는 단어를 부사라고 한다. 부사는 문장에서 하는 역할에 따라 성분 부사와 문장 부사로 나눌 수 있다.

─〈보기 2〉─

ⓐ <u>모든</u> 것이 <u>옛</u> 모습 그대로였다.
ⓑ 저기에 <u>두</u> 사람이 가고 있다.
ⓒ <u>몇</u> 번을 물으니까 <u>느릿느릿</u> 대답한다.
ⓓ 사진 속 이분은 <u>다른</u> 약속이 있어서 여기에 <u>못</u> 오셨어.
ⓔ 비가 <u>두세</u> 시간 동안 <u>엄청</u> 쏟아졌다.

① ⓐ의 '모든'과 '옛'은 각각 뒤에 오는 '것'과 '모습'을 꾸며 주는 관형사이다.
② ⓑ의 '두'는 뒤에 오는 '사람'을 꾸며 주는 관형사이다.
③ ⓒ의 '몇'은 뒤에 오는 '번'을 꾸며 주는 관형사이고, '느릿느릿'은 뒤에 오는 '대답한다'를 꾸며 주는 부사이다.
④ ⓓ의 '다른'과 '못'은 각각 뒤에 오는 '약속'과 '오셨어'를 꾸며 주는 부사이다.
⑤ ⓔ의 '두세'는 뒤에 오는 '시간'을 꾸며 주는 관형사이고, '엄청'은 뒤에 오는 '쏟아졌다'를 꾸며 주는 부사이다.

02
조사

〈보기〉를 바탕으로 '조사'의 특징을 이끌어 낸 것으로 적절하지 <u>않은</u> 것은?

─〈보기〉─

ㄱ. 동생이 책을 읽는다. / 여기가 천국이다.
ㄴ. 엄마와 나는 영화를 보았다. / 나랑 동생은 학교로 갔다.
ㄷ. 오늘은 물만 마셨다. / 오늘은 물도 마셨다.
ㄹ. 꽃이 예쁘게도 피어 있다. / 천천히만 가거라.
ㅁ. 이것이 좋다. / 이것 좋다. / 이것민으로도 좋다.

① ㄱ : 앞의 체언이 문장에서 일정한 자격을 갖도록 해 준다.
② ㄴ : 두 체언을 같은 자격으로 이어 준다.
③ ㄷ : 앞의 체언을 다른 품사로 만들어 준다.
④ ㄹ : 체언 이외에 용언이나 부사 뒤에 붙어 쓰이기도 한다.
⑤ ㅁ : 생략되거나 둘 이상 겹쳐 쓰이기도 한다.

03
감탄사

〈보기〉를 통해 '감탄사'의 특성을 탐구한 것으로 적절한 것은?

─〈보기〉─

아　들: 아버지, 저도 바둑을 배워서 명인이 되고 싶어요.
아버지: ㉠뭐, 명인이 된다고?
아　들: ㉡예, 그러니까 바둑판 하나 사 주세요.
아버지: ㉢글쎄, 사 줘야 하나? / 아　들: 사 주세요, ㉣예?
아버지: 얼마 전에 농구 선수가 되겠다고 해서 농구공을 사 줬더니 작심삼일이었잖아. 이번에도 흐지부지할 거지?
아　들: 그런데, ㉤음, 작심삼일이 무슨 뜻이에요?
아버지: 그건 결심이 사흘을 가지 못한다는 말인데, 이번에도 그러는 거 아니냐고.
아　들: ㉥아니요, 이번에는 다를 거예요.
아버지: 명인이 되는 게 얼마나 힘든지 아니?
아　들: ㉦글쎄요, 잘은 모르겠지만 열심히 해 볼게요.

① ㉠은 더 이상 말할 것이 없다는 뜻으로 하는 말이겠군.
② ㉡은 긍정하여 대답하는 의미로, ㉣은 상대방을 의식하지 않고 놀라는 의미로 쓰이고 있군.
③ ㉢이 ㉦처럼 나타나는 것을 보면, 감탄사도 상대에 따라 다른 형태로 쓰일 수 있군.
④ ㉤이 문장 중간에 쓰인 것을 보면 독립어의 기능을 할 수 없겠군.
⑤ ㉥은 "아니, 이게 어떻게 된 일이냐?"의 '아니'와 같은 의미로 쓰인 것이겠군.

04
품사의 통용

〈보기〉의 밑줄 친 부분에 해당하는 예로 볼 수 <u>없는</u> 것은?

─〈보기〉─

'자기가 먹을 <u>만큼</u> 먹어라.'의 '만큼'은 관형어의 수식을 받는 의존 명사이지만, '나도 철수<u>만큼</u> 잘할 수 있다.'의 '만큼'은 체언 뒤에 붙은 조사이다. 이처럼 하나의 단어가 두 가지 이상의 품사로 쓰이는 것을 <u>품사의 통용</u>이라고 한다.

① 내가 <u>열</u>을 셀 때까지 그 일을 마쳐라.
　 <u>열</u> 사람이 모여서 의논을 한다.
② 나는 비로소 내 <u>잘못</u>을 알게 되었다.
　 내가 <u>잘못</u> 생각하는 바람에 헛일이 되었다.
③ 아침에 학교에 <u>같이</u> 가자.
　 너<u>같이</u> 착한 친구는 없을 거야.
④ 얼굴이 또렷이 비칠 정도로 물이 <u>맑다</u>.
　 아이들의 눈이 수정처럼 <u>맑다</u>.
⑤ 가구가 <u>커서</u> 방에 들어가지 않는다.
　 날씨가 건조하면 나무가 <u>크지</u> 못한다.

[01-02] 다음 글을 읽고 물음에 답하시오.

★ 문제 채점까지 마친 후
복습할 때 보세요.
제대로 개념 정리

국어에서는 명사가 동사나 형용사와 차례대로 결합하여 '손잡다'와 같은 합성 동사나 '쓸모 없다'와 같은 합성 형용사가 만들어질 수 있다. 합성 동사와 합성 형용사를 묶어 합성 용언이라고 한다. 합성 용언은 크게 구성적 측면과 의미적 측면에서 분류할 수 있다.

먼저 구성적 측면에서 합성 용언은 그 구성 요소들이 맺는 문법적 관계에 따라 분류할 수 있다. 예를 들어 '쓸 만한 가치가 없다.'를 뜻하는 ㉠'쓸모없다'는 명사 '쓸모'와 형용사 '없다'가 주어와 서술어의 관계를 보여 주고, '손을 마주 잡다.'를 뜻하는 ㉡'손잡다'는 명사 '손'과 동사 '잡다'가 목적어와 서술어의 관계를 보여 준다. 그리고 '남에게 드러내어 뽐낼 만한 거리로 하다.'를 뜻하는 ㉢'자랑삼다'는 명사 '자랑'과 동사 '삼다'가 부사어와 서술어의 관계를 보여 준다.

한편 의미적 측면에서 합성 용언은 그 구성 요소의 의미를 그대로 유지하는 경우와 구성 요소의 의미를 벗어나 새로운 의미를 획득한 경우로 분류할 수 있다. 가령 '쓸모없다'는 구성 요소인 '쓸모'와 '없다'의 의미를 그대로 유지한다. 반면 '주름잡다'는 구성 요소인 '주름'과 '잡다'의 의미를 벗어나 '모든 일을 자기가 하고 싶은 대로 처리하다.'라는 새로운 의미를 획득한 경우이다. '주름잡다'의 이와 같은 의미가 구성 요소의 의미를 벗어나 새롭게 획득되었다는 사실은, '나는 바지에 주름 잡는 일이 너무 어렵다.'의 '주름 잡는'의 의미를 고려하면 더욱 분명히 드러난다.

그런데 구성 요소의 의미를 벗어나 새로운 의미를 획득한 합성 용언 중에는 필수 부사어를 요구하는 경우가 있다. 예를 들어 '불타다'가 '나는 지금 학구열에 불타고 있다.'에서와 같이 '의욕이나 정열 따위가 끓어오르다.'라는 새로운 의미를 획득한 경우에는 '학구열에'라는 필수 부사어를 요구한다. 이러한 사실은 '불타다'가 '장작이 지금 불타고 있다.'에서와 같이 구성 요소의 의미를 그대로 유지하는 경우에는 필수 부사어를 요구하지 않는다는 점과 비교할 때 더 분명해진다.

(1) 합성 용언의 형성 방식
· 명사 + 동사 = 합성 동사
· 명사 + 형용사 = (❶   )

(2) 합성 용언의 분류 기준
① 구성적 측면: 명사와 용언의 (❷   ) 관계에 따라 분류
　　⫸ 쓸모없다: 주어 + 서술어
　　　　손잡다: (❸   ) + 서술어
　　　　자랑삼다: 부사어 + 서술어
② 의미적 측면: 의미를 그대로 유지하는 경우와 새로운 의미를 획득한 경우로 분류
　　⫸ 쓸모없다: 의미 유지
　　　　주름잡다: 새로운 의미 획득
　　→ 새로운 의미를 획득한 합성 용언은 때로 (❹   )를 요구하기도 함

❶ 합성 형용사 ❷ 문법적 ❸ 목적어 ❹ 필수 부사어

01

윗글을 읽고 이해한 내용으로 적절하지 않은 것은?

① '나는 시장에서 책가방을 값싸게 샀다.'의 '값싸게'는 구성적 측면에서 ㉠과 동일한 유형의 합성 용언이겠군.

② '나는 눈부신 태양 아래에 서 있었다.'의 '눈부신'은 구성적 측면에서 ㉠과 동일한 유형의 합성 용언이겠군.

③ '누나는 나를 보자마자 뒤돌아 앉았다.'의 '뒤돌아'는 구성적 측면에서 ㉡과 동일한 유형의 합성 용언이겠군.

④ '언니는 밤새워 숙제를 다 마무리했다.'의 '밤새워'는 구성적 측면에서 ㉡과 동일한 유형의 합성 용언이겠군.

⑤ '큰형은 앞서서 골목을 걷기 시작했다.'의 '앞서서'는 구성적 측면에서 ㉢과 동일한 유형의 합성 용언이겠군.

제대로 접근법

✿ 문제 채점까지 마친 후 복습할 때 보세요.

01
단어의 구성 요소의 관계를 파악할 수 있는지 묻는 유형이다. 오답률이 매우 높았던 문제로, 단어의 구성 방식을 지문의 ㉠~㉢과 비교하는 것이 어려웠던 것으로 보인다.

· 지문에 제시된 단어의 구성 요소의 관계는 '주어 + 서술어', '목적어 + 서술어', '부사어 + 서술어'이다.

· 선택지에 제시된 단어의 구성 요소의 관계가 지문에 제시된 것과 일치하는지를 확인하고, 일치하지 않은 것을 제시한 선택지를 답으로 찾는다.

02

윗글을 바탕으로 〈보기〉의 ⓐ~ⓔ를 탐구한 내용으로 적절한 것은?

〈보기〉

· 그는 학문에 대한 깨달음에 ⓐ목말라 있다.
· 그는 이 과자를 간식으로 ⓑ점찍어 두었다.
· 그녀는 요즘 야식과 ⓒ담쌓고 지내고 있다.
· 그녀는 노래 실력이 아직 ⓓ녹슬지 않았다.
· 그녀는 최신 이론에 마침내 ⓔ눈뜨게 됐다.

① ⓐ: 구성 요소의 의미를 그대로 유지하고 필수 부사어를 요구한다.

② ⓑ: 구성 요소의 의미를 그대로 유지하고 필수 부사어를 요구하지 않는다.

③ ⓒ: 구성 요소의 의미를 벗어나 새로운 의미를 획득했고 필수 부사어를 요구한다.

④ ⓓ: 구성 요소의 의미를 벗어나 새로운 의미를 획득했고 필수 부사어를 요구한다.

⑤ ⓔ: 구성 요소의 의미를 벗어나 새로운 의미를 획득했고 필수 부사어를 요구하지 않는다.

02
단어의 구성 요소의 의미를 파악할 수 있는지 묻는 유형이다. 앞의 문제와 유사한 유형의 문제지만 정답률이 높았던 문제였다.

· 〈보기〉에 제시된 단어의 구성 요소의 의미를 분석하여 선택지에 언급된 내용이 적절한지 판단한다.

· 〈보기〉의 문장에 사용된 부사어가 생략이 가능한 것과 그렇지 않은 것을 찾아보고, 선택지의 해당 내용과 비교해 본다.

· 선택지에 제시된 두 가지 탐구 내용이 모두 적절한 것을 답으로 고르면 된다.

합성 명사는 직접 구성 요소가 모두 어근인 명사이다. 합성 명사의 어근은 복합어일 수도 있는데 '갈비찜'을 그 예로 들 수 있다. '갈비찜'의 직접 구성 요소는 '갈비'와 '찜'이다. 그런데 '갈비찜'을 형태소 단위까지 분석하면 '갈비', '찌-', '-ㅁ'이라는 형태소를 확인할 수 있다. 이처럼 합성 명사 내부에 복합어가 있을 때, ㉠합성 명사를 형태소 단위까지 분석하면 합성 명사의 내부 구조를 세밀히 알 수 있다.

다의어에서 기본이 되는 의미를 중심적 의미라 하고, 중심적 의미로부터 확장된 의미를 주변적 의미라 한다. 만약 단어가 하나의 의미만을 가지고 그 의미가 다른 의미로 확장되지 않았다면, 그 하나의 의미를 중심적 의미로 볼 수 있다. 합성 명사의 두 어근에도 ⓐ중심적 의미나 ⓑ주변적 의미가 나타날 수 있다. 그런데 자립적으로 쓰일 때에는 하나의 의미만을 가지고 있어 사전에서 뜻풀이가 하나밖에 없는 단어가 합성 명사의 어근으로 쓰일 때 주변적 의미를 새롭게 가지게 되는 경우도 있다. 가령 '매섭게 노려보는 눈'을 뜻하는 합성 명사 '도끼눈'은 '도끼'와 '눈'으로 분석되는데, '매섭거나 날카로운 것'이라는 '도끼'의 주변적 의미는 '도끼'가 자립적으로 쓰일 때 가지고 있던 의미라고 보기 어렵다.

합성 명사의 어근이 중심적 의미를 나타내든 주변적 의미를 나타내든, 그 어근은 합성 명사 내부에서 나타나는 위치가 대체로 자유롭다. 이는 '비바람', '이슬비'에서 중심적 의미를 나타내는 '비'의 위치와 '**벼락**공부', '물**벼락**'에서 주변적 의미를 나타내는 '벼락'의 위치를 통해 알 수 있다. 그런데 주변적 의미를 나타내는 어근 중 일부는 합성 명사 내부의 특정 위치에서 주로 관찰된다. 가령 '아주 달게 자는 잠'을 뜻하는 '**꿀잠**'에는 '편안하거나 기분 좋은 것'이라는 '꿀'의 주변적 의미가 나타나는데, '꿀'의 이러한 의미는 합성 명사의 선행 어근에서 주로 관찰된다. 그리고 '넓게 깔린 구름'을 뜻하는 '**구름바다**'에는 '무엇이 넓게 많이 모여 있는 곳'이라는 '바다'의 주변적 의미가 나타나는데, 이러한 '바다'는 합성 명사의 후행 어근에서 주로 관찰된다.

(1) 합성 명사의 개념
직접 구성 요소가 모두 (❶　　　)인 명사

(2) 합성 명사의 특징
① 합성 명사의 어근이 (❷　　　)일 수 있음
　예 갈비찜 = 갈비 + 찜 (찌- + -ㅁ)
② 다의어가 아닌 단어가 합성 명사의 어근으로 쓰일 때 (❸　　　)를 새롭게 가지게 되는 경우가 있음
　예 '도끼눈'의 '도끼' → '매섭거나 날카로운 것'이라는 주변적 의미가 새롭게 생김
③ 어근은 합성 명사 내부에서 위치가 자유로움
　예 '비바람', '이슬비'의 '비' → 중심적 의미를 나타내는 '비'의 위치가 자유로움
　'벼락공부', '물벼락'의 '벼락' → 주변적 의미를 나타내는 '벼락'의 위치가 자유로움
③-1 예외가 있음
　: 특정 위치에서 발견되는 어근이 존재
　예 '편안하거나 기분 좋은 것'이라는 뜻의 '꿀' → 주로 (❹　　　) 어근에서 관찰됨
　'무엇이 넓게 많이 모여 있는 곳'이라는 뜻의 '바다' → 주로 후행 어근에서 관찰됨

03

2023 수능

㉠에 따를 때, 〈보기〉에 제시된 ㉮~㉺ 중 그 내부 구조가 동일한 단어끼리 묶은 것은?

─〈보기〉─

• 동생은 오늘 ㉮새우볶음을 많이 먹었다.
• 우리는 결코 ㉯집안싸움을 하지 않겠다.
• 요즘 농촌은 ㉰논밭갈이에 여념이 없다.
• 우리 마을은 ㉱탈춤놀이가 참 유명하다.

① ㉮, ㉯   ② ㉯, ㉰   ③ ㉰, ㉱
④ ㉮, ㉯, ㉱   ⑤ ㉮, ㉰, ㉱

제대로 접근법 ☆ 문제 채점까지 마친 후 복습할 때 보세요.

03
합성 명사의 형태소를 분석할 수 있는지 묻는 유형이다. 단일어와 합성어, 어근과 접사의 개념을 알고 있어야 한다. 밑줄 친 단어를 직접 구성 요소로 분석하고, 분석한 결과를 바탕으로 내부 구조가 동일한 단어를 찾는다.

• 둘 이상의 형태소가 결합된 단어들을 두 부분으로 나누고, 분리된 단어들을 어근과 접사로 분석한다.
• 어근은 단어의 실질적 의미를 나타내는 중심 부분으로, 더 이상 분해하면 최소의 의미를 잃게 되는 언어 단위이다. 접사는 어근에 붙어 새로운 의미나 문법적 기능을 나타내는 형태소로, '-음, -ㅁ, -이' 등이 있다.

04

2023 수능

윗글의 ⓐ, ⓑ와 연관 지어 〈자료〉에 제시된 합성 명사를 탐구한 내용으로 적절한 것은?

─〈자료〉─

합성 명사	뜻
칼잠	옆으로 누워 불편하게 자는 잠
머리글	책의 첫 부분에 내용이나 목적을 간략히 적은 글
일벌레	일을 지나치게 열심히 하는 사람
입꼬리	입의 양쪽 구석
꼬마전구	조그마한 전구

① '칼잠'과 '구름바다'는 ⓐ를 나타내는 어근의 위치가 같군.
② '머리글'과 '물벼락'은 ⓐ를 나타내는 어근의 위치가 같군.
③ '일벌레'와 '벼락공부'는 ⓑ를 나타내는 어근의 위치가 같군.
④ '입꼬리'와 '도끼눈'은 ⓑ를 나타내는 어근의 위치가 다르군.
⑤ '꼬마전구'와 '꿀잠'은 ⓑ를 나타내는 어근의 위치가 다르군.

04
합성 명사에서 중심적 의미를 가진 어근과 주변적 의미를 가진 어근의 위치를 파악할 수 있는지 묻는 문제이다.

• 〈자료〉에 제시된 합성 명사의 '뜻'을 확인하여 중심적 의미를 나타내는 어근이 무엇인지 파악한다.
• 뜻으로 볼 때 '칼잠'은 '잠', '머리글'은 '글', '일벌레'는 '일', '입꼬리'는 '입', '꼬마전구'는 '전구'가 중심적 의미를 가진 어근임을 확인할 수 있다.
• 합성 명사의 중심적 의미를 나타내는 어근에 ○표, 주변적 의미를 나타내는 어근에 △표를 하여 어근의 위치를 비교하는 선택지의 적절성을 파악한다.

〈보기〉의 ⓐ～ⓔ에 대한 이해로 적절한 것은? [3점]

─〈보기〉─

국어의 어미는 용언 어간에 붙어 여러 가지 문법적인 기능을 수행한다. 어미는 선어말 어미와 어말 어미로 나누어진다. 선어말 어미는 용언 어간과 어말 어미 사이에 들어가는 것으로 시제나 높임과 같은 문법적 의미를 나타낸다. 선어말 어미는 하나 혹은 둘 이상이 쓰일 수도 있고 아예 쓰이지 않을 수도 있다. 한편 어말 어미에는 종결 어미, 연결 어미, 전성 어미가 있다. 어말 어미는 선어말 어미와 달리 하나만 붙고, 반드시 있어야 한다.

- 머무시는 동안 ⓐ즐거우셨길 바랍니다.
- 이 부분에서 물이 ⓑ샜을 가능성이 높다.
- ⓒ번거로우시겠지만 서류를 챙겨 주세요.
- 시원한 식혜를 먹고 갈증이 싹 ⓓ가셨겠구나.
- 항구에 ⓔ다다른 배는 새로운 항해를 준비했다.

① ⓐ: 선어말 어미 두 개와 연결 어미가 사용되었다.
② ⓑ: 선어말 어미 없이 전성 어미가 사용되었다.
③ ⓒ: 선어말 어미 세 개와 연결 어미가 사용되었다.
④ ⓓ: 선어말 어미 두 개와 종결 어미가 사용되었다.
⑤ ⓔ: 선어말 어미 한 개와 전성 어미가 사용되었다.

밑줄 친 말 가운데 〈보기〉의 [A]의 사례로 추가하기에 적절하지 않은 것은?

─〈보기〉─

합성어의 품사는 합성어를 구성하는 어근의 품사와 관계없이 새로운 품사가 되기도 하지만, [A]일차적으로 직접 구성 성분* 분석을 했을 때 맨 끝 구성 성분의 품사에 따라 결정되는 경우가 많다. 그 사례는 아래와 같다.

단어	직접 구성 성분 분석	단어의 품사
큰집	큰(형용사) + 집(명사)	명사
본받다	본(명사) + 받다(동사)	동사
⋮	⋮	⋮

＊직접 구성 성분: 어떤 언어 단위를 층위를 두고 분석할 때 일차적으로 분석되어 나오는 성분

① 입학했던 때가 엊그제 같은데 어느새 3학년이구나.
② 그는 농구는 몰라도 축구 실력만큼은 남달랐다.
③ 아침에 늦잠이 들어 하마터면 지각할 뻔했다.
④ 길을 가는데 낯선 사람이 알은척을 했다.
⑤ 하루빨리 여름 방학이 왔으면 좋겠다.

☆ 문제 채점까지 마친 후 복습할 때 보세요.

제대로 접근법

05
어말 어미와 선어말 어미의 개념과 종류를 이해하고 있는지 묻는 유형이다. 정답률이 낮은 문제로, 어말 어미와 선어말 어미에 대한 이해가 낮았던 것으로 보인다.
- 〈보기〉의 밑줄 친 단어를 형태소로 분석할 수 있어야 선택지가 적절한지 판단할 수 있다. 따라서 평소에 형태소를 분석할 수 있는 능력을 갖춰 놓도록 한다.
- ⓐ '즐겁– + –(으)시– + –었– + –기 + ㄹ', ⓑ '새– + –었– + –을', ⓒ '번거롭– + –(으)시– + –겠– + –지만', ⓓ '가시– + –었– + –겠– + –구나', ⓔ '다다르– + –ㄴ'으로 형태소 분석을 할 수 있다.
- 각 용언에 사용된 어미의 종류를 판단해 보고, 답을 찾아보자.

06
합성어의 품사를 파악할 수 있는지 묻는 유형으로 '늦잠'의 형성 방법에 대한 이견으로 복수 정답 처리되었다.
- 품사와 직접 구성 성분에 대한 개념을 정확히 이해한다.
- 선택지에 제시된 단어를 〈보기〉와 같이 직접 구성 성분으로 분석한 다음, 각각의 품사가 무엇인지를 판단한다. 품사를 판단할 때는 해당 성분이 어떤 단어와 결합하는지, 어떤 단어를 수식하는지 등을 고려한다.
- 맨 끝 구성 성분의 품사와 합성어의 품사가 일치하는지를 판단한다.

07

〈보기〉를 바탕으로 'ㅎ' 말음 용언의 활용 유형을 탐구한 내용으로 적절하지 <u>않은</u> 것은?

───── 〈보기〉 ─────

다음은 어간의 말음이 'ㅎ'인 용언이 '아/어'로 시작하는 어미와 만날 때 보이는 활용의 유형을 정리한 것이다. 이들은 활용의 규칙성뿐만 아니라 모음조화 적용 여부나 활용형의 줄어듦 가능 여부에 따라 그 유형이 구분된다.

불규칙 활용 유형		규칙 활용 유형	
㉠-1	노랗- + -아 → 노래	㉢-1	닿- + -아 → 닿아 (→ *다)
㉠-2	누렇- + -어 → 누레	㉢-2	놓- + -아 → 놓아 (→놔)
㉡	어떻- + -어 → 어때		

('*'은 비문법적임을 뜻함)

① '조그맣-, 이렇-'은 '조그매, 이래서'로 활용하므로 ㉠-1과 활용의 유형이 같겠군.

② '꺼멓-, 뿌옇-'은 '꺼메, 뿌옜다'로 활용하므로 ㉠-2와 활용의 유형이 같겠군.

③ '둥그렇-, 멀겋-'은 '둥그렜다, 멀게'로 활용하므로 ㉡과 활용의 유형이 같지 않겠군.

④ '낳-, 땋-'은 활용형인 '낳아서, 땋았다'가 '*나서, *땄다'로 줄어들 수 없으므로 ㉢-1과 활용의 유형이 같겠군.

⑤ '넣-, 쌓-'은 활용형인 '넣어, 쌓아'가 '*너, *싸'로 줄어들 수 없으므로 ㉢-2와 활용의 유형이 같지 않겠군.

07
용언의 규칙 활용과 불규칙 활용에 대한 이해와 적용 능력을 묻는 유형이다.

• 〈보기〉는 'ㅎ'으로 끝나는 용언이 '아/어'로 시작하는 어미와 만날 때 보이는 활용의 유형을 정리한 것이다. 표에 제시된 활용 유형들의 특성을 각각 파악한다.

• 불규칙 활용 유형 중 ㉠-1은 양성 모음끼리의 모음조화가 적용된 경우임을, ㉠-2는 음성 모음끼리의 모음조화가 적용된 경우임을, ㉡은 모음조화가 적용되지 않은 경우임을 파악한다. 규칙 활용 유형 중 ㉢-1은 활용형의 줄어듦이 불가능한 경우임을, ㉢-2는 활용형의 줄어듦이 가능한 경우임을 파악한다.

• 이를 바탕으로 선택지에 제시된 예문들이 〈보기〉의 활용 유형과 적절하게 연결되어 있는지 판단한다.

08

〈보기〉의 밑줄 친 부분에 해당하는 예로 적절하지 <u>않은</u> 것은? [3점]

───── 〈보기〉 ─────

국어의 조사 중에는 주로 체언 뒤에 결합하여 문법적인 관계를 나타내는 격 조사와 체언, 부사, 활용 어미 따위에 붙어서 어떤 특별한 의미를 더해 주는 <u>보조사</u>가 있다.

① '국수라도 먹으렴.'에서의 라도

② '영어야 철수가 도사지.'에서의 야

③ '그 과자를 먹어는 보았다.'에서의 는

④ '일을 빨리만 하면 안 된다.'에서의 만

⑤ '그는 아이처럼 순진하다.'에서의 처럼

08
보조사의 쓰임을 파악할 수 있는지 묻는 유형이다.

• 격 조사와 보조사의 개념을 정리해 보자.

• 격 조사는 체언에만 결합할 수 있고 부사나 활용 어미에는 결합하지 않는다. 또한 보조사는 대체하면 의미가 달라진다는 점을 기억한다.

• 이를 바탕으로 선택지의 예가 격 조사인지, 보조사인지 판단한다.

한글 맞춤법 제15항과 제18항은 용언이 활용할 때의 표기 원칙을 규정하고 있다. 제15항은 '웃다, 웃고, 웃으니'처럼 규칙적으로 활용하는 용언의 표기 원칙을, 제18항은 '긋다, 그어, 그으니'처럼 ㉠불규칙적으로 활용하는 용언의 표기 원칙을 밝히고 있다. 한글 맞춤법의 이러한 내용들은 국어사전의 활용의 표기에 반영되어 있다. 아래는 국어사전의 일부를 간추려 제시한 것이다.

> 웃다
> 　발음 [욷ː따]
> 　활용 웃어[우ː서], 웃으니[우ː스니], 웃는[운ː는]

> 긋다
> 　발음 [귿ː따]
> 　활용 그어[그어], 그으니[그으니], 긋는[근ː는]

동사 '웃다'와 '긋다'의 활용에서 각각 '웃다'와 '긋다'의 활용형과 그 표준 발음을 확인할 수 있다. 활용에 제시되어 있는 정보, 즉 '활용 정보'를 통하여 ㉡활용 양상이 동일한 용언들을 알아볼 수 있다. 예를 들어 규칙 활용 용언 중 동사 '벗다'는 '벗어, 벗으니, 벗는'처럼 활용하므로 '웃다'와 활용 양상이 동일하고, 불규칙 활용 용언 중 '짓다'는 '지어, 지으니, 짓는'처럼 활용하므로 '긋다'와 활용 양상이 동일하다.

[A]
한편 용언이 활용할 때 음운 변동이 나타나는 경우에는 그 결과가 활용형의 표기에 반영되기도 한다. 예를 들어 '자다'의 활용 정보는 '자[자], 자니[자니]'처럼 제시되는데 이때의 활용형 '자'는 '자다'의 어간 '자-'가 어미 '-아'와 결합할 때 동일 모음의 탈락이 일어나 '자'로 실현된 결과가 활용형의 표기에 반영된 것이다. 이와는 달리 '좋다'는 '좋아[조ː아], 좋으니[조ː으니]'가 활용 정보에 제시되는데 이는 음운 변동의 결과가 활용형의 표기에 반영되지 않은 것이다. 즉 활용 정보에 나타나는 활용형 '자'와 '좋아'의 표기는 한글 맞춤법의 원리에 따른 것임을 확인할 수 있다.

제대로 개념 정리

☆ 문제 채점까지 마친 후 복습할 때 보세요.

(1) 용언이 활용할 때의 표기 원칙
① 한글 맞춤법 제15항 → 규칙적으로 활용하는 용언의 표기 원칙
　예 웃다, 웃고, 웃으니
② 한글 맞춤법 (❶　　　) → 불규칙적으로 활용하는 용언의 표기 원칙
　예 긋다, 그어, 그으니
⇨ 국어사전의 (❷　　　)의 표기에 반영됨

(2) 국어사전의 활용에서 확인할 수 있는 내용
① 용언의 (❸　　　)과 그 표준 발음
　예 웃다-웃어[우ː서], 웃으니[우ː스니] 등
② 활용 양상이 동일한 용언들
　예 웃다-벗다, 긋다-짓다 등

(3) 음운 변동이 나타날 때 활용형의 표기
① 음운 변동의 결과가 표기에 반영된 경우
　예 '자다'의 활용형 '자[자]' → 동일 모음 탈락의 결과가 활용형의 표기에 반영됨
② 음운 변동의 결과가 표기에 반영되지 않는 경우
　예 '좋다'의 활용형 '좋아[조ː아]' → 활용형의 표기에 반영되지 않음
⇨ 활용형의 표기는 (❹　　　)의 원리에 따름

정답 ❶ 제18항 ❷ 활용 ❸ 활용형 ❹ 한글 맞춤법

09

2022 6월 모의평가

㉠과 ㉡을 모두 만족하는 용언의 짝으로 적절한 것은?

① 구르다 – 잠그다
② 흐르다 – 푸르다
③ 뒤집다 – 껴입다
④ 붙잡다 – 정답다
⑤ 캐묻다 – 엿듣다

제대로 접근법

☆ 문제 채점까지 마친 후 복습할 때 보세요.

09
용언의 규칙 활용과 불규칙 활용을 제대로 이해하고 있는지 묻는 유형이다.
• 용언의 활용에 대한 개념을 바탕으로 선택지에 제시된 단어의 활용형을 고려하여 각 단어의 활용을 정리한다.
• 단어의 활용을 정리할 때는 규칙 활용, 불규칙 활용으로 분류한다. 특히 불규칙 활용은 불규칙 활용의 종류도 함께 정리한다.
• 정리한 내용을 바탕으로 ㉠과 ㉡을 모두 만족하는 용언의 짝을 찾는다.

▶ 해설편 26쪽

10

[A]를 바탕으로 〈보기〉의 ⓐ~ⓔ의 밑줄 친 부분을 이해한 내용으로 적절하지 <u>않은</u> 것은?

─〈보기〉─

국어사전의 표제어와 활용 정보

ⓐ 서다 [활용] <u>서</u>, 서니 …

ⓑ 끄다 [활용] <u>꺼</u>, 끄니 …

ⓒ 풀다 [활용] 풀어, <u>푸니</u> …

ⓓ 쌓다 [활용] 쌓아, <u>쌓으니</u>, 쌓는 …

ⓔ 믿다 [활용] 믿어, 믿으니, <u>믿는</u> …

① ⓐ: 탈락이 나타나고 그 결과가 표기에 반영되었다.

② ⓑ: 탈락이 나타나고 그 결과가 표기에 반영되었다.

③ ⓒ: 탈락이 나타나고 그 결과가 표기에 반영되었다.

④ ⓓ: 교체가 나타나지만 그 결과가 표기에 반영되지 않았다.

⑤ ⓔ: 교체가 나타나지만 그 결과가 표기에 반영되지 않았다.

제대로 접근법 ☆ 문제 채점까지 마친 후 복습할 때 보세요.

10
용언이 활용할 때 나타나는 음운 변동에 대한 이해와 적용 능력을 묻는 유형이다.
• 〈보기〉의 ⓐ~ⓔ의 밑줄 친 부분의 표기와 발음을 비교하여 밑줄 친 부분에 나타난 음운 변동을 정리한다.
• [A]를 바탕으로 음운 변동의 결과가 표기에 반영되었는지의 여부를 판단한다.
• 이를 바탕으로 선택지의 적절성을 판단한다.

11

ⓐ~ⓔ는 잘못된 표기를 바르게 고친 것이다. 고치는 과정에서 해당 단어에 적용된 용언 활용의 예로 적절하지 <u>않은</u> 것은?

'국물 떡볶이' 만드는 법

ⓐ 담가
◦떡을 물에 (담궈) 둔다.

ⓑ 걸러서
◦멸치를 물에 넣고 끓인 다음 체에 (거러서) 육수를 준비한다.

ⓒ 간
◦육수에 고추장, (갈은) 마늘, 불린 떡, 어묵을 넣는다.

ⓓ 하앴던   ⓔ 저어
◦(하앴던) 떡이 빨갛게 될 때까지 잘 (젓어) 익힌다.

① ⓐ: 예쁘-+-어도 → 예뻐도

② ⓑ: 푸르-+-어 → 푸르러

③ ⓒ: 살-+-니 → 사니

④ ⓓ: 동그랗-+-아 → 동그래

⑤ ⓔ: 긋-+-은 → 그은

11
용언의 활용과 적용 능력을 묻는 유형이다.
• 용언의 활용에 대한 이해를 바탕으로 ⓐ~ⓔ에서 용언의 어간과 어미가 어떻게 변했는지에 주목해 각 단어에 나타나는 활용의 종류를 정리한다.
• 선택지에 제시된 용언의 어간과 어미가 어떻게 변했는지에 주목해 각 단어에 나타나는 활용의 종류를 정리한다.
• ⓐ~ⓔ에 나타나는 활용의 종류와 선택지에 제시된 단어에 나타나는 활용의 종류가 일치하는지 판단한다.

12

밑줄 친 부분이 〈보기〉의 ㉠에 해당하지 <u>않는</u> 것은?

─────〈보기〉─────

동사의 어간에 연결 어미 '-(으)며'가 결합할 때, ㉠<u>앞 문장과 뒤 문장의 주어가 서로 같고</u>, '-(으)며'를 연결 어미 '-(으)면서'로 바꾸어 쓸 수 있는 경우에 '-(으)며'는 앞뒤 문장의 동작이 동시에 일어남을 나타낸다.

　　⬗ 철수가 음악을 듣는다. + 철수가 커피를 마신다.
　　　→ 철수가 음악을 들<u>으며</u>(들으면서) 커피를 마신다.

① 우리는 함께 걸<u>으며</u> 희망에 대해 이야기했다.
② 모두들 음정에 주의하<u>며</u> 노래를 제대로 부르자.
③ 아는 사람 하나가 미소를 지<u>으며</u> 내게 다가왔다.
④ 마라톤 선수가 가쁜 숨을 몰아쉬<u>며</u> 결승선을 통과했다.
⑤ 출근할 때, 일부는 버스를 이용하<u>며</u> 일부는 지하철을 이용한다.

13

〈보기〉를 바탕으로 어미를 분류한 것 중, 적절하지 <u>않은</u> 것은? [3점]

─────〈보기〉─────

단어의 끝에 들어가는 어말 어미는 그 기능에 따라 다음과 같이 분류할 수 있다.

㉠ 문장을 끝맺어 주는 기능을 하는 어미
　　⬗ '동생은 책을 읽었다.'의 '-다'
㉡ 두 문장을 연결해 주는 기능을 하는 어미
　　⬗ '이것은 장미꽃이고, 저것은 국화꽃이다.'의 '-고'
㉢ 용언을 명사, 관형사, 부사처럼 기능하게 하는 어미
　　⬗ '내일 읽을 책을 미리 준비해라.'의 '-을'

① '지금쯤 누나는 집에 도착했겠<u>구나</u>.'의 '-구나'는 ㉠에 해당한다.
② '할아버지께서는 어디 갔다 오시<u>지</u>?'의 '-지'는 ㉠에 해당한다.
③ '이렇게 일찍 가는 이유가 뭐<u>니</u>?'의 '-는'은 ㉡에 해당한다.
④ '형은 밥을 먹었<u>으나</u>, 누나는 밥을 먹지 않았다.'의 '-으나'는 ㉡에 해당한다.
⑤ '지금은 운동하<u>기</u>에 좋은 시간이다.'의 '-기'는 ㉢에 해당한다.

✿ 문제 채점까지 마친 후 복습할 때 보세요.

제대로 접근법

12
연결 어미의 의미를 정확하게 파악할 수 있는지 묻는 유형이다.
정답률 95%에 달하는 문제로 연결 어미에 대한 기본적인 개념을 숙지한다면 쉽게 해결할 수 있다.
• 연결 어미의 종류(대등적, 종속적, 보조적)를 정리하며 '-(으)며'는 대등적 연결 어미라는 것을 확인한다.
• 각 선택지에 쓰인 대등적 연결 어미 '-(으)며'의 의미를 고려하며 앞 문장과 뒤 문장의 주어가 서로 같지 않고, '-(으)며'를 '-(으)면서'로 바꾸어 쓸 수 없는 것을 찾는다.

13
어말 어미의 종류와 기능에 대해 묻는 유형이다.
• 어말 어미의 종류(종결 어미, 연결 어미, 전성 어미)에 대해 정확히 이해한다.
• 종결 어미와 연결 어미는 문장에서 어미가 사용된 위치를 먼저 확인한 후 문장에서 어떤 기능을 하는지 따져 본다. 전성 어미는 문장에서 해당 단어가 어떤 성분으로 기능하는지 살펴본다.
• 이를 바탕으로 선택지에 제시된 어말 어미의 종류를 판단한다.

14

〈보기〉의 ㉠~㉢에 쓰인 ⓐ, ⓑ에 대한 설명으로 옳지 <u>않은</u> 것은?

〈보기〉

용언은 어간에 어미가 붙어 다양한 의미를 나타내며 활용된다. 어미는 ⓐ<u>선어말 어미</u>와 ⓑ<u>어말 어미</u>로 나뉜다. 어말 어미는 다시 종결 어미, 연결 어미, 전성 어미로 나뉜다. 용언의 활용형에서 선어말 어미는 없는 경우가 있어도 어말 어미는 반드시 있어야 한다.

㉠ 민수가 그 나무를 <u>심었구나</u>!
㉡ 저기서 <u>청소하는</u> 아이가 내 동생이야.
㉢ 그 친구가 설마 그 음식을 다 <u>먹었겠니</u>?
㉣ 그가 나에게 권한 책은 이미 <u>읽은</u> 책이다.
㉤ 주말에 바람은 <u>불겠지만</u> 비는 오지 않을 것이다.

---

① ㉠에는 과거 시제를 나타내는 '-었-'이 ⓐ로 쓰였고, 감탄형 종결 어미 '-구나'가 ⓑ로 쓰였다.

② ㉡에는 ⓐ는 없고 동사의 현재 시제를 나타내는 관형사형 전성 어미 '-는'이 ⓑ로 쓰였다.

③ ㉢에는 과거 시제를 나타내는 '-었-'과 주체의 의지를 나타내는 '-겠-'이 ⓐ로 쓰였고, 의문형 종결 어미 '-니'가 ⓑ로 쓰였다.

④ ㉣에는 ⓐ는 없고 동사의 과거 시제를 나타내는 관형사형 전성 어미 '-은'이 ⓑ로 쓰였다.

⑤ ㉤에는 추측의 의미를 나타내는 '-겠-'이 ⓐ로 쓰였고, 대등적 연결 어미 '-지만'이 ⓑ로 쓰였다.

14
용언의 선어말 어미와 어말 어미를 제대로 구분할 수 있는지 묻는 유형이다.

• 선어말 어미와 어말 어미의 종류를 정리해 보자. 특히 다양한 쓰임을 지니고 있는 어미에 유의한다.

선어말 어미	주체 높임	
	시제	과거, 현재, 미래
	공손	
어말 어미	종결 어미	평서형, 의문형, 감탄형, 명령형, 청유형
	연결 어미	대등적, 종속적, 보조적
	전성 어미	명사형, 관형사형, 부사형

• 이를 바탕으로 선택지의 적절성을 판단한다.

1차 채점

맞은 문항 수	개
틀린 문항 수	개
헷갈리는 문항 번호	

→

2차 채점

맞은 문항 수	개
틀린 문항 수	개
헷갈리는 문항 번호	

• 틀린 문항 '/' 표시

• 틀린 문항 '×' 표시

I. 언어 **75**

08 단어의 의미 관계

의미의 계열 관계

① 유의 관계: 말소리는 다르지만 의미가 서로 비슷한 단어들의 관계

> 예 가끔 – 더러 – 이따금 – 드문드문 – 때로 – 간혹 – 간간이

② 반의 관계: 의미가 서로 짝을 이루어 대립하는 단어들의 관계

① 한 개의 의미 자질이 모순됨

> 예 총각 ↔ 처녀('사람, 성인, 미혼'이라는 의미 자질은 같고, '성별'이라는 의미 자질이 다름)

② 하나의 단어에 여러 개의 반의어가 있을 수 있음

> 예 벗다 ↔ (옷을) 입다, (모자를) 쓰다, (신발을) 신다, (장갑을) 끼다 등

③ 상하 관계: 한쪽이 의미상 다른 쪽을 포함하거나 다른 쪽에 포함되는 의미 관계. 이때 포함하는 단어가 상의어, 포함되는 단어가 하의어임

> 예 직업(상의어) > 공무원, 작가, 교사, 연예인(하의어)

의미의 복합 관계

① 다의어: 하나의 단어가 여러 가지 의미를 지니고 있는 단어. 중심적 의미와 주변적 의미가 있으며 이 의미들 사이에는 관련성이 있음

- 중심적 의미: 어떤 단어의 가장 기본적이고 핵심적인 의미
- 주변적 의미: 중심적 의미로부터 확장된 의미

> 예 손⁰¹ ① 사람의 팔목 끝에 달린 부분 ¶손으로 가리키다.　→ 중심적 의미
> ② 손가락 ¶손에 반지를 끼다.
> ③ 일손 ¶손이 부족하다.　주변적 의미
> ④ 사람의 힘이나 노력, 기술 ¶그 일은 손이 많이 간다.

② 동음이의어: 소리는 같지만 의미가 다른 단어. 단어들 사이에 의미적 연관성이 없음

> 예 손⁰¹ 사람의 팔목 끝에 달린 부분 ¶손으로 가리키다.
> 손⁰² 다른 곳에서 찾아온 사람 ¶우리 집에는 늘 자고 가는 손이 많다.
> 손⁰⁵ 한 손에 잡을 만한 분량을 세는 단위 ¶고등어 한 손

단어의 의미 변화

① 의미 변화의 양상

의미의 확대	단어의 의미 영역이 넓어지는 현상 예 • 다리[脚]: 사람이나 짐승의 다리 → 무생물의 다리 • 세수: 손을 씻다 → 얼굴을 씻는 것도 포함
의미의 축소	단어의 의미 영역이 좁아지는 현상 예 • 짐승: 살아 있는 생물 전체 → 인간을 제외한 동물 • 얼굴: 형체, 모습 → 안면(顔面)
의미의 이동	단어의 의미 영역이 넓어지거나 좁아지는 일 없이 단어의 의미가 변화하는 현상 예 • 어엿브다: 불쌍하다 → 아름답다　• 어리다: 어리석다 → 나이가 적다

개념 다지기

개념⊕ 단어 의미의 유형

중심적 의미	가장 기본적이고 핵심적인 의미
주변적 의미	중심적 의미로부터 확장된 의미
사전적 의미	가장 기본적이고 객관적인 의미
함축적 의미	연상이나 관습 등에 의해 형성되는 의미
사회적 의미	언어가 사용되는 사회적 환경을 반영하는 의미
정서적 의미	화자의 태도나 감정이 반영된 의미
주제적 의미	어순이나 강세의 변화 등 화자의 의도에 의해 나타나는 의미
반사적 의미	원래 뜻과는 관계없이 사람들의 반응에 따라 달리 나타나는 의미

개념⊕ 단어의 구성 성분(의미 자질) 분석

① 의미 자질의 뜻: 단어의 의미를 구성하는 최소 성분. 해당 자질을 가지고 있으면 '+'로, 가지고 있지 않으면 '–'로 표시함

② 의미 자질 분석의 효과: 단어의 의미를 명확하게 알 수 있으며, 반의 관계나 유의 관계에 있는 단어들의 차이를 정확하게 알 수 있음

활동 1 의미 자질 분석의 예

- 소년: [+사람] [+남성] [–성숙]
- 소녀: [❶] [❷] [–성숙]
- → '소년'과 '소녀'는 구성 성분의 자질 중 하나만 다르고 나머지는 공통되므로, 반의 관계라는 것을 알 수 있음

개념⊕ 의미 변화의 원인

언어적 원인	한 단어가 다른 단어와 자주 인접하여 나타남으로써 그 의미까지 변한 경우 예 '별로': '별로~아니다'와 같이 쓰이다가 '별로'만으로도 부정의 의미를 나타냄
역사적 원인	단어가 가리키는 대상은 변했지만 단어는 그대로 남아 있는 경우 예 '지갑': '종이'로 만든 것에서 '가죽, 비닐' 등으로 만든 것도 포함됨
사회적 원인	특수 집단에서 사용되면서 의미가 변한 경우 예 '영감': 법조계에서는 판사나 검사를 가리킴
심리적 원인	해당 단어의 의미에 대한 사람의 인식이 바뀌면서 단어의 의미까지 변한 경우 예 '곰': '둔한 사람'을 가리킬 때 사용함

[정답] ❶ [+사람] ❷ [+여성] | 활동 ◀ ❶ [–남성]

개념 완성 TEST

01
다의어

다음 밑줄 친 단어가 중심적 의미로 쓰였으면 '중심', 주변적 의미로 쓰였으면 '주변'이라고 적어 보자.

(1) 의자에 앉아서 책을 읽었다.   (   )
(2) 이번 주 안에 방을 빼야 한다.   (   )
(3) 결심이 서면 행동으로 옮겨라.   (   )
(4) 선물로 받은 신발이 내 발에 꼭 맞다.   (   )

02
반의어

다음 밑줄 친 단어들의 공통된 반의어를 써 보자.

(1) 모자를 쓰다 / 안경을 끼다 / 옷을 입다   (   )
(2) 물가가 떨어지다 / 심장이 멈추다   (   )
(3) 자리에 앉다 / 시계가 가다 / 기강이 무너지다   (   )

03
단어의 의미 변화

단어의 의미가 확대된 것은 '확대', 단어의 의미가 축소된 것은 '축소', 단어의 의미가 이동한 것은 '이동'이라고 적어 보자.

(1) 감투 : 벼슬아치가 쓰던 모자 → 벼슬   (   )
(2) 세수 : 손을 씻는 행위 → 손이나 얼굴을 씻는 행위
                                             (   )
(3) 중생(짐승) : 모든 생명체 → 인간을 제외한 동물
                                             (   )
(4) 놈 : 사람 또는 남자 → 남자를 낮추어 부르는 말
                                             (   )
(5) 지갑 : 종이로 만든 것 → '가죽, 비닐' 등으로 만든 것도 포함
                                             (   )

▶ 해설편 31쪽

내신 기출 문제

01
동음이의어

밑줄 친 단어 중, 〈보기〉의 ㉠에 해당하는 것은?

〈보기〉

소리는 같으나 뜻이 다른 단어를 동음이의어라고 한다. 동음이의어인 단어들은 모양만 동일할 뿐 아무런 의미적 연관성이 없으므로 국어사전에 각기 ㉠다른 표제어로 수록된다.

① 그는 요즘 연재소설을 쓰고 있다.
② 아저씨는 지금 계약서를 쓰고 있다.
③ 오늘 배운 데까지 써 오는 게 숙제다.
④ 며칠을 앓았더니 입맛이 써서 맛있는 게 없다.
⑤ 그는 노래도 부르고 곡도 쓰는 가수 겸 작곡가이다.

02
반의어

〈보기〉의 ㉠~㉤에 대한 설명으로 적절하지 않은 것은?

〈보기〉

어떤 단어가 여러 의미를 지녔을 경우, 각각의 의미에 따라 반의어도 달라질 수 있다. 예를 들어 '기차가 서다'에서 '서다'의 반의어는 '가다'인데, '체면이 서다'에서 '서다'의 반의어는 '깎이다'가 된다.

단어	예문	반의어
열다	회의를 열다	(㉠)
	(㉡)을/를 열다	닫다
	(㉢)을/를 열다	덮다
	마개를 열다	㉣막다
	자물쇠를 열다	(㉤)

① ㉠에는 '끝내다'가 들어갈 수 있겠군.
② ㉡에는 '문'이 들어가면 적절하겠군.
③ ㉢에는 '뚜껑'이나 '이불'이 들어가면 적절하겠군.
④ ㉣을 '닫다'로 바꾸어도 무난하겠군.
⑤ ㉤에는 '채우다'가 들어갈 수 있겠군.

01

2017 수능

〈보기〉의 ㉠, ㉡에 해당하는 예로 적절한 것은?

〈보기〉

학　생: 선생님, 다음 두 문장을 보면 모두 '가깝다'가 쓰였는데 의미가 좀 다른 것 같아요.

　　　　(1) 우리 집은 학교에서 가깝다.
　　　　(2) 그의 말은 거의 사실에 가깝다.

선생님: (1)의 '가깝다'는 "어느 한 곳에서 다른 곳까지의 거리가 짧음"을 뜻하고, (2)의 '가깝다'는 "성질이나 특성이 기준이 되는 것과 비슷함"을 뜻한단다. 이는 본래 ㉠공간과 관련된 중심적 의미를 지니던 것이 ㉡추상화되어 주변적 의미도 지니게 된 것이라고 할 수 있지.

학　생: 아, 그렇군요. 그러면 '가깝다'는 여러 의미를 지닌 단어로군요.

선생님: 그렇지. 그래서 '가깝다'는 다의어란다.

	㉠	㉡
①	물은 낮은 곳으로 흐른다.	환경에 대한 관심도가 낮다.
②	그는 성공할 가능성이 크다.	힘든 만큼 기쁨이 큰 법이다.
③	두 팔을 최대한 넓게 벌렸다.	도로 폭이 넓어서 좋다.
④	내 좁은 소견을 말씀드렸다.	마음이 좁아서는 곤란하다.
⑤	작은 힘이라도 보태고 싶다.	우리 학교는 운동장이 작다.

02

2017 3월 고3 학력평가

〈보기〉를 참고할 때, 밑줄 친 부분이 바르게 쓰인 것은?

〈보기〉

채 「의존 명사」
이미 있는 상태 그대로 있다는 뜻을 나타내는 말

체 「의존 명사」
그럴듯하게 꾸미는 거짓 태도나 모양

-째 「접사」
'그대로', 또는 '전부'의 뜻을 더하는 접미사

① 사과를 껍질째로 먹었다.
② 나는 앉은 체로 잠이 들었다.
③ 그녀는 혼자 똑똑한 채를 한다.
④ 사나운 멧돼지를 산 째로 잡았다.
⑤ 곰이 다가오자 그는 죽은 채를 했다.

01
단어의 중심적 의미와 주변적 의미를 구별할 수 있는지 묻는 유형이다.
정답률 95%에 달하는 문제로 다의어에 대한 개념을 정확히 숙지한다면 쉽게 해결할 수 있다.
• 선택지에 제시된 단어를 '공간과 관련된 중심적 의미'와 '추상화된 주변적 의미'로 나누어 보자.
• 〈보기〉의 ㉠, ㉡에 해당하는 예를 찾는다.

02
단어의 의미를 파악하고 문장에 적절하게 적용할 수 있는지 묻는 유형이다.
• 〈보기〉에 제시되어 있는 단어의 뜻을 확인한 다음, 그 의미에 맞게 선택지의 문장에 바르게 쓰였는지 판단한다.
• 밑줄 친 부분이 바르게 쓰이지 않았다면 적절한 단어로 교체해 본다.

03

〈보기〉의 ㉠, ㉡에 해당하는 예로 적절하지 않은 것은?

─〈보기〉─

단어는 다양한 맥락에서 사용되면서 ㉠중심적 의미가 ㉡주변적 의미로 확장되어 다의 관계를 이루기도 한다. 일례로 자연과 관련된 단어가 자연물이나 자연 현상을 그대로 나타 내는 중심적 의미로 쓰이다가 비유적으로 확장되어 주변적 의미로 사용되기도 한다.

　(가) 여름이 오기 전에 홍수를 대비한다.
　(나) 우리는 정보의 홍수 시대에 살고 있다.

(가)의 '홍수'는 중심적 의미로, (나)의 '홍수'는 주변적 의미로 사용되었다.

① ┌ ㉠: 천체 망원경으로 밤하늘의 별을 관찰했다.
　└ ㉡: 어제 물리학계의 큰 별이 졌다.
② ┌ ㉠: 천둥과 번개를 동반한 비가 내렸다.
　└ ㉡: 그는 도망가는 데만큼은 정말 번개야.
③ ┌ ㉠: 그는 자신의 뿌리를 찾고자 노력한다.
　└ ㉡: 잡초가 다시 자라지 않도록 뿌리를 뽑았다.
④ ┌ ㉠: 일출을 기다리는 우리 앞에 붉은 태양이 떠올랐다.
　└ ㉡: 그녀는 그가 자기 마음의 태양이라고 말했다.
⑤ ┌ ㉠: 들판에는 풀잎마다 이슬이 맺혔다.
　└ ㉡: 그녀의 두 눈에 맺힌 이슬이 뜨겁게 흘러내렸다.

제대로 접근법
☆ 문제 채점까지 마친 후 복습할 때 보세요.

03
단어의 중심적 의미와 주변적 의미를 구별할 수 있는지 묻는 유형이다.
• 다의어에 대한 개념을 정확히 이해한다.
• 선택지에 제시된 단어를 '자연물이나 자연 현상과 관련된 중심적 의미'와 '비유적으로 확장된 주변적 의미'로 나누어 보자.
• 이를 바탕으로 선택지의 적절성을 판단한다.

04

〈보기〉를 바탕으로 할 때, ㉠~㉢에 해당하는 단어가 사용된 예로 적절한 것은?

─〈보기〉─

선생님: 신체 관련 어휘는 ㉠신체 부위를 나타내는 중심적 의미가 ㉡주변적 의미로 확장될 수 있어요. 이때 ㉢소리는 같지만 중심적 의미가 다른 단어와 잘 구분해야 합니다. 그럼 아래에서 이러한 의미 관계를 확인해 봅시다.

┌─────────────────────────────────┐
│ 코¹ │
│ • 포유류의 얼굴 중앙에 튀어나온 부분 │
│ • 콧구멍에서 흘러나오는 액체 │
│ 코² │
│ • 그물이나 뜨개질한 물건의 눈마다의 매듭 │
└─────────────────────────────────┘

① ㉠: 묽은 코가 옷에 묻어 휴지로 닦았다.
② ㉠: 어부가 쳐 놓은 어망의 코가 끊어졌다.
③ ㉡: 코끼리는 긴 코를 자유자재로 사용한다.
④ ㉡: 동생이 갑자기 코를 다쳐서 병원에 갔다.
⑤ ㉢: 어머니께서 목도리를 한 코씩 떠 나가셨다.

04
단어의 중심적 의미와 주변적 의미, 동음이의어를 구별할 수 있는지 묻는 유형이다.
• 다의어와 동음이의어에 대한 개념을 정확히 이해한다.
• 선택지에 제시된 단어를 '신체 부위인 코를 나타내는 중심적 의미'와 '중심적 의미에서 확장된 주변적 의미'로 나누어 보자. 이때 동음이의어인 '코²'와 잘 구분한다.
• 이를 바탕으로 선택지의 적절성을 판단한다.

다의어란 두 가지 이상의 의미를 가진 단어를 말한다. 다의어에서 기본이 되는 핵심 의미를 중심 의미라고 하고, 중심 의미에서 확장된 의미를 주변 의미라고 한다. 중심 의미는 일반적으로 주변 의미보다 언어 습득의 시기가 빠르며 사용 빈도가 높다. 그러면 다의어의 특징에 대해 좀 더 알아보자.

첫째, 주변 의미로 사용되었을 때는 문법적 제약이 나타나기도 한다. 예를 들면 '한 살을 먹다'는 가능하지만 '한 살이 먹히다'나 '한 살을 먹이다'는 어법에 맞지 않는다. 또한 '손'이 '노동력'의 의미로 쓰일 때는 '부족하다, 남다' 등 몇 개의 용언과만 함께 쓰여 중심 의미로 쓰일 때보다 결합하는 용언의 수가 적다.

둘째, 주변 의미는 기존의 의미가 확장되어 생긴 것으로서, 새로 생긴 의미는 기존의 의미보다 추상성이 강화되는 경향이 있다. '손'의 중심 의미가 확장되어 '손이 부족하다', '손에 넣다'처럼 각각 '노동력', '권한이나 범위'로 쓰이는 것이 그 예이다.

셋째, 다의어의 의미들은 서로 관련성을 갖는다.

줄 명

① 새끼 따위와 같이 무엇을 묶거나 동이는 데에 쓸 수 있는 가늘고 긴 물건
    예 줄로 묶었다.
② 길이로 죽 벌이거나 늘여 있는 것 예 아이들이 줄을 섰다.
③ 사회생활에서의 관계나 인연 예 내 친구는 그쪽 사람들과 줄이 닿는다.

예를 들어 '줄'의 중심 의미는 위의 ①인데 길게 연결되어 있는 모양이 유사하여 ②의 의미를 갖게 되었다. 또한 연결이라는 속성이나 기능이 유사하여 ③의 뜻도 지니게 되었다. 이때 ②와 ③은 '줄'의 주변 의미이다.

그런데 ㉠다의어의 의미들이 서로 대립적 관계를 맺는 경우가 있다. 예를 들어 '앞'은 '향하고 있는 쪽이나 곳'이 중심 의미인데 '앞 세대의 입장', '앞으로 다가올 일'에서는 각각 '이미 지나간 시간'과 '장차 올 시간'을 가리킨다. 이것은 시간의 축에서 과거나 미래 중 어느 방향을 바라보는지에 따른 차이로서 이들 사이의 의미적 관련성은 유지된다.

(1) 다의어의 개념
두 가지 이상의 의미를 가진 단어

(❶) 의미	주변 의미
다의어에서 기본이 되는 핵심 의미	중심 의미에서 확장된 의미

(2) 다의어의 특징
① (❷   )로 사용되었을 때는 문법적 제약이 나타나기도 함
    예 한 살을 먹다 (○) / 한 살이 먹히다 (×)
② 주변 의미는 기존의 의미보다 (❸   )이 강화되는 경향이 있음
    예 손이 부족하다 → '노동력'의 의미
       손에 넣다 → '권한이나 범위'의 의미
③ 다의어의 의미들은 서로 (❹   )을 가짐
    예 줄로 묶었다. / 아이들이 줄을 섰다. / 내 친구는 그쪽 사람들과 줄이 닿는다.
    → 의미가 서로 관련됨
④ 다의어의 의미들이 서로 (❺   ) 관계를 맺는 경우가 있음
    예 앞 세대의 입장 → 이미 지나간 시간
       앞으로 다가올 일 → 장차 올 시간

❶ 중심 ❷ 주변 의미 ❸ 추상성 ❹ 관련성 ❺ 대립적

05

2020 수능

윗글을 참고하여 추론한 내용으로 적절하지 않은 것은?

① 대부분의 아이들이 '별'의 의미 중 '군인의 계급장'이라는 의미보다 '천체의 일부'라는 의미를 먼저 배우겠군.

② '앉다'의 의미 중 '착석하다'의 의미로 쓰이는 빈도가 '요직에 앉다'처럼 '직위나 자리를 차지하다'의 의미로 쓰이는 빈도보다 더 높겠군.

③ '결론에 이르다'와 '포기하기에는 아직 이르다'에서 '이르다'의 의미들은 서로 관련성이 없으니, 이 두 의미는 중심 의미와 주변 의미의 관계로 볼 수 없겠군.

④ '팽이를 돌리다'는 어법에 맞는데 '침이 생기다'라는 의미의 '돌다'는 '군침을 돌리다'로 쓰이지 않으니, '군침이 돌다'의 '돌다'는 주변 의미로 사용된 것이겠군.

⑤ 사람의 감각 기관을 뜻하는 '눈'의 의미가 '눈이 나빠져서 안경의 도수를 올렸다'에서의 '눈'의 의미로 확장되었으니, '눈'의 확장된 의미는 기존 의미보다 더 구체적이겠군.

05
다의어의 의미와 특징에 대해 묻는 유형이다.
• 다의어의 개념에 대해 정확히 이해한다. 특히 중심 의미와 주변 의미 간에 어떤 관련성을 지니는지를 파악한다.
• 선택지에 제시된 단어의 중심 의미와 주변 의미를 정리한다.
• 정리한 내용을 바탕으로 선택지의 적절성을 판단한다.

06

밑줄 친 단어들의 의미를 고려하여 ㉠의 예에 해당하는 것만을 〈보기〉에서 있는 대로 고른 것은?
[3점]

─── 〈보기〉 ───

영희: 자꾸 말해 미안한데 모둠 발표 자료 좀 줄래?

민수: 너 빚쟁이 같다. 나한테 자료 맡겨 놓은 거 같네.

영희: 이틀 뒤에 발표 사전 모임이라고 금방 문자 메시지가 왔었는데 지금 또 왔어. 근데 빚쟁이라니, 내가 언제 돈 빌린 것도 아니고…….

민수: 아니, 꼭 빌려준 돈 받으러 온 사람 같다고. 자료 여기 있어. 가현이랑 도서관에 같이 가자. 아까 출발했다니까 금방 올 거야.

영희: 그래. 발표 끝난 뒤에 다 같이 밥 먹자.

① 빚쟁이

② 빚쟁이, 금방

③ 뒤, 돈

④ 뒤, 금방, 돈

⑤ 빚쟁이, 뒤, 금방

제대로 접근법
☆ 문제 채점까지 마친 후 복습할 때 보세요.

06

다의어의 의미를 파악하는 유형이다.

• 다의어의 개념에 대해 정확히 이해한다.

• 〈보기〉의 밑줄 친 단어들의 의미를 파악한다. 특히 대화의 흐름 속에서 다의어의 의미들이 어떤 관계를 맺고 있는지 확인한다.

• 이를 바탕으로 다의어의 의미들이 서로 대립적 관계를 맺는 경우에 해당하는 예를 찾는다.

07

〈보기〉를 바탕으로 '속'과 '안'에 대해 탐구한 내용으로 적절하지 않은 것은?

─── 〈보기〉 ───

ㄱ. 건물 {속/안}으로 들어가다.

ㄴ. 한 시간 {*속/안}에 돌아올게.

ㄷ. 벙어리 냉가슴 앓듯 혼자 {속/*안}을 썩였다.

ㄹ. 오랜만에 과식했더니 {속/*안}이 더부룩하다.
　　외국에 살아도 우리나라 {*속/안}의 일을 훤히 안다.

ㅁ. 겉으로는 태연한 척하지만 속으로는 겁을 먹었다.
　　어제는 바깥에 나가지 않고 온종일 집 안에 있었다.

＊는 부자연스러운 쓰임

① ㄱ을 보니 '속'과 '안'은 '사물이나 영역의 내부'라는 공통 의미를 지닌 유의어로군.

② ㄴ을 보니 '속'과 달리 '안'은 시간적 범위를 한정할 때 쓰이는군.

③ ㄷ을 보니 '안'과 달리 '속'은 관용구에 사용되어 사람의 마음을 가리킬 때 쓰이는군.

④ ㄹ을 보니 '속'은 추상적인 대상, '안'은 구체적인 대상의 내부를 가리키는군.

⑤ ㅁ을 보니 '속'은 '겉', '안'은 '바깥'과 각각 반의 관계에 있군.

07

유의어의 의미와 쓰임을 파악하는 유형이다.

• 유의어의 개념에 대해 정확히 이해한 뒤 '속'과 '안'의 사전적 의미를 확인한다.

속	① 거죽이나 껍질로 싸인 물체의 안쪽 부분 ② 일정하게 둘러싸인 것의 안쪽으로 들어간 부분 ③ 사람의 몸에서 배의 안 또는 위장 ④ 품고 있는 마음이나 생각 ⑤ 어떤 현상이나 상황, 일의 안이나 가운데
안	① 어떤 물체나 공간의 둘러싸인 가에서 가운데로 향한 쪽. 또는 그런 곳이나 부분 ② 일정한 표준이나 한계를 넘지 않은 정도 ③ 조직이나 나라 따위를 벗어나지 않은 영역

• 〈보기〉에 제시된 용례를 통해 '속/안'에 대한 선택지의 설명이 적절한지 판단한다.

〈보기〉는 사전 자료의 일부분이다. 이에 대한 이해로 가장 적절한 것은?

───────〈보기〉───────

크다 [커, 크니]

　[Ⅰ] 형용사

　사람이나 사물의 외형적 길이, 넓이, 높이, 부피 따위가 보통 정도를 넘다.

　예 키가 크다

　[Ⅱ] 동사

　동식물이 몸의 길이가 자라다. **예** 날씨가 건조하면 나무가 크지 못한다.

키우다【…을】[키우어(키워), 키우니]

　크다 [Ⅱ]의 사동사

① '크다' [Ⅰ]과 '크다' [Ⅱ]는 별도의 품사로 기술된 걸 보니 동음이의어이겠군.

② '크다' [Ⅰ]과 '크다' [Ⅱ]의 반의어로는 모두 '작다'가 가능하겠군.

③ '크다' [Ⅰ]의 용례로 '키가 몰라보게 컸구나.'를 추가할 수 있겠군.

④ '크다' [Ⅱ]는 사동사로 바뀌면 서술어의 자릿수가 하나 늘어나는군.

⑤ '크다'와 '키우다'는 모두 어미 '−어'가 결합하면 어간 끝의 모음이 탈락하는군.

08

사전 활용하기 형태를 통해 어휘의 사전적 의미 및 그와 관련된 문법 지식을 확인하는 유형이다.

• 다의어, 동음이의어, 반의어 등에 대한 개념을 정확히 이해한다.

• 〈보기〉에 제시된 사전 자료를 통해 어휘의 문법적 지식을 파악한다. 별도의 문형 정보가 제시되지 않으면 주어만을 필수적으로 요구하는 한 자리 서술어임을 기억한다.

• 〈보기〉에 제시된 단어의 뜻풀이와 용례를 통해 선택지의 적절성을 판단한다.

다음은 '사전 활용하기' 학습 활동을 위한 자료이다. 이에 대해 탐구한 내용으로 적절하지 <u>않은</u> 것은? [3점]

─────────────────

이르다¹〔이르러, 이르니〕동【…에】

　① 어떤 장소나 시간에 닿다. ¶목적지에 이르다

　② 어떤 정도나 범위에 미치다. ¶결론에 이르다

이르다²〔일러, 이르니〕동

　①【…에게 …을】【…에게 −고】무엇이라고 말하다.

　　¶나는 아이들에게 내가 알고 있는 것을 모두 일러 주었다. ‖아이들에게 주의하라고 이르다.

　②【…을 −고】어떤 대상을 무엇이라고 이름 붙이거나 가리켜 말하다.

　　¶이를 도루묵이라 이른다.

이르다³〔일러, 이르니〕형【…보다】【−기에】

　대중이나 기준을 잡은 때보다 앞서거나 빠르다.

　　¶그는 여느 때보다 이르게 학교에 도착했다. ‖아직 포기하기엔 이르다.

① '이르다¹ ①'과 '이르다¹ ②'의 유의어로 '다다르다'가 있겠군.

② '이르다¹'과 '이르다²'와 '이르다³'은 서로 동음이의 관계이겠군.

③ '이르다¹'은 규칙 활용을 하지만 '이르다²'와 '이르다³'은 불규칙 활용을 하겠군.

④ '이르다¹'과 '이르다²'는 움직임을 나타내는 단어이고, '이르다³'은 성질 혹은 상태를 나타내는 단어이겠군.

⑤ '이르다³'의 용례로 '올해는 예년보다 첫눈이 이른 감이 있다.'를 추가할 수 있겠군.

09

사전 활용하기 형태를 통해 어휘의 사전적 의미 및 그와 관련된 문법 지식을 확인하는 유형이다.

• 다의어, 동음이의어, 유의어 등에 대한 개념을 정확히 이해한다.

• 〈보기〉에 제시된 사전 자료를 통해 어휘의 문법적 지식을 파악한다. 표제어 옆에 제시되는 활용 정보를 통해 해당 어휘가 어떤 활용을 하는지 파악한다.

• 자료에 제시된 단어의 뜻풀이와 용례를 통해 선택지의 적절성을 판단한다.

10

다음은 '사전 활용하기' 학습 활동을 위한 자료이다. 이에 대한 이해로 옳지 <u>않은</u> 것은?

하다01

　Ⅰ 동사 【…을】

　　① 사람이나 동물, 물체 따위가 행동이나 작용을 이루다.

　　　¶ 운동을 하다 / 사랑을 하다

　　② 먹을 것, 입을 것, 땔감 따위를 만들거나 장만하다.

　　　¶ 나무를 하다 / 밥을 하다

　　③ 표정이나 태도 따위를 짓거나 나타내다.

　　　¶ 어두운 얼굴을 하다

　Ⅱ 「보조 동사」

　　① (동사나 형용사 뒤에서 '-게 하다' 구성으로 쓰여) 앞말의 행동을 시키거나 앞말이

　　　뜻하는 상태가 되도록 함을 나타내는 말

　　　¶ 숙제를 하게 하다 / 노래를 부르게 하다 / 몸을 청결하게 하다

-하다02 「접사」

　　① (일부 명사 뒤에 붙어) 동사를 만드는 접미사

　　　¶ 운동하다 / 사랑하다

　　② (일부 명사 뒤에 붙어) 형용사를 만드는 접미사

　　　¶ 건강하다 / 순수하다

　　③ (의성·의태어 이외의 일부 성상 부사 뒤에 붙어) 동사나 형용사를 만드는 접미사

　　　¶ 달리하다 / 빨리하다

　　④ (몇몇 의존 명사 뒤에 붙어) 동사나 형용사를 만드는 접미사

　　　¶ 체하다 / 척하다 / 듯하다

---

① '하다01 Ⅰ'은 두 개 이상의 의미를 갖는 다의어이겠군.

② '하다01 Ⅱ'는 '하다01 Ⅰ'과는 달리 혼자 쓰이지 못하고 다른 용언 뒤에 붙어 사용되겠군.

③ '-하다02'는 앞 단어에 붙어 품사를 바꾸는 기능을 하겠군.

④ '하다01 Ⅰ ②'의 용례로 '새 옷을 한 벌 했다.'를 추가할 수 있겠군.

⑤ '물에 빠질 뻔하다'의 '뻔하다'는 '-하다02 ②'의 용례라고 할 수 있겠군.

제대로 접근법 ☆ 문제 채점까지 마친 후 복습할 때 보세요.

10

사전 활용하기 형태를 통해 단어의 의미와 관련 문법 지식을 확인하는 유형이다.

• 다음과 같이 자주 나오는 사전의 기호 및 약어를 알아 두는 것도 도움이 된다.

【 】	문형 정보
(( ))	문법 정보
¶	용례 시작
[Ⅰ], [Ⅱ] …	같은 표제어의 품사가 달라진 경우
[1], [2] …	같은 표제어의 문형 정보가 달라진 경우
「1」, 「2」 …	같은 표제어의 뜻풀이가 달라진 경우

• 이를 바탕으로 선택지의 적절성을 판단한다.

〈보기〉를 활용하여 국어사전을 만드는 활동을 하였다. 표제어 ⓐ와 예문 ⓑ, ⓒ에 들어갈 말로 적절한 것은?

〈보기〉

㉠ 약속 날짜를 너무 **밭게** 잡았다.

㉡ 서로 **밭게** 앉아 더위를 참기 어려웠다.

㉢ 시간이 더 필요한데 제출 기한을 너무 **바투** 잡았다.

㉣ 어머니는 아들에게 **바투** 다가가 두 손을 움켜쥐었다.

ⓐ

1 두 대상이나 물체의 사이가 썩 가깝게

¶ ⓑ

2 시간이나 길이가 아주 짧게

밭다 [형]

1 시간이나 공간이 다붙어 몹시 가깝다.

¶ ⓒ

2 길이가 매우 짧다.

¶ 새로 산 바지가 **밭아** 발목이 다 보인다.

3 음식을 가려 먹는 것이 심하거나 먹는 양이 적다.

¶ 우리 아들은 입이 너무 **밭아서** 큰일이야.

	ⓐ	ⓑ	ⓒ
①	밭게 [부]	㉠	㉡
②	밭게 [부]	㉡	㉢
③	밭게 [부]	㉡	㉣
④	바투 [부]	㉢	㉠
⑤	바투 [부]	㉣	㉠

11

사전 활용하기 형태를 통해 품사의 개념 및 어휘의 사전적 의미를 확인하는 유형이다.

정답률이 38%에 불과한 문제로, 품사의 개념과 사전에 제시되는 정보를 정확하게 이해해야 한다.

• 〈보기〉의 밑줄 친 단어의 품사와 의미를 정리한다. 밑줄 친 단어의 품사를 정리할 때는 단어의 활용 형태를 고려하여 정리하고, 밑줄 친 단어의 의미를 정리할 때는 국어사전에 제시되는 뜻풀이를 참고하여 정리한다.

• 이를 바탕으로 선택지의 적절성을 판단한다.

〈보기〉의 ㉠, ㉡에 해당하는 예끼리 묶인 것으로 적절한 것은? [3점]

───〈보기〉───

[선생님의 설명]

　여러분, '쓰이다'라는 단어를 어떻게 해석해야 할까요? 우선 '쓰이다'는 피동사이기도 하고 사동사이기도 하므로 이를 구별해야겠죠? 또한 '쓰다'는 동음이의어나 다의어이므로 그 의미에도 유의해야 합니다. 단어를 이해할 때, 이러한 점들을 모두 고려해야 해요. 그럼 이와 관련된 학습 활동을 해 볼까요?

[학습 활동]

　다음은 국어사전의 일부이다. 제시된 단어의 의미에 유의하여 각각의 피동사와 사동사가 포함된 예를 들어 보자.

갈다¹ 동【…을 …으로】② 어떤 직책에 있는 사람을 다른 사람으로 바꾸다. 깎다 동 Ⅰ【…을】③ 값이나 금액을 낮추어서 줄이다. 묻다¹ 동【…에】① 가루, 풀, 물 따위가 그보다 큰 다른 물체에 들러붙거나 흔적이 남게 되다. 물다² 동 Ⅰ【…을】② 윗니와 아랫니 사이에 끼운 상태로 상처가 날 만큼 세게 누르다. 쓸다² 동【…을】① 비로 쓰레기 따위를 밀어 내거나 한데 모아서 버리다.

피동문	사동문
㉠	㉡

① ┌ ㉠ : 학생회 임원이 새 친구로 갈렸다.
　└ ㉡ : 삼촌이 형에게 그 텃밭을 갈렸다.

② ┌ ㉠ : 용돈이 이달에 만 원이나 깎였다.
　└ ㉡ : 나는 저번 실수로 점수를 깎였다.

③ ┌ ㉠ : 내 친구는 가래떡에 꿀만 묻혔다.
　└ ㉡ : 누나는 붓에 먹물을 듬뿍 묻혔다.

④ ┌ ㉠ : 아빠가 아이 입에 사탕을 물렸다.
　└ ㉡ : 큰형이 동네 개에게 발을 물렸다.

⑤ ┌ ㉠ : 큰 마당의 눈이 빗자루에 쓸렸다.
　└ ㉡ : 내 동생에게 거실 바닥만 쓸렸다.

▶ 해설편 32쪽

제대로 접근법 ☆문제 채점까지 마친 후 복습할 때 보세요.

12
사전 활용하기 형태를 통해 피동사와 사동사를 파악하는 유형이다.
• 피동사와 사동사의 개념과 사전에 제시되는 정보를 정확하게 이해한다.
• 선택지에 제시된 예가 피동사인지 사동사인지 구분한다.
• 선택지에 제시된 예의 의미가 국어사전에 제시된 단어와 관련되는지 확인한다.

사전의 뜻풀이 대상이 되는 표제 항목을 '표제어'라고 한다. 『표준국어대사전』의 표제어에는 붙임표 '-'가 쓰인 경우와 그렇지 않은 경우가 있다. 붙임표는 표제어의 문법적 특성, 띄어쓰기, 어원 및 올바른 표기에 대한 정보를 제공한다.

표제어에 붙임표가 쓰이는 대표적인 경우는 다음과 같다. 첫째, 접사와 어미처럼 자립적으로 쓰이지 않고 언제나 다른 말과 결합해야 하는 표제어에는 다른 말과 결합하는 부분에 붙임표가 쓰인다. 접사 '-질'과 연결 어미 '-으니'가 이러한 예이다. 다만 조사도 자립적으로 쓰이지 않지만 단어이므로 그 앞에 붙임표가 쓰이지 않는다. 용언 어간도 자립적으로 쓰이지 않지만 어미 '-다'와 결합한 기본형이 표제어가 되고, 용언 어간과 어미 '-다' 사이에 붙임표가 쓰이지 않는다.

둘째, 둘 이상의 구성 성분으로 이루어진 표제어에는 가장 나중에 결합한 구성 성분들 사이에 붙임표가 한 번만 쓰인다. '이등분선'은 '이', '등분', '선'의 세 구성 성분으로 이루어진 복합어이다. 이 복합어의 표제어 '이등분-선'에서 붙임표는 '이등분'과 '선'이 가장 나중에 결합했다는 정보를 제공한다. 복합어의 붙임표는 구성 성분들을 반드시 붙여 써야 한다는 점도 알려 준다.

한편 '무덤', '노름', '이따가'처럼 기원적으로 두 구성 성분이 결합한 단어이지만 붙임표가 쓰이지 않는 경우가 있다. '한글 맞춤법'에서는 현대 국어에서 새로운 단어를 만들지 못하는 접미사가 결합한 경우나 ㉠단어의 의미가 어근이나 어간의 본뜻과 멀어진 경우에 해당하는 단어를 소리대로 적는 것을 원칙으로 하고 있다. 이처럼 소리대로 적는 단어들은 구성 성분들이 원래 형태의 음절로 나누어지지 않으므로 표제어에 붙임표가 쓰이지 않는다.

'무덤'의 접미사 '-엄'은 현대 국어에서 새로운 단어를 만들지 못한다. 따라서 어근 '묻-'과 접미사 '-엄'이 결합한 '무덤'은 소리대로 적고 표제어에 붙임표가 쓰이지 않는다. '-엄'과 비슷한 접미사에는 '-암', '-억', '-우' 등이 있다.

'노름'은 어근 '놀-'의 본뜻만으로는 그 의미가 '돈이나 재물 따위를 걸고 서로 내기를 하는 일'이라는 사실을 알기 어렵다. '조금 지난 뒤에'를 뜻하는 '이따가'도 어간 '있-'의 본뜻과 멀어졌다. 따라서 '노름'과 '이따가'는 소리대로 적고 표제어에 붙임표가 쓰이지 않는다.

☆ 문제 채점까지 마친 후 복습할 때 보세요.

제대로 **개념 정리**

(1) 표제어의 개념
사전의 (❶   ) 대상이 되는 표제 항목
→ 표제어에는 붙임표 '-'가 쓰인 경우와 그렇지 않은 경우가 있음

(2) 붙임표의 기능
(❷   )의 문법적 특성, 띄어쓰기, 어원 및 올바른 표기에 대한 정보를 제공함

(3) 붙임표가 쓰이는 경우
① 다른 말과 결합해야 하는 표제어 → 다른 말과 결합하는 부분에 쓰임
　예 접사 '-질', 연결 어미 '-으니'
② 둘 이상의 구성 성분으로 이루어진 표제어 → 가장 (❸   ) 결합한 구성 성분들 사이에 붙임표가 한 번만 쓰임
　예 이등분선: 이등분-선

(4) 붙임표가 쓰이지 않는 경우
① 새로운 단어를 만들지 못하는 (❹   )가 결합한 경우
　예 무덤: 어근 '묻-'+접미사 '-엄' → '-엄'은 현대 국어에서 새로운 단어를 만들지 못함
② 단어의 의미가 어근이나 어간의 본뜻과 멀어진 경우
　예 노름 → 어근 '놀-'의 본뜻에서 멀어짐
　　 이따가 → 어간 '있-'의 본뜻에서 멀어짐

정답 ❶ 뜻풀이 ❷ 표제어 ❸ 나중에 ❹ 접미사

13

윗글을 읽고 추론한 내용으로 적절하지 않은 것은?

① '맨발'에서 분석되는 접두사의 뜻풀이를 표제어 '맨-'에서 확인할 수 있겠군.
② '나만 비를 맞았다.'에서 쓰인 격 조사의 뜻풀이를 표제어 '를'에서 확인할 수 있겠군.
③ '저도 학교 앞에 삽니다.'에서 쓰인 동사의 뜻풀이를 표제어 '살다'에서 확인할 수 있겠군.
④ '앞'과 '집'이 결합한 단어를 '앞 집'처럼 띄어 쓰면 안 된다는 정보를 표제어 '앞-집'에서 확인할 수 있겠군.
⑤ '논둑'과 '길'이 결합한 '논둑길'의 구성 성분이 '논', '둑', '길'이라는 정보를 표제어 '논-둑-길'에서 확인할 수 있겠군.

☆ 문제 채점까지 마친 후 복습할 때 보세요.

제대로 **접근법**

13
국어사전의 표제어와 붙임표에 대한 이해를 묻는 유형이다.
• 지문을 읽고 표제어에 붙임표가 쓰이는 경우와 그렇지 않은 경우를 정리한다. 특히 자립적으로 쓰이는 표제어와 그렇지 않은 표제어, 복합어인 표제어에는 붙임표가 어떻게 쓰이는지를 잘 파악한다.
• 선택지에 제시된 예시를 지문 내용과 연결 지으며 선택지의 적절성을 판단한다.

14

〈보기〉의 [자료]에서 ⊙에 해당하는 단어만을 있는 대로 고른 것은? [3점]

─〈보기〉─

[자료]는 '조차', '자주', '차마', '부터'가 쓰인 문장과 이 단어들의 어원이 되는 용언이 쓰인 문장의 쌍들이다.

[자료]

┌ 나조차 그런 일들을 할 수는 없었다.
└ 동생도 누나의 기발한 생각을 좇았다.
┌ 누나는 휴일에 이 책을 자주 읽었다.
└ 동생은 늦잠 때문에 지각이 잦았다.
┌ 나는 차마 그의 눈을 볼 수 없었다.
└ 언니는 쏟아지는 졸음을 잘 참았다.
┌ 그 일은 나부터 모범을 보여야 했다.
└ 부원 모집 공고문이 게시판에 붙었다.

① 자주, 부터　　　② 차마, 부터　　　③ 조차, 자주, 차마
④ 조차, 차마, 부터　　⑤ 조차, 자주, 차마, 부터

15

〈보기〉는 사전의 개정 내용을 정리한 자료의 일부이다. ⊙∼⊕에 대한 이해로 적절하지 <u>않은</u> 것은?

─〈보기〉─

	개정 전	개정 후
⊙	긁다 동 「1」 손톱이나 뾰족한 기구 따위로 바닥이나 거죽을 문지르다. ⋮ 「9」 ……	긁다 동 「1」 손톱이나 뾰족한 기구 따위로 바닥이나 거죽을 문지르다. ⋮ 「9」 …… 「10」 물건 따위를 구매할 때 카드로 결제하다.
ⓒ	김-밥[김 : 밥] 명 ……	김-밥[김 : 밥/김 : 빱] 명 ……
ⓒ	냄새 명 「1」 코로 맡을 수 있는 온갖 기운 「2」 어떤 사물이나 분위기 따위에서 느껴지는 특이한 성질이나 낌새	냄새 명 「1」 코로 맡을 수 있는 온갖 기운 「2」 어떤 사물이나 분위기 따위에서 느껴지는 특이한 성질이나 낌새
	내음 명 '냄새'의 방언(경상)	내음 명 코로 맡을 수 있는 나쁘지 않거나 향기로운 기운. 주로 문학적 표현에 쓰인다.
②	태양-계 명 태양과 그것을 중심으로 공전하는 천체의 집합. 태양, 9개의 행성, ……	태양-계 명 태양과 그것을 중심으로 공전하는 천체의 집합. 태양, 8개의 행성, ……
⑩	(표제어 없음)	스마트-폰 명 휴대 전화에 여러 컴퓨터 지원 기능을 추가한 지능형 단말기

※ 사전의 개정 내용은 표준어와 표준 발음의 최신 정보를 반영한 것임

① ⊙ : 표제어의 뜻풀이가 추가되어 다의어의 중심적 의미가 수정되었군.
② ⓒ : 표준 발음이 추가로 인정되어 기존의 표준 발음과 함께 제시되었군.
③ ⓒ : 방언이었던 단어가 표준어의 지위를 얻고 뜻풀이도 새롭게 제시되었군.
④ ② : 과학적 정보를 반영하여 뜻풀이 일부가 갱신되었군.
⑤ ⑩ : 새로운 문물을 지칭하는 신어가 표제어로 추가되었군.

☆ 문제 채점까지 마친 후 복습할 때 보세요.

제대로 접근법

14
단어의 어원이 되는 용언과 의미를 비교하는 유형이다.

• 단어의 의미가 어근이나 어간의 본뜻과 멀어진 경우에는 표제어에 붙임표가 쓰이지 않는다는 것을 기억한다.
• 〈보기〉의 [자료]를 통해 '조차', '자주', '차마', '부터'의 의미와 해당 단어들의 어원이 되는 용언의 본뜻을 비교하여 본뜻에서 멀어진 경우를 찾는다.

15
국어사전에 실린 정보를 활용하여 단어의 의미 및 그와 관련된 문법 지식을 확인하는 유형이다.

• 국어사전에 실린 정보에 대해 정확히 이해한다. (중심적 의미와 주변적 의미, 발음 정보, 방언, 뜻풀이, 신어 등)
• 〈보기〉에 제시된 내용에서 '개정 전'과 '개정 후'가 어떻게 달라졌는지 확인한다.
• 선택지의 내용이 적절한지 판단한다.

16

다음은 '사전 활용하기' 학습 활동을 위한 자료이다. 이에 대해 탐구한 내용으로 적절하지 <u>않은</u> 것은?

굳다 〔굳어, 굳으니, 굳는〕

　Ⅰ 동

　　㉠ 무른 물질이 단단하게 되다. ¶ 시멘트가 굳다

　　㉡ 근육이나 뼈마디가 뻣뻣하게 되다. ¶ 허리가 굳다

　Ⅱ 형 흔들리거나 바뀌지 아니할 만큼 힘이나 뜻이 강하다.

　　　¶ 굳은 결심 / 성을 굳게 지키다

　반의어 Ⅰ ㉠ 녹다 Ⅰ ㉡

녹다 〔녹아, 녹으니, 녹는〕 동

　① ㉠ 얼음이나 얼음같이 매우 차가운 것이 열을 받아 액체가 되다.

　　　¶ 얼음이 녹다 / 눈이 녹다

　　㉡ 고체가 열기나 습기로 말미암아 제 모습을 갖고 있지 못하고 물러지거나 물처럼 되다. ¶ 엿이 녹다

　② 【…에】

　　㉠ 결정체(結晶體) 따위가 액체 속에서 풀어져 섞이다. ¶ 소금이 물에 녹다

　　㉡ 어떤 물체나 현상 따위에 스며들거나 동화되다.

　　　¶ 우리 정서에 녹아 든 외국 문화

　반의어 Ⅰ ㉡ 굳다 Ⅰ ㉠

---

① '굳다'는 '녹다'와 달리 두 개의 품사로 쓰인다.

② '시멘트가 굳다'의 '굳다'와 '엿이 녹다'의 '녹다'는 반의 관계이다.

③ '굳다 Ⅱ'의 용례로 '마음을 굳게 닫다'를 추가할 수 있다.

④ '녹다 ② ㉡'의 용례로 '글에는 글쓴이의 생각이 녹아 있다.'를 추가할 수 있다.

⑤ '초콜릿이 순식간에 녹았다.'의 '녹다'는 '녹다 ② ㉠'에 해당하므로 주어 외에도 다른 문장 성분을 필요로 한다.

제대로 접근법 ☆ 문제 채점까지 마친 후 복습할 때 보세요.

16

사전 활용하기 형태를 통해 어휘의 사전적 의미 및 그와 관련된 문법 지식을 확인하는 유형이다.

• 국어사전에 실린 정보에 대해 정확히 이해한다. (표제어, 활용 정보, 품사 정보, 반의어, 문형 정보 등)

• 자료에 제시된 단어의 뜻풀이와 용례를 통해 선택지의 적절성을 판단해 보자.

17

다음은 '사전 활용하기' 학습 활동을 위한 자료이다. 이에 대한 이해로 적절하지 <u>않은</u> 것은?

같이[가치]

　Ⅰ 부

　① 둘 이상의 사람이나 사물이 함께

　　¶ 친구와 같이 사업을 하다

　② 어떤 상황이나 행동 따위와 다름이 없이

　　¶ 예상한 바와 같이 주가가 크게 떨어졌다

　Ⅱ 조

　① '앞말이 보이는 전형적인 어떤 특징처럼'의 뜻을 나타내는 격 조사

　　¶ 얼음장같이 차가운 방바닥

　② 앞말이 나타내는 그때를 강조하는 격 조사

　　¶ 새벽같이 떠나다

같이-하다[가치--] 동 【(…과) …을】

　① 경험이나 생활 따위를 얼마 동안 더불어 하다. = 함께하다 ①

　　¶ 친구와 침식을 같이하다 / 평생을 같이한 부부

　② 서로 어떤 뜻이나 행동 따위를 동일하게 가지다. = 함께하다 ②

　　¶ 그와 의견을 같이하다 / 견해를 같이하다

---

① '같이'의 품사 정보와 뜻풀이를 보니, '같이'는 부사로도 쓰이고 부사격 조사로도 쓰이는 말이로군.

② '같이'의 뜻풀이와 용례를 보니, '같이 Ⅱ ①'의 용례로 '매일같이 지하철을 타다'를 추가할 수 있겠군.

③ '같이'와 '같이하다'의 표제어 및 뜻풀이를 보니, '같이하다'는 '같이'에 '하다'가 결합한 복합어로군.

④ '같이하다'의 문형 정보 및 용례를 보니, '같이하다'는 두 자리 서술어로도 쓰일 수 있고, 세 자리 서술어로도 쓰일 수 있군.

⑤ '같이하다'의 뜻풀이와 용례를 보니, '평생을 같이한 부부'의 '같이한'은 '함께한'으로 교체하여 쓸 수 있겠군.

17
사전 활용하기 형태를 통해 어휘의 사전적 의미 및 그와 관련된 문법 지식을 확인하는 유형이다.
• 국어사전에 실린 정보에 대해 정확히 이해한다. (표제어와 발음, 품사 정보, 뜻풀이, 용례, 문형 정보 등)
• 문형 정보는 주어를 제외한 필수 성분만 제시한다는 것을 기억한다.
• 자료에 제시된 단어의 뜻풀이와 용례를 통해 선택지의 적절성을 판단해 보자.

어린 말은 망아지, 어린 소는 송아지, 어린 개는 강아지라고 한다. 이들은 모두 사람들이 친숙하게 기르는 가축이라는 공통점이 있으며, 새끼를 나타내는 단어가 모두 '-아지'로 끝난다는 점이 흥미롭다. 그런데 돼지도 흔한 가축인데, 현대 국어에서 어린 돼지를 가리키는 고유어 단어는 따로 없다. '가축과 그 새끼'를 나타내는 고유어 어휘 체계에서 '어린 돼지'의 자리는 빈자리로 남아 있는 것이다. 그렇다고 해서 어린 돼지를 사람들이 인식하지 못하는 것은 아니다. 다만 어린 돼지를 가리키는 고유어 단어가 없을 뿐인데, 이렇게 한 언어의 어휘 체계 내에서 개념은 존재하지만 실제 단어가 존재하지 않는 경우를 '어휘적 빈자리'라고 한다.

어휘적 빈자리는 계속 존재하기도 하지만, 다양한 방식으로 채워지기도 한다. 그렇다면 어휘적 빈자리가 채워지는 방식에는 어떤 것들이 있을까? 첫 번째 방식은 단어가 아닌 구를 만들어 빈자리를 채우는 방식이다. 어떤 언어에는 '사촌, 고종사촌, 이종사촌'에 해당하는 각각의 단어는 존재하지만, 외사촌을 지시하는 단어는 없다. 그래서 그 언어에서 외사촌을 지시할 때에는 '외삼촌의 자식'이라고 말한다고 한다. 현대 국어에서 어린 돼지를 가리킬 때 '아기 돼지, 새끼 돼지' 등으로 말하는 것도 이러한 방식에 해당된다.

두 번째 방식은 한자어나 외래어를 이용하여 빈자리를 채우는 방식이다. 무지개의 색채를 나타내는 현대 국어의 어휘 체계는 '빨강-주황-노랑-초록-파랑…'인데 이 중 '빨강, 노랑, 파랑'은 고유어이지만 '빨강과 노랑의 중간색', '풀의 빛깔과 같이 푸른빛을 약간 띤 녹색' 등을 나타내는 고유어는 없기 때문에 한자어 '주황(朱黃)'과 '초록(草綠)' 등이 쓰이고 있다.

세 번째 방식은 상의어로 하의어의 빈자리를 채우는 방식이다. '누이'는 원래 손위와 손아래를 모두 가리키는 단어인데, 손위를 의미하는 '누나'라는 단어는 따로 있으나 '손아래'만을 의미하는 단어는 없어서 상의어인 '누이'가 그대로 빈자리에 들어가게 되었다. 이후 의미 구별을 위해 손아래를 의미하는 '누이동생'이 생겨나기는 했지만, 여전히 '누이'는 상의어로도 쓰이고, 하의어로도 쓰인다.

☆ 문제 채점까지 마친 후 복습할 때 보세요.

제대로 개념 정리

(1) 어휘적 빈자리의 개념
한 언어의 어휘 체계 내에서 (❶   )은 존재하지만 실제 단어가 존재하지 않는 경우
예 어린 말 → 망아지
   어린 소 → 송아지
   어린 개 → 강아지
   어린 돼지 → ×

(2) 어휘적 빈자리가 채워지는 방식
① 단어가 아닌 (❷   )를 만들어 빈자리를 채우는 방식
   예 어린 돼지를 가리킬 때 → '아기 돼지, 새끼 돼지' 등으로 말함
② (❸   )나 외래어를 이용하여 빈자리를 채우는 방식
   예 풀의 빛깔과 같이 푸른빛을 약간 띤 녹색 → 한자어 '초록(草綠)'
③ 상의어로 (❹   )의 빈자리를 채우는 방식
   예 '누이' → 손위와 손아래를 모두 가리키는 상의어로도 쓰이고, 손아래만을 의미하는 하의어로도 쓰임

정답 ❶ 개념 ❷ 구 ❸ 한자어 ❹ 하의어

18

2020 6월 모의평가

윗글을 바탕으로 〈보기〉에 대해 이해한 내용으로 적절한 것은?

〈보기〉

지금의 '돼지'를 의미하는 말이 예전에는 '돝'이었고, '돝'에 '-아지'가 붙어 '돝의 새끼'를 의미하는 '도야지'가 쓰였다. 그런데 현대 국어의 표준어에서는 '돝'이 사라지고, '돝'의 자리를 '도야지'의 형태가 바뀐 '돼지'가 차지하게 되었다.

① '예전'의 '도야지'에 해당하는 개념이 지금은 사라졌다.
② '예전'의 '돝'은 '도야지'의 하의어로, 의미가 더 한정적이다.
③ 지금의 '돼지'와 '예전'의 '도야지'가 나타내는 개념은 다르다.
④ 지금의 '어린 돼지'에 해당하는 어휘적 빈자리는 '예전'부터 있었다.
⑤ '예전'의 '도야지'의 개념을 나타내기 위해 지금은 하나의 고유어 단어가 사용된다.

☆ 문제 채점까지 마친 후 복습할 때 보세요.

제대로 접근법

18
어휘적 빈자리의 개념을 이해하고 적용하는 유형이다.
• 어휘적 빈자리에 대한 개념을 정확히 이해한다.
• 〈보기〉의 내용을 바탕으로 다음과 같이 정리할 수 있다.

	예전	지금
'돼지'를 의미하는 말	돝	돼지
'돼지의 새끼'를 의미하는 말	도야지	×

• 이를 바탕으로 선택지의 적절성을 판단한다.

▶ 해설편 32쪽

19

2020 6월 모의평가

윗글의 어휘적 빈자리가 채워지는 방식이 적용된 사례만을 〈보기〉에서 있는 대로 고른 것은?

〈보기〉

ㄱ. 학생 1은 할머니 휴대 전화에 번호를 저장해 드리면서 할머니의 첫 번째, 네 번째 사위는 각각 '맏사위', '막냇사위'라고 입력했지만, 두 번째, 세 번째 사위를 구별하여 가리키는 단어가 없어 '둘째 사위', '셋째 사위'라고 입력하였다.

ㄴ. 학생 2는 '꿩'에 대한 보고서를 작성할 때 꿩의 하의어로 수꿩에 해당하는 '장끼'와 암꿩에 해당하는 '까투리'는 알고 있었지만, 꿩의 새끼를 나타내는 단어를 몰라 국어사전에서 고유어 '꺼병이'를 찾아 사용하였다.

ㄷ. 학생 3은 태양계의 행성을 가리키는 어휘 체계인 '수성 – 금성 – 지구 – 화성…'을 조사하면서 '금성'의 고유어로 '샛별'과 '개밥바라기'가 있음을 알았는데, '개밥바라기'라는 단어는 생소하여 '샛별'만을 기록하였다.

① ㄱ   ② ㄱ, ㄴ   ③ ㄱ, ㄷ
④ ㄴ, ㄷ   ⑤ ㄱ, ㄴ, ㄷ

20

2020 7월 고3 학력평가

〈보기 1〉을 참고하여 〈보기 2〉를 이해한 내용으로 적절하지 않은 것은?

〈보기 1〉

언어의 의미는 끊임없이 변화한다. 원래 '주책'은 '일정하게 자리 잡은 주장이나 판단력'이라는 의미였다. 그런데 '주책없다'처럼 '주책'이 주로 '없다'와 함께 쓰이다 보니 부정적인 의미도 갖게 되었다. 즉, '주책'은 '일정한 줏대가 없이 되는 대로 하는 짓'이란 의미도 갖게 되어 '주책없다'와 '주책이다'가 같은 의미로 쓰이게 되었다. 한편 '에누리'는 상인과 소비자가 물건값을 흥정하는 상황에서 자주 쓰이다 보니 '값을 올리는 일'이라는 의미뿐만 아니라 '값을 내리는 일'이라는 의미로도 쓰이게 되었다.

〈보기 2〉

ㄱ. 다른 사람의 말에 쉽게 흔들리는 것을 보니 그는 주책이 없구나.
ㄴ. 뜬금없이 그런 말을 하다니 그도 참 주책이다.
ㄷ. 에누리를 해 주셔야 다음에 또 오지요.
ㄹ. 그 가게는 에누리 없이 장사를 해서 적게 팔고도 많은 이윤을 남긴다.

① ㄱ의 '주책'은 '일정하게 자리 잡은 주장이나 판단력'의 의미로 쓰였군.
② ㄴ의 '주책'은 부정적인 의미로 쓰였군.
③ ㄴ의 '주책이다'는 '주책없다'로도 바꿔 쓸 수 있겠군.
④ ㄷ의 '에누리'는 '값을 올리는 일'의 의미로 쓰였군.
⑤ ㄹ의 '에누리'는 '값을 내리는 일'의 의미로 볼 수 있겠군.

제대로 접근법   문제 채점까지 마친 후 복습할 때 보세요.

19
어휘적 빈자리가 채워지는 방식을 이해 · 적용하는 유형이다.
• 어휘적 빈자리에 대한 개념과 지문에 제시된 어휘적 빈자리가 채워지는 방식을 파악한다.
• 어휘적 빈자리가 채워지기 위해서는 어휘적 빈자리가 존재한다는 점이 전제되어야 한다는 것을 기억한다.
• 〈보기〉에 나타난 각각의 사례가 지문에서 설명한 어휘적 빈자리가 채워지는 방식이 적용되었는지를 판단한다.

20
단어의 의미를 파악하는 유형이다.
• 〈보기 1〉에 나타난 '주책'과 '에누리'의 의미 변화를 파악한 뒤, 〈보기 2〉의 문맥을 고려하여 밑줄 친 부분에 나타난 '주책'과 '에누리'의 의미를 파악한다.
• '주책'의 의미를 파악하기 위해서는 밑줄 친 부분이 부정적인 의미로 쓰였는지를 고려해야 한다. 또 '에누리'의 의미를 파악하기 위해서는 해당 단어가 상인이나 소비자 중 어느 입장에서 쓰인 것인지를 고려해야 한다.
• 이를 바탕으로 선택지의 적절성을 판단한다.

1차 채점	맞은 문항 수	개
	틀린 문항 수	개
	헷갈리는 문항 번호	

→

2차 채점	맞은 문항 수	개
	틀린 문항 수	개
	헷갈리는 문항 번호	

• 틀린 문항 '/' 표시

• 틀린 문항 'x' 표시

09 문장 성분 / 서술어의 자릿수

문장의 개념

❶ 문장: 생각이나 감정을 완결된 내용으로 표현하는 최소의 언어 형식

※ 문장의 성립 요건

· 의미: 완결된 내용을 갖추어야 함
· 구성: 주어와 서술어의 관계가 한 번만 나타나는 단문, 주어와 서술어의 관계가 두 번 이상 나타나는 복문
· 종결: 종결 어미를 통해 청자에게 여러 방식으로 화자의 생각을 표현함(평서문, 의문문, 명령문, 청유문, 감탄문)

❷ 문장을 이루는 문법 단위

어절(語節)	문장을 구성하고 있는 기본적인 단위. 띄어쓰기의 단위와 일치함
구(句)	둘 이상의 어절이 모여 하나의 단어와 동등한 기능을 수행하는 단위. 자체 내에서 주어와 서술어의 관계를 이루지 못함
절(節)	주어와 서술어의 관계를 갖추었으나 독립하여 쓰이지 못하고 다른 문장의 한 성분으로 쓰이는 단위 ◎ 나는 그가 학생임을 알고 있다.

문장 성분의 종류

■ **문장 성분**: 문장 안에서 일정한 문법적 기능을 하는 각 부분들. 주성분, 부속 성분, 독립 성분으로 나뉨

❶ 주성분: 문장의 골격을 이루는 필수적인 성분

주어	동작 또는 상태나 성질의 주체를 나타내는 문장 성분 · 실현 형태 ① – 체언 + 주격 조사(이/가, 께서, 에서) ◎ 하늘이 푸르다. · 실현 형태 ② – 체언 + 보조사 ◎ 영미도 공부를 하였다.
서술어	주어의 동작, 상태, 성질 등을 풀이하는 기능을 하는 문장 성분 · 실현 형태 ① – 용언 ◎ 학교에 가다. / 바람이 차다. · 실현 형태 ② – 체언 + 서술격 조사(이다) ◎ 나는 학생이다.
목적어	서술어의 동작 대상이 되는 문장 성분 · 실현 형태 ① – 체언 + 목적격 조사(을/를) ◎ 민수가 영희를 좋아해. · 실현 형태 ② – 체언 + 보조사 ◎ 소라가 노래는 잘한다.
보어	서술어 '되다'와 '아니다'가 필요로 하는 성분 중에 주어가 아닌 문장 성분 · 실현 형태 ① – 체언 + 보격 조사(이/가) ◎ 서준이가 회장이 되었다. · 실현 형태 ② – 체언 + 보조사 ◎ 그가 천재는 아니다.

개념 다지기

개념❶ 문법 단위 구분의 예

문장	나는 최신 휴대 전화가 빨리 나오기를 기다리고 있다.
어절	나는 / 최신 / 휴대 / 전화가 / 빨리 / 나오기를 / 기다리고 / 있다.
구	최신 휴대 전화가 / 빨리 나오기를 / 기다리고 있다.
절	최신 휴대 전화가 빨리 나오기

활동 1 주어

※ 주어를 찾아 밑줄을 그어 보자.

· 저기 선생님께서 오신다.
· ❶ 너 이따가 심부름 가니?
· ❷ 오늘 지후만 도서관에 간다.

활동 2 서술어

※ 서술어를 찾아 밑줄을 그어 보자.

· 바람이 시원하다.
· ❶ 너는 우리의 희망.
· ❷ 저기 서 있는 사람이 동생이다.

활동 3 목적어

※ 목적어를 찾아 밑줄을 그어 보자.

· 동생이 겉옷을 입고 있다.
· ❶ 남수는 사과만을 좋아한다.
· ❷ 다은이는 그림도 잘 그린다.

활동 4 보어

※ 보어를 찾아 밑줄을 그어 보자.

· 물이 얼음이 되었다.
· ❶ 다희가 학생은 아니다.
· ❷ 당신은 혼자가 아니다.

② **부속 성분**: 주성분의 내용을 수식하는 성분

관형어	체언을 수식하는 문장 성분 • 실현 형태 ① – 관형사 ⑩ <u>새</u> 옷을 샀다. • 실현 형태 ② – 체언 + 관형격 조사(의) ⑩ <u>친구(의)</u> 옷을 샀다. • 실현 형태 ③ – 용언의 관형사형 ⑩ <u>예쁜</u> 옷을 샀다.
부사어	용언, 관형어, 다른 부사어, 문장 전체 등을 수식하는 문장 성분 • 실현 형태 ① – 부사 ⑩ 그녀는 <u>참</u> 예쁘다. • 실현 형태 ② – 체언 + 부사격 조사 ⑩ 나는 <u>놀이터에</u> 간다. • 실현 형태 ③ – 부사 + 보조사 ⑩ 시간이 <u>빨리도</u> 간다. • 실현 형태 ④ – 용언의 부사형 ⑩ 꽃이 <u>아름답게</u> 피었다.

• **필수적 부사어**: 부사어는 주성분이 아니므로 문장에서 생략할 수 있음. 하지만 문장을 구성하는 데 꼭 필요한 부사어도 있는데, 이를 '필수적 부사어'라고 함. 필수적 부사어를 생략하면 문장이 성립하지 않음

> ⑩ • 너는 <u>동생과</u> 닮았다.　　　　• 그는 친구의 딸을 <u>며느리로</u> 삼았다.

③ **독립 성분**: 다른 성분과 직접적인 관련이 없는 문장 성분

독립어	문장의 어느 성분과도 직접적인 관련이 없는 문장 성분 • 실현 형태 ① – 감탄사 ⑩ <u>와</u>, 정말 멋진 집이야. • 실현 형태 ② – 체언＋호격 조사[아/야, 이(시)여] 　⑩ <u>소년이여</u>, 용기를 가져라. • 실현 형태 ③ – 제시어(체언 단독) 　⑩ <u>청춘</u>, 이는 듣기만 해도 가슴이 설레는 말이다.

서술어의 자릿수

■ **서술어의 자릿수**: 한 문장에서 서술어가 그 성격에 따라 꼭 필요로 하는 문장 성분의 개수

① **한 자리 서술어**: 주어 하나만을 필요로 하는 서술어(자동사, 형용사)

> ⑩ • 꽃이 <u>피었다</u>.　　　　• 꽃이 <u>아름답다</u>.

② **두 자리 서술어**: 주어 이외에 다른 하나의 문장 성분(목적어나 보어, 필수적 부사어)을 필요로 하는 서술어

> • 주어와 목적어 필요 ⑩ 나는 책을 <u>읽었다</u>.
> • 주어와 보어 필요 ⑩ 물이 얼음이 <u>되었다</u>.
> • 주어와 필수적 부사어 필요 ⑩ 나는 집으로 <u>향했다</u>.

③ **세 자리 서술어**: 주어와 목적어, 필수적 부사어 세 가지를 필요로 하는 서술어(주다, 보내다, 삼다, 여기다, 두다, 받다, 제외하다, 요구하다 등)

> ⑩ • 나는 책을 그녀에게 <u>주었다</u>.　　　　• 나는 그녀를 수양딸로 <u>삼았다</u>.

개념 완성 TEST

01
문장 성분의 종류

다음 밑줄 친 부분의 문장 성분을 쓰고, 그것을 주성분, 부속 성분, 독립 성분으로 구분해 보자.

(1) 그녀는 정말 예뻤다. → _____
(2) 나는 과일을 참 좋아한다. → _____
(3) 민철이는 8반이 아니다. → _____
(4) 내가 너보다 먼저 도착했다. → _____
(5) 어머나, 이게 얼마 만이니? → _____

02
문장 성분

다음 문장의 문장 성분을 순서대로 써 보자.

(1) 나는 의사가 되었다.
　(　　　) (　　　) (　　　　)
(2) 지효는 달리기를 매우 잘한다.
　(　　) (　　　) (　　　) (　　　)

03
주어

주어에 대한 설명으로 적절한 것에는 ○표, 적절하지 않은 것에는 ×표를 해 보자.

(1) 주어는 생략될 수 있다. (　　)
(2) 명사절은 주어가 될 수 없다. (　　)
(3) 문장에서 '누가', '무엇이'에 해당한다. (　　)
(4) 주격 조사는 모든 환경에서 똑같은 형태로 나타난다. (　　)

04
목적어

다음 문장에서 목적어를 찾아 써 보자. (목적어가 없으면 '목적어 없음'이라고 써 보자.)

(1) 정연이는 과일 중에 딸기를 가장 좋아한다. (　　)
(2) 나는 민이와 저녁만 먹고 헤어졌다. (　　)
(3) 새빨간 사과들이 매우 탐스러웠다. (　　)
(4) 나는 과목 중에서 국어 좋아해. (　　)

05
부사어

다음 문장에서 부사어를 찾고, 필수적 부사어에 해당하는 단어에는 '필수'라고 적어 보자.

(1) 건축물이 매우 웅장하다. → _____
(2) 정신을 똑바로 차려야 한다. → _____
(3) 나는 동생에게 선물을 주었다. → _____
(4) 나는 빨간 구두가 마음에 들었다. → _____

06
서술어의 자릿수

밑줄 친 서술어의 문형 정보를 써 보자.

(1) 나는 다리에 흉터가 크게 생겼다. (　　)
(2) 그녀는 오빠와 간식 때문에 싸우곤 했다. (　　)
(3) 오랜만에 만난 선배와 악수하며 안부를 물었다. (　　)

07
서술어의 자릿수

다음은 서술어가 요구하는 문장 성분이 빠져 있는 문장들이다. 빠진 문장 성분을 써 보자.

(1) 영수는 도서관에서 읽었다. (　　)
(2) 나는 빌린 책을 돌려주었다. (　　)
(3) 미진이는 초등학교에서 가르치고 있다. (　　)

08
서술어의 자릿수

다음 문장에서 서술어를 찾은 다음, 그 서술어의 자릿수를 써 보자.

(1) 창밖에 비가 내린다. → _____
(2) 나는 큰 소리로 책을 읽었다. → _____
(3) 나연이는 아침으로 빵을 먹었다. → _____
(4) 태종은 셋째 아들을 후계자로 삼았다. → _____

내신 기출 문제

01
문장 성분의 종류

밑줄 친 부분 중, 〈보기〉의 ㉠에 해당하지 <u>않는</u> 것은?

〈보기〉

문장 안에서 일정한 문법적 기능을 하는 각 부분들을 문장 성분이라고 한다. 문장 성분은 문장을 이루는 데 골격이 되는 ㉠<u>주성분</u>, 주로 주성분의 내용을 수식하는 부속 성분, 다른 문장 성분과는 직접적인 관련이 없는 독립 성분으로 나뉜다.

① 비가 내려 <u>냇물이</u> 된다.
② 어서 너의 <u>소원을</u> 말해 봐.
③ 12월이니, <u>곧</u> 올해도 저물겠지.
④ 반 친구들과 <u>헤어지는 것은</u> 슬퍼.
⑤ 3학년 때도 변함없이 우리 <u>자주</u> 만나자.

02
주어

〈보기〉를 바탕으로 '주어'에 대해 탐구한 내용으로 적절하지 <u>않은</u> 것은?

〈보기〉

지난 토요일에 ㉠<u>사촌 동생이</u> 왔다. 뭘 할까 고민하다 ㉡<u>사촌 동생에게</u> 미술관에 가자고 했다. ㉢<u>지하철이</u> 있었지만, 한 정거장이라 걸어가기로 했다. 재미있게 놀다 오라고 하시며 ㉣<u>어머니께서</u> 용돈을 주셨다. 걷다 생각해 보니, ㉤<u>우리가</u> 함께 노는 것도 오랜만이었다. 다들 바빠서인지 ㉥<u>친척도</u> 서로 만나기가 쉽지 않은 듯하다.

① ㉠, ㉣, ㉥을 보니, 주어는 '무엇이 어찌한다 / 어떠하다'에서 '무엇이'에 해당하는군.
② ㉠과 ㉣을 비교해 보니, 서술어의 자릿수에 따라 주격 조사의 형태가 달라지는군.
③ ㉡을 보니, 문맥상 주어를 분명히 알 수 있을 경우에는 주어가 생략되기도 하는군.
④ ㉢과 ㉤을 비교해 보니, 자음 뒤에서는 '이', 모음 뒤에서는 '가'가 주격 조사로 쓰이는군.
⑤ ㉥을 보니, 체언뿐 아니라 명사절도 주어가 될 수 있군.

03
서술어의 자릿수

〈보기〉를 참고할 때, 밑줄 친 서술어가 필요로 하는 문장 성분의 개수가 가장 많은 것은?

〈보기〉

문장을 만드는 데 필요한 문장 성분의 수와 종류는 서술어에 의해 결정된다. 예컨대 '예쁘다'는 '누가'나 '무엇이'에 해당하는 하나의 성분이 필요하고, '보다'는 '누가'와 '무엇을'에 해당하는 두 개의 성분이 필요하다. 그리고 '주다'는 '누가'와 '무엇을' 외에 '…에/에게'에 해당하는 세 개의 성분이 필요하다. 이처럼 서술어가 필요로 하는 성분의 수를 서술어의 자릿수라고 한다. '예쁘다'는 한 자리 서술어, '보다'는 두 자리 서술어, '주다'는 세 자리 서술어이다.

① 사랑이 세상의 빛이 <u>된다.</u>
② 그는 제자를 사위로 <u>삼았다.</u>
③ 현수는 부모님께 인사를 하고 학교에 <u>갔다.</u>
④ 철수는 민지가 추천한 권장 도서를 <u>읽었다.</u>
⑤ 영수는 친구들과 함께 국수를 맛있게 <u>먹었다.</u>

04
필수적 부사어

밑줄 친 부분 중, 〈보기〉의 '필수적 부사어'에 해당하지 <u>않는</u> 것은?

〈보기〉

부사어는 부속 성분으로, 대개 문장을 구성하는 데에 꼭 필요하지는 않다. 그러나 어떤 서술어는 부사어를 반드시 요구하기도 하는데, 이처럼 문장의 성립에 반드시 필요한 부사어를 <u>필수적 부사어</u>라고 한다.

① 일이 <u>엉망진창으로</u> 되었다.
② 그는 <u>확실히</u> 좋은 사람이다.
③ 영철이의 나이는 <u>영수와</u> 같다.
④ 주말의 도서관은 <u>학생들로</u> 가득했다.
⑤ 그는 그가 존경하는 <u>아버지와</u> 닮았다.

수능 기출 문제

◉ 권장 풀이 시간 : 9분 20초

01

2021 9월 모의평가

〈학습 활동〉을 수행한 결과로 적절한 것은?

[학습 활동]

품사는 다양한 방식을 통해 문장 성분으로 실현된다. 품사가 어떻게 문장 성분으로 실현되는지 다음 밑줄 친 부분을 중심으로 알아보자.

ⓐ 빵은 동생이 간식으로 제일 좋아한다.
ⓑ 형은 아주 옛 물건만 항상 찾곤 했다.
ⓒ 나중에 어른 돼서 우리 다시 만나자.
ⓓ 친구가 내게 준 선물은 장미였다.
ⓔ 다람쥐 세 마리가 나무를 오른다.

① ⓐ : 명사가 격 조사와 결합해 목적어로 쓰였다.
② ⓑ : 부사가 관형사를 수식하는 부사어로 쓰였다.
③ ⓒ : 명사가 조사와 결합 없이 주어로 쓰였다.
④ ⓓ : 명사가 어미와 직접 결합해 서술어로 쓰였다.
⑤ ⓔ : 수사가 명사를 수식하는 관형어로 쓰였다.

02

2017 10월 고3 학력평가

㉠~㉣에 대해 이해한 내용으로 적절한 것은?

㉠ 드디어 나도 일을 끝냈다.
㉡ 벌써 바깥이 칠흑같이 어둡다.
㉢ 신임 장관은 이번 회의에 참석한다.
㉣ 새 컴퓨터가 순식간에 고물이 되었다.

① ㉠과 ㉡에서 주어는 명사구에 조사가 붙은 형태이다.
② ㉠과 ㉢에서 격 조사가 문장의 주어를 나타내 주고 있다.
③ ㉡과 ㉢에서 주어는 서술어가 나타내는 동작의 주체이다.
④ ㉢과 ㉣에서 주어는 체언 구실을 하는 구에 조사가 붙은 형태이다.
⑤ ㉣에서는 상태의 변화를 의미하는 서술어의 영향으로 주어가 두 번 쓰였다.

제대로 접근법

☆ 문제 채점까지 마친 후 복습할 때 보세요.

01
품사와 문장 성분에 대한 이해를 확인하는 유형이다.
• 품사와 문장 성분의 개념에 대해 정확히 이해한다. 품사는 단어의 성질에 따라 나눈 것이고, 문장 성분은 문장에서의 역할에 따라 나눈 것임을 기억하자.
• 〈학습 활동〉의 ⓐ~ⓔ의 밑줄 친 부분이 어떤 요소와 결합했는지, 어떤 성분을 수식하는지 등을 분석한다.
• 분석한 내용을 바탕으로 선택지의 적절성을 판단한다.

02
주어의 형태와 기능을 바르게 이해하고 있는지 확인하는 유형이다.
문제의 난이도에 비해 정답률이 매우 낮았으며, 특정 선택지에 오답이 집중되어 있었다.
• 문장 성분의 개념과 기능을 정확하게 숙지한다.
• 선택지에서 주어, 서술어, 조사 등에 대해 언급하고 있으므로, 이를 중심으로 제시된 예문을 분석한다.
• ㉠~㉣의 주어를 분석할 때는 조사에 동그라미표를 한 뒤, 조사 앞을 함께 살펴 조사가 붙은 형태에 주목한다.
• 이를 바탕으로 선택지의 적절성을 판단한다.

03

다음은 부사어에 대해 탐구한 것이다. 탐구 내용으로 적절하지 않은 것은?

①	• 하늘이 눈이 부시게 푸른 날이다. ⇨ 절인 '눈이 부시게'가 부사어로 쓰였군.
②	• 함박눈이 하늘에서 펑펑 내리고 있다. ⇨ 부사격 조사가 결합한 '하늘에서'와 부사 '펑펑'이 부사어로 쓰였군.
③	• 그는 너무 헌 차를 한 대 샀다. ⇨ 부사어 '너무'가 서술어 '샀다'를 수식하는군.
④	㉠ 영이는 엄마와 닮았다. / *영이는 닮았다. ㉡ 영이는 취미로 책을 읽는다. / 영이는 책을 읽는다. ⇨ ㉠의 '엄마와', ㉡의 '취미로'는 둘 다 부사어인데, ㉠의 '엄마와'는 ㉡의 '취미로'와 달리 필수 성분이군.
⑤	㉠ 모든 것이 재로 되었다. / *모든 것이 되었다. ㉡ 모든 것이 재가 되었다. / *모든 것이 되었다. ⇨ ㉠의 '재로'는 부사어이고 ㉡의 '재가'는 보어로서, 문장 성분은 서로 다르지만 서술어가 반드시 필요로 하는 성분이라는 점에서는 같군.

※ '*'는 비문임을 나타냄

04

〈보기〉의 ㉠~㉤에 대한 탐구로 적절하지 않은 것은? [3점]

〈보기〉

서술어의 자릿수란 서술어가 필수적으로 요구하는 문장 성분의 개수를 의미한다. 그런데 서술어는 문장에서 사용되는 의미에 따라 필수적으로 요구하는 문장 성분이 달라지기도 한다.

	의미	예문
살다	불 따위가 타거나 비치고 있는 상태에 있다.	바람 때문에 불씨가 다시 ㉠살았다.
	본래 가지고 있던 특징 따위가 그대로 있거나 뚜렷이 나타나다.	이 한 구절로 글이 ㉡살았다.
	어떤 직분이나 신분의 생활을 하다.	그는 조선 시대에 오랫동안 벼슬을 ㉢살았다.
놓다	계속해 오던 일을 그만두고 하지 아니하다.	그는 잠시 일손을 ㉣놓았다.
	잡거나 쥐고 있던 물체를 일정한 곳에 두다.	형은 책을 책상 위에 ㉤놓았다.

① ㉠은 주어만 필수적으로 요구하는 한 자리 서술어이군.
② ㉡은 주어와 부사어를 필수적으로 요구하는 두 자리 서술어이군.
③ ㉢은 주어와 목적어를 필수적으로 요구하는 두 자리 서술어이군.
④ ㉣은 주어와 목적어를 필수적으로 요구하는 두 자리 서술어이군.
⑤ ㉤은 주어, 목적어, 부사어를 필수적으로 요구하는 세 자리 서술어이군.

03
문장 성분의 기능에 대한 이해를 묻는 유형이다.
• 부사어의 개념과 기능에 대해 정확히 이해한다. 부사어는 용언이나 관형어, 다른 부사어, 문장 전체를 수식하는 기능을 한다.
• 선택지에 제시된 부사어가 어떤 성분을 수식하는지, 생략이 가능한지 등을 정리한다.
• 정리한 내용을 바탕으로 선택지의 적절성을 판단한다.

04
용언의 의미에 따른 서술어의 자릿수를 파악하는 유형이다.
• 서술어의 자릿수는 문장에서 서술어를 제외하고 서술어가 필수적으로 필요로 하는 문장 성분이 몇 개인지에 따라 나뉜다는 점을 기억하자.
• 문장 성분을 생략했을 때 문장이 성립하는지 여부를 생각하면 서술어가 필수적으로 요구하는 문장 성분인지를 판단할 수 있다.
• 이를 바탕으로 선택지에 제시된 문장을 정리한 뒤 선택지의 적절성을 판단한다.

<학습 활동>을 수행한 결과로 적절한 것은? [3점]

〈학습 활동〉

　부사어는 부사, 체언+조사, 용언 활용형 등으로 실현된다. 부사어로써 수식하는 문장 성분은 부사어, 관형어, 서술어 등이다. 일례로 '차가 간다.'의 서술어 '간다'를 수식하기 위해 부사 '잘'을 부사어로 쓰면 '차가 잘 간다.'가 된다. [조건] 중 두 가지를 만족하도록, 주어진 문장에 부사어를 넣어 수정해 보자.

　[조건]
　㉠ 부사어를 수식하기 위해 부사를 부사어로 쓴 문장
　㉡ 관형어를 수식하기 위해 용언 활용형을 부사어로 쓴 문장
　㉢ 관형어를 수식하기 위해 부사를 부사어로 쓴 문장
　㉣ 서술어를 수식하기 위해 '체언+조사'를 부사어로 쓴 문장
　㉤ 서술어를 수식하기 위해 용언 활용형을 부사어로 쓴 문장

	조건	수정 전 ⇨ 수정 후
①	㉠, ㉡	웃는 아기가 귀엽게 걷는다.
		⇨ 방긋이 웃는 아기가 참 귀엽게 걷는다.
②	㉠, ㉢	화가가 굵은 선을 쭉 그었다.
		⇨ 화가가 조금 굵은 선을 세로로 쭉 그었다.
③	㉡, ㉤	그를 싫어하는 사람이 있다.
		⇨ 그를 무턱대고 싫어하는 사람이 많이 있다.
④	㉢, ㉣	딴 사람이 그 문제를 해결했다.
		⇨ 전혀 딴 사람이 그 문제를 한순간에 해결했다.
⑤	㉣, ㉤	영미는 그 일을 처리했다.
		⇨ 영미는 그 일을 원칙대로 깔끔히 처리했다.

밑줄 친 서술어가 요구하는 필수 성분의 개수와 종류가 〈보기〉의 문장과 같은 것은?

〈보기〉

이곳의 지형은 외적의 침입을 막기에 유리하다.

① 그 광물이 원래는 귀금속에 속했다.
② 그는 바람이 불기에 옷깃을 여몄다.
③ 우리는 원두막을 하루 만에 지었다.
④ 나는 시간이 남았기에 그와 걸었다.
⑤ 나는 구호품을 수해 지역에 보냈다.

07

〈보기〉를 참고할 때 밑줄 친 서술어의 문형 정보를 바르게 추출한 것은? [3점]

〈보기〉

서술어의 필수적 문장 성분은 사전의 문형 정보에 제시되어 있다. 이러한 문형 정보를 추출하는 과정을 '지내다'의 예로 간략히 보이면 아래와 같다.

['지내다'의 문형 정보 추출 과정]

| 예문 | • 민수가 요즘에 조용하게 지낸다.
• 할아버지가 노년에 편하게 지내신다. |

↓

| 문장 성분 분석 | • 주　어 : 민수가, 할아버지가
• 부사어 : 요즘에, 조용하게, 노년에, 편하게 |

↓

| 필수적
문장 성분 추출 | • 주　어 : 민수가, 할아버지가
• 필수적 부사어 : 조용하게, 편하게 |

← 주어 제외

| 문형 정보 | 【-게】 |

	예문		문형 정보
①	• 이 나라는 국토가 대부분 산으로 되어 있다. • 요즘에 가죽으로 된 지갑이 인기다.	➡	【…으로】
②	• 모두 그 속임수에 아무렇지 않게 넘어갔다. • 제 꾀에 자기가 자연스럽게 넘어간 꼴이다.	➡	【-게】
③	• 나는 언니와 옷 때문에 다투기도 했다. • 그는 누군가와 한밤중에 다투곤 했다.	➡	【…에】
④	• 가방에 지갑이 사은품으로 딸려 있다. • 그 책에 단어장이 부록으로 딸려 있다.	➡	【…으로】
⑤	• 옷에서 때가 깨끗하게 빠졌다. • 청바지에서 물이 허옇게 빠졌다.	➡	【-게】

07

필수적 문장 성분에 대해 제대로 파악할 수 있는지 묻는 유형이다.

• 〈보기〉에서 서술어가 필요로 하는 문장의 필수 성분을 통해 문형 정보를 추출하는 과정을 제시하고 있다. 이를 활용하여 선택지에 제시된 단어의 문형 정보를 추출해 보자.

• 밑줄 친 단어가 서술어가 되는 문장에서 어떤 문장 성분이 생략되어도 해당 문장이 어색하지 않다면 생략되는 문장 성분은 필수 성분이 아니다. 따라서 생략이 가능한 성분을 문형 정보로 추출하는 것은 적절하지 않다.

• 이를 바탕으로 선택지의 적절성을 판단한다.

1차 채점	맞은 문항 수	개	→	**2차 채점**	맞은 문항 수	개
	틀린 문항 수	개			틀린 문항 수	개
	헷갈리는 문항 번호				헷갈리는 문항 번호	

• 틀린 문항 '/' 표시

• 틀린 문항 'x' 표시

10 문장의 짜임과 겹문장의 종류

홀문장과 겹문장

■ **문장의 종류**

- 홀문장
- 겹문장 ┌ 안은문장: 명사절 / 관형절 / 부사절 / 서술절 / 인용절
         └ 이어진문장: 대등 / 종속

❶ 홀문장: 문장에서 주어와 서술어의 관계가 한 번만 나타나는 문장

> 예 학생들이 교실을 청소한다.
>   주어   목적어   서술어

❷ 겹문장: 문장에서 주어와 서술어의 관계가 두 번 이상 나타나는 문장

> 예 • 이것은 장미꽃이고, 저것은 국화꽃이다. → 이어진문장
>   주어   서술어   주어   서술어
>
>   •   주어 서술어
>   나는 봄이 오기를 기다린다. → 안은문장
>   주어   목적어   서술어

안은문장과 안긴문장

■ **안은문장과 안긴문장**: 문장 속에 안겨 하나의 성분처럼 쓰이는 절(節)을 안긴문장이라고 하고, 이러한 절을 포함한 문장을 안은문장이라고 함

❶ 명사절을 안은 문장: 주어, 목적어, 부사어 등의 기능을 하는 절을 안은 문장 → 명사형 어미 '-(으)ㅁ, -기'가 붙어 만들어짐

> 예 • 그가 범인임이 밝혀졌다. → 주어
>   • 어머니는 내가 당당하기를 원했다. → 목적어
>   • 지금은 집에 가기에 이른 시간이다. → 부사어

❷ 관형절을 안은 문장: 관형어의 기능을 하는 절을 안은 문장 → 관형사형 어미 '-(으)ㄴ, -는, -(으)ㄹ, -던' 등이 붙어 만들어짐

> 예 • 저이가 내 팔을 잡은 사람이다.   • 강아지는 내가 좋아하는 동물이다.
>   • 그것은 내가 입을 옷이다.   • 동생이 먹던 빵이 사라졌다.

※ **관형절의 종류**

① 관계 관형절: 관형절의 수식을 받는 체언이 관형절 속의 한 성분이 되는 경우로, 문장 성분이 생략됨

> 예 독서를 하는 학생들이 점점 줄고 있다.
> → (학생들이) 독서를 한다.

② 동격 관형절: 관형절의 수식을 받는 체언이 관형절과 내용상 동격인 경우로, 문장 성분이 생략되지 않음

> 예 영희가 온다는 소식을 들었다.
> (소식 = 영희가 온다.)

개념 다지기

개념⊕ 홀문장과 겹문장의 구별

• 홀문장과 겹문장은 주어와 서술어의 관계가 몇 번 나타났는가를 기준으로 구분함
• 문장의 길이는 문장의 유형과 상관이 없음

> • 나의 동생은 축구를 매우 잘한다.
>   → 주어(동생은)와 서술어(잘한다)의 관계가 한 번만 나타나므로 홀문장임
> • 이것은 동생이 입는 옷이다.
>   → '이것은 옷이다'와 '동생이 (옷을) 입는다'와 같이 주어와 서술어의 관계가 두 번 나타나므로 겹문장임

개념⊕ 명사절의 특수한 형태

견해 차이는 있으나 의문과 관련된 종결 어미 '-(으)냐/-느냐, -(으)ㄴ가/-는가, -(으)ㄴ지/-는지' 등으로 끝난 문장도 명사절로 볼 수 있음

> • 언제 진수가 오느냐가 관건이다.
> • 너는 언제 진수가 갔는지를 알아보렴.

활동 1 명사절의 기능

※ 밑줄 친 명사절이 어떤 문장 성분으로 쓰이는지 적어 보자.

• 민지가 오기가 쉽지 않겠다. → (❶   )
• 시간이 민지가 오기에 이르다. → (❷   )
• 나는 민지가 왔음을 몰랐다. → (❸   )

활동 2 관형절의 종류

※ 밑줄 친 관형절의 종류를 적어 보자.

• 나는 그녀가 그린 그림이 좋다.
  → 관계 관형절
• 나는 그림을 그리는 그녀를 봤다.
  → (❶   )
• 지수는 그가 범인이라는 확신이 들었다.
  → (❷   )
• 나는 그녀가 그림을 그린다는 사실을 몰랐다.
  → (❸   )

정답과 해설
활동 2 ❶ 관계 관형절 ❷ 동격 관형절 ❸ 동격 관형절
활동 1 ❶ 주어 ❷ 부사어 ❸ 목적어

❸ 부사절을 안은 문장: 부사어의 기능을 하는 절을 안은 문장 → 부사형 어미 '-게, -도록, -아서/-어서' 등이나 부사 파생 접미사 '-이' 등이 붙어 만들어짐

> 예
> · 철수는 발에 땀이 나게 뛰었다.　　　· 철수는 눈썹이 휘날리도록 뛰었다.
> · 도로가 눈이 와서 질다.　　　· 비가 소리도 없이 내린다.

❹ 서술절을 안은 문장: 서술어의 기능을 하는 절을 안은 문장 → 절 표지가 따로 없음. 문장에서 주어가 두 번 나타남

> 예
> · 코끼리는 코가 길다.　　　· 그 집은 지붕이 낡았다.

❺ 인용절을 안은 문장: 다른 사람의 말이나 생각을 인용한 것을 절의 형식으로 안은 문장 → 조사 '라고(직접 인용)'나 '고(간접 인용)'가 붙어 만들어짐

> 예
> · 철수가 "오늘 영화 보러 갈래?"라고 물었다. → 직접 인용
> · 철수는 나에게 영화 보러 가자고 말했다. → 간접 인용

이어진문장

■ **이어진문장**: 둘 이상의 홑문장이 연결 어미에 의해 결합된 문장. 이어진문장은 두 문장의 의미 관계에 따라 '대등하게 이어진 문장'과 '종속적으로 이어진 문장'으로 나뉨

❶ 대등하게 이어진 문장: 의미 관계가 대등한 두 홑문장이 이어진 문장 → 대등적 연결 어미 '-고(나열), -(으)며(나열), -(으)나(대조), -지만(대조), -든지(선택)' 등에 의해 연결됨

> 예
> · 키도 크고 손도 크다. → 나열
> · 이것은 감이며 저것은 사과이다. → 나열
> · 동생은 시험에 합격했으나 형은 그러지 못했다. → 대조
> · 철수는 갔지만 영희는 안 갔다. → 대조
> · 밥을 먹든지 빵을 먹어라. → 선택

❷ 종속적으로 이어진 문장: 앞 절과 뒤 절의 의미가 독립적이지 못하고 종속적인 문장 → 종속적 연결 어미 '-(으)면(조건), -(아)서(원인), -(으)ㄹ지라도(양보), -(으)려고(의도), -는데(상황), -자마자(동시성), -(으)ㄹ수록(더함), -다가(전환)' 등에 의해 연결됨

> 예
> · 네가 경기에서 이기면, 선생님이 상을 줄게. → 조건
> · 비가 와서 땅이 젖었다. → 원인
> · 경기에 질지라도 정정당당하게 싸워야 한다. → 양보
> · 나는 도서관에 가려고 집을 나섰다. → 의도
> · 내가 텔레비전을 보고 있는데 전화벨이 울렸다. → 상황
> · 집에 도착하자마자 비가 내리기 시작했다. → 동시성
> · 몸이 아플수록 마음이 약해지는 법이다. → 더함
> · 동생은 공부를 하다가 잠이 들었다. → 전환

개념 완성 TEST

01
홀문장과 겹문장

다음 문장을 홀문장과 겹문장으로 구분해 보자.

(1) 그 농부는 비가 오기를 기다렸다. ( )
(2) 우리는 무사히 목적지에 도착했다. ( )
(3) 나는 하루 종일 방에서 게임을 했어. ( )
(4) 내가 자주 가는 카페에는 강아지가 있다. ( )

02
이어진문장

다음 문장이 이어진문장이면 ○표, 이어진문장이 아니면 ×표를 해 보자.

(1) 그녀는 고양이와 비슷하게 생겼다. ( )
(2) 어머니는 안방과 거실을 청소했다. ( )
(3) 그와 나는 학창 시절 소문난 단짝이었다. ( )
(4) 나는 학교 식당에서 점심과 저녁을 해결했다. ( )

03
이어진문장의 종류

다음 문장이 대등하게 이어진 문장이면 '대등', 종속적으로 이어진 문장이면 '종속'이라고 적어 보자.

(1) 나는 국어는 잘하지만 영어는 못한다. ( )
(2) 가방은 내 것이고, 신발은 언니 것이다. ( )
(3) 비가 오는데 우산도 없이 거리를 걸었다. ( )
(4) 그는 해외여행을 가려고 미리 비행기 표를 예약했다. ( )

04
안은문장과 안긴문장

밑줄 친 절이 어떤 문장 성분의 기능을 하는지 써 보자.

(1) 네가 좋아할 일이 생겼다. ( )
(2) 우진이가 도착했음이 확실하다. ( )
(3) 그는 아는 것도 없이 잘난 척을 한다. ( )
(4) 아직은 저녁을 먹기에 이른 시간이다. ( )
(5) 나는 주문한 옷이 배송되기를 기다린다. ( )

05
안긴문장의 종류

다음 안은문장에 포함된 안긴문장(절)의 종류를 써 보자.

(1) 성용이는 키가 크다. ( )
(2) 그녀는 빨리 유학 가기를 원한다. ( )
(3) 시안이는 말도 없이 자기 방을 나갔다. ( )
(4) 그것은 아까 내가 먹던 고구마이다. ( )

06
명사절

다음 문장에서 명사절을 찾고, 그것이 어떤 문장 성분으로 쓰이는지 적어 보자.

(1) 그 일을 하기가 쉽지 않다.
→ _____

(2) 나는 네가 행복하기 바란다.
→ _____

(3) 언니는 그 아이가 학생임을 알았다.
→ _____

07
관형절

다음 문장에서 관형절을 찾아 주어와 서술어를 갖춘 완결한 문장으로 바꾸어 보자.

(1) 어제 핀 꽃이 벌써 시들었다.
→ _____

(2) 우리는 5시에 출발하는 비행기를 탈 예정이다.
→ _____

(3) 명수가 책임지고 준비한 행사가 무사히 끝났다.
→ _____

08
겹문장

다음 문장에 대한 설명으로 적절한 것에는 ○표, 적절하지 않은 것에는 ×표를 해 보자.

> ⓐ어머니는 내가 사 온 케이크를 드셨고 ⓑ나는 과일을 먹었다.

(1) 전체 문장은 ⓐ와 ⓑ가 대등하게 연결된 이어진문장이다. ( )
(2) ⓐ는 관형절을 안은 문장이다. ( )
(3) ⓐ는 '주어-서술어'의 관계가 두 번 이상 나타난다. ( )
(4) ⓐ에서 '내가 사 온'은 부사어의 역할을 하고 있다. ( )
(5) ⓑ는 '주어-서술어'의 관계가 두 번 이상 나타난다. ( )

내신 기출 문제

01
홑문장과 겹문장

다음 중 겹문장이 아닌 것은?

① 눈이 소리도 없이 내린다.
② 지금은 집에 가기에 이른 시간이다.
③ 네가 앉은 자리가 아버지의 자리이다.
④ 문을 열고 들어오는 사람이 정원사이다.
⑤ 우리 집 정원에 드디어 장미꽃이 피었다.

02
안은문장과 안긴문장

〈보기〉의 ㉠~㉤에 대한 설명으로 적절하지 않은 것은?

───〈보기〉───

'안긴문장'은 다른 문장 속에 들어가 하나의 성분처럼 쓰이는 문장을 말하며, '안은문장'은 안긴문장을 포함하고 있는 문장을 말한다. 안긴문장은 기능에 따라 명사절, 관형절, 부사절, 서술절, 인용절로 나뉜다.

㉠ 영수는 키가 매우 크다.
㉡ 영수는 꽃이 핀 사실을 몰랐다.
㉢ 영수는 말도 없이 학교로 가 버렸다.
㉣ 영수는 공원을 산책하기를 좋아한다.
㉤ 영수는 영희에게 빨리 오라고 외쳤다.

① ㉠의 안긴문장은 안은문장의 서술어 기능을 한다.
② ㉡의 안긴문장은 체언의 뜻을 제한하는 기능을 한다.
③ ㉢의 안긴문장은 안은문장의 부사어를 수식한다.
④ ㉣의 안긴문장의 주어는 안은문장의 주어와 동일하다.
⑤ ㉤의 안긴문장은 안은문장의 주어가 한 말을 인용한 것이다.

03
이어진문장

〈보기〉의 ㉠에 해당하지 않는 것은?

───〈보기〉───

이어진문장은 홑문장이 둘 이상 이어져 이루어진 겹문장을 말한다. 이어진문장은 앞 절과 뒤 절의 의미 관계에 따라 대등하게 이어진 문장과 종속적으로 이어진 문장으로 나뉜다.

■ 대등하게 이어진 문장: 앞 절이 뒤 절에 대해 '나열, 대조, 선택' 등의 의미를 갖는다.
■ 종속적으로 이어진 문장: 앞 절이 뒤 절에 대해 ㉠'이유, 조건, 의도, 양보, 배경' 등의 의미를 갖는다.

① 날씨가 좋으면 산책을 하자.
② 산이 높지만 나무가 많지 않다.
③ 어머니 선물을 사려고 용돈을 모았다.
④ 냇물이 깊어서 아이가 건널 수 없었다.
⑤ 비가 올지라도 우리는 계획대로 출발한다.

04
겹문장

〈보기〉의 ㉠~㉤에 대한 설명으로 적절한 것은?

───〈보기〉───

㉠ 인생은 짧지만 예술은 길다.
㉡ 이것이 내가 잃어버린 지갑이에요.
㉢ 내가 오늘 만난 그 친구는 성적이 나보다 좋다.
㉣ 지효는 칠판에 오늘 해야 할 일을 적어 두었다.
㉤ 어제 잠을 못 자서 몸이 피곤하다.

① ㉠: 대등하게 이어진 문장으로서 연결 어미가 나열의 의미 관계를 갖는다.
② ㉡: 관형절을 안은 문장으로서 안긴문장이 미래 시제를 표현하고 있다.
③ ㉢: 두 개의 절을 안은 문장이다.
④ ㉣: 관형절을 안은 문장으로서 안긴문장이 현재 시제를 표현하고 있다.
⑤ ㉤: 종속적으로 이어진 문장으로서 앞 절이 뒤 절의 조건이 된다.

⊙ 권장 풀이 시간 : 21분 20초

01

2022 6월 모의평가

〈학습 활동〉을 수행한 결과로 적절한 것은? [3점]

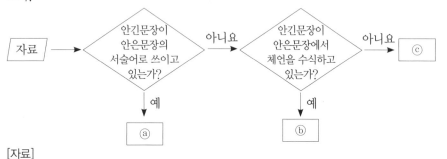

─〈학습 활동〉─

아래 그림에 따라 [자료]의 ㉮~㉱를 분류할 때, ⓒ에 해당하는 것만을 있는 대로 찾아 보자.

[자료]

㉮ <u>노래를 부르기</u>가 쉽지가 않다.
㉯ 마당에 <u>아무도 모르게</u> 꽃이 피었다.
㉰ 나는 <u>동생이 오기 전</u>에 학교에 갔다.
㉱ 내 동생은 누구보다 <u>마음씨가 착하다</u>.

① ㉮   ② ㉮, ㉯   ③ ㉰, ㉱   ④ ㉮, ㉯, ㉰   ⑤ ㉯, ㉰, ㉱

02

2022 9월 모의평가

〈학습 활동〉의 ㉠에 들어갈 예로 적절한 것은?

─〈학습 활동〉─

높임 표현이 홑문장에서 실현될 수도 있지만, 겹문장의 안긴문장 속에서도 실현될 수 있다. 다음 조건에 해당하는 예문을 만들어 보자.

조건	예문
안긴문장에서의 주체 높임의 대상이 안은문장에서 주어로 실현된 겹문장	공원에서 산책하시던 할아버지께서 활짝 웃으셨다.
안긴문장에서의 객체 높임의 대상이 안은문장에서 목적어로 실현된 겹문장	㉠
⋮	⋮

① 편찮으시던 어르신께서는 좀 건강해지셨나요?
② 오빠는 고향에 계신 부모님을 집으로 모시고 갔다.
③ 나는 할아버지께서 선물을 주신 날짜를 아직도 기억해.
④ 누나는 다음 주에 인사를 드릴 할머니께 편지를 썼어요.
⑤ 형은 동생이 찾아뵈려던 선생님을 학교에서 만났습니다.

★☆ 문제 채점까지 마친 후 복습할 때 보세요.

제대로 접근법

01
문장의 짜임을 파악하는 유형이다.
• 안은문장과 안긴문장에 대한 개념을 정확히 이해한 뒤, 〈학습 활동〉에서 ⓐ~ⓒ에 해당하는 안긴문장의 종류를 파악한다. ⓒ에 해당하는 안긴문장의 종류가 둘 이상 될 수 있음에 유의한다.
• [자료]의 ㉮~㉱에 나타난 안긴문장의 종류를 파악한다. 안긴문장의 종류를 파악할 때는 안긴문장의 절 표지 등을 살핀다.
• 이를 바탕으로 ⓒ에 해당하는 것을 찾는다.

02
문장의 짜임과 높임 표현을 파악하는 유형이다.
• 안은문장과 안긴문장, 높임 표현에 대한 개념을 정확히 이해한다.
• 선택지에서 안긴문장을 찾아 밑줄을 긋고, 안긴문장에서의 주체 높임 혹은 객체 높임의 대상에 네모 표시를 한다. 이를 바탕으로 안긴문장을 원래의 문장 형태인 완결된 문장으로 정리한다.
• 완결된 문장에서 객체 높임의 대상이 안긴문장에서 목적어로 실현된 것을 찾는다.

03

〈학습 활동〉의 ㉠~㉢에 들어갈 예문으로 적절한 것은?

─〈학습 활동〉─

〈보기〉의 조건이 실현된 예문을 만들어 보자.

─〈보기〉─

ⓐ 현재 시제만 쓰일 것.
ⓑ 서술어의 자릿수가 둘일 것.
ⓒ 안긴문장이 부사어로 기능할 것.

실현 조건	예문
ⓐ, ⓑ	㉠
ⓐ, ⓒ	㉡
ⓑ, ⓒ	㉢

① ㉠: 그 집 마당에는 감나무 한 그루가 자란다.
② ㉠: 선생님께서는 여전히 학교 근처에 사시는지요?
③ ㉡: 산중에 있으므로 여기는 도시보다 조용합니다.
④ ㉡: 오늘부터 아침으로 과일만 먹기로 마음먹었니?
⑤ ㉢: 오래전 큰아버지께 받은 책에 곰팡이가 슬었어.

04

〈학습 활동〉을 수행한 결과로 적절하지 <u>않은</u> 것은? [3점]

─〈학습 활동〉─

겹문장은 다른 문장 속에 들어가 안긴문장으로 쓰일 수 있다. 또한 겹문장은 안은문장에서 다양한 문장 성분으로도 쓰인다. 다음 밑줄 친 겹문장 ⓐ~ⓔ의 쓰임을 설명해 보자.

○ 기상청은 ⓐ내일은 따뜻하지만 비가 온다는 예보를 했다.
○ 시민들은 ⓑ공원이 많고 거리가 깨끗한 도시를 만들었다.
○ ⓒ바람이 거세지고 어둠이 내리기 전에 산에서 내려갔다.
○ 나는 나중에야 ⓓ그녀는 왔으나 그가 안 왔음을 깨달았다.
○ 삼촌은 주말에 ⓔ꽃이 피고 새가 지저귀는 들판을 거닐었다.

① ⓐ는 인용절로 쓰이고 있다.
② ⓑ는 관형절로 쓰이고 있다.
③ ⓒ는 명사절로 쓰이고 있다.
④ ⓓ는 조사와 결합하여 주성분으로 쓰이고 있다.
⑤ ⓔ는 조사와 결합 없이 부속 성분으로 쓰이고 있다.

제대로 접근법 ☆ 문제 채점까지 마친 후 복습할 때 보세요.

03
문장의 시제와 서술어의 자릿수, 문장의 짜임을 파악하는 유형이다.
• 문장의 시제는 서술어에 사용된 선어말 어미를 통해 파악할 수 있다. 서술어의 자릿수는 한 문장에서 서술어가 필수적으로 요구하는 문장 성분의 개수로, 문장이 성립하기 위해 꼭 필요한 문장 성분이 몇 개인지 세어 봐야 한다.
• 선택지의 문장이 홑문장인지 겹문장인지 파악한 뒤, 겹문장이라면 안은문장인지 이어진 문장인지 판단한다. 그 후 안긴문장을 찾아 밑줄을 긋고 안긴문장이 안은문장에서 어떤 문장 성분으로 쓰였는지 살펴본다.
• 위의 내용을 바탕으로 예문을 분석하고, 조건에 부합하는 선택지를 고른다.

04
문장의 짜임을 파악하는 유형이다.
정답률이 36%에 불과한 문제로, 안긴문장의 형태와 안긴문장이 안은문장에서 쓰이는 역할을 정확히 파악해야 한다.
• 안은문장과 안긴문장에 대한 개념을 정확히 이해한다. 특히 명사절은 주어, 목적어, 부사어 외에도 관형어의 기능을 할 수 있음에 유의한다.
• 〈학습 활동〉에서 ⓐ~ⓔ에 해당하는 안긴문장의 종류를 파악한다. 안긴문장의 종류를 파악할 때는 먼저 안긴문장의 절 표지를 확인한 뒤, 안긴문장이 안은문장에서 어떤 문장 성분으로 쓰이는지를 살핀다.
• 이를 바탕으로 선택지의 적절성을 판단한다.

㉠~㉣의 문장 성분과 문장 구조에 대한 설명으로 적절한 것은?

〈보기〉

㉠ 나는 내 친구가 보낸 책을 제시간에 받기를 바란다.
㉡ 나는 테니스 배우기가 재미있다고 친구에게 말했다.
㉢ 이 식당은 우리 가족이 점심을 먹은 식당이 아니다.
㉣ 그녀는 아름다운 관광지를 신이 닳도록 돌아다녔다.

① ㉠에는 필수적 부사어가 생략된 안긴문장이 있고, ㉡에는 주어가 생략된 안긴문장이 있다.
② ㉠과 ㉡에는 모두, 주어 기능을 하는 명사절이 있다.
③ ㉠과 ㉢에는 모두, 주어가 생략된 안긴문장이 있다.
④ ㉢에는 보어 기능을 하는 안긴문장이 있고, ㉣에는 부사어 기능을 하는 안긴문장이 있다.
⑤ ㉢과 ㉣에는 모두, 목적어가 생략된 관형사절이 있다.

05
문장의 짜임을 파악할 수 있는지 묻는 문제이다.
• 제시된 ㉠~㉣의 문장에서 전체 주어와 전체 서술어를 찾고, 명사절과 관형사절, 인용절과 부사절 등 안긴문장에 해당하는 부분에 괄호 표시를 한다.
• 안긴문장에서 생략된 문장 성분이 무엇인지 찾아보고, 안긴문장이 문장 내에서 어떤 기능을 하는지 파악한다. 이를 통해 선택지의 적절성을 판단한다.
• 다소 까다로운 문제로, 확실한 오답부터 하나씩 지워 나간다.

〈보기〉의 ㄱ~ㅁ에 대한 설명으로 적절하지 않은 것은?

〈보기〉

ㄱ. 그가 이 사건의 범인임이 밝혀졌다.
ㄴ. 언니가 빵을 먹은 사실이 드러났다.
ㄷ. 오빠가 동생이 가게에서 산 빵을 먹었다.
ㄹ. 나는 집에 가기만을 기다렸다.
ㅁ. 누나가 집에 가기에 바쁘다.

① ㄱ과 ㄴ의 안긴문장은 각각의 안은문장에서 다른 문장 성분으로 쓰인다.
② ㄴ과 ㄷ의 안긴문장은 각각의 안은문장에서 동일한 문장 성분으로 쓰인다.
③ ㄴ의 안긴문장은 ㄷ의 안긴문장과 달리 안긴문장 속에 생략된 필수 성분이 없다.
④ ㄷ과 ㅁ의 안긴문장의 주어는 각각의 안은문장의 주어와 다르다.
⑤ ㄹ과 ㅁ의 안긴문장은 각각의 안은문장에서 다른 문장 성분으로 쓰인다.

06
문장의 짜임을 파악하는 유형이다.
• 안은문장과 안긴문장에 대한 개념을 정확히 이해한다. 안긴문장 중 명사절의 경우는 안은문장에서 주어나 목적어, 부사어 등의 역할을 한다는 것을 기억하자.
• 〈보기〉의 ㄱ~ㅁ에서 안긴문장을 찾아 밑줄을 긋고, 안긴문장의 절 표지와 안긴문장 뒤에 결합되는 품사를 확인한다.
• 이를 바탕으로 전체 문장에서 안긴문장이 어떤 문장 성분으로 사용되었는지를 판단한다.

07

〈보기〉의 ㉠~㉤과 관련된 설명으로 적절한 것은? [3점]

─〈보기〉─

주기적으로 운동하기가 ㉠건강의 첫걸음이다. 그것을 꾸준하게 ㉡실천하기 ㉢원한다면 제대로 ㉣된 계획 세우기가 ㉤선행되어야 한다.

① ㉠이 서술어인 문장에서 명사절이 주어 기능을 하고 있다.
② ㉡이 서술어인 문장에서 명사절이 목적어 기능을 하고 있다.
③ ㉢이 서술어인 문장에서 명사절이 부사어 기능을 하고 있다.
④ ㉣이 서술어인 문장에서 명사절이 보어 기능을 하고 있다.
⑤ ㉤이 서술어인 문장에서 명사절이 관형어 기능을 하고 있다.

제대로 접근법
✧ 문제 채점까지 마친 후
복습할 때 보세요.

07
문장의 짜임을 파악하는 유형이다.
• 안긴문장과 안은문장에 대한 개념을 정확히 이해한다.
• 〈보기〉에서 ㉠~㉤이 서술어인 문장을 정리한 뒤, 해당 문장에 나타난 명사절의 기능을 판단한다. 명사절의 기능을 판단할 때는 명사절에 결합한 격 조사를 확인해야 하며, 명사절이나 격 조사가 생략될 수도 있다는 점에 유의한다.

08

〈보기〉의 자료를 탐구한 결과로 적절한 것은?

─〈보기〉─

[탐구 과제]
　하나의 문장이 안긴문장으로 다른 문장에 안길 때, 원래 있던 문장 성분이 생략되는 경우가 있다. 아래의 각 문장에서 안긴문장을 파악한 후, 생략된 문장 성분이 있다면 무엇인지 확인해 보자.

[자료]
　㉠ 부모님은 자식이 건강하기를 바란다.
　㉡ 그 친구는 연락도 없이 그곳에 안 왔다.
　㉢ 동생은 자신의 판단이 옳았음을 깨달았다.
　㉣ 그는 내가 늘 쉬던 공원에서 산책을 했다.
　㉤ 그 사람들은 아주 어려운 과제를 금방 끝냈다.

		안긴문장의 종류	생략된 문장 성분
①	㉠	부사절	없음
②	㉡	명사절	없음
③	㉢	명사절	주어
④	㉣	관형절	부사어
⑤	㉤	관형절	목적어

08
문장의 짜임을 분석하는 유형이다.
• 안긴문장의 개념에 대해 정확히 이해한다.
• 자료에 제시된 문장에서 안긴문장에 밑줄을 긋고, 전체 문장에서 어떤 기능을 하는지를 파악하여 안긴문장의 종류를 판단한다.
• 안긴문장을 완결된 문장으로 바꾼 뒤, 다른 문장에 안길 때 생략된 문장 성분이 있는지 파악한다.

〈보기〉의 ㉠~㉢에 해당하는 문장으로 적절하지 <u>않은</u> 것은?

─〈보기〉─

[학습 활동] 겹문장은 홑문장보다 복잡한 생각을 효과적으로 표현할 수 있는 장점이 있다. 〈자료〉에 제시된 홑문장을 활용하여 〈조건〉에 해당하는 겹문장을 만들어 보자.

〈자료〉	〈조건〉
• 날씨가 춥다.	㉠ 명사절을 안은 문장
• 형은 물을 마셨다.	㉡ 관형절을 안은 문장
• 동생은 얼음을 먹었다.	㉢ 부사절을 안은 문장
• 동생은 추위와 상관없다.	㉣ 인용절을 안은 문장
• 형은 동생에게 불평을 했다.	㉤ 대등하게 이어진 문장

① ㉠: 동생은 추운 날씨에도 얼음을 먹었다.
② ㉡: 형은 얼음을 먹는 동생에게 불평을 했다.
③ ㉢: 동생은 추위와 상관없이 얼음을 먹었다.
④ ㉣: 형은 동생에게 날씨가 춥다고 불평을 했다.
⑤ ㉤: 형은 물을 마셨지만 동생은 얼음을 먹었다.

09
문장의 짜임을 파악하는 유형이다.
• 겹문장의 개념에 대해 정확히 이해한다.
• 선택지에 제시된 문장을 분석한다. 안긴문장이 있으면 안긴문장에 밑줄을 긋고, 안긴문장의 절 표지와 전체 문장에서 안긴문장이 어떤 기능을 하는지 등을 파악하여 안긴문장의 종류를 판단하여 〈조건〉 ㉠~㉣과 연결 짓는다.
• 선택지에 제시된 문장이 이어진문장이면 연결 어미에 밑줄을 그어 연결 어미의 종류를 파악한다.
• 이를 바탕으로 선택지의 적절성을 판단한다.

〈보기〉의 ⓐ~ⓒ를 이해한 내용으로 적절하지 <u>않은</u> 것은?

─〈보기〉─

ⓐ 그는 위기를 좋은 기회로 삼았다.
ⓑ 바다가 눈이 부시게 파랗다.
ⓒ 동주는 반짝이는 별을 응시했다.

① ⓐ의 '삼았다'는 주어 이외에도 두 개의 문장 성분을 필수적으로 요구하는군.
② ⓑ의 '바다가'와 '눈이'는 각각 다른 서술어의 주어이군.
③ ⓒ의 '별을'은 안긴문장의 목적어이면서 안은문장의 목적어이군.
④ ⓐ의 '좋은'과 ⓒ의 '반짝이는'은 안긴문장의 서술어이군.
⑤ ⓑ의 '눈이 부시게'와 ⓒ의 '반짝이는'은 수식의 기능을 하는군.

10
문장 성분과 문장 구조를 파악하는 유형이다.
• 〈보기〉의 ⓐ~ⓒ의 문장 성분을 분석한다. 문장 성분을 분석할 때는 주어와 서술어를 먼저 찾은 뒤, 나머지 성분을 분석한다. 이때, 부사어는 부사절의 형태로도 나타날 수 있음을 기억한다.
• 〈보기〉의 ⓐ~ⓒ의 문장 구조를 분석한다. 문장 구조를 분석할 때는 ⓐ~ⓒ에 나타난 안은문장과 안긴문장은 무엇인지, 안긴문장은 어떤 종류의 안긴문장인지 파악한다.
• 정리한 내용을 바탕으로 선택지의 적절성을 판단한다.

11

제대로 접근법 ☆문제 채점까지 마친 후 복습할 때 보세요.

〈보기〉의 ㉠~㉢에 해당하는 예로 적절하지 <u>않은</u> 것은?

---〈보기〉---

　　(가)~(다)는 관형절을 안은 문장이고 [A]~[C]는 안긴문장인 관형절을 완결된 문장으로 바꾼 것이다. 이를 보면 (가)의 '동생', (나)의 '책', (다)의 '도서관'은 완결된 문장 [A], [B], [C]에서 뒤에 붙는 조사와 함께 각각 ㉠주어, ㉡목적어, ㉢부사어로 기능을 하고 있다.

　　(가) 어제 책만 읽은 동생에게 오늘은 쉬라고 했다.
　　　　[A] 동생이 어제 책만 읽었다.
　　(나) 아이가 읽은 책은 동화책이다.
　　　　[B] 아이가 책을 읽었다.
　　(다) 형이 책을 읽은 도서관은 집 근처에 있다.
　　　　[C] 형이 도서관에서 책을 읽었다.

① ㉠┌ 어제 결혼한 그들에게 나는 미리 선물을 주었다.
　　└ 누나를 많이 닮은 친구를 우리는 오늘도 만났다.

② ㉠┌ 나무로 된 탁자에 동생이 낙서를 하고 있다.
　　└ 그들은 시대에 뒤떨어진 생각을 여전히 하고 있다.

③ ㉡┌ 두 사람이 어제 헤어진 공원이 지금 공사 중입니다.
　　└ 나는 어제 부모님이 시키신 일을 오늘에야 다 끝냈다.

④ ㉡┌ 친구가 나에게 준 옷이 나는 마음에 든다.
　　└ 누나는 털실로 짠 장갑도 내게 주었습니다.

⑤ ㉢┌ 아이들이 운동장에서 공을 찬 주말을 기억해 보세요.
　　└ 그는 관중이 쓰레기를 남긴 경기장을 열심히 청소했다.

11
문장의 짜임을 파악하는 유형이다.
· 관형절과 문장 성분, 격 조사에 대한 개념을 정확히 이해한다.
· 〈보기〉와 같이 선택지에 제시된 문장에서 관형절을 찾은 뒤, 관형절을 완결된 문장으로 바꾸어 본다.
· 밑줄 친 성분(관형절의 수식을 받는 체언)이 완결된 문장에서 뒤에 붙는 조사와 함께 어떤 기능을 하는지 판단한다. 이때, 뒤에 붙는 격 조사의 종류에 주목한다.
· 이를 바탕으로 ㉠~㉢에 해당하는 예로 적절한지 판단한다.

12

〈보기〉의 [A]에 들어갈 말로 적절한 것은?

---〈보기〉---

선생님: 두 개의 홑문장을 하나의 겹문장으로 만들 때, 두 홑문장 중 한 문장에서 특정 성분이 생략되는 경우가 있습니다. 다음은 홑문장 ㉠, ㉡을 하나의 겹문장 ㉢으로 만든 예인데요, ㉢에 대해 설명해 볼까요?

　　┌──────────────────────────────┐
　　│ ㉠ 철수가 공원에서 산책을 하였다.　　　　│
　　│　　　　　　＋　　　　　　　　　　　　│
　　│ ㉡ 공원은 학교 뒤에 있다.　　　　　　　│
　　│　　　　　　↓　　　　　　　　　　　　│
　　│ ㉢ 철수가 산책을 한 공원은 학교 뒤에 있다. │
　　└──────────────────────────────┘

학　생: ＿＿＿＿＿＿＿＿＿＿＿ [A] ＿＿＿＿＿＿＿＿＿＿＿

① ㉠이 ㉡에 관형절로 안기면서 ㉠의 목적어가 생략되었습니다.
② ㉠이 ㉡에 관형절로 안기면서 ㉠의 부사어가 생략되었습니다.
③ ㉠이 ㉡에 부사절로 안기면서 ㉠의 부사어가 생략되었습니다.
④ ㉠이 ㉡에 부사절로 안기면서 ㉡의 주어가 생략되었습니다.
⑤ ㉠이 ㉡에 명사절로 안기면서 ㉡의 주어가 생략되었습니다.

12
겹문장의 특징을 파악하는 유형이다.
· 홑문장과 겹문장에 대한 개념을 정확히 이해한다.
· 〈보기〉에 제시된 ㉠~㉢의 문장을 분석한다. 먼저 ㉠과 ㉢, ㉡과 ㉢의 공통된 성분을 비교하고 ㉢이 되면서 ㉠에서 생략된 문장 성분을 파악한다.
· ㉠의 서술어가 ㉢에서 어떻게 바뀌는지를 확인하여 ㉠이 ㉡에 어떤 종류의 안긴문장으로 안겼는지 판단한다.

13

〈보기〉의 ⊙～⑩에 대한 설명으로 옳지 <u>않은</u> 것은?

① ⊙은, ⓒ과 ⓒ이 대등하게 연결된 이어진문장이다.
② ⓒ은, '나는'의 서술어인 ㉣을 안고 있다.
③ ⓒ과 ⓒ은, 각각 '주어-서술어'의 관계가 두 번 이상 나타난다.
④ ㉣과 ⑩은, '주어-서술어'의 관계가 한 번씩만 나타난다.
⑤ ⑩은, '책'을 수식하는 관형어 역할을 하면서 ⓒ에 안겨 있다.

제대로 접근법
문제 채점까지 마친 후
복습할 때 보세요.

13
문장의 구조를 파악하는 유형이다.
• 문장 성분, 안은문장과 안긴문장에 대한 개념을 정확히 이해한다.
• ⓒ과 ⓒ이 어떤 연결 어미로 연결되어 있는지 확인한 뒤, ⊙이 어떤 종류의 겹문장인지를 파악한다.
• ⓒ과 ⓒ에 나타난 문장 성분을 분석한 뒤, ㉣과 ⑩에 나타난 안긴문장의 종류를 파악한다.
• 이를 바탕으로 선택지의 적절성을 판단한다.

14

〈보기〉는 '학습 활동'에 대해 짝 토론을 한 것이다. ⊙～ⓒ에 알맞은 말을 골라 바르게 연결한 것은?

[학습 활동] 다음 문장의 짜임에 대해 알아보자.

그가 아끼던 제자가 상을 받았음을 그녀가 알려 줬다.

〈보기〉

학생 1: 어제 보았던 거꾸로 수업 동영상 강의에서 문장 속에 들어가 있는 절을 '안긴문장'이라고 하고, 절을 포함하고 있는 문장을 '안은문장'이라고 했지?
학생 2: 그래. 그리고 어떤 문장의 짜임을 이해하려면 그 문장의 주어와 서술어를 파악하는 것이 중요하다고 했어. 그럼, 먼저 주어를 서술하는 기능을 가진 단어부터 찾아보자. 음 ……. '알려 줬다'와 '받았음' 이렇게 두 개인가?
학생 1: 아니야. '아끼던'도 서술 기능이 있잖아.
학생 2: 그렇구나. 그러면 그중에서 문장 전체의 서술어는 '알려 줬다'이고, 그것의 주어는 (⊙)이겠다.
학생 1: 맞아. 그럼 '받았음'의 주어는 (ⓒ)이겠지?
학생 2: 응. 명사절이 문장 전체의 목적어 역할을 하며 안겨 있는 거지.
학생 1: 명사절 외에 관형절도 있잖아. 그러면 이 관형절의 주어는 (ⓒ)이겠다.
학생 2: 그래. 국어의 안은문장은 이렇게 여러 개의 안긴문장으로 이루어질 수 있는 거구나.

	⊙	ⓒ	ⓒ
①	그녀가	제자가	그가
②	그녀가	그가	제자가
③	그가	그녀가	제자가
④	그가	제자가	그녀가
⑤	제자가	그녀가	그가

14
문장의 짜임을 분석하는 유형이다.
• 〈보기〉에 나타난 안긴문장과 안은문장에 대한 개념을 바탕으로 '학습 활동'에 제시된 문장에 나타난 안긴문장과 안은문장을 파악한다.
• 〈보기〉를 통해 문장 전체의 서술어가 '알려 줬다'임을 확인한 뒤, 문장 전체의 주어를 파악한다.
• '학습 활동'에 제시된 안긴문장인 명사절과 관형절에 나타난 주어와 서술어의 관계를 파악한다.

15

㉠~㉣의 문장 성분과 문장 구조에 대한 설명으로 적절하지 <u>않은</u> 것은? [3점]

> ㉠ 그녀는 따뜻한 봄이 빨리 오기를 기다린다.
> ㉡ 내가 만난 친구는 마음이 정말 착하다.
> ㉢ 피곤해하던 동생이 엄마가 모르게 잔다.
> ㉣ 그가 시장에서 산 배추는 값이 비싸다.

① ㉠과 ㉡은 체언을 수식하는 안긴문장이 있다.
② ㉢과 ㉣은 서술어의 기능을 하는 안긴문장이 있다.
③ ㉠은 명사절 속에 부사어가 있고, ㉡은 서술절 속에 부사어가 있다.
④ ㉠은 주어가 생략된 안긴문장이 있고, ㉣은 목적어가 생략된 안긴문장이 있다.
⑤ ㉢은 부사어의 기능을 하는 안긴문장이 있고, ㉣은 관형어의 기능을 하는 안긴문장이 있다.

★ 문제 채점까지 마친 후
복습할 때 보세요.

제대로 접근법

15
문장의 짜임새를 파악하는 유형이다.
정답률이 30%에 불과한 문제로, 문장 성분과 안긴
문장에 대한 개념을 정확히 이해해야 한다.
• ㉠~㉣의 안긴문장에 별도로 표시한 뒤, ㉠~㉣
  에 나타난 안긴문장이 전체 문장에서 어떤 기능
  을 하는지 주목하자. 안긴문장의 절 표지와 더불
  어 안긴문장이 조사와 결합하는지, 특정 성분을
  수식하는지를 확인하면 안긴문장의 기능을 쉽게
  파악할 수 있다.
• 이를 바탕으로 선택지의 적절성을 판단한다.

16

〈보기〉의 ㉠에 해당하는 예가 <u>아닌</u> 것은?

> ─────── 〈보기〉 ───────
> ㉠하나의 문장이 관형절로 다른 문장에 안길 때, 원래 있었던 주어가 생략되는 경우가 있다.
>
> (가) 민수가 열심히 공부한다.
> (나) 형이 민수에게 음료수를 주었다.
> (다) 형이 열심히 공부하는 민수에게 음료수를 주었다.
>
> (가)가 (나)에 관형절로 안겨 (다)가 만들어질 때, (가)의 '민수'와 (나)의 '민수'가 중복된다. 이 경우, (가)의 주어 '민수가'가 (다)의 밑줄 친 관형절에서는 나타나지 않는다.

① 형이 <u>숙제를 하는</u> 동생을 불렀다.
② 동생은 <u>대학생이 된</u> 형과 여행을 했다.
③ 영수가 <u>버스에 탄</u> 경희에게 말을 걸었다.
④ 나는 <u>정수가 은희와 결혼한</u> 사실을 몰랐다.
⑤ 그는 <u>이 그림을 그린</u> 화가의 전시회에 갔다.

16
안긴문장의 문장 성분을 분석할 수 있는지 묻는 유
형이다.
• 관형절에 대한 개념을 정확히 이해한다.
• 〈보기〉와 같이 선택지에 제시된 관형절을 원래의
  문장 형태인 완결된 문장으로 정리한다.
• 완결된 문장의 주어를 찾은 뒤, ㉠과 같이 관형절
  로 안기는 문장의 주어가 안은문장의 다른 문장
  성분과 중복되어 생략되는지 판단한다.

11 종결 표현 / 높임 표현

종결 표현

1 종결 표현: 화자가 청자에게 자신의 생각이나 느낌을 효과적으로 전달하기 위한 표현 방법. 국어의 종결 표현은 종결 어미에 의해 구체적으로 결정됨

2 문장의 종류

평서문	화자가 청자에게 특별히 요구하는 바 없이 단순하게 진술하는 문장 → 종결 어미 '-다, -ㅂ니다' 등을 통해 실현됨	예 학교에 간다.
의문문	화자가 청자에게 질문하여 대답을 요구하는 문장 → 종결 어미 '-니, -는가' 등을 통해 실현됨	예 학교에 가니?
명령문	화자가 청자에게 어떤 행동을 하도록 요구하는 문장 → 종결 어미 '-어라, -게' 등을 통해 실현됨	예 학교에 가라.
청유문	화자가 청자에게 어떤 행동을 함께 하도록 요청하는 문장 → 종결 어미 '-자, -ㅂ시다' 등을 통해 실현됨	예 학교에 가자.
감탄문	화자가 자신의 느낌을 표현하는 문장 → 종결 어미 '-구나, -군' 등을 통해 실현됨	예 학교에 가는군.

※ 의문문의 종류

① 설명 의문문: 구체적인 설명을 요구하는 의문문. 의문사를 사용함
   예 책은 어디에 있니?

② 판정 의문문: 긍정이나 부정의 대답을 요구하는 의문문. 의문사를 사용하지 않음 예 오늘 학교에 가니?

③ 수사 의문문: 대답을 요구하지 않고 서술이나 명령, 감탄 등의 효과를 나타내는 의문문
   예 눈이 오면 얼마나 좋을까? / 내 집이라면 쓰레기를 버리시겠습니까?

높임 표현

■ **높임 표현**: 화자가 어떤 대상의 높고 낮은 정도를 언어적으로 구별하여 표현하는 방식이나 체계를 말함. 높임의 대상에 따라 주체 높임법, 객체 높임법, 상대 높임법으로 구분할 수 있음

종류	높이는 대상	실현 방법
주체 높임법	서술의 주체(주어)	주로 주격 조사 '-께서'와 선어말 어미 '-(으)시-'에 의해 실현
객체 높임법	서술의 객체(목적어나 부사어가 지시하는 대상)	주로 '드리다', '모시다' 등의 특수 어휘에 의해 실현
상대 높임법	말을 듣는 상대방(청자)	주로 종결 어미에 의해 실현

개념 다지기

활동 1 문장의 종류

- 꽃이 예쁘네. → 평서문
- 언제 집에 가요? → (❶   )
- 서두르자꾸나. → (❷   )
- 참 빠르구나! → (❸   )
- 문을 닫으시오. → (❹   )

개념⊕ 명령문, 청유문의 제약

① 형용사는 서술어가 될 수 없음

- 너는 예뻐라. (×)
- 너는 예쁘자. (×)

② 시제 선어말 어미 '-었-(과거), -더-(회상), -겠-(미래)'을 쓸 수 없음

- 밥을 먹었어라. (×)
- 밥을 먹었자. (×)
- 밥을 먹더어라. (×)
- 밥을 먹더자. (×)
- 밥을 먹겠어라. (×)
- 밥을 먹겠자. (×)

활동 2 의문문의 종류

- 민수는 집에 갔니? → 판정 의문문
- 무엇을 먹고 있니? → (❶   )
- 아침에 밥을 먹었니? → (❷   )
- 빨리 하지 못하겠니? → (❸   )

개념⊕ 높임법의 용례

주체 높임법	할머니께서 운동을 하신다.
객체 높임법	너는 선생님을 모시고 와라.
상대 높임법	오늘 날씨가 아주 좋습니다.

① 주체 높임법: 서술의 주체를 높이는 표현. 서술상의 주체가 화자보다 나이가 많거나 사회적 지위가 높을 때 사용함

실현 방법	예
① 선어말 어미 '-(으)시-'	아버지께서 신문을 보신다.
② 주격 조사 '께서'	선생님께서 교실에 들어오셨다.
③ 주어 명사 + 접미사 '-님'	
④ 특수 어휘('계시다, 잡수시다, 주무시다, 편찮으시다' 등)	• 할아버지께서는 지금 방에 계신다. • 할아버지께서 만두를 잡수신다.

※ 직접 높임과 간접 높임

직접 높임	주체를 직접 높이는 방법 예 할아버지께서는 집에 계신다. → 높임의 대상인 '할아버지'를 직접적으로 높임
간접 높임	주체와 관련된 대상을 높임으로써 주체를 간접적으로 높이는 방법[이 경우 특수 어휘를 사용하지 않고 선어말 어미 '-(으)시-'를 사용함] 예 할머니께서는 손가락이 아프시다. → 신체 일부인 '손가락'을 높임으로써 '할머니'를 간접적으로 높임 (편찮으시다 ×)

② 객체 높임법: 목적어나 부사어가 지시하는 동작의 대상, 즉 서술의 객체를 높이는 표현

실현 방법	예
① 부사격 조사 '께'	철수가 아버지께 성적표를 드렸다.
② 특수 어휘('뵙다, 드리다, 모시다, 여쭙다' 등)	• 나는 어머니께 선물을 드렸다. • 나는 아버지를 모시고 병원에 갔다.

③ 상대 높임법: 화자가 청자를 높이거나 낮추는 표현. 주로 종결 어미에 의해 실현됨. 격식체는 격식을 차리는 표현으로 심리적 거리감을 나타내고, 비격식체는 격식을 덜 차리는 표현으로 친숙함을 드러냄

	구분	평서법	의문법	명령법	청유법	감탄법
격식체	하십시오체	가십니다	가십니까?	가십시오	(가시지요)	–
	하오체	가(시)오	가(시)오?	가(시)오	갑시다	가는구려
	하게체	가네	가는가?, 가나?	가게	가세	가는구먼
	해라체	간다	가냐?, 가니?	가(거)라	가자	가는구나
비격식체	해요체	가요	가요?	가(세/셔)요	가(세/셔)요	가는군요
	해체 (반말)	가	가?	가	가지	가는군

개념 **다지기**

활동 3 직접 높임과 간접 높임의 구분

① 직접 높임

선생님께서 교실에 오셨다.
• -님: 높임 접미사
• (❶   ): 높임 주격 조사
• (❷   ): 높임 선어말 어미

② 간접 높임

• 선생님의 말씀이 (있으셨다 / 계셨다).
• 할아버지는 팔이 (❸ 아프시다 / 편찮으시다).
• (점원이 손님에게)
  전부 5천 원(❹ 입니다 / 되시겠습니다).
• (점원이 손님에게)
  손님, 그 사이즈는 (❺ 없으세요 / 없습니다).

개념❹ 압존법

서술어의 주체가 말하는 이보다 높지만 말을 듣는 이보다는 낮아 그 주체를 높이지 않는 어법

• (할아버지께서 손주에게 "네 애비 왔느냐?"라고 물으실 때)
  "예, 할아버지, 아버지가 왔습니다."
• (손주가 할머니께 어머니의 말 "할머니께 이걸 가져다 드리렴."을 전할 때)
  "할머니, 어머니가 이걸 가져다 드리라고 했어요."

활동 4 객체 높임법의 예

나는 선생님께 질문을 여쭈었다.
• 께: 높임 부사격 조사
• (   ): 특수 어휘

활동 5 상대 높임법의 예

• 이쪽으로 와서 앉으십시오. → 하십시오체 ┐
• 이쪽으로 와서 앉으시오. → (❶   ) ┤ 격
• 이쪽으로 와서 앉게. → (❷   )   ┤ 식
• 이쪽으로 와서 앉아라. → (❸   )   ┘ 체
• 이쪽으로 와서 앉아요. → 해요체 ┐
• 이쪽으로 와서 앉아. → (❹   ) ┘ 비격식체

정답 5 ❶ 하오체 ❷ 하게체 ❸ 해라체 ❹ 해체
활동 3 ❶ 께서 ❷ -시- ❸ 편찮으시다 ❹ 입니다 ❺ 없으세요 | 활동 4 여쭈었다

개념 완성 TEST

01
종결 표현

다음 문장의 종류로 알맞은 것을 골라 보자.

(1) 정말 깨끗이 먹었구나.
→ (평서문 / 명령문 / 청유문 / 감탄문)

(2) 우리 같이 노래방에 가자.
→ (평서문 / 명령문 / 청유문 / 감탄문)

(3) 똑바로 서지 못하겠니?
→ (설명 의문문 / 판정 의문문 / 수사 의문문)

(4) 무엇이 당신을 기쁘게 하나요?
→ (설명 의문문 / 판정 의문문 / 수사 의문문)

02
종결 표현

다음 의문문이 어떤 기능을 하는지 골라 보자.

(1) 설거지 좀 해 줄래?
→ (요청 / 감탄)

(2) 이 얼마나 흥미로운가?
→ (요청 / 감탄)

(3) 어서 공부하지 못하겠니?
→ (명령 / 감탄)

(4) 어쩜 날씨가 이렇게 좋아?
→ (명령 / 감탄)

03
종결 표현

다음 청유문에서 행동의 주체를 '화자', '청자', '화자와 청자'로 구분해 보자.

(1) (하굣길에 친구에게) 우리 내일 만나자. (   )

(2) (아침에 엄마가 딸을 깨우면서) 일어나자. (   )

(3) (주말에 자고 있는데 동생이 시끄럽게 노래를 부를 때) 잠 좀 자자. (   )

(4) (시험을 앞두고 게임을 하는 아들에게 아빠가) 희민아, 공부 좀 하자. (   )

04
높임 표현

다음 문장에서 주체 높임법이 사용된 것은 '주체', 객체 높임법이 사용된 것은 '객체', 주체 높임법과 객체 높임법이 모두 사용된 것은 '모두'라고 적어 보자.

(1) 고모께서 나에게 선물을 주셨다. (   )

(2) 신문을 할아버지께 가져다 드려라. (   )

(3) 어머니께서 저녁에 떡볶이를 잡수셨다. (   )

(4) 아버지께서 할머니를 모시고 집으로 오셨다. (   )

05
높임 표현

다음 문장에서 높임의 대상을 찾고, 높임 표현이 나타난 부분을 찾아 모두 써 보자.

(1) 어머니께서 여행을 가셨다.
→ _____

(2) 나는 아버지께 편지를 드렸다.
→ _____

(3) 할머니께서는 매일 낮잠을 주무신다.
→ _____

(4) 나는 할아버지를 모시고 병원으로 갔다.
→ _____

06
높임 표현

다음 문장을 높임 표현에 유의하여 바르게 고쳐 써 보자.

(1) 김 선생님은 아드님이 계시다.
→ _____

(2) 고객님, 이 상품은 품절되셨습니다.
→ _____

(3) 아버지께서 할머니께 주려고 떡을 만들었다.
→ _____

내신 기출 문제

01
종결 표현

〈보기〉를 참고할 때, 밑줄 친 부분의 예로 적절하지 <u>않은</u> 것은?

〈보기〉

문장의 종결 표현 중 청유문은 청자에게 함께 행동할 것을 요청하는 문장이다. 즉, 청유문은 청유형 어미 '-자', '-(으)ㅂ시다' 등이 붙는 <u>서술어의 행동을 화자와 청자가 공동으로 하도록 유발하는 것</u>이다. 그러나 간혹 청자만 행하기를 바라거나 화자만 행하려는 행동을 나타낼 때에도 쓰이므로, 효과적인 표현을 하려면 상황 맥락을 잘 고려하여 해석해야 한다.

① (출근길 만원 버스에서) 내립시다.
② (점심시간에 친구에게) 밥 먹으러 가자.
③ (시험이 끝난 오후에) 오늘 영화나 같이 보러 가자.
④ (아침 자습 시간에) 선생님 안 계시니까 우리 조용히 하자.
⑤ (동아리 회의 시간에) 시간이 다 됐으니 이 문제는 다시 토의합시다.

02
종결 표현

〈보기 1〉의 ㉠, ㉡에 해당하는 문장을 〈보기 2〉에서 찾아 바르게 연결한 것은?

〈보기 1〉

의문문은 설명 의문문, 판정 의문문, 수사 의문문으로 나뉜다. 설명 의문문은 청자에게 구체적인 설명을 요구하는 의문문이고, ㉠판정 의문문은 청자에게 긍정이나 부정의 대답을 요구하는 의문문이며, ㉡수사 의문문은 대답을 요구하지 않고 진술이나 명령, 감탄 등의 효과를 나타내는 의문문이다.

〈보기 2〉

(가) 거기서 무얼 보고 있어?
(나) 어제 밤에 전화했었지?
(다) 우리 반이 체육 대회에서 우승하면 얼마나 좋을까?
(라) 현정이는 어디 갔니?

	㉠	㉡
①	(가)	(나)
②	(가)	(다)
③	(나)	(다)
④	(나)	(라)
⑤	(라)	(가)

03
높임 표현

〈보기〉의 ㉠과 ㉡이 모두 실현된 것은?

〈보기〉

㉠주체 높임법은 문장에서 서술의 주체를 높여 표현하는 높임법이다. 대체로 주체는 문장에서 주어로 나타난다. ㉡객체 높임법은 문장에서 서술의 객체, 즉 주어의 행위가 미치는 대상을 높여 표현하는 높임법이다.

① 할머니께 여쭈어 봐.
② 나는 선생님께 과일을 드렸다.
③ 할아버지께서는 낮잠을 주무셔.
④ 어머니께서는 지금 운동을 하고 계신다.
⑤ 아버지께서 할아버지께 선물을 드리셨다.

04
높임 표현

〈보기〉를 바탕으로 '높임 표현'에 대해 탐구한 내용으로 적절하지 <u>않은</u> 것은?

〈보기〉

㉠ 할머니께서는 집에 계신다.
㉡ 할머니께서는 고민이 있으시다.
㉢ 누나는 할머니를 모시고 시골에 갔다.
㉣ (아들이 아버지께) 할머니께서 역으로 가셨어요.

① ㉠은 서술어의 주체가 되는 대상을 높이고 있다.
② ㉡은 주어와 관련된 대상을 높임으로써 주체를 간접적으로 높이고 있다.
③ ㉢은 ㉠과 달리 특수한 어휘를 사용하여 높임을 실현하고 있다.
④ ㉢은 ㉣과 달리 주어의 행위가 미치는 대상을 높이고 있다.
⑤ ㉣은 서술어의 주체와 듣는 이를 모두 높이고 있다.

시간 표현

■ **시간 표현**: 시간을 언어적으로 표현하는 방식으로, 시제와 동작상이 있음

❶ 시제: 화자가 말하는 시점(발화시)을 기준으로 사건의 시간(사건시)이 현재, 과거, 미래의 어느 시점에서 일어났는지를 나타내는 문법 범주

		실현 방법	예
과거 시제	사건의 시간	① 선어말 어미 '-았-/-었-(-았었-/-었었-)', '-더'	• 영화를 보았다. • 영화를 보더라.
		② 관형사형 어미 '-(으)ㄴ', '-던'	• 어제 본 영화 • 어제 보던 영화
		③ 시간 부사어	• 나는 어제 친구를 만났다.
현재 시제	말하는 시점 = 사건의 시간	① 동사: 선어말 어미 '-ㄴ-/-는-', 관형사형 어미 '-는'	• 축구를 한다. • 축구를 하는 학생들
		② 형용사, 서술격 조사: 선어말 어미 붙지 않음, 관형사형 어미 '-(으)ㄴ'	• 꽃이 예쁘다. • 예쁜 꽃
		③ 시간 부사어	• 기차가 지금 출발한다.
미래 시제	사건의 시간	① 선어말 어미 '-겠-', '-리'	• 내일 가겠습니다. • 내일 가리라.
		② 관형사형 어미 '-(으)ㄹ'	• 내일이면 떠날 사람
		③ 시간 부사어	• 내일 출발합니다.

❷ 동작상: 발화시를 기준으로 동작의 진행이나 완료를 나타내는 문법 범주

진행상	동작이 진행되고 있음 '-고 있다', '-아/-어 가다'	예 밥을 먹고 있다.
완료상	동작이 완료됨 '-아/-어 있다', '-아/-어 버리다'	예 밥을 다 먹어 버렸다.

피동 · 사동 표현

❶ 피동 표현: 주어가 제 힘으로 행동하는 것을 '능동'이라 하고, 주어가 다른 주체에 의해 동작을 당하는 것을 '피동'이라 함

(1) 피동 표현의 실현 방법

파생적 피동 (단형 피동)	• 능동사 어간 + 피동 접미사 '-이-, -히-, -리-, -기-' 예 도둑이 잡히다. • 명사 + 접미사 '-되다' 예 다리가 복구되다.
통사적 피동 (장형 피동)	• 능동사 어간 + '-아/어지다' 예 신발 끈이 풀어지다 • 능동사 어간 + '-게 되다' 예 사실이 드러나게 되다.

(2) 능동문에서 피동문으로 바뀔 때의 변화

예 [능동문] 경찰이 ⤬ 도둑을 잡았다.
　　　　　　주어　　　목적어　　능동사

　　[피동문] 도둑이 경찰에게 잡혔다.(잡히었다)
　　　　　　주어　　부사어　　피동사

개념 다지기

개념⊕ '-았-/-었-'과 '-았었-/-었었-'의 차이

'-았었-/-었었-'은 발화시보다 전에 발생하여 현재와는 단절된 사건을 표현하는 데 주로 쓰여 '-았-/-었-'과 의미 차이를 보임

• 지난 여름은 무척 더웠다.
　→ 의미: 지금은 덥지 않다.
• 작년만 해도 이 저수지에는 물고기가 살았었다.
　→ 의미: 지금은 이 저수지에 물고기가 살지 않는다.

개념⊕ '-았-/-었-'의 다양한 기능

과거 시제	어제 친구를 만났다.
완결된 상황의 지속	저는 엄마를 닮았어요.
미래 실현의 확신	책이 이렇게 재미있으니, 오늘 밤 잠은 다 잤다.

개념⊕ '-겠-'의 다양한 기능

미래 시제	저는 내일 가겠습니다.
추측	• 어제 제주도에는 비가 많이 왔겠다. 　→ 과거 • 지금은 부산에 비가 오겠다. → 현재 • 내일은 서울에 비가 오겠다. → 미래
의지	이 정도의 고통은 내 힘으로 이겨내겠다.
가능성	이번에는 합격할 수 있겠다.
완곡한 태도	제가 잠시 들어가도 되겠습니까?

개념⊕ 능동문과 피동문의 의미 차이

능동문이 피동문으로 바뀔 경우 의미 차이가 크지 않을 수도 있으나 문장에 따라 해석 차이가 발생할 수 있음

• 포수 열 명이 토끼 한 마리를 잡았다. (능동문)
　→ 포수 열 명이 함께 토끼 한 마리를 잡았다는 의미와, 포수 열 명이 각각 토끼 한 마리씩 잡았다는 의미의 두 가지로 해석될 수 있음
• 토끼 한 마리가 포수 열 명에게 잡혔다. (피동문)
　→ 포수 열 명이 함께 토끼 한 마리를 잡았다는 의미로만 해석됨

활동 1 진행상과 완료상의 구분

※ 다음 문장을 진행상과 완료상으로 구분해 보자.

• 그는 책을 읽고 있다. → (❶　　　)
• 나는 커피를 다 마셔 버렸다. → (❷　　　)
• 이제야 정리가 다 되어 간다. → (❸　　　)

② 사동 표현: 주어가 직접 동작하는 것을 '주동'이라 하고, 주어가 남에게 어떤 동작을 하도록 시키는 것을 '사동'이라 함

(1) 사동 표현의 실현 방법

파생적 사동 (단형 사동)	• 주동사 어간 + 사동 접미사 '-이-, -히-, -리-, -기-, -우-, -구-, -추-' 📌 책을 읽히다. • 명사 + '-시키다' 📌 차를 정지시키다.
통사적 사동 (장형 사동)	주동사의 어간 + '-게 하다' 📌 옷을 입게 하다.

(2) 주동문에서 사동문으로 바뀔 때의 변화

〈자동사의 경우〉
📌 [주동문] 얼음이(주어) 녹는다.(주동사)
[사동문] 형이(새로운 주어) 얼음을(목적어) 녹인다.(사동사)

〈타동사의 경우〉
[주동문] 동생이(주어) 책을(목적어) 읽는다.(주동사)
[사동문] 형이(새로운 주어) 동생에게(부사어) 책을(목적어) 읽힌다.(사동사)

부정 표현

- **부정 표현**: 긍정 표현에 대하여 언어 내용의 의미를 부정하는 문법 기능

① 길이에 따른 분류

짧은 부정문	부정 부사 '안'이나 '못'을 사용한 부정문 📌 나는 숙제를 안 했다. / 나는 숙제를 못 했다.
긴 부정문	부정 용언 '아니하다(않다), 못하다, 말다'를 사용한 부정문 📌 나는 숙제를 하지 않았다. / 나는 숙제를 하지 못했다.

② 의미에 따른 분류

'안' 부정문	부정 부사 '안'이나 부정 용언 '아니하다(않다)'를 사용한 부정문. 단순 부정, 주체 의지에 의한 부정을 나타냄 📌 • 어제는 비가 안 왔다. → 단순 부정(객관적 사실에 의한 부정) • 나는 학교에 안 갔다. → 의지 부정(주체의 의지에 의한 부정)
'못' 부정문	부정 부사 '못'이나 부정 용언 '못하다'를 사용한 부정문. 주체의 능력 부족에 의한 부정과 외부적 원인에 의한 부정을 나타냄 📌 • 나는 그 문제를 못 풀었다. → 능력 부정(주체의 능력 부족에 의한 부정) • 어제는 비가 와서 축구를 못 했다. → 외부적 원인에 의한 부정
'말다' 부정문	부정 용언 '말다'를 사용한 부정문. 명령문이나 청유문에 쓰임 📌 • 밖에 나가지 마라. → 명령문 • 밖에 나가지 말자. → 청유문

※ 부정문의 중의성

부정문에서는 부정이 미치는 범위에 따라 그 의미가 달라질 수 있음

📌 철수가① 빵을② 먹지 않았다.③

① '철수'를 부정: 빵을 먹은 사람은 '철수'가 아님(다른 사람임)
② '빵'을 부정: 철수가 먹은 것은 '빵'이 아님(다른 것을 먹음)
③ '먹다'를 부정: 철수가 '먹는' 행동을 한 것이 아님(다른 행동을 함)

개념 다지기

개념➕ 파생적 사동문과 통사적 사동문의 의미 차이

① 파생적 사동문: 주어가 직접적 행위를 한 것과 간접적 행위를 한 것의 두 가지 의미로 해석될 수 있음

> 엄마가 딸에게 옷을 입혔다.
> → 엄마가 직접 딸에게 옷을 입혔다는 의미와, 엄마가 딸에게 옷을 입도록 시켰다는 의미의 두 가지로 해석될 수 있음

② 통사적 사동문: 주어의 간접적 행위만을 나타냄

> 엄마가 딸에게 옷을 입게 했다.
> → 엄마가 딸에게 옷을 입도록 시켰다는 의미로만 해석됨

🔖활동2 피동사와 사동사의 구분

※ 밑줄 친 단어가 피동사이면 '피', 사동사이면 '사'라고 써 보자.

- 저 멀리서 걸어오는 네가 보였다. → (❶   )
- 일이 손에 잡히지 않아 밖으로 나갔다.
  → (❷   )
- 어머니는 아버지께 받은 장미꽃을 나에게 보여 주었다. → (❸   )

개념➕ 부정문의 제약

'안' 부정문	서술어로 화자의 의지나 의도가 작용할 수 없는 동사는 사용할 수 없음 📌 나는 그 사실을 안 깨달았다. (×)
'못' 부정문	서술어로 형용사를 사용할 수 없으나, 긴 부정문에 한하여 '화자가 기대하는 기준에 이르지 못함'의 뜻을 나타내는 경우에는 사용할 수 있음 📌 음식 맛이 좋지 못하다.
'말다' 부정문	서술어로 형용사를 사용할 수 없으나, 기원을 나타낼 때는 사용할 수 있음 📌 내일은 제발 덥지 마라.

🔖활동3 알맞은 부정 표현 찾기

※ 다음의 부정 표현에 들어갈 적절한 말을 골라 보자.

- 더 먹고 싶은데 배가 불러 더 이상 (❶ 안 / 못) 먹겠다.
- 앞에 진열된 옷이 (❷ 안 / 못) 예쁘다.
- 이 길은 위험하니 가지 (❸ 마라 / 않아라).

정답 활동2 ❶피 ❷피 ❸사 활동3 ❶못 ❷안 ❸마라

개념 완성 TEST

01
시간 표현

다음 문장에서 '-았-/-었-'이 과거 시제로 쓰였으면 '과거', 현재 시제로 쓰였으면 '현재', 미래 시제로 쓰였으면 '미래'라고 적어 보자.

(1) 지난여름은 더웠지. ( )
(2) 너 내일 엄마한테 죽었다. ( )
(3) 저 아이는 퍽 귀엽게 생겼다. ( )
(4) 어제 시험이 끝나고 친구들과 영화를 봤어. ( )

02
시간 표현

다음 문장을 진행상과 완료상으로 구분해 보자.

(1) 그는 회사에 가 있다. ( )
(2) 진수는 밥을 다 먹어 간다. ( )
(3) 오빠가 과자를 다 먹어 버렸다. ( )

03
시간 표현

다음 문장에서 관형사형 어미 'ㅡ(으)ㄴ'이 어떤 시제를 나타내는지 구분해 보자.

(1) 어제 먹은 치킨 맛있었지? ( )
(2) 박 선생님은 정말 좋은 분이다. ( )
(3) 나는 기쁜 마음으로 아이들을 가르친다. ( )

04
피동·사동 표현

다음 문장에서 밑줄 친 단어를 피동사와 사동사로 구분해 보자.

(1) 엄마가 희수에게 수첩을 보였다. ( )
(2) 할아버지에게 막내 동생을 업혀 보냈다. ( )
(3) 눈발이 날리다 그치기를 반복하고 있습니다. ( )
(4) 이 책은 수많은 사람에게 읽혀 온 고전 명작이다. ( )

05
피동·사동 표현

다음 사동 표현을 직접 사동과 간접 사동으로 구분해 보자.

(1) 형이 동생을 울렸다. ( )
(2) 인형에 예쁜 옷을 입혔다. ( )
(3) 어머니가 아이에게 옷을 입게 했다. ( )
(4) 누나가 동생에게 머리를 감게 했다. ( )

06
피동·사동 표현

밑줄 친 부분을 문법적으로 맞게 고쳐 써 보자.

(1) 그의 마지막 한 마디가 잊혀지지 않는다.
→ _____

(2) 아이들 사이에 공감대가 형성되어지고 있다.
→ _____

(3) 신라 시대의 왕릉으로 추정되어지는 유적이 발견되었다.
→ _____

07
부정 표현

다음 문장에 알맞은 부정 표현을 골라 ○표 하시오.

(1) 우리 집의 거실이 (안 / 못) 깨끗하다.
(2) 나는 먹기 싫어서 밥을 (안 / 못) 먹었다.
(3) 나는 영어 문제를 풀고 싶은데 어려워서 (안 / 못) 풀었다.
(4) 오늘은 미세 먼지가 심하니 밖에 나가지 (마라 / 않아라).

08
부정 표현

부정 표현에 대한 설명으로 적절한 것에는 ○표, 적절하지 않은 것에는 ×표를 해 보자.

(1) '민지는 화영이를 안 만났다.'는 능력 부정을 나타낸다. ( )

(2) '오늘은 비가 와서 체육 수업을 하지 못한다.'는 긴 부정문에 해당한다. ( )

(3) '다시는 그를 만나지 마라.'와 같이 명령문의 부정 표현은 '말다'를 활용한다. ( )

내신 기출 문제

01
시간 표현

밑줄 친 부분에 유의하여 〈보기〉의 ㄱ~ㅁ에 대해 탐구한 내용으로 적절하지 <u>않은</u> 것은?

〈보기〉
ㄱ. <u>내일</u> <u>만날</u> 친구는 축구 선수이다.
ㄴ. 민우는 아버지를 많이 <u>닮았다.</u>
ㄷ. 축제 때 보니 재우가 노래를 꽤 잘 <u>부르더라.</u>
ㄹ. 바람이 몹시 <u>차다.</u>
ㅁ. 동우는 의자에 <u>앉아 있다.</u>

① ㄱ: 시간 부사와 관형사형 어미를 함께 활용하여 사건시가 발화시보다 나중임을 표현하고 있다.
② ㄴ: 선어말 어미 '-았-'이 본래의 기능 외의 다양한 기능으로 활용되고 있다.
③ ㄷ: 과거에 직접 경험하여 알게 된 사실을 현재에 옮겨 와서 전달하기 위해 현재 시제 선어말 어미를 활용하고 있다.
④ ㄹ: 형용사로 사건시와 발화시가 일치함을 나타내기 위해 기본형을 사용하고 있다.
⑤ ㅁ: '-아 있다'를 사용하여 동작이 완결되었음을 나타내고 있다.

02
피동 표현

〈보기〉는 피동 표현에 대한 설명이다. ㉠의 사례에 해당하지 <u>않는</u> 것은?

〈보기〉
　피동이란 주어가 다른 주체에 의해 동작을 당하는 것을 말한다. 국어에서 피동 표현은 피동 접미사 '-이-, -히-, -리-, -기-'를 붙여 만드는 방법과 '-되다', '-아/어지다', '-게 되다'를 붙여서 만드는 방법이 있다.
　그런데 의미 자체가 피동이기 때문에 피동 표현을 쓰지 않아도 되는 문장에 피동 표현을 쓴다든지, ㉠<u>피동 표현 방법을 중복해서 사용하는</u> 등의 잘못된 피동 표현이 나타나고 있다.

① 개울에 다리가 <u>놓여졌다.</u>
② 신발이 꽉 끼어 잘 벗겨지지 않는다.
③ 낮게 <u>깔려진</u> 연기 때문에 숨이 막혔다.
④ 이상 고온 현상은 환경의 변화라고 <u>보여진다.</u>
⑤ 역사가 <u>쓰여져야</u> 이 사건을 제대로 평가할 수 있다.

03
사동 표현

〈보기〉를 바탕으로 탐구한 내용으로 적절한 것은?

〈보기〉
㉠ 길이 넓다. → 인부들이 길을 넓힌다.
㉡ 차가 섰다. → 아빠가 차를 세웠다.
㉢ 아이가 옷을 입었다. → 엄마가 아이에게 옷을 입혔다.
㉣ 학생이 책을 읽었다. → 선생님이 학생에게 책을 읽혔다.

① ㉠, ㉡을 보니 주동문의 주어는 사동문에서 부사어로 나타난다.
② ㉠, ㉡을 보니 주동문이 사동문이 되었을 때 두 사동문을 구성하고 있는 문장 성분은 서로 다르다.
③ ㉢에서 사동문의 주어는 객체에게 직접적인 행위를 한 것일 수도 있고 간접적인 행위를 한 것일 수도 있다.
④ ㉢, ㉣을 보니 주동문의 서술어가 타동사일 때 주동문의 주어가 사동문의 목적어가 된다.
⑤ ㉠~㉣을 보면 사동사의 자릿수가 주동사의 자릿수보다 한 자리 더 적다.

04
부정 표현

〈보기〉를 바탕으로 부정 표현의 특징을 탐구해 보았다. 적절하지 <u>않은</u> 것은?

〈보기〉
㉠ 형은 친구를 (안 / 못) 만났다.
㉡ 나는 말하기 싫어서 전화를 (안 / *못) 받았다.
㉢ 숙제를 하려고 했지만, 시간이 없어서 (*안 / 못) 했다.
㉣ 얘들아, 우리 청소하지 (*않자 / *못하자 / 말자).
㉤ 이 책의 디자인은 (안 / *못) 예쁘다.

* 비문법적 표현

① ㉠을 보니 '안' 부정문과 '못' 부정문이 의미 차이를 보이지 않는 경우도 있군.
② ㉡을 보니 '안' 부정문은 주체의 의지에 의한 부정일 때 사용하는군.
③ ㉢을 보니 '못' 부정문은 주체의 의지와 상관없이 능력 부족이나 적절하지 않은 상황에 의한 부정일 때 사용하는군.
④ ㉣을 보니 청유문의 부정 표현은 보조 용언 '말다'를 사용하는군.
⑤ ㉤을 보니 형용사를 부정할 때에는 부사 '못'을 사용하여 부정 표현을 나타낼 수 없군.

01

〈보기〉의 ⊙~©에 들어갈 수 있는 내용으로 적절하지 <u>않은</u> 것은? [3점]

〈보기〉

선생님: 능동·피동 표현과 주동·사동 표현에서 높임 표현과 시간 표현이 어떻게 나타나는 지 알아봅시다.

> ⓐ 형이 동생을 업었다.　　　ⓑ 동생이 형에게 업혔다.
> ⓒ 나는 동생에게 책을 읽혔다.　　ⓓ 나는 동생이 책을 읽게 했다.

　　먼저 ⓐ, ⓑ에서 '형'을 높임의 대상인 '어머니'로 바꿀 때, 서술어에는 어떤 차이가 생기는지 말해 볼까요?

학　생: 　　　　　　　　　　⊙

선생님: 맞아요. 그럼 ⓒ나 ⓓ에서 '동생'을 '할머니'로 바꾸면 어떻게 될까요?

학　생: 　　　　　　　　　　ⓛ

선생님: '-(으)시-'가 어떻게 나타나는지를 잘 이해하고 있네요. 그럼 ⓐ, ⓑ, ⓒ의 서술어 에서 '-었-'을 '-고 있-'으로 바꾸면 어떤 의미를 나타낼까요? ⓐ와 ⓑ의 차이점 이나 ⓐ와 ⓒ의 공통점을 말해 볼까요?

학　생: 　　　　　　　　　　©

선생님: '-고 있-'의 의미가 어떻게 나타나는지도 잘 이해하고 있군요.

---

① ⊙ : ⓐ에서는 서술어에 '-으시-'를 넣어야 하지만, ⓑ에서는 '-시-'를 넣지 않습니다.

② ⓛ : ⓒ에서는 '동생에게'를 '할머니께'로 바꾸고, '읽혔다'에 '-시-'를 넣어야 합니다.

③ ⓛ : ⓓ에서는 '동생이'를 '할머니께서'로 바꾸고, '읽게'에 '-으시-'를 넣어야 합니다.

④ © : ⓐ는 동작의 완료 후 상태 지속의 의미를 나타낼 수 있지만, ⓑ는 그럴 수 없습니다.

⑤ © : ⓐ와 ⓒ는 모두 동작의 진행 의미를 나타낼 수 있습니다.

01

높임 표현의 방법과 동작상의 개념을 이해하고 적용하는 유형이다.

• 주체 높임법은 주어가 나타내는 대상을 높이는 것이며, 객체 높임법은 목적어나 부사어가 나타내는 대상을 높이는 것임을 고려한다. 주체 높임법과 객체 높임법의 실현 방법을 바탕으로 선택지의 적절성을 판단한다.

• '-고 있-'이 진행의 의미와 동작의 완료 후 상태 지속의 의미를 나타낼 수 있음을 이해한다.

02

〈보기〉의 ⊙~⑩에 나타난 심리적 태도로 적절하지 <u>않은</u> 것은?

〈보기〉

○ 어미를 사용하여 추정, 감탄, 단정, 확인, 의지, 전달 등의 화자의 심리적 태도를 드러낼 수 있다.

영희: 너 오늘 산에 간다고 했잖아. 오늘 간 거 ⊙맞지?

철수: 아니, 못 갔어. 내일은 꼭 가고 ⓛ말겠어.

영희: 그럼 너희 형은?

철수: 아마 ©갔을걸. 아까 엄마 말씀이 ⓔ갔다더라고.

영희: 우와. 너희 형은 정말로 ⑩대단하구나.

---

① ⊙ : 확인　　　② ⓛ : 의지　　　③ © : 추정

④ ⓔ : 단정　　　⑤ ⑩ : 감탄

02

어미를 사용하여 나타낸 화자의 심리적 태도를 파악하는 유형이다.

• 〈보기〉에 언급된 '추정, 감탄, 단정, 확인, 의지, 전달'을 영희와 철수의 대화에 적용하여 ⊙~⑩에 나타난 화자의 심리적 태도를 판단한다.

• 앞뒤의 발화 내용으로 대화가 어떻게 전개되는지 흐름을 파악하고, 대화를 통해 드러나는 화자의 심리가 어떤 것인지에 주목하도록 하자.

03

2023 6월 모의평가

〈보기〉의 ㉠~㉤에 해당하는 예로 적절한 것은? [3점]

〈보기 1〉

피동문은 대응하는 능동문과 일정한 문법적 관련을 맺는다. 그중 피동문의 서술어는 능동문의 서술어에 피동의 문법 요소를 결부하여 만드는데, 국어에서는 ㉠동사 어근에 피동 접사 '-이-', '-히-', '-리-', '-기-'를 결합하는 방법(접-/접히-), ㉡접사 '-하-'를 접사 '-받-', '-되-', '-당하-' 등으로 교체하는 방법(사랑하-/사랑받-), ㉢동사 어간에 '-아지-/-어지-'를 결합하는 방법(주-/주어지-) 등이 쓰인다. 단, '날씨가 풀리다'에서처럼 ㉣자연적으로 발생하는 사태를 표현할 때에는 피동문에 대응하는 능동문을 상정하기 어려운 경우가 있다.

한편 '없어지다'나 '거긴 잘 가지지 않는다.'처럼 ㉤'-아지-/-어지-'는 형용사나 자동사에 변화의 의미를 더하는 데 쓰이기도 하는데 이런 용법일 때는 피동문을 이루지 않는다.

① ㉠ : 아버지가 아이에게 두터운 점퍼를 <u>입혔다</u>.
② ㉡ : 내 몫의 일거리는 형에게 <u>건네받았다</u>.
③ ㉢ : 언론에 의해 사건의 전모가 자세히 <u>밝혀졌다</u>.
④ ㉣ : 그 사람은 많은 사람들에게 <u>존경받는다</u>.
⑤ ㉤ : 모두가 바라던 소원이 드디어 <u>이루어졌다</u>.

제대로 접근법 ☆문제 채정까지 마친 후 복습할 때 보세요.

03
피동 표현을 이해하고 있는지 묻는 유형이다.
• 〈보기〉를 읽고 피동의 문법 요소와 능동문을 상정하기 어려운 피동문, 피동문을 이루지 않는 경우를 이해한다.
• 선택지의 밑줄 친 부분을 형태소로 분석하여 〈보기〉의 ㉠~㉤에 해당하는 예인지 판단한다. 피동 접사가 사용된 피동문인지, 피동문에 대응하는 능동문이 있는지, 피동문처럼 보이나 변화의 의미를 더하는 데 쓰이는지 확인한다.
• 형태가 같은 피동의 문법 요소와 사동의 문법 요소가 존재한다는 것을 유의한다.

04

2014 수능 A·B형 공통

〈보기〉의 ㉠, ㉡이 모두 사용된 문장은?

〈보기〉

우리말에서는 일반적으로 선어말 어미나 종결 어미, 조사 등을 통해 높임을 표현하지만, **어휘를 통해 높임을 표현하는 경우도** 있다. 높임 표현에 쓰이는 어휘들은 다음과 같이 분류할 수 있다.

• 주체를 높이는 용언 (ⓔ 계시다) ⋯⋯⋯⋯⋯⋯⋯⋯⋯⋯⋯⋯⋯⋯⋯⋯⋯⋯⋯⋯⋯⋯ ㉠
• 객체를 높이는 용언 (ⓔ 드리다)
• 높여야 할 인물을 직접 높이는 명사 (ⓔ 선생님)
• 높여야 할 인물과 관련된 것을 높이는 명사 (ⓔ 진지) ⋯⋯⋯⋯⋯⋯⋯⋯⋯⋯⋯⋯ ㉡

① 나는 아직 그분의 성함을 기억하고 있다.
② 누나는 여쭐 것이 있다며 할머니 댁에 갔다.
③ 연세가 많으신 할머니께서는 홍시를 잘 잡수신다.
④ 우리는 부모님을 모시고 바닷가로 여행을 떠났다.
⑤ 어머니께서는 몹시 피곤하셨는지 거실에서 주무신다.

04
높임 표현의 방법을 이해하고 적용하는 유형이다.
• 〈보기〉의 설명을 참고하여 어휘를 통한 높임 표현의 방법을 확인한 후 선택지에서 높임을 나타내는 특수 어휘를 찾아 밑줄로 표시한다. 높임을 나타내는 특수 어휘를 찾을 때는 해당 어휘의 예사말이 존재하는지 확인한다.
• 밑줄로 표시한 특수 어휘를 〈보기〉에서 설명한 내용에 따라 분류한다.
• 분류한 내용을 바탕으로 〈보기〉의 ㉠, ㉡이 모두 사용된 문장을 찾는다.

화자가 어떤 대상에 대하여 높임의 태도를 나타내는 문법 기능을 높임법이라 한다. 높임법은 높임이나 낮춤의 대상이 누구냐에 따라 주체 높임법, 객체 높임법, 상대 높임법으로 나누어진다.

주체 높임법은 화자가 문장의 주어인 서술의 주체에 대하여 높임의 태도를 나타내는 방법이다. 현대 국어에서는 선어말 어미 '-시-'를 통해 높임이 실현되는 것이 가장 일반적인 형태이지만, '주무시다'와 같은 특수한 어휘나 조사 '께서'에 의해 주체 높임법이 실현되기도 한다. 중세 국어의 경우에도 주로 '-시-'와 특수한 어휘가 사용된다는 점에서 현대 국어와 유사하다.

객체 높임법은 문장의 목적어나 부사어가 지시하는 대상, 곧 서술의 객체에 대하여 높임의 태도를 나타내는 방법이다. 현대 국어에서는 '드리다'와 같은 특수한 어휘나 조사 '께' 등을 통해 실현된다. 중세 국어의 경우에는 대표적으로 객체 높임 선어말 어미 '-습-'을 통해 객체 높임이 실현되었으며, '-습-'은 앞뒤의 음운적 환경에 따라 '-습-, -줍-, -ᄉᆞᆸ-, -ᄌᆞᆸ-, -ᅀᆞᆸ-'으로 실현되기도 하였다. 또한 현대 국어와 같이 특수한 어휘들이 사용되어 객체 높임이 실현되기도 하였다.

상대 높임법은 화자가 청자인 상대방에 대하여 높이거나 낮추어 말하는 법을 일컫는다. 현대 국어에서 상대 높임법은 종결 표현에 의해 실현된다. 중세 국어의 경우에는 종결 표현이나 상대 높임 선어말 어미 '-이-, -잇-' 등을 통해 실현되었다.

05

2017 4월 고3 학력평가

윗글과 〈보기 1〉을 바탕으로 〈보기 2〉에서 사용된 높임의 양상을 바르게 분석하여 제시한 것은?

―〈보기 1〉―

주체 높임에는 서술의 주체를 직접 높이는 직접 높임과, 높여야 할 대상의 신체 부분, 개인적 소유물 등을 높임으로써 해당 인물을 높이는 간접 높임이 있다.

―〈보기 2〉―

아버지는 허리가 아프셔서 한영이가 아버지 대신 할아버지를 뵙고 왔습니다.

	주체 높임		객체 높임	상대 높임
	직접 높임	간접 높임		
①	×	○	○	높임
②	×	○	×	낮춤
③	○	×	○	높임
④	×	○	×	낮춤
⑤	○	×	○	낮춤

06

윗글을 바탕으로 〈보기〉를 이해한 내용으로 적절하지 **않은** 것은?

─〈보기〉─

• 仁義之兵(인의지병)을 遼左(요좌)ㅣ ㉠깃ᄉᆞᄫᆞ니
　[현대어 풀이] 인의의 군대를 요동 사람들이 기뻐하니

• 聖孫(성손)이 ㉡一怒(일노)ᄒᆞ시니 六百年(육백년) 天下(천하)ㅣ 洛陽(낙양)애 ㉢올ᄆᆞ니
　이다
　[현대어 풀이] 성손(무왕)이 한번 노하시니 육백 년의 천하가 낙양으로 옮아간 것입
　니다.

• 聖宗(성종)ᄋᆞᆯ ㉣뫼셔 九泉(구천)에 가려 하시니
　[현대어 풀이] 성스러운 어른을 모시고 저승에 가려 하시니

• 하ᄂᆞ히 駙馬(부마) 달애샤 두 孔雀(공작)일 ㉤그리시니이다
　[현대어 풀이] 하늘이 부마를 달래시어 두 공작을 그리신 것입니다.

─ 〈용비어천가(龍飛御天歌)〉

① ㉠은 현대 국어와는 달리, 선어말 어미 '-ᄉᆞ-'을 사용하여 목적어가 지시하는 대상을 높이고 있다고 할 수 있다.
② ㉡은 현대 국어와 마찬가지로 선어말 어미 '-시-'를 사용하여 '聖孫(성손)'을 높이고 있다고 할 수 있다.
③ ㉢은 현대 국어와는 달리, 청자를 높이기 위해 '-이-'라는 선어말 어미가 사용되었다고 할 수 있다.
④ ㉣은 현대 국어와 마찬가지로 서술의 주체를 높이기 위해 특수한 어휘가 사용된 것이라고 할 수 있다.
⑤ ㉤은 선어말 어미 '-시-'와 '-이-'를 사용하여 각각 문장의 주체와 청자인 상대방을 모두 높이고 있다고 할 수 있다.

07

〈보기〉의 ㉠~㉤에 대한 설명으로 옳지 **않은** 것은?

─〈보기〉─

　높임법은 화자가 높이려는 대상이 누구인지에 따라 주체 높임법, 상대 높임법, 객체 높임법으로 구분된다. 주체 높임법은 주어가 나타내는 대상인 주체를 높이는 것이며, 상대 높임법은 대화의 상대인 청자를 높이거나 낮추는 것이고, 객체 높임법은 문장의 목적어나 부사어가 나타내는 대상인 객체를 높이는 것이다.

　㉠ 할머니께서 책을 읽고 계신다.
　㉡ 누나는 어머니께 모자를 선물로 드렸다.
　㉢ 할아버지께서 월요일 오후에 병원에 가신다.
　㉣ (선생님과의 대화 중) 선생님, 제가 드릴 말씀이 있습니다.
　㉤ (아버지와의 대화 중) 아버지, 저는 아버지를 예전부터 존경해 왔습니다.

① ㉠은 주체인 '할머니'를 높이는 데에 '께서'와 '계시다'를 사용하고 있다.
② ㉡은 객체인 '어머니'를 높이는 데에 '께'와 '드리다'를 사용하고 있다.
③ ㉢은 주체인 '할아버지'를 높이는 데에 '께서'와 '-시-'를 사용하고 있다.
④ ㉣은 주체인 '선생님'을 높이는 데에 '말씀'을 사용하고 있다.
⑤ ㉤은 상대인 '아버지'를 높이는 데에 '-습니다'를 사용하고 있다.

08

〈보기〉의 ㉠~㉤에 대한 설명으로 적절하지 <u>않은</u> 것은?

─〈보기〉─

영희: 경준아, 선생님께서 다음 국어 시간에 있을 모둠 과제 발표는 네가 주도해서 ㉠<u>준비 하시라고</u> 하셔.

경준: 시인 소개 모둠 과제 말이지?

영희: 응.

경준: 그런데 어떤 시인을 주제로 발표하는 게 좋을지에 대해서도 말씀 ㉡<u>있으셨니?</u>

영희: 아니. 그건 시간이 날 때 네가 직접 선생님께 ㉢<u>물어서</u> 알아봐.

경준: 아무래도 그래야겠어.

영희: 그런데 선생님께서 저번 수업 시간에 김소월의 시가 ㉣<u>자기의</u> 애송시라고 ㉤<u>말했잖 아.</u> 김소월은 우리나라 사람들이 좋아하는 시인이기도 하니까 김소월의 시 세계를 주 제로 하여 발표해 보는 건 어때?

① ㉠: 주체가 '경준'이므로 '준비하라고'로 바꿔 말해야 한다.

② ㉡: 주어가 '말씀'이므로 '있었니'로 바꿔 말해야 한다.

③ ㉢: 윗사람인 '선생님'께 묻는 것이므로 '여쭤서'로 바꿔 말해야 한다.

④ ㉣: '선생님'을 높이는 것이므로 '당신'으로 바꿔 말해야 한다.

⑤ ㉤: 주체가 '선생님'이므로 '말씀하셨잖아'로 바꿔 말해야 한다.

09

〈보기〉의 ㉠, ㉡에 해당하는 예끼리 묶인 것으로 적절한 것은?

─〈보기〉─

　국어의 부정에는 '안'이나 '-지 않다'를 사용하는 '의지 부정'과 '못'이나 '-지 못하다'를 사용하는 '능력 부정'이 있다고 알려져 있다. 그러나 '안'이나 '-지 않다'가 사용된 부정문 이 주어의 의지와 무관한 '단순 부정'을 나타내는 경우도 많다. ㉠<u>형용사가 서술어로 쓰이 면 '안'이나 '-지 않다'는 단순 부정을 나타낸다.</u> 형용사가 나타내는 성질이나 상태에는 주 어의 의지가 작용할 수 없기 때문이다. ㉡<u>동사가 서술어로 쓰이는 경우에도 주어가 의지 를 가지지 못하는 무정물이면 '안'이나 '-지 않다'가 단순 부정을 나타낸다.</u> 또한 동사가 서 술어로 쓰이고 주어가 유정물이더라도 '나는 깜빡 잊고 약을 안 먹었다.'에서와 같이 '안'이 단순 부정을 나타낼 수 있다.

① ┌ ㉠: 옛날엔 통신 기술이 발달하지 않았다.
　└ ㉡: 주문한 옷이 아직도 도착하지 않았다.

② ┌ ㉠: 이 문제집은 별로 어렵지 않더라.
　└ ㉡: 저는 이 은혜를 잊지 않겠습니다.

③ ┌ ㉠: 나는 그 이야기가 궁금하지 않아.
　└ ㉡: 동생이 오늘 우산을 안 가져갔어.

④ ┌ ㉠: 내 얘기에 고모는 놀라지 않았다.
　└ ㉡: 이 물질은 전기가 통하지 않는다.

⑤ ┌ ㉠: 밤바다가 그리 고요하지는 않네.
　└ ㉡: 아주 오래간만에 비가 안 온다.

08

높임 표현의 적절성을 평가하는 유형이다.

이와 같은 문제는 주체 높임법, 객체 높임법, 상대 높임법의 개념과 용례를 정확히 알고 있어야 한다.

• 〈보기〉는 학교 친구 사이의 대화이므로 상대 높 임법의 높임에 해당하는 표현은 고려하지 않아 도 되지만, 대화에 등장하는 대상이 선생님이므 로 내용에 따라 적절하게 선생님을 높여 표현해 야 한다.

• 이를 바탕으로 〈보기〉에 사용된 높임 표현이 적 절하게 사용되었는지 판단해 보자.

09

부정 표현 중에서 단순 부정을 나타내는 '안 부정 문'을 이해하고 있는지 묻는 유형이다.

• 〈보기〉에서 '안 부정문'이 단순 부정문으로 쓰이 는 경우에 대해 설명하고 있다. 형용사가 서술어 로 쓰이거나, 주어가 무정물이고 동사가 서술어 로 쓰일 경우 안 부정문은 단순 부정의 의미를 나 타낸다고 하였다.

• 선택지에서 서술어가 형용사인지 동사인지 확인 하고, 서술어가 동사인 경우에는 주어가 무정물 인지를 확인한다.

• 선택지의 문장이 〈보기〉에 제시된 ㉠, ㉡에 부합 하는 문장으로 제시되어야 답이 된다는 점을 기 억하자.

▶ 해설편 53쪽

10

〈보기〉를 통해 부정 표현의 특성에 대해 탐구한 내용으로 적절하지 <u>않은</u> 것은?

─〈보기〉─

ㄱ. 나는 수학 공부를 안 했다.
   나는 수학 문제가 어려워서 못 풀었다.
ㄴ. 여기에는 이제 해가 비치지 {않는다 / 못한다}.
ㄷ. 그녀를 만나지 {*않아라 / *못해라 / 마라}.
ㄹ. 그는 결코 그 일을 {*했다 / 안 했다}.
   그는 분명히 그 일을 {했다 / 안 했다}.
ㅁ. 교실이 {안 / *못} 깨끗하다.

＊비문법적 표현

① ㄱ을 보니, '안' 부정문은 '의지 부정'을 나타내고, '못' 부정문은 '능력 부정'을 나타내는군.
② ㄴ을 보니, 행동 주체의 의지를 부정할 때는 '긴 부정문'만 쓸 수 있군.
③ ㄷ을 보니, 명령문의 부정 표현은 보조 용언 '말다'를 활용하여 사용하는군.
④ ㄹ을 보니, 어떤 부사는 반드시 부정 표현과 함께 쓰여야 하는군.
⑤ ㅁ을 보니, 형용사를 부정할 때에는 부사 '못'을 사용하여 부정 표현을 나타낼 수 없군.

★ 문제 채점까지 마친 후
복습할 때 보세요.

제대로 접근법

10
부정 표현의 특징에 대한 이해를 묻는 유형이다.
• 부정 표현에 대한 개념을 정확히 이해한다.
  (짧은 부정문, 긴 부정문, '안' 부정문, '못' 부정문, '말다' 부정문 등)
• 〈보기〉에 제시된 비문법적 표현을 통해 부정 표현의 제약을 확인한다.
• 〈보기〉의 ㄱ~ㅁ과 선택지에 제시된 탐구 내용을 대응시키면서 그 적절성을 판단한다.

11

밑줄 친 말에 주목하여 〈보기〉의 ㉠~㉤에 대해 탐구한 결과로 적절하지 <u>않은</u> 것은?

─〈보기〉─

㉠ 거기에는 눈이 <u>왔겠다.</u> / 지금 거기에는 눈이 <u>오겠지.</u>
㉡ 그가 집에 <u>갔다.</u> / 막차를 놓쳤으니 나는 집에 다 <u>갔다.</u>
㉢ 내가 <u>떠날</u> 때 비가 올 것이다. / 내가 <u>떠날</u> 때 비가 왔다.
㉣ 그는 지금 학교에 <u>간다.</u> / 그는 내년에 <u>진학한다고</u> 한다.
㉤ 오늘 보니 그는 키가 <u>작다.</u> / 작년에 그는 키가 <u>작았다.</u>

① ㉠을 보니, 선어말 어미 '-겠-'이 미래의 사건을 추측하는 데에 쓰이고 있군.
② ㉡을 보니, 선어말 어미 '-았-'이 과거 시제를 나타내지 않는 경우도 있군.
③ ㉢을 보니, 관형사형 어미 '-ㄹ'이 붙을 때 미래의 사건을 나타내지 않는 경우도 있군.
④ ㉣을 보니, 현재 시제 선어말 어미 '-ㄴ-'이 미래의 사건을 나타낼 때도 쓰이고 있군.
⑤ ㉤을 보니, 형용사에서 현재 시제를 나타낼 때 시제 선어말 어미가 나타나지 않고 있군.

11
선어말 어미의 기능을 파악하는 유형이다.
정답률이 69%에 불과한 문제로, 시간 표현에 대한 개념을 정확히 이해해야 한다.
• 〈보기〉의 밑줄 친 말과 함께 쓰인 시간 표현, 부사 등을 확인하여 밑줄 친 말의 기능을 정리한다.
• 선어말 어미의 형태가 같더라도, 문맥에 따라 다른 기능을 할 수 있다는 점에 유의한다.
• 아울러 형용사에는 현재 시제 선어말 어미가 결합되지 않는다는 것도 기억해 두자.

〈학습 활동〉을 해결한 내용으로 적절한 것은?

――――――〈학습 활동〉――――――

관형사형 어미의 형태는 시제 및 단어의 품사에 의해 결정된다. [자료]에서 밑줄 친 단어의 품사와 시제를 분석하여 그 단어에 쓰인 어미가 [표]의 ㉠~㉢ 중 어느 것에 해당하는지 확인해 보자.

[자료]

ⓐ 하늘에 <u>뜬</u> 태양
ⓑ 우리가 즐겨 <u>부르던</u> 노래
ⓒ 늘 <u>푸르던</u> 하늘
ⓓ 운동장에 <u>남은</u> 아이들
ⓔ 네가 <u>읽는</u> 소설
ⓕ 이미 아이들로 가득 <u>찬</u> 교실
ⓖ 달리기가 제일 <u>빠른</u> 친구

[표] 관형사형 어미 체계

	동사	형용사
현재	-는	㉠
과거	㉡	㉢
	-던	
미래	-(으)ㄹ	-(으)ㄹ

① ⓐ의 '뜬'에 쓰인 어미 '-(으)ㄴ'은 ㉠에 해당한다.
② ⓑ의 '부르던'과 ⓒ의 '푸르던'에 쓰인 어미 '-던'은 ㉢에 해당한다.
③ ⓓ의 '남은'과 ⓕ의 '찬'에 쓰인 어미 '-(으)ㄴ'은 ㉡에 해당한다.
④ ⓔ의 '읽는'에 쓰인 어미 '-는'은 ㉡에 해당한다.
⑤ ⓖ의 '빠른'에 쓰인 어미 '-(으)ㄴ'은 ㉢에 해당한다.

13

〈보기〉의 ㉠~㉤의 예로 적절하지 <u>않은</u> 것은? [3점]

――――――〈보기〉――――――

선어말 어미 '-더-'는 시간 표현, 주어의 인칭, 용언의 품사, 문장 종결 표현 등과 다양하게 관련을 맺는다.

예컨대 '아까 달력을 보니 내일이 언니 생일이더라.'와 같이 ㉠새삼스럽거나 새롭게 알게 된 내용이 비록 미래의 일이라도 그것을 안 시점이 과거이면 '-더-'가 쓰일 수 있다. 또한 '-더-'가 쓰인 문장에는 특정 인칭의 주어만 나타나는 경우가 있다. 가령, ㉡본인만이 직접 느껴 알 수 있는 감정이나 감각을 표현하는 형용사가 서술어일 때, 평서문에는 1인칭 주어만이 '-더-'와 함께 쓰인다. ㉢이 경우, 의문문에는 2인칭 주어만이 '-더-'와 함께 쓰인다. 단, ㉣이때도 수사 의문문에는 '-더-'와 함께 1인칭 주어가 나타날 수 있다. 한편, '꿈에서 내가 하늘을 날더라.'처럼 ㉤꿈속의 일이나 무의식중에 일어난 일을 말할 때, 화자가 자신의 행동이나 상태를 타인이 관찰하듯이 진술할 경우 '-더-'가 1인칭 주어와 쓰일 수 있다.

① ㉠: 아까 수첩을 보니 다음 주에 약속이 있더라.
② ㉡: 나는 그의 합격이 놀랍더라.
③ ㉢: 영수야, 넌 내가 그리 말했는데도 안 믿더냐?
④ ㉣: 기어이 우승한 그날, 우리 어찌 아니 기쁘더냐?
⑤ ㉤: 내가 어제 마신 약은 생각보다 안 쓰더라.

――――

12
품사에 따른 시간 표현에 대한 이해를 확인하는 유형이다.
• [자료]의 밑줄 친 단어의 구조와 품사, 시제를 분석한다. 단어의 구조를 분석할 때는 어간과 어미를 구분하여 분석하고, 품사를 분석할 때는 동사나 형용사로 구분하여 분석한다.
• [자료]에 미래를 나타내는 관형사형 어미가 나타나지 않으므로 밑줄 친 단어의 시제를 분석할 때는 과거나 현재로 구분하여 분석한다.
• 정리한 내용을 바탕으로 각 단어에 쓰인 어미가 [표]에 제시된 관형사형 어미 중 어떤 것에 해당하는지 파악해 보자.

13
선어말 어미의 이해와 적용에 대해 묻는 유형이다.
• 〈보기〉를 읽고 선어말 어미 '-더-'와 관련된 시간 표현, 주어의 인칭, 용언의 품사, 문장 종결 표현 등을 정확히 파악한다.
• 선택지에서 '-더-'가 쓰인 환경을 〈보기〉의 ㉠~㉤과 대응시켜 분석한다. 이때 선택지에 제시된 예문의 시제, 문장 종결 표현의 종류, 주어의 인칭 등을 고려한다.

14

2015 수능 A형

밑줄 친 부분이 〈보기〉의 ⓐ~ⓒ에 해당하는 예로 적절하지 <u>않은</u> 것은?

─── 〈보기〉 ───

선어말 어미 '–았–/–었–'은 여러 가지 의미를 지닌다.

(가) 오늘 아침에 누나는 밥을 안 먹었어요.
(나) 들판에 안개꽃이 아름답게 피었습니다.
(다) 이렇게 비가 안 오니 농사는 다 지었다.

(가)에서와 같이 ⓐ<u>사건이나 상태가 과거의 것임을 나타내기도</u> 하고, (나)에서와 같이 ⓑ<u>과거에 일어난 사건의 결과 상태가 현재까지 지속되고 있음을 나타내기도</u> 한다. (가)의 경우와 달리 (나)의 경우에는 '–았–/–었–'을 보조 용언 구성 '–아/–어 있–'이나 '–고 있–'으로 교체하여도 의미가 달라지지 않는다. 또한 (다)에서와 같이 ⓒ<u>미래의 일을 확정적인 사실로 받아들임을 나타내기도</u> 한다.

① ⓐ ┌A: 어제 뭐 했니?
　　　└B: 하루 종일 텔레비전만 <u>보았어</u>.

② ⓐ ┌A: 너 아까 집에 없더라.
　　　└B: 할머니 생신 선물 사러 <u>갔어</u>.

③ ⓑ ┌A: 감기 걸렸다며?
　　　└B: 응, 그래서인지 아직도 목이 <u>잠겼어</u>.

④ ⓑ ┌A: 소풍날 날씨는 괜찮았어?
　　　└B: 아주 <u>나빴어</u>.

⑤ ⓒ ┌A: 너 오늘도 바빠?
　　　└B: 응, 과제 준비하려면 오늘도 잠은 다 <u>잤어</u>.

15

2015 6월 모의평가 A형

〈보기〉의 ㉠, ㉡에 해당하는 것은? [3점]

─── 〈보기〉 ───

우리말의 용언 중에는 피동사와 사동사의 형태가 동일한 것이 있다. 예를 들어, '보다'는 사동사와 피동사가 모두 '보이다'로 그 형태가 같다. 이때 ㉠<u>사동사로 쓰인 경우</u>와 ㉡<u>피동사로 쓰인 경우</u>는 다음과 같이 문장에서의 쓰임을 통해 구별된다.

┌ 동생이 새 시계를 내게 <u>보였다</u>. (사동사로 쓰인 경우)
└ 구름 사이로 희미하게 해가 <u>보였다</u>. (피동사로 쓰인 경우)

① ┌㉠: 운동화 끈이 <u>풀렸다</u>.
　 └㉡: 아빠의 칭찬에 피로가 금세 <u>풀렸다</u>.

② ┌㉠: 우는 아이가 엄마 등에 <u>업혔다</u>.
　 └㉡: 누나가 이모에게 아기를 <u>업혔다</u>.

③ ┌㉠: 나는 젖은 옷을 햇볕에 <u>말렸다</u>.
　 └㉡: 동생은 집에 가겠다는 친구를 <u>말렸다</u>.

④ ┌㉠: 새들이 따뜻한 곳에서 몸을 <u>녹였다</u>.
　 └㉡: 햇살이 고드름을 천천히 <u>녹였다</u>.

⑤ ┌㉠: 형이 친구에게 꽃다발을 <u>안겼다</u>.
　 └㉡: 아기 곰이 어미 품에 포근히 <u>안겼다</u>.

제대로 접근법 ☆ 문제 채점까지 마친 후 복습할 때 보세요.

14
선어말 어미의 이해와 적용을 파악하는 유형이다.
• 〈보기〉를 읽고 〈보기〉의 (가)~(다)에 제시된 선어말 어미 '–았–/–었–'의 의미를 정리한다.
• '–았–/–었–'의 사전적 의미는 다음과 같다.

┌─────────────────────────
│「1」 이야기하는 시점에서 볼 때 사건이 이미 일어났음을 나타내는 어미
│「2」 이야기하는 시점에서 볼 때 완료되어 현재까지 지속되거나 현재에도 영향을 미치는 상황을 나타내는 어미
│「3」 이야기하는 시점에서 볼 때 미래의 사건이나 일을 이미 정하여진 사실인 양 말할 때 쓰는 어미
└─────────────────────────

• 〈보기〉에 제시된 내용과 '–았–/–었–'의 사전적 의미를 참고하여 선택지를 판단해 보자. 특히 ⓑ의 의미를 나타낼 때는 '–아/어 있–'이나 '–고 있–'으로 바꿔 쓸 수 있는지 확인한다.

15
사동사와 피동사를 구분하는 문제 유형이다.
• 사동사와 피동사의 형태가 동일할 때에는 해당 단어가 문장에서 '시킴의 의미'를 담고 있는지 '당함의 의미'를 담고 있는지 파악하여 사동, 피동 표현을 구분한다.
• 사동사와 피동사를 구분할 때에는 '–게 하다', '–어지다(–게 되다)'의 형태로 문장을 변형해 보는 것이 좋다. 사동사는 '–게 하다'의 형태로 바꿀 수 있으며 반드시 목적어를 취한다. 따라서 문장에서 목적어의 사용 여부를 먼저 파악하자. 다만 일부 피동사의 경우 목적어를 취할 때도 있으니 주의해야 한다.

사동 표현은 주어가 남에게 동작을 하도록 시키는 뜻을 나타내는 것으로, 파생적 사동과 통사적 사동으로 구분될 수 있다. 우선 파생적 사동은 사동 접사 '-이-, -히-, -리-, -기-, -우-, -구-, -추-' 등이 붙어 만들어지는데, '높이다', '좁히다', '울리다', '옮기다', '비우다' 등이 그 예이다. 다만 일부 용언은 사동 접사의 결합에 제약이 있기도 하다. 예컨대 '(회사에) 다니다', '(손을) 만지다'와 같이 어간이 'ㅣ'로 끝나는 동사, '(형과) 만나다', '(원수와) 맞서다'와 같이 특정한 상대 등을 필수적으로 요구하는 동사, '(돈을) 주다'와 같이 주거나 받는 뜻을 가진 동사 등은 대개 사동 접사가 결합되지 못한다. 한편 사동 표현은 '먹게 하다', '잡게 하다'와 같이 '-게 하다'에 의해 만들어지기도 하는데 이를 통사적 사동이라 한다.

15세기 국어에서도 사동 표현이 쓰였다. 우선 파생적 사동은 주로 '-이-, -히-, -기-, -오/우-, -호/후-, -ᄋ/으-' 등이 붙어 만들어졌다. 다만 '걷다'와 같은 ㄷ 불규칙 용언에 '-이-'가 결합될 때에는 어간 '걷-'의 받침 'ㄷ'이 'ㄹ'로 바뀌어 '걸이다'[걸리다]로 쓰였다. 한편 현대 국어의 '-게 하다'에 해당하는 통사적 사동도 있었다. 이때 보조적 연결 어미는 '-게/긔'가 주로 쓰였는데, 모음이나 자음 'ㄹ'로 끝나는 어간 뒤, 혹은 '이다'의 '이-' 뒤에서는 '-에/의'로도 쓰였다. '얻게 ᄒ다'[얻게 하다]는 '얻-'에 '-게 ᄒ다'가 결합된 통사적 사동의 예이다.

16

윗글을 바탕으로 할 때, 〈보기〉에서 적절한 것만을 있는 대로 고른 것은?

〈보기〉
ㄱ. '(선물을) 받다', '(시간이) 늦다'는 모두 파생적 사동이 불가능한 동사이다.
ㄴ. '(넋을) 기리다'와 달리 '(연을) 날리다'는 사동 접사가 붙어 만들어진 동사이다.
ㄷ. '(공을) 던지다'와 달리 '(추위를) 견디다'는 어간이 'ㅣ'로 끝나기 때문에 사동 접사가 결합되지 못한다.
ㄹ. '(적과) 싸우다', '(동생과) 닮다'는 모두 특정한 상대 등을 필수적으로 요구하는 동사이기 때문에 사동 접사가 결합되지 못한다.

① ㄱ, ㄴ
② ㄱ, ㄷ
③ ㄴ, ㄹ
④ ㄱ, ㄷ, ㄹ
⑤ ㄴ, ㄷ, ㄹ

17

〈보기〉의 사동 표현에서 @~@를 탐구해 얻은 결과로 적절하지 <u>않은</u> 것은?

─〈보기〉─

○ 사ᄅᆞᄆᆞᆯ @알의(알-+-의) ᄒᆞᄂᆞᆫ 거시라
[사람을 알게 하는 것이라]

○ 風流를 ⓑ들이(듣-+-이-)습더니
[풍류를 들리더니]

○ ᄒᆡ마다 數千人을 ⓒ사ᄅᆞ(살-+-ᄋᆞ-)니
[해마다 수천 인을 살리니]

○ 서ᄅᆞ 딱 ⓓ마촐씨니(맞-+-호-+-ㄹ씨니)
[서로 짝 맞출 것이니]

① @에서는 'ㄹ'로 끝나는 어간 뒤에 보조적 연결 어미 '-의'가 결합되었군.
② ⓑ에서는 사동 접사가 결합될 때 어간 받침 'ㄷ'이 'ㄹ'로 바뀌었군.
③ ⓑ를 통사적 사동으로 바꾸어 표현하면 '드데 ᄒᆞ'로 나타낼 수 있겠군.
④ ⓒ는 '-ᄋᆞ-'가, ⓓ는 '-호-'가 동사 어간에 결합하여 만들어진 파생적 사동이겠군.
⑤ ⓒ, ⓓ에는 현대 국어에서 사용되지 않는 형태의 사동 접사가 결합되었군.

제대로 접근법 ☆☆ 문제 채점까지 마친 후 복습할 때 보세요.

17
중세 국어의 사동 표현에 대한 이해와 적용을 묻는 유형이다.

• 지문을 읽고 사동 표현에 대한 개념을 정확히 이해한 뒤, 15세기의 사동 표현을 정리한다.
• 〈보기〉의 사동 표현이 파생적 사동인지, 통사적 사동인지 구분하여 정리한다. 파생적 사동과 통사적 사동의 형성 방법을 정리할 때는 예외적인 환경도 함께 정리한다.
• 정리한 내용을 바탕으로 선택지의 적절성을 판단한다.

18

〈보기〉는 문법 수업의 일부이다. 선생님의 설명에 따라 ㄱ~ㄹ을 이해한 내용으로 가장 적절한 것은?

─〈보기〉─

선생님: 오늘은 사동문과 피동문의 서술어 자릿수에 대해 공부해 봅시다. 주동문이 사동문으로 바뀔 때나, 능동문이 피동문으로 바뀔 때는 서술어 자릿수가 변하기도 합니다. 이 점을 고려하면서 다음 문장들을 살펴봅시다.

㉠ 얼음이 매우 빠르게 녹았다.
㉡ 아이들이 얼음을 빠르게 녹였다.
㉢ 사람들은 산을 멀리서 보았다.
㉣ 그 산이 잘 보였다.

① ㉠은 피동문이며, ㉣과 서술어 자릿수가 서로 같다.
② ㉡은 사동문이며, ㉢과 서술어 자릿수가 서로 같다.
③ ㉡은 피동문이며, ㉣과 서술어 자릿수가 서로 다르다.
④ ㉣은 사동문이며, ㉡과 서술어 자릿수가 서로 같다.
⑤ ㉣은 사동문이며, ㉢과 서술어 자릿수가 서로 다르다.

18
사동문과 피동문의 서술어 자릿수를 파악하는 유형이다.

• 〈보기〉의 ㉠~㉣에서 사동문과 피동문을 찾는다. 서술어가 문장에서 '시킴의 의미'를 담고 있으면 사동, '당함의 의미'를 담고 있으면 피동이다.
• 〈보기〉의 ㉠~㉣에서 서술어에 밑줄을 그은 뒤 서술어의 자릿수를 파악한다. 주동문이 사동문으로 바뀔 때 서술어 자릿수가 하나 늘어난다는 점을 기억하자.
• ㉠~㉣의 문장을 분석해 선택지의 적절성을 판단한다.

〈보기〉를 참고하여 ㉠~㉣에 대해 탐구한 결과로 적절하지 않은 것은? [3점]

— 〈보기〉 —

문장은 동작이나 행위를 누가 하느냐에 따라 능동문과 피동문으로 나누어진다. 주어가 동작을 제힘으로 하는 문장을 능동문이라고 하고, 다른 주체에 의해 동작이 이루어지거나 영향을 받는 문장을 피동문이라고 한다.

	능동문	피동문
㉠	눈이 온 세상을 덮었다.	온 세상이 눈에 덮였다.
㉡	두 학생이 참새 네 마리를 잡았다.	참새 네 마리가 두 학생에게 잡혔다.
㉢	낙엽이 바람에 난다.	낙엽이 바람에 날린다.
㉣	해당 사례 없음	오늘은 날씨가 갑자기 풀렸다.

① ㉠의 피동문은 능동문에 비해 주어의 동작성이 잘 드러나지 않는다.
② ㉠과 ㉡은 모두 능동문의 주어가 피동문에서 부사어로 나타나는 사례이다.
③ ㉡과 ㉢은 모두 능동문과 달리 피동문이 여러 가지 의미로 해석될 수 있다.
④ ㉢은 자동사를 피동사로 만들 수 있음을 보여 주는 사례이다.
⑤ ㉣은 피동문에 대응하는 능동문을 상정할 수 없는 경우가 있음을 보여 주는 사례이다.

19
능동문과 피동문에 대한 이해를 묻는 유형이다. 기본적인 문법 개념이 없어도 판단할 수 있는 선택지가 제시되어 정답률이 비교적 높았다.
• '동사가 나타내는 동작이나 작용이 주어에만 미치는 동사'인 '자동사'의 의미와 '남의 행동을 입어서 행하여지는 동작을 나타내는 동사'인 '피동사'의 개념을 이해한다.
• 주어나 부사어와 같은 문장 성분을 확인하여 선택지의 적절성을 판단한다.

〈보기〉를 참고하여, 학습 자료를 분석한 결과로 옳은 것은? [3점]

— 〈보기〉 —

일반적으로 사동문은 주어가 다른 대상을 동작하게 하거나 특정한 상태에 이르도록 하는 문장을 가리킨다. 사동문은 어근에 접미사가 결합한 사동사나 어간에 '-게 하다'가 결합한 구성에 의해 만들어진다.

학습 자료		
	A: 주동문	B: 사동사에 의한 사동문	C: '-게 하다'에 의한 사동문
㉠	동생이 숨는다.	누나가 동생을 숨긴다.	누나가 동생을 숨게 한다.
㉡	동생이 밥을 먹는다.	누나가 동생에게 밥을 먹인다.	누나가 동생에게 밥을 먹게 한다.
㉢	실내 온도가 낮다.	누나가 실내 온도를 낮춘다.	누나가 실내 온도를 낮게 한다.
㉣	동생이 공을 찬다.	해당 사례 없음	누나가 동생에게 공을 차게 한다.

① ㉠, ㉡을 보니, A의 주어는 C에서 동일한 문장 성분으로 나타나는군.
② ㉠, ㉢을 보니, A가 B로 바뀌면 서술어의 자릿수가 늘어나는군.
③ ㉡, ㉢을 보니, A가 B로 바뀌면 겹문장이 되는군.
④ ㉡, ㉣을 보니, A의 서술어가 타동사이면 대응하는 사동사가 없군.
⑤ ㉢, ㉣을 보니, A의 서술어가 형용사이면 사동문을 만들지 못하는군.

20
사동사와 관련한 문법적 현상을 파악할 수 있는지 묻는 유형이다.
• 사동에 대한 개념을 정확히 이해한 뒤, '학습 자료'에 제시된 예문들의 주동문(A)을 자동사(또는 형용사)가 쓰인 주동문과 타동사가 쓰인 주동문으로 분류한다.
• 분류한 주동문이 '학습 자료'의 B와 C를 통해 사동문으로 어떻게 바뀌는지 파악한다.
• 이를 바탕으로 선택지의 적절성을 판단한다.

다음은 학교 홈페이지의 '질의-응답 게시판'의 일부이다. 이를 바탕으로 〈보기〉의 과제를 수행했을 때, 적절하지 <u>않은</u> 것은?

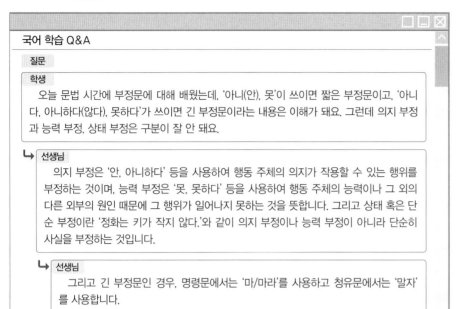

국어 학습 Q&A

질문

학생

　오늘 문법 시간에 부정문에 대해 배웠는데, '아니(안), 못'이 쓰이면 짧은 부정문이고, '아니다, 아니하다(않다), 못하다'가 쓰이면 긴 부정문이라는 내용은 이해가 돼요. 그런데 의지 부정과 능력 부정, 상태 부정은 구분이 잘 안 돼요.

↳ 선생님

　의지 부정은 '안, 아니하다' 등을 사용하여 행동 주체의 의지가 작용할 수 있는 행위를 부정하는 것이며, 능력 부정은 '못, 못하다' 등을 사용하여 행동 주체의 능력이나 그 외의 다른 외부의 원인 때문에 그 행위가 일어나지 못하는 것을 뜻합니다. 그리고 상태 혹은 단순 부정이란 '정화는 키가 작지 않다.'와 같이 의지 부정이나 능력 부정이 아니라 단순히 사실을 부정하는 것입니다.

↳ 선생님

　그리고 긴 부정문인 경우, 명령문에서는 '마/마라'를 사용하고 청유문에서는 '말자'를 사용합니다.

🔍100% ▾

───〈보기〉───

문법 과제

　'가다, 던지다, 먹다, 어둡다, 예쁘다'를 활용하여 다양한 부정문을 만들어 봅시다.

① '가다'를 사용하여 긴 부정문의 명령문을 만들면 '위험한 곳에는 가지 마라.'가 됩니다.

② '던지다'를 사용하여 능력 부정의 긴 부정문을 만들면 '민지는 공을 던지지 못했다.'가 됩니다.

③ '먹다'를 사용하여 능력 부정의 짧은 부정문을 만들면 '나는 밥을 못 먹었다.'가 됩니다.

④ '어둡다'를 사용하여 상태 부정의 긴 부정문을 만들면 '하늘이 어둡지 않다.'가 됩니다.

⑤ '예쁘다'를 사용하여 의지 부정의 짧은 부정문을 만들면 '꽃이 안 예쁘다.'가 됩니다.

제대로 접근법

☆ 문제 채점까지 마친 후
복습할 때 보세요.

21
부정 표현에 대한 이해를 묻는 유형이다.

• 부정 표현에 대한 개념을 정확히 이해한다.
　(짧은 부정문, 긴 부정문, 의지 부정, 능력 부정, 상태 부정 등)

• 〈보기〉의 '가다, 던지다, 먹다, 어둡다, 예쁘다'의 품사를 파악한다. 서술어가 형용사인 경우 어떤 부정 표현이 쓰일 수 있는지 정리한다.

• 의지 부정과 상태 부정을 구분할 때는 행동 주체의 의지가 작용할 수 있는 단어인지를 판단하여 구분한다.

• 이를 바탕으로 선택지의 적절성을 판단한다.

부정하는 내용을 문법적으로 실현한 문장을 부정문이라고 한다. 부정문은 의미에 따라 '안' 부정문과 '못' 부정문으로, 길이에 따라 '짧은 부정문'과 '긴 부정문'으로 나누기도 한다. 한편 명령문과 청유문의 부정에는 '말다' 부정문이 쓰이고, '말다' 부정문은 '긴 부정문'만 가능하다.

'안' 부정문은 부정 부사 '안(아니)'으로 실현되는 짧은 부정문과 부정의 용언 구성 '-지 않다(아니하다)'로 실현되는 긴 부정문이 있고, 객관적인 사실을 부정하는 '단순 부정'과 동작 주체의 의도를 부정하는 '의도 부정'이 있다. '안' 부정문의 서술어가 동사이고 주어가 의지를 가질 수 있는 동작 주체인 경우에 '단순 부정'과 '의도 부정'의 해석이 모두 가능하다. 하지만 서술어가 형용사이거나 주어가 의지를 가질 수 없는 경우에는 대개 '단순 부정'으로 해석한다.

'못' 부정문은 부정 부사 '못'으로 실현되는 짧은 부정문과 부정의 용언 구성 '-지 못하다'로 실현되는 긴 부정문이 있다. 일반적으로 '못' 부정문은 동작 주체의 능력 부족을 드러내는 부정문이므로, 동작 주체의 능력으로는 어쩔 수 없는 심리적 상태를 나타내는 서술어는 '못' 부정문에 쓰이기 어렵다. 한편 '못' 부정문은 일반적으로 서술어가 형용사인 경우에는 성립할 수 없지만, '긴 부정문'에 한하여 '화자의 기대하는 기준에 이르지 못함'의 뜻을 나타내는 경우에는 쓰이기도 한다. 나아가 '못' 부정문은 화자의 능력을 부정하는 의미에서 발전하여 완곡한 거절, 또는 강한 거부와 같은 화자의 심리적 태도를 반영하기도 한다.

'말다' 부정문은 명령문 및 청유문에서 부정의 용언 구성 '-지 말다'로 실현된다. 형용사는 대부분 명령문이나 청유문의 서술어로 쓰일 수 없기 때문에 '말다' 부정문은 서술어가 형용사인 경우에는 성립하지 않는다. 하지만 문장의 서술어가 형용사라도 기원이나 희망을 나타낼 때는 '말다' 부정문이 쓰이기도 한다.

22

2020 4월 고3 학력평가

윗글을 바탕으로 〈보기〉를 이해한 내용으로 적절하지 않은 것은? [3점]

─〈보기〉─

태영: 새로 배정받은 ㉠동아리실이 그리 넓지 못해 고민이야. 우리가 쓰던 ㉡물품이 전부 안 들어가겠는데?
수진: 그 정도는 아닐 거야. 일단 물품을 옮겨 보자. 내일 어때?
태영: 미안하지만 ㉢나는 내일 못 와. 이번 휴일에는 집에서 좀 쉬고 싶어.
수진: ㉣나도 별로 안 내키는데, 다른 친구들은 내일 시간이 괜찮다고 하더라.
태영: 그래? 그럼 나도 와서 도울게. 그나저나 ㉤내일은 제발 덥지만 마라.

① ㉠의 '못' 부정문은 형용사인 서술어에 '긴 부정문' 형태로 실현되어 화자가 기대하는 기준에 이르지 못한다는 의미를 나타내고 있군.
② ㉡의 '안' 부정문은 주어가 의지를 가질 수 있는 동작 주체인 경우이기 때문에 '단순 부정'과 '의도 부정'으로 모두 해석이 가능하겠군.
③ ㉢의 '못' 부정문은 완곡한 거절이라는 화자의 심리적 태도를 나타내고 있군.
④ ㉣의 서술어는 동작 주체의 능력으로는 어쩔 수 없는 심리적 상태를 나타내기 때문에 '못' 부정문에 사용될 수 없겠군.
⑤ ㉤의 '말다' 부정문은 형용사인 서술어에 '긴 부정문' 형태로 실현되어 화자의 기원이나 희망의 의미를 나타내고 있군.

23

다음은 수업의 일부이다. 윗글을 바탕으로 @~@에 대해 이해한 내용으로 적절하지 <u>않은</u> 것은?

─────〈보기〉─────

선생님: 중세 국어의 부정문은 현대 국어와 큰 차이가 없었습니다. 제시한 예문들을 현대 국어와 비교하여 이해해 봅시다.

[중세 국어] 世尊이 @아니 오실씬
[현대 국어] 세존이 아니 오시므로

[중세 국어] 닐웨사 ⓑ머디 아니ᄒ다.
[현대 국어] 이레야 멀지 아니하다.

[중세 국어] 부텨를 몯 맛나며 法을 ⓒ몯 드르며
[현대 국어] 부처를 못 만나며 법을 못 들으며

[중세 국어] 이 ᄠᅳ들 ⓓ닛디 마ᄅ쇼셔.
[현대 국어] 이 뜻을 잊지 마십시오.

① @를 보니 중세 국어에서도 현대 국어의 '안' 부정문에 해당하는 부정문이 사용되었음을 알 수 있군.

② ⓑ를 보니 현대 국어에서처럼 중세 국어에서도 '단순 부정'에 해당하는 부정문이 사용되었음을 알 수 있군.

③ ⓒ를 보니 현대 국어에서처럼 중세 국어에서도 동작 주체의 의도를 부정하는 부정문이 사용되었음을 알 수 있군.

④ ⓓ를 보니 현대 국어에서처럼 중세 국어에서도 명령문을 부정하는 부정문이 사용되었음을 알 수 있군.

⑤ @와 ⓑ를 보니 중세 국어에서도 현대 국어의 '짧은 부정문'과 '긴 부정문'에 해당하는 부정문이 사용되었음을 알 수 있군.

제대로 접근법

★ 문제 채점까지 마친 후 복습할 때 보세요.

23
중세 국어의 부정문에 대한 이해를 묻는 유형이다. 〈보기〉에 제시된 중세 국어의 부정문이 현대 국어와 큰 차이가 없으므로 부정 표현에 대한 개념을 정확히 이해하고 있으면 쉽게 해결할 수 있는 문제이다.

• 부정 표현에 대한 개념을 바탕으로 〈보기〉에 나타난 중세 국어의 부정문을 정리한다. 중세 국어의 부정문을 정리할 때는 중세 국어의 부정문 아래에 제시된 현대 국어의 부정문과 비교하여 정리한다.

• 정리한 내용을 바탕으로 선택지의 적절성을 파악한다.

1차 채점	맞은 문항 수	개
	틀린 문항 수	개
	헷갈리는 문항 번호	

• 틀린 문항 '/' 표시

→

2차 채점	맞은 문항 수	개
	틀린 문항 수	개
	헷갈리는 문항 번호	

• 틀린 문항 '×' 표시

13 올바른 문장 표현

문장 성분의 생략과 호응

❶ 필요한 문장 성분 갖추기: 서술어가 필요로 하는 문장 성분이 모두 갖추어져 있어야 올바른 문장 표현이 됨

주어가 생략된 경우	예 본격적인 공사가 언제 시작되고, 언제 개통될지 모른다. (뒤 절의 서술어 '개통되다'가 필요로 하는 주어가 빠져 있음) → 본격적인 공사가 언제 시작되고, <u>도로가</u> 언제 개통될지 모른다.
목적어가 생략된 경우	예 사람은 남에게 속기도 하고 속이기도 한다. (뒤 절의 서술어 '속이다'가 필요로 하는 목적어가 빠져 있음) → 사람은 남에게 속기도 하고 <u>남을</u> 속이기도 한다.
부사어가 생략된 경우	예 인간은 환경을 지배하기도 하고, 때로는 순응하기도 한다. (뒤 절의 자동사 '순응하다'가 필요로 하는 부사어가 빠져 있음) → 인간은 환경을 지배하기도 하고, 때로는 <u>환경에</u> 순응하기도 한다.
서술어가 생략된 경우	예 그녀는 노래와 춤을 추고 있다. [목적어 '노래(를)'가 필요로 하는 서술어가 빠져 있음] → 그녀는 노래를 <u>부르며</u> 춤을 추고 있다.

❷ 불필요한 문장 성분 없애기: 한 문장 안에서 같은 어휘가 반복되거나, 중복되는 의미의 어휘가 사용된 경우에는 하나를 생략함

어휘의 중복	예 이 사람의 <u>장점</u>은 노래를 잘한다는 것이 <u>장점</u>이다. (주어와 서술어에 '장점'이 불필요하게 반복됨) → 이 사람의 <u>장점</u>은 노래를 잘한다는 <u>것이다</u>.
의미의 중복	예 실내에서 답답할 때에는 창문을 열어 <u>공기</u>를 <u>환기</u>해야 한다. ['환기(換氣)'에는 이미 '공기'의 뜻이 포함되어 있음] → 실내에서 답답할 때에는 창문을 열어 <u>환기</u>해야 한다.

❸ 문장 성분 간의 호응: 한 문장 성분이 문장 안에서 역할에 맞게 사용되어 다른 문장 성분과 자연스럽게 어울려야 함

주어와 서술어의 호응	예 <u>내가 하고 싶은 말은</u> 다른 사람을 배려해서 <u>행동하자</u>. (주어 '내가 하고 싶은 말은'과 서술어 '행동하자'가 호응하지 않음) → <u>내가 하고 싶은 말은</u> 다른 사람을 배려해서 <u>행동하자는 것이다</u>.
부사어와 서술어의 호응	예 학생은 <u>모름지기</u> 선생님을 <u>존경한다</u>. (특정 부사어의 경우 특정 서술어와 호응함) → 학생은 <u>모름지기</u> 선생님을 <u>존경해야 한다</u>.
수식어와 피수식어의 호응	예 <u>한결같이</u> 어려운 이웃을 <u>돕는</u> 사람들이 많습니다. (수식어와 피수식어의 거리가 멀리 떨어져 있음) → 어려운 이웃을 <u>한결같이</u> <u>돕는</u> 사람들이 많습니다.

개념 다지기

활동 1 문법적으로 잘못된 표현 고치기

① 이중 피동 표현

> 그녀의 갑작스런 죽음이 믿겨지지 않는다.
> (피동 접미사 '-가-'와 '-어지다'를 겹쳐 씀)
> → 그녀의 갑작스런 죽음이 믿기지 않는다.

② 사동 표현의 남용

> 좋은 사람 있으면 소개시켜 줘.
> (접미사 '-하다'를 쓸 수 있는데 불필요하게 사동 접미사 '-시키다'를 사용함)
> → 좋은 사람 있으면 (❶   ) 줘.

③ 잘못된 높임 표현

> • 지금 보고 계신 제품은 올해 신상품이셔요.
>   ('제품'은 높임의 대상이 아님)
>   → 지금 보고 계신 제품은 올해 <u>신상품이에요</u>.
> • 교장 선생님의 말씀이 계시겠습니다.
>   (간접 높임에는 '계시다'를 사용하지 않음)
>   → 교장 선생님의 말씀이 (❷   ).

④ 시제의 호응이 이루어지지 않은 경우

> 철수가 어제 집에 오지 않습니다.
> ('어제'와 어울리는 과거 시제를 사용해야 함)
> → 철수가 어제 집에 오지 (❸   ).

⑤ 조사의 잘못된 사용

> 나는 꽃에게 물을 주었다.
> (무정 명사 뒤에는 조사 '에'를 사용해야 함)
> → 나는 꽃<u>에</u> 물을 주었다.

⑥ 어미의 잘못된 사용

> 가던지 오던지 마음대로 해라.
> (선택의 의미일 때는 '-든지'를 사용해야 함)
> → 가<u>든지</u> 오<u>든지</u> 마음대로 해라.

⑦ 단어의 잘못된 사용

> 나이가 많고 작음은 큰 의미가 없다.
> (나이는 크기와 관련된 개념이 아님)
> → 나이가 많고 (❹   )은 큰 의미가 없다.

❶ 어휘적 중의성: 문장 속에 사용된 어휘의 특성으로 인한 중의성

(1) 동음이의어에 의한 중의성

> 예 • 말이 빠르다.
> ('말'을 '사람이 하는 말, 동물' 등으로 해석할 수 있음)
> → 그가 하는 말이 빠르다. / 말이 빠르게 달린다.
> • 저 배 좀 보아라.
> ('배'를 '신체의 일부, 과일, 선박' 등으로 해석할 수 있음)
> → 저 사람의 볼록한 배 좀 보아라. / 저 잘 익은 배 좀 보아라. / 바다 위에 떠 있는 저 배 좀 보아라.

(2) 다의어에 의한 중의성

> 예 길이 보이지 않는다.
> ('길'을 '도로, 방법이나 수단' 등으로 해석할 수 있음)
> → 걸어가야 할 길이 보이지 않는다. / 어떻게 해야 할지 길이 보이지 않는다.

❷ 구조적 중의성: 문장 구조의 특성으로 인한 중의성

수식 범위에 따른 중의성	예 예쁜 모자의 장식물이 돋보였다. ('예쁜'이 수식하는 것이 '모자'인지, '장식물'인지가 모호함) → 예쁜, 모자의 장식물이 돋보였다. → 모자의 예쁜 장식물이 돋보였다.
비교 구문에 따른 중의성	예 나는 엄마보다 게임을 더 좋아한다. ('엄마와 게임'을 비교하고 있는지, '내가 게임을 좋아하는 정도와 엄마가 게임을 좋아하는 정도'를 비교하고 있는지 모호함) → 나는 엄마를 좋아하는 것보다 게임을 더 좋아한다. → 나는 엄마가 게임을 좋아하는 것보다 더 게임을 좋아한다.
접속 표현에 따른 중의성	예 귤과 사과 세 개를 샀다. (귤 한 개와 사과 세 개인지, 귤과 사과가 각각 세 개인지, 귤과 사과를 합하여 모두 세 개인지가 모호함) → 귤 한 개와 사과 세 개를 샀다. → 귤 세 개와 사과 세 개를 샀다. → 귤과 사과를 합하여 전부 세 개를 샀다.
주어부에 따른 중의성	예 선생님이 보고 싶은 학생이 많다. ('보고 싶다'의 주어가 '선생님'인지, '학생'인지가 모호함) → 선생님은 보고 싶은 학생이 많다. → 선생님을 보고 싶어 하는 학생이 많다.
조사 '의'에 따른 중의성	예 이것은 할머니의 그림이다. (할머니 소유의 그림인지, 할머니가 그린 그림인지, 할머니를 그린 그림인지가 모호함) → 이것은 할머니가 지닌 그림이다. → 이것은 할머니가 그린 그림이다. → 이것은 할머니를 그린 그림이다.
부정 범위에 따른 중의성	예 학생들이 다 오지 않았다. (학생들이 한 명도 오지 않은 것인지, 학생들 중 일부가 오지 않은 것인지 모호함) → 학생들이 아무도 오지 않았다. → 학생들이 다 오지는 않았다.

활동 2 중의성의 해소 방법

정보의 추가	나는 밤을 좋아한다. ('밤'이 낮의 반대말을 의미하는 경우) → 나는 낮보다 밤을 좋아한다.
쉼표의 사용	용감한 그 사람의 아들은 강도를 잡았다. (아들이 용감한 경우) → 용감한, 그 사람의 아들은 강도를 잡았다.
어순의 조절	용감한 그 사람의 아들은 강도를 잡았다. (아들이 용감한 경우) → 그 사람의 용감한 아들은 강도를 잡았다.
비교 대상의 명확화	아내는 남편보다 아이를 더 사랑한다. ('남편과 아이'를 비교하는 경우) → 아내는 남편을 사랑하는 것보다 아이를 더 사랑한다. ('아내가 아이를 사랑하는 정도와 남편이 아이를 사랑하는 정도'를 비교하는 경우) → (❶)
병렬 구분의 명확화	유진이는 재호와 민기를 만났다. (민기를 만난 주체가 '유진이와 재호'인 경우) → 유진이와 재호는 민기를 만났다. (유진이 혼자서 '재호와 민기'를 만난 경우) → 유진이는 재호와 민기 두 사람을 만났다.
주어부의 명확화	그가 만나고 싶은 사람이 많다. ('만나고 싶다'의 주어가 '그'인 경우) → 그는 만나고 싶은 사람이 많다. ('만나고 싶다'의 주어가 '사람'인 경우) → (❷)

▶ 해설편 62쪽

개념 완성 TEST

01
정확한 문장 표현

다음 문장이 문법적으로 정확하지 <u>않은</u> 이유를 〈보기〉에서 찾아 그 기호를 써 보자.

〈보기〉

ⓐ 단어의 의미가 중복됨
ⓑ 필요한 문장 성분이 생략됨
ⓒ 두 가지 이상의 의미로 해석됨

(1) 제주도에 눈과 바람이 불고 있습니다. (   )
(2) 기상청에서는 비가 올 것이라고 미리 예고했다. (   )
(3) 우영이는 준호와 민준이가 추천한 노래를 들었다. (   )

02
정확한 문장 표현

다음은 잘못된 문장 표현이다. 밑줄 친 부분을 바르게 고쳐 써 보자.

(1) 내일은 <u>구름과</u> 비가 내리겠습니다.
→ _____

(2) <u>비록</u> 네가 나의 입장이라면, 그런 상황에서 어떻게 했을지 궁금하다.
→ _____

(3) 인간은 한편으로는 자연을 이용하면서, 다른 한편으로는 ___∨___ 순응하면서 살아왔다.
→ _____

03
정확한 문장 표현

다음 문장이 정확한 문장이 되기 위해 꼭 필요한 문장 성분을 써 보자.

(1) 나는 몸이 아파서 갔다. (   )
(2) 아영이는 동물원에서 관람했다. (   )
(3) 한 사람의 실수로 인해 엉망진창이 되었다. (   )

04
정확한 문장 표현

주어와 서술어의 호응을 고려하여, 정확한 문장이 되도록 다음 밑줄 친 부분을 고쳐 써 보자.

(1) 정진이의 장점은 <u>정직하다.</u>
→ _____

(2) 더욱 큰 문제는 기상 이변이 계속 <u>일어나고 있다.</u>
→ _____

05
정확한 문장 표현

다음 문장에 알맞은 조사를 골라 보자.

(1) 대화(로서 / 로써) 이 문제를 해결하자.
(2) 친구가 나에게 "저녁으로 무엇을 먹을까?"(라고 / 고) 물었다.
(3) 취미 활동으로 요리(든지 / 던지) 그림이(든지 / 던지) 배울 거야.

06
중의적 표현

다음의 중의적 문장을 괄호의 의미만을 나타내도록 고쳐 써 보자.

(1) 손님들이 다 오지 않았다. (→ 손님들 전체가 오지 않은 경우)
→ _____

(2) 친절한 그의 누나가 전화를 받았다. (→ 친절한 것이 누나인 경우)
→ _____

(3) 준현이와 민준이는 휴가를 갔다. (→ 준현이와 민준이가 함께 간 경우)
→ _____

07
중의적 표현

다음 문장을 중의성이 해소되도록 고쳐 써 보자.

아빠는 나보다 엄마를 더 사랑한다.

(1) 비교 대상이 '나'와 '엄마'일 경우
→ _____

(2) 비교 대상이 '아빠'와 '나'일 경우
→ _____

08
중의적 표현

다음은 의미가 중복된 표현이다. 밑줄 친 부분을 바르게 고쳐 써 보자.

(1) 홍수로 인해 집이 <u>물에 침수되었다.</u>
→ _____

(2) <u>역전 앞에</u> 있는 약국에서 기다리고 있어.
→ _____

(3) 선생님이 다음 주에 쪽지 시험을 볼 것이라고 <u>미리 예고했다.</u>
→ _____

(4) 이것이 우리 회사가 <u>새로 개발한 신제품</u>입니다.
→ _____

내신 기출 문제

01
정확한 문장 표현

〈보기〉의 ㉠~㉤ 중 문법에 어긋나거나 부자연스러운 부분을 찾아 고쳐 쓴 문장으로 적절하지 <u>않은</u> 것은?

〈보기〉

㉠ 이런 일은 비단 어제오늘의 일이다.
→ 이런 일은 비단 어제오늘의 일이 아니다.
㉡ 다음은 회장님의 말씀이 계시겠습니다.
→ 다음은 회장님의 말씀이 있으시겠습니다.
㉢ 그녀는 곧 장마가 끝날 것으로 미리 예상했다.
→ 그녀는 곧 장마가 끝날 것으로 예상했다.
㉣ 비록 그가 가난하다면 반드시 그를 따르겠다.
→ 비록 그가 가난할지라도 반드시 그를 따르겠다.
㉤ 이 과일은 저 과일에 비해 맛도 영양도 훨씬 많다.
→ 이 과일은 저 과일에 비해 맛도 많고 영양도 훨씬 많다.

① ㉠ ② ㉡ ③ ㉢ ④ ㉣ ⑤ ㉤

02
정확한 문장 표현

㉠~㉤의 잘못된 문장을 수정한 이유로 적절하지 <u>않은</u> 것은?

	잘못된 문장 → 수정한 문장
㉠	그가 선물을 주었다. → 그가 나에게 선물을 주었다.
㉡	관련 서류를 동사무소에게 요청하였다. → 관련 서류를 동사무소에 요청하였다.
㉢	주변 사람들에게 따뜻한 온정을 베풀어야 한다. → 주변 사람들에게 온정을 베풀어야 한다.
㉣	어머니의 그림은 항상 인기가 많다. → 어머니가 그린 그림은 항상 인기가 많다.
㉤	친구의 불합격 소식이 믿겨지지 않았다. → 친구의 불합격 소식이 믿기지 않았다.

① ㉠: 문장의 필수 성분이 생략되었다.
② ㉡: 주어와 서술어의 호응이 적절하지 않다.
③ ㉢: 의미가 중복된 표현을 사용하였다.
④ ㉣: 중의적 표현이 사용되었다.
⑤ ㉤: 이중 피동 표현을 사용하였다.

03
중의적 표현

〈보기〉의 ㄱ~ㅁ에 중의성이 발생하는 이유를 가장 적절하게 설명한 것은?

〈보기〉

중의성이 있는 문장이란 하나의 문장이 둘 이상의 의미로 해석되는 문장을 의미한다.

ㄱ. 규민이는 차를 좋아한다.
ㄴ. 이것은 아버지의 사진이다.
ㄷ. 나는 철수와 영희를 만났다.
ㄹ. 포수 열 명이 토끼 한 마리를 잡았다.
ㅁ. 얼굴이 작은 친구의 동생이 놀이터에서 놀고 있다.

① ㄱ: 서술어와 호응하는 주어의 범위가 분명하지 않다.
② ㄴ: 수량이 정확하게 제시되어 있지 않다.
③ ㄷ: 다의어가 사용되었다.
④ ㄹ: 조사가 수식하는 범위가 분명하지 않다.
⑤ ㅁ: 수식의 범위가 분명하지 않다.

04
중의적 표현

〈보기〉의 자료에 대한 반응으로 적절한 것은?

〈보기〉

• 키가 큰 친구의 동생을 만났다.
→ 키가 큰, 친구의 동생을 만났다. ┄┄┄┄ ㉠
• 엄마는 사과와 귤 두 개를 주셨다.
→ 엄마는 사과 하나와 귤 두 개를 주셨다. ┄┄ ㉡
• 오빠와 동생은 선생님을 찾아갔다.
→ 오빠와 동생은 함께 선생님을 찾아갔다. ┄┄ ㉢
• 그는 어제 고향에서 온 친구를 만났다.
→ 그는 고향에서 온 친구를 어제 만났다. ┄┄ ㉣
• 이번 시험에서 답을 몇 개 쓰지 못했다.
→ 이번 시험에서 답을 몇 개밖에 쓰지 못했다. ┄ ㉤

① ㉠은 쉼표를 추가하여 꾸미는 대상이 분명히 드러나도록 고친 것이군.
② ㉡은 다의어를 다른 단어로 대체함으로써 과일의 수를 분명히 드러냈군.
③ ㉢은 조사를 첨가하여 의미가 두 가지로 해석되는 것을 방지하였군.
④ ㉣은 적절한 단어를 추가하여 의미가 분명하게 드러나도록 고친 것이군.
⑤ ㉤은 어순을 변경하여 부정의 대상이 분명히 드러나도록 고친 것이군.

문장 표현

01

다음은 잘못된 문장 표현을 고쳐 쓴 것이다. 적절하지 <u>않은</u> 것은?

- 단어의 사용이 잘못된 경우
  예 나이가 많고 작음은 큰 의미가 없다.
  → 나이가 크고 작음은 큰 의미가 없다. ·· ①

- 조사의 쓰임이 잘못된 경우
  예 우리는 아버지에 생신을 축하하려고 모였다.
  → 우리는 아버지의 생신을 축하하려고 모였다. ····························· ②

- 어미의 사용이 잘못된 경우
  예 집에 가던지 학교에 가던지 해라.
  → 집에 가든지 학교에 가든지 해라. ··· ③

- 문장 성분 간의 호응이 잘못된 경우
  예 그것은 결코 우연한 일이었다.
  → 그것은 결코 우연한 일이 아니었다. ··· ④

- 문장 성분이 과도하게 생략된 경우
  예 그녀는 노래와 춤을 추고 있다.
  → 그녀는 노래를 부르며 춤을 추고 있다. ································· ⑤

01
정확한 문장 표현의 적절성을 평가하는 유형이다. 정답률이 90%에 달하는 문제로 평소에 어미, 조사, 단어, 문장 성분의 쓰임과 호응 관계를 정확히 이해해 둔다면 쉽게 해결할 수 있다.

- 선택지에서 고쳐 쓰기 전과 후에 달라진 부분을 표시하여 단어의 사용, 조사의 쓰임, 어미의 사용, 문장 성분 간의 호응, 문장 성분의 생략을 살핀다.
- 잘못된 문장 표현을 고쳐 쓴 것의 적절성을 판단해 보자.

02

〈보기〉는 문법적으로 바르지 않은 문장 유형 중 일부이다. 〈보기〉의 어느 경우에도 해당하지 <u>않는</u> 것은?

―――――〈보기〉―――――

- 높임 표현이 적절하게 사용되지 않은 경우
- 연결 어미가 의미에 맞게 사용되지 않은 경우
- 피동 표현이 중복되어 과도한 피동이 된 경우
- 목적어에 대응하는 서술어가 잘못 생략된 경우

① 고등학생이라면 모름지기 그 정도는 다 할 줄 안다.
② 예상치 못했던 결과가 나온다면 실망할 필요가 없다.
③ 그 복지 시설은 지금 민간에 위탁 운영되어지고 있다.
④ 특별한 일이 없을 때는 텔레비전이나 라디오를 듣는다.
⑤ 이것은 어머니가 외할머니한테 생신 선물로 드린 것이다.

02
정확한 문장 표현의 적절성을 평가하는 유형으로, 다양한 문법 요소의 올바른 쓰임을 이해해야 하는 문제이다.

- 선택지에서 잘못된 문장 표현을 찾아 고쳐 쓰고, 〈보기〉의 내용을 참고하여 문법적으로 바르지 않은 문장 유형을 판단한다.
- 〈보기〉에 제시된 유형이 아닌 경우, 해당 문장이 왜 문법적으로 바르지 않은지 생각해 보자.

03

〈보기〉의 ㉠~㉤은 모두 중의적인 문장이다. 괄호의 의미만을 나타내도록 수정한 방법으로 적절하지 <u>않은</u> 것은?

─〈보기〉─

㉠ 교실에 학생들이 다 오지 않았다.
  (→ 학생들이 한 명도 오지 않았다는 의미로)
㉡ 현규와 숙희는 어제 결혼하였다.
  (→ 현규가 숙희의 남편이 되었다는 의미로)
㉢ 이것은 선생님의 그림이다.
  (→ 그림 속 인물이 선생님이라는 의미로)
㉣ 아버지께서 귤과 사과 두 개를 가져오셨다.
  (→ 과일 세 개 중 두 개가 사과라는 의미로)
㉤ 그녀는 밝은 표정으로 환영하는 사람들에게 인사했다.
  (→ 표정이 밝은 사람은 그녀라는 의미로)

① ㉠: '않았다'를 '못했다'로 바꾼다.
② ㉡: '현규와 숙희는'을 '현규는 숙희와'로 교체한다.
③ ㉢: '선생님의'를 '선생님을 그린'으로 교체한다.
④ ㉣: '귤과 사과 두 개'를 '귤 한 개와 사과 두 개'로 바꾼다.
⑤ ㉤: '밝은 표정으로'를 '사람들에게'의 뒤로 옮긴다.

03
문장의 중의성을 해소하는 방법을 묻는 유형이다.
정답률이 95%에 달하는 문제로, 중의적 표현과 중의성의 해소 방법을 알고 있다면 어렵지 않은 문제이다.
• 〈보기〉의 ㉠~㉤이 왜 중의적 의미를 나타내는지 이해하고, 선택지에서 제시한 방법으로 수정한다.
• 선택지에서 제시한 방법으로 수정하였을 때, 중의성이 해소되고 괄호의 의미만을 나타내는지 판단한다. 또한 괄호의 의미 외에 다른 의미를 나타낼 때는 어떻게 수정해야 중의성을 해소할 수 있을지 생각해 보자.

04

〈자료〉와 같이 문장을 수정할 때 고려한 사항을 〈보기〉의 ㉠~㉣에서 고른 것은?

─〈보기〉─

㉠ 주어와 서술어의 호응
  • 너희가 기억할 것은 좋은 지도자는 실패하더라도 좌절하지 않는다.
  → 너희가 기억할 것은 좋은 지도자는 실패하더라도 좌절하지 않는다는 점이다.
㉡ 부사어와 연결 어미의 호응
  • 그는 아무리 돈이 많아서 그것을 쓸 줄 모른다.
  → 그는 아무리 돈이 많아도 그것을 쓸 줄 모른다.
㉢ 목적어의 누락
  • 상대방의 함정에 빠진 그들은 머리를 모아 궁리하기 시작했다.
  → 상대방의 함정에 빠진 그들은 머리를 모아 탈출 방법을 궁리하기 시작했다.
㉣ 피동의 중복
  • 그것은 오래전에 불려지던 노래이다.
  → 그것은 오래전에 불리던 노래이다.

─〈자료〉─

• 그 프로그램을 쓰면 비록 초보자일수록 누구나 쉽게 표와 그래프 등을 그려서 작성할 수 있다.
→ 그 프로그램을 쓰면 비록 초보자일지라도 누구나 쉽게 표와 그래프 등을 그려서 문서를 작성할 수 있다.

① ㉠, ㉡   ② ㉠, ㉢   ③ ㉡, ㉢   ④ ㉡, ㉣   ⑤ ㉢, ㉣

04
비문의 유형을 알고 올바른 문장으로 고쳐 쓸 수 있는지 묻는 유형이다.
정답률이 95%에 달하는 문제로, 비문을 올바른 문장으로 고쳐 쓰는 방법을 알고 있다면 어렵지 않은 문제이다.
• 〈자료〉에서 제시하고 있는 문장 수정의 내용을 파악한다. 수정되기 전과 비교하여 달라진 부분에 밑줄과 같은 표시를 하면 문장 수정의 내용을 쉽게 파악할 수 있다.
• 〈자료〉에서 제시하고 있는 문장 수정의 내용이 〈보기〉의 어떤 사례에 해당하는지 판단한다.

〈보기 1〉의 ㉠~㉢ 중 〈보기 2〉와 같이 문장을 수정하는 데에 반영된 것만을 있는 대로 고른 것은?

─────〈보기 1〉─────

문장을 수정할 때는 아래와 같은 사항을 점검해야 한다.

㉠ 문장의 필수 성분이 다 갖추어져 있는가?
㉡ 조사가 적절하게 사용되었는가?
㉢ 어미가 적절하게 사용되었는가?
㉣ 불필요한 의미 중복 표현이 사용되지는 않았는가?

─────〈보기 2〉─────

| 수정
전 | 지난여름 청소년 문화 교류단에 참여하려는 학생들은 각 지역에 청소년들과 소통하고 답사함으로써 즐거운 추억을 만들 수 있었다. |

| 수정
후 | 지난여름 청소년 문화 교류단에 참여한 학생들은 각 지역의 청소년들과 소통하고 유적지를 답사함으로써 즐거운 추억을 만들 수 있었다. |

① ㉠, ㉢   ② ㉠, ㉣   ③ ㉡, ㉣
④ ㉠, ㉡, ㉢   ⑤ ㉡, ㉢, ㉣

05
비문의 유형을 알고 올바른 문장으로 고쳐 쓸 수 있는지 묻는 유형이다.
· 〈보기 2〉에서 제시하고 있는 문장의 수정 내용을 파악한 후 〈보기 1〉의 어떤 사례에 해당하는지 비교해 보자.
· 문장의 필수 성분에는 주어, 목적어, 보어, 서술어가 있다. 또한 조사는 주로 체언 뒤에 결합하며, 어미는 어간에 결합함을 기억하자.
· '수정 후'에 반영된 수정 사항이 어떤 내용인지 파악하는데 주의를 기울이면 문제를 쉽게 해결할 수 있다.

㉠~㉢의 잘못된 문장을 수정할 때 고려한 문법적 기준으로 적절하지 <u>않은</u> 것은?

	잘못된 문장 → 수정한 문장
㉠	그는 양말을 벗고 바위에 앉아서 발을 넣었다. → 그는 양말을 벗고 바위에 앉아서 물에 발을 넣었다.
㉡	내가 주장하는 바는 문화 회관 건설로 주민 생활이 개선된다. → 내가 주장하는 바는 문화 회관 건설로 주민 생활이 개선된다는 것이다.
㉢	이번 일로 우리는 불편과 피해를 입었다. → 이번 일로 우리는 불편을 겪고 피해를 입었다.
㉣	우리 모두 쓰레기 줄이기 운동을 동참합시다. → 우리 모두 쓰레기 줄이기 운동에 동참합시다.
㉤	이 사람에게 그 일은 여간 기쁜 일이다. → 이 사람에게 그 일은 여간 기쁜 일이 아니다.

① ㉠: 목적어인 '발을'을 수식하는 관형어가 있어야 한다.
② ㉡: '내가 주장하는 바는'과 호응하는 서술어가 있어야 한다.
③ ㉢: 목적어의 하나인 '불편'과 호응하는 서술어가 있어야 한다.
④ ㉣: 서술어인 '동참합시다'가 요구하는 부사어에 정확한 조사를 사용해야 한다.
⑤ ㉤: 부사 '여간'은 부정의 의미를 나타내는 말과 호응해야 한다.

06
비문의 유형을 알고 올바른 문장으로 고쳐 쓸 수 있는지 묻는 유형이다.
· ㉠~㉤에서 잘못된 표현을 찾고, 문장 성분의 생략과 호응 등을 살펴 잘못된 표현의 유형을 정리한다. 문장 성분의 생략과 호응 등을 살필 때는 서술어를 중심으로 살핀다.
· 정리한 내용을 바탕으로 선택지의 적절성을 판단한다.

07

다음 중 문법적으로 가장 정확한 문장은?

① 그는 자기가 창안한 사회 이론을 더욱 발전해 사회 문제의 해결에 기여하고자 하였다.

② 참관인 자격으로 회의에 참석한 두 사람은 눈짓을 주고받은 후 조용히 회의장을 **빠져나**갔다.

③ 유럽은 18세기 후반부터 약 100년 동안 생산 기술의 발달과 그에 따라 사회 조직의 큰 변화를 겪었다.

④ 이 책의 저자가 독자에게 말하려는 요점은 모름지기 사람은 남을 위하여 자기를 희생할 줄도 알아야 한다.

⑤ 그의 작품들은 엇비슷해서 학생들이 작품 이름의 혼동이나 각 작품의 이야기 줄거리를 잘 기억하지 못했다.

07
문법적으로 정확한 문장을 찾을 수 있는지 확인하는 유형이다.
정답률이 90%에 달하는 평이한 문제였어.

• 정확한 문장 표현을 파악하기 위해서는 문장의 서술어를 먼저 찾고 이에 호응하는 주어를 찾는다. 그리고 부사어와 관형어는 수식 관계가 적절한지 파악하고, 안긴문장이나 이어진문장에서는 문장 성분이 과도하게 생략되지 않았는지 확인한다.

• 문장에 불필요한 성분이 없는지, 필요한 성분이 이유 없이 생략되지는 않았는지도 확인하도록 한다.

• 이를 바탕으로 제시된 문장을 올바른 표현으로 정리해 보자.

08

다음 중 수정 이유에 따라 고쳐 쓴 문장으로 가장 적절한 것은?

학습 활동	정확한 문장 표현 익히기

사례 1 사람들은 쾌적한 환경을 위한 조치에 찬성하는 경향이다.
이유 주어와 서술어의 호응이 맞지 않다.
→ 사람들은 쾌적한 환경을 위한 조치에 찬성하는 경향인 것이다. ┄┄┄┄ ①

사례 2 동생은 평소에 건강을 위해 야구나 공을 찬다.
이유 목적어와 서술어의 호응이 맞지 않다.
→ 동생은 평소에 건강을 위해 공이나 야구를 한다. ┄┄┄┄ ②

사례 3 동물은 사람을 경계하기도 하고 기대기도 한다.
이유 서술어가 필요로 하는 부사어가 없다.
→ 동물은 사람을 경계하기도 하고 사람에게 기대기도 한다. ┄┄┄┄ ③

사례 4 사람을 좋아하는 친구의 고양이가 새끼를 낳았다.
이유 문장의 의미가 중의적이다.
→ 사람을 좋아하는 친구의 고양이가, 새끼를 낳았다. ┄┄┄┄ ④

사례 5 누구나 자기의 처한 현실에 직시해야 한다.
이유 조사가 잘못 사용되었다.
→ 누구도 자기의 처한 현실에 직시해야 한다. ┄┄┄┄ ⑤

08
비문의 유형을 알고 올바른 문장으로 고쳐 쓸 수 있는지 묻는 유형이다.

• 제시된 문장의 잘못된 이유를 참고하여 바른 문장으로 고쳐 쓴다.

• 제시된 문장과 수정한 문장을 비교하여 달라진 부분에 밑줄과 같은 표시를 하면 문장 수정의 내용을 쉽게 파악할 수 있다.

• 이를 바탕으로 수정 이유에 따라 고쳐 쓴 문장으로 가장 적절한 것을 찾는다.

1차 채점	맞은 문항 수	개		**2차 채점**	맞은 문항 수	개
	틀린 문항 수	개	→		틀린 문항 수	개
	헷갈리는 문항 번호				헷갈리는 문항 번호	

• 틀린 문항 '/' 표시

• 틀린 문항 'X' 표시

14 담화의 특성과 표현

1 담화의 개념과 구성 요소

개념	• 발화: 화자의 느낌, 생각, 믿음 등이 일정한 상황 속에서 문장 단위로 실현된 말 • 담화: 하나 이상의 발화가 모여서 이루어진 구조체
구성 요소	• 화자와 청자(참여 주체) • 발화 내용(화자와 청자가 주고받는 언어 표현) • 맥락(담화가 이루어지는 시·공간적 상황)

2 담화의 유형

정보 제공 담화	정보나 지식을 전달함 예 강의, 뉴스, 보고서 등
호소 담화	상대방을 설득함 예 광고, 설교, 연설, 논설 등
약속 담화	내용의 수행을 약속함 예 맹세, 선서, 계약서 등
사교 담화	친근함, 미안함 등 심리적 상태를 표현함 예 잡담, 인사말 등
선언 담화	자신의 의견이나 주장 등을 밝힘 예 개회 선언, 선전 포고 등

3 담화의 맥락

언어적 맥락		내용의 흐름이나 사건의 인과 관계 등 언어 자체와 관련된 맥락
비언어적 맥락	상황 맥락	화자와 청자가 처한 시간적·공간적 장면과 관련된 맥락
	사회·문화적 맥락	공동체의 관습, 규범, 가치 등 사회·문화적 상황과 관련된 맥락

4 담화의 표현

(1) **통일성**: 담화 구성 요소들이 내용적인 측면에서 유기적으로 연결되어 있는 것

(2) **응집성**: 담화 구성 요소들이 형식적인 측면에서 유기적으로 연결되어 있는 것

지시 표현	대상을 직접적으로 가리키는 표현 예 • 이 사람(대상이 화자에게 가까움) • 그 사람(대상이 청자에게 가까움) • 저 사람(대상이 화자와 청자 모두에게 멂)
대용 표현	앞에서 언급한 내용의 반복을 피하기 위해 다른 표현으로 대신하는 것 예 나는 어릴 때부터 요리사가 되고 싶었다. 나는 아직도 그 꿈을 포기하지 않았다.
접속 표현	두 문장을 이어 주는 기능을 하는 표현. 순접 관계, 역접 관계, 인과 관계, 병렬 관계 등을 나타냄 예 어제는 많이 아팠어요. 그래서 결석했어요.

개념 다지기

개념 ◑ 직접 발화와 간접 발화

직접 발화	발화의 표현과 기능이 일치하는 발화. 화자가 자신의 의도를 직접적으로 드러냄 예 (추운 교실에서 창가에 앉은 학생에게) "창문을 닫아라." → 창문을 닫으라는 의도를 직접적으로 드러냄
간접 발화	발화의 표현과 기능이 일치하지 않는 발화. 화자가 자신의 의도를 간접적으로 드러냄 예 (추운 교실에서 창가에 앉은 학생에게) "창문이 열렸네." → 창문을 닫으라는 의도를 간접적으로 드러냄

활동 1 상황 맥락의 예

발화	"지금이 몇 시냐?"
상황 맥락	• 차 시간을 기다리는 상황 → 의미: 정확한 현재 시간을 물어봄 • 지각한 학생에게 선생님이 말하는 상황 → 의미: ( )

활동 2 응집성을 높이는 표현

• 이것은 필통이다. → 지시 표현
• 민지: 잠깐 슈퍼 좀 갔다 올게.
  서준: 이 시간에 거기는 왜?
  → (❶   ) 표현
• 우리는 열심히 손을 흔들었다. 그러나 선수 중 아무도 돌아보는 사람이 없었다.
  → (❷   ) 표현

개념 완성 TEST

01
<small>담화의 특성과 표현</small>

다음의 담화가 수행하고 있는 기능을 〈보기〉에서 찾아 그 기호를 써 보자.

〈보기〉

㉠ 약속 기능   ㉡ 친교 기능   ㉢ 선언 기능

(1) 어머니, 편히 주무셨어요?   (   )
(2) 여름 방학 때 꼭 캠프에 보내 줄게.   (   )
(3) 제8기 ○○사의 정기 주주 총회를 개최하겠습니다. (   )

02
<small>담화의 특성과 표현</small>

다음 담화에 대한 설명으로 적절한 것에는 ○표, 적절하지 않은 것에는 ×표를 해 보자.

효정: 어, 여기 운동화 정말 많다. 모르겠어, 뭘 사야 할지.
유현: 그래? 그럼 하나 골라 줄까?
효정: (밝게 웃으면서) 고맙지, 골라 주면.
유현: 음, 저건 어때?
효정: (고개를 가로저으며) 디자인이 좀 별로인 것 같아.

(1) 필수적인 문장 성분이 생략되지 않았다.   (   )
(2) 어순이 비교적 자유롭게 교체되고 있다.   (   )
(3) 특별한 의미가 없는 군말이 사용되고 있다.   (   )
(4) 표정과 몸짓 등으로 자신의 의사를 표현하고 있다. (   )

03
<small>담화의 특성과 표현</small>

㉠~㉺을 가리키는 대상이 같은 것끼리 분류해 보자.

동생: 언니, ㉠이거 어디서 샀어? 예쁘다.
언니: 백화점에서 샀어.
동생: 언니, ㉡이거 나 가지면 안 돼?
언니: ㉢그건 쓰던 거니까 ㉣이거 가져.
동생: ㉤그거? ㉥이것도 괜찮은데……

내신 기출 문제

01
<small>담화의 특성과 표현</small>

〈보기〉의 ㉠~㉤에 대한 설명으로 적절하지 <u>않은</u> 것은?

〈보기〉

지수: 성모야, 내가 낀 장갑 어때?
성모: ㉠그것 참 예쁘네. 어디서 샀어?
지수: 우리 언니가 생일 선물로 준 건데, 우리 동네 시장에 있는 가게에서 샀대. 거기 가르쳐 줄까?
성모: ㉡여기서 쉽게 찾아갈 수 있을까?
지수: ㉢저기 학교 앞 정류소에서 11번 버스를 타고 다섯 번째 정류소에서 내리면 편의점이 있을 거야. ㉣거기서 우측 골목으로 조금 더 가면 바로 ㉤그곳이야.

① ㉠은 '지수'가 끼고 있는 '장갑'을 가리키는 말이다.
② ㉡은 '성모'와 '지수'가 대화하고 있는 장소를 가리키는 말이다.
③ ㉢은 듣는 이인 '성모'와 가까이 있는 장소를 가리키는 말이다.
④ ㉣은 대화 상황에서 눈에 보이지 않는 장소로, '편의점'을 가리키는 말이다.
⑤ ㉤은 '지수'의 언니가 장갑을 산 '가게'를 가리키는 말이다.

02
<small>담화의 특성과 표현</small>

〈보기〉를 바탕으로 할 때, ㉠의 기능으로 적절한 것은?

〈보기〉

담화를 이루는 어휘의 의미와는 관련이 없지만, 화자의 발화 의도나 심리적 태도를 효과적으로 전달하기 위해 사용되는 말을 담화 표지라고 한다. 담화 표지에는 언어적 담화 표지와 몸짓, 표정, 손짓, 억양 및 어조 등 언어 외적 담화 표지가 있다. 담화 표지의 역할로는 내용의 예고, 강조, 요약, 예시, 열거, 부연 등이 있다.

여가란 직장 생활이나 공부하는 일 등에서 벗어난 자유로운 시간을 말합니다. 여가 생활은 필요성이나 의무감에서 하는 것이 아니라, 스스로 만족을 얻기 위해 하는 것입니다. ㉠다시 말해서 여가는 자유입니다.

① 강조   ② 부연   ③ 열거   ④ 예고   ⑤ 예시

[01-02] 다음 글을 읽고 물음에 답하시오.

담화는 하나 이상의 발화나 문장으로 이루어진다. 담화가 그 내용 면에서 완결성을 갖추기 위해서는 담화를 이루는 발화나 문장들이 일관된 주제 속에 내용상 유기적인 관련을 맺고 있어야 한다. 이때 각 발화나 문장 간의 관련성을 보여 주는 형식적 장치가 필요하다. 이러한 장치에는 지시, 대용, 접속 표현이 있다.

우선 지시 표현은 담화 장면을 구성하는 화자, 청자, 사물, 시간, 장소 등의 요소를 직접 가리키는 표현이다. 그리고 대용 표현은 담화에서 언급된 말, 혹은 뒤에서 언급될 말을 대신하는 표현이다. 대표적인 지시 표현으로는 '이, 그, 저' 등이 있다. 이들이 담화에서 언급되는 말을 대신할 때는 대용 표현이 된다. 가령 친구가 든 꽃을 보면서 화자가 "이 꽃 예쁘네."라고 말했다면, '꽃'을 직접 가리키는 '이'는 지시 표현이다. 그러나 화자가 "그런데 지난번 꽃도 예쁘던데, 그때 그거는 어디서 샀어?"라고 발화를 곧장 이어 간다면 이때의 '그거'는 앞선 발화의 '지난번 꽃'이라는 말을 대신하는 대용 표현이다. 끝으로 접속 표현은 문장과 문장, 발화와 발화를 연결해 주는 표현으로, '그리고' 등과 같은 접속 부사가 대표적인 예이다. 앞서 언급된 두 번째 발화의 '그런데'도 앞의 발화를 뒤의 발화와 이어 주는 접속 표현에 속한다.

한편, 담화 전개 과정에서 화자는 청자 및 맥락을 고려하면서 발화나 문장을 통해 자신의 의도를 효과적으로 구현한다. 이때 여러 문법 요소가 활용된다. 가령 화자는 "아버지! 진지 드세요."라는 발화에서 '드세요'의 '드시-'를 통해 문장의 주체인 '아버지'를, 종결 어미 '-어요'를 통해 청자인 '아버지'를 높이고 있다. 이와 같이 화자는 특정 어휘나 조사, 어미 등을 사용하여 어떤 대상에 대해 높이거나 낮추는 태도를 드러낸다. 아울러 위의 '드세요'의 '-어요'는 화자가 청자에게 어떠한 행동을 요구하고 있음도 보여 준다. 즉, 종결 어미는 청자에게 답변을 요구하거나, 어떠한 사실을 새롭게 알게 되었다는 점을 두드러지게 나타내는 등 화자의 의도를 구현할 때도 쓰인다. 화자, 청자 및 맥락이 발화나 문장에서 문법 요소와 맺고 있는 관련성은 ㉠"할아버지께서 마침 방에 계셨구나! 과일 좀 드리고 오렴."과 같이 연속된 발화로 이루어진 담화에서 더욱 다양하게 나타날 수 있다.

제대로 개념 정리 ☆ 문제 채점까지 마친 후 복습할 때 보세요.

(1) 담화의 개념
하나 이상의 발화나 문장으로 이루어짐
→ 내용적 (❶　　　)을 갖추기 위해서는 담화 내의 발화나 문장들이 유기적인 관련을 맺고 있어야 함

(2) 담화 응집성에 필요한 형식적 장치
① (❷　　　): 담화 장면을 구성하는 요소를 직접 가리키는 표현
　예 이, 그, 저
② (❸　　　): 담화에서 언급된 말, 혹은 뒤에서 언급될 말을 대신하는 표현
　예 지난번 꽃도 예쁘던데, 그때 그거는 어디서 샀어?
③ 접속 표현: 문장과 문장, 발화와 발화를 연결해 주는 표현
　예 그리고, 그런데

(3) 담화 내 의도를 드러내는 문법 요소
① (❹　　　): 어떤 대상에 대해 높이거나 낮추는 태도를 드러냄
② 문장 종결 표현: 청자에게 답변을 요구하거나, 어떠한 사실을 새롭게 알게 되었다는 점을 두드러지게 나타냄

❶ 완결성 ❷ 지시 표현 ❸ 대용 표현 ❹ 높임 표현

01

㉠에 대한 이해로 적절하지 않은 것은?

① '할아버지께서'의 '께서'를 통해 화자가 문장의 주체인 '할아버지'를 높이고 있다.
② '계셨구나'의 '계시-'를 통해 화자가 문장의 주체인 '할아버지'를 높이고 있다.
③ '계셨구나'의 '-구나'를 통해 화자가 문장의 주체인 '할아버지'에 관한 사실을 새롭게 알게 되었음을 부각하고 있다.
④ '드리고'의 '드리-'를 통해 화자가 문장의 주체인 '할아버지'를 높이고 있다.
⑤ '오렴'의 '-렴'을 통해 화자가 청자에게 어떠한 행동을 요구하고 있다.

제대로 접근법 ☆ 문제 채점까지 마친 후 복습할 때 보세요.

01
담화 내 의도를 드러내는 문법 요소인 높임 표현과 문장 종결 표현을 파악하는 유형이다.

• 높임 표현과 문장 종결 표현에 대한 기본 개념을 정확하게 이해한다.
• 지문에 제시된 높임 표현과 문장 종결 표현을 통해 화자가 담화 내에서 드러내려는 의도를 파악한다.
• 이를 바탕으로 선택지의 적절성을 판단한다.

02

윗글을 바탕으로 〈보기〉의 ⓐ~ⓕ에 대해 설명한 내용으로 적절하지 않은 것은?

─────〈보기〉─────

(두 친구가 만나서 주말 나들이 장소를 정하는 상황)

선희: 우리, 이번 주말 나들이 장소로 어디가 좋을까?

영선: (딴생각을 하다가) ⓐ지금 저녁 먹으러 가자.

선희: 그게 뭔 소리야? 주말 나들이로 어디 갈 거냐고.

영선: (머쓱해하며) 아, 그럼 놀이동산 갈까?

선희: 음, ⓑ거기 말고, (사진을 보여 주며) ⓒ여기는 어때?

영선: ⓓ거기? 해수욕장은 아직 좀 춥잖아. ⓔ그리고 너무 멀잖아. (선희를 바라보며) 아, 작년에 같이 갔던 수목원은 어때?

선희: 그래, ⓕ거기가 좋겠다. 그럼, 토요일에 보자. 안녕.

① ⓐ는 '주말 나들이 장소 정하기'라는 내용에 부합하지 않아서 담화의 완결성을 떨어뜨리고 있다.

② ⓑ는 '영선'이 발화한 '놀이동산'을 대신하는 대용 표현이다.

③ ⓒ, ⓓ는 발화 간의 관련성을 높이는 형식적 장치로서 형태가 다른 표현이지만 동일한 장소를 나타내고 있다.

④ ⓔ는 '해수욕장은 아직 좀 춥잖아.'와 '너무 멀잖아.'를 대등하게 이어 주는 접속 표현이다.

⑤ ⓕ는 '작년에 같이 갔던 수목원'을 직접 가리키는 지시 표현이다.

03

〈보기〉의 ㉠~㉑에 대한 이해로 적절하지 않은 것은?

─────〈보기〉─────

(같은 동아리에 소속된 후배 부원 둘과 선배 부원의 대화 장면)

선 배: ㉠학교에서 열린 회의는 잘 끝났니?

후배 1: 네. 조금 전에 끝났어요.

선 배: 수고했어. ㉡학교에서 우리 동아리 활동 지원 예산안에 대해 뭐라고 해?

후배 2: 지난번에 저희가 선배님과 함께 제안했던 예산안은 수용하기 힘들다고 했어요.

선 배: ㉢우리가 제안한 예산안이 그렇게 무리한 건 아니었을 텐데.

후배 1: 그런데 학교에서는 ㉣자신의 형편을 감안해 달라는 동아리가 한둘이 아니라면서, ㉤우리의 제안을 수용하기 쉽지 않다고 했어요.

선 배: ㉥서로 만족할 만한 결과를 얻기가 쉽지 않겠구나. 고생했어. 지도 선생님께 말씀드려 볼게.

후배 2: 네. 그럼 ㉑저희도 그렇게 알고 있을게요.

① ㉠과 ㉡은 문장 성분이 서로 다르군.

② ㉢에는 화자와 청자가 모두 포함되어 있군.

③ ㉣은 뒤에 있는 '동아리'를 가리키는 말이군.

④ ㉥은 ㉡의 '학교'와 ㉤의 '우리'를 모두 포함해서 가리키는 말이군.

⑤ ㉑은 화자가 청자와 자신을 모두 낮추기 위해 쓰는 말이군.

☆ 문제 채점까지 마친 후 복습할 때 보세요.

제대로 접근법

02

담화의 특성에 대한 이해를 묻는 유형이다.

• 지문을 읽고, 담화 응집성에 필요한 형식적 장치인 지시 표현, 대용 표현, 접속 표현에 대한 내용을 정리한다.

• 〈보기〉의 ⓐ~ⓕ가 담화의 완결성을 갖추기 위해 어떤 장치로 사용되고 있는지 파악한다. 동일한 형태의 표현이더라도 기능에 따라 지시 표현 혹은 대용 표현이 될 수 있음에 유의한다.

• 이를 바탕으로 선택지의 적절성을 판단한다.

03

담화 상황에서의 문장 성분과 가리키는 말을 파악하는 유형이다.

• 〈보기〉를 읽으며 ㉠, ㉡의 문장 성분을 파악하고, ㉢~㉑이 가리키는 말을 확인한다.

• 동일한 형태의 표현이더라도 담화 상황에 따라 문장 성분이나 가리키는 말이 달라질 수 있음에 유의한다.

• 이를 바탕으로 선택지의 적절성을 판단한다.

〈보기〉의 ㉠~㉣에 대한 이해로 적절한 것은?

〈보기〉

(희철, 민수, 기영이 ○○ 서점 근처에서 만난 상황)

희철: 얘들아, 잘 지냈어? 3일 만에 보니 반갑다.

민수: 동해안으로 체험 학습 다녀왔다며? ㉠내일은 도서관에 가서 발표 준비하자. 기영인 어떻게 생각해?

기영: ㉡네 말대로 하는 게 좋겠다. 그럼 정수도 부를까?

희철: 그러자. ㉢저기 저 ○○ 서점에서 오전 10시에 만나서 다 같이 도서관으로 가자. ㉣정수한테 전할 때 서점 위치 링크도 보내 줘. 전에도 헤맸잖아.

민수: 이제 아냐. ㉤어제 나랑 저기서 만났는데 잘 ㉥왔어.

희철: 그렇구나. 어제 잘 ㉦왔었구나.

민수: 아, 기영아! ㉧우리는 회의 가야 돼. ㉨네가 ㉩우리 셋을 대표해서 정수에게 연락을 좀 해 줘.

① ㉠은 ㉤과 달리 발화 시점과 관계없이 언제인지가 정해진다.

② ㉢은 ㉡과 달리 지시 표현이 이전 발화를 직접 가리킨다.

③ ㉣은 ㉨과 달리 담화 참여자에 따라 지시 대상이 달라진다.

④ ㉥은 ㉦과 달리 화자가 있던 장소로의 이동을 나타낸다.

⑤ ㉧은 ㉩과 달리 담화에 참여한 모든 사람들을 가리킨다.

〈보기〉의 ㉠~㉥에 대한 설명으로 적절한 것은?

〈보기〉

(두 사람이 공원에서 만난 상황)

민수: 영이야, ㉠우리 둘이 뭐 하고 놀까? 이 강아지랑 놀까?

영이: (민수 품에 안겨 있는 강아지를 가리키며) 아, 얘?

민수: 응, 얘가 전에 말했던 봄이야. 봄이 동생 솜이는 집에 있고.

영이: 봄이랑 뭐 하고 놀까? 우리 강아지 별이는 실뭉치를 좋아해서 ㉡우리 둘은 실뭉치를 자주 가지고 놀아. 너네 강아지들도 그래?

민수: 실뭉치는 ㉢둘 다 안 좋아해. 그런데 공은 좋아해서 ㉣우리 셋은 공을 갖고 자주 놀아. 그래서 공을 챙겨 오긴 했어.

영이: 그렇구나. 별이는 실뭉치를 좋아하니까, 다음에 네가 혼자 나오고 내가 별이랑 나오면 그때 ㉤우리 셋은 실뭉치를 갖고 놀면 되겠다.

민수: 그러자. 그럼 오늘 ㉥우리 셋은 공을 가지고 놀자.

① ㉠과 ㉡은 가리키는 대상이 동일하다.

② ㉡이 가리키는 대상은 ㉥이 가리키는 대상에 포함된다.

③ ㉢이 가리키는 대상은 ㉥이 가리키는 대상에 포함된다.

④ ㉣과 ㉤은 가리키는 대상이 동일하다.

⑤ ㉣과 ㉥은 가리키는 대상이 동일하다.

▶ 해설편 67쪽

06

2024 수능

〈보기〉의 ㉠~㉺에 대한 설명으로 적절한 것은?

─〈보기〉─

(영민, 평화가 학교 앞에 함께 있다가 지혜를 만난 상황)

영민: 너희들, 오늘 같이 영화 보기로 한 거 잊지 않았지?

평화: 응, ㉠6시 걸로 세 장 예매했어. 근데 너, 어디서 와?

지혜: 진로 상담 받고 오는 길이야. 너흰 안 가?

평화: 나는 어제 ㉡미리 받았어.

영민: 나는 4시 반이야. 그거 마치고 영화관으로 직접 갈게.

지혜: 알겠어. 그럼 우리 둘이는 1시간 ㉢앞서 만나자. 간단하게 저녁이라도 먹고 거기서 바로 ㉣가지 뭐.

평화: 좋아. 근데 ㉤미리 먹는 건 좋은데 어디서 볼까?

지혜: 5시까지 영화관 정문 ㉥왼쪽에 있는 분식집으로 와.

평화: 왼쪽이면 편의점 아냐? 아, 영화관을 등지고 보면 그렇다는 거구나. 영화관을 마주볼 때는 ㉦오른쪽 맞지?

지혜: 그러네. 아참! 영민아, 너 상담 시간 됐다. 이따 늦지 않게 영화 ㉧시간 맞춰서 ㉨와.

① ㉠과 ㉧은 가리키는 시간이 상이하다.

② ㉡과 ㉤은 발화 시점을 기준으로 과거를 가리킨다.

③ ㉢과 ㉥이 가리키는 시간대는 ㉧을 기준으로 정해진다.

④ ㉣과 ㉨은 이동의 출발 장소가 동일하다.

⑤ ㉥과 ㉦은 기준으로 삼은 방향이 달라 다른 곳을 의미한다.

07

2016 수능 B형

〈보기〉의 ㉠~㉺에 대한 설명으로 적절하지 않은 것은?

─〈보기〉─

(엄마와 아들이 둘이서 걸어가며)

아들: 엄마, 올해 마지막 날 엄마와 쇼핑 나와서 참 좋아요.

엄마: ㉠엄마도 영수랑 같이 나오니까 참 좋다.

아들: 어, 저거 뭐지? 엄마, 저 옷 가게 광고판 좀 보세요.

엄마: 뭐? ㉡저거?

아들: 네, ㉢저거요. '2015년 12월 30일, ㉣오늘 하루만 50% 할인'이라고 쓰여 있는데요.

엄마: 그래? 그러면 ㉤어제였네. ㉥누나 옷 사야 되는데.

아들: 엄마, 그 옆 가게는 오늘까지 할인하는데요. 그런데 제 옷도 사 주시면 안 돼요?

엄마: 그래. 알았어, ㉦우리 아들. ㉧영수도 옷 사 줘야지.

아들: 와, 잘됐다. 다음 주 여행 갈 때 입고 가야겠다.

① ㉠과 ㉥은 청자의 관점에서 사용한 지칭어이다.

② ㉠과 ㉦은 현재의 담화 상황에 참여하고 있는 사람을 가리킨다.

③ ㉡과 ㉢은 동일한 대상을 가리킨다.

④ ㉣과 ㉤은 동일한 날을 가리킨다.

⑤ ㉥과 ㉧은 화자와 청자를 제외한 제삼자를 가리킨다.

제대로 접근법

06

담화 상황 속 시간 표현과 공간 표현에 대한 이해를 확인하는 유형이다.

• 〈보기〉의 대화 내용과 맥락을 바탕으로, ㉠~㉺이 가리키는 시간대와 장소를 파악한다. 시간과 관련된 문제는 어떤 시점을 기준으로 하는지 묻는 경우가 많으므로, 이 점에 유념하며 〈보기〉를 읽는다. 또한 동일한 형태의 표현이더라도 담화 상황에 따라 가리키는 시간대와 장소가 달라질 수 있음에 유의한다.

• 이를 바탕으로 ㉠~㉺을 적절하게 설명하는 선택지를 고른다.

07

대화 내의 호칭어 및 지칭어를 파악하는 유형이다.

• ㉠~㉺의 화자를 정리한 뒤, 누구의 관점에서 사용한 표현인지 확인한다. 또한 ㉠~㉺이 가리키는 대상을 정리하여 동일한 대상을 가리키는 표현은 무엇인지 확인한다.

• 동일한 형태의 표현이더라도 담화 상황에 따라 가리키는 대상이 달라질 수 있고, 다른 형태의 표현이더라도 담화 상황에 따라 가리키는 대상이 같을 수 있음에 유의한다.

• 이를 바탕으로 선택지의 적절성을 판단한다.

담화 상황을 고려할 때, 〈보기〉의 ㉠~㉤에 대한 이해로 적절하지 <u>않은</u> 것은?

─────〈보기〉─────

A: 어제 낮엔 많이 바빴니? 전화를 바로 끊더라.

B: 아니야, 끊은 게 아니라 ㉠끊어진 거야. 바로 전화 못해서 미안해. 표정이 심각해 보이는데 무슨 일 있었어?

A: 아니, ㉡저기, 심각한 건 아니고. 어제 점심에 도서관에서 만나기로 했잖아. 기다려도 안 오길래 말이야.

B: ㉢아차! 내가 먼저 얘기하려고 했는데 깜빡했네. 가려고 했는데 ㉣못 갔어.

A: ㉤자세히 말해 볼래?

B: 동생이 갑자기 아파서 병원에 데리고 가야 했거든.

A: 그런 일이 있었구나. 동생은 좀 괜찮니?

① ㉠: 피동 표현을 사용하여 상황이 B의 의지와 무관하게 일어났음을 나타낸다.

② ㉡: 지시 대명사를 사용하여 B로부터 멀리 떨어져 있는 곳으로 관심을 유도한다.

③ ㉢: 감탄사를 사용하여 A의 발화를 듣고 어떤 것을 갑자기 깨달았음을 나타낸다.

④ ㉣: 부정 부사 '못'을 사용하여 B에게 일어난 상황이 불가피했음을 나타낸다.

⑤ ㉤: 의문 표현을 사용하여 B에게 일의 까닭을 상세히 말해 달라고 요청한다.

08

담화 상황에서의 문법 요소와 기능에 대해 파악하는 유형이다.

• 〈보기〉를 읽고, ㉠~㉤의 표현에 담긴 의미를 정리한다. 표현에 담긴 의미를 정리할 때는 선택지에 제시된 문법 요소를 중심으로 정리한다.

• 모든 단어의 품사와 의미를 암기할 수는 없으므로 담화 상황과 문맥적 의미를 통해 선택지의 설명이 적절한지 판단해 보자.

아래의 글에서 〈보기〉의 ㉮와 ㉯가 모두 나타난 것은?

─────〈보기〉─────

응집성이란 담화를 이루는 발화나 문장들이 형식상 특정한 장치에 의해 연결되는 것을 말하며, 주로 지시 표현, 접속 부사 등과 같은 ㉮연결어에 의해 표현된다. 또한 유사한 어휘 또는 표현을 반복함으로써도 표현된다. 이 외에도 ㉯직접적으로 순서나 과정을 드러내는 어휘를 사용하기도 한다.

청소년 목공 동아리 '목동'의 이번 활동은 연필꽂이 만들기입니다. ①먼저 디자인을 구상합니다. 다음으로 치수를 정합니다. 그리고 치수에 따라 나무를 자르는 재단이 끝나면 작업이 시작됩니다. 재단된 나무를 잘 배치해서 접착제로 붙입니다. ②우리 목동 친구들은 잘 아시죠? 접착제를 너무 많이 쓰면 접착제가 나무의 겉면으로 삐져나와 굳잖아요. ③그러니 욕심 부리지 말고 적당량만 발라 줍니다. 접착제로 다 붙인 후에는 못을 자동으로 박는 목공 기구인 '타카건'으로 나무판들을 고정합니다. ④이렇게 한 다음 연필꽂이의 바닥까지 모두 조립하고 사포질을 해 줍니다. 사포질을 안 한 모서리에 찔리게 되면 다칠 수 있으니 조심하세요. ⑤사포질을 할 때에는 나무의 결을 따라 하는 것이 보기에 좋습니다. 사포질을 마친 후에는 연필꽂이에 칠을 하거나 장식을 붙여 완성합니다.

09

응집성을 이루는 표현에 대한 이해를 묻는 유형이다.

• 〈보기〉의 설명을 참고하여 ①~⑤의 문장에 사용된 응집성을 이루는 표현을 정리한다.

• ①~⑤의 문장에 사용된 연결어(㉮)를 찾는다. 지시 표현은 지시 대명사처럼 대상을 직접적으로 가리킬 수도 있지만, 앞의 내용을 지시할 수도 있음을 기억하자.

• ①~⑤의 문장에 직접적으로 순서나 과정을 드러내는 어휘(㉯)를 찾는다.

10

〈보기 1〉을 바탕으로 〈보기 2〉의 ㉠~㉤을 이해한 것으로 적절하지 **않은** 것은?

〈보기 1〉

선생님 : 담화에서 화자가 자신의 의도를 직접 드러내고자 하는 상황이라면 종결 표현과 화자의 의도를 일치시켜 명시적으로 표현합니다. 반면 명령이나 요청 등과 같이 청자에게 부담을 주거나 예의에 어긋날 수 있는 상황이라면 화자의 의도와는 다른 종결 표현을 사용하거나, '저기', '만', '좀'과 같은 언어 표현을 사용하여 완곡하게 표현합니다.

〈보기 2〉

어머니 : (지연을 토닥이며) ㉠저기, 지연아 이제 좀 일어나라.

지　연 : (힘없이 일어나며) ㉡엄마, 선생님께 학교에 조금 늦을 거 같다고 전화해 주시겠어요?

어머니 : (걱정스러운 표정으로) 어디 아프니?

지　연 : 네, 그런 것 같아요. 열도 좀 나고요.

어머니 : ㉢그럼 선생님께 전화 드리고 엄마랑 병원에 가자.

지　연 : 네, 그렇게 해야 할 것 같아요.

소　연 : (거실에서 큰 소리로) 지연아, 학교 늦겠다. ㉣빨리 가라.

어머니 : 소연아! ㉤동생이 아프다니까 조금만 작은 소리로 말해 주면 참 좋겠다.

① ㉠ : 명령의 의도를 '저기', '좀' 등의 언어 표현을 사용하여 표현함으로써 청자에게 부담을 주려 하지 않고 있군.

② ㉡ : 요청의 의도를 의문형 종결 표현을 사용하여 완곡하게 표현하고 있군.

③ ㉢ : 화자의 의도와 종결 표현을 일치시켜 청유의 의도를 직접 드러내고 있군.

④ ㉣ : 화자의 명령에 대한 청자의 부담을 덜어 주기 위해 화자의 의도와 종결 표현을 일치시키지 않고 있군.

⑤ ㉤ : 명령의 의도를 평서형 종결 표현과 '만'과 같은 언어 표현을 사용하여 부드럽게 표현하고 있군.

1차 채점

맞은 문항 수	개
틀린 문항 수	개
헷갈리는 문항 번호	

• 틀린 문항 '/' 표시

→

2차 채점

맞은 문항 수	개
틀린 문항 수	개
헷갈리는 문항 번호	

• 틀린 문항 '×' 표시

I. 언어　**149**

총칙

제1항 한글 맞춤법은 표준어를 소리대로 적되, 어법에 맞도록 함을 원칙으로 한다.

> 예 · **구름, 나무, 하늘**
> 소리대로 적음
> · **꽃이[꼬치], 꽃나무[꼰나무], 꽃다발[꼳따발]**
> 어법에 맞게 적음

소리에 관한 것

① 된소리

제5항 한 단어 안에서 뚜렷한 까닭 없이 나는 된소리는 다음 음절의 첫소리를 된소리로 적는다.

① 두 모음 사이에서 나는 된소리 예 소쩍새, 어깨, 기쁘다, 깨끗하다, 거꾸로, 이따금

② 'ㄴ, ㄹ, ㅁ, ㅇ' 받침 뒤에서 나는 된소리 예 산뜻하다, 잔뜩, 살짝, 담뿍, 움찔

> 다만, 'ㄱ, ㅂ' 받침 뒤에서 나는 된소리는, 같은 음절이나 비슷한 음절이 겹쳐 나는 경우가 아니면 된소리로 적지 아니한다. 예 국수, 법석, 갑자기, 몹시

② 구개음화

제6항 'ㄷ, ㅌ' 받침 뒤에 종속적 관계를 가진 '-이(-)'나 '-히-'가 올 적에는 그 'ㄷ, ㅌ'이 'ㅈ, ㅊ'으로 소리 나더라도 'ㄷ, ㅌ'으로 적는다.

> 예 맏이(마지 ×), 해돋이(해도지 ×), 같이(가치 ×), 닫히다(다치다 ×)

③ 두음 법칙

제10항 한자음 '녀, 뇨, 뉴, 니'가 단어 첫머리에 올 적에는, 두음 법칙에 따라 '여, 요, 유, 이'로 적는다.

> 예 연세(년세 ×), 요소(뇨소 ×), 유대(뉴대 ×)

> [붙임 1] 단어의 첫머리 이외의 경우에는 본음대로 적는다. 예 남녀, 당뇨, 은닉

제11항 한자음 '랴, 려, 례, 료, 류, 리'가 단어의 첫머리에 올 적에는, 두음 법칙에 따라 '야, 여, 예, 요, 유, 이'로 적는다.

> 예 역사(력사 ×), 예의(례의 ×), 유행(류행 ×)

> [붙임 1] 단어의 첫머리 이외의 경우에는 본음대로 적는다. 예 선량, 협력, 급류

제12항 한자음 '라, 래, 로, 뢰, 루, 르'가 단어의 첫머리에 올 적에는, 두음 법칙에 따라 '나, 내, 노, 뇌, 누, 느'로 적는다.

> 예 낙원(락원 ×), 노인(로인 ×), 누각(루각 ×)

> [붙임 1] 단어의 첫머리 이외의 경우에는 본음대로 적는다. 예 극락, 왕래, 연로

개념 다지기

개념 ◆ 한글 맞춤법의 구성

제1장	총칙	–
제2장	자모	–
제3장	소리에 대한 것	된소리 / 구개음화 / 'ㄷ' 소리 받침 / 모음 / 두음 법칙 / 겹쳐 나는 소리
제4장	형태에 대한 것	체언과 조사 / 어간과 어미 / 접미사가 붙어서 된 말 / 합성어 및 접두사가 붙은 말 / 준말
제5장	띄어쓰기	조사 / 의존 명사, 단위를 나타내는 명사 및 열거하는 말 등 / 보조 용언 / 고유 명사 및 전문 용어
제6장	그 밖의 것	–
부록		문장 부호

활동 1 된소리 규정의 적용

· 그의 축구 실력은 한국에서 (으뜸/ 으듬)이다.
· 갑자기 비가 내려서 옷이 (❶ 몽땅 / 몽당) 젖었다.
· 설렁탕을 (❷ 깍뚜기 / 깍두기)와 함께 맛있게 먹었다.

개념 ◆ 'ㄷ' 소리 받침

제7항 'ㄷ' 소리로 나는 받침 중에서 'ㄷ'으로 적을 근거가 없는 것은 'ㅅ'으로 적는다.
> 예 덧저고리, 돗자리, 웃어른, 사뭇, 얼핏

활동 2 두음 법칙 규정의 적용

· 녀자(女子) → 여자
· 량심(良心) → (❶　　　　)
· 래일(來日) → (❷　　　　)

개념 완성 TEST

01
한글 맞춤법 - 총칙

〈보기〉에 제시된 단어들을 다음 기준에 맞춰 분류해 보자.

〈보기〉

꽃을, 나무, 놀다, 늙지, 먹고, 하늘

(1) 표준어를 소리대로 적음
→ _____

(2) 표준어를 어법에 맞게 적음
→ _____

02
한글 맞춤법 - 총칙

〈보기〉의 단어를 다음 기준에 맞춰 분류해 보자.

〈보기〉

막일, 바가지, 이파리, 꿈이

(1) 소리 나는 대로 적음
→ _____

(2) 어법에 맞도록 적음
→ _____

03
한글 맞춤법 - 소리에 관한 것

다음에서 한글 맞춤법에 맞는 단어를 골라 써 보자.

(1) 몹시 / 몹씨 → (   )
(2) 법석 / 법썩 → (   )
(3) 살작 / 살짝 → (   )
(4) 산듯하다 / 산뜻하다 → (   )
(5) 해슥하다 / 해쓱하다 → (   )

04
한글 맞춤법 - 소리에 관한 것

〈보기〉에 제시된 한글 맞춤법 규정 제6항의 예에 해당하는 단어에는 ○표, 그렇지 않은 단어에는 ×표를 해 보자.

〈보기〉

[한글 맞춤법]
제6항 'ㄷ, ㅌ' 받침 뒤에 종속적 관계를 가진 '-이(-)'나 '-히-'가 올 적에는 그 'ㄷ, ㅌ'이 'ㅈ, ㅊ'으로 소리 나더라도 'ㄷ, ㅌ'으로 적는다.

(1) 굳히다 → (   ) (2) 웃어른 → (   )
(3) 여닫이 → (   ) (4) 물받이 → (   )

▶ 해설편 71쪽

내신 기출 문제

01
한글 맞춤법 - 총칙

〈보기〉는 한글 맞춤법에 대한 설명이다. ㉠과 ㉡에 해당하는 예를 바르게 연결한 것은?

〈보기〉

한글 맞춤법 제1장 제1항에서는 '한글 맞춤법은 표준어를 ㉠소리대로 적되, ㉡어법에 맞도록 함을 원칙으로 한다.'라고 명시하고 있다. 여기에서 어법에 맞도록 한다는 것은, 뜻을 파악하기 쉽도록 하기 위해 각 형태소의 본 모양을 밝히어 적는다는 말이다.

	㉠	㉡
①	꼬치구이 맛있지.	봄이 되니 꽃이 핀다.
②	부딪혀서 넘어졌다.	구름 너머 고향 마을
③	반듯이 앉아라.	숙제는 반드시 해라.
④	오뚝이처럼 일어날 거야.	뻐꾸기가 우는 봄
⑤	콩쥐는 마음씨가 고와.	팥쥐는 얼굴이 미워.

02
한글 맞춤법 - 소리에 관한 것

〈보기〉를 바탕으로 한글 맞춤법에 대해 탐구한 내용으로 적절하지 않은 것은?

〈보기〉

제5항 한 단어 안에서 뚜렷한 까닭 없이 나는 된소리는 다음 음절의 첫소리를 된소리로 적는다.

1. 두 모음 사이에서 나는 된소리
2. 'ㄴ, ㄹ, ㅁ, ㅇ' 받침 뒤에서 나는 된소리

다만, 'ㄱ, ㅂ' 받침 뒤에서 나는 된소리는, 같은 음절이나 비슷한 음절이 겹쳐 나는 경우가 아니면 된소리로 적지 아니한다.

① [담뿍]으로 소리 나는 말은 '담뿍'으로 표기해야겠군.
② [뚝빼기]로 소리 나는 말은 '뚝빼기'로 표기해야겠군.
③ [몽땅]으로 소리 나는 말은 '몽땅'으로 표기해야겠군.
④ [소쩍쌔]로 소리 나는 말은 '소쩍새'로 표기해야겠군.
⑤ [가끔]으로 소리 나는 말은 '가끔'으로 표기해야겠군.

16 형태에 관한 것

형태에 관한 것

1 어간과 어미

제15항 용언의 어간과 어미는 구별하여 적는다.

예 먹다, 먹고, 먹어, 먹으니

> [붙임 2] 종결형에서 사용되는 어미 '-오'는 '요'로 소리 나는 경우가 있더라도 그 원형을 밝혀 '오'로 적는다. 예 이것은 책이오.(이것은 책이요. ×)
>
> [붙임 3] 연결형에서 사용되는 '이요'는 '이요'로 적는다. 예 이것은 책이요, 저것은 붓이요, 또 저것은 먹이다. (이것은 책이오, 저것은 붓이오, 또 저것은 먹이다. ×)

제17항 어미 뒤에 덧붙는 조사 '요'는 '요'로 적는다.

예 읽어 → 읽어요, 좋지 → 좋지요

2 접미사가 붙어서 된 말

제19항 어간에 '-이'나 '-음/-ㅁ'이 붙어서 명사로 된 것과 '-이'나 '-히'가 붙어서 부사로 된 것은 그 어간의 원형을 밝히어 적는다.

예 길이, 깊이, 걸음, 믿음, 같이, 밝히

> 다만, 어간에 '-이'나 '-음'이 붙어서 명사로 바뀐 것이라도 그 어간의 뜻과 멀어진 것은 원형을 밝히어 적지 아니한다. 예 굽도리, 목거리(목병), 코끼리, 거름(비료), 노름(도박)
>
> [붙임] 어간에 '-이'나 '-음' 이외의 모음으로 시작된 접미사가 붙어서 다른 품사로 바뀐 것은 그 어간의 원형을 밝히어 적지 아니한다. 예 귀머거리, 까마귀, 마개, 무덤, 너무, 자주, 나마, 부터

제20항 명사 뒤에 '-이'가 붙어서 된 말은 그 명사의 원형을 밝히어 적는다.

예 낱낱이, 샅샅이, 곰배팔이, 바둑이, 절뚝발이/절름발이

> [붙임] '-이' 이외의 모음으로 시작된 접미사가 붙어서 된 말은 그 명사의 원형을 밝히어 적지 아니한다. 예 꼬락서니, 끄트머리, 바가지, 바깥, 이파리, 지붕

제21항 명사나 혹은 용언의 어간 뒤에 자음으로 시작된 접미사가 붙어서 된 말은 그 명사나 어간의 원형을 밝히어 적는다.

예 값지다, 빛깔, 잎사귀, 낚시, 덮개, 굵다랗다

> 다만, 다음과 같은 말은 소리대로 적는다.
> ① 겹받침의 끝소리가 드러나지 아니하는 것 예 할짝거리다, 널따랗다, 짤막하다
> ② 어원이 분명하지 아니하거나 본뜻에서 멀어진 것 예 넙치, 납작하다

제25항 '-하다'가 붙는 어근에 '-히'나 '-이'가 붙어서 부사가 되거나, 부사에 '-이'가 붙어서 뜻을 더하는 경우에는 그 어근이나 부사의 원형을 밝히어 적는다.

예 급히, 꾸준히, 딱히, 어렴풋이, 곰곰이, 더욱이, 일찍이

> [붙임] '-하다'가 붙지 않는 경우에는 소리대로 적는다. 예 갑자기, 반드시(꼭), 슬며시

개념 다지기

활동 1 어간과 어미 규정의 적용

※ 한글 맞춤법 규정에 맞는 것을 골라 보자.

> • 이리로 (오시오/ 오시요).
> • 이것은 책이 (❶ 아니오 / 아니요).
> • 이것은 귤이(❷ 오 / 요). 저것은 사과이다.

활동 2 접미사가 붙어서 된 말 규정의 적용

※ 제19항을 참고하여 한글 맞춤법 규정에 맞는 단어를 골라 보자.

> • 졸-+-음 → (❸ 졸음 / 조름)
> • 막-+-암 → (❹ 막암 / 마감)
> • 다듬-+-이 → (❺ 다듬이 / 다드미)
> • 쓸-+-에기 → (❻ 쓸에기 / 쓰레기)

※ 제21항을 참고하여 한글 맞춤법 규정에 맞는 단어를 골라 보자.

> • (❼ 넉두리 / 넋두리)를 늘어놓다.
> • 나무가 (❽ 굴직하다 / 굵직하다).
> • 판자가 (❾ 얄따랗다 / 얇따랗다).
> • 막대기가 (❿ 짤막하다 / 짧막하다).

※ 제25항을 참고하여 한글 맞춤법 규정에 맞는 단어를 골라 보자.

> • 그녀가 (⓫ 생그시 / 생긋이) 웃었다.
> • 실망하지 말고 (⓬ 오뚜기 / 오뚝이)처럼 다시 일어서서 새로 시작해 보자.
> • 바닥을 (⓭ 깨끄시 / 깨끗이) 닦았다.

❸ 합성어 및 접두사가 붙은 말

제27항 둘 이상의 단어가 어울리거나 접두사가 붙어서 이루어진 말은 각각 그 원형을 밝히어 적는다.

> 예 꽃잎, 부엌일, 싫증, 헛웃음, 겉늙다, 굶주리다, 낮잡다, 국말이, 칼날, 홑몸, 빛나가다, 짓이기다

> [붙임 2] 어원이 분명하지 아니한 것은 원형을 밝히어 적지 아니한다. 예 골병, 며칠, 오라비
> [붙임 3] 예 '이[齒, 虱]'가 합성어나 이에 준하는 말에서 '니' 또는 '리'로 소리 날 때에는 '니'로 적는다. 예 덧니, 사랑니, 송곳니, 앞니, 어금니, 머릿니

제28항 끝소리가 'ㄹ'인 말과 딴 말이 어울릴 적에 'ㄹ' 소리가 나지 아니하는 것은 아니 나는 대로 적는다.

> 예 다달이(달―달―이), 따님(딸―님), 바느질(바늘―질), 우짖다(울―짖다)

제29항 끝소리가 'ㄹ'인 말과 딴 말이 어울릴 적에 'ㄹ' 소리가 'ㄷ' 소리로 나는 것은 'ㄷ'으로 적는다.

> 예 반짇고리(바느질~), 사흗날(사흘~), 섣달(설~), 잗주름(잘~)

제30항 사이시옷은 다음과 같은 경우에 받치어 적는다.

① 순우리말로 된 합성어로서 앞말이 모음으로 끝난 경우

• 뒷말의 첫소리가 된소리로 나는 것

> 예 귓밥, 나룻배, 댓가지, 모깃불, 바닷가, 아랫집, 냇가, 맷돌, 쇳조각, 선짓국, 잇자국, 햇볕

• 뒷말의 첫소리 'ㄴ, ㅁ' 앞에서 'ㄴ' 소리가 덧나는 것

> 예 멧나물, 아랫니, 텃마당, 아랫마을, 뒷머리, 잇몸, 깻묵, 냇물, 빗물

• 뒷말의 첫소리 모음 앞에서 'ㄴㄴ' 소리가 덧나는 것

> 예 뒷윷, 두렛일, 뒷일, 베갯잇, 깻잎, 나뭇잎, 댓잎

② 순우리말과 한자어로 된 합성어로서 앞말이 모음으로 끝난 경우

• 뒷말의 첫소리가 된소리로 나는 것

> 예 뱃병, 사잣밥, 샛강, 전셋집, 텃세, 햇수, 귓병, 아랫방, 자릿세, 찻잔, 콧병

• 뒷말의 첫소리 'ㄴ, ㅁ' 앞에서 'ㄴ' 소리가 덧나는 것

> 예 곗날, 제삿날, 훗날, 툇마루, 양칫물

• 뒷말의 첫소리 모음 앞에서 'ㄴㄴ' 소리가 덧나는 것

> 예 사삿일, 예삿일, 훗일, 가욋일

③ 두 음절로 된 다음 한자어

> 예 곳간(庫間), 셋방(貰房), 숫자(數字), 찻간(車間), 툇간(退間), 횟수(回數)

제31항 두 말이 어울릴 적에 'ㅂ' 소리나 'ㅎ' 소리가 덧나는 것은 소리대로 적는다.

① 'ㅂ' 소리가 덧나는 것

> 예 멥쌀(메ㅂ쌀), 볍씨(벼ㅂ씨), 접때(저ㅂ때), 입때(이ㅂ때)

② 'ㅎ' 소리가 덧나는 것

> 예 살코기(살ㅎ고기), 수탉(수ㅎ닭), 안팎(안ㅎ밖), 수캐(수ㅎ개), 수컷(수ㅎ것), 암탉(암ㅎ닭)

개념 다지기

◈ 활동3 합성어 및 접두사가 붙어서 된 말 규정의 적용

※ 제27항을 참고하여 한글 맞춤법 규정에 맞는 단어를 골라 보자.

• (❶ 실증 / 싫증)이 나다.
• 오늘이 (❷ 며칠 / 몇일)이지?
• (❸ 부리나케 / 불이나케) 뛰어나가다.
• 치과에 가서 (❹ 사랑니 / 사랑이)를 뽑았다.

※ 제28항의 규정에 맞게 알맞은 단어를 써 보자.

• 열-+닫-+-이 → (❺   )
• 활+살 → (❻   )

※ 제29항의 규정에 맞게 알맞은 단어를 써 보자.

• 이틀+날 → (❼   )
• 술+가락 → (❽   )

※ 제30항을 참고하여 다음 유형에 해당하는 단어를 〈보기〉에서 찾아 보자.

―〈보기〉―
가욋일, 맷돌, 빗물, 아랫방

• 고유어+고유어, 뒷말의 첫소리가 된소리로 나는 경우: ❾
• 고유어 + 고유어, 뒷말의 첫소리 'ㄴ, ㅁ' 앞에서 'ㄴ' 소리가 덧나는 경우: ❿
• 고유어 + 한자어, 뒷말의 첫소리가 된소리로 나는 경우: ⓫
• 고유어 + 한자어, 뒷말의 첫소리 모음 앞에서 'ㄴㄴ' 소리가 덧나는 경우: ⓬

정답 ❶ 싫증 ❷ 며칠 ❸ 부리나케 ❹ 사랑니 ❺ 여닫이 ❻ 화살 ❼ 이튿날 ❽ 숟가락 ❾ 맷돌 ❿ 빗물 ⓫ 아랫방 ⓬ 가욋일

개념 완성 TEST

01

〈보기〉를 바탕으로 다음 설명이 적절한 것에는 ○표, 적절하지 않은 것에는 ×표를 해 보자.

― 〈보기〉 ―

〈한글 맞춤법〉 제4장 '형태에 관한 것'의 파생어에 대한 표기 규정 중 일부는 다음과 같다.

• 파생어이면서 어근의 원형을 밝히어 적는 경우
• 파생어이면서 어근의 원형을 밝히어 적지 않는 경우

(1) '높이'는 파생어이면서 원형을 밝히어 적는 경우에 해당한다.
( )
(2) '꽃잎'은 파생어이면서 원형을 밝히어 적는 경우에 해당한다.
( )
(3) '무덤'은 파생어이면서 원형을 밝히어 적지 않는 경우에 해당한다.
( )
(4) '울음'은 파생어이면서 원형을 밝히어 적지 않는 경우에 해당한다.
( )

02

한글 맞춤법 규정 제29항이 적용된 단어에는 ○표, 그렇지 않은 단어에는 ×표를 해 보자.

제29항 끝소리가 'ㄹ'인 말과 딴 말이 어울릴 적에 'ㄹ' 소리가 'ㄷ' 소리로 나는 것은 'ㄷ'으로 적는다.

(1) 이튿날 → ( )
(2) 돋보기 → ( )
(3) 사흗날 → ( )
(4) 엿듣다 → ( )

03

다음 유형에 해당하는 단어를 〈보기〉에서 찾아 보자.

― 〈보기〉 ―

뒷머리, 예삿일, 텃세, 햇볕

(1) 고유어+고유어, 뒷말의 첫소리가 된소리로 나는 경우
( )
(2) 고유어+고유어, 뒷말의 첫소리 'ㄴ, ㅁ' 앞에서 'ㄴ' 소리가 덧나는 경우
( )
(3) 고유어+한자어, 뒷말의 첫소리가 된소리로 나는 경우
( )
(4) 고유어+한자어, 뒷말의 첫소리 모음 앞에서 'ㄴㄴ' 소리가 덧나는 경우
( )

04

다음의 사이시옷 표기가 적절한 것에는 ○표, 적절하지 않은 것에는 ×표를 해 보자.

(1) 찻집 → ( )
(2) 찻간(車間) → ( )
(3) 댓가(代價) → ( )
(4) 싯가(市價) → ( )

05

〈보기〉를 바탕으로 다음에서 알맞은 것을 골라 보자.

― 〈보기〉 ―

한글 맞춤법 제15항 용언의 어간과 어미는 구별하여 적는다.
[붙임 2] 종결형에서 사용되는 어미 '-오'는 '요'로 소리 나는 경우가 있더라도 그 원형을 밝혀 '오'로 적는다.
예 이것은 책이오. / 이것은 책이 아니오.
[붙임 3] 연결형에서 사용되는 '이요'는 '이요'로 적는다.
예 이것은 책이요, 저것은 붓이요, 또 저것은 먹이다.

(1) 이리로 오시(요 / 오).
(2) 이 차는 내 차가 아니(요 / 오).
(3) 저는 음악을 듣는 것을 좋아해(요 / 오).
(4) 이것은 기린(이요 / 이오), 저것은 얼룩말이다.

06

〈보기〉에 제시된 한글 맞춤법 규정과 그 용례를 바르게 연결해 보자.

― 〈보기〉 ―

[제19항]
• 어간에 '-이'가 붙어서 명사로 된 것과 '-이'가 붙어서 부사로 된 것은 그 어간의 원형을 밝히어 적는다.
예 먹이, 굳이, 같이 ┄┄┄┄┄┄┄ ㉠

[제25항]
• '-하다'가 붙는 어근에 '-히'나 '-이'가 붙어서 부사가 되는 경우에는 그 어근의 원형을 밝히어 적는다.
예 꾸준히, 깨끗이 ┄┄┄┄┄┄┄ ㉡
• 부사에 '-이'가 붙어서 역시 부사가 되는 경우에는 그 부사의 원형을 밝히어 적는다.
예 더욱이, 생긋이 ┄┄┄┄┄┄┄ ㉢

(1) ㉠의 규정 •
• ⓐ '곰곰이 생각하다'의 '곰곰이'
(2) ㉡의 규정 •
• ⓑ '높이 솟은 빌딩'의 '높이'
(3) ㉢의 규정 •
• ⓒ '어렴풋이 잠이 들다'의 '어렴풋이'

내신 기출 문제

01
한글 맞춤법 - 형태에 관한 것

〈보기〉의 ㉠의 예로 적절한 것은?

─〈보기〉─

〈한글 맞춤법〉 제4장 '형태에 관한 것'의 파생어에 대한 표기 규정 중 일부는 다음과 같다.

• 파생어이면서 어근의 원형을 밝히어 적는 경우
• ㉠파생어이면서 어근의 원형을 밝히어 적지 않는 경우

① 길이
② 덮개
③ 지붕
④ 쌀알
⑤ 다듬이

02
한글 맞춤법 - 형태에 관한 것

〈보기〉는 한글 맞춤법 규정의 일부이다. 규정이 적용된 사례로 적절하지 않은 것은?

─〈보기〉─

제18항 다음과 같은 용언들은 어미가 바뀔 경우, 그 어간이나 어미가 원칙에 벗어나면 벗어나는 대로 적는다.

1. 어간의 끝 'ㅅ'이 줄어질 적
2. 어간의 끝 'ㄷ'이 'ㄹ'로 바뀔 적
3. 어간의 끝 'ㅂ'이 'ㅜ'로 바뀔 적
4. 어간의 끝음절 '르' 뒤에 오는 어미 '-어'가 '-러'로 바뀔 적
5. 어간의 끝음절 '르'의 'ㅡ'가 줄고, 그 뒤에 오는 어미 '-아/-어'가 '-라/-러'로 바뀔 적

① '1'은 'ㅅ 불규칙 활용'이라고 하며, '짓다, 긋다, 낫다, 붓다' 등이 해당된다.
② '2'는 'ㄷ 불규칙 활용'이라고 하며, '걷다(步), 듣다(聽), 묻다(問), 닫다(閉)' 등이 해당된다.
③ '3'은 'ㅂ 불규칙 활용'이라고 하며, '깁다, 가깝다, 맵다, 밉다' 등이 해당된다.
④ '4'는 '러 불규칙 활용'이라고 하며, '이르다(至), 누르다(黃), 푸르다' 등이 해당된다.
⑤ '5'는 '르 불규칙 활용'이라고 하며, '가르다, 구르다, 부르다, 오르다' 등이 해당된다.

03
한글 맞춤법 - 형태에 관한 것

〈보기〉에 제시된 한글 맞춤법 규정의 예에 해당하는 단어가 아닌 것은?

─〈보기〉─

제29항 끝소리가 'ㄹ'인 말과 딴 말이 어울릴 적에 'ㄹ' 소리가 'ㄷ' 소리로 나는 것은 'ㄷ'으로 적는다.

① 반짇고리
② 사흗날
③ 젓가락
④ 이튿날
⑤ 섣달

04
한글 맞춤법 - 형태에 관한 것

〈보기〉의 ㉠~㉢에 해당하는 예로 적절한 것은?

─〈보기〉─

제30항 사이시옷은 다음과 같은 경우에 받치어 적는다.

1. 순우리말로 된 합성어로서 앞말이 모음으로 끝난 경우
(1) 뒷말의 첫소리가 된소리로 나는 것 ┄┄┄┄┄ ㉠
(2) 뒷말의 첫소리 'ㄴ, ㅁ' 앞에서 'ㄴ' 소리가 덧나는 것
(3) 뒷말의 첫소리 모음 앞에서 'ㄴㄴ' 소리가 덧나는 것 ┄┄ ㉡

2. 순우리말과 한자어로 된 합성어로서 앞말이 모음으로 끝난 경우
(1) 뒷말의 첫소리가 된소리로 나는 것 ┄┄┄┄┄ ㉢
(2) 뒷말의 첫소리 'ㄴ, ㅁ' 앞에서 'ㄴ' 소리가 덧나는 것
(3) 뒷말의 첫소리 모음 앞에서 'ㄴㄴ' 소리가 덧나는 것

3. 두 음절로 된 다음 한자어
| 곳간(庫間) | 셋방(貰房) | 숫자(數字) |
| 찻간(車間) | 툇간(退間) | 횟수(回數) |

	㉠	㉡	㉢
①	나뭇가지	뒷입맛	냇가
②	귓밥	뒷일	뱃병
③	머릿방	훗일	봇둑
④	나룻배	예삿일	사잣밥
⑤	귓병	두렛일	고랫재

준말

제35항 모음 'ㅗ, ㅜ'로 끝난 어간에 '-아/-어, -았-/-었-'이 어울려 'ㅘ/ㅝ, 놨/ 눴'으로 될 적에는 준 대로 적는다. ㉐ 보아 → 봐, 쏘았다 → 쐈다

> [붙임 1] '놓아'가 '놔'로 줄 적에는 준 대로 적는다.
> [붙임 2] 'ㅚ' 뒤에 '-어, -었-'이 어울려 'ㅙ, 냈'으로 될 적에도 준 대로 적는다
>   ㉐ 괴어 → 괘, 되었다 → 됐다

제38항 'ㅏ, ㅗ, ㅜ, ㅡ' 뒤에 '-이어'가 어울려 줄어질 적에는 준 대로 적는다.
㉐ 싸이어 → 쌔어/싸여, 보이어 → 뵈어/보여

제39항 어미 '-지' 뒤에 '않-'이 어울려 '-잖-'이 될 적과 '-하지' 뒤에 '않-'이 어 울려 '-찮-'이 될 적에는 준 대로 적는다.
㉐ 그렇지 않은 → 그렇잖은, 만만하지 않다 → 만만찮다

제40항 어간의 끝음절 '하'의 'ㅏ'가 줄고 'ㅎ'이 다음 음절의 첫소리와 어울려 거센 소리로 될 적에는 거센소리로 적는다.
㉐ 간편하게 → 간편케, 다정하다 → 다정타, 연구하도록 → 연구토록

> [붙임 1] 'ㅎ'이 어간의 끝소리로 굳어진 것은 받침으로 적는다.
>   ㉐ 그렇고, 아무렇지, 어떻든지
> [붙임 2] 어간의 끝음절 '하'가 아주 줄 적에는 준 대로 적는다.
>   ㉐ 거북하지 → 거북지, 못하지 않다 → 못지않다
> [붙임 3] 다음과 같은 부사는 소리대로 적는다.
>   ㉐ 결단코, 무심코, 아무튼, 요컨대, 하여튼

띄어쓰기

제41항 조사는 그 앞말에 붙여 쓴다.
㉐ 꽃이, 꽃마저, 꽃밖에, 꽃에서부터

제42항 의존 명사는 띄어 쓴다.
㉐ 아는 것이 힘이다. 나도 할 수 있다. 먹을 만큼 먹어라.

제43항 단위를 나타내는 명사는 띄어 쓴다.
㉐ 차 한 대, 소 한 마리, 연필 한 자루

> 다만, 순서를 나타내는 경우나 숫자와 어울리어 쓰이는 경우에는 붙여 쓸 수 있다.
>   ㉐ 두시 삼십분 오초, 제일과, 삼학년, 육층, 10개

제45항 두 말을 이어 주거나 열거할 적에 쓰이는 말들은 띄어 쓴다.
㉐ 국장 겸 과장, 열 내지 스물, 청군 대 백군, 책상, 걸상 등이 있다.

제47항 보조 용언은 띄어 씀을 원칙으로 하되, 경우에 따라 붙여 씀도 허용한다.
㉐ 불이 꺼져 간다.(불이 꺼져간다. ○), 내 힘으로 막아 낸다.(내 힘으로 막아낸다. ○)

> 다만, 앞말에 조사가 붙거나 앞말이 합성 용언인 경우, 그리고 중간에 조사가 들어갈 적에 는 그 뒤에 오는 보조 용언은 띄어 쓴다.
>   ㉐ 잘도 놀아만 나는구나! 네가 덤벼들어 보아라. 그가 올 듯도 하다.

개념 다지기

활동 1 준말 규정의 적용
※ 다음 단어의 준말을 써 보자.

- 뵈었다 → (❶   )
- 적지 않은 → (❷   )
- 생각하건대 → (❸   )
- 연구하도록 → (❹   )
- 넉넉하지 않다. → (❺   )

활동 2 띄어쓰기 규정의 적용
※ 띄어쓰기가 적절한 것을 골라 보자.

- 그가 (❶ 떠난지 / 떠난 지)가 오래다.
- 믿을 것은 오직 (❷ 실력뿐 / 실력 뿐)이다.
- 숨소리가 (❸ 들릴만큼 / 들릴 만큼) 조용했다.
- 물건의 값을 (❹ 물어만보고 / 물어만 보고) 사지 않았다.

개념➊ 그 밖의 것
제51항 부사의 끝음절이 분명히 '이'로만 나는 것은 '-이'로 적고, '히'로만 나거나 '이'나 '히'로 나는 것 은 '-히'로 적는다.
① '이'로만 나는 것 ㉐ 깨끗이, 반듯이, 버젓이, 번번이
② '히'로만 나는 것 ㉐ 급히, 딱히, 극히, 속히, 특히, 정확히
③ '이, 히'로 나는 것 ㉐ 솔직히, 조용히, 과감히, 당당히

제57항 다음 말들은 각각 구별하여 적는다.

거치다	영월을 거쳐 왔다.
걷히다	외상값이 잘 걷힌다.
걷잡다	걷잡을 수 없는 상태
겉잡다	겉잡아서 이틀 걸릴 일
그러므로	그는 부지런하다. 그러므로 잘 산다.
그럼으로(써)	그는 열심히 공부한다. 그럼으로(써) 은혜에 보답한다.
느리다	진도가 너무 느리다.
늘이다	고무줄을 늘인다.
늘리다	수출량을 더 늘린다.
바치다	나라를 위해 목숨을 바쳤다.
받치다	책받침을 받친다.
받히다	쇠뿔에 받혔다.
밭치다	술을 체에 밭친다.
부치다	편지를 부친다.
붙이다	우표를 붙인다.
저리다	다친 다리가 저린다.
절이다	김장 배추를 절인다.

▶ 해설편 74쪽

개념 완성 TEST

01

한글 맞춤법 - 띄어쓰기

다음 문장의 띄어쓰기를 바르게 고쳐 보자.

(1) 내가그를만난지일년이지났다.

→ ____________________

(2) 마당에나무열그루를심었다.

→ ____________________

02

한글 맞춤법 - 띄어쓰기

밑줄 친 부분의 띄어쓰기가 적절하면 ○표, 적절하지 않으면 ×표를 해 보자.

(1) 나는 기차를 놓칠 뻔하였다. (　　)

(2) 깜짝 놀라 그를 밀어내버렸다. (　　)

(3) 행사가 끝나고 사은품을 받아 가세요. (　　)

03

한글 맞춤법 - 그 밖의 것

〈보기 1〉를 바탕으로 다음에 해당하는 단어를 〈보기 2〉에서 골라 보자.

〈보기 1〉

〈한글 맞춤법〉 제51항의 해설에는 '-하다'가 붙지 않는 용언의 어간이나 'ㅅ' 받침 뒤에서는 '-이'로 적는다고 제시하는데 여기에는 다음의 세 가지 경우가 더 제시되어 있다.

㉮ (첩어 또는 준첩어인) 명사 뒤 예 살살이, 다달이
㉯ 부사 뒤 예 더욱이, 히죽이
㉰ 'ㅂ' 불규칙 용언의 어간 뒤 예 가벼이, 새로이

〈보기 2〉

생긋이, 지긋이, 곳곳이, 헛되이, 괴로이

(1) '-하다'가 붙지 않는 용언의 어간 뒤 (　　)

(2) 'ㅅ' 받침 뒤 (　　)

(3) (첩어 또는 준첩어인) 명사 뒤 (　　)

(4) 부사 뒤 (　　)

(5) 'ㅂ' 불규칙 용언의 어간 뒤 (　　)

▶ 해설편 74쪽

내신 기출 문제

01

한글 맞춤법 - 띄어쓰기

다음 중 띄어쓰기가 잘못된 것은?

① 자전거를 타고 돌아가 버렸다.
② 일단 내가 선생님께 여쭤는 볼게.
③ 안방 서랍 속에서 안경을 가지고와라.
④ 아파트는 오랜 기간 하중을 견디어냈다.
⑤ 이번 국어 시험 공부는 정말로 할만하다.

02

한글 맞춤법 - 종합

밑줄 친 부분이 한글 맞춤법에 맞게 쓰인 것은?

① 엇저녁에는 고향 친구들과 만나서 식사를 했다.
② 그가 발의한 안건은 다음 회의에 부치기로 했다.
③ 적잖은 사람들이 그 의견에 찬성의 뜻을 보였다.
④ 동생은 누나가 직접 만든 깍뚜기를 먹어 보았다.
⑤ 저기 넙적하게 생긴 바위가 우리들의 놀이터였다.

01

〈보기〉의 [A]에 들어갈 말로 적절한 것만을 있는 대로 고른 것은?

─────〈보기〉─────

학　생: 선생님, 자기 소개서를 써 봤는데, 띄어쓰기가 맞는지 가르쳐 주시겠어요? 헷갈리는 부분을 표시해 왔어요.

　　양로원에 가서 봉사 활동을 했습니다. 사실 그 시간에 ㉠봉사 보다는 게임을 하고 싶었습니다. 그저 작은 일을 ㉡도울 뿐이었는데 ㉢너 밖에 없다며 행복해하시는 어르신들의 말씀을 들을 ㉣때 만큼은 마음이 뿌듯해졌습니다.

선생님: 한글 맞춤법에 따르면, 문장의 각 단어는 띄어 써야 하지만, 조사는 예외적으로 그 앞말에 붙여 쓴단다.
학　생: 아, 그럼 　　[A]　　은/는 앞말에 붙여 써야 하는군요.

① ㉠의 '보다', ㉢의 '밖에'
② ㉡의 '뿐', ㉢의 '밖에'
③ ㉡의 '뿐', ㉣의 '만큼'
④ ㉠의 '보다', ㉡의 '뿐', ㉣의 '만큼'
⑤ ㉠의 '보다', ㉢의 '밖에', ㉣의 '만큼'

02

〈보기 1〉을 바탕으로 〈보기 2〉의 ㉠~㉤에 대해 이해한 내용으로 적절하지 <u>않은</u> 것은?

─────〈보기 1〉─────

　　보조 용언도 하나의 단어이므로 띄어 쓰는 것이 원칙이나 경우에 따라서는 붙여 쓰는 것도 허용한다. 다만 본용언에 조사가 붙거나 본용언이 합성 용언인 경우, 본용언이 파생어인 경우는 그 뒤에 오는 보조 용언은 붙여 쓰지 않는다. 그런데 본용언이 합성어나 파생어라도 그 활용형이 2음절인 경우에는 본용언과 보조 용언을 붙여 쓰는 것도 허용한다. 그리고 본용언 뒤에 보조 용언이 거듭 나타나는 경우는 앞의 보조 용언만을 본용언에 붙여 쓸 수 있다.

─────〈보기 2〉─────

○ 그가 이 자리를 ㉠빛내 준다.
○ 오늘 일은 일기에 ㉡적어 둘 만하다.
○ 나는 어제 그 책을 ㉢읽어는 보았다.
○ 아마도 이런 기회는 ㉣다시없을 듯하다.
○ 이번에는 제발 열심히 ㉤공부해 보아라.

① ㉠은 본용언이 합성어이지만 활용형이 2음절인 경우이므로 '빛내'와 '준다'를 붙여 쓸 수 있다.
② ㉡은 본용언 뒤에 보조 용언이 거듭 나타나는 경우이므로 '둘'과 '만하다'를 붙여 쓸 수 있다.
③ ㉢은 본용언에 조사가 붙은 경우이므로 '읽어는'과 '보았다'를 붙여 쓰지 않는다.
④ ㉣은 본용언이 합성 용언인 경우이므로 '다시없을'과 '듯하다'를 붙여 쓰지 않는다.
⑤ ㉤은 본용언이 파생어인 경우이므로 '공부해'와 '보아라'를 붙여 쓰지 않는다.

─────────────

제대로 접근법
☆ 문제 채점까지 마친 후 복습할 때 보세요.

01
한글 맞춤법 띄어쓰기 규정의 적용 능력을 확인하는 유형이다.
• 조사와 의존 명사의 띄어쓰기에 대해 정확히 파악한다. 조사는 앞말에 붙여 쓰지만 의존 명사는 띄어 쓴다는 점에 유의한다.
• ㉠의 '보다', ㉡의 '뿐', ㉢의 '밖에', ㉣의 '만큼'이 조사인지, 의존 명사인지 구분한 뒤, ㉠~㉣에 나타난 띄어쓰기가 적절한지 판단한다. 조사와 의존 명사를 구분할 때는 앞말이 체언인지, 용언의 관형사인지를 파악하여 구분한다.

02
한글 맞춤법 띄어쓰기 규정의 이해를 확인하는 유형이다.
• 〈보기 1〉을 읽으며 한글 맞춤법 제47항의 내용인 보조 용언의 띄어쓰기에 대하여 정확히 이해한다. 특히 보조 용언이 본용언에 붙여 쓰는 경우를 잘 살핀다.
• 〈보기 2〉의 ㉠~㉤에 제시된 본용언과 보조 용언을 구분한다. 본용언은 실질적인 뜻을 지닌 용언으로, 단독으로 서술어가 될 수 있는 반면, 보조 용언은 다른 용언 뒤에 붙어 의미를 더해 주는 용언임을 기억한다.
• 이를 바탕으로 선택지의 적절성을 판단한다.

03

(가)는 학생의 메모이고, (나)는 추가로 조사한 자료이다. (가)와 (나)를 참고하여 〈보기〉에 대해 탐구한 것으로 적절하지 <u>않은</u> 것은? [3점]

(가) 두 용언이 연결 어미로 이어진 경우

유형	특징
본용언＋본용언	• 각각의 용언이 주어와 호응한다. • 두 용언 사이에 다른 문장 성분이 올 수 있다. • 반드시 띄어 쓴다.
본용언＋보조 용언	• 앞의 용언만으로 문장이 성립되고, 뒤의 용언만으로는 문장이 성립되지 않는다. • 보조 용언은 띄어 쓰는 것이 원칙이지만 경우에 따라 붙여 쓰는 것도 허용한다.
합성 동사	• 국어사전에 하나의 단어로 등재되어 있다. • 반드시 붙여 쓴다.

(나) 표준국어대사전 검색 결과

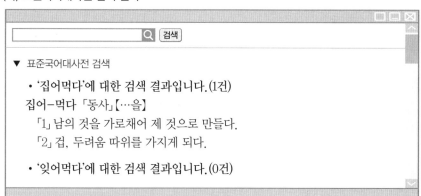

▼ 표준국어대사전 검색

• '집어먹다'에 대한 검색 결과입니다.(1건)
집어─먹다 「동사」【…을】
　「1」 남의 것을 가로채어 제 것으로 만들다.
　「2」 겁, 두려움 따위를 가지게 되다.

• '잊어먹다'에 대한 검색 결과입니다.(0건)

〈보기〉

• 온순했던 청년들은 지레 겁을 ㉠집어먹었다.
• 나는 시험 준비를 하느라 잠자는 것도 ㉡잊어 먹었다.
• 그는 그녀에게 진 빚을 갚기 위해 공금을 ㉢집어먹었다.
• 그는 굶주림에 지쳐 땅 위에 버려진 빵을 ㉣집어 먹었다.
• 그들은 서로 만나기로 했던 사실을 새까맣게 ㉤잊어먹었다.

① ㉠은 국어사전에 단어로 등재되어 있는 합성 동사이므로 두 용언을 붙여 쓴 것이겠군.

② ㉡은 뒤의 용언만으로 문장이 성립되지 않으므로 원칙에 따라 두 용언을 띄어 쓴 것이겠군.

③ ㉢은 각각의 용언이 모두 주어인 '그는'과 호응하고 있으므로 두 용언을 붙여 쓴 것이겠군.

④ ㉣은 두 용언 사이에 '허겁지겁'과 같이 다른 문장 성분이 올 수 있으므로 두 용언을 띄어 쓴 것이겠군.

⑤ ㉤은 사전에 등재된 단어가 아니고, 뒤의 용언만으로 문장이 성립하지 않으므로 두 용언을 띄어 써야 하지만 붙여 쓴 것을 허용한 것이겠군.

03
한글 맞춤법의 띄어쓰기 규정을 바르게 이해하고 있는지 확인하는 유형이다.

• 한글 맞춤법 제47항 '보조 용언은 띄어 씀을 원칙으로 하되, 경우에 따라 붙여 씀도 허용한다.'의 규정을 참고하여, (가)와 (나)의 내용을 〈보기〉의 사례에 적용해 보자.

• (나)를 참고하여 〈보기〉의 ㉠~㉤ 중 합성 동사에 해당하는 것을 먼저 찾고, 나머지는 (가)에서 설명한 유형(본용언＋본용언, 본용언＋보조 용언, 합성 동사) 중 어디에 해당하는지 정리한다.

• 정리한 내용을 바탕으로 선택지의 적절성을 판단한다.

다음은 띄어쓰기 문제를 해결하는 과정이다. ㉠~㉢의 띄어쓰기가 바르게 된 것은?

문제

다음 문장의 밑줄 친 부분을 맞춤법에 맞게 띄어 써 보자.

• 열심히 삶을 ㉠살아가다.
• 주문한 물건을 ㉡받아가다.
• 딸이 엄마를 ㉢닮아가다.

확인 사항

• 단어와 단어는 띄어 쓴다.
• 단어는 사전에 표제어로 실린다.
• 보조 용언은 띄어 씀을 원칙으로 하되 붙여 씀도 허용한다.
• '-아'를 '-아서'로 바꿔 쓸 수 있으면 '본용언＋본용언' 구성이고, 그렇지 않으면 한 단어이거나 '본용언＋보조 용언' 구성이다.

문제 해결 과정

```
          ┌─────────────────────────────────┐
          │ ㉠살아가다  ㉡받아가다  ㉢닮아가다 │
          └─────────────────────────────────┘
                         │
                         ▼
          ◇ 사전에 표제어로 실렸나요? ◇ ──── 예 ───▶ [ ㉠ ]
                         │
                       아니요
                         │
                         ▼
          ◇ '-아'를 '-아서'로        ◇ ──── 예 ───▶ [ ㉡ ]
              바꿔 쓸 수 있나요?
                         │
                       아니요
                         │
                         ▼
                      [ ㉢ ]
```

	㉠	㉡	㉢
①	살아가다	받아 가다	닮아 가다 또는 닮아가다
②	살아가다	받아 가다 또는 받아가다	닮아 가다
③	살아가다	받아가다	닮아 가다
④	살아 가다	받아 가다 또는 받아가다	닮아가다
⑤	살아 가다	받아가다	닮아 가다 또는 닮아가다

04

한글 맞춤법 띄어쓰기 규정의 적용 능력을 확인하는 유형이다.

도표가 제시되어 있어 복잡해 보이지만, 제시된 '확인 사항'을 정리하고, 이를 '문제 해결 과정'에 적용하며 풀면 쉽게 해결할 수 있다.

• '확인 사항'의 정보와 '문제 해결 과정'의 표가 서로 연결되고 있어서 제시된 단어의 띄어쓰기 여부를 쉽게 판단할 수 있다.
• 사전에 실리는 표제어는 하나의 단어이므로 띄어 쓸 수 없다. 또한 '본용언＋본용언'은 단어와 단어이므로 띄어 쓰고, '본용언＋보조 용언' 구성은 각 단어의 결합이므로 띄어 씀을 원칙으로 하지만, 붙여 씀도 허용한다는 점을 기억한다.
• 이를 바탕으로 ㉠~㉢의 띄어쓰기가 바르게 된 선택지를 찾는다.

05

〈보기〉는 '문법 학습 게시판'에 올라온 자료이다. 이를 참고할 때, (가)~(마) 중 적절하지 <u>않은</u> 것은?

─〈보기〉─

【 질문 】

선생님! 띄어쓰기와 관련해서 헷갈리는 것이 있어요. '만큼, 대로, 뿐'은 어떤 경우에 띄어 쓰고 어떤 경우에 붙여 쓰나요? 그리고 '못하다'와 '못 하다'의 차이는 무엇인가요?

【 답변 】

'만큼, 대로, 뿐'이 조사로 쓰일 때는 앞말에 붙여 쓰고, 의존 명사로 쓰일 때는 띄어 쓴단다. 그러니까 앞말이 체언일 경우에는 붙여 쓰고, 용언의 관형사형일 경우에는 띄어 쓴다고 생각하면 되는 거지. 그리고 '못 하다'는 부사인 '못'이 동사인 '하다'를 꾸미는 것이고, '못하다'는 형용사나 동사로 그 자체가 하나의 단어란다. 형용사일 때는 '정도가 극에 달한 나머지', '비교 대상에 미치지 아니함' 등의 뜻을 나타내지.

(가) 공부를 할 <u>만큼</u> 했으니 성적이 오르겠지?
(나) 나는 <u>나대로</u> 열심히 공부했어.
(다) 지금까지 공부한 것이 고작 <u>그것 뿐</u>이야?
(라) 배가 고프다 <u>못해</u> 아프다.
(마) 실력이 예전보다 많이 <u>못하구나</u>.

① (가) ② (나) ③ (다) ④ (라) ⑤ (마)

05
한글 맞춤법의 띄어쓰기 규정을 바르게 이해하고 있는지 확인하는 유형이다.
• 〈보기〉에 제시된 내용을 정리하여 '만큼, 대로, 뿐'의 띄어쓰기, '못하다'와 '못 하다'의 차이를 정확히 이해한다.
• (가)~(다)에 나타난 '만큼, 대로, 뿐'이 조사인지, 의존 명사인지 파악한다. 이때 '만큼, 대로, 뿐'의 앞말이 체언인지, 용언의 관형사형인지 살펴 품사를 파악한다.
• (라), (마)에 나타난 '못하다'의 의미를 살펴 동사인지, 형용사인지 파악한다.
• 이를 바탕으로 (가)~(마) 중 띄어쓰기가 적절하지 않은 것을 찾는다.

06

〈보기〉는 국어 수업 게시판의 문답 내용이다. ㉠과 ㉡에 들어갈 단어를 바르게 짝지은 것은?

─〈보기〉─

㉢ 선생님, 안녕하세요? 제가 어제 동생이랑 밥을 먹는데 동생이 갑자기 왜 '젓가락'은 'ㅅ' 받침을 쓰는데, '숟가락'은 'ㄷ' 받침을 쓰느냐고 묻더라고요. 아무리 생각을 해 보아도 답을 찾기가 어려워서 이렇게 질문을 드립니다.

㉣ '젓가락'과 '숟가락'은 비슷한 합성어처럼 보이지만, 그 구성을 살펴보면 다른 점이 있어. 먼저, '젓가락'은 '저'와 '가락'이 결합된 말로, 합성어를 이룰 때 앞말이 모음으로 끝나고 뒷말의 첫소리가 된소리로 나기 때문에 사이시옷을 붙인 것이지. ' ㉠ ' 같은 단어도 같은 원리가 적용된 말이야. 그런데 '숟가락'은 '수'와 '가락'이 결합된 것이 아니라, '술'과 '가락'이 결합된 합성어야. 한글 맞춤법에서는 이처럼 끝소리가 'ㄹ'인 말이 딴 말과 어울릴 적에 'ㄹ' 소리가 'ㄷ' 소리로 나는 것은 'ㄷ'으로 적는 것을 원칙으로 하고 있어. ' ㉡ ' 같은 단어가 여기에 해당하지.

	㉠	㉡
①	첫째	삼짇날
②	맷돌	미닫이
③	혼삿길	섣달
④	나뭇잎	섣부르다
⑤	샛노랗다	맏며느리

06
한글 맞춤법의 원리에 대한 이해도와 적용 능력을 확인하는 유형이다.
• 〈보기〉를 읽으며 '젓가락'과 '숟가락'의 결합 내용을 다음과 같이 표로 정리한다.

젓가락 = 저 + 가락	앞말 모음으로 끝남 + 뒷말 첫소리가 된소리 → 사이시옷을 붙임
숟가락 = 술 + 가락	끝소리 'ㄹ' + 딴 말 → 'ㄹ' 소리가 'ㄷ' 소리로 나면 'ㄷ'으로 적음

• 선택지에서 사이시옷을 붙이는 원리와, 'ㄹ' 소리가 'ㄷ' 소리로 나면 'ㄷ'으로 적는 원리가 적용된 말을 찾는다.

07

다음 탐구 과정에서 ㉠에 들어갈 사례로 적절한 것은?

의문	'자리를 바꿔(○) 앉았다.'와 '잔금을 치뤄(×) 두었다.'에서 '바꿔'와 달리 '치뤄'의 표기가 어문 규정에 어긋나는 이유는 무엇일까?

↓

탐구	(1) 각 단어의 기본형을 찾아 활용 형태를 분석해 본다. • 바꾸-(다)+-어 → 바꾸어 → 바꿔 • 치르-(다)+-어 → 치러 (2) '치러'와 같은 형태로 활용하는 사례를 찾아본다. ┌─────────────────────────┐ │ ㉠ │ └─────────────────────────┘

↓

결과	'치르다'를 '바꾸다'와 같이 어간이 'ㅜ'로 끝나는 사례와 혼동하였기 때문이다. '치르-'는 어간이 'ㅡ'로 끝나는 용언이므로 모음으로 시작하는 어미와 결합할 때, 'ㅡ'가 탈락한다.

① 할머니께서 아침에 동생을 깨워 주셨다.
② 그는 자물쇠로 책상 서랍을 잠가 놓았다.
③ 오늘은 가족과 함께 고기를 구워 먹었다.
④ 언니의 얼굴이 오늘따라 몹시 하얘 보였다.
⑤ 오빠가 하는 이야기를 자세히 들어 보았다.

〈보기〉의 대화에서 ㉠~㉢에 해당하는 예끼리 묶인 것으로 적절한 것은?

〈보기〉

선생님: 오늘은 '한글 맞춤법 제21항'에 대해 알아보도록 하겠습니다. '빛깔'처럼 ㉠ 명사 뒤에 자음으로 시작된 접미사가 붙어서 된 것, '덮개'처럼 ㉡ 어간 뒤에 자음으로 시작된 접미사가 붙어서 된 것은 그 명사나 어간의 원형을 밝히어 적습니다.
학 생: 선생님, 그럼 '널찍하다'의 경우에는 왜 어간의 원형인 '넓'을 밝히지 않고 소리대로 적나요?
선생님: '널찍하다'처럼 ㉢ 겹받침의 끝소리가 드러나지 않는 경우와 '넙치'처럼 어원이 분명하지 않거나 본뜻에서 멀어진 경우에는 소리대로 적습니다.

	㉠	㉡	㉢
①	멋쟁이	굵기	얄따랗다
②	넋두리	값지다	말끔하다
③	먹거리	낚시	할짝거리다
④	오뚝이	굵적거리다	짤막하다
⑤	옆구리	지우개	깊숙하다

제대로 **접근법** ☆ 문제 채점까지 마친 후 복습할 때 보세요.

07
한글 맞춤법 규정의 파악과 적용 능력을 확인하는 유형이다.
• 탐구 과정에서는 어간이 'ㅜ'로 끝나는 사례와, 어간이 'ㅡ'로 끝나는 용언의 활용 형태를 비교·분석하고 있다.
• 탐구 과정을 통해 도출해 낸 결과를 바탕으로 각 선택지에 제시된 단어의 기본형과 활용 형태를 분석해 보자.
• 활용 형태를 분석할 때 탐구 결과에 제시된 '치러'와 같이 'ㅡ'가 탈락하는 활용을 보이는 것을 찾는다.

08
한글 맞춤법 규정의 이해와 적용 능력을 확인하는 유형이다.
• 〈보기〉를 바탕으로 선택지에서 ㉠에 해당하는 예를 찾는다. 명사는 홀로 쓰일 수 있으며, 접미사는 어근과 결합해야 한다는 점을 기억한다.
• 선택지에서 ㉡에 해당하는 예를 찾는다. 이를 위해 선택지에 제시된 단어들의 어간을 파악한다. 어간은 용언이 활용할 때 변하지 않는 부분이다.
• 선택지에 ㉢에 해당하는 예를 찾는다. 이를 위해 선택지에 제시된 단어들의 어간을 파악한다. 이때, 겹받침의 끝소리가 드러나는지를 살피기 위해 어간의 원형을 파악한다.

09

<보기>를 바탕으로 ㄱ~ㅁ을 이해한 내용으로 적절하지 않은 것은? [3점]

〈보기〉

한글 맞춤법 제15항 용언의 어간과 어미는 구별하여 적는다.
　[붙임 2] 종결형에서 사용되는 어미 '-오'는 '요'로 소리 나는 경우가 있더라도 그 원형을 밝혀 '오'로 적는다.
　　예 이것은 책이오. / 이것은 책이 아니오.
　[붙임 3] 연결형에서 사용되는 '이요'는 '이요'로 적는다.
　　예 이것은 책이요, 저것은 붓이요, 또 저것은 먹이다.

선생님의 설명: 제15항 [붙임 2]에서 설명하는 어미 '-오'는 하오체 종결 어미입니다. 이 어미 '-오'는 [오]로 발음하는 것이 원칙이지만 [요]로 발음할 수도 있습니다. 그리고 이 '-오'가 '이다', '아니다'의 어간 뒤에 붙어 '-이오'로 활용할 때, '차(車)'처럼 모음으로 끝나는 체언과 결합하는 경우 '차이오→차요'와 같이 '-이오'가 '-요'로 줄어 쓰이기도 합니다. 이때 '-이오'가 줄어든 형태인 '-요'는 청자에게 존대의 뜻을 나타내는 보조사 '요'와 그 형태나 발음이 동일하기 때문에 언어생활에서 주의가 필요합니다.
　이제 다음 제시된 자료를 분석해 봅시다. 단, ㄹ과 ㅁ은 모두 말하는 도중에 상대 높임의 등급을 바꾸지 않는다고 가정합니다.

ㄱ. 이것은 들판이요, 저것은 하늘<u>이오</u>.
ㄴ. 선배: 고향이 어디니? / 후배: 서울<u>요</u>.
ㄷ. (고향을 묻는 물음에 대한 답) 부산<u>이오</u>.
ㄹ. 무얼 좋아하시오? 소설<u>이오</u>? 아니면 영화<u>요</u>?
ㅁ. 무얼 좋아하세요? 소설<u>요</u>? 아니면 영화<u>요</u>?

① ㄱ의 밑줄 친 '이오'는 [이요]로 발음할 수 있다.
② ㄴ의 밑줄 친 '요'를 '이요'로 바꾸어 적을 수 있다.
③ ㄷ의 밑줄 친 '부산이오'는 하오체 문장에 해당한다.
④ ㄹ의 밑줄 친 '요'는 모음으로 끝나는 체언 뒤에서 '-이오'가 줄어든 형태에 해당한다.
⑤ ㅁ의 밑줄 친 '요'는 둘 다 청자에게 존대의 뜻을 나타내는 보조사에 해당한다.

✨ 문제 채점까지 마친 후 복습할 때 보세요.

제대로 접근법

09
한글 맞춤법 규정의 적용 능력을 확인하는 유형이다. 〈보기〉에 제시된 내용을 정리해 보자.

한글 맞춤법 제15항

• 종결형 어미 '-오'는 '-오'로 적고, 연결형 어미 '이요'는 '이요'로 적음
• [붙임 2]의 '-오'는 하오체 종결 어미로, [오]로 발음하는 것이 원칙이나 [요]로 발음할 수도 있음
• '이다, 아니다' 어간+'-오' → '-이오'로 활용될 때 모음으로 끝나는 체언과 결합하는 경우에는 '-이오'를 '-요'로 줄여 쓸 수 있음
• '-요'는 청자에게 존대를 나타내는 보조사 '요'와 달리 종결 어미임

• 정리한 내용을 ㄱ~ㅁ에 적용한다.

〈자료〉의 밑줄 친 발음 표시 부분을 맞춤법에 맞게 표기할 때에 적용되는 원칙을 〈보기〉에서 찾아 바르게 짝지은 것은?

〈자료〉

ⓐ 이것은 유명한 책이 [아니요].
ⓑ 영화 구경 [가지요].
ⓒ 이것은 [설탕이요], 저것은 소금이다.

〈보기〉

◦ 용언의 어간과 어미는 구별하여 적는다.
  • 종결형에서 사용되는 어미 '-오'는 '요'로 소리 나는 경우가 있더라도 그 원형을 밝혀 '오'로 적는다. ──────────── ⓐ
    이리로 오시오. (○) 이리로 오시요. (×)
  • 연결형에서 사용되는 '이요'는 '이요'로 적는다. ──────────── ⓑ
    이것은 책이요, 저것은 붓이다. (○)
    이것은 책이오, 저것은 붓이다. (×)
◦ 어미 뒤에 덧붙는 조사 '요'는 '요'로 적는다. ──────────── ⓒ
    읽어 읽어요   먹을게 먹을게요

① ㄱ-ⓐ   ② ㄱ-ⓑ   ③ ㄴ-ⓑ   ④ ㄷ-ⓐ   ⑤ ㄷ-ⓒ

〈보기〉를 바탕으로 하여 단어들의 표기 원리를 이해한 것으로 적절한 것은?

〈보기〉

〈한글 맞춤법의 '접미사가 붙어서 된 말' 중 일부〉

ⓐ 어간에 '-이'나 '-음/-ㅁ'이 붙어서 명사로 된 것 중, 어간의 뜻을 유지하는 경우에는 그 어간의 원형을 밝히어 적는다. 예 길이, 믿음
ⓑ 어간에 '-이'나 '-음'이 붙어서 명사로 바뀐 것이라도 그 어간의 뜻과 멀어진 것은 그 어간의 원형을 밝히어 적지 아니한다. 예 목거리(병의 일종), 거름(비료)
ⓒ '-이'나 '-음/-ㅁ' 이외의 모음으로 시작된 접미사가 붙어서 다른 품사로 바뀐 것은 그 어간의 원형을 밝히어 적지 아니한다. 예 나머지, 올가미

① '맞다'에서 파생된 '마중'은 어간의 원형을 밝히어 적은 것으로, ㄱ에 따른 것이다.
② '걷다'에서 파생된 '걸음'은 어간의 원형을 밝히어 적지 않은 것으로, ㄴ에 따른 것이다.
③ '막다'에서 파생된 '마개'는 어간의 원형을 밝히어 적지 않은 것으로, ㄴ에 따른 것이다.
④ '넘다'에서 파생된 '너머'는 어간의 원형을 밝히어 적지 않은 것으로, ㄷ에 따른 것이다.
⑤ '놀다'에서 파생된 '노름'은 어간의 원형을 밝히어 적지 않은 것으로, ㄷ에 따른 것이다.

10
한글 맞춤법 규정의 적용 능력을 확인하는 유형이다.
• 〈자료〉의 ㄱ～ㄷ과 〈보기〉의 ⓐ～ⓒ의 내용을 대응시킨다. 〈자료〉에서 밑줄 친 부분을 종결형과 연결형으로 구분한 뒤, 조사 '요'가 쓰인 것은 무엇인지 찾는다. 조사는 주로 체언 뒤에 결합하지만 어미 뒤에 결합할 수도 있음에 유의한다.
• '오'와 '요'는 흔히 잘못 표기하기 쉬우니 쓰임을 확실히 기억해야 하며, 사용에 유의하자.

11
한글 맞춤법의 이해를 확인하는 유형이다.
• 〈보기〉에 제시된 정보를 정리하면 다음과 같다.

어간+ -이, -음/-ㅁ → 명사로 됨	어간 뜻 유지 ○ → ㄱ	어간의 원형을 밝히어 적음
	어간 뜻 유지 × → ㄴ	어간의 원형을 밝히어 적지 않음
어간+모음 시작 접미사(-이, -음/-ㅁ 이외의 것) → ㄷ		

• 정리한 내용을 선택지에 적용하여 적절성을 판단한다.

12

2022 수능

〈보기〉는 준말에 관한 한글 맞춤법의 일부이다. 이를 적용한 내용으로 적절하지 <u>않은</u> 것은? [3점]

─〈보기〉─

제34항 [붙임 1] 'ㅐ, ㅔ' 뒤에 '-어, -었-'이 어울려 줄 적에는 준 대로 적는다. ────── ㉠

제35항 모음 'ㅗ, ㅜ'로 끝난 어간에 '-아/-어, -았-/-었-'이 어울려 'ㅘ/ㅝ, 왔/웠'으로 될 적에는 준 대로 적는다. ────── ㉡

제35항 [붙임 2] 'ㅚ' 뒤에 '-어, -었-'이 어울려 'ㅙ, 쐤'으로 될 적에도 준 대로 적는다. ────── ㉢

제36항 'ㅣ' 뒤에 '-어'가 와서 'ㅕ'로 줄 적에는 준 대로 적는다. ────── ㉣

제37항 'ㅏ, ㅓ, ㅗ, ㅜ, ㅡ'로 끝난 어간에 '-이-'가 와서 각각 'ㅐ, ㅖ, ㅚ, ㅟ, ㅢ'로 줄 적에는 준 대로 적는다. ────── ㉤

① ㉠을 적용하면 '(날이) 개었다'와 '(나무를) 베어'는 각각 '갰다'와 '베'로 적을 수 있다.

② ㉡을 적용하면 '(다리를) 꼬아'와 '(죽을) 쑤었다'는 각각 '꽈'와 '쒔다'로 적을 수 있다.

③ ㉤을 적용할 때, 어간 '(발로) 차-'에 '-이-'가 붙은 '(발에) 차이-'에 '-었다'가 붙으면 '채었다'로 적을 수 있다.

④ ㉤을 적용한 후 ㉢을 적용할 때, 어간 '(벌이) 쏘-'에 '-이-'가 붙은 '(벌에) 쏘이-'에 '-어'가 붙으면 '쐐'로 적을 수 있다.

⑤ ㉤을 적용한 후 ㉣을 적용할 때, 어간 '(오줌을) 누-'에 '-이-'가 붙은 '(오줌을) 누이-'에 '-어'가 붙으면 '뉘여'로 적을 수 있다.

12
준말에 관한 한글 맞춤법 규정의 파악과 적용 능력을 확인하는 유형이다.
• 〈보기〉에 제시되어 있는 한글 맞춤법 규정을 이해한 뒤, 선택지의 내용을 차례대로 적용해 보자.
• 규정에서 언급하는 모음에 해당하는 것을 선택지에서 찾아 표시한다. 이때 줄어든 모음을 정확히 파악한다. 둘 이상의 규정이 함께 적용될 수 있음에 유의하자.

13

2016 6월 모의평가 B형

〈보기〉의 선생님의 설명을 바탕으로 할 때, ㉠에 들어갈 말로 적절하지 <u>않은</u> 것은?

─〈보기〉─

학 생: '되어요, 돼요, 되요' 중에서 어느 게 맞는지 궁금해요.

선생님: "어간 모음 'ㅚ' 뒤에 '-어'가 붙어서 'ㅙ'로 줄어지는 것은 'ㅙ'로 적는다."라는 맞춤법 규정에 따르면 '되어요'는 어간 '되-'에 '-어요'가 결합된 것이므로 '돼요'로 줄어들 수 있어. 그러니까 '되어요, 돼요'는 맞는 말이지만 '되요'는 틀린 말이지. '(바람을) 쐬다, (턱을) 괴다, (나사를) 죄다, (어른을) 뵈다, (명절을) 쇠다' 등도 이 규정에 따라 적으면 돼.

학 생: 아, 그러면 _____㉠_____

① '쐬어라'는 '쐬-'와 '-어라'가 결합된 것이므로 '쐐라'로 줄어들 수 있겠네요.

② '괴-'와 '-느냐'가 결합될 때는 '어'가 들어갈 수 없으므로 '괘느냐'는 틀린 말이겠네요.

③ '좨도'는 '죄-'와 '-어도'가 결합된 말이 줄어든 것이겠네요.

④ '뵈-'가 '-어서'와 결합되면 '봬서'로 줄어들 수 있겠네요.

⑤ '쇠-'와 '-더라도'가 결합될 때는 '쇄더라도'로 적으면 틀린 것이겠네요.

13
한글 맞춤법 규정의 적용 능력을 확인하는 유형이다.
• 〈보기〉는 한글 맞춤법 제35항 [붙임 2] "'ㅚ' 뒤에 '-어, -었-'이 어울려 'ㅙ, 쐤'으로 될 적에도 준 대로 적는다."의 내용을 설명하고 있다.
• 선택지에 제시된 표현이 어떤 모음의 어간 뒤에 어떤 어미가 어울려 줄어드는지를 명확히 이해한 뒤, 줄어든 것의 적절성을 판단한다.

〈보기〉의 한글 맞춤법 규정을 적용한 것으로 옳지 <u>않은</u> 것은?

─〈보기〉─

제19항 어간에 '-이'나 '-음/-ㅁ'이 붙어서 명사로 된 것과 '-이'나 '-히'가 붙어서 부사로 된 것은 그 어간의 원형을 밝히어 적는다. ·· ㉠

[붙임] 어간에 '-이'나 '-음' 이외의 모음으로 시작된 접미사가 붙어서 다른 품사로 바뀐 것은 그 어간의 원형을 밝히어 적지 아니한다. ·· ㉡

제20항 명사 뒤에 '-이'가 붙어서 된 말은 그 명사의 원형을 밝히어 적는다. ············· ㉢

[붙임] '-이' 이외의 모음으로 시작된 접미사가 붙어서 된 말은 그 명사의 원형을 밝히어 적지 아니한다. ·· ㉣

제21항 명사나 혹은 용언의 어간 뒤에 자음으로 시작된 접미사가 붙어서 된 말은 그 명사나 어간의 원형을 밝히어 적는다. ··· ㉤

① '다듬이'로 표기하는 것은 ㉠의 규정을 적용한 것이군.
② '마개'를 '막애'로 표기하지 않는 것은 ㉡의 규정을 적용한 것이군.
③ '삼발이'를 '삼바리'로 표기하지 않는 것은 ㉢의 규정을 적용한 것이군.
④ '귀머거리'로 표기하는 것은 ㉣의 규정을 적용한 것이군.
⑤ '덮개'로 표기하는 것은 ㉤의 규정을 적용한 것이군.

한글 맞춤법 규정의 이해와 적용 능력을 평가하는 유형이다.

• 선택지에 제시된 단어의 형태소를 분석한다. 형태소를 분석할 때는 먼저 용언의 어간이나 명사를 찾으면 형태소를 수월하게 분석할 수 있다.
• 분석한 내용이 〈보기〉의 ㉠~㉤ 중 어떤 규정을 적용한 것인지 판단해 보자.

〈보기〉는 '한글 맞춤법'의 일부를 정리한 것이다. 이를 통해 알 수 있는 사실로 적절한 것은?
[3점]

─〈보기〉─

[제19항]
• 어간에 '-이'가 붙어서 명사로 된 것과 '-이'가 붙어서 부사로 된 것은 그 어간의 원형을 밝히어 적는다.
  ㉠ 먹이, 굳이, 같이 ·· ㉠

[제25항]
• '-하다'가 붙는 어근에 '-히'나 '-이'가 붙어서 부사가 되는 경우에는 그 어근의 원형을 밝히어 적는다.
  ㉡ 꾸준히, 깨끗이 ·· ㉡
• 부사에 '-이'가 붙어서 역시 부사가 되는 경우에는 그 부사의 원형을 밝히어 적는다.
  ㉢ 더욱이, 생긋이 ·· ㉢

① '급히 떠나다'의 '급히'는 ㉠의 '굳이'를 표기할 때 적용된 규정을 따른 것이군.
② '방긋 웃다'의 '방긋이'는 ㉠의 '같이'를 표기할 때 적용된 규정을 따른 것이군.
③ '많이 먹다'의 '많이'는 ㉡의 '꾸준히'를 표기할 때 적용된 규정을 따른 것이군.
④ '깊이 파다'의 '깊이'는 ㉡의 '깨끗이'를 표기할 때 적용된 규정을 따른 것이군.
⑤ '일찍이 없던 일'의 '일찍이'는 ㉢의 '더욱이'를 표기할 때 적용된 규정을 따른 것이군.

한글 맞춤법 규정을 구체적 사례에 적용할 수 있는지를 묻는 유형이다.

• 〈보기〉를 읽고 한글 맞춤법 제19항과 제25항을 정확히 이해한다.
• 선택지에 제시된 사례가 〈보기〉의 ㉠~㉢ 중 어느 규정에 해당하는 것인지 정리해 보자. ㉠~㉢의 예를 활용하여 선택지에 제시된 사례의 어간이나 어근, 혹은 부사를 먼저 찾으면 수월하게 정리할 수 있다.
• 이를 바탕으로 선택지의 적절성을 판단한다.

16

〈보기〉의 1가지 조건으로 적절하지 않은 것은?

〈보기〉

　'한글 맞춤법'에 따르면, 사이시옷은 아래의 조건 ⓐ~ⓓ가 모두 만족되어야 표기된다. 단, '곳간, 셋방, 숫자, 찻간, 툇간, 횟수'는 예외이다.

　○ 사이시옷 표기에 고려되는 조건
　ⓐ 단어 분류상 '합성 명사'일 것
　ⓑ 결합하는 두 말의 어종이 다음 중 하나일 것
　　• 고유어 + 고유어
　　• 고유어 + 한자어
　　• 한자어 + 고유어
　ⓒ 결합하는 두 말 중 앞말이 모음으로 끝날 것
　ⓓ 두 말이 결합하며 발생하는 음운 현상이 다음 중 하나일 것
　　• 앞말 끝소리에 'ㄴ' 소리가 덧남
　　• 앞말 끝소리와 뒷말 첫소리에 각각 'ㄴ' 소리가 덧남
　　• 뒷말 첫소리가 된소리로 바뀜

　㉠~㉤ 각각의 쌍은 위 조건 ⓐ~ⓓ 중 1가지 조건만 차이가 나서 사이시옷 표기 여부가 갈린 예이다.

	사이시옷이 없는 단어	사이시옷이 있는 단어
㉠	도매가격[도매까격]	도맷값[도매깝]
㉡	전세방[전세빵]	아랫방[아래빵]
㉢	버섯국[버섣꾹]	조갯국[조개꾹]
㉣	인사말[인사말]	존댓말[존댄말]
㉤	나무껍질[나무껍찔]	나뭇가지[나무까지]

① ㉠: ⓐ　　　② ㉡: ⓑ　　　③ ㉢: ⓒ

④ ㉣: ⓓ　　　⑤ ㉤: ⓓ

16
한글 맞춤법 규정의 이해와 적용 능력을 확인하는 유형이다.

〈보기〉에 '사이시옷 표기에 고려되는 조건'이 제시되어 있으므로, 이를 바탕으로 ㉠~㉤을 분석한다.

• ㉠~㉤은 모두 합성 명사이므로 ⓑ, ⓒ, ⓓ의 조건을 위주로 분석한다.

• 각 쌍의 공통되는 조건을 먼저 파악한 뒤, 차이가 나는 1가지 조건을 찾는다.

• 이를 바탕으로 선택지의 적절성을 판단한다.

1차 채점

맞은 문항 수	개
틀린 문항 수	개
헷갈리는 문항 번호	

→

2차 채점

맞은 문항 수	개
틀린 문항 수	개
헷갈리는 문항 번호	

• 틀린 문항 '/' 표시　　　• 틀린 문항 '×' 표시

I. 언어　167

표준 발음법

❶ 총칙

제1항　표준 발음법은 표준어의 실제 발음을 따르되, 국어의 전통성과 합리성을 고려하여 정함을 원칙으로 한다.

❷ 받침의 발음

제8항　받침소리로는 'ㄱ, ㄴ, ㄷ, ㄹ, ㅁ, ㅂ, ㅇ'의 7개 자음만 발음한다.

→ 음절의 끝소리 규칙

제9항　받침 'ㄲ, ㅋ', 'ㅅ, ㅆ, ㅈ, ㅊ, ㅌ', 'ㅍ'은 어말 또는 자음 앞에서 각각 대표음 [ㄱ, ㄷ, ㅂ]으로 발음한다. 예 키읔[키윽], 옷[옫], 앞[압] → 음절의 끝소리 규칙

제10항　겹받침 'ㄳ', 'ㄵ', 'ㄼ, ㄽ, ㄾ', 'ㅄ'은 어말 또는 자음 앞에서 각각 [ㄱ, ㄴ, ㄹ, ㅂ]으로 발음한다. 예 넋[넉], 앉다[안따], 여덟[여덜], 값[갑] → 자음군 단순화

> 다만, '밟-'은 자음 앞에서 [밥]으로 발음하고, '넓-'은 다음과 같은 경우에 [넙]으로 발음한다.
> 예 · 밟다[밥ː따], 밟지[밥ː찌], 밟는[밥ː는 → 밤ː는], 밟고[밥ː꼬]
> · 넓-죽하다[넙쭈카다], 넓-둥글다[넙뚱글다]

제11항　겹받침 'ㄺ, ㄻ, ㄿ'은 어말 또는 자음 앞에서 각각 [ㄱ, ㅁ, ㅂ]으로 발음한다. 예 닭[닥], 삶[삼ː], 읊고[읍꼬] → 자음군 단순화

> 다만, 용언의 어간 말음 'ㄺ'은 'ㄱ' 앞에서 [ㄹ]로 발음한다.
> 예 맑게[말께], 묽고[물꼬]

제13항　홑받침이나 쌍받침이 모음으로 시작된 조사나 어미, 접미사와 결합되는 경우에는, 제 음가대로 뒤 음절 첫소리로 옮겨 발음한다.

예 깎아[까까], 옷이[오시], 꽃을[꼬츨] → 연음 현상

제14항　겹받침이 모음으로 시작된 조사나 어미, 접미사와 결합되는 경우에는, 뒤엣것만을 뒤 음절 첫소리로 옮겨 발음한다.('ㅅ'은 된소리로 발음)

예 넋이[넉씨], 앉아[안자] → 연음 현상

제15항　받침 뒤에 모음 'ㅏ, ㅓ, ㅗ, ㅜ, ㅟ'들로 시작되는 실질 형태소가 연결되는 경우에는, 대표음으로 바꾸어서 뒤 음절 첫소리로 옮겨 발음한다.

예 밭 아래[바다래], 겉옷[거돋] → 음절의 끝소리 규칙, 연음 현상

> 다만, '맛있다, 멋있다'는 [마싣따], [머싣따]로도 발음할 수 있다.
> [붙임] 겹받침의 경우에는, 그중 하나만을 옮겨 발음한다.
> 예 닭 앞에[다가페], 값어치[가버치]

개념 다지기

개념➕ 표준 발음법의 구성

제1장	총칙
제2장	자음과 모음
제3장	음의 길이
제4장	받침의 발음
제5장	음의 동화
제6장	경음화
제7장	음의 첨가

개념➕ 모음

제5항　'ㅑ, ㅐ, ㅕ, ㅖ, ㅘ, ㅙ, ㅛ, ㅝ, ㅞ, ㅠ, ㅢ'는 이중 모음으로 발음한다.

> 다만 1. 용언의 활용형에 나타나는 '져, 쪄, 쳐'는 [저, 쩌, 처]로 발음한다.
> 예 가지어 → 가져[가저], 찌어 → 쪄[쩌], 다치어 → 다쳐[다처]
> 다만 2. '예, 례' 이외의 'ㅖ'는 [ㅔ]로도 발음한다.
> 예 계집[계ː집/게ː집], 시계[시계/시게]
> 다만 3. 자음을 첫소리로 가지고 있는 음절의 'ㅢ'는 [ㅣ]로 발음한다.
> 예 무늬[무니], 희망[히망]
> 다만 4. 단어의 첫음절 이외의 '의'는 [ㅣ]로, 조사 '의'는 [ㅔ]로 발음함도 허용한다.
> 예 주의[주의/주이], 우리의[우리의/우리에]

개념➕ 받침 'ㅎ'의 발음

제12항　받침 'ㅎ'의 발음은 다음과 같다.

① 'ㅎ(ㄶ, ㅀ)' 뒤에 'ㄱ, ㄷ, ㅈ'이 결합되는 경우에는, 뒤 음절 첫소리와 합쳐서 [ㅋ, ㅌ, ㅊ]으로 발음한다.
　예 놓고[노코], 좋던[조ː턴], 쌓지[싸치]

② 'ㅎ(ㄶ, ㅀ)' 뒤에 'ㅅ'이 결합되는 경우에는, 'ㅅ'을 [ㅆ]으로 발음한다.
　예 닿소[다ː쏘], 많소[만ː쏘]

③ 'ㅎ' 뒤에 'ㄴ'이 결합되는 경우에는, [ㄴ]으로 발음한다.
　예 놓는[논는], 쌓네[싼네]

④ 'ㅎ(ㄶ, ㅀ)' 뒤에 모음으로 시작된 어미나 접미사가 결합되는 경우에는, 'ㅎ'을 발음하지 않는다.
　예 낳은[나은], 놓아[노아]

❸ 음의 동화

제17항 받침 'ㄷ, ㅌ(ㄾ)'이 조사나 접미사의 모음 'ㅣ'와 결합되는 경우에는, [ㅈ, ㅊ]으로 바꾸어서 뒤 음절 첫소리로 옮겨 발음한다.

　예 굳이[구지], 밭이[바치] → 구개음화

> [붙임] 'ㄷ' 뒤에 접미사 '히'가 결합되어 '티'를 이루는 것은 [치]로 발음한다.
> 　예 굳히다[구치다], 닫히다[다치다], 묻히다[무치다]

제18항 받침 'ㄱ(ㄲ, ㅋ, ㄳ, ㄺ), ㄷ(ㅅ, ㅆ, ㅈ, ㅊ, ㅌ, ㅎ), ㅂ(ㅍ, ㄼ, ㄿ, ㅄ)'은 'ㄴ, ㅁ' 앞에서 [ㅇ, ㄴ, ㅁ]으로 발음한다.

　예 국물[궁물], 닫는[단는], 밥물[밤물] → 비음화

제19항 받침 'ㅁ, ㅇ' 뒤에 연결되는 'ㄹ'은 [ㄴ]으로 발음한다.

　예 담력[담ː녁] 강릉[강능] 침략[침ː냑] → 비음화

> [붙임] 받침 'ㄱ, ㅂ' 뒤에 연결되는 'ㄹ'도 [ㄴ]으로 발음한다.
> 　예 막론[막논 → 망논], 법리[법니 → 범니], 협력[협녁 → 혐녁]

제20항 'ㄴ'은 'ㄹ'의 앞이나 뒤에서 [ㄹ]로 발음한다.

　예 난로[날ː로], 칼날[칼랄] → 유음화

> [붙임] 첫소리 'ㄴ'이 'ㅀ', 'ㄾ' 뒤에 연결되는 경우에도 이에 준한다. 예 닳는[달른], 뚫는[뚤른]
> 다만, 다음과 같은 단어들은 'ㄹ'을 [ㄴ]으로 발음한다.
> 　예 의견란[의ː견난], 생산량[생산냥], 구근류[구근뉴], 횡단로[횡단노/휑단노]

❹ 경음화 → 된소리되기

제23항 'ㄱ(ㄲ, ㅋ, ㄳ, ㄺ), ㄷ(ㅅ, ㅆ, ㅈ, ㅊ, ㅌ), ㅂ(ㅍ, ㄼ, ㄿ, ㅄ)' 뒤에 연결되는 'ㄱ, ㄷ, ㅂ, ㅅ, ㅈ'은 된소리로 발음한다.

　예 국밥[국빱], 옷고름[옫꼬름], 옆집[엽찝]

제24항 어간 받침 'ㄴ(ㄵ), ㅁ(ㄻ)' 뒤에 결합되는 어미의 첫소리 'ㄱ, ㄷ, ㅅ, ㅈ'은 된소리로 발음한다. 예 신고[신ː꼬], 껴안다[껴안따], 삼고[삼ː꼬], 더듬지[더듬찌], 젊지[점ː찌]

> 다만, 피동, 사동의 접미사 '-기-'는 된소리로 발음하지 않는다. 예 안기다, 감기다, 굶기다

제25항 어간 받침 'ㄼ, ㄾ' 뒤에 결합되는 어미의 첫소리 'ㄱ, ㄷ, ㅅ, ㅈ'은 된소리로 발음한다. 예 넓게[널께], 핥다[할따], 떫지[떨ː찌]

제26항 한자어에서, 'ㄹ' 받침 뒤에 연결되는 'ㄷ, ㅅ, ㅈ'은 된소리로 발음한다.

　예 갈등[갈뜽], 말살[말쌀], 물질[물찔]

제27항 관형사형 '-(으)ㄹ' 뒤에 연결되는 'ㄱ, ㄷ, ㅂ, ㅅ, ㅈ'은 된소리로 발음한다. 예 할 것을[할꺼슬], 갈 데가[갈떼가], 할 바를[할빠를]

❺ 음의 첨가

제29항 합성어 및 파생어에서, 앞 단어나 접두사의 끝이 자음이고 뒤 단어나 접미사의 첫음절이 '이, 야, 여, 요, 유'인 경우에는, 'ㄴ' 음을 첨가하여 [니, 냐, 녀, 뇨, 뉴]로 발음한다.

　예 솜-이불[솜ː니불], 맨-입[맨닙], 한-여름[한녀름], 색-연필[생년필] → 'ㄴ' 첨가

> 다만, 다음과 같은 말들은 'ㄴ' 소리를 첨가하여 발음하되, 표기대로 발음할 수 있다.
> 　예 이죽-이죽[이중니죽/이주기죽], 야금-야금[야금냐금/야그먀금], 금융[금늉/그뮹]

개념 다지기

활동 1　음의 동화 규정의 적용
※ 다음 단어들의 발음을 써 보자.

- 항로 → [　항ː노　]
- 앞마당 → [　암마당　]
- 긁는 → [❶　　　]
- 석류 → [❷　　　]
- 핥네 → [❸　　　]
- 미닫이 → [❹　　　]
- 물난리 → [❺　　　]
- 상견례 → [❻　　　]

활동 2　경음화 규정의 적용
※ 다음 단어들의 발음을 써 보자.

- 깎다 → [　깍따　]
- 앉고 → [　안꼬　]
- 닭장 → [❶　　　]
- 떫지 → [❷　　　]
- 훑소 → [❸　　　]
- 굶기다 → [❹　　　]
- 넓죽하다 → [❺　　　]
- 만날 사람 → [❻　　　]

활동 3　음의 첨가 규정의 적용
※ 다음 단어들의 발음을 써 보자.

- 담-요 → [　담ː뇨　]
- 홑-이불 → [❶　　　]
- 영업-용 → [❷　　　]
- 내복-약 → [❸　　　]

개념 ➕　음의 첨가 규정 추가

제30항 사이시옷이 붙은 단어는 다음과 같이 발음한다.

① 'ㄱ, ㄷ, ㅂ, ㅅ, ㅈ'으로 시작하는 단어 앞에 사이시옷이 올 때는 이들 자음만을 된소리로 발음하는 것을 원칙으로 하되, 사이시옷을 [ㄷ]으로 발음하는 것도 허용한다.
　예 냇가[내ː까/낻ː까], 햇살[해쌀/핻쌀], 뱃속[배쏙/밷쏙]

② 사이시옷 뒤에 'ㄴ, ㅁ'이 결합되는 경우에는 [ㄴ]으로 발음한다.
　예 콧날[콛날 → 콘날], 뱃머리[밷머리 → 밴머리], 툇마루[퇻ː마루 → 퇸ː마루/퉨ː마루]

③ 사이시옷 뒤에 '이' 음이 결합되는 경우에는 [ㄴㄴ]으로 발음한다.
　예 베갯잇[베갣닏 → 베갠닏], 깻잎[깯닙 → 깬닙], 나뭇잎[나묻닙 → 나문닙]

[활동 3] ❶ [혼ː니불] ❷ [영엄뇽] ❸ [내ː봉냑]
[활동 2] ❶ [닥짱] ❷ [떨ː찌] ❸ [훌쏘] ❹ [굼ː기다] ❺ [넙쭈카다] ❻ [만날싸람]
[활동 1] ❶ [긍는] ❷ [성뉴] ❸ [할레] ❹ [미ː다지] ❺ [물랄리] ❻ [상견녜]

❶ 표기의 기본 원칙

제1항 국어의 로마자 표기는 국어의 표준 발음법에 따라 적는 것을 원칙으로 한다.

제2항 로마자 이외의 부호는 되도록 사용하지 않는다.

❷ 표기 일람

제1항 모음은 다음 각호와 같이 적는다.

ㅏ	ㅓ	ㅗ	ㅜ	ㅡ	ㅣ	ㅐ	ㅔ	ㅚ	ㅟ
a	eo	o	u	eu	i	ae	e	oe	wi

ㅑ	ㅕ	ㅛ	ㅠ	ㅒ	ㅖ	ㅘ	ㅙ	ㅝ	ㅞ	ㅢ
ya	yeo	yo	yu	yae	ye	wa	wae	wo	we	ui

제2항 자음은 다음 각호와 같이 적는다.

ㄱ	ㄲ	ㅋ	ㄷ	ㄸ	ㅌ	ㅂ	ㅃ	ㅍ
g, k	kk	k	d, t	tt	t	b, p	pp	p

ㅈ	ㅉ	ㅊ	ㅅ	ㅆ	ㅎ	ㄴ	ㅁ	ㅇ	ㄹ
j	jj	ch	s	ss	h	n	m	ng	r, l

❸ 표기상의 유의점

제1항 음운 변화가 일어날 때에는 변화의 결과에 따라 다음 각호와 같이 적는다.
① 자음 사이에서 동화 작용이 일어나는 경우

> 예 백마[뱅마] → Baengma, 왕십리[왕심니] → Wangsimni, 신라[실라] → Silla

② 'ㄴ, ㄹ'이 덧나는 경우

> 예 학여울[항녀울] → Hangnyeoul, 알약[알략] → allyak

③ 구개음화가 되는 경우

> 예 해돋이[해도지] → haedoji, 같이[가치] → gachi

④ 'ㄱ, ㄷ, ㅂ, ㅈ'이 'ㅎ'과 합하여 거센소리로 소리 나는 경우

> 예 좋고[조:코] → joko, 놓다[노타] → nota, 잡혀[자펴] → japyeo, 낳지[나치] → nachi

제2항 발음상 혼동의 우려가 있을 때에는 음절 사이에 붙임표(-)를 쓸 수 있다.

> 예 중앙 → Jung-ang, 세운 → Se-un, 해운대 → Hae-undae

제4항 인명은 성과 이름의 순서로 띄어 쓴다. 이름은 붙여 쓰는 것을 원칙으로 하되 음절 사이에 붙임표(-)를 쓰는 것을 허용한다.

> 예 민용하 Min Yongha (Min Yong-ha), 송나리 Song Nari (Song Na-ri)

제5항 '도, 시, 군, 구, 읍, 면, 리, 동'의 행정 구역 단위와 '가'는 각각 'do, si, gun, gu, eup, myeon, ri, dong, ga'로 적고, 그 앞에는 붙임표(-)를 넣는다. 붙임표(-) 앞뒤에서 일어나는 음운 변화는 표기에 반영하지 않는다.

> 예 충청북도 → Chungcheongbuk-do, 의정부시 → Uijeongbu-si

개념 다지기

개념 ➕ 로마자 표기법의 구성

제1장	표기의 기본 원칙
제2장	표기 일람
제3장	표기상의 유의점
부칙	-

개념 ➕ 모음을 표기할 때의 유의점

[붙임 1] 'ㅢ'는 'ㅣ'로 소리 나더라도 'ui'로 적는다.
> 예 광희문[광히문] → Gwanghuimun

[붙임 2] 장모음의 표기는 따로 하지 않는다.

개념 ➕ 자음을 표기할 때의 유의점

[붙임 1] 'ㄱ, ㄷ, ㅂ'은 모음 앞에서는 'g, d, b'로, 자음 앞이나 어말에서는 'k, t, p'로 적는다.
> 예 구미 → Gumi, 옥천 → Okcheon

[붙임 2] 'ㄹ'은 모음 앞에서는 'r'로, 자음 앞이나 어말에서는 'l'로 적는다. 단, 'ㄹㄹ'은 'll'로 적는다.
> 예 구리 → Guri, 칠곡 → Chilgok, 대관령[대:괄령] → Daegwallyeong

개념 ➕ 표기상의 유의점 '제1항'의 추가

다만, 체언에서 'ㄱ, ㄷ, ㅂ' 뒤에 'ㅎ'이 따를 때에는 'ㅎ'을 밝혀 적는다.
> 예 묵호[무코] → Mukho, 집현전[지편전] → Jiphyeonjeon

[붙임] 된소리되기는 표기에 반영하지 않는다.
> 예 압구정[압꾸정] → Apgujeong, 낙동강[낙똥강] → Nakdonggang

활동 4 로마자 표기 규정의 적용

※ 다음 단어들의 로마자 표기를 적어 보자.

- 종로 → (Jongno)
- 놓지 → (❶)
- 팔당 → (❷)
- 굳히다 → (❸)
- 솜이불 → (❹)

개념 완성 TEST

01
표준 발음법 - 모음의 발음

표준 발음법 제5항을 바탕으로 다음 밑줄 친 단어의 발음을 써 보자.

(1) 나의[   ] 장래 희망[   ]은 수의사
[   ]이다.
(2) 그의 작품은 시대적 상황과 밀접히 연계[   ]되어 있다.

02
표준 발음법 - 받침의 발음

표준 발음법 제12항을 바탕으로 다음 단어들의 표준 발음을 써 보자.

(1) 놓는 → [   ]   (2) 쌓지 → [   ]
(3) 않는 → [   ]   (4) 꽂히다 → [   ]

03
표준 발음법 - 받침의 발음, 경음화

표준 발음법 제9항과 제23항을 바탕으로 다음 단어들의 표준 발음을 써 보자.

(1) 솥 → [   ]   (2) 웃다 → [   ]
(3) 낮설다 → [   ]   (4) 웃소매 → [   ]

04
표준 발음법 - 경음화

표준 발음법 제23항과 제24항을 바탕으로 밑줄 친 단어의 발음이 적절하면 ○표, 적절하지 않으면 ×표를 해 보자.

(1) 나는 정육점에 가서 국거리[국꺼리]를 사 왔다. (   )
(2) 그는 나에게 책장을 옮기는[옴끼는] 일을 맡겼다. (   )
(3) 나는 앞자리에 앉고[안꼬] 친구는 뒷자리에 앉았다. (   )
(4) 영민이는 할머니께 복주머니[복쭈머니]를 선물 받았다.
(   )

05
표준 발음법 - 받침의 발음

〈보기〉에 제시된 표준 발음법 규정을 바탕으로 다음 단어의 발음에 적용되는 표준 발음법 규정을 찾아 연결해 보자.

〈보기〉

제9항 받침 'ㄲ, ㅋ', 'ㅅ, ㅆ, ㅈ, ㅊ, ㅌ', 'ㅍ'은 어말 또는 자음 앞에서 각각 대표음 [ㄱ, ㄷ, ㅂ]으로 발음한다.
제10항 겹받침 'ㄳ', 'ㄵ', 'ㄼ, ㄽ, ㄾ', 'ㅄ'은 어말 또는 자음 앞에서 각각 [ㄱ, ㄴ, ㄹ, ㅂ]으로 발음한다.
다만, '밟-'은 자음 앞에서 [밥]으로 발음하고, '넓-'은 '넓죽하다, 넓둥글다'와 같은 경우에 [넙]으로 발음한다.
제11항 겹받침 'ㄺ, ㄻ, ㄿ'은 어말 또는 자음 앞에서 각각 [ㄱ, ㅁ, ㅂ]으로 발음한다.
다만, 용언의 어간 말음 'ㄺ'은 'ㄱ' 앞에서 [ㄹ]로 발음한다.
제12항 'ㅎ(ㄶ, ㅀ)' 뒤에 'ㄱ, ㄷ, ㅈ'이 결합되는 경우에는, 뒤 음절 첫소리와 합쳐서 [ㅋ, ㅌ, ㅊ]으로 발음한다.
제14항 겹받침이 모음으로 시작된 조사나 어미, 접미사와 결합되는 경우에는, 뒤엣것만을 뒤 음절 첫소리로 옮겨 발음한다.(이 경우, 'ㅅ'은 된소리로 발음함)

(1) 앞[압]   •   • ㉠ 제9항
(2) 닭을[달글]   •   • ㉡ 제10항
(3) 닳지[달치]   •   • ㉢ 제11항
(4) 맑다[막따]   •   • ㉣ 제12항
(5) 훑다[훌따]   •   • ㉤ 제14항

06
표준 발음법 - 구개음화

표준 발음법 제17항을 바탕으로 다음 단어들의 표준 발음을 써 보자.

(1) 끝이다 → [   ]   (2) 닫히다 → [   ]
(3) 맏이 → [   ]   (4) 벼훑이 → [   ]

07
표준 발음법 - 음의 동화, 음의 첨가

표준 발음법 제19항, 제29항을 바탕으로 다음 단어들의 표준 발음을 써 보자.

(1) 담력 → [   ]   (2) 담요 → [   ]
(3) 강릉 → [   ]   (4) 남존여비 → [   ]

08

〈보기〉를 참고하여, 다음 단어의 발음과 로마자 표기를 적어 보자.

〈보기〉

〈국어의 로마자 표기법〉 제3장 표기상의 유의점
제1항 음운 변화가 일어날 때에는 변화의 결과에 따라 다음 각호와 같이 적는다.
　　1. 자음 사이에서 동화 작용이 일어나는 경우
　　2. 'ㄴ, ㄹ'이 덧나는 경우
　　3. 구개음화가 되는 경우
　　4. 'ㄱ, ㄷ, ㅂ, ㅈ'이 'ㅎ'과 합하여 거센소리로 소리 나는 경우
[붙임] 된소리되기는 표기에 반영하지 않는다.

	한글 표기	발음	로마자 표기
(1)	좋고		
(2)	백마		
(3)	낙동강		
(4)	해돋이		

09

다음 설명이 적절한 것에는 ○표, 적절하지 않은 것에는 ×표를 해 보자.

(1) '낯'은 음절의 끝소리 규칙에 의해 [낟]으로 발음되고, 로마자 표기는 'nat'이다. 　　　　　　　　(　　)
(2) '옥천'에서 'ㄱ'은 자음 앞에 위치하므로, 'Okcheon'으로 표기해야 한다. 　　　　　　　　(　　)
(3) '신라'는 유음화에 의해 [실라]로 발음되고, 로마자 표기는 'Sinla'이다. 　　　　　　　　(　　)

10

다음 단어의 로마자 표기가 적절하면 ○표, 적절하지 않으면 ×표를 해 보자.

(1) 난로[날:로] → nanro 　　　　　　　　(　　)
(2) 잡혀[자펴] → japyeo 　　　　　　　　(　　)
(3) 합정[합쩡] → Hapjjeong 　　　　　　(　　)
(4) 굳히다[구치다] → guchida 　　　　　　(　　)
(5) 솜이불[솜:니불] → somnibul 　　　　　(　　)

▶ 해설편 81쪽

내신 기출 문제

01

〈보기〉의 자료를 탐구한 내용으로 적절하지 <u>않은</u> 것은?

〈보기〉

[표준 발음법]
제9항 받침 'ㄲ, ㅋ', 'ㅅ, ㅆ, ㅈ, ㅊ, ㅌ', 'ㅍ'은 어말 또는 자음 앞에서 각각 대표음 [ㄱ, ㄷ, ㅂ]으로 발음한다.
제23항 받침 'ㄱ(ㄲ, ㅋ, ㄳ, ㄺ), ㄷ(ㅅ, ㅆ, ㅈ, ㅊ, ㅌ), ㅂ(ㅍ, ㄼ, ㄿ, ㅄ)' 뒤에 연결되는 'ㄱ, ㄷ, ㅂ, ㅅ, ㅈ'은 된소리로 발음한다.

① '밖[박]'은 제9항에 따른 것이다.
② '잡고[잡꼬]'는 제23항에 따른 것이다.
③ '덮다[덥따]'는 제9항과 제23항에 따른 것이다.
④ '씻지[씯찌]'는 제9항과 제23항에 따른 것이다.
⑤ '밟고[밥:꼬]'는 제9항과 제23항에 따른 것이다.

02

〈보기〉에 따라 표준 발음에 대하여 학습하였다. 각 예에 적용된 내용과 그 발음이 바르지 <u>못한</u> 것은?

〈보기〉

• 합성어 및 파생어에서, 앞 단어나 접두사의 끝이 자음이고 뒤 단어나 접미사의 첫음절이 '이, 야, 여, 요, 유'인 경우에는, 'ㄴ' 음을 첨가하여 [니, 냐, 녀, 뇨, 뉴]로 발음함. 그리고 'ㄹ' 받침 뒤에 첨가되는 'ㄴ' 음은 [ㄹ]로 발음함 ······ ⓐ
• 받침 'ㄱ, ㄷ, ㅂ'은 'ㄴ, ㅁ' 등의 비음 앞에서 [ㅇ, ㄴ, ㅁ]으로 발음함 ······ ⓑ
• 받침 'ㅁ, ㅇ' 뒤에 연결되는 'ㄹ'은 [ㄴ]으로 발음함 ······ ⓒ
• 'ㄴ'은 'ㄹ'의 앞이나 뒤에서 [ㄹ]로 발음함 ······ ⓓ

	예	적용 내용	발음
①	색연필	ⓐ, ⓑ	[생년필]
②	물약	ⓐ, ⓒ	[물냑]
③	잡는다	ⓑ	[잠는다]
④	강릉	ⓒ	[강능]
⑤	물난리	ⓓ	[물랄리]

03

〈보기〉는 표준 발음법 규정의 일부이다. 이 규정을 활용하여 해결할 수 있는 질문이 아닌 것은?

───────────── 〈보기〉 ─────────────

제23항 받침 'ㄱ(ㄲ, ㅋ, ㄳ, ㄺ), ㄷ(ㅅ, ㅆ, ㅈ, ㅊ, ㅌ), ㅂ(ㅍ, ㄼ, ㄿ, ㅄ)' 뒤에 연결되는 'ㄱ, ㄷ, ㅂ, ㅅ, ㅈ'은 된소리로 발음한다. 예 옷고름[옫꼬름]

제24항 어간 받침 'ㄴ(ㄵ), ㅁ(ㄻ)' 뒤에 결합되는 어미의 첫소리 'ㄱ, ㄷ, ㅅ, ㅈ'은 된소리로 발음한다. 예 삼고[삼:꼬]

다만, 피동, 사동의 접미사 '-기-'는 된소리로 발음하지 않는다. 예 안기다[안기다]

────────────────────────────────

① '국밥'은 [국밥]인가요, [국빱]인가요?

② '낯설다'는 [낟설다]인가요, [낟썰다]인가요?

③ '발전'은 [발전]이 아니라 왜 [발쩐]인가요?

④ '머금다'는 [머금다]가 아니라 [머금따]가 맞나요?

⑤ '남기다'는 [남끼다]가 아니라 왜 [남기다]인가요?

04

〈보기〉의 ㉠~㉤에 대한 탐구 내용으로 적절하지 않은 것은?

───────────── 〈보기〉 ─────────────

자음의 로마자 표기

ㄱ	ㄲ	ㅋ	ㄷ	ㄸ	ㅌ	ㅂ	ㅃ	ㅍ	ㅈ
g, k	kk	k	d, t	tt	t	b, p	pp	p	j

ㅉ	ㅊ	ㅅ	ㅆ	ㅎ	ㄴ	ㅁ	ㅇ	ㄹ
jj	ch	s	ss	h	n	m	ng	r, l

로마자 표기의 실제

㉠ 백마[뱅마] : Baengma, 신라[실라] : Silla

㉡ 학여울[항녀울] : Hangnyeoul, 알약[알략] : allyak

㉢ 해돋이[해도지] : haedoji, 같이[가치] : gachi

㉣ 좋고[조:코] : joko, 놓다[노타] : nota

㉤ 죽변[죽뼌] : Jukbyeon, 울산[울싼] : Ulsan

────────────────────────────────

① ㉠을 보니 '달님[달림]'의 로마자 표기에는 자음 동화가 반영되겠군.

② ㉡을 보니 '첫여름[천녀름]'의 로마자 표기에는 'ㄴ' 첨가가 반영되겠군.

③ ㉢을 보니 '붙임[부침]'의 로마자 표기에는 구개음화가 반영되겠군.

④ ㉣을 보니 '넣고[너:코]'의 로마자 표기에는 거센소리되기가 반영되겠군.

⑤ ㉤을 보니 '악수[악쑤]'의 로마자 표기에는 된소리되기가 반영되겠군.

05

다음은 표준 발음법과 국어의 로마자 표기법의 일부이다. 이를 이해한 학생의 반응으로 적절한 것은?

────────────────────────────────

[표준 발음법]

제4장 제8항 받침소리로는 'ㄱ, ㄴ, ㄷ, ㄹ, ㅁ, ㅂ, ㅇ'의 7개 자음만 발음한다.

제5장 제19항 받침 'ㅁ, ㅇ' 뒤에 연결되는 'ㄹ'은 [ㄴ]으로 발음한다.

제20항 'ㄴ'은 'ㄹ'의 앞이나 뒤에서 [ㄹ]로 발음한다.

[국어의 로마자 표기법]

제1장 제1항 국어의 로마자 표기는 국어의 표준 발음법에 따라 적는 것을 원칙으로 한다.

제2장 제1항 모음은 다음 각호와 같이 적는다.

1. 단모음

ㅏ	ㅓ	ㅗ	ㅡ
a	eo	o	eu

제2장 제2항 자음은 다음 각호와 같이 적는다.

1. 파열음

ㄱ	ㄲ	ㄷ	ㅌ	ㅂ
g, k	kk	d, t	t	b, p

2. 파찰음		3. 마찰음		4. 비음			5. 유음
ㅈ	ㅊ	ㅅ	ㅎ	ㄴ	ㅁ	ㅇ	ㄹ
j	ch	s	h	n	m	ng	r, l

[붙임1] 'ㄱ, ㄷ, ㅂ'은 모음 앞에서는 'g, d, b'로, 자음 앞이나 어말에서는 'k, t, p'로 적는다.

[붙임2] 'ㄹ'은 모음 앞에서는 'r'로, 자음 앞이나 어말에서는 'l'로 적는다. 단, 'ㄹㄹ'은 'll'로 적는다.

제3장 제3항 고유 명사는 첫 글자를 대문자로 적는다.

────────────────────────────────

① '종로'는 'Jongro'로 표기해야겠군.

② '탐라'는 'Tamna'로 표기해야겠군.

③ '벚꽃'은 'beotkkoj'으로 표기해야겠군.

④ '강릉'은 'Kangneung'으로 표기해야겠군.

⑤ '한라산'은 'Halrasan'으로 표기해야겠군.

01

다음은 된소리되기와 관련한 수업의 일부이다. [A]에 들어갈 말로 적절하지 <u>않은</u> 것은? [3점]

> 선생님 : 오늘은 표준 발음을 대상으로 용언의 활용에서 나타나는 된소리되기를 알아봅시다. '(신발을) 신고[신ː꼬]'처럼 용언의 활용에서는 마지막 소리가 'ㄴ, ㅁ'인 어간 뒤에 처음 소리가 'ㄱ, ㄷ, ㅅ, ㅈ'인 어미가 결합하면 어미의 처음 소리가 된소리로 바뀌어요.
>
> 학 생 : 아, 그렇군요. 그런데 선생님, 국어에서 'ㄱ, ㄷ, ㅅ, ㅈ'이 'ㄴ, ㅁ' 뒤에 이어지면 항상 된소리로 바뀌나요?
>
> 선생님 : 항상 그런 것은 아니에요. 표준 발음에서는 용언 어간에 피·사동 접사가 결합하거나 어미끼리 결합하거나 체언과 조사가 결합하는 경우에는 된소리되기가 일어나지 않아요. 그리고 '먼지[먼지]'처럼 하나의 형태소 안에서 'ㄴ, ㅁ' 뒤에 'ㄱ, ㄷ, ㅅ, ㅈ'이 있는 경우에도 된소리되기가 일어나지 않아요. 그럼 다음 @~@의 밑줄 친 말에서 'ㄴ'이나 'ㅁ' 뒤의 소리가 된소리로 바뀌지 않는 이유를 설명해 볼까요?
>
> > ⓐ 피로를 <u>푼다</u>[푼다]   ⓑ 더운 <u>여름도</u>[여름도]
> > ⓒ 대문을 <u>잠가</u>[잠가]   ⓓ 품에 <u>안겨라</u>[안겨라]
> > ⓔ 학교가 <u>큰지</u>[큰지]
>
> 학 생 : 그 이유는 [　　　　　[A]　　　　　] 때문입니다.
>
> 선생님 : 네, 맞아요.

① ⓐ의 'ㄴ'과 'ㄷ'이 모두 어미에 속해 있는 소리이기
② ⓑ의 'ㅁ'과 'ㄷ'이 체언과 조사가 결합하면서 이어진 소리이기
③ ⓒ의 'ㅁ'과 'ㄱ'이 모두 하나의 형태소 안에 속해 있는 소리이기
④ ⓓ의 'ㄴ'과 'ㄱ'이 어미끼리 결합하면서 이어진 소리이기
⑤ ⓔ의 'ㄴ'과 'ㅈ'이 어간과 어미가 결합하면서 이어진 소리가 아니기

02

〈보기〉의 표준 발음법을 바르게 적용한 것은?

> ─────────〈보기〉─────────
>
> ㉠ 받침 'ㄷ, ㅌ'이 조사의 모음 'ㅣ'와 결합되는 경우에는, [ㅈ, ㅊ]으로 바꾸어서 뒤 음절 첫소리로 옮겨 발음한다. ⓔ 밭이[바치]
>
> ㉡ 받침 'ㄷ, ㅌ(ㄾ)'이 접미사의 모음 'ㅣ'와 결합되는 경우에는, [ㅈ, ㅊ]으로 바꾸어서 뒤 음절 첫소리로 옮겨 발음한다. ⓔ 미닫이[미다지]
>
> ㉢ 받침 'ㄷ' 뒤에 접미사 'ㅎ'이 결합되어 'ㅌ'를 이루는 것은 [ㅊ]로 발음한다. ⓔ 묻히다[무치다]

① '같이 걷다'의 '같이'는 ㉠에 따라 'ㅌ'을 [ㅊ]으로 바꿔 [가치]로 발음해야겠군.
② '솥이나 냄비를 준비하다'의 '솥이나'는 ㉠에 따라 'ㅌ'을 [ㅊ]으로 바꿔 [소치나]로 발음해야겠군.
③ '그것은 팥이다'의 '팥이다'는 ㉡에 따라 'ㅌ'을 [ㅊ]으로 바꿔 [파치다]로 발음해야겠군.
④ '자전거에 받히다'의 '받히다'는 ㉡에 따라 'ㅌ'를 [ㅊ]로 바꿔 [바치다]로 발음해야겠군.
⑤ '우표를 붙이다'의 '붙이다'는 ㉢에 따라 'ㅌ'를 [ㅊ]로 바꿔 [부치다]로 발음해야겠군.

☆✦ 문제 채점까지 마친 후 복습할 때 보세요.

제대로 접근법

01
표준 발음법의 된소리되기에 대해 이해하고 있는지 묻는 유형이다. 선생님의 두 번째 발화에 집중하여 된소리되기가 일어나지 않는 문법적 환경에 대해 이해한다.

• @~@의 밑줄 친 부분을 형태소로 분석하여 된소리되기가 일어나지 않는 이유를 찾아본다. 용언 어간에 피·사동 접사가 결합된 경우인지, 어미끼리 결합된 경우인지, 체언과 조사가 결합된 경우인지, 하나의 형태소인지를 파악한다.

• 어간과 어미, 체언과 조사 등 문법적 개념을 이해하고 있어야 문제를 푸는 데 용이하다. 따라서 평소에 문법 개념을 충실하게 공부해 두도록 한다.

02
표준 발음법의 적용 능력을 확인하는 유형이다.

• 구개음화와 관련된 표준 발음법 규정을 개별 사례에 적용할 수 있는 능력뿐만 아니라, 구개음화의 형태론적 조건을 설명하는 과정에서 사용되는 조사, 접미사 등의 문법 개념도 알고 있는지 함께 평가하는 문제이다.

• 받침 'ㄷ, ㅌ' 뒤에 결합되고 있는 것이 조사, 접미사의 모음 'ㅣ'인지, 접미사 'ㅎ'인지 정확히 파악하여 정답을 찾도록 하자.

• 조사 중 모음 'ㅣ'가 나타나는 것은 주격 조사 '이' 외에도 접속 조사 '이나', 서술격 조사 '이다' 등이 있을 수 있음에 유의하자.

03

〈보기〉에 따라 표준 발음을 이해한 내용으로 적절한 것은? [3점]

─〈보기〉─

〈표준 발음법의 '된소리되기' 중 일부〉

㉠ 어간 받침 'ㄴ(ㄵ), ㅁ(ㄻ)' 뒤에 결합되는 어미의 첫소리 'ㄱ, ㄷ, ㅅ, ㅈ'은 된소리로 발음한다.

㉡ 어간 받침 'ㄼ, ㄾ' 뒤에 결합되는 어미의 첫소리 'ㄱ, ㄷ, ㅅ, ㅈ'은 된소리로 발음한다.

㉢ 관형사형 '-(으)ㄹ' 뒤에 연결되는 'ㄱ, ㄷ, ㅂ, ㅅ, ㅈ'은 된소리로 발음한다. '-(으)ㄹ'로 시작되는 어미의 경우도 이에 준한다.

① '(가슴에) 품을 적에'와 '(며느리로) 삼고'에서의 된소리되기는 모두 ㉠에 따른 것이다.

② '(방이) 넓거든'과 '(두께가) 얇을지라도'에서의 된소리되기는 모두 ㉡에 따른 것이다.

③ '(신을) 신겠네요'와 '(땅을) 밟지도'에서의 된소리되기는 모두 ㉢에 따른 것이다.

④ '(남들이) 비웃을지언정'과 '(먼지를) 훑던'에서의 된소리되기는 각각 ㉠, ㉡에 따른 것이다.

⑤ '(물건을) 얹지만'과 '(자리에) 앉을수록'에서의 된소리되기는 각각 ㉠, ㉢에 따른 것이다.

04

〈보기〉에 따라 겹받침의 표준 발음에 대하여 단계별로 학습하였다. 각 예에 적용된 내용과 그 발음이 모두 바른 것은? [3점]

─〈보기〉─

◦ 겹받침이 모음으로 시작된 조사나 어미, 접미사와 결합되는 경우에는 뒤엣것만을 뒤 음절 첫소리로 옮겨 발음한다. 이 경우, 'ㅅ'은 [ㅆ]으로 발음한다. ···································· ⓐ

◦ 겹받침 'ㄳ', 'ㄼ', 'ㄽ', 'ㅄ'은 어말 또는 자음 앞에서 각각 [ㄱ, ㄹ, ㅂ]으로 발음한다. ······· ⓑ
  이 후에는 다음과 같이 발음한다.
  • [ㄱ, ㅂ]은 'ㄴ, ㅁ' 앞에서 각각 [ㅇ, ㅁ]으로 발음한다. ·············· ⓒ
  • [ㄱ, ㅂ] 뒤에 연결되는 'ㄱ, ㄷ, ㅂ, ㅅ, ㅈ'은 각각 [ㄲ, ㄸ, ㅃ, ㅆ, ㅉ]으로 발음한다. ···································· ⓓ
  • [ㄱ, ㅂ]은 'ㅎ'과 결합되는 경우, 두 음을 합쳐서 각각 [ㅋ, ㅍ]으로 발음한다. ·············· ⓔ

	예	적용 내용	발음
①	여덟 + 이	ⓐ	[여더리]
②	몫 + 을	ⓐ	[목슬]
③	흙 + 만	ⓑ, ⓒ	[흑만]
④	값 + 까지	ⓑ, ⓓ	[갑까지]
⑤	닭 + 하고	ⓑ, ⓔ	[다카고]

☆ 문제 채점까지 마친 후 복습할 때 보세요.

제대로 접근법

03
표준 발음법의 적용 능력을 확인하는 유형이다.
• 〈보기〉에는 된소리되기 조건 3가지가 제시되어 있으므로, 각각의 조건을 잘 구별하여야 한다. 또한 선택지에 제시된 용언을 어간과 어미로 분석하면 발음 환경을 좀 더 쉽게 파악할 수 있다.
• 〈보기〉의 내용을 정리한 후, 선택지에 제시된 예가 ㉠~㉢ 중 어느 것에 해당하는지 판단해 보자.

04
표준 발음법의 적용 능력을 확인하는 유형이다.
표준 발음법의 적용 내용뿐만 아니라, 발음의 적절성까지 묻고 있어 복잡한 문제이다.
• 〈보기〉에 제시된 내용은 겹받침의 표준 발음에 대한 것으로, 겹받침이 결합하는 환경에 따라 발음이 달라짐을 기억한다. 이를 바탕으로, 선택지에서 겹받침이 결합하는 환경을 정리한다.
• 표준 발음법의 적용 내용과 발음 중 한 가지를 먼저 판단한 후에 선택지의 적절성을 판단하도록 하자.

05

〈보기〉의 표준 발음 자료를 탐구한 내용으로 적절하지 않은 것은?

─────────────── 〈보기〉 ───────────────

제23항 받침 'ㄱ(ㄲ, ㅋ, ㄳ, ㄹ), ㄷ(ㅅ, ㅆ, ㅈ, ㅊ, ㅌ), ㅂ(ㅍ, ㄼ, ㄿ, ㅄ)' 뒤에 연결되는 'ㄱ, ㄷ, ㅂ, ㅅ, ㅈ'은 된소리로 발음한다. ⋯⋯⋯⋯⋯⋯⋯⋯ ㉠

제24항 어간 받침 'ㄴ(ㄵ), ㅁ(ㄻ)' 뒤에 결합되는 어미의 첫소리 'ㄱ, ㄷ, ㅅ, ㅈ'은 된소리로 발음한다. ⋯⋯⋯⋯⋯⋯⋯⋯ ㉡

　다만, 피동, 사동의 접미사 '-기-'는 된소리로 발음하지 않는다. ⋯⋯⋯ ㉢

제27항 관형사형 '-(으)ㄹ' 뒤에 연결되는 'ㄱ, ㄷ, ㅂ, ㅅ, ㅈ'은 된소리로 발음한다. ⋯⋯⋯ ㉣

　[붙임] '-(으)ㄹ'로 시작되는 어미의 경우에도 이에 준한다. ⋯⋯⋯⋯ ㉤

① ㉠에 따르면 '꽃다발이 예쁘다.'에서 '꽃다발'의 표준 발음은 [꼳따발]이겠군.

② ㉡에 따르면 '아기를 꼭 껴안고 갔다.'에서 '껴안고'의 표준 발음은 [껴안꼬]이겠군.

③ ㉢에 따르면 '감기를 옮기다.'에서 '옮기다'의 표준 발음은 [옴기다]이겠군.

④ ㉣에 따르면 '여기 외엔 갈 데가 없다.'에서 '갈 데가'의 표준 발음은 [갈떼가]이겠군.

⑤ ㉤에 따르면 '사랑할수록 참아야지.'에서 '사랑할수록'의 표준 발음은 [사랑할수록]이겠군.

05
표준 발음법의 탐구 능력을 확인하는 유형이다. 표준 발음을 정확히 알고 있다면, 〈보기〉의 적용 여부와 관계없이 답을 찾을 수 있는 문제이지만, 주어진 정보는 항상 꼼꼼히 살펴보는 것이 좋다.

• 〈보기〉의 내용을 정리한 후, 이를 바탕으로 선택지에 제시된 예시의 표준 발음이 적절한지 판단해 보자.

• 받침 'ㄱ, ㄷ, ㅂ' 뒤, 관형사형 어미 '-(으)ㄹ' 뒤에 연결되는 'ㄱ, ㄷ, ㅂ, ㅅ, ㅈ'는 된소리로 발음함을 기억한다. 이때, '-(으)ㄹ'로 시작되는 어미 뒤에 연결되는 'ㄱ, ㄷ, ㅂ, ㅅ, ㅈ'도 된소리로 발음함에 유의하자.

06

〈보기 1〉은 문법 수업의 한 장면이다. 〈보기 1〉을 참고하여 〈보기 2〉를 탐구한 것으로 옳지 않은 것은? [3점]

─────────────── 〈보기 1〉 ───────────────

선생님: 표준 발음법에 대한 이해는 올바른 발음 생활뿐만 아니라 국어를 로마자로 표기하려고 할 때도 많은 도움을 줍니다. 국어의 로마자 표기는 표준 발음에 따라 적는 것을 원칙으로 하기 때문입니다.

[표준 발음법]

제13항 홑받침이나 쌍받침이 모음으로 시작된 조사나 어미, 접미사와 결합되는 경우에는, 제 음가대로 뒤 음절 첫소리로 옮겨 발음한다.

제15항 받침 뒤에 모음 'ㅏ, ㅓ, ㅗ, ㅜ, ㅟ'들로 시작되는 실질 형태소가 연결되는 경우에는, 대표음으로 바꾸어서 뒤 음절 첫소리로 옮겨 발음한다.

제17항 받침 'ㄷ, ㅌ(ㄾ)'이 조사나 접미사의 모음 'ㅣ'와 결합되는 경우에는, [ㅈ, ㅊ]으로 바꾸어서 뒤 음절 첫소리로 옮겨 발음한다.

제18항 받침 'ㄱ(ㄲ, ㅋ, ㄳ, ㄹ), ㄷ(ㅅ, ㅆ, ㅈ, ㅊ, ㅌ, ㅎ), ㅂ(ㅍ, ㄼ, ㄿ, ㅄ)'은 'ㄴ, ㅁ' 앞에서 [ㅇ, ㄴ, ㅁ]으로 발음한다.

제29항 합성어 및 파생어에서, 앞 단어나 접두사의 끝이 자음이고 뒤 단어나 접미사의 첫음절이 '이, 야, 여, 요, 유'인 경우에는, 'ㄴ' 소리를 첨가하여 [니, 냐, 녀, 뇨, 뉴]로 발음한다.

─────────────── 〈보기 2〉 ───────────────

덮이다, 웃어른, 굳이, 집일, 색연필

① '덮이다'를 로마자로 표기하려면, 표준 발음법 제13항에 대한 이해가 필요하겠군.

② '웃어른'을 로마자로 표기하려면, 표준 발음법 제15항에 대한 이해가 필요하겠군.

③ '굳이'를 로마자로 표기하려면, 표준 발음법 제17항에 대한 이해가 필요하겠군.

④ '집일'을 로마자로 표기하려면, 표준 발음법 제13항, 제18항에 대한 이해가 필요하겠군.

⑤ '색연필'을 로마자로 표기하려면, 표준 발음법 제18항, 제29항에 대한 이해가 필요하겠군.

06
표준 발음법의 이해를 확인하는 유형이다.

• 국어의 로마자 표기를 할 때에는 표준 발음에 따라 적는다는 것을 기억하며, 〈보기 1〉에 제시된 표준 발음법 규정을 〈보기 2〉에 제시된 단어들에 적용해 보자.

• 〈보기 2〉에 제시된 단어들의 표준 발음에 두 가지 이상의 음운 변동이 나타나는 경우가 있으므로 둘 이상의 표준 발음법 규정이 적용될 수 있음에 유의한다. 따라서 〈보기 1〉의 내용을 선택지와 비교, 적용하면서 답을 찾도록 하자.

07

〈보기〉의 자료를 탐구한 내용으로 적절하지 <u>않은</u> 것은? [3점]

─────〈보기〉─────

[표준 발음법]

제18항
받침 'ㄱ(ㄲ, ㅋ, ㄳ, ㄺ), ㄷ(ㅅ, ㅆ, ㅈ, ㅊ, ㅌ, ㅎ), ㅂ(ㅍ, ㄼ, ㄿ, ㅄ)'은 'ㄴ, ㅁ' 앞에서 [ㅇ, ㄴ, ㅁ]으로 발음한다.

제23항
받침 'ㄱ(ㄲ, ㅋ, ㄳ, ㄺ), ㄷ(ㅅ, ㅆ, ㅈ, ㅊ, ㅌ), ㅂ(ㅍ, ㄼ, ㄿ, ㅄ)' 뒤에 연결되는 'ㄱ, ㄷ, ㅂ, ㅅ, ㅈ'은 된소리로 발음한다.

① '앞마당'은 18항이 적용되어 [암마당]으로 발음된다.
② '늦가을'은 23항이 적용되어 [늗까을]로 발음된다.
③ '꽃망울'은 18항과 23항이 모두 적용되어 [꼰망울]로 발음된다.
④ '맞먹다'는 18항과 23항이 모두 적용되어 [만먹따]로 발음된다.
⑤ '흙낚시'는 18항과 23항이 모두 적용되어 [혼낙씨]로 발음된다.

08

〈보기〉의 표준 발음 자료를 탐구한 내용으로 적절하지 <u>않은</u> 것은?

─────〈보기〉─────

표준 발음법 제8항 받침소리로는 'ㄱ, ㄴ, ㄷ, ㄹ, ㅁ, ㅂ, ㅇ'의 7개 자음만 발음한다.

해설 이 조항은 ⓐ받침 발음의 원칙을 규정한 것이다. 어말이나 자음 앞에서 모든 받침은 제시된 7개의 자음 중 하나로만 발음할 수 있을 뿐이다. 이 원칙을 지키기 위해 두 가지 음운 변동이 적용된다. 하나는 ㉠자음이 탈락되는 것이고 다른 하나는 ㉡자음이 다른 자음으로 교체되는 것이다.

표준 발음 자료
읽다[익따], 옮는[옴ː는], 닭지[닥찌], 읊기[읍끼], 밟는[밤ː는]

① '읽다[익따]'는 ⓐ를 지키기 위해 ㉠이 적용되었다.
② '옮는[옴ː는]'은 ⓐ를 지키기 위해 ㉠이 적용되었다.
③ '닭지[닥찌]'는 ⓐ를 지키기 위해 ㉡이 적용되었다.
④ '읊기[읍끼]'는 ⓐ를 지키기 위해 ㉠, ㉡이 모두 적용되었다.
⑤ '밟는[밤ː는]'은 ⓐ를 지키기 위해 ㉠, ㉡이 모두 적용되었다.

제대로 **접근법** ☆ 문제 채점까지 마친 후 복습할 때 보세요.

07
표준 발음법의 탐구 능력을 확인하는 유형이다.
• 〈보기〉에는 비음화와 관련된 제18항과 된소리되기와 관련된 제23항이 제시되어 있다. 이를 바탕으로, 선택지의 내용을 분석해 보자.
• 선택지에는 제18항만 적용되는 경우, 제23항만 적용되는 경우, 둘 다 적용되는 경우가 있다. 또한 'ㄱ, ㄴ, ㄷ, ㄹ, ㅁ, ㅂ, ㅇ' 외의 다른 자음이 음절의 끝에 오게 되면 음절의 끝소리 규칙이 함께 적용된다는 점을 기억하자.

08
표준 발음법의 적용 능력을 확인하는 유형이다. 정답률이 35%에 불과한 문제로, 표준 발음법과 음운 변동의 관련성을 정확히 파악해야 한다.
• 〈보기〉에는 받침의 발음과 관련된 표준 발음법 제8항이 제시되어 있다. 받침 발음의 원칙을 지키기 위해 두 가지 음운 변동(탈락, 교체)이 적용된다는 것을 기억하며 〈보기〉의 내용을 바탕으로 선택지를 분석해 보자.
• 표준 발음법 제8항에서 제시하고 있는 7개 자음을 제외한 다른 자음이 받침에서 ㄱ, ㄴ, ㄷ, ㄹ, ㅁ, ㅂ, ㅇ으로 교체되는 것은 '받침 발음의 원칙'을 지키기 위한 것이지만, 받침에서 발음될 수 있는 7개 자음이 다른 소리로 교체되는 것은 '받침 발음의 원칙'을 지키기 위한 것에 해당하지 않는다는 것을 기억하자.

〈보기〉는 표준 발음법의 일부이다. 이를 이해한 학생의 반응으로 적절하지 <u>않은</u> 것은?

─〈보기〉─

제18항 받침 'ㄱ(ㄲ, ㅋ, ㄳ, ㄺ), ㄷ(ㅅ, ㅆ, ㅈ, ㅊ, ㅌ, ㅎ), ㅂ(ㅍ, ㄼ, ㄿ, ㅄ)'은 'ㄴ, ㅁ' 앞에서 [ㅇ, ㄴ, ㅁ]으로 발음한다.

제29항 합성어 및 파생어에서, 앞 단어나 접두사의 끝이 자음이고 뒤 단어나 접미사의 첫음절이 '이, 야, 여, 요, 유'인 경우에는, 'ㄴ' 음을 첨가하여 [니, 냐, 녀, 뇨, 뉴]로 발음한다.
　[붙임 1] 'ㄹ' 받침 뒤에 첨가되는 'ㄴ' 음은 [ㄹ]로 발음한다.
　[붙임 2] 두 단어를 이어서 한 마디로 발음하는 경우에도 이에 준한다.

① '먹물'은 제18항에 따라 [멍물]로 발음해야겠군.
② '물약'은 제29항에 따라 [물냑]으로 발음해야겠군.
③ '한 입'은 제29항에 따라 [한닙]으로 발음해야겠군.
④ '집일'은 제29항에 따라 [집닐]로, 다시 제18항에 따라 [짐닐]로 발음해야겠군.
⑤ '색연필'은 제29항에 따라 [색년필]로, 다시 제18항에 따라 [생년필]로 발음해야겠군.

09
표준 발음법의 적용 능력을 확인하는 유형이다.
• 〈보기〉에는 비음화와 관련된 제18항과 'ㄴ' 첨가와 관련된 제29항이 제시되어 있다. 그리고 [붙임 1]은 유음화와 관련된다. 이를 선택지에 적용하여 판단해 보자.
• 〈보기〉를 꼼꼼히 살펴 제시된 내용 중에 놓치는 것이 없도록 주의해야 한다. 제시된 단어들의 표준 발음뿐만 아니라, 음운 변동 과정을 확인해 두면 도움이 된다.

(가)는 수업 게시판에 올라온 발음 관련 질문들이다. 답변할 때 (나)를 활용할 필요가 <u>없는</u> 것은?

(가)

　ㄱ. '여덟이, 여덟이야'의 표준 발음은 무엇인가요?
　ㄴ. '육학년'은 [유강년]이 맞나요, [유캉년]이 맞나요?
　ㄷ. '겉으로'를 [거츠로]로 발음하면 왜 틀리나요?
　ㄹ. '빛이, 빛은'을 [비시], [비슨]으로 발음해도 괜찮나요?
　ㅁ. '낮'은 '밤낮으로'에서와 '낮일'에서의 발음이 왜 다른가요?

(나)

　'연음'은 자음으로 끝나는 말 뒤에 모음으로 시작하는 조사, 어미, 접미사가 올 때 앞 음절의 종성이 그대로 뒤 음절의 초성으로 옮겨 가는 현상을 말한다. 가령 '앞'에 조사 '이'가 결합할 때 [아피]로 발음되는 것이 대표적인 연음의 예이다. 연음이 제대로 지켜졌는지는 표준 발음 여부를 판정할 때 매우 중요하다. '부엌이, 부엌은'을 흔히 [부어기], [부어근]으로 발음하는데, 이것은 연음을 따르지 않아서 생긴 잘못된 발음이다.

① ㄱ　　　② ㄴ　　　③ ㄷ　　　④ ㄹ　　　⑤ ㅁ

10
표준 발음법의 이해도를 측정하는 유형이다.
• (나)에 제시되어 있는 '연음'의 개념을 파악한 후에, 이를 (가)에 적용해 보자.

연음	자음으로 끝나는 말 뒤에 모음으로 시작하는 조사, 어미, 접미사가 올 때 앞 음절의 종성이 그대로 뒤 음절의 초성으로 옮겨 가는 현상

• (가)에 제시된 사례가 자음으로 끝나는 말 뒤에 모음으로 시작하는 조사, 어미, 접미사가 오는 구조인지 파악하며 정답을 찾아보자.

11

〈보기〉의 ㉠~㉤에 대한 설명으로 적절한 것은? [3점]

―――――――――――― 〈보기〉 ――――――――――――

〈로마자 표기 한글 대조표〉

자음		ㄱ	ㄷ	ㅂ	ㄸ	ㄴ	ㅁ	ㅇ	ㅈ	ㅊ	ㅌ	ㅎ
표기	모음 앞	g	d	b	tt	n	m	ng	j	ch	t	h
	그 외	k	t	p								

모음	ㅏ	ㅐ	ㅗ	ㅣ
표기	a	ae	o	i

〈로마자 표기의 예〉

	한글 표기	발음	로마자 표기
㉠	같이	[가치]	gachi
㉡	잡다	[잡따]	japda
㉢	놓지	[노치]	nochi
㉣	맨입	[맨닙]	maennip
㉤	백미	[뱅미]	baengmi

① ㉠에서 일어나는 음운 변동은 '땀받이[땀바지]'에서도 일어나고, 로마자 표기에 반영되었다.

② ㉡에서 일어나는 음운 변동은 '삭제[삭쩨]'에서도 일어나고, 로마자 표기에 반영되었다.

③ ㉢에서 일어나는 음운 변동은 '닳아[다라]'에서도 일어나고, 로마자 표기에 반영되었다.

④ ㉣에서 일어나는 음운 변동은 '한여름[한녀름]'에서도 일어나고, 로마자 표기에 반영되지 않았다.

⑤ ㉤에서 일어나는 음운 변동은 '밥물[밤물]'에서도 일어나고, 로마자 표기에 반영되지 않았다.

11
로마자 표기법의 이해를 확인하는 유형이다.

• 〈보기〉에 제시된 한글 표기와 발음을 보고 어떤 음운 변동이 일어나는지 파악한 다음, 음운 변동 결과가 로마자 표기에 반영되어 있는지를 확인해야 한다.

• 음운 변동 결과가 로마자 표기에 반영되어 있는지 여부는 〈로마자 표기 한글 대조표〉를 활용하여 파악할 수 있다. 단어의 '한글 표기'가 아니라 '발음'에 따라 로마자 표기를 하였다면, 음운 변동 결과가 로마자 표기에 반영된 것이다.

• 선택지에서는 〈보기〉 외에 추가로 예를 제시하여 ㉠~㉤과 같은 음운 변동이 나타나는지 판단하게 하고 있다. 선택지에 제시된 예에서 일어나는 음운 변동을 정리한 뒤, 그 적절성을 판단해 보자.

1차 채점

맞은 문항 수		개
틀린 문항 수		개
헷갈리는 문항 번호		

→

2차 채점

맞은 문항 수		개
틀린 문항 수		개
헷갈리는 문항 번호		

• 틀린 문항 '/' 표시

• 틀린 문항 '×' 표시

I. 언어 179

19 훈민정음의 제자 원리

훈민정음의 제자 원리

❶ 초성(자음)의 제자 원리

① 상형(象形)의 원리: 발음 기관의 모양을 본떠 기본자(ㄱ, ㄴ, ㅁ, ㅅ, ㅇ)를 만듦
② 가획(加劃)의 원리: 소리의 세기에 따라 기본자에 획을 더하여 가획자를 만듦

구분	본뜬 모양	기본자	가획자	이체자
어금닛소리(아음)	혀뿌리가 목구멍을 막는 모양	ㄱ	ㅋ	ㆁ
혓소리(설음)	혀가 윗잇몸에 붙는 모양	ㄴ	ㄷ, ㅌ	ㄹ
입술소리(순음)	입의 모양	ㅁ	ㅂ, ㅍ	
잇소리(치음)	이의 모양	ㅅ	ㅈ, ㅊ	ㅿ
목구멍소리(후음)	목구멍의 모양	ㅇ	ㆆ, ㅎ	

❷ 중성(모음)의 제자 원리

① 상형(象形)의 원리: 삼재(三才: 하늘, 땅, 사람)의 모양을 본떠 기본자(ㆍ, ㅡ, ㅣ)를 만듦
② 합성(合成)의 원리: 기본자를 합쳐 초출자와 재출자를 만듦

구분	본뜬 모양	기본자	초출자	재출자
천(天) – 양성	하늘의 둥근 모양	ㆍ	ㅗ, ㅏ	ㅛ, ㅑ
지(地) – 음성	땅의 평평한 모양	ㅡ	ㅜ, ㅓ	ㅠ, ㅕ
인(人) – 중성	사람이 서 있는 모양	ㅣ		

❸ 종성(자음)의 제자 원리

• 종성부용초성(終聲復用初聲): 종성은 글자를 별도로 만들지 아니하고 초성으로 쓰는 글자를 다시 사용함

훈민정음의 글자 운용 규정

❶ 이어 쓰기[연서(連書)]: 입술소리(순음) 아래에 'ㅇ'을 이어 쓰면 입술가벼운소리(순경음)를 만들 수 있다는 규정 예 ㅱ, ㅸ, ㆄ, ㅹ

❷ 나란히 쓰기[병서(竝書)]: 초성이나 종성을 합칠 때에는 가로로 나란히 쓴다는 규정

① 각자 병서: 같은 자음을 가로로 나란히 붙여 씀 예 ㄲ, ㄸ, ㅃ, ㅆ, ㅉ, ㆅ
② 합용 병서: 서로 다른 자음을 가로로 나란히 붙여 씀

예 •ㅅ계: ㅺ, ㅼ, ㅽ •ㅂ계: ㅳ, ㅄ, ㅶ, ㅷ •ㅄ계: ㅴ, ㅵ

❸ 붙여 쓰기[부서(附書)]: 초성과 중성이 합쳐질 때 중성이 초성의 아래쪽이나 오른쪽에 놓인다는 규정 예 •하서(下書): ㄱ, 고, 구 •우서(右書): 가, 거, 기

❹ 음절 이루기[성음법(聲音法)]: 모든 글자, 즉 초성, 중성, 종성은 어울려야 음절을 이룰 수 있다는 규정

예 •가(초성+중성) •갑(초성+중성+종성) •물(초성+중성+종성)

개념 **다지기**

개념⊕ 가획자와 이체자

① 가획자: 소리의 세기에 따라 기본자에 획을 더하여 만듦
  예 ㄱ → ㅋ, ㄴ → ㄷ → ㅌ, ㅁ → ㅂ → ㅍ, ㅅ → ㅈ → ㅊ, ㅇ → ㆆ → ㅎ

② 이체자: 예외적으로 기본자와 모양을 달리하여 만듦. 모양으로는 획을 더한 것 같지만, 더한 획에 소리가 세지는 의미가 없으므로 가획자와 구분됨
  예 ㆁ, ㄹ, ㅿ

개념⊕ 초출자와 재출자

① 초출자: 'ㆍ'를 다른 중성자 'ㅡ, ㅣ'와 합성하여 만듦
  예 (ㆍ + ㅡ) → ㅗ, (ㅣ + ㆍ) → ㅏ, (ㅡ + ㆍ) → ㅜ, (ㆍ + ㅣ) → ㅓ

② 재출자: 초출자 각각에 'ㆍ'를 합성하여 만듦
  예 (ㅗ + ㆍ) → ㅛ, (ㅏ + ㆍ) → ㅑ, (ㅜ + ㆍ) → ㅠ, (ㅓ + ㆍ) → ㅕ

개념⊕ 종성 표기의 변화

종성부용초성	훈민정음 창제 당시	초성에 쓰이는 음운을 종성에 다시 사용함
8종성법	중세 국어	종성으로 'ㄱ, ㄴ, ㄷ, ㄹ, ㅁ, ㅂ, ㅅ, ㆁ'의 8개 음운만 사용함
7종성법	근대 국어	종성으로 'ㄱ, ㄴ, ㄹ, ㅁ, ㅂ, ㅅ, ㅇ'의 7개 음운만 사용함

개념⊕ 방점

소리의 높낮이인 성조(聲調)를 표시하기 위해 각 음절의 왼쪽에 점을 찍음. 사성점, 좌가점이라고도 하며, 16세기 말에 소멸함

이름	점의 개수	소리
평성	0개	낮은 소리
거성	1개	높은 소리
상성	2개	낮았다가 높아지는 소리
입성	0~2개	빨리 끝을 닫는 소리(종성이 'ㄱ, ㄷ, ㅂ, ㅅ'으로 끝나는 음절)

개념 완성 TEST

01
한글의 제자 원리

한글의 제자 원리와 그 예를 연결한 것으로 적절한 것에는 ○표, 적절하지 않은 것에는 ×표를 해 보자.

(1) 상형의 원리 – ·, ㅡ, ㅣ ( )

(2) 가획의 원리 – ㄴ → ㄷ → ㅌ ( )

(3) 병서의 원리 – ㅸ, ㅱ, ㅃ, ㆄ ( )

(4) 합성의 원리 – ㅗ, ㅜ, ㅏ, ㅓ, ㅛ, ㅠ, ㅑ, ㅕ ( )

02
한글의 제자 원리와 운용

다음 빈칸에 들어갈 알맞은 말을 써 보자.

(1) 종성은 글자를 별도로 만들지 아니하고 초성으로 쓰는 글자를 다시 사용하는 것을 ( )(이)라고 한다.

(2) 이어 쓰기(연서)는 ( ) 아래에 'ㅇ'을 이어 쓰는 것이다.

(3) ( )은/는 같은 자음을 가로로 나란히 붙여 쓰는 것이고, ( )은/는 서로 다른 자음을 가로로 나란히 붙여 쓰는 것이다.

내신 기출 문제

01
한글의 제자 원리

훈민정음 초성의 제자 원리에 대한 설명으로 적절하지 <u>않은</u> 것은?

① 'ㅇ, ㆆ, ㅎ'은 모두 목구멍의 모양을 반영하였다.

② 'ㄱ'은 혀끝이 윗잇몸에 붙는 모양을 본떠서 만들었다.

③ 이체자는 가획의 원리를 따르지 않고 만들어진 글자이다.

④ 'ㄷ'에 획을 더한 'ㅌ'은 'ㄷ'보다 더 강한 소리를 나타낸다.

⑤ 'ㅂ'은 'ㅁ'보다는 강하지만, 'ㅍ'보다는 약한 소리를 나타낸다.

02
한글의 제자 원리

〈보기 1〉의 (가), (나)에 따른 표기의 사례를 〈보기 2〉의 ㉠~㉣에서 찾아 바르게 짝지은 것은?

〈보기 1〉

(가) ㅇ를 입시울쏘리 아래 니어 쓰면 입시울 가비야ᄫᅵᆯ 소리
    ᄃᆞ외ᄂᆞ니라
  [풀이] ㅇ을 순음 아래 이어 쓰면 순경음이 된다.

(나) 첫소리를 어울워 ᄡᅮ디면 글봐 쓰라
  [풀이] 초성 글자를 합하여 사용할 때에는 나란히 써라.

〈보기 2〉

나랏 말ᄊᆞ미 中듕國귁에 달아 文문字ᄍᆞ와로 서르 ᄉᆞᄆᆞᆺ디 아니홀ᄊᆡ 이런 젼ᄎᆞ로 어린 百ᄇᆡᆨ姓셩이 니르고져 홇 배 이셔도 ㉠ᄆᆞᄎᆞᆷ내 제 ᄠᅳ들 시러 펴디 몯ᄒᆞᇙ 노미 하니라 내 이를 爲윙ᄒᆞ야 어엿비 너겨 새로 스믈여듧 字ᄍᆞ를 ㉡ᄆᆡᆼᄀᆞ노니 사ᄅᆞᆷ마다 ᄒᆡ여 ㉢수비 니겨 날로 ᄡᅮ메 便뼌安한킈 ᄒᆞ고져 홇 ㉣ᄯᆞᄅᆞ미니라

– 〈훈민정음〉 언해

	(가)	(나)		(가)	(나)
①	㉠	㉡	②	㉠	㉢
③	㉡	㉣	④	㉢	㉡
⑤	㉢	㉣			

[01-02] 다음 글을 읽고 물음에 답하시오.

훈민정음 초성자는 발음 기관을 본떠서 만든 기본자 5자가 있고 이를 바탕으로 가획의 원리(예: ㄱ → ㅋ)에 따라 만든 가획자 9자와 그렇지 않은 이체자 3자가 있다. 중성자는 하늘, 땅, 사람의 모습을 본떠서 만든 기본자 3자가 있고 이를 토대로 한 초출자, 재출자가 각 4자가 있다. 종성자는 초성자를 다시 쓰되 종성에서 실제 발음되는 소리에 대응되는 8자만으로 충분하다 보았는데, 이는 『훈민정음』(해례본) 용자례에서 확인된다.

용자례에서는 이들 글자를 위주로 하여 실제 단어를 예로 들고 있다. 예컨대, 용자례에 쓰인 '콩'은 초성자 아음 가획자인 'ㅋ'의 예시 단어이다. 이 방식을 응용하면 '콩'은 중성자 초출자 'ㅗ'와 종성자 아음 이체자 'ㆁ'의 예시로도 쓸 수 있다. 용자례의 예시 단어 일부를 정리하여 제시하면 다음과 같다.

〈초성자 용자례〉

	아음	설음	순음	치음	후음	반설음	반치음
기본자	글	노로	뫼(산)	셤	ㅸ얌(뱀)		
가획자	콩	뒤(띠)	벌	죠히(종이)			
		고티	파	채	부형		
이체자	러울(너구리)					어름	아ᅀ(아우)

〈중성자 용자례〉

기본자		툭/두리	믈/그력(기러기)	깃
초출자		논/벼로	밥	누에	브섭
재출자	쇼	남샹(거북의 일종)	슈룹(우산)	뎔

〈종성자 용자례〉

8종성자		독	굼벙(굼벵이)	반되(반딧불이)	갇(갓)
		범	섭(섶)	잣	별

이 중 일부 단어들은 오랜 시간이 지나면서 다양한 변화를 겪었다. 여기에는 표기법상의 변화라고 할 수 있는 예와 실제 소리가 변한 예, 그리고 다른 말이 덧붙어 같은 의미의 새 단어가 만들어진 예들이 포함된다. 예를 들어, '어름'을 '얼음'으로 적게 된 것은 표기법상의 변화로 볼 수 있다. 소리의 변화 중 자음이 변화한 경우로는 ⓐ'고티'(>고치)나 '뎔'(>절)처럼 구개음화를 겪은 유형이 있다. 모음이 변화한 경우에는, ⓑ'셤'(>섬)이나 '쇼'(>소)처럼 단모음화한 유형, '두리'(>다리)나 '툭'(>턱)처럼 'ㆍ'가 변한 유형, ⓒ'믈'(>물)이나 '브섭'(>부엌)처럼 원순모음화를 겪은 유형, '노로'(>노루)나 '벼로'(>벼루)처럼 끝음절에서 'ㅗ>ㅜ' 변화를 겪은 유형 등이 있다. 다른 말이 덧붙어 같은 의미의 새 단어가 만들어진 경우로는 ⓓ'부형'(>부엉이)처럼 접사가 결합한 유형과 ⓔ'귿'(>갈대)처럼 단어가 결합한 유형이 있다.

※ 본문 예시에서 후음 기본자는 'ㅇ', 아음 이체자는 'ㆁ'으로 표기함.

01

윗글에 대한 이해로 적절한 것은?

① 훈민정음의 모든 기본자는 발음 기관을 본떠 만든 것이다.

② 초성자 기본자는 모두 용자례 예시 단어의 종성에 쓰인다.

③ 〈초성자 용자례〉의 가획자 중 단어가 예시되지 않은 자음자 하나는 아음에 속한다.

④ 〈초성자 용자례〉 중 아음 이체자의 예시 단어는, 초성자의 반설음자와 종성자의 반설음자의 예시 단어로 쓸 수 있다.

⑤ 〈중성자 용자례〉 중 초출자 'ㅓ'의 예시 단어는, 반치음 이체자와 종성자 순음 기본자의 예시 단어로 쓸 수 있다.

제대로 접근법 ☆ 문제 채점까지 마친 후 복습할 때 보세요.

01

훈민정음의 창제 원리와 용자례를 이해·적용하는 유형이다.

• 1문단을 통해 훈민정음 초성자, 중성자, 종성자의 제자 원리를 이해하고, 표를 통해 초성, 중성, 종성에 사용되는 글자가 무엇인지 파악한다.

• 이를 바탕으로 선택지를 꼼꼼하게 읽으며 선택지의 적절성을 판단한다. 평상시에 훈민정음의 자모 체계를 잘 알고 있다면 비교적 쉽게 풀 수 있는 문제이다.

02

윗글을 바탕으로 중세 국어 단어의 변화 양상을 이해한 내용으로 적절하지 않은 것은?

① '벼리 딘'(>별이 진)의 '딘'은 ⓐ에 해당한다.

② '셔울 겨샤'(>서울 계셔)의 '셔울'은 ⓑ에 해당한다.

③ '플 우희'(>풀 위에)의 '플'은 ⓒ에 해당한다.

④ '산 거믜'(>산 거미)의 '거믜'는 ⓓ에 해당한다.

⑤ '닥 닙'(>닥나무 잎)의 '닥'은 ⓔ에 해당한다.

02

중세 국어의 변화 양상을 이해·적용하는 유형이다.

• 3문단에서는 단어의 변화 양상으로, 표기법상의 변화와 실제 소리가 변한 경우, 다른 말이 덧붙어 같은 의미의 새 단어가 만들어져 변한 경우를 나누어 설명하고 있다. 각 경우마다 제시한 예시와 문항의 선택지를 비교하면서 문제를 풀면, 실수를 줄일 수 있다.

• 구개음화, 단모음화, 원순모음화와 같은 음운 변동의 개념을 잘 알고 있지 않아도, 예시와 선택지의 차이점을 발견하면 어렵지 않게 문제를 풀 수 있다.

■ 고대 국어의 시기와 특징

시기	고려 건국 이전까지(~10세기)
특징	① 신라가 삼국을 통일하면서 경주 지방의 말을 중심으로 언어가 통일됨 ② 한자의 뜻과 음을 빌려 우리말을 표기함(차자 표기)

❶ 음운

자음 체계에 예사소리와 거센소리의 대립만 있고 된소리 계열이 없음

❷ 표기

(1) 고유 명사의 차자 표기: 한자를 사용하여 인명이나 지명 등 고유 명사를 국어식으로 표기함

> 예 素那(或云金川) 白城郡蛇山人也
> 소 나 혹 운 금 천　백 성 군 사 산 인 야
> [현대어 풀이] 소나(素那)[또는 금천(金川)이라고 한다.]는 백성군(白城郡) 사산(蛇山) 사람이다.
> – 〈삼국사기〉 권 제47

① **음차(音借)**: 한자의 음을 빌린 표기
　예 '소나'를 표기하기 위해 한자의 음을 빌려 '素那(희다ⓢ, 어찌ⓝ)'로 적음

② **훈차(訓借)**: 한자의 뜻을 빌린 표기
　예 '소나'를 표기하기 위해 한자의 뜻을 빌려 '金川(ⓢ금,ⓝ천)'으로 적음

→ '素那'와 '金川'은 동일인의 이름을 표기한 것으로, 동일한 발음이었을 것으로 추정됨

(2) 향찰 표기: 한자의 음과 뜻을 빌려 우리말의 형태와 의미 요소를 전면적으로 기록한 종합적 표기 체계. 국어 문장 전체를 적을 수 있다는 점이 특징이며, 한자로 기록하고 우리말로 읽음

> 예 善化公主主隱
> 선 화 공 주 주 은

뜻	착하다	되다	귀인	님	님	숨다
음	선	화	공	주	주	은

> 他密只嫁良置古
> 타 밀 지 가 량 치 고

뜻	남	그윽하다	다만	얼다	좋다	두다	옛
음	타	밀	지	가	량	치	고

> – 〈삼국유사〉 권 제2, 〈서동요〉에서

① 실질적인 의미를 지닌 부분은 한자의 뜻을 사용하여 표기함
　예 善花公主主隱 → 선화공주님은('님'이라는 뜻을 빌려 씀)

② 조사나 어미 등의 문법적 요소는 한자의 음을 사용하여 표기함
　예 善花公主主隱 → 선화공주님은('은'이라는 음을 빌려 씀)

❸ 어휘

점차 한자어가 늘어났으나 지금보다는 고유어가 많이 쓰임

활동 1 고유 명사 표기의 예

> 永同郡本吉同郡　　　　　[원문]
> '영동군'은 본래 '길동군'이다. [현대어 풀이]
> – 〈삼국사기〉 권 34
> → '永同郡'과 '吉同郡'은 동일한 지역의 이름을 표기한 것으로, 동일한 발음이었을 것으로 추정됨

① 음차: '길동군'의 '길'을 표기하기 위해 한자의 음을 빌려 '(❶　　　　)'(으)로 적음

② 훈차: '길동군'의 '길'을 표기하기 위해 한자의 뜻을 빌려 '(❷　　　　)'(으)로 적음

활동 2 향찰 표기의 예

夜入伊遊行如可
아입이유행여가　　밤 늦도록 놀고 다니다가

한자	夜	入	伊	遊	行	如	可
뜻	밤	들	저	놀	니(갈)	다(같을)	옳을
음	야	입	이	유	행	여	가

– 〈처용가〉

→ (❶　　　　　　)은/는 한자의 뜻을 이용하여,
(❷　　　　　　)은/는 한자의 음을 이용하여 '밤 드리 노니다가'라는 우리말 문장을 표기함

개념⊕ 고유 명사 표기와 향찰 표기의 차이

고유 명사 표기는 사람의 이름, 땅 이름 등과 같은 고유 명사만을 한자의 뜻이나 음을 빌려서 표기한 반면, 향찰은 국어 문장에 있는 일반 명사, 동사, 조사 등의 모든 요소들을 한자의 뜻이나 음을 빌려서 표기함

개념⊕ 이두와 구결

① 이두(吏讀): 한자를 국어의 문장 구조에 따라 배열하고, 그 사이사이에 들어가는 조사나 어미 등을 한자의 음과 뜻을 이용한 이두자로 보충해 표기하던 차자 표기법
　예 '하늘 앞에 맹세한다'는 뜻의 '天前誓'의 경우, 한문은 서술어 '맹세한다(誓)'가 맨 앞으로 간 '誓天前(서천전)'으로, 이두는 '天前誓(천전서)'로 표기함

② 구결(口訣): 한문의 원문을 살리되, 그 사이사이에 원문의 전후 관계를 파악할 수 있도록 조사나 어미 등을 덧붙여 표기하던 차자 표기법

개념 완성 TEST

01
고대 국어의 특징

고대 국어에 대한 설명으로 적절한 것에는 ○표, 적절하지 않은 것에는 ×표를 해 보자.

(1) 한자를 우리말 어순대로 표기했다. ( )
(2) 향찰은 실질적 의미 요소는 한자의 음을, 문법적 요소는 한자의 뜻을 빌려 표기했다. ( )
(3) 훈차는 한자의 뜻을 빌려 우리말을 표기하는 것이고, 음차는 한자의 음을 빌려 우리말을 표기하는 것이다. ( )
(4) '길동군'의 표기가 '吉同郡'에서 '永同郡'으로 바뀐 것은 고유어와 한자어의 경쟁에서 한자어가 우위를 점했음을 보여 준다. ( )

02
고대 국어의 특징

〈보기〉에 제시된 〈서동요〉의 '善化公主主隱'에 대한 설명으로 적절한 것에는 ○표, 적절하지 않은 것에는 ×표를 해 보자.

〈보기〉
善化公主主隱
他密只嫁良置古
薯童房乙
夜矣卯乙抱遺去如
– 〈서동요〉

(1) 한자의 음과 뜻을 빌려 우리말 어순으로 표기하였다. ( )
(2) '善化公主'는 한자의 뜻을 빌려 표기하였다. ( )
(3) 두 번째 '主'는 한자의 뜻을 빌려 표기하였다. ( )
(4) '隱'은 한자의 뜻을 빌려 표기하였다. ( )

내신 기출 문제

[01-02] 다음 글을 읽고 물음에 답하시오.

(가) 永同郡本吉同郡　　　　'영동군'은 본래 '길동군'이다.
– 〈삼국사기〉 권 34

(나) 天前誓 今自三年以後 忠道執持 過失无誓
하늘 앞에 맹세한다. 지금으로부터 삼 년 이후에 충도를 지켜 나가고 과실이 없기를 맹세한다.
– 〈임신서기석(壬申誓記石)〉

(다) 善化公主㉠ 主㉡ 隱
　　㉢ 他密只嫁良置古

　　薯童房乙
　　㉣ 夜矣卯乙抱遺去如
– 〈서동요〉

(라) ㉤ 去隱春 …… 慕理尸心　간 봄 …… 그릴 마음
– 〈모죽지랑가〉

01
고대 국어의 특징

(가)~(라)에 대한 설명으로 적절하지 않은 것은?

① (가): 이 시기에 '永同郡'과 '吉同郡'의 발음이 '길동군'으로 동일하다면 '永'은 음차를 한 것으로 추측할 수 있다.
② (나): '天前誓'를 한문의 어순대로 썼다면 '誓天前'이 되어야 한다.
③ (나): '今自'는 한문을 우리말 어순에 따라 쓴 것이다.
④ (다): 신라인들은 이 한자들을 한자가 아닌 우리말로 읽었다.
⑤ (라): 주로 어휘적 요소는 한자의 뜻을, 문법적 요소는 음을 따서 표기하였다.

02
고대 국어의 특징

〈보기〉를 참고할 때, ㉠~㉤ 중 읽는 방식이 다른 글자는?

〈보기〉
　한글이 창제되기 이전에는 한자의 음과 뜻을 빌려 적는 차자(借字) 표기법을 통해 우리말을 표기하였는데, 차자의 방식에는 향찰(鄕札), 이두(吏讀), 구결(口訣) 등이 있었다. 그중에서도 향찰은 한자를 빌려 우리말을 적으려는 노력의 집대성이었다. 조상들은 향찰을 통해 조사나 어미와 같은 형식 형태소뿐만 아니라 실질 형태소도 표기했으며, 어순도 우리말에 맞도록 적을 수 있었다.

① ㉠　　② ㉡　　③ ㉢　　④ ㉣　　⑤ ㉤

21 중세 국어

■ **중세 국어의 시기와 특징**

시기	고려 건국 ~ 임진왜란 이전(10C ~ 16C)
특징	① 훈민정음의 창제·반포(15C)를 기준으로 전기와 후기로 나눔 ② 오늘날에는 사용하지 않는 음운, 어휘, 표기법, 문법 등이 존재함

❶ 음운

① 자음 'ㅸ(순경음 비읍)', 'ㅿ(반치음)', 'ㆁ(옛이응)', 'ㆆ(여린히읗)': 'ㅸ'과 'ㆆ'은 15세기 중반 이후, 'ㅿ'과 'ㆁ'은 16세기 이후에 소실됨
예 글발(글월), 아ᅀᆞ(아우), 스ᅀᆞᆼ이(스승이), 便뼌安ᅙᅡᆫ킈(편하게)

② 모음 'ㆍ(아래아)': 16세기 이후 점차 음가가 소실되어 1933년 표기상 사라짐

1단계 변화	단어의 둘째 음절 이하에 놓인 모음 'ㆍ'가 'ㅡ'로 변화함(16세기 후반) 예 마ᅀᆞᆷ > 마음
2단계 변화	첫째 음절에 놓인 모음 'ㆍ'가 'ㅏ'로 변화함(18세기) 예 ᄡᆞ다 > 싸다

③ 어두 자음군: 음절 첫머리에 둘 이상의 자음이 오는 어두 자음군이 존재함(점차 된소리로 통일됨) 예 ᄠᅳᆮ(뜻), ᄡᆞᆯ(쌀)

④ 된소리: 고대 국어에 보이지 않던 된소리가 발달함 예 ᄯᆞᄅᆞ미니라(따름이니라)

⑤ 모음 조화: 비교적 엄격하게 지켜짐 예 나는, 너는

⑥ 성조: 방점을 사용하여 음절의 높낮이를 나타내는 성조를 표시함
예 나·랏말ᄊᆞ·미

❷ 표기

① 띄어쓰기를 하지 않음 예 서르ᄉᆞᄆᆞᆺ디아니홀ᄊᆡ

② 훈민정음 창제 초기에는 이어 적기가 일반적이었으나 16세기 이후에는 끊어 적기도 나타남 예 니믈 → 이어 적기, 님을 → 끊어 적기

이어 적기 (연철)	앞 음절의 종성을 뒤 음절의 초성으로 내려서 씀 예 깊-+-은 → 기픈
끊어 적기 (분철)	단어의 원래 형태를 밝혀 적음 예 깊-+-은 → 깊은
거듭 적기 (중철)	앞 음절의 종성을 적고, 뒤 음절의 초성에도 앞 음절의 종성을 내려서 씀(과도적 표기) 예 깊-+-은 → 깁픈

③ 받침 표기: 훈민정음 창제 초기에는 종성부용초성을, 이후에는 8종성법(ㄱ, ㄴ, ㄷ, ㄹ, ㅁ, ㅂ, ㅅ, ㆁ)을 적용함
예 ᄉᆞᄆᆞᆾ디 → 종성부용초성 적용, ᄉᆞᄆᆞᆺ디 → 8종성법 적용

④ 한자음은 당시 중국 한자의 원음에 가깝게 '동국정운'에 따라 표기함 – 모음으로 끝나도 종성에 'ㆁ'을 적어 초·중·종성을 모두 갖춤
예 世솅宗종, 文문字ᄍᆞᆼ

개념 **다지기**

🖊 **활동 1** 중세 국어에 나타난 음운과 표기 변화

:유·익호 ·이 :세 가·짓 :벋·이오 :해·로온 ·이 :세 가·짓 :벋·이니
直·딕호 ·이·롤 :벋호·며 :신·실호 ·이·롤 :벋호·며 들·온 ·것 한 ·이·롤 :벋호·면 :유·익호·고 :거·동·만 니·근 ·이·롤 :벋호·며 아·동호·기 잘·호·는 ·이·롤 :벋호·며 :말솜·만 니·근 ·이·롤 :벋호·면 해·로온이·라

 – 〈소학언해〉

[현대어 풀이]
 유익한 벗이 셋이고, 해로운 벗이 셋이니, 정직한 이를 벗하며, 신실한 이를 벗하며, 견문이 많은 이를 벗하면 유익하고, 행동만 익은 이를 벗하며, 아첨하기를 잘하는 이를 벗하며, 말만 익은 이를 벗하면 해로우니라.

① 음운 변화의 예

- :해·로온 → 'ㅸ'이 소실됨
- 直·딕호 → 구개음화가 적용되지 않음
- 니·근 → (❶   )이 적용되지 않음

② 표기 변화의 예

- :벋 → 8종성법을 적용함
- 들·온 → (❷   )가 파괴되고, 끊어 적기가 사용됨
- 아·동호·기 → 명사형 어미 '(❸   )'가 쓰임
- :말솜·만 → 각자 병서가 쓰이지 않음

개념➕ **모음 조화**

양성 모음은 양성 모음끼리, 음성 모음은 음성 모음끼리 어울리는 현상. 중세 국어에서는 비교적 잘 지켜졌으나, 현대 국어에서는 음성 상징어와 일부 어미에만 그 흔적이 남아 있음

양성 모음	ㆍ, ㅏ, ㅗ, ㅑ, ㅛ, …
음성 모음	ㅡ, ㅓ, ㅜ, ㅕ, ㅠ, …
중성 모음	ㅣ

정답 ❶ ᄅ | ❷ 이어 적기(연철) ❸ -기

❸ 어휘

① 고유어가 많이 쓰이다가 점차 한자어로 대체됨 예 온 → 백(百), 즈믄 → 천(千)
② 한자어 이외에도 몽골어, 여진어 등의 외래어가 들어옴 예 보라매, 송골매
③ 현대 국어와 다른 의미로 쓰이는 단어들이 있음
　　예 어리다(어리석다 → 나이가 적다), 어엿브다(불쌍하다 → 아름답다)
④ 끝소리가 'ㅎ'인 단어(ㅎ 종성 체언)와 'ㄱ'인 단어(ㄱ 종성 체언)가 존재함
　　예 나랗, 쌓, 낡

모음으로 시작하는 조사	'ㅎ'과 'ㄱ'은 뒤따르는 모음에 이어 적음 예 나랗+이 → 나라히, 낡 + 이 → 남기
자음으로 시작하는 조사	'ㅎ'과 'ㄱ'은 나타나지 않음(단, 'ㅎ'은 뒤따르는 'ㄱ', ㄷ'과 어울려 'ㅋ, ㅌ'으로 나타남 예 나랗+과 → 나라콰, 낡+도 → 나모도
관형격 조사 'ㅅ'	'ㅎ'과 'ㄱ'은 나타나지 않음 예 나랗+ㅅ → 나랏, 낡+ㅅ → 나못

❹ 문법

① 주격 조사: '이(또는 ㅣ)'만 쓰임. 'ㅣ' 모음 아래에서는 주격 조사가 생략됨
(현대 국어의 주격 조사 '가'는 17세기 이후 나타남)

형태	환경	예
이	자음으로 끝난 체언 뒤 – 연철 표기	사름 + 이 → 사르미(사람이)
ㅣ	'ㅣ' 이외의 모음으로 끝난 체언 뒤 – 앞의 모음과 결합하여 한 음절을 이룸	부텨+ㅣ → 부톄(부처가)
Ø	'ㅣ' 모음이나 반모음 'ㅣ'로 끝난 체언 뒤	불휘+Ø → 불휘(뿌리가)

② 목적격 조사: '울, 을, 룰, 를'이 쓰임(체언이 자음으로 끝나느냐 모음으로
끝나느냐와 함께 체언과의 모음 조화에 따라서 결정)

형태	환경	예
울	자음으로 끝난 체언+끝음절 모음이 양성	사름 + 울 → 사르물(사람을)
을	자음으로 끝난 체언+끝음절 모음이 음성	뜬+을 → 쁘들(뜻을)
룰	모음으로 끝난 체언+끝음절 모음이 양성	천하 + 룰 → 천하를(천하를)
를	모음으로 끝난 체언+끝음절 모음이 음성	너+를 → 너를(너를)

③ 관형격 조사: '인/의'와 'ㅅ'이 쓰임

형태	환경	예
인	앞 체언이 유정 명사이고, 끝음 절 모음이 양성 모음인 경우	노민(놈+인) 뜯(남의 뜻)
의	앞 체언이 유정 명사이고, 끝음 절 모음이 음성 모음인 경우	거부븨(거붑+의) 털(거북의 털)
ㅅ	• 앞 체언이 무정 명사인 경우 • 앞 체언이 존칭의 유정 명사 　인 경우	• 나못(나모+ㅅ) 여름(나무의 열매) • 大王ㅅ(大王+ㅅ) 말쏨(대왕의 말씀)

개념 다지기

개념 ➕ 단어의 의미 변화

① 의미의 확대
단어의 의미 영역이 넓어지는 현상

다리[脚]	사람이나 짐승의 하체 > 무생물의 아 랫부분(책상 다리, 의자 다리)
세수(洗手)	손을 씻는 행위 > 손이나 얼굴을 씻는 행위

② 의미의 축소
단어의 의미 영역이 좁아지는 현상

얼굴	형체, 꼴 > 낯, 안면
놈, 계집	일반적인 남자와 여자 > 남자와 여자 (혹은 아내)를 낮잡아 이르는 말
말쏨 (>말씀)	일반적인 말 > 남의 말을 높이거나 자기의 말을 낮추어 이르는 말

③ 의미의 이동
단어의 의미 자체가 달라지는 현상

어리다	어리석다 > 나이가 적다
어엿브다 (>어여쁘다)	가엾다, 불쌍하다 > 예쁘다, 아름답다

활동 2 중세 국어의 주격 조사

• 심+이 → 시미(샘이)
• 공주+(❶ 　　　) → 공직(공자가)
• 자최+(❷ 　　　) → 자최(자취가)

활동 3 중세 국어의 목적격 조사

• 무움+울 → 무수물(마음을)
• 믈+(❶ 　　　) → 므를(물을)
• 군자+(❷ 　　　) → 군자룰(군자를)
• 부텨+(❸ 　　　) → 부텨를(부처를)

개념 ➕ 유정 명사와 무정 명사

유정 명사	감정을 나타내는, 사람이나 동물을 가 리키는 명사
무정 명사	감정을 나타내지 못하는, 식물이나 무 생물을 가리키는 명사

④ 처소 부사격 조사: '애/에'와 '예'가 쓰임

형태	환경	예
애	양성 모음으로 끝난 체언 뒤	바룰 + 애 → 바루래(바다에)
에	음성 모음으로 끝난 체언 뒤	쑴 + 에 → 쑤메(꿈에)
예	'ㅣ' 모음으로 끝난 체언 뒤	비 + 예 → 비예(배에)

⑤ 주어가 1인칭일 때 선어말 어미 '-오-'가 쓰임
　　예 내 ~ 스믈여듧 字쭝롤 밍ᄀ노니 → '밍ᄀ노니(밍ᄀᆯ-+-ᄂᆞ-+-오-+-니)'의 '-오-'는 주어 '내'가 1인칭이기 때문에 쓰인 것임

⑥ 주체 높임을 나타내는 선어말 어미뿐만 아니라 객체 높임과 상대 높임을 나타내는 선어말 어미가 쓰임

구분	높임 선어말 어미	환경	예
주체 높임법	-시-	자음 어미 앞에서	가시니
	-샤-	모음 어미 앞에서	가샤티
객체 높임법	-ᅀᆞᆸ-/-ᅀᆞᇦ-	어간의 끝소리가 'ㄱ, ㅂ, ㅅ, ㅎ'일 때	막ᅀᆞᆸ거늘
	-ᄌᆞᆸ-/-ᄌᆞᇦ-	어간의 끝소리가 'ㄷ, ㅌ, ㅈ, ㅊ'일 때	듣ᄌᆞᇦ게
	-ᅀᆞᆸ-/-ᅀᆞᇦ-	어간의 끝소리가 모음, 'ㄴ, ㄹ, ㅁ'일 때	보ᅀᆞᆸ건대
상대 높임법	-이-	평서형일 때	ᄒᆞᄂᆞ이다
	-잇-	의문형일 때	ᄒᆞᄂᆞ니잇가

⑦ 인칭의 종류와 의문사의 유무에 따라 의문문의 종결 어미(또는 의문 보조사)가 달라짐

구분		실현 형태	예
주어가 1, 3인칭일 경우	판정 의문문	의문사 없이 긍정이나 부정의 대답을 요구하는 의문문 → 종결 표현 '-녀', '가' 사용	공덕(功德)이 하녀 져그녀(공덕이 많으냐 적으냐?)
	설명 의문문	의문사가 사용되어 일정한 설명을 요구하는 의문문 → 종결 표현 '-뇨', '고' 사용	이제 어듸 잇ᄂᆞ뇨 (이제 어디에 있느냐?)
주어가 2인칭일 경우		의문사의 유무와 상관없음 → 어미 '-ㄴ다' 사용	네 엇뎨 안다 (네가 어찌 아느냐?)

⑧ 과거, 현재, 미래 시제를 나타내는 선어말 어미가 나타남

과거 시제	선어말 어미를 사용하지 않거나, 회상의 선어말 어미 '-더-'를 사용함 예 ᄒᆞ다, ᄒᆞ더라
현재 시제	선어말 어미 '-ᄂᆞ-'를 사용함 예 ᄒᆞᄂᆞ다
미래 시제	선어말 어미 '-(으)리-'를 사용함 예 ᄒᆞ리라

⑨ 명사형 어미 '-옴/움': 모음 조화에 따라 실현됨
　　예 안좀(앉- + -옴), 거룸(걷- + -움)

개념 ➕ **중세 국어에 나타난 비교 부사격 조사**

형태	환경	예
에	비교의 의미를 지닌 부사격 조사 '와/과'가 쓰일 자리	듕귁에 달아 (중국과 달라)

개념 ➕ **중세 국어와 현대 국어의 높임법 실현 양상**

형태	중세 국어	현대 국어
주체 높임법	선어말 어미 '-시-'로 실현	
객체 높임법	선어말 어미로 실현	특수 어휘로 실현
상대 높임법	선어말 어미로 실현	종결 어미로 실현

활동 4 **중세 국어의 높임 표현**
※ 다음 밑줄 친 부분에 사용된 높임 표현의 종류를 써 보자.

• 우리 父母ㅣ 太子씌 드리ᄉᆞᇦ시니(우리 부모가 태자께 드리시니)
　→ (❶　　　　)
• 大王하 엇뎨 나룰 모ᄅᆞ시ᄂᆞ니잇고(대왕이시여, 어찌 나를 모르십니까?)
　→ (❷　　　　)

개념 ➕ **판정 의문문과 설명 의문문**

판정 의문문	긍정이나 부정의 대답을 요구하는 의문문. 의문사를 사용하지 않음 예 오늘 학교에 가니?
설명 의문문	구체적인 설명을 요구하는 의문문. 의문사를 사용함 예 책은 어디에 있니?

＊ 의문사: '누구', '언제', '어디', '무엇', '왜', '어떻게', '얼마' 등 의문의 초점이 되는 사물이나 사태를 지시하는 말

활동 5 **중세 국어의 의문문**

• 네 모ᄅᆞ던다(네가 몰랐더냐?)
　→ 주어가 2인칭일 경우
• 이 ᄯᆞ리 너희 죵가(이 딸이 너희 종이냐?)
　→ 주어가 1, 3인칭일 경우, (❶　　　) 의문문
• 네 스승이 누고(네 스승이 누구인가?)
　→ 주어가 1, 3인칭일 경우, (❷　　　) 의문문

활동 6 **중세 국어의 시제 표현**

• 가더라 → 과거 시제
• 가ᄂᆞ다 → (❶　　　) 시제
• 닐오리라 → (❷　　　) 시제

개념 완성 TEST

01
중세 국어의 특징

다음 문장의 밑줄 친 부분에 해당되는 것을 〈보기〉에서 골라 보자.

〈보기〉
ㆍ ㉠ 주체 높임 선어말 어미   ㉡ 객체 높임 선어말 어미
ㆍ ㉢ 상대 높임 선어말 어미   ㉣ 목적격 조사

(1) 아바니믈 가 보ᅀᅡᆸ 바지이다
　　(　)(　)(　)

[현대어] 아버님을 가서 뵙고 싶습니다.

(2) 비ᅀᅥ바 오라 ᄒ실ᄊᆡ
　(　) 　(　)

[현대어] 빌려 오라 하셨으므로

02
중세 국어의 특징

〈보기〉의 ㉠~㉣에 나타난 중세 국어의 특징으로 적절한 것에는 ○표, 적절하지 않은 것에는 ×표를 해 보자.

〈보기〉
㉠시미 ㉡기픈 므른 ㉢ᄀᆞᄆᆞ래 아니 그츨ᄊᆡ 내히 이러 바ᄅᆞ래 ㉣가ᄂᆞ니

– 〈용비어천가〉 제2장

[현대어 풀이]
　샘이 깊은 물은 가뭄에 아니 그치므로 내가 이루어져 바다에 가느니

(1) ㉠: 주격 조사 '이'가 사용되었다. 　　(　)
(2) ㉡: 소리 나는 대로 적지 않고 형태를 밝혀 적었다. (　)
(3) ㉢: 오늘날 쓰이지 않는 문자가 사용되었다. 　(　)
(4) ㉣: 어휘의 의미가 오늘날과 다르다. 　　(　)

03
중세 국어의 특징

다음 문장에 사용된 높임 표현을 바르게 연결해 보자.

(1) 大王ᄋᆞᆯ 보ᅀᅡᄫᆞ라 (대왕을 뵈러)　　・　　・ ㉠ 상대 높임

(2) 하나빌 미드니잇가 (할아버지를 믿으신 것입니까)　・　　・ ㉡ 주체 높임

(3) 닐굽 거르믈 거르샤 (일곱 걸음을 걸으시며)　・　　・ ㉢ 객체 높임

04
중세 국어의 특징

다음 의문문들의 종결 어미가 서로 다른 이유를 골라 바르게 연결해 보자.

(1) 네 엇뎨 안다 (네가 어찌 아느냐?)　・　　・ ㉠ 판정 의문문임

(2) 이 ᄯᅡ히 어드메잇고 (이 땅이 어디입니까?)　・　　・ ㉡ 설명 의문문임

(3) 사ᄅᆞ미 지비 잇ᄂᆞ니잇가 (사람의 집이 있습니까?)　・　　・ ㉢ 주어가 2인칭임

05
중세 국어의 특징

다음에 제시된 'ㅎ' 종성 체언의 실현 양상을 써 보자.

'ㅎ' 종성 체언	뒤따르는 조사	실현 양상
돓	이	(1)
	ㅅ	(2)
	과	(3)

06
중세 국어의 특징

다음 단어에 결합하는 주격 조사를 골라 보자.

(1) 빅셩+(이 / ㅣ / Ø)
(2) ᄃᆞ리+(이 / ㅣ / Ø)
(3) 부텨+(이 / ㅣ / Ø)
(4) 십+(이 / ㅣ / Ø)

07
중세 국어의 특징

중세 국어 시기에 쓰인 다음 조사의 기능을 바르게 연결해 보자.

(1) '孔공子ᄌ'의 'ㅣ' (공자께서)　・　　・ ㉠ 주격 조사

(2) '曾증子ᄌᄃᆞ려'의 'ᄃᆞ려' (증자에게)　・　　・ ㉡ 목적격 조사

(3) '효도ᄋᆡ'의 'ᄋᆡ' (효도의)　・　　・ ㉢ 부사격 조사

(4) '父부母모ᄅᆞᆯ'의 'ᄅᆞᆯ' (부모를)　・　　・ ㉣ 관형격 조사

01

〈보기〉의 ㉠~㉤에 나타난 중세 국어의 특징을 이해한 내용으로 옳지 <u>않은</u> 것은?

〈보기〉

나·랏 :말ᄊᆞ·미 ㉠中듕國·귁·에 달·아 文문字·ᄍᆞ·와·로 서르 ᄉᆞᄆᆞᆺ·디 아·니홀·ᄊᆡ ·이런 젼·ᄎᆞ·로 어·린 百·빅姓·셩·이 니르·고·져 ·홇 ·배 이·셔·도 ᄆᆞᄎᆞᆷ·내 제 ㉡제 ㉢·ᄠᅳ·들 시·러 펴·디 :몯홇 ·노·미 ㉣·노·미 하·니·라 ·내 ·이·ᄅᆞᆯ 爲·윙·ᄒᆞ·야 :어엿·비 너·겨 ·새·로 ·스·믈여·듧 字·ᄍᆞ·ᄅᆞᆯ ᄆᆡᆼ·ᄀᆞ노·니 :사ᄅᆞᆷ·마·다 :ᄒᆡ·ᅇᅧ :수·비 니·겨 ·날·로 ·ᄡᅮ·메 ㉤便뼌安한·킈 ᄒᆞ·고·져 홇 ᄯᆞᄅᆞ·미니·라

– 〈월인석보(月印釋譜)〉, 세조(世祖) 5년(1459)

[현대어 풀이]
　나라의 말이 중국과 달라 한자와 서로 통하지 아니하여서 이런 까닭으로 어리석은 백성이 말하고자 하는 바가 있어도 마침내 자기의 뜻을 펴지 못하는 사람이 많다. 내가 이를 가엾게 생각하여 새로 스물여덟 글자를 만드니, 모든 사람으로 하여금 쉽게 익혀서 날마다 쓰는 데 편하게 하고자 할 따름이다.

① ㉠: '에'가 비교의 의미로 사용되었군.
② ㉡: 'ㅣ'가 주격 조사로 사용되었군.
③ ㉢: 단어의 첫머리에 서로 다른 자음이 함께 쓰였군.
④ ㉣: 이어 적기가 사용되었군.
⑤ ㉤: 현대 국어에는 없는 자음이 쓰였군.

02

〈보기〉의 설명을 참고할 때, ㉠과 ㉡에 들어갈 단어로 적절한 것은?

〈보기〉

　중세 국어 의문문의 종결 어미는 인칭의 종류와 물음말의 유무에 따라 달라진다. 주어가 1, 3인칭일 경우, 물음말이 있는 의문문에는 '-ㄴ고', '-ㄹ고'와 같은 '오'형 어미가 사용되었고, 물음말이 없는 의문문에는 '-ㄴ가', '-ㄹ가'와 같은 '아'형 어미가 사용되었다. 그리고 주어가 2인칭일 경우, 물음말의 유무와 상관없이 '-ㄴ다'가 사용되었다.

• 부톄 世間에 _____㉠_____
　(부처가 세간에 나신 것인가?)
• 네 뉘손ᄃᆡ 글 _____㉡_____
　(너는 누구에게서 글을 배웠는가?)
• 어느 사ᄅᆞ미 少微星이 잇다 니ᄅᆞ던고
　(어떤 사람이 소미성이 있다고 말하던가?)

	㉠	㉡		㉠	㉡
①	나샤미신가	빈호ᄂᆞᆫ다	②	나샤미신가	빈호ᄂᆞᆫ고
③	나샤미신고	빈호ᄂᆞᆫ다	④	나샤미신다	빈호ᄂᆞᆫ고
⑤	나샤미신다	빈호ᄂᆞᆫ가			

03

〈보기〉를 바탕으로 중세 국어의 특징을 탐구한 내용으로 적절하지 <u>않은</u> 것은?

〈보기〉

수달(須達)이 부텨㉠ᄭᅴ 솔ᄫᆞ딕
"여래(如來)하 우리나라해 ㉡오샤 중생(衆生)이 사곡(邪曲)
을 덜에 ᄒᆞ쇼셔."
세존(世尊)이 니ᄅᆞ샤되
"출가(出家)ᄒᆞᆫ 사ᄅᆞᆷ 쇼히 굳디 아니ᄒᆞ니
그에 정사(精舍) ㅣ 업거니 어드리 가료."
수달(須達)이 솔ᄫᆞ딕
"㉢내 어루 ㉣이ᄅᆞ수ᄫᆞ리이다."

– 〈석보상절〉 권 6

[현대어 풀이]
　수달*이 부처께 아뢰되,
"여래시여 우리나라에 오셔서 중생이 사곡*을 덜게 하십시오."
세존이 이르시되,
"출가한 사람은 속인과 같지 않으니,
거기에 정사*가 없으니 어디로 가겠는가?"
수달이 아뢰되,
"내가 능히 짓겠습니다."

* 수달(須達): '수닷타(Sudatta)'의 음역어. 석가모니가 살아 있을 때 생존했던 인도 사위성의 장자(長者). 자비심이 많아 가난한 사람에게 많은 혜택을 주었으며, 기원정사를 세웠다.
* 사곡(邪曲): 요사스럽고 교활함
* 정사(精舍): ① 학문을 가르치기 위하여 마련한 집 ② 정신을 수양하는 곳 ③ 절

① ㉠에는 초성에 서로 다른 자음이 함께 쓰였다.
② ㉡에 쓰인 선어말 어미는 '여래(如來)'를 높이고 있다.
③ ㉢에는 'ㅣ'가 주격 조사로 사용되었다.
④ ㉣에 쓰인 선어말 어미 '-ᄉᆞᆸ-'은 '정사(精舍)'를 높임으로써 궁극적으로는 '세존(世尊)'을 높이고 있다.
⑤ ㉣에 쓰인 선어말 어미 '-이-'는 '수달(須達)'을 높이고 있다.

04

〈보기〉를 바탕으로 중세 국어 시기에 사용된 조사의 기능에 대해 탐구하였다. 적절하지 않은 것은?

──── 〈보기〉 ────

ㄱ孔공子ᄌᆞ ㄴ曾증子ᄌᆞᄃᆞ려 닐러 ᄀᆞᆯᄋᆞ샤ᄃᆡ ㄷ몸이며 얼굴이며 머리털이며 ᄉᆞᆯ흔 父부母모ᄭᅴ 받ᄌᆞ온 거시라 敢감히 헐워 샹ᄒᆡ오디 아니홈이 ㄹ효도ᄋᆡ 비르소미오, 몸을 셰워 道도를 行ᄒᆡᅟᅡᆼ야 일홈을 後후世셰예 베퍼 ᄡᅥ ㅁ父부母모ᄅᆞᆯ 현뎌케 홈이 효도ᄋᆡ ᄆᆞᄎᆞᆷ이니라

– 〈소학언해〉 권 2, 선조 20년(1587)

[현대어 풀이]
　공자가 증자에게 일러 말씀하시기를, 몸과 형체와 머리털과 살은 부모께 받은 것이라 감히 헐게 하여 상하게 하지 아니함이 효도의 시작이며, 입신(출세)하여 도를 행하여 이름을 후세에 날려 이로써 부모를 드러나게 함이 효도의 끝이니라.

① ㄱ의 'ㅣ'는 현대 국어에서 '가'로 바뀐 것으로 보아 앞말이 행위의 주체임을 나타내고 있어.
② ㄴ의 'ᄃᆞ려'는 현대 국어에서 '에게'로 바뀐 것으로 보아 앞말이 어떤 행동이 미치는 대상임을 나타내고 있어.
③ ㄷ의 '이며'는 현대 국어에서 '과'로 바뀐 것으로 보아 앞말이 뒷말과 비교하는 대상임을 나타내고 있어.
④ ㄹ의 'ᄋᆡ'는 현대 국어에서 '의'로 바뀐 것으로 보아 앞말이 뒷말을 꾸며 주고 있음을 나타내고 있어.
⑤ ㅁ의 'ᄅᆞᆯ'은 현대 국어에서 '를'로 바뀐 것으로 보아 앞말이 동작이 미친 직접적 대상임을 나타내고 있어.

05

〈보기〉를 참고할 때, 제시된 단어의 주격 조사 실현 양상으로 적절한 것은?

──── 〈보기〉 ────

　중세 국어의 주격 조사에는 '이'가 있었는데, 이는 앞에 오는 체언의 형태에 따라 '이, Ø, ㅣ'의 세 가지로 다르게 실현되었다. 주격 조사가 온전하게 '이'로 실현되는 경우는 체언이 자음으로 끝날 때이며, 이때 체언 끝에 오는 자음은 연철하여 표기한다. 만약 앞에 오는 체언이 단모음 'ㅣ' 또는 'ㅐ, ㅔ, ㅚ, ㅟ' 등과 같은 이중 모음으로 끝나면, 주격 조사는 나타나지 않는다. 그러나 앞에 오는 체언이 'ㅣ'나 'ㅐ, ㅔ, ㅚ, ㅟ' 이외의 모음으로 끝나면, 주격 조사는 'ㅣ'로 실현되고 앞의 모음과 결합하여 한 음절을 이룬다.

	말ᄊᆞᆷ	하ᄂᆞᆯ	가마	불휘
①	말ᄊᆞ미	하ᄂᆞ리	가마	불휘
②	말ᄊᆞ미	하ᄂᆞ리	가매	불휘
③	말ᄊᆞ미	하ᄂᆞᆯ이	가매	불휘
④	말ᄊᆞᆷ이	하ᄂᆞᆯ이	가마	불휘이
⑤	말ᄊᆞᆷ이	하ᄂᆞᆯ	가매	불휘이

06

〈보기〉의 ㉠~㉢에 들어갈 단어의 의미 변화 양상으로 적절한 것은?

──── 〈보기〉 ────

단어	과거의 의미	현재의 의미	의미 변화 양상
어리다	어리석다	나이가 적다	㉠
세수(洗手)	손을 씻는 행위	손이나 얼굴을 씻는 행위	㉡
놈	사람, 남자	남자를 낮잡아 이르는 말	㉢

	㉠	㉡	㉢
①	의미의 이동	의미의 확대	의미의 축소
②	의미의 이동	의미의 축소	의미의 확대
③	의미의 확대	의미의 이동	의미의 축소
④	의미의 확대	의미의 축소	의미의 이동
⑤	의미의 축소	의미의 확대	의미의 이동

07

〈보기〉의 ㉠과 ㉡에 속하는 사례를 바르게 제시한 것은?

──── 〈보기〉 ────

　모음 'ㆍ'는 중세 국어 이후 크게 두 단계의 변화를 겪었다. 제1단계 변화에서는 ㉠단어의 둘째 음절 이하에 놓인 모음 'ㆍ'가 'ㅡ'로 변화하였다. 이 변화가 일어나고 난 뒤 제2단계 변화에서는 ㉡첫째 음절에 놓인 모음 'ㆍ'가 'ㅏ'로 변화하였다. 단어에 따라 이러한 변화에 예외가 보이기도 하지만, 대체로 이 두 단계의 변화를 겪어 'ㆍ'는 모음 체계에서 사라지게 되었다.

	㉠	㉡
①	ᄃᆞ리 > 다리	ᄅᆡ년 > 래년(來年)
②	마ᄋᆞᆷ > 마음	ᄡᆞ다 > 싸다
③	ᄀᆞ르치다 > 가르치다	아ᅀᆞ > 아우
④	마ᄎᆞᆷ > 마침	ᄃᆞᆯ팡이 > 달팽이
⑤	다ᄅᆞ다 > 다르다	ᄒᆞ믈며 > ᄒᆞ믈며

22 근대 국어

■ 근대 국어의 시기와 특징

시기	임진왜란 이후 ~ 갑오개혁 이전(17C ~ 19C 말)
특징	① 사회·문화적 변화와 함께 음운, 어휘, 표기법, 문법 등에서 변화가 크게 일어남 ② 개화기에는 한글 사용의 확대로 문장 구성 방식이 현대와 유사해짐

❶ 음운

① 성조와 방점: 16C 후반부터 동요를 보이던 성조와 방점이 완전히 사라짐
   - 상성은 대체로 장음으로 변화함 예 :굽다 > 굽다[굽:따]

② 자음 'ㅸ, ㅿ, ㆁ' 등과 모음 'ㆍ'가 소실됨
   - 'ㆍ'는 음가만 소실되고 표기에는 잔존함

③ 모음 조화: 모음 조화가 중세 국어 시기보다 더욱 문란해짐 예 보ᄂᆞᆫ > 보는

④ 어두 자음군: 어두 자음군은 'ㅅ' 계열의 된소리로 통일됨 예 ᄠᅳᆮ > ᄯᅳᆮ(뜻)

⑤ 이중 모음이던 'ㅐ, ㅔ'가 단모음으로 변함 예 개, 네

⑥ 구개음화: 구개음화가 나타남 예 뎌디 > 편지, 고티다 > 고치다

⑦ 원순 모음화: 원순 모음화가 나타남 예 믈 > 물, 플 > 풀

⑧ 두음 법칙: 두음 법칙이 나타남 예 님금 > 임금, 니르고져 > 이르고자

❷ 표기

① 7종성법이 적용되어 'ㄱ, ㄴ, ㄹ, ㅁ, ㅂ, ㅅ, ㅇ'의 7개 받침만 사용됨
   예 걷흔 > 것흔

② 끊어 적기가 확대되고, 이어 적기에서 끊어 적기로 가는 과도기적 현상으로 거듭 적기가 나타남 예 말ᄊᆞ미(이어 적기) > 말쏨미(거듭 적기) > 말쏨이(끊어 적기)

③ 재음소화 표기: 'ㅋ, ㅌ, ㅊ, ㅍ'을 2차 분석하여 'ㄱ+ㅎ, ㄷ+ㅎ, ㅈ+ㅎ, ㅂ+ㅎ'으로 표기하는 재음소화 표기가 나타남
   예 겉은 > 걷흔 > 것흔, 높이 > 놉히

❸ 어휘

① 고유어가 한자어로 많이 대체됨 예 뫼 → 산(山), ᄀᆞᄅᆞᆷ → 강(江)

② 19세기 중후반에 서구 문물의 도입과 함께 새로운 어휘들이 많이 들어옴
   예 호텔, 잉크, 가방

❹ 문법

① 주격 조사 '가'가 나타나 '이'와 구별되어 쓰임
   예 아히가(모음으로 끝난 체언 뒤에 사용)

② 명사형 어미 '-기'가 활발하게 쓰임 예 붉기, 통낭ᄒᆞ기

③ 객체 높임 선어말 어미 '-ᄉᆞᆸ-/-ᄌᆞᆸ-/-ᄉᆞ오-'이 사라짐

④ 과거 시제를 나타내는 선어말 어미 '-앗-/-엇-', 미래 시제를 나타내는 선어말 어미 '-겠-'이 나타남

⑤ 주어가 1인칭일 때 쓰인 선어말 어미 '-오-'가 기능을 잃음

개념 ➕ 근대 국어에 나타난 음운 변동 현상

① 구개음화: 치조음 'ㄷ, ㅌ'이 모음 'ㅣ'나 반모음 'ĭ'를 만나 구개음 'ㅈ, ㅊ'으로 바뀌는 현상
   예 디다 > 지다

② 원순 모음화: 입술소리 'ㅁ, ㅂ, ㅍ' 뒤에 오는 평순 모음 'ㅡ'가 원순 모음 'ㅜ'로 바뀌는 현상
   예 믈 > 물

③ 두음 법칙: 모음 'ㅣ'나 반모음 'ĭ' 앞에 오는 단어의 첫소리 'ㄴ, ㄹ'이 탈락하거나 'ㄹ'이 'ㄴ'으로 바뀌는 현상
   예 녀인 > 여인, 로인 > 노인

활동1 근대 국어에 나타난 표기의 특징

- 니믈 → 이어 적기
- (❶   ) → 거듭 적기
- (❷   ) → 끊어 적기
- 붙으며 > (❸   ) → 재음소화
- 붙흐며 > (❹   ) → 7종성법

활동2 근대 국어의 특징

- 우리신문이 한문은 아니쓰고 → 한자어 '불용(不用)'을 그대로 번역한 말투
- 상하귀천이 다보게 홈이라 → 문장의 끝에 종결 어미 '-라'가 사용되어 '-다'로 문장을 맺는 현대 국어와 차이를 보임
- 죠션국문이 한문 보다 얼마가 나흔거시 무어신고ᄒᆞ니 → 의문형 종결 어미가 현대 국어와는 다른 양상을 보임(인고 → 인가)
- 비로소 알고 일그니 → (❶   ) 표기가 남아 있음
- 유식ᄒᆞ고 놉흔 사름 → (❷   )가 남아 있음
- 알게 ᄒᆞ랴는 뜻시니 → (❸   ) 표기가 남아 있음

▶ 해설편 92쪽

개념 완성 TEST

01
근대 국어의 특징

〈보기〉에 나타난 근대 국어의 특징으로 적절한 것에는 ○표, 적절하지 않은 것에는 ×표를 해 보자.

〈보기〉

우리신문이 한문은 아니쓰고 다만 국문으로만 쓰는거슨 샹하귀쳔이 다보게 홈이라 또 국문을 이러케 귀졀을 쎄여 쓴즉 아모라도 이신문 보기가 쉽고 신문속에 잇는말을 자셰이 알어 보게 홈이라 〈중략〉
몃번 일거 본후에야 글ㅈ가 어ᄃᆡ 부터는지 비로소 알고 일그니 국문으로 쓴편지 ᄒ향을 보자ᄒᆞ면 한문으로 쓴것보다 더듸 보고 또 그나마 국문을 자조 아니 쓴는 고로 셔툴어셔 잘못 봄이라

– 〈독립신문〉(1896년)

(1) 우리신문이 – 현대 국어와 같은 띄어쓰기 사용　　　(　　)
(2) 쎄여 – 'ㅅ'계 합용 병서 사용　　　(　　)
(3) 일그니 – 거듭 적기 적용　　　(　　)
(4) 쓴는 – 끊어 적기 적용　　　(　　)

02
근대 국어의 특징

다음 단어를 거듭 적기의 형태로 나타내 보자.

(1) 것 + 은 → (　　　　　)
(2) 치밀 + 어 → (　　　　　)
(3) 님 + 을 → (　　　　　)
(4) 십 + 이 → (　　　　　)
(5) 말씀 + 이 → (　　　　　)

03
근대 국어의 특징

근대 국어의 특징으로 적절한 것에는 ○표, 적절하지 않은 것에는 ×표를 해 보자.

(1) 주격 조사 '가'가 등장하였다.　　　(　　)
(2) 'ㆍ' 표기가 완전히 소실되었다.　　　(　　)
(3) 성조가 사라져 방점을 표기하지 않았다.　　　(　　)
(4) 임진왜란 직후인 17세기 초부터 19세기 말까지의 국어를 말한다.　　　(　　)

▶ 해설편 92쪽

내신 기출 문제

01
근대 국어의 특징

〈보기〉의 ㉠~㉤에 대한 설명으로 적절하지 않은 것은?

〈보기〉

홍식이 거록ᄒᆞ야 븕은 긔운이 하늘을 쮜노더니 이랑이 소리를 ㉠놉히 ᄒᆞ야 ㉡나를 불러 져긔 ㉢믈밋출 보라 웨거늘 급히 눈을 드러 보니 믈밋 홍운을 헤앗고 큰 실오리 ᄀᆞᆺᄒᆞᆫ 줄이 ㉣븕기 더욱 긔이ᄒᆞ며 긔운이 진홍 ᄀᆞᆺᄒᆞᆫ 것이 ᄎᆞᄎᆞ 나 손바닥 너비 ᄀᆞᆺᄒᆞᆫ 것이 그믐밤의 보는 ㉤숫불빗 ᄀᆞᆺ더라.

– 의유당, 〈관북유람일기〉(1772)

[현대어 풀이]
홍색이 거룩하여 붉은 기운이 하늘을 뛰놀더니, 이랑이 크게 소리를 질러 나를 불러 저기 물 밑을 보라고 외치거늘, 급히 눈을 들어 보니, 물 밑 홍운을 헤치고 큰 실오리 같은 줄이 붉기 더욱 기이하며, 기운이 진홍 같은 것이 차차 나, 손바닥 너비 같은 것이 그믐밤에 보는 숯불빛 같더라.

① ㉠: 재음소화 현상이 나타난다.
② ㉡: 모음 조화의 파괴가 나타난다.
③ ㉢: 거듭 적기(중철)가 나타난다.
④ ㉣: 명사형 어미 '–기'가 나타난다.
⑤ ㉤: 구개음화 현상이 나타난다.

02
근대 국어의 특징

〈보기〉를 통해 알 수 있는 근대 국어의 특징이 아닌 것은?

〈보기〉

먼길ᄒᆡ밥을잘먹어야폐단이업슬거시오반찬의고기를만히먹으면비위가수이샹홀듯ᄒᆞ기차담은국슈국을마셔일시어한을ᄒᆞᆯᄃᆞ름이오반찬은소치를젼쥬ᄒᆞ야먹으니일노인ᄒᆞ야길ᄒᆡ음식탈이아니나고반찬어려운줄을모ᄅᆞ고왕ᄂᆡᄒᆞ니라

– 홍대용, 〈을병연행록(乙丙燕行錄)〉(18세기 후반)

[현대어 풀이]
먼 길에 밥을 잘 먹어야 폐단이 없을 것이고 반찬의 고기를 많이 먹으면 비위가 쉽게 상할 듯하여 다과상의 국수 국물을 마셔 잠시 추위를 다스릴 뿐이고 반찬은 채소를 혼자 차려 먹으니 이로 인하여 여행길에 음식 탈이 아니 나고 반찬 어려운 줄을 모르고 왕래하였다.

① 모음 조화가 파괴된 모습을 찾을 수 있다.
② 주격 조사 '가'가 쓰인 단어를 찾을 수 있다.
③ 18세기 후반까지 띄어쓰기가 이루어지지 않았다.
④ '수비'로 쓰이던 단어의 변화된 모습을 찾을 수 있다.
⑤ 'ㆍ'는 음가뿐만 아니라 표기까지 완전히 사라졌음을 알 수 있다.

[01 - 02] 다음 글을 읽고 물음에 답하시오.

[A]

'나의 살던 고향'은 '내가 살던 고향'과 같은 의미로 '나'에 관형격 조사 '의'가 결합하여 '살던'의 의미상 주어를 나타내는 특이한 구조이다. 이처럼 관형격 조사 '의'가 주격 조사처럼 해석되는 경우가 중세 국어에서도 확인된다. 예를 들어, '聖人의(聖人+의) ᄀᆞᄅᆞ치샨 法[성인의 가르치신 법]'의 경우, '聖人'은 관형격 조사 '의'와 결합하고 있지만 후행하는 용언인 'ᄀᆞᄅᆞ치샨'의 의미상 주어로 기능하고 있다. 그런데 이러한 '의'는 중세 국어 관형격 조사 결합 원칙의 예외에 해당한다. 중세 국어의 관형격 조사는 평칭의 유정 체언에는 모음 조화에 따라 '이/의'가, 무정 체언 또는 존칭의 유정 체언에는 'ㅅ'이 결합하는 원칙이 있었는데, 'ㅅ'이 쓰일 자리에 '의'가 쓰였기 때문이다.

중세 국어 격조사 결합 원칙의 또 다른 예외는 부사격 조사에서도 확인된다. 시간이나 장소를 나타내는 부사격 조사는 결합하는 선행 체언의 끝음절을 기준으로, 모음 조화에 따라 '나종애'(나종+애), '므레'(믈+에)에서처럼 '애/에'가 쓰인다. 단, 끝음절이 모음 '이'나 반모음 'ㅣ'로 끝날 때에는 ㉠'뉘예'(뉘+예)에서처럼 '예'가 쓰였다. 그런데 '애/에/예'가 쓰일 위치에 부사격 조사인 '이/의'가 쓰이는 경우도 있다. 이러한 예외는 '봄', '나조ㅎ[저녁], ㉡'우ㅎ[위]', '밑' 등의 일부 특수한 체언들에서 확인된다. 가령, '나조ㅎ'에는 '이'가 결합하여 ㉢'나조히'(나조ㅎ+이)로, '밑'에는 '의'가 결합하여 '미틔'(밑+의)로 나타났다.

중세 국어의 부사격 조사 가운데 관형격 조사가 그 구성 성분으로 분석되는 독특한 경우도 있다. 가령, '이그에'는 관형격 조사 '이'에 '그에'가 결합된 형태이고 'ㅅ긔' 역시 관형격 조사 'ㅅ'에 '긔'가 결합된 부사격 조사다. 이들은 ㉣'ᄂᆞᄆᆡ그에'(ᄂᆞᆷ +이그에)나 '어마닚긔'(어마님+ ㅅ긔)와 같이 사용되었는데 평칭의 유정 명사 'ᄂᆞᆷ'에는 '이그에'가, 존칭의 유정 명사 '어마님'에는 'ㅅ긔'가 쓰인다. 중세 국어의 '이그에'와 'ㅅ긔'는 각각 현대 국어의 '에게'와 ㉤'께'로 이어진다.

01   2024 6월 모의평가

윗글의 ㉠~㉤을 이해한 내용으로 적절하지 **않은** 것은?

① ㉠은 부사격 조사 '예'와 결합하는 선행 체언의 끝음절에서 반모음 'ㅣ'가 확인된다.
② ㉡에 시간이나 장소를 나타내는 부사격 조사가 결합하면 '우희'가 된다.
③ ㉢은 현대 국어로 '저녁의'로 해석되어 관형격 조사의 쓰임이 확인된다.
④ ㉣의 '이그에'에서는 관형격 조사 '이'가 분석된다.
⑤ ㉤이 현대 국어에서 존칭 체언에 사용되는 것은 중세 국어 관형격 조사 'ㅅ'과 관련된다.

02

[A]를 바탕으로 〈자료〉를 탐구한 내용으로 적절한 것은? [3점]

─────〈자료〉─────

ⓐ 수픐(수플 + ㅅ) 神靈이 길헤 나아
　　[현대어 풀이: 수풀의 신령이 길에 나와]
ⓑ 느믜(늠 + 의) 말 드러ᅀᅡ 알 씨라
　　[현대어 풀이: 남의 말 들어야 아는 것이다]
ⓒ 世界ㅅ(世界 + ㅅ) 일을 보샤
　　[현대어 풀이: 세계의 일을 보시어]
ⓓ 이 사ᄅᆞ믜(사름 + 의) 잇ᄂᆞᆫ 方面을
　　[현대어 풀이: 이 사람의 있는 방면을]
ⓔ 孔子의(孔子 + 의) 기티신 글워리라
　　[현대어 풀이: 공자의 남기신 글이다]

① ⓐ: '神靈(신령)'이 존칭의 유정 명사이므로 '수플'에 'ㅅ'이 결합한 것이군.
② ⓑ: '늠'이 유정 명사이고 끝음절 모음이 음성 모음이므로 '의'가 결합한 것이군.
③ ⓒ: '世界(세계)ㅅ'이 '보샤'의 의미상 주어이고, 'ㅅ'은 예외적 결합이군.
④ ⓓ: '이 사ᄅᆞ믜'가 '잇ᄂᆞᆫ'의 의미상 주어이고, '의'는 예외적 결합이군.
⑤ ⓔ: '孔子(공자)의'가 '기티신'의 의미상 주어이고, '의'는 예외적 결합이군.

03

〈자료〉를 바탕으로 〈보기〉의 ⓐ~ⓔ 중 체언과 조사가 결합하여 이루어진 부속 성분이 있는 것만을 고른 것은?

─────〈보기〉─────

ⓐ 내히 이러 바ᄅᆞ래 가ᄂᆞ니 [내가 이루어져 바다에 가니]
ⓑ 나랏 말ᄊᆞ미 中國에 달아 [우리나라의 말이 중국과 달라]
ⓒ 生人이 소리 잇도소니 [생인(산 사람)의 소리가 있으니]
ⓓ 나혼 子息이 양ᄌᆞ 端正ᄒᆞ야 [낳은 자식이 모습이 단정하여]
ⓔ 내 닐오리니 네 이대 드르라 [내가 이르리니 네가 잘 들어라]

─────〈자료〉─────

〈보기〉에 나타난 체언과 조사
• 체언: 내ㅎ, 바ᄅᆞᆯ, 나라ㅎ, 말ᄊᆞᆷ, 中國, 生人, 소리, 子息, 양ᄌᆞ, 나, 너
• 조사: 주격(이, ㅣ, ∅), 관형격(ㅅ, 의), 부사격(애, 에)

① ⓐ, ⓑ, ⓒ
② ⓐ, ⓑ, ⓓ
③ ⓐ, ⓓ, ⓔ
④ ⓑ, ⓒ, ⓔ
⑤ ⓒ, ⓓ, ⓔ

제대로 접근법　☆ 문제 채점까지 마친 후 복습할 때 보세요.

02
중세 국어에서 조사의 실현 양상을 파악하는 유형이다.
• ⓐ~ⓔ에서 쓰인 격 조사를 찾고 결합되어 있는 체언을 분석한다. 체언이 평칭의 대상인지, 존칭의 대상인지, 무정물인지, 유정물인지 또한 체언의 끝음절이 양성 모음인지, 음성 모음인지 파악한다.
• 중세 국어 격 조사의 결합 원칙에 대한 이해를 바탕으로, ⓐ~ⓔ에서 격 조사가 원칙에 따라 결합했는지, 예외적으로 결합했는지 판단한다.
• 의미상 주어를 묻는 선택지를 풀 때는 현대어 풀이를 보며 후행하는 용언의 의미상 주어가 무엇인지 찾는다. 이를 바탕으로 선택지의 적절성을 판단한다.

03
문장 성분의 기능에 대한 이해를 묻는 유형이다.
• 복잡해 보이지만 부속 성분이 무엇인지만 알면 쉽게 풀리는 문항이다. 주성분(주어, 서술어, 목적어, 보어)을 수식하는 관형어와 부사어가 부속 성분임을 기억하자.
• 〈자료〉의 체언과 조사를 참고하여 ⓐ~ⓔ에서 체언과 조사로 이루어진 것에 표시하고 이 중에서 관형어와 부사어를 찾는다.

국어에서는 일반 어휘처럼 문법 형태소에서도 하나의 형태가 여러 의미로 쓰이거나 여러 형태가 하나의 의미로 쓰이는 현상을 발견할 수 있다. 가령, 전자로는 현대 국어에서 명사 '높이'에 쓰인 명사 파생 접사 '-이'와 부사 '높이'에 쓰인 부사 파생 접사 '-이'를 예로 들 수 있다. 명사 파생 접사 '-이'는 여러 의미로 쓰인다. 예컨대 '놀이'에서는 '…하는 행위'의 의미를, '구두닦이'에서는 '…하는 사람'의 의미를, '연필깎이'에서는 '…하는 데 쓰이는 도구'의 의미를 나타낸다. 후자로는 현대 국어의 명사 파생 접사 '-이'와 '-음'을 예로 들 수 있다.

중세 국어에서도 명사 파생 접사 '-이'와 부사 파생 접사 '-이'가 존재하였다. 가령, 현대 국어의 '길이'와 마찬가지로 '기리(길-+-이)'의 '-이'는 형용사 어간에 붙어 명사도 만들고 부사도 만들었다. 또한 '-이'는 '사리(살-+-이)'처럼 동사 어간에 붙어 '…하는 행위'의 의미를 나타내기도 하였으나, '…하는 사람', '…하는 데 쓰이는 도구'의 의미를 나타내지는 않았다.

중세 국어에서 명사 파생 접사 '-이'처럼 용언 어간에 붙는 명사 파생 접사 '-의'도 쓰였는데, 이 '-의'는 '-이'와 달리 부사는 파생하지 않았다. 또한 접사 '-의'는 모음 조화에 따라 양성 모음 뒤에서는 '-인'로 쓰였는데, 접사 '-이'는 중세 국어에서 'ㅣ' 모음이 양성 모음도 아니고 음성 모음도 아니어서 모음 조화와는 무관하게 결합하였다.

┌ 너븨(넙-+-의)도 ᄀ티 ᄒ고 [넓이도 같이 하고]
└ 노픠(높-+-이) 다숫 자히러라 [높이가 다섯 자였다]

한편, 중세 국어에서는 '의'가 앞 체언에 붙어 관형격 조사와 부사격 조사로 쓰이기도 했다. 관형격 조사는 평칭의 유정 체언 뒤에 쓰였고, 부사격 조사는 서술어와 호응하여 장소나 시간을 나타내는 부사어에서 쓰였다. 그런데 이들 '의'도 모음 조화에 따라 양성 모음 뒤에서는 '인'로 쓰였다.

┌ 버믜(범+의) 뼈나 [범의 뼈나]
└ 사ᄅ민(사름+인) 무레 [사람의 무리에]

┌ 무틔(뭍+의) ᄃ니ᄂ [뭍에 다니는]
└ 바민(밤+인) 나디 아니ᄒᄂ니 [밤에 나가지 아니하니]

제대로 개념 정리

(1) 현대 국어의 파생 접사
① 하나의 형태가 여러 의미로 쓰이는 경우
　예 명사 '높이'의 '-이' → 명사 파생 접사
　　　부사 '높이'의 '-이' → 부사 파생 접사
② 여러 형태가 하나의 의미로 쓰이는 경우
　예 명사 파생 접사 '-이'와 '(❶　　　　)'

(2) 중세 국어의 파생 접사
① 명사 파생 접사 '-이'와 부사 파생 접사 '-이'
　예 '기리(길-+-이)'의 '-이' → 형용사 어간에 붙어 명사도 만들고 부사도 만듦
② (❷　　　　) 파생 접사 '-의'
・용언 어간에 붙어 명사를 파생함 → '-이'와 달리 (❸　　　)는 파생하지 않음
・모음 조화에 따라 양성 모음 뒤에서는 '-인'로 쓰임

(3) 중세 국어의 격 조사 '의'
① 관형격 조사: 평칭의 (❹　　　　) 뒤에 쓰임
② 부사격 조사: 서술어와 호응하여 장소나 시간을 나타내는 부사어에서 쓰임
→ 파생 접사 '-의'와 마찬가지로, 모음 조화에 따라 양성 모음 뒤에서는 '인'로 쓰임

정답 ❶ -음 ❷ 명사 ❸ 부사 ❹ 유정 체언

04

윗글을 바탕으로 추론한 내용으로 적절한 것은?

① 현대 국어의 '책꽂이'에서 '-이'는 '…하는 행위'의 의미를 나타내는 접사이다.
② 현대 국어 '놀이'에서의 '-이'는 중세 국어 '사리'에서의 '-이'와 달리 '…하는 사람'의 의미로 쓰인다.
③ 현대 국어 '길이'처럼 중세 국어 '기릐'도 명사와 부사로 쓰였다.
④ 중세 국어에서 접사 '-의'가 붙어 파생된 단어는 두 가지 품사로 쓰였다.
⑤ 중세 국어에서 체언에 조사 '의'가 붙은 말은 관형어나 부사어로 쓰였다.

제대로 접근법

04
현대 국어와 중세 국어의 파생 접사, 격 조사를 제대로 이해하고 있는지 확인하는 유형이다.

・파생 접사는 어근과 결합하여 뜻을 더하거나, 단어의 품사를 바꾼다. 반면 격 조사는 체언과 결합하여 문장 안에서 일정한 자격을 갖게 하는 것임을 기억한다.
・지문을 읽고 현대 국어와 중세 국어의 파생 접사, 격 조사에 대한 내용을 정리한다. 이를 바탕으로 선택지의 적절성을 판단한다.

05

윗글을 바탕으로 〈보기〉의 중세 국어 자료를 이해한 내용으로 적절하지 <u>않은</u> 것은?

─〈보기〉─

㉠ 王ㅅ 겨틔 안잿다가 [왕의 곁에 앉아 있다가]
㉡ 曲江ㅅ 구븨예 ᄀ마니 ᄃ니노라
　　[곡강의 굽이에 가만히 다니노라]
㉢ 光明이 ᄇᆞᆰ기 비취여 [광명이 밝히 비치어]
㉣ 글지ᅀᅵ예 위두ᄒᆞ고 [글짓기에 으뜸이고]
㉤ ᄯᆞ릭 일후믄 [딸의 이름은]

① ㉠에서 '겨틔'의 '의'는 모음 조화에 따라 결합한 부사격 조사이군.
② ㉡에서 '구븨'의 '-의'는 모음 조화에 따라 결합한 부사 파생 접사이군.
③ ㉢에서 'ᄇᆞᆰ기'의 '-이'는 모음 조화와 무관하게 결합한 부사 파생 접사이군.
④ ㉣에서 '글지ᅀᅵ'의 '-이'는 모음 조화와 무관하게 결합한 명사 파생 접사이군.
⑤ ㉤에서 'ᄯᆞ릭'의 '익'는 모음 조화에 따라 결합한 관형격 조사이군.

제대로 접근법

05
중세 국어의 파생 접사와 격 조사를 파악하는 유형이다.

• 중세 국어의 파생 접사 '-이'와 달리 파생 접사 '-의'와 격 조사 '의'는 모음 조화에 따라 달리 쓰임을 기억한다.
• 파생 접사는 어근에 결합하지만 격 조사는 체언 뒤에 결합함에 유의한다.
• 이를 바탕으로 현대어 풀이를 참고하여 밑줄 친 부분의 형태소를 분석한 뒤, 선택지의 적절성을 판단한다.

06

〈보기〉의 ㉠~㉤에 해당하는 예로 적절하지 <u>않은</u> 것은?

─〈보기〉─

[중세 국어 조사의 쓰임]

㉠ 주격 조사 'ㅣ'는 모음 '이'나 반모음 'ㅣ' 이외의 모음으로 끝난 체언 뒤에 쓰였다.
㉡ 목적격 조사 '을' 또는 '을'은 자음으로 끝나는 체언 뒤에 쓰였다.
㉢ 관형격 조사 'ㅅ'은 사물이나 존대 대상인 체언 뒤에 쓰였다.
㉣ 부사격 조사 '로'는 모음이나 'ㄹ'로 끝나는 체언 뒤에 쓰였다.
㉤ 호격 조사 '하'는 존대 대상인 체언 뒤에 쓰였다.

① ㉠: <u>ᄃ리</u> 즈믄 ᄀᆞᄅᆞ매 비취요미 [달이 천 개의 강에 비치는 것이]
② ㉡: 바ᄇᆞᆯ <u>머굶</u> 대로 혜여 머굼과 [밥을 먹을 만큼 헤아려 먹음과]
③ ㉢: 그 <u>나못</u> 불휘를 ᄲᅢ혀 [그 나무의 뿌리를 빼어]
④ ㉣: 믈ᄀᆞᆫ <u>믈로</u> 모슬 밍ᄀᆞ노라 [맑은 물로 못을 만드노라]
⑤ ㉤: <u>님금하</u> 아ᄅᆞ쇼셔 [임금이시여, 아십시오]

06
중세 국어의 조사를 파악하는 유형이다.

• 중세 국어의 격 조사가 쓰이는 환경을 파악한다.
• 선택지에서 ㉠~㉤에 해당하는 격 조사를 찾고, 결합한 체언을 분석한다. 중세 국어에서는 주로 이어 적기가 쓰였으므로, 체언을 분석할 때는 현대어 풀이와 비교하여 분석한다.
• 이를 바탕으로 선택지의 적절성을 판단한다.

(1) 영수는 서울에서 / 서울에 산다.

(2) 민수는 방에서 / *방에 공부하고 있다.

(3) 학교에서 체육 대회를 열었다.

(1)에서는 '에'와 '에서'를 다 쓸 수 있는데, 왜 (2)에서는 '에서'를 쓰고 '에'는 쓸 수 없을까? 또 왜 (3)에서는 '에서'를 주격 조사로 쓸 수 있을까?

'에'와 '에서'는 모두 '장소'를 의미하는 말에 붙지만, (1)에서 '서울'은 '에'가 붙어 위치를 나타내는 [지점]의 의미가 되고, '에서'가 붙어 행위를 하거나 일이 발생하는 [공간]의 의미가 된다. 즉, 똑같은 장소라도 지점으로 인식되면 '에'를 쓰고, 공간으로 인식되면 '에서'를 쓴다. (2)에서 '방에'를 쓸 수 없는 이유는 '공부'라는 행위를 하는 장소인 '방'은 지점이 아니라 공간의 의미를 가져야 하기 때문이다. 이렇듯 '에'와 '에서'의 쓰임이 구분되는 것은 '에서'의 중세 국어 형태인 '에셔'의 형성 과정에 기인한다.

중세 국어에서는 부사격 조사 '애/에/예, 인/의'와 '이시다(현대 국어 '있다')'의 활용형인 '이셔'가 결합된 말들이 줄어서 '애셔/에셔/예셔, 인셔/의셔'가 되었다. 그런데 이들은 본래 '이시다'를 포함하므로, 그 의미상 어떤 공간 속에 있음을 전제한다. 따라서 '애셔/에셔/예셔, 인셔/의셔' 앞의 명사는 공간으로 인식되었다. 그런데 이렇게 새로운 형태가 만들어졌지만 중세 국어에서는 현대 국어와 달리 이 새로운 형태가 쓰일 자리에 '애/에/예, 인/의'가 쓰이는 경우가 많았다. 이는 '애/에/예, 인/의'가 현대 국어의 '에'와 '에서'의 쓰임을 모두 지니고 있었음을 의미한다.

한편, '애셔/에셔/예셔, 인셔/의셔' 앞의 명사가 어떤 구성원으로 이루어진 공간이나 집단을 나타내면, 그 공간이나 집단 속에 있는 구성원의 행위를 그 공간이나 집단의 행위로 표현하는 것이 가능해진다. 그에 따라 중세 국어에서 '애셔/에셔/예셔, 인셔/의셔'가 주격 조사로도 쓰인 경우가 있다. 이들은 현대 국어의 '에서'로 이어지는데 (3)과 같은 예에서 그러한 쓰임을 확인할 수 있다.

현대 국어의 '에서'가 주격 조사로 쓰일 때에는 '에서' 앞에 공간이나 집단을 나타내는 명사가 오고 유정 명사는 올 수 없다. 부사격 조사 '에'에 '서'가 붙은 '에서'가 주격 조사로 쓰인 것처럼 부사격 조사 '께'에 '서'가 붙은 '께서'도 주격 조사로 쓰인다. '께서'의 중세 국어 형태인 부사격 조사 '씌셔' 역시 '씌'와 '셔'가 결합하여 형성되었는데, 근대 국어를 거치면서 주격 조사로 변화하여 현대 국어의 '께서'로 이어졌다. 중세 국어의 '에셔', 현대 국어의 '에서'와 달리 중세 국어의 '씌셔', 현대 국어의 '께서'는 높임의 유정 명사 뒤에 나타난다.

07
2020 9월 모의평가

07

윗글의 내용과 일치하는 것은?

① 중세 국어에서 '에' 앞의 명사는 공간의 의미를 나타낼 수 있었다.

② 현대 국어에서 '에' 앞에 붙을 수 있는 명사는 '에서' 앞에 붙을 수 없다.

③ 중세 국어의 '애/에/예'는 '인/의'와 달리 주격 조사로 쓰일 수 있었다.

④ 현대 국어 '에서'의 중세 국어 형태인 '에셔'에서 '셔'는 지점의 의미를 나타냈다.

⑤ 중세 국어 '에셔'가 주격 조사로 쓰일 수 있었던 이유는 '에셔' 앞에 유정 명사가 오기 때문이다.

제대로 개념 정리

☆ 문제 채점까지 마친 후 복습할 때 보세요.

(1) 현대 국어의 조사 '에'와 '에서'

① 공통점: (❶)를 의미하는 말에 붙음

② 차이점: 쓰임이 구분됨

에	위치를 나타내는 [지점]의 의미를 나타냄
에서	행위를 하거나 일이 발생하는 (❷)의 의미를 나타냄

(2) '에서'의 중세 국어 형태

① 형성 과정

부사격 조사 '애/에/예, 인/의'	+	'이시다(있다)'의 활용형인 (❸)	→	애셔/에셔/예셔, 인셔/의셔

② 의미와 기능: 의미상 어떤 공간 속에 있음을 전제하며, 앞의 명사는 공간으로 인식됨

③ 특징: '애셔/에셔/예셔, 인셔/의셔'가 쓰일 자리에 '애/에/예, 인/의'가 쓰이는 경우가 많았음
→ '애/에/예, 인/의'가 현대 국어의 '에'와 '에서'의 쓰임을 모두 지니고 있었음

(3) 주격 조사로 쓰이는 조사

① 중세 국어의 '애셔/에셔/예셔, 인셔/의셔'는 주격 조사로도 썼으며, 이러한 기능은 현대 국어의 (❹)로 이어짐

② 중세 국어의 부사격 조사 '씌셔'가 근대 국어를 거치면서 (❺)로 변화하여 현대 국어의 '께서'로 이어짐

③ '에셔', '에서'와 '씌셔', '께서'의 비교

'에셔'와 '에서'	'씌셔'와 '께서'
앞에 공간이나 집단을 나타내는 명사가 오며 (❻)는 올 수 없음	높임의 유정 명사 뒤에 나타남

정답
❶ 장소 ❷ [공간] ❸ 이셔 ❹ 에서 ❺ 주격 조사 ❻ 유정 명사

☆ 문제 채점까지 마친 후 복습할 때 보세요.

제대로 접근법

07

중세 국어와 현대 국어의 특징을 파악하는 유형이다. 선택지의 내용이 지문과 일치하는지 비교하여 답을 찾으면 된다.

• 지문을 통해 현대 국어의 '에', '에서'와 중세 국어의 '애/에/예, 인/의', '에셔'의 특징을 꼼꼼하게 확인하면 선택지 중 지문과 일치하는 내용을 쉽게 찾을 수 있다. 답이 아닌 선택지의 내용은 지문에 제시되지 않았거나 틀리게 제시되어 있다.

08

윗글을 바탕으로 〈보기〉를 이해한 내용으로 적절하지 않은 것은?

─〈보기〉─

[현대 국어의 예]

㉠ 그 지역에서 공룡 화석이 발견되었다.

㉡ 정부에서 홍수 대책안을 발표하였다.

㉢ 할머니께서 저녁 늦게 식사를 하셨다.

[중세 국어의 예]

㉣ 一物이라도 그위예셔 다 아ᅀᆞᄆᆞᆯ 슬노라

　　(물건 하나라도 관청에서 다 빼앗음을 슬퍼하노라.)

㉤ 부텨끠셔 十二部經이 나시고

　　(부처님으로부터 12부의 경전이 나오고)

① ㉠: 공간을 의미하는 '그 지역'에 주격 조사 '에서'가 붙었군.

② ㉡: 집단을 의미하는 '정부'에 주격 조사 '에서'가 붙었군.

③ ㉢: 높임의 유정 명사인 '할머니'에 주격 조사 '께서'가 붙었군.

④ ㉣: '그위예셔'는 '그위'에 주격 조사 '예셔'가 붙었군.

⑤ ㉤: 높임의 유정 명사인 '부텨'에 부사격 조사 '끠셔'가 붙었군.

08
중세 국어와 현대 국어의 조사에 대한 이해를 묻는 유형이다.

정답률이 50%에 불과한 문제로, 중세 국어와 현대 국어의 문장 성분과 격 조사를 파악할 수 있어야 한다.

· 〈보기〉의 문장 성분과 격 조사를 분석하여 정리해 보자. 격 조사는 체언과 결합하여 문장 안에서 일정한 자격을 갖게 하는 것임을 기억한다.

· 이를 바탕으로 선택지의 적절성을 판단한다.

09

〈보기 1〉의 ㉠~㉢에 해당하는 예만을 〈보기 2〉에서 고른 것은?

─〈보기 1〉─

중세 국어의 주격 조사는 음운 조건에 따라 '이', 'Ø(영형태)', 'ㅣ'로 실현되었다.

· 자음 다음에는 '이'가 나타났다. ─────────────────── ㉠

　　예 바비(밥+이) [밥이]

· 모음 '이'나 반모음 'ㅣ' 다음에는 'Ø(영형태)'로 실현되어, 나타나지 않았다. ── ㉡

　　예 활 쏘리(활 쏠 이+Ø) [활 쏠 이가], 새(새+Ø) [새가]

· 모음 '이'와 반모음 'ㅣ' 이외의 모음 다음에는 'ㅣ'가 나타났다. 예 쇠(쇼+ㅣ) [소가]

· 음운 조건에 관계없이 생략되기도 했다. ───────────────── ㉢

　　예 곳 됴코 [꽃 좋고], 나모 셧ᄂᆞᆫ [나무 서 있는]

─〈보기 2〉─

ⓐ: 나리 져므러　　　　　　　[날이 저물어]

ⓑ: 太子 오ᄂᆞ다 드르시고　　[태자 온다 들으시고]

ⓒ: 내해 ᄃᆞ리 업도다　　　　[개천에 다리가 없도다]

ⓓ: 아ᄃᆞ리 孝道ᄒᆞ고　　　　[아들이 효도하고]

ⓔ: 孔子ㅣ 드르시고　　　　　[공자가 들으시고]

① ㉠: ⓐ, ⓓ　　　　② ㉠: ⓐ, ⓔ　　　　③ ㉡: ⓑ, ⓒ

④ ㉡: ⓑ, ⓓ　　　　⑤ ㉢: ⓒ, ⓔ

09
중세 국어에서 주격 조사의 실현 양상을 파악하는 유형이다.

· 〈보기 1〉을 통해 중세 국어의 주격 조사가 실현되는 음운 환경을 확인한다. 중세 국어에서 'ㅐ, ㅔ, ㅚ, ㅟ'는 반모음 'ㅣ'로 끝난 이중 모음임을 기억하고 음운 조건에 관계없이 생략되는 경우에 유의한다.

· 〈보기 2〉의 자료에서 체언과 주격 조사를 찾아 분석하여 주격 조사의 실현 유형을 파악해 보자.

· 이를 바탕으로 〈보기 1〉의 ㉠~㉢에 해당하는 〈보기 2〉의 예를 연결 지어 보자.

☆ 문제 채점까지 마친 후
복습할 때 보세요.

제대로 접근법

〈보기 1〉을 참고하여 〈보기 2〉에서 밑줄 친 부분을 중심으로 ㉠~㉤을 이해한 내용으로 적절하지 않은 것은?

─────〈보기 1〉─────

　객체 높임은 일반적으로 주체가 목적어나 부사어로 지시되는 대상인 객체보다 지위가 낮을 때 어휘적 수단이나 문법적 수단으로써 객체를 높이 대우하는 것이다. 전자는 **객체 높임의 동사**('숣-', '아뢰-' 등)를 쓰는 방법이고, 후자는 **객체 높임의 조사**('*씌*', '께')를 쓰는 방법과 **객체 높임의 선어말 어미**('-숩-' 등)를 쓰는 방법이다. 중세 국어에서는 이 세 가지 방법을 다 썼으나 현대 국어에서는 객체 높임의 선어말 어미를 쓰지 않는다. 다음에서 중세 국어와 현대 국어를 비교해 보면 이를 확인할 수 있다.

　이 말 다 숣고 부텨씌 禮數ᄒᆞᆸ고 [이 말 다 아뢰고 부처께 절 올리고]

─────〈보기 2〉─────

㉠ 나도 이제 너희 스승니믈 보숩고져 ᄒᆞ노니 [나도 이제 너희 스승님을 뵙고자 하니]
㉡ 須達이 舍利弗씌 가 [수달이 사리불께 가서]
㉢ 내 이제 世尊씌 숣노니 [내가 이제 세존께 아뢰니]
㉣ 여보, 당신이 이모님께 어머님 모시고 갔었어?
㉤ 선생님께서 그 아이에게 다친 덴 없는지 여쭤 보셨다.

① ㉠ : 어휘적 수단으로 객체인 '너희 스승님'을 높이 대우하고 있다.
② ㉡ : 문법적 수단으로 객체인 '舍利弗(사리불)'을 높이 대우하고 있다.
③ ㉢ : 조사 '씌'와 동사 '숣노니'는 같은 대상을 높이기 위해 쓰이고 있다.
④ ㉣ : 조사 '께'와 동사 '모시고'는 서로 다른 대상을 높이기 위해 쓰이고 있다.
⑤ ㉤ : 주체와 객체의 관계를 고려하면 동사 '여쭤'의 사용은 부적절하다.

10
중세 국어의 객체 높임법을 이해하고 있는지 묻는 유형이다.
• 〈보기 1〉을 통해 객체 높임의 개념과 중세 국어에서 사용된 객체 높임 표현을 확인한다. 중세 국어의 객체 높임법은 어휘적 수단과 조사 및 선어말 어미를 쓰는 문법적 수단이 있음을 이해한다.
• 〈보기 2〉의 밑줄 친 부분에 쓰인 객체 높임법이 어휘적 수단인지 문법적 수단인지 파악한 후, 객체 높임 표현이 높이고 있는 대상을 확인해 보자.
• 이를 바탕으로 ㉠~㉤에 대한 설명이 적절한지 판단한다.

〈보기〉에 나타난 중세 국어의 특징을 탐구한 내용으로 적절하지 않은 것은?

─────〈보기〉─────

불휘 기픈 남ᄀᆞᆫ ᄇᆞᄅᆞ매 아니 뮐ᄊᆡ 곶 됴코 여름 하ᄂᆞ니
ᄉᆡ미 기픈 므른 ᄀᆞ모래 아니 그츨ᄊᆡ 내히 이러 바ᄅᆞ래 가ᄂᆞ니

[현대어 풀이]
뿌리가 깊은 **나무**는 **바람**에 아니 움직이므로 꽃이 좋고 **열매**가 **많으니**,
샘이 깊은 **물**은 가뭄에 아니 그치므로 내(川)가 이루어져 **바다**에 가느니.
－〈용비어천가(龍飛御天歌)〉 제2장

① '불휘'와 'ᄉᆡ미'를 보니, 'ㅣ' 모음으로 끝난 체언 뒤에 동일한 형태의 주격 조사가 사용되었음을 알 수 있군.
② 'ᄇᆞᄅᆞ매'와 'ᄀᆞ모래'를 보니, '애'가 현대 국어의 부사격 조사와 같은 기능으로 사용되었음을 알 수 있군.
③ '하ᄂᆞ니'를 보니, '하다'가 현대 국어와 다른 의미로 쓰였음을 알 수 있군.
④ '므른'과 '바ᄅᆞ래'를 보니, 앞 형태소의 끝소리를 다음 형태소의 첫소리로 옮겨 적는 방식이 사용되었음을 알 수 있군.
⑤ '내히'를 보니, 체언이 모음으로 시작하는 조사와 결합할 때 체언의 끝소리 'ㅎ'이 연음되어 나타나는 경우가 있었음을 알 수 있군.

11
중세 국어 자료를 바탕으로 중세 국어의 특징을 파악하는 유형이다.
현대어 풀이를 보고 현대 국어의 문법과 중세 국어의 문법을 비교할 수 있어야 한다.
• 선택지의 예에서 체언과 격 조사를 구분한다. 같은 격 조사라도 음운 조건에 따라 다른 형태로 쓰일 수 있음에 유의한다.
• 이를 바탕으로 선택지의 적절성을 판단한다.

12

〈보기〉의 ⊙과 ⓒ에 들어갈 말로 적절한 것은?

〈보기〉

학   생: 현대 국어와는 달리 중세 국어의 'ㅔ', 'ㅐ'가 이중 모음이었다는 근거가 궁금해요.

선생님: 'ㅔ', 'ㅐ'로 끝나는 체언과 결합하는 조사의 형태가 무엇인지 (가)를 참고하여 (나)를 살펴보면 알 수 있단다.

(가)

체언의 끝소리	조사의 형태	예
자음	이라	지비라[집이다]
단모음 '이'나 반모음 'ㅣ'	∅라	ᄉᆞᅵ라[ᄉᆞᅵ(사이)이다] 불휘라[불휘(뿌리)이다]
그 밖의 모음	ㅣ라	젼ᄎᆞ라[젼ᄎᆞ(까닭)이다] 곡되라[곡도(꼭두각시)이다]

(나)

今(금)은 이제라[이제이다], 下(하)는 아래라[아래이다]

학   생: (가)의 ⟨ ⊙ ⟩에서처럼 (나)의 '이제'와 '아래'가 ⟨ ⓒ ⟩ 형태의 조사를 취하는 것을 보니 'ㅔ', 'ㅐ'가 반모음 'ㅣ'로 끝나는 이중 모음이었음을 알 수 있어요.

	⊙	ⓒ
①	지비라	이라
②	ᄉᆞᅵ라	∅라
③	불휘라	∅라
④	젼ᄎᆞ라	ㅣ라
⑤	곡되라	ㅣ라

제대로 **접근법** ☆ 문제 채점까지 마친 후 복습할 때 보세요.

12

중세 국어의 체언과 결합하는 조사의 형태를 파악하는 유형이다.

• (가)에 제시된 예에서 체언과 조사를 분석하여 체언의 끝소리와 조사의 형태를 구분한다. 중세 국어에서는 주로 이어 적기가 쓰였으므로, 체언을 분석할 때는 현대어 풀이와 비교하여 분석한다.

• 마찬가지로 (나)의 밑줄 친 부분에서 체언과 조사를 분석하여 체언의 끝소리와 조사의 형태를 구분한다.

• 이를 바탕으로 〈보기〉의 ⊙과 ⓒ에 들어갈 말로 적절한 것을 찾는다.

13

〈학습 활동〉을 수행한 결과로 적절하지 않은 것은?

〈학습 활동〉

현대 국어와 달리 중세 국어의 관형격 조사에는 여러 형태가 있다. 선행 체언이 무정물일 때는 'ㅅ'이 쓰이고, 유정물일 때는 모음 조화에 따라 '의', '의' 등이 쓰인다. 다만 유정물이라도 존칭의 대상일 때는 이들 대신 'ㅅ'이 쓰인다. 이를 참고하여 선행 체언과 후행 체언이 관형격 조사로 연결되었을 때의 모습을 아래 표의 ⊙~ⓜ에 채워 보자.

선행 체언	아바님 (아버님)	그력 (기러기)	아들 (아들)	수플 (수풀)	둥잔 (둥잔)
후행 체언	곁 (곁)	목 (목)	나ᄒ (나이)	가온ᄃᆡ (가운데)	기름 (기름)
적용 모습	⊙	ⓒ	ⓔ	ⓓ	ⓜ

---

① ⊙: 아바니믜(아바님 + 의) 곁
② ⓒ: 그려긔(그력 + 의) 목
③ ⓔ: 아ᄃᆞ릭(아들 + 익) 나ᄒ
④ ⓓ: 수픐(수플 + ㅅ) 가온ᄃᆡ
⑤ ⓜ: 둥잣(둥잔 + ㅅ) 기름

13

중세 국어에서 관형격 조사의 형태를 파악하는 유형이다.

• 〈학습 활동〉에서 선행 체언이 유정물인 것과 무정물인 것을 구분한다. 이때, 유정물은 감정을 나타내는, 사람이나 동물을 가리킨다.

• 선행 체언이 유정물인 것 중 높여 부르는 존칭의 대상인 것을 구분한다. 또한 양성 모음으로 끝나는 유정물 뒤에는 '익'가, 음성 모음으로 끝나는 유정물 뒤에는 '의'가 쓰임을 기억한다.

• 이를 바탕으로 ⊙~ⓜ에 사용될 관형격 조사의 양상을 파악한다.

국어사적 사실이 현대 국어의 일관되지 않은 현상을 이해하는 데 도움이 되는 경우가 많다. 예를 들어 'ㄹ'로 끝나는 명사 '발', '솔', '이틀'이 ㉠'발가락', ㉡'소나무', ㉢'이튿날'과 같은 합성어들에서는 받침 'ㄹ'의 모습이 일관되지 않는데, 이를 이해하기 위해서는 이들 단어의 옛 모습을 알아야 한다.

'소나무'에서는 '발가락'에서와는 달리 받침 'ㄹ'이 탈락하였고, '이튿날'에서는 받침이 'ㄹ'이 아닌 'ㄷ'이다. 모두 'ㄹ' 받침의 명사가 결합한 합성어인데 왜 이러한 차이를 보이는 것일까? 현대 국어에는 받침 'ㄹ'이 'ㄷ'으로 바뀌거나, 명사와 명사가 결합할 때 'ㄹ'이 탈락하는 규칙이 없기 때문에 이러한 차이는 현대 국어의 규칙만으로는 설명할 수 없다.

'발가락'은 중세 국어에서 대부분 '밠 가락'으로 나타난다. 중세 국어에서 'ㅅ'은 관형격 조사로 사용되었으므로 '밠 가락'은 구로 파악된다. 이는 '밠 엄지 가락(엄지발가락)'과 같은 예를 통해 잘 알 수 있다. 이후 'ㅅ'은 점차 관형격 조사의 기능을 잃고 합성어 내부의 사이시옷으로만 흔적이 남았는데, 이에 따라 중세 국어 '밠 가락'은 현대 국어 '발가락[발까락]'이 되었다.

[A]
'소나무'는 중세 국어에서 명사 '솔'에 '나무'의 옛말인 '나모'가 결합하고 'ㄹ'이 탈락한 합성어 '소나모'로 나타난다. 중세 국어에서는 현대 국어와 달리 명사와 명사가 결합하여 합성어가 될 때 'ㄴ, ㄷ, ㅅ, ㅈ' 등으로 시작하는 명사 앞에서 받침 'ㄹ'이 탈락하는 규칙이 있었기 때문에 '솔'의 'ㄹ'이 탈락하였다.

'이튿날'은 중세 국어에서 자립 명사 '이틀'과 '날' 사이에 관형격 조사 'ㅅ'이 결합한 '이틄 날'로 많이 나타나는데, 이 'ㅅ'은 '이틄 밤', '이틄 길'에서의 'ㅅ'과 같은 것이다. 중세 국어에서 '이틄 날'은 '이틋 날'로도 나타났는데, 근대 국어로 오면서는 'ㄹ'이 탈락한 합성어 '이틋날'로 굳어지게 되었다. 이와 함께 'ㅅ'이 관형격 조사의 기능을 잃어 가고, 받침 'ㅅ'과 'ㄷ'의 발음이 구분되지 않게 되었다. 이에 따라 〈한글 맞춤법〉에서는 '이튿날'의 표기와 관련하여 "끝소리가 'ㄹ'인 말과 딴 말이 어울릴 적에 'ㄹ' 소리가 'ㄷ' 소리로 나는 것"으로 보아 이를 '이튿날'로 적도록 했다. 그러나 이때의 'ㄷ'은 'ㄹ'이 변한 것으로 설명되지 않으므로 중세 국어 '믈 사름'에서 온 '뭇사람'에서처럼 'ㅅ'으로 적는 것이 국어의 변화 과정을 고려한 관점에 부합한다고 할 수 있다.

★ 문제 채점까지 마친 후 복습할 때 보세요.

제대로 개념 정리

(1) 'ㄹ' 받침의 명사가 합성어를 형성할 때의 양상
① 'ㄹ'이 그대로 유지됨
　예) 발+가락 → 발가락
② 'ㄹ'이 (❶　　　)함
　예) 솔+나무 → 소나무
③ 'ㄹ'이 (❷　　　)으로 바뀜
　예) 이틀+날 → 이튿날

(2) '발가락', '소나무', '이튿날'의 국어사적 사실

중세 국어	특징과 변화
밠 가락	'ㅅ'이 (❸　　　)로 사용되었으나, 점차 그 기능을 잃고 합성어 내부의 사이시옷으로만 흔적이 남음
소나모	중세 국어에서는 명사+명사로 합성어가 될 때 'ㄴ, ㄷ, ㅅ, ㅈ' 등으로 시작하는 명사 앞에서 받침 'ㄹ'이 탈락하였음
이틄 날	• 'ㄹ'이 탈락한 '이틋 날'로도 나타남 • 근대 국어로 오면서는 합성어 (❹　　　)로 굳어짐 • 'ㅅ'이 관형격 조사의 기능을 잃고, 받침 'ㅅ'과 'ㄷ'의 발음이 구분되지 않게 됨

❶ 탈락 ❷, ❸ 관형격 조사 ❹ 이튿날

14

2019 수능

윗글을 참고할 때, ㉠~㉢과 같이 이러한 차이를 보이는 예를 〈보기〉에서 각각 하나씩 찾아 그 순서대로 제시한 것은?

〈보기〉

무술(물+술)	쌀가루(쌀+가루)	낟알(낟+알)
솔방울(솔+방울)	섣달(설+달)	푸나무(풀+나무)

① 솔방울, 무술, 낟알
② 솔방울, 푸나무, 섣달
③ 푸나무, 무술, 섣달
④ 쌀가루, 푸나무, 낟알
⑤ 쌀가루, 솔방울, 섣달

★ 문제 채점까지 마친 후 복습할 때 보세요.

제대로 접근법

14
합성어 형성 시 나타나는 양상을 이해·적용하는 유형이다.
• 우선 지문의 ㉠~㉢에 나타나는 현상을 정리하고, 〈보기〉에 제시된 단어들이 합성어를 형성할 때 어떤 현상이 나타나는지 분석하여 분류한다.
• 특히 'ㄹ' 받침의 명사가 합성어를 형성할 때 'ㄹ'이 유지되는지, 탈락하는지, 혹은 변화하는지를 구분한다.

15

[A]를 바탕으로 〈보기〉의 '자료'를 탐구한 내용으로 적절하지 <u>않은</u> 것은? [3점]

〈보기〉

[탐구 주제] '숟가락'은 '젓가락'과 달리 왜 첫 글자의 받침이 'ㄷ'일까?
[자료]

중세 국어의 예	• 술 자ᄇ며 져 놓ᄂ니(숟가락 잡으며 젓가락 놓으니) • 숤 근(숟가락의 끝), 젓 가락 근(젓가락 끝), 수져(수저) • 물(무리), 뭀 사ᄅᆷ(뭇사람, 여러 사람)
근대 국어의 예	• 숫가락 장ᄉ(숟가락 장사) • 뭇사름(뭇사람)
현대 국어의 예	• *술로 밥을 뜨다 • 숟가락으로 밥을 뜨다 • 밥 한 술

'*'는 문법에 맞지 않음을 나타냄

① 중세 국어 '술'과 '져'는 중세 국어 '이틀'처럼 자립 명사라는 점에서 현대 국어 '술'과는 차이가 있군.

② 중세 국어 '술'과 '져'의 결합에서 'ㄹ'이 탈락한 합성어가 현대 국어 '수저'로 이어졌군.

③ 중세 국어 '술'과 '져'는 명사를 수식할 때, 중세 국어 '이틀'이나 '물'과 같이 모두 관형격 조사 'ㅅ'이 결합할 수 있었군.

④ 근대 국어 '숫가락'이 현대 국어에 와서 '숟가락'으로 적히는 것은, 국어의 변화 과정을 고려한 관점에 부합하지 않는다는 점에서 '이튿날'의 경우와 같군.

⑤ 현대 국어 '숟가락'과 '뭇사람'의 첫 글자 받침이 다른 이유는 중세 국어 '숤'과 '뭀'이 현대 국어로 오면서 'ㄹ'이 탈락한 후 남은 'ㅅ'의 발음이 서로 달랐기 때문이군.

16

〈보기〉의 ⊙과 ⓒ에 들어갈 말로 바르게 짝지어진 것은?

〈보기〉

중세 국어에서는 객체를 높이기 위해 선어말 어미를 사용했는데, 이 선어말 어미는 음운 조건에 따라 다음과 같이 다양한 형태로 실현되었다.

어간 말음 조건	형태	용례
'ㄱ, ㅂ, ㅅ, ㅎ'일 때	-습-	돕습고
'ㄷ, ㅈ, ㅊ'일 때	-줍-	묻줍고
모음이나 'ㄴ, ㅁ, ㄹ'일 때	-ᅀᆞᆸ-	보ᅀᆞᆸ고

객체 높임 선어말 어미 뒤에 모음으로 시작하는 어미가 오면, 객체 높임 선어말 어미는 '-ᅀᆞᇦ-, -ᄌᆞᇦ-, -ᅀᆞᇦ-'으로 실현되었다.

• 아래 문장에서 객체 높임의 대상은 (⊙)이다.
 - 王(왕)이 부텻긔 더옥 敬信(경신)ᄒᆞᆫ ᄆᆞᅀᆞᄆᆞᆯ 내ᅀᆞᄫᅡ
  [왕이 부처께 더욱 공경하고 믿는 마음을 내어]
• 어간 '듣-'과 어미 '-ᄋᆞ며' 사이에 객체 높임 선어말 어미가 결합하면 다음과 같이 활용했다.
 - 내 아래브터 부텻긔 이런 마ᄅᆞᆯ 몯 (ⓒ)
  [내가 예전부터 부처께 이런 말을 못 들으며]

	⊙	ⓒ		⊙	ⓒ
①	王(왕)	듣ᄌᆞᇦ며	②	王(왕)	듣ᄉᆞ며
③	부텨	듣ᄌᆞᇦ며	④	부텨	듣ᄌᆞᆸ며
⑤	ᄆᆞᅀᆞᆷ	듣ᅀᆞᇦ며			

제대로 접근법 ☆ 문제 채점까지 마친 후 복습할 때 보세요.

15
국어의 변화 과정에 대한 이해와 탐구 능력을 확인하는 유형이다.
정답률이 50%에 불과한 문제로, 지문과 〈자료〉를 통해 제시된 단어들의 역사적 변화 과정과 쓰이는 양상 등을 종합적으로 살펴야 해결할 수 있는 문제이다.
• 지문에 제시된 '소나무'와 '이튿날'의 변화 과정을 살펴 내용을 정리한다.
• 이를 바탕으로 [A]의 설명과 〈보기〉의 〈자료〉를 통해 선택지의 내용이 적절한지 판단해 보자.

16
중세 국어의 객체 높임법을 이해하는 유형이다.
• ⊙을 파악하기 위해서는 '객체'의 개념을 알고 있어야 하며, 제시된 문장에서 객체에 해당하는 문장 성분을 분석할 수 있어야 한다. 이때 '객체'는 서술의 객체로, 목적어나 부사어가 나타내는 대상을 뜻한다.
• ⓒ을 파악하기 위해서는 제시된 조건에 맞는 객체 높임 선어말 어미를 찾아야 한다. 이때, 어간 말음 조건과 객체 높임 선어말 어미 뒤에 모음으로 시작하는 어미가 오는 조건을 함께 살핀다.

17

〈학습 활동〉을 수행한 결과로 적절하지 않은 것은?

―〈학습 활동〉―

다음은 중세 국어의 문자 및 표기와 관련된 내용이다. **자료**에서 ⓐ~ⓔ를 확인할 수 있는 예를 모두 골라 묶어 보자.

ⓐ 乃냉終즁ㄱ소리는 다시 첫소리를 쓰느니라
[종성 글자는 따로 만들지 않고 다시 초성 글자를 사용한다]

ⓑ ㅇ를 입시울쏘리 아래 니서 쓰면 입시울 가ᄇᆡ야ᄫᆞᆫ 소리 ᄃᆞ외느니라
[ㅇ을 순음 글자 아래 이어 쓰면 순경음 글자가 된다]

ⓒ 첫소리를 어울워 ᄡᅮ디면 ᄀᆞᆲᄫᅡ 쓰라 乃냉終즁ㄱ소리도 ᄒᆞᆫ가지라
[초성 글자를 합하여 사용하려면 옆으로 나란히 쓰라 종성 글자도 마찬가지이다]

ⓓ ㆍ와 ㅡ와 ㅗ와 ㅜ와 ㅛ와 ㅠ와란 첫소리 아래 브텨 쓰고
['ㆍ, ㅡ, ㅗ, ㅜ, ㅛ, ㅠ'는 초성 글자 아래에 붙여 쓰고]

ⓔ ㅣ와 ㅏ와 ㅓ와 ㅑ와 ㅕ와란 올ᄒᆞᆫ녀긔 브텨 쓰라
['ㅣ, ㅏ, ㅓ, ㅑ, ㅕ'는 초성 글자 오른쪽에 붙여 쓰라]

자료 ᄢᅵ니, 분, 사ᄫᅵ, ᄉᆞ고ᄫᆞᆯ, ᄯᅡ, ᄒᆞᆰ

① ⓐ: 분, ᄯᅡ, ᄒᆞᆰ
② ⓑ: 사ᄫᅵ, ᄉᆞ고ᄫᆞᆯ
③ ⓒ: ᄢᅵ니, ᄯᅡ, ᄒᆞᆰ
④ ⓓ: 분, ᄉᆞ고ᄫᆞᆯ, ᄒᆞᆰ
⑤ ⓔ: ᄢᅵ니, 사ᄫᅵ, ᄯᅡ

18

〈보기〉의 ㉠~㉢에 들어갈 말로 적절한 것은?

―〈보기〉―

중세 국어에서는 의문문의 종류에 따라 종결 어미나 보조사가 달리 쓰인다. 예를 들면 용언의 어간에 어미가 결합하여 서술어가 될 때 판정 의문문에서는 종결 어미 '-녀', 설명 의문문에서는 종결 어미 '-뇨'가 쓰인다. 반면, 체언에 보조사가 결합하여 서술어가 될 때 판정 의문문에서는 보조사 '가', 설명 의문문에서는 보조사 '고'가 쓰인다. 그런데 주어가 2인칭일 때에는 의문문의 종류와 관계없이 종결 어미 '-ㄴ다'가 쓰인다. 중세 국어 의문문의 예는 아래와 같다.

○ 이 일후미 (㉠)
[이 이름이 무엇인가?]
○ 네 엇뎨 아니 (㉡)
[네가 어찌 안 가는가?]
○ 그듸는 보디 (㉢)
[그대는 보지 않는가?]

	㉠	㉡	㉢
①	므스고	가ᄂᆞ뇨	아니ᄒᆞᄂᆞ다
②	므스고	가ᄂᆞ다	아니ᄒᆞᄂᆞ다
③	므스고	가ᄂᆞ뇨	아니ᄒᆞᄂᆞ녀
④	므스가	가ᄂᆞ다	아니ᄒᆞᄂᆞ다
⑤	므스가	가ᄂᆞ뇨	아니ᄒᆞᄂᆞ녀

제대로 접근법 ☆문제 채점까지 마친 후 복습할 때 보세요.

17
중세 국어의 문자 및 표기 방식에 대해 이해하고 있는지 묻는 유형이다.
• 〈학습 활동〉에서 ⓐ는 종성부용초성, ⓑ는 연서법, ⓒ는 병서법, ⓓ와 ⓔ는 부서법에 대해 설명하고 있다. 이에 대한 이해를 바탕으로 문제를 해결한다.
• '자료'에서 초성 글자가 종성에 사용된 어휘, 순경음이 사용된 어휘, 둘 이상의 자음이 나란히 붙은 글자가 쓰인 어휘, 모음을 초성 아래에 붙여 쓴 어휘, 모음을 초성 오른쪽에 붙여 쓴 어휘를 각각 찾아본다.
• 〈학습 활동〉에 제시된 문제의 조건에 따라 ⓐ~ⓔ에 해당하는 사례가 선택지에 모두 제시되어 있는지 확인한다.

18
중세 국어의 의문문에 대한 이해를 확인하는 유형이다.
• 〈보기〉의 내용은 다음과 같이 정리할 수 있다. 설명 의문문은 '누구', '언제', '어디'와 같은 의문사가 쓰이는 의문문임을 기억하자.

	판정 의문문	설명 의문문
용언의 어간에 어미가 결합하여 서술어가 될 때	종결 어미 '-녀'	종결 어미 '-뇨'
체언에 보조사가 결합하여 서술어가 될 때	보조사 '가'	보조사 '고'
주어가 2인칭일 때	종결 어미 '-ㄴ다'	

• 현대어 풀이를 참고하여 ㉠~㉢을 포함한 문장에서 주어의 인칭과 의문문의 종류 등을 구분한다.
• 이를 바탕으로 ㉠~㉢에 들어갈 말을 찾는다.

19

〈보기 1〉의 중세 국어의 특징을 바탕으로 〈보기 2〉의 @~ⓓ를 탐구하는 활동을 수행하였다. 학생들이 탐구한 내용으로 적절하지 <u>않은</u> 것은? [3점]

─────────〈보기 1〉─────────

ⓐ 설명 의문문과 판정 의문문에서 쓰이는 종결 어미가 서로 달랐다.
ⓑ 체언에 결합하는 조사의 형태는 모음 조화에 따라 결정되었다.
ⓒ 높임의 호격 조사로서 현대 국어에 없는 형태가 있었다.
ⓓ 선어말 어미의 결합 순서가 현대 국어와 다른 경우가 있었다.
ⓔ 듣는 이를 높이기 위한 선어말 어미가 사용되었다.

─────────〈보기 2〉─────────

ⓐ 므슴 마롤 니르ᄂ뇨 [무슨 말을 말하느냐?]
ⓑ 져므며 늘구미 잇ᄂ녀 [젊으며 늙음이 있느냐?]
ⓒ 虛空과 벼를 보더시니 [허공과 별을 보시더니]
ⓓ 世尊하 내 堂中에 이셔 몬져 如來 보ᅀᆸ고 [세존이시여, 내가 집 안에서 먼저 여래 뵙고]

① ⓐ의 '니르ᄂ뇨'와 ⓑ의 '잇ᄂ녀'를 비교해 보면, ⓐ을 확인할 수 있군.
② ⓐ의 '마롤'과 ⓒ의 '벼를'을 비교해 보면, ⓑ을 확인할 수 있군.
③ ⓓ의 '世尊하'를 보면, ⓒ을 확인할 수 있군.
④ ⓒ의 '보더시니'를 보면, ⓓ을 확인할 수 있군.
⑤ ⓓ의 '보ᅀᆸ고'를 보면, ⓔ을 확인할 수 있군.

20

〈자료〉에 나타난 중세 국어의 특징을 탐구한 내용으로 적절하지 <u>않은</u> 것은?

─────────〈자료〉─────────

[중세 국어] 五欲은 누네 됴ᄒᆞᆫ 빗 보고져 귀예 됴ᄒᆞᆫ 소리 듣고져 고해 됴ᄒᆞᆫ 내 맏고져 이베 됴ᄒᆞᆫ 맛 먹고져 모매 됴ᄒᆞᆫ 옷 닙고져 홀 씨라

– 〈석보상절〉

[현대어 풀이] 오욕은 눈에 좋은 빛 보고자, 귀에 좋은 소리 듣고자, 코에 좋은 냄새 맡고자, 입에 좋은 맛 먹고자, 몸에 좋은 옷 입고자 하는 것이다.

① '五欲은'이 '오욕은'에 대응되는 것을 보니, 보조사 '은'이 있었군.
② '누네 됴ᄒᆞᆫ 빗 보고져'가 '눈에 좋은 빛 보고자'에 대응되는 것을 보니, '누네 됴ᄒᆞᆫ 빗'은 목적어로 쓰였군.
③ '귀예'가 '귀에'에 대응되는 것을 보니, 부사격 조사 '예'가 있었군.
④ '됴ᄒᆞᆫ'이 '좋은'에 대응되는 것을 보니, '됴ᄒᆞᆫ'은 용언의 관형사형이었군.
⑤ '먹고져'가 '먹고자'에 대응되는 것을 보니, '–고져'는 종결 어미로 쓰였군.

제대로 접근법 ☆ 문제 채점까지 마친 후 복습할 때 보세요.

19
중세 국어의 특징에 대해 묻는 유형이다.
• '설명 의문문과 판정 의문문, 종결 어미, 체언, 조사, 모음 조화, 호격 조사, 선어말 어미' 등의 개념을 알고 있는지 스스로 확인해 보자. 참고로 모음 조화란 양성 모음(ㆍ, ㅏ, ㅗ)은 양성 모음끼리, 음성 모음은 음성 모음끼리 어울리는 현상을 말한다.
• 선택지에 언급된 내용을 〈보기 1〉의 ⓐ~ⓔ에 적용해 적절성을 판단한다.

20
중세 국어의 특징을 파악하는 문제로, 현대어 풀이와 대응시켜 중세 국어의 문법적 특징을 탐구하는 유형이다.
• 중세 국어를 '현대어 풀이'와 대응시킨 선택지의 내용을 꼼꼼히 확인하도록 하자.
• '조사'는 체언 뒤에 결합하며 생략이 가능하다. '종결 어미'는 한 문장을 종결되게 하는 어말 어미로 평서형, 감탄형, 의문형, 명령형, 청유형 종결 어미 등이 있다는 것을 기억하자.
• 선택지의 내용을 현대의 문법적 지식으로 판단하여 중세 국어의 특징을 탐구할 수 있다.

15세기 국어의 모음 조화는 형태소 내부와 경계에서 비교적 잘 지켜졌다. 한 형태소 내의 모음들을 살펴보면 'ㅏ, ㅗ, ㆍ' 등의 양성 모음은 양성 모음끼리, 'ㅓ, ㅜ, ㅡ' 등의 음성 모음은 음성 모음끼리 어울렸다. 중성 모음 'ㅣ'는 양성 모음과 어울리기도 하고, 음성 모음과 어울리기도 하였다. 또 어근과 접사가 결합하여 단어가 형성되거나 체언에 조사가 연결될 때, 용언 어간에 어미가 연결될 때에도 조사나 어미의 첫 모음은 그에 선행하는 모음과 같은 성질의 모음이 연결되었다. 예를 들어, 목적격 조사는 그에 선행하는 명사의 모음에 따라 '올/을, 룰/를' 중 하나가 선택되었고, '-ᄋᆞᆫ/-은', '-옴/-움', ㉠'-아/-어'와 같은 어미도 선행하는 어간의 모음에 따라 규칙적으로 선택되었다. 다만, 조사 '도', '와/과'나 어미 '-고', '-더-' 등은 모음 조화가 적용되지 않았다.

그런데 16세기부터 모음 조화는 약화되기 시작하였다. 이는 'ㆍ'의 소실과 관계가 있다. 16세기에는 둘째 음절 이하에서의 'ㆍ'가 소실되면서 주로 'ㅡ'에 합류하였다. 첫째 음절에서의 'ㆍ'는 여전히 양성 모음이었으나, 둘째 음절 이하에서는 'ㆍ' 대신 음성 모음인 'ㅡ'가 쓰인 것이다. 이러한 변화로 체언에 연결되는 'ᄋᆞᆫ/은', '올/을', 'ᄋᆡ/의' 등의 조사는 점차 '은', '을', '의' 등으로 통일되었고, 모음 조화를 지키던 '사ᄉᆞᆷ'과 같은 단어들은 '사슴'과 같이 모음 조화를 어기는 형태가 되고 말았다.

이후 18세기에 첫째 음절에서의 'ㆍ'가 주로 'ㅏ'에 합류하면서 'ㆍ'는 완전히 소실되었고, 국어의 모음 체계는 큰 변화를 겪게 되었다. 그리고 이러한 변화는 모음 조화가 약화되는 또 다른 요인으로 작용했다.

현대 국어에서는 모음 조화가 형태소 내부와 경계에서 지켜지지 않는 경우가 많다. 다만 '출랑출랑', '출렁출렁'과 같은 음성 상징어에서나 ㉡ 일부 용언의 어간 뒤에 '-아/-어' 계열의 어미가 결합할 때 모음 조화가 이루어지는 모습을 확인할 수 있다.

☆ 문제 채점까지 마친 후 복습할 때 보세요.
제대로 개념 정리

(1) 15세기 국어의 모음 조화
① 모음 조화가 비교적 잘 지켜짐
② 모음 조화의 실현 양상
• 형태소 내부: 'ㅏ, ㅗ, ㆍ' 등의 양성 모음은 양성 모음끼리, 'ㅓ, ㅜ, ㅡ' 등의 음성 모음은 음성 모음끼리 어울림. 중성 모음 'ㅣ(❶   )'는 모두와 어울림
• 형태소 경계: '어근＋접사, 체언＋조사, 용언 어간＋어미'일 때 조사나 어미의 첫 모음은 선행하는 모음과 같은 성질의 모음이 연결됨
③ 모음 조화가 적용되지 않는 경우: 조사 '도', '와/과'나 어미 '-고', '-더-' 등

(2) 16세기 국어의 모음 조화
① 'ㆍ'의 1단계 소실: 둘째 음절 이하에서의 'ㆍ' → '(❷   )'
② 'ㆍ'의 소실이 국어에 미친 영향
• 모음 조화가 약화됨
• 체언에 연결되는 (❸   )가 통일됨
ⓔ ᄋᆞᆫ/은 → 은, 올/을 → 을, ᄋᆡ/의 → 의
• 하나의 형태소 안에서 모음 조화를 어기는 형태가 나타남 ⓔ 사ᄉᆞᆷ → 사슴

(3) 18세기 국어의 모음 조화
① 'ㆍ'의 2단계 소실: 첫째 음절에서의 'ㆍ' → '(❹   )'
② 'ㆍ'의 소실이 국어에 미친 영향: 국어의 모음 체계 변화로 모음 조화가 더욱 약화됨

(4) 현대 국어의 모음 조화
① 모음 조화가 형태소 내부와 경계에서 지켜지지 않는 경우가 많음
② (❺   )나 일부 용언의 어간 뒤에 어미 '-아/-어'가 결합할 때 모음 조화가 이루어짐

❺ 음성 상징어 ❹ ㅏ ❸ 조사 ❷ ㅡ ❶ ㅣ 답정

㉠과 ㉡을 모두 확인할 수 있는 예로 적절하지 <u>않은</u> 것은?

	15세기 국어		현대 국어	
	용언 어간	활용형	용언 어간	활용형
①	알-	아라	알-	알아
②	먹-	머거	먹-	먹어
③	씨오-	씨와	깨우-	깨워
④	쓰-	뼈	쓰-	써
⑤	ᄀᆞ득ᄒᆞ-	ᄀᆞ득ᄒᆞ야	가득하-	가득하여

☆ 문제 채점까지 마친 후 복습할 때 보세요.
제대로 접근법

21
중세 국어와 현대 국어의 모음 조화를 제대로 이해하고 있는지 확인하는 유형이다.
• ㉠은 15세기 국어에서 모음 조화가 지켜졌다는 내용이고, ㉡은 현대 국어에서도 일부 모음 조화가 지켜지고 있다는 내용이다.
• 선택지에 제시된 활용형이 모음 조화에 따른 것인지 아닌 것인지를 확인한다.
• 이를 바탕으로 모음 조화가 지켜지지 않은 선택지를 찾는다.

22

윗글을 읽고, 〈보기〉를 이해한 내용으로 적절하지 <u>않은</u> 것은?

─── 〈보기〉 ───

(가)

겨스레 소옴 둔 오슬 닙디 아니 ᄒ고 녀르메 서늘ᄒ 듸 가디 아니 ᄒ며 ᄒᄅ 발 두 호ᄇ로써 죽을 밍ᄀᆯ오 소곰과 ᄂᆞ믈홀 먹디 아니 ᄒ더라   — 〈내훈〉(1447년)에서

[현대어 풀이]

겨울에 솜 든 옷을 입지 아니하고 여름에 서늘한 데 가지 아니하며 하루 쌀 두 홉으로써 죽을 만들고 소금과 나물을 먹지 아니하더라.

(나)

타락과 초와 쟝과 소금과 계ᄌ ᄀᆞᄅᆞ와 파과 마늘과 부치와 기름과 댓무우과 외와 가지 등 여러가지 ᄂᆞ믈과 ᄃᆞᆰ긔 알과   — 〈박통사언해〉(1677년)에서

[현대어 풀이]

타락과 식초와 장과 소금과 겨자 가루와 파와 마늘과 부추와 기름과 당근과 오이와 가지 등 여러 가지 나물과 닭의 알과

① 15세기에는 한 단어 내에서 모음 조화가 잘 지켜졌음을 (가)의 '겨슬'과 'ᄒᄅ'를 통해 확인할 수 있군.

② 15세기에는 체언에 목적격 조사가 결합할 때 모음 조화가 지켜졌음을 (가)의 '오슬'과 '죽을'을 통해 확인할 수 있군.

③ 용언 어간에 '-더-'가 결합할 때에는 모음 조화가 적용되지 않았음을 (가)의 'ᄒ더라'를 통해 확인할 수 있군.

④ 17세기에는 모음 조화의 약화에 따라 조사 사용에 혼란이 있었음을 (나)의 '초와'와 '파과'를 통해 확인할 수 있군.

⑤ 둘째 음절의 'ㆍ'가 'ㅡ'로 변하였음을 (가)의 'ᄂᆞ믈'과 (나)의 'ᄂᆞ믈'을 통해 확인할 수 있군.

22

중세 국어의 모음 조화를 제대로 이해하고 있는지 확인하는 유형이다.

문제 난도에 비해 정답률이 65%로 낮았는데, 이는 지문과 〈보기〉의 내용을 꼼꼼하게 독해하지 않아 함정에 빠졌기 때문으로 보인다.

• 제시된 지문의 내용, 〈보기〉에 제시된 중세 국어의 표기와 현대어 풀이 등을 꼼꼼하게 확인하면 어렵지 않게 답을 찾을 수 있다.

• 1문단에서 조사 '도', '와/과'나 어미 '-고', '-더-' 등은 모음 조화가 적용되지 않았다고 하였으므로, 이를 통해 15세기에도 조사 '와/과'는 모음 조화가 지켜지지 않았다는 것을 알 수 있다. 이와 관련된 〈보기〉의 내용을 확인해 보자.

• 확인한 내용을 바탕으로 선택지의 적절성을 판단한다.

1차 채점		
맞은 문항 수		개
틀린 문항 수		개
헷갈리는 문항 번호		

→

2차 채점		
맞은 문항 수		개
틀린 문항 수		개
헷갈리는 문항 번호		

• 틀린 문항 '/' 표시

• 틀린 문항 '×' 표시

❶ 다양한 매체 자료가 활용된다.

인쇄 매체, 음성 매체, 영상 매체, 뉴 미디어 등의 매체 자료를 바탕으로 6문항 정도가 출제된다. 보통 주어진 자료를 있는 그대로 해석하면 어렵지 않게 문제를 해결할 수 있으므로 다양한 매체 자료를 접해 보는 것이 좋다.

❷ 매체의 기본 개념과 유형별 특성을 익혀 두자.

매체의 특성에 기반을 두고 문제가 구성되므로 각 매체의 유형별 특성을 익혀 두어야 한다. 특히 매체 자료에 사용된 문법 요소와 그 효과를 묻는 문제가 1문제씩 출제되고 있는데, 오답률이 높으므로 유의할 필요가 있다.

II부

매체

미리 배우는 핵심 개념

매체와 매체 언어

1 매체: 정보와 지식, 사상과 정서를 전달하고 공유하는 수단. 책, 신문, 전화, 라디오, 광고, 사진, 텔레비전, 인터넷, 이동 통신 기기 등 다양한 종류의 매체가 있음

2 매체 언어: 매체를 통해 이루어지는 언어적 작용에 초점을 맞춘 개념으로, 매체에서 의미 작용을 하는 모든 언어 및 기호를 뜻함

3 매체 언어의 복합 양식성: 다양한 매체 언어가 복합적으로 결합하여 의미를 구성하는 특성 → 뉴 미디어가 등장하면서 이러한 특성이 두드러짐

매체의 유형과 특성

1 전통적 대중 매체와 뉴 미디어

전통적 대중 매체	• 다수의 사람들에게 대량의 정보를 전달하는 매체 • 정보를 생산하고 제공하는 데 많은 자본과 기술이 필요하므로 정보 생산자와 수용자 사이의 경계가 뚜렷함 → 정보가 수용자에게 일방적으로 전달된다는 한계가 있음
뉴 미디어	• 전자 공학 기술이나 통신 기술이 발달하면서 새롭게 등장한 매체 • 전통적 대중 매체에 비해 정보의 생산과 공유가 간편하여 정보의 생산 및 수용이 쌍방향으로 이루어짐 • 독립적으로 존재했던 매체들을 하나로 연결하는 특성이 있음

2 매체의 유형별 특성

전통적 대중 매체	인쇄 매체	• 책, 신문 등 인쇄물의 형태로 정보를 전달하는 매체 • 문자 언어를 중심으로 하며, 시각적 이미지를 함께 활용함 • 한 주제에 대해 깊이 있는 정보를 전달할 수 있으나 정보 제공 속도가 느리고 정보 개방성이 낮은 편에 속함
	음성 매체	• 라디오, 전화와 같이 소리와 음성으로 정보를 전달하는 매체 • 시각적 정보를 처리할 수 없다는 한계가 있음 • 정보를 생산하는 비용이 비교적 적게 들고, 정보의 제공 속도가 빠르다는 장점을 가짐
	영상 매체	• 텔레비전과 같이 브라운관 등을 통해 정보를 전달하는 매체 • 시각적 정보와 청각적 정보를 동시에 처리하여 수용자에게 현장감 있는 정보를 제공할 수 있음 • 많은 대중에게 정보를 빠르게 전달할 수 있어 파급력이 큼
뉴 미디어		• 인터넷, 스마트폰, 누리 소통망(SNS) 등 과학 기술의 발달에 따라 생겨난 전달 매체 • 다양한 매체 언어를 활용하는 복합 양식성이 두드러짐 • 정보 제공 속도가 빠르고 정보 개방성이 높으며 정보에 대한 반응이 즉각적으로 나타남

개념 확인 문제

01 매체와 매체 언어에 대한 설명으로 적절한 것에는 ○표, 적절하지 않은 것에는 ×표를 하시오.
(1) 매체는 정보와 지식, 사상과 정서를 전달하고 공유하는 수단이다. ( )
(2) 매체 언어는 매체에서 의미 작용을 하는 문자 언어와 음성 언어를 지칭한다. ( )
(3) 뉴 미디어는 전자 공학 기술이나 통신 기술이 발달하면서 새롭게 등장한 매체이다. ( )

02 〈보기〉를 통해 알 수 있는 매체 언어의 특성이 무엇인지 쓰시오.

〈보기〉
　수진은 인터넷 뉴스 기사를 통해 ◇◇시에서 '분리수거 올바로 하기' 캠페인을 벌인다는 정보를 접했다. 뉴스 기사는 캠페인을 벌이는 기간이나 캠페인의 구체적인 내용을 글로 설명하고 있을 뿐만 아니라 사진으로 분리수거 방법을 자세히 안내하고 있었다. 또한 기사에 포함된 하이퍼링크를 누르면 ◇◇시의 누리집으로 이동하여 캠페인에 대한 정보를 더 자세히 확인할 수 있었다.

03 전통적 대중 매체와 뉴 미디어의 공통점으로 적절한 것은?
① 정보의 생산과 공유가 간편하다.
② 정보가 인터넷을 기반으로 생산된다.
③ 다수의 사람들에게 정보를 전달할 수 있다.
④ 정보 생산에 시·공간적 제약을 받지 않는다.
⑤ 단일한 매체 언어로 깊이 있는 지식을 전달한다.

04 다음 중 매체와 해당 매체의 특성이 바르게 연결되지 않은 것은?
① 라디오 – 시각적 정보는 전달할 수 없다.
② 신문 – 생산에 많은 자본과 기술이 필요하다.
③ 인터넷 – 정보의 생산과 수용이 쌍방향으로 이루어진다.
④ 텔레비전 – 다른 매체에 비해 파급력이 상대적으로 낮다.
⑤ 책 – 하나의 주제에 대한 전문적인 지식을 전달할 수 있다.

매체의 활용

❶ 매체 언어의 표현
(1) **매체 언어의 창의성**: 매체 자료는 정보를 더 풍부하고 호소력 있게 전달하기 위해 매체 언어를 창의적으로 활용함
(2) **매체 언어의 심미적 가치**: 매체 자료는 정보를 전달할 뿐만 아니라 심미적 가치를 지니므로 수용자는 매체 자료에서 아름다움이나 감동을 느낄 수 있음

❷ 매체 자료의 수용
(1) **매체 자료를 수용하는 올바른 태도**: 매체 자료 생산자는 단순히 정보를 나열하는 것이 아니라 자신의 가치관에 따라 정보를 선별하고 배치함 → 매체 자료를 수용할 때에는 다양한 관점과 가치를 고려하여 비판적으로 수용해야 함
(2) **매체 자료 수용 시 고려할 점**
  • 매체 자료의 생산자는 누구이며, 대상을 어떤 관점으로 바라보고 있는가?
  • 매체 자료 안에 담긴 주장이나 정보가 타당하고 신뢰할 만한가?
  • 매체 자료에 상업적인 의도, 혹은 정치적 · 사회적 메시지가 담겨 있는가?
  • 나는 매체 자료를 어떻게 평가하는가? 그렇게 평가하는 이유는 무엇인가?

❸ 매체 자료의 생산
(1) **매체 자료를 생산하는 올바른 태도**: 매체 자료로 자신의 의도를 정확하게 전달하기 위해서는 소통의 목적, 수용자의 특성, 매체의 특성을 고려해야 함
(2) **매체 자료 생산 시 고려할 점**

소통의 목적	매체 자료를 생산하는 목적이 정보 전달, 설득, 심미적 정서 표현, 사회적 상호 작용 중 무엇인지 파악하고 그 목적에 맞는 방법을 선택함
수용자의 특성	수용자의 연령과 성별, 규모, 배경지식의 정도, 관심사 등을 고려하여 이에 맞는 자료를 생산함
매체의 특성	매체가 어떠한 언어적 특성을 가지고 있으며, 매체의 파급력이 어느 정도인지 고려하여 이에 맞는 자료를 생산함

매체에 관한 태도

❶ 올바른 매체 언어생활의 중요성
  • 인터넷이나 메신저를 통한 의사소통은 익명성이 두드러지므로 언어 규범과 언어 윤리가 흐트러지기 쉬움
  • 매체 언어생활이 이루어지는 인터넷, 이동 통신 기기 등은 사회적 파급력이 큰 매체이며, 잘못된 정보나 사적인 정보가 급속도로 퍼질 수 있음

❷ 매체 언어생활에서의 윤리
  • 맥락과 목적에 적합한 매체 언어를 사용한다.
  • 매체 바깥에서의 언어생활과 마찬가지로 어문 규범을 지킨다.
  • 욕설, 비속어 및 타인에게 상처를 주거나 차별하는 표현을 지양한다.
  • 타인의 개인 정보와 저작권을 존중하여 이를 보호하기 위해 노력한다.

05 다음 매체 자료를 수용하는 태도로 적절하지 **않은** 것은?

> **토마토, 항암 효과와 노화 방지에 탁월**
> ○○○ 기자 | 승인 20××.10.21. | 댓글 124
>
> 토마토는 먹기 간편하고 맛이 좋아 대중들에게 사랑받는 식품 중 하나이다. 뿐만 아니라 토마토를 꾸준히 섭취하면 건강이 좋아지는 효과가 있다.
> ○○ 연구소는 토마토 속의 라이코펜 성분이 몸속에서 세포의 산화를 막아 노화를 방지하고 암과 심혈관 질환 같은 각종 질환의 발병률을 낮추는 데 도움을 준다고 밝혔다.
> □□ 마트에서는 이렇게 몸에 좋은 토마토를 앞으로 일주일 간 할인된 가격에 판매할 예정이다.

① 사실과 작성자의 의견을 구분하며 읽어야겠어.
② 기사를 작성한 사람은 토마토를 긍정적인 관점에서 평가하고 있네.
③ 매체 자료에 상업적인 의도가 담겨 있는 것은 아닌지 따져 봐야겠어.
④ 여러 사람들이 댓글로 반응한 것을 보니 나도 토마토를 사서 먹어 봐야겠어.
⑤ 작성자의 주장이 신뢰할 만한 것인지 ○○ 연구소의 연구 결과를 직접 찾아봐야겠어.

06 매체 자료의 내용과 소통의 목적이 바르게 연결되지 **않은** 것은?
① 텔레비전에서 헌혈을 장려하는 광고를 함 – 설득
② 학교 누리집에 동아리 축제를 홍보하는 게시물을 올림 – 정보 전달 및 설득
③ 친구와 다툰 후 모바일 메신저로 친구에게 사과 메시지를 보냄 – 사회적 상호 작용
④ 연극을 본 후 감동을 받아 누리 소통망(SNS)에 감상문을 올림 – 심미적 정서 표현
⑤ 학급 단체 대화방에 반 대항 축구 시합이 취소되었음을 알림 – 정보 전달 및 심미적 정서 표현

07 〈보기〉에 나타난 상황을 바르게 평가한 것은?

> 〈보기〉
>
> 규민이는 자신이 키우는 강아지 사진을 누리 소통망에 올렸다. 그런데 며칠 뒤 애견 용품을 파는 어느 업체에서 그 사진을 이용해 업체 홍보물을 만든 사실을 알게 되었다.

① 어문 규범에 맞지 않는 문장을 사용했군.
② 욕설이나 비속어로 타인에게 상처를 주었군.
③ 매체에 신뢰도가 떨어지는 정보를 포함했군.
④ 타인의 개인 정보와 저작권을 존중하지 않았군.
⑤ 소통 목적에 적합하지 않은 매체 언어를 사용했군.

[01~04] (가)는 텔레비전 방송 프로그램이고, (나)는 동아리 누리집이다. 물음에 답하시오.

(가)

진행자 : 시청자 여러분, 안녕하세요? '오늘, 상식' 열 번째 시간입니다. 이번 시간에는 20여 년간 대학에서 어문 규범을 가르쳐 오신 김◇◇ 교수님을 모셨습니다.

전문가 : 안녕하세요?

진행자 : 오늘 짜장면에 대해 말씀해 주신다고 들었는데요, 어떤 이야기인지 궁금합니다.

전문가 : 우리가 맛있게 먹는 짜장면이, 한때는 자장면만 표준어로 인정됐다는 사실을 알고 계신가요?

진행자 : ㉠아, 예전에 그런 내용을 본 적 있어요.

전문가 : 네, 전에는 자장면만 표준어였죠. ㉡짜장면은 2011년 8월 31일에서야 복수 표준어로 인정되었습니다.

진행자 : 그런데 표준어로 인정되기 전에도 짜장면이 흔히 쓰이지 않았나요?

전문가 : 그렇습니다. 과거의 신문 기사를 보시죠.

진행자 : 음, 화면을 보니 같은 해에 나온 기사인데도 자장면과 짜장면이 둘 다 쓰이고 있네요?

전문가 : 네, 보시는 자료 이외에 다른 신문 기사에도 짜장면이라는 표기가 나타납니다. 비교적 어문 규범이 정확하게 적용되는 신문에서 짜장면을 사용할 정도로, 일상에서 짜장면이 널리 쓰였다는 것을 알 수 있습니다. 이 무렵에 복수 표준어 선정을 위해 실시한 발음 실태 조사에서도, 비표준어였던 짜장면이 표준어인 자장면에 비해 세 배 이상 많이 사용된다고 나타났습니다.

진행자 : ㉢그렇다면 어문 규범이 언어 현실을 충분히 반영하지 못한 측면이 있군요.

전문가 : 당시 언중들이 일상에서는 어문 규범과 달리 짜장면을 흔하게 사용하고 있었던 거죠.

진행자 : 그러면 사람들의 언어 사용 실태를 반영하여 짜장면을 복수 표준어로 인정하게 된 거네요. 시청자 여러분께서 내용을 잘 파악하실 수 있도록 간략하게 말씀해 주시겠어요?

전문가 : 네, 많은 사람들이 오랜 시간 짜장면을 자연스럽게 사용해 왔고 자장이라 표기하면서도 짜장으로 발음해 온 언어 현실을 반영하여 짜장면이 자장면의 복수 표준어로 인정되었다고 할 수 있습니다.

진행자 : 그럼 짜장면처럼 지금 우리가 사용하는 말 중에서도 현재는 표준어가 아니어도 언젠가 표준어로 인정받을 수 있는 말이 있겠군요.

전문가 : 맞습니다. ㉣표준어가 아닌 말도 많은 사람들이 일상에서 자주 사용하다 보면 표준어가 될 수 있는 거죠.

진행자 : ㉤말씀을 듣고 보니 짜장면이 표준어가 된 나름의 이유가 있었네요. 이렇게 오늘은 우리말에 대한 상식을 하나 더 배웠습니다. 말씀 감사합니다.

전문가 : 고맙습니다.

진행자 : 오늘 방송은 공식 누리집에서 언제든 다시 시청하실 수 있습니다. 그럼 다음 시간에 또 다른 이야기로 찾아오겠습니다.

(나)

생각 나눔

글 제목 (댓글 수)	작성자	작성일
'오늘, 상식' 방송을 보고 (3)	단비	2023. 10. 12.
'언어와 인간'을 읽고 (8)	준서	2023. 10. 05.
'언어학과 광고' 강연을 듣고 (13)	아림	2023. 09. 21.

〈1234〉

'오늘, 상식' 방송을 보고 　작성자: 단비

　오랜만에 '생각 나눔'에 글 남겨요. '오늘, 상식'을 봤는데, 짜장면이 복수 표준어가 된 이유에 대해 어문 규범을 가르치시는 교수님께서 설명해 주시니 믿음이 갔어요. 제가 본 이 내용이 동아리 부원들의 어문 규범 공부에도 도움이 될 것 같아서 링크를 걸어 둘게요.

'오늘, 상식' 10회 차 다시 보기 ☞ 클릭

좋아요(19) 댓글(3)

| 아림 | 나도 재밌게 봤어. 발음 실태 조사에 대해 듣고 당시 사람들도 짜장면을 자장면보다 훨씬 많이 썼다는 것도 알았고. 그런데 조사 기관이 언급되지 않아서 관련 자료를 찾아봐야겠어. |

| 준서 | 나도 그 방송 봤는데, 자장면만 표준어로 인정됐던 이유를 자세히 설명해 주었다면 좋았을 거라고 생각했어. |

| 성호 | 나는 방송에서 다룬 과거 신문 기사를 통해 자장면과 짜장면이 함께 쓰이고 있었다는 것을 알았어. 근데 신문에서 짜장면을 사용했다는 것만으로 일상에서 널리 쓰였다고 해도 괜찮을까? |

제대로 질문하기

❶ 방송 진행자와 전문가는 '짜장면'이 '자장면'과 함께 ( )로 인정된 배경에 대해 이야기를 나누고 있다.
❷ 사람들의 언어 사용 실태를 반영하여 짜장면을 표준어로 인정하였다. (○, ×)
❸ '단비'는 '오늘, 상식'의 10회 차 방송 내용에 관해 친구들과 토론하기 위해 링크를 공유했다. (○, ×)

---

01 (가)에 나타난 정보 전달 방식으로 가장 적절한 것은?

① '전문가'는 시청자에게 정보가 일방적으로 전달되는 상황에서 방송 내용과 관련된 정보를 방송 이후에 추가적으로 확인할 수 있는 방법을 안내하였다.
② '전문가'는 방송 내용에 대한 시청자의 이해를 돕기 위해 앞서 제시한 정보를 정리하여 전달하였다.
③ '전문가'는 방송의 첫머리에 '진행자'와 문답을 이어 가는 방식으로 주요 용어의 개념을 설명하였다.
④ '진행자'는 방송 내용이 시청자에게 미칠 영향을 언급하며 방송 내용을 재확인할 때 주목해야 할 부분을 안내하였다.
⑤ '진행자'는 방송의 취지를 밝히며 방송에서 소개될 내용의 순서를 안내하였다.

★ 문제 채점까지 마친 후 복습할 때 보세요.

제대로 접근법

01
매체의 정보 구성 방식을 이해하는 유형이다. (가)는 텔레비전 방송 프로그램이며, 시청자에게 정보를 제공하고 있음을 기억해야 한다.
지문을 읽으며 진행자와 전문가가 시청자에게 정보를 효과적으로 제공하기 위해 어떤 정보 구성 방식을 사용하고 있는지 파악한다. 진행자가 정보를 효과적으로 전달하기 위해 전문가에게 요청한 사항에 집중하면 답을 빨리 찾을 수 있다. 정보 구성 방식은 매체에서 자주 출제되는 유형이므로, 지문을 읽을 때 꼭 염두에 두고 읽도록 한다.

---

02 (나)에 대한 설명으로 적절하지 않은 것은?

① 게시물 수정 이력을 확인할 수 있는 기능이 제공되고 있다.
② 게시물에 반응할 수 있는 공감 표시 기능이 제공되고 있다.
③ 게시물을 누리 소통망으로 가져갈 수 있는 기능이 제공되고 있다.
④ 게시물을 작성하여 올릴 수 있는 범주가 항목별로 설정되어 있다.
⑤ 게시물에는 다른 누리집에 있는 정보로 연결되는 하이퍼링크가 포함되어 있다.

02
매체의 특성을 이해하는 유형이다. (나)가 동아리 홈페이지임을 고려하여 선택지 내용의 적절성을 판단한다.
(나)를 바탕으로 게시물 수정 이력을 확인할 수 있는지, 공감 표시 기능이 있는지, 게시물을 누리 소통망으로 공유할 수 있는지, 게시물을 항목별로 올릴 수 있는지, 하이퍼링크가 포함되어 있는지를 확인한다.

03 (가)에 대해 (나)의 학생들이 보인 수용 태도에 대한 설명으로 적절하지 <u>않은</u> 것은?

① '단비'는 정보 전달자의 전문성에 주목하여 방송에서 다룬 내용이 신뢰할 만한 것이라고 판단하였다.

② '단비'는 짜장면이 복수 표준어로 인정된 이유에 주목하여 방송에서 언급된 내용이 다른 사람들에게도 유용할 것이라고 판단하였다.

③ '아림'은 발음 실태 조사에 주목하여 방송에서 제시된 정보의 출처를 확인할 수 없다고 판단하였다.

④ '준서'는 자장면만 표준어로 인정됐던 사실에 주목하여 그 사실과 관련된 내용이 충분히 다루어지지 않았다고 판단하였다.

⑤ '성호'는 과거의 신문 기사를 다룬 내용에 주목하여 방송에서 다루는 정보가 최근의 상황을 반영하지 않았다고 판단하였다.

제대로 접근법 ☆ 문제 채점까지 마친 후 복습할 때 보세요.

03
매체 자료의 수용 태도를 파악하는 유형이다. (나)의 게시 글과 댓글은 (가)의 방송 프로그램을 본 학생들의 소감이다.
'단비'의 게시 글을 보며 '단비'가 방송을 신뢰한 이유와 방송을 친구들에게 공유한 이유를 파악한다. 또 댓글을 보며 '아림', '준서', '성호'가 방송의 어떤 부분에 집중하고 있는지, 그에 대한 생각은 어떠한지 파악한다. 이를 바탕으로 학생들의 수용 태도를 적절하게 설명하지 않은 선택지를 고른다.

04 ㉠~㉤에 대한 설명으로 적절하지 <u>않은</u> 것은?

① ㉠: 관형사형 어미 '-ㄴ'을 사용하여, '전문가'의 직전 발화와 관련된 '진행자' 자신의 과거 경험을 드러내고 있다.

② ㉡: 피동 접사 '-되다'를 사용하여, 행위의 주체를 드러내지 않으면서 행위의 대상인 짜장면에 초점을 두고 있다.

③ ㉢: 보조 용언 '못하다'를 사용하여, 어문 규범이 언어 현실을 반영하는 일이 지속될 수 없음을 나타내고 있다.

④ ㉣: '-ㄹ 수 있다'를 사용하여, 표준어가 아닌 말이 표준어가 될 가능성이 있음을 나타내고 있다.

⑤ ㉤: '-고 보다'를 사용하여, '진행자'가 특정 사실을 알게 된 것이 '전문가'의 말을 듣고 난 후임을 드러내고 있다.

04
매체 언어의 표현 방법을 이해하고 있는지 묻는 유형이다. 선택지는 쉼표를 기준으로 앞부분에는 문장에 사용된 문법 요소를, 뒷부분에는 문법 요소의 기능을 설명하고 있다. 선택지를 두 부분으로 나눠 적절성을 판단한다.
문법 요소와 기능을 정확히 알고 문제를 푸는 것이 가장 좋지만, 문법 지식이 부족해도 문장의 내용과 맥락을 알고 있다면 문제를 쉽게 풀 수 있다. 단, 채점을 마친 뒤에는 몰랐던 문법 요소와 기능에 대해 학습하고 넘어가자.

[05-06] (가)는 '학교생활 안내 앱'을 최초 실행할 때의 화면이고, (나)는 학생회 누리 소통망 대화이다. 물음에 답하시오.

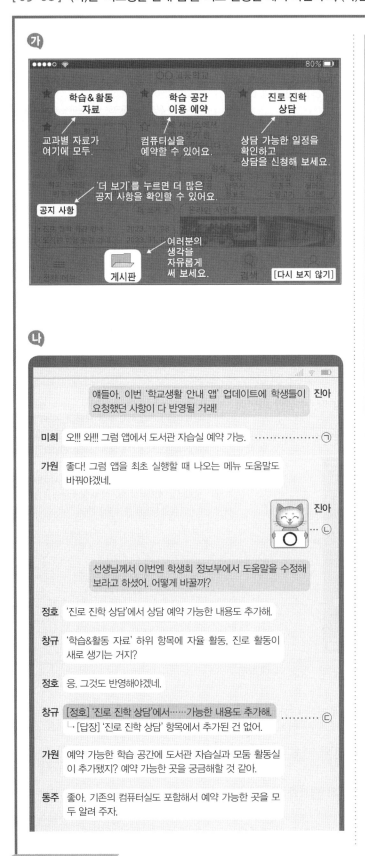

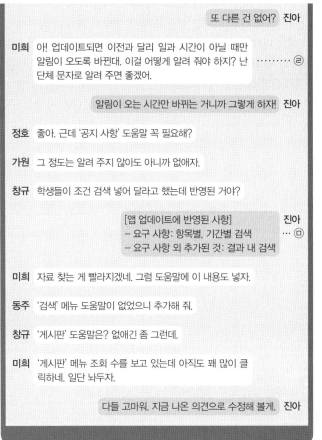

제대로 질문하기

❶ '학교생활 안내 앱'을 최초 실행하면 (   )을 확인할 수 있다.

❷ 예약 가능한 학습 공간에 추가된 곳은 도서관 자습실과 (   )이다.

❸ '게시판' 도움말 유지에 대해 '창규'와 '미희'는 상반된 의견을 펼치고 있다. (○, ×)

05 ㉠~㉤에 드러난 의사소통 방식에 대한 이해로 적절하지 <u>않은</u> 것은?

① ㉠ : 느낌표를 반복적으로 사용하여, 자신의 감정 상태를 표현하였다.
② ㉡ : 시각적 이미지를 활용하여, 상대방이 제시한 의견에 동의를 표현하였다.
③ ㉢ : 대화 내용을 복사하는 기능을 활용하여, 상대방의 질문에 답하였다.
④ ㉣ : 묻고 답하는 방식을 활용하여, 변경된 알림 전송 시간대를 안내하는 방법에 대한
자신의 의견을 제시하였다.
⑤ ㉤ : 줄을 바꾸는 방식으로 글을 입력하여, 변동 사항을 구분하여 안내하였다.

제대로 접근법 ☆☆ 문제 채점까지 마친 후 복습할 때 보세요.

05
매체의 의사소통 방식을 이해하는 유형이다. (나)는 친구들과 자유롭게 대화를 나누는 누리 소통망으로, 학생들은 다양한 의사소통 방식을 사용하여 자신의 생각을 드러내고 있다.
선택지는 쉼표를 기준으로 앞부분에는 의사소통 방식을, 뒷부분에는 학생들이 전달하고자 하는 내용을 제시하고 있다. 선택지를 두 부분으로 나누어 적절성을 판단한다. 쉬운 문제이지만 실수할 수 있으므로, 선택지를 꼼꼼하게 살펴봐야 한다.

06 (나)의 대화 내용을 반영하여 (가)를 아래와 같이 수정했다고 할 때, 수정한 화면에 대한 설명으로 적절하지 <u>않은</u> 것은? [3점]

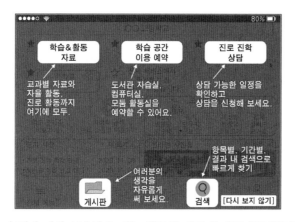

① '학습&활동 자료'에 대한 도움말은 메뉴 항목의 변화에 대한 '창규'와 '정호'의 대화를
반영하여 새로운 내용이 추가되었다.
② '학습 공간 이용 예약'에 대한 도움말은 이용 예약이 가능한 공간 추가에 대한 '가원'과
'동주'의 대화를 반영하여 수정되었다.
③ '공지 사항'에 대한 도움말은 메뉴 도움말의 필요성에 대한 '정호'와 '가원'의 대화를
반영하여 삭제되었다.
④ '게시판'에 대한 도움말은 메뉴 이용 빈도에 대한 '창규'와 '미희'의 대화를 반영하여
그대로 유지되었다.
⑤ '검색'에 대한 도움말은 검색 자료의 변화에 대한 '미희'와 '동주'의 대화를 반영하여
새로운 내용이 추가되었다.

06
매체 자료를 적절하게 수정·보완했는지 확인하는 유형이다. (가)는 앱이 업데이트되기 전의 메뉴 도움말 화면으로, (나)의 대화 내용을 반영하여 다음 화면과 같이 수정한 것이다.
(가)의 화면과 수정한 화면을 비교하면서 차이점을 살펴보고, 학생들의 의견이 어떻게 반영된 것인지 (나)의 대화 내용을 통해 확인한다.

1차 채점	맞은 문항 수	개
	틀린 문항 수	개
	헷갈리는 문항 번호	

· 틀린 문항 '/' 표시

→

2차 채점	맞은 문항 수	개
	틀린 문항 수	개
	헷갈리는 문항 번호	

· 틀린 문항 '×' 표시

216 문제편

[01~04] (가)는 학생회 소식을 알리는 실시간 방송이고, (나)는 이를 본 학생이 누리 소통망에 올린 게시물이다. 물음에 답하시오.

가

□□고 학생회 소식
접속자 수: 253명

진행자: □□고 학생들, 안녕하세요? '지켰다, 공약!' 세 번째 시간이죠. 현재 접속자 수가 253명인데요, 두 번째 방송보다 100명 더 입장했네요. ⓐ오늘은 학습실 사용 원칙을 정하겠다는 공약에 관해 학생회장이 출연해 직접 알리기로 했습니다.

학생회장: 네, ⓑ우리 학교 학습실은 개별 및 조별 학습이 가능하고 다양한 기자재를 쓸 수 있어서 인기가 많죠. 근데 자리가 많지 않고 특별한 원칙 없이 사용하다 보니 불편함이 많았죠. 실시간 대화 창 볼까요?

[A] 👤 동주: 맞아. 자리 맡고 오느라 종례에 늦을 뻔한 적도 있었는데. 다른 학년하고 같이 쓰려니 눈치도 보였고.

동주 학생과 같은 경우가 많을 거예요. ⓒ여러분도 이런 상황에 공감하시겠죠? 그래서 학생회가 나섰습니다.

□□고 학생회 소식

1. 학습실 사용 시 학년 구분이 필요한가?

구분	필요하다	필요없다	모르겠다	합계	전교생
응답 수(명)	512	10	14	536	617

2. 학년 구분이 필요하다면 어떻게 구분하는 것이 좋은가?

구분	합계	3학년	2학년	1학년
요일별 구분(명)	256	174	68	14
시간별 구분(명)	256	14	96	146

지금 화면에 나오는 설문 조사 결과를 바탕으로 학생회 내부 회의를 통해 사용 원칙을 마련했습니다.

[B] 👤 다예: 설문 조사에 근거해 원칙을 마련하려고 한 것을 보니까, 학생회가 마련한 원칙은 객관적이고 합리적일 것 같아. 학생회, 힘내세요!

👤 재호: 다들 학년 구분은 필요하다고 생각하는데, 학년별로 선호하는 방법은 다른 게 신기해. 이유가 뭘까?

다예 학생, 감사합니다. 원칙은 다음과 같습니다. 첫째, 학습실 사용은 학생회에 신청을 한 학생을 대상으로 합니다. 둘째, 학습실 사용은 학년별로 구분하되 3학년은 월·목, 2학년은 화·수, 1학년은 금요일에 사용합니다.

[C] 👤 현지: 저는 1학년인데요, 금요일엔 일찍 집에 가고 싶은데, 금요일만 사용해야 하는 것은 좀 그래요.

👤 연수: 학생회장님, 열심히 하는 모습이 보기 좋은데요, 설문 결과만으로 끌어내기 어려운 원칙은 어떻게 마련했나요?

□□고 학생회 소식
접속자 수: 253명

〈합리적 원칙 마련, 드디어 성사〉
회의 등 투명한 절차에 따라!
공약 이행하는 멋진 학생회!

진행자: 그럼 ⓓ언제부터 새로운 사용 원칙에 따라 학습실 사용을 신청할 수 있나요?

학생회장: ⓔ네, 다음 대의원회에서 안건이 통과되면 신청을 받을 계획입니다. 학생 여러분께서는 이번 원칙에 대한 의견을 저희 학생회 공식 카페로 보내 주시면, 참고하여 대의원회에서 논의하겠습니다. 화면에 자막으로 나가고 있는 카페 주소를 참고해 주세요!

진행자: □□고 학생들, 다음에 만나요!

나

구분	합계	3학년	2학년	1학년
요일별 구분(명)	256	174	68	14
시간별 구분(명)	256	14	96	146

□□고 친구들 방송 봤어요? 제가 캡처해 둔 화면을 보면 학생회가 '요일별 구분'을 선택한 이유가 의아한 친구도 있을 것 같아요. 내부 회의의 과정과 내용이 방송에 나오지 않아 궁금해할 친구도 있을 거고요. 내부 회의뿐 아니라 설문 조사를 통해 학년별로 사용할 요일을 정하면 더 좋지 않을까요? 그리고 학생회장이 어떤 친구의 말에 반응한 건 좋았지만, 다른 친구가 궁금해하는 내용에는 답을 하지 않은 건 아쉬웠어요.

학생회 공식 카페 가기 (🖱 클릭: 학생회에 전할 의견은 여기로)

댓글 창 열었으니 학습실 사용 원칙에 대해 의견 나눠요.

👍 99 댓글 [　　　　　　　　　　　　　] [입력]

　　🧑 유선　2학년도 월요일에 쓰고 싶어요.　　　　21:37

　　　　↳ 🧑 태민　나도.　　　　　　　　　　　　21:51

제대로 질문하기

❶ 학생회장은 학생회 내부 회의를 통해 정한 (　　　　　　　　　　)을 학생들에게 알려 주기 위해 방송에 출연하였다.
❷ 학생회장은 학습실 사용 원칙에 대한 근거로 (　　　　　　　　　　)를 제시하고 있다.
❸ 학생회장이 발표한 학습실 사용 원칙에 대해 의문을 제기하는 학생들이 있다.　(○, ×)

01　(가)에 나타난 의사소통 방식으로 적절하지 <u>않은</u> 것은?

① 진행자는 방송의 시작에 학교명을 언급하며, 소식을 들을 수용자를 밝히고 있다.
② 진행자는 접속자 수를 언급하며, 두 번째 방송과의 접속자 수 차이를 알려 주고 있다.
③ 학생회장은 학생의 이름을 언급하며, 수용자의 실시간 반응을 살펴보고 있다는 것을 보여 주고 있다.
④ 학생회장은 발화와 관련한 보충 자료로 표를 제시하며, 수용자에게 구체적인 정보를 전달하고 있다.
⑤ 학생회장은 자신의 발언 내용을 요약한 화면을 설명하며, 수용자가 요구한 정보를 강조하고 있다.

제대로 접근법　🌟 문제 채점까지 마친 후 복습할 때 보세요.

01
매체의 소통 방식을 이해하는 유형이다. 진행자와 학생회장의 발화를 꼼꼼하게 살펴보며 선택지의 내용이 적절한지 판단한다.
진행자가 방송의 처음과 끝을 어떻게 진행하는지, 학생회장이 어떠한 자료를 활용하며 발언하는지 등을 살펴본다.

02 [A]~[C]에서 알 수 있는 학생들의 수용 태도에 대한 설명으로 가장 적절한 것은?

① [A] : 동주는 자신의 경험을 근거로 학생회장의 이야기가 사실에 부합하지 않는다고 판단하였다.

② [B] : 다예는 학생회장의 직전 발화를 듣고 학생회의 결정이 타당할 것 같다고 판단하였다.

③ [B] : 재호는 방송에서 제시된 자료를 보고 학생회의 설문 조사 결과가 잘못되었다고 판단하였다.

④ [C] : 현지는 학생회장의 직전 발화를 듣고 발언 내용의 논리적 오류를 점검하였다.

⑤ [C] : 연수는 방송에서 제시된 자료를 보고 학생회가 마련한 원칙의 실행 가능성을 점검하였다.

★☆ 문제 채점까지 마친 후
복습할 때 보세요.
제대로 접근법

02
매체 자료의 주체적 수용 방법을 이해하는 유형이다. [A]~[C]는 학생회장의 발화에 대한 학생들의 실시간 대화이다. 학생회장의 발화 내용과 학생들의 반응을 연결 지어 판단해야 한다.
[A]는 학습실 사용의 불편함에 대한 언급 후의 대화 창, [B]는 설문 조사 결과를 제시한 후의 대화 창, [C]는 학습실 사용 원칙 소개 후의 대화 창임을 알고 적절한 선택지를 찾아보자.

03 다음은 (나)를 작성하기 위한 메모이다. ㉠~㉢이 (나)에 반영된 양상으로 적절하지 않은 것은? [3점]

방송에서 학생회가 놓친 부분이 있는 것 같네. 일단 ㉠학생회장이 방송에서 보인 아쉬운 점과 사용 원칙 마련에 ㉡친구들의 의견이 반영될 수 있는 방법을 언급해야지. 또 ㉢친구들이 학생회에 의견을 보내거나 서로 생각을 나눌 수 있는 기능을 활용해야지.

① ㉠ : '요일별 구분'을 원칙으로 정한 이유를 밝히지 않아 미흡했다는 점을 언급하기 위해, 저장한 방송 화면의 일부를 보여 주었다.

② ㉠ : 실시간 대화 창에서 학생회를 응원하는 말에는 호응하며 답을 들려주었지만 질문에는 답변이 없었던 모습을 이야기하였다.

③ ㉡ : 내부 회의에 대한 정보가 충분하지 않았다는 점을 언급하며, 학년별 사용 요일 결정에 대해 학생들의 의견을 반영할 수 있는 방법을 제안하였다.

④ ㉢ : 자막으로 제공된 주소는 바로 연결하기가 어려우니, 의견을 전달할 수 있도록 학생회 공식 카페로 연결하는 하이퍼링크를 제공하였다.

⑤ ㉢ : 학생회가 선정한 학습실 사용자들이 사용 원칙에 대해 제시한 의견을 학생회에 보낼 수 있도록 댓글 기능을 활성화하였다.

03
매체의 정보 구성 방식을 이해하는 유형이다. (나)에서 '학생회장이 방송에서 보인 아쉬운 점', '친구들의 의견이 반영될 수 있는 방법', '친구들이 학생회에 의견을 보내거나 서로 생각을 나눌 수 있는 기능'이 드러나고 있는 부분을 찾아 표시한다.
표시한 부분과 선택지에서 밝힌 내용이 일치하는지 확인하며 답을 찾는다.

04 ⓐ~ⓔ에 대한 설명으로 적절하지 않은 것은?

① ⓐ : 부사 '직접'을 사용하여, 학생회장이 자신의 방송 출연 사실을 학생들에게 전달할 것임을 나타내고 있다.

② ⓑ : 어미 '-어서'를 사용하여, 학습실이 인기가 많은 이유를 밝히고 있다.

③ ⓒ : 어미 '-겠-'을 사용하여, 학생들이 학습실 사용의 불편에 공감할 것이라는 추측을 드러내고 있다.

④ ⓓ : 보조사 '부터'를 사용하여, 이 질문은 학습실 사용 신청이 시작되는 시점이 언제인지 묻고 있음을 드러내고 있다.

⑤ ⓔ : 어미 '-면'을 사용하여, 사용 원칙이 적용되기 전에 갖춰야 할 조건을 언급하고 있다.

04
매체 언어의 표현 방법을 파악하는 유형이다. 문법 요소에 대한 기본적인 지식을 갖추고 있어야 선택지의 적절성을 판단할 수 있다.
보조사는 앞말에 특별한 뜻을 더해 주고, 선어말 어미는 추측을 나타내는 기능을 하며, 연결 어미에는 이유나 근거 또는 조건을 나타내는 것이 있음을 알아 두자.

[05-06] (가)는 ○○ 도서관 앱의 첫 화면이고, (나)는 이 앱을 사용한 학생이 도서관 누리집 게시판에 올린 글과 사서의 답변이다. 물음에 답하시오.

㉮

㉯

질문과 답변

도서관 앱 이용과 관련해 요청 사항과 질문이 있어요.

답변 상태: 완료 작성자: 감** 작성일: 2023.08.11. 09:45 조회 수 53

안녕하세요. ○○ 도서관을 자주 이용하는 학생입니다. 도서관 앱 이용과 관련해 요청 사항과 질문이 있습니다.

첫 화면에 휴관 안내 설명이 있긴 한데 휴관 날짜를 함께 안내해 주시면 좋겠어요. 그리고 공지 사항에서 '+더 보기'를 누르지 않고도 공지 사항을 더 많이 볼 수 있으면 좋겠습니다. 또 도서를 살펴보다가 관심 도서로 저장하는 기능도 앱에 추가되면 좋겠어요. 인터넷 서점 앱에 있는 기능인데 도서관 앱에서도 그 기능을 사용할 수 있으면 더 편리할 것 같아요.

그런데 '추천 도서'는 어떻게 선정되나요? 또 '인기 도서'는 월별 통계인지, 연도별 통계인지 궁금합니다! 답변 기다리겠습니다.

🗑 삭제 ☑ 수정 🖨 인쇄 ☰ 목록으로

답변: 도서관 앱 이용과 관련해 요청 사항과 질문이 있어요.

작성자: 박** 작성일: 2023.08.11. 15:53

안녕하세요. ○○ 도서관 사서입니다.

먼저 요청 사항에 대해 답변드립니다. 휴관 안내에 대한 요청 사항이 타당하다고 판단해 날짜도 함께 안내하기로 했습니다. 그리고 공지 사항 목록이 늘어나면 앱의 특성상 첫 화면이 너무 길어져 이용에 불편을 드릴 것 같아 현재 상태를 유지하기로 했으니 양해 바랍니다. 또 관심 도서 기능은 도서 이미지의 오른쪽 하단에 있는 ♡를 눌러 사용하실 수 있습니다.

다음으로 질문에 대해 답변드립니다. 앱의 '추천 도서'는 국립 중앙도서관이 운영하는 도서관 정보나루의 자료를 토대로 우리 도서관 사서들이 의논하여 선정합니다. '인기 도서'는 기간을 한정하지 않고 누적 대출 건수를 기준으로 제시되는 것입니다. 또 '인기 도서'의 '+ 더 보기'를 누르면, 기간, 연령, 분야 중 하나를 선택하여 순위에 따라 배열된 도서 목록을 볼 수 있다는 것도 추가로 알려드립니다.

고맙습니다.

제대로 질문하기

❶ ○○ 도서관 앱의 첫 화면에서는 공지 사항을 알리고 있지 않다. (○, ×)
❷ 도서관 누리집 게시판에 글을 올린 학생은 휴관 안내 설명에 (　　　　　)를 함께 안내해 줄 것을 요청하고 있다.
❸ 사서는 국립 중앙도서관이 운영하는 도서관 정보나루의 자료를 토대로 (　　　　　)를 선정하고 있음을 알리고 있다.

05 (가)와 (나)에 대한 설명으로 가장 적절한 것은?

① (가)에서는 (나)와 달리 게시물의 조회 수가 화면에 표시된다.
② (가)에서는 (나)와 달리 게시물을 수정할 수 있는 기능이 제공된다.
③ (가)에서는 (나)와 달리 도서 이용과 관련된 여러 기능이 제공된다.
④ (나)에서는 (가)와 달리 도서 대출 상태에 관한 정보가 표시된다.
⑤ (나)에서는 (가)와 달리 도서를 검색할 수 있는 기능이 제공된다.

제대로 접근법 ☆ 문제 채점까지 마친 후 복습할 때 보세요.

05
매체의 유형에 따른 특성을 파악하는 유형이다. 선택지에 언급된 내용이 지문에 실제로 나타나 있는지 표시해 가며 확인한다.
(가)는 도서관 앱의 화면이고, (나)는 도서관 누리집 게시 글임을 이해한 후 각 매체에 제공되는 내용과 기능이 무엇인지 파악한다.

06 ㉠～㉤과 관련하여 (나)를 이해한 것으로 적절하지 <u>않은</u> 것은?

① 학생은 정보의 구체성을 고려하여 ㉠에 추가 정보를 게시해 줄 것을 요청하고 있다.
② 사서는 앱 화면의 구성을 고려하여 ㉡에서 보이는 정보의 양을 늘리지 않겠다며 학생의 요청을 수용하지 않고 있다.
③ 사서는 정보 선정에 활용된 자료를 고려하여 ㉢의 선정 방식을 알려 주고 있다.
④ 학생은 앱 이용자의 편의를 고려하여 ㉣의 기능에 새로운 기능을 추가해 줄 것을 요구하고 있다.
⑤ 사서는 정보의 추가 제공을 고려하여 ㉤을 여러 조건으로 정렬하여 확인할 수 있는 기능을 안내하고 있다.

06
매체의 정보와 정보에 대한 요청 사항, 그리고 수용 여부를 파악하는 유형이다. (나)에서 학생이 요청하고 있는 내용이 무엇인지 파악하고, 사서의 답변을 통해 수용 사항을 확인해 본다.
㉠～㉤과 관련하여 수용될 요청 사항과 수용되지 않을 요청 사항을 파악하고, 이를 바탕으로 선택지의 적절성을 판단한다.

1차 채점		
맞은 문항 수		개
틀린 문항 수		개
헷갈리는 문항 번호		

→

2차 채점		
맞은 문항 수		개
틀린 문항 수		개
헷갈리는 문항 번호		

• 틀린 문항 '/' 표시

• 틀린 문항 'X' 표시

[01~04] (가)는 보이는 라디오의 본방송이고, (나)는 이 방송을 들은 학생의 메모이다. 물음에 답하시오.

가

진행자: ⓐ매주 수요일, 여행 정보를 제공하는 '여행과 함께'를 시작합니다. 앱이나 문자로 언제든 방송에 참여하실 수 있고요, 보이는 라디오 시청자는 실시간 댓글도 이용하실 수 있습니다. ⓑ오늘도 여행가 안○○ 님을 모셨습니다.

여행가: 안녕하세요. 안○○입니다.

진행자: 지난주부터 등대 스탬프 여행을 소개하고 있습니다. 저번에는 그중 '재미있는 등대'라는 주제를 소개하셨는데요, 오늘은 어떤 주제인가요?

여행가: 네, 오늘은 '풍요의 등대'입니다. 서해안에 위치한 16개 등대와 □□ 생물 자원관을 돌아보면서 풍요로운 해산물도 즐길 수 있는 여행 코스입니다.

진행자: 이제부터 '풍요의 등대'에 속한 등대들을 알아볼 텐데요, 그중에서 가장 선호하시는 곳이 있나요?

여행가: 저는 천사의 섬이라는 모티브를 살려 천사의 날개와 선박을 형상화한 △△ 등대가 가장 좋았습니다. 등대에 설치된 LED 조명이 켜지면 주변 경관과 어우러져 이국적인 경관을 연출하는 곳인데, 그 모습을 바라보면서 먹는 전복 라면은 정말 맛있죠.

진행자: 정말 맛있겠네요. 많은 분들이 실시간 문자로 지난주에 안내했던 등대 스탬프 여행의 순서를 물으시네요. 예정된 건 아니지만 다시 안내해 주시겠어요?

여행가: ⓒ우선 모바일 여권과 종이 여권 중 하나를 선택하셔서서 참가 신청을 해야 하는데요, 모바일 여권은 앱을 이용하시면 되고, 종이 여권은 '등대와 바다' 누리집에서 신청하시면 됩니다. 그러고 나서 등대들을 돌아다니면서 스탬프를 찍고 사진을 촬영하시는 겁니다. 사진을 다 모으시면 누리집에서 완주 인증을 하시는 거죠.

진행자: ⓓ실시간 댓글로 6789 님께서 스탬프 여행의 주의 사항에 대해 궁금증이 있으시답니다. 함께 알아볼까요?

여행가: ⓔ네, 앞에서 말씀드린 완주 인증은 날짜가 기록된 사진으로만 가능합니다. 처음엔 스탬프로 완주 인증을 했지만 지금은 그렇게 바뀐 거죠. 하지만 스탬프를 찍기 원하는 여행자들이 많아 여전히 스탬프를 유지하고 있습니다. 그런데 행복도 등대나 기쁨항 등대처럼 등대 주변에 스탬프가 없는 경우가 있으니 미리 확인하시는 것이 좋겠습니다.

진행자: 스탬프가 등대 주변이 아닌 다른 곳에 위치한 경우도 있다는 거군요. 잠시만요, 나머지 등대를 소개하기에는 시간이 부족할 것 같으니 2부에서 계속하고요, 남은 시간 동안 '풍요의 등대'의 완주 기념품에 대해 이야기해 볼까요?

여행가: (테이블에 오르골을 올리며) 바로 이 등대 오르골입니다.

진행자: 실시간 댓글 창에 오르골이 귀엽다는 반응이 많네요. 라디오로만 들으시는 분들은 실제 모양이 궁금하시죠? 작고 예쁜 등대가 나무 상자 안에 있고, 오른쪽에 태엽을 감는 손잡이가 있습니다. 아쉽지만 약속된 시간이 다 되어 1부는 여기서 마치고 2부에서 뵐게요.

나

　등대 스탬프 여행을 여행 지리 수업 시간에 발표해야겠어. ㉠ 여행의 순서와 주의 사항에 대한 슬라이드는 여행가의 말을 정리하되 여행의 순서가 잘 나타날 수 있게 표현하고, 시각적 이미지를 활용해야지. ㉡'△△ 등대'에 대한 슬라이드는 여행에 유용한 정보를 추가하고, 슬라이드의 내용을 포괄할 수 있는 제목을 넣어야지.

제대로 질문하기

❶ 보이는 라디오 본방송에 출연한 여행가는 지난주부터 '풍요의 등대'를 소개하고 있다. (○, ×)

❷ 등대 스탬프 여행에 필요한 모바일 여권은 (　　　　)을 이용하면 되고, 종이 여권은 '등대와 바다' (　　　　　　　)에서 신청하면 된다.

❸ '풍요의 등대'의 완주 기념품은 (　　　　　　　)이다.

01 (가)에 나타난 정보 전달 방식으로 적절하지 <u>않은</u> 것은?

① 수용자에게 일정한 주기로 새로운 정보가 제공되므로 지난주 방송과 현재 진행되는 방송의 연관성을 제시한다.

② 본방송을 중간부터 청취한 수용자는 흐름을 따라가지 못할 수 있으므로 앞부분의 정보를 정리해서 전달한다.

③ 수용자에게 정보를 제공할 수 있는 시간상의 제약이 있으므로 방송에서 전달하려는 정보를 선택하여 조절한다.

④ 청각적 정보만 접할 수 있는 수용자가 있으므로 방송 중에 제공한 시각적 정보를 음성 언어로 풀어서 설명한다.

⑤ 수용자들이 방송에 실시간으로 참여하는 것이 가능하므로 실시간 댓글과 문자를 바탕으로 이어질 정보를 조정한다.

★ 문제 채점까지 마친 후 복습할 때 보세요.

제대로 접근법

01
매체의 정보 유통 방식을 이해하는 유형이다. (가)는 보이는 라디오 방송이며, 청취자에게 여행 정보를 제공하기 위해 생산되었다는 점을 기억해야 한다.

특히 라디오 방송은 시간의 제약이 있고 소리로만 전달하는 매체라는 것을 고려하여, 이를 위해 진행자가 어떠한 노력을 하는지 살펴본다. 그 외에도 진행자가 지난주 방송과의 연관성을 제시하는지, 앞부분의 정보를 정리해서 전달하는지, 실시간 댓글과 문자를 바탕으로 이어질 정보를 조정하는지 지문을 통해 확인해 본다.

02 다음은 (가)가 끝난 후의 청취자 게시판이다. 참여자들의 소통 양상으로 가장 적절한 것은?

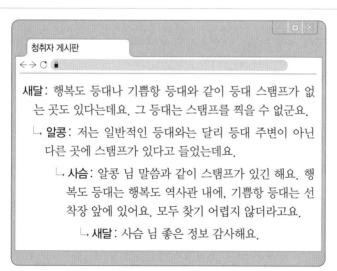

> **청취자 게시판**
>
> **새달**: 행복도 등대나 기쁨항 등대와 같이 등대 스탬프가 없는 곳도 있다는데요. 그 등대는 스탬프를 찍을 수 없군요.
>
> └ **알콩**: 저는 일반적인 등대와는 달리 등대 주변이 아닌 다른 곳에 스탬프가 있다고 들었는데요.
>
> └ **사슴**: 알콩 님 말씀과 같이 스탬프가 있긴 해요. 행복도 등대는 행복도 역사관 내에, 기쁨항 등대는 선착장 앞에 있어요. 모두 찾기 어렵지 않더라고요.
>
> └ **새달**: 사슴 님 좋은 정보 감사해요.

① 방송 내용에 대한 '새달'의 잘못된 이해가 '알콩'과 '사슴'의 댓글에 의해 수정되고 있다.

② 방송 내용에 대하여 가지고 있던 '새달'과 '알콩'의 공통된 생각에 '사슴'이 동조하고 있다.

③ 방송을 듣고 '새달'이 느낀 감정을 '알콩' 및 '사슴'과 공유하여 정서적인 공감을 형성하고 있다.

④ 방송 내용에 대해 가지고 있던 '새달'과 '알콩'의 서로 다른 생각이 '사슴'에 의해 절충되고 있다.

⑤ 방송 내용에 대한 '새달'과 '알콩'의 긍정적 감정이 '사슴'의 댓글로 인해 부정적 감정으로 전환되고 있다.

02
매체의 의사소통 방식을 이해하는 유형이다. 청취자 게시판의 댓글은 (가)의 라디오를 들은 청취자들이 의견을 남긴 것이다. '새달'은 행복도나 기쁨항 등대에서 스탬프를 찍을 수 없음을 언급하고, '알콩'은 등대 주변이 아닌 다른 곳에 스탬프가 있음을 제시한다. '사슴'은 '알콩'의 말에 동조하며 스탬프가 있는 구체적인 장소를 설명한다.

(가)의 진행자가 '스탬프가 등대 주변이 아닌 다른 곳에 위치한 경우도 있다는 거군요.'라고 말한 부분을 바탕으로, '새달', '알콩', '사슴'의 말에 대해 적절하게 설명한 선택지를 고른다.

03 다음은 (나)에 따라 제작한 발표 자료이다. 제작 과정에서 고려한 내용으로 적절하지 <u>않은</u> 것은? [3점]

'풍요의 등대' 스탬프 여행의 순서 및 주의 사항

모바일 여권과
종이 여권 중 택1
하여 참가 신청하기

등대를 방문하여
스탬프 찍고
사진 촬영하기

'등대와 바다'
누리집에서
완주 인증하기

- 인증은 스탬프가 아닌 날짜가 기록된 사진으로만 가능
- 사전에 스탬프 위치 확인

△△ 등대 – 천사의 날개와 선박을 형상화한 등대

특징: LED 조명이 만드는 이국적인 경관
주소: ▽▽도 ◇◇군 △△면
스탬프 위치: 등대 앞
볼거리: ◇◇ 철새 전시관, ◇◇산 전망대
먹을거리: 전복 라면, 복어 튀김, 소금 사탕
재밌거리: 자전거 여행, 조개 잡기 체험

---

① 여행가의 말을 정리하기로 한 ㉠은 여행가가 제시한 여행의 순서와 주의 사항을 모아 하나의 슬라이드로 구성하자.

② 여행의 순서를 나타내기로 한 ㉠에는 여행가가 제시한 여행 순서를 구분하고 차례가 드러나게 화살표를 사용하자.

③ 시각적 이미지를 활용하기로 한 ㉠에는 여행가가 소개한 여행의 순서와 관련된 주요 소재를 그림 자료로 보여 주자.

④ 여행에 유용한 정보를 추가하기로 한 ㉡에는 여행가가 언급한 먹을거리 이외에도 다양한 정보를 추가하자.

⑤ 내용을 포괄할 수 있는 제목을 넣기로 한 ㉡은 여행가의 말을 가져와 슬라이드의 내용을 요약할 수 있는 제목을 달자.

---

04 ⓐ~ⓔ의 높임 표현에 대한 설명으로 적절하지 <u>않은</u> 것은?

① ⓐ: 종결 어미 '-ㅂ니다'를 사용하여, 방송을 듣고 있는 불특정 다수의 청자를 높이고 있다.

② ⓑ: 특수 어휘 '모시다'를 사용하여, 객체인 여행가를 높이고 있다.

③ ⓒ: 선어말 어미 '-시-'를 사용하여, 여권 선택의 주체인 청자를 높이고 있다.

④ ⓓ: '있으시다'를 사용하여, 궁금증이 있는 주체인 '6789 님'을 간접적으로 높이고 있다.

⑤ ⓔ: '말씀'을 사용하여, 화자인 여행가의 말을 높이고 있다.

제대로 접근법

★ 문제 채점까지 마친 후
복습할 때 보세요.

03
매체 자료의 활용을 이해하는 유형이다. 발표 자료에는 여행의 순서 및 주의 사항에 대한 슬라이드와 △△ 등대에 대한 슬라이드가 제시되어 있다.
첫 번째 슬라이드에서 여행가가 제시한 여행의 순서와 주의 사항이 정리되어 있는지, 여행의 순서가 화살표로 나타나 있는지, 시각적 이미지가 활용되었는지 확인한다. 두 번째 슬라이드에서 여행가의 말 외에 다른 다양한 정보가 추가되어 있는지, 내용을 포괄할 수 있는 제목이 있는지 확인한다. 이를 바탕으로 선택지의 적절성을 판단한다.

04
매체에 사용된 높임 표현을 이해하는 유형이다. 높임 표현은 말하는 이가 어떤 대상에 대해 높임의 태도를 나타내는 것으로, 선어말 어미와 종결 어미, 특수 어휘를 통해 실현될 수 있다.
화자와 청자의 관계를 바탕으로 ⓐ~ⓔ에서 사용된 높임 표현이 어떤 대상을 높이고 있는지 파악한다. 이를 바탕으로 높임의 대상을 잘못 제시한 선택지를 고른다.

[05-06] (가)는 전자 문서로 된 사용 설명서의 일부이고, (나)는 이를 바탕으로 나눈 누리 소통망 대화이다. 물음에 답하시오.

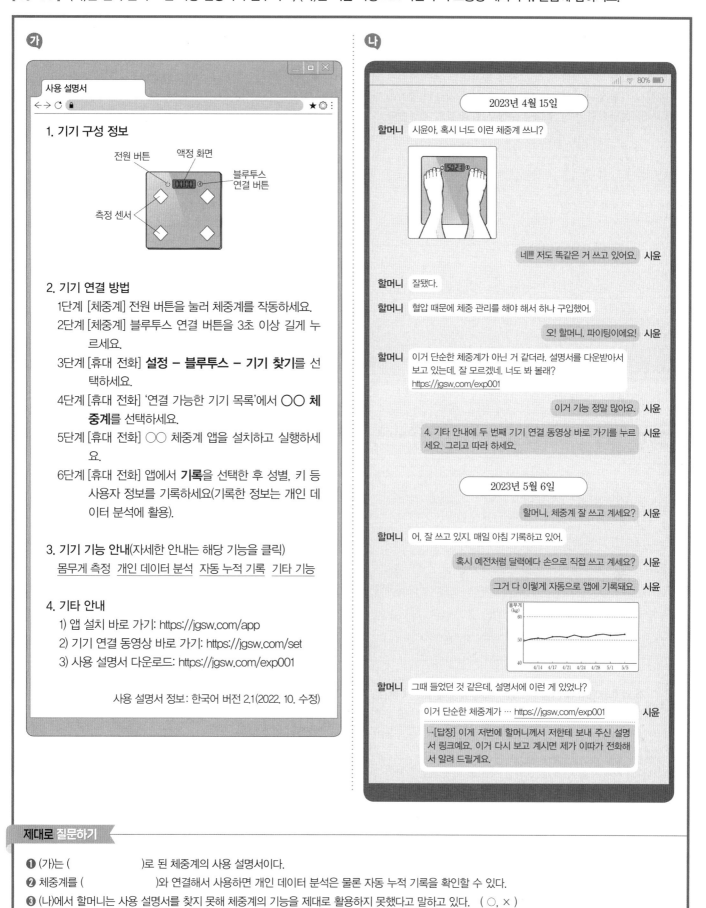

제대로 질문하기

❶ (가)는 ( )로 된 체중계의 사용 설명서이다.

❷ 체중계를 ( )와 연결해서 사용하면 개인 데이터 분석은 물론 자동 누적 기록을 확인할 수 있다.

❸ (나)에서 할머니는 사용 설명서를 찾지 못해 체중계의 기능을 제대로 활용하지 못했다고 말하고 있다. (○, ×)

05 (가)의 정보 구성 및 제시 방식으로 적절하지 <u>않은</u> 것은?

① 기기 구성 정보는 시각 자료를 활용하여 전달했다.

② 기기를 휴대 전화와 연결하는 방법을 조작 순서에 맞추어 안내했다.

③ 기기 연결 방법에서 앱에 기록할 정보는 글자의 크기와 굵기를 다르게 표시했다.

④ 기기 기능 안내에서는 안내받을 수 있는 기능의 항목을 나열하여 배치했다.

⑤ 사용 설명서의 버전 정보를 수정 시점과 함께 제공했다.

☆ 문제 채점까지 마친 후
복습할 때 보세요.

제대로 접근법

05
매체 정보의 구성 방식을 파악하는 유형이다. (가)는 체중계의 사용 설명서로, 이용자들에게 정보를 효과적으로 전달하기 위해 다양한 구성 방식을 사용하고 있다.
선택지 앞부분에는 전달하는 정보의 내용이, 뒷부분에는 전달 방식이 제시되어 있다. (가)를 읽으며 선택지에서 정보의 내용과 전달 방식이 올바르게 연결되어 있는지 확인한다. 문제는 쉬운 편이나 선택지를 꼼꼼히 읽지 않으면 실수할 수 있으니 이 점을 유념하여 문제를 풀도록 하자.

06 (가)와 (나)에서 확인할 수 있는 매체 활용에 대한 이해로 가장 적절한 것은?

① (가)의 내용이 (나)를 통해 전달되는 과정에서 사용자들이 정보를 선별하여 유통할 수 있군.

② (나)의 사용자들이 서로 교환한 정보를 바탕으로 (가)의 수정 과정을 점검할 수 있군.

③ (가)는 (나)와 달리 사용자가 필요한 정보를 질문하여 요청할 수 있군.

④ (나)는 (가)와 달리 사용자가 하이퍼링크를 통해 외부의 정보에 접근할 수 있군.

⑤ (가)와 (나)는 모두 정보를 교류한 이력에서 사용자가 필요한 부분을 불러와 상대방에게 이전 내용을 환기할 수 있군.

06
매체의 유형에 따른 특성과 활용을 묻는 유형이다. (가)는 전자 문서로 된 사용 설명서이고, (나)는 누리 소통망에서 나눈 대화이다.
전자 문서는 하이퍼링크를 통해 다양한 정보에 접근할 수 있다는 장점이 있고, 누리 소통망은 자유롭게 의사소통이 가능하고, 필요에 따라 정보를 선별하고 불러올 수 있다는 장점이 있다. 이를 바탕으로 (가)와 (나)의 매체 활용에 대해 적절하게 설명한 선택지를 고른다.

1차 채점	맞은 문항 수	개
	틀린 문항 수	개
	헷갈리는 문항 번호	

→

2차 채점	맞은 문항 수	개
	틀린 문항 수	개
	헷갈리는 문항 번호	

• 틀린 문항 '/' 표시

• 틀린 문항 '×' 표시

[01-04] (가)는 ○○군 공식 누리집 화면의 일부이고, (나)는 학생들의 온라인 화상 회의이다. 물음에 답하시오.

㉮

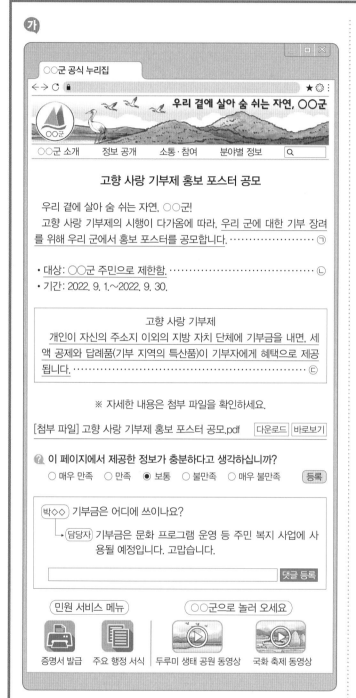

㉯

해윤: 이제 화상 회의 시작하자. 내 말 잘 들리지?

설아: 해윤아, 소리가 너무 작아. 마이크 좀 확인해 줄래?

해윤: 어? 내 마이크 음량을 키워 볼게. 이제 잘 들리지?

설아: 응. 근데 오늘 나연이는 참석 못 한대. 내가 회의를 녹화해서 나중에 보내 주려고 해. 동의하지?

해윤, 종서, 수영: 응, 그래.

| 채팅 | 설아 님이 회의 녹화를 시작합니다. |

해윤: 오늘 고향 사랑 기부제 홍보 포스터를 어떻게 만들지 논의하기로 했잖아. 우리 ○○군 누리집에서 관련 정보 봤니?

종서: 미안해. 나는 아직 못 봤어.

수영: 음, 직접 말로 설명하려면 회의가 길어지니까 첨부 파일 보내 줄게. 파일에 자세히 설명돼 있으니까 읽으면서 들어.

| 채팅 | 수영 님이 종서 님에게 파일을 전송했습니다.
파일명: 고향 사랑 기부제 홍보 포스터 공모.pdf |

종서: 고마워.

해윤: 그럼 이어서 얘기할게. 내가 만들어 온 그래픽 자료를 보면서 포스터를 어떻게 구성할지 이야기하자.

| 채팅 | 해윤 님이 화면 공유를 시작합니다. |

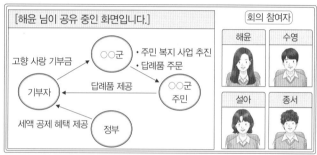

해윤: 정부, 기부자, ○○군, ○○군 주민으로 구분해서 고향 사랑 기부제가 어떻게 운영되는지 나타낸 거야.

수영: 좋은데, 포스터에 정부까지 그려 넣으면 너무 복잡할 거 같으니까, 나머지 셋으로만 구성하자.

설아: 그리고 제도가 활성화되려면 많은 사람들이 기부에 동참하도록 하는 게 중요하니까, 기부자가 부각되도록 기부자를 가운데에 두자.

수영: 화살표를 곡선으로 해서 하트 모양으로 하면 기부자가 기부에 참여함으로써 사랑을 전할 수 있다는 걸 포스터에 드러낼 수 있을 거 같아.

해윤: 좋아. 그런데 포스터에 정부가 없으면, 정부가 제공하는 세액 공제 혜택은 어떻게 나타내지?

종서: 음, 고민해 보자. 그리고 첨부 파일을 읽어 보니 기부자의 현재 주소지가 아니면 어디든 기부할 수 있대. 우리 지역에 기부하게 하려면 답례품을 알려 줘야 할 거 같은데?

해윤: 답례품 정보가 있는 누리집 주소 불러 줄게. 디, 에이, 엠…. 아, 그냥 채팅 창에 링크로 올리는 게 편하겠다.

| 채팅 | 해윤 | https://damnyepum.□□□□.go.kr |
| | 종서 | 고마워. |

종서: 찾아보니 인삼이 우리 지역 답례품이네. 이걸 그려 넣자.

해윤: 그리고 우리 지역은 철새 도래지로 유명하니까, ○○군을 두루미 캐릭터로 나타내 보자.

수영: 응, 좋아. 그러면 아까 말했던 세액 공제는 두루미가 말을 전해 주듯 설명하면 되겠다.

해윤: 좋아. 그러면 지금까지 나온 의견대로 만들기로 하고, 오늘 회의는 마무리하자.

제대로 질문하기

❶ (가)에서는 홍보 포스터 공모에 전 국민이 참여할 수 있다고 밝히고 있다. (○, ×)

❷ (가)에서는 홍보 포스터 공모에 관한 자세한 정보를 첨부 파일을 통해 제공하고 있다 (○, ×)

❸ (나)에서 해윤은 회의 참여자의 의견에 따라 마이크 음량을 조절하고 있다. (○, ×)

❹ (나)에서 설아는 많은 사람들이 기부에 동참하도록 ○○군 주민을 포스터 가운데에 두자는 의견을 제시하고 있다. (○, ×)

---

01 (가)에 대한 이해로 적절하지 <u>않은</u> 것은?

① 댓글 기능을 활용하여 누리집 이용자가 작성한 질문에 대해 정보를 제공하고 있군.

② 지역에 대한 만족도 표시 기능을 활용하여 지역 정책에 대한 주민들의 반응을 확인하고 있군.

③ 민원 서비스 메뉴를 제공하여 증명서나 행정 서식이 필요한 사람들의 편의를 도모하고 있군.

④ 누리집 상단에 홍보 문구와 풍경 그림을 제시하여 지역이 부각하고자 하는 특징을 강조하고 있군.

⑤ 지역의 관광 명소와 축제를 홍보하는 동영상을 볼 수 있도록 하여 관광객을 유치하려고 노력하고 있군.

제대로 접근법 ☆ 문제 채점까지 마친 후 복습할 때 보세요.

01

매체 언어의 복합 양식성을 이해하고 있는지 묻는 문제이다. 오늘날 매체에서는 '소리, 음성, 문자, 이미지, 영상' 등이 복합적으로 결합하여 의미를 전달하는데 이를 복합 양식성이라 한다.

(가)에서는 댓글 기능, 만족도 표시 기능, 민원 서비스 메뉴, 풍경 그림, 동영상 등을 통해 매체 언어의 복합 양식성을 확인할 수 있다. (가)에 활용된 매체 언어의 역할과 효과를 생각해 보고, 선택지에서 적절하게 설명하고 있는지 판단한다.

---

02 ㉠~㉢에 대한 설명으로 가장 적절한 것은?

① ㉠은 격 조사 '에서'를 사용하여 포스터를 공모하는 주체가 단체임을 드러내고 있다.

② ㉠은 종결 어미 '-ㅂ니다'를 사용하여 ○○군 기부에 동참한 기부자를 공손하게 높이고 있다.

③ ㉡은 명사형 어미 '-ㅁ'을 사용하여 포스터에서 제외해야 할 내용 항목을 간결하게 드러내고 있다.

④ ㉢은 연결 어미 '-면'을 사용하여 기부 대상 지역에서 제공하는 혜택 중 하나를 선택하는 조건을 제시하고 있다.

⑤ ㉢은 피동 접사 '-되다'를 사용하여 혜택을 제공하는 주체를 명확하게 밝히고 있다.

02

매체 자료에 반영된 언어적 표현에 대해 묻는 문제이다. 매체 자료와 문법 개념을 연결하여 제시하므로, 평소에 기본적인 문법 개념을 꼼꼼하게 익혀 두어야 한다.

격 조사 '에서' 앞에 사용된 명사가 무엇인지, '-ㅂ니다'라는 높임의 종결 어미가 어떤 대상을 높이고 있는지 파악한다. 명사형 어미 '-ㅁ'이 어떤 내용을 간결하게 드러내고 있는지, 연결 어미 '-면'이 어떤 조건을 나타내고 있는지 파악한다. 마지막으로 피동 접사 '-되다'가 주체를 명시적으로 드러내고 있는지 판단하여 문제를 해결한다.

03 (나)에 나타난 매체 활용 방식으로 가장 적절한 것은?

① '해윤'은 음성 언어 사용이 불가능한 상황에서 채팅 기능을 활용하여 정보를 전달하였다.

② '해윤'은 화면 공유 기능을 활용하여 참여자들의 의견을 반영하며 그래픽 자료의 오류를 수정하였다.

③ '수영'은 회의 시간을 절약하기 위해 회의 중에 참고할 수 있는 파일을 '종서'에게 전송하였다.

④ '설아'는 회의에 참여하지 못하고 있는 '나연'에게 문자 메시지를 이용해 회의 내용을 실시간으로 전달하였다.

⑤ '설아'는 특정 참여자에게 발언권을 부여하기 위해 해당 참여자의 음량을 조절하였다.

▶ 해설편 110쪽

제대로 **접근법** ☆ 문제 채점까지 마친 후 복습할 때 보세요.

03
온라인 화상 회의 참여자들의 매체 활용 방식에 대해 묻는 문제이다. 선택지에서는 회의 참여자인 '해윤', '수영', '설아'가 사용한 매체 활용 방식에 대해 설명하고 있다. 지문의 내용과 선택지의 설명을 비교하며 선택지의 적절성을 판단한다.
해윤이 소리가 작다는 설아의 말에 채팅 기능을 활용했는지, 해윤이 참여자의 의견대로 그래픽 자료의 오류를 수정했는지, 수영이 첨부 파일을 전송한 이유가 회의 시간을 절약하기 위함인지, 설아가 회의에 참석하지 못한 나연에게 문자 메시지로 회의 내용을 실시간으로 전달했는지, 설아가 특정 참여자에게 발언권을 부여하기 위해 음량을 조절하는 행동을 했는지 등을 지문에서 확인해 보고, 적절한 선택지를 찾는다.

04 (나)를 바탕으로 다음과 같은 포스터를 만들었다고 할 때, 포스터에 대해 이해한 내용으로 적절하지 <u>않은</u> 것은? [3점]

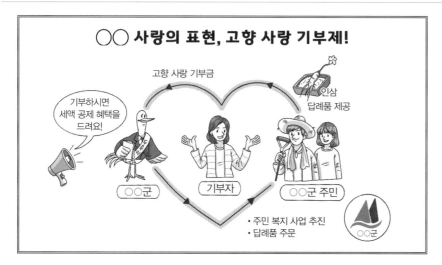

① '설아'의 의견을 바탕으로, 제도를 활성화하는 데 중요한 역할을 하는 기부자를 중심에 배치했다.

② '수영'의 의견을 바탕으로, 기부 행위에 담긴 긍정적인 마음을 연상시키는 기호의 모양을 사용했다.

③ '종서'의 의견을 바탕으로, ○○군에 기부했을 때 기부자가 받을 수 있는 답례품을 그려 넣었다.

④ '해윤'의 의견을 바탕으로, ○○군이 철새 도래지로 유명하다는 점을 활용하여 ○○군을 두루미 캐릭터로 표현했다.

⑤ '수영'의 의견을 바탕으로, 세액 공제 혜택을 제공하는 주체가 내용을 직접 알려 주듯이 말풍선을 제시했다.

04
매체 언어의 표현 방법을 묻는 유형이다. 학생들이 온라인 화상 회의를 통해 주고받은 포스터 제작에 대한 의견을 바탕으로, 각 선택지가 포스터의 내용을 올바르게 설명하고 있는지 판단한다.
기부자를 가운데 두자는 설아의 의견이 반영되었는지, 화살표를 하트 모양으로 하자는 수영의 의견이 반영되었는지, 기부자가 받을 답례품을 그려 넣자는 종서의 의견이 반영되었는지, ○○군을 두루미 캐릭터로 표현하자는 해윤의 의견이 반영되었는지, 세액 공제 혜택을 두루미가 말을 전해 주듯 설명하자는 수영의 의견이 반영되었는지 확인한다. 포스터에서 확인할 수 없는 내용을 언급한 선택지를 찾아 문제를 해결한다.

[화면 1] (【게시판】에서 '1인 미디어 방송'을 클릭한 화면)

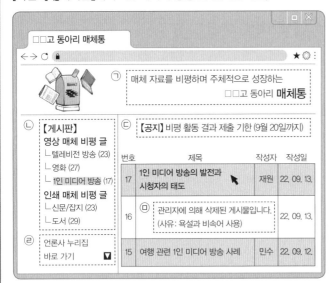

ⓐ 매체 자료를 비평하며 주체적으로 성장하는
□□고 동아리 **매체통**

ⓑ 【게시판】
영상 매체 비평 글
ㄴ 텔레비전 방송 (23)
ㄴ 영화 (27)
ㄴ 1인 미디어 방송 (17)
인쇄 매체 비평 글
ㄴ 신문/잡지 (23)
ㄴ 도서 (29)

ⓒ 【공지】 비평 활동 결과 제출 기한 (9월 20일까지)

번호	제목	작성자	작성일
17	1인 미디어 방송의 발전과 시청자의 태도	재원	22. 09. 13.
16	ⓓ 관리자에 의해 삭제된 게시물입니다. (사유: 욕설과 비속어 사용)		22. 09. 13.
15	여행 관련 1인 미디어 방송 사례	민수	22. 09. 12.

ⓔ 언론사 누리집
바로 가기 ▼

[화면 2] ([화면 1]에서 17번 게시물을 클릭한 화면)

□□고 동아리 매체통

1인 미디어 방송의 발전과 시청자의 태도

작성자: 재원

최근 많은 사람들이 1인 미디어 방송 제작에 나서고 있다. 그러면서 기존 매체들이 주목하지 않았던 다양한 소재들을 다루는 1인 미디어 방송들이 등장하고 있다. 내가 즐겨 보는 여행 관련 1인 미디어 방송 역시 밀림을 혼자 돌아다닌다든가 현지인들과 같이 생활하는 모습을 보여 주는 등 참신함이 돋보인다.

1인 미디어 방송은 여러 가지 정보를 쉽고 재미있게 제공하여 시청자의 욕구를 만족시킨다. 그래서 나처럼 여행 탐험가라는 직업을 꿈꾸는 사람들은 1인 미디어 방송을 통해 어디서도 얻지 못했던 새로운 정보를 얻을 수 있게 되었다.

그런데 요즘 1인 미디어 방송 가운데 신뢰성이 부족한 정보를 담은 방송이 늘고 있다. 이러한 성격이 드러나는 1인 미디어 방송을 시청할 때에는 비판적으로 수용하는 주체적 태도가 중요하다.

 민수 나도 그 방송 봤어. 내가 모르던 낯선 문화에 대한 다양한 정보가 많이 나와서 좋았어. 그런데 갑자기 특정 상표를 언

급하며 칭찬할 때에는 상업성이 짙어 보이더라. 그런 상업적인 의도에 현혹되지 않도록 조심해야 해.

ㄴ 혜원 어떤 1인 미디어 방송인은 특정 성분이 건강에 좋다고 강조했는데, 알고 보니 성분의 효과가 입증된 것이 아니었어. 방송에 나오는 정보라도 믿을 수 있는지 잘 따져 봐야 해.

ㄴ 영진 1인 미디어 방송들은 소재가 한정적이고 다 비슷비슷하지. 그리고 내가 보는 1인 미디어 방송은 사회적으로 의미 있는 내용을 다루는데, 고정 시청자 수가 적고 어느 순간부터는 더 이상 늘지도 않더라. 그래서 1인 미디어 방송이 발전해도 사회적 파급력은 제한적이라고 생각해.

ㄴ 지수 난 1인 미디어 방송이 우리 사회에 큰 변화를 가져올 수 있다고 생각해. 예를 들어 '독립운동가의 발자취 따라가기' 방송이 인기를 많이 끌어서 독립운동가에 대한 국민들의 관심이 높아졌잖아.

[댓글 등록]

제대로 질문하기

❶ [화면 1]은 매체통 동아리 카페의 화면으로, 주로 1인 미디어 방송에 대해서만 의견을 나눈다. (○, ×)

❷ 카페 게시글은 작성자의 동의 없이는 삭제될 수 없다. (○, ×)

❸ 재원은 1인 미디어 방송을 참신성 측면에서는 긍정적으로, 신뢰성 측면에서는 부정적으로 평가하였다. (○, ×)

❹ 지수는 구체적인 사례를 제시하여 1인 미디어 방송이 사회에 큰 영향을 미칠 수 있음을 설명하고 있다. (○, ×)

05 〈보기〉를 바탕으로 [화면 1]을 이해한 내용으로 적절하지 <u>않은</u> 것은?

제대로 접근법 ☆문제 채점까지 마친 후 복습할 때 보세요.

─〈보기〉─

'매체통' 동아리 카페 활동 규칙

개설 목적: '매체통' 동아리원들이 다양한 매체 자료 비평 활동을 통해 매체 자료를 주체적으로 수용하는 능력과 태도를 기른다.

규칙 1. 동아리 활동 계획을 성실하게 이행하고 동아리 활동에 적극적으로 참여한다.
　　　 2. 매체 자료 비평을 위한 글만 작성하고 각 게시판의 성격에 맞게 올린다.
　　　 3. 불필요한 갈등을 유발하지 않도록 무례한 표현을 사용하지 않는다.

① ㉠을 보니, '개설 목적'을 고려하여 동아리 성격이 드러나도록 카페의 활동 주체와 활동 내용을 제시하였군.

② ㉡을 보니, '규칙 2'를 고려하여 매체 자료 유형에 따라 게시판을 항목별로 나누어 게시물을 체계적으로 분류하였군.

③ ㉢을 보니, '규칙 1'을 고려하여 동아리 활동 계획을 상기할 수 있도록 비평 활동 결과의 제출 기한을 제시하였군.

④ ㉣을 보니, '규칙 2'를 고려하여 사건 보도 기사를 작성하는 능력을 기르게 하기 위해 링크를 제시하였군.

⑤ ㉤을 보니, '규칙 3'을 고려하여 예의를 지키지 않은 글이 동아리원에게 공개되지 않도록 게시물을 삭제하였군.

05
매체의 유형에 따른 특성을 이해하는 문제이다. [화면 1]은 동아리 카페의 화면으로, 〈보기〉에는 카페 활동 규칙이 제시되어 있다. 지문으로 제시된 화면의 정보와 문제에 제시된 〈보기〉의 내용을 연결하여 선택지의 적절성을 판단한다.
㉠이 〈보기〉의 개설 목적을 고려한 내용을 제시하고 있는지, ㉡이 〈보기〉의 '규칙 2'에 따라 게시판을 항목별로 분류하였는지, ㉢이 〈보기〉의 '규칙 1'을 고려하여 제출 기한을 제시하고 있는지, ㉣이 사건 보도 기사 작성 능력을 위해 링크를 제공한 것인지, ㉤이 〈보기〉의 '규칙 3'에 따라 게시물을 삭제한 것인지 판단하여 문제를 해결한다.

06 [화면 2]를 바탕으로 '1인 미디어 방송'에 대한 학생들의 수용 양상을 이해한 내용으로 적절하지 <u>않은</u> 것은?

① '재원'은 자신의 진로와 관련된 새로운 정보를 얻은 경험을 근거로 1인 미디어 방송이 유용하다고 판단하였다.

② '혜원'은 증명되지 않은 정보를 접했던 경험을 근거로 1인 미디어 방송이 제공하는 정보에 대한 신뢰성을 점검해야 한다고 판단하였다.

③ '재원'과 '민수'는 모두, 1인 미디어 방송의 상업적 의도를 알아차린 경험을 근거로 1인 미디어 방송을 시청할 때 주의가 필요하다고 판단하였다.

④ '재원'은 '영진'과 달리, 자신이 본 여행 관련 1인 미디어 방송을 근거로 1인 미디어 방송의 소재가 다양하다고 판단하였다.

⑤ '영진'은 '지수'와 달리, 고정 시청자 수가 늘지 않는 1인 미디어 방송 사례를 근거로 1인 미디어 방송이 사회에 미치는 영향력에는 한계가 있다고 판단하였다.

06
매체 자료를 적절하게 수용할 수 있는지 묻는 문제이다. [화면 2]에는 재원의 게시물과 학생들의 댓글이 제시되어 있다. 1인 미디어 방송에 대한 학생들의 의견을 세부적으로 파악하고 있어야 문제를 원활하게 풀 수 있다.
학생들이 1인 미디어 방송의 어떤 측면에 주목하고 있는지 파악하고, 선택지에서 학생들의 반응을 올바르게 설명하고 있는지 판단한다.

─ ─

1차 채점	맞은 문항 수	개
	틀린 문항 수	개
	헷갈리는 문항 번호	

→

2차 채점	맞은 문항 수	개
	틀린 문항 수	개
	헷갈리는 문항 번호	

• 틀린 문항 '/' 표시

• 틀린 문항 '×' 표시

[01-03] (가)는 학습 활동이고, (나)는 학생이 (가)를 수행하기 위해 활용한 전자책의 일부이다. 물음에 답하시오.

가

[학습 활동] 다음 상황을 바탕으로, ○○구청 관계자의 입장에서 효과적인 광고 방안을 발표해 봅시다.

> ○○구청에서 '청소년 문화 한마당'을 기획하면서, ○○구 고등학생들을 대상으로 한 홍보 방안을 마련하고자 한다. 대중교통 광고의 효과를 바탕으로 학생들이 주로 이용하는 버스를 활용하여 광고 계획을 수립하기로 한다.

나

[화면 1]

목차 | 즐겨찾기 목록

★ 1장. 광고와 소비자

★ 3장. 대중교통과 광고 ……㉠

[화면 2]

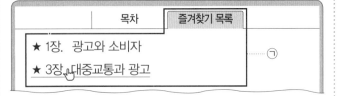

★ 즐겨찾기 | ⊖⊕ 100% 화면 | 형광펜 ……㉡ | 🔍

3장. 대중교통과 광고

대중교통을 이용한 광고는 일정 기간에 특정 공간을 이용하는 수용자들에게 광고 메시지를 전달할 수 있기 때문에 효과적이다. 특히, 버스 정류장 광고, 지하철역 광고, 버스 내·외부 광고 ⓐ 등은 대중교통을 자주 이용하는 사람에게 반복적으로 노출되는 효과가 있다.

광고 효과를 높이기 위해서는 무엇보다 목표 수용자의 관심과 흥미에 대한 분석이 선행되어야 한다. 대중교통 광고에서 자주 ⓑ 보이는 게임 광고는 대중교통을 이용하는 젊은 층의 관심과 흥미를 감안한 것이다.

> 사전
> 감안 「명사」 여러 사정을 참고하여 생각함. ……㉢

[화면 3]

★ 즐겨찾기 | ⊖⊕ 120% 화면 ……㉣ | 형광펜 | 🔍 버스 광고 ……㉤

ⓒ 다음으로 목표 수용자들의 주 이용 노선과 같은 대중교통 이용 패턴을 분석하는 것이 필요하다. 예를 들어, 20대를 주 관객층으로 하는 영화 광고가 대학가를 지나는 노선버스에 많은 것은, 목표 수용자의 주 이용 노선을 고려한 것이다. 또한 목표 수용자의 대중교통 이용 시간대도 고려할 필요가 있다. 목표 수용자의 대중교통 주 이용 시간대가 다른 시간대에 비해 광고 효과가 높기 때문이다.

ⓓ 한편, 대표적인 대중교통 광고인 버스 광고는 여러 규격의 인쇄 광고, 시간대 설정이 가능한 내부 모니터 영상 광고 등 ⓔ 그 형태가 다양하다. 지하철과 달리 지상에서 운행하기 때문에 버스를 이용하지 않는 사람들 역시 버스 외부 광고의 목표 수용자가 될 수 있다는 것이 버스 광고의 장점이다.

제대로 질문하기

❶ (나)의 학생은 학습 활동을 수행하기 위해 (　　　　)을 활용하여 다양한 정보를 수집하고 있다.

❷ 대중교통을 이용한 광고의 효과를 높이기 위해서는 불특정 다수의 관심사가 무엇인지 분석해야 한다. (○, ×)

❸ 버스 광고는 버스 이용객 이외의 사람들에게도 광고 메시지를 전달할 수 있다. (○, ×)

▶ 해설편 113쪽

01 〈보기〉는 (나)의 전자책을 활용한 학생의 반응이다. 이를 바탕으로 (나)를 이해한 내용으로 적절하지 <u>않은</u> 것은?

☆ 문제 채점까지 마친 후
복습할 때 보세요.

제대로 접근법

01
뉴 미디어의 특성을 이해하고 있는지 묻는 유형이다. 〈보기〉에는 전자책 활용의 장점이 제시되어 있다. '중요한 부분에 강조 표시', '다시 봐야 할 내용의 목록화와 어구 검색 기능', '사전 활용 기능', '화면 배율 조정' 등이 나열되어 있다.
이를 바탕으로 선택지의 적절성을 판단하자. 학생이 ㉠, ㉡의 기능을 활용한 이유와 ㉢~㉤의 기능을 활용해 얻은 효과로 적절하게 제시되지 않은 것을 찾아 문제를 해결하자.

─────〈보기〉─────

전자책은 중요한 부분에 강조 표시를 할 수 있다는 점이 종이 책과 비슷했어. 하지만 다시 봐야 할 내용을 선택해 별도의 목록으로 만들거나 어구를 검색해 원하는 정보에 더 쉽게 접근할 수 있다는 점은 종이 책과 달랐어. 책에서 모르는 단어가 나왔을 때, 사전을 찾아본 결과를 한 화면에서 바로 확인할 수 있어서 내용을 빠르게 이해했어. 또 화면 배율을 조정해 글자 크기를 조절하니 읽기에 편했어.

① ㉠에 1, 3장이 포함된 것은 학생이 해당 장의 내용을 다시 볼 필요가 있다고 판단했기 때문이군.
② ㉡을 통해 대중교통을 이용한 광고가 효과적인 이유를 언급한 부분에 강조 표시가 된 것은 학생이 해당 문장을 중요하다고 판단했기 때문이군.
③ ㉢의 '감안'에 대한 사전 찾기 결과는 [화면 2]에서 본문과 함께 제시되어 학생의 글 읽기에 도움을 주었군.
④ ㉣을 통해 [화면 3]의 글자 크기가 [화면 2]보다 커진 것은 학생의 읽기 편의성을 높여 주었군.
⑤ ㉤의 결과가 [화면 3]에 표시된 것은 학생이 '버스 광고'를 쉽게 찾아 버스 광고의 제작 기간을 확인하는 데 도움을 주었군.

02 다음은 학생이 (가)를 수행하는 과정에서 (나)를 바탕으로 작성한 메모이다. 이에 대한 이해로 적절하지 <u>않은</u> 것은?

02
매체 자료의 생산 과정에서 고려할 사항을 이해하고 있는지 묻는 유형이다. (나)의 [화면 2]에는 버스 광고의 반복적 노출 효과 및 광고 효과를 높이기 위해 목표 수용자의 관심과 흥미 분석이 필요하다는 내용이, [화면 3]에는 수용자의 대중교통 이용 패턴 분석의 필요성과 버스 광고 형태의 다양성과 버스 광고의 장점이 제시되어 있다.
메모는 (나)의 정보를 활용하여 광고 계획을 수립한 것으로, 선택지에는 학생이 메모할 때 고려했을 (나)의 정보가 제시되어 있다. 메모와 관련하여 (나)의 정보가 적절하게 제시되지 않은 선택지를 찾아 문제를 해결한다.

메모 1: '청소년 문화 한마당'에 ○○구 고등학생들이 좋아할 공연 프로그램이 많이 준비되어 있음을 광고에서 강조하면 효과적이겠다.
메모 2: 버스 정류장이 아니라 버스 내·외부에 광고물을 부착하고, ○○구 고등학생들이 주로 이용하는 10번이나 12번 버스에 광고를 게시하면 효과적이겠다.
메모 3: 등·하교 시간에 집중적으로 광고를 하기 위해 버스 내부의 모니터 영상 광고를 이용하고, 도보 통학 학생들에게도 홍보하기 위해 버스 외부의 옆면과 뒷면에도 광고를 게시하면 효과적이겠다.

① '메모 1'에서, 광고에서 부각할 내용을 선정한 것은 (나)에 제시된 목표 수용자와 관련하여 우선적으로 분석해야 할 요소를 고려한 것이겠군.
② '메모 2'에서, 정류장 광고와 버스 내·외부 광고 중 후자를 선택한 것은 (나)에 제시된 반복 노출 효과의 유무라는 기준을 고려한 것이겠군.
③ '메모 2'에서, 버스 노선 중에서 특정 노선을 선택한 것은 (나)에 제시된 영화 광고의 예처럼 목표 수용자의 대중교통 이용 패턴을 고려한 것이겠군.
④ '메모 3'에서, 광고 게시 시간대를 설정할 수 있는 광고 형태를 제안하려는 것은 (나)에 제시된 목표 수용자의 대중교통 이용 시간이라는 기준을 고려한 것이겠군.
⑤ '메모 3'에서, 버스 옆면과 뒷면 광고가 필요하다고 판단한 것은 (나)에 제시된 버스 외부 광고의 장점을 고려한 것이겠군.

① ⓐ: 대중교통을 이용한 광고의 종류가 여럿임을 명시하기 위해 사용하였다.

② ⓑ: 젊은 층의 게임 광고 수용에 대한 자발적 의지를 나타내기 위해 사용하였다.

③ ⓒ: 광고의 효과를 높이기 위해 분석해야 할 요소가 더 존재함을 드러내기 위해 사용하였다.

④ ⓓ: 목표 수용자 분석과는 다른 내용으로 전환됨을 나타내기 위해 사용하였다.

⑤ ⓔ: 앞에 나온 표현을 그대로 반복하지 않고 대신하기 위해 사용하였다.

제대로 접근법 ☆ 문제 채점까지 마친 후 복습할 때 보세요.

03

매체 언어의 표현 방법을 이해하고 있는지 묻는 유형이다. 문법 요소에 대한 지식, 단어의 뜻, 문맥 등을 활용하여 선택지의 적절성을 파악한다.

'등'은 같은 종류의 것을 나열하기 위해 사용된다. '보이다'는 '보다'의 피동사로 대상인 '게임 광고'를 부각하고자 사용한 언어 표현이다. '다음으로'는 앞에서 제시한 내용 이외에 더 언급할 것이 존재함을 드러내는 표현이고, '한편'은 앞의 내용이 다른 내용으로 전환됨을 나타내는 표현이다. '그'는 지시 대명사로, 앞에 나온 명사를 대신하기 위해 사용된 표현이다. 이 내용을 통해 적절하지 않은 선택지를 찾아본다.

[04-06] (가)는 교내 방송의 일부이고, (나)는 (가)를 들은 학생들이 휴대 전화 메신저로 나눈 대화의 일부이다. 물음에 답하시오.

가

진행자 : 방송을 듣고 계신 ○○고 여러분, 매주 수요일 마지막 순서는 청취자의 사연을 소개하는 시간이죠. 어제까지 많은 사연이 왔는데요, 시간 관계상 하나만 읽어 드릴게요. (잔잔한 배경 음악) "3학년 1반 이민지입니다. 제가 며칠 전 운동장에서 다쳤을 때 우리 반 지혜가 응급 처치를 해 줬어요. 우리 반에서 인기가 많은 친구인데, 이 친구가 곧 전학을 가요. 헤어지기 아쉬운 마음을 담아 □□의 노래 〈다시 만날 우리들〉을 신청합니다."라고 하셨네요. 신청곡 들려드리면서 오늘 방송 마무리할게요.

나

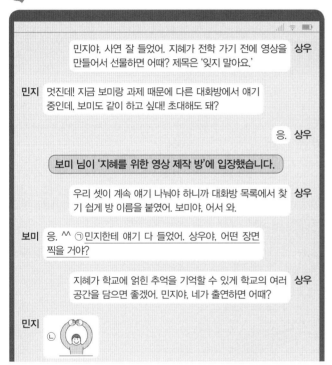

상우 : 민지야, 사연 잘 들었어. 지혜가 전학 가기 전에 영상을 만들어서 선물하면 어때? 제목은 '잊지 말아요.'

민지 : 멋진데! 지금 보미랑 과제 때문에 다른 대화방에서 얘기 중인데, 보미도 같이 하고 싶대! 초대해도 돼?

상우 : 응.

보미 님이 '지혜를 위한 영상 제작 방'에 입장했습니다.

상우 : 우리 셋이 계속 얘기 나눠야 하니까 대화방 목록에서 찾기 쉽게 방 이름을 붙였어. 보미야, 어서 와.

보미 : 응. ^^ ㉠민지한테 얘기 다 들었어. 상우야, 어떤 장면 찍을 거야?

상우 : 지혜가 학교에 얽힌 추억을 기억할 수 있게 학교의 여러 공간을 담으면 좋겠어. 민지야, 네가 출연하면 어때?

민지 : ㉡

상우 : 그럼 첫 장면으로 교문에서 운동장까지 걸어가는 네 모습을 쭉 이어서 찍을게. 네가 교문과 운동장에서 카메라를 보면서 지혜랑 얘기하듯이 말해.

민지 : 알겠어.

상우 : 그 다음에 교실로 올라가서 지혜가 즐겨 보던 운동장을 찍자. 지혜가 5층에서 운동장 바라보는 걸 좋아했거든.

보미 : 그럼 운동장에 ♡를 크게 그리고, 민지가 사연으로 신청했던 노래의 제목을 그 안에 적어 놓자. 그렇게 하면 우리 마음이 드러날 것 같아.

상우 : 오, 그렇게 찍자.

민지 : ㉢아까 학교에 얽힌 추억을 지혜가 기억하면 좋겠다고 했으니까, 운동장에서는 지혜가 날 도와줬던 그때를 떠올리면서 지혜한테 얘기하듯이 말하면 되겠지?

상우 : 좋아. 마지막에 우리가 지혜에게 하고 싶은 말을 하는 장면을 넣자. 영상 제목과 어울리게 '함께한 순간들 잊지 마.'라고 말할까?

보미 : 그래. 우리가 세 글자씩 말하고, 화면에는 그 말이 한 문장으로 보이도록 하면 어때? 자막은 내가 넣을게.

상우 : 응. 근데 민지야, 생각해 보니 교문에서 운동장까지 꽤 머니까 네가 운동장으로 이동하는 과정은 빼고 찍자. 교문과 운동장에서 각각 찍고 편집해서 이어 붙이자.

민지 : 알겠어. ㉣대화 내용을 다시 보니까 장면 구상이나 각자 역할은 얘기했는데 촬영 날짜는 안 정했네.

상우 : ㉤그럼 아래 투표함에 날짜를 몇 개 올릴 테니까 각자 가능한 날짜를 선택해 줘.

📮 투표 제목 : 촬영 날짜 선택

제대로 질문하기

❶ 교내 라디오 방송에 민지가 직접 출연하여 지혜와의 추억을 이야기하고 있다. (○, ×)
❷ (나)의 대화방은 지혜에게 줄 영상을 제작하기 위한 목적을 가지고 만들어졌다. (○, ×)
❸ (나)의 대화방에서 인물과 장소를 섭외하는 방법을 이야기하고 있다. (○, ×)

(가), (나)에 드러나 있는 매체의 특성을 이해한 것으로 가장 적절한 것은?

① (가)에서는 정보를 전달할 수 있는 시간의 제약을 고려하여 정보의 양을 조절하고 있다.
② (나)에서는 불특정 다수의 수용자에게 정보를 제공하고 있다.
③ (가)에서는 (나)와 달리 대화 목적에 따라 또 다른 온라인 대화 공간을 설정하고 있다.
④ (나)에서는 (가)와 달리 음성 언어에 음향을 결합하여 정보를 생산하고 있다.
⑤ (가)와 (나)에서는 모두 정보 생산자가 정보 수용자의 반응에 따라 정보 제시 순서를 바꾸고 있다.

⊙~⑩에 드러난 의사소통 방식에 대한 이해로 적절하지 않은 것은?

① ⊙: 새롭게 대화에 참여한 '보미'는 공유된 맥락을 기반으로 '상우'에게 질문하고 있다.
② ⓛ: 동의의 뜻을 시각적 이미지로 제시하여 '상우'의 제안을 수락하고 있다.
③ ⓒ: '상우'의 이전 발화 중 일부를 재진술하면서 영상 제작에 관한 그의 의견에 이의를 제기하고 있다.
④ ⓔ: 진행된 대화 내용을 점검하여 영상 촬영과 관련해서 추가적으로 논의할 내용을 언급하고 있다.
⑤ ⑩: 의견을 취합할 수 있는 기능을 활용하여 촬영 날짜를 선택하기 위한 의사 결정에 참여해 줄 것을 요청하고 있다.

(나)의 대화 내용을 반영한 '영상 제작 계획'으로 적절하지 않은 것은? [3점]

영상 제작 계획	장면 스케치
① 교문에서부터 운동장까지 끊지 않고 촬영하여 지혜가 여러 공간에 얽힌 추억을 떠올릴 수 있도록 연출해야겠어.	
② 학교 공간을 촬영할 때, 민지가 지혜와 대화하는 듯한 느낌을 드러내야겠어.	
③ 지혜가 바라보던 운동장을 위에서 아래로 내려다보는 각도로 교실에서 촬영해야겠어.	
④ 운동장에 그린 하트 모양의 그림에 '다시 만날 우리들'이라는 글자가 적힌 장면을 촬영하여 영상을 제작하는 우리의 마음을 드러내야겠어.	
⑤ 우리가 다 같이 등장해서 '함께한', '순간들', '잊지 마'라고 나눠서 말한 내용이 하나의 문장처럼 보이게 자막을 삽입해야겠어.	함께한 순간들 잊지 마.

☆ 문제 채점까지 마친 후 복습할 때 보세요.

04
매체의 종류에 따른 특성을 이해하고 있는지 묻는 유형이다. (가)는 교내 방송, (나)는 휴대 전화 메신저 대화이다. 각 매체의 특성을 생각해 보고, 선택지의 적절성을 판단한다.
시간의 제약을 많이 받는 매체는 무엇인지, 불특정 다수를 수용자로 설정하는 매체는 무엇인지, 음성 언어에 음향을 결합하여 정보를 전달하는 매체는 무엇인지, 정보 수용자의 반응에 따라 정보 순서를 변경하는 매체는 무엇인지 하나하나 따져 본다.

05
매체 언어와 개인적·사회적 소통에 대해 이해하고 있는지 묻는 유형이다. ⊙~⑩의 의사소통 내용과 방법을 확인하고 그에 담긴 의미나 기능이 선택지에서 적절하게 언급되는지 판단하자.
선택지를 하나씩 살피며 메시지의 의도와 의미, 기능이 바르게 설명된 것을 하나씩 지워 나간다. 확실한 답을 정하고 전체 선택지를 다시 한번 검토하여 실수를 하지 않도록 한다.

06
대화 내용을 반영한 영상 제작 계획의 적절성을 판단하는 유형이다. 선택지에 제시된 영상 제작 계획은 (나)에서 나눈 대화 내용을 벗어나면 안 된다. 선택지에 언급된 내용 중에서 대화 내용에 부합하지 않는 것이 있는지 찾아보자.
장면 스케치로 제시된 그림보다는 영상 제작 계획으로 제시된 내용에 주목해야 문제를 해결할 수 있음을 기억하자.

맞은 문항 수		개
틀린 문항 수		개
헷갈리는 문항 번호		

· 틀린 문항 '/' 표시

맞은 문항 수		개
틀린 문항 수		개
헷갈리는 문항 번호		

· 틀린 문항 'X' 표시

[01-04] (가)는 텔레비전 뉴스이고, (나)는 이를 바탕으로 교내에 게시하기 위해 동아리에서 만든 포스터이다. 물음에 답하시오.

가

진행자: 생활 속 유용한 경제 뉴스를 알려 드리는 시간이죠. 경제 뉴스 콕, 김 기자. ⓐ 요즘 화제가 되고 있는 제도에 대해 알려 주신다면서요?

기자: 네. 한국○○공단에서 실시하는 '탄소 중립 실천 포인트 제도'를 소개해 드리겠습니다. ⓑ 일상 속 작은 노력으로 탄소 중립을 실천하고 포인트도 받을 수 있는 제도인데요,

제도 실시 후 석 달 만에 가입자 십만 명을 돌파했습니다. 기후 위기를 심각하게 여기고 친환경 생활을 실천하려는 국민들이 그만큼 많았단 뜻이겠죠. ⓒ 자, 그럼 구체적으로 어떻게, 얼마나 받을 수 있는지 궁금하실 텐데요. 일단 이 포인트를 받으려면 누리집에 가입해야 합니다.

누리집에 가입해서 각종 탄소 중립 활동을 실천하면 연간 최대 칠만 원까지 포인트를 받을 수 있습니다. 대형 마트에서 종이 영수증 대신 전자 영수증으로 받으면 백 원, 배달 음식 주문할 때 일회 용기 대신 다회 용기를 선택하면 천 원, 세제나 화장품 살 때 빈 통을 가져가 다시 채우면 이천 원, 무공해 차를 대여하면 오천 원이 적립됩니다. ⓓ 한국○○공단 관계자의 말을 들어 보겠습니다.

관계자: 정산 시스템 구축이 완료될 다음 달부터 월별로 정산해 지급할 예정입니다. 많은 국민이 동참할 수 있도록…

기자: 기존의 탄소 포인트 제도와 더불어 이 제도가 국민들의 탄소 줄이기 생활화에 이바지할 수 있을지 주목됩니다.

진행자: 그렇군요. ⓔ 많은 국민이 동참해야 효과가 있는 제도인 만큼 참여도를 높이는 게 중요하겠네요. 오늘 준비한 소식은 여기까지입니다. 시청자 여러분, 고맙습니다.

나

❶ 탄소 중립 실천 포인트 제도는 (   )를 생활화하기 위해 만든 제도이다.
❷ 탄소 중립 실천 포인트 제도에 대한 국민들의 참여율이 저조하다. (○, ×)
❸ 탄소 중립 활동을 실천할 수 있는 방법과 그에 대한 혜택이 언급되고 있다. (○, ×)

01 ㉠~㉤에 대한 이해로 적절하지 않은 것은?

① ㉠은 글자의 크기와 굵기를 달리하여 보도의 주요 제재를 부각하였다.
② ㉡은 기자의 발화 내용을 의문형으로 요약 진술하여 시청자의 이해를 돕고자 하였다.
③ ㉢은 기자의 발화와 관련된 내용을 보충하여 정보의 구체성을 강화하였다.
④ ㉣은 관계자의 발화에서 생략된 내용을 보완하여 의미를 정확하게 전달하였다.
⑤ ㉤은 이후에 방영될 프로그램에 대한 정보를 제시하여 이에 대한 시청자의 관심을 유도하였다.

제대로 접근법
☆ 문제 채점까지 마친 후 복습할 때 보세요.

01
매체 언어의 표현 방법을 이해하고 있는지 묻는 유형이다. 선택지에 제시된 표현 방법이 매체 자료에 사용되었는지 점검하자. 선택지에 제시된 표현 방법이 사용되었다면 이어서 표현의 효과가 선택지에서 바르게 언급되고 있는지를 판단해 보자.
글자의 크기와 굵기를 다르게 하여 특정 내용을 강조하고 있는지, 의문형으로 요약 진술된 문장이 사용되고 있는지, 관련된 내용을 보충하거나 생략된 내용을 보완하고 있는지, 방영될 프로그램에 대한 정보가 제시되고 있는지 확인한다.

02 ⓐ~ⓔ에 대한 설명으로 가장 적절한 것은?

① ⓐ: 보조 용언 '있다'를 사용해 제도가 지속적으로 진행됨을 표현하였다.
② ⓑ: 보조사 '도'를 사용해 제도의 장단점을 아우르고자 하는 의도를 표현하였다.
③ ⓒ: 감탄사 '자'를 사용해 시청자의 해당 누리집 가입을 재촉하려는 의도를 표현하였다.
④ ⓓ: 선어말 어미 '-겠-'을 사용해 제도 시행 관련 정보를 관계자가 언급할 것이라는 추측을 표현하였다.
⑤ ⓔ: 의존 명사 '만큼'을 사용해 많은 국민이 동참해야 효과가 있는 제도라는 점이 이어지는 내용의 근거임을 표현하였다.

02
매체 언어의 표현 방법을 이해하고 있는지 묻는 유형으로, 비교적 오답률이 높았다. 선택지에 제시된 보조 용언, 보조사, 감탄사, 선어말 어미, 의존 명사의 문법 개념을 모두 알아야 하지만, 그렇지 못해도 문제를 풀 수 있다.
각 선택지의 후반부에서는 뉴스 생산자의 표현 의도에 대해 설명하고 있다. 이러한 선택지의 내용이 지문의 내용과 일치하는지를 따져 보면 답을 찾을 수 있다.

03 (가)를 시청한 학생들의 휴대전화 대화방의 내용이다. 학생들의 수용 태도에 대한 설명으로 적절하지 <u>않은</u> 것은? [3점]

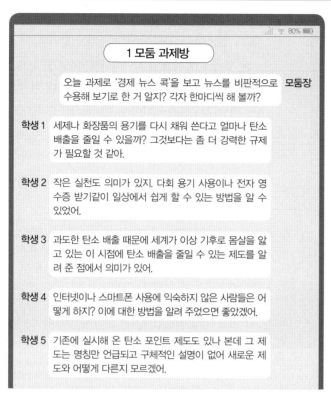

① 학생 1은 보도에서 제시한 실천 항목의 효과에 주목해 제도의 실효성 측면을 부정적으로 판단하였다.
② 학생 2는 일상에서 쉽게 할 수 있는 방법을 제시한 점에 주목해 제도의 실천 용이성 측면을 긍정적으로 판단하였다.
③ 학생 3은 제도의 시행이 현재의 문제 해결에 필요하다는 점에 주목해 보도의 시의성 측면을 긍정적으로 판단하였다.
④ 학생 4는 누리집 접근에 어려움을 겪는 사람에 주목해 제도의 실현 가능성 측면을 부정적으로 판단하였다.
⑤ 학생 5는 기존 제도의 세부 내용을 설명하지 않은 점에 주목해 보도 내용의 충분성 측면을 부정적으로 판단하였다.

04 (나)의 정보 구성 및 제시 방식에 대한 이해로 적절하지 <u>않은</u> 것은?

① (가)에 제시된 제도의 실천 항목 중 청소년이 일상에서 실천할 수 있는 것을 선별하여 제시하였군.
② (가)에 제시된 누리집 주소와 함께 QR코드를 제시하여 누리집에 접속할 수 있는 경로를 추가하였군.
③ (가)에 제시된 제도의 개인적 혜택을 시각적으로 표현하기 위해 돈과 저금통의 이미지를 활용하였군.
④ (가)에 제시된 가입자 증가 현황 이외에 증가 원인을 추가하여 제도 가입자가 지닌 환경 의식을 표현하였군.
⑤ (가)에 제시된 수용자보다 수용자 범위를 한정하고 생산자를 명시하여 메시지 전달의 주체와 대상을 표현하였군.

▶ 해설편 116쪽

제대로 접근법 ☆ 문제 채점까지 마친 후 복습할 때 보세요.

03
매체 자료의 주체적 수용 태도를 판단할 수 있는지 묻는 유형이다. 뉴스를 비판적으로 수용한 '모둠 과제방'에서 각 학생들이 뉴스의 어떤 내용에 주목하고 있는지 확인한다.
선택지에서는 학생들의 평가 내용을 제도와 보도의 차원으로 나눠 설명하고 있는데, 학생의 평가를 확대 해석하거나 잘못 설명하고 있는 하나의 선택지를 골라야 한다. 선택지에는 '실효성', '용이성', '시의성' 등과 같은 어려운 용어가 제시되어 있으므로, 어휘의 뜻을 모른다면 공부하여 알아 두도록 하자.

04
매체 정보의 구성 방식을 이해하고 있는지 묻는 유형이다. (가)는 텔레비전 뉴스이고, (나)는 (가)의 정보를 활용하여 만든 교내 포스터라는 점에 유의한다. (가)의 정보를 활용한 (나)에 대한 설명이 적절하지 않은 선택지를 고르면 된다. 선택지에 언급된 (가)의 정보가 (가)에서 확인할 수 있는 내용인지 점검하고, 확인된 정보가 (나)에서도 사용되고 있는지를 살펴보자. 이렇게 (가) 또는 (나)에서 확인할 수 없는 내용을 언급한 선택지를 답으로 고른다.

우리 문화 지킴이들, 안녕! 우리 전통문화를 소개하고 체험하는 문화 지킴이 방송의 진행자, 역사임당입니다. 오늘은 과거 궁중 연회에서 장식 용도로 사용되었던 조화인 궁중 채화를 만들어 보려고 해요. 여러분도 실시간 채팅으로 참여해 주세요.

[A]
🔘 빛세종: 채화? '화'는 꽃인데 '채'는 어떤 뜻이죠?

빛세종님, 좋은 질문! 채화의 '채'가 무슨 뜻인지 물으셨네요. 여기서 '채'는 비단을 뜻해요. 궁중 채화를 만드는 재료로 비단을 비롯한 옷감이 주로 쓰였기 때문이죠.

(사진을 보여 주며) 주로 복사꽃, 연꽃, 월계화 등을 만들었대요. 자, 이 중에서 오늘 어떤 꽃을 만들어 볼까요? 여러분이 골라 주세요.

[B]
🔘 햇살가득: 월계화?? 월계화 만들어 주세요!

좋아요! 햇살가득님이 말씀하신 월계화로 결정!

그럼 꽃잎 마름질부터 해 보겠습니다. 먼저 비단을 두 겹으로 겹쳐서 이렇게 꽃잎 모양으로 잘라 줍니다. 꽃잎을 자를 때 가위는 그대로 두고 비단만 움직이며 잘라야 해요. 보이시죠? 이렇게, 비단만, 움직여서. 그래야 곡선은 곱게 나오면서 가위 자국이 안 남아요. 이런 식으로 다양한 크기의 꽃잎을 여러 장 만들어요. 자, 다음은 뜨거운 인두에 밀랍을 묻힌 후, 마름질한 꽃잎에 대고 이렇게 살짝 눌러 주세요. 보셨나요? 녹인 밀랍을 찍어서 꽃잎에 입혀 주면 이렇게 부피감이 생기죠.

[C]
🔘 꼼꼬미: 방금 그거 다시 보여 주실 수 있어요?

물론이죠, 꼼꼬미님! 자, 다시 갑니다. 뜨거운 인두에 밀랍을 묻혀서 꽃잎 하나하나에, 이렇게, 누르기. 아시겠죠?

필요한 꽃잎 숫자만큼 반복해야 하는데 여기서 이걸 계속하면 정말 지루하겠죠? (미리 준비해 둔 꽃잎들을 꺼내며) 짜잔! 그래서 꽃잎을 이만큼 미리 만들어 뒀지요! 이제 작은 꽃잎부터 큰 꽃잎 순서로 겹겹이 붙여 주면 완성! 다들 박수! 참고로 궁중 채화 전시회가 다음 주에 ○○시에서 열릴 예정이니 가 보셔도 좋을 것 같네요.

[D]
🔘 아은맘: ○○시에 사는데, 전시회 지난주에 이미 시작했어요. 아이랑 다녀왔는데 정말 좋았어요. ㅎㅎㅎ

아, 전시회가 이미 시작되었다고 하네요. 아은맘님 감사! 자, 이제 마칠 시간이에요. 혼자서 설명하고 시범까지 보이려니 미흡한 점이 많았겠지만 끝까지 함께해 주셔서 감사합니다. 오늘 방송 어떠셨나요?

[E]
🔘 영롱이: 저 오늘 진짜 우울했는데ㅠ 언니 방송 보면서 기분이 좋아졌어요. 저 오늘부터 언니 팬 할래요. 사랑해요♥

와, 영롱이님께서 제 팬이 되어 주신다니 정말 힘이 납니다. (손가락 하트를 만들며) 저도 사랑해요!

다음 시간에는 궁중 채화를 장식하는 나비를 만들어 볼게요. 지금까지 우리 문화 지킴이, 역사임당이었습니다. 여러분, 안녕!

제대로 **질문하기**

❶ 진행자는 궁중 연회에서 장식으로 사용되었던 (　　　　　　)를 만드는 과정을 보여 주고 있다.
❷ 시청자들의 의견을 실시간으로 반영하며 방송을 진행하고 있다. (○, ×)
❸ 방송 주제와 관련된 사진을 보여 주며 시청자들의 이해를 돕는다. (○, ×)

▶ 해설편 116쪽

05 위 방송에 반영된 기획 내용으로 가장 적절한 것은?

① 접속자 이탈을 막으려면 흥미를 유지해야 하니, 꽃잎을 미리 준비해 반복적인 과정을 생략해야겠군.

② 소규모 개인 방송으로 자원에 한계가 있으니, 제작진을 출연시켜 인두로 밀랍을 묻히는 과정을 함께해야겠군.

③ 실시간으로 진행되어 편집을 할 수 없으니, 마름질 과정에서 실수가 나올 것에 대비하여 미리 양해를 구해야겠군.

④ 텔레비전 방송에 비해 비공식적이고 사적인 매체이니, 방송에 대한 긍정적 평가와 고정 시청자 등록을 부탁해야겠군.

⑤ 방송 도중 접속한 사람은 이전 내용을 볼 수 없으니, 마무리 인사 전에 채화 만드는 과정을 요약해서 다시 설명해야겠군.

제대로 접근법 ✰✰ 문제 채점까지 마친 후 복습할 때 보세요.

05
매체 정보의 구성 방식을 이해하고 있는지 묻는 유형이다. 제시된 인터넷 방송의 내용을 다시 훑어보며 선택지에 언급된 기획 내용이 인터넷 방송에 반영되었는지 파악하자.
방송에서 진행자가 꽃잎을 미리 준비해 왔는지, 제작진을 출연시켜 제작 과정을 함께했는지, 예상되는 실수에 미리 양해를 구했는지, 시청자에게 긍정적인 평가와 고정 시청자 등록을 부탁했는지, 방송 내용을 요약했는지를 확인한다. 오답 선택지에는 방송에서 찾아볼 수 없는 내용들이 나와 있으므로, 어렵지 않게 문제를 해결할 수 있다.

06 〈보기〉를 바탕으로, [A]~[E]에서 파악할 수 있는 수용자의 특징에 대한 이해로 적절하지 않은 것은?

〈보기〉

실시간 인터넷 방송은 영상과 채팅의 결합을 통해 방송 내용의 생산과 수용이 쌍방향으로 이뤄진다. 예컨대 수용자는 방송 중 채팅을 통해 이어질 방송의 내용과 순서를 정하는 데 영향을 미치고, 이미 제시된 방송의 내용을 추가, 보충, 정정하게 하는 등 능동적인 역할을 수행할 수 있다. 또 생산자와 정서적인 유대를 형성하기도 한다.

① [A]: '빛세종'은 더 알고 싶은 내용을 질문함으로써 진행자가 방송 내용을 보충하여 제시하도록 하고 있다.

② [B]: '햇살가득'은 자신이 원하는 바를 밝힘으로써 진행자가 생산할 내용을 선정하는 데 관여하고 있다.

③ [C]: '꼼꼼미'는 제시되지 않은 부분을 추가하도록 요청함으로써 진행자가 방송의 순서를 정하는 데 영향을 미치고 있다.

④ [D]: '아은맘'은 제시된 내용 중 잘못된 부분을 언급함으로써 진행자가 오류를 인지하고 정정하도록 하고 있다.

⑤ [E]: '영롱이'는 자신의 감정 변화를 제시함으로써 진행자와 정서적인 유대를 형성하고 있다.

06
매체 수용자의 특성을 이해하고 있는지 묻는 유형이다. 〈보기〉를 읽은 후, 그 내용과 관련하여 선택지에서 지문 속 수용자들을 적절하게 설명하고 있는지 판단한다.
〈보기〉에서 수용자의 특징으로 '생산자와 쌍방향 소통', '방송 내용과 순서에 대한 영향력', '방송에서 능동적인 역할 수행', '생산자와 정서적인 유대 형성'을 제시하고 있다. 수용자의 참여에 대해 바르게 설명하지 않은 선택지나 수용자의 참여와 〈보기〉의 내용이 적절하게 연결되지 않은 선택지가 무엇인지 찾아본다.

1차 채점			2차 채점		
맞은 문항 수		개		맞은 문항 수	개
틀린 문항 수		개 →		틀린 문항 수	개
헷갈리는 문항 번호				헷갈리는 문항 번호	

• 틀린 문항 '/' 표시

• 틀린 문항 '×' 표시

[01-04] 다음은 '지문 등 사전등록제'에 대한 신문 기사를 다루는 텔레비전 방송 프로그램의 일부이다. 물음에 답하시오.

진행자: ㉠시청자 여러분, 안녕하십니까! 며칠 전 김 모 군이 가족의 품으로 돌아온 사실, 다들 알고 계실 겁니다. 김 군이 돌아온 데는 '지문 등 사전등록제'의 역할이 컸습니다. ㉡그래서 오늘은 '지문 등 사전등록제'에 대한 기사들이 많습니다. 먼저 △△ 신문, 함께 보시죠.

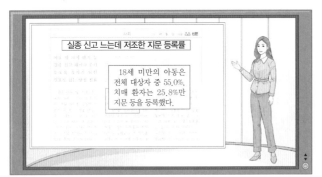

진행자: 표제가 '실종 신고 느는데 저조한 지문 등록률'인데요, 기사 내용 일부를 확대해 보겠습니다. 18세 미만 아동은 55.0%, 치매 환자는 25.8%만 지문 등을 등록했다고 하는데요. 그러면 '지문 등 사전등록제'가 무엇이고, 왜 이렇게 등록률이 저조한지 말씀해 주시겠습니까?

전문가: △△ 신문에서 언급한 대로 '지문 등 사전등록제'란 18세 미만의 아동, 치매 환자 등을 대상으로 보호자의 신청을 받아 지문과 사진, 신상 정보 등을 사전에 등록하여, 실종 시에 이 자료를 활용해 신속하게 찾을 수 있게 하는 제도를 말합니다. △△ 신문에서는 홍보가 부족해 지문 등록률이 저조하다고 했는데요, 제가 볼 때는 개인 정보 유출에 대한 우려도 크게 작용했다고 생각합니다.

진행자: 개인 정보 유출은 민감한 사안이니 정보 관리가 중요하겠네요.

전문가: ㉢사전등록 정보는 암호화 과정을 거쳐 저장하고 있습니다. 또 이 정보는 ㉣아동이 18세에 도달하면 자동 폐기되고, 보호자가 원하면 언제든 폐기할 수 있습니다.

진행자: 네, 그래도 등록률을 높이려면 현재보다 강화된 개인 정보 보호 방안이 있어야겠네요. △△ 신문을 더 살펴볼까요? 지문 등을 사전등록하면 실종자를 신속하게 찾을 수 있다는 내용인데요, 시간이 얼마나 단축되나요?

전문가: 지문 등을 등록하지 않으면 실종자를 찾기까지 평균 56시간, 등록하면 평균 50여 분 정도 걸립니다.

진행자: 시간이 많이 단축되네요. 이제 다른 기사들도 살펴볼까요? □□ 신문인데요, 간단히 보면 '찾아가는 지문 등 사전등록제'를 실시하는 지역이 있다는 내용입니다. ○○ 신문에는 지문 등 사전등록 스마트폰 앱이 소개되어 있네요. 화면으로 만나 보시죠.

○○ 신문

'지문 등 사전등록 앱'의 ⓐ첫 화면은 메뉴가 그림과 문자로 표현되어 있어서, 고정된 메뉴 화면을 한눈에 보며 손쉽게 활용할 수 있다.

ⓑ'지문 등록' 메뉴를 누르면 대상자의 지문과 사진, 대상자와 보호자의 인적 사항 등을 언제 어디서든 등록할 수 있다.

ⓒ'함께 있어요' 메뉴에서는 게시판에 올라온 인적 사항과 사진들을 보면서 찾고 있는 사람이 있는지 알아볼 수 있다.

ⓓ'같이 찾아요' 메뉴에는 잃어버린 사람을 찾는 글을 올릴 수 있는데, 다른 사람의 글을 확인하거나 다른 사람의 글에 댓글을 다는 것도 가능하다.

ⓔ'보호소' 메뉴는 지도 앱과 연동되어 있어서 인근에 있는 보호소의 위치를 바로 확인할 수 있다.

진행자: ㉤필요하신 분들은 앱을 한번 사용해 보시면 좋겠습니다. 이번에는 실시간 시청자 게시판, 화면으로 보시죠.

제대로 질문하기

❶ 방송 프로그램에 출연한 전문가는 홍보 부족이 지문 등록률이 저조한 가장 큰 원인이라고 인식하고 있다. (○, ×)
❷ '지문 등 사전등록 앱'의 '보호소' 메뉴를 이용하면 인근에 있는 보호소의 위치를 바로 확인할 수 있다. (○, ×)
❸ '지문 등 사전등록제'를 통해 등록된 아동의 개인 정보는 아동이 18세에 도달하면 ( )된다.

▶ 해설편 119쪽

01 위 방송 프로그램을 시청한 학생의 반응으로 적절하지 <u>않은</u> 것은?

① 진행자가 △△ 신문의 내용보다 □□ 신문의 내용을 간단히 언급함으로써 방송에서 어떤 기사에 더 비중을 두었는지 드러내고 있군.

② 시의성 있는 화제를 다룬 신문 기사들을 제시함으로써 사회적으로 주목할 만한 사안에 대한 다양한 정보를 전달하고 있군.

③ △△ 신문 기사의 일부를 화면에 확대하여 제시함으로써 신문 기사의 특정 부분을 방송에서 선별하여 보여 주고 있군.

④ 진행자가 △△ 신문과 ○○ 신문의 기사 내용을 종합함으로써 특정 화제에 대한 비판적 입장을 나타내고 있군.

⑤ 전문가가 진행자의 질문에 답함으로써 △△ 신문 기사의 내용에 대한 자신의 의견을 덧붙이고 있군.

01
매체 자료의 주체적 수용 방법을 이해하는 유형이다. 수용자의 반응의 적절성을 판단하는 형태를 취하고 있지만 독서 영역의 세부 정보 파악하기 유형과 문제 접근법은 다르지 않다.
방송 프로그램에서 진행자는 '지문 등 사전등록제'를 다룬 신문 기사들을 살펴보며 전문가와 대화하고 있다. 지문을 꼼꼼하게 읽은 후 선택지와 지문의 내용을 하나하나 비교해 가며 지문의 내용과 일치하지 않거나 지문에서 언급되지 않은 정보를 포함한 선택지를 고른다.

02 ㉠~㉤에 대한 설명으로 적절하지 <u>않은</u> 것은?

① ㉠: 하십시오체 종결 어미 '-ㅂ니까'를 통해 시청자를 높이며 방송의 시작을 알리는 인사를 하고 있다.

② ㉡: 접속 부사 '그래서'를 통해 앞 문장의 내용이 뒤에 이어지는 내용의 원인임을 드러내고 있다.

③ ㉢: 보조사 '는'을 통해 '사전등록 정보'가 문장의 화제임과 동시에 주어로 사용됨을 보여 주고 있다.

④ ㉣: 연결 어미 '-면'을 통해 앞 절의 내용이 '사전등록 정보'가 '자동 폐기'되는 조건임을 나타내고 있다.

⑤ ㉤: 보조 용언 '보다'를 통해 '앱'을 사용하는 것이 시험 삼아 하는 행동임을 나타내고 있다.

02
매체 언어의 표현 방법을 파악하는 유형으로, 정답률이 매우 낮았다. 매체는 언어와 함께 선택 과목으로 묶이기 때문에 보통 문법 요소와 관련된 문제를 한 문제 이상 포함하고 있다. 따라서 기본적인 문법적 지식을 익혀 두어야 어려움 없이 문제를 풀 수 있다.
㉠~㉤과 그 앞뒤의 문장을 읽고 선택지에서 '-ㅂ니까', '그래서', '는', '-면', '보다'의 기능 및 의미를 올바르게 설명했는지 판단해 보자.

03 다음은 위 방송 프로그램 '시청자 게시판'의 내용이다. 시청자의 수용 태도에 대한 설명으로 가장 적절한 것은? [3점]

시청자 게시판 ✕ 🗋

└ 시청자 1 제 주변에서는 많이 등록했던데요. 신문에 나온 등록률 현황은 어디서 조사한 것인가요?

└ 시청자 2 방송에서 지문 등 사전등록의 필요성 위주로 이야기하고 개인 정보 유출 문제에 대해서는 별로 언급하지 않네요.

└ 시청자 3 미취학 아동만 대상자인 줄 알았는데 중학생도 해당되는군요. 누가 대상자인지 궁금했던 사람들은 방송을 통해 알게 되었겠어요.

└ 시청자 4 가족 중에 대상자가 있지만 저처럼 이런 제도가 있다는 것을 몰랐던 사람에게는 방송 내용이 도움이 될 것 같아요.

└ 시청자 5 인터넷에서는 지문 등 사전등록을 하지 않으면 실종자를 찾기까지 81시간이 걸린다던데요. 어떤 것이 맞는지 궁금합니다.

---

① 시청자 1과 2는 △△ 신문 기사의 내용과 관련하여, 지문 등 사전등록제의 등록률에 대한 정보의 출처가 믿을 만한지 점검하였다.

② 시청자 1과 4는 ○○ 신문 기사의 내용과 관련하여, 지문 등을 사전등록하는 방법에 대한 정보의 양이 충분한지 점검하였다.

③ 시청자 2와 5는 △△ 신문 기사의 내용과 관련하여, 지문 등 사전등록제의 장단점을 공평하게 다루고 있는지 점검하였다.

④ 시청자 3과 4는 △△ 신문 기사의 내용과 관련하여, 지문 등 사전등록제가 어떤 사람에게 유용한지 점검하였다.

⑤ 시청자 3과 5는 ○○ 신문 기사의 내용과 관련하여, 지문 등 사전등록제의 효과에 대한 정보가 사실인지 점검하였다.

04 '○○ 신문'을 바탕으로 할 때, ⓐ~ⓔ에서 확인할 수 있는 의사소통의 특징으로 가장 적절한 것은?

---

① ⓐ에서, 화면에서 필요한 정보를 찾아 사용할 수 있는 것으로 보아 수용자가 대량의 정보를 요약하여 비선형적으로 표현할 수 있음을 알 수 있다.

② ⓑ에서, 시·공간의 제약 없이 정보를 생산하는 것으로 보아 생산자가 등록한 정보를 수용자가 변형하여 배포할 수 있음을 알 수 있다.

③ ⓒ에서, 글과 이미지로 표현된 정보를 확인할 수 있는 것으로 보아 수용자가 둘 이상의 양식이 결합된 매체 자료에 접근하여 실시간으로 수정할 수 있음을 알 수 있다.

④ ⓓ에서, 글을 쓸 수도 있고 다른 사람의 글을 읽을 수도 있는 것으로 보아 매체 자료의 생산과 수용이 쌍방향적으로 이루어질 수 있음을 알 수 있다.

⑤ ⓔ에서, 서로 다른 앱을 연결하여 사용할 수 있는 것으로 보아 매체 자료의 수용자가 생산자도 될 수 있음을 알 수 있다.

★ 문제 채점까지 마친 후 복습할 때 보세요.

제대로 접근법

03
매체 자료 수용에서의 관점과 가치를 이해하는 유형이다. '시청자 게시판'에는 프로그램에 대한 수용자들의 다양한 반응이 제시되어 있는데, 이를 보고 수용자의 관점과 가치관을 이해해야 한다.
먼저 '시청자 게시판'의 내용을 읽고 시청자 1~5가 어느 신문의 기사 내용과 관련하여 반응했는지 파악한다. 다음으로 선택지에 제시된 점검 내용이 '시청자 게시판'에 나타난 시청자들의 실제 반응과 부합하는지 따져 보며 답을 고른다.

04
매체의 유형에 따른 특성을 파악하는 문제이다. 자주 출제되는 유형이므로 신문, 텔레비전, 인터넷 등 대표적인 매체의 특성과 매체 관련 용어를 익혀 두는 것이 좋다.
ⓐ~ⓔ는 모두 지문 등 사전등록 스마트폰 앱의 구성 요소로, 선택지에서는 ⓐ~ⓔ의 기능을 매체 자료의 생산 및 수용과 연관 지어 제시하고 있다. ○○ 신문을 읽고 ⓐ~ⓔ의 기능 중 어떤 것이 매체 자료 생산에 해당하고 어떤 것이 수용에 해당하는지 구분하며 정리해 보자. 그리고 정리한 내용을 바탕으로 선택지의 적절성을 판단해 보자.

[05-06] (가)는 학생의 개인 블로그이고, (나)는 발표를 위해 (가)를 참고하여 만든 스토리보드의 일부이다. 물음에 답하시오.

가

재생 종이, 왜 사용해야 할까요?

재생 종이를 아시나요? 재생 종이는 폐지를 활용하여 만든 종이인데요, 대체로 폐지가 40% 넘게 들어간 종이를 말합니다. 사진에서 보듯이 재생 종이는 책, 복사지 등으로 사용되고 있답니다.

재생 종이를 사용하면 **숲을 지킬 수 있어요.** 20××년 한 해에 국내에서 사용되는 종이를 만드는 데 2억 2천만 그루의 나무가 필요하다고 해요. 엄청난 면적의 숲이 종이를 만들기 위해 사라지고 있는 것이죠. 특히 일반 종이를 복사지로 사용하는 것이 가장 큰 문제인데요, 사무실에서 사용하는 복사지의 45%가 출력한 그날 버려지기 때문입니다. 복사지의 10%만 재생 종이로 바꿔도 1년에 27만 그루의 나무를 지킬 수 있다고 해요. 숲을 지켜야 하는 이유를 알고 싶으면 이전 글 숲의 힘(🖱 클릭)을 참고해 주세요.

또 재생 종이는 일반 종이에 비해 생산 과정에서 **환경에 유해한 물질이 덜 발생해요.** 일반 종이 1톤을 생산하면 2,541kg의 이산화탄소(CO_2)와 872kg의 폐기물이 발생하지만, 같은 양의 재생 종이를 생산하면 이산화탄소는 2,166kg이, 폐기물은 735kg이 발생한다는 연구 결과가 있어요. 그러니 종이를 써야 할 때는 재생 종이를 사용하는 게 좋겠죠?

나

	화면 설명	화면	내레이션 및 배경 음악
#1	그림이 먼저 나오고 글이 나중에 덧붙여짐	재생 종이란? 폐지 함량 40% 이상	재생 종이는 폐지를 활용해 만든 종이랍니다. 여기서 폐지는 한번 사용한 종이를 말해요. (배경 음악) 잔잔한 느낌의 음악
#2	잘린 나무 밑동이 서서히 사라지면서, 그 옆에 나무 그림이 나타남		종이를 만들기 위해 숲이 사라져요. 하지만 복사지의 10%만 재생 종이로 바꿔도 1년에 27만 그루의 나무를 지킬 수 있어요. (배경 음악) 무거운 느낌에서 경쾌한 느낌의 음악으로 바뀜
#3	그래프의 막대가 아래에서 위로 올라감	일반 종이 1톤 생산할 때	일반 종이를 생산할 때 투입되는 에너지의 양과 발생하는 물질의 양입니다.
#4	자막이 '재생 종이 1톤 생산할 때'로 바뀌면서 그래프의 막대가 아래로 내려옴	재생 종이 1톤 생산할 때	일반 종이 대신 재생 종이를 만들면 투입 에너지와 발생 물질의 양이 약 15% 정도 줄어들어요.

제대로 질문하기

❶ 재생 종이는 대체로 폐지가 (   )% 넘게 들어간 종이를 말한다.

❷ (가)에서는 일반 종이를 복사지로 사용하는 것을 큰 문제로 인식하고 있다. (○, ×)

❸ (가)와 달리 (나)는 다양한 매체 언어를 통해 자료를 복합 양식적으로 구성하였다. (○, ×)

05 (가)에 나타난 표현 방식에 대한 설명으로 가장 적절한 것은?

① 재생 종이의 활용 사례를 글자의 굵기와 형태를 달리하여 강조했다.

② 재생 종이와 관련된 각 문단의 중심 내용을 소제목을 사용하여 부각했다.

③ 종이를 만들기 위해 사라지는 숲의 면적을 동영상 자료를 활용하여 보여 주었다.

④ 사무실에서 버려지는 일반 종이의 양을 글과 사진 자료를 함께 사용하여 제시했다.

⑤ 숲을 지켜야 하는 이유를 다룬 다른 게시물을 하이퍼링크 기능을 활용하여 안내했다.

★ 문제 채점까지 마친 후 복습할 때 보세요.

제대로 접근법

05
매체 언어의 표현 방법을 파악하는 유형으로, 선택지에 언급된 표현 방법이 지문에 실제로 나타났는지 순차적으로 대응해 보면 어렵지 않게 답을 찾을 수 있는 문제였다.
지문에서 글자의 굵기와 형태가 다른 부분이 재생 종이의 활용 사례에 대한 내용을 담고 있는지, 각 문단별로 소제목이 있는지, 동영상 자료가 활용되고 있는지, 사무실에서 버려지는 일반 종이의 양을 보여 주는 글과 사진 자료가 있는지, 하이퍼링크로 숲을 지켜야 하는 이유를 제시하고 있는지 하나하나 따져 보며 선택지의 적절성을 판단해 보자.

06 (가)를 참고하여 (나)를 만드는 과정에서 학생이 고려했을 내용으로 적절하지 <u>않은</u> 것은?

① 정보가 보강될 수 있도록 (가)에서 제시한 종이 생산 과정에서 발생하는 물질 외에도 생산 과정에 투입되는 에너지의 양도 조사하여 추가해야지.

② 정보가 복합 양식적으로 전달될 수 있도록 (가)에서 제시한 재생 종이의 정의를 시각 자료와 문자 언어를 결합한 화면으로 표현하면서 내레이션으로 보완해야지.

③ 정보 간의 유기적인 관계가 드러나도록 (가)에서 두 문단으로 제시한 재생 종이 사용의 필요성을 배경 음악과 내레이션을 모두 포함한 각각의 화면 두 개로 구성해야지.

④ 정보 간의 차이점이 드러나도록 (가)에서 제시한 일반 종이와 재생 종이의 생산으로 발생하는 물질의 양적 차이를 그래프로 제시하고 이를 설명하는 내레이션을 포함해야지.

⑤ 정보가 효과적으로 표현될 수 있도록 (가)에서 제시한 재생 종이 사용에 따른 나무 보존에 대한 내용을 화면과 내레이션으로 표현하면서 이에 어울리는 배경 음악을 사용하여 나타내야지.

06
매체 언어의 표현 방법을 파악하는 유형으로, (가)를 참고하여 (나)를 만들 때 어떤 표현 방법이 사용되었는지 파악해야 한다.
먼저 (가)와 (나)를 비교하며 (가)의 내용이 (나)의 #1~#4 중 어디에 제시되었는지, 달라진 내용은 없는지 확인한다. 다음으로 (나)의 '화면 설명', '화면', '내레이션 및 배경 음악'을 살피며 #1~#4에 사용된 표현 방법을 정리한다. 이를 바탕으로 선택지의 적절성을 판단하면 어렵지 않게 답을 찾을 수 있다.

1차 채점	맞은 문항 수	개
	틀린 문항 수	개
	헷갈리는 문항 번호	

• 틀린 문항 '/' 표시

→

2차 채점	맞은 문항 수	개
	틀린 문항 수	개
	헷갈리는 문항 번호	

• 틀린 문항 '×' 표시

[01-04] (가)는 인쇄 매체의 기사이고, (나)는 (가)를 바탕으로 학생이 만든 카드 뉴스이다. 물음에 답하시오.

가

㉠ 청소년의 사회 참여, 현주소는 어디인가?

청소년 사회 참여는 청소년이 사회 문제나 정치 문제에 관심을 갖고 의사 결정 과정에 참여해 영향력을 행사하는 것을 말한다. 지난해 발표된 ○○ 기관 보고서에 따르면, ㉡'청소년도 사회 참여가 필요하다.'라고 응답한 청소년은 무려 88.3%에 달한다.

그렇다면 실제로 얼마나 많은 청소년에게 사회 참여 활동 경험이 있을까? ○○ 기관 통계 자료에 따르면, 사회 참여 활동 경험이 있다고 응답한 청소년은 21%에 그쳤다.

전문가들은 ㉢청소년이 주도하는 사회 참여 활동 기회가 부족하여 참여가 확산되지 못하고 있다고 지적한다. 현재의 청소년 사회 참여 활동이 기관을 중심으로 운영되기 때문에 활동을 확산해 나가는 데에 한계가 있다는 것이다. 따라서 청소년이 자신이 속한 공동체의 문제 해결을 위한 의사 결정 과정에 능동적으로 참여할 수 있는 ㉣사회적 분위기가 만들어져야 한다고 주장한다. □□고 3학년 김 모 학생은 ㉤사회 참여 활동을 경험하면서 배운 것이 많지만 지속적으로 참여할 수 없어서 아쉬웠다고 하였다. 이에 덧붙여 앞으로는 스스로 문제를 찾아 해결하는 활동을 해 보고 싶다고 말했다.

△△대 사회학과 김◇◇ 교수는 "청소년의 사회 참여 활동은 사회성을 향상하여 민주 시민으로서의 자질을 갖추는 데 도움이 될 수 있습니다."라고 강조하며, "사회 참여 활성화를 위해 기관 중심의 청소년 참여와 청소년이 주도가 된 사회 참여가 함께 이루어지는 방향으로 나아가야 합니다."라고 하였다.

– 박▽▽ 기자 –

나

카드 1	카드 2
청소년도 사회 참여가 필요합니다. 청소년의 약 88%는 **청소년도 사회 참여가 필요하다**고 생각합니다.	참여 경험 있다 21% 참여 경험 없다 **그러나** 실제로 사회 참여 활동을 경험한 청소년은 21%에 그쳤습니다. 왜일까요?
카드 3	카드 4
 청소년 사회 참여가 확산되기 어려운 이유는 현재의 청소년 사회 참여가 **기관을 중심으로 이루어지기 때문**입니다.	 기관 중심의 활동 / 청소년 주도적 활동 이에 △△대 사회학과 김◇◇교수는 "사회 참여 활성화를 위해 기관 중심의 청소년 참여와 청소년이 주도가 된 사회 참여가 **함께** 이루어지는 방향으로 나아가야 합니다."라고 말했습니다.

제대로 질문하기

❶ 청소년 사회 참여는 청소년이 사회 및 정치 문제에 관심을 가지고 (   )에 참여하는 것을 말한다.

❷ (가)와 (나)는 기관을 중심으로 청소년의 사회 참여가 이루어지는 것을 긍정적으로 평가하고 있다. (○, ×)

❸ (가)의 통계 자료에 따르면 사회 참여 활동을 경험한 청소년보다 경험하지 못한 청소년이 더 많다. (○, ×)

01   (가), (나)를 수용할 때 유의할 점으로 가장 적절한 것은?

① (가)는 다양한 이론을 종합하여 해결 방안을 마련하고 있으므로 이론에 대한 왜곡이 없는지 확인해야 한다.

② (나)는 제시된 정보 중 출처를 밝히지 않은 것이 있으므로 신뢰할 수 있는 정보인지 확인해야 한다.

③ (나)는 의견이 대립하고 있는 상황을 다루고 있으므로 편파적으로 서술되지 않았는지 확인해야 한다.

④ (가)와 (나)는 예상되는 반론에 반박하고 있으므로 논리적 타당성을 갖추었는지 확인해야 한다.

⑤ (가)와 (나)는 작성자의 주장이 나열되고 있으므로 납득할 만한 근거를 갖추고 있는지 확인해야 한다.

제대로 접근법 ☆ 문제 채정까지 마친 후 복습할 때 보세요.

01
매체 자료의 주체적 수용 방법을 이해하는 유형이다. 이와 같이 매체 자료 수용과 관련된 문제가 자주 출제되고 있으므로 반복적인 문제 풀이를 통해 해결 방법을 꼭 익혀 두어야 한다.
(가)와 (나)는 청소년의 사회 참여가 저조한 이유를 분석하고 청소년의 사회 참여를 활성화하기 위한 방안을 제시한 자료이다. 즉 수용자를 설득하려는 목적을 가진 자료이므로 이 점을 염두에 두고 선택지의 적절성 여부를 판단해야 한다.

02   (나)를 제작하는 과정에서 반영된 학생의 계획으로 적절하지 <u>않은</u> 것은?

① '카드 1'에는 (가)의 보고서에 담긴 사회 참여 필요성에 대한 청소년의 인식을 보여 주기 위해 청소년이 말하는 이미지로 제시해야겠군.

② '카드 2'에는 (가)의 사회 참여 활동을 경험해 본 청소년의 비율을 그래프로 시각화하여 문제 상황을 드러내야겠군.

③ '카드 3'에는 (가)의 기관 중심의 사회 참여를 선호하는 청소년의 경향을 드러내기 위해 기관의 이미지를 더 크게 그려야겠군.

④ '카드 4'에는 (가)의 청소년 사회 참여 활동의 두 가지 유형이 서로 조화를 이루는 이미지를 제시해야겠군.

⑤ '카드 4'에는 (가)의 청소년 사회 참여에 관한 교수 인터뷰 내용 중 활성화의 방향에 해당하는 내용을 문구로 제시해야겠군.

02
매체 자료의 정보 전달과 설득 방법을 파악하는 유형이다. (가)와 (나)의 전체적인 맥락을 이해했다면 어렵지 않게 해결할 수 있는 문제였다.
(나)는 (가)의 핵심 내용을 시각적으로 두드러지게 표현한 카드 뉴스이므로 (가)에 담긴 핵심 정보와 주장을 먼저 이해해야 한다. 다음으로 학생이 (가)의 핵심 내용을 효과적으로 전달하기 위해 (나)에서 사용한 방법을 파악하여 선택지의 적절성을 판단한다.

03   ㉠~㉤에 대한 설명으로 적절하지 <u>않은</u> 것은?

① ㉠: 의문형 종결 어미를 활용하여 글의 화제를 드러내는 제목을 질문의 형식으로 제시하고 있다.

② ㉡: 부사 '무려'를 사용하여 청소년도 사회 참여가 필요하다고 응답한 청소년의 비율이 높음을 강조하고 있다.

③ ㉢: 연결 어미 '-여'를 사용하여 사회 참여 활동 기회에 대한 앞 절의 내용이 뒤 절 내용의 목적에 해당함을 나타내고 있다.

④ ㉣: 피동 표현을 활용하여 행위의 주체보다는 행위의 대상인 '사회적 분위기'에 초점을 두어 서술하고 있다.

⑤ ㉤: 인용 표현을 활용하여 사회 참여 활동을 경험한 학생의 소감을 전달하고 있다.

03
매체 언어의 표현 방법을 파악하는 유형으로, 문법 요소에 대한 기본적인 지식을 갖추고 있어야 선택지의 적절성을 판단할 수 있다.
선택지가 '~을(를) 사용(활용)하여 ~하고 있다.' 꼴로 구성되어 있으므로 먼저 선택지 앞부분에 언급된 단어 혹은 문법 요소가 ㉠~㉤에 활용되었는지 확인한다. 다음으로 선택지의 뒷부분에서 단어 혹은 문법 요소의 기능을 제대로 설명하고 있는지 확인하여 문제를 해결한다.

▶해설편 122쪽

04 다음의 '카드 뉴스 보완 방향'을 고려할 때, '카드 A', '카드 B'의 활용 방안으로 가장 적절한 것은? [3점]

제대로 **접근법** ☆☆문제 채점까지 마친 후 복습할 때 보세요.

- 카드 뉴스 보완 방향 : 우리 학교 학생을 대상으로 하는 캠페인에 활용하기 위해 (나)에 카드 A, B를 추가

카드 A

왜 사회 참여 활동을 하지 않나요?

응답 내용	비율(%)
사회 참여가 어렵게 느껴져서	63
⋮	⋮

우리 학교 학생 중 사회 참여 경험이 없는 학생들에게 그 이유를 물었더니 위와 같은 결과가 나왔습니다.

카드 B

청소년 사회 참여 어렵지 않습니다.
주변의 문제부터 하나씩! 차근차근!

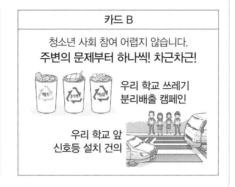

우리 학교 쓰레기
분리배출 캠페인

우리 학교 앞
신호등 설치 건의

① (나)에서 청소년의 사회 참여가 필요한 이유는 언급하지 않았으므로 '카드 A'를 활용하여 그 이유를 보여 준다.

② (나)에서 청소년 주도의 사회 참여 기회가 부족함을 지적하였으므로 '카드 A'를 활용하여 우리 학교 학생들의 사회 참여 이유를 제시한다.

③ (나)에서 청소년 사회 참여 확산이 어려운 이유를 언급하지 않았으므로 '카드 A'를 활용하여 그에 대한 우리 학교 학생들의 생각을 보여 준다.

④ (나)에서 사회 참여가 청소년에게 미치는 영향을 강조하였으므로 '카드 B'를 활용하여 우리 학교 주변의 문제를 알려 준다.

⑤ (나)에서 청소년이 주도적으로 사회 참여를 할 수 있는 구체적 방법을 제시하지 않았으므로 '카드 B'를 활용하여 우리 학교 학생들이 실천할 수 있는 방법을 제안한다.

04
매체의 정보 구성 방식을 이해하는 유형으로, (나)의 카드 1~4와 '카드 A', '카드 B'에 담긴 의도를 파악했다면 문제를 해결하는 데 어려움이 없었을 것이다.
우선 '카드 뉴스 보완 방향'을 읽고 '카드 A', '카드 B'의 의도를 확인한다. '카드 A'는 학생들이 사회 참여 활동을 하지 않는 이유를 제시하고 있고, '카드 B'는 청소년이 사회 참여를 할 수 있는 구체적인 방법을 소개하고 있다. 이 점을 고려하여 올바른 카드 활용 방안을 제시한 선택지를 찾아보자.

[05-06] (가)는 웹툰 동아리 학생들이 제작진 채팅방에서 나눈 대화이고, (나)는 (가)의 회의를 바탕으로 제작한 웹툰이 실린 누리집의 일부이다. 물음에 답하시오.

가

─────── 20□□. 08. 01. ───────

[하진] '마음을 그려 드려요' 게시판에 다음 주에 올릴 웹툰에 대한 제작진 회의를 시작할게! 학생들 사연을 받아서 연재하니 우리 웹툰에 관심이 높아졌어! 이번 사연 내용이야.

> 웹툰을 챙겨 보는 독자입니다. 친구에게 미안한 마음을 어떻게 전할지 고민이라 사연을 올려요. 친구가 시험공부를 도와 달라 했는데, 바쁘니까 알아서 하라고 짜증을 냈거든요. 서운해하는 걸 보고 후회하다가 한 달이 지나고 사이는 더 멀어졌어요. 어떻게 말할지 많은 독자들의 조언을 들을 수 있게 잘 그려 주세요.

[우주] 한 달이나 시간이 지난 건 어떻게 드러내지?

[주혁] 장면이 세로로 이어지니까, 이걸 고려해서 시각적으로 표현하면 좋겠어.

[하진] 좋은 생각이야. 그리고 한 달 동안 두 사람이 느꼈을 감정을 비교하기 좋게 양쪽으로 배치해 보면 어떨까?

[우주] 좋아. 친구 사이가 점점 멀어지는 건 둘 사이의 간격으로 보여 줄게.

[하진] 그러자. 대화는 말풍선에 쓰고, 속마음은 표정이나 몸짓에서 드러나게 해야겠지?

[주혁] 응. 그래도 사연을 보낸 학생이 느낀 감정들은 다른 방법으로 좀 더 분명하게 표현해 줘.

[하진] 그리고 많은 독자들의 조언을 듣고 싶다고 했으니 마지막 부분에 말풍선과 문구를 활용해서 유도해 줘.

[우주] 그래. 회의한 걸 토대로 그려 볼게! 아, 웹툰 끝에 사연 게시판 주소 링크도 올릴게.

─────── 20□□. 08. 12. ───────

[하진] 댓글 봤어? 친구 입장에서 말해 보라는 의견도 있어.

[우주] 별점이 높은 것을 보니 독자들의 평가가 좋네.

[주혁] 그러게. 난 '좋은날' 님 댓글 보니 뿌듯했어. 수고했어.

┃ + ┃ 전송 ┃

나

| 동아리 소식 | 마음을 그려 드려요 | 사연 게시판 |

[열두 번째 사연]　　　　　　　　　　　　　　　20□□. 08. 08. 13:00

여러분의 사연으로 제작됩니다. 아래를 클릭하면 '사연 게시판'으로 이동!
'http://www.○○○.com.board_03'

공감 ♥ 125 ★★★★☆ 4.5

냥냥이: "많이 서운했지? 미안해."라고 친구 입장에서 말하기
　　　　　　　　　　　　　　　　　　　20□□. 08. 08. 15:32 👍 87
파 도: "정말 후회되고 미안하더라."라고 감정을 솔직히 말하는 것을 추천!
　　　난 그렇게 해서 화해했어요.　　　　20□□. 08. 09. 17:20 👍 55
　┗ 솜사탕: 맞아요. 먼저 말 걸기가 어려워도 솔직한 게 중요해요.
　　　　　　　　　　　　　　　　　　　20□□. 08. 09. 17:53
　　┗ 파 도: 그것도 맞는 말!　　　　　　20□□. 08. 10. 19:12
좋은날: 작가님! 독자들의 고민 사연을 그려서 공유하는 것이 너무 좋아요!
　　　왠지 제 얘기 같기도 하고.　　　　20□□. 08. 11. 18:05 👍 33

제대로 질문하기

❶ 사연을 신청한 학생은 독자들의 조언을 듣고 싶어 하고 있다. (○, ×)

❷ (가)에서 제작진 회의를 마친 후 실제로 웹툰을 그린 학생은 '우주'이다. (○, ×)

❸ (나)에서 웹툰 독자들은 (　　　　　　)을 통해 자신들의 의견을 실시간으로 공유하고 있다.

▶해설편 122쪽

05 (가), (나)에 대한 이해로 적절하지 <u>않은</u> 것은?

① (가)는 웹툰 제작자가 웹툰을 제작하기 위해 사연 신청자의 요청을 반영할 수 있음을 보여 준다.

② (가)는 웹툰 제작자가 (나)의 댓글이나 별점을 통해 웹툰의 독자가 보인 반응을 확인할 수 있음을 보여 준다.

③ (나)는 웹툰의 독자가 댓글로 서로 공감하며 상호 작용하고 있음을 보여 준다.

④ (나)는 웹툰의 독자가 하이퍼링크를 통해 웹툰 제작자가 지정한 곳으로 이동할 수 있음을 보여 준다.

⑤ (나)는 웹툰의 독자가 이미지에 담긴 의미에 대해 웹툰 제작자에게 직접 묻고 답을 얻고 있음을 보여 준다.

제대로 접근법 ☆ 문제 채점까지 마친 후 복습할 때 보세요.

05

매체의 유형에 따른 특성을 이해하는 문제이다. 빈출 유형이므로 교과서를 통해 기본적인 매체 유형과 그 특성을 익혀 두는 것이 좋다.

(가)에는 웹툰 동아리 학생들이 채팅방에서 나눈 대화가, (나)에는 웹툰 동아리 학생들이 실제로 제작한 웹툰과 이에 대한 독자들의 반응이 제시되어 있다. 이를 바탕으로 매체 자료의 특성을 이해해 보자. 매체 자료는 복합 양식성을 띠는 경우가 많으므로 글로 표현된 부분뿐만 아니라 형식적인 틀과 그림 등도 눈여겨보면서 매체의 특성을 파악해야 한다.

06 (가)의 웹툰 제작 계획을 (나)에 반영한 내용으로 적절하지 <u>않은</u> 것은?

① 시간의 경과를 드러내기 위해 장면이 제시되는 방향을 고려하여 숫자를 세로로 배열해 날짜 변화를 표현했다.

② 한 인물이 겪는 두 가지 사건을 비교하기 위해 화면을 세로로 분할하여 인물의 행동 변화를 나란히 보여 주었다.

③ 멀어지는 친구 사이를 시각적으로 보여 주기 위해 인물들 사이에 여백을 두어 점차 간격이 벌어지게 그렸다.

④ 속마음을 분명하게 표현하기 위해 표정이나 몸짓으로 드러내는 것뿐만 아니라 글로도 적어 감정을 명시적으로 드러냈다.

⑤ 많은 독자들의 조언을 유도하기 위해 말풍선을 의도적으로 비우고 댓글 참여를 권유하는 문구를 제시했다.

06

매체 언어의 표현 방법을 이해하는 유형으로, (가)에 제시된 학생들의 제작 계획, (나)의 웹툰, 선택지의 설명을 종합하여 정답을 도출해야 한다.

(가)에서 학생들이 내놓은 제작 계획을 정리한 다음, 이것들이 (나)의 웹툰에서 어떻게 구현되었는지 살펴본다. 이를 바탕으로 제작 계획과 어긋나거나 웹툰의 실제 형식과 부합하지 않는 내용을 포함한 선택지를 찾는다.

1차 채점		
맞은 문항 수		개
틀린 문항 수		개
헷갈리는 문항 번호		

→

2차 채점		
맞은 문항 수		개
틀린 문항 수		개
헷갈리는 문항 번호		

• 틀린 문항 '/' 표시

• 틀린 문항 'X' 표시

[01-03] 다음은 학생이 과제 수행을 위해 인터넷에서 열람한 지역 신문사의 웹 페이지 화면이다. 물음에 답하시오.

△△군민신문

○○초등학교, 특색 있는 숙박 시설로 다시 태어난다
폐교가 지역 관광 거점으로… 지역 경제 활성화 기대

사진: ○○초등학교 시설 전경

지난 1일 △△군은 폐교된 ○○초등학교 시설을 '△△군 특색 숙박 시설'로 조성하겠다고 밝혔다. 지역 내 유휴 시설을 활용해 지역만의 특색을 살린 숙박 시설을 조성하고, 지역을 대표하는 관광 자원으로 활용하겠다는 것이다.

이번 사업을 통해 ○○초등학교 시설은 ☆☆마을 등 주변 관광 자원과 연계해 지역의 새로운 관광 거점으로 조성될 계획이다. 건물 내부는 객실·식당·카페·지역 역사관 등으로 꾸미고, 운동장에는 캠핑장·물놀이장을 조성한다. △△군은 내년 상반기까지 시설 조성을 완료하고 내년 하반기부터 운영을 시작할 예정이다.

해당 시설에 인접한 ☆☆마을은 2015년부터 캐릭터 동산, 어린이 열차 등 체험 관광 시설을 조성하여 특색 있는 지역 관광지로서 인기를 끌고 있으나 인근에 숙박 시설이 거의 없어 체류형 관광객을 유인하는 데 한계가 있다는 평가를 받아 왔다.

[A]

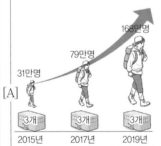

△△군 관광객 및 숙박 시설 수 추이
※ 자료: △△군 문화관광체육과(2019)

여행 1회당 지출액(2018년 기준)
※ 자료: 문화체육관광부(2019)

이번 사업을 둘러싼 우려가 전혀 없는 것은 아니지만 대다수 지역 주민들은 이를 반기는 분위기다. 지역 경제 전문가 오□□ 박사는 "당일 관광보다 체류형 관광에서 여행비 지출이 더 많다"며 "인근 수목원과 벚꽃 축제, 빙어 축제 등 주변 관광지 및 지역 축제와 연계한 시너지 효과로 지역 경제 활성화에 도움이 될 것"이라고 말했다.

2021.06.02. 06:53:01 최초 작성 / 2021.06.03. 08:21:10 수정
△△군민신문 이◇◇ 기자

👍 좋아요(213)   👎 싫어요(3)   ➡ SNS에 공유   📄 스크랩

관련 기사(아래를 눌러 바로 가기)
- 학령 인구 감소로 폐교 증가… 인근 주민들, "유휴 시설로 방치되어 골칫거리" ↷
- [여행 전문가가 추천하는 지역 명소 ①] ☆☆마을… 다섯 가지 매력이 넘치는 어린이 세상

댓글
방랑자: 가족 여행으로 놀러 가면 좋을 것 같아요.
    ↳ **나들이**: 맞아요. 우리 아이가 물놀이를 좋아해서 재밌게 놀 수 있을 것 같아요. 캠핑도 즐기고요.
       ↳ **방랑자**: 카페에서 이야기도 나눌 수 있고요.

제대로 질문하기

❶ 당일 관광보다 체류형 관광에서 여행비 지출이 더 많다. (○ , ×)
❷ 댓글을 단 '방랑자'와 '나들이'는 ○○초등학교가 숙박 시설로 조성되는 일에 긍정적인 입장을 취하고 있다. (○ , ×)
❸ 지역 경제 전문가 오□□ 박사는 숙박 시설 조성이 (   ) 활성화에 도움이 될 것으로 기대하고 있다.

▶ 해설편 125쪽

01 위 화면을 통해 매체의 특성을 이해한 학생의 반응으로 가장 적절한 것은?

① 기사를 누리 소통망[SNS]에 공유할 수 있으니, 기사 내용을 직접 수정할 수 있겠군.

② 기사에 대한 수용자들의 선호를 확인할 수 있으니, 기사에 제시된 정보의 신뢰도를 검증할 수 있겠군.

③ 기사와 연관된 다른 기사를 열람할 수 있으니, 수용자의 선택에 따라 정보를 추가로 확인할 수 있겠군.

④ 기사가 문자, 사진 등 복합 양식으로 구성되어 있으니, 시각과 청각을 결합하여 기사 내용을 이해할 수 있겠군.

⑤ 기사의 최초 작성 시간과 수정 시간이 명시되어 있으니, 다른 수용자들이 기사를 열람한 시간을 확인할 수 있겠군.

★ 문제 채점까지 마친 후 복습할 때 보세요.
제대로 접근법

01
뉴 미디어의 특성을 파악하는 유형이다. 웹 페이지의 화면이 지문으로 제시되었는데, 이러한 매체 자료는 전통적 대중 매체에서는 찾아볼 수 없던 여러 특성을 보여 준다.

웹 페이지 화면을 보면 '좋아요, 싫어요', 'SNS에 공유', '스크랩', '관련 기사', '댓글' 등 다양한 기능을 제공하는 것을 확인할 수 있다. 또한 다양한 매체 언어로 기사가 구성되어 있으며, 기사 하단에 최초 작성 시간과 수정 시간, 작성자의 이름 등이 표시되어 있다. 이러한 웹 페이지의 기능 및 기사 내용을 토대로 선택지의 적절성을 판단해 보자.

02 〈보기〉를 참고할 때, [A]에 대한 반응으로 적절하지 않은 것은? [3점]

─〈보기〉─

기자는 취재한 내용을 단순히 나열하는 것이 아니라, 전달하고자 하는 바를 효과적으로 드러내기 위해 취재 내용 중 일부를 선별하고 그중 특정 내용을 부각하는 방식으로 기사를 구성한다. 따라서 기사를 분석할 때에는 기사 자체의 내용뿐 아니라 정보를 배치하는 방식, 시각 자료의 이미지 활용 방식 등 정보가 제시되는 양상도 살펴봐야 한다.

① 사업을 추진하게 된 배경을 부각하기 위해 체류형 관광이 어려운 실정이라는 내용에 이어 시각 자료를 배치한 것이겠군.

② 지역 관광객의 증가 추세를 부각하기 위해 △△군 관광객 수 추이를 제시할 때 화살표 모양의 이미지를 활용한 것이겠군.

③ 체류형 관광의 경제적 효과를 부각하기 위해 여행 유형에 따른 지출액의 차이를 이미지로 강조하여 제시한 것이겠군.

④ 체류형 관광 지출액의 증가 현상을 부각하기 위해 관광객 수와 여행 지출액에 대한 시각 자료를 나란히 배치한 것이겠군.

⑤ 지역 경제에 끼칠 긍정적 영향을 부각하기 위해 사업에 우호적인 의견을 선별하여 구체적으로 제시한 것이겠군.

02
매체 자료의 정보 전달과 설득 방법을 파악하는 유형으로, 정답률이 매우 낮았다.

〈보기〉에서는 기사를 분석할 때 기사 자체의 내용뿐만 아니라 정보가 제시되는 양상을 살펴봐야 한다고 설명하고 있다. [A]의 첫째 문단은 사업을 추진하게 된 배경을, 둘째 문단은 사업으로 기대되는 효과를 설명하고 있다. 그리고 문단과 문단 사이에 두 가지 통계 자료를 제시하고 있다. 통계 자료를 구성하는 이미지가 어떤 의도로 사용된 것인지, 통계 자료의 배치가 어떤 의미를 갖는지, 각 문단의 중심 내용을 효과적으로 전달하기 위해 어떤 전략을 사용하고 있는지 등을 확인하며 선택지의 적절성을 판단해 보자.

03 다음은 학생이 과제 수행을 위해 작성한 메모이다. 메모를 반영한 영상 제작 계획으로 적절하지 않은 것은?

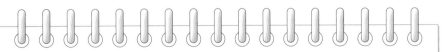

수행 과제: 우리 지역 소식을 영상으로 제작하기
바탕 자료: '○○초등학교, 특색 있는 숙박 시설로 다시 태어난다' 인터넷 기사와 댓글
영상 내용: 새로 조성될 숙박 시설 소개
- 첫째 장면(#1): 기사의 제목을 활용한 영상 제목으로 시작
- 둘째 장면(#2): 시설 조성으로 달라질 전후 상황을 시각·청각적으로 대비시켜 표현
- 셋째 장면(#3): 건물 내부와 외부에 조성될 공간의 구체적 모습을 방문객의 동선에 따라 순차적으로 제시
- 넷째 장면(#4): 지역 관광 거점으로서의 지리적 위치와 이를 통한 기대 효과를 한 화면에 제시
- 다섯째 장면(#5): 기사의 댓글을 참고해서 시설을 이용할 방문객들의 모습을 그림으로 그려 연속적으로 제시

영상 제작 계획	
장면 스케치	장면 구상
① OO초등학교, 폐교의 재탄생	#1 ○○초등학교의 모습 위에 영상의 제목이 나타나도록 도입 장면을 구성
② 무겁고 어두운 음악 → 밝고 경쾌한 음악	#2 무겁고 어두운 음악을 배경으로 텅 빈 폐교의 모습을 제시한 후, 밝고 경쾌한 음악으로 바뀌면서 사람들이 북적이는 모습으로 전환
③ 건물 내부 공간 / 건물 외부 공간 · 객실 · 식당 · 카페 · 지역 역사관 / · 캠핑장 · 물놀이장	#3 숙박 시설에 대한 정보를 건물 내·외부 공간으로 나누어 한눈에 볼 수 있도록 항목화하여 제시
④ 빙어 축제 4.5km / 수목원 9km / 한옥마을 2km 1km / 벚꽃 축제 · 지역 경제 활성화	#4 숙박 시설을 중심으로 인근 관광 자원의 위치를 표시하고, 관광 자원과의 연계로 기대되는 효과를 자막으로 구성
⑤	#5 가족 단위 관광객이 물놀이장, 캠핑장, 카페 등을 즐겁게 이용하는 모습을 제시. 앞의 그림이 사라지면서 다음 그림이 나타나도록 구성

제대로 접근법 ☆ 문제 채점까지 마친 후 복습할 때 보세요.

03
매체 언어의 표현 방법을 이해하는 유형이다. 복잡한 문제처럼 보이지만 학생의 메모와 영상 제작 계획을 순차적으로 비교하면 어렵지 않게 문제를 해결할 수 있다.
먼저 지문에서 기사에 달린 '댓글'을 확인한다. 다음으로 메모의 '영상 내용'과 영상 제작 계획의 '장면 스케치', '장면 구상'을 대응해 보며 서로 내용이 일치하지 않는 것을 답으로 고른다.

[04-06] (가)는 텔레비전 방송 뉴스이고, (나)는 잡지에 실린 인쇄 광고이다. 물음에 답하시오.

⑦

[장면 1]

진행자: 더워지는 요즘, 판매량이 급증하고 있는 제품이 있습니다. 휴대용 선풍기인데요. ㉠어떤 제품을 선택하는 것이 좋을까요? 박○○ 기자가 전해 드립니다.

[장면 2]

박 기자: ㉡휴대하기 간편하면서도 힘들지 않게 시원한 바람을 선사해 인기가 높은 휴대용 선풍기. 시중에 판매되는 휴대용 선풍기 종류만도 수백 개가 넘습니다. 그러면 소비자들은 어떤 기준으로 휴대용 선풍기를 선택하고 있을까요?

[장면 3]

이△△: 좋아하는 연예인이 광고하는 제품을 살까 하다가, 이왕이면 성능도 좋고 디자인도 맘에 드는 제품을 선택했어요.

시민 인터뷰
이△△/대학생

[장면 4]

박 기자: 대형 인터넷 쇼핑몰에서 소비자를 대상으로 휴대용 선풍기 구매 기준을 설문한 결과, 풍력, 배터리 용량과 같은 제품 성능이 1순위였습니다. 이어 디자인, 가격 등 다양한 응답이 뒤를 이었습니다. ㉢그런데 휴대용 선풍기는 안전사고의 위험도 있는 만큼 안전성을 고려하여 제품을 선택해야 합니다.

[장면 5]

박 기자: ㉣그러면 안전성은 어떻게 확인할 수 있을까요? 먼저, KC 마크가 부착되어 있는지 살펴보아야 합니다. KC 마크는 안전성을 인증받은 제품에만 부착됩니다. 간혹 광고로는 안전 인증 여부를 확인하기 힘든 경우도 있으므로 실물을 보지 않고 구매하는 경우 소비자들의 주의가 필요합니다. 다음으로, 보호망의 간격이 촘촘하고 날이 부드러운 재질로 된 제품을 선택해야 손이 끼어 다치는 사고를 막을 수 있습니다.

선택 기준은?
🇰🇨 국가인증통합마크
KC 마크 확인해야

[장면 6]

박 기자: 휴대용 선풍기 사고가 빈번한 여름철, ㉤안전한 제품을 구매하기 위한 소비자들의 현명한 선택이 필요합니다.

⑭

디자인의 새로운 바람을 일으키다!

○○의 마음을 사로잡은 아름다운 디자인
☆☆ 휴대용 선풍기 디자인으로 앞서다!

인기 연예인 ○○

제대로 질문하기

❶ (가)는 휴대용 선풍기를 구매할 때 제품의 (   )을 고려해야 한다는 점을 강조하고 있다.
❷ (나)는 선풍기의 (   )이 아름답다는 점을 내세워 ☆☆ 휴대용 선풍기를 광고하고 있다.

---

04 (가), (나)에 대한 설명으로 가장 적절한 것은?

정보 구성의 주체	• (가)는 수용자의 설문 조사 결과를 다루고 있다는 점에서, 수용자들이 뉴스의 정보를 주체적으로 구성하고 있음을 알 수 있다. …………… ①
정보의 성격	• (가)는 제품의 판매량이 늘고 있는 시기에 소비자에게 필요한 정보를 제공한다는 점에서, 시의성 있는 정보로 구성되어 있음을 알 수 있다. … ② • (나)는 제품의 주된 소비자층을 명시하고 있다는 점에서, 수용자의 특성을 고려한 정보로 구성되어 있음을 알 수 있다. …………………… ③
정보의 양과 질	• (가)는 제품 구매 기준이 다양함을 여러 소비자와의 인터뷰 영상으로 보여 준다는 점에서, (나)에 비해 정보를 현장감 있게 전달하고 있음을 알 수 있다. …………………………… ④ • (나)는 제품에 대해 소비자가 알고자 하는 점을 상세하게 밝히고 있다는 점에서, (가)에 비해 많은 양의 정보를 담고 있음을 알 수 있다. ……… ⑤

제대로 접근법 ☆ 문제 채점까지 마친 후 복습할 때 보세요.

04

매체 정보의 구성 방식을 이해하는 유형이다. 선택지에서 정보 구성 방식을 '정보 구성의 주체', '정보의 성격', '정보의 양과 질' 측면으로 분석하고 있으므로 이에 집중하여 (가)와 (나)를 살펴야 한다.

선택지가 '~다는 점에서 ~을 알 수 있다.'와 같이 구성되어 있으므로 먼저 선택지 앞부분에 언급된 내용을 지문에서 확인할 수 있는지 하나씩 점검한다. 다음으로 (가)와 (나)의 정보 구성 방식을 분석한 뒷부분의 내용이 적절한지 판단하며 정답을 고른다.

05 (가)의 언어적 특성을 고려할 때, ㉠~㉤에 대한 설명으로 적절하지 않은 것은?

① ㉠: 의문형 어미를 사용하여 시청자에게 진행자 자신의 궁금한 점을 묻고 있다.
② ㉡: 명사로 문장을 종결함으로써 뉴스에서 다루고자 하는 대상에 주의를 집중하게 하고 있다.
③ ㉢: 접속 표현을 사용하여 뉴스의 중심 내용으로 화제를 전환하고 있다.
④ ㉣: 묻고 답하는 방식을 통해 뉴스의 핵심 정보를 제시하고 있다.
⑤ ㉤: 뉴스 내용에 따른 제품 선택을 '현명한 선택'이라고 표현함으로써 시청자들에게 기대하는 바를 전달하고 있다.

☆ 문제 채점까지 마친 후
복습할 때 보세요.

제대로 접근법

05
매체의 언어적 특성을 파악하는 유형이다. 선택지에 제시된 문법 개념을 모두 알고 있는지 점검하고 모르는 개념이 있다면 확실하게 익혀 두도록 하자. 의문형 어미, 명사로 종결된 문장, 접속 표현, 묻고 답하는 방식, '현명한 선택'이라는 표현을 사용했을 때 얻을 수 있는 효과가 무엇인지 생각하며 뉴스 생산자의 의도를 파악해 보자.

06 (가)를 본 학생이 (나)를 활용하여 다음의 학습 활동을 수행한 결과로 적절하지 않은 것은?

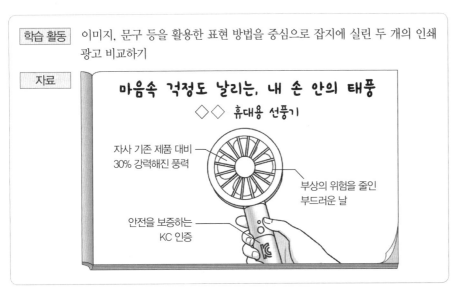

| 학습 활동 | 이미지, 문구 등을 활용한 표현 방법을 중심으로 잡지에 실린 두 개의 인쇄 광고 비교하기 |

자료

마음속 걱정도 날리는, 내 손 안의 태풍
◇◇ 휴대용 선풍기

자사 기존 제품 대비
30% 강력해진 풍력

부상의 위험을 줄인
부드러운 날

안전을 보증하는
KC 인증

① (나)는 바람의 움직임을 연상하게 하는 곡선의 형태로 문구를 배치하여 제품의 쓰임새를 떠올리게 하고 있다.
② '자료'는 기존 제품과의 비교를 통해 제품이 소비자들이 중시하는 구매 기준에 부합한다는 점을 부각하고 있다.
③ '자료'는 (나)와 달리 제품의 안전 관련 정보를 이미지와 문구로 표시하여 제품의 안전성을 드러내고 있다.
④ (나)는 동일한 단어를 반복하여, '자료'는 비유적 표현을 활용하여 제품의 장점을 제시하고 있다.
⑤ (나)는 유명인의 이미지를, '자료'는 제품의 이미지를 제시하여 제품의 성능이 우수함을 강조하고 있다.

06
매체 언어의 표현 방법을 이해하는 유형으로, 정답률이 낮은 편이었다. 이미지 위주로 구성된 매체 자료 분석이 익숙하지 않았던 것으로 보인다.
(가)는 휴대용 선풍기를 구매할 때 안전성을 고려해야 한다는 정보를 전달하고 있다. (가)를 접한 소비자 입장에 서서 (나)와 '자료'를 비교해 보자. 광고가 복합 양식성을 띠고 있으므로 이미지, 문구, 제품 설명 등을 종합적으로 살펴봐야 한다.

1차 채점	맞은 문항 수	개
	틀린 문항 수	개
	헷갈리는 문항 번호	

→

2차 채점	맞은 문항 수	개
	틀린 문항 수	개
	헷갈리는 문항 번호	

• 틀린 문항 '/' 표시

• 틀린 문항 '×' 표시

256 문제편

꿈틀 국어 교재 목록

고등 국어 기초 실력 완성

고고 시리즈

고등 국어 공부, 내신과 수능 대비에 필요한 모든 내용을
알차게 정리한 교재

기본
문학
독서
문법

밥 먹듯이 매일매일 국어 공부

밥 시리즈

기출 공부를 통해 수능 필살기를 익힐 수 있도록 돕는
친절한 학습 시스템

처음 시작하는 문학 | 처음 시작하는 비문학 독서
문학 | 비문학 독서
언어와 매체 | 화법과 작문
어휘력

문학 영역 갈래별 명품 교재

명강 시리즈

수능에 출제될 만한 주요 작품과 실전 문제가 갈래별로
수록된 문학 영역 심화 학습 교재

현대시
고전시가
현대소설
고전산문

국어 기본 실력 다지기

국어 개념 완성

국어 공부에 꼭 필요한 개념을 예시 작품을 통해 완성할
수 있는 교재

문이과 통합 수능 실전 대비

국어는 꿈틀 시리즈

문이과 통합 수능 경향을 반영하여 수능 실전에 대비할
수 있도록 구성한 교재

문학
비문학 독서
단기 언어와 매체

내신·수능 대비

고등 국어 통합편

고1 국어 교과서 핵심 내용을 한 권으로 총정리하는 교재

일목요연한 필수 작품 정리

모든 것 시리즈

새 문학 교과서와 EBS 교재 수록 작품, 그 밖에 수능에 나올
만한 작품들을 총망라한 교재

현대시의 모든 것 | 고전시가의 모든 것
현대산문의 모든 것 | 고전산문의 모든 것
문법·어휘의 모든 것

문학 작품 집중 학습

문학 비책

필수&빈출 문학 작품 194편을 한 권으로 총정리하는 교재

고전시가 비책

고전시가 최다 작품의 필수 지문을 총정리한 고전시가 프리미엄 교재

밥 언매

www.ggumtl.co.kr

111분의 선생님께서 주신 의견과 꼼꼼한 검토를
반영하여 정성을 다해 이 책을 개발했습니다.

'2독 2해 학습법'으로 수능 1등급 완성

- 단계적·효율적 학습으로 수능 1등급을 달성하는 밥 언매

- 핵심 필수 개념 TEST 문제로 개념 정리를 완성시켜 주는 밥 언매

- '문법 개념 → 내신 기출 → 수능 기출'을 한번에 완성하는 밥 언매

- 문제 접근법 및 해결 전략을 익혀 실전에서 시간을 단축시켜 주는 밥 언매

지은이 이운영   **펴낸곳** (주)꿈을담는틀   **펴낸이** 백종민   **펴낸날** 2023년 12월 20일 2판 1쇄   **등록번호** 제302-2005-00049호
대표전화 1544-6533   **팩스** 02-749-4151   **주소** 서울시 영등포구 당산로 50길 3 꿈을담는빌딩
홈페이지 www.ggumtl.co.kr

2025
수능 대비

수능·모의평가 기출 학습
언어와 매체 자신감 UP

개인의 학습 능력에 맞는
학습 플랜 실천 OK

2단계 2독 2해 학습법으로
틀린 문제 반복 학습 OK

개념 이해 → 내신, 수능 기출로
총체적 단계화 학습 OK

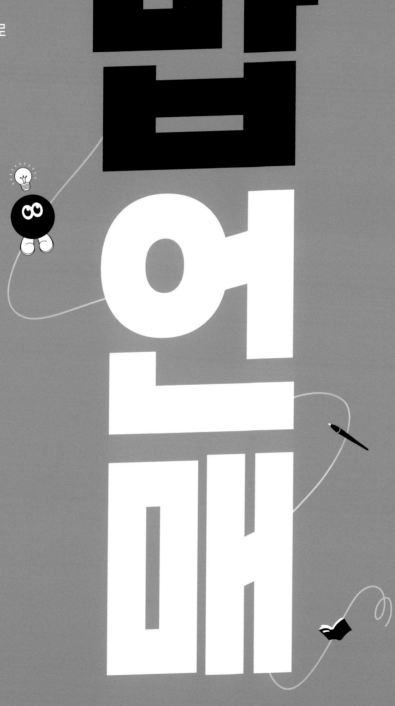

밥
언
매

[기출 정복 해설편]

꿈을담는틀

범언매

기출 정복 해설편

I부 언어

1. 음운 - 음운의 체계

01 음운의 개념과 체계

개념 완성 TEST   ▶ 문제편 18쪽

01 (1) × (2) ○ (3) ○ **02** (1) ○ (2) ○ (3) × **03** (1) × (2) × (3) ○ (4) × **04** (1) 초성(자음)+중성(모음)+종성(자음) (2) 중성(모음)+종성(자음) (3) 중성(모음) (4) 초성(자음)+중성(모음) **05** (1) ㅂ, ㅃ, ㅍ, ㅁ (2) ㅎ (3) ㅇ (4) ㅊ **06** (1) ㅈ, ㅉ, ㅊ (2) ㄱ, ㄲ, ㅋ (3) ㄹ (4) ㅌ **07** (1) ㅣ, ㅟ, ㅡ, ㅜ (2) ㅣ, ㅔ, ㅐ (3) ㅜ **08** 너

내신 기출 문제   ▶ 문제편 19쪽

01 ⑤   **02** ④   **03** ②   **04** ⑤

01   음운의 개념

국어의 음운에 대한 설명으로 적절하지 않은 것은?
· 음운의 개념: 말의 뜻을 구별해 주는 소리의 최소 단위
· 음운의 종류: 분절 음운(자음, 모음), 비분절 음운(소리의 길이, 억양)

☀ 정답인 이유

⑤ 비분절 음운은 말의 뜻을 구별하는 기능을 하지 못한다.

⋯▶ 비분절 음운은 소리의 길이나 억양처럼 의미의 차이는 가져오지만 다른 소리와 잘 나누어지지 않는 음운을 말한다. 비분절 음운은 분절 음운인 자음과 모음처럼 정확히 소리마디(음절)의 경계를 그을 수는 없지만, 말소리의 요소로서 의미를 구별해 주는 기능을 하고 있다.

☂ 오답인 이유

① 음운은 말의 뜻을 구별해 주는 소리의 가장 작은 단위이다.

⋯▶ 의미 구별 기능을 하는 소리의 최소 단위가 바로 음운이다.

② 음운은 음성에서 공통적인 요소만을 뽑아 머릿속에서 같은 소리로 인식하는 추상적인 말소리이다.

⋯▶ 사람마다 음성이 다름에도 불구하고 의사소통에 문제를 겪지 않는 것은 음운이 존재하기 때문이다. 사람은 서로 다른 소리에서 공통되는 부분에 주목하여 같은 소리로 인식한다. 이처럼 음운은 음성의 공통적인 요소만을 뽑아 머릿속에서 같은 소리로 인식하는 추상적인 말소리를 뜻한다.

③ '달'과 '말'은 'ㄷ'과 'ㅁ'의 차이에 의해 뜻이 달라지므로, 'ㄷ'과 'ㅁ'을 각각 하나의 음운으로 볼 수 있다.

⋯▶ '달'과 '말'은 나머지 구성 요소는 모두 같고 오직 'ㄷ'과 'ㅁ'의 차이에 의해 의미가 달라지는데, 이때의 'ㄷ'과 'ㅁ'을 각각 하나의 음운이라고 한다.

④ 분절 음운에는 19개의 자음과 21개의 모음이 있다.

⋯▶ 분절 음운은 소리마디의 경계를 나눌 수 있는 것으로 자음과 모음을 가리킨다. 자음은 기본 자음 'ㄱ, ㄴ, ㄷ, ㄹ, ㅁ, ㅂ, ㅅ, ㅇ, ㅈ, ㅊ, ㅋ, ㅌ, ㅍ, ㅎ'의 14개와 된소리 'ㄲ, ㄸ, ㅃ, ㅆ, ㅉ'의 5개 등 총 19개이다. 그리고 모음은 단모음 'ㅏ, ㅐ, ㅓ, ㅔ, ㅗ, ㅚ, ㅜ, ㅟ, ㅡ, ㅣ'의 10개와 이중 모음 'ㅑ, ㅒ, ㅕ, ㅖ, ㅘ, ㅙ, ㅛ, ㅝ, ㅞ, ㅠ, ㅢ'의 11개 등 총 21개이다.

02   음운과 음절

〈보기〉의 음운 카드를 활용하여 학습한 내용으로 적절하지 않은 것은?

☀ 정답인 이유

④ '먹 : 목'처럼 가운뎃소리는 첫소리의 오른쪽에 써야 하는군.

⋯▶ '먹'의 가운뎃소리는 첫소리의 오른쪽에 쓰지만, '목'의 가운뎃소리는 첫소리의 아래쪽에 써야 한다.

☂ 오답인 이유

① 'ㅁ', 'ㅓ', 'ㄱ'을 차례로 사용하면 '먹'이라는 단어를 만들 수 있군.

⋯▶ 'ㅁ', 'ㅓ', 'ㄱ'을 차례로 사용하면 'ㅁ + ㅓ + ㄱ → 먹'과 같이 되어 '먹'이라는 단어를 만들 수 있다.

② '먹'의 가운뎃소리인 'ㅓ' 대신 'ㅗ'를 사용하면 새로운 단어가 되는군.

⋯▶ '먹'의 가운뎃소리인 'ㅓ' 대신 'ㅗ'를 사용하면 '목'이라는 새로운 단어가 만들어진다.

③ '목 : 곰'에서 보면 첫소리가 끝소리에, 끝소리가 첫소리에도 쓰일 수 있군.

⋯▶ 'ㄱ'과 'ㅁ'은 첫소리와 끝소리에 모두 쓰일 수 있다.

⑤ '목 / 먹 / 곰 / 검'처럼 음운의 결합에 따라 의미가 다른 여러 단어를 만들 수 있군.

⋯▶ 결합에 따라 의미가 다른 여러 단어를 만드는 것이 바로 음운의 기능이다.

03   비분절 음운

〈보기〉에서 길게 발음해야 하는 단어만을 골라 바르게 묶은 것은?

☀ 정답인 이유

② ㉠, ㉢, ㉒

⋯▶ ㉠, ㉡: 사람이 하는 '말[言]'은 길게 발음하고, 타는 동물인 '말[馬]'은 짧게 발음한다.

㉢: 땅이나 바위가 안으로 깊숙이 패어 들어간 '굴(窟)'은 길게 발음하고, 연체동물인 '굴[石花]'은 짧게 발음한다.

㉣: 밤나무의 열매인 '밤[栗]'은 길게 발음하고, 시간을 의미할 때의 '밤[夜]'은 짧게 발음한다.

㉤, ㉥: 긴소리는 일반적으로 단어의 첫음절에서만 나타나며, 본래 길게 발음되는 것도 둘째 음절 이하에 오면 짧은소리로 발음된다. '한국말'과 '함박눈'에서의 '말[言]'과 '눈[雪]'은 짧게 발음한다.

㉒: 하늘에서 내리는 '눈[雪]'은 길게 발음하고, 사람의 '눈[眼]'은 짧게 발음한다. 따라서 길게 발음해야 하는 단어는 ㉠, ㉢, ㉒이다.

🌂 오답인 이유

① ㉠, ㉢, ㉤

⋯➙ '오답인 이유'는 '정답인 이유'에서 확인할 수 있습니다.

③ ㉠, ㉣, ㉫, ㉽

⋯➙ '오답인 이유'는 '정답인 이유'에서 확인할 수 있습니다.

④ ㉡, ㉢, ㉣, ㉫

⋯➙ '오답인 이유'는 '정답인 이유'에서 확인할 수 있습니다.

⑤ ㉢, ㉤, ㉫, ㉽

⋯➙ '오답인 이유'는 '정답인 이유'에서 확인할 수 있습니다.

04
자음과 모음의 체계

〈보기〉의 (가)는 자음이 발음될 때의 조음 위치와 조음 방법을 설명한 것이고, (나)는 모음이 발음될 때의 혀의 위치와 높이, 입술 모양을 설명한 것이다. (가)와 (나)가 결합하여 날 수 있는 소리는?

☀ 정답인 이유

⑤ 크

⋯➙ 〈보기〉에서 (가)의 조건을 모두 충족하는 자음은 'ㅋ'이다. 그리고 (나)의 조건을 모두 충족하는 모음은 'ㅡ'이다. 따라서 (가)와 (나)가 결합하여 날 수 있는 소리는 '크'이다.

🌂 오답인 이유

① 거

⋯➙ '거'는 여린입천장소리, 파열음, 예사소리인 자음과 후설 모음, 중모음, 평순 모음인 모음이 결합해야 나는 소리이다.

② 쁘

⋯➙ '쁘'는 입술소리, 파열음, 된소리인 자음과 후설 모음, 고모음, 평순 모음인 모음이 결합해야 나는 소리이다.

③ 처

⋯➙ '처'는 센입천장소리, 파찰음, 거센소리인 자음과 후설 모음, 중모음, 평순 모음인 모음이 결합해야 나는 소리이다.

④ 티

⋯➙ '티'는 잇몸소리, 파열음, 거센소리인 자음과 전설 모음, 고모음, 평순 모음인 모음이 결합해야 나는 소리이다.

수능 기출 문제

1. 음운
음운의 체계

▶ 문제편 20~21쪽

01 ④　　**02** ③　　**03** ①　　**04** ③

01
정답률 78%

〈보기〉의 [A]에 들어갈 말로 적절한 것은?

☀ 정답인 이유

④ '국물[궁물]'에서의 [궁]은 교체의 결과이고, 음절 유형이 단일어인 '국[국]'과

같아요.

⋯➙ '국물'은 받침 'ㄱ'이 뒤에 오는 비음 'ㅁ'의 영향을 받아 비음 'ㅇ'으로 변하는 교체 현상이 일어나 [궁물]이 된다. 단일어인 '국[국]'은 '자음+모음+자음'이므로 음절 유형이 ④인데, '국물[궁물]'의 [궁] 역시 음절 유형이 ④이다.

🌂 오답인 이유

① '밥상[밥쌍]'에서의 [쌍]은 첨가의 결과이고, 음절 유형이 단일어인 '상[상]'과 달라졌어요.

⋯➙ '밥상'은 예사소리인 'ㅅ'이 된소리인 'ㅆ'으로 교체되어 [밥쌍]이 된다. '상[상]'과 [쌍]의 음절 유형은 모두 ④에 해당한다.

② '집일[짐닐]'에서의 [닐]은 교체의 결과이고, 음절 유형이 단일어인 '일[일]'과 달라졌어요.

⋯➙ '집일'은 'ㄴ' 첨가로 [집닐]이 된 후 'ㅂ'이 비음 'ㅁ'으로 교체되어 [짐닐]이 된다. 즉 [닐]은 첨가의 결과이다. '일[일]'은 '모음+자음'이므로 음절 유형이 ③인데, [닐]은 음절 유형이 ④로 달라졌다.

③ '의복함[의보캄]'에서의 [캄]은 축약의 결과이고, 음절 유형이 단일어인 '함[함]'과 달라졌어요.

⋯➙ '의복함'은 'ㄱ'과 'ㅎ'이 만나 거센소리인 'ㅋ'으로 축약되어 [의보캄]이 된다. '함[함]'과 [캄]의 음절 유형은 모두 ④에 해당한다.

⑤ '화살[화살]'에서의 [화]는 탈락의 결과이고, 음절 유형이 단일어인 '활[활]'과 같아요.

⋯➙ '화살[화살]'에서의 [화]는 '활+살'의 과정에서 'ㄹ'이 탈락한 결과이다. '활[활]'은 음절 유형이 ④인데, [화]는 '자음+모음'이므로 음절 유형이 ②이다.

02
정답률 65%

〈보기〉의 ㉠에 들어갈 말로 적절하지 <u>않은</u> 것은?

☀ 정답인 이유

③ 3개의 평순 모음

⋯➙ [A]에서 '쉬리 – 소리'는 'ㅟ'와 'ㅗ'로 인해, '마루 – 머루'는 'ㅏ'와 'ㅓ'로 인해, '구실 – 구슬'은 'ㅣ'와 'ㅡ'로 인해 뜻이 달라지는 최소 대립쌍이다. 따라서 [A]에서 추출할 수 있는 음운은 'ㅟ, ㅗ, ㅏ, ㅓ, ㅣ, ㅡ'이다. [B]에 따르면 'ㅟ'는 전설·원순·고모음이고, 'ㅗ'는 후설·원순·중모음이다. 'ㅏ'는 후설·평순·저모음, 'ㅓ'는 후설·평순·중모음, 'ㅣ'는 전설·평순·고모음, 'ㅡ'는 후설·평순·고모음이다. 따라서 추출된 음운들을 혀의 앞뒤에 따라 분류하면 전설 모음이 2개, 후설 모음이 4개이고, 입술 모양에 따라 분류하면 평순 모음이 4개, 원순 모음이 2개이다. 그리고 혀의 높낮이에 따라 분류하면 고모음이 3개, 중모음이 2개, 저모음이 1개이다.

🌂 오답인 이유

① 2개의 전설 모음

⋯➙ '오답인 이유'는 '정답인 이유'에서 확인할 수 있습니다.

② 2개의 중모음

⋯➙ '오답인 이유'는 '정답인 이유'에서 확인할 수 있습니다.

④ 3개의 고모음

⋯➙ '오답인 이유'는 '정답인 이유'에서 확인할 수 있습니다.

⑤ 4개의 후설 모음

⋯➙ '오답인 이유'는 '정답인 이유'에서 확인할 수 있습니다.

〈보기〉의 ㉠에 들어갈 내용으로 알맞은 것은?

☀ 정답인 이유

① 앞 자음의 조음 방식

⋯ 〈보기〉는 '식물[싱물]', '입는[임는]', '뜯는[뜬는]'이 발음될 때 일어나는 음운 변동 현상에 대해 설명하고 있다.

	식물[싱물]	입는[임는]	뜯는[뜬는]
변한 것	앞 자음의 ㄱ→ㅇ	앞 자음의 ㅂ→ㅁ	앞 자음의 ㄷ→ㄴ
조음 위치	연구개음→연구개음	양순음→양순음	치조음→치조음
조음 방식	파열음→비음	파열음→비음	파열음→비음

☂ 오답인 이유

② 뒤 자음의 조음 방식

⋯ '오답인 이유'는 '정답인 이유'에서 확인할 수 있습니다.

③ 두 자음의 조음 방식

⋯ '오답인 이유'는 '정답인 이유'에서 확인할 수 있습니다.

④ 앞 자음의 조음 위치

⋯ '오답인 이유'는 '정답인 이유'에서 확인할 수 있습니다.

⑤ 뒤 자음의 조음 위치

⋯ '오답인 이유'는 '정답인 이유'에서 확인할 수 있습니다.

04

정답률 88%

〈보기〉에 제시된 '선생님'의 질문에 대한 답으로 적절한 것은?

☀ 정답인 이유

③ '강릉'을 발음할 때 일어나는 음운 변동에서는 조음 방법만 한 번 변합니다.
강릉 → [강능]: 비음화

⋯ '강릉'은 [강능]으로 발음되는데, 이는 유음인 'ㄹ'이 비음인 'ㅇ' 뒤에서 비음인 'ㄴ'으로 바뀌는 비음화에 해당한다. 즉 조음 위치는 변하지 않고 조음 방법만 유음에서 비음으로 한 번 변한 것이다.

☂ 오답인 이유

① '맏이'를 발음할 때 일어나는 음운 변동에서는 조음 위치만 한 번 변합니다.
맏이 → [마지]: 구개음화

⋯ '맏이'는 [마지]로 발음되는데, 이는 치조음 'ㄷ'이 'ㅣ' 모음으로 시작하는 형식 형태소를 만나 'ㅈ'을 바뀌는 구개음화에 해당한다. 즉 조음 위치는 치조음에서 경구개음으로 변하고, 조음 방법은 파열음에서 파찰음으로 변한 것이다.

② '꽃눈'을 발음할 때 일어나는 음운 변동에서는 조음 위치만 두 번 변합니다.
꽃눈 → [꼳눈] → [꼰눈]: 음절의 끝소리 규칙, 비음화

⋯ '꽃눈'은 [꼰눈]으로 발음되는데, 이는 '꽃'의 종성 'ㅊ'이 음절의 끝소리 규칙에 따라 대표음 'ㄷ'으로 바뀐 후 'ㄴ' 앞에서 같은 비음인 'ㄴ'으로 바뀌는 비음화가 일어난 것이다. 즉 조음 위치는 경구개음에서 치조음으로 변하고, 조음 방법은 파찰음에서 파열음으로 변한 뒤 파열음에서 비음으로 변하여 총 두 번 변한 것이다.

④ '실내'를 발음할 때 일어나는 음운 변동에서는 조음 위치가 변한 후 조음 방법이 변합니다.
실내 → [실래]: 유음화

⋯ '실내'는 [실래]로 발음되는데, 이는 비음인 'ㄴ'이 앞에 위치한 유음 'ㄹ'의 영향으로 유음인 [ㄹ]로 바뀌는 유음화에 해당한다. 즉 조음

위치는 변하지 않고 조음 방법만 비음에서 유음으로 변한 것이다.

⑤ '앞날'을 발음할 때 일어나는 음운 변동에서는 조음 방법이 변한 후 조음 위치가 변합니다.
앞날 → [압날] → [암날]: 음절의 끝소리 규칙, 비음화

⋯ '앞날'은 [암날]로 발음되는데, 이는 '앞'의 종성 'ㅍ'이 음절의 끝소리 규칙에 따라 대표음 [ㅂ]으로 바뀐 후 뒤의 비음 'ㄴ'의 영향으로 비음인 [ㅁ]으로 발음되는 비음화가 일어난 것이다. 즉 조음 위치는 변하지 않고 조음 방법만 파열음에서 비음으로 변한 것이다.

1. 음운 – 음운의 변동

02 음운 변동의 유형 / 교체

개념 완성 TEST
▶ 문제편 24쪽

01 (1) [옫] (2) [꼳] (3) [무릅] (4) [나지] **02** (1) [오시] / [오단] (2) [꼬즐] / [꼬뒤] (3) [무르페] / [무르뷔] (4) [까까] / [더피다] **03** (1) 'ㄴ', [경노] (2) 'ㅇ', [능녁] (3) 'ㅁ', 'ㄴ', [범니] **04** (1) [암니] (2) [침ː녁] (3) [동닙] **05** (1) [궐력] (2) [설ː랄] (3) [뚤른] **06** (1) × (2) ○ (3) × **07** (1) [덥깨] (2) [안꼬] (3) [만날싸람] **08** (1) × (2) × (3) ○

내신 기출 문제
▶ 문제편 25쪽

01 ③   **02** ④   **03** ⑤   **04** ③

01

음절의 끝소리 규칙

다음 밑줄 친 단어의 발음이 적절하지 <u>않은</u> 것은?

☀ 정답인 이유

③ 정원에 아름다운 꽃이[꼬시] 활짝 피었다.
꽃이 → [꼬치]: 자음으로 끝나는 음절+모음으로 시작하는 형식 형태소 → 연음

⋯ 뒤에 모음으로 시작하는 형식 형태소가 오면, 음절의 끝소리 규칙이 적용되지 않고 음절의 끝소리가 다음 음절의 첫소리로 이어져 발음된다. 따라서 '꽃이'는 [꼬치]로 발음된다.

☂ 오답인 이유

① 이 옷[옫], 너한테 정말 잘 어울려.
옷 → [옫](음절의 끝소리 규칙)

⋯ 국어에서는 음절의 끝에서 'ㄱ, ㄴ, ㄷ, ㄹ, ㅁ, ㅂ, ㅇ'의 일곱 개의 자음만 발음된다. 나머지 자음이 음절의 끝에 오면 이 일곱 자음 가운데 하나로 발음되는 현상을 음절의 끝소리 규칙이라고 한다. 'ㅅ'은 대표음 'ㄷ'으로 발음되므로, '옷'은 [옫]으로 발음된다.

② 들판에 젖소[젇쏘]가 뛰어놀고 있다.
젖소 → [젇소](음절의 끝소리 규칙) → [젇쏘](된소리되기)

⋯ '젖소'는 음절의 끝소리 규칙에 따라 'ㅈ'이 대표음 'ㄷ'으로 바뀌어 [젇소]가 되었다가, 받침 'ㄷ' 뒤에 연결되는 'ㅅ'이 된소리로 바뀌어 [젇쏘]로 발음된다.

④ 가을이 되니 나무의 잎도[입또] 떨어진다.
잎도 → [입도](음절의 끝소리 규칙) → [입또](된소리되기)

⋯ '잎도'는 음절의 끝소리 규칙에 따라 'ㅍ'이 대표음 'ㅂ'으로 바뀌어 [입도]가 되었다가, 받침 'ㅂ' 뒤에 연결되는 'ㄷ'이 된소리로 바뀌어 [입또]로 발음된다.

⑤ 어머니는 밭 아래[바다래] 고랑으로 내려가셨다.
　　　　　　　밭 아래 → [받아래] → [바다래]: 자음으로 끝나는 음절+모음으로 시작하는 실질 형태소
　　　　　　　→ 음절의 끝소리 규칙 적용 후 연음
　…▸ 뒤에 모음으로 시작하는 실질 형태소가 오면, 음절의 끝소리 규칙이 적용된 후 음절의 끝소리가 다음 음절의 첫소리로 이어져 발음된다. 따라서 '밭 아래'는 [바다래]로 발음된다.

02
비음화

밑줄 친 단어 중 〈보기〉와 같은 음운 변동 양상이 나타나지 않는 것은?

☀ 정답인 이유

④ 세 시간을 달려 대관령에 이를 수 있었다.
　　　　　　　대관령 → [대:괄령](유음화)
　…▸ 〈보기〉는 비음이 아닌 자음이 비음의 영향을 받아 비음 'ㄴ, ㅁ, ㅇ'으로 동화되는 현상인 비음화의 예이다. 하지만 '대관령'이 [대:괄령]으로 발음되는 것은 'ㄴ'이 'ㄹ'의 영향을 받아 유음 'ㄹ'로 동화되는 현상인 유음화의 예에 해당한다.

☂ 오답인 이유

① 그는 급류에 휩쓸려 위험에 처했다.
　　　　　　　급류 → [금뉴](비음화) → [금뉴](비음화)
　…▸ '급류'는 'ㅂ' 뒤에 연결되는 'ㄹ'이 'ㄴ'으로 바뀌어 [급뉴]가 되었다가, 비음 'ㄴ'의 앞에 있는 받침 'ㅂ'이 'ㅁ'으로 바뀌어 [금뉴]로 발음된다. 이는 비음화의 예에 해당한다.

② 최근 곡물 빵에 대한 수요가 늘고 있다.
　　　　　　　곡물 → [공물](비음화)
　…▸ '곡물'은 비음 'ㅁ'의 앞에 있는 받침 'ㄱ'이 'ㅇ'으로 바뀌어 [공물]로 발음된다. 이는 비음화의 예에 해당한다.

③ 몇 리를 더 가야 읍내에 도착할 수 있니?
　　　　　　　몇 리 → [면니](음절의 끝소리 규칙, 비음화) → [면니](비음화)
　…▸ '몇 리'는 음절의 끝소리 규칙에 의해 'ㅊ'이 'ㄷ'으로 바뀌고 'ㄷ' 뒤에 연결되는 'ㄹ'이 'ㄴ'으로 바뀌어 [면니]가 되었다가, 비음 'ㄴ'의 앞에 있는 받침 'ㄷ'이 'ㄴ'으로 바뀌어 [면니]로 발음된다. 이는 비음화의 예에 해당한다.

⑤ 동란 중에 태어난 아이가 벌써 예순이 되었다.
　　　　　　　동란 → [동:난](비음화)
　…▸ '동란'은 비음 'ㅇ' 뒤에서 'ㄹ'이 'ㄴ'으로 바뀌어 [동:난]으로 발음된다. 이는 비음화의 예에 해당한다.

03
구개음화

밑줄 친 단어 중 〈보기〉에 해당하는 사례가 아닌 것은?

☀ 정답인 이유

⑤ 그는 밭이랑에 엎드려 열심히 김을 매고 있었다.
　　　　　　　밭이랑 → [받이랑](음절의 끝소리 규칙) → [받니랑]('ㄴ' 첨가) → [반니랑](비음화)
　…▸ 〈보기〉는 구개음화에 대해 설명하고 있다. 구개음화는 모음 'ㅣ'나 반모음 'ㅣ'로 시작하는 조사나 접미사에 의해서 일어날 수 있지만, 합성어에서는 받침 'ㄷ, ㅌ' 다음에 '이'로 시작되는 단어가 결합되어도 구개음화가 일어날 수 없다. '밭이랑'의 '이랑'은 실질 형태소이므로 구개음화가 일어나지 않는다. '밭이랑'은 음절의 끝소리 규칙, 'ㄴ' 첨가, 비음화가 일어나 [반니랑]으로 발음된다.

☂ 오답인 이유

① 나는 너와 같이 가지 않을 거야.
　　　　　　　같이 → [가치]: ㅌ+ㅣ → ㅊ(구개음화)

⋯▸ '같이'는 받침 'ㅌ'이 모음 'ㅣ'로 시작하는 형식 형태소와 만나 'ㅊ'으로 바뀌어 [가치]로 발음된다.

② 모든 사실을 낱낱이 밝히도록 해라.
　　　　　　　낱낱이 → [낱:낱이](음절의 끝소리 규칙) → [낟:나치](구개음화) → [난:나치](비음화)
　　　　　　　ㅌ+ㅣ → ㅊ
　…▸ '낱낱이'는 받침 'ㅌ'이 모음 'ㅣ'로 시작하는 형식 형태소와 만나 'ㅊ'으로 바뀌는 구개음화와 함께, 음절의 끝소리 규칙과 비음화도 일어나 [난:나치]로 발음된다.

③ 저기를 굳이 가겠다는 이유가 무엇이냐?
　　　　　　　굳이 → [구지]: ㄷ+ㅣ → ㅈ(구개음화)
　…▸ '굳이'는 받침 'ㄷ'이 모음 'ㅣ'로 시작하는 형식 형태소와 만나 'ㅈ'으로 바뀌어 [구지]로 발음된다.

④ 이제는 맏이인 네가 아버지 역할을 해야 해.
　　　　　　　맏이 → [마지]: ㄷ+ㅣ → ㅈ(구개음화)
　…▸ '맏이'는 받침 'ㄷ'이 모음 'ㅣ'로 시작하는 형식 형태소와 만나 'ㅈ'으로 바뀌어 [마지]로 발음된다.

04
된소리되기

다음 ㉠~㉢의 음운 변동에 대한 설명으로 적절하지 않은 것은?

☀ 정답인 이유

③ ㉡과 같은 예로 '눈을 감다[감:따]', '차를 탄다[탄따]'가 있다.
　…▸ ㉠~㉢은 된소리되기 현상의 예이다. ㉠은 받침 'ㄱ, ㄷ, ㅂ' 뒤에 연결되는 'ㄱ, ㄷ, ㅂ, ㅅ, ㅈ'이 된소리로 발음되는 현상의 예에 해당한다. 그리고 ㉡은 어간 받침 'ㄴ, ㅁ' 뒤에 결합되는 어미의 첫소리 'ㄱ, ㄷ, ㅅ, ㅈ'이 된소리로 발음되는 현상의 예에 해당한다. 또 ㉢은 관형사형 '-(으)ㄹ' 뒤에 연결되는 'ㄱ, ㄷ, ㅂ, ㅅ, ㅈ'이 된소리로 발음되는 현상의 예에 해당한다.
　　㉡과 같은 현상에 따라 '눈을 감다'의 '감다'는 어간 받침 'ㅁ' 뒤에 결합되는 어미의 첫소리 'ㄷ'이 된소리로 바뀌어 [감:따]로 발음된다. 하지만 '차를 탄다'의 '탄다'는 어간이 '탄-'이 아니라 '타-'이므로, 어간 받침 'ㄴ' 뒤에 어미의 첫소리 'ㄷ'이 결합한 것이 아니다. 따라서 '탄다'는 음운 변동이 일어나지 않으므로 [탄다]로 발음해야 한다.

☂ 오답인 이유

① ㉠과 같은 예로 '옆집[엽찝]', '낮잠[낟짬]'이 있다.
　…▸ '옆집'은 음절의 끝소리 규칙에 따라 [엽집]이 되었다가, 받침 'ㅂ' 뒤에 연결되는 'ㅈ'이 된소리로 바뀌어 [엽찝]으로 발음된다. '낮잠' 역시 음절의 끝소리 규칙에 따라 [낟잠]이 되었다가, 받침 'ㄷ' 뒤에 연결되는 'ㅈ'이 된소리로 바뀌어 [낟짬]으로 발음된다. 따라서 '옆집[엽찝]'과 '낮잠[낟짬]'은 ㉠의 예로 적절하다.

② ㉠은 받침 'ㄱ, ㄷ, ㅂ' 뒤에서 예사소리가 된소리로 변하는 현상이다.
　…▸ ㉠은 받침 'ㄱ, ㄷ, ㅂ' 뒤에 연결되는 예사소리 'ㄱ, ㄷ, ㅂ, ㅅ, ㅈ'이 된소리로 발음되는 현상의 예이다.

④ ㉡은 용언 어간 말음 'ㄴ, ㅁ' 뒤에서 예사소리가 된소리로 변하는 현상이다.
　…▸ ㉡은 용언의 어간 받침 'ㄴ, ㅁ' 뒤에 결합되는 예사소리 'ㄱ, ㄷ, ㅅ, ㅈ'이 된소리로 발음되는 현상의 예이다.

⑤ ㉢은 관형사형 '-(으)ㄹ' 뒤에서 예사소리가 된소리로 변하는 현상이다.
　…▸ ㉢은 관형사형 '-(으)ㄹ' 뒤에 연결되는 예사소리 'ㄱ, ㄷ, ㅂ, ㅅ, ㅈ'이 된소리로 발음되는 현상의 예이다.

03 탈락, 첨가, 축약

개념 완성 TEST

▶ 문제편 28쪽

01 (1) [흑], [점:따] (2) [목], [훌찌] (3) [늘꼬], [넙쭈카다] **02** (1) 'ㅎ' (2) 'ㅡ' (3) 'ㄹ' (4) 'ㅏ' **03** (1) [나은] (2) [싸이다] (3) [노아] **04** (1) [맨닙] (2) [꼰닙] (3) [신녀성] **05** (1) [내:까/낻:까], [해쌀/핻쌀] (2) [퇸:마루/퉨:마루], [아랜니] (3) [뒨:늅], [도리깬녈] **06** (1) [노코] (2) [조:턴] (3) [싸치] (4) [수타다] **07** (1) ○ (2) ✕ **08** (1) 거센소리되기, 축약 (2) 'ㄴ' 첨가, 첨가 (3) 비음화, 교체 (4) 유음화, 교체 (5) 자음군 단순화, 탈락

내신 기출 문제

▶ 문제편 29쪽

01 ④ **02** ⑤ **03** ② **04** ③

01

자음군 단순화

〈보기〉를 바탕으로 겹받침의 표준 발음을 탐구한 내용으로 적절하지 <u>않은</u> 것은?

☀ 정답인 이유

④ ㉣을 보니, ㉡과 달리 용언의 어간 말음 'ㄼ'은 'ㄱ, ㅈ' 앞에서 [ㅂ]으로 발음 되는군.

→ 〈보기〉는 음절의 끝에 겹받침이 올 때 두 자음 중 하나가 탈락하는 '자음군 단순화'의 예이다. 그중에서 ㉣은 겹받침 'ㄼ' 발음의 예외에 해당한다. 겹받침 'ㄼ'은 일반적으로 ㉡에 제시된 예와 같이 둘째 자음이 탈락하여 [ㄹ]로 발음되는데, '밟다'만은 예외적으로 '밟다[밥:따], 밟지[밥:찌], 밟게[밥:께]' 등과 같이 [ㅂ]으로 발음된다. 따라서 'ㄼ'이 'ㄱ, ㅈ' 앞에서 [ㅂ]으로 발음된다는 설명은 ㉣의 사례를 잘못 이해한 것이다. '넓게', '얇지'에서의 'ㄼ'은 'ㄱ, ㅈ' 앞에서도 [널 께], [얄:찌]와 같이 [ㄹ]로 발음된다.

☂ 오답인 이유

① ㉠을 보니, 겹받침 'ㄺ'은 어말 또는 자음 앞에서 [ㄱ]으로 발음되는군.

→ 겹받침 'ㄺ'은 어말 또는 자음 앞에서 첫째 자음이 탈락하여 [ㄱ] 으로 발음된다.

② ㉡을 보니, 겹받침 'ㄼ'은 어말 또는 자음 앞에서 [ㄹ]로 발음되는군.

→ 겹받침 'ㄼ'은 어말 또는 자음 앞에서 둘째 자음이 탈락하여 [ㄹ] 로 발음된다.

③ ㉢을 보니, ㉠과 달리 용언의 어간 말음 'ㄺ'은 'ㄱ' 앞에서 [ㄹ]로 발음되는군.

→ 용언의 어간 말음 'ㄺ'은 'ㄱ' 앞에서 둘째 자음이 탈락하여 [ㄹ]로 발음된다.

⑤ ㉤을 보니, ㉡과 달리 파생어나 합성어의 경우에 '넓'으로 표기된 것은 [넙]으로 발음되는군.

→ 파생어나 합성어의 경우에 '넓'으로 표기된 것은 '넓죽하다[넙쭈 카다]' 등과 같이 [넙]으로 발음된다. [ㄹ]로 발음되는 경우에는 아예 '널따랗다, 널찍하다, 짤막하다, 얄팍하다' 등과 같이 표기한다.

02

다음은 표준 발음법 수업의 일부이다. ㉠의 사례와 같은 것은?

☀ 정답인 이유

⑤ 학-여울[항녀울] 학여울 → [학녀울]('ㄴ' 첨가) → [항녀울](비음화)

→ '내복약'은 앞말인 '내복'이 자음 'ㄱ'으로 끝나고 뒷말이 '야'로 시작되므로 뒷말의 첫소리에 'ㄴ' 소리가 첨가되어 [내:복냑]으로 발음된다. 그리고 [내:복냑]은 앞말의 받침 'ㄱ'이 뒷말의 첫소리에 첨가된 비음 'ㄴ' 앞에서 'ㅇ'으로 바뀌어 [내:봉냑]으로 발음된다. 이러한 사례와 같은 것은 ⑤이다. '학여울'은 앞말인 '학'이 자음 'ㄱ'으로 끝나고 뒷말이 '여'로 시작되므로 뒷말의 첫소리에 'ㄴ' 소리가 첨가되어 [학녀울]로 발음된다. 그리고 [학녀울]은 앞말의 받침 'ㄱ'이 뒷말의 첫소리에 첨가된 비음 'ㄴ' 앞에서 'ㅇ'으로 바뀌어 [항녀울]로 발음된다.

☂ 오답인 이유

① 꽃-망울[꼰망울] 꽃망울 → [꼳망울](음절의 끝소리 규칙) → [꼰망울](비음화)

→ '꽃망울'은 음절의 끝에서 'ㅊ'이 'ㄷ'으로 바뀌어 [꼳망울]이 되었다가, 비음 'ㅁ'의 앞에 있는 받침 'ㄷ'이 'ㄴ'으로 바뀌어 [꼰망울]로 발음된다.

② 눈-요기[눈뇨기] 눈요기 → [눈뇨기]('ㄴ' 첨가)

→ '눈요기'는 앞말인 '눈'이 자음 'ㄴ'으로 끝나고 뒷말이 '요'로 시작되므로 뒷말의 첫소리에 'ㄴ' 소리가 첨가되어 [눈뇨기]로 발음된다.

③ 서울-역[서울력] 서울역 → [서울녁]('ㄴ' 첨가) → [서울력](유음화)

→ '서울역'은 앞말인 '서울'이 자음 'ㄹ'로 끝나고 뒷말이 '여'로 시작되므로 뒷말의 첫소리에 'ㄴ' 소리가 첨가되어 [서울녁]으로 발음된다. 그리고 [서울녁]은 유음 'ㄹ'의 뒤에서 비음 'ㄴ'이 'ㄹ'로 바뀌어 [서울력]으로 발음된다.

④ 툇-마루[퇸:마루] 툇마루 → [퇻:마루](음절의 끝소리 규칙) → [퇸:마루/퉨:마루]

→ 사이시옷 뒤에 'ㄴ, ㅁ'이 결합되는 경우에는 사이시옷을 [ㄴ]으로 발음하므로, '툇마루'는 [퇸:마루/퉨:마루]로 발음된다.

03

축약

〈보기〉를 참고할 때, ⓐ~ⓔ의 음운 변동에 대한 설명으로 적절하지 <u>않은</u> 것은?

☀ 정답인 이유

② ⓑ는 받침 'ㄺ'에서 'ㄱ'이 뒤에 오는 'ㄱ'과 만나 'ㄲ'으로 줄어들어 발음되는 거센소리되기가 나타난다.

→ 거센소리되기는 'ㄱ, ㄷ, ㅂ, ㅈ'이 'ㅎ'과 만나 거센소리인 'ㅋ, ㅌ, ㅍ, ㅊ'으로 줄어드는 현상이다. 그런데 '맑게'는 'ㅎ'과 만나지 않았으므로 거센소리되기에 해당하지 않는다. '맑게'는 된소리되기에 의해 [맑께]로 발음되고, 자음군 단순화에 의해 [말께]로 발음된다. 즉 거센소리되기는 나타나지 않는다.

☂ 오답인 이유

① ⓐ는 받침 'ㄺ'에서 'ㄱ'이 뒤에 오는 'ㅎ'과 만나 'ㅋ'으로 줄어들어 발음되는 거센소리되기가 나타난다.

→ '밝히다'는 'ㄱ'과 'ㅎ'이 만나 'ㅋ'으로 줄어드는 거센소리되기에 의해 [발키다]로 발음된다.

③ ⓒ는 받침 'ㄵ'에서 'ㅈ'이 뒤에 오는 'ㅎ'과 만나 'ㅊ'으로 줄어들어 발음되는 거센소리되기가 나타난다.

⋯⋯ '앉히고'는 'ㅈ'과 'ㅎ'이 만나 'ㅊ'으로 줄어드는 거센소리되기에 의해 [안치고]로 발음된다.

④ ⓓ는 받침 'ㄷ'이 뒤에 오는 'ㅎ'과 만나 'ㅌ'으로 줄어들어 발음되는 거센소리되기가 나타난다.

⋯⋯ '맏형'은 'ㄷ'과 'ㅎ'이 만나 'ㅌ'으로 줄어드는 거센소리되기에 의해 [마텽]으로 발음된다.

⑤ ⓔ는 받침 'ㅂ'이 뒤에 오는 'ㅎ'과 만나 'ㅍ'으로 줄어들어 발음되는 거센소리되기가 나타난다.

⋯⋯ '급히'는 'ㅂ'과 'ㅎ'이 만나 'ㅍ'으로 줄어드는 거센소리되기에 의해 [그피]로 발음된다.

04

음운 변동 통합

〈보기〉를 바탕으로 음운 변동을 바르게 이해한 것은?

구분	변동 유형
교체	음절의 끝소리 규칙, 비음화, 유음화, 구개음화, 된소리되기
탈락	자음군 단순화, 'ㄹ' 탈락, 'ㅎ' 탈락, 'ㅡ' 탈락, 동음 탈락
첨가	'ㄴ' 첨가
축약	거센소리되기(자음 축약)

☀ 정답인 이유

③ '늦여름[는녀름]'에서는 ㉠과 ㉢의 음운 변동이 일어난다.
늦여름 → [는여름](음절의 끝소리 규칙) → [는녀름]('ㄴ' 첨가) → [는녀름](비음화)

⋯⋯ '늦여름[는녀름]'에서는 음절의 끝소리 규칙(교체), 'ㄴ' 첨가(첨가), 비음화(교체)의 음운 변동이 일어난다. 따라서 ㉠과 ㉢의 음운 변동이 일어난다.

☔ 오답인 이유

① '꽃잎[꼰닙]'에서는 ㉢과 ㉣의 음운 변동이 일어난다.
꽃잎 → [꼳입](음절의 끝소리 규칙) → [꼳닙]('ㄴ' 첨가) → [꼰닙](비음화)

⋯⋯ '꽃잎[꼰닙]'에서는 음절의 끝소리 규칙(교체), 'ㄴ' 첨가(첨가), 비음화(교체)의 음운 변동이 일어난다. 따라서 ㉣의 음운 변동은 일어나지 않는다.

② '부엌만[부엉만]'에서는 ㉠과 ㉡의 음운 변동이 일어난다.
부엌만 → [부억만](음절의 끝소리 규칙) → [부엉만](비음화)

⋯⋯ '부엌만[부엉만]'에서는 음절의 끝소리 규칙(교체), 비음화(교체)의 음운 변동이 일어난다. 따라서 ㉡의 음운 변동은 일어나지 않는다.

④ '여닫이[여:다지]'에서는 ㉡과 ㉣의 음운 변동이 일어난다.
ㄷ + ㅣ → ㅈ(구개음화)

⋯⋯ '여닫이[여:다지]'에서는 구개음화(교체)의 음운 변동이 일어난다. 따라서 ㉡과 ㉣의 음운 변동은 일어나지 않는다.

⑤ '낙하산[나카산]'에서는 ㉡과 ㉢의 음운 변동이 일어난다.
ㄱ + ㅎ → ㅋ(거센소리되기)

⋯⋯ '낙하산[나카산]'에서는 거센소리되기(축약)의 음운 변동이 일어난다. 따라서 ㉡과 ㉢의 음운 변동은 일어나지 않는다.

수능 기출 문제

1. 음운
음운의 변동

▶ 문제편 30~39쪽

01 ③	02 ②	03 ④	04 ②	05 ④	06 ⑤
07 ④	08 ④	09 ⑤	10 ④	11 ④	12 ④
13 ①	14 ③	15 ①	16 ①	17 ②	

01

정답률 65% | 매력적인 오답 ② 22%

윗글을 통해 추론한 내용으로 적절하지 않은 것은?

☀ 정답인 이유

③ 국어에서 '밥만 있어'의 '밥만[밤만]'을 듣고 '밤만'으로 알았다면 그 과정에서 비음화* 규칙이 인식의 틀로 작동했겠군.
× → '밥만'

⋯⋯ 3문단에서 '음운, 음절 구조, 음운 규칙은 말을 할 때뿐만 아니라 말을 들을 때도 작동한다.'고 하였다. 예를 들어 상대방이 '국밥'을 [국빱]으로 발음해도 청자는 된소리되기가 인식의 틀로 작동하여 [국빱]을 '국밥'으로 인식한다는 것이다. 따라서 비음화 규칙이 인식의 틀로 작동한다면 [밤만]을 듣고도 비음화 규칙이 일어나기 전 형태인 '밥만'으로 복원할 수 있다. '밥만[밤만]'을 듣고 '밤만'으로 인식한다면 비음화 규칙이 인식의 틀로 작동한 것이 아니다.

✽ 비음화: 비음이 아닌 자음이 비음의 영향을 받아 비음 'ㄴ, ㅁ, ㅇ'으로 바뀌는 현상임 ⓔ 국물 → [궁물], 십만 → [심만], 받는다 → [반는다]

☔ 오답인 이유

② (매력적인 오답) 국어 음운 'ㄹ'은 그 자체에는 뜻이 없지만, '갈 곳'의 'ㄹ'은 어미로 쓰이고 있으므로 뜻을 가진 최소 단위가 되겠군.

⋯⋯ 2문단에서 '음운은 그 자체로는 뜻이 없다. 음운이 하나 이상 모여 뜻을 가지면 의미의 최소 단위인 형태소가 된다.'고 하였다. 즉 '갈 곳'의 '-ㄹ'은 관형사형 전성 어미로 쓰이기 때문에 뜻을 가진 형태소로 볼 수 있다. 음운 'ㄹ'은 그 자체로 뜻이 없지만 형태소 'ㄹ'은 뜻을 가지는 것이다. 이때 '-ㄹ'이 관형사형 전성 어미 중 하나라는 것과 어미도 형태소에 해당한다는 사실을 알고 있어야 한다.

① 국어 음절 구조의 특징을 고려하면 '몫[목]'의 발음에서 음운이 탈락하는 것을 이해할 수 있겠군.

⋯⋯ 1문단에서 '국어는 한 음절 내에서 모음 앞이나 뒤에 각각 최대 하나의 자음을 둘 수 있다'고 하였다. 즉 '몫'이 [목]으로 발음되는 까닭은 한 음절 내 모음 뒤에 최대 하나의 자음만 와야 하기 때문이다. 이때 'ㄳ'에서 'ㅅ'이 탈락하고 'ㄱ'만 남는 현상은 자음군 단순화 현상이다.

④ 영어의 'spring'이 국어에서 3음절 '스프링'으로 인식되는 것은 국어 음절 구조 인식의 틀이 제대로 작동한 결과이겠군.

⋯⋯ 3문단에서 '국어의 음절 구조와 맞지 않는 소리를 듣는다면 국어의 음절 구조에 맞게 바꾸어 인식한다고 하였다. 영어의 'spring'은 한 음절 내에서 자음군이 형성되어 있으므로 국어의 음절 구조에 맞게 바꾸어 인식해야 한다. 국어에서는 한 음절 내 모음 앞뒤에는 하나의 자음만 둘 수 있다는 원칙이 있으므로, 'ㅡ' 모음을 추가하여 3음절 '스프링'으로 인식하게 된다.

⑤ 영어의 'vocal'이 국어에서 '보컬'로 인식되는 것은 영어 'v'와 가장 비슷한 국

어 음운이 'ㅂ'이기 때문이겠군.

···› 3문단에서 '국어에 없는 소리를 듣는다면 국어에서 가장 가까운 음운으로 바꾸어 인식하게 된다.'고 하였다. 영어 'vocal'의 'v'는 국어에는 없는 소리이므로, 국어에서 'v'와 가장 비슷한 음운인 'ㅂ'으로 바꾸어 인식하게 된다.

02

정답률 63% | 매력적인 오답 ① 19%

㉠의 위치에서 음운 변동이 일어난 예만을 〈보기〉에서 고른 것은?

☀ 정답인 이유

② ⓐ, ⓒ, ⓔ

| ⓐ 앞일 → [압일](음절의 끝소리 규칙) → [압닐]('ㄴ' 첨가) → [암닐](비음화) |
| ⓒ 넣고 → [너코](거센소리되기) |
| ⓔ 굳이 → [구지](구개음화) |

···› ㉠에 따라 형태소와 형태소가 만나는 경계에서 음운 변동이 일어나는 예를 골라야 한다. ⓐ의 '앞일'은 '앞'이라는 형태소 내부에서 '음절의 끝소리 규칙'[압]이 일어나고, 형태소 '앞'과 '일'이 만나는 경계에서 'ㄴ 첨가'와 '비음화'가 일어나 [암닐]로 발음된다. ⓒ의 '넣고'는 형태소 '넣-'과 '-고'가 만나는 경계에서 음운 축약(ㅎ+ㄱ→ㅋ)이 일어나 [너코]로 발음된다. ⓔ의 '굳이'는 형태소 '굳-'과 '-이'가 만나는 경계에서 구개음화가 일어나 [구지]로 발음된다. 따라서 ⓐ, ⓒ, ⓔ는 ㉠의 위치에서 일어나는 음운 변동의 예로 적절하다.

☂ 오답인 이유

① 매력적인 오답 ⓐ, ⓑ, ⓒ

| ⓑ 장미꽃 → [장미꼳](음절의 끝소리 규칙) |

···› ⓑ의 '장미꽃[장미꼳]'은 '꽃'이라는 형태소 내부에서 '음절의 끝소리 규칙'이 일어나고 있으므로, ㉠의 위치에서 일어나는 음운 변동의 예로 적절하지 않다.

③ ⓐ, ⓓ, ⓔ

| ⓓ 걱정 → [걱쩡](된소리되기) |

···› ⓓ의 '걱정'은 한 형태소로 이루어진 단일어이므로, ㉠의 위치에서 일어나는 음운 변동의 예로 적절하지 않다.

④ ⓑ, ⓒ, ⓓ

···› ⓑ는 형태소 내부에서 음운 변동이 일어나고 있고, ⓓ는 단일어이므로 둘 다 ㉠의 위치에서 일어나는 음운 변동의 예로 적절하지 않다.

⑤ ⓑ, ⓓ, ⓔ

···› ⓑ는 형태소 내부에서 음운 변동이 일어나고 있고, ⓓ는 단일어이므로 둘 다 ㉠의 위치에서 일어나는 음운 변동의 예로 적절하지 않다.

03

정답률 92%

㉠~㉢을 이해한 내용으로 적절하지 않은 것은?

☀ 정답인 이유

④ ㉣의 구분에 따르면 '강'과 '복'은 같은 음절 유형에 해당하지만, '목'과 '몫'은 서로 다른 음절 유형에 해당한다.

···› 발음을 기준으로 음절 유형을 나눈 ㉣의 구분에 따르면 '강[강]'의 음절 유형은 '자음+모음+자음'에 해당하고, '복[복]' 역시 '자음+모음+자음'의 음절 유형에 해당한다. 그리고 '목[목]'의 음절 유형은 '자음+모음+자음'에 해당하고, '몫[목]' 역시 '자음+모음+자음'의

음절 유형에 해당한다. 따라서 '강'과 '복', '목'과 '몫' 모두 같은 음절 유형에 해당한다.

☂ 오답인 이유

① ㉠에 따라 '싫증'은 싫다는 의미를 효과적으로 전달하기 위해 첫 글자의 형태를 고정하여 표기한 예이다.

···› '싫증'은 '싫은 생각이나 느낌'을 의미하는 말로 [실쯩]으로 소리 나지만 표기는 실제 발음과 다르다. 이는 ㉠에 따라 싫다는 의미를 효과적으로 드러내기 위해 '싫-'의 형태를 고정하여 표기한 것으로 볼 수 있다.

② ㉡에 해당하는 예로 '북소리'와 '국물'을 들 수 있다.

···› '북소리'는 [북쏘리]로 소리 나고, '국물'은 [궁물]로 소리 나므로 표기가 실제 발음을 그대로 드러내지 않는 경우에 해당한다.

③ ㉢에 따라 끝말잇기를 할 때, '나뭇잎' 뒤에 '잎새'를 연결할 수 있다.

···› '나뭇잎'은 [나문닙]으로 소리 나고, '잎새'는 [입쌔]로 소리 난다. ㉢에 따라 끝말잇기를 할 때 [닙]과 [입]으로 발음이 다른 '잎'을 하나의 음절로 인식하기 때문에 '나뭇잎' 뒤에 '잎새'를 연결할 수 있는 것이다.

⑤ ㉤에 해당하는 예로 '북어'를, 해당하지 않는 예로 '강변'을 들 수 있다.

···› '북어'는 [부거]로 소리 나므로 표기 형태가 음절 유형을 그대로 나타내지 않는 경우에 해당한다. 반면 '강변'은 [강변]으로 소리 나므로 표기 형태가 음절 유형을 그대로 나타내는 경우에 해당한다.

04

정답률 77%

[A]를 바탕으로 할 때, 〈보기〉의 ⓐ~ⓔ에 대한 설명으로 적절한 것은?

☀ 정답인 이유

② ⓑ: 음절 구조 제약과 관련된 교체가 한 번, 음절 구조 제약과 무관한 교체가 한 번 일어난다.
옷만 → [옫만] → [온만]

···› '옷만'은 [온만]으로 발음되는데 이는 종성에는 'ㄱ, ㄴ, ㄷ, ㄹ, ㅁ, ㅂ, ㅇ'만 올 수 있다는 음절 구조 제약에 따라 'ㅅ'이 'ㄷ'으로 교체되어 '옷만'이 [옫만]으로 된 후, 종성의 'ㄷ'이 이어지는 'ㅁ'의 영향을 받아 'ㄴ'으로 바뀌어 [온만]으로 발음되는 것이다. 이때 'ㄷ'이 'ㄴ'으로 교체되는 것은 음절 구조 제약과는 무관하다.

☂ 오답인 이유

① ⓐ: 음절 구조 제약과 관련된 교체가 한 번 일어난다.
굳이 → [구지]

···› '굳이'가 [구지]로 발음되는 것은 'ㄷ'이 모음 'ㅣ'를 만나 'ㅈ'으로 바뀌는 구개음화가 일어난 것으로, 이러한 교체는 음절 구조 제약과 무관하다.

③ ⓒ: 음절 구조 제약과 무관한 첨가가 한 번, 음절 구조 제약과 관련된 교체가 한 번 일어난다.
물+약 → [물냑] → [물락]

···› '물약'은 '물+약'의 합성어로, 앞 어근의 종성 'ㄹ' 뒤에 반모음 'ㅣ'로 시작하는 말이 와서 'ㄴ'이 첨가된다. 이후 'ㄴ'이 앞의 'ㄹ'의 영향을 받아 'ㄹ'로 바뀌는 유음화가 일어나 [물략]으로 발음된다. 이러한 첨가와 교체는 모두 음절 구조 제약과는 무관한 것이다.

④ ⓓ: 음절 구조 제약과 관련된 탈락이 한 번, 음절 구조 제약과 무관한 첨가가 한 번 일어난다.
값도 → [갑도] → [갑또]

···› '값도'에서 '값'은 음절의 종성에는 둘 이상의 자음이 올 수 없다는

음절 구조 제약 때문에 [갑]이 된다. 그리고 이어지는 '도'의 예사소리 'ㄷ'은 [갑]의 종성 'ㅂ'으로 인해 된소리인 'ㄸ'으로 바뀌는 된소리되기가 일어나 [갑또]로 발음된다. 이는 음절 구조 제약과 관련된 탈락이 한 번, 음절 구조 제약과 무관한 교체가 한 번 일어난 것이다.

⑤ ⓔ: 음절 구조 제약과 관련된 탈락이 한 번, 음절 구조 제약과 관련된 교체가 한 번 일어난다.

_{핥는 → [할는] → [할른]}

⋯ '핥는'에서 '핥'은 음절의 종성에는 둘 이상의 자음이 올 수 없다는 음절 구조 제약 때문에 [할]이 된다. 그리고 이어지는 '는'의 'ㄴ'은 [할]의 종성 'ㄹ'의 영향을 받아 'ㄹ'로 바뀌는 유음화가 일어나 [할른]으로 발음된다. 이는 음절 구조 제약과 관련된 탈락이 한 번, 음절 구조 제약과 무관한 교체가 한 번 일어난 것이다.

05
정답률 66% | 매력적인 오답 ⑤ 15%

〈보기〉의 ㉮에 들어갈 말로 적절한 것은?

☀ 정답인 이유

④ 어간 '견디-'와 어미 '-어서'가 결합해 [견뎌서]

_{디-+-어 → 뎌(ㅣ+ㅓ→ j+ㅓ→ ㅕ)}

⋯ 어간 '견디-'와 어미 '-어서'가 결합해 [견뎌서]로 발음되는 것은 어간 '견디-'의 단모음 'ㅣ'가 '-어'로 시작하는 어미와 결합할 때 단모음이 반모음 'j'로 교체된 것이다. 즉 'ㅣ + ㅓ'가 'j + ㅓ'로 바뀌어 'ㅕ'로 발음된 것이다. 따라서 용언 어간의 단모음이 반모음 'j'로 교체된 것이므로 ㉮에 들어갈 말로 적절하다.

☂ 오답인 이유

⑤ (매력적인 오답) 어간 '키우-'와 어미 '-어라'가 결합해 [키워라]

_{우-+-어 → 워(ㅜ+ㅓ→ w+ㅓ→ ㅝ)}

⋯ 어간 '키우-'와 어미 '-어라'가 결합해 [키워라]로 발음되는 것은 어간 '키우-'의 단모음 'ㅜ'가 '-어'로 시작하는 어미와 결합할 때 반모음 'w'로 교체된 것이다. 즉 'ㅜ + ㅓ'가 'w + ㅓ'로 바뀌어 'ㅝ'로 발음된 것이다. 그런데 용언 어간의 단모음이 반모음 'j'가 아니라 반모음 'w'로 교체된 것이므로 ㉮에 들어갈 말로 적절하지 않다.

① 어간 '뛰-'와 어미 '-어'가 결합해 [뛰여]

_{뛰-+-어 → 뛰여(ㅟ+ㅓ→ ㅟ+j+ㅓ→ ㅟ+ㅕ)}

⋯ 어간 '뛰-'와 어미 '-어'가 결합해 [뛰여]로 발음되는 것은 어간 '뛰-'의 단모음 'ㅟ'가 '-어'로 시작하는 어미와 결합할 때 어미 '-어'에 반모음 'j'가 첨가된 것이다. 즉 'ㅟ + ㅓ'가 'ㅟ + j + ㅓ'로 바뀌어 'ㅟ + ㅕ'로 발음된 것이다. 그런데 용언 어간의 단모음이 반모음 'j'로 교체된 것이 아니라 어미에 반모음 'j'가 첨가된 것이므로 ㉮에 들어갈 말로 적절하지 않다.

② 어간 '차-'와 어미 '-아도'가 결합해 [차도]

_{차-+-아 → 채(ㅏ+ㅏ→ ㅏ)}

⋯ 어간 '차-'와 어미 '-아도'가 결합해 [차도]로 발음되는 것은 어간 '차-'의 단모음 'ㅏ'가 '-아'로 시작하는 어미와 결합할 때 단모음 'ㅏ'가 하나 탈락된 것이다. 즉 'ㅏ + ㅏ'가 'ㅏ'로 바뀐 것이다. 따라서 단모음 'ㅏ'와 단모음 'ㅏ'가 만나 단모음 'ㅏ'가 하나 탈락된 것이므로 ㉮에 들어갈 말로 적절하지 않다.

③ 어간 '잠그-'와 어미 '-아'가 결합해 [잠가]

_{그-+-아 → 개(ㅡ+ㅏ→ ㅏ)}

⋯ 어간 '잠그-'와 어미 '-아'가 결합해 [잠가]로 발음되는 것은 어간 '잠그-'의 단모음 'ㅡ'가 '-아'로 시작하는 어미와 결합할 때 단모음 'ㅡ'가 탈락된 것이다. 즉 'ㅡ + ㅏ'가 'ㅏ'로 바뀐 것이다. 따라서 단모음 'ㅡ'가 탈락된 것이므로 ㉮에 들어갈 말로 적절하지 않다.

06
정답률 69% | 매력적인 오답 ④ 15%

〈학습 활동〉을 수행한 결과로 적절한 것은?

☀ 정답인 이유

⑤ ⓜ: 버들잎[버들립], 덧입어[던니버]

_{교체가 두 번, 첨가가 한 번}

⋯ '버들잎[버들립]'에서는 '버들'과 '잎' 사이에 'ㄴ'이 첨가되고 유음화에 따라 첨가된 'ㄴ'이 'ㄹ'로 교체된다. 또한 음절의 끝소리 규칙에 따라 'ㅍ'이 'ㅂ'으로 교체된다. '덧입어[던니버]'에서는 '덧'과 '입어' 사이에 'ㄴ'이 첨가되고 음절의 끝소리 규칙에 따라 'ㅅ'이 'ㄷ'으로 교체된다. 이때 비음화에 따라 'ㄷ'은 'ㄴ'으로 교체되고, 'ㅂ'은 연음하여 [던니버]로 발음한다. 따라서 '버들잎[버들립]', '덧입어[던니버]' 모두 교체가 두 번, 첨가가 한 번 일어난 예이다.

☂ 오답인 이유

④ (매력적인 오답) ⓔ: 읊조려[읍쪼려], 겉늙어[건늘거]

_{탈락이 한 번, 교체가 두 번   교체가 두 번}

⋯ '읊조려[읍쪼려]'는 자음군 단순화에 따라 'ㄿ'에서 'ㄹ'이 탈락해 [읖조려]가 되었다가, 음절의 끝소리 규칙에 따라 'ㅍ'이 'ㅂ'으로 교체되어 [읍조려]가 된다. 또 된소리되기에 따라 'ㅈ'이 'ㅉ'으로 교체되어 [읍쪼려]가 된다. '겉늙어[건늘거]'에서는 음절의 끝소리 규칙에 따라 'ㅌ'이 'ㄷ'으로 교체되고, 비음화에 따라 'ㄷ'이 'ㄴ'으로 교체된다. 즉, '읊조려[읍쪼려]'는 탈락이 한 번, 교체가 두 번 일어나고, '겉늙어[건늘거]'는 교체가 두 번 일어난다.

① ㉠: 재밌는[재민는], 얽매는[엉매는]

_{교체가 두 번   탈락이 한 번, 교체가 한 번}

⋯ '재밌는[재민는]'에서는 음절의 끝소리 규칙에 따라 'ㅆ'이 'ㄷ'으로 교체되고, 비음화에 따라 'ㄷ'이 'ㄴ'으로 교체된다. '얽매는[엉매는]'에서는 자음군 단순화에 따라 'ㄺ' 중 'ㄹ'이 탈락해 'ㄱ'이 남고 비음화에 따라 'ㄱ'이 'ㅇ'으로 교체된다. 따라서 '재밌는[재민는]'은 교체가 두 번 일어나고, '얽매는[엉매는]'은 탈락이 한 번, 교체가 한 번 일어난다.

② ㉡: 불이익[불리익], 견인력[겨닌녁]

_{첨가가 한 번, 교체가 한 번   교체가 한 번}

⋯ '불이익[불리익]'에서는 'ㄴ'이 첨가되어 [불니익]이 되었다가, 유음화에 따라 'ㄴ'이 'ㄹ'로 교체된다. '견인력[겨닌녁]'에서는 비음화에 따라 'ㄹ'이 'ㄴ'으로 교체된다. 따라서 '불이익[불리익]'은 첨가가 한 번, 교체가 한 번 일어나고, '견인력[겨닌녁]'은 교체가 한 번 일어난다.

③ ㉢: 똑같이[똑까치], 파묻힌[파무친]

_{교체가 두 번   축약이 한 번, 교체가 한 번}

⋯ '똑같이[똑까치]'에서는 된소리되기에 따라 'ㄱ'이 'ㄲ'으로 교체되고, 구개음화에 따라 'ㅌ'이 'ㅊ'으로 교체된다. '파묻힌[파무친]'에서는 'ㄷ'과 'ㅎ'이 'ㅌ'으로 축약되고, 구개음화에 따라 'ㅌ'이 'ㅊ'으로 교체된다. 따라서 '똑같이[똑까치]'는 교체가 두 번 일어나고, '파묻힌[파무친]'은 축약이 한 번, 교체가 한 번 일어난다.

07
정답률 72% | 매력적인 오답 ② 13%

〈보기〉의 ㉮, ㉯에 들어갈 수 있는 단어로 적절한 것은?

	제시 단어 [표준 발음]	ⓐ 음절의 끝소리 규칙	ⓑ 자음군 단순화	ⓒ 된소리되기
①	짓밟다 [짇빱따]	○	○	○
	늦깎이 [늗까끼]	○	×	×
②	넓디넓다 [널띠널따]	×	○	○
	있다 [읻따]	○	×	○

③	읊다 [읍따]	○	○	○
	높푸르다 [놉푸르다]	○	×	×
④	흙빛 [흑삗]	○	○	○
	쑥대밭 [쑥때받]	○	×	○
⑤	닭갈비 [닥깔비]	×	○	○
	앞장서다 [압짱서다]	○	×	○

정답인 이유

④ ㉮ 흙빛 ㉯ 쑥대밭

··· '흙빛[흑삗]'은 '흙'의 종성 'ㄺ' 중 'ㄹ'이 탈락하고 'ㄱ'이 남는 자음군 단순화가 일어나고, 앞말의 종성 'ㄱ'의 영향으로 뒷말의 초성인 'ㅂ'이 된소리로 바뀌는 된소리되기와 '빛'의 종성 'ㅊ'이 대표음 'ㄷ'으로 바뀌는 음절의 끝소리 규칙이 일어나 ㉮로 분류할 수 있다. 그리고 '쑥대밭[쑥때받]'은 앞말의 종성 'ㄱ'의 영향으로 뒷말의 초성인 'ㄷ'이 된소리로 바뀌는 된소리되기와 '밭'의 종성 'ㅌ'이 대표음 'ㄷ'으로 바뀌는 음절의 끝소리 규칙이 일어나 ㉯로 분류할 수 있다.

오답인 이유

② 매력적인 오답 ㉮ 넓디넓다 ㉯ 있다

··· '있다[읻따]'는 '있'의 종성 'ㅆ'이 대표음 'ㄷ'으로 바뀌는 음절의 끝소리 규칙과 앞말의 종성 'ㄷ'의 영향으로 뒷말의 초성인 'ㄷ'이 된소리로 바뀌는 된소리되기가 일어나 ㉯로 분류할 수 있다. 하지만 '넓디넓다[널띠널따]'는 '넓'의 종성 'ㄼ' 중 'ㅂ'의 영향으로 뒷말의 초성인 'ㄷ'이 된소리로 바뀌는 된소리되기와 'ㄼ' 중 'ㅂ'이 탈락하고 'ㄹ'이 남는 자음군 단순화만 일어나므로, ㉮로 분류할 수 없다.

① ㉮ 짓밟다 ㉯ 늦깎이

··· '짓밟다[짇빱따]'는 '짓'의 종성 'ㅅ'이 대표음 'ㄷ'으로 바뀌는 음절의 끝소리 규칙이 일어나고, '밟'의 종성 'ㄼ' 중 'ㄹ'이 탈락하고 'ㅂ'이 남는 자음군 단순화와 앞말의 종성 'ㄷ'과 'ㅂ'의 영향으로 뒷말의 초성이 된소리로 바뀌는 된소리되기가 일어나므로 ㉮로 분류할 수 있다. 하지만 '늦깎이[늗까끼]'는 '늦'의 종성 'ㅈ'이 대표음 'ㄷ'으로 바뀌는 음절의 끝소리 규칙만 일어나므로, ㉯로 분류할 수 없다.

③ ㉮ 읊다 ㉯ 높푸르다

··· '읊다[읍따]'는 '읊'의 종성 'ㄿ' 중 'ㄹ'이 탈락하고 'ㅍ'이 남는 자음군 단순화가 일어나고, 'ㅍ'이 대표음 'ㅂ'으로 바뀌는 음절의 끝소리 규칙과 앞말의 종성 'ㅂ'의 영향으로 뒷말의 초성인 'ㄷ'이 된소리로 바뀌는 된소리되기가 일어나 ㉮로 분류할 수 있다. 하지만 '높푸르다[놉푸르다]'는 '높'의 종성 'ㅍ'이 대표음 'ㅂ'으로 바뀌는 음절의 끝소리 규칙만 일어나므로, ㉯로 분류할 수 없다.

⑤ ㉮ 닭갈비 ㉯ 앞장서다

··· '앞장서다[압짱서다]'는 '앞'의 종성 'ㅍ'이 대표음 'ㅂ'으로 바뀌는 음절의 끝소리 규칙과 앞말의 종성 'ㅂ'의 영향으로 뒷말의 초성인 'ㅈ'이 된소리로 바뀌는 된소리되기가 일어나 ㉯로 분류할 수 있다. 하지만 '닭갈비[닥깔비]'는 '닭'의 종성 'ㄺ' 중 'ㄹ'이 탈락하고 'ㄱ'이 남는 자음군 단순화와 앞말의 종성 'ㄱ'의 영향으로 뒷말의 초성 'ㄱ'이 된소리로 바뀌는 된소리되기만 일어나므로, ㉮로 분류할 수 없다.

08
정답률 90%

〈보기〉를 바탕으로 음운 변동에 대해 이해한 내용으로 적절하지 않은 것은?

정답인 이유

④ '급행요금[그팽뇨금]'에서는 탈락과 축약과 첨가의 음운 변동이 일어난다.
급행요금 → [급행뇨금] → [그팽뇨금]: 'ㄴ' 첨가, 거센소리되기

··· '급행요금'이 [그팽뇨금]으로 소리 나는 것은 '급'의 'ㅂ'과 '행'의 'ㅎ'이 만나 'ㅍ'으로 축약되는 거센소리되기가 일어나고, '급행'과 '요금'이 결합하면서 'ㄴ'이 첨가되었기 때문이다. 즉 축약과 첨가의 음운 변동이 일어날 뿐 탈락의 음운 변동은 일어나지 않으므로 적절하지 않다.

오답인 이유

① '물약[물략]'에서는 첨가와 교체의 음운 변동이 일어난다.
물약 → [물냑] → [물략]: 'ㄴ' 첨가, 유음화

··· '물약'이 [물략]으로 소리 나는 것은 'ㄴ'이 첨가된 후 'ㄴ'이 '물'의 끝소리 'ㄹ'의 영향을 받아 유음인 'ㄹ'로 바뀌는 유음화가 일어났기 때문이다. 즉 첨가와 교체의 음운 변동이 모두 일어난 것이다.

② '읊는[음는]'에서는 탈락과 교체의 음운 변동이 일어난다.
읊는 → [읖는] → [읍는] → [음는]: 자음군 단순화, 음절의 끝소리 규칙, 비음화

··· '읊는'이 [음는]으로 소리 나는 것은 '읊'의 종성 'ㄿ' 중 'ㄹ'이 탈락하고 'ㅍ'은 남는 자음군 단순화가 일어난 후 'ㅍ'이 대표음 'ㅂ'으로 바뀌는 음절의 끝소리 규칙이 일어나고, 이것이 뒤에 오는 'ㄴ'의 영향을 받아 'ㅁ'으로 바뀌는 비음화가 일어났기 때문이다. 즉 탈락과 두 번의 교체가 일어난 것이다.

③ '값하다[가파다]'에서는 탈락과 축약의 음운 변동이 일어난다.
값하다 → [갑하다] → [가파다]: 자음군 단순화, 거센소리되기

··· '값하다'가 [가파다]로 소리 나는 것은 '값'의 종성 'ㅄ' 중 'ㅅ'이 탈락하는 자음군 단순화가 일어나고, 남은 'ㅂ'이 이어지는 'ㅎ'과 만나 'ㅍ'으로 축약되는 거센소리되기가 일어났기 때문이다. 즉 탈락과 축약의 음운 변동이 모두 일어난 것이다.

⑤ '넓죽하다[넙쭈카다]'에서는 탈락과 교체와 축약의 음운 변동이 일어난다.
넓죽하다 → [넙죽하다] → [넙쭉하다] → [넙쭈카다]: 자음군 단순화, 된소리되기, 거센소리되기

··· '넓죽하다'가 [넙쭈카다]로 소리 나는 것은 '넓'의 종성 'ㄼ' 중 'ㄹ'이 탈락하고 'ㅂ'만 남는 자음군 단순화가 일어나고, 'ㅂ'의 영향으로 '죽'의 예사소리 'ㅈ'이 된소리인 'ㅉ'으로 바뀌는 된소리되기가 일어나며, '죽'의 종성 'ㄱ'과 이어지는 'ㅎ'이 만나 'ㅋ'으로 축약되는 거센소리되기가 일어났기 때문이다. 즉 탈락과 교체, 축약의 음운 변동이 모두 일어난 것이다.

09
정답률 83%

〈보기〉의 음운 변동을 분석한 것으로 적절하지 않은 것은?

정답인 이유

⑤ ㉠, ㉡, ㉢에 공통적으로 일어난 음운 변동은 탈락과 교체이다.

··· '밭일'은 [받닐 → 반닐]의 과정을 거치는데 여기에는 'ㄴ' 첨가와 두 번의 교체(음절의 끝소리 규칙, 비음화)가 일어난 것이다. '훑는'은 [훌는 → 훌른]의 과정을 거치면서 탈락(자음군 단순화)과 교체(유음화)가 일어나고, '같이'는 '같'의 종성 'ㅌ'이 'ㅣ' 모음을 만나 'ㅊ'으로 바뀐 것으로 교체(구개음화)만 일어난다. 따라서 ㉠, ㉡, ㉢에 공통적으로 일어난 음운 변동은 교체이다.

오답인 이유

① ㉠에는 음절 끝에 올 수 있는 자음이 제한되어 있기 때문에 일어난 음운 변동이 있다.

··· '밭일'이 [반닐]로 발음되는 것은 '밭'의 'ㅌ'이 대표음 'ㄷ'으로 바뀌는 음절의 끝소리 규칙이 적용되고, '밭+일'로 결합되는 과정에서 'ㄴ'이 첨가된 [닐]과 만나 'ㄷ'이 비음인 'ㄴ'으로 바뀌는 비음화가 일어났기 때문이다. 여기서 음절의 끝소리 규칙은 음절 끝에 올 수 있는 자음이 제한되어 있기 때문에 일어나는 음운 변동이다.

② ㉠과 ㉡은 음운 변동의 결과 음운의 개수에 변화가 생겼다.

⋯▸ '밭일[반닐]'은 'ㄴ'이 첨가되었기 때문에 음운의 개수가 하나 늘었으며, '훑는[훌른]'은 자음군 단순화가 일어나 음운의 개수가 하나 줄었다.

③ ㉠은 실질 형태소끼리 결합할 때, ㉢은 실질 형태소와 형식 형태소가 결합할
<small>밭+일 → [반닐]　　　　　　　　　　　갈ㅡ+ㅡ이 → [가치]</small>
때 음운 변동이 일어났다.

⋯▸ '밭일[반닐]'은 실질 형태소인 '밭'과 '일'이 결합하면서 'ㄴ'이 첨가되는 음운 변동이 일어난 것이며, '같이[가치]'는 실질 형태소인 '같ㅡ'과 형식 형태소인 'ㅡ이'가 결합하는 과정에서 'ㅌ'이 'ㅊ'으로 바뀌는 음운 변동이 일어난 것이다.

④ ㉡은 자음으로 인한, ㉢은 모음으로 인한 음운 변동이 일어났다.

⋯▸ '훑는[훌른]'은 종성인 'ㄾ' 중 'ㅌ'이 탈락하고 남은 'ㄹ'의 영향으로 뒤에 오는 자음 'ㄴ'이 'ㄹ'로 바뀐 것이다. 여기서 자음군 단순화와 비음화는 자음으로 인한 음운 변동에 해당한다. '같이[가치]'는 종성의 'ㅌ'이 뒤에 오는 'ㅣ' 모음과 만나 'ㅊ'으로 바뀐 것이다. 이러한 구개음화는 모음으로 인한 음운 변동에 해당한다.

10

<small>정답률 70% | 매력적인 오답 ① 15%</small>

[A]에 들어갈 말로 적절한 것은?

> • 음절의 끝소리 규칙: 음절의 끝에 있는 자음이 'ㄱ, ㄴ, ㄷ, ㄹ, ㅁ, ㅂ, ㅇ'의 7개 중 하나로 발음되는 현상
> • 자음군 단순화: 음절 끝의 겹받침 중 하나가 탈락하고 하나만 발음되는 현상

☀ 정답인 이유

④ '겉늙다[건늑따]'는 음절의 끝소리 규칙이 적용된 후

⋯▸ '겉늙다'에서 'ㅌ'은 음절의 끝소리 규칙이 적용되어 'ㄷ'으로 변한 후, 뒤에 오는 'ㄴ'의 영향을 받아 비음인 'ㄴ'으로 변화한다. 따라서 [A]에 들어갈 말로 '음절의 끝소리 규칙이 적용된 후'가 적절하다.

☂ 오답인 이유

① <small>매력적인 오답</small> '밖만[방만]'은 자음군 단순화가 적용된 후

⋯▸ '밖만'에서 'ㄲ'은 음절의 끝소리 규칙이 적용되어 'ㄱ'으로 변한 후, 뒤에 오는 'ㅁ'의 영향을 받아 비음인 'ㅇ'으로 변화한다. 따라서 [A]에 들어갈 말로 '음절의 끝소리 규칙이 적용된 후'가 적절하다.

② '폭넓다[퐁널따]'는 자음군 단순화가 적용된 후

⋯▸ '폭넓다'에서 'ㄱ'은 뒤에 오는 'ㄴ'의 영향을 받아 비음인 'ㅇ'으로 변화한다. 이때 'ㄱ'은 별다른 음운 변동 없이도 비음화 현상이 적용되므로 [A]에는 음운 규칙이 들어갈 필요가 없다.

③ '값만[감만]'은 음절의 끝소리 규칙이 적용된 후

⋯▸ '값만'에서 'ㅄ'은 자음군 단순화가 적용되어 'ㅅ'이 탈락한 후, 'ㅂ'이 뒤에 오는 'ㅁ'의 영향을 받아 비음인 'ㅁ'으로 변화한다. 따라서 [A]에 들어갈 말로 '자음군 단순화가 적용된 후'가 적절하다.

⑤ '호박잎[호방닙]'은 음절의 끝소리 규칙이 적용된 후

⋯▸ '호박잎'은 자음으로 끝나는 형태소 '호박' 뒤에 모음 'ㅣ'로 시작하는 형태소 '잎'이 결합한 합성어이므로 그 사이에 'ㄴ'이 첨가된다. '호박잎'에서 'ㄱ'은 첨가된 'ㄴ'의 영향을 받아 비음인 'ㅇ'으로 변화한다. 따라서 [A]에 들어갈 말로 'ㄴ 첨가가 적용된 후'가 적절하다.

11

<small>정답률 85%</small>

〈보기 1〉을 참고하여 〈보기 2〉의 ㉠~㉤에 대해 설명한 내용으로 가장 적절한 것은?

☀ 정답인 이유

④ ㉣의 '묻ㅡ'은 접미사 'ㅡ히ㅡ'와 만나므로 'ㄷ'이 'ㅎ'과 결합하여 이루어진 [ㅌ]은 [ㅊ]으로 발음된다.

⋯▸ 〈보기 1〉은 구개음화 현상에 대해 설명하고 있다. ㉣'묻히고'에서 '묻ㅡ'은 받침이 'ㄷ'인 형태소이고, 'ㅡ히ㅡ'는 접미사이므로 형식 형태소이다. 따라서 '묻히고'는 〈보기 1〉의 규정에 따라 'ㄷ'과 'ㅎ'이 결합하여 [ㅌ]이 된 후 구개음화 현상이 일어나 [ㅊ]으로 바뀌어 [무치고]로 발음된다.

☂ 오답인 이유

① ㉠의 '붙ㅡ'은 접미사의 모음 'ㅣ'와 만나므로 구개음화 현상이 일어나지 않는다.

⋯▸ ㉠'붙인'은 받침 'ㅌ'이 모음 'ㅣ'로 시작하는 형식 형태소와 만나 'ㅊ'으로 바뀌어 [부친]으로 발음된다. 따라서 구개음화 현상이 일어난다.

② ㉡의 'ㅡ이'는 실질 형태소이므로 '낱'의 받침 'ㅌ'은 [ㅊ]으로 발음되지 않는다.

⋯▸ ㉡'낱낱이'의 'ㅡ이'는 형식 형태소이다. '낱낱이'는 받침 'ㅌ'이 모음 'ㅣ'로 시작하는 형식 형태소와 만나 'ㅊ'으로 바뀌는 구개음화와 함께, 음절의 끝소리 규칙과 비음화도 일어나 [난ː나치]로 발음된다. 따라서 '낱'의 받침 'ㅌ'은 [ㅊ]으로 발음된다.

③ ㉢의 '이랑'은 모음 'ㅣ'로 시작되는 형식 형태소이므로 '밭'의 'ㅌ'은 [ㅊ]으로 발음된다.

⋯▸ ㉢의 '이랑'은 실질 형태소이므로 구개음화가 일어나지 않아 '밭'의 'ㅌ'은 [ㅊ]으로 발음되지 않는다. '밭이랑'은 음절의 끝소리 규칙, 'ㄴ' 첨가, 비음화가 일어나 [반니랑]으로 발음된다.

⑤ ㉤의 '홑ㅡ'과 결합한 '이불'은 모음 'ㅣ'로 시작되는 실질 형태소이므로 '홑ㅡ'의 받침 'ㅌ'은 구개음화 현상이 일어난다.

⋯▸ ㉤의 '이불'은 모음 'ㅣ'로 시작되는 실질 형태소이므로 구개음화가 일어나지 않는다. 구개음화가 일어나려면 〈보기 1〉의 설명과 같이 'ㄷ', 'ㅌ'이 모음 'ㅣ'나 반모음 'ㅣ[j]'로 시작되는 형식 형태소와 만나야 한다. '홑이불'은 음절의 끝소리 규칙, 'ㄴ' 첨가, 비음화가 일어나 [혼니불]로 발음된다.

12

<small>정답률 56% | 매력적인 오답 ① 18%</small>

〈보기〉에 대한 이해로 적절하지 <u>않은</u> 것은?

☀ 정답인 이유

④ ㉠, ㉢에서는 음운 개수가 달라지는 음운 변동이 일어났군.

⋯▸ ㉠의 '풀잎'은 음절의 끝소리 규칙에 따라 받침 'ㅍ'이 'ㅂ'으로 바뀌어 [풀입]이 되고, 'ㄴ' 첨가가 일어나 [풀닙]이 된 다음, 유음화에 의해 'ㄴ'이 'ㄹ'로 바뀌어 [풀립]이 된다. 즉 ㉠에서는 'ㄴ' 첨가로 인해 음운의 개수가 1개 늘어난다. ㉢의 '벼훑이'는 구개음화가 일어나 'ㅌ'이 'ㅊ'으로 바뀌어 [벼훌치]가 되는데, 이러한 구개음화로 인해 음운의 개수가 달라지지는 않는다.

☂ 오답인 이유

① <small>매력적인 오답</small> ㉠, ㉡에서는 음운 변동이 각각 세 번씩 일어났군.

⋯▸ ㉠에서는 음절의 끝소리 규칙, 'ㄴ' 첨가, 유음화가 일어난다. ㉡의 '읊네'는 자음군 단순화에 따라 'ㄹ'이 탈락하여 [읖네]가 되고, 음절의 끝소리 규칙에 따라 'ㅍ'이 'ㅂ'으로 바뀌어 [읍네]가 된 다음, 비

음화에 의해 'ㅂ'이 'ㅁ'으로 바뀌어 [음녜]가 된다. 따라서 ㉠과 ㉡ 모두 음운 변동이 각각 세 번씩 일어난다.

② ㉠, ㉡에서는 인접한 자음과 조음 방법이 같아지는 음운 변동이 일어났군.
··· ㉠에서는 첨가된 'ㄴ'이 앞의 유음 'ㄹ'의 영향을 받아 'ㄹ'로 바뀌는 유음화가 일어나고, ㉡에서는 'ㅂ'이 뒤의 비음 'ㄴ'의 영향을 받아 비음 'ㅁ'으로 바뀌는 비음화가 일어난다. 유음화와 비음화 모두 인접한 자음과 조음 방법이 같아지는 음운 변동이다.

③ ㉠에서 첨가된 음운과 ㉡에서 탈락된 음운은 서로 다르군.
··· ㉠에서는 'ㄴ'이 첨가되었고, ㉡에서는 'ㄹ'이 탈락되었다.

⑤ ㉠은 'ㄹ'로 인해, ㉢은 모음 'ㅣ'로 인해 동화되는 음운 변동이 일어났군.
··· ㉠에서는 [풀닙]의 'ㄴ'이 앞의 'ㄹ'로 인해 동화되어 [풀립]이 되는 유음화가 일어났다. ㉢에서는 받침의 'ㅌ'이 모음 'ㅣ'와 만나는 환경에서 경구개음인 'ㅊ'으로 동화되는 구개음화가 일어났다.

13
정답률 75%

〈보기〉의 ⓐ~ⓒ에 들어갈 말로 적절한 것은?

☀ 정답인 이유

	ⓐ	ⓑ	ⓒ
①	유음화	비음화	거센소리되기

··· ㉠의 비표준 발음은 '긁는 → [글는](자음군 단순화) → [글른](유음화)'의 과정을 거치고, ㉡의 표준 발음은 '짧네 → [짤네](자음군 단순화) → [짤레](유음화)'의 과정을 거친다. 따라서 ㉠의 비표준 발음과 ㉡의 표준 발음 모두 자음군 단순화 후 유음화(ⓐ)가 나타남을 확인할 수 있다. 이에 비해 ㉠의 표준 발음은 '긁는 → [극는](자음군 단순화) → [긍는](비음화)'의 과정을 거치고 ㉡의 비표준 발음은 '짧네 → [짬네](자음군 단순화) → [짬네](비음화)'의 과정을 거치므로, 둘 다 자음군 단순화 후 비음화(ⓑ)가 나타남을 확인할 수 있다. 한편, ㉢과 ㉣의 표준 발음은 거센소리되기(ⓒ)만 일어난 발음이다. ㉢의 '끊기고'는 'ㅎ'과 'ㄱ'이 만나 'ㅋ'으로 바뀌어 [끈키고]가 되고, ㉣의 '뚫지'는 'ㅎ'과 'ㅈ'이 만나 'ㅊ'으로 바뀌어 [뚤치]가 된다.

☂ 오답인 이유

②	유음화	비음화	된소리되기

··· '오답인 이유'는 '정답인 이유'에서 확인할 수 있습니다.

③	비음화	유음화	거센소리되기

··· '오답인 이유'는 '정답인 이유'에서 확인할 수 있습니다.

④	비음화	유음화	된소리되기

··· '오답인 이유'는 '정답인 이유'에서 확인할 수 있습니다.

⑤	비음화	된소리되기	거센소리되기

··· '오답인 이유'는 '정답인 이유'에서 확인할 수 있습니다.

14
정답률 30% | 매력적인 오답 ⑤ 30%

〈보기〉의 (가)~(다)에 들어갈 내용으로 적절한 것은? [3점]

☀ 정답인 이유

	(가)	(나)	(다)
③	탈락	ⓒ	ⓑ

··· 〈보기〉는 용언이 활용할 때 일어나는 음운 변동에 대해 설명하고 있다. '낫다'와 '낳다'가 활용할 때 일어나는 음운 변동은 다음과 같다.

낫다	낳다
낫-+-고[낟ː꼬], 낫-+-지[낟ː찌] ㅅ → ㄷ (교체)	낳-+-고[나ː코], 낳-+-지[나ː치] ㅎ+ㄱ→ㅋ, ㅎ+ㅈ→ㅊ (축약)
낫-+-아[나아], 낫-+-으니[나으니] ㅅ → ∅ (탈락)	낳-+-아[나아], 낳-+-으니[나으니] ㅎ → ∅ (탈락)

'낫다'는 '낫고[낟ː꼬]', '낫지[낟ː찌]', '나아[나아]', '나으니[나으니]' 등과 같이 활용한다. 즉, 자음으로 시작하는 어미와 결합할 경우 받침 'ㅅ'이 대표음 'ㄷ'으로 교체되는 현상이 일어나며, 모음으로 시작하는 어미와 결합할 경우 받침 'ㅅ'이 탈락하는 현상이 일어난다. 그리고 '낳다'는 '낳고[나ː코]', '낳지[나ː치]', '낳아[나아]', '낳으니[나으니]' 등과 같이 활용한다. 즉, 자음 'ㄱ, ㅈ'으로 시작하는 어미와 결합할 경우 받침 'ㅎ'과 'ㄱ, ㅈ'이 'ㅋ, ㅊ'으로 축약되는 현상이 일어나며, 모음으로 시작하는 어미와 결합할 경우 받침 'ㅎ'이 탈락하는 현상이 일어난다. 따라서 '낫다'와 '낳다'가 활용할 때 공통적으로 일어나는 음운 변동 현상은 '탈락'이다.

다음으로 활용의 유형과 표기 반영 여부를 살펴보자. '낫다'는 받침 'ㅅ'이 모음으로 시작하는 어미 앞에서 탈락하므로 'ㅅ' 불규칙 활용에 해당하며, 그 변동 양상을 표기에 반영한다. 그리고 '낳다'는 어간의 형태가 변하지 않으므로 규칙 활용에 해당하며, 'ㅎ' 탈락이 일어나더라도 그 변동 양상을 표기에 반영하지 않는다. 따라서 (가)에는 탈락, (나)에는 ⓒ, (다)에는 ⓑ가 들어가야 한다.

☂ 오답인 이유

⑤	매력적인 오답	교체	ⓒ	ⓑ

··· '낫다'가 활용할 때는 '낫고[낟ː꼬]', '낫지[낟ː찌]'와 같이 'ㅅ'이 'ㄷ'으로 교체되는 현상이 일어나지만, '낳다'가 활용할 때는 음운의 교체 현상이 일어나지 않는다.

①	축약	ⓐ	ⓒ

··· '오답인 이유'는 '정답인 이유'에서 확인할 수 있습니다.

②	탈락	ⓑ	ⓐ

··· '오답인 이유'는 '정답인 이유'에서 확인할 수 있습니다.

④	교체	ⓑ	ⓒ

··· '오답인 이유'는 '정답인 이유'에서 확인할 수 있습니다.

15
정답률 83%

〈보기〉를 참조하여 단어의 발음을 설명한 내용으로 적절하지 않은 것은?

☀ 정답인 이유

① '밭은소리'는 용언의 활용형인 '밭은'과 명사 '소리'가 결합된 단어이므로 [바
밭-+-은+소리 → [바튼소리](연음)
든소리]로 발음한다.

··· 〈보기〉는 연음 현상에 대해 설명하고 있다. '밭은소리'는 용언 '밭다'의 활용형인 '밭은'과 명사인 '소리'가 결합된 단어이다. 이때 어미 '-은'은 모음으로 시작하는 형식 형태소이므로, '밭은'은 곧바로 연음하여 [바튼]으로 발음한다. 따라서 '밭은소리'는 [바튼소리]로 발음해야 한다.

☂ 오답인 이유

② '낱'에 조사 '으로'가 붙으면 [나트로]라고 발음하지만, 어근 '알'이 붙으면 [나
낱+으로 → [나트로](연음)   낱+알 → [나달](음절의 끝소리 규칙) → [나달](연음)

달]로 발음한다.

⋯ '낱으로'는 조사 '으로'가 모음으로 시작하는 형식 형태소이므로, 곧바로 연음하여 [나트로]라고 발음한다. 하지만 '낱알'은 어근 '알'이 'ㅏ'로 시작되는 실질 형태소이므로, 음절의 끝소리 규칙이 적용되어 [낟알]로 바뀌고 이후 연음하여 [나달]로 발음한다.

③ '앞어금니'는 어근 '앞'과 '어금니'가 결합된 단어이므로 [아버금니]로 발음한다.
앞+어금니 → [압어금니](음절의 끝소리 규칙) → [아버금니](연음)
⋯ '앞어금니'는 어근 '앞'과 '어금니'가 결합된 단어이다. '어금니'가 'ㅓ'로 시작되는 실질 형태소이므로, 음절의 끝소리 규칙이 적용되어 [압어금니]로 바뀌고 이후 연음하여 [아버금니]로 발음한다.

④ '겉웃음'은 '웃-'이 어근이고, '-음'이 접사이므로 [거두슴]으로 발음한다.
겉+웃-+-음 → [걷웃음](음절의 끝소리 규칙) → [거두슴](연음)
⋯ '겉웃음'은 먼저 어근 '웃-'이 'ㅜ'로 시작되는 실질 형태소이므로, '겉'의 종성에 음절의 끝소리 규칙이 적용되어 [걷웃음]으로 바뀌고 이후 연음하여 발음한다. 다음으로 접사 '-음'이 형식 형태소이므로 곧바로 연음하여 발음한다. 이를 모두 적용하면 '겉웃음'은 [거두슴]으로 발음된다.

⑤ '밭' 뒤에 조사 '을'이 붙으면 연음되어 [바틀]로 발음한다.
밭+을 → [바틀](연음)
⋯ '밭을'은 조사 '을'이 모음으로 시작하는 형식 형태소이므로, 곧바로 연음하여 [바틀]로 발음한다.

16
정답률 80%

〈보기〉의 ㉠에 해당하는 예로 적절한 것은?

☀ 정답인 이유

① 깎다[깍따]
깎다 → [깍다](음절의 끝소리 규칙 – 교체) → [깍따](된소리되기 – 교체)
⋯ '깎다'는 '깎'의 받침 'ㄲ'이 음절의 끝소리 규칙에 의해 'ㄱ'으로 바뀌어 [깍다]가 되고, 'ㄱ' 뒤에 연결되는 'ㄷ'이 된소리되기에 의해 'ㄸ'으로 바뀌어 [깍따]로 발음된다. 음절의 끝소리 규칙과 된소리되기는 모두 '교체'에 해당하므로, '깎다[깍따]'는 ㉠의 예로 적절하다.

☂ 오답인 이유

② 막일[망닐]
막일 → [막닐]('ㄴ' 첨가 – 첨가) → [망닐](비음화 – 교체)
⋯ '막일'은 자음으로 끝나는 '막' 뒤에 모음 'ㅣ'로 시작하는 '일'이 결합하였으므로 'ㄴ'이 첨가되어 [막닐]이 되고, 받침 'ㄱ'이 비음 'ㄴ'의 영향을 받아 비음 'ㅇ'으로 바뀌어 [망닐]로 발음된다. 이때 'ㄴ' 첨가는 '첨가', 비음화는 '교체'에 해당한다.

③ 색연필[생년필]
색연필 → [색년필]('ㄴ' 첨가 – 첨가) → [생년필](비음화 – 교체)
⋯ '색연필'은 자음으로 끝나는 '색' 뒤에 모음 'ㅕ'로 시작하는 '연필'이 결합하였으므로 'ㄴ'이 첨가되어 [색년필]이 되고, 받침 'ㄱ'이 비음 'ㄴ'의 영향을 받아 비음 'ㅇ'으로 바뀌어 [생년필]로 발음된다. 이때 'ㄴ' 첨가는 '첨가', 비음화는 '교체'에 해당한다.

④ 값하다[가파다]
값하다 → [갑하다](자음군 단순화 – 탈락) → [가파다](거센소리되기 – 축약)
⋯ '값하다'는 '값'의 겹받침 'ㅄ'이 자음군 단순화에 의해 'ㅅ'이 탈락하고 'ㅂ'만 남아 [갑하다]가 되고, 'ㅂ'과 'ㅎ'이 'ㅍ'으로 축약되어 [가파다]로 발음된다. 이때 자음군 단순화는 '탈락', 거센소리되기는 '축약'에 해당한다.

⑤ 설익다[설릭따]
설익다 → [설닉다]('ㄴ' 첨가 – 첨가) → [설릭다](유음화 – 교체) → [설릭따](된소리되기 – 교체)

⋯ '설익다'는 자음으로 끝나는 '설' 뒤에 모음 'ㅣ'로 시작하는 '익다'가 결합하였으므로 'ㄴ'이 첨가되어 [설닉다]가 되고, 비음 'ㄴ'이 유음 'ㄹ'의 뒤에서 유음 'ㄹ'로 바뀌어 [설릭다]가 된다. 이와 함께 'ㄱ' 뒤에 연결되는 'ㄷ'이 된소리되기에 의해 'ㄸ'으로 바뀌어 [설릭따]로 발음된다. 이때 'ㄴ' 첨가는 '첨가', 유음화와 된소리되기는 '교체'에 해당한다.

17
정답률 40% | 매력적인 오답 ① 25%

〈보기〉의 ㉠에 들어갈 말로 적절한 것은? [3점]

☀ 정답인 이유

② '안팎을'은 음절의 끝소리 규칙을 적용하지 않고 연음해야 하는데, [안파글]
관련 규범: 표준 발음법 제13항   안팎을 → [안팍을](음절의 끝소리 규칙) → [안파글](연음)
은 음절의 끝소리 규칙을 적용하고 연음을 했습니다.
⋯ 연음이란 홑받침이나 쌍받침과 같이 하나의 자음으로 끝나는 말 뒤에 모음으로 시작하는 형식 형태소(조사, 어미, 접미사)가 결합할 때 받침을 그대로 옮겨 뒤 음절의 첫소리로 발음하는 것을 말한다. 이에 따르면 '안팎을'의 정확한 발음은 [안파끌]인데, 이를 [안파글]로 부정확하게 발음하는 것은 음절의 끝소리 규칙을 적용하여 받침 'ㄲ'을 'ㄱ'으로 바꾼 뒤 연음했기 때문이다.

☂ 오답인 이유

① (매력적인 오답) '찰흙이'는 자음군 단순화를 적용하고 연음해야 하는데, [찰흐기]는 자음군 단순화를 적용하지 않고 연음을 했습니다.
찰흙이 → [찰흑이](자음군 단순화) → [찰흐기](연음)
⋯ 겹받침이 모음으로 시작하는 형식 형태소와 결합하는 경우에는, 겹받침의 두 개 자음 중 뒤엣것만을 다음 음절 첫소리로 옮겨 발음해야 한다(표준 발음법 제14항). 따라서 '찰흙이'는 자음군 단순화를 적용하지 않고 겹받침 'ㄺ'의 'ㄱ'만 다음 음절 첫소리로 옮겨 [찰흘기]로 발음해야 한다. 그런데 이를 [찰흐기]로 부정확하게 발음하는 것은 자음군 단순화를 적용하여 겹받침 'ㄺ'을 'ㄱ'만 남긴 뒤 연음했기 때문으로 볼 수 있다.

③ '넋이'는 연음을 하고 된소리되기를 적용해야 하는데, [너기]는 음절의 끝소리 규칙을 적용하고 연음을 했습니다.
넋이 → [넉이](자음군 단순화) → [너기](연음)
⋯ '넋이'는 겹받침이 모음으로 시작하는 조사와 결합하므로, 자음군 단순화를 적용하지 않고 겹받침 'ㄳ'에서 'ㅅ'만 다음 음절 첫소리로 옮겨 발음해야 한다(표준 발음법 제14항). 받침 'ㄱ' 뒤에 연결되는 'ㅅ'은 된소리로 발음하므로(표준 발음법 제23항) 올바른 발음은 [넉시]가 아니라 [넉씨]이다. 그런데 이를 [너기]라고 부정확하게 발음하는 것은 자음군 단순화를 적용하여 겹받침 'ㄳ'에서 'ㄱ'만 남긴 뒤 연음했기 때문으로 볼 수 있다.

④ '끝을'은 연음을 하고 구개음화를 적용해야 하는데, [끄츨]은 구개음화를 적용하고 연음을 했습니다.
구개음화와 무관한 음운 환경
⋯ '끝을'은 연음을 하여 [끄틀]로 발음해야 한다. 구개음화는 받침 'ㄷ, ㅌ'이 모음 'ㅣ'나 반모음 'ǐ'로 시작하는 형식 형태소와 결합할 때 발생하는 음운 현상인데, '끝을'은 받침 'ㅌ'이 모음 'ㅡ'와 결합하므로 구개음화가 발생하는 환경이 아니다.

⑤ '숲에'는 거센소리되기를 적용하지 않고 연음해야 하는데, [수베]는 거센소리되기를 적용하고 연음을 했습니다.
숲에 → [숩에](음절의 끝소리 규칙) → [수베](연음)
⋯ '숲에'는 연음을 하여 [수페]로 발음해야 한다. 그런데 이를 [수베]로 부정확하게 발음하는 것은 음절의 끝소리 규칙을 적용하여 받침

'ㅍ'을 'ㅂ'으로 바꾼 후 연음하였기 때문으로 볼 수 있다. 거센소리되기는 예사소리 'ㄱ, ㄷ, ㅂ, ㅈ'이 'ㅎ'과 결합하여 각각 거센소리 'ㅋ, ㅌ, ㅍ, ㅊ'으로 줄어드는 현상으로 '숲에'와는 관련이 없다.

2. 단어 - 단어의 형성

04 단어의 구조와 단어 형성 방법

개념 완성 TEST
▶ 문제편 42쪽

01 (1) ○ (2) × (3) × (4) ○ **02** (1) 바다, 넓−, 푸르− (2) 가, −고, −다 (3) 바다 (4) 가, 넓−, −고, 푸르−, −다 **03** (1) 5개(꽃 / 이 / 매우 / 예쁘− / −다) (2) 4개(꽃 / 이 / 매우 / 예쁘다) **04** (1) 바다, 하늘 (2) 높푸르다, 밤낮 (3) 비웃음, 짓밟다 **05** (1) 목(어근)+[걸−(어근)+−이(접미사)] (2) [비비−(어근)+−ㅁ(접미사)]+밥(어근) (3) 어른(어근)+−스럽다(접미사) **06** (1) 힘쓰− / 힘, 쓰− (2) 꿈꾸− / 꿈, 꾸− (3) 열리− / 열− (4) 잡히− / 잡− **07** (1) 통 (2) 비 (3) 통 (4) 비 (5) 비 (6) 통 **08** (1) 논밭, 앞뒤 (2) 손수건, 얕보다 (3) 광음(光陰), 연세(年歲)

내신 기출 문제
▶ 문제편 43쪽

01 ② **02** ⑤ **03** ④ **04** ②

01
형태소의 분류

〈보기〉를 참고하여 아래 단어들의 형태소를 분석했을 때, 적절하지 <u>않은</u> 것은? (단, '−' 표시 생략)

☀ 정답인 이유

② ㉠의 '덧'과 ㉢의 '새'는 뜻을 더하는 실질 형태소야.

⋯→ ㉠의 '덧'은 '겹쳐 신거나 입는', ㉢의 '새'는 '매우 짙고 선명하게'의 뜻을 더하는 접두사이다. 그런데 접사는 실질적인 의미를 지닌 실질 형태소가 아니라, 문법적 의미를 나타내는 형식 형태소이자 다른 말에 의존하여 쓰이는 의존 형태소에 해당한다.

☂ 오답인 이유

① 자립 형태소를 모두 찾으면 '신, 배'가 있어.

⋯→ 자립 형태소는 다른 말에 의존하지 않고 혼자 쓰일 수 있는 형태소로, ㉠의 명사 '신'과 ㉡의 명사 '배'가 이에 해당한다.

③ ㉡의 '돌'은 '품질이 떨어지는' 또는 '야생으로 자라는'의 뜻을 더하는 접사로 쓰였기 때문에 의존 형태소야.

⋯→ ㉡의 '돌'은 '품질이 떨어지는' 또는 '야생으로 자라는'의 뜻을 더하는 접두사이다. 접사는 형식 형태소이자 의존 형태소에 해당한다.

④ ㉢의 '빨갛'은 반드시 어미와의 결합을 필요로 하는 의존 형태소야.

⋯→ ㉢의 '빨갛'은 용언 '빨갛다'의 어간이다. 용언의 어간은 반드시 다른 형태소와 결합해야만 쓰일 수 있는 의존 형태소에 해당한다.

⑤ ㉢의 '다'는 의존 형태소이면서 형식 형태소로 분류될 수 있어.

⋯→ ㉢의 '다'는 어미이다. 어미는 다른 말에 의존하여 쓰이는 의존 형태소이자 문법적 의미를 나타내는 형식 형태소에 해당한다.

02
접사

〈보기〉의 ㉠에 해당하는 예로 적절하지 <u>않은</u> 것은?

☀ 정답인 이유

⑤ 들국화 들−(접두사)+국화(어근) (명 → 명)

⋯→ '들국화'는 '야생으로 자라는'의 뜻을 더하는 접두사 '들−'과 명사 '국화'가 결합한 파생어이다. 본래 단어인 '국화'와 파생어인 '들국화' 모두 명사이므로, 이는 ㉠의 예에 해당하지 않는다.

☂ 오답인 이유

① 먹이 먹−(어근)+−이(접미사) (동 → 명)

⋯→ '먹이'는 동사 '먹다'의 어근 '먹−'에 접미사 '−이'가 결합한 파생어이다. 본래 단어인 '먹다'는 동사이고 파생어인 '먹이'는 명사이므로, 이는 ㉠의 예에 해당한다.

② 놀이 놀−(어근)+−이(접미사) (동 → 명)

⋯→ '놀이'는 동사 '놀다'의 어근 '놀−'에 접미사 '−이'가 결합한 파생어이다. 본래 단어인 '놀다'는 동사이고 파생어인 '놀이'는 명사이므로, 이는 ㉠의 예에 해당한다.

③ 덮개 덮−(어근)+−개(접미사) (동 → 명)

⋯→ '덮개'는 동사 '덮다'의 어근 '덮−'에 접미사 '−개'가 결합한 파생어이다. 본래 단어인 '덮다'는 동사이고 파생어인 '덮개'는 명사이므로, 이는 ㉠의 예에 해당한다.

④ 날개 날−(어근)+−개(접미사) (동 → 명)

⋯→ '날개'는 동사 '날다'의 어근 '날−'에 접미사 '−개'가 결합한 파생어이다. 본래 단어인 '날다'는 동사이고 파생어인 '날개'는 명사이므로, 이는 ㉠의 예에 해당한다.

03
어근과 어간의 구분

〈보기〉를 참고하여 각 단어의 어근과 어간을 분석한 결과로 옳지 <u>않은</u> 것은?

☀ 정답인 이유

④ '날아가다'는 어근이 '날아가−'이고, 어간은 '날−', '가−'이다.

날−(어근)+−아(연결 어미)+가−(어근)+−다(어미) → 합성어

⋯→ '날아가다'는 '날다'와 '가다'가 연결 어미 '−아'에 의해 결합된 합성어이다. '날아가다'는 '날아가고, 날아가며' 등과 같이 활용할 때 변하지 않는 부분인 '날아가−'가 어간이 된다. 그리고 실질적인 의미를 나타내는 부분이 어근이 되므로 '날−'과 '가−'가 어근이 된다.

☂ 오답인 이유

① '드넓다'는 어근이 '넓−'이고, 어간은 '드넓−'이다.

드−(접두사)+넓−(어근)+−다(어미) → 파생어

⋯→ '드넓다'는 '넓다'에 접사가 붙은 파생어이다. '드넓다'는 '드넓고, 드넓으며, 드넓으니' 등과 같이 활용할 때 변하지 않는 부분인 '드넓−'이 어간이 된다. 그리고 파생어의 경우 어간에서 접사를 제외한 부분이 어근이 되기 때문에, 접두사 '드−'를 뺀 '넓−'이 어근이 된다.

② '잡히다'는 어근이 '잡−'이고, 어간은 '잡히−'이다.

잡−(어근)+−히−(접미사)+−다(어미) → 파생어

⋯→ '잡히다'는 '잡다'에 접사가 붙은 파생어이다. '잡히다'는 '잡히고, 잡히며, 잡히니' 등과 같이 활용할 때 변하지 않는 부분인 '잡히−'가

어간이 된다. 그리고 접미사 '-히-'를 뺀 '잡-'이 어근이 된다.

③ '짓누르다'는 어근이 '누르-'이고, 어간은 '짓누르-'이다.
짓-(접두사)+누르-(어근)+-다(어미) → 파생어

⋯→ '짓누르다'는 '누르다'에 접사가 붙은 파생어이다. '짓누르다'는 '짓
누르고, 짓누르며, 짓누르니' 등과 같이 활용할 때 변하지 않는 부분
인 '짓누르-'가 어간이 된다. 그리고 접두사 '짓-'을 뺀 '누르-'가 어
근이 된다.

⑤ '설익다'는 어근이 '익-'이고, 어간은 '설익-'이다.
설-(접두사)+익-(어근)+-다(어미) → 파생어

⋯→ '설익다'는 '익다'에 접사가 붙은 파생어이다. '설익다'는 '설익고,
설익으며, 설익으니' 등과 같이 활용할 때 변하지 않는 부분인 '설
익-'이 어간이 된다. 그리고 접두사 '설-'을 뺀 '익-'이 어근이 된다.

04
합성어의 종류

밑줄 친 단어가 〈보기〉의 ㉠~㉢에 해당하는 예로 적절하지 <u>않은</u> 것은?

☀ 정답인 이유

② ㉡: 민하는 지금 가시방석에 앉은 기분이다.
가시(어근)+방석(어근) → 융합

⋯→ '가시방석'은 '가시'와 '방석'이라는 어근들이 융합하여 원래 각각
의 어근이 가진 의미를 잃고 '불편하고 불안한 자리'라는 새로운 의
미를 나타내고 있다. 따라서 '가시방석'은 '종속 합성어'가 아니라 '융
합 합성어'의 예에 해당한다.

☂ 오답인 이유

① ㉠: 군인들이 손발을 척척 맞춰서 행진하고 있다.
손(어근)+발(어근) → 대등

⋯→ '손발'은 '손'과 '발'이라는 어근이 대등하게 본래의 뜻을 유지하며
결합되어 있으므로 '대등 합성어'의 예에 해당한다.

③ ㉡: 그들은 함께 손을 잡고 돌다리를 건넜다.
돌(어근)+다리(어근) → 종속

⋯→ '돌다리'는 앞의 어근 '돌'이 뒤의 어근 '다리'를 수식하며 '돌로 만
든 다리'라는 의미를 나타내고 있으므로 '종속 합성어'의 예에 해당
한다.

④ ㉢: 기철이는 밤낮으로 열심히 공부한다.
밤(어근)+낮(어근) → 융합

⋯→ '밤낮'은 '밤'과 '낮'이라는 어근들이 융합하여 원래 각각의 어근이
가진 의미를 잃고 '밤과 낮을 가리지 않고 늘'이라는 새로운 의미를
나타내고 있으므로 '융합 합성어'의 예에 해당한다.

⑤ ㉢: 피땀 흘려 노력한 만큼, 좋은 결과가 있을 것이다.
피(어근)+땀(어근) → 융합

⋯→ '피땀'은 '피'와 '땀'이라는 어근들이 융합하여 원래 각각의 어근이
가진 의미를 잃고 '노력과 정성'이라는 새로운 의미를 나타내고 있으
므로 '융합 합성어'의 예에 해당한다.

01 ④	02 ③	03 ⑤	04 ④	05 ③	06 ④
07 ②	08 ①	09 ②	10 ③	11 ④	12 ④
13 ②	14 ②	15 ②			

01
정답률 30% | 매력적인 오답 ① 50%

[A]를 바탕으로 추론한 내용으로 적절한 것은?

☀ 정답인 이유

④ '놀이방'과 '단맛'의 직접 구성 요소 중에는 의존 형태소만으로 이루어진 것
'놀-' + '-이' '달-' + '-ㄴ'
이 있군.

⋯→ '놀이방'은 합성어로, 직접 구성 요소를 '놀이'와 '방'으로 분석할
수 있는데, 그중 '놀이'는 '놀-+-이'의 의존 형태소로 구성되어 있
다. '단맛'은 합성어로, 직접 구성 요소를 '단'과 '맛'으로 분석할 수
있는데, 그중 '단'은 '달-'과 '-ㄴ'의 의존 형태소로 구성되어 있다.

☂ 오답인 이유

① [매력적인 오답] '용꿈'의 직접 구성 요소는 모두, 한 개의 자립 형태소로 이
루어진 어근이군.
'꾸-'+ '-ㅁ'

⋯→ '용꿈'은 직접 구성 요소를 '용'과 '꿈'으로 분석할 수 있는데, 그중
'꿈'은 '꾸-+-ㅁ' 두 개의 의존 형태소로 구성되어 있다. 따라서 '용
꿈'의 직접 구성 요소가 모두 한 개의 자립 형태소로 이루어진 어근
이라는 설명은 적절하지 않다.

② '봄날'과 '망치질'은 모두, 직접 구성 요소 중 하나가 접사이므로 파생어이군.
합성어

⋯→ '망치질'은 직접 구성 요소를 '망치'와 '-질'로 분석할 수 있는데,
'-질'은 '그 도구를 가지고 하는 일'의 뜻을 더하는 접미사로 '망치질'
은 파생어이다. 하지만 '봄날'은 직접 구성 요소를 '봄'과 '날'로 분석
할 수 있는데, 모두 어근과 어근이 결합한 합성어이다. 따라서 '봄날'
과 '망치질'은 모두 파생어라는 설명은 적절하지 않다.

③ '필자'를 뜻하는 '지은이'의 직접 구성 요소는 모두, 자립 형태소를 포함하고
있군.
'짓-' + '-은'으로 분석되어 자립 형태소가 없음

⋯→ '지은이'는 직접 구성 요소를 '지은'과 '이'로 분석할 수 있는데,
'이'는 의존 명사로 자립 형태소이지만, '지은'은 '짓-+-은'의 두 개
의 의존 형태소로 이루어져 있다. 따라서 모두 자립 형태소를 포함
하고 있다는 설명은 적절하지 않다.

⑤ '꽃으로 장식한 고무신'을 뜻하는 '꽃고무신'을 직접 구성 요소로 분석하면
'꽃고무'와 '신'으로 분석할 수 있군.
'꽃'과 '고무신'

⋯→ '꽃고무신'은 직접 구성 요소를 '꽃'과 '고무신'으로 분석할 수 있다.

02
정답률 74% | 매력적인 오답 ⑤ 17%

윗글을 바탕으로 〈보기〉의 ⓐ~ⓔ를 이해한 내용으로 적절한 것은?

☀ 정답인 이유

③ ⓒ는 ㉡에 해당하고, 단어 형성에 사용된 두 말 중 어느 하나와 상하 관계를
'직접'과 '선거'의 첫음절끼리 결합   '직선'은 '선거'의 한 방식

맺는다.

… ⓒ의 '직선'은 '직접'과 '선거'의 첫음절끼리 결합하여 형성된 단어로 ⓛ에 해당하고, '직선'은 '선거'의 한 방식이므로 '직선'과 '선거'는 상하 관계를 맺는다.

⑤ (매력적인 오답) ⓔ는 ⓒ에 해당하고, 단어 형성에 사용된 두 말 중 어느 말과도 상하 관계를 맺지 않는다.
'외화'는 '영화'의 한 종류이므로 상하 관계를 맺음

… '외화'는 '외국'의 앞부분과 '영화'의 뒷부분이 결합하여 형성된 단어이기 때문에 ⓒ에 해당하지만, '영화'의 종류 중 하나이므로 상하 관계를 맺는다.

① ⓐ는 ㉠에 해당하고, 단어 형성에 사용된 말과 유의 관계를 맺지 않는다.
'흰자'와 '흰자위'는 의미에 차이가 없으므로 유의 관계를 맺음

… '흰자'는 '흰자위'의 일부가 줄어들어 형성된 단어이기 때문에 ㉠에 해당하고, '흰자'와 '흰자위'는 서로 바꾸어 써도 그 의미에 차이가 거의 없으므로 유의 관계를 맺는다.

② ⓑ는 ㉠에 해당하고, 단어 형성에 사용된 두 말 중 어느 하나와 유의 관계를 맺는다.
ⓛ → '공격'과 '수비'의 첫음절끼리 결합   '공수'는 '공격'과 '수비' 각각과 상하 관계를 맺음

… '공수'는 '공격'과 '수비'의 첫음절끼리 결합하여 형성된 단어이기 때문에 ㉠이 아니라 ⓛ에 해당하고, 공격과 수비를 아울러 이르는 말'이기 때문에 '공격'과 '수비' 각각과 상하 관계를 맺는다.

④ ⓓ는 ⓛ에 해당하고, 단어 형성에 사용된 두 말 중 어느 말과도 유의 관계를 맺지 않는다.
ⓒ → '민간'의 앞부분과 '투자'의 뒷부분이 결합   '민자'가 여러 투자 방식 중의 하나이므로 상하 관계를 맺음

… '민자'는 '민간'의 앞부분과 '투자'의 뒷부분이 결합하여 형성된 단어이기 때문에 ⓛ이 아니라 ⓒ에 해당하고, 여러 투자 방식 중 하나이므로 상하 관계를 맺는다.

03

정답률 85%

〈학습 활동〉을 수행한 결과로 적절한 것은?

⑤ '찾아냈다'에는 ⓛ과 ⓒ에 속하는 형태소만 있다.

… 동사 '찾아냈다'는 '찾-+-아+내-+-었-+-다'로 형태소를 분석할 수 있다. 동사의 어간인 '찾-'과 '내-'는 실질 형태소이면서 의존 형태소에 해당하여 ⓛ에 속하고, 어미인 '-아'와 '-었-'과 '-다'는 형식 형태소이면서 의존 형태소에 해당하여 ⓒ에 속한다.

① '우리는'의 '우리'와 '드디어'는 ⓛ에 속한다.
× → ㉠

… 대명사 '우리'와 부사 '드디어'는 실질 형태소이면서 자립 형태소에 해당하여 ㉠에 속한다.

② '비를'과 '길을'에는 ㉠과 ⓛ에 속하는 형태소만 있다.
× → ⓒ

… 명사 '비'와 '길'은 실질 형태소이면서 자립 형태소에 해당하여 ㉠에 속하고, 조사 '를'과 '을'은 형식 형태소이면서 의존 형태소에 해당하여 ⓒ에 속한다.

③ '맞고'의 '맞-'과 '맞서다가'의 '맞-'은 모두 ⓒ에 속한다.
× → 각각 ⓛ과 ⓒ에 속한다.

… '맞고'의 '맞-'은 동사의 어간으로 실질 형태소이면서 의존 형태소에 해당하여 ⓛ에 속하고, '맞서다가'의 '맞-'은 '마주 대하여 하는'의 의미를 지닌 접두사로 형식 형태소이면서 의존 형태소에 해당하여

ⓒ에 속한다.

④ '바람에'에는 ⓛ과 ⓒ에 속하는 형태소만 있다.
× → ㉠

… '바람에'는 명사 '바람'과 조사 '에'로 이루어져 있는데 명사 '바람'은 실질 형태소이면서 자립 형태소에 해당하여 ㉠에 속하고, 조사 '에'는 형식 형태소이면서 의존 형태소에 해당하여 ⓒ에 속한다.

04

정답률 32% | 매력적인 오답 ① 47%

㉠과 ⓛ을 모두 충족하는 단어만을 〈보기〉에서 있는 대로 고른 것은?

④ 새해맞이, 한몫하다

… '새해맞이'는 관형사 '새'가 후행하는 명사 '해'를 수식하며, '새해를 맞이하는 일'을 뜻하는 단어이므로 단어의 구성 요소들이 의미상 목적어('새해를')와 서술어('맞이하다')의 관계로 이루어져 있다. 따라서 ㉠과 ⓛ을 모두 충족한다. 그리고 '한몫하다'는 관형사 '한'이 후행하는 명사 '몫'을 수식하며, '한 사람으로서 맡은 역할을 충분히 하다.'를 뜻하는 단어이므로 단어의 구성 요소들이 의미상 목적어('한 몫을')와 서술어('하다')의 관계로 이루어져 있다. 따라서 ㉠과 ⓛ을 모두 충족한다.

① (매력적인 오답) 새해맞이, 숨은그림찾기, 한몫하다

… '새해맞이'와 '한몫하다'는 ㉠과 ⓛ을 모두 충족하는 단어이다. 그러나 '숨은그림찾기'는 단어의 구성 요소들이 의미상 목적어('숨은 그림을')와 서술어('찾다')의 관계로 이루어져 ⓛ을 충족하지만, 동사인 '숨다'의 관형사형이 후행하는 명사 '그림'을 수식하는 구조이므로 ㉠을 충족하지 못한다.

② 두말없이, 숨은그림찾기, 한몫하다

… '한몫하다'는 ㉠과 ⓛ을 모두 충족하는 단어이다. 그러나 '숨은그림찾기'는 ⓛ을 충족하지만 ㉠을 충족하지 못하는 단어이다. 또한 '두말없이'는 관형사 '두'가 후행하는 명사 '말'을 수식하므로 ㉠을 충족하지만, 단어의 구성 요소들이 의미상 주어('두말이')와 서술어('없다')의 관계로 이루어져 ⓛ을 충족하지 못한다.

③ 두말없이, 숨은그림찾기

… '두말없이'는 ㉠을 충족하지만 ⓛ을 충족하지 못하는 단어이고, '숨은그림찾기'는 ⓛ을 충족하지만 ㉠을 충족하지 못하는 단어이다.

⑤ 새해맞이

… '새해맞이'는 ㉠과 ⓛ을 모두 충족하는 단어이다. 그러나 〈보기〉에 제시된 단어 중에서 ㉠과 ⓛ을 모두 충족하는 단어로 '새해맞이' 외에도 '한몫하다'도 포함되어야 한다.

05

정답률 84%

윗글과 〈보기〉를 바탕으로 추론한 내용으로 적절하지 않은 것은?

③ '수세미'는 기존의 의미에 새로운 의미가 더해졌다는 점에서 '총각'과 유사하겠군.

… '수세미'는 덩굴풀을 뜻하는 기존의 의미에 오늘날에는 공장에서

만든 설거지 도구라는 새로운 의미가 더해진 것이다. 그러나 '총각'은 '머리를 땋아 갈라서 틀어 맴'을 이르는 기존의 의미가 사라지고 '결혼하지 않은 성년 남자'를 뜻하는 단어가 되었다. 즉 의미가 변화된 예로 새로운 의미가 더해진 '수세미'의 경우와는 다른 사례이다.

① '입술연지'는 '소젖메쥬'처럼 일상의 단어로 새로운 대상을 인식한 예로 볼 수 있겠군.

⋯ 2문단에서 '소젖메쥬'는 '메주'라는 일상의 단어를 통해 '치즈(cheese)'라는 새롭게 유입된 대상을 인식했음을 보여 준다고 하였다. '입술연지' 역시 '연지'라는 일상의 단어를 통해 새로운 대상인 '립스틱'을 인식한 예로 볼 수 있다.

② '변사'는 무성 영화와 관련해 쓰인 단어라는 점에서 시대상이 반영된 예에 해당하겠군.

⋯ 3문단에서 '총각'이나 '부대찌개'처럼 단어는 과거의 관습과 시대의 흔적을 담는다고 하였다. '변사' 역시 무성 영화와 관련된 직업이므로 시대상이 반영된 예에 해당한다.

④ '가죽띠'는 '재료'에, '허리띠'는 '착용하는 위치'에 초점을 둔 단어라는 점에서 서로 다른 인식이 반영된 것이겠군.

⋯ 2문단에서 설명한 '원어기'와 '전화기'의 예를 통해 대상을 어떻게 인식하느냐에 따라 표현하는 단어가 달라진다는 것을 알 수 있다. '가죽띠'와 '허리띠'는 허리에 둘러매어 바지 따위가 흘러내리지 않게 하는 것을 가리키는 단어이지만 '가죽띠'는 재료인 가죽에, '허리띠'는 착용하는 위치인 허리에 초점을 둔 단어로 대상에 대한 서로 다른 인식이 반영된 것이다.

⑤ '양반'은 신분의 구분이 있었던 사회의 모습을 엿볼 수 있다는 점에서 시대의 흔적을 담고 있겠군.

⋯ 3문단에서 '총각'이나 '부대찌개'처럼 단어는 과거의 관습과 시대의 흔적을 담는다고 하였다. '양반' 역시 원래는 신분을 나타내는 말이었으므로 시대의 흔적을 담고 있다고 볼 수 있다.

06
정답률 67% | 매력적인 오답 ② 19%

〈보기〉의 ㉮에 들어갈 말로 적절하지 않은 것은? [3점]

④ ㉣에서는 주동사에 결합하여 사동사를 만든다

⋯ ㉣에서 '살리다'는 주동사 '살다'에 사동 접미사 '-리-'가 결합한 사동사이며, '입히다'는 주동사 '입다'에 사동 접미사 '-히-'가 결합한 사동사이다. 그러나 '밀치다'는 동사 '밀다'에 강조의 뜻을 나타내는 접사 '-치-'가 결합한 것이고, '깨뜨리다'는 동사 '깨다'의 어간에 강조의 의미를 나타내는 접사 '-뜨리다'가 결합한 것으로 둘 다 사동사가 아니다.

② 매력적인 오답 ㉡에서는 부사에 결합하여 동사를 만든다

⋯ ㉡에서 '끄덕이다'는 부사 '끄덕'에 접사 '-이다'가 결합하여 만들어진 동사이고, '출렁대다'는 부사 '출렁'에 접사 '-대다'가 결합하여 만들어진 동사이다. 또 '반짝거리다'는 부사 '반짝'에 접사 '-거리다'가 결합하여 만들어진 동사이다.

① ㉠에서는 용언에 결합하여 명사를 만든다

⋯ ㉠에서 '넓이'는 용언 '넓다'의 어간에 접사 '-이'가 결합하여 만들

어진 명사이고, '믿음'은 용언 '믿다'의 어간에 접사 '-음'이 결합하여 만들어진 명사이다. 또 '크기'는 용언 '크다'의 어간에 접사 '-기'가 결합하여 만들어진 명사이며, '지우개'는 용언 '지우다'의 어간에 접사 '-개'가 결합하여 만들어진 명사이다.

③ ㉢에서는 사람을 가리키는 의미의 단어를 만든다

⋯ ㉢의 파생어들은 모두 사람을 가리키는 말이다. 여기에서 '울보'는 동사 '울다'의 어간에 접사 '-보'가 결합하여 만들어진 명사이고, '낚시꾼'은 명사 '낚시'에 접사 '-꾼'이 결합하여 만들어진 명사이다. 또 '멋쟁이'는 명사 '멋'에 접사 '-쟁이'가 결합하여 만들어진 명사이며, '장난꾸러기'는 명사 '장난'에 접사 '-꾸러기'가 결합하여 만들어진 명사이다.

⑤ ㉤에서는 어근과 품사가 동일한 단어를 만든다

⋯ ㉤에서 '부채질'은 명사 '부채'에 접사 '-질'이 결합하여 만들어진 명사이며, '풋나물'은 명사 '나물'에 접사 '풋-'이 결합하여 만들어진 명사이다. 또 '휘감다'는 동사 '감다'에 접사 '휘-'가 결합하여 만들어진 동사이고, '빼앗기다'는 동사 '빼앗다'에 피동 접사 '-기-'가 결합하여 만들어진 동사이다. 따라서 ㉤의 파생어 모두 어근과 품사가 동일하다.

07
정답률 41% | 매력적인 오답 ④ 50%

〈보기〉의 ㄱ~ㅁ 중 윗글에서 설명한 단어 형성 방법의 사례에 해당하는 것만을 있는 대로 고른 것은?

② ㄷ, ㅁ

⋯ 지문에서 설명하고 있는 합성 명사의 형성 방법은 다음의 6가지이다.

> (1) 명사에 명사가 결합하는 경우
> (2) 용언의 활용형이 명사와 결합하는 경우
> (3) 명사를 꾸며 주는 관형사가 앞에 오는 경우
> (4) 명사가 아닌 품사들로만 이루어지는 경우
> (5) 앞말과 뒷말의 첫음절만 따서 만들어지는 경우
> (6) 앞말의 첫음절과 뒷말의 둘째, 셋째 음절을 따서 만들어지는 경우

ㄷ의 '사대'는 '사범'과 '대학'의 첫음절만 따서 만들어진 것이므로, 합성 명사의 형성 방법 중 (5)의 사례에 해당한다. 그리고 ㅁ의 '비빔냉면'은 용언의 활용형 '비빔'이 명사 '냉면'과 결합한 경우이므로, 합성 명사의 형성 방법 중 (2)의 사례에 해당한다. 따라서 지문에서 설명한 단어 형성 방법의 사례에 해당하는 것은 ㄷ과 ㅁ이다.

ㄱ의 '샘'은 '선생님'을 줄여서 만든 것으로, 지문에서 설명하고 있는 단어 형성 방법의 사례에 해당하지 않는다. 그리고 ㄴ의 '개살구'는 접두사 '개-'와 명사 '살구'가 결합한 파생 명사로, 합성 명사가 아니다. 또 ㄹ의 '점잔'은 '점잖은 태도'를 뜻하는 명사로, 역시 합성 명사가 아니다.

④ 매력적인 오답 ㄴ, ㄷ, ㅁ

⋯ ㄴ의 '개살구'는 접두사 '개-'와 명사 '살구'가 결합한 파생 명사이므로, 합성 명사의 형성 방법에 대해 설명하고 있는 지문의 사례로는 적절하지 않다. 오답률이 정답률보다도 높았는데, 이는 지문에서 합성 명사에 대해서만 언급하고 있어 '개살구'가 파생 명사일 가능성

에 대해서는 꼼꼼하게 살펴보지 않았기 때문인 것으로 보인다.

① ㄱ, ㄹ

··· '오답인 이유'는 '정답인 이유'에서 확인할 수 있습니다.

③ ㄱ, ㄴ, ㄷ

··· '오답인 이유'는 '정답인 이유'에서 확인할 수 있습니다.

⑤ ㄴ, ㄹ, ㅁ

··· '오답인 이유'는 '정답인 이유'에서 확인할 수 있습니다.

08
정답률 73% | 매력적인 오답 ③ 15%

밑줄 친 단어 중 ㉠의 예로 적절한 것은?

☀ 정답인 이유

① 자기 잘못은 자기가 책임져야 한다.

··· ㉠은 뒤의 말이 명사로 이루어진 합성 명사와 달리, 명사가 아닌 품사들로만 이루어진 합성 명사를 말한다. '잘못'은 부사 '잘'과 부사 '못'이 결합한 합성 명사이므로, ㉠의 예로 적절하다.

☂ 오답인 이유

③ 매력적인 오답 아이가 요사이에 몰라보게 훌쩍 컸다.

··· '요사이'는 관형사 '요'와 명사 '사이'가 결합한 합성 명사이므로, 지문의 '새색시'와 같은 형성 방식으로 이루어진 단어이다.

② 언니는 가구를 전부 새것으로 바꿨다.

··· '새것'은 관형사 '새'와 명사 '것'이 결합한 합성 명사이므로, 지문의 '새색시'와 같은 형성 방식으로 이루어진 단어이다.

④ 오늘날에는 교육에서 창의성이 중시된다.

··· '오늘날'은 명사 '오늘'과 명사 '날'이 결합한 합성 명사이므로, 지문의 '논밭, 불고기'와 같은 형성 방식으로 이루어진 단어이다.

⑤ 나는 갈림길에서 어디로 가야 할지 몰랐다.

··· '갈림길'은 용언 '갈리다'의 활용형 '갈림'과 명사 '길'이 결합한 합성 명사이므로, 지문의 '건널목, 노림수, 섞어찌개'와 같은 형성 방식으로 이루어진 단어이다.

09
정답률 48% | 매력적인 오답 ⑤ 24%

〈보기〉는 학생들이 작성한 탐구 보고서의 일부이다. [가]에 들어갈 내용으로 적절한 것은?

☀ 정답인 이유

② '사례 1'에 대해 ㉠을 잘못 알고 있는 학생들이 더 적다. 이에 따라 'B 집단'의 이해를 돕기 위해 ㉠이 쓰인 예로 '한복판'을 제시한다.

··· '사례 1'에서 '한가운데'의 '한', 즉 ㉠은 '정확한' 또는 '한창인'의 뜻을 더하는 접두사이다. 그런데 이를 어근으로 잘못 알고 있는 학생들, 즉 'B 집단'은 접사로 제대로 알고 있는 학생들인 'A 집단'보다 그 수가 더 적다. 이에 따라 'B 집단'의 이해를 돕기 위해 제시할 자료인 '한복판'은 접사 '한-'이 어근 '복판'과 결합한 것이므로 ㉠이 쓰인 예로 제시하는 것이 적절하다.

☂ 오답인 이유

⑤ 매력적인 오답 '사례 3'에 대해 ㉢을 잘못 알고 있는 학생들이 더 적다. 이

에 따라 'E 집단'의 이해를 돕기 위해 ㉢이 쓰인 예로 '알사탕'을 제시한다.

··· '사례 3'에서 ㉢은 '겉을 덮어 싼 것이나 딸린 것을 다 제거한'의 뜻을 더하는 접두사인데, 이를 어근으로 잘못 알고 있는 학생들이 'E 집단'보다 더 많다. 그리고 잘못 알고 있는 학생들의 이해를 돕기 위해 제시할 자료인 '알사탕'은 어근 '알'과 어근 '사탕'이 결합한 것이므로 ㉢이 쓰인 예가 아니다.

① '사례 1'에 대해 ㉠을 잘못 알고 있는 학생들이 더 많다. 이에 따라 'A 집단'의 이해를 돕기 위해 ㉠이 쓰인 예로 '한번'을 제시한다.

··· '사례 1'에서 ㉠은 접사인데, 이를 어근으로 잘못 알고 있는 학생들이 더 적다. 따라서 'A 집단'보다는 'B 집단'의 이해를 돕기 위한 예를 제시해야 하며, '한번'은 어근 '한'과 어근 '번'이 결합한 것이므로 ㉠이 쓰인 예가 아니다.

③ '사례 2'에 대해 ㉡을 잘못 알고 있는 학생들이 더 많다. 이에 따라 'C 집단'의 이해를 돕기 위해 ㉡이 쓰인 예로 '먹이'를 제시한다.

··· '사례 2'에서 ㉡은 '사람'의 뜻을 나타내는 어근인데, 이를 접사로 잘못 알고 있는 학생들이 더 많다. 따라서 'C 집단'의 이해를 돕기 위한 예를 제시하는 것은 맞지만 추가로 제시할 자료인 '먹이'는 어근 '먹-'에 명사를 만드는 접미사 '-이'가 결합한 것이므로 ㉡이 쓰인 예가 아니다.

④ '사례 2'에 대해 ㉡을 잘못 알고 있는 학생들이 더 적다. 이에 따라 'D 집단'의 이해를 돕기 위해 ㉡이 쓰인 예로 '미닫이'를 제시한다.

··· '사례 2'에서 ㉡은 어근인데, 이를 접사로 잘못 알고 있는 학생들이 더 많다. 따라서 'D 집단'보다는 'C 집단'의 이해를 돕기 위한 예를 제시해야 하며, '미닫이'는 어근 '미닫-'과 접사 '-이'가 결합한 것이므로 ㉡이 쓰인 예가 아니다.

10
정답률 75% | 매력적인 오답 ① 10%

윗글을 바탕으로 〈보기〉의 ⓐ~ⓔ를 이해한 내용으로 적절한 것은?

☀ 정답인 이유

③ ⓒ에서 '놀이'는 명사이므로 '놀이' 속의 '놀-'은 서술어로 기능하지 못한다.

··· 2문단에서 명사 '먹이'나 '넓이'는 각각 동사와 형용사의 어근에 접미사 '-이'가 붙어 형성된 단어로, 이때 '먹이'나 '넓이'의 '먹-'과 '넓-'은 서술어로 기능하지 못한다고 하였다. ⓒ의 '놀이' 역시 동사 '놀다'의 어근 '놀-'에 접미사 '-이'가 붙어 명사가 된 단어이다. 따라서 '놀이'의 '놀-'은 서술어로 기능하지 못한다.

☂ 오답인 이유

① 매력적인 오답 ⓐ에서 '비워'의 어간은 '시간이 빈다.'에서 '비다'의 어간과 같다.

··· 2문단에서 '녹다'의 어근 '녹-'에 접미사 '-이-'가 붙어 만들어진 새로운 어간 '녹이-'는 '녹다'의 어간 '녹-'과 구별된다고 하였다. 따라서 ⓐ에서 '비다'의 어근 '비-'에 접미사 '-우-'가 붙어 만들어진 새로운 어간 '비우-'는 '비다'의 어간 '비-'와 같지 않다.

② ⓑ에서 '높이'는 형용사 '높다'의 어근 '높-'에 접미사 '-이'가 붙어 형성된 명사이다.

··· 2문단에서 접미사는 동사나 형용사의 어근에 붙어 품사를 바꾸기도 한다고 하였다. ⓑ의 '높이'는 형용사 '높다'의 어근 '높-'에 접미사 '-이'가 붙어 형성된 단어이다. 이때 '높이'는 뒤의 동사 '나는'을 꾸며 주고 있으므로 부사이다.

- '높이'가 명사로 쓰인 예 → 이 건물은 높이가 2미터이다.
- '높이'가 부사로 쓰인 예 → 높이 솟은 빌딩

④ ⓓ에서 '끓였다'의 어근에 붙은 접미사 '-이-'는 모든 동사에 자유롭게 결합한다.

··· 3문단에서 하나의 접미사가 모든 동사나 형용사에 자유롭게 결합하는 것은 아니라고 하였다. 따라서 ⓓ에서 '끓였다'의 어근 '끓-'에 붙은 접미사 '-이-' 역시 모든 동사에 자유롭게 결합하는 것은 아니다. 예를 들어 동사 '웃다'에는 접미사 '-이-'가 결합하지 못하며, '웃기다'와 같이 접미사 '-기-'가 결합해야 한다.

⑤ ⓔ에서 '오시기'는 '오-'와 '-기' 사이에 다른 형태소가 끼어든 것이므로 명사이다.

··· 3문단에서 어근과 접미사 사이에는 다른 형태소가 끼어들 수 없다고 하였다. ⓔ의 '오시기'는 '오-+-시-+-기'로 분석되는데, 주체 높임 선어말 어미 '-시-'가 끼어든 것으로 보아 '-기'가 접미사가 아니라는 것을 알 수 있다. '오시기'의 '-기'는 용언에 붙어 명사의 역할을 하게 하는 명사형 전성 어미이므로, '오시기'의 품사는 명사가 아니라 동사이다.

11
정답률 80%

밑줄 친 부분이 ㉠, ㉡에 해당하는 예로 적절한 것은?

〈사동사와 피동사의 구별〉
- 주어가 시킨 것은 사동사, 주어가 당한 것은 피동사
- '-게 하다'를 붙여 의미가 통하면 사동사, '-게 되다'를 붙여 의미가 통하면 피동사
- 사동사는 목적어를 취함(예외적으로 피동사가 목적어를 취하는 경우도 있음)

☀ 정답인 이유

④ ┌ ㉠: 바위 뒤에 동생을 **숨겼다.**
    누군가가 동생을 바위 뒤에 숨게 함 → 사동
  └ ㉡: 피곤해서 눈이 자꾸 **감겼다.**
    피곤함에 눈이 감기게 됨 → 피동

··· ㉠은 접미사가 동사나 형용사에 붙어 '사동'의 의미를 더한 예를 찾아야 하고, ㉡은 접미사가 타동사에 붙어 '피동'의 의미를 더한 예를 찾아야 한다. ㉠의 '숨기다'는 동사 '숨다'의 어근에 접미사 '-기-'가 결합한 것으로, '숨게 하다'로 해석되므로 사동사이다. ㉡의 '감기다'는 동사 '감다'의 어근에 접미사 '-기-'가 결합한 것으로, '감기게 되다'로 해석되므로 피동사이다. 따라서 '숨기다'는 ㉠의 예에 해당하고, '감기다'는 ㉡의 예에 해당한다.

☂ 오답인 이유

① ┌ ㉠: 형이 동생을 **울렸다.**
    형이 동생을 울게 함 → 사동
  └ ㉡: 그는 지구본을 **돌렸다.**
    그가 지구본을 돌게 함 → 사동

··· ㉠의 '울리다'는 동사 '울다'의 어근에 접미사 '-리-'가 결합한 것으로, '울게 하다'로 해석되므로 사동사이다. ㉡의 '돌리다'는 동사 '돌다'의 어근에 접미사 '-리-'가 결합한 것으로, '돌게 하다'로 해석되므로 사동사이다. 따라서 '울리다'와 '돌리다'는 모두 ㉠의 예에 해당한다.

② ┌ ㉠: 이제야 마음이 **놓인다.**
    마음이 놓이게 됨 → 피동
  └ ㉡: 우리는 용돈을 **남겼다.**
    우리가 용돈을 남게 함 → 사동

··· ㉠의 '놓이다'는 동사 '놓다'의 어근에 접미사 '-이-'가 결합한 것

으로, '놓이게 되다'로 해석되므로 피동사이다. ㉡의 '남기다'는 동사 '남다'의 어근에 접미사 '-기-'가 결합한 것으로, '남게 하다'로 해석되므로 사동사이다. 따라서 '놓이다'는 ㉡의 예에 해당하고, '남기다'는 ㉠의 예에 해당한다.

③ ┌ ㉠: 공책이 가방에 **눌렸다.**
    공책이 가방에 눌리게 됨 → 피동
  └ ㉡: 옷이 못에 걸려 **찢겼다.**
    옷이 못에 걸려 찢기게 됨 → 피동

··· ㉠의 '눌리다'는 동사 '누르다'의 어근에 접미사 '-리-'가 결합한 것으로, '눌리게 되다'로 해석되므로 피동사이다. ㉡의 '찢기다'는 동사 '찢다'의 어근에 접미사 '-기-'가 결합한 것으로, '찢기게 되다'로 해석되므로 피동사이다. 따라서 '눌리다'와 '찢기다'는 모두 ㉡의 예에 해당한다.

⑤ ┌ ㉠: 나는 종이비행기를 하늘로 **날렸다.**
    '나'가 종이비행기를 날게 함 → 사동
  └ ㉡: 그는 소년에게 중요한 임무를 **맡겼다.**
    그가 소년에게 중요한 임무를 맡게 함 → 사동

··· ㉠의 '날리다'는 동사 '날다'의 어근에 접미사 '-리-'가 결합한 것으로, '날게 하다'로 해석되므로 사동사이다. ㉡의 '맡기다'는 동사 '맡다'의 어근에 접미사 '-기-'가 결합한 것으로, '맡게 하다'로 해석되므로 사동사이다. 따라서 '날리다'와 '맡기다'는 모두 ㉠의 예에 해당한다.

12
정답률 75% | 매력적인 오답 ① 10%

〈보기〉의 ⓐ, ⓑ가 사용된 예를 ㉠~㉤에서 바르게 고른 것은?

☀ 정답인 이유

④ ┌ ⓐ: ㉠, ㉡, ㉤   ⓑ: ㉢, ㉣

··· 〈보기〉는 용언의 어간과 결합하는 명사형 어미 '-(으)ㅁ', '-기'와, 어근과 결합하여 명사를 만드는 접미사 '-이', '-음', '-기'에 대해 설명하고 있다. 이를 바탕으로 〈보기〉에 제시된 문장 속 ㉠~㉤을 분석하면 다음과 같다.

㉠: 용언의 어간 '살-'에 명사형 어미 '-기'가 결합한 것이다. ㉠은 서술하는 기능이 유지되고 부사어 '홀로'의 수식을 받고 있으므로, ⓐ에 해당한다.

㉡: 용언의 어간 '자-'에 명사형 어미 '-ㅁ'이 결합한 것이다. ㉡은 서술하는 기능이 유지되고 부사어 '충분히'의 수식을 받고 있으므로, ⓐ에 해당한다.

㉢: 어근 '얼-'에 접미사 '-음'이 결합한 명사이다. ㉢은 관형어 '시원한'의 수식을 받고 있으므로, ⓑ에 해당한다.

㉣: 어근 '놀-'에 접미사 '-이'가 결합한 명사이다. ㉣은 관형어 '건전한'의 수식을 받고 있으므로, ⓑ에 해당한다.

㉤: 용언의 어간 '아름답-'에 명사형 어미 '-기'가 결합한 것이다. ㉤은 서술하는 기능이 유지되고 부사어 '매우'의 수식을 받고 있으므로, ⓐ에 해당한다.

따라서 ⓐ에 해당하는 예는 ㉠, ㉡, ㉤이고, ⓑ에 해당하는 예는 ㉢, ㉣이다.

☂ 오답인 이유

① **매력적인 오답** ㉠, ㉡   ㉢, ㉣, ㉤

··· '오답인 이유'는 '정답인 이유'에서 확인할 수 있습니다.

②　⑤, ⑥　　⑥, ⑥, ⑧
⋯→ '오답인 이유'는 '정답인 이유'에서 확인할 수 있습니다.

③　　⑥, ⑧　　⑤, ⑥, ⑩
⋯→ '오답인 이유'는 '정답인 이유'에서 확인할 수 있습니다.

⑤　　⑥, ⑥, ⑧　　⑤, ⑩
⋯→ '오답인 이유'는 '정답인 이유'에서 확인할 수 있습니다.

13

〈보기〉는 윗글을 바탕으로 진행된 학습 활동이다. ⓐ~ⓔ에 대한 이해로 적절한 것은?

☀ 정답인 이유

② ⓑ는 그 직접 구성 요소 중 하나가 파생어인 합성어이다.
⋯→ 2문단에서 직접 구성 요소란 어떤 말을 직접 이루고 있는 두 부분으로 나누었을 때 나오는 두 요소라고 하였다. ⓑ의 '눈웃음'을 직접 구성 요소로 나누면 '눈(어근)'과 '웃음(어근)'으로 분석되는 합성어이다. 이때 '웃음'은 다시 '웃-(어근)'과 '-음(명사 파생 접미사)'으로 분석되는 파생어이다. 따라서 '눈웃음'은 그 직접 구성 요소 중 하나(웃음)가 파생어인 합성어이다.

☂ 오답인 이유

① [매력적인 오답] ⓐ는 그 직접 구성 요소 중 하나가 합성어인 합성어이다.
⋯→ ⓐ의 '나들이옷'은 '나들이(어근)'와 '옷(어근)'으로 분석되는 합성어이다. 이때 '나들이'는 다시 '나들-(어근)'과 '-이(명사 파생 접미사)'로 분석되는 파생어이다. 따라서 '나들이옷'은 그 직접 구성 요소 중 하나(나들이)가 파생어인 합성어이다.

③ ⓒ는 그 직접 구성 요소 중 하나가 합성어인 파생어이다.
⋯→ ⓒ의 '드높이(다)'는 '드높-(어근)'과 '-이-(사동 접미사)'로 분석되는 파생어이다. 이때 '드높-'은 다시 '드-(접두사)'와 '높-(어근)'으로 분석되는 파생어이다. 따라서 '드높이다'는 그 직접 구성 요소 중 하나(드높-)가 파생어인 파생어이다.

④ ⓓ는 그 직접 구성 요소 중 하나가 파생어인 파생어이다.
⋯→ ⓓ의 '집집이'는 '집집(어근)'과 '-이(부사 파생 접미사)'로 분석되는 파생어이다. 이때 '집집'은 다시 '집(어근)'과 '집(어근)'으로 분석되는 합성어이다. 따라서 '집집이'는 그 직접 구성 요소 중 하나(집집)가 합성어인 파생어이다.

⑤ ⓔ는 그 직접 구성 요소 중 하나가 합성어인 파생어이다.
⋯→ ⓔ의 '놀이터'는 '놀이(어근)'와 '터(어근)'로 분석되는 합성어이다. 이때 '놀이'는 다시 '놀-(어근)'과 '-이(명사 파생 접미사)'로 분석되는 파생어이다. 따라서 '놀이터'는 그 직접 구성 요소 중 하나(놀이)가 파생어인 합성어이다.

14

윗글의 관점에서 〈보기〉의 ㉠~㉤을 분석한 것으로 옳지 <u>않은</u> 것은?

☀ 정답인 이유

② ㉡은 '소포가'와 '도착했다고 들었다'로 분석되겠군.
⋯→ 4문단에서 문장의 직접 구성 요소는 주어와 서술어라고 하였다.

㉡의 '소포가 도착했다고 들었다.'는 '소포가 도착했다고'라는 인용절을 안은 문장으로, '고'라는 인용 조사를 사용하여 소포가 도착했다고 말한 누군가의 말을 간접 인용하고 있다. 이 문장의 주어는 생략되어 있고, 서술어는 '들었다'이다. 따라서 ㉡은 '소포가 도착했다고'와 '들었다'로 분석된다.

☂ 오답인 이유

④ [매력적인 오답] ㉣은 '그가 익명의 기부자임이'와 '밝혀졌다'로 분석되겠군.
⋯→ ㉣의 '그가 익명의 기부자임이 밝혀졌다.'는 '그가 익명의 기부자임'이라는 명사절을 안은 문장이다. 이 명사절은 주격 조사 '이'와 결합하여 전체 문장에서 주어의 역할을 하고 있다. 따라서 ㉣은 주어(명사절) '그가 익명의 기부자임이'와 서술어 '밝혀졌다'로 분석된다. 참고로, '그는' 명사절의 주어이다.

① ㉠은 '지희는'과 '목소리가 곱다'로 분석되겠군.
⋯→ ㉠의 '지희는 목소리가 곱다.'는 '목소리가 곱다'라는 서술절을 안은 문장이다. 이 서술절은 전체 문장에서 서술어의 역할을 하고 있다. 따라서 ㉠은 주어 '지희는'과 서술어(서술절) '목소리가 곱다'로 분석된다.

③ ㉢은 '동수가'와 '미애에게 선물을 주었다'로 분석되겠군.
⋯→ 3문단에서 서술어는 홀로 나오기도 하지만 주어 이외의 필수 성분과 결합하여 나오는 경우도 있다고 하였다. ㉢의 '동수가 미애에게 선물을 주었다.'에서 주어는 '동수가'이고 서술어는 '주었다'이다. 그런데 서술어 '주었다'는 필수적 부사어와 목적어를 필요로 하는 세 자리 서술어이므로, 부사어 '미애에게'와 목적어 '선물을'과 결합하여 나오고 있다. 따라서 ㉢은 '동수가'와 '미애에게 선물을 주었다'로 분석된다.

⑤ ㉤은 '인생은 짧고 예술은 길다는 말은'과 '명언이다'로 분석되겠군.
⋯→ ㉤의 '인생은 짧고 예술은 길다는 말은 명언이다.'는 '인생은 짧고 예술은 길다는'이라는 관형절을 안은 문장이다. 주어는 '말은'으로 관형절의 수식을 받고 있으며, 서술어는 '명언이다'이다. 따라서 ㉤은 '인생은 짧고 예술은 길다는 말은'과 '명언이다'로 분석된다.

15

〈보기〉의 ㉠과 ㉡을 모두 충족하는 예로 적절한 것은?

☀ 정답인 이유

② 책임을 남에게 떠넘기면 안 된다.
　　어근 '뜨-'+어근 '넘기-'(어근 '넘-'+접사 '-기-')
⋯→ '떠넘기면'의 어간은 '떠넘기-'이다. 이는 직접 구성 요소가 어근 '뜨-'와 어근 '넘기-'로 분석되므로 ㉡을 충족한다. '넘기-'는 다시 어근 '넘-'과 접사 '-기-'로 분석되므로, '떠넘기-'는 3개 이상의 구성 요소로 이루어진 어간이다. 따라서 ㉠도 충족한다.

☂ 오답인 이유

③ [매력적인 오답] 차바퀴가 진흙 바닥에서 헛돌았다.
　　접사 '헛-'+어근 '돌-'
⋯→ '헛돌았다'의 어간은 '헛돌-'이다. 이는 접사 '헛-'과 어근 '돌-'로 분석되므로 ㉡을 충족하지 못한다. 또한 어간의 구성 요소가 2개이므로 ㉠도 충족하지 못한다.

① 밤새 거센 비바람이 내리쳤다.
　　어근 '내리-'+어근 '치-'

⋯ '내리쳤다'의 어간은 '내리치-'이다. 이는 어근 '내리-'와 어근 '치-'로 분석되므로 ⓒ을 충족한다. 그러나 어간의 구성 요소가 2개이므로 ⓐ은 충족하지 못한다.

④ 거리에는 매일 많은 사람이 **오간다.**
<u>어근 '오-'+어근 '가-'</u>

⋯ '오간다'의 어간은 '오가-'이다. 이는 어근 '오-'와 어근 '가-'로 분석되므로 ⓒ을 충족한다. 그러나 어간의 구성 요소가 2개이므로 ⓐ은 충족하지 못한다.

⑤ 그들은 끊임없이 **짓밟혀도** 굴하지 않았다.
<u>어근 '짓밟-'(접사 '짓-'+어근 '밟-')+접사 '-히-'</u>

⋯ '짓밟혀도'의 어간은 '짓밟히-'이다. 이는 직접 구성 요소가 어근 '짓밟-'과 접사 '-히-'로 분석되므로 ⓒ을 충족하지 못한다. '짓밟-'은 다시 접사 '짓-'과 어근 '밟-'으로 분석되므로 '짓밟히-'는 3개의 구성 요소로 이루어진 어간이다. 따라서 ⓐ은 충족한다.

---

2. 단어 - 단어와 품사

05 품사의 분류 / 체언

개념 완성 TEST ▶ 문제편 56쪽

01 (1) 신었다 (2) 새 (3) 민희, 구두 **02** (1) 샀다(사다)‖은지, 는, 시장, 에서, 수박, 을, 하나 (2) 은지, 시장, 수박, 하나‖샀다(사다)‖는, 에서, 을 (3) 은지, 시장, 수박‖하나‖샀다(사다)‖는, 에서, 을 **03** (1) 아버지, 밖 (2) 친구, 꽃구경 (3) 것 **04** (1) 사과, 하늘 (2) 북한산, 한강 (3) 사과, 북한산, 하늘, 한강 (4) 만큼, 따름 **05** (1) 자립 명사 (2) 의존 명사 (3) 의존 명사 (4) 자립 명사 (5) 의존 명사 (6) 자립 명사 **06** (1) 2인칭 (2) 2인칭 (3) 3인칭 (4) 3인칭 (5) 1인칭 **07** (1) 미, 부 (2) 부, 미 (3) 미, 부 **08** 수사: ㉠, ㉤, ㉲ / 수 관형사: ㉢, ㉣

내신 기출 문제 ▶ 문제편 57쪽

01 ① **02** ③ **03** ⑤ **04** ①

01 품사의 분류

〈보기〉는 품사의 분류에 관한 설명이다. ⓐ~ⓒ를 기준으로 ㉠~㉲을 분류할 때, 적절하지 **않은** 것은?

〈품사의 분류〉

형태	기능	의미
불변어	체언	명사
		대명사
		수사
	수식언	관형사
		부사
	독립언	감탄사
	관계언	조사
가변어		서술격 조사
	용언	동사
		형용사

☀ 정답인 이유

① ⓐ에 따라 나누면, ㉡과 ㉲을 제외한 것은 모두 불변어이다.

⋯ ㉠은 관형사, ㉡은 형용사, ㉢은 수사, ㉣은 관형사, ㉲은 서술

격 조사, ㉮은 관형사, ㉯은 형용사이다. 가변어에는 동사와 형용사, 서술격 조사 '이다'가 있고, 가변어를 제외한 모든 품사는 불변어이다. 따라서 형태 변화에 따라 나누면 ㉡, ㉲, ㉯을 제외한 것이 불변어이다.

☂ 오답인 이유

② ⓑ에 따라 나누면, ㉠과 ㉮은 둘 다 수식언이다.

⋯ ㉠과 ㉮은 둘 다 관형사이므로 수식언에 해당한다.

③ ⓑ에 따라 나누면, ㉡과 ㉯은 둘 다 용언이다.

⋯ ㉡과 ㉯은 둘 다 형용사이므로 용언에 해당한다.

④ ⓒ에 따라 나누면, ㉠과 ㉢은 다른 품사이다.

⋯ ㉠의 '한'은 뒤에 오는 명사 '점'을 꾸며 주고 있으므로 '수 관형사'이고, ㉢의 '하나'는 비행기의 수량을 가리키며 조사 '가'와 결합하고 있으므로 '수사'이다. 따라서 ㉠과 ㉢은 다른 품사이다.

⑤ ⓒ에 따라 나누면, ㉣과 ㉮은 같은 품사이다.

⋯ ㉣의 '어느'는 뒤에 오는 체언 '누구'를 꾸며 주고, ㉮의 '새'는 뒤에 오는 체언 '옷'을 꾸며 주는 말이므로 ㉣과 ㉮은 모두 '관형사'이다.

02 명사

명사에 대한 설명으로 적절한 것은?

☀ 정답인 이유

③ '포클레인, 호치키스'처럼 고유 명사가 그 기능을 잃으면 보통 명사로 바뀌기도 한다.

⋯ '포클레인(Poclain)'은 유압을 이용하여 기계 삽으로 땅을 파내는 차로 '삽차'라고도 한다. 이는 프랑스의 포클랭(Poclain)사에서 만든 기계 삽차의 상표명, 즉 고유 명사였던 것이 그 기능을 잃고 보통 명사로 바뀐 것이다. 또 종이를 철할 때 쓰는 '호치키스(Hotchkiss)'는 원래 '스테이플러(stapler)'를 발명한 사람의 이름을 딴 상표명, 즉 고유 명사였던 것이 그 기능을 잃고 보통 명사로 바뀐 것이다. 따라서 고유 명사가 그 기능을 잃으면 보통 명사로 바뀌기도 한다는 설명은 적절하다.

☂ 오답인 이유

① 명사는 문장에서 조사와 결합하여 주어로만 사용된다.

⋯ 명사는 문장에서 조사와 결합하여 주어뿐만 아니라 서술어, 목적어, 보어, 부사어 등으로도 사용될 수 있다. 예를 들어, '수지가 예쁘다.'(주어), '그 아이는 수지이다.'(서술어), '민호가 수지를 부른다.'(목적어), '지효는 수지가 아니다.'(보어), '민호는 수지와 친하다.'(부사어) 등과 같이 쓰일 수 있다.

② 의존 명사는 꾸미는 말 없이 혼자서 자립적으로 쓰일 수 있다.

⋯ 의존 명사는 앞에 반드시 꾸미는 말, 즉 관형어가 있어야만 문장에 쓰일 수 있다. 예를 들어, '잠깐 살 것이 있다.'라는 문장에서 관형어 '살'은 명사 '것'을 꾸며 주는데, 이때 관형어 '살' 없이 명사 '것'은 단독으로 사용되지 못한다. 따라서 이 문장에서 '것'은 의존 명사이고, 관형어와 같이 꾸미는 말이 있어야 쓸 수 있다.

④ 특정한 대상을 다른 개체와 구별하기 위해 붙인 고유 명사에는 '해, 달, 아기' 등이 있다.

⋯ 고유 명사는 특정한 대상이나 유일한 대상을 가리키는 것이므로, 복수 표지가 쓰일 수 없고 다른 언어로 번역하기 어렵다. '해, 달, 아

기'는 쉽게 번역할 수 있고, '아기'의 경우 '아기들'처럼 복수 표지로
도 사용이 가능하다. 특히 '해'와 '달'의 경우 유일한 존재이지만 다른
개체와 구별할 필요가 없어 고유 명사에 속하지 않는다. 따라서 '해,
달, 아기'는 모두 고유 명사가 아닌 보통 명사에 해당한다.

⑤ 보통 명사는 어떤 속성을 지닌 대상을 두루 이르는 말로, '책상, 사과, 유관
순, 이순신' 등이 이에 해당한다.

⋯▶ 보통 명사는 어떤 속성을 지닌 대상들을 두루 이르는 말로, '책
상, 사과'는 보통 명사에 해당한다. 하지만 '유관순, 이순신'은 특정
한 대상을 다른 개체와 구별하기 위해 붙인 고유 명사이지 보통 명
사가 아니다.

03
대명사

〈보기〉의 ㉠에 해당하는 예로 볼 수 있는 것은?

☀ 정답인 이유

⑤ 내 앞에 있는 당신은 도대체 어떤 사람입니까? → 2인칭

어머니께서는 당신이 젊었을 때 날씬했다고 주장하셨다. → 3인칭(재귀칭)

⋯▶ ㉠은 동일한 형태의 대명사가 상황에 따라서 1인칭, 2인칭, 3인
칭 중에서 두 가지 인칭으로 쓰인다는 내용이다. '내 앞에 있는 당신
은 도대체 어떤 사람입니까?'에서 '당신'은 듣는 이를 가리킬 때 쓰는
2인칭 대명사이다. 그리고 '어머니께서는 당신이 젊었을 때 날씬했
다고 주장하셨다.'에서 '당신'은 앞에서 이미 나온 바 있는 사람을 도
로 가리킬 때 쓰는 3인칭 대명사(재귀칭)로, 여기서는 윗사람을 아
주 높여 이르는 말로 사용되었다. 따라서 ⑤의 '당신'은 2인칭과 3인
칭의 두 가지 인칭으로 쓰였으므로 ㉠의 예로 적절하다.

☂ 오답인 이유

① 그는 좋은 사람이다. → 3인칭

그와 같은 사실을 아무도 모르다니. → 지시 대명사

⋯▶ '그는 좋은 사람이다.'에서 '그'는 말하는 이와 듣는 이가 아닌 사
람을 가리키는 3인칭 대명사이다. 하지만 '그와 같은 사실을 아무도
모르다니.'에서 '그'는 인칭 대명사가 아니라 앞에서 이미 이야기한
사실을 가리키는 지시 대명사이다.

② 너희는 어디서 왔니? → 2인칭

너희 학교는 어디에 있니? → 2인칭

⋯▶ '너희는 어디서 왔니?'에서 '너희'와 '너희 학교는 어디에 있니?'에
서 '너희'는 모두 상대편에 있는 청자를 가리키는 2인칭 대명사이다.

③ 저 앞에 계신 분은 누구시죠? → 3인칭(미지칭)

누구도 그 일에 대해 말하지 않았다. → 3인칭(부정칭)

⋯▶ '저 앞에 계신 분은 누구시죠?'에서 '누구'는 모르는 사람을 가리
키는 미지칭 대명사로, 3인칭 대명사에 해당한다. 그리고 '누구도 그
일에 대해 말하지 않았다.'에서 '누구'는 특정 대상을 가리키지 않는
부정칭 대명사로, 역시 3인칭 대명사에 해당한다.

④ 우리는 놀이공원에 안 갈 거야. → 1인칭

우리 회사는 계속 발전할 것이다. → 1인칭

⋯▶ '우리는 놀이공원에 안 갈 거야.'에서 '우리'와 '우리 회사는 계속
발전할 것이다.'에서 '우리'는 화자를 포함한 무리를 가리키는 1인칭
대명사이다.

04
수사

밑줄 친 단어의 품사가 나머지 넷과 다른 것은?

수사	– 사물의 수량이나 순서를 나타내는 체언 – 조사와 결합함
수 관형사	– 수량이나 순서를 나타내는 관형사 – 조사와 결합하지 않음 – 체언 중 주로 명사를 수식함

☀ 정답인 이유

① 나에게는 소원이 딱 하나가 있다.

⋯▶ '수사'는 사물의 수량이나 순서를 나타내는 말이며, 뒤에 조사가
붙을 수 있다. ①에서 '하나'는 소원의 개수를 나타내고 뒤에 조사가
붙었으므로 '수사'이다. 나머지 단어의 품사는 모두 '수 관형사'이므
로, 단어의 품사가 나머지 넷과 다른 것은 ①이다.

☂ 오답인 이유

② 내 생일 잔치에 네 명의 친구를 초대했다.

⋯▶ '수 관형사'는 주로 명사를 수식하고 조사가 붙을 수 없다. ②에서
'네'는 뒤에 '사람을 세는 단위'인 의존 명사 '명'이 오고 조사가 붙지
않았으므로 '수 관형사'이다.

③ 서현이의 필통 속에는 볼펜이 두 자루밖에 없다.

⋯▶ ③에서 '두'는 뒤에 '기름하게 생긴 필기도구나 연장, 무기 따위를
세는 단위'인 명사 '자루'가 오고 조사가 붙지 않았으므로 '수 관형사'
이다.

④ 언니는 혼자 살면서 강아지 세 마리를 키우고 있다.

⋯▶ ④에서 '세'는 뒤에 '짐승이나 물고기, 벌레 따위를 세는 단위'인
의존 명사 '마리'가 오고 조사가 붙지 않았으므로 '수 관형사'이다.

⑤ 우리 집 마당에는 감나무 다섯 그루가 심어져 있다.

⋯▶ ⑤에서 '다섯'은 뒤에 '식물, 특히 나무를 세는 단위'인 의존 명사
'그루'가 오고 조사가 붙지 않았으므로 '수 관형사'이다.

2. 단어 – 단어와 품사

06 용언

개념 완성 TEST
▶ 문제편 60쪽

01 (1) 동사 (2) 형용사 (3) 동사 (4) 형용사   02 (1)-㉠ (2)-㉢ (3)-㉡
03 (1) (청유형) 종결 어미 (2) (관형사형) 전성 어미 (3) (종속적) 연결 어
미 (4) (명사형) 전성 어미   04 (1) ○ (2) ○ (3) ○ (4) ✕   05 (1) ○ (2)
✕ (3) ○   06 (1) 본 (2) 보조 (3) 보조 (4) 본 (5) 보조   07 (1) 읽고, 읽어,
읽으니 등 → 규칙 활용 (2) 줍고, 주워, 주우니 등 → 불규칙 활용 (3) 씻
고, 씻어, 씻으니 등 → 규칙 활용 (4) 노랗고, 노랗게, 노래서 등 → 불
규칙 활용   08 ① 'ㅅ', 어간 ② 'ㅂ', 어간 ③ 'ㅎ', 모두 ④ '르', 어간 ⑤
'러', 어미

내신 기출 문제
▶ 문제편 61쪽

01 ⑤   02 ④   03 ①   04 ③

01

동사와 형용사의 구분

〈보기〉는 동사와 형용사를 구분하는 기준에 대해 탐구 활동을 하기 위한 자료이다. 탐구한 내용으로 적절하지 **않은** 것은?

〈동사와 형용사의 구분〉

구분	동사	형용사
현재 시제 선어말 어미	먹는다(○)	예쁜다(×)
관형사형 어미	먹는(○)	예쁘는(×) / 예쁜(○)
의도·목적	먹으러(○)	예쁘러(×)
명령형 어미	먹어라(○)	예뻐라(×)
청유형 어미	먹자(○)	예쁘자(×)

☀ 정답인 이유

⑤ ㅁ으로 보아 동사와 형용사의 어간에는 동일한 형태의 관형사형 어미가 붙는군.

⋯ ㅁ의 '밥을 먹는 아이'에서 '먹는'은 동사 '먹다'의 어간 '먹-'에 관형사형 어미 '-는'이 붙은 것이다. 하지만 '마음씨가 예쁜 아이'에서 '예쁜'은 형용사 '예쁘다'의 어간 '예쁘-'에 관형사형 어미 '-ㄴ'이 붙은 것이다. 형용사에는 관형사형 어미 '-는'이 붙을 수 없다. 따라서 동사와 형용사의 어간에 동일한 형태의 관형사형 어미가 붙는다는 설명은 적절하지 않다.

☂ 오답인 이유

① ㄱ으로 보아 형용사의 어간에는 현재 시제를 나타내는 어미를 붙일 수 없군.

⋯ 동사는 현재 시제 선어말 어미 '-는-/-ㄴ-'과 결합할 수 있지만, 형용사는 결합할 수 없다. ㄱ에서 '크다'는 형용사로 사용되었기 때문에 현재 시제를 나타내는 어미를 붙일 수 없다.

② ㄴ의 '큰다'는 '성장한다'라는 의미이므로 동사로 보아야 하겠군.

⋯ ㄴ에서 '큰다'는 현재 시제 선어말 어미 '-는-/-ㄴ-'과 결합하였으므로, '몸의 길이가 자라다.'라는 의미를 지닌 동사로 사용되었다는 것을 알 수 있다.

③ ㄷ으로 보아 동사의 어간에는 명령형 어미를 붙일 수 있군.

⋯ 동사는 명령형 어미와 결합할 수 있지만, 형용사는 결합할 수 없다. ㄷ의 '먹다'와 '뛰다'는 동사이므로 어간에 명령형 어미가 붙을 수 있다.

④ ㄹ로 보아 형용사의 어간에는 '목적'을 나타내는 어미를 붙일 수 없군.

⋯ 동사는 목적을 나타내는 어미와 결합할 수 있지만, 형용사는 결합할 수 없다. ㄹ에서 '예쁘다'는 형용사이기 때문에 목적을 뜻하는 어미 '-러'가 어간에 붙을 수 없다.

02

어말 어미의 종류

〈보기〉와 같이 어말 어미를 분류할 때, 이에 대한 이해로 적절하지 **않은** 것은?

☀ 정답인 이유

④ '바람이 불어서 창문이 흔들린다.'의 '-어서'는 ⓒ에 해당한다.

⋯ 〈보기〉에서 ㉠은 종결 어미, ㉡은 연결 어미, ㉢은 전성 어미에 대한 설명이다. ④에서 '-어서'는 앞의 문장을 뒤의 문장에 종속적으로 이어 주는 종속적 연결 어미로 사용되었으므로, ㉢이 아니라 ㉡에 해당한다.

☂ 오답인 이유

① '옷을 따뜻하게 입어라.'의 '-어라'는 ㉠에 해당한다.

⋯ '-어라'는 문장을 종결시키는 명령형 종결 어미로 사용되었으므로 ㉠에 해당한다.

② '시험이 끝나면 같이 놀러 가자.'의 '-자'는 ㉠에 해당한다.

⋯ '-자'는 문장을 종결시키는 청유형 종결 어미로 사용되었으므로 ㉠에 해당한다.

③ '봄이 가고 여름이 온다.'의 '-고'는 ㉡에 해당한다.

⋯ '-고'는 앞의 문장과 뒤의 문장을 대등하게 이어 주는 대등적 연결 어미로 사용되었으므로 ㉡에 해당한다.

⑤ '네가 열심히 공부하기를 바란다.'의 '-기'는 ㉢에 해당한다.

⋯ '-기'는 명사의 기능을 수행하게 하는 명사형 전성 어미로 사용되었으므로 ㉢에 해당한다.

03

본용언과 보조 용언

〈보기〉의 ㉠에 해당하는 예로 볼 수 **없는** 것은?

☀ 정답인 이유

① 공원에서 음료수를 먹고 버렸다.
　　　　　　　　　　실질적 의미를 나타내는 본용언

⋯ 〈보기〉는 본용언과 보조 용언에 대해 설명하고 있다. ①에서 '먹고'와 '버렸다'는 각각 '음료수를 먹다'와 '음료수를 버리다'라는 실질적인 의미를 나타내는 본용언으로 사용되었다.

☂ 오답인 이유

② 매일 하루 동안 있었던 일을 적어 둔다.
　　　　　　　　　　'유지'의 의미를 더해 주는 보조 용언

⋯ '적어'는 실질적인 의미를 나타내는 본용언이고, 뒤에 오는 '둔다'는 '유지'의 의미를 더해 주는 보조 용언이다.

③ 겨울 방학에 외국으로 여행을 가고 싶다.
　　　　　　　　　　'희망'의 의미를 더해 주는 보조 용언

⋯ '가고'는 실질적인 의미를 나타내는 본용언이고, 뒤에 오는 '싶다'는 '희망'의 의미를 더해 주는 보조 용언이다.

④ 운동장에서 놀던 친구들이 먼저 가 버렸다.
　　　　　　　　　　'완료'의 의미를 더해 주는 보조 용언

⋯ '가'는 실질적인 의미를 나타내는 본용언이고, 뒤에 오는 '버렸다'는 '완료'의 의미를 더해 주는 보조 용언이다.

⑤ 나는 가방이 얼마나 무거운지 직접 들어 보았다.
　　　　　　　　　　'시도'의 의미를 더해 주는 보조 용언

⋯ '들어'는 실질적인 의미를 나타내는 본용언이고, 뒤에 오는 '보았다'는 '시도'의 의미를 더해 주는 보조 용언이다.

04

용언의 활용

〈보기〉를 참고하여 ㉠～㉢에 해당하는 단어를 찾는 과제를 수행하였다. 과제를 제대로 수행한 것은?

〈용언의 불규칙 활용〉

어간이 바뀌는 것	'ㄷ' 불규칙, 'ㅂ' 불규칙, 'ㅅ' 불규칙, 'ㄹ' 불규칙, '우' 불규칙
어미가 바뀌는 것	'여' 불규칙, '러' 불규칙
어간과 어미가 모두 바뀌는 것	'ㅎ' 불규칙

☀ 정답인 이유

	㉠	㉡	㉢
③	흐르다	(장소에) 이르다	노랗다

··· ㄱ~ㄷ에 해당하는 단어를 찾는 과제를 제대로 수행한 것은 ③
이다.

ㄱ 흐르다	활용: 흐르-+-어 → 흘러 '르'가 모음 어미 앞에서 'ㄹㄹ'로 바뀌는 '르' 불규칙 활용을 함(ㄱ)
ㄴ (장소에) 이르다	활용: 이르-+-어 → 이르러 어간이 '르'로 끝나는 용언에서, 어미 '-어'가 '-러'로 바뀌는 '러' 불규칙 활용을 함(ㄴ)
ㄷ 노랗다	활용: 노랗-+-아 → 노래 어간 말 자음 'ㅎ'이 탈락하면서 어미 '-아'가 '-애'로 바뀌는 'ㅎ' 불규칙 활용을 함(ㄷ)

①	(글씨를) 쓰다	빠르다	듣다

··· ㄱ, ㄴ, ㄷ에 해당하는 단어를 하나도 제대로 찾지 못했다.

ㄱ (글씨를) 쓰다	활용: 쓰고, 쓰니, 써(쓰-+-어) 'ㅡ'가 '-아/-어'로 시작하는 어미 앞에서 규칙적으로 탈락하는 '으' 탈락은 규칙 활용에 해당함
ㄴ 빠르다	활용: 빠르-+-아 → 빨라 '르'가 모음 어미 앞에서 'ㄹㄹ'로 바뀌는 '르' 불규칙 활용을 함(ㄱ)
ㄷ 듣다	활용: 듣-+-어 → 들어 'ㄷ'이 모음 어미 앞에서 'ㄹ'로 바뀌는 'ㄷ' 불규칙 활용을 함(ㄱ)

②	푸다	오다	(소리를) 지르다

··· ㄱ에 해당하는 단어는 찾았지만, ㄴ과 ㄷ에 해당하는 단어를 찾지 못했다.

ㄱ 푸다	활용: 푸-+-어 → 퍼 '우'가 모음 어미 앞에서 탈락하는 '우' 불규칙 활용을 함(ㄱ)
ㄴ 오다	활용: 오-+-아라, -너라 → 와라, 오너라 '오-' 뒤에서 명령형 어미 '-아라' 또는 '-너라'가 결합함
ㄷ (소리를) 지르다	활용: 지르-+-어 → 질러 '르'가 모음 어미 앞에서 'ㄹㄹ'로 바뀌는 '르' 불규칙 활용을 함(ㄱ)

④	(시간이) 이르다	(빵을) 굽다	빨갛다

··· ㄱ과 ㄷ에 해당하는 단어는 찾았지만, ㄴ에 해당하는 단어를 찾지 못했다.

ㄱ (시간이) 이르다	활용: 이르-+-어 → 일러 '르'가 모음 어미 앞에서 'ㄹㄹ'로 바뀌는 '르' 불규칙 활용을 함(ㄱ)
ㄴ (빵을) 굽다	활용: 굽-+-어 → 구워 'ㅂ'이 모음 어미 앞에서 '오/우'로 바뀌는 'ㅂ' 불규칙 활용을 함(ㄱ)
ㄷ 빨갛다	활용: 빨갛-+-아 → 빨개 어간 말 자음 'ㅎ'이 탈락하면서 어미 '-아'가 '-애'로 바뀌는 'ㅎ' 불규칙 활용을 함(ㄷ)

⑤	돕다	(하늘이) 푸르다	짓다

··· ㄱ과 ㄴ에 해당하는 단어는 찾았지만, ㄷ에 해당하는 단어를 찾지 못했다.

ㄱ 돕다	활용: 돕-+-아 → 도와 'ㅂ'이 모음 어미 앞에서 '오/우'로 바뀌는 'ㅂ' 불규칙 활용을 함(ㄱ)
ㄴ (하늘이) 푸르다	활용: 푸르-+-어 → 푸르러 어간이 '르'로 끝나는 용언에서, 어미 '-어'가 '-러'로 바뀌는 '러' 불규칙 활용을 함(ㄴ)
ㄷ 짓다	활용: 짓-+-어 → 지어 'ㅅ'이 모음 어미 앞에서 탈락하는 'ㅅ' 불규칙 활용을 함(ㄱ)

2. 단어 - 단어와 품사

07 수식언, 관계언, 독립언

개념 완성 TEST
▶ 문제편 64쪽

01 (1) 부사 (2) 관형사 (3) 관형사 (4) 부사 **02** (1) 격 (2) 격 (3) 보 (4) 접
(5) 보 (6) 접 **03** ㄱ 자음 ㄴ 모음 ㄷ 자음 ㄹ 모음 ㅁ 이형태 **04** (1)-
ㄴ (2)-ㄹ (3)-ㄷ (4)-ㄱ **05** 네, 여보, 이런 **06** (1) 이, 새 (2) 아주, 더
(3) 은, 는, 보다, 을 (4) 그래 **07** (1) 형용사, 동사 (2) 명사, 부사 (3) 부사,
조사 (4) 의존 명사, 조사

내신 기출 문제
▶ 문제편 65쪽

01 ④ **02** ③ **03** ③ **04** ④

01
관형사와 부사

〈보기 1〉을 참고하여 〈보기 2〉를 탐구한 내용으로 적절하지 않은 것은?

〈관형사의 종류〉
• 성상 관형사: 성질이나 상태를 꾸며 줌 예 새, 헌
• 지시 관형사: 대상을 가리킴 예 이 사람, 그 사람, 저 사람
• 수 관형사: 수량이나 순서를 나타냄 예 세 사람, 다섯 사람, 일곱째 사람

〈부사의 종류〉
• 성분 부사: 문장의 한 성분만을 꾸며 줌 예 매우, 너무
• 문장 부사: 문장 전체를 꾸며 줌 예 설마, 다행히

④ ⓓ의 '다른'과 '못'은 각각 뒤에 오는 '약속'과 '오셨어'를 꾸며 주는 부사이다.
　　··· ⓓ의 '다른'은 뒤에 오는 명사 '약속'을 꾸며 주는 관형사이고, '못'
　　은 뒤에 오는 서술어 '오셨어'를 꾸며 주는 부사이다.

① ⓐ의 '모든'과 '옛'은 각각 뒤에 오는 '것'과 '모습'을 꾸며 주는 관형사이다.
　　··· ⓐ의 '모든'은 뒤에 오는 명사 '것'을 꾸며 주는 관형사이고, '옛'은
　　뒤에 오는 명사 '모습'을 꾸며 주는 관형사이다.

② ⓑ의 '두'는 뒤에 오는 '사람'을 꾸며 주는 관형사이다.
　　··· ⓑ의 '두'는 뒤에 오는 명사 '사람'을 꾸며 주는 수 관형사이다.

③ ⓒ의 '몇'은 뒤에 오는 '번'을 꾸며 주는 관형사이고, '느릿느릿'은 뒤에 오는 '대답한다'를 꾸며 주는 부사이다.

→ ⓒ의 '몇'은 뒤에 오는 명사 '번'을 꾸며 주는 수 관형사이고, '느릿느릿'은 뒤에 오는 서술어 '대답한다'를 꾸며 주는 성분 부사이다.

⑤ ⓔ의 '두세'는 뒤에 오는 '시간'을 꾸며 주는 관형사이고, '엄청'은 뒤에 오는 '쏟아졌다'를 꾸며 주는 부사이다.

→ ⓔ의 '두세'는 뒤에 오는 명사 '시간'을 꾸며 주는 수 관형사이고, '엄청'은 뒤에 오는 서술어 '쏟아졌다'를 꾸며 주는 성분 부사이다.

02 조사

〈보기〉를 바탕으로 '조사'의 특징을 이끌어 낸 것으로 적절하지 <u>않은</u> 것은?

〈조사의 종류〉
• 격 조사: 앞말이 문장 안에서 일정한 자격을 갖도록 해 주는 조사
  예 이/가(주격), 을/를(목적격), 의(관형격), 에, 에게(부사격), 이/가(보격), 아/야(호격), 이다(서술격)
• 접속 조사: 두 단어를 같은 자격으로 이어 주는 구실을 하는 조사
  예 와/과, 이랑, 하고 등
• 보조사: 앞말에 특별한 의미를 덧붙여 주는 조사
  예 은/는(대조, 강조, 화제), 만(한정), 도(포함, 강조), 뿐(단독) 등

정답인 이유

③ ㄷ : 앞의 체언을 다른 품사로 만들어 준다.

→ ㄱ은 격 조사의 예, ㄴ은 접속 조사의 예, ㄷ은 보조사의 예다. 그리고 ㄹ은 조사가 체언(꽃)과 용언(예쁘게), 부사(천천히)의 뒤에 쓰인 예이고, ㅁ은 조사가 생략되거나 겹쳐 쓰인 예이다. ㄷ에서 '만'은 '한정', '도'는 '포함, 강조'의 뜻을 앞말에 더해 주는 보조사로, 이것이 앞의 체언을 다른 품사로 바꾸지는 않는다.

오답인 이유

① ㄱ : 앞의 체언이 문장에서 일정한 자격을 갖도록 해 준다.

→ 격 조사 '이/가', '을', '이다'는 각각 앞의 체언이 문장에서 주어, 목적어, 서술어의 자격을 갖도록 하는 기능을 한다.

② ㄴ : 두 체언을 같은 자격으로 이어 준다.

→ 접속 조사 '와', '랑'은 앞과 뒤의 두 체언을 같은 자격으로 이어 주는 기능을 한다.

④ ㄹ : 체언 이외에 용언이나 부사 뒤에 붙어 쓰이기도 한다.

→ 격 조사와 접속 조사는 주로 체언 뒤에 붙지만, 보조사는 다른 단어와의 결합이 비교적 자유롭기 때문에 체언(꽃) 이외에 용언(예쁘게)이나 부사(천천히) 뒤에 붙어 쓰이기도 한다.

⑤ ㅁ : 생략되거나 둘 이상 겹쳐 쓰이기도 한다.

→ ㅁ에 제시된 예와 같이 조사는 생략되거나 둘 이상 겹쳐 쓰이기도 한다.

03 감탄사

〈보기〉를 통해 '감탄사'의 특성을 탐구한 것으로 적절한 것은?

정답인 이유

③ ⓒ이 ④처럼 나타나는 것을 보면, 감탄사도 상대에 따라 다른 형태로 쓰일 수 있군.

→ ⓒ은 상대의 물음이나 요구에 대하여 분명하지 않은 태도를 나타낼 때 쓰는 감탄사이다. 그런데 아들을 상대하는 상황에 쓰인 ⓒ과 달리, 아버지를 상대하는 상황에 쓰인 ④은 상대 높임의 보조사 '요'

가 첨가된 형태로 굳어진 감탄사이다. 이를 통해 감탄사도 상대에 따라 다른 형태로 쓰일 수 있음을 알 수 있다.

오답인 이유

① ㉠은 더 이상 말할 것이 없다는 뜻으로 하는 말이겠군.

→ ㉠은 상대의 말에 놀랐음을 나타내는 감탄사로 볼 수 있다.

② ㉡은 긍정하여 대답하는 의미로, ㉣은 상대방을 의식하지 않고 놀라는 의미로 쓰이고 있군.

→ ㉡은 윗사람이 묻는 말에 긍정하여 대답하는 의미로 쓰인 감탄사이다. 그러나 ㉣은 윗사람에게 조르거나 사정할 때 쓰는 감탄사로, 상대방을 의식하면서 하는 말이다.

④ ㉤이 문장 중간에 쓰인 것을 보면 독립어의 기능을 할 수 없겠군.

→ ㉤은 의문스러울 때 사용하는 감탄사로, '그런데, 음, 작심삼일'처럼 앞뒤에 쉼표가 사용되었다는 점을 통해 문장 속에서 독립적으로 쓰이고 있음을 알 수 있다.

⑤ ㉥은 "아니, 이게 어떻게 된 일이냐?"의 '아니'와 같은 의미로 쓰인 것이겠군.

→ ㉥은 윗사람이 묻는 말에 부정하여 대답할 때 쓰는 감탄사인 반면, "아니, 이게 어떻게 된 일이냐?"의 '아니'는 놀라거나 감탄스러울 때, 또는 의아스러울 때 쓰는 감탄사이다.

04 품사의 통용

〈보기〉의 밑줄 친 부분에 해당하는 예로 볼 수 <u>없는</u> 것은?

정답인 이유

④ 얼굴이 또렷이 비칠 정도로 물이 <u>맑다</u>. → 형용사
아이들의 눈이 수정처럼 <u>맑다</u>. → 형용사

→ 〈보기〉는 하나의 단어가 두 가지 이상의 품사로 쓰이는 품사의 통용에 대해 설명하고 있다. '얼굴이 또렷이 비칠 정도로 물이 맑다.'에서 '맑다'는 깨끗한 물의 상태를 나타내는 형용사이고, '아이들의 눈이 수정처럼 맑다.'에서 '맑다' 역시 수정처럼 맑은 아이들의 눈 상태를 나타내는 형용사이다. 두 문장에서 '맑다'는 모두 형용사로 쓰였으므로, ④는 품사의 통용에 해당하는 예로 적절하지 않다.

오답인 이유

① 내가 <u>열</u>을 셀 때까지 그 일을 마쳐라. → 수사
<u>열</u> 사람이 모여서 의논을 한다. → 관형사

→ '내가 열을 셀 때까지 그 일을 마쳐라.'에서 '열'은 조사 '을'과 결합하여 사용되었으므로 사물의 수량이나 순서를 가리키는 수사이고, '열 사람이 모여서 의논을 한다.'에서 '열'은 뒤에 오는 명사 '사람'을 꾸며 주고 조사가 붙지 않았으므로 수 관형사이다. 두 문장에서 '열'은 각각 수사와 관형사로 쓰였으므로, ①은 품사의 통용에 해당하는 예로 적절하다.

② 나는 비로소 내 <u>잘못</u>을 알게 되었다. → 명사
내가 <u>잘못</u> 생각하는 바람에 헛일이 되었다. → 부사

→ '나는 비로소 내 잘못을 알게 되었다.'에서 '잘못'은 목적격 조사 '을'과 결합한 명사이고, '내가 잘못 생각하는 바람에 헛일이 되었다.'에서 '잘못'은 뒤에 오는 용언 '생각하는'을 꾸며 주는 부사이다. 두 문장에서 '잘못'은 각각 명사와 부사로 쓰였으므로, ②는 품사의 통용에 해당하는 예로 적절하다.

③ 아침에 학교에 같이 가자. → 부사
너같이 착한 친구는 없을 거야. → 조사

···→ '아침에 학교에 같이 가자.'에서 '같이'는 뒤에 오는 용언 '가자'를 꾸며 주는 부사이고, '너같이 착한 친구는 없을 거야.'에서 '같이'는 대명사 '너'와 결합한 조사이다. 두 문장에서 '같이'는 각각 부사와 조사로 쓰였으므로, ③은 품사의 통용에 해당하는 예로 적절하다.

⑤ 가구가 커서 방에 들어가지 않는다. → 형용사
날씨가 건조하면 나무가 크지 못한다. → 동사

···→ '가구가 커서 방에 들어가지 않는다.'에서 '크다'는 상태를 나타내고 현재형 어미와 결합할 수 없으므로 형용사이고, '날씨가 건조하면 나무가 크지 못한다.'에서 '크다'는 상태의 변화를 나타내고 현재형 어미와 결합할 수 있으므로 동사이다. 두 문장에서 '크다'는 각각 형용사와 동사로 쓰였으므로, ⑤는 품사의 통용에 해당하는 예로 적절하다.

수능 기출 문제

2. 단어
단어와 품사

▶ 문제편 66~75쪽

01

정답률 71% | 매력적인 오답 ② 12%

윗글을 읽고 이해한 내용으로 적절하지 <u>않은</u> 것은?

☀ 정답인 이유

③ '누나는 나를 보자마자 뒤돌아 앉았다.'의 '뒤돌아'는 구성적 측면에서 ⓒ과 동일한 유형의 합성 용언이겠군. ×→ⓒ

···→ '뒤로 돌다'를 뜻하는 '뒤돌다'는 '뒤'와 '돌다'가 부사어와 서술어의 관계를 보여 준다. 따라서 '뒤돌아'는 구성적 측면에서 ⓒ이 아니라 ⓒ과 동일한 유형의 합성 용언이다.

☂ 오답인 이유

② 매력적인 오답 '나는 눈부신 태양 아래 서 있었다.'의 '눈부신'은 구성적 측면에서 ⓐ과 동일한 유형의 합성 용언이겠군.

···→ '눈이 부시다'를 뜻하는 '눈부시다'는 '눈'과 '부시다'가 주어와 서술어의 관계를 보여 준다. 따라서 '눈부신'은 구성적 측면에서 ⓐ과 동일한 유형의 합성 용언이다.

① '나는 시장에서 책가방을 값싸게 샀다.'의 '값싸게'는 구성적 측면에서 ⓐ과 동일한 유형의 합성 용언이겠군.

···→ '값이 싸다'를 뜻하는 '값싸다'는 '값'과 '싸다'가 주어와 서술어의 관계를 보여 준다. 따라서 '값싸게'는 구성적 측면에서 ⓐ과 동일한 유형의 합성 용언이다.

④ '언니는 밤새워 숙제를 다 마무리했다.'의 '밤새워'는 구성적 측면에서 ⓒ과 동일한 유형의 합성 용언이겠군.

···→ '밤을 새우다'를 뜻하는 '밤새우다'는 '밤'과 '새우다'가 목적어와 서술어의 관계를 보여 준다. 따라서 '밤새워'는 구성적 측면에서 ⓒ과 동일한 유형의 합성 용언이다.

⑤ '큰형은 앞서서 골목을 걷기 시작했다.'의 '앞서서'는 구성적 측면에서 ⓒ과 동일한 유형의 합성 용언이겠군.

···→ '앞에 서다'를 뜻하는 '앞서다'는 '앞'과 '서다'가 부사어와 서술어의 관계를 보여 준다. 따라서 '앞서서'는 구성적 측면에서 ⓒ과 동일한 유형의 합성 용언이다.

02

정답률 80% | 매력적인 오답 ④ 12%

윗글을 바탕으로 〈보기〉의 ⓐ~ⓔ를 탐구한 내용으로 적절한 것은?

☀ 정답인 이유

③ ⓒ: 구성 요소의 의미를 벗어나 새로운 의미를 획득했고 필수 부사어를 요구한다.

···→ ⓒ의 '담쌓고'는 '담'과 '쌓다'가 결합한 합성 용언으로, 의미적 측면에서 '관계나 인연을 끊다.'라는 새로운 의미를 획득하였다. 이때 '야식과'라는 필수 부사어를 요구한다.

☂ 오답인 이유

④ 매력적인 오답 ⓓ: 구성 요소의 의미를 벗어나 새로운 의미를 획득했고 필수 부사어를 요구한다. ○

···→ ⓓ의 '녹슬지'는 '녹'과 '슬다'가 결합한 합성 용언으로, '오랫동안 쓰지 않고 버려두어 낡거나 무디어지다.'라는 새로운 의미를 획득하였다. 이때 문장에서 부사어 '아직'을 빼도 문장이 성립하므로, ⓓ의 '녹슬지'는 필수 부사어를 요구하지 않는다고 볼 수 있다.

① ⓐ: 구성 요소의 의미를 그대로 유지하고 필수 부사어를 요구한다. ×   ○

···→ ⓐ의 '목말라'는 '목'과 '마르다'가 결합한 합성 용언으로, '어떠한 것을 간절히 원하다.'라는 새로운 의미를 획득하였다. 이때 문장에서 부사어 '깨달음에'를 빼면 불완전한 문장이 되므로, ⓐ의 '목말라'는 필수 부사어를 요구한다고 볼 수 있다.

② ⓑ: 구성 요소의 의미를 그대로 유지하고 필수 부사어를 요구하지 않는다. ×   ×

···→ ⓑ의 '점찍어'는 '점'과 '찍다'가 결합한 합성 용언으로, '어떻게 될 것이라고 또는 어느 것이라고 마음속으로 정하다.'라는 새로운 의미를 획득하였다. 이때 문장에서 부사어 '간식으로'를 빼면 불완전한 문장이 되므로, ⓑ의 '점찍어'는 필수 부사어를 요구한다고 볼 수 있다.

⑤ ⓔ: 구성 요소의 의미를 벗어나 새로운 의미를 획득했고 필수 부사어를 요구하지 않는다. ○   ×

···→ ⓔ의 '눈뜨게'는 '눈'과 '뜨다'가 결합한 합성 용언으로, '잘 알지 못했던 이치나 원리 따위를 깨달아 알게 되다.'라는 새로운 의미를 획득하였다. 이때 문장에서 부사어 '최신 이론에'를 빼면 본래의 의미와 달라지므로, ⓔ의 '눈뜨게'는 필수 부사어를 요구한다고 볼 수 있다.

03

정답률 25% | 매력적인 오답 ③ 55%

⊙에 따를 때, 〈보기〉에 제시된 ㉮~㉣ 중 그 내부 구조가 동일한 단어끼리 묶은 것은?

㉮ 새우+(붐-+-음) → 어근+(어근+접사)
㉯ (집+안)+(싸우-+-ㅁ) → (어근+어근)+(어근+접사)
㉰ (논+밭)+(갈-+-이) → (어근+어근)+(어근+접사)
㉣ [탈+(추-+-ㅁ)]+(놀-+-이) → [어근+(어근+접사)]+(어근+접사)

② ④, ④

⋯ ④의 형태소를 분석하면 '(집+안)+(싸우-+-ㅁ)'이고, ④의 형태소를 분석하면 '(논+밭)+(갈-+-이)'이다. ④와 ④는 (어근+어근)+(어근+접사)의 형태로 분석되므로, 내부 구조가 동일하다고 볼 수 있다.

③ (매력적인 오답) ④, ④

⋯ ④의 형태소를 분석하면 '(논+밭)+(갈-+-이)'이고, ④의 형태소를 분석하면 '[탈+(추-+-ㅁ)]+(놀-+-이)'이다. ④는 (어근+어근)+(어근+접사)의 형태로 분석되지만 ④는 [어근+(어근+접사)]+(어근+접사)의 형태로 분석되므로, 내부 구조가 동일하다고 볼 수 없다.

① ④, ④

⋯ ④의 형태소를 분석하면 '새우+(볶-+-음)'이고, ④의 형태소를 분석하면 '(집+안)+(싸우-+-ㅁ)'이다. ④는 어근+(어근+접사)의 형태로 분석되지만 ④는 (어근+어근)+(어근+접사)의 형태로 분석되므로, 내부 구조가 동일하다고 볼 수 없다.

④ ④, ④, ④

⋯ ④의 형태소를 분석하면 '새우+(볶-+-음)'이고, ④의 형태소를 분석하면 '(집+안)+(싸우-+-ㅁ)'이고, ④의 형태소를 분석하면 '[탈+(추-+-ㅁ)]+(놀-+-이)'이다. ④는 어근+(어근+접사)의 형태로, ④는 (어근+어근)+(어근+접사)의 형태로, ④는 [어근+(어근+접사)]+(어근+접사)의 형태로 분석되므로 내부 구조가 동일하다고 볼 수 없다.

⑤ ④, ④, ④

⋯ ④의 형태소를 분석하면 '새우+(볶-+-음)'이고, ④의 형태소를 분석하면 '(논+밭)+(갈-+-이)'이고, ④의 형태소를 분석하면 '[탈+(추-+-ㅁ)]+(놀-+-이)'이다. ④는 어근+(어근+접사)의 형태로, ④는 (어근+어근)+(어근+접사)의 형태로, ④는 [어근+(어근+접사)]+(어근+접사)의 형태로 분석되므로 내부 구조가 동일하다고 볼 수 없다.

04

윗글의 ⓐ, ⓑ와 연관 지어 〈자료〉에 제시된 합성 명사를 탐구한 내용으로 적절한 것은?

④ '입꼬리'와 '도끼눈'은 ⓑ를 나타내는 어근*의 위치가 다르군.

⋯ '입꼬리'에서 주변적 의미(ⓑ)를 나타내는 어근은 '꼬리'로 합성 명사의 뒤에 위치해 있고, '도끼눈'에서 주변적 의미(ⓑ)를 나타내는 어근은 '도끼'로 합성 명사의 앞에 위치해 있다. 따라서 '입꼬리'와 '도끼눈'은 주변적 의미(ⓑ)를 나타내는 어근의 위치가 다르다고 볼 수 있다.

> *어근(語根): 단어를 분석할 때, 실질적 의미를 나타내는 중심이 되는 부분 예 '덮개'의 '덮-', '어른스럽다'의 '어른'에 해당함

① '칼잠'과 '구름바다'는 ⓐ를 나타내는 어근의 위치가 같군.
×→다르군.

⋯ '칼잠'에서 중심적 의미(ⓐ)를 나타내는 어근은 '잠'으로 합성 명사의 뒤에 위치해 있고, '구름바다'에서 중심적 의미(ⓐ)를 나타내는 어근은 '구름'으로 합성 명사의 앞에 위치해 있다. 따라서 '칼잠'과 '구름바다'는 중심적 의미(ⓐ)를 나타내는 어근의 위치가 다르다고 볼 수 있다.

② '머리글'과 '물벼락'은 ⓐ를 나타내는 어근의 위치가 같군.
×→다르군.

⋯ '머리글'에서 중심적 의미(ⓐ)를 나타내는 어근은 '글'로 합성 명사의 뒤에 위치해 있고, '물벼락'에서 중심적 의미(ⓐ)를 나타내는 어근은 '물'로 합성 명사의 앞에 위치해 있다. 따라서 '머리글'과 '물벼락'은 중심적 의미(ⓐ)를 나타내는 어근의 위치가 다르다고 볼 수 있다.

③ '일벌레'와 '벼락공부'는 ⓑ를 나타내는 어근의 위치가 같군.
×→다르군.

⋯ '일벌레'에서 주변적 의미(ⓑ)를 나타내는 어근은 '벌레'로 합성 명사의 뒤에 위치해 있고, '벼락공부'에서 주변적 의미(ⓑ)를 나타내는 어근은 '벼락'으로 합성 명사의 앞에 위치해 있다. 따라서 '일벌레'와 '벼락공부'는 주변적 의미(ⓑ)를 나타내는 어근의 위치가 다르다고 볼 수 있다.

⑤ '꼬마전구'와 '꿀잠'은 ⓑ를 나타내는 어근의 위치가 다르군.
×→같군.

⋯ '꼬마전구'에서 주변적 의미(ⓑ)를 나타내는 어근은 '꼬마'로 합성 명사의 앞에 위치해 있고, '꿀잠'에서 주변적 의미(ⓑ)를 나타내는 어근은 '꿀'로 합성 명사의 앞에 위치해 있다. 따라서 '꼬마전구'와 '꿀잠'은 주변적 의미(ⓑ)를 나타내는 어근의 위치가 같다고 볼 수 있다.

05

〈보기〉의 ⓐ~ⓔ에 대한 이해로 적절한 것은? [3점]

④ ⓓ: 선어말 어미 두 개와 종결 어미가 사용되었다.

⋯ ⓓ의 '가셨겠구나'는 '가시- + -었- + -겠- + -구나'로 형태소를 분석할 수 있다. 이때 '가시-'는 '어떤 상태가 없어지거나 달라지다.'라는 뜻을 지닌 동사의 어간이고, '-었-'은 과거 시제를 나타내는 선어말 어미, '-겠-'은 추측을 나타내는 선어말 어미이다. '-구나'는 종결 어미에 해당한다. 따라서 ⓓ에는 선어말 어미 두 개와 종결 어미가 사용되었다.

③ (매력적인 오답) ⓒ: 선어말 어미 세 개와 연결 어미가 사용되었다.
×→두 개

⋯ ⓒ의 '번거로우시겠지만'은 '번거롭-+-(으)시-+-겠-+-지만'으로 형태소를 분석할 수 있다. '번거롭-'은 용언의 어간이고, '-(으)시-'는 높임을 나타내는 선어말 어미, '-겠-'은 완곡한 태도를 나타내는 선어말 어미, '-지만'은 연결 어미에 해당한다. 따라서 ⓒ에는 선어말 어미 두 개와 연결 어미가 사용되었다.

① ⓐ: 선어말 어미 두 개와 연결 어미가 사용되었다.
×→전성 어미

⋯ ⓐ의 '즐거우셨길'은 '즐겁-+-(으)시-+-었-+-기+ㄹ'로 형태소를 분석할 수 있다. '즐겁-'은 용언의 어간이고, 'ㄹ'은 목적격 조사에 해당한다. '-(으)시-'는 높임을 나타내는 선어말 어미, '-었-'은 과거 시제를 나타내는 선어말 어미이다. '-기'는 명사형 전성 어

미에 해당한다. 따라서 ⓐ에는 선어말 어미 두 개와 전성 어미가 사용되었다.

② ⓑ: 선어말 어미 없이 전성 어미가 사용되었다.
× → 선어말 어미 한 개 사용
⋯ ⓑ의 '샜을'은 '새-+-었-+-을'로 형태소를 분석할 수 있다. '새-'는 '기체, 액체 따위가 틈이나 구멍으로 조금씩 빠져 나가거나 나오다.'라는 뜻을 지닌 동사의 어간이고, '-었-'은 과거 시제를 나타내는 선어말 어미, '-을'은 관형사형 전성 어미이다. 따라서 ⓑ에는 선어말 어미 한 개와 전성 어미가 사용되었다.

⑤ ⓔ: 선어말 어미 한 개와 전성 어미가 사용되었다.
× → 선어말 어미가 사용되지 않음
⋯ ⓔ의 '다다른'은 '다다르-+-ㄴ'으로 형태소를 분석할 수 있다. '다다르-'는 '목적한 곳에 이르다.'라는 뜻을 지닌 동사의 어간이고, '-ㄴ'은 관형사형 전성 어미이다. 따라서 ⓔ에는 선어말 어미 없이 전성 어미가 사용되었다.

06
정답률 ① 60%, ③ 5% | 매력적인 오답 ④ 30%

밑줄 친 말 가운데 〈보기〉의 [A]의 사례로 추가하기에 적절하지 <u>않은</u> 것은?

☀ 정답인 이유

① 입학했던 때가 엊그제 같은데 어느새 3학년이구나.
어느(관형사)+새(명사) → 부사
⋯ 〈보기〉의 [A]에서는 합성어의 품사가, 직접 구성 성분 분석을 했을 때 맨 끝 구성 성분의 품사에 따라 결정되는 경우가 많다고 하였다. 예를 들어 〈보기〉와 같이, 형용사인 '큰'과 명사인 '집'이 결합한 '큰집'은 맨 끝 구성 성분의 품사와 같은 명사가 된다. 그런데 '어느새'는 관형사 '어느'와 명사 '새'가 결합하여 새로운 품사인 부사가 된 것이다. 따라서 [A]의 사례로 추가하기에 적절하지 않다.

③ 아침에 늦잠이 들어 하마터면 지각할 뻔했다.
㉠ 파생어: 늦-(접두사)+잠(명사) → 명사, ㉡ 합성어: 늦-(형용사)+잠(명사) → 명사
⋯ 이 문제는 '늦잠'의 형성 방법에 대한 이견으로 복수 정답 처리되었다. 먼저 '늦잠'은 접두사 '늦-'과 명사 '잠'이 결합한 파생어이기 때문에, 합성어를 대상으로 한 [A]의 사례가 될 수 없다고 보는 견해가 있다. 한편 '늦잠'은 형용사의 어간 '늦-'과 명사 '잠'이 결합하여 맨 끝 구성 성분의 품사와 같은 명사가 된 것으로 보아, [A]의 사례가 될 수 있다고 보는 견해도 있다.

☂ 오답인 이유

④ (매력적인 오답) 길을 가는데 낯선 사람이 알은척을 했다.
낯(명사)+설다(형용사) → 형용사
⋯ '낯선'은 명사 '낯'과 형용사 '설다(익숙하지 못하다.)'가 결합하여 맨 끝 구성 성분의 품사와 같은 형용사가 되었다.

② 그는 농구는 몰라도 축구 실력만큼은 남달랐다.
남(명사)+다르다(형용사) → 형용사
⋯ '남달랐다'는 명사 '남'과 형용사 '다르다'가 결합하여 맨 끝 구성 성분의 품사와 같은 형용사가 되었다.

⑤ 하루빨리 여름 방학이 왔으면 좋겠다.
하루(명사)+빨리(부사) → 부사
⋯ '하루빨리'는 명사 '하루'와 부사 '빨리'가 결합하여 맨 끝 구성 성분의 품사와 같은 부사가 되었다.

07
정답률 42% | 매력적인 오답 ③ 20%

〈보기〉를 바탕으로 'ㅎ' 말음 용언의 활용 유형을 탐구한 내용으로 적절하지 <u>않은</u> 것은?

☀ 정답인 이유

① '조그맣-, 이렇-'은 '조그매, 이래서'로 활용하므로 ㉠-1과 활용의 유형이 같겠군.
'조그맣-+-아 → 조그매', '이렇-+-어서 → 이래서'
⋯ ㉠-1은 불규칙 활용이면서 양성 모음끼리의 모음조화가 적용된 유형이다. '조그맣-+-아 → 조그매'는 불규칙 활용이면서 양성 모음끼리의 모음조화가 적용되어 ㉠-1과 활용의 유형이 같다고 할 수 있다. 하지만 '이렇-+-어서 → 이래서'는 불규칙 활용이면서 모음조화가 적용되지 않은 것이므로, ㉠-1과 활용의 유형이 같다고 할 수 없다.

☂ 오답인 이유

③ (매력적인 오답) '둥그렇-, 멀겋-'은 '둥그렜다, 멀게'로 활용하므로 ㉡과 활용의 유형이 같지 않겠군.
'둥그렇-+-었다→둥그렜다', '멀겋-+-어 → 멀게'
⋯ ㉡은 불규칙 활용이면서 모음조화가 적용되지 않은 유형이다. '둥그렇-+-었다 → 둥그렜다'와 '멀겋-+-어 → 멀게'는 불규칙 활용이면서 음성 모음끼리의 모음조화가 적용된 것이므로, ㉡이 아닌 ㉠-2와 활용의 유형이 같다고 할 수 있다.

② '꺼멓-, 뿌옇-'은 '꺼메, 뿌옜다'로 활용하므로 ㉠-2와 활용의 유형이 같겠군.
'꺼멓-+-어 → 꺼메', '뿌옇-+-었다 → 뿌옜다'
⋯ ㉠-2는 불규칙 활용이면서 음성 모음끼리의 모음조화가 적용된 유형이다. '꺼멓-+-어 → 꺼메', '뿌옇-+-었다 → 뿌옜다'는 불규칙 활용이면서 음성 모음끼리의 모음조화가 적용된 것이므로, ㉠-2와 활용의 유형이 같다고 할 수 있다.

④ '낳-, 땋-'은 활용형인 '낳아서, 땋았다'가 *나서, *땄다로 줄어들 수 없으므로 ㉢-1과 활용의 유형이 같겠군.
'낳-+-아서 → 낳아서', '땋-+-았다 → 땋았다'
⋯ ㉢-1은 규칙 활용이면서 활용형의 줄어듦이 불가능한 유형이다. '낳-+-아서 → 낳아서', '땋-+-았다 → 땋았다'는 규칙 활용이면서 *나서 *땄다로 줄어들 수 없으므로, ㉢-1과 활용의 유형이 같다고 할 수 있다.

⑤ '넣-, 쌓-'은 활용형인 '넣어, 쌓아'가 *너, *싸로 줄어들 수 없으므로 ㉢-2와 활용의 유형이 같지 않겠군.
'넣-+-어 → 넣어', '쌓-+-아 → 쌓아'
⋯ ㉢-2는 규칙 활용이면서 활용형의 줄어듦이 가능한 유형이다. '넣-+-어 → 넣어'와 '쌓-+-아 → 쌓아'는 *너, *싸로 줄어들 수 없으므로, ㉢-2와 활용의 유형이 같지 않다고 할 수 있다.

08
정답률 70% | 매력적인 오답 ② 15%

〈보기〉의 밑줄 친 부분에 해당하는 예로 적절하지 <u>않은</u> 것은? [3점]

☀ 정답인 이유

⑤ '그는 아이처럼 순진하다.'에서의 처럼
⋯ '처럼'은 체언 '아이' 뒤에 결합하여 '모양이 서로 비슷하거나 같음'을 나타내는 부사격 조사이다. 보조사의 경우, 앞말에 특별한 뜻을 더해 주는 역할을 하기 때문에 다른 조사로 대체하면 그 의미가 사라진다. 그러나 '처럼'은 '같이'로 대체해도 문장이 성립되기 때문에 보조사가 아닌 격 조사임을 알 수 있다.

10

[A]를 바탕으로 〈보기〉의 ⓐ~ⓔ의 밑줄 친 부분을 이해한 내용으로 적절하지 않은 것은?

☀ 정답인 이유

④ ⓓ: 교체가 나타나지만 그 결과가 표기에 반영되지 않았다.
쌓-+-으니 → 쌓으니[싸으니]
⋯ ⓓ에서 '쌓으니'는 'ㅎ'이 탈락하여 [싸으니]로 발음되지만 '쌓으니'로 표기한다. 즉 교체가 아닌, 탈락이 나타나지만 그 결과가 표기에 반영되지 않았다.

☂ 오답인 이유

⑤ (매력적인 오답) ⓔ: 교체가 나타나지만 그 결과가 표기에 반영되지 않았다.
믿-+-는 → 믿는[민는]
⋯ ⓔ에서 '믿는'은 첫음절 종성의 'ㄷ'이 뒤 음절 초성 'ㄴ'의 영향을 받아 'ㄴ'으로 바뀌는 비음화가 나타나 [민는]으로 발음되지만 '믿는'으로 표기한다. 즉 교체가 나타나지만 그 결과가 표기에 반영되지 않았다.

① ⓐ: 탈락이 나타나고 그 결과가 표기에 반영되었다.
서-+-어 → 서[서]
⋯ ⓐ에서 '서'는 용언 '서다'의 어간 '서-'가 어미 '-어'와 결합할 때 동일 모음 'ㅓ'가 탈락해 '서'로 표기한다. 즉 탈락이 나타나고 그 결과가 표기에 반영되었다.

② ⓑ: 탈락이 나타나고 그 결과가 표기에 반영되었다.
끄-+-어 → 꺼[꺼]
⋯ ⓑ에서 '꺼'는 용언 '끄다'의 어간 '끄-'가 어미 '-어'와 결합할 때 단모음 'ㅡ'가 탈락해 '꺼'로 표기한다. 즉 탈락이 나타나고 그 결과가 표기에 반영되었다.

③ ⓒ: 탈락이 나타나고 그 결과가 표기에 반영되었다.
풀-+-니 → 푸니[푸니]
⋯ ⓒ에서 '푸니'는 용언 '풀다'의 어간 '풀-'이 'ㄴ'으로 시작하는 어미와 결합할 때 'ㄹ'이 탈락해 '푸니'로 표기한다. 즉 탈락이 나타나고 그 결과가 표기에 반영되었다.

11

ⓐ~ⓔ는 잘못된 표기를 바르게 고친 것이다. 고치는 과정에서 해당 단어에 적용된 용언 활용의 예로 적절하지 않은 것은?

☀ 정답인 이유

② ⓑ: 푸르-+-어 → 푸르러
⋯ ⓑ의 '거르다'는 '걸러서'로 활용하는데, 이는 어간의 끝음절 '르'가 어미 '-아/-어' 앞에서 'ㄹㄹ'로 바뀌는 '르' 불규칙 활용에 해당한다. 그런데 '푸르다'는 어미 '-어'가 결합할 때 어미 '-어'가 '러'로 바뀌어 '푸르러'가 되는 '러' 불규칙 활용에 해당한다. 따라서 ⓑ에 적용된 용언 활용의 예로 적절하지 않다.

☂ 오답인 이유

④ (매력적인 오답) ⓓ: 동그랗-+-아 → 동그래
⋯ ⓓ의 '하얗다'는 '하얬던'으로 활용하는데, 이는 어간의 'ㅎ'이 모음으로 시작하는 어미 앞에서 탈락하는 'ㅎ' 불규칙 활용에 해당한

⋯ '야'는 체언 '영어' 뒤에 붙어 '강조'의 의미를 더해 주고 있는 보조사이다. 여기에서의 '야'는 호격 조사가 아니라 보조사임을 알 수 있다.

① '국수라도 먹으렴.'에서의 라도
⋯ '라도'는 체언 '국수' 뒤에 붙어 '그것이 썩 좋은 것은 아니나 그런대로 괜찮음'의 의미를 더해 주고 있는 보조사이다.

③ '그 과자를 먹어는 보았다.'에서의 는
⋯ '는'은 용언의 활용형 '먹어' 뒤에 붙어 '대조'나 '강조'의 의미를 더해 주고 있는 보조사이다.

④ '일을 빨리만 하면 안 된다.'에서의 만
⋯ '만'은 부사 '빨리' 뒤에 붙어 '강조'나 '한정'의 의미를 더해 주고 있는 보조사이다.

09

㉠과 ㉡을 모두 만족하는 용언의 짝으로 적절한 것은?

☀ 정답인 이유

⑤ 캐묻다 – 엿듣다
'ㄷ' 불규칙   'ㄷ' 불규칙
⋯ '캐묻다'는 '캐물어, 캐물으니, 캐묻는'처럼 활용하므로 어간 말음인 'ㄷ'이 모음으로 시작하는 어미 앞에서 'ㄹ'로 변하는 'ㄷ' 불규칙 활용을 하는 용언이다. '엿듣다' 역시 '엿들어, 엿들으니, 엿듣는'처럼 활용하므로 'ㄷ' 불규칙 활용을 하는 용언이다. 따라서 '캐묻다'와 '엿듣다'는 불규칙으로 활용하는 용언 중 활용 양상이 동일한 용언의 짝으로 적절하다.

☂ 오답인 이유

① (매력적인 오답) 구르다 – 잠그다
'르' 불규칙   규칙('ㅡ' 탈락)
⋯ '구르다'는 '굴러, 구르니'처럼 활용하므로 어간의 끝음절 '르'가 어미 '-아/-어' 앞에서 'ㄹㄹ'로 바뀌는 '르' 불규칙 활용을 하는 용언이다. '잠그다'는 '잠가, 잠그니'처럼 활용하므로 어간의 끝소리 'ㅡ'가 '-아/-어' 앞에서 탈락하는 규칙 활용을 하는 용언이다.

② 흐르다 – 푸르다
'르' 불규칙   '러' 불규칙
⋯ '흐르다'는 '흘러, 흐르니'처럼 활용하므로 어간의 끝음절 '르'가 어미 '-아/-어' 앞에서 'ㄹㄹ'로 바뀌는 '르' 불규칙 활용을 하는 용언이고, '푸르다'는 '푸르러, 푸르니'처럼 어미 '-어'가 '러'로 바뀌는 '러' 불규칙 활용을 하는 용언이다. 즉 둘 다 불규칙적으로 활용을 하지만 활용 양상은 다른 용언이다.

③ 뒤집다 – 껴입다
규칙 활용   규칙 활용
⋯ '뒤집다'는 '뒤집어, 뒤집으니'처럼 규칙 활용을 하는 용언이고, '껴입다'는 '껴입어, 껴입으니'처럼 규칙 활용을 하는 용언이다. 즉 두 용언은 활용 양상은 동일하지만 불규칙 활용이 아닌 규칙 활용을 하는 용언이다.

④ 붙잡다 – 정답다
규칙 활용   'ㅂ' 불규칙
⋯ '붙잡다'는 '붙잡아, 붙잡으니'처럼 규칙 활용을 하는 용언이고, '정답다'는 '정다워, 정다우니'처럼 어간의 말음인 'ㅂ'이 모음으로 시

다. '동그랗다' 역시 어미 '-아' 앞에서 어간의 'ㅎ'이 탈락하여 '동그래'가 되므로 ⓓ에 적용된 활용의 예로 적절하다.

① ⓐ: 예쁘-+-어도 → 예뻐도
⋯ ⓐ의 '담그다'는 '담가'로 활용하는데, 이는 어간의 끝소리 'ㅡ'가 어미 '-아' 앞에서 탈락하는 'ㅡ' 탈락에 해당한다. '예쁘다' 역시 어미 '-어도' 앞에서 어간의 끝소리 'ㅡ'가 탈락하여 '예뻐도'가 되므로 ⓐ에 적용된 활용의 예로 적절하다.

③ ⓒ: 살-+-니 → 사니
⋯ ⓒ의 '갈다'는 '간'으로 활용하는데, 이는 어간의 끝소리 'ㄹ'이 'ㄴ'으로 시작하는 어미 앞에서 탈락하는 'ㄹ' 탈락에 해당한다. '살다' 역시 어미 '-니' 앞에서 어간의 끝소리 'ㄹ'이 탈락하여 '사니'가 되므로 ⓒ에 적용된 활용의 예로 적절하다.

⑤ ⓔ: 긋-+-은 → 그은
⋯ ⓔ의 '젓다'는 '저어'로 활용하는데, 이는 어간의 끝소리 'ㅅ'이 모음으로 시작하는 어미 앞에서 탈락하는 'ㅅ' 불규칙 활용에 해당한다. '긋다' 역시 어미 '-은' 앞에서 어간의 끝소리 'ㅅ'이 탈락하여 '그은'이 되므로 ⓔ에 적용된 활용의 예로 적절하다.

12
정답률 95%

밑줄 친 부분이 〈보기〉의 ㉠에 해당하지 않는 것은?

☀ 정답인 이유

⑤ 출근할 때, 일부는 버스를 이용하며 일부는 지하철을 이용한다.

> 출근할 때, 일부는 버스를 이용한다. + 출근할 때, 일부는 지하철을 이용한다. → 출근할 때, 일부는 버스를 이용하며(이용하면서) 일부는 지하철을 이용한다.

⋯ 앞 문장의 주어와 뒤 문장의 주어가 '일부는'으로 같아 보이지만, 앞 문장의 '일부는'은 버스를 타는 사람을 가리키고 뒤 문장의 '일부는'은 지하철을 타는 사람을 가리킨다. 즉 서로 다른 사람들을 가리키므로 앞 문장과 뒤 문장의 주어가 서로 같지 않다. 또한 연결 어미 '-면서'를 사용해 '이용하며'를 '이용하면서'로 바꿀 경우 '출근할 때, 일부는 버스를 이용하면서 일부는 지하철을 이용한다.'가 되어 의미상 어색한 문장이 된다.

☂ 오답인 이유

① 우리는 함께 걸으며 희망에 대해 이야기했다.

> 우리는 함께 걸었다. + 우리는 희망에 대해 이야기했다.
> → 우리는 함께 걸으며(걸으면서) 희망에 대해 이야기했다.

⋯ 앞뒤 문장의 주어가 '우리는'으로 서로 같고 '걸으며'를 '걸으면서'로 바꾸어 쓸 수 있으므로, 이때의 '-으며'는 앞뒤 문장의 동작이 동시에 일어남을 나타낸다.

② 모두들 음정에 주의하며 노래를 제대로 부르자.

> 모두들 음정에 주의하자. + 모두들 노래를 제대로 부르자.
> → 모두들 음정에 주의하며(주의하면서) 노래를 제대로 부르자.

⋯ 앞뒤 문장의 주어가 '모두들'로 서로 같고 '주의하며'를 '주의하면서'로 바꾸어 쓸 수 있으므로, 이때의 '-며'는 앞뒤 문장의 동작이 동시에 일어남을 나타낸다.

③ 아는 사람 하나가 미소를 지으며 내게 다가왔다.

> 아는 사람 하나가 미소를 지었다. + 아는 사람 하나가 내게 다가왔다.
> → 아는 사람 하나가 미소를 지으며(지으면서) 내게 다가왔다.

⋯ 앞뒤 문장의 주어가 '아는 사람 하나가'로 서로 같고 '지으며'를 '지으면서'로 바꾸어 쓸 수 있으므로, 이때의 '-으며'는 앞뒤 문장의 동작이 동시에 일어남을 나타낸다.

④ 마라톤 선수가 가쁜 숨을 몰아쉬며 결승선을 통과했다.

> 마라톤 선수가 가쁜 숨을 몰아쉬었다. + 마라톤 선수가 결승선을 통과했다.
> → 마라톤 선수가 가쁜 숨을 몰아쉬며(몰아쉬면서) 결승선을 통과했다.

⋯ 앞뒤 문장의 주어가 '마라톤 선수가'로 서로 같고 '몰아쉬며'를 '몰아쉬면서'로 바꾸어 쓸 수 있으므로, 이때의 '-며'는 앞뒤 문장의 동작이 동시에 일어남을 나타낸다.

13
정답률 95%

〈보기〉를 바탕으로 어미를 분류한 것 중, 적절하지 않은 것은? [3점]

㉠	종결 어미	평서형, 감탄형, 의문형, 명령형, 청유형
㉡	연결 어미	대등적, 종속적, 보조적
㉢	전성 어미	명사형, 관형사형, 부사형

☀ 정답인 이유

③ '이렇게 일찍 가는 이유가 뭐니?'의 '-는'은 ㉡에 해당한다.
　　　　　　　　　관형사형 전성 어미
⋯ 〈보기〉는 단어의 끝에 들어가는 어말 어미의 종류에 대해 설명하고 있다. ③에서 '-는'은 용언 '가다'의 어간 '가-'에 붙어 뒤에 오는 '이유'를 꾸며 주고 있다. 즉, '-는'은 용언(동사)을 관형사처럼 기능하게 하는 관형사형 전성 어미이므로, ㉡이 아닌 ㉢에 해당한다.

☂ 오답인 이유

① '지금쯤 누나는 집에 도착했겠구나.'의 '-구나'는 ㉠에 해당한다.
　　　　　　　　　　　　감탄형 종결 어미
⋯ '-구나'는 '도착했겠-'에 붙어 문장을 끝맺는 감탄형 종결 어미이므로 ㉠에 해당한다.

② '할아버지께서는 어디 갔다 오시지?'의 '-지'는 ㉠에 해당한다.
　　　　　　　　　　　의문형 종결 어미
⋯ '-지'는 '오시-'에 붙어 문장을 끝맺는 의문형 종결 어미이므로 ㉠에 해당한다.

④ '형은 밥을 먹었으나, 누나는 밥을 먹지 않았다.'의 '-으나'는 ㉡에 해당한다.
　　　　　　　　　　　대등적 연결 어미
⋯ '-으나'는 '형은 밥을 먹었다.'와 '누나는 밥을 먹지 않았다.'라는 두 문장을 연결해 주는 대등적 연결 어미이므로 ㉡에 해당한다.

⑤ '지금은 운동하기에 좋은 시간이다.'의 '-기'는 ㉢에 해당한다.
　　　　　　　　　명사형 전성 어미
⋯ '-기'는 용언 '운동하다'의 어간 '운동하-'에 붙어 용언(동사)을 명사처럼 기능하게 하는 명사형 전성 어미이므로 ㉢에 해당한다.

14
정답률 65% | 매력적인 오답 ⑤ 15%

〈보기〉의 ㉠~㉣에 쓰인 ⓐ, ⓑ에 대한 설명으로 옳지 않은 것은?

③ ⓒ에는 과거 시제를 나타내는 '-었-'과 주체의 의지를 나타내는 '-겠-'이 ⓐ로 쓰였고, 의문형 종결 어미 '-니'가 ⓑ로 쓰였다.

⋯▸ ⓒ의 '먹었겠니'에서 과거 시제를 나타내는 '-었-'이 선어말 어미로 쓰이고, 의문형 종결 어미 '-니'가 어말 어미로 쓰인 것은 맞다. 하지만 이때 '-겠-'은 주체의 의지가 아니라 화자의 추측을 나타내는 선어말 어미이다. '나는 집에 가겠다.'에서의 '-겠-'이 주체의 의지를 나타내는 경우에 해당한다.

🌂 오답인 이유

⑤ 매력적인 오답 ⑩에는 추측의 의미를 나타내는 '-겠-'이 ⓐ로 쓰였고, 대등적 연결 어미 '-지만'이 ⓑ로 쓰였다.

⋯▸ ⑩의 '붉겠지만'에서 '-겠-'은 추측의 의미를 나타내는 선어말 어미이고, '-지만'은 앞의 문장과 뒤의 문장을 대등하게 연결해 주는 연결 어미이다.

① ㉠에는 과거 시제를 나타내는 '-었-'이 ⓐ로 쓰였고, 감탄형 종결 어미 '-구나'가 ⓑ로 쓰였다.

⋯▸ ㉠의 '심었구나'에서 '-었-'은 과거 시제를 나타내는 선어말 어미이고, '-구나'는 문장을 감탄형으로 끝맺는 종결 어미이다.

② ㉡에는 ⓐ는 없고 동사의 현재 시제를 나타내는 관형사형 전성 어미 '-는'이 ⓑ로 쓰였다.

⋯▸ ㉡의 '청소하는'에서 선어말 어미는 쓰이지 않았고, '-는'은 관형사형 전성 어미로 현재 시제를 나타낸다.

④ ㉣에는 ⓐ는 없고 동사의 과거 시제를 나타내는 관형사형 전성 어미 '-은'이 ⓑ로 쓰였다.

⋯▸ ㉣의 '읽은'에서 선어말 어미는 쓰이지 않았고, '-은'은 관형사형 전성 어미로 과거 시제를 나타낸다.

---

2. 단어 - 단어의 의미

08 단어의 의미 관계

개념 완성 TEST ▶ 문제편 77쪽

01 (1) 중심 (2) 주변 (3) 주변 (4) 중심 **02** (1) 벗다 (2) 뛰다 (3) 서다 **03** (1) 이동 (2) 확대 (3) 축소 (4) 축소 (5) 확대

내신 기출 문제 ▶ 문제편 77쪽

01 ④ **02** ③

01 동음이의어

밑줄 친 단어 중, 〈보기〉의 ㉠에 해당하는 것은?

☀ 정답인 이유

④ 며칠을 앓았더니 입맛이 써서 맛있는 게 없다.

⋯▸ 〈보기〉는 국어사전에 각기 다른 표제어로 수록되는 동음이의어에 대해 설명하고 있다. ①, ②, ③, ⑤에 쓰인 '쓰다'는 의미가 서로 연관되어 있어 사전에서 하나의 표제어로 처리하는 다의어이다. 그

러나 ④에 쓰인 '쓰다'는 '몸이 좋지 않아서 입맛이 없다.'라는 의미로, 다른 선택지에 쓰인 '쓰다'와 동음이의 관계에 있는 단어이다. 따라서 ④에 쓰인 '쓰다'는 다른 선택지에 쓰인 '쓰다'와는 다른 표제어로 수록된다.

🌂 오답인 이유

① 그는 요즘 연재소설을 쓰고 있다.

⋯▸ '머릿속의 생각을 종이 혹은 이와 유사한 대상 따위에 글로 나타내다.'의 의미로 사용되었다.

② 아저씨는 지금 계약서를 쓰고 있다.

⋯▸ '원서, 계약서 등과 같은 서류 따위를 작성하거나 일정한 양식을 갖춘 글을 쓰는 작업을 하다.'의 의미로 사용되었다.

③ 오늘 배운 데까지 써 오는 게 숙제다.

⋯▸ '붓, 펜, 연필과 같이 선을 그을 수 있는 도구로 종이 따위에 획을 그어서 일정한 글자의 모양이 이루어지게 하다.'의 의미로 사용되었다.

⑤ 그는 노래도 부르고 곡도 쓰는 가수 겸 작곡가이다.

⋯▸ '머릿속에 떠오른 곡을 일정한 기호로 악보 위에 나타내다.'의 의미로 사용되었다.

02 반의어

〈보기〉의 ㉠~⑩에 대한 설명으로 적절하지 않은 것은?

☀ 정답인 이유

③ ㉢에는 '뚜껑'이나 '이불'이 들어가면 적절하겠군.

⋯▸ '뚜껑을 열다'에서 '열다'는 '닫히거나 잠긴 것을 트거나 벗기다.'의 의미이고, '뚜껑을 덮다'에서 '덮다'는 '그릇 같은 것의 아가리를 뚜껑 따위로 막다.'의 의미이므로, '뚜껑을 열다'와 '뚜껑을 덮다'는 반의 관계가 성립한다. 하지만 '이불'의 경우, '이불을 덮다'처럼 사용할 수는 있지만, '이불을 열다'와 같이 사용할 수는 없다. 따라서 ㉢에는 '이불'이 들어갈 수 없다.

🌂 오답인 이유

① ㉠에는 '끝내다'가 들어갈 수 있겠군.

⋯▸ '회의를 열다'에서 '열다'는 '모임이나 회의 따위를 시작하다.'의 의미이므로, 그 반의어로 '끝내다'가 들어갈 수 있다.

② ㉡에는 '문'이 들어가면 적절하겠군.

⋯▸ '문을 열다'에서 '열다'는 '닫히거나 잠긴 것을 트거나 벗기다.'의 의미이고, '문을 닫다'에서 '닫다'는 '열린 문짝, 뚜껑, 서랍 따위를 도로 제자리로 가게 하여 막다.'의 의미이므로, '문을 열다'와 '문을 닫다'는 반의 관계가 성립한다.

④ ㉣을 '닫다'로 바꾸어도 무난하겠군.

⋯▸ '마개를 열다'에서 '열다'는 '닫히거나 잠긴 것을 트거나 벗기다.'의 의미이고, '마개를 막다'에서 '막다'는 '병 따위의 입구를 통하지 못하게 하다.'의 의미이므로, '마개를 열다'와 '마개를 막다'는 반의 관계가 성립한다. 그리고 '마개를 닫다'에서 '닫다'는 '열린 문짝, 뚜껑, 서랍 따위를 도로 제자리로 가게 하여 막다.'의 의미이므로, '마개를 막다'와 '마개를 닫다'는 유의 관계가 성립한다. 따라서 ㉣의 '막다'를 '닫다'로 바꾸어 쓸 수 있다.

⑤ ⓓ에는 '채우다'가 들어갈 수 있겠군.

⋯ '자물쇠를 열다'에서 '열다'는 '닫히거나 잠긴 것을 트거나 벗기다.'의 의미이고, '자물쇠를 채우다'에서 '채우다'는 '자물쇠 따위로 잠가서 문이나 서랍 따위를 열지 못하게 하다.'의 의미이므로, '자물쇠를 열다'와 '자물쇠를 채우다'는 반의 관계가 성립한다.

01 ①	02 ①	03 ③	04 ⑤	05 ⑤	06 ②
07 ④	08 ④	09 ③	10 ⑤	11 ⑤	12 ⑤
13 ⑤	14 ④	15 ①	16 ⑤	17 ②	18 ③
19 ①	20 ④				

01
정답률 95%

〈보기〉의 ㉠, ㉡에 해당하는 예로 적절한 것은?

• 다의어: 여러 개의 의미를 지니고 있는 단어
• 중심적 의미: 가장 기본적이고 핵심적인 의미
• 주변적 의미: 중심적 의미가 확장된 의미

☀ 정답인 이유

	㉠	㉡
①	물은 낮은 곳으로 흐른다.	환경에 대한 관심도가 낮다.

⋯ 〈보기〉는 단어의 중심적 의미와 주변적 의미에 대해 설명하고 있다. '물은 낮은 곳으로 흐른다.'에서의 '낮다'는 '아래에서 위까지의 높이가 기준이 되는 대상이나 보통 정도에 미치지 못하는 상태에 있다.'라는 의미로, 공간과 관련된 중심적 의미(㉠)에 해당한다. 반면 '환경에 대한 관심도가 낮다.'에서의 '낮다'는 '품위, 능력, 품질 따위가 바라는 기준보다 못하거나 보통 정도에 미치지 못하는 상태에 있다.'라는 의미로, 중심적 의미가 추상화된 주변적 의미(㉡)에 해당한다.

☂ 오답인 이유

②	그는 성공할 가능성이 크다.	힘든 만큼 기쁨이 큰 법이다.

⋯ 공간과 관련된 '크다'의 중심적 의미는 '사람이나 사물의 외형적 길이, 넓이, 높이, 부피 따위가 보통 정도를 넘다.'이다. 그런데 '그는 성공할 가능성이 크다.'에서의 '크다'는 '가능성 따위가 많다.'라는 주변적 의미로 쓰였고, '힘든 만큼 기쁨이 큰 법이다.'에서의 '크다'는 '일의 규모, 범위, 정도, 힘 따위가 대단하거나 강하다.'라는 주변적 의미로 쓰였다.

③	두 팔을 최대한 넓게 벌렸다.	도로 폭이 넓어서 좋다.

⋯ 공간과 관련된 '넓다'의 중심적 의미는 '면이나 바닥 따위의 면적이 크다.'이다. '도로 폭이 넓어서 좋다.'에서의 '넓다'는 주변적 의미가 아니라 공간과 관련된 중심적 의미로 쓰였다.

④	내 좁은 소견을 말씀드렸다.	마음이 좁아서는 곤란하다.

⋯ 공간과 관련된 '좁다'의 중심적 의미는 '면이나 바닥 따위의 면적이 작다.'이다. '내 좁은 소견을 말씀드렸다.'에서의 '좁다'와 '마음이 좁아서는 곤란하다.'에서의 '좁다'는 '마음 쓰는 것이 너그럽지 못하

다.'라는 주변적 의미로 쓰였다.

⑤	작은 힘이라도 보태고 싶다.	우리 학교는 운동장이 작다.

⋯ '작은 힘이라도 보태고 싶다.'에서의 '작다'는 '일의 규모, 범위, 정도, 중요성 따위가 비교 대상이나 보통 수준에 미치지 못하다.'라는 주변적 의미로 쓰였다. 그리고 '우리 학교는 운동장이 작다.'에서의 '작다'는 '길이, 넓이, 부피 따위가 비교 대상이나 보통보다 덜하다.'라는 중심적 의미로 쓰였다.

02
정답률 82%

〈보기〉를 참고할 때, 밑줄 친 부분이 바르게 쓰인 것은?

☀ 정답인 이유

① 사과를 껍질째로 먹었다.

⋯ ①의 문장은 '사과를 껍질이 있는 그대로 먹음'의 의미를 나타내고자 하는 것이므로, 명사 '껍질'에 '그대로', 또는 '전부'의 뜻을 더하는 접미사 '-째'를 붙여 쓰는 것은 적절하다.

☂ 오답인 이유

② 나는 앉은 체로 잠이 들었다.

⋯ '앉은 상태로 잠이 듦'의 의미를 나타내고자 하는 것이므로, '이미 있는 상태 그대로 있음'의 뜻을 가진 의존 명사 '채'를 사용하여 '앉은 채로'라고 써야 한다.

③ 그녀는 혼자 똑똑한 채를 한다.

⋯ '똑똑한 척을 함'의 의미를 나타내고자 하는 것이므로, '그럴듯하게 꾸미는 거짓 태도나 모양'의 뜻을 가진 의존 명사 '체'를 사용하여 '똑똑한 체를'이라고 써야 한다.

④ 사나운 멧돼지를 산 째로 잡았다.

⋯ '멧돼지를 산 상태로 잡음'의 의미를 나타내고자 하는 것이므로, '이미 있는 상태 그대로 있음'의 뜻을 가진 의존 명사 '채'를 사용하여 '산 채로'라고 써야 한다.

⑤ 곰이 다가오자 그는 죽은 채를 했다.

⋯ '죽은 척을 함'의 의미를 나타내고자 하는 것이므로, '그럴듯하게 꾸미는 거짓 태도나 모양'의 뜻을 가진 의존 명사 '체'를 사용하여 '죽은 체를'이라고 써야 한다.

03
정답률 92%

〈보기〉의 ㉠, ㉡에 해당하는 예로 적절하지 않은 것은?

☀ 정답인 이유

③ ┌ ㉠: 그는 자신의 뿌리를 찾고자 노력한다. → 주변적 의미
   └ ㉡: 잡초가 다시 자라지 않도록 뿌리를 뽑았다. → 중심적 의미

⋯ ㉠에서의 '뿌리'는 '사물이나 현상을 이루는 근본을 비유적으로 이르는 말'이라는 주변적 의미로 쓰였다. 그리고 ㉡에서의 '뿌리'는 '식물의 밑동으로서 보통 땅속에 묻히거나 다른 물체에 박혀 수분과 양분을 빨아올리고 줄기를 지탱하는 작용을 하는 기관'이라는 중심적 의미로 쓰였다.

☂ 오답인 이유

① ┌ ㉠: 천체 망원경으로 밤하늘의 별을 관찰했다. → 중심적 의미
   └ ㉡: 어제 물리학계의 큰 별이 졌다. → 주변적 의미

⋯▶ ㉠에서의 '별'은 '빛을 관측할 수 있는 천체 가운데 성운처럼 퍼지는 모양을 가진 천체를 제외한 모든 천체'라는 중심적 의미로 쓰였다. 그리고 ㉡에서의 '별'은 '위대한 업적을 남긴 대가를 비유적으로 이르는 말'이라는 주변적 의미로 쓰였다.

② ┌ ㉠: 천둥과 번개를 동반한 비가 내렸다. → 중심적 의미
   └ ㉡: 그는 도망가는 데만큼은 정말 번개야. → 주변적 의미

⋯▶ ㉠에서의 '번개'는 '구름과 구름, 구름과 대지 사이에서 공중 전기의 방전이 일어나 번쩍이는 불꽃'이라는 중심적 의미로 쓰였다. 그리고 ㉡에서의 '번개'는 '동작이 아주 빠르고 날랜 사람이나 사물을 비유적으로 이르는 말'이라는 주변적 의미로 쓰였다.

④ ┌ ㉠: 일출을 기다리는 우리 앞에 붉은 태양이 떠올랐다. → 중심적 의미
   └ ㉡: 그녀는 그가 자기 마음의 태양이라고 말했다. → 주변적 의미

⋯▶ ㉠에서의 '태양'은 '태양계의 중심이 되는 항성'이라는 중심적 의미로 쓰였다. 그리고 ㉡에서의 '태양'은 '매우 소중하거나 희망을 주는 존재를 비유적으로 이르는 말'이라는 주변적 의미로 쓰였다.

⑤ ┌ ㉠: 들판에는 풀잎마다 이슬이 맺혔다. → 중심적 의미
   └ ㉡: 그녀의 두 눈에 맺힌 이슬이 뜨겁게 흘러내렸다. → 주변적 의미

⋯▶ ㉠에서의 '이슬'은 '공기 중의 수증기가 기온이 내려가거나 찬 물체에 부딪힐 때 엉겨서 생기는 물방울'이라는 중심적 의미로 쓰였다. 그리고 ㉡에서의 '이슬'은 '눈물을 비유적으로 이르는 말'이라는 주변적 의미로 쓰였다.

04

정답률 93%

〈보기〉를 바탕으로 할 때, ㉠~㉢에 해당하는 단어가 사용된 예로 적절한 것은?

☀ 정답인 이유

⑤ ㉢: 어머니께서 목도리를 한 코씩 떠 나가셨다.

⋯▶ 밑줄 친 '코'는 '그물이나 뜨개질한 물건의 눈마다의 매듭'을 뜻한다. 따라서 〈보기〉에 제시된 '코²'의 의미로 사용된 것으로 '코¹'과 소리는 같지만 중심적 의미가 다른 단어이다. 따라서 ㉢에 해당하는 단어가 사용된 예로 적절하다.

☂ 오답인 이유

① ㉠: 묽은 코가 옷에 묻어 휴지로 닦았다.

⋯▶ 밑줄 친 '코'는 '콧구멍에서 흘러나오는 액체'를 의미하므로 주변적 의미, 즉 ㉡에 해당한다.

② ㉠: 어부가 쳐 놓은 어망의 코가 끊어졌다.

⋯▶ 밑줄 친 '코'는 '그물이나 뜨개질한 물건의 눈마다의 매듭'을 의미하므로 소리는 같지만 중심적 의미가 다른 단어, 즉 ㉢에 해당한다.

③ ㉡: 코끼리는 긴 코를 자유자재로 사용한다.

⋯▶ 밑줄 친 '코'는 '포유류의 얼굴 중앙에 튀어나온 부분'을 의미하므로 신체 부위를 나타내는 중심적 의미, 즉 ㉠에 해당한다.

④ ㉡: 동생이 갑자기 코를 다쳐서 병원에 갔다.

⋯▶ 밑줄 친 '코'는 '포유류의 얼굴 중앙에 튀어나온 부분'을 의미하므로 ㉠에 해당한다.

05

정답률 70% | 매력적인 오답 ③ 17%

윗글을 참고하여 추론한 내용으로 적절하지 않은 것은?

☀ 정답인 이유

⑤ 사람의 감각 기관을 뜻하는 '눈'의 의미가 '눈이 나빠져서 안경의 도수를 올
   └'눈'의 중심 의미 – 감각 기관   └'눈'의 주변 의미 – 시력
렸다'에서의 '눈'의 의미로 확장되었으니, '눈'의 확장된 의미는 기존 의미보다 더 구체적이겠군.

⋯▶ '눈'의 중심 의미는 '감각 기관'이고, '눈이 나빠져서'의 '눈'은 주변 의미로 '시력'을 뜻한다. 3문단에서 주변 의미는 기존의 의미가 확장되어 생긴 것으로서, 기존의 의미보다 추상성이 강화되는 경향이 있다고 하였다. 이를 고려할 때 '눈'의 확장된 의미가 기존 의미보다 더 구체적이라는 추론은 적절하지 않다.

☂ 오답인 이유

③ [매력적인 오답] '결론에 이르다'와 '포기하기에는 아직 이르다'에서 '이르다'
     └어떤 정도나 범위에 미치다   └대중이나 기준을 잡은 때보다 앞서거나 빠르다
의 의미들은 서로 관련성이 없으니, 이 두 의미는 중심 의미와 주변 의미의 관계로 볼 수 없겠군.

⋯▶ 4문단에 따르면 다의어의 중심 의미와 주변 의미는 서로 관련성을 갖는다. 그런데 '결론에 이르다'에서 '이르다'는 '어떤 정도나 범위에 미치다'의 의미를 지니는 동사이고, '포기하기에는 아직 이르다'에서 '이르다'는 '대중이나 기준을 잡은 때보다 앞서거나 빠르다'의 의미를 지니는 형용사이다. 이 둘 사이에는 의미적 관련성이 없으므로 중심 의미와 주변 의미의 관계로 볼 수 없으며, 이 두 단어는 동음이의어에 해당한다.

① 대부분의 아이들이 '별'의 의미 중 '군인의 계급장'이라는 의미보다 '천체의
                                    └'별'의 주변 의미   └'별'의 중심 의미
일부'라는 의미를 먼저 배우겠군.

⋯▶ '천체의 일부'는 '별'의 중심 의미이고, '군인의 계급장'은 주변 의미이다. 1문단에서 중심 의미는 일반적으로 주변 의미보다 언어 습득의 시기가 빠르다고 하였으므로, 대부분의 아이들이 '별'의 중심 의미인 '천체의 일부'라는 의미를 먼저 배울 것이라는 ①의 추론은 적절하다.

② '앉다'의 의미 중 '착석하다'의 의미로 쓰이는 빈도가 '요직에 앉다'처럼 '직위
                   └'앉다'의 중심 의미
나 자리를 차지하다'의 의미로 쓰이는 빈도보다 더 높겠군.
 └'앉다'의 주변 의미

⋯▶ '착석하다'는 '앉다'의 중심 의미이고, '직위나 자리를 차지하다'는 주변 의미이다. 1문단에서 중심 의미는 일반적으로 주변 의미보다 사용 빈도가 높다고 하였으므로, '앉다'가 중심 의미인 '착석하다'의 의미로 쓰이는 빈도가 더 높을 것이라는 ②의 추론은 적절하다.

④ '팽이를 돌리다'는 어법에 맞는데 '침이 생기다'라는 의미의 '돌다'는 '군침을
  └중심 의미 '돌다'의 사동형   └'돌다'의 주변 의미 – 문법적 제약이 있음
돌리다'로 쓰이지 않으니, '군침이 돌다'의 '돌다'는 주변 의미로 사용된 것이겠군.

⋯▶ 2문단에서 다의어가 주변 의미로 사용되었을 때는 문법적 제약이 나타나기도 한다고 하였다. '팽이가 돌다'의 '돌다'는 '팽이를 돌리다'라는 사동 표현이 가능한 데 비해, '군침이 돌다'의 '돌다'는 '군침을 돌리다'라는 사동 표현이 불가능하다는 문법적 제약을 지닌다. 따라서 문법적 제약이 있는 '돌다', 즉 '군침이 돌다'의 '돌다'가 주변 의미로 사용된 것이라고 추론할 수 있다.

06

밑줄 친 단어들의 의미를 고려하여 ㉠의 예에 해당하는 것만을 〈보기〉에서 있는 대로 고른 것은? [3점]

☀ 정답인 이유

② 빚쟁이, 금방

⟶ 민수가 말한 '빚쟁이'는 '남에게 돈을 빌려준 사람'을 뜻하고 영희가 말한 '빚쟁이'는 '빚을 진 사람'을 뜻한다. 즉, 다의어 '빚쟁이'의 의미들이 서로 대립적 관계를 맺고 있다. 또 영희가 말한 '금방'은 '말하고 있는 시점보다 바로 조금 전에'를 뜻하고 민수가 말한 '금방'은 '말하고 있는 시점부터 바로 조금 후에'를 뜻하므로, 다의어 '금방'의 의미들 역시 서로 대립적 관계를 맺고 있다. 따라서 '빚쟁이'와 '금방'은 ㉠의 예에 해당한다. 그러나 영희가 말한 '돈'과 민수가 말한 '돈'은 둘 다 '화폐'를 뜻하고, '이틀 뒤에'의 '뒤'와 '발표 끝난 뒤에'의 '뒤'는 둘 다 '시간이나 순서상으로 다음이나 나중'을 뜻하므로 ㉠의 예에 해당하지 않는다.

☂ 오답인 이유

① 빚쟁이

⟶ '오답인 이유'는 '정답인 이유'에서 확인할 수 있습니다.

③ 뒤, 돈

⟶ '오답인 이유'는 '정답인 이유'에서 확인할 수 있습니다.

④ 뒤, 금방, 돈

⟶ '오답인 이유'는 '정답인 이유'에서 확인할 수 있습니다.

⑤ 빚쟁이, 뒤, 금방

⟶ '오답인 이유'는 '정답인 이유'에서 확인할 수 있습니다.

07

〈보기〉를 바탕으로 '속'과 '안'에 대해 탐구한 내용으로 적절하지 <u>않은</u> 것은?

☀ 정답인 이유

④ ㄹ을 보니 '속'은 추상적인 대상, '안'은 구체적인 대상의 내부를 가리키는군.

⟶ ㄹ에서 '오랜만에 과식했더니 속이 더부룩하다.'에서의 '속'은 우리 몸의 위장과 같은 구체적인 대상의 내부를 가리킨다. 따라서 '속'이 추상적인 대상의 내부를 가리킨다는 설명은 적절하지 않다.

☂ 오답인 이유

① ㄱ을 보니 '속'과 '안'은 '사물이나 영역의 내부'라는 공통 의미를 지닌 유의어로군.

⟶ ㄱ에서 '속'과 '안'은 '건물 속으로 들어가다.'와 '건물 안으로 들어가다.'와 같이 공통적으로 사용될 수 있으므로, '사물이나 영역의 내부'라는 공통 의미를 지닌 유의어라고 할 수 있다.

② ㄴ을 보니 '속'과 달리 '안'은 시간적 범위를 한정할 때 쓰이는군.

⟶ ㄴ에서 '한 시간 안에 돌아올게.'는 적절한 문장이지만, '한 시간 속에 돌아올게.'는 적절하지 않은 문장이다. 이를 통해 '한 시간'이라는 시간적 범위를 한정할 때는 '속'이 아닌 '안'이 쓰이는 것을 알 수 있다.

③ ㄷ을 보니 '안'과 달리 '속'은 관용구에 사용되어 사람의 마음을 가리킬 때 쓰이는군.

⟶ ㄷ에서 '벙어리 냉가슴 앓듯 혼자 속을 썩였다.'는 적절한 문장이지만, '벙어리 냉가슴 앓듯 혼자 안을 썩였다.'는 적절하지 않은 문장이다. 이를 통해 사람의 마음을 나타내는 관용구에는 '안'이 아닌 '속'이 쓰이는 것을 알 수 있다.

⑤ ㅁ을 보니 '속'은 '겉', '안'은 '바깥'과 각각 반의 관계에 있군.

⟶ ㅁ의 '겉으로는 태연한 척하지만 속으로는 겁을 먹었다.'에서는 '겉'과 '속'이 반의 관계를 형성하고 있고, '어제는 바깥에 나가지 않고 온종일 집 안에 있었다.'에서는 '바깥'과 '안'이 반의 관계를 형성하고 있다.

08

〈보기〉는 사전 자료의 일부분이다. 이에 대한 이해로 가장 적절한 것은?

☀ 정답인 이유

④ '크다' [Ⅱ]는 사동사로 바뀌면 서술어의 자릿수가 하나 늘어나는군.

⟶ 표제어 '크다' [Ⅱ]는 별도의 문형 정보가 제시되어 있지 않은 것으로 보아, 주어만을 필수적으로 요구하는 한 자리 서술어라는 것을 알 수 있다. 하지만 '크다' [Ⅱ]의 사동사인 '키우다'의 경우, 문형 정보 【…을】을 통해 주어 외에 목적어를 필수적으로 요구하는 두 자리 서술어라는 것을 알 수 있다. 따라서 '크다' [Ⅱ]가 사동사로 바뀌면 주어 외에 목적어가 필요하게 되므로 서술어의 자릿수가 하나 늘어난다는 설명은 적절하다.

☂ 오답인 이유

③ <u>매력적인 오답</u> '크다' [Ⅰ]의 용례로 '키가 몰라보게 컸구나.'를 추가할 수 있겠군.

⟶ '키가 몰라보게 컸구나.'에서 '크다'는 '동식물이 몸의 길이가 자라다.'의 의미이므로, 이 문장은 '크다' [Ⅱ]의 용례로 추가할 수 있다.

① '크다' [Ⅰ]과 '크다' [Ⅱ]는 별도의 품사로 기술된 걸 보니 동음이의어이겠군.

⟶ 사전에서 '동음이의어'는 별도의 표제어로 제시되며, '다의어'는 한 표제어 아래 [Ⅰ]과 [Ⅱ]로 묶여 있다. 따라서 '크다' [Ⅰ]과 '크다' [Ⅱ]는 동음이의어가 아니라 다의어이다.

② '크다' [Ⅰ]과 '크다' [Ⅱ]의 반의어로는 모두 '작다'가 가능하겠군.

⟶ '크다' [Ⅰ]과 '크다' [Ⅱ]의 용례에 '크다' 대신 '작다'가 들어갈 수 있는지 확인해 보자. '크다' [Ⅰ]의 '키가 크다'는 '키가 작다'로 바꿔 쓸 수 있으므로, '작다'는 '크다' [Ⅰ]의 반의어로 가능하다. 그러나 '크다' [Ⅱ]의 '날씨가 건조하면 나무가 크지 못한다.'는 '날씨가 건조하면 나무가 작지 못한다.'가 되어 문장이 성립하지 않는다. 따라서 '작다'는 '크다' [Ⅱ]의 반의어로 가능하지 않다.

⑤ '크다'와 '키우다'는 모두 어미 '−어'가 결합하면 어간 끝의 모음이 탈락하는군.

⟶ '크다'의 어간 '크−'에 어미 '−어'가 결합하면 '커'가 되어 어간 끝의 모음이 탈락한다. 그러나 '키우다'의 어간 '키우−'에 어미 '−어'가 결합하면 '키워'가 되므로 어간 끝의 모음이 탈락하지 않는다.

09

다음은 '사전 활용하기' 학습 활동을 위한 자료이다. 이에 대해 탐구한 내용으로 적절하지 <u>않은</u> 것은? [3점]

☀ 정답인 이유

③ '이르다¹'은 규칙 활용을 하지만 '이르다²'와 '이르다³'은 불규칙 활용을 하겠군.

···➔ 활용 정보에 따르면 '이르다¹'은 [이르러, 이르니]와 같이 활용하는데, '이르러'처럼 어간 '이르-'와 어미 '-어'가 결합하면서 어미 '-어'가 '-러'로 바뀌는 '러' 불규칙 활용을 한다. 그리고 '이르다²'와 '이르다³'은 [일러, 이르니]와 같이 활용하는데, '일러'처럼 어간 '이르-'와 어미 '-어'가 결합하면서 어간 끝 '르'가 'ㄹㄹ'로 바뀌는 '르' 불규칙 활용을 한다. 따라서 '이르다¹', '이르다²', '이르다³'은 모두 불규칙 활용을 하는 용언이다.

☂ 오답인 이유

④ (매력적인 오답) '이르다¹'과 '이르다²'는 움직임을 나타내는 단어이고, '이르다³'은 성질 혹은 상태를 나타내는 단어이겠군.

···➔ 움직임을 나타내는 단어는 '동사'이고, 성질 혹은 상태를 나타내는 단어는 '형용사'이다. 품사 정보를 통해 '이르다¹'과 '이르다²'는 '동사'이고, '이르다³'은 '형용사'라는 것을 확인할 수 있다.

① '이르다¹' ①과 '이르다¹' ②의 유의어로 '다다르다'가 있겠군.

···➔ '이르다¹' ①과 '이르다¹' ②의 각 용례에 사용된 '이르다'를 '다다르다'로 바꿔 쓸 수 있는지 확인해 보자. '이르다¹' ①의 '목적지에 이르다'는 '목적지에 다다르다'로, '이르다¹' ②의 '결론에 이르다'는 '결론에 다다르다'로 바꿔 쓸 수 있어 모두 문장이 성립한다. 따라서 '다다르다'는 '이르다¹' ①과 '이르다¹' ②의 유의어로 적절하다.

② '이르다¹'과 '이르다²'와 '이르다³'은 서로 동음이의 관계이겠군.

···➔ '동음이의어'는 소리는 같으나 뜻이 다른 단어를 말한다. '이르다¹', '이르다²', '이르다³'은 모두 '이르다'로 소리는 같지만 서로 의미적 연관성이 없어 사전에 별개의 표제어로 등재되었으므로 동음이의 관계에 해당한다.

⑤ '이르다³'의 용례로 '올해는 예년보다 첫눈이 이른 감이 있다.'를 추가할 수 있겠군.

···➔ '올해는 예년보다 첫눈이 이른 감이 있다.'에서 '이르다'는 올해의 첫눈이 내린 시기가 기준을 잡은 때(예년)보다 빠르다는 의미이므로, 이 문장은 '이르다³'의 용례로 추가할 수 있다.

10

다음은 '사전 활용하기' 학습 활동을 위한 자료이다. 이에 대한 이해로 옳지 <u>않은</u> 것은?

☀ 정답인 이유

⑤ '물에 빠질 뻔하다'의 '뻔하다'는 '-하다02 ②'의 용례라고 할 수 있겠군.

···➔ '물에 빠질 뻔하다'에서 '뻔'은 앞에 반드시 관형어를 필요로 하는 의존 명사이다. 따라서 '뻔하다'는 '-하다02 ②'가 아니라, '(몇몇 의존 명사 뒤에 붙어) 동사나 형용사를 만드는 접미사'인 '-하다02 ④'의 용례에 해당한다.

☂ 오답인 이유

① '하다01 Ⅰ'은 두 개 이상의 의미를 갖는 다의어이겠군.

···➔ '하다01 Ⅰ'은 하나의 표제어 아래 의미적으로 서로 연관된 세 가지의 뜻을 가지고 있으므로, 하나의 단어가 둘 이상의 의미를 갖는 다의어에 해당한다.

② '하다01 Ⅱ'는 '하다01 Ⅰ'과는 달리 혼자 쓰이지 못하고 다른 용언 뒤에 붙어 사용되겠군.

···➔ '하다01 Ⅱ'는 보조 동사로, 동사나 형용사 뒤에서 '-게 하다' 구성으로 쓰인다고 하였다. 따라서 '하다01 Ⅱ'는 동사인 '하다01 Ⅰ'과는 달리 혼자 쓰이지 못하고 다른 용언 뒤에 붙어 사용된다.

③ '-하다02'는 앞 단어에 붙어 품사를 바꾸는 기능을 하겠군.

···➔ '-하다02'는 일부 명사나 부사 뒤에 붙어 단어의 품사를 동사나 형용사로 바꾸는 기능을 하는 접미사이다.

④ '하다01 Ⅰ ②'의 용례로 '새 옷을 한 벌 했다.'를 추가할 수 있겠군.

···➔ '새 옷을 한 벌 했다.'의 '하다'는 '먹을 것, 입을 것, 땔감 따위를 만들거나 장만하다.'의 의미로 사용되었으므로, '하다01 Ⅰ ②'의 용례로 추가할 수 있다.

11

〈보기〉를 활용하여 국어사전을 만드는 활동을 하였다. 표제어 ⓐ와 예문 ⓑ, ⓒ에 들어갈 말로 적절한 것은?

☀ 정답인 이유

	ⓐ	ⓑ	ⓒ
⑤	바투 🕪	②	⊙

···➔ ⊙과 ⓛ의 '밭게'는 형용사 '밭다'의 활용형이고, ⓒ과 ②의 '바투'는 부사로 활용하지 않는다. 따라서 ⓐ에 들어갈 표제어는 부사 '바투'이다. ②은 어머니와 아들의 공간적 거리가 가까워진다는 의미를 읽을 수 있으므로 ⓑ에 들어갈 '바투 Ⅰ'의 예문으로 적절하다. ⓒ은 제출하기까지의 시간이 아주 짧다는 의미를 읽을 수 있으므로 '바투 Ⅱ'의 예문으로 적절하다. ⊙은 시간이, ⓛ은 공간이 바싹 다가붙어 몹시 가깝다는 의미를 읽을 수 있으므로 ⓒ에 들어갈 '밭다 Ⅰ'의 예문으로 적절하다.

☂ 오답인 이유

② (매력적인 오답) 밭게 🕪 　　 ⓛ 　　 ⓒ

···➔ '오답인 이유'는 '정답인 이유'에서 확인할 수 있습니다.

① 밭게 🕪 　　 ⊙ 　　 ⓛ

···➔ '오답인 이유'는 '정답인 이유'에서 확인할 수 있습니다.

③ 밭게 🕪 　　 ⓛ 　　 ②

···➔ '오답인 이유'는 '정답인 이유'에서 확인할 수 있습니다.

④ 바투 🕪 　　 ⓒ 　　 ⊙

···➔ '오답인 이유'는 '정답인 이유'에서 확인할 수 있습니다.

12

〈보기〉의 ⊙, ⓛ에 해당하는 예끼리 묶인 것으로 적절한 것은? [3점]

☀ 정답인 이유

⑤ ㄱ: 큰 마당의 눈이 빗자루에 쓸렸다.
  ㄴ: 내 동생에게 거실 바닥만 쓸렸다.

⋯ ㄱ의 '쓸리다'는 '쓰레기 따위가 비로 밀리거나 한데 모아지다'의 의미로, '쓸다² ①'의 피동사이다. ㄴ의 '쓸리다'는 '비로 쓰레기 따위를 밀어 내거나 한데 모아서 버리게 하다.'의 의미로, '쓸다² ①'의 사동사이다.

☂ 오답인 이유

① 매력적인 오답

ㄱ: 학생회 임원이 새 친구로 갈렸다.
ㄴ: 삼촌이 형에게 그 텃밭을 갈렸다.

⋯ ㄱ의 '갈리다'는 '어떤 직책에 있는 사람이 다른 사람으로 바뀌다.'의 의미로, '갈다¹ ②'의 피동사이다. 그러나 ㄴ의 '갈리다'는 '쟁기나 트랙터 따위의 농기구나 농기계로 땅을 파서 뒤집게 하다.'의 의미로, 사동사이긴 하지만 '갈다¹ ②'의 의미와는 관련이 없는 동음이의어이다.

② ㄱ: 용돈이 이달에 만 원이나 깎였다.
  ㄴ: 나는 저번 실수로 점수를 깎였다.

⋯ ㄱ과 ㄴ의 '깎이다'는 둘 다 '값이나 금액이 낮추어져 줄게 되다.'의 의미로, '깎다 ① ③'의 피동사이다.

③ ㄱ: 내 친구는 가래떡에 꿀만 묻혔다.
  ㄴ: 누나는 붓에 먹물을 듬뿍 묻혔다.

⋯ ㄱ과 ㄴ의 '묻히다'는 둘 다 '가루, 풀, 물 따위를 그보다 큰 다른 물체에 들러붙게 하거나 흔적을 남기다.'의 의미로, '묻다¹ ①'의 사동사이다.

④ ㄱ: 아빠가 아이 입에 사탕을 물렸다.
  ㄴ: 큰형이 동네 개에게 발을 물렸다.

⋯ ㄱ의 '물리다'는 '입 속에 넣게 하다.'의 의미로, '입 속에 넣어 두다.'의 뜻을 지니는 '물다'의 사동사이다. ㄴ의 '물리다'는 '윗니와 아랫니 사이에 끼인 상태로 상처가 날 만큼 세게 눌리다.'의 의미로, '물다² ① ②'의 피동사이다.

13

정답률 81%

윗글을 읽고 추론한 내용으로 적절하지 않은 것은?

☀ 정답인 이유

⑤ '논둑'과 '길'이 결합한 '논둑길'의 구성 성분이 '논', '둑', '길'이라는 정보를 표제어 '논-둑-길'에서 확인할 수 있겠군.

⋯ 3문단에서 "둘 이상의 구성 성분으로 이루어진 표제어에는 가장 나중에 결합한 구성 성분들 사이에 붙임표가 한 번만 쓰인다."라고 하였다. 이에 따라 '논둑'과 '길'이 결합한 '논둑길'의 표제어는 '논-둑-길'이 아니라 가장 나중에 결합한 구성 성분들 사이에만 붙임표를 쓴 '논둑-길'임을 알 수 있다.

☂ 오답인 이유

① '맨발'에서 분석되는 접두사의 뜻풀이를 표제어 '맨-'에서 확인할 수 있겠군.

⋯ 2문단에서 "접사와 어미처럼 자립적으로 쓰이지 않고 언제나 다른 말과 결합해야 하는 표제어에는 다른 말과 결합하는 부분에 붙임표가 쓰인다."라고 하였다. 이에 따라 '맨발'에서 분석되는 접두사

② '나만 비를 맞았다.'에서 쓰인 격 조사의 뜻풀이를 표제어 '를'에서 확인할 수 있겠군.

⋯ 2문단에서 "조사도 자립적으로 쓰이지 않지만 단어이므로 그 앞에 붙임표가 쓰이지 않는다."라고 하였다. 이에 따라 '나만 비를 맞았다.'에서 격 조사인 목적격 조사 '를'의 뜻풀이는 표제어 '를'에서 확인할 수 있다.

③ '저도 학교 앞에 삽니다.'에서 쓰인 동사의 뜻풀이를 표제어 '살다'에서 확인할 수 있겠군.

⋯ 2문단에서 "용언 어간도 자립적으로 쓰이지 않지만 어미 '-다'와 결합한 기본형이 표제어가 되고, 용언 어간과 어미 '-다' 사이에 붙임표가 쓰이지 않는다."라고 하였다. 이에 따라 '저도 학교 앞에 삽니다.'에서 동사 '삽니다'의 뜻풀이는 표제어 '살다'(어간 '살-'과 어미 '-다'가 결합한 기본형)에서 확인할 수 있다. 그리고 표제어 '살다'에는 붙임표가 쓰이지 않는 것이 적절하다.

④ '앞'과 '집'이 결합한 단어를 '앞 집'처럼 띄어 쓰면 안 된다는 정보를 표제어 '앞-집'에서 확인할 수 있겠군.

⋯ 3문단에서 "복합어의 붙임표는 구성 성분들을 반드시 붙여 써야 한다는 점도 알려 준다."라고 하였다. 이에 따라 '앞'과 '집'이 결합한 복합어 '앞-집'의 표제어에 붙임표가 있으므로 '앞집'처럼 붙여 써야 한다는 것을 확인할 수 있다.

14

정답률 81%

〈보기〉의 [자료]에서 ㉠에 해당하는 단어만을 있는 대로 고른 것은? [3점]

☀ 정답인 이유

④ 조차, 차마, 부터

⋯ 4문단에서 두 구성 성분이 결합한 단어이지만 붙임표가 쓰이지 않는 경우로 "현대 국어에서 새로운 단어를 만들지 못하는 접미사가 결합한 경우"와 "단어의 의미가 어근이나 어간의 본뜻과 멀어진 경우"로 나누어 설명하였다.

〈보기〉의 [자료]에서 '자주'는 '같은 일을 잇따라 잦게'라는 의미이고 '잦다'는 '여러 차례로 거듭되는 간격이 매우 짧다.', '잇따라 자주 있다.'라는 의미이다. 즉, '자주'는 용언 '잦다'와 의미적 연관성을 갖지만 현대 국어에서 새로운 단어를 만들지 못하는 접미사 '-우'가 결합된 것이다.

반면 '조차'는 '이미 어떤 것이 포함되고 그 위에 더함'의 뜻을 나타내는 보조사이고, '좇다'는 '목표, 이상, 행복 따위를 추구하다.'라는 의미이다. 또한 '차마'는 '부끄럽거나 안타까워서 감히'라는 의미를 나타내는 부사이고, '참다'는 '웃음, 울음, 아픔 따위를 억누르고 견디다.'라는 의미이다. 그리고 '부터'는 '어떤 일이나 상태 따위에 관련된 범위의 시작임'을 나타내는 보조사이고, '붙다'는 '맞닿아 떨어지지 아니하다.'라는 의미이다. 따라서 '조차', '차마', '부터'는 용언 '좇다', '참다', '붙다'의 본뜻과 멀어진 경우로 ㉠에 해당하는 단어이다.

☂ 오답인 이유

① 자주, 부터

⋯ '오답인 이유'는 '정답인 이유'에서 확인할 수 있습니다.

② 차마, 부터

··· '오답인 이유'는 '정답인 이유'에서 확인할 수 있습니다.

③ 조차, 자주, 차마

··· '오답인 이유'는 '정답인 이유'에서 확인할 수 있습니다.

⑤ 조차, 자주, 차마, 부터

··· '오답인 이유'는 '정답인 이유'에서 확인할 수 있습니다.

15
정답률 90%

〈보기〉는 사전의 개정 내용을 정리한 자료의 일부이다. ㉠~㉤에 대한 이해로 적절하지 <u>않은</u> 것은?

☀ 정답인 이유

① ㉠: 표제어의 뜻풀이가 추가되어 다의어의 중심적 의미가 수정되었군.

··· ㉠에서 '긁다'는 개정 전에 뜻풀이가 9개였다가, 개정 후에 「10」 물건 따위를 구매할 때 카드로 결제하다.'라는 뜻풀이가 추가되어 10개가 되었음을 알 수 있다. 하지만 표제어의 중심적 의미는 개정 전과 후 모두 '「1」 손톱이나 뾰족한 기구 따위로 바닥이나 거죽을 문지르다.'로 동일하므로, 중심적 의미가 수정된 것은 아니다.

☂ 오답인 이유

② ㉡: 표준 발음이 추가로 인정되어 기존의 표준 발음과 함께 제시되었군.

··· ㉡에서 '김밥'은 개정 전에 [김ː밥]만 표준 발음으로 인정되다가, 개정 후에 [김ː밥/김ː빱]이 모두 표준 발음으로 인정되었음을 알 수 있다. 따라서 '김밥'의 표준 발음으로 [김ː빱]이 추가된 것이다.

③ ㉢: 방언이었던 단어가 표준어의 지위를 얻고 뜻풀이도 새롭게 제시되었군.

··· ㉢에서 '내음'은 개정 전에 경상도 방언으로만 처리되다가, 개정 후에 표준어 표제어로 등재되고 뜻풀이가 새롭게 제시되었음을 알 수 있다.

④ ㉣: 과학적 정보를 반영하여 뜻풀이가 일부가 갱신되었군.

··· ㉣에서 '태양계'는 개정 전에 뜻풀이에 있던 '9개의 행성'이라는 말이, 개정 후에 '8개의 행성'이라는 말로 갱신되었음을 알 수 있다. 이는 명왕성이 행성이 아니기 때문에 태양계에서 제외한다는 과학적 정보를 반영한 것이다.

⑤ ㉤: 새로운 문물을 지칭하는 신어가 표제어로 추가되었군.

··· ㉤에서는 '스마트폰'이라는 단어가 표제어로 새롭게 추가되었는데, 이는 이전에 없던 새로운 문물의 발생에 따라 이를 지칭하는 신어를 표제어로 추가한 것이다.

16
정답률 92%

다음은 '사전 활용하기' 학습 활동을 위한 자료이다. 이에 대해 탐구한 내용으로 적절하지 <u>않은</u> 것은?

☀ 정답인 이유

⑤ '초콜릿이 순식간에 녹았다.'의 '녹다'는 '녹다 ②㉠'에 해당하므로 주어 외에도 다른 문장 성분을 필요로 한다.

··· '초콜릿이 순식간에 녹았다.'의 '녹다'는 '결정체 따위가 액체 속에서 풀어져 섞이다.'(녹다 ② ㉠)의 의미가 아닌, '고체(초콜릿)가 열기나 습기로 말미암아 제 모습을 갖고 있지 못하고 물러지거나 물처럼

되다.'(녹다 Ⅰ ㉡)의 의미로 사용되었다. 그리고 '녹다 Ⅰ ㉡'은 문형 정보를 통해 주어 외에 다른 문장 성분을 필수적으로 요구하지 않는다는 것을 알 수 있다.

☂ 오답인 이유

① '굳다'는 '녹다'와 달리 두 개의 품사로 쓰인다.

··· 사전에 표시된 품사 정보를 통해 '굳다'는 '동사'(Ⅰ)와 '형용사'(Ⅱ) 두 개의 품사로 쓰이고, '녹다'는 '동사'(Ⅰ, ②)로만 쓰이는 것을 확인할 수 있다.

② '시멘트가 굳다'의 '굳다'와 '엿이 녹다'의 '녹다'는 반의 관계이다.

··· 사전에 '굳다 Ⅰ ㉠'과 '녹다 Ⅰ ㉡'은 반의어로 제시되어 있다. '시멘트가 굳다'는 '굳다 Ⅰ ㉠'의 용례이고, '엿이 녹다'는 '녹다 Ⅰ ㉡'의 용례이므로 이때의 '굳다'와 '녹다'는 반의 관계임을 알 수 있다.

③ '굳다 Ⅱ'의 용례로 '마음을 굳게 닫다'를 추가할 수 있다.

··· '굳다 Ⅱ'는 '흔들리거나 바뀌지 아니할 만큼 힘이나 뜻이 강하다.'의 의미이다. '마음을 굳게 닫다'에서 '굳다' 역시 이와 같은 의미로 사용되었으므로 '굳다 Ⅱ'의 용례로 추가하기에 적절하다.

④ '녹다 ② ㉡'의 용례로 '글에는 글쓴이의 생각이 녹아 있다.'를 추가할 수 있다.

··· '녹다 ② ㉡'은 '어떤 물체나 현상 따위에 스며들거나 동화되다.'의 의미이다. '글에는 글쓴이의 생각이 녹아 있다.'에서 '녹다' 역시 이와 같은 의미로 사용되었으므로 '녹다 ② ㉡'의 용례로 추가하기에 적절하다.

17
정답률 73% | 매력적인 오답 ④ 20%

다음은 '사전 활용하기' 학습 활동을 위한 자료이다. 이에 대한 이해로 적절하지 <u>않은</u> 것은?

☀ 정답인 이유

② '같이'의 뜻풀이와 용례를 보니, '같이 ② ①'의 용례로 '매일같이 지하철을 타다'를 추가할 수 있겠군.

··· '같이 ② ①'은 '앞말이 보이는 전형적인 어떤 특징처럼'의 뜻을 나타내는 격 조사라고 하였다. 그런데 '매일같이 지하철을 타다'에서의 '매일같이'는 앞말 '매일'의 특징을 나타내는 것이 아닌, 앞말 '매일'이 나타내는 그때를 강조하고 있다. 따라서 이는 '같이 ② ②'의 용례로 추가하기에 적절하다.

☂ 오답인 이유

④ [매력적인 오답] '같이하다'의 문형 정보 및 용례를 보니, '같이하다'는 두 자리 서술어로도 쓰일 수 있고, 세 자리 서술어로도 쓰일 수 있군.

··· 제시된 문형 정보를 통해, '같이하다'는 주어 외에 '와/과' 형태의 부사어와 '을/를' 형태의 목적어가 필수적인 성분이라는 것을 알 수 있다. 아울러 '(…과)'와 같이 괄호로 묶은 것으로 보아 '와/과' 형태의 부사어를 생략할 수도 있다는 것을 알 수 있다. 이를 바탕으로 용례를 살펴보면, '(나는) 친구와(부사어) 침식을(목적어) 같이하다'에서는 '같이하다'가 주어 외에 부사어와 목적어를 필요로 하는 세 자리 서술어로 쓰였고, '(그들은) 평생을(목적어) 같이한 부부'에서는 '같이하다'가 주어 외에 목적어만을 필요로 하는 두 자리 서술어로 쓰였다는 것을 확인할 수 있다. 따라서 '같이하다'는 두 자리 서술어로도 쓰일 수 있고, 세 자리 서술어로 쓰일 수 있다.

① '같이'의 품사 정보와 뜻풀이를 보니, '같이'는 부사로도 쓰이고 부사격 조사

로도 쓰이는 말이로군.

⋯ '같이 ①'과 '같이 ②'의 품사 정보를 통해 '같이'는 부사로도 쓰이고 조사로도 쓰인다는 것을 알 수 있다. 그리고 '같이 ②'의 뜻풀이와 용례를 통해 '같이'가 결합한 앞말을 부사어로 만드는 부사격 조사로 쓰인다는 것을 알 수 있다.

③ '같이'와 '같이하다'의 표제어 및 뜻풀이를 보니, '같이하다'는 '같이'에 '하다'가 결합한 복합어로군.

⋯ '같이하다'의 표제어가 '같이-하다'로 제시되어 있는데, 이는 '같이'와 '하다'가 결합한 복합어임을 나타내는 것이다. 또 '같이하다'의 뜻풀이에 '같이 ①'의 의미가 담겨 있는 것을 통해서도 이를 확인할 수 있다.

⑤ '같이하다'의 뜻풀이와 용례를 보니, '평생을 같이한 부부'의 '같이한'은 '함께한'으로 교체하여 쓸 수 있겠군.

⋯ '같이하다 ①'의 뜻풀이에서 '같이하다 ①'은 '함께하다 ①'과 그 의미가 같다고 제시되어 있으므로, '평생을 같이한 부부'의 '같이한'은 '함께한'으로 교체하여 쓸 수 있다.

18 정답률 75%

윗글을 바탕으로 〈보기〉에 대해 이해한 내용으로 적절한 것은?

☀ 정답인 이유

③ 지금의 '돼지'와 '예전'의 '도야지'가 나타내는 개념은 다르다.

⋯ 1문단에 따르면 현대 국어에서 어린 돼지를 가리키는 고유어 단어는 따로 없다. 그리고 〈보기〉에 따르면 예전에 쓰이던 '도야지'는 '돝'에 '-아지'가 붙은 말로 '돝의 새끼', 즉 돼지의 새끼를 의미했다. 즉 '예전'의 '도야지'는 돼지의 새끼를 나타내는 개념이고 지금의 '돼지'는 돼지 전체를 나타내는 개념이다.

☂ 오답인 이유

① '예전'의 '도야지'에 해당하는 개념이 지금은 사라졌다.

⋯ 〈보기〉에 따르면 '예전'의 '도야지'에 해당하는 개념은 '돝(돼지)의 새끼'인데, 지금도 이 개념은 존재한다.

② '예전'의 '돝'은 '도야지'의 하의어로, 의미가 더 한정적이다.

⋯ 〈보기〉에 따르면 '예전'의 '돝'은 지금의 '돼지'이고 '도야지'는 돼지의 새끼이다. 따라서 '돝'이 '도야지'의 하의어라고 볼 수 없다.

④ 지금의 '어린 돼지'에 해당하는 어휘적 빈자리는 '예전'부터 있었다.

⋯ 〈보기〉에 따르면 '예전'에는 돼지를 가리키는 '돝'과 돼지의 새끼를 가리키는 '도야지'가 모두 쓰였으므로, 지금의 '어린 돼지'에 해당하는 어휘적 빈자리가 없었다.

⑤ '예전'의 '도야지'의 개념을 나타내기 위해 지금은 하나의 고유어 단어가 사용된다.

⋯ '예전'의 '도야지'의 개념은 돼지의 새끼인데, 2문단에 따르면 이 개념을 나타내기 위해 지금은 '아기 돼지, 새끼 돼지'처럼 구를 사용한다.

19 정답률 85%

윗글의 어휘적 빈자리가 채워지는 방식이 적용된 사례만을 〈보기〉에서 있는 대로 고른 것은?

☀ 정답인 이유

① ㄱ

⋯ ㄱ에서 학생 1은 두 번째, 세 번째 사위를 구별하여 가리키는 단어가 없어 '둘째 사위', '셋째 사위'라고 입력하였는데, 이는 단어가 아닌 구를 만들어 어휘적 빈자리를 채우는 것이므로 2문단에 제시된 '첫 번째 방식'의 사례로 적절하다. ㄴ에서 학생 2는 꿩의 새끼를 나타내는 단어로 고유어 '꺼병이'를 찾아 사용하였으므로 이는 어휘적 빈자리가 존재하는 경우가 아니다. ㄷ에서 학생 3은 '금성'의 고유어로 '샛별'과 '개밥바라기'가 있음을 알고 있으므로 이 역시 어휘적 빈자리가 존재하는 경우가 아니다.

☂ 오답인 이유

② ㄱ, ㄴ

⋯ '오답인 이유'는 '정답인 이유'에서 확인할 수 있습니다.

③ ㄱ, ㄷ

⋯ '오답인 이유'는 '정답인 이유'에서 확인할 수 있습니다.

④ ㄴ, ㄷ

⋯ '오답인 이유'는 '정답인 이유'에서 확인할 수 있습니다.

⑤ ㄱ, ㄴ, ㄷ

⋯ '오답인 이유'는 '정답인 이유'에서 확인할 수 있습니다.

20 정답률 89%

〈보기 1〉을 참고하여 〈보기 2〉를 이해한 내용으로 적절하지 않은 것은?

☀ 정답인 이유

④ ㄷ의 '에누리'는 '값을 올리는 일'의 의미로 쓰였군.

⋯ 〈보기 1〉을 통해 '에누리'는 상황에 따라 '값을 올리는 일'이라는 의미뿐만 아니라 '값을 내리는 일'이라는 의미로도 쓰인다는 것을 알 수 있다. 〈보기 2〉의 ㄷ은 문맥상 소비자가 상인에게 값을 깎아 주어야 다음에 또 오겠다는 내용으로 볼 수 있다. 따라서 ㄷ의 '에누리'는 '값을 내리는 일'이라는 의미로 쓰인 것이다.

☂ 오답인 이유

① ㄱ의 '주책'은 '일정하게 자리 잡힌 주장이나 판단력'의 의미로 쓰였군.

⋯ ㄱ에서는 다른 사람의 말에 쉽게 흔들리는 그에 대해 '주책'이 없다고 하였다. 따라서 ㄱ의 '주책'은 '일정하게 자리 잡힌 주장이나 판단력'의 의미로 쓰인 것이다.

② ㄴ의 '주책'은 부정적인 의미로 쓰였군.

⋯ ㄴ에서는 뜬금없는 말을 하는 그에게 '주책이다'라고 하였으므로 ㄴ의 '주책'은 부정적인 의미로 쓰인 것이다.

③ ㄴ의 '주책이다'는 '주책없다'로도 바꿔 쓸 수 있겠군.

⋯ 〈보기 1〉에서 '주책'이 부정적인 의미도 갖게 되어 '주책없다'와 '주책이다'가 같은 의미로 쓰인다고 하였다. 따라서 부정적인 의미로 사용된 ㄴ의 '주책이다'는 '주책없다'로 바꿔 쓸 수 있다.

⑤ ㄹ의 '에누리'는 '값을 내리는 일'의 의미로 볼 수 있겠군.

⋯▶ ㄹ에서 그 가게는 적게 팔고도 많은 이윤을 남긴다고 하였으므로 값을 내리는 일이 없이 장사를 한다는 것이다. 따라서 ㄹ의 '에누리'는 '값을 내리는 일'의 의미로 볼 수 있다.

3. 문장과 담화 – 문장 성분

09 문장 성분 / 서술어의 자릿수

개념 완성 TEST
▶ 문제편 94쪽

01 (1) 주어(주성분) (2) 서술어(주성분) (3) 보어(주성분) (4) 부사어(부속 성분) (5) 독립어(독립 성분) **02** (1) 주어, 보어, 서술어 (2) 주어, 목적어, 부사어, 서술어 **03** (1) ○ (2) × (3) ○ (4) × **04** (1) 딸기를 (2) 저녁만 (3) 목적어 없음 (4) 국어(를) **05** (1) 매우 (2) 똑바로 (3) 동생에게, 필수 (4) 마음에, 필수 **06** (1)【…에/에게】 (2)【…와/과】 (3)【…와/과】 **07** (1) 목적어 (2) 부사어 (3) 목적어 **08** (1) 내린다, 한 자리 서술어 (2) 읽었다, 두 자리 서술어 (3) 먹었다, 두 자리 서술어 (4) 삼았다, 세 자리 서술어

내신 기출 문제
▶ 문제편 95쪽

01 ⑤ **02** ② **03** ② **04** ②

01
문장 성분의 종류

밑줄 친 부분 중, 〈보기〉의 ㉠에 해당하지 않는 것은?

☀ 정답인 이유

⑤ 3학년 때도 변함없이 우리 자주 만나자.
　　　　　　　　　　　부사어 – 부사

⋯▶ '3학년 때도 변함없이 우리 자주 만나자.'에서 부사 '자주'는 용언 '만나자'를 꾸며 주는 부사어이므로, 주성분이 아니라 부속 성분에 해당한다.

☂ 오답인 이유

① 비가 내려 냇물이 된다.
　　　　　보어 – 체언+보격 조사 '이'

⋯▶ '비가 내려 냇물이 된다.'에서 '냇물이'는 서술어 '되다'가 요구하는 2개의 문장 성분 중, 주어를 제외한 필수적인 문장 성분인 보어이므로 주성분에 해당한다.

② 어서 너의 소원을 말해 봐.
　　　　　목적어 – 체언+목적격 조사 '을'

⋯▶ '어서 너의 소원을 말해 봐.'에서 '소원을'은 목적어이므로 주성분에 해당한다.

③ 12월이니, 곧 올해도 저물겠지.
　　　　　주어 – 체언+보조사 '도'

⋯▶ '12월이니, 곧 올해도 저물겠지.'에서 '올해도'는 주어이므로 주성분에 해당한다.

④ 반 친구들과 헤어지는 것은 슬퍼.
　　　　　　　　　　서술어 – 용언(형용사)

⋯▶ '반 친구들과 헤어지는 것은 슬퍼.'에서 '슬퍼'는 서술어이므로 주성분에 해당한다.

02
주어

〈보기〉를 바탕으로 '주어'에 대해 탐구한 내용으로 적절하지 않은 것은?

☀ 정답인 이유

② ㉠과 ㉣을 비교해 보니, 서술어의 자릿수에 따라 주격 조사의 형태가 달라지는군.

⋯▶ ㉠에 사용된 주격 조사는 '이'이고, ㉣에 사용된 주격 조사는 '께서'이다. ㉠의 주체인 사촌 동생과 달리 ㉣의 주체인 '어머니'는 높임의 대상이기 때문에 높임의 주격 조사 '께서'가 사용된 것이다. 따라서 서술어의 자릿수에 따라 주격 조사의 형태가 달라진다는 진술은 적절하지 않다.

☂ 오답인 이유

① ㉠, ㉣, ㉫을 보니, 주어는 '무엇이 어찌한다 / 어떠하다'에서 '무엇이'에 해당하는군.

⋯▶ 주어는 동작이나 상태의 주체가 되는 문장 성분으로, '무엇이 어찌한다 / 어떠하다'에서 '무엇이'에 해당한다. ㉠, ㉣, ㉫에서 각각 '무엇이'에 해당하는 주어는 '사촌 동생이', '어머니께서', '친척도 서로 만나기가'이다.

③ ㉡을 보니, 문맥상 주어를 분명히 알 수 있을 경우에는 주어가 생략되기도 하는군.

⋯▶ ㉡은 서술어 '가자고 했다'의 주어인 '나는'이 생략된 문장이다. 문맥상 주어가 '나는'이라는 것을 분명히 알 수 있기 때문에 주어가 생략된 것이다.

④ ㉢과 ㉫을 비교해 보니, 자음 뒤에서는 '이', 모음 뒤에서는 '가'가 주격 조사로 쓰이는군.

⋯▶ 앞말(지하철)이 자음으로 끝난 ㉢에는 주격 조사 '이'가 사용되었고, 앞말(우리)이 모음으로 끝난 ㉫에는 주격 조사 '가'가 사용되었다.

⑤ ㉫을 보니, 체언뿐 아니라 명사절도 주어가 될 수 있군.

⋯▶ '절(節)'은 '둘 이상의 어절이 모여 이루어진 의미 단위'이다. 명사절은 절 전체가 문장에서 명사처럼 쓰이는 문장으로, 주어, 목적어, 부사어 등의 기능을 할 수 있다. ㉫에서 '친척도 서로 만나기'는 명사형 어미 '-기'가 붙은 명사절로, 주격 조사 '가'와 결합하여 전체 문장에서 주어 역할을 하고 있다. 따라서 체언뿐만 아니라 명사절도 주어가 될 수 있다.

03
서술어의 자릿수

〈보기〉를 참고할 때, 밑줄 친 서술어가 필요로 하는 문장 성분의 개수가 가장 많은 것은?

☀ 정답인 이유

② 그는 제자를 사위로 삼았다.
　　주어　목적어　부사어

⋯▶ '삼다'는 '…을 …으로'의 문장 구조로 사용되어 주어, 목적어, 필수적 부사어를 필요로 하는 세 자리 서술어이다. ①의 '되다', ③의 '가다', ④의 '읽다', ⑤의 '먹다'는 모두 두 자리 서술어이므로, 세 자리 서술어인 '삼다'가 필요로 하는 문장 성분의 개수가 가장 많다.

오답인 이유

① 사랑이 세상의 빛이 <u>된다</u>.
　　주어　　　　보어
　➥ '되다'는 주어와 보어를 필요로 하는 두 자리 서술어이다.

③ <u>현수는</u> 부모님께 인사를 하고 <u>학교에</u> 갔다.
　주어　　　　　　　　　　　　　부사어
　➥ '가다'는 '…에/에게'의 문장 구조로 사용되어, 주어와 필수적 부사어를 필요로 하는 두 자리 서술어이다.

④ <u>철수는</u> 민지가 추천한 <u>권장 도서를</u> 읽었다.
　주어　　　　　　　　　　목적어
　➥ '읽다'는 '…을'의 문장 구조로 사용되어, 주어와 목적어를 필요로 하는 두 자리 서술어이다.

⑤ <u>영수는</u> 친구들과 함께 <u>국수를</u> 맛있게 먹었다.
　주어　　　　　　　　　　목적어
　➥ '먹다'는 '…을'의 문장 구조로 사용되어, 주어와 목적어를 필요로 하는 두 자리 서술어이다.

04
필수적 부사어

밑줄 친 부분 중, 〈보기〉의 '필수적 부사어'에 해당하지 않는 것은?

정답인 이유

② 그는 <u>확실히</u> 좋은 사람이다.
　➥ 주어 '그는'과 서술어 '사람이다'가 주성분으로, 부사어 '확실히'와 관형어 '좋은'이 부속 성분으로 사용된 문장이다. 부사어 '확실히'가 생략되어도 '그는 좋은 사람이다.'와 같이 문장이 성립하므로, '확실히'는 필수적 부사어가 아니다.

오답인 이유

① 일이 <u>엉망진창으로</u> 되었다.
　➥ 주어 '일이'와 서술어 '되었다'가 주성분으로, 부사어 '엉망진창으로'가 부속 성분으로 사용된 문장이다. 부사어 '엉망진창으로'가 생략되면 '일이 되었다.'가 되어 문장이 성립하지 않으므로, '엉망진창으로'는 필수적 부사어*이다.

> ＊ 보어와 필수적 부사어
> '되다'는 주어와 보어를 필요로 하는 두 자리 서술어인데, 보어 대신 필수적 부사어가 올 수 있다. 학교 문법에서는 '되다' 앞에 보격 조사 '이/가'가 결합한 말만을 보어로 취급하고, 부사격 조사가 결합한 말은 필수적 부사어로 취급한다. 따라서 '엉망진창으로'는 서술어 '되다'가 필요로 하는 필수적 부사어이다.

③ 영철이의 나이는 <u>영수와</u> 같다.
　➥ 주어 '나이는'과 서술어 '같다'가 주성분으로, 관형어 '영철이의'와 부사어 '영수와'가 부속 성분으로 사용된 문장이다. 부사어 '영수와'가 생략되면 '영철이의 나이는 같다.'가 되어 문장이 성립하지 않으므로, '영수와'는 필수적 부사어이다.

④ 주말의 도서관은 <u>학생들로</u> 가득했다.
　➥ 주어 '도서관은'과 서술어 '가득했다'가 주성분으로, 관형어 '주말의'와 부사어 '학생들로'가 부속 성분으로 사용된 문장이다. 부사어 '학생들로'가 생략되면 '주말의 도서관은 가득했다.'가 되어 문장이 성립하지 않으므로, '학생들로'는 필수적 부사어이다.

⑤ 그는 그가 존경하는 <u>아버지와</u> 닮았다.

➥ 주어 '그는'과 서술어 '닮았다'가 주성분으로, 관형어 역할을 하는 관형절 '그가 존경하는'과 부사어 '아버지와'가 부속 성분으로 사용된 문장이다. 부사어 '아버지와'가 생략되면 '그는 그가 존경하는 닮았다.'가 되어 문장이 성립하지 않으므로, '아버지와'는 필수적 부사어이다.

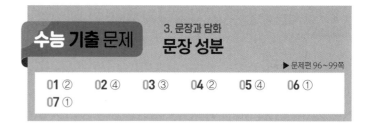

수능 기출 문제

3. 문장과 담화
문장 성분

▶ 문제편 96~99쪽

01 ②　**02** ④　**03** ③　**04** ②　**05** ④　**06** ①
07 ①

01
정답률 71%

〈학습 활동〉을 수행한 결과로 적절한 것은?

정답인 이유

② ⓑ : 부사가 관형사를 수식하는 부사어로 쓰였다.
　➥ ⓑ에서 '아주'는 '보통 정도보다 훨씬 더 넘어선 상태로'를 뜻하는 부사로, 관형사 '옛'을 수식하는 부사어로 쓰였다.

오답인 이유

① ⓐ : 명사가 격 조사와 결합해 목적어로 쓰였다.
　➥ ⓐ에서 '빵은'은 명사 '빵'이 보조사 '은'과 결합하여 목적어로 쓰였다. 목적격 조사인 '을/를'은 사용되지 않았다.

③ ⓒ : 명사가 조사와 결합 없이 주어로 쓰였다.
　➥ ⓒ에서 '어른'은 명사 '어른'이 조사와 결합하지 않은 것은 맞지만 ⓒ의 주어는 '우리'로, '어른'은 서술어 '되다'를 보충하는 보어로 쓰였다.

④ ⓓ : 명사가 어미와 직접 결합해 서술어로 쓰였다.
　➥ ⓓ에서 '장미였다'는 명사 '장미'가 어미가 아닌, 서술격 조사 '이다'와 결합해 서술어로 쓰였다. '장미였다'의 '였다'는 서술격 조사 '이다'에 과거 시제 선어말 어미 '-었-'이 결합한 활용형이다.

⑤ ⓔ : 수사가 명사를 수식하는 관형어로 쓰였다.
　➥ ⓔ에서 '세'는 수사가 아닌 관형사로, 수 관형사 '세'가 의존 명사 '마리'를 수식하는 관형어로 쓰였다. 참고로 '세'는 수 관형사이며 '셋'은 수사이다.

02
정답률 55% | 매력적인 오답 ③ 20%

㉠~㉣에 대해 이해한 내용으로 적절한 것은?

정답인 이유

④ ㉢과 ㉣에서 주어는 체언 구실을 하는 구에 조사가 붙은 형태이다.
　　　　　　　　　　　　　　　　　명사구
　➥ ㉢의 주어 '신임 장관은'은 명사 '신임'과 명사 '장관'이 결합하여 명사구를 이루고 여기에 조사 '은'이 붙어 이루어졌다. 그리고 ㉣의 주어 '새 컴퓨터가'는 관형사 '새'와 명사 '컴퓨터'가 결합하여 명사구를 이루고 여기에 조사 '가'가 붙어 이루어졌다. 따라서 ㉢과 ㉣의 주

어는 모두 체언 구실을 하는 구, 즉 명사구에 조사가 붙은 형태임을 알 수 있다.

③ [매력적인 오답] ⓒ과 ⓓ에서 주어는 서술어가 나타내는 동작의 주체이다.

⋯ ⓓ의 주어인 '신임 장관은'은 서술어 '참석한다'가 나타내는 동작의 주체이다. 하지만 ⓒ의 주어인 '바깥이'는 서술어 '어둡다'가 나타내는 동작의 주체가 아니다. '어둡다'는 대상의 동작을 나타내는 말이 아니라 대상의 성질이나 상태를 나타내는 말이다.

① ⓐ과 ⓒ에서 주어는 명사구에 조사가 붙은 형태이다.

⋯ ⓐ의 주어 '나도'는 '나(대명사)+도(조사)'의 형태이고, ⓒ의 주어 '바깥이'는 '바깥(명사)+이(조사)'의 형태이다. 따라서 ⓐ과 ⓒ의 주어 모두 명사구에 조사가 붙은 형태가 아니다.

② ⓐ과 ⓓ에서 격 조사가 문장의 주어를 나타내 주고 있다.

⋯ ⓐ의 주어 '나도'에서 '도'는 '이미 어떤 것이 포함되고 그 위에 더함'의 뜻을 나타내는 보조사이고, ⓓ의 주어 '신임 장관은'에서 '은'은 '문장 속에서 어떤 대상이 화제임'을 나타내는 보조사이다. 따라서 ⓐ과 ⓓ에서는 격 조사가 아니라 보조사를 통해 문장의 주어가 실현되고 있다.

⑤ ⓔ에서는 상태의 변화를 의미하는 서술어의 영향으로 주어가 두 번 쓰였다.

⋯ ⓔ의 주어는 '새 컴퓨터가'이다. '고물이'는 주어가 아니라 보어*에 해당한다.

> ＊ 보어: 서술어 '되다, 아니다'가 요구하는 2개의 문장 성분 중, 주어를 제외한 필수적인 문장 성분
> 예 얼음이 물이 되었다. / 그는 군인이 아니다.

03
정답률 95%

다음은 부사어에 대해 탐구한 것이다. 탐구 내용으로 적절하지 않은 것은?

| ③ | • 그는 너무 헌 차를 한 대 샀다.
　부사어└─┘관형어
⇨ 부사어 '너무'가 서술어 '샀다'를 수식하는군. |

⋯ 부사어는 용언이나 관형어, 다른 부사어, 또는 문장 전체를 수식하는 문장 성분이다. '그는 너무 헌 차를 한 대 샀다.'에서 부사어 '너무'는 바로 뒤의 관형어 '헌'을 수식하고 있다. 따라서 부사어 '너무'가 서술어 '샀다'를 수식한다는 설명은 적절하지 않다.

| ① | • 하늘이 눈이 부시게 푸른 날이다.
　부사절 – 부사어└─┘관형어
⇨ 절인 '눈이 부시게'가 부사어로 쓰였군. |

⋯ '눈이 부시게'는 '눈이 부시다'에 부사형 어미 '-게'가 결합한 부사절로, 바로 뒤의 관형어인 '푸른'을 수식하는 부사어로 쓰였다.

| ② | • 함박눈이 하늘에서 펑펑 내리고 있다.
　부사어　부사어　서술어
⇨ 부사격 조사가 결합한 '하늘에서'와 부사 '펑펑'이 부사어로 쓰였군. |

⋯ 명사 '하늘'에 부사격 조사 '에서'가 결합한 '하늘에서'와 부사 '펑펑'이 각각 부사어로 쓰여 서술어를 수식하고 있다.

| ④ | ⓐ 영이는 엄마와 닮았다. / *영이는 닮았다.
　　필수적 부사어 두 자리 서술어
ⓑ 영이는 취미로 책을 읽는다. / 영이는 책을 읽는다.
　　생략 가능한 부사어
⇨ ⓐ의 '엄마와', ⓑ의 '취미로'는 둘 다 부사어인데, ⓐ의 '엄마와'는 ⓑ의 '취미로'와 달리 필수 성분이군. |

⋯ ⓐ의 '영이는 엄마와 닮았다.'에서 '엄마와'는 두 자리 서술어인 '닮다'가 필요로 하는 필수적 부사어이므로, '영이는 닮았다.'와 같이 부사어를 생략하면 비문이 된다. 반면, ⓑ의 '영이는 취미로 책을 읽는다.'의 부사어 '취미로'는 생략이 가능한 부사어이다.

| ⑤ | ⓐ 모든 것이 재로 되었다. / *모든 것이 되었다.
　　필수적 부사어
ⓑ 모든 것이 재가 되었다. / *모든 것이 되었다.
　　보어
⇨ ⓐ의 '재로'는 부사어이고 ⓑ의 '재가'는 보어로서, 문장 성분은 서로 다르지만 서술어가 반드시 필요로 하는 성분이라는 점에서는 같군. |

⋯ ⓐ의 '모든 것이 재로 되었다.'에서 '재로'는 명사 '재'에 부사격 조사 '로'가 붙은 필수적 부사어*이고, ⓑ의 '모든 것이 재가 되었다.'에서 '재가'는 명사 '재'에 보격 조사 '가'가 붙은 보어*이다. 이 둘은 모두 서술어가 반드시 필요로 하는 문장 성분이다.

> ＊ 보어와 필수적 부사어
> 학교 문법에서는 '되다, 아니다' 앞에서 보격 조사 '이/가'가 붙은 말은 보어, 부사격 조사가 붙은 말은 필수적 부사어로 취급하고 있음
> 예 물이 얼음이 되었다.(보어) / 물이 얼음으로 되었다.(필수적 부사어)

04
정답률 75%

〈보기〉의 ⓐ~ⓔ에 대한 탐구로 적절하지 않은 것은? [3점]

② ⓑ은 주어와 부사어를 필수적으로 요구하는 두 자리 서술어이군.

⋯ ⓑ의 '살았다'는 주어 '글이'만을 필수적으로 요구하므로 한 자리 서술어이다. 따라서 ⓑ이 주어와 부사어를 필수적으로 요구하는 두 자리 서술어라는 진술은 적절하지 않다.

① ⓐ은 주어만 필수적으로 요구하는 한 자리 서술어이군.

⋯ ⓐ의 '살았다'는 주어 '불씨가'만을 필수적으로 요구하므로 한 자리 서술어이다.

③ ⓒ은 주어와 목적어를 필수적으로 요구하는 두 자리 서술어이군.

⋯ ⓒ의 '살았다'는 주어 '그는'과 목적어 '벼슬을'을 필수적으로 요구하므로 두 자리 서술어이다.

④ ⓓ은 주어와 목적어를 필수적으로 요구하는 두 자리 서술어이군.

⋯ ⓓ의 '놓았다'는 주어 '그는'과 목적어 '일손을'을 필수적으로 요구하므로 두 자리 서술어이다.

⑤ ⓔ은 주어, 목적어, 부사어를 필수적으로 요구하는 세 자리 서술어이군.

⋯ ⓔ의 '놓았다'는 주어 '형은', 목적어 '책을', 부사어 '책상 위에'를 필수적으로 요구하므로 세 자리 서술어이다.

05
정답률 54% | 매력적인 오답 ⑤ 18%

〈학습 활동〉을 수행한 결과로 적절한 것은? [3점]

④ ©, ② 딴 사람이 그 문제를 해결했다. → 전혀 딴 사람이 그 문제를 한순간에 해결했다.
　　　　　　　　　　　　　　　　ⓒ을 충족시킴　　　　　　　②을 충족시킴

→ '전혀'는 부사로 관형어 '딴'을 수식하는 부사어로 쓰이고 있고 (ⓒ), '한순간에'는 '체언(한순간)+조사(에)'로 서술어 '해결했다'를 수식하는 부사어로 쓰이고 있으므로(②), ④는 조건 ⓒ과 ②을 충족하는 예문이다.

☂ 오답인 이유

⑤ 매력적인 오답 ②, ⑩ 영미는 그 일을 처리했다. → 영미는 그 일을 원칙대로 깔끔히 처리했다.
　　　　　　　　　　　②을 충족시킴
해당하는 조건 없음

→ '원칙대로'는 체언(원칙)+조사(대로)로 서술어 '처리했다'를 수식하는 부사어로 쓰이고 있고(②), '깔끔히'는 부사로 서술어 '처리했다'를 수식하는 부사어로 쓰이고 있으므로, ⑤는 조건 ②에만 해당하는 예문이다.

① ⑦, © 웃는 아기가 귀엽게 걷는다. → 방긋이 웃는 아기가 참 귀엽게 걷는다.
　　　　　　　　　　　　　　　　　　　　　©을 충족시킴　　　　　　©을 충족시킴

→ '방긋이'는 부사로 관형어 '웃는'을 수식하는 부사어로 쓰이고 있고(©), '참'은 부사로 부사어 '귀엽게'를 수식하는 부사어로 쓰이고 있으므로(⑦), ①은 조건 ⑦과 ©에 해당하는 예문이다.

② ⑦, © 화가가 굵은 선을 쭉 그었다. → 화가가 조금 굵은 선을 세로로 쭉 그었다.
　　　　　　　　　　　　　　　　　　ⓒ을 충족시킴　　②을 충족시킴

→ '조금'은 부사로 관형어 '굵은'을 수식하는 부사어로 쓰이고 있고(ⓒ), '세로로'는 체언(세로)+조사(로)로 서술어 '그었다'를 수식하는 부사어로 쓰이고 있으므로(②), ②는 조건 ⓒ과 ②에 해당하는 예문이다.

③ ©, ⑩ 그를 싫어하는 사람이 있다. → 그를 무턱대고 싫어하는 사람이 많이 있다.
　　　　　　　　　　　　　　　ⓒ을 충족시킴　　　해당하는 조건 없음

→ '무턱대고'는 부사로 관형어 '싫어하는'을 수식하는 부사어로 쓰이고 있고(ⓒ), '많이'는 부사로 서술어 '있다'를 수식하는 부사어로 쓰이고 있으므로, ③은 조건 ⓒ에만 해당하는 예문이다.

06

정답률 46% | 매력적인 오답 ⑤ 43%

밑줄 친 서술어가 요구하는 필수 성분의 개수와 종류가 〈보기〉의 문장과 같은 것은?

☀ 정답인 이유

① 그 광물이 원래는 귀금속에 속했다.

→ 〈보기〉의 '유리하다'는 '【…에/에게】 이익이 있다.'라는 뜻으로, 주어와 필수적 부사어를 필수적으로 요구하는 두 자리 서술어이다. 즉, 2개의 필수 성분(주어, 필수적 부사어)이 필요하다. 따라서 주어 '지형은'과 명사절 '외적의 침입을 막기'에 부사격 조사 '에'가 붙은 부사어 '외적의 침입을 막기에'가 쓰였다. 이때, '침입을'은 '유리하다'가 아닌 '막다'의 목적어로 쓰였다.

①의 '속하다'는 '【…에】 관계되어 딸리다.'라는 뜻으로, 주어와 필수적 부사어를 필수적으로 요구하는 두 자리 서술어이다. 따라서 〈보기〉의 밑줄 친 서술어처럼 2개의 필수 성분(주어, 필수적 부사어)이 필요하다.

☂ 오답인 이유

⑤ 매력적인 오답 나는 구호품을 수해 지역에 보냈다.

→ '보내다'는 '【…을 …에/에게】, 【…을 …으로】 사람이나 물건 따위를 다른 곳으로 가게 하다.'라는 뜻으로, 주어와 목적어, 필수적 부사어를 필수적으로 요구하는 세 자리 서술어이다. 즉, 3개의 필수 성분(주어, 목적어, 필수적 부사어)이 필요하다.

② 그는 바람이 불기에 옷깃을 여몄다.

→ '여미다'는 '【…을】 벌어진 옷깃이나 장막 따위를 바로 합쳐 단정하게 하다.'라는 뜻으로, 주어와 목적어를 필수적으로 요구하는 두 자리 서술어이다. 즉, 2개의 필수 성분이 필요하지만 서술어가 요구하는 필수 성분의 종류(주어, 목적어)가 〈보기〉의 밑줄 친 서술어와 다르다.

③ 우리는 원두막을 하루 만에 지었다.

→ '짓다'는 '【…을】 재료를 들여 밥, 옷, 집 따위를 만들다.'라는 뜻으로, 주어와 목적어를 필수적으로 요구하는 두 자리 서술어이다. 즉, 2개의 필수 성분이 필요하지만 서술어가 요구하는 필수 성분의 종류(주어, 목적어)가 〈보기〉의 밑줄 친 서술어와 다르다.

④ 나는 시간이 남았기에 그와 걸었다.

→ '걷다'는 '다리를 움직여 바닥에서 발을 번갈아 떼어 옮기다.'라는 뜻으로, 주어만을 필수적으로 요구하는 한 자리 서술어이다. 즉, 1개의 필수 성분(주어)이 필요하다.

07

정답률 83%

〈보기〉를 참고할 때 밑줄 친 서술어의 문형 정보를 바르게 추출한 것은?
[3점]

☀ 정답인 이유

	예문	문형 정보
①	• 이 나라는 국토가 대부분 산으로 되어 있다. • 요즘에 가죽으로 된 지갑이 인기다.	➡ 【…으로】

→ 〈보기〉에 제시된 '지내다'의 문형 정보 추출 과정을 통해, 사전에 제시되어 있는 문형 정보는 특정 서술어가 요구하는 필수적 문장 성분이라는 것을 알 수 있다. 문형 정보를 추출할 때는 서술어가 요구하는 필수적 문장 성분을 모두 파악한 뒤, 주어를 제외해야 한다. ①에 제시된 서술어 '되다'의 문형 정보를 추출하면 다음과 같다.

문장 성분 분석	• 주　어: 국토가, 지갑이 • 부사어: 대부분, 산으로, 요즘에, 가죽으로

↓

필수적 문장 성분 추출	• 주　어: 국토가, 지갑이 • 필수적 부사어: 산으로, 가죽으로 각 문장에서 '산으로'와 '가죽으로'를 생략하면 문장이 성립되지 않음

↓　　← 주어 제외

문형 정보	【…으로】

'되다'는 주어를 제외하고 '산으로'와 '가죽으로'라는 부사어를 필수적으로 요구하므로, '되다'의 문형 정보를 【…으로】로 추출할 수 있다.

오답인 이유

②
- 모두 그 속임수에 아무렇지 않게 넘어갔다.
- 제 꾀에 자기가 자연스럽게 넘어간 꼴이다.

➡ 【–게】

…→ 서술어 '넘어가다'는 주어를 제외하고 '속임수에'와 '꾀에'라는 부사어를 필수적으로 요구하므로, 【…에/에게】를 문형 정보로 추출해야 한다. 반면 '아무렇지 않게'와 '자연스럽게'가 생략되어도 문장이 어색하지 않으므로, 이들은 '넘어가다'의 필수적 문장 성분이 아니다.

③
- 나는 언니와 옷 때문에 다투기도 했다.
- 그는 누군가와 한밤중에 다투곤 했다.

➡ 【…에】

…→ 서술어 '다투다'는 주어를 제외하고 '언니와', '누군가와'라는 부사어를 필수적으로 요구하므로, 【…와/과】를 문형 정보로 추출해야 한다. 반면 '옷 때문에'와 '한밤중에'가 생략되어도 문장이 어색하지 않으므로, 이들은 '다투다'의 필수적 문장 성분이 아니다.

④
- 가방에 지갑이 사은품으로 딸려 있다.
- 그 책에 단어장이 부록으로 딸려 있다.

➡ 【…으로】

…→ 서술어 '딸리다'는 주어를 제외하고 '가방에', '책에'라는 부사어를 필수적으로 요구하므로, 【…에/에게】를 문형 정보로 추출해야 한다. 반면 '사은품으로'와 '부록으로'가 생략되어도 문장이 어색하지 않으므로, 이들은 '딸리다'의 필수적 문장 성분이 아니다.

⑤
- 옷에서 때가 깨끗하게 빠졌다.
- 청바지에서 물이 허옇게 빠졌다.

➡ 【–게】

…→ 서술어 '빠지다'는 주어를 제외하고 '옷에서', '청바지에서'라는 부사어를 필수적으로 요구하므로, 【…에서】를 문형 정보로 추출해야 한다. 반면 '깨끗하게'와 '허옇게'가 생략되어도 문장이 어색하지 않으므로, 이들은 '빠지다'의 필수적 문장 성분이 아니다.

---

10 문장의 짜임과 겹문장의 종류

개념 완성 TEST

▶ 문제편 102쪽

01 (1) 겹문장 (2) 홑문장 (3) 홑문장 (4) 겹문장 **02** (1) ✕ (2) ○ (3) ✕ (4) ○ **03** (1) 대등 (2) 대등 (3) 종속 (4) 종속 **04** (1) 관형어 (2) 주어 (3) 부사어 (4) 부사어 (5) 목적어 **05** (1) 서술절 (2) 명사절 (3) 부사절 (4) 관형절 **06** (1) 그 일을 하기, 주어 (2) 네가 행복하기, 목적어 (3) 그 아이가 학생임, 목적어 **07** (1) 꽃이 어제 피었다. (2) 비행기가 5시에 출발한다. (3) 명수가 행사를 책임지고 준비했다. **08** (1) ○ (2) ○ (3) ○ (4) ✕ (5) ✕

내신 기출 문제

▶ 문제편 103쪽

01 ⑤ **02** ③ **03** ② **04** ③

01

홑문장과 겹문장

다음 중 겹문장이 아닌 것은?

주어와 서술어의 관계가 두 번 이상 나타나는 문장
↦ 홑문장: 주어와 서술어의 관계가 한 번만 나타나는 문장

정답인 이유

⑤ 우리 집 정원에 드디어 장미꽃이 피었다.

…	우리	집	정원에	드디어	장미꽃이	피었다
	관형어	관형어	부사어	부사어	주어	서술어

⑤는 주어와 서술어의 관계가 한 번만 나타나고 있으므로, 홑문장에 해당한다.

오답인 이유

① 눈이 소리도 없이 내린다.

…	눈이	소리도	없이	내린다
	주어	주어	서술어	서술어
		부사절 – 부사어		

①은 '소리도 없이'가 '눈이 내린다'에 부사절로 안긴 겹문장이다. 이때 부사절 '소리도 없이'는 '소리도 없다'에 부사 파생 접미사 '–이'가 붙어 만들어진 것으로, 안은문장에서 부사어 역할을 하고 있다.

② 지금은 집에 가기에 이른 시간이다.

…	지금은	(내가)	집에	가기에	이른	시간이다
	주어	주어(생략)	부사어	서술어	관형어	서술어
		명사절 – 부사어				

②는 '집에 가기'가 '지금은 이른 시간이다'에 명사절로 안긴 겹문장이다. 이때 명사절 '집에 가기'는 '집에 가다'에 명사형 어미 '–기'가 붙어 만들어진 것으로, 부사격 조사 '에'와 결합하여 안은문장에서 부사어 역할을 하고 있다.

③ 네가 앉은 자리가 아버지의 자리이다.

…	네가	앉은	자리가	아버지의	자리이다

주어	서술어	주어	관형어	서술어
관형절 - 관형어				

③은 '네가 앉은'이 '자리가 아버지의 자리이다'에 관형절로 안긴 겹
문장이다. 이때 관형절 '네가 앉은'은 '네가 앉다'에 관형사형 어미
'-(으)ㄴ'이 붙어 만들어진 것으로, 안은문장에서 관형어 역할을 하
고 있다.

④ 문을 열고 들어오는 사람이 정원사이다.

	(누가)	문을	열고	들어오는	사람이	정원사이다
···	주어(생략)	목적어	서술어		주어	서술어
			종속적으로 이어진 문장			
	관형절 - 관형어					

④는 '문을 열고 들어오는'이 '사람이 정원사이다'에 관형절로 안긴
겹문장이다. 이때 '문을 열고 들어오는'은 '문을 열고 들어오다'에 관
형사형 어미 '-는'이 붙어 만들어진 관형절로, 안은문장에서 관형어
역할을 하고 있다. 참고로, '문을 열고 들어오다'는 연결 어미 '-고'
에 의해 이어진 문장으로, 앞뒤 절이 시간적인 선후 관계의 의미를
가지고 있기 때문에 종속적으로 이어진 문장으로 본다.

02
안은문장과 안긴문장

〈보기〉의 ㉠~㉤에 대한 설명으로 적절하지 않은 것은?

☀ 정답인 이유

③ ㉢의 안긴문장은 안은문장의 부사어를 수식한다.

··· '영수는 말도 없이 학교로 가 버렸다.'는 '말도 없이'라는 부사절을
안은문장이다. 이때 안긴문장인 '말도 없이'는 전체 문장(안은문장)
의 서술어인 '가 버렸다'를 수식하는 부사어의 역할을 하고 있다. 따
라서 '말도 없이'가 안은문장의 부사어인 '학교로'를 수식한다는 것은
잘못된 설명이다.

☂ 오답인 이유

① ㉠의 안긴문장은 안은문장의 서술어 기능을 한다.

··· 안긴문장인 '키가 매우 크다'는 전체 문장(안은문장)에서 주어 '영
수는'의 서술어 기능을 하는 서술절이다.

② ㉡의 안긴문장은 체언의 뜻을 제한하는 기능을 한다.

··· 안긴문장인 '꽃이 핀'은 뒤에 오는 체언 '사실'을 꾸며 주는 관형어
기능을 하는 관형절이다.

④ ㉣의 안긴문장의 주어는 안은문장의 주어와 동일하다.

··· 안긴문장인 '공원을 산책하기'는 전체 문장(안은문장)에서 목적
어 기능을 하는 명사절이다. 전체 문장의 주어는 '영수는'이고, 안긴
문장인 '공원을 산책하기'에는 주어 '영수는'이 생략되어 있는 것이므
로, 안긴문장과 안은문장의 주어는 동일하다.

⑤ ㉤의 안긴문장은 안은문장의 주어가 한 말을 인용한 것이다.

··· 안긴문장인 '빨리 오라고'는 전체 문장(안은문장)의 주어인 '영수'
가 한 말을 따온 인용절이다.

03
이어진문장

〈보기〉의 ㉠에 해당하지 않는 것은?

☀ 정답인 이유

② 산이 높지만 나무가 많지 않다.

··· '산이 높지만 나무가 많지 않다.'는 '산이 높다.'와 '나무가 많지 않
다.'라는 두 문장이 대조의 의미를 지닌 연결 어미 '-지만'에 의해 대
등하게 이어진 문장이므로, ㉠의 예에 해당하지 않는다.

☂ 오답인 이유

① 날씨가 좋으면 산책을 하자.

··· 이 문장은 '날씨가 좋다.'와 '산책을 하자.'라는 두 문장이 조건 ·
가정의 의미를 지닌 연결 어미 '-으면'에 의해 종속적으로 이어진 문
장이므로, ㉠의 예에 해당한다.

③ 어머니 선물을 사려고 용돈을 모았다.

··· 이 문장은 '어머니 선물을 사다.'와 '용돈을 모았다.'라는 두 문장
이 의도 · 목적의 의미를 지닌 연결 어미 '-려고'에 의해 종속적으로
이어진 문장이므로, ㉠의 예에 해당한다.

④ 냇물이 깊어서 아이가 건널 수 없었다.

··· 이 문장은 '냇물이 깊다.'와 '아이가 건널 수 없었다.'라는 두 문장
이 원인 · 이유의 의미를 지닌 연결 어미 '-어서'에 의해 종속적으로
이어진 문장이므로, ㉠의 예에 해당한다.

⑤ 비가 올지라도 우리는 계획대로 출발한다.

··· 이 문장은 '비가 오다.'와 '우리는 계획대로 출발한다.'라는 두 문
장이 양보의 의미를 지닌 연결 어미 '-ㄹ지라도'에 의해 종속적으로
이어진 문장이므로, ㉠의 예에 해당한다.

04
겹문장

〈보기〉의 ㉠~㉤에 대한 설명으로 적절한 것은?

☀ 정답인 이유

③ ㉢: 두 개의 절을 안은 문장이다.
관형절, 서술절

··· ㉢은 '내가 오늘 만난'이라는 관형절과 '성적이 나보다 좋다'라는
서술절을 안은 문장이다. 관형절 '내가 오늘 만난'은 관형어처럼 쓰
여 체언 '친구'를 수식하고 있으며, 서술절 '성적이 나보다 좋다'는 전
체 문장에서 서술어 역할을 하고 있다.

☂ 오답인 이유

① ㉠: 대등하게 이어진 문장으로서 연결 어미가 나열의 의미 관계를 갖는다.

··· ㉠은 '인생은 짧다.'와 '예술은 길다.'라는 두 문장이 대등적 연결
어미 '-지만'에 의해 대등하게 이어진 문장으로, '-지만'은 앞 절과
뒤 절이 대조의 의미 관계임을 나타낼 때 사용하는 연결 어미이다.

② ㉡: 관형절을 안은 문장으로서 안긴문장이 미래 시제를 표현하고 있다.

··· ㉡은 '내가 (지갑을) 잃어버리다.'라는 문장에 관형사형 어미
'-(으)ㄴ'이 붙어 만들어진 관형절 '내가 잃어버린'을 안은 문장이다.
이때 결합한 '-(으)ㄴ'은 과거 시제를 나타내는 관형사형 어미이므
로, 안긴문장은 미래 시제가 아니라 과거 시제를 표현하고 있다.

④ ㉣: 관형절을 안은 문장으로서 안긴문장이 현재 시제를 표현하고 있다.

···· ㉣은 '오늘 해야 하다.'라는 문장에 관형사형 어미 '-(으)ㄹ'이 붙어 만들어진 관형절 '오늘 해야 할'을 안은 문장이다. 이때 결합한 '-(으)ㄹ'은 미래 시제를 나타내는 관형사형 어미이므로, 안긴문장은 현재 시제가 아니라 미래 시제를 표현하고 있다.

⑤ ㉤: 종속적으로 이어진 문장으로서 앞 절이 뒤 절의 조건이 된다.

···· ㉤은 '어제 잠을 못 자다.'와 '몸이 피곤하다.'라는 두 문장이 종속적 연결 어미 '-아서'에 의해 종속적으로 이어진 문장으로, '-아서'는 앞 절이 뒤 절의 이유나 원인임을 나타낼 때 사용하는 연결 어미이다. 따라서 ㉤에서는 앞 절이 뒤 절의 이유나 원인이 된다.

수능 기출 문제

3. 문장과 담화
문장의 짜임

▶ 문제편 104~111쪽

01 ②	02 ⑤	03 ②	04 ①	05 ①	06 ④
07 ①	08 ④	09 ①	10 ③	11 ③	12 ②
13 ②	14 ①	15 ②	16 ④		

01

정답률 73% | 매력적인 오답 ④ 16%

〈학습 활동〉을 수행한 결과로 적절한 것은? [3점]

☀ 정답인 이유

② ㉮, ㉯

···· ㉮에서 안긴문장 '노래를 부르기'는 주격 조사 '가'와 결합하여 안은문장에서 주어로 쓰이고 있는 명사절로, 체언을 수식하고 있지 않다. 따라서 ㉮는 ⓒ에 해당한다. ㉯에서 안긴문장 '아무도 모르게'는 안은문장에서 용언 '피었다'를 수식하는 부사어로 쓰이고 있는 부사절로, 체언을 수식하고 있지 않다. 따라서 ㉯ 역시 ⓒ에 해당한다. 그러나 ㉰에서 안긴문장 '동생이 오기'는 안은문장에서 관형어로 쓰이고 있는 명사절로, 체언인 '전'을 수식하고 있으므로 ⓑ에 해당한다. ㉱에서 안긴문장 '마음씨가 착하다'는 서술절로, 안은문장에서 서술어로 쓰이고 있으므로 ⓐ에 해당한다.

☂ 오답인 이유

④ 매력적인 오답 ㉮, ㉯, ㉰

···· '오답인 이유'는 '정답인 이유'에서 확인할 수 있습니다.

① ㉮

···· '오답인 이유'는 '정답인 이유'에서 확인할 수 있습니다.

③ ㉰, ㉱

···· '오답인 이유'는 '정답인 이유'에서 확인할 수 있습니다.

⑤ ㉯, ㉰, ㉱

···· '오답인 이유'는 '정답인 이유'에서 확인할 수 있습니다.

02

정답률 80%

〈학습 활동〉의 ㉠에 들어갈 예로 적절한 것은?

☀ 정답인 이유

⑤ 형은 동생이 찾아뵈려던 선생님을 학교에서 만났습니다.
　　동생이 선생님을 찾아뵈려 했다.

···· 안긴문장은 '선생님'을 꾸미는 관형절 '동생이 찾아뵈려던'으로, 이를 완결된 문장으로 바꾸면 '동생이 선생님을 찾아뵈려 했다.'가 된다. 즉, 안긴문장에서 객체 높임의 대상인 '선생님'이 안은문장에서 목적어 '선생님을'로 실현된 겹문장이므로, ㉠에 들어갈 예로 적절하다.

☂ 오답인 이유

① 편찮으시던 어르신께서는 좀 건강해지셨나요?
　　어르신께서는 편찮으셨다.

···· 안긴문장은 '어르신'을 수식하는 관형절 '편찮으시던'으로, 이를 완결된 문장으로 바꾸면 '어르신께서는 편찮으셨다.'가 된다. 즉, 안긴문장에서 주체 높임의 대상인 '어르신'이 안은문장에서 주어 '어르신께서는'으로 실현된 겹문장이다.

② 오빠는 고향에 계신 부모님을 집으로 모시고 갔다.
　　부모님께서 고향에 계신다.

···· 안긴문장은 목적어 '부모님'을 꾸미는 관형절 '고향에 계신'으로, 이를 완결된 문장으로 바꾸면 '부모님께서 고향에 계신다.'가 된다. 즉, 안긴문장에서 주체 높임의 대상인 '부모님'이 안은문장에서 목적어 '부모님을'로 실현된 겹문장이다.

③ 나는 할아버지께서 선물을 주신 날짜를 아직도 기억해.
　　할아버지께서 (나에게) 선물을 주셨다.

···· 안긴문장은 목적어 '날짜'를 꾸미는 관형절 '할아버지께서 선물을 주신'으로, 이를 완결된 문장으로 바꾸면 '할아버지께서 (나에게) 선물을 주셨다.'가 된다. 즉, 안긴문장에서 주체 높임의 대상인 '할아버지'가 안긴문장에서 주어 '할아버지께서'로 나타나고 안은문장에서 목적어로 실현되지 않은 겹문장이다.

④ 누나는 다음 주에 인사를 드릴 할머니께 편지를 썼어요.
　　누나는 할머니께 다음 주에 인사를 드릴 것이다.

···· 안긴문장은 부사어 '할머니'를 꾸미는 관형절 '다음 주에 인사를 드릴'로, 이를 완결된 문장으로 바꾸면 '누나는 할머니께 다음 주에 인사를 드릴 것이다.'가 된다. 즉, 안긴문장에서 객체 높임의 대상인 '할머니'가 안은문장에서 부사어 '할머니께'로 실현된 겹문장이다.

03

정답률 55% | 매력적인 오답 ③ 20%

〈학습 활동〉의 ㉠~㉢에 들어갈 예문으로 적절한 것은?

☀ 정답인 이유

② ㉠: 선생님께서는 여전히 학교 근처에 사시는지요?

···· ㉠에는 현재 시제만 쓰이고, 서술어의 자릿수가 둘인 예문이 들어가야 한다. 이때 '선생님께서는 여전히 학교 근처에 사시는지요?'라는 문장은 현재 시제를 나타내는 선어말 어미 '-는-'을 사용하고 있고, 서술어 '살다'는 주어(선생님께서는)와 부사어(학교 근처에)를 필요로 하는 두 자리 서술어이므로 ㉠의 예문으로 적절하다.

☂ 오답인 이유

③ 매력적인 오답 ㉡: 산중에 있으므로 여기는 도시보다 조용합니다.

···· ㉡에는 현재 시제만 쓰이고, 안긴문장이 부사어로 기능하는 예문이 들어가야 한다. '산중에 있으므로 여기는 도시보다 조용합니다.'라는 문장은 현재 시제를 나타내지만, 안긴문장이 아닌 까닭이나 근거

를 나타내는 연결 어미 '-(으)므로'로 이어진 문장이기 때문에 ⓒ의 예문으로 적절하지 않다.

① ㉠: 그 집 마당에는 감나무 한 그루가 자란다.

⋯ ㉠에는 현재 시제만 쓰이고, 서술어 자릿수가 둘인 예문이 들어가야 한다. '그 집 마당에는 감나무 한 그루가 자란다.'라는 문장은 현재 시제를 나타내는 선어말 어미 '-ㄴ-'을 사용하고 있지만, 서술어 '자라다'는 주어만을 필요로 하는 한 자리 서술어이므로 ㉠의 예문으로 적절하지 않다.

④ ㉡: 오늘부터 아침으로 과일만 먹기로 마음먹었니?

⋯ ㉡에는 현재 시제만 쓰이고, 안긴문장이 부사어로 기능하는 예문이 들어가야 한다. '오늘부터 아침으로 과일만 먹기로 마음먹었니?'에서 안긴문장 '오늘부터 아침으로 과일만 먹기'는 부사어로 기능하고 있지만, '마음먹었니?'에서 과거 시제를 나타내는 선어말 어미 '-었-'을 사용하고 있으므로 ④는 ㉡의 예문으로 적절하지 않다.

⑤ ㉢: 오래전 큰아버지께 받은 책에 곰팡이가 슬었어.

⋯ ㉢에는 서술어의 자릿수가 둘이고, 안긴문장이 부사어로 기능하는 예문이 들어가야 한다. '오래전 큰아버지께 받은 책에 곰팡이가 슬었어.'에서 서술어 '슬다'는 주어(곰팡이가)와 부사어(책에)를 필요로 하는 두 자리 서술어이지만, 안긴문장인 '오래전 큰아버지께 받은'은 명사 '책'을 수식하는 관형어로 기능하므로 ⑤는 ㉢의 예문으로 적절하지 않다.

04

정답률 36% | 매력적인 오답 ③ 29%

〈학습 활동〉을 수행한 결과로 적절하지 <u>않은</u> 것은? [3점]

정답인 이유

① ⓐ는 인용절로 쓰이고 있다.

⋯ 안은문장에서 안긴문장인 ⓐ는 관형사형 전성 어미 '-는'이 결합한 관형절로, 안은문장에서 명사 '예보'를 수식하는 관형어로 쓰이고 있다. 참고로 인용절에는 인용 조사 '고', '라고' 등이 결합한다.

오답인 이유

③ 매력적인 오답 ⓒ는 명사절로 쓰이고 있다.

⋯ 안긴문장인 ⓒ는 명사형 전성 어미 '-기'가 결합한 명사절로, 안은문장에서 체언 '전'을 꾸미는 관형어로 쓰이고 있다.

② ⓑ는 관형절로 쓰이고 있다.

⋯ 안긴문장인 ⓑ는 관형사형 전성 어미 '-ㄴ'이 결합한 관형절로, 안은문장에서 체언 '도시'를 꾸미는 관형어로 쓰이고 있다.

④ ⓓ는 조사와 결합하여 주성분으로 쓰이고 있다.

⋯ 안긴문장인 ⓓ는 명사형 전성 어미 '-음'이 결합한 명사절로, 안은문장에서 목적격 조사 '을'과 결합하여 문장의 주성분인 목적어로 쓰이고 있다.

⑤ ⓔ는 조사와 결합 없이 부속 성분으로 쓰이고 있다.

⋯ 안긴문장인 ⓔ는 관형사형 전성 어미 '-는'이 결합한 관형절로, 안은문장에서 조사와 결합 없이 체언 '들판'을 수식하고 있다. 즉 문장의 부속 성분인 관형어로 쓰이고 있다.

05

정답률 36% | 매력적인 오답 ④ 50%

㉠~㉣의 문장 성분과 문장 구조에 대한 설명으로 적절한 것은?

정답인 이유

① ㉠에는 필수적 부사어가 생략된 안긴문장이 있고, ㉡에는 주어가 생략된 안긴문장이 있다.

⋯ ㉠의 안긴문장 '내 친구가 보낸'에는 '누군가에게 또는 어디로'라는 필수적 부사어가 생략되어 있다. 또한 ㉡의 안긴문장 '테니스 배우기'에는 주어인 '내가'가 생략되어 있다.

오답인 이유

④ 매력적인 오답 ㉢에는 보어 기능을 하는 안긴문장이 있고, ㉣에는 부사어
× → ㉢에는 관형어 기능을 하는 안긴문장이 있고,
기능을 하는 안긴문장이 있다.

⋯ ㉢의 안긴문장 '우리 가족이 점심을 먹은'은 문장에서 '식당'을 꾸며 주는 관형어 기능을 하므로, ㉢의 안긴문장이 보어 기능을 한다는 설명은 적절하지 않다. ㉣의 안긴문장 '신이 닳도록'은 문장에서 '돌아다녔다'를 꾸며 주는 부사어 기능을 하므로 적절하다.

② ㉠과 ㉡에는 모두, 주어 기능을 하는 명사절이 있다.
× → ㉡에는

⋯ ㉡의 명사절 '테니스 배우기'는 주격 조사 '가'와 결합하여 주어로 기능하고 있지만, ㉠의 명사절 '내 친구가 보낸 책을 제시간에 받기'는 목적격 조사 '를'과 결합하여 문장에서 목적어로 기능하고 있다.

③ ㉠과 ㉢에는 모두, 주어가 생략된 안긴문장이 있다.
× → ㉠에는

⋯ ㉠의 안긴문장 '내 친구가 보낸 책을 제시간에 받기'에는 '받다'에 해당하는 주어가 생략되어 있지만, ㉢의 안긴문장 '우리 가족이 점심을 먹은'에는 주어가 '우리 가족'으로 생략되어 있지 않다.

⑤ ㉢과 ㉣에는 모두, 목적어가 생략된 관형사절이 있다.
×

⋯ ㉢의 관형사절 '우리 가족이 점심을 먹은'에는 목적어가 생략되어 있지 않고, ㉣의 관형사절 '아름다운'에는 목적어가 아닌 주어가 생략되어 있다.

06

정답률 75%

〈보기〉의 ㄱ~ㅁ에 대한 설명으로 적절하지 <u>않은</u> 것은?

정답인 이유

④ ㄷ과 ㅁ의 안긴문장의 주어는 각각의 안은문장의 주어와 다르다.

⋯ ㄷ에서 안긴문장의 주어는 '동생이'이고, 안은문장의 주어는 '오빠가'이다. 반면 ㅁ에서 안긴문장의 주어와 안은문장의 주어는 모두 '누나가'로 동일하다. 따라서 ㄷ에서만 안긴문장과 안은문장의 주어가 다르다.

오답인 이유

① ㄱ과 ㄴ의 안긴문장은 각각의 안은문장에서 다른 문장 성분으로 쓰인다.

⋯ ㄱ의 안긴문장 '그가 이 사건의 범인임'은 주격 조사 '이'와 결합되어 안은문장에서 주어로 사용되었으며, ㄴ의 안긴문장 '언니가 빵을 먹은'은 안은문장에서 체언 '사실'을 수식하는 관형어로 사용되었다.

② ㄴ과 ㄷ의 안긴문장은 각각의 안은문장에서 동일한 문장 성분으로 쓰인다.

⋯ ㄴ의 안긴문장 '언니가 빵을 먹은'은 안은문장에서 체언 '사실'을 수식하는 관형어로 사용되었고, ㄷ의 안긴문장 '동생이 가게에서 산'

은 안은문장에서 체언 '빵'을 수식하는 관형어로 사용되었다.

③ ㄴ의 안긴문장은 ㄷ의 안긴문장과 달리 안긴문장 속에 생략된 필수 성분이 없다.

··· ㄷ의 안긴문장은 '동생이 가게에서 (빵을) 샀다.'로, '빵을'이라는 목적어가 생략되어 있다. 하지만 ㄴ의 안긴문장 '언니가 빵을 먹었다.'에는 주어, 목적어, 서술어 등 필수 성분이 모두 나타난다.

⑤ ㄹ과 ㅁ의 안긴문장은 각각의 안은문장에서 다른 문장 성분으로 쓰인다.

··· ㄹ의 안긴문장 '집에 가기'는 보조사 '만'과 목적격 조사 '을'과 결합되어 안은문장에서 목적어로 사용되었으며, ㅁ의 안긴문장 '집에 가기'는 부사격 조사 '에'와 결합되어 안은문장에서 부사어로 사용되었다.

07
정답률 64% | 매력적인 오답 ④ 13%

〈보기〉의 ㉠~㉤과 관련된 설명으로 적절한 것은? [3점]

정답인 이유

① ㉠이 서술어인 문장에서 명사절이 주어 기능을 하고 있다.

··· ㉠이 서술어인 문장은 '주기적으로 운동하기가 건강의 첫걸음이다.'로, 명사절은 '주기적으로 운동하기'이다. 이때, 명사절이 주격 조사 '가'와 결합하여 주어 기능을 하고 있으므로 적절하다.

오답인 이유

④ 매력적인 오답 ㉣이 서술어인 문장에서 명사절이 보어 기능을 하고 있다.

··· ㉣이 서술어인 문장은 '(계획 세우기가) 제대로 되(다).'로, 생략된 명사절은 '계획 세우기'이다. 이때, 생략된 명사절은 주어 기능을 하고 있다.

② ㉡이 서술어인 문장에서 명사절이 목적어 기능을 하고 있다.

··· ㉡이 서술어인 문장은 '그것을 꾸준하게 실천하(다).'로, 명사절은 나타나지 않는다.

③ ㉢이 서술어인 문장에서 명사절이 부사어 기능을 하고 있다.

··· ㉢이 서술어인 문장은 '그것을 꾸준하게 실천하기 원하(다).'로, 명사절은 '그것을 꾸준하게 실천하기'이다. 이때, 목적격 조사 '를'이 생략된 채 명사절이 목적어 기능을 하고 있다.

⑤ ㉤이 서술어인 문장에서 명사절이 관형어 기능을 하고 있다.

··· ㉤이 서술어인 문장은 '제대로 된 계획 세우기가 선행되어야 한다.'로, 명사절은 '제대로 된 계획 세우기'이다. 이때, 명사절이 주격 조사 '가'와 결합하여 주어 기능을 하고 있다.

08
정답률 65% | 매력적인 오답 ③ 16%

〈보기〉의 자료를 탐구한 결과로 적절한 것은?

정답인 이유

		안긴문장의 종류	생략된 문장 성분
④	㉣	관형절	부사어

··· ㉣의 '내가 늘 쉬던'은 '내가 (공원에서) 늘 쉬다.'라는 문장에 관형사형 어미 '-던'이 붙어 만들어진 관형절이다. 즉, ㉣에서 안긴문장의 종류는 관형절이고, 안긴문장에서 생략된 문장 성분은 부사어 '공

원에서'이다.

오답인 이유

③ 매력적인 오답

㉢	명사절	주어

··· ㉢의 '자신의 판단이 옳았음'은 '자신의 판단이 옳았다.'라는 문장에 명사형 어미 '-음'이 붙어 만들어진 명사절로, 안긴문장에서 생략된 문장 성분은 없다.

① ㉠	부사절	없음

··· ㉠의 '자식이 건강하기'는 '자식이 건강하다.'라는 문장에 명사형 어미 '-기'가 붙어 만들어진 명사절로, 안긴문장에서 생략된 문장 성분은 없다.

② ㉡	명사절	없음

··· ㉡의 '연락도 없이'는 '연락도 없다.'라는 문장에 부사 파생 접미사 '-이'가 붙어 만들어진 부사절로, 안긴문장에서 생략된 문장 성분은 없다.

⑤ ㉤	관형절	목적어

··· ㉤의 '아주 어려운'은 '(과제가) 아주 어렵다.'라는 문장에 관형사형 어미 '-은'이 붙어 만들어진 관형절로, 안긴문장에서 생략된 문장 성분은 주어 '과제가'이다.

09
정답률 77%

〈보기〉의 ㉠~㉤에 해당하는 문장으로 적절하지 않은 것은?

정답인 이유

① ㉠: 동생은 추운 날씨에도 얼음을 먹었다. → 관형절을 안은 문장
　　　　　관형절 - '날씨'를 꾸며 줌

··· 제시된 문장에서 '추운'은 '날씨가 춥다.'라는 문장이 관형절로 안긴 것으로 명사 '날씨'를 꾸며 준다. 이때 관형절의 주어 '날씨가'는 생략되었다. 따라서 제시된 문장은 '명사절을 안은 문장'이라는 ㉠의 조건에 해당하지 않는다.

오답인 이유

② ㉡: 형은 얼음을 먹는 동생에게 불평을 했다. → 관형절을 안은 문장
　　　　　관형절 - '동생'을 꾸며 줌

··· 제시된 문장에서 '얼음을 먹는'은 '동생은 얼음을 먹었다.'라는 문장이 관형절로 안긴 것으로 '동생'을 꾸며 준다. 따라서 제시된 문장은 '관형절을 안은 문장'이라는 ㉡의 조건을 만족한다.

③ ㉢: 동생은 추위와 상관없이 얼음을 먹었다. → 부사절을 안은 문장
　　　　　부사절 - '먹었다'를 꾸며 줌

··· 제시된 문장에서 '추위와 상관없이'는 '동생은 추위와 상관없다.'라는 문장이 부사절로 안긴 것으로 서술어 '먹었다'를 꾸며 준다. 따라서 '부사절을 안은 문장'이라는 ㉢의 조건을 만족한다.

④ ㉣: 형은 동생에게 날씨가 춥다고 불평을 했다. → 인용절을 안은 문장
　　　　　인용절 - 간접 인용

··· 제시된 문장에서 '날씨가 춥다고'는 '날씨가 춥다.'라는 문장이 인용절로 안긴 것으로, 인용 조사 '고'를 사용한 간접 인용절이다. 따라서 '인용절을 안은 문장'이라는 ㉣의 조건을 만족한다.

⑤ ㉤: 형은 물을 마셨지만 동생은 얼음을 먹었다. → 대등하게 이어진 문장
　　　　　대조를 나타내는 대등적 연결 어미

I. 언어　47

··· 제시된 문장은 '형은 물을 마셨다.'와 '동생은 얼음을 먹었다.'가 대조를 나타내는 대등적 연결 어미인 '-지만'으로 대등하게 이어져 있다. 따라서 '대등하게 이어진 문장'이라는 ㉤의 조건을 만족한다.

〈보기〉의 ⓐ∼ⓒ를 이해한 내용으로 적절하지 <u>않은</u> 것은?

☀ 정답인 이유

③ ⓒ의 '별을'은 안긴문장의 목적어이면서 안은문장의 목적어이군.

··· ⓒ는 '반짝이는'이라는 관형절을 안은 문장으로, 안은문장은 '동주는 별을 응시했다.'이고 안긴문장은 '별이 반짝이다.'이다. 따라서 '별을'은 안은문장의 목적어이고, 안긴문장에는 목적어가 없다.

☂ 오답인 이유

④ (매력적인 오답) ⓐ의 '좋은'과 ⓒ의 '반짝이는'은 안긴문장의 서술어이군.

··· ⓐ의 '좋은'은 '기회가 좋다.'라는 문장이 관형절로 안긴 것이고, ⓒ의 '반짝이는'은 '별이 반짝이다.'라는 문장이 관형절로 안긴 것이다. 즉 '좋은'과 '반짝이는'은 안긴문장의 서술어이다.

① ⓐ의 '삼았다'는 주어 이외에도 두 개의 문장 성분을 필수적으로 요구하는군.

··· '삼다'는 주어 외에 '~을'과 '~으로'에 해당하는 문장 성분을 반드시 필요로 하는 서술어이다. 따라서 ⓐ의 '삼았다'는 주어 이외에도 목적어 '위기를'과 부사어 '기회로'를 필수적으로 요구한다.

② ⓑ의 '바다가'와 '눈이'는 각각 다른 서술어의 주어이군.

··· ⓑ는 부사절을 안은 문장으로, 안은문장은 '바다가 파랗다.'이고 안긴문장은 '눈이 부시다.'이다. 따라서 '바다가'는 '파랗다'의 주어이고, '눈이'는 '부시다'의 주어이다.

⑤ ⓑ의 '눈이 부시게'와 ⓒ의 '반짝이는'은 수식의 기능을 하는군.

··· ⓑ의 '눈이 부시게'는 '눈이 부시다.'라는 문장이 부사절로 안긴 것으로, 안은문장의 서술어인 '파랗다'를 수식한다. ⓒ의 '반짝이는'은 관형절로 뒤에 오는 명사 '별'을 수식한다.

〈보기〉의 ㉠∼㉢에 해당하는 예로 적절하지 <u>않은</u> 것은?

☀ 정답인 이유

③ ㉡ ┌ [두 사람이 어제 헤어진] 공원이 지금 공사 중입니다.
      → 두 사람이 어제 <u>공원에서</u> 헤어졌다.
     └ 나는 [어제 부모님이 시키신] 일을 오늘에야 다 끝냈다.
      → 어제 부모님이 <u>일</u>을 시키셨다.

··· 〈보기〉는 안긴문장인 관형절을 완결된 문장으로 바꾸었을 때, 밑줄 친 단어가 어떤 문장 성분의 기능을 하는지에 대해 설명하고 있다. 두 번째 문장에서 관형절을 완결된 문장으로 바꾸면, '어제 부모님이 일을 시키셨다.'가 된다. 이때 밑줄 친 '일'은 목적격 조사 '을'과 결합하여 목적어의 기능을 하므로, ㉡의 예로 적절하다. 하지만 첫 번째 문장에서 관형절을 완결된 문장으로 바꾸면, '두 사람이 어제 공원에서 헤어졌다.'가 된다. 이때 밑줄 친 '공원'은 부사격 조사 '에서'와 결합하여 부사어의 기능을 하므로, ㉡이 아니라 ㉢의 예에 해당한다.

☂ 오답인 이유

② (매력적인 오답) ㉠ ┌ [나무로 된] 탁자에 동생이 낙서를 하고 있다.
      → 탁자가 나무로 되었다.
     └ 그들은 [시대에 뒤떨어진] 생각을 여전히 하고 있다.
      → 생각이 시대에 뒤떨어졌다.

··· 첫 번째 문장에서 관형절을 완결된 문장으로 바꾸면, '탁자가 나무로 되었다.'가 된다. 이때 밑줄 친 '탁자'는 주격 조사 '가'와 결합하여 주어의 기능을 하므로, ㉠의 예로 적절하다. 두 번째 문장에서 관형절을 완결된 문장으로 바꾸면, '생각이 시대에 뒤떨어졌다.'가 된다. 이때 밑줄 친 '생각'은 주격 조사 '이'와 결합하여 주어의 기능을 하므로, 역시 ㉠의 예로 적절하다.

① ㉠ ┌ [어제 결혼한] 그들에게 나는 미리 선물을 주었다.
      → 그들이 어제 결혼했다.
     └ [누나를 많이 닮은] 친구를 우리는 오늘도 만났다.
      → 친구가 누나를 많이 닮았다.

··· 첫 번째 문장에서 관형절을 완결된 문장으로 바꾸면, '그들이 어제 결혼했다.'가 된다. 이때 밑줄 친 '그들'은 주격 조사 '이'와 결합하여 주어의 기능을 하므로, ㉠의 예로 적절하다. 두 번째 문장에서 관형절을 완결된 문장으로 바꾸면, '친구가 누나를 많이 닮았다.'가 된다. 이때 밑줄 친 '친구'는 주격 조사 '가'와 결합하여 주어의 기능을 하므로, 역시 ㉠의 예로 적절하다.

④ ㉡ ┌ [친구가 나에게 준] 옷이 나는 마음에 든다.
      → 친구가 나에게 옷을 주었다.
     └ 누나는 [털실로 짠] 장갑도 내게 주었습니다.
      → 누나는 털실로 장갑을 짰다.

··· 첫 번째 문장에서 관형절을 완결된 문장으로 바꾸면, '친구가 나에게 옷을 주었다.'가 된다. 이때 밑줄 친 '옷'은 목적격 조사 '을'과 결합하여 목적어의 기능을 하므로, ㉡의 예로 적절하다. 두 번째 문장에서 관형절을 완결된 문장으로 바꾸면, '누나는 털실로 장갑을 짰다.'가 된다. 이때 밑줄 친 '장갑'은 목적격 조사 '을'과 결합하여 목적어의 기능을 하므로, 역시 ㉡의 예로 적절하다.

⑤ ㉢ ┌ [아이들이 운동장에서 공을 찬] 주말을 기억해 보세요.
      → 아이들이 <u>주말에</u> 운동장에서 공을 찼다.
     └ 그는 [관중이 쓰레기를 남긴] 경기장을 열심히 청소했다.
      → 관중이 경기장에 쓰레기를 남겼다.

··· 첫 번째 문장에서 관형절을 완결된 문장으로 바꾸면, '아이들이 주말에 운동장에서 공을 찼다.'가 된다. 이때 밑줄 친 '주말'은 부사격 조사 '에'와 결합하여 부사어의 기능을 하므로, ㉢의 예로 적절하다. 두 번째 문장에서 관형절을 완결된 문장으로 바꾸면, '관중이 경기장에 쓰레기를 남겼다.'가 된다. 이때 밑줄 친 '경기장'은 부사격 조사 '에'와 결합하여 부사어의 기능을 하므로, 역시 ㉢의 예로 적절하다.

〈보기〉의 [A]에 들어갈 말로 적절한 것은?

☀ 정답인 이유

② ㉠이 ㉡에 관형절로 안기면서 ㉠의 부사어가 생략되었습니다.

··· 겹문장 ㉢을 보면, 홑문장 ㉠이 관형절인 '철수가 산책을 한'의 형태가 되어 홑문장 ㉡에 안겼다는 것을 알 수 있다. 아울러 이때 ㉠의 부사어 '공원에서'가 생략되었다는 것도 알 수 있다.

① ㉠이 ㉡에 관형절로 안기면서 ㉠의 목적어가 생략되었습니다.

┈➤ ㉠이 ㉡에 관형절로 안긴 것은 맞지만, 이때 ㉠의 목적어 '산책을'이 생략되지는 않았다.

③ ㉠이 ㉡에 부사절로 안기면서 ㉠의 부사어가 생략되었습니다.

┈➤ ㉠은 관형사형 어미 '-ㄴ'이 붙어 관형어의 기능을 하는 관형절로 ㉡에 안겼으며, 이때 ㉠의 부사어 '공원에서'가 생략되었다.

④ ㉠이 ㉡에 부사절로 안기면서 ㉡의 주어가 생략되었습니다.

┈➤ ㉠은 관형사형 어미 '-ㄴ'이 붙어 관형어의 기능을 하는 관형절로 ㉡에 안겼으며, 이때 ㉡의 주어 '공원은'은 생략되지 않았다.

⑤ ㉠이 ㉡에 명사절로 안기면서 ㉡의 주어가 생략되었습니다.

┈➤ ㉠은 관형사형 어미 '-ㄴ'이 붙어 관형어의 기능을 하는 관형절로 ㉡에 안겼으며, 이때 ㉡의 주어 '공원은'은 생략되지 않았다.

13

정답률 85%

〈보기〉의 ㉠~㉤에 대한 설명으로 옳지 <u>않은</u> 것은?

② ㉡은, '나는'의 서술어인 ㉣을 안고 있다.

┈➤ ㉣에서 '형이 오기'는 '형이 오다.'라는 문장에 명사형 어미 '-기'가 붙어 만들어진 명사절로, ㉣은 ㉡에서 목적어의 역할을 하고 있다. 즉, ㉡은 목적어인 ㉣을 안고 있는 것이다. ㉡에서 주어 '나는'의 서술어는 '기다렸고'이다.

① ㉠은, ㉡과 ㉢이 대등하게 연결된 이어진문장이다.

┈➤ ㉠은 ㉡'나는 형이 오기를 기다렸다.'와 ㉢'동생은 형이 준 책을 읽었다.'가 대등적 연결 어미 '-고'에 의해 대등하게 연결된 이어진문장이다.

③ ㉡과 ㉢은, 각각 '주어-서술어'의 관계가 두 번 이상 나타난다.

┈➤ ㉡은 '나는(주어) 기다렸다(서술어).'와 '형이(주어) 오다(서술어).'라는 두 문장으로 이루어져 있고, ㉢은 '동생은(주어) 책을(목적어) 읽었다(서술어).'와 '형이(주어) 동생에게(부사어) 책을(목적어) 주었다(서술어).'라는 두 문장으로 이루어져 있다. 따라서 ㉡과 ㉢은 각각 주어와 서술어의 관계가 두 번 이상 나타난다.

④ ㉣과 ㉤은, '주어-서술어'의 관계가 한 번씩만 나타난다.

┈➤ ㉣과 ㉤은 각각 '주어(형이) + 서술어(오다)'와 '주어(형이) + 서술어(주다)'의 구조로, 주어와 서술어의 관계가 한 번씩만 나타난다.

⑤ ㉤은, '책'을 수식하는 관형어 역할을 하면서 ㉢에 안겨 있다.

┈➤ ㉤은 '형이 책을 주다.'라는 문장에 관형사형 어미 '-ㄴ'이 붙어 만들어진 관형절로, 체언 '책'을 수식하는 관형어의 역할을 하면서 ㉢에 안겨 있다.

14

정답률 92%

〈보기〉는 '학습 활동'에 대해 짝 토론을 한 것이다. ㉠~㉢에 알맞은 말을

골라 바르게 연결한 것은?

	㉠	㉡	㉢
①	그녀가	제자가	그가

┈➤ 문장 전체의 주어(㉠), 명사절의 주어(㉡), 관형절의 주어(㉢)를 찾는 문제이다. 먼저 제시된 문장의 짜임을 분석하면 다음과 같다.

> '그가 아끼던 제자가 상 받았음을 그녀가 알려 줬다.'
> (1) '그녀가 알려 줬다.'라는 문장에 '그가 아끼던 제자가 상을 받았다.'가 명사절로 안겨 목적어의 역할을 하고 있다.
> (2) '제자가 상을 받다.'라는 문장에 '그가 (제자를) 아꼈다.'가 관형절로 안겨 관형어의 역할을 하고 있다.
> ⇒ 즉, 이 문장은 명사절과 관형절을 안은 문장이다.

따라서 문장 전체의 서술어 '알려 줬다'의 주어는 '그녀가'이고, 명사절 '제자가 상을 받았음'의 서술어 '받았음'의 주어는 '제자가'이다. 그리고 관형절 '그가 아끼던'의 서술어 '아끼던'의 주어는 '그가'이다.

②	그녀가	그가	제자가

┈➤ '오답인 이유'는 '정답인 이유'에서 확인할 수 있습니다.

③	그가	그녀가	제자가

┈➤ '오답인 이유'는 '정답인 이유'에서 확인할 수 있습니다.

④	그가	제자가	그녀가

┈➤ '오답인 이유'는 '정답인 이유'에서 확인할 수 있습니다.

⑤	제자가	그녀가	그가

┈➤ '오답인 이유'는 '정답인 이유'에서 확인할 수 있습니다.

15

정답률 30% | 매력적인 오답 ④ 40%

㉠~㉣의 문장 성분과 문장 구조에 대한 설명으로 적절하지 <u>않은</u> 것은?

[3점]

② ㉢과 ㉣은 서술어의 기능을 하는 안긴문장이 있다.

┈➤ ㉢의 안긴문장인 '피곤해하던'은 관형어의 역할을 하는 관형절이며, '엄마가 모르게'는 부사어의 역할을 하는 부사절이다. 또 ㉣의 안긴문장인 '그가 시장에서 산'은 관형어의 역할을 하는 관형절이며, '값이 비싸다'는 서술어의 역할을 하는 서술절이다. 따라서 ㉣에는 서술어의 기능을 하는 안긴문장이 있지만, ㉢에는 서술어의 기능을 하는 안긴문장이 없다.

④ (매력적인 오답) ㉠은 주어가 생략된 안긴문장이 있고, ㉣은 목적어가 생략된 안긴문장이 있다.

┈➤ ㉠의 안긴문장인 '따뜻한'은 '봄이 따뜻하다.'라는 문장에서 주어 '봄이'가 생략되고 관형사형 어미 '-(으)ㄴ'이 결합하여 관형절이 된 것이다. ㉣의 안긴문장인 '그가 시장에서 산'은 '그가 시장에서 배추를 샀다.'라는 문장에서 목적어 '배추를'이 생략되고 관형사형 어미 '-(으)ㄴ'이 결합하여 관형절이 된 것이다.

① ㉠과 ㉡은 체언을 수식하는 안긴문장이 있다.

··· ㉠의 안긴문장인 '따뜻한'은 체언 '봄'을 수식하는 관형어의 역할을 하는 관형절이며, ㉡의 안긴문장인 '내가 만난'은 체언 '친구'를 수식하는 관형어의 역할을 하는 관형절이다.

③ ㉠은 명사절 속에 부사어가 있고, ㉡은 서술절 속에 부사어가 있다.

··· ㉠의 안긴문장인 '봄이 빨리 오기'는 목적어의 역할을 하는 명사절로, '빨리'라는 부사어가 포함되어 있다. 또 ㉡의 안긴문장인 '마음이 정말 착하다'는 전체 문장의 서술어 역할을 하는 서술절로, '정말'이라는 부사어가 포함되어 있다.

⑤ ㉢은 부사어의 기능을 하는 안긴문장이 있고, ㉣은 관형어의 기능을 하는 안긴문장이 있다.

··· ㉢의 안긴문장인 '엄마가 모르게'는 부사어의 역할을 하는 부사절이며, ㉣의 안긴문장인 '그가 시장에서 산'은 관형어의 역할을 하는 관형절이다.

16
정답률 95%

〈보기〉의 ㉠에 해당하는 예가 <u>아닌</u> 것은?

☀ 정답인 이유

④ 나는 정수가 은희와 결혼한 사실을 몰랐다.

··· 〈보기〉의 (다)는 (가)가 (나)에 관형절로 안겨 있는 겹문장인데, 이때 (가)의 '민수'와 (나)의 '민수'가 중복되기 때문에 (다)의 관형절에서는 (가)의 주어 '민수가'가 생략되었다. ④도 이와 같이 문장의 짜임을 분석해 보자.

> (가) 정수가 은희와 결혼했다.
> (나) 나는 사실을 몰랐다.
> (다) 나는 정수가 은희와 결혼한 사실을 몰랐다.

(가)가 (나)에 관형절로 안겨 겹문장 (다)가 만들어질 때, (가)의 주어와 (나)의 주어는 중복되지 않기 때문에 (가)의 주어 '정수가'가 생략되지 않았다. 따라서 ④는 ㉠에 해당하는 예가 아니다.

☂ 오답인 이유

① 형이 숙제를 하는 동생을 불렀다.

··· (가)가 (나)에 관형절로 안겨 (다)가 만들어질 때, (가)의 '동생'과 (나)의 '동생'이 중복되기 때문에 (다)의 관형절에서는 (가)의 주어 '동생이'가 생략되었다.

> (가) 동생이 숙제를 한다.
> (나) 형이 동생을 불렀다.
> (다) 형이 숙제를 하는 동생을 불렀다.

② 동생은 대학생이 된 형과 여행을 했다.

··· (가)가 (나)에 관형절로 안겨 (다)가 만들어질 때, (가)의 '형'과 (나)의 '형'이 중복되기 때문에 (다)의 관형절에서는 (가)의 주어 '형이'가 생략되었다.

> (가) 형이 대학생이 되었다.
> (나) 동생은 형과 여행을 했다.
> (다) 동생은 대학생이 된 형과 여행을 했다.

③ 영수가 버스에 탄 경희에게 말을 걸었다.

··· (가)가 (나)에 관형절로 안겨 (다)가 만들어질 때, (가)의 '경희'와

(나)의 '경희'가 중복되기 때문에 (다)의 관형절에서는 (가)의 주어 '경희가'가 생략되었다.

> (가) 경희가 버스에 탔다.
> (나) 영수가 경희에게 말을 걸었다.
> (다) 영수가 버스에 탄 경희에게 말을 걸었다.

⑤ 그는 이 그림을 그린 화가의 전시회에 갔다.

··· (가)가 (나)에 관형절로 안겨 (다)가 만들어질 때, (가)의 '화가'와 (나)의 '화가'가 중복되기 때문에 (다)의 관형절에서는 (가)의 주어 '화가가'가 생략되었다.

> (가) 화가가 이 그림을 그렸다.
> (나) 그는 화가의 전시회에 갔다.
> (다) 그는 이 그림을 그린 화가의 전시회에 갔다.

11 종결 표현 / 높임 표현

개념 완성 TEST
▶ 문제편 114쪽

01 (1) 감탄문 (2) 청유문 (3) 수사 의문문 (4) 설명 의문문 **02** (1) 요청 (2) 감탄 (3) 명령 (4) 감탄 **03** (1) 화자와 청자 (2) 청자 (3) 화자 (4) 청자 **04** (1) 주체 (2) 객체 (3) 주체 (4) 모두 **05** (1) 높임의 대상: 어머니 / 께서, -시- (2) 높임의 대상: 아버지 / 께, 드리다 (3) 높임의 대상: 할머니 / 께서, 주무시다 (4) 높임의 대상: 할아버지 / 모시다 **06** (1) 김 선생님은 아드님이 있으시다. (2) 고객님, 이 상품은 품절되었습니다. (3) 아버지께서 할머니께 드리려고 떡을 만드셨다.

내신 기출 문제
▶ 문제편 115쪽

01 ① **02** ③ **03** ⑤ **04** ③

01
종결 표현

〈보기〉를 참고할 때, 밑줄 친 부분의 예로 적절하지 <u>않은</u> 것은?

> 〈청유문에서의 행동의 주체〉
> • 화자와 청자 모두인 경우 ⓔ (다툰 친구에게 화해를 청하면서) 오늘 영화나 같이 보러 가자.
> • 화자만인 경우 ⓔ (식사를 먼저 마친 사람들이 귀찮게 말을 걸 때) 밥 좀 먹읍시다.
> • 청자만인 경우 ⓔ (엄마가 아이에게 약을 먹일 때) 자, 이리 와서 약 먹자.

☀ 정답인 이유

① (출근길 만원 버스에서) 내립시다.

··· '내립시다.'는 화자가 청자에게 함께 행동할 것을 요청하는 것이 아니라, 화자 자신이 버스에서 내릴 것임을 청자에게 전달하고 자리를 비켜 줄 것을 요청하는 것이다. 즉, '내리는' 행동은 화자만 행하는 것이므로, 밑줄 친 부분의 예로 적절하지 않다.

☂ 오답인 이유

② (점심시간에 친구에게) 밥 먹으러 가자.

··· '밥 먹으러 가자.'는 점심시간에 화자가 청자(친구)에게 함께 밥을

먹을 것을 요청하고 있는 것이므로, 행동의 주체는 화자와 청자 모두이다.

③ (시험이 끝난 오후에) 오늘 영화나 같이 보러 가자.

⋯ '오늘 영화나 같이 보러 가자.'는 시험이 끝난 오후에 화자가 청자에게 함께 영화를 보자고 요청하고 있는 것이므로, 행동의 주체는 화자와 청자 모두이다.

④ (아침 자습 시간에) 선생님 안 계시니까 우리 조용히 하자.

⋯ '선생님 안 계시니까 우리 조용히 하자.'는 아침 자습 시간에 화자가 청자에게 함께 조용히 할 것을 요청하고 있는 것이므로, 행동의 주체는 화자와 청자 모두이다.

⑤ (동아리 회의 시간에) 시간이 다 됐으니 이 문제는 다시 토의합시다.

⋯ '시간이 다 됐으니 이 문제는 다시 토의합시다.'는 동아리 회의 시간에 종료 시간이 다 되어 화자가 청자에게 다음에 다시 함께 토의할 것을 요청하고 있는 것이므로, 행동의 주체는 화자와 청자 모두이다.

02
종결 표현

〈보기 1〉의 ㉠, ㉡에 해당하는 문장을 〈보기 2〉에서 찾아 바르게 연결한 것은?

정답인 이유

	㉠	㉡
③	(나)	(다)

⋯ (가)는 의문사 '무엇'에 대한 대답을 요구하는 설명 의문문이다. 그리고 (나)는 의문사 없이 긍정이나 부정의 대답(예/아니요)을 요구하는 판정 의문문이다. 또 (다)는 질문에 대한 대답을 요구하지 않고 화자의 '소망'을 나타내고 있는 수사 의문문이다. 마지막으로 (라)는 의문사 '어디'에 대한 대답을 요구하는 설명 의문문이다. 따라서 ㉠의 '판정 의문문'에 해당하는 예는 (나)이고, ㉡의 '수사 의문문'에 해당하는 예는 (다)이다.

03
높임 표현

〈보기〉의 ㉠과 ㉡이 모두 실현된 것은?

정답인 이유

주체 높임 실현 방법

⑤ 아버지께서 할아버지께 선물을 드리셨다. →㉠, ㉡

객체 높임 실현 방법

⋯ 주체인 '아버지'를 높이기 위해 주격 조사 '이/가'의 높임 표현인 '께서'와 선어말 어미 '-(으)시-'를 사용하고 있으며, 객체인 '할아버지'를 높이기 위해 부사격 조사 '에게'의 높임 표현인 '께'와 '주다'의 높임말인 '드리다'를 사용하고 있다. 따라서 ⑤에는 ㉠의 주체 높임법과 ㉡의 객체 높임법이 모두 실현되었다.

오답인 이유

① 할머니께 여쭈어 봐. →㉡

⋯ 객체인 '할머니'를 높이기 위해 부사격 조사 '에게'의 높임 표현인 '께'와 '묻다'의 높임말인 '여쭈다'를 사용하였으므로, '객체 높임법'만 실현되었다.

② 나는 선생님께 과일을 드렸다. →㉡

⋯ 객체인 '선생님'을 높이기 위해 부사격 조사 '에게'의 높임 표현인 '께'와 '주다'의 높임말인 '드리다'를 사용하였으므로, '객체 높임법'만 실현되었다.

③ 할아버지께서는 낮잠을 주무셔. →㉠

⋯ 주체인 '할아버지'를 높이기 위해 주격 조사 '이/가'의 높임 표현인 '께서'와 '자다'의 높임말인 '주무시다'를 사용하였으므로, '주체 높임법'만 실현되었다.

④ 어머니께서는 지금 운동을 하고 계신다. →㉠

⋯ 주체인 '어머니'를 높이기 위해 주격 조사 '이/가'의 높임 표현인 '께서'와 '있다'의 높임말인 '계시다'를 사용하였으므로, '주체 높임법'만 실현되었다.

04
높임 표현

〈보기〉를 바탕으로 '높임 표현'에 대해 탐구한 내용으로 적절하지 않은 것은?

정답인 이유

③ ㉢은 ㉠과 달리 특수한 어휘를 사용하여 높임을 실현하고 있다.

⋯ ㉠은 '있다'의 높임말인 '계시다'를 사용하여 주체인 '할머니'를 높이고 있고, ㉢은 '데리다'의 높임말인 '모시다'를 사용하여 객체인 '할머니'를 높이고 있다. 따라서 ㉠과 ㉢은 모두 특수한 어휘를 사용하여 높임을 실현하고 있다.

오답인 이유

① ㉠은 서술어의 주체가 되는 대상을 높이고 있다.

⋯ ㉠은 주격 조사 '께서'와 '있다'의 높임말인 '계시다'를 사용하여 서술어의 주체인 '할머니'를 높이고 있다.

② ㉡은 주어와 관련된 대상을 높임으로써 주체를 간접적으로 높이고 있다.

⋯ ㉡에서 '있다'의 주체는 '고민'으로 직접적인 높임의 대상이 아니다. 하지만 전체 문장의 주어인 '할머니'가 높임의 대상이므로, 서술어 '있다'에 '-(으)시-'를 붙여 주체인 '할머니'를 간접적으로 높이고 있다.

④ ㉢은 ㉣과 달리 주어의 행위가 미치는 대상을 높이고 있다.

⋯ ㉢은 누나(주어)가 시골에 모시고 가는 대상, 즉 객체인 '할머니'를 높이기 위해 '데리다'의 높임말인 '모시다'를 사용하고 있다. 반면 ㉣은 서술어의 주어, 즉 주체인 '할머니'를 높이기 위해 주격 조사 '께서'와 선어말 어미 '-시-'를 사용하고 있다. 따라서 ㉢은 ㉣과 달리 주어의 행위가 미치는 대상(객체)을 높이고 있다.

⑤ ㉣은 서술어의 주체와 듣는 이를 모두 높이고 있다.

⋯ ㉣은 주격 조사 '께서'와 선어말 어미 '-시-'를 사용하여 서술어 '가다'의 주체인 '할머니'를 높이고 있다. 또한 화자인 아들은 종결 어미 '-요'를 사용하여 듣는 이인 아버지를 높이고 있다. 따라서 ㉣은

서술어의 주체(할머니)와 듣는 이(아버지)를 모두 높이고 있다.

12 시간 표현/피동·사동 표현/부정 표현

개념 완성 TEST

▶ 문제편 118쪽

01 (1) 과거 (2) 미래 (3) 현재 (4) 과거 **02** (1) 완료상 (2) 진행상 (3) 완료상 **03** (1) 과거 시제 (2) 현재 시제 (3) 현재 시제 **04** (1) 사동사 (2) 사동사 (3) 피동사 (4) 피동사 **05** (1) 직접 사동 (2) 직접 사동 (3) 간접 사동 (4) 간접 사동 **06** (1) 잊히지 (2) 형성되고 (3) 추정되는 **07** (1) 안 (2) 안 (3) 못 (4) 마라 **08** (1) × (2) ○ (3) ○

내신 기출 문제

▶ 문제편 119쪽

01 ③ **02** ② **03** ③ **04** ①

01
시간 표현

밑줄 친 부분에 유의하여 〈보기〉의 ㄱ~ㅁ에 대해 탐구한 내용으로 적절하지 않은 것은?

☀ 정답인 이유

③ ㄷ: 과거에 직접 경험하여 알게 된 사실을 현재에 옮겨 와서 전달하기 위해 현재 시제 선어말 어미를 활용하고 있다.

⋯› 선어말 어미 '-더-'는 과거 어느 때에 직접 경험하여 알게 된 사실을 현재의 말하는 장면에 그대로 옮겨 와서 전달할 때 사용하는 과거 시제 선어말 어미이다.

☂ 오답인 이유

① ㄱ: 시간 부사와 관형사형 어미를 함께 활용하여 사건시*가 발화시*보다 나중임을 표현하고 있다.
　　　　　　　　　　　　　　　　　　　　　　　　미래 시제

⋯› 미래 시간 부사어 '내일'과, 동사 '만나다'의 어간 '만나-'에 관형사형 어미 '-(으)ㄹ'을 결합한 '만날'을 함께 활용하여 사건시가 발화시보다 나중인 미래 시제를 표현하고 있다.

＊사건시: 어떤 동작이나 상태가 일어나는 시점
＊발화시: 화자가 말을 하는 시점

② ㄴ: 선어말 어미 '-았-'이 본래의 기능 외의 다양한 기능으로 활용되고 있다.

⋯› 과거 시제 선어말 어미 '-았-/-었-'은 주로 과거 시제를 나타낼 때 사용된다. 그러나 과거에 이미 일어난 어떤 상황이나 사건의 결과가 현재까지 계속되거나, 현재에도 영향을 미칠 때는 현재 시제의 기능을, 미래의 사건이나 일을 이미 정해진 사실인 양 나타낼 때는 미래 시제의 기능을 하기도 한다. ㄴ에서 민우가 아버지를 닮은 것은 '완결된 상황의 지속'을 나타내므로, '닮았다'의 '-았-'은 현재 시제의 기능을 하고 있다.

④ ㄹ: 형용사로 사건시와 발화시가 일치함을 나타내기 위해 기본형을 사용하고 있다.
　　　　　　　　　　　　　　　　　　　　　　　　현재 시제

⋯› 형용사는 현재 시제 선어말 어미 '-는-/-ㄴ-'과 결합할 수 없다. ㄹ에서는 형용사로 사건시와 발화시가 일치하는 현재 시제를 나타내기 위해 기본형 '차다'를 사용하고 있다.

⑤ ㅁ: '-아 있다'를 사용하여 동작이 완결되었음을 나타내고 있다.

⋯› 동사 '앉다'에 보조 용언 '-아 있다'가 결합하여 동우가 의자에 앉는 동작이 이미 완료되었음을 나타내고 있다.

02
피동 표현

〈보기〉는 피동 표현에 대한 설명이다. ㉠의 사례에 해당하지 않는 것은?

☀ 정답인 이유

② 신발이 꽉 끼어 잘 벗겨지지 않는다.
　　　　　　　　벗-+-기-(사동 접미사)+-어지다

⋯› '벗겨지다'는 사동사 '벗기다'에 피동문을 만드는 '-어지다'가 붙은 것으로, 사동 표현과 피동 표현이 결합된 것이기 때문에 문법적으로 맞는 표현이다. 따라서 '벗겨지지'는 ㉠의 사례에 해당하지 않는다.

☂ 오답인 이유

① 개울에 다리가 놓여졌다.
　　　　　　　놓-+-이-+-어지다

⋯› '놓여지다'는 피동사 '놓이다'에 피동문을 만드는 '-어지다'가 다시 결합된 이중 피동 표현이다. '놓여졌다'는 '놓였다'로 고쳐야 문법적으로 맞는 표현이 된다.

③ 낮게 깔려진 연기 때문에 숨이 막혔다.
　　　　깔-+-리-+-어지다

⋯› '깔려지다'는 피동사 '깔리다'에 피동문을 만드는 '-어지다'가 다시 결합된 이중 피동 표현이다. '깔려진'은 '깔린'으로 고쳐야 문법적으로 맞는 표현이 된다.

④ 이상 고온 현상은 환경의 변화라고 보여진다.
　　　　　　　　　　　　　　　보-+-이-+-어지다

⋯› '보여지다'는 피동사 '보이다'에 피동문을 만드는 '-어지다'가 다시 결합된 이중 피동 표현이다. '보여진다'는 '보인다'로 고쳐야 문법적으로 맞는 표현이 된다.

⑤ 역사가 쓰여져야 이 사건을 제대로 평가할 수 있다.
　　　　쓰-+-이-+-어지다

⋯› '쓰여지다'는 피동사 '쓰이다'에 피동문을 만드는 '-어지다'가 다시 결합된 이중 피동 표현이다. '쓰여져야'는 '쓰여야'로 고쳐야 문법적으로 맞는 표현이 된다.

03
사동 표현

〈보기〉를 바탕으로 탐구한 내용으로 적절한 것은?

☀ 정답인 이유

③ ㉢에서 사동문의 주어는 객체에게 직접적인 행위를 한 것일 수도 있고 간접적인 행위를 한 것일 수도 있다.

⋯› 사동문은 행동이 주어가 직접 한 것으로 해석되느냐 다른 사람이나 대상이 한 것으로 해석되느냐에 따라 직접 사동과 간접 사동으로 나뉜다. ㉢의 경우, 사동문은 엄마가 직접 행동하여 아이에게 옷을

입혔다는 '직접 사동'의 의미와 아이 스스로 옷을 입도록 하고 엄마는 시키기만 했다는 '간접 사동'의 의미 모두로 해석될 수 있다. 따라서 사동문의 주어인 '엄마'는 객체인 '아이'에게 직접적인 행위를 한 것일 수도 있고 간접적인 행위를 한 것일 수도 있다.

① ㉠, ㉡을 보니 주동문의 주어는 사동문에서 부사어로 나타난다.

⋯ ㉠에서 주동문의 주어 '길이'는 사동문에서 '길을'이라는 목적어로 나타나고 있으며, ㉡에서 주동문의 주어 '차가'는 사동문에서 '차를'이라는 목적어로 나타나고 있다.

② ㉠, ㉡을 보니 주동문이 사동문이 되었을 때 두 사동문을 구성하고 있는 문장 성분은 서로 다르다.

⋯ ㉠의 사동문을 구성하고 있는 문장 성분은 '주어(인부들이)＋목적어(길을)＋서술어(넓힌다)'이고, ㉡의 사동문을 구성하고 있는 문장 성분도 '주어(아빠가)＋목적어(차를)＋서술어(세웠다)'이다.

④ ㉢, ㉣을 보니 주동문의 서술어가 타동사일 때 주동문의 주어가 사동문의 목적어가 된다.

⋯ ㉢의 주동문의 서술어 '입다'와 ㉣의 주동문의 서술어 '읽다'는 모두 '옷을 입다', '책을 읽다'처럼 목적어를 필요로 하는 타동사이다. 그러나 ㉢과 ㉣의 주동문의 주어 '아이가'와 '학생이'는 사동문에서 목적어가 아니라 '아이에게'와 '학생에게'라는 부사어가 되었다.

⑤ ㉠～㉣을 보면 사동사의 자릿수가 주동사의 자릿수보다 한 자리 더 적다.

⋯ ㉠의 주동사 '넓다'와 ㉡의 주동사 '서다'는 주어만을 필요로 하는 한 자리 서술어이지만, ㉠의 사동사 '넓히다'와 ㉡의 사동사 '세우다'는 주어와 목적어를 필요로 하는 두 자리 서술어이다. 그리고 ㉢의 주동사 '입다'와 ㉣의 주동사 '읽다'는 주어와 목적어를 필요로 하는 두 자리 서술어이지만, ㉢의 사동사 '입히다'와 ㉣의 사동사 '읽히다'는 주어와 목적어, 부사어를 필요로 하는 세 자리 서술어이다. 따라서 사동사의 자릿수가 주동사의 자릿수보다 한 자리 더 많다.

04
부정 표현

〈보기〉를 바탕으로 부정 표현의 특징을 탐구해 보았다. 적절하지 않은 것은?

① ㉠을 보니 '안' 부정문과 '못' 부정문이 의미 차이를 보이지 않는 경우도 있군.

⋯ ㉠은 '안' 부정문과 '못' 부정문이 모두 쓰일 수 있는 문장이다. 부정 부사 '안'을 사용한 '형은 친구를 안 만났다.'에는 행동 주체인 '형'의 의지가 작용하여 친구를 만나지 않았다는 의미가 나타나며, 부정 부사 '못'을 사용한 '형은 친구를 못 만났다.'에는 행동 주체인 '형'의 의지와 상관없이 다른 상황에 의해서 친구를 만나지 못했다는 의미가 나타난다. 이를 통해 '안' 부정문과 '못' 부정문은 의미 차이를 가진다는 것을 알 수 있다.

② ㉡을 보니 '안' 부정문은 주체의 의지에 의한 부정일 때 사용하는군.

⋯ ㉡에서 주체가 전화를 받지 않은 이유는 '말하기 싫다'는 주체의 의지 때문이다. 이를 통해 '안' 부정문은 주체의 의지에 의한 부정일 때 사용된다는 것을 알 수 있다.

③ ㉢을 보니 '못' 부정문은 주체의 의지와 상관없이 능력 부족이나 적절하지 않은 상황에 의한 부정일 때 사용하는군.

⋯ ㉢에서 주체가 숙제를 하지 못한 이유는 주체의 의지에 의한 것이 아니라, '시간이 없다'는 상황 때문이다. 이를 통해 '못' 부정문은 주체의 의지와 상관없이 능력 부족이나 상황에 의한 부정일 때 사용된다는 것을 알 수 있다.

④ ㉣을 보니 청유문의 부정 표현은 보조 용언 '말다'를 사용하는군.

⋯ ㉣은 청유형 종결 어미 '-자'로 문장이 종결된 청유문이다. 청유문과 명령문에서는 '안' 부정문과 '못' 부정문 대신, 보조 용언 '말다'가 사용되어 부정 표현을 실현한다.

⑤ ㉤을 보니 형용사를 부정할 때에는 부사 '못'을 사용하여 부정 표현을 나타낼 수 없군.

⋯ '못' 부정문은 주체의 능력 부족이나 외적 상황에 의한 부정을 표현한다. 따라서 '성질'이나 '상태'를 나타내는 형용사를 부정할 때에는 부사 '못'을 사용하여 부정 표현을 나타낼 수 없다.

01 ②	02 ④	03 ③	04 ③	05 ①	06 ④
07 ④	08 ②	09 ⑤	10 ②	11 ①	12 ③
13 ⑤	14 ④	15 ⑤	16 ③	17 ③	18 ②
19 ③	20 ②	21 ⑤	22 ②	23 ③	

01
정답률 82% | 매력적인 오답 ④ 10%

〈보기〉의 ㉠～㉢에 들어갈 수 있는 내용으로 적절하지 않은 것은? [3점]

② ㉡: ⓒ에서는 '동생에게'를 '할머니께'로 바꾸고, '읽혔다'에 '-시-'를 넣어야 합니다.

⋯ ⓒ에서 '동생'을 '할머니'로 바꾸면 객체 높임법에 따라 조사 '께'를 붙여야 하지만, ⓒ의 주체는 '나'이기 때문에 '읽혔다'에 주체를 높이는 선어말 어미 '-시-'를 넣을 수 없다.

④ 매력적인 오답 ㉢: ⓐ는 동작의 완료 후 상태 지속의 의미를 나타낼 수 있지만, ⓑ는 그럴 수 없습니다.

⋯ 서술어에서 '-었-'을 '-고 있-'으로 바꾸면, ⓐ는 '형이 동생을 업고 있다.', ⓑ는 '동생이 형에게 업히고 있다.'가 된다. 이때, ⓐ는 동작의 완료 후 상태 지속의 의미로 이해될 수 있지만, ⓑ는 진행상으로만 이해된다.

① ㉠: ⓐ에서는 서술어에 '-으시-'를 넣어야 하지만, ⓑ에서는 '-시-'를 넣지 않습니다.

⋯ ⓐ에서 '형'을 '어머니'로 바꾸면 주체가 높임의 대상이 되므로, 서술어에 '-으시-'를 넣어야 한다. 하지만 ⓑ에서는 '형'을 '어머니'로 바꿔도 주체는 '동생'으로 변하지 않으므로, 서술어에 '-시-'를 넣지 않아야 한다.

③ ㉡: ⓓ에서는 '동생이'를 '할머니께서'로 바꾸고, '읽게'에 '-으시-'를 넣어

야 합니다.

⋯ ⓓ에서 '동생'을 '할머니'로 바꾸면 주체가 '할머니'가 되면서 주체를 높이는 격조사 '께서'를 붙여야 하고, '읽게'에 '-으시-'를 넣어야 한다.

⑤ ⓒ: ⓐ와 ⓒ는 모두 동작의 진행 의미를 나타낼 수 있습니다.

⋯ 서술어에서 '-었-'을 '-고 있-'으로 바꾸면, ⓐ는 '형이 동생을 업고 있다.', ⓒ는 '나는 동생에게 책을 읽히고 있다.'가 된다. 따라서 모두 동작의 진행 의미를 나타낼 수 있다.

02   정답률 95%

〈보기〉의 ㉠~㉣에 나타난 심리적 태도로 적절하지 <u>않은</u> 것은?

☀ 정답인 이유

④ ㉣: 단정

⋯ '철수'는 엄마를 통해 알게 된 내용을 '영희'에게 전달하고 있으므로, ㉣은 '단정'이 아니라 '사실의 전달'에 해당한다.

☂ 오답인 이유

① ㉠: 확인

⋯ ㉠에서 화자인 '영희'는 단순히 의문을 드러내는 것이 아니라, 청자인 '철수'에게 자신이 알고 있는 사실을 확인하고 있다.

② ㉡: 의지

⋯ 선어말 어미 '-겠-'은 주체의 의지를 나타내기도 하는데, ㉡은 내일은 꼭 산에 갈 것이라는 '철수'의 의지를 드러내고 있다.

③ ㉢: 추정

⋯ 함께 사용된 '아마'의 의미를 고려했을 때, '-ㄹ걸'은 '철수'의 추정을 나타낸다.
<u>(뒤에 오는 추측의 표현과 호응하여) 단정할 수는 없지만 미루어 짐작하거나 생각하여 볼 때 그럴 가능성이 크다는 뜻을 나타내는 말</u>

⑤ ㉤: 감탄

⋯ '-구나'는 감탄형 종결 어미로, ㉤은 '철수'의 말을 들은 '영희'의 감탄을 나타내고 있다.

03   정답률 73% | 매력적인 오답 ① 13%

〈보기〉의 ㉠~㉤에 해당하는 예로 적절한 것은? [3점]

☀ 정답인 이유

③ ㉢: 언론에 의해 사건의 전모가 자세히 <u>밝혀졌다.</u>

⋯ ③에 제시된 문장은 능동문 '언론이 사건의 전모를 자세히 밝혔다.'의 피동문으로, '밝혀졌다'는 동사 '밝히다'에 피동의 문법 요소인 '-어지-'가 결합된 것이다. 따라서 동사 어간에 '-아지-/-어지-'를 결합해 피동문을 만드는 방법을 설명한 ㉢의 예로 적절하다.

☂ 오답인 이유

① (매력적인 오답) ㉠: 아버지가 아이에게 두터운 점퍼를 <u>입혔다.</u>

⋯ ①은 아버지가 아이에게 점퍼를 입도록 시키는 사동문이므로, '입혔다'(입-+-히-+-었-+-다)에서 '-히-'는 피동 문법 요소가 아닌 사동 문법 요소에 해당한다. 따라서 피동 접사 '-히-'를 설명하는 ㉠의 예로 적절하지 않다.

② ㉡: 내 몫의 일거리는 형에게 <u>건네받았다.</u>

⋯ ②의 서술어 '건네받다'는 동사 '건네다'와 동사 '받다'가 결합하여 만들어진 합성어이다. '건네받다'의 '받-'은 접사가 아니므로 ㉡의 예로 적절하지 않다.

④ ㉣: 그 사람은 많은 사람들에게 <u>존경받는다.</u>

⋯ ④는 '자연적으로 발생하는 사태를 표현'하는 경우가 아니고, '많은 사람들이 그 사람을 존경한다.'와 같이 능동문으로 바꾸어 표현할 수 있으므로 ㉣의 예로 적절하지 않다.

⑤ ㉤: 모두가 바라던 소원이 드디어 <u>이루어졌다.</u>

⋯ ⑤의 서술어 '이루다'는 '뜻한 대로 되게 하다.'의 의미를 지니는 타동사이므로, ㉤의 예로 적절하지 않다.

04   정답률 82%

〈보기〉의 ㉠, ㉡이 모두 사용된 문장은?

☀ 정답인 이유

③ 연세가 많으신 할머니께서는 홍시를 잘 <u>잡수신다.</u>
높여야 할 인물과 관련된 것을 높이는 명사   주체를 높이는 용언

⋯ '잡수시다'는 주체인 '할머니'를 높이는 용언이므로 ㉠에 해당하며, '연세'는 높여야 할 인물인 할머니와 관련된 것인 '할머니의 나이'를 높이는 명사이므로 ㉡에 해당한다.

☂ 오답인 이유

높여야 할 인물과 관련된 것을 높이는 명사
① 나는 아직 <u>그분</u>의 <u>성함</u>을 기억하고 있다.
높여야 할 인물을 직접 높이는 명사

⋯ '그분'은 높여야 할 인물인 그 사람을 직접 높이는 명사이고, '성함'은 높여야 할 인물인 그 사람과 관련된 것인 '그 사람의 이름'을 높이는 명사이므로 ㉡에 해당한다.

② 누나는 <u>여쭐</u> 것이 있다며 할머니 <u>댁</u>에 갔다.
객체를 높이는 용언   높여야 할 인물과 관련된 것을 높이는 명사

⋯ '여쭈다'는 객체인 '할머니'를 높이는 용언이고, '댁'은 높여야 할 인물인 할머니와 관련된 것인 '할머니의 집'을 높이는 명사이므로 ㉡에 해당한다.
객체를 높이는 용언
④ 우리는 <u>부모님</u>을 <u>모시고</u> 바닷가로 여행을 떠났다.
높여야 할 인물을 직접 높이는 명사

⋯ '부모님'은 높여야 할 인물인 부모를 직접 높이는 명사이고, '모시다'는 객체인 '부모님'을 높이는 용언이다.

⑤ 어머니께서는 몹시 피곤하셨는지 거실에서 <u>주무신다.</u>
주체를 높이는 용언

⋯ '주무시다'는 주체인 '어머니'를 높이는 용언이므로 ㉠에 해당한다.

05   정답률 77% | 매력적인 오답 ③ 12%

윗글과 〈보기 1〉을 바탕으로 〈보기 2〉에서 사용된 높임의 양상을 바르게 분석하여 제시한 것은?

☀ 정답인 이유

	주체 높임		객체 높임	상대 높임
	직접 높임	간접 높임		
①	×	○	○	높임

⋯ 먼저 '아프셔서'에서는 주체 높임 선어말 어미 '-시-'를 사용해

아버지의 신체 일부분인 '허리'를 높임으로써 주체인 '아버지'를 간접적으로 높이고 있다(주체 높임 중 간접 높임). 그리고 '뵙고'에서는 특수 어휘 '뵙다('보다/만나다'의 높임말)'를 사용해 서술의 객체인 '할아버지'를 높이고 있다(객체 높임). 또 '왔습니다'에서는 종결 어미 '-습니다'를 사용해 청자를 높이고 있다(상대 높임).

한편 이 문제는 선택지 ②, ④의 내용이 동일하여 출제 오류가 있었지만, 정답에는 영향을 미치지 않았다.

🌂 오답인 이유

③ [매력적인 오답]

○	×	○	높임

⋯ '직접 높임'은 서술의 주체를 직접 높이는 방법인데, 〈보기 2〉에서는 높여야 할 대상과 관련된 신체의 일부분을 높임으로써 주체를 간접적으로 높이고 있다.

②	×	○	×	낮춤

⋯ '오답인 이유'는 '정답인 이유'에서 확인할 수 있습니다.

④	×	○	×	낮춤

⋯ '오답인 이유'는 '정답인 이유'에서 확인할 수 있습니다.

⑤	○	×	○	낮춤

⋯ '오답인 이유'는 '정답인 이유'에서 확인할 수 있습니다.

06
정답률 55% | 매력적인 오답 ① 25%

윗글을 바탕으로 〈보기〉를 이해한 내용으로 적절하지 않은 것은?

☀ 정답인 이유

④ ㉣은 현대 국어와 마찬가지로 서술의 주체를 높이기 위해 특수한 어휘가 사용된 것이라고 할 수 있다.

⋯ ㉣의 '뫼셔'는 문장의 목적어가 지시하는 대상, 즉 서술의 객체인 '聖宗(성종)'을 높이기 위해 사용한 특수 어휘이다. 따라서 서술의 주체를 높이기 위한 것이라는 진술은 적절하지 않다.

🌂 오답인 이유

① [매력적인 오답] ㉠은 현대 국어와는 달리, 선어말 어미 '-ᅀᆞᆸ-'을 사용하여 목적어가 지시하는 대상을 높이고 있다고 할 수 있다.

⋯ 3문단에서 현대 국어에서는 특수 어휘나 조사 '께' 등을 통해 객체 높임을 실현하지만, 중세 국어에서는 객체 높임 선어말 어미 '-ᅀᆞᆸ-'이나 특수 어휘를 통해 객체 높임을 실현한다고 하였다. ㉠의 '깃ᄉᆞᄫᆞ니'는 현대 국어와 달리 객체 높임 선어말 어미 '-ᅀᆞᆸ-'을 사용하여 목적어가 지시하는 대상(객체)을 높이고 있으므로 적절한 진술이다.

② ㉡은 현대 국어와 마찬가지로 선어말 어미 '-시-'를 사용하여 '聖孫(성손)'을 높이고 있다고 할 수 있다.

⋯ 2문단에서 현대 국어와 중세 국어에서는 모두 선어말 어미 '-시-'를 사용하여 주체 높임을 실현한다고 하였다. ㉡의 '一怒(일노)ᄒ시니'는 현대 국어와 마찬가지로 주체 높임 선어말 어미 '-시-'를 사용하여 서술의 주체인 '聖孫(성손)'을 높이고 있으므로 적절한 진술이다.

③ ㉢은 현대 국어와는 달리, 청자를 높이기 위해 '-이-'라는 선어말 어미가 사용되었다고 할 수 있다.

⋯ 4문단에서 현대 국어에서는 종결 표현을 통해 상대 높임을 실현하지만, 중세 국어에서는 종결 표현이나 상대 높임 선어말 어미 '-이-, -잇-' 등을 통해 상대 높임을 실현한다고 하였다. ㉢의 '올ᄆᆞ니이다'는 현대 국어와 달리 상대 높임 선어말 어미 '-이-'를 사용하여 청자를 높이고 있으므로 적절한 진술이다.

⑤ ㉤은 선어말 어미 '-시-'와 '-이-'를 사용하여 각각 문장의 주체와 청자인 상대방을 모두 높이고 있다고 할 수 있다.

⋯ 2문단에서 현대 국어와 중세 국어에서는 모두 선어말 어미 '-시-'를 사용하여 주체 높임을 실현한다고 하였고, 4문단에서 중세 국어에서는 종결 표현이나 상대 높임 선어말 어미 '-이-, -잇-' 등을 통해 상대 높임을 실현한다고 하였다. ㉤의 '그리시니이다'는 선어말 어미 '-시-'를 사용하여 서술의 주체인 '하ᄂᆞᆯ'을, 상대 높임 선어말 어미 '-이-'를 사용하여 청자를 높이고 있으므로 적절한 진술이다.

07
정답률 85%

〈보기〉의 ㉠~㉤에 대한 설명으로 옳지 않은 것은?

☀ 정답인 이유

④ ㉣은 주체인 '선생님'을 높이는 데에 '말씀'을 사용하고 있다.

⋯ ㉣에서 주체는 화자 자신('제')이며, 상대(청자)는 '선생님'이다. 화자는 종결 어미 '-습니다'를 사용하여 상대인 '선생님'을 높이고 있다. 또한 ㉣에서 생략된 부분을 복원해 보면, '선생님, 제가 (선생님께) 드릴 말씀이 있습니다.'라는 문장이 된다. 이때 '선생님'은 대화의 객체로, 객체인 '선생님'을 높이기 위해 특수 어휘 '드리다'를 사용하고 있다. 따라서 ㉣이 주체인 '선생님'을 높이고 있다는 진술은 적절하지 않다.

🌂 오답인 이유

① ㉠은 주체인 '할머니'를 높이는 데에 '께서'와 '계시다'를 사용하고 있다.

⋯ ㉠에서는 서술어 '계시다'의 주체인 '할머니'를 높이기 위해 주격 조사 '이/가'의 높임 표현인 '께서'와 '있다'의 특수 어휘 '계시다'를 사용하고 있다.

② ㉡은 객체인 '어머니'를 높이는 데에 '께'와 '드리다'를 사용하고 있다.

⋯ ㉡에서는 부사어가 가리키는 대상, 즉 객체인 '어머니'를 높이기 위해 부사격 조사 '에게'의 높임 표현인 '께'와 특수 어휘 '드리다'를 사용하고 있다.

③ ㉢은 주체인 '할아버지'를 높이는 데에 '께서'와 '-시-'를 사용하고 있다.

⋯ ㉢에서는 서술어 '가신다'의 주체인 '할아버지'를 높이기 위해 주격 조사 '이/가'의 높임 표현인 '께서'와 주체 높임 선어말 어미 '-시-'를 사용하고 있다.

⑤ ㉤은 상대인 '아버지'를 높이는 데에 '-습니다'를 사용하고 있다.

⋯ ㉤에서 주체는 '저(자식)'이며, 상대(청자)는 '아버지'이다. 화자는 종결 어미 '-습니다'를 사용하여 상대인 '아버지'를 높이고 있다.

08
정답률 73% | 매력적인 오답 ④ 20%

〈보기〉의 ㉠~㉤에 대한 설명으로 적절하지 않은 것은?

정답인 이유

② ㉡: 주어가 '말씀'이므로 '있었니'로 바꿔 말해야 한다.

⋯⋯ ㉡의 주어가 '말씀'인 것은 적절하다. 그러나 '말씀'의 주체는 '선생님'이고, 이는 경준이가 높여야 하는 대상인 '선생님'과 밀접한 관계를 맺고 있다. 따라서 서술어에 '-시-'를 붙여서 높임의 대상(주어)을 간접적으로 높이는 '간접 높임'을 활용하여 '있으셨니'로 표현하는 것이 적절하다.

오답인 이유

④ (매력적인 오답) ㉣: '선생님'을 높이는 것이므로 '당신'으로 바꿔 말해야 한다.

⋯⋯ ㉣의 '자기'는 '선생님'을 가리키는 말로, 앞에 나온 3인칭 주어를 다시 지칭하는 재귀 대명사*이다. 그런데 영희의 입장에서 '선생님'은 높여야 하는 대상이다. 따라서 '선생님'을 가리키는 '자기'는 높임의 의미를 지니고 있는 '당신*'으로 바꿔 말해야 한다.

---

* 재귀 대명사: 앞에 나온 체언을 도로 나타내는 3인칭 대명사. '자기'는 존대의 대상이 아닌 모든 사람을, '저'는 아랫사람을, '당신'은 높임의 대상을 가리킬 때 쓰인다. ⑳ 철수는 <u>자기</u>가 가졌다고 했다. / 동생은 <u>저</u> 하고 싶은 대로 행동한다. / 할머니께서는 <u>당신</u>이 직접 하시겠다고 하셨다.

---

* 인칭 대명사 '당신'의 여러 가지 용법

2인칭 대명사 '당신'	3인칭 대명사 '당신'
① 청자를 가리킬 때 ⑳ 당신이 이 일을 하였소? ② 부부 사이에서 상대편을 높일 때 ⑳ 당신에게 좋은 아내가 될게요. ③ 맞서 싸우는 상황에서 상대편을 낮잡아 이를 때 ⑳ 당신이 뭘 안다고 그래?	재귀 대명사일 때의 '당신'은 '자기'를 아주 높여 이르는 말로, 극존칭으로 쓰임 ⑳ 할아버지께서는 생전에 당신의 책을 소중히 다루셨다.

---

① ㉠: 주체가 '경준'이므로 '준비하라고'로 바꿔 말해야 한다.

⋯⋯ '준비하다'의 주체는 '경준'이다. 영희의 입장에서 경준이는 높임의 대상이 아니므로, 주체 높임 선어말 어미 '-시-'를 사용하여 말할 필요가 없다.

③ ㉢: 윗사람인 '선생님'께 묻는 것이므로 '여쭤서'로 바꿔 말해야 한다.

⋯⋯ 경준이가 물어야 할 대상, 즉 서술의 객체인 '선생님'을 높이기 위해서는 ㉢을 '묻다'의 높임 표현인 '여쭈다'로 바꿔 말해야 한다.

⑤ ㉤: 주체가 '선생님'이므로 '말씀하셨잖아'로 바꿔 말해야 한다.

⋯⋯ ㉤'말했잖아'의 주체는 '선생님'이다. 이때 영희의 입장에서 선생님은 높임의 대상이므로, 주체 높임 선어말 어미 '-시-'를 사용하여 '말씀하셨잖아'로 바꿔 말해야 한다.

09

정답률 75% | 매력적인 오답 ④ 15%

〈보기〉의 ㉠, ㉡에 해당하는 예끼리 묶인 것으로 적절한 것은?

정답인 이유

⑤ ㉠: 밤바다가 그리 고요하지는 않네.
　 ㉡: 아주 오래간만에 비가 안 온다.

⋯⋯ '고요하지는 않네.'는 형용사 '고요하다'가 '-지 않다'와 결합하여 단순 부정을 나타내고 있으므로, ㉠의 예로 적절하다. '비가 안 온다.'는 무정물 '비'가 주어로 오고, 동사 '오다'가 '안'과 결합하여 단순 부정을 나타내고 있으므로, ㉡의 예로 적절하다.

오답인 이유

④ (매력적인 오답)
㉠: 내 얘기에 고모는 놀라지 않았다.
㉡: 이 물질은 전기가 통하지 않는다.

⋯⋯ '놀라지 않았다.'는 동사 '놀라다'가 '-지 않다'와 결합하고 있으므로, ㉠의 예로 적절하지 않다. '전기가 통하지 않는다.'는 무정물 '전기'가 주어로 오고, 동사 '통하다'가 '-지 않다'와 결합하여 단순 부정을 나타내고 있으므로, ㉡의 예로 적절하다.

① ㉠: 옛날엔 통신 기술이 발달하지 않았다.
㉡: 주문한 옷이 아직도 도착하지 않았다.

⋯⋯ '발달하지 않았다.'는 동사 '발달하다'가 '-지 않다'와 결합하고 있으므로, ㉠의 예로 적절하지 않다. '옷이 아직도 도착하지 않았다.'는 무정물 '옷'이 주어로 오고, 동사 '도착하다'가 '-지 않다'와 결합하여 단순 부정을 나타내고 있으므로, ㉡의 예로 적절하다.

② ㉠: 이 문제집은 별로 어렵지 않더라.
㉡: 저는 이 은혜를 잊지 않겠습니다.

⋯⋯ '어렵지 않더라.'는 형용사 '어렵다'가 '-지 않다'와 결합하여 단순 부정을 나타내고 있으므로, ㉠의 예로 적절하다. '잊지 않겠습니다.'는 동사 '잊다'가 '-지 않다'와 결합하고 있지만 주어가 의지를 가지는 유정물이므로, ㉡의 예로 적절하지 않다.

③ ㉠: 나는 그 이야기가 궁금하지 않아.
㉡: 동생이 오늘 우산을 안 가져갔어.

⋯⋯ '궁금하지 않아.'는 형용사 '궁금하다'가 '-지 않다'와 결합하여 단순 부정을 나타내고 있으므로, ㉠의 예로 적절하다. '안 가져갔어.'는 동사 '가져가다'가 '안'과 결합하고 있지만 주어가 유정물이므로, ㉡의 예로 적절하지 않다.

10

정답률 88%

〈보기〉를 통해 부정 표현의 특성에 대해 탐구한 내용으로 적절하지 <u>않은</u> 것은?

정답인 이유

② ㄴ을 보니, 행동 주체의 의지를 부정할 때는 '긴 부정문'만 쓸 수 있군.

⋯⋯ ㄴ의 '해가 비치다'에서 '해'는 무정 명사로, 행동 주체의 의지가 나타나지 않는다. 즉, ㄴ은 행동 주체의 의지를 부정하는 '의지 부정' 표현이 아니라, 객관적 사실을 부정하는 '단순 부정' 표현이다. 그리고 ㄴ의 경우, 〈보기〉에 제시된 것처럼 긴 부정문뿐만 아니라, '여기에는 이제 해가 {안/못} 비친다.'처럼 짧은 부정문도 쓸 수 있다.

오답인 이유

① ㄱ을 보니, '안' 부정문은 '의지 부정'을 나타내고, '못' 부정문은 '능력 부정'을 나타내는군.

…› 부정 부사 '안'을 사용한 '나는 수학 공부를 안 했다.'에는 행동 주체인 '나'의 의지가 작용하여 수학 공부를 하지 않았다는 의미가 나타나며, 부정 부사 '못'을 사용한 '나는 수학 문제가 어려워서 못 풀었다.'에는 행동 주체인 '나'가 수학 문제를 풀 능력이 부족하여 문제를 풀지 못했다는 의미가 나타난다. 따라서 '안' 부정문은 '의지 부정'을 나타내고, '못' 부정문은 '능력 부정'을 나타낸다.

③ ㄷ을 보니, 명령문의 부정 표현은 보조 용언 '말다'를 활용하여 사용하는군.

…› '그녀를 만나지 마라.'는 명령형 종결 어미 '-아라'로 문장이 종결된 명령문이다. 명령문에서는 '안' 부정문과 '못' 부정문 대신, 보조 용언 '말다'를 활용하여 부정 표현을 실현한다. 명령문의 부정 표현은 '-지 마라' 등과 같이 표현된다.

④ ㄹ을 보니, 어떤 부사는 반드시 부정 표현과 함께 쓰여야 하는군.

…› 부사 '결코'는 '아니다', '없다', '못 하다' 등의 부정 표현과 함께 쓰여 '어떤 경우에도 절대로'라는 의미를 나타낸다. 반면 부사 '분명히'는 긍정 표현과 부정 표현에 모두 쓰여 '어떤 사실이 틀림이 없이 확실하게'라는 의미를 나타낸다. 이를 통해 특정한 부사는 반드시 부정 표현과 함께 쓰인다는 것을 알 수 있다.

⑤ ㅁ을 보니, 형용사를 부정할 때에는 부사 '못'을 사용하여 부정 표현을 나타낼 수 없군.

…› '못' 부정문은 주체의 능력 부족이나 외적 상황에 의한 부정을 표현한다. 따라서 '성질'이나 '상태'를 나타내는 형용사를 부정할 때에는 부사 '못'을 사용하여 부정 표현을 나타낼 수 없다.

---

11 정답률 69% | 매력적인 오답 ⑤ 11%

밑줄 친 말에 주목하여 〈보기〉의 ㉠~㉤에 대해 탐구한 결과로 적절하지 않은 것은?

☀ 정답인 이유

① ㉠을 보니, 선어말 어미 '-겠-'이 미래의 사건을 추측하는 데에 쓰이고 있군.

…› ㉠의 '거기에는 눈이 왔겠다.'에서 선어말 어미 '-았-'과 '-겠-'이 함께 쓰인 것으로 볼 때, '-겠-'이 과거의 사건을 추측하는 데에 쓰이고 있다는 것을 알 수 있다. 또 '지금 거기에는 눈이 오겠지.'에서 부사 '지금'과 선어말 어미 '-겠-'이 함께 쓰인 것으로 볼 때, '-겠-'이 현재의 사건을 추측하는 데에 쓰이고 있다는 것을 알 수 있다. 따라서 ㉠의 선어말 어미 '-겠-'은 미래의 사건이 아니라 과거나 현재의 사건을 추측하는 데에 쓰이고 있다.

☂ 오답인 이유

⑤ 매력적인 오답 ㉤을 보니, 형용사에서 현재 시제를 나타낼 때 시제 선어말 어미가 나타나지 않고 있군.

…› ㉤의 '오늘 보니 그는 키가 작다.'에서는 '오늘'과 함께 형용사 '작다'가 단독으로 쓰여 현재 시제를 나타내고 있을 뿐, 현재 시제 선어말 어미를 사용하고 있지 않다.

② ㉡을 보니, 선어말 어미 '-았-'이 과거 시제를 나타내지 않는 경우도 있군.

…› ㉡의 '막차를 놓쳤으니 나는 집에 다 갔다.'에서 선어말 어미 '-았-'*은 과거 시제를 나타내는 것이 아니라, 아직 이루어지지 않은 미래의 사건에 대한 확신을 나타낸다.

---

* '-았-/-었-'의 과거 시제 이외의 기능
  ① 현재 시제: 과거에 이미 일어난 상황이나 사건의 결과가 현재까지 계속되거나 현재에도 영향을 미칠 때
    예 눈이 너무 많이 왔다. / 그는 엄마를 닮았다.
  ② 미래 시제: 미래의 사건이나 일을 이미 정해진 사실인 양 말할 때
    예 할 일을 못했으니 오늘 잠은 다 갔다. / 집에 가려면 아직 멀었다.

---

③ ㉢을 보니, 관형사형 어미 '-ㄹ'이 붙을 때 미래의 사건을 나타내지 않는 경우도 있군.

…› ㉢의 '내가 떠날 때 비가 왔다.'에서 관형사형 어미 '-ㄹ'은 과거 시제 선어말 어미 '-았-'과 함께 쓰인 것으로 볼 때 미래의 사건을 나타내지 않는다는 것을 알 수 있다.

④ ㉣을 보니, 현재 시제 선어말 어미 '-ㄴ-'이 미래의 사건을 나타낼 때도 쓰이고 있군.

…› ㉣의 '그는 내년에 진학한다고 한다.'에서 현재 시제 선어말 어미 '-ㄴ-'은 '내년에'와 함께 쓰인 것으로 볼 때 미래의 사건을 나타낸다는 것을 알 수 있다.

---

12 정답률 40% | 매력적인 오답 ① 37%

〈학습 활동〉을 해결한 내용으로 적절한 것은?

☀ 정답인 이유

③ ⓓ의 '남은'과 ⓕ의 '찬'에 쓰인 어미 '-(으)ㄴ'은 ㉡에 해당한다.

…› ⓓ의 '남은'은 동사 '남다'의 어간에 과거를 나타내는 관형사형 어미 '-(으)ㄴ'이 결합된 것이다. 그리고 ⓕ의 '찬'은 동사 '차다'의 어간에 과거를 나타내는 관형사형 어미 '-(으)ㄴ'이 결합된 것이다. 따라서 ⓓ의 '남은'과 ⓕ의 '찬'에 쓰인 어미 '-(으)ㄴ'은 ㉡에 해당한다.

☂ 오답인 이유

① 매력적인 오답 ⓐ의 '뜬'에 쓰인 어미 '-(으)ㄴ'은 ㉠에 해당한다.

…› ⓐ의 '뜬'은 동사 '뜨다'의 어간에 과거를 나타내는 관형사형 어미 '-(으)ㄴ'이 결합된 것이므로, 이때의 '-(으)ㄴ'은 ㉡에 해당한다.

② ⓑ의 '부르던'과 ⓒ의 '푸르던'에 쓰인 어미 '-던'은 ㉢에 해당한다.

…› ⓑ의 '부르던'은 동사 '부르다'의 어간에 과거를 나타내는 관형사형 어미 '-던'이 결합한 것이고, ⓒ의 '푸르던'은 형용사 '푸르다'의 어간에 과거를 나타내는 관형사형 어미 '-던'이 결합한 것이다. ㉢은 형용사에 결합하는 어미이므로 ⓒ의 '푸르던'에 쓰인 어미 '-던'만 ㉢에 해당한다.

④ ⓔ의 '읽는'에 쓰인 어미 '-는'은 ㉡에 해당한다.

…› ⓔ의 '읽는'은 동사 '읽다'의 어간에 현재를 나타내는 관형사형 어미 '-는'이 결합한 것이므로, 어미 '-는'은 ㉡에 해당하지 않는다.

⑤ ⓖ의 '빠른'에 쓰인 어미 '-(으)ㄴ'은 ㉢에 해당한다.

…› ⓖ의 '빠른'은 형용사 '빠르다'의 어간에 현재를 나타내는 관형사형 어미 '-(으)ㄴ'이 결합한 것이므로, 어미 '-(으)ㄴ'은 ㉠에 해당한다.

---

13 정답률 70% | 매력적인 오답 ④ 17%

〈보기〉의 ㉠~㉤의 예로 적절하지 않은 것은? [3점]

⑤ ⓜ: 내가 어제 마신 약은 생각보다 안 쓰더라.

··→ '내가 어제 마신 약은 생각보다 안 쓰더라.'는 꿈속의 일이나 무의식중에 일어난 일을 말하는 것이 아니므로 ⓜ의 예로 보기 어렵다. '쓰다'는 본인만이 직접 느껴 알 수 있는 감각을 표현하는 형용사인데, 이를 서술어로 한 평서문에서 1인칭 주어와 '-더-'가 함께 쓰였으므로 ⓛ의 예에 해당한다.

④ (매력적인 오답) ⓔ: 기어이 우승한 그날, 우리 어찌 아니 기쁘더냐?

··→ 본인만이 직접 느껴 알 수 있는 감정인 '기쁘다'가 서술어이고, 대답을 요구하지 않는 수사 의문문이며, 1인칭 주어인 '우리'와 '-더-'가 함께 나타났으므로 ⓔ의 예로 적절하다.

① ⓖ: 아까 수첩을 보니 다음 주에 약속이 있더라.

··→ '다음 주에 약속이 있다'는 미래의 일을 새삼스럽거나 새롭게 알게 되었고, 그것을 안 시점이 '아까' 즉 과거이며, '-더-'를 써서 표현하였으므로 ⓖ의 예로 적절하다.

② ⓛ: 나는 그의 합격이 놀랍더라.

··→ 본인만이 직접 느껴 알 수 있는 감정인 '놀랍다'가 서술어인 평서문이고, 1인칭 주어와 '-더-'가 함께 쓰였으므로 ⓛ의 예로 적절하다.

③ ⓒ: 영수야, 넌 내가 그리 말했는데도 안 믿더냐?

··→ 본인만이 직접 느껴 알 수 있는 감정인 '믿다'가 서술어인 의문문이고, 2인칭 주어와 '-더-'가 함께 쓰였으므로 ⓒ의 예로 적절하다.

14

밑줄 친 부분이 〈보기〉의 ⓐ~ⓒ에 해당하는 예로 적절하지 <u>않은</u> 것은?

④ ⓑ ┌ A: 소풍날 날씨는 괜찮았어?
        └ B: 아주 <u>나빴어.</u>

··→ '소풍날'이라는 과거에 '날씨'라는 상태가 나빴음을 나타내고 있기 때문에, '나빴어'의 '-았-'은 '과거에 일어난 사건의 결과 상태가 현재까지 지속되고 있음(ⓑ)'을 나타내는 것이 아니라, '사건이나 상태가 과거의 것임(ⓐ)'을 나타내고 있다. 그러므로 '나빴어'를 '나빠 있어'나 '나쁘고 있어'와 같이 바꿔 쓰면 적절하지 않은 문장이 된다. 따라서 ④는 ⓑ의 예로 적절하지 않다.

① ⓐ ┌ A: 어제 뭐 했니?
        └ B: 하루 종일 텔레비전만 <u>보았어.</u>

··→ 과거인 '어제' 한 일에 대해 묻는 질문에 대해 '하루 종일 텔레비전만 보았어.'라고 대답하고 있으므로, '보았어'의 '-았-'은 ⓐ의 예이다.

② ⓐ ┌ A: 너 아까 집에 없더라.
        └ B: 할머니 생신 선물 사러 <u>갔어.</u>

··→ 과거인 '아까' 집에 없던 이유에 대해 '할머니 생신 선물 사러 갔어.'라고 대답하고 있으므로, '갔어'의 '-았-'은 ⓐ의 예이다.

③ ⓑ ┌ A: 감기 걸렸다며?
        └ B: 응, 그래서인지 아직도 목이 <u>잠겼어.</u>

··→ '아직도'를 통해 감기에 걸려 목이 잠긴 상태가 과거의 상태가 아니라 현재까지 지속되고 있음을 확인할 수 있으므로, '잠겼어'의 '-었-'은 ⓑ의 예이다. 그러므로 '잠겼어'는 '잠겨 있어'와 같이 바꿔 쓸 수 있다.

⑤ ⓒ ┌ A: 너 오늘도 바빠?
        └ B: 응, 과제 준비하려면 오늘도 잠은 다 <u>잤어.</u>

··→ 과제 준비를 하려면 앞으로 잠을 자지 못할 것이라는 미래의 일을 확정적인 사실로 받아들이고 있으므로, '잤어'의 '-았-'은 ⓒ의 예이다.

15

〈보기〉의 ⓖ, ⓛ에 해당하는 것은? [3점]

⑤ ┌ ⓖ: 형이 친구에게 꽃다발을 안겼다.
   │   형이 친구에게 꽃다발을 안게 함 → 사동사
   └ ⓛ: 아기 곰이 어미 품에 포근히 안겼다.
            아기 곰이 어미 품에 안기게 됨 → 피동사

··→ ⓖ의 '안겼다'는 '안게 했다'로 해석되고 '꽃다발을'이라는 목적어를 취하므로, 사동사로 쓰인 경우이다. ⓛ의 '안겼다'는 '안기게 되었다'로 해석되고 목적어를 취하지 않으므로, 피동사로 쓰인 경우이다.

② (매력적인 오답) ┌ ⓖ: 우는 아이가 엄마 등에 업혔다.
                   │   아이가 엄마에게 업히게 됨 → 피동사
                   └ ⓛ: 누나가 이모에게 아기를 업혔다.
                          누나가 이모에게 아기를 업게 함 → 사동사

··→ ⓖ의 '업혔다'는 '업히게 되었다'로 해석되고 목적어를 취하지 않으므로, 피동사로 쓰인 경우이다. ⓛ의 '업혔다'는 '업게 했다'로 해석되고 '아기를'이라는 목적어를 취하므로, 사동사로 쓰인 경우이다.

① ┌ ⓖ: 운동화 끈이 풀렸다.
   │   운동화 끈이 풀리게 됨 → 피동사
   └ ⓛ: 아빠의 칭찬에 피로가 금세 풀렸다.
          아빠의 칭찬에 피로가 풀리게 됨 → 피동사

··→ ⓖ과 ⓛ의 '풀렸다'는 '풀리게 되었다'로 해석되고 목적어를 취하지 않으므로, 모두 피동사로 쓰인 경우이다.

③ ┌ ⓖ: 나는 젖은 옷을 햇볕에 말렸다.
   │   '나'가 직접 젖은 옷을 햇볕에 마르게 함 → 사동사
   └ ⓛ: 동생은 집에 가겠다는 친구를 말렸다.
          사동사도 피동사도 아님

··→ ⓖ의 '말렸다'는 '마르게 했다'의 의미로 해석되고 '옷을'이라는 목적어를 취하므로, 사동사로 쓰인 경우이다. ⓛ의 '말리다'는 피동이나 사동의 뜻을 더하는 접미사 '-리-'가 결합한 형태가 아니라, '다른 사람이 하고자 하는 어떤 행동을 못하게 방해하다.'의 의미를 지닌 하나의 단어이다. 따라서 ⓛ의 '말리다'는 사동사도 피동사도 아니다.

④ ┌ ⓖ: 새들이 따뜻한 곳에서 몸을 녹였다.
   │   새들이 직접 따뜻한 곳에서 몸을 녹게 함 → 사동사
   └ ⓛ: 햇살이 고드름을 천천히 녹였다.
          햇살이 고드름을 녹게 함 → 사동사

··→ ⓖ과 ⓛ의 '녹였다'는 '녹게 했다'로 해석되고 각각 '몸을'과 '고드름을'이라는 목적어를 취하므로, 모두 사동사로 쓰인 경우이다.

16

윗글을 바탕으로 할 때, 〈보기〉에서 적절한 것만을 있는 대로 고른 것은?

🌞 정답인 이유

③ ㄴ, ㄹ

⋯ ㄴ의 '기리다'는 '뛰어난 업적이나 바람직한 정신, 위대한 사람 따위를 칭찬하고 기억하다.'라는 의미로, 어간 '기리-'가 'ㅣ'로 끝나므로 사동 접사가 결합되지 못하는 동사이다. 이와 달리 '날리다'는 '공중에 띄워서 어떤 위치에서 다른 위치로 움직이게 하다.'라는 의미로, '날다'에 사동 접사 '-리-'가 붙어 만들어진 사동사이다. 따라서 ㄴ은 적절하다. ㄹ의 '싸우다'와 '닮다'는 모두 특정한 상대 등을 필수적으로 요구하는 동사이다. 이는 1문단에서 특정한 상대 등을 필수적으로 요구하는 동사는 사동 접사가 결합되지 못한다고 하였으므로 ㄹ은 적절하다.

한편 ㄱ의 '받다'는 1문단의 주거나 받는 뜻을 가진 동사 등은 대개 사동 접사가 결합되지 못한다는 내용에 따라 파생적 사동이 불가능한 동사이다. 그러나 '늦다'의 경우 '늦추다'처럼 사동 접사 '-추-'를 결합하여 사동사를 만들 수 있으므로 ㄱ은 적절하지 않다. 또한 ㄷ의 '던지다'와 '견디다'는 모두 어간이 'ㅣ'로 끝나는 동사이므로 사동 접사가 결합되지 못한다. 따라서 ㄷ은 적절하지 않다.

☂ 오답인 이유

④ (매력적인 오답) ㄱ, ㄷ, ㄹ

⋯ '오답인 이유'는 '정답인 이유'에서 확인할 수 있습니다.

① ㄱ, ㄴ

⋯ '오답인 이유'는 '정답인 이유'에서 확인할 수 있습니다.

② ㄱ, ㄷ

⋯ '오답인 이유'는 '정답인 이유'에서 확인할 수 있습니다.

⑤ ㄴ, ㄷ, ㄹ

⋯ '오답인 이유'는 '정답인 이유'에서 확인할 수 있습니다.

17

〈보기〉의 사동 표현에서 ⓐ~ⓓ를 탐구해 얻은 결과로 적절하지 않은 것은?

🌞 정답인 이유

③ ⓑ를 통사적 사동으로 바꾸어 표현하면 '드데 ㅎ'로 나타낼 수 있겠군.

⋯ ⓑ는 어간 '듣-'에 사동 접사 '-이-'가 결합한 것이다. 그런데 2문단에서 통사적 사동에는 보조적 연결 어미 '-게/괴'가 주로 쓰였으며 '-게 ㅎ다'가 결합한 통사적 사동의 예로 '얻게 ㅎ다'를 제시하였다. 이에 따라 ⓑ를 통사적 사동으로 바꾸면 '드데 ㅎ'가 아니라 '듣게 ㅎ'가 됨을 알 수 있다.

☂ 오답인 이유

① ⓐ에서는 'ㄹ'로 끝나는 어간 뒤에 보조적 연결 어미 '-의'가 결합되었군.

⋯ ⓐ는 'ㄹ'로 끝나는 어간 뒤에 '-의'가 결합한 형태이다. 2문단에서 보조적 연결 어미 '-게/괴'가 'ㄹ'로 끝나는 어간 뒤에서는 '-에/의'로도 쓰인다는 내용으로 보아 적절한 탐구 결과이다.

② ⓑ에서는 사동 접사가 결합될 때 어간 받침 'ㄷ'이 'ㄹ'로 바뀌었군.

⋯ ⓑ는 어간 '듣-'에 사동 접사 '-이-'가 결합한 것이다. 2문단에서 ㄷ 불규칙 용언에 '-이-'가 결합될 때에는 어간의 받침 'ㄷ'이 'ㄹ'로 바뀐다는 내용으로 보아 적절한 탐구 결과이다.

④ ⓒ는 '-으-'가, ⓓ는 '-호-'가 동사 어간에 결합하여 만들어진 파생적 사동이겠군.

⋯ ⓒ는 어간 '살-'에 사동 접사 '-으-'가 결합한 것이고, ⓓ는 어간 '맞-'에 사동 접사 '-호-'가 결합한 것이다. 이는 2문단에서 제시된 사동 접사에 해당하므로 적절한 탐구 결과이다.

⑤ ⓒ, ⓓ에는 현대 국어에서 사용되지 않는 형태의 사동 접사가 결합되었군.

⋯ ⓒ는 어간 '살-'에 사동 접사 '-으-'가 결합한 것이고, ⓓ는 어간 '맞-'에 사동 접사 '-호-'가 결합한 것이다. 여기서 사용된 사동 접사 '-으-'와 '-호-'는 현대 국어에서는 사용되지 않는 형태의 사동 접사이므로 적절한 탐구 결과이다.

18

〈보기〉는 문법 수업의 일부이다. 선생님의 설명에 따라 ㉠~㉣을 이해한 내용으로 가장 적절한 것은?

🌞 정답인 이유

② ㉡은 사동문이며, ㉢과 서술어 자릿수가 서로 같다.

⋯ ㉡은 '녹게 했다'의 의미를 지니는 사동문이며, 서술어 '녹였다'는 동사 '녹다'에 사동 접미사 '-이-'가 결합한 것으로 주어와 목적어를 필요로 하는 두 자리 서술어이다. ㉢의 서술어 '보았다'는 주어와 목적어를 필요로 하는 두 자리 서술어이다. 따라서 ㉡은 사동문이며, ㉢과 서술어 자릿수가 서로 같다.

☂ 오답인 이유

③ (매력적인 오답) ㉡은 피동문이며, ㉣과 서술어 자릿수가 서로 다르다.

⋯ ㉡은 '녹게 했다'의 의미를 지니는 사동문이며, 서술어 '녹였다'는 주어와 목적어를 필요로 하는 두 자리 서술어이다. ㉣은 보는 행위를 당했다는 의미의 피동문으로, 서술어 '보였다'는 주어를 필요로 하는 한 자리 서술어이다. 즉, ㉡은 ㉣과 서술어 자릿수가 서로 다른 것은 맞지만 ㉡은 피동문이 아니라 사동문이다.

① ㉠은 피동문이며, ㉣과 서술어 자릿수가 서로 같다.

⋯ ㉠의 서술어 '녹았다'는 주어를 필요로 하는 한 자리 서술어이고, ㉣의 서술어 '보였다' 역시 주어를 필요로 하는 한 자리 서술어이므로 ㉠과 ㉣은 서술어 자릿수가 서로 같다. 그런데 ㉠은 녹는 행위를 당했다는 의미가 아니라 얼음이 녹았다는 의미이므로, 피동문이 아니라 주동문이다.

④ ㉣은 사동문이며, ㉡과 서술어 자릿수가 서로 같다.

⋯ ㉣은 보는 행위를 당했다는 의미의 피동문으로, 서술어 '보였다'는 주어를 필요로 하는 한 자리 서술어이고, 사동문 ㉡의 서술어 '녹였다'는 주어와 목적어를 필요로 하는 두 자리 서술어이다. 따라서 ㉣은 사동문이 아니며 ㉡과 서술어 자릿수도 다르다.

⑤ ㉣은 사동문이며, ㉢과 서술어 자릿수가 서로 다르다.

⋯ ㉣은 보는 행위를 당했다는 의미의 피동문으로, 서술어 '보였다'는 주어를 필요로 하는 한 자리 서술어이고, ㉢의 서술어 '보았다'는 주어와 목적어를 필요로 하는 두 자리 서술어이다. 따라서 ㉣은 ㉢

과 서술어 자릿수가 서로 다른 것은 맞지만 @은 사동문이 아니라 피동문이다.

19

〈보기〉를 참고하여 ㉠~㉣에 대해 탐구한 결과로 적절하지 <u>않은</u> 것은? [3점]

☀ 정답인 이유

③ ㉡과 ㉢은 모두 능동문과 달리 피동문이 여러 가지 의미로 해석될 수 있다.

⋯ ㉡의 능동문은 '두 학생이 각각 참새 네 마리를 잡았다.'와 '두 학생이 합쳐서 참새 네 마리를 잡았다.'의 두 가지 의미로 해석될 수 있지만, 피동문은 '두 학생이 합쳐서 참새 네 마리를 잡았다.'의 의미로만 해석된다. 그리고 ㉢은 능동문과 피동문 모두 한 가지 의미로만 해석된다.

☂ 오답인 이유

① ㉠의 피동문은 능동문에 비해 주어의 동작성이 잘 드러나지 않는다.

⋯ ㉠의 능동문에서는 주어인 '눈'의 동작성이 상대적으로 잘 드러나지만, 피동문에서는 '온 세상이'가 주어가 되어 동작성이 잘 드러나지 않는다.

② ㉠과 ㉡은 모두 능동문의 주어가 피동문에서 부사어로 나타나는 사례이다.

⋯ ㉠과 ㉡은 모두 능동문의 주어인 '눈이'와 '학생이'가 피동문에서는 부사어인 '눈에'와 '학생에게'로 나타난다.

④ ㉢은 자동사를 피동사로 만들 수 있음을 보여 주는 사례이다.

⋯ ㉢의 능동문의 서술어 '날다'는 목적어를 필요로 하지 않는 자동사인데, 피동문에서 피동 접미사 '-리-'를 결합하여 피동사를 만들었다.

⑤ @은 피동문에 대응하는 능동문을 상정할 수 없는 경우가 있음을 보여 주는 사례이다.

⋯ @의 피동문을 능동문으로 바꾸면 '(누군가가) 오늘 날씨를 갑자기 풀었다.'와 같이 어색한 문장이 된다. 날씨가 바뀌는 현상은 인위적인 행동의 영역 밖에 있는 자연스러운 것이므로, 이런 경우에는 대응하는 능동문을 상정할 수 없다.

20

〈보기〉를 참고하여, 학습 자료를 분석한 결과로 옳은 것은? [3점]

☀ 정답인 이유

② ㉠, ㉢을 보니, A가 B로 바뀌면 서술어의 자릿수가 늘어나는군.

⋯ ㉠의 A(주동문)에서 서술어 '숨는다'는 주어 '동생이'만을 필요로 하는 한 자리 서술어였지만, B(사동사에 의한 사동문)로 바뀌면서 주어 '누나가'와 목적어 '동생을'을 필요로 하는 두 자리 서술어가 되었다. 마찬가지로 ㉢의 A에서 서술어 '낮다'는 주어 '온도가'만을 필요로 하는 한 자리 서술어였지만, B로 바뀌면서 주어 '누나가'와 목적어 '온도를'을 필요로 하는 두 자리 서술어가 되었다. 따라서 A가 B로 바뀌면서 서술어의 자릿수가 늘어났다는 설명은 적절하다.

☂ 오답인 이유

③ (매력적인 오답) ㉡, ㉢을 보니, A가 B로 바뀌면 겹문장이 되는군.
　　　　　　　주어와 서술어의 관계가 두 번 이상 나타나는 문장

⋯ ㉡, ㉢의 A(주동문)와 B(사동사에 의한 사동문)의 문장 구조는 다음과 같다.

〈㉡〉
A: 동생이(주어) + 밥을(목적어) + 먹는다(서술어)
B: <u>누나가</u>(주어) + <u>동생에게</u>(부사어) + 밥을(목적어) + 먹인다(서술어)

〈㉢〉
A: 실내(관형어) + 온도가(주어) + 낮다(서술어)
B: <u>누나가</u>(주어) + 실내(관형어) + <u>온도를</u>(목적어) + 낮춘다(서술어)

즉, A가 B로 바뀌어도 주어와 서술어가 한 번씩만 나타나므로, A와 B는 모두 홑문장이다.

① ㉠, ㉡을 보니, A의 주어는 C에서 동일한 문장 성분으로 나타나는군.

⋯ ㉠에서 A의 주어 '동생이'는 C에서 '동생을'이라는 목적어로 나타나고 있고, ㉡에서 A의 주어 '동생이'는 C에서 '동생에게'라는 부사어로 나타나고 있다.

④ ㉡, @을 보니, A의 서술어가 타동사이면 대응하는 사동사가 없군.
　　　　　　　　　　목적어를 필요로 하는 동사

⋯ ㉡에서 A의 서술어 '먹다'는 목적어 '밥을'이라는 목적어를, @에서 A의 서술어 '차다'는 '공을'이라는 목적어를 가지는 타동사이다. 학습 자료를 보면, @의 '차다'에 대응하는 사동사는 없다. 그러나 ㉡의 '먹다'는 타동사임에도 불구하고 이에 대응하는 사동사 '먹이다'가 있다. 따라서 주동문의 서술어가 타동사이면 대응하는 사동사가 없다는 설명은 적절하지 않다.

⑤ ㉢, @을 보니, A의 서술어가 형용사이면 사동문을 만들지 못하는군.

⋯ ㉢에서 A의 서술어 '낮다'는 형용사로, B(사동사에 의한 사동문)와 C('-게 하다'에 의한 사동문)가 모두 가능하다. 반면 @에서 A의 서술어 '차다'는 동사로, B는 가능하지 않고 C만 가능하다. 따라서 주동문의 서술어가 형용사이면 사동문을 만들지 못한다는 설명은 적절하지 않다.

21

다음은 학교 홈페이지의 '질의-응답 게시판'의 일부이다. 이를 바탕으로 〈보기〉의 과제를 수행했을 때, 적절하지 <u>않은</u> 것은?

☀ 정답인 이유

⑤ '예쁘다'를 사용하여 의지 부정의 짧은 부정문을 만들면 '꽃이 안 예쁘다.'가 됩니다.

⋯ 의지 부정은 행동 주체의 의지가 작용할 수 있는 행위를 부정하는 것이라고 하였다. 하지만 '예쁘다'는 사물의 상태를 나타내는 형용사로, 행동 주체의 의지가 작용할 수 없다. 따라서 '예쁘다'를 사용하여 의지 부정을 만들 수 없다. '꽃이 안 예쁘다.'는 상태 부정에 해당한다.

☂ 오답인 이유

① '가다'를 사용하여 긴 부정문의 명령문을 만들면 '위험한 곳에는 가지 마라.'가 됩니다.

⋯ 긴 부정문인 경우, 명령문에서는 '마/마라'를 사용한다고 하였다. 따라서 '마라'를 사용하여 긴 부정문의 명령문을 만들 수 있다.

② '던지다'를 사용하여 능력 부정의 긴 부정문을 만들면 '민지는 공을 던지지 못했다.'가 됩니다.

⋯ 긴 부정문은 '아니하다, 못하다' 등이 쓰인 것이라고 하였고, 능력 부정은 '못, 못하다' 등을 사용하여 행동 주체의 능력이나 그 외의 다른 원인 때문에 그 행위가 일어나지 못하는 것을 뜻한다고 하였다. 따라서 '못하다'를 사용하여 능력 부정의 긴 부정문을 만들 수 있다.

③ '먹다'를 사용하여 능력 부정의 짧은 부정문을 만들면 '나는 밥을 못 먹었다.'가 됩니다.

⋯ 짧은 부정문은 '안, 못' 등이 쓰인 것이라고 하였고, 능력 부정은 '못, 못하다' 등을 사용하여 행동 주체의 능력이나 그 외의 다른 외부의 원인 때문에 그 행위가 일어나지 못하는 것을 뜻한다고 하였다. 따라서 '못'을 사용하여 능력 부정의 짧은 부정문을 만들 수 있다.

④ '어둡다'를 사용하여 상태 부정의 긴 부정문을 만들면 '하늘이 어둡지 않다.'가 됩니다.

⋯ 긴 부정문은 '아니하다(않다), 못하다' 등이 쓰인 것이라고 하였고, 상태 부정은 '정화는 키가 작지 않다.'와 같이 단순히 사실을 부정하는 것이라고 하였다. 따라서 '않다'를 사용하여 상태 부정의 긴 부정문을 만들 수 있다.

22
정답률 79%

윗글을 바탕으로 〈보기〉를 이해한 내용으로 적절하지 않은 것은? [3점]

☀ 정답인 이유

② ㉤의 '안' 부정문은 주어가 의지를 가질 수 있는 동작 주체인 경우이기 때문에 '단순 부정'과 '의도 부정'으로 모두 해석이 가능하겠군.

⋯ 2문단에서 '안' 부정문은 서술어가 형용사이거나 주어가 의지를 가질 수 없는 경우에는 대개 '단순 부정'으로 해석한다고 하였다. ㉤의 '안' 부정문에서 서술어는 동사인 '들어가겠는데'이고 주어는 '물품'으로, 주어가 의지를 가질 수 없는 경우이다. 따라서 ㉤의 '안' 부정문은 '단순 부정'과 '의도 부정'으로 모두 해석이 가능한 것이 아니라, '단순 부정'으로 해석해야 한다.

☂ 오답인 이유

① ㉠의 '못' 부정문은 형용사인 서술어에 '긴 부정문' 형태로 실현되어 화자가 기대하는 기준에 이르지 못한다는 의미를 나타내고 있군.

⋯ 3문단에서 '못' 부정문은 일반적으로 서술어가 형용사인 경우에는 성립할 수 없지만, '긴 부정문'에 한하여 '화자의 기대하는 기준에 이르지 못함'의 뜻을 나타내는 경우에는 쓰이기도 한다고 하였다. 이에 따라 ㉠에서 형용사인 '넓다'가 '못'과 결합해 '긴 부정문'으로 쓰였으므로, 화자가 기대하는 기준에 이르지 못한다는 의미를 나타냄을 알 수 있다.

③ ㉢의 '못' 부정문은 완곡한 거절이라는 화자의 심리적 태도를 나타내고 있군.

⋯ 3문단에서 '못' 부정문은 화자의 능력을 부정하는 의미에서 발전하여 완곡한 거절, 또는 강한 거부와 같은 화자의 심리적 태도를 반영하기도 한다고 하였다. 이와 함께 ㉢ 앞에 쓰인 '미안하지만'이라는 표현으로 보아 ㉢은 화자의 능력을 부정하는 것이 아니라 완곡한 거절이라는 화자의 심리적 태도를 나타내는 것임을 알 수 있다.

④ ㉣의 서술어는 동작 주체의 능력으로는 어쩔 수 없는 심리적 상태를 나타내기 때문에 '못' 부정문에 사용될 수 없겠군.

⋯ 3문단에서 동작 주체의 능력으로는 어쩔 수 없는 심리적 상태를 나타내는 서술어는 '못' 부정문에 쓰이기 어렵다고 하였다. ㉣의 서

술어 '내키다'는 '하고 싶은 마음이 생기다.'라는 뜻의 동사로, 동작 주체의 능력으로는 어쩔 수 없는 심리적 상태를 나타내므로 '못' 부정문에 사용될 수 없음을 알 수 있다.

⑤ ㉤의 '말다' 부정문은 형용사인 서술어에 '긴 부정문' 형태로 실현되어 화자의 기원이나 희망의 의미를 나타내고 있군.

⋯ 4문단에서 '말다' 부정문은 서술어가 형용사인 경우에는 성립하지 않지만 문장의 서술어가 형용사라도 기원이나 희망을 나타낼 때는 '말다' 부정문이 쓰이기도 한다고 하였다. ㉤의 '덥지만 마라'는 형용사인 서술어 '덥다'가 '말다'와 결합해 '긴 부정문' 형태로 실현된 것으로, 화자의 기원이나 희망의 의미를 나타낸다는 것을 알 수 있다.

23
정답률 82%

다음은 수업의 일부이다. 윗글을 바탕으로 ⓐ~ⓓ에 대해 이해한 내용으로 적절하지 않은 것은?

☀ 정답인 이유

③ ⓒ를 보니 현대 국어에서처럼 중세 국어에서도 동작 주체의 의도를 부정하는 부정문이 사용되었음을 알 수 있군.

⋯ 3문단에서 일반적으로 '못' 부정문은 동작 주체의 능력 부족을 드러내는 부정문이라고 하였다. ⓒ는 '못' 부정문으로 현대 국어에서 '못 들으며'로 해석되므로 동작 주체의 의도를 부정하는 것이 아니라 동작 주체의 능력 부족을 드러내는 부정문이라고 볼 수 있다.

☂ 오답인 이유

① ⓐ를 보니 중세 국어에서도 현대 국어의 '안' 부정문에 해당하는 부정문이 사용되었음을 알 수 있군.

⋯ 2문단에서 '안' 부정문은 부정 부사 '안(아니)'으로 실현된다고 하였다. ⓐ는 부정 부사 '아니'가 쓰인 것으로 현대 국어에서 '아니 오시므로'로 해석된다. 따라서 중세 국어에서도 현대 국어의 '안' 부정문에 해당하는 부정문이 사용되었음을 알 수 있다.

② ⓑ를 보니 현대 국어에서처럼 중세 국어에서도 '단순 부정'에 해당하는 부정문이 사용되었음을 알 수 있군.

⋯ 2문단에서 '안' 부정문은 부정의 용언 구성 '-지 않다(아니하다)'로 실현되는 긴 부정문이 있고, 객관적인 사실을 부정하는 '단순 부정'이 있다고 하였다. ⓑ는 '-디 아니ᄒ다'로 실현되는 긴 부정문으로, 현대 국어에서 '멀지 아니하다'로 해석된다. 따라서 단순 부정에 해당하는 부정문임을 알 수 있다.

④ ⓓ를 보니 현대 국어에서처럼 중세 국어에서도 명령문을 부정하는 부정문이 사용되었음을 알 수 있군.

⋯ 4문단에서 '말다' 부정문은 명령문 및 청유문에서 부정의 용언 구성 '-지 말다'로 실현된다고 하였다. ⓓ는 '-디 마ᄅ쇼셔'의 형태로 실현된 것으로 현대 국어에서 '잊지 마십시오'로 해석된다. 따라서 중세 국어에서도 현대 국어에서처럼 명령문을 부정하는 부정문이 사용되었음을 알 수 있다.

⑤ ⓐ와 ⓑ를 보니 중세 국어에서도 현대 국어의 '짧은 부정문'과 '긴 부정문'에 해당하는 부정문이 사용되었음을 알 수 있군.

⋯ 2문단에서 '안' 부정문은 부정 부사 '안(아니)'으로 실현되는 짧은 부정문과 부정의 용언 구성 '-지 않다(아니하다)'로 실현되는 긴 부정문이 있다고 하였다. ⓐ는 '아니'로 실현되는 짧은 부정문에 해당하고, ⓑ는 '-디 아니ᄒ다'로 실현되는 긴 부정문에 해당한다.

13 올바른 문장 표현

개념 완성 TEST
▶ 문제편 136쪽

01 (1) ① (2) ① (3) © **02** (1) 구름이 끼고 (2) 만약 (3) 자연에 **03** (1) 부사어 (2) 목적어 (3) 주어 **04** (1) 정직하다는 것이다 (2) 일어나고 있다는 것이다 **05** (1) 로써 (2) 라고 (3) 든지, 든지 **06** (1) 손님들이 아무도 오지 않았다. (2) 친절한, 그의 누나가 전화를 받았다.(그의 친절한 누나가 전화를 받았다.) (3) 준현이와 민준이는 함께 휴가를 갔다. **07** (1) 아빠는 나를 사랑하는 것보다 엄마를 더 사랑한다. (2) 아빠는 내가 엄마를 사랑하는 것보다 더 엄마를 사랑한다. **08** (1) 물에 잠겼다(침수되었다) (2) 역 앞(역전) (3) 예고했다(미리 알려 주었다) (4) 새로 개발한 제품(개발한 신제품)

내신 기출 문제
▶ 문제편 137쪽

01 ⑤ **02** ② **03** ⑤ **04** ①

01
정확한 문장 표현

〈보기〉의 ①~⑩ 중 문법에 어긋나거나 부자연스러운 부분을 찾아 고쳐 쓴 문장으로 적절하지 <u>않은</u> 것은?

☀ 정답인 이유

⑤ ⑩

···› 수정 전 문장에서 '맛도'와 호응하는 서술어가 생략되어 있으므로, '많고'라는 서술어를 추가하여 문장을 수정하였다. 그러나 '많다'는 '수효나 분량, 정도 따위가 일정한 기준을 넘다.'의 의미이므로 '맛도'와 호응하지 않는다. 따라서 '맛도'와 호응하는 서술어 '좋다'를 추가하여 '이 과일은 저 과일에 비해 맛도 좋고 영양도 훨씬 많다.'와 같이 수정해야 한다.

☂ 오답인 이유

① ①

···› 부사어 '비단'은 부정의 서술어와 호응하므로, '이런 일은 비단 어제오늘의 일이 아니다.'와 같이 수정해야 한다.

② ①

···› 주체를 직접적으로 높이는 것이 아니라 '회장님의 말씀'처럼 주체와 관련된 대상을 통해 주체를 간접적으로 높일 때는 '계시다'라는 특수 어휘를 사용할 수 없다. 따라서 '계시겠습니다'를 '있으시겠습니다'와 같이 수정해야 한다.

③ ©

···› '미리'와 '예상'은 단어의 의미가 중복되므로, '그녀는 곧 장마가 끝날 것으로 예상했다.'와 같이 의미가 중복되지 않게 수정해야 한다.

④ ②

···› 부사어 '비록'은 '-ㄹ지라도', '-지마는(지만)'과 같은 양보 표현과 호응하므로, '비록 그가 가난할지라도'와 같이 수정해야 한다.

02
정확한 문장 표현

①~⑩의 잘못된 문장을 수정한 이유로 적절하지 <u>않은</u> 것은?

☀ 정답인 이유

② ①: 주어와 서술어의 호응이 적절하지 않다.

···› 감정을 나타내는, 사람이나 동물을 가리키는 명사인 '유정 명사' 뒤에는 조사 '에게'를 사용한다. 반면 감정을 나타내지 못하는, 식물이나 무생물을 가리키는 명사인 '무정 명사' 뒤에는 조사 '에'를 사용한다. '동사무소'는 무정 명사이므로, 조사 '에게'가 아니라 '에'를 사용해야 한다. 따라서 ①은 주어와 서술어의 호응이 적절하지 않아서가 아니라, 조사의 쓰임이 적절하지 않아서 수정한 것이다.

☂ 오답인 이유

① ①: 문장의 필수 성분이 생략되었다.

···› '주다'는 '…에/에게 …을'의 형태로 쓰여, 주어, 목적어, 필수적 부사어를 모두 필요로 하는 세 자리 서술어이다. 잘못된 문장에는 필수적 부사어가 생략되어 있으므로, 수정한 문장에서는 '나에게'라는 부사어를 추가해 주었다.

③ ©: 의미가 중복된 표현을 사용하였다.

···› '온정'은 '따뜻한 사랑이나 인정'의 의미로, 이미 '따뜻한'이라는 의미가 포함되어 있다. 따라서 수정한 문장에서는 '따뜻한'을 삭제하여 의미가 중복되지 않도록 고쳐 이중 피동 표현이 되지 않도록 하였다.

④ ②: 중의적 표현이 사용되었다.

···› '어머니의 그림'은 관형격 조사 '의'의 수식 범위가 명확하지 않아, '어머니가 직접 그린 그림', '어머니를 그린 그림', '어머니가 가지고 있는 그림' 등으로 해석되는 중의적 표현이다. 따라서 수정한 문장에서는 '어머니가 그린 그림'으로 고쳐, 어머니가 직접 그린 그림이라는 의미로만 해석될 수 있도록 하였다.

⑤ ⑩: 이중 피동 표현을 사용하였다.

···› '믿겨지다'는 피동사 '믿기다'에 피동문을 만드는 '-어지다'가 결합된 이중 피동 표현이다. 따라서 수정한 문장에서는 피동 접미사 '-기-'가 결합된 '믿기지'로 고쳐 이중 피동 표현이 되지 않도록 하였다.

03
중의적 표현

〈보기〉의 ㄱ~ㅁ에 중의성이 발생하는 이유를 가장 적절하게 설명한 것은?

☀ 정답인 이유

⑤ ㅁ: 수식의 범위가 분명하지 않다.

···› ㅁ은 '얼굴이 작은'이 수식하는 대상이 '친구'인지 '친구의 동생'인지 모호한 중의적 표현이다. 따라서 수식의 범위가 분명하지 않아 중의성이 발생한다는 설명은 적절하다. 이 경우, 쉼표를 넣거나 수식어의 위치를 조정하면 중의성이 해소된다.

(1) 친구가 얼굴이 작은 경우
→ 얼굴이 작은 친구의, 동생이 놀이터에서 놀고 있다.
(2) 친구의 동생이 얼굴이 작은 경우
→ 얼굴이 작은, 친구의 동생이 놀이터에서 놀고 있다.
→ 친구의 얼굴이 작은 동생이 놀이터에서 놀고 있다.

① ㄱ: 서술어와 호응하는 주어의 범위가 분명하지 않다.

⋯ ㄱ은 규민이가 '타는 차(車, car)'를 좋아한다는 의미와, '마시는 차(茶, tea)'를 좋아한다는 의미로 해석되는 중의적 문장으로, 차(車)와 차(茶)처럼 소리는 같지만 의미가 서로 다른 '동음이의어'가 사용되었기 때문에 중의성이 발생하였다.

② ㄴ: 수량이 정확하게 제시되어 있지 않다.

⋯ ㄴ은 '아버지가 직접 찍은 사진', '아버지를 찍은 사진(아버지가 찍힌 사진)', '아버지가 가지고 있는 사진' 등으로 해석되는 중의적 문장으로, 관형격 조사 '의'가 수식하는 범위가 분명하지 않기 때문에 중의성이 발생하였다.

③ ㄷ: 다의어*가 사용되었다.

⋯ ㄷ은 '나와 철수'가 '영희'를 만났다는 의미와, '나' 혼자서 '철수와 영희'를 만났다는 의미로 해석되는 중의적 문장으로, 서술어와 호응하는 주어의 범위가 분명하지 않기 때문에 중의성이 발생하였다.

> * 다의어: 두 가지 이상의 의미를 지닌 단어 ⓔ 손(手) → ① 신체의 일부분 ② 일손 ③ 사람의 힘이나 노력 등

④ ㄹ: 조사가 수식하는 범위가 분명하지 않다.

⋯ ㄹ은 포수 열 명이 함께 토끼 한 마리만을 잡았다는 의미와, 포수 열 명이 각각 토끼 한 마리씩 총 열 마리를 잡았다는 의미로 해석되는 중의적 문장으로, 수량이 정확히 제시되어 있지 않기 때문에 중의성이 발생하였다.

04
중의적 표현

〈보기〉의 자료에 대한 반응으로 적절한 것은?

정답인 이유

① ㉠은 쉼표를 추가하여 꾸미는 대상이 분명히 드러나도록 고친 것이군.

⋯ ㉠의 수정 전 문장은 '키가 큰'이 수식하는 대상이 '친구'인지, '친구의 동생'인지 불분명한 중의적 표현이다. 따라서 ㉠에서는 '키가 큰' 다음에 쉼표를 추가함으로써 꾸밈의 대상을 '친구의 동생'으로 분명히 하였다.

오답인 이유

② ㉡은 다의어를 다른 단어로 대체함으로써 과일의 수를 분명히 드러냈군.

⋯ ㉡의 수정 전 문장은 사과와 귤이 각각 한 개인지, 사과 한 개와 귤 두 개인지, 사과와 귤이 각각 두 개인지 불분명한 중의적 표현이다. 따라서 ㉡에서는 사과와 귤의 수량을 명확하게 제시함으로써 문장의 의미를 분명히 하였다. '다의어'는 두 가지 이상의 뜻을 가진 단어인데, ㉡의 수정 전 문장에 다의어는 나타나지 않는다.

③ ㉢은 조사를 첨가하여 의미가 두 가지로 해석되는 것을 방지하였군.

⋯ ㉢의 수정 전 문장은 오빠와 동생이 함께 선생님을 찾아간 것인지, 오빠와 동생이 각각 선생님을 찾아간 것인지 불분명한 중의적 표현이다. 따라서 ㉢에서는 '함께'라는 부사를 첨가하여 문장의 의미를 분명히 하였다.

④ ㉣은 적절한 단어를 추가하여 의미가 분명하게 드러나도록 고친 것이군.

⋯ ㉣의 수정 전 문장은 어제 친구가 고향에서 온 것인지, 어제 친구를 만난 것인지 불분명한 중의적 표현이다. 따라서 ㉣에서는 어순을 변경하여 어제 친구를 만났다는 문장의 의미를 분명히 하였다.

⑤ ㉤은 어순을 변경하여 부정의 대상이 분명히 드러나도록 고친 것이군.

⋯ ㉤의 수정 전 문장은 답을 몇 개만 쓰지 못한 것인지, 답을 몇 개밖에 쓰지 못한 것인지 불분명한 중의적 표현이다. 따라서 ㉤에서는 '밖에'라는 조사를 첨가하여 답을 몇 개밖에 쓰지 못했다는 문장의 의미를 분명히 하였다.

수능 기출 문제 · 3. 문장과 담화 · **문장 표현**

▶ 문제편 138~141쪽

| 01 ① | 02 ① | 03 ① | 04 ③ | 05 ④ | 06 ① |
| 07 ② | 08 ③ |

01
정답률 90%

다음은 잘못된 문장 표현을 고쳐 쓴 것이다. 적절하지 않은 것은?

정답인 이유

> • 단어의 사용이 잘못된 경우
> ⓔ 나이가 <u>많고 작음</u>은 큰 의미가 없다.
> → 나이가 <u>크고 작음</u>은 큰 의미가 없다. ⋯⋯⋯⋯⋯⋯⋯⋯⋯ ①
>   → 많고 적음

⋯ '나이'는 크기와 관련된 개념이 아니라 수량이나 정도와 관련된 개념이므로 '많고 작음'이나 '크고 작음'이 아니라 '많고 적음'으로 고쳐 써야 한다.

오답인 이유

> • 조사의 쓰임이 잘못된 경우
> ⓔ 우리는 아버지<u>에</u> 생신을 축하하려고 모였다.
> → 우리는 아버지<u>의</u> 생신을 축하하려고 모였다. ⋯⋯⋯⋯⋯ ②

⋯ '에'는 부사격 조사이고, '의'는 관형격 조사이다. 이때 '의'는 뒤 체언이 나타내는 사실이나 상태가 앞의 체언에 관한 것임을 나타낸다. ②에서는 의미상 '생신'이 '아버지'와 관련된 것임을 나타내야 하므로 '에'가 아닌 '의'를 사용해야 한다.

> • 어미의 사용이 잘못된 경우
> ⓔ 집에 가<u>던지</u> 학교에 가<u>던지</u> 해라.
> → 집에 가<u>든지</u> 학교에 가<u>든지</u> 해라. ⋯⋯⋯⋯⋯⋯⋯⋯⋯ ③

⋯ '-던지'는 막연한 의문이 있는 채로 그것을 뒤 절의 사실과 관련시키는 데 쓰는 연결 어미로, 과거의 일을 회상할 때 사용한다. 그리고 '-든지'는 나열된 동작이나 상태, 대상들 중에서 어느 것이든 선택될 수 있음을 나타내는 연결 어미로 선택이나 나열을 나타낼 때 사용한다. ③에서 집이나 학교에 가는 행위는 과거의 일이 아니므로, '-던지'가 사용될 수 없다. 이 문장의 화자는 집에 가는 것과 학교에 가는 것 중에서 어느 것이든 선택될 수 있음을 말하고 있으므로, '-든지'를 사용해야 한다.

- 문장 성분 간의 호응이 잘못된 경우

  예 그것은 결코 우연한 일이었다.

  → 그것은 결코 우연한 일이 아니었다. ········· ④

··· '결코'는 '아니다', '없다', '못하다' 등의 부정 표현과 호응하는 부사이다. 따라서 '일이었다'를 부정의 의미를 지니는 '일이 아니었다'로 수정해야 한다.

- 문장 성분이 과도하게 생략된 경우

  예 그녀는 노래와 춤을 추고 있다.

  → 그녀는 노래를 부르며 춤을 추고 있다. ········· ⑤

··· 문장 성분 중 서술어가 과도하게 생략되어 잘못된 문장이다. 목적어 '노래를'에 해당하는 서술어 '부르며'를 추가해야 한다.

02
정답률 60% | 매력적인 오답 ④ 15%

〈보기〉는 문법적으로 바르지 않은 문장 유형 중 일부이다. 〈보기〉의 어느 경우에도 해당하지 않는 것은?

☀ 정답인 이유

① 고등학생이라면 모름지기 그 정도는 다 할 줄 안다.

··· '모름지기'는 '~해야 한다'와 같은 당위적 표현과 호응을 이루는 부사이다. 따라서 이 문장은 '고등학생이라면 모름지기 그 정도는 다 할 줄 알아야 한다.'와 같이 수정해야 한다. 이는 '문장 성분 간의 호응이 잘못된 경우'로, 〈보기〉에 제시되어 있지 않은 문장 오류 유형이다.

☂ 오답인 이유

④ (매력적인 오답) 특별한 일이 없을 때는 텔레비전이나 라디오를 듣는다.

··· 서술어 '듣는다'는 '라디오를'과만 호응한다. 따라서 목적어 '텔레비전을'과 호응하는 서술어 '보거나'를 추가해야 한다. 이는 '목적어에 대응하는 서술어가 잘못 생략된 경우'에 해당한다.

② 예상치 못했던 결과가 나온다면 실망할 필요가 없다.

··· '-ㄴ다면'은 앞의 내용이 뒤의 내용의 조건일 경우에 사용하는 연결 어미이다. 그러나 '예상치 못했던 결과가 나오다'가 '실망할 필요가 없다'의 조건이 아니므로, 이는 '연결 어미가 의미에 맞게 사용되지 않은 경우'에 해당한다. 이 문장은 가정이나 양보의 뜻을 나타내는 연결 어미 '-더라도'를 사용하여 '예상치 못했던 결과가 나오더라도 실망할 필요가 없다.'와 같이 수정해야 한다.

③ 그 복지 시설은 지금 민간에 위탁 운영되어지고 있다.

··· '운영되어지다'는 '되다'와 '-어지다'가 함께 사용된 이중 피동의 표현으로, 이는 '피동 표현이 중복되어 과도한 피동이 된 경우'에 해당한다. 이 문장은 '운영되고 있다'와 같이 수정해야 한다.

⑤ 이것은 어머니가 외할머니한테 생신 선물로 드린 것이다.

··· 문장의 객체인 '외할머니'를 적절하게 높이지 못했으므로, 이는 '높임 표현이 적절하게 사용되지 않은 경우'에 해당한다. 이 문장에서는 부사격 조사 '한테'의 높임 표현인 '께'를 사용하여 '외할머니'를 높여야 한다.

03

〈보기〉의 ㉠~㉤은 모두 중의적인 문장이다. 괄호의 의미만을 나타내도록 수정한 방법으로 적절하지 않은 것은?

☀ 정답인 이유

① ㉠: '않았다'를 '못했다'로 바꾼다.

··· ㉠은 '교실에 학생들이 한 명도 오지 않았다.'는 의미와 '교실에 학생들 중 일부가 오지 않았다.'는 의미로 해석되는 중의적인 문장이다. 이러한 중의성은 부사 '다'가 나타내는 부정의 범위가 특정되지 않아서 발생된 것이므로, '않았다'를 '못했다'로 바꿔도 문장의 중의성이 해소되지 않는다. 따라서 ㉠은 '교실에 학생들이 아무도 오지 않았다.'와 같이 수정해야, 학생들이 한 명도 오지 않았다는 의미로만 해석된다.

☂ 오답인 이유

② ㉡: '현규와 숙희는'을 '현규는 숙희와'로 교체한다.

··· ㉡은 '현규와 숙희가 어제 부부가 되었다.'는 의미와 '현규와 숙희가 어제 각자 다른 사람과 결혼했다.'는 의미로 해석되는 중의적인 문장이다. 이러한 중의성은 '결혼하다'와 호응하는 주어의 범위가 명확하지 않아서 발생한 것이다. 따라서 ㉡은 '현규는 숙희와 어제 결혼하였다.'와 같이 수정해야, 현규가 숙희의 남편이 되었다는 의미로만 해석된다.

③ ㉢: '선생님의'를 '선생님을 그린'으로 교체한다.

··· ㉢은 '선생님이 직접 그린 그림', '선생님을 그린 그림', '선생님이 가지고 있는 그림' 등으로 해석되는 중의적인 문장이다. 이러한 중의성은 관형격 조사 '의'의 수식 범위가 명확하지 않아서 발생한 것이다. 따라서 ㉢은 '이것은 선생님을 그린 그림이다.'와 같이 수정해야, 그림 속 인물이 선생님이라는 의미로만 해석된다.

④ ㉣: '귤과 사과 두 개'를 '귤 한 개와 사과 두 개'로 바꾼다.

··· ㉣은 '귤 한 개와 사과 한 개(총 2개)', '귤 한 개와 사과 두 개(총 3개)', '귤과 사과가 각각 두 개(총 4개)' 등으로 해석되는 중의적인 문장이다. 이러한 중의성은 귤과 사과의 수량이 명확하게 제시되지 않아서 발생한 것이다. 따라서 ㉣은 '아버지께서 귤 한 개와 사과 두 개를 가져오셨다.'와 같이 수정해야, 과일 세 개 중 두 개가 사과라는 의미로만 해석된다.

⑤ ㉤: '밝은 표정으로'를 '사람들에게'의 뒤로 옮긴다.

··· ㉤은 '그녀가 밝은 표정으로 사람들에게 인사했다.'는 의미와 '사람들이 밝은 표정으로 그녀를 환영했다.'는 의미로 해석되는 중의적인 문장이다. 이러한 중의성은 부사어의 주체가 명확하지 않아 발생한 것이다. 따라서 ㉤은 '밝은 표정으로'를 '사람들에게'의 뒤로 옮겨 '그녀는 환영하는 사람들에게 밝은 표정으로 인사했다.'와 같이 수정해야, 표정이 밝은 사람이 그녀라는 의미로만 해석된다.

04

〈자료〉와 같이 문장을 수정할 때 고려한 사항을 〈보기〉의 ㉠~㉣에서 고른 것은?

☀ 정답인 이유

③ ㉡, ㉢

⋯ 〈자료〉에서 수정된 부분은 두 부분이다. 먼저 '비록 초보자일수록'은 '비록 초보자일지라도'로 수정되었다. 이는 부사어 '비록'이 연결 어미 '-ㄹ수록'과 호응하지 않는다는 점을 고려(ⓒ)하여 연결 어미를 '-ㄹ지라도'로 수정한 결과이다. 그리고 '표와 그래프 등을 그려서 작성할 수 있다'는 '표와 그래프 등을 그려서 문서를 작성할 수 있다'로 수정되었다. 이는 '작성하다'가 목적어를 필요로 하는 서술어라는 점을 고려(ⓒ)하여 목적어 '문서를'을 추가한 결과이다.

🌂 오답인 이유

① ㉠, ⓒ
⋯ '오답인 이유'는 '정답인 이유'에서 확인할 수 있습니다.

② ㉠, ⓒ
⋯ '오답인 이유'는 '정답인 이유'에서 확인할 수 있습니다.

④ ⓒ, ⓔ
⋯ '오답인 이유'는 '정답인 이유'에서 확인할 수 있습니다.

⑤ ⓒ, ⓔ
⋯ '오답인 이유'는 '정답인 이유'에서 확인할 수 있습니다.

05
정답률 73% | 매력적인 오답 ① 18%

〈보기 1〉의 ㉠~ⓔ 중 〈보기 2〉와 같이 문장을 수정하는 데에 반영된 것만을 있는 대로 고른 것은?

☀ 정답인 이유

④ ㉠, ⓒ, ⓒ
⋯ 〈보기 2〉에서 수정된 부분은 모두 세 군데이다.

> (1) 참여하려는 학생들은 → 참여한 학생들은 - ⓒ 반영

이 문장이 담고 있는 내용은 '지난여름'의 일이므로 과거 시제의 어미를 사용해야 한다. 그러나 수정 전 문장에서는 어떤 행동을 할 의도나 욕망을 가지고 있음을 나타내는 연결 어미 '-려는'을 사용하고 있으므로, 과거 시제를 나타내는 관형사형 어미 '-ㄴ'을 붙여 '참여한'으로 수정하였다.

> (2) 각 지역에 → 각 지역의 - ⓒ 반영

'각 지역'은 '청소년들'을 꾸며 주는 관형어이므로, 부사격 조사 '에'를 관형격 조사 '의'로 수정하였다.

> (3) 소통하고 답사함으로써 → 소통하고 유적지를 답사함으로써 - ㉠ 반영

'답사하다'는 목적어를 반드시 필요로 하는 두 자리 서술어이다. 하지만 수정 전 문장에는 '답사하다'의 목적어가 생략되어 있으므로, '유적지를'이라는 목적어를 추가하여 문장을 수정하였다.

🌂 오답인 이유

① 매력적인 오답 ㉠, ⓒ
⋯ '오답인 이유'는 '정답인 이유'에서 확인할 수 있습니다.

② ㉠, ⓔ
⋯ '오답인 이유'는 '정답인 이유'에서 확인할 수 있습니다.

③ ⓒ, ⓔ
⋯ '오답인 이유'는 '정답인 이유'에서 확인할 수 있습니다.

⑤ ⓒ, ⓒ, ⓔ

⋯ '오답인 이유'는 '정답인 이유'에서 확인할 수 있습니다.

06
정답률 85%

㉠~⑩의 잘못된 문장을 수정할 때 고려한 문법적 기준으로 적절하지 **않은** 것은?

☀ 정답인 이유

① ㉠: 목적어인 '발을'을 수식하는 관형어가 있어야 한다.
⋯ ㉠을 수정하는 과정에서 추가된 '물에'는 목적어 '발을'을 수식하는 관형어가 아니라, 세 자리 서술어인 '넣었다'가 필요로 하는 부사어이다.

🌂 오답인 이유

② ⓒ: '내가 주장하는 바는'과 호응하는 서술어가 있어야 한다.
⋯ 수정하기 전 문장의 경우 주어인 '내가 주장하는 바는'에 호응하는 서술어가 없으므로 주어와 호응할 수 있도록, 서술어를 '개선된다는 것이다'로 수정해야 한다.

③ ⓒ: 목적어의 하나인 '불편'과 호응하는 서술어가 있어야 한다.
⋯ 서술어 '입다'는 도움, 손해 따위와 같은 말을 목적어로 하여 '받거나 당하다'의 의미를 가진 단어로, 목적어 '피해를'과만 호응한다. 따라서 목적어 '불편'과 호응하는 서술어 '겪고'를 추가해야 한다.

④ ⓔ: 서술어인 '동참합시다'가 요구하는 부사어에 정확한 조사를 사용해야 한다.
⋯ '동참하다'는 필수적 부사어를 필요로 하는 두 자리 서술어이다. 수정 전 문장에서 '운동을'의 '을'은 목적격 조사이므로, 이를 부사격 조사 '에'로 수정해야 한다.

⑤ ⑩: 부사 '여간'은 부정의 의미를 나타내는 말과 호응해야 한다.
⋯ 부사 '여간'은 '그 상태가 보통으로 보아 넘길 만한 것임을 나타내는 말'로, 주로 부정의 의미를 나타내는 말과 함께 쓰인다. 따라서 '기쁜 일이다'를 부정의 의미를 가지는 서술어를 사용하여 '기쁜 일이 아니다'로 수정해야 한다.

07
정답률 90%

다음 중 문법적으로 가장 정확한 문장은?

☀ 정답인 이유

② 참관인 자격으로 회의에 참석한 두 <u>사람은</u> 눈짓을 주고받은 후 조용히 <u>회의장을</u> <u>빠져나갔다.</u>
　　　　　　　　　　　　　주어　　　　　　　　　　　　　목적어
　　　서술어
⋯ ②는 필요한 문장 성분을 모두 갖추고 있고, 문장 성분 간의 호응이 적절하며, 어미와 조사의 쓰임 등도 잘못된 것이 없으므로 문법적으로 정확한 문장이다.

🌂 오답인 이유

① 그는 자기가 창안한 사회 이론을 더욱 발전해 사회 문제의 해결에 기여하고자 하였다.
　　　　　　　　　　　　　　　　　　　→ 발전시켜
⋯ 서술어 '발전하다'는 목적어를 필요로 하지 않는 자동사인데, '사회 이론을'이라는 목적어가 사용되어 문장 성분이 호응하지 않는다. 따라서 목적어를 필요로 하는 타동사 '발전시키다'를 사용해 문장을

수정해야 한다.

③ 유럽은 18세기 후반부터 약 100년 동안 생산 기술의 발달과 그에 따라 사회 조직의 큰 변화를 겪었다.
　　→ 생산 기술이 발달하였고

　⋯ 문장 구조가 다른 '생산 기술의 발달'과 '사회 조직의 큰 변화를 겪었다'를 접속 조사 '과'로 연결하여 어색한 문장이 되었다. 따라서 '생산 기술의 발달과'를 '생산 기술이 발달하였고' 정도로 수정해야 한다.

④ 이 책의 저자가 독자에게 말하려는 요점은 모름지기 사람은 남을 위하여 자기를 희생할 줄도 알아야 한다.
　　→ 알아야 한다는 것이다

　⋯ 주어 '요점은'과 서술어 '알아야 한다'가 호응하지 않는다. 따라서 주어와 호응할 수 있도록 서술어를 '알아야 한다는 것(점)이다'로 수정해야 한다.

⑤ 그의 작품들은 엇비슷해서 학생들이 작품 이름의 혼동이나 각 작품의 이야기 줄거리를 잘 기억하지 못했다.
　　→ 작품 이름을 혼동하거나

　⋯ 문장 구조가 다른 '작품 이름의 혼동'과 '각 작품의 이야기 줄거리를 잘 기억하지 못했다'를 접속 조사 '이나'로 연결하여 어색한 문장이 되었다. 따라서 '작품 이름의 혼동이나'를 '작품 이름을 혼동하거나' 정도로 수정해야 한다.

08
정답률 92%

다음 중 수정 이유에 따라 고쳐 쓴 문장으로 가장 적절한 것은?

☀ 정답인 이유

학습 활동	정확한 문장 표현 익히기

사례 3 **동물은 사람을 경계하기도 하고 기대기도 한다.**
　　　　　　　서술어 '기대다'가 필요로 하는 부사어가 없음
이유　서술어가 필요로 하는 부사어가 없다.

→ 동물은 사람을 경계하기도 하고 사람에게 기대기도 한다. ⋯⋯⋯⋯⋯ ③
　　　　　　　　　서술어 '기대다'가 필요로 하는 부사어 '사람에게'를 추가함

　⋯ [사례 3]은 '동물은 사람을 경계하기도 한다.'와 '동물은 사람에게 기대기도 한다.'라는 두 문장이 하나의 문장으로 이어진 것이다. '기대다'는 부사어 '-에/에게'를 필요로 하는 두 자리 서술어이므로, '사람에게'라는 부사어를 추가해야 정확한 문장이 된다.

☂ 오답인 이유

사례 1 **사람들은 쾌적한 환경을 위한 조치에 찬성하는 경향이다.**
　　　　　　　　주어와 서술어가 호응하지 않음
이유　주어와 서술어의 호응이 맞지 않다.

→ 사람들은 쾌적한 환경을 위한 조치에 찬성하는 경향인 것이다. ⋯⋯⋯ ①
　　　　　　　주어와 서술어가 호응하지 않음
　　　　　　　→ 경향이 있다(경향을 갖고 있다)

　⋯ [사례 1]의 주어 '사람들은'과 서술어 '경향이다'가 호응하지 않는 것은 맞다. 그러나 서술어를 '경향인 것이다'로 수정한다고 해도 주어 '사람들은'과 호응하지 않는다. [사례 1]이 바른 문장이 되기 위해서는 서술어를 '경향이 있다'나 '경향을 갖고 있다' 등으로 수정해야 한다.

사례 2 **동생은 평소에 건강을 위해 야구나 공을 찬다.**
　　　　　　　　목적어와 서술어가 호응하지 않음
이유　목적어와 서술어의 호응이 맞지 않다.

→ 동생은 평소에 건강을 위해 공이나 야구를 한다. ⋯⋯⋯⋯⋯⋯⋯⋯⋯ ②
　　　　　　　목적어와 서술어가 호응하지 않음
　　　　　　　→ 야구를 하거나 공을 찬다

　⋯ 서술어 '차다'는 목적어 '공을'과만 호응하고 '야구를'과는 호응하지 않으므로, [사례 2]는 목적어와 서술어의 호응이 맞지 않는 문장이다. 그러나 ②처럼 수정하면, 이번에는 '공을'과 '하다'가 호응하지 않는 문제가 발생한다. 따라서 [사례 2]는 '야구를'과 호응하는 서술어 '하다'를 추가하여, '동생은 평소에 건강을 위해 야구를 하거나 공을 찬다.'와 같이 수정해야 한다.

사례 4 **사람을 좋아하는 친구의 고양이가 새끼를 낳았다.**
　　　　　　사람을 좋아하는 것이 친구일 수도 있고, 고양이일 수도 있음
이유　문장의 의미가 중의적이다.

→ 사람을 좋아하는 친구의 고양이가, 새끼를 낳았다. ⋯⋯⋯⋯⋯⋯⋯⋯ ④
　　중의성이 해소되지 않음
　　→ 사람을 좋아하는, 친구의 고양이가(또는 사람을 좋아하는 친구의, 고양이가)

　⋯ [사례 4]는 '사람을 좋아하는'이 수식하는 대상이 '친구'인지 '고양이'인지가 모호한 중의적 문장이다. 이 경우 쉼표를 추가하면 중의성을 해소할 수 있지만, '고양이가' 뒤에 쉼표를 넣는다고 해서 중의성이 해소되지는 않는다. 사람을 좋아하는 것이 친구라면 '사람을 좋아하는 친구의, 고양이가 새끼를 낳았다.'와 같이 쉼표를 사용하고, 사람을 좋아하는 것이 고양이라면 '사람을 좋아하는, 친구의 고양이가 새끼를 낳았다.'와 같이 쉼표를 사용하여 수식의 범위를 명확히 밝혀 주면 [사례 4]의 중의성이 해소된다.

사례 5 **누구나 자기의 처한 현실에 직시해야 한다.**
　　　　　　　　　　조사가 잘못 사용됨
이유　조사가 잘못 사용되었다.

→ 누구도 자기의 처한 현실에 직시해야 한다. ⋯⋯⋯⋯⋯⋯⋯⋯⋯⋯⋯⋯ ⑤
　　조사가 잘못 사용됨
　　→ 누구나 자기의 처한 현실을

　⋯ [사례 5]와 수정한 문장은 모두 조사가 잘못 사용되었다. [사례 5]는 '누구나 자기의 처한 현실을 직시해야 한다.'와 같이 수정해야 한다.

3. 문장과 담화 - 담화

14 담화의 특성과 표현

개념 완성 TEST	▶ 문제편 143쪽

01 (1) ⓛ (2) ㉠ (3) ㉢　**02** (1) × (2) ○ (3) ○ (4) ○　**03** ㉠, ㉡, ㉢, ㉣
/ ㉣, ㉤

내신 기출 문제	▶ 문제편 143쪽

01 ③　**02** ①

01
담화의 특성과 표현

〈보기〉의 ㉠~㉤에 대한 설명으로 적절하지 않은 것은?

☀ 정답인 이유

③ ㉢은 듣는 이인 '성모'와 가까이 있는 장소를 가리키는 말이다.

　⋯ '저기'는 화자와 청자 모두에게 멀리 떨어져 있는 장소를 가리킬

때 사용하는 지시 표현이다. 따라서 ⓒ은 말하는 이인 '지수'와 듣는 이인 '성모' 모두에게 멀리 떨어져 있는 장소를 가리킨다.

🌂 오답인 이유

① ㉠은 '지수'가 끼고 있는 '장갑'을 가리키는 말이다.
⋯▶ '그것'은 청자에게 가까이 있는 대상을 가리킬 때 사용하는 지시 표현이다. ㉠은 청자인 '지수'가 끼고 있는 '장갑'을 가리킨다.

② ㉡은 '성모'와 '지수'가 대화하고 있는 장소를 가리키는 말이다.
⋯▶ '여기'는 화자에게 가까운 곳을 가리키거나, 바로 앞에서 이야기한 대상을 가리킬 때 사용하는 지시 표현이다. ㉡은 '성모'와 '지수'가 대화하고 있는 장소를 가리킨다.

④ ㉣은 대화 상황에서 눈에 보이지 않는 장소로, '편의점'을 가리키는 말이다.
⋯▶ '거기'는 청자에게 가까운 곳을 가리키거나, 앞에서 이미 이야기한 곳을 가리킬 때 사용하는 지시 표현이다. ㉣은 대화 상황에서 눈에 보이지 않는 장소로, 앞에서 이미 이야기한 '편의점'을 가리킨다.

⑤ ㉤은 '지수'의 언니가 장갑을 산 '가게'를 가리키는 말이다.
⋯▶ '그곳'은 청자에게 가까운 곳을 가리키거나, 앞에서 이미 이야기한 곳을 가리킬 때 사용하는 지시 표현 '거기'를 문어적으로 이르는 말이다. 지수는 성모에게 언니가 장갑을 산 가게에 가는 방법을 알려 주고 있다. 따라서 ㉤은 앞에서 이미 이야기한 곳으로, '지수'의 언니가 장갑을 산 '가게'를 가리킨다.

02
담화의 특성과 표현

〈보기〉를 바탕으로 할 때, ㉠의 기능으로 적절한 것은?

☀ 정답인 이유

① 강조
⋯▶ '강조'는 어떤 부분을 특별히 강하게 주장하거나 두드러지게 하는 것을 의미한다. '다시 말해서'는 앞의 내용 중 핵심 내용을 간단명료하게 말함으로써 '여가'의 의미를 강조하고 있다. 따라서 ㉠의 기능으로 적절한 것은 '강조'이다.

🌂 오답인 이유

② 부연
⋯▶ '부연'은 이해하기 쉽도록 설명을 덧붙여 자세히 말하는 것을 의미한다.

③ 열거
⋯▶ '열거'는 여러 가지 예나 사실을 낱낱이 죽 늘어놓는 것을 의미한다. '첫째~, 둘째~, 셋째~', '또한~' 등과 같은 담화 표지를 통해 나타낼 수 있다.

④ 예고
⋯▶ '예고'는 미리 알리는 것을 의미한다. '이제부터~', '오늘은~', '이번 시간에는~'과 같은 담화 표지를 통해 나타낼 수 있다.

⑤ 예시
⋯▶ '예시'는 예를 들어 보이는 것을 의미한다. '예컨대', '예를 들어'와 같은 담화 표지를 통해 나타낼 수 있다.

01
정답률 80%

㉠에 대한 이해로 적절하지 않은 것은?

☀ 정답인 이유

④ '드리고'의 '드리-'를 통해 화자가 문장의 주체인 '할아버지'를 높이고 있다.
⋯▶ '과일 좀 드리고 오렴.'에서 문장의 주체는 직접 드러나지 않은 청자이며, '할아버지'는 문장의 객체에 해당한다. 따라서 화자는 '드리고'의 '드리-'를 통해 문장의 주체가 아니라 객체인 '할아버지'를 높이고 있다.

🌂 오답인 이유

① '할아버지께서'의 '께서'를 통해 화자가 문장의 주체인 '할아버지'를 높이고 있다.
⋯▶ '할아버지께서 마침 방에 계셨구나!'에서 문장의 주체는 '할아버지'이며, 화자는 '께서'라는 높임의 주격 조사를 사용하여 문장의 주체를 높이고 있다.

② '계셨구나'의 '계시-'를 통해 화자가 문장의 주체인 '할아버지'를 높이고 있다.
⋯▶ '할아버지께서 마침 방에 계셨구나!'에서 문장의 주체는 '할아버지'이며, 화자는 '있다'의 높임말인 '계시다'를 사용하여 문장의 주체를 높이고 있다.

③ '계셨구나'의 '-구나'를 통해 화자가 문장의 주체인 '할아버지'에 관한 사실을 새롭게 알게 되었음을 부각하고 있다.
⋯▶ '할아버지께서 마침 방에 계셨구나!'에서 문장의 주체는 '할아버지'이며, 화자는 새롭게 알게 된 사실에 주목함을 나타내는 종결 어미인 '-구나'를 사용하여 '할아버지'에 관한 사실을 새롭게 알게 되었음을 부각하고 있다.

⑤ '오렴'의 '-렴'을 통해 화자가 청자에게 어떠한 행동을 요구하고 있다.
⋯▶ '과일 좀 드리고 오렴.'에서 '-렴'은 부드러운 명령이나 허락을 나타내는 종결 어미이다. 즉 화자는 청자에게 할아버지께 과일을 드리고 오라는 행동을 요구하고 있다.

02
정답률 81%

윗글을 바탕으로 〈보기〉의 ⓐ~ⓕ에 대해 설명한 내용으로 적절하지 않은 것은?

☀ 정답인 이유

⑤ ⓕ는 '작년에 같이 갔던 수목원'을 직접 가리키는 지시 표현이다.
⋯▶ 지시 표현은 담화 장면을 구성하는 화자, 청자, 사물, 시간, 장소 등의 요소를 직접 가리키는 표현이다. 그러나 ⓕ '거기'는 지시 표현이 아니라 '영선'이 앞서 얘기한 '작년에 같이 갔던 수목원'을 대신하

는 대용 표현이다.

① ⓐ는 '주말 나들이 장소 정하기'라는 내용에 부합하지 않아서 담화의 완결성을 떨어뜨리고 있다.

→ 담화가 완결성을 갖추기 위해서는 담화를 이루는 발화가 일관된 주제 속에 내용상 유기적인 관련을 맺고 있어야 한다. 그런데 ⓐ는 '주말 나들이 장소 정하기'라는 주제와 내용상 유기적인 관련이 없기 때문에 담화의 완결성을 떨어뜨리는 발화이다.

② ⓑ는 '영선'이 발화한 '놀이동산'을 대신하는 대용 표현이다.

→ ⓑ는 '영선'이 앞서 주말 나들이 장소로 언급한 '놀이동산'을 대신하는 대용 표현이다.

③ ⓒ, ⓓ는 발화 간의 관련성을 높이는 형식적 장치로서 형태가 다른 표현이지만 동일한 장소를 나타내고 있다.

→ ⓒ는 '선희'가 사진 속 장소를 가리키는 지시 표현이며, 이어지는 '영선'의 발화를 참고할 때 '해수욕장'임을 알 수 있다. 또한 ⓓ는 '선희'가 보여 준 사진 속 장소인 '해수욕장'을 가리키는 지시 표현이다. 즉 ⓒ와 ⓓ는 모두 동일한 장소인 '해수욕장'을 나타내는 표현이며 이러한 지시 표현은 발화 간 관련성을 높이는 형식적 장치에 해당한다.

④ ⓔ는 '해수욕장은 아직 좀 춥잖아.'와 '너무 멀잖아.'를 대등하게 이어 주는 접속 표현이다.

→ 접속 표현은 문장과 문장, 발화와 발화를 연결해 주는 표현이다. ⓔ '그리고'는 '해수욕장은 아직 좀 춥잖아.'와 '너무 멀잖아.'라는 두 문장을 대등하게 이어 주는 접속 표현이다.

03

〈보기〉의 ㉠~㉨에 대한 이해로 적절하지 <u>않은</u> 것은?

⑤ ㉨은 화자가 청자와 자신을 모두 낮추기 위해 쓰는 말이군.

→ ㉨은 '후배 2'가 선배에게 한 말로, 여기서 '저희'는 청자인 선배를 제외하고 화자인 '후배 2'와 '후배 1'을 낮추기 위해 사용한 말이다.

① ㉠과 ㉡은 문장 성분이 서로 다르군.

→ ㉠은 명사 '학교'와 부사격 조사 '에서'가 결합한 부사어로, 이때 '에서'는 행동이 이루어지고 있는 처소임을 나타내는 부사격 조사이다. ㉡은 명사 '학교'와 주격 조사 '에서'가 결합한 주어로, 이때, '에서'는 단체를 나타내는 명사 뒤에 붙어 앞말이 주어임을 나타내는 주격 조사이다. 즉, ㉠과 ㉡의 문장 성분은 서로 다르다.

② ㉢에는 화자와 청자가 모두 포함되어 있군.

→ '후배 2'가 '저희가 선배님과 함께 제안했던 예산안'이라고 한 것으로 보아 ㉢의 '우리'는 화자인 선배와 청자인 후배들을 모두 포함하는 말이다.

③ ㉣은 뒤에 있는 '동아리'를 가리키는 말이군.

→ ㉣의 '자신'은 자신의 형편을 감안해 달라고 하는 '동아리'를 가리키는 말이다.

④ ㉤은 ㉡의 '학교'와 ㉢의 '우리'를 모두 포함해서 가리키는 말이군.

→ 학교에 동아리 활동 지원 예산안을 제안하였지만 수용하기 힘들다는 답을 들었다는 내용과 관련한 담화 상황임을 고려할 때 ㉤의 '서로'는 예산안과 관련해 서로 다른 입장을 지닌 두 주체를 의미한다. 즉, ㉤은 예산안 수용 여부를 결정해야 하는 ㉡의 '학교'와 예산안을 제안해 수용되기를 바라는 ㉢의 '우리'를 모두 포함하는 말이다.

04

〈보기〉의 ㉠~㉨에 대한 이해로 적절한 것은?

④ ㉤은 ㉠과 달리 화자가 있던 장소로의 이동을 나타낸다.

→ ㉤의 '왔어'는 정수가 화자인 민수가 있던 장소로 이동했음을 나타내는 것이지만, ㉠은 ㉤의 내용을 다시 확인한 것일 뿐 정수가 화자인 희철이 있던 장소로 이동했음을 나타낸 것은 아니다.

③ [매력적인 오답] ㉣은 ㉨과 달리 담화 참여자에 따라 지시 대상이 달라진다.

→ 담화 참여자에 따라 지시 대상이 달라지는 것은 ㉣의 '정수'가 아니라 ㉨의 '네'이다. ㉣의 '정수'는 고유 명사로 지시 대상이 정해져 있지만, '네'는 대명사로 대화 참여자에 따라 지시 대상이 달라지기 때문이다.

① ㉠은 ㉤과 달리 발화 시점과 관계없이 언제인지가 정해진다.

→ ㉠의 '내일'은 '오늘의 바로 다음 날'을 의미하는 명사이고, ㉤의 '어제'는 '오늘의 바로 하루 전날'을 의미하는 명사이다. ㉠과 ㉤ 둘 다 발화 시점에 따라 언제인지가 결정된다.

② ㉢은 ㉡과 달리 지시 표현이 이전 발화를 직접 가리킨다.

→ 이전 발화를 직접 가리키는 말은 ㉢의 '저기 저'가 아니라 ㉡의 '네 말'이다. ㉡의 '네 말'은 '내일은 도서관에 가서 발표 준비하자.'라는 민수의 이전 발화를 가리키는 것이고, ㉢의 '저기 저'는 '○○ 서점'을 가리키는 것이기 때문이다.

⑤ ㉥은 ㉨과 달리 담화에 참여한 모든 사람들을 가리킨다.

→ 담화에 참여한 모든 사람들을 가리키는 것은 ㉥의 '우리'가 아니라, ㉨의 '우리'이다. ㉥의 '우리'는 민수와 희철을 가리키는 것이고, ㉨의 '우리'는 민수, 희철, 기영을 가리키는 것이기 때문이다.

05

〈보기〉의 ㉠~㉦에 대한 설명으로 적절한 것은?

② ㉡이 가리키는 대상은 ㉤이 가리키는 대상에 포함된다.

→ ㉡은 '영이'와 '영이'의 강아지인 '별이'를 가리킨다. 그리고 ㉤은 '영이'와 '영이'의 강아지인 '별이', 그리고 '민수'를 가리키는 것이다. 따라서 ㉡이 가리키는 대상은 ㉤이 가리키는 대상에 포함된다.

① ㉠과 ㉡은 가리키는 대상이 동일하다.

→ ㉠은 '민수'와 '영이'를 가리키고, ㉡은 '영이'와 '영이'의 강아지인

'별이'를 가리킨다.

③ ⓒ이 가리키는 대상은 ⓗ이 가리키는 대상에 포함된다.
⋯ ⓒ은 '민수'의 강아지들인 '봄이', '솜이'를 가리키고, ⓗ은 '민수'와 '영이', 그리고 '민수'가 데리고 온 자신의 강아지인 '봄이'를 가리킨다.

④ ⓔ과 ⓗ은 가리키는 대상이 동일하다.
⋯ ⓔ은 '민수'와 민수의 강아지들인 '봄이', '솜이'를 가리킨다. 반면 ⓗ은 '영이'와 '민수', 그리고 '영이'의 강아지인 '별이'를 가리킨다.

⑤ ⓔ과 ⓗ은 가리키는 대상이 동일하다.
⋯ ⓔ은 '민수'와 '민수'의 강아지들인 '봄이', '솜이'를 가리키고, ⓗ은 '민수'와 '영이', 그리고 '민수'가 데리고 나온 '봄이'를 가리킨다.

06
정답률 85%

〈보기〉의 ㉠~㉩에 대한 설명으로 적절한 것은?

☀ 정답인 이유

③ ⓒ과 ⓜ이 가리키는 시간대는 ⓞ을 기준으로 정해진다.
⋯ ⓞ의 '시간'은 영화가 시작하는 시간인 6시를 의미한다. ⓒ의 '앞서'는 영화 시작 시간을 기준으로 1시간 일찍 만나자고 한 것이고, ⓜ의 '미리'는 영화 시작 전에 저녁을 먼저 먹는 의미이므로 ⓒ과 ⓜ이 가리키는 시간대는 ⓞ을 기준으로 정해진다고 볼 수 있다.

☂ 오답인 이유

① ㉠과 ⓞ은 가리키는 시간이 상이하다.
⋯ ㉠과 ⓞ은 모두 영화 시작 시간인 6시를 의미하므로, ㉠과 ⓞ은 가리키는 시간이 같다.

② ⓛ과 ⓜ은 발화 시점을 기준으로 과거를 가리킨다.
⋯ ⓛ은 '어제'를 의미하므로 발화 시점을 기준으로 과거를 가리키지만, ⓜ은 영화를 보기 전 5시에서 6시 사이를 의미하므로 발화 시점을 기준으로 미래를 가리킨다.

④ ⓔ과 ⓩ은 이동의 출발 장소가 동일하다.
⋯ ⓔ의 출발 장소는 영화를 보기 전 저녁을 먹는 분식집이고, ⓩ의 출발 장소는 진로 상담을 마치는 곳이므로, ⓔ과 ⓩ은 이동의 출발 장소가 다르다.

⑤ ⓗ과 ⓢ은 기준으로 삼은 방향이 달라 다른 곳을 의미한다.
⋯ ⓗ은 영화관을 등지고 있을 때의 방향이고 ⓢ은 영화관을 마주볼 때의 방향이지만 서로 같은 곳인 '분식집'을 가리키므로, 다른 곳을 의미한다는 것은 적절하지 않다.

07
정답률 90%

〈보기〉의 ㉠~ⓞ에 대한 설명으로 적절하지 않은 것은?

☀ 정답인 이유

⑤ ⓗ과 ⓞ은 화자와 청자를 제외한 제삼자를 가리킨다.
⋯ 〈보기〉의 담화는 엄마와 아들의 대화이다. ⓗ의 '누나'는 이 대화에 참여하고 있지 않으므로 화자와 청자를 제외한 제삼자를 가리키

지만, ⓞ의 '영수'는 대화에 참여하고 있고 청자인 아들을 가리킨다.

☂ 오답인 이유

① ㉠과 ⓗ은 청자의 관점에서 사용한 지칭어이다.
⋯ ㉠과 ⓗ이 있는 문장에서 화자는 엄마이고 청자는 아들이므로, ㉠의 '엄마'와 ⓗ의 '누나'는 화자인 엄마가 청자인 아들의 관점에서 사용한 지칭어이다.

② ㉠과 ⓢ은 현재의 담화 상황에 참여하고 있는 사람을 가리킨다.
⋯ 〈보기〉의 담화는 엄마와 아들의 대화이다. ㉠의 '엄마'는 '영수의 엄마'를 가리키고 ⓢ의 '우리 아들'은 '아들인 영수'를 가리키므로, ㉠과 ⓢ은 모두 현재의 담화 상황에 참여하고 있는 사람을 가리킨다.

③ ⓛ과 ⓒ은 동일한 대상을 가리킨다.
⋯ ⓛ과 ⓒ의 '저거'는 모두 '2015년 12월 30일, 오늘 하루만 50% 할인'이라고 쓰여 있는 '저 옷 가게 광고판'을 가리킨다.

④ ⓔ과 ⓜ은 동일한 날을 가리킨다.
⋯ ⓔ의 '오늘'과 ⓜ의 '어제'는 모두 '2015년 12월 30일'을 가리킨다.

08
정답률 95%

담화 상황을 고려할 때, 〈보기〉의 ㉠~ⓜ에 대한 이해로 적절하지 않은 것은?

☀ 정답인 이유

② ⓛ: 지시 대명사를 사용하여 B로부터 멀리 떨어져 있는 곳으로 관심을 유도한다.
⋯ ⓛ의 '저기'는 화자와 청자 모두에게 멀리 떨어진 대상을 가리킬 때 사용하는 지시 대명사가 아니라, 말을 꺼내기 거북할 때에 쓰는 감탄사이다.

☂ 오답인 이유

① ㉠: 피동 표현을 사용하여 상황이 B의 의지와 무관하게 일어났음을 나타낸다.
⋯ 피동 표현은 '주어가 다른 주체에 의해 동작이나 행위를 당하는 것'으로, 어떤 상황이 일어나게 된 원인이 주체의 의지에 의한 것이 아니라 불가항력적인 일 때문일 경우에 주로 사용한다. ㉠의 '끊어진 거야'는 '끊다'의 어간 '끊-'에 '-어지다'가 결합된 피동 표현을 사용하여, 전화가 끊긴 상황이 B의 의지와 무관하게 일어났음을 나타내고 있다.

③ ⓒ: 감탄사를 사용하여 A의 발화를 듣고 어떤 것을 갑자기 깨달았음을 나타낸다.
⋯ 감탄사 '아차'는 '무엇이 잘못된 것을 갑자기 깨달았을 때 하는 말'이다. ⓒ의 '아차!'는 B가 어제 약속을 지키지 못한 이유에 대해 A에게 먼저 얘기하려고 했던 것을 깜빡 잊고 있다가, A의 발화를 듣고서야 갑자기 깨달았음을 나타내고 있다.

④ ⓔ: 부정 부사 '못'을 사용하여 B에게 일어난 상황이 불가피했음을 나타낸다.
⋯ 주체의 능력이나 다른 외부의 원인 때문에 어떤 행위가 일어나지 못하게 되었음을 나타낼 때에는 '못' 부정문을 사용한다. B는 ⓔ에서 부정 부사 '못'을 사용하여 도서관에 가지 못한 상황이 불가피했음(동생이 갑자기 아파서 병원에 데리고 가야 했음)을 나타내고 있다.

⑤ ⓜ: 의문 표현을 사용하여 B에게 일의 까닭을 상세히 말해 달라고 요청한다.

···▶ 대답을 요구하지 않고 서술, 명령, 요청, 감탄의 효과를 나타내는 의문문을 '수사 의문문'이라고 한다. ⓐ은 형식상으로는 의문문이나, 의미상으로는 약속을 지키지 못한 까닭을 말해 달라는 '요청'의 의미를 담고 있다.

09

아래의 글에서 〈보기〉의 ㉮와 ㉯가 모두 나타난 것은?

☀ 정답인 이유

④ 이렇게 한 다음 연필꽂이의 바닥까지 모두 조립하고 사포질을 해 줍니다.
···▶ '이렇게'는 바로 앞 문장 '접착제로~고정합니다.'를 가리키는 지시 표현이고, '다음'은 직접적으로 순서나 과정을 드러내는 어휘이다. 따라서 ㉮와 ㉯가 모두 나타나고 있다.

☔ 오답인 이유

① 먼저 디자인을 구상합니다.
···▶ '먼저'는 직접적으로 순서나 과정을 드러내는 어휘(㉯)이다.

② 우리 목동 친구들은 잘 아시죠?
···▶ '우리'라는 대명사를 사용(㉮)하여 '목동 친구들'이 자신과 친밀한 관계임을 드러내고 있다.

③ 그러니 욕심 부리지 말고 적당량만 발라 줍니다.
···▶ '그러니'는 '접착제를 너무 많이 쓰면 접착제가 나무의 겉면으로 삐져나와 굳잖아요.'와 '욕심 부리지 말고 적당량만 발라 줍니다.'를 연결하는 접속 부사로, 연결어에 의해 응집성을 표현(㉮)하고 있다.

⑤ 사포질을 할 때에는 나무의 결을 따라 하는 것이 보기에 좋습니다.
···▶ 앞뒤 문장에서 '사포질'이라는 단어가 반복되어 담화의 후반부가 연필꽂이 만들기 중 '사포질' 단계와 관련되어 있음을 드러내고 있을 뿐, ㉮와 ㉯가 모두 나타나지 않는다.

10

〈보기 1〉을 바탕으로 〈보기 2〉의 ㉠~㉤을 이해한 것으로 적절하지 않은 것은?

☀ 정답인 이유

④ ㉣: 화자의 명령에 대한 청자의 부담을 덜어 주기 위해 화자의 의도와 종결 표현을 일치시키지 않고 있군.
···▶ ㉣의 화자인 '소연'은 학교에 늦은 청자 '지연'에게 학교에 빨리 가라는 명령을 명령형 종결 어미 '-아라'를 통해 전달하고 있다. 이는 화자의 의도를 직접 드러내는 것으로, 화자의 의도(명령)와 종결 표현(명령문)이 일치하는 경우이다.

☔ 오답인 이유

① ㉠: 명령의 의도를 '저기', '좀' 등의 언어 표현을 사용하여 표현함으로써 청자에게 부담을 주려 하지 않고 있군.
···▶ 〈보기 1〉에서 명령이나 요청 등과 같이 청자에게 부담을 주거나 예의에 어긋날 수 있는 상황이라면 '저기', '만', '좀'과 같은 언어 표현을 사용하여 완곡하게 표현한다고 하였다. ㉠의 화자인 어머니는

청자인 '지연'에게 일어나라는 명령을 명령형 종결 어미 '-아라'를 사용해 드러내고 있다. 그러나 어머니는 '저기', '좀'과 같은 언어 표현을 사용하여 명령의 의도를 완곡하게 표현하고 있다.

② ㉡: 요청의 의도를 의문형 종결 표현을 사용하여 완곡하게 표현하고 있군.
···▶ 〈보기 1〉에서 명령이나 요청 등과 같이 청자에게 부담을 주거나 예의에 어긋날 수 있는 상황이라면 화자의 의도와는 다른 종결 표현을 사용하여 완곡하게 표현한다고 하였다. ㉡의 화자인 '지연'은 청자인 어머니에게 학교에 전화해 달라는 요청의 의도를 의문형 종결 어미 '-어요?'를 사용하여 완곡하게 표현하고 있다.

③ ㉢: 화자의 의도와 종결 표현을 일치시켜 청유의 의도를 직접 드러내고 있군.
···▶ 〈보기 1〉에서 화자가 자신의 의도를 직접 드러내고자 하는 상황이라면 종결 표현과 화자의 의도를 일치시켜 명시적으로 표현한다고 하였다. ㉢의 화자인 어머니는 청자인 '지연'에게 병원에 함께 가자는 청유의 의도를 청유형 종결 어미 '-자'를 통해 전달하고 있다. 이는 화자의 의도(청유)와 종결 표현(청유문)이 일치하는 경우로, 화자가 자신의 의도를 직접 드러내는 것이다.

⑤ ㉤: 명령의 의도를 평서형 종결 표현과 '만'과 같은 언어 표현을 사용하여 부드럽게 표현하고 있군.
···▶ 〈보기 1〉에서 명령이나 요청 등과 같이 청자에게 부담을 주거나 예의에 어긋날 수 있는 상황이라면 화자의 의도와는 다른 종결 표현을 사용하거나, '저기', '만', '좀'과 같은 언어 표현을 사용하여 완곡하게 표현한다고 하였다. ㉤의 화자인 어머니는 청자인 '소연'에게 작은 소리로 말하라는 명령을 평서형 종결 어미 '-다'와 '만'과 같은 언어 표현을 통해 완곡하게 표현하고 있다.

15 총칙 / 소리에 관한 것

개념 완성 TEST
▶ 문제편 151쪽

01 (1) 나무, 놀다, 하늘 (2) 꽃을, 늙지, 먹고 **02** (1) 바가지, 이파리 (2) 막일, 꿈이 **03** (1) 몹시 (2) 법석 (3) 살짝 (4) 산뜻하다 (5) 해쓱하다
04 (1) ○ (2) × (3) ○ (4) ○

내신 기출 문제
▶ 문제편 151쪽

01 ① **02** ②

01
한글 맞춤법 – 총칙

〈보기〉는 한글 맞춤법에 대한 설명이다. ⊙과 ⓒ에 해당하는 예를 바르게 연결한 것은?

☀ 정답인 이유

	⊙	ⓒ
①	꼬치구이 맛있지.	봄이 되니 꽃이 핀다.

⋯⋗ '꼬치구이'는 [꼬치구이]라는 발음 그대로 표기했으므로, 소리 나는 대로 표기(⊙)한 것이다. 이와 달리 '꽃이'는 연음 현상에 따라 [꼬치]로 발음되지만 '꽃이'라고 표기했으므로, 소리 나는 대로 표기하지 않고 형태소의 본 모양을 밝혀 표기(ⓒ)한 것이다.

☂ 오답인 이유

②	부딪혀서 넘어졌다.	구름 너머 고향 마을

⋯⋗ '넘어'는 동사 '넘다'의 어간에 어미 '-어'가 붙은 것으로, [너머]로 발음되지만 소리 나는 대로 표기하지 않고 형태소의 본 모양을 밝혀 표기(ⓒ)한 것이다. 이와 달리 '너머'는 동사 '넘다'의 어간에 접미사 '-어'가 붙어서 명사가 된 것으로, [너머]라는 발음 그대로 표기했으므로 소리 나는 대로 표기(⊙)한 것이다.

③	반듯이 앉아라.	숙제는 반드시 해라.

⋯⋗ '비뚤어지거나 기울거나 굽지 않고 바르게'라는 뜻의 '반듯이'는 형용사 '반듯하다'의 어간에 접미사 '-이'가 붙어 부사가 된 것으로, [반드시]로 발음되지만 소리 나는 대로 표기하지 않고 형태소의 본 모양을 밝혀 표기(ⓒ)한 것이다. 이와 달리 '틀림없이 꼭'이라는 뜻의 '반드시'는 [반드시]라는 발음 그대로 표기했으므로, 소리 나는 대로 표기(⊙)한 것이다.

✱ **한글 맞춤법 제25항**
제25항 '-하다'가 붙는 어근에 '-히'나 '-이'가 붙어서 부사가 되거나, 부사에 '-이'가 붙어서 뜻을 더하는 경우에는 그 어근이나 부사의 원형을 밝히어 적는다.

1. '-하다'가 붙는 어근에 '-히'나 '-이'가 붙는 경우
   예 급히, 꾸준히, 딱히, 깨끗이 등

[붙임] '-하다'가 붙지 않는 경우에는 소리대로 적는다.
   예 갑자기, 반드시(꼭), 슬며시

---

④	오뚝이처럼 일어날 거야.	뻐꾸기가 우는 봄

⋯⋗ '오뚝이'는 부사 '오뚝'에 접미사 '-이'가 붙어서 명사가 된 것으로, [오뚜기]로 발음되지만 소리 나는 대로 표기하지 않고 형태소의 본 모양을 밝혀 표기(ⓒ)한 것이다. '뻐꾸기'는 부사 '뻐꾹'에 접미사 '-이'가 붙어서 명사가 된 것으로, [뻐꾸기]라는 발음 그대로 표기했으므로 소리 나는 대로 표기(⊙)한 것이다.

✱ **한글 맞춤법 제23항**
제23항 '-하다'나 '-거리다'가 붙는 어근에 '-이'가 붙어서 명사가 된 것은 그 원형을 밝히어 적는다.
   예 깔쭉이, 꿀꿀이, 삐죽이, 살살이, 오뚝이 등

[붙임] '-하다'나 '-거리다'가 붙을 수 없는 어근에 '-이'나 또는 다른 모음으로 시작되는 접미사가 붙어서 명사가 된 것은 그 원형을 밝히어 적지 아니한다.
   예 개구리, 귀뚜라미, 기러기, 깍두기, 뻐꾸기 등

---

⑤	콩쥐는 마음씨가 고와.	팥쥐는 얼굴이 미워.

⋯⋗ '고와'는 형용사 '곱다'에 어미 '-아'가 결합한 것으로, [고와]라는 발음 그대로 표기했으므로 소리 나는 대로 표기(⊙)한 것이다. 이때 '곱아'가 '고와'로 표기되는 이유는, '곱다'가 모음으로 시작하는 어미 앞에서 어간의 끝소리 'ㅂ'이 '오/우'로 바뀌는 'ㅂ' 불규칙 용언이기 때문이다. 그리고 '미워'는 형용사 '밉다'에 어미 '-어'가 결합한 것으로, [미워]라는 발음 그대로 표기했으므로 소리 나는 대로 표기(⊙)한 것이다. 이때 '밉어'가 '미워'로 표기되는 이유는, '밉다'가 'ㅂ' 불규칙 용언이기 때문이다.

✱ **한글 맞춤법 제18항**
제18항 다음과 같은 용언들은 어미가 바뀔 경우, 그 어간이나 어미가 원칙에 벗어나면 벗어나는 대로 적는다.

6. 어간의 끝 'ㅂ'이 'ㅜ'로 바뀔 적
   예 깁다: 기워, 기우니, 기웠다
      맵다: 매워, 매우니, 매웠다
      쉽다: 쉬워, 쉬우니, 쉬웠다

다만, '돕-, 곱-'과 같은 단음절 어간에 어미 '-아'가 결합되어 '와'로 소리 나는 것은 '-와'로 적는다.
   예 돕다(助): 도와, 도와서, 도와도, 도왔다
      곱다(麗): 고와, 고와서, 고와도, 고왔다

02
한글 맞춤법 – 소리에 관한 것

〈보기〉를 바탕으로 한글 맞춤법에 대해 탐구한 내용으로 적절하지 않은 것은?

☀ 정답인 이유

② [뚝빼기]로 소리 나는 말은 '뚝빼기'로 표기해야겠군.

⋯⋗ 〈보기〉에 제시된 한글 맞춤법 규정 제5항 '다만'에 따르면, 'ㄱ, ㅂ' 받침 뒤에서 나는 된소리는 같은 음절이나 비슷한 음절이 겹쳐 나는 경우가 아니면 된소리로 적지 않는다고 하였다. '뚝배기'는 'ㄱ' 받침 뒤에서 [ㅃ]으로 된소리가 난다. 하지만 같은 음절이나 비슷한 음절이 겹쳐 나는 경우가 아니므로 '뚝빼기'가 아니라 '뚝배기'로 표기해야 한다.

① [담뿍]으로 소리 나는 말은 '담뿍'으로 표기해야겠군.

⋯ '담뿍'은 'ㅁ' 받침 뒤에서 [ㅃ]으로 된소리가 나고 있으므로, '담뿍'으로 표기해야 한다.

③ [몽땅]으로 소리 나는 말은 '몽땅'으로 표기해야겠군.

⋯ '몽땅'은 'ㅇ' 받침 뒤에서 [ㄸ]으로 된소리가 나고 있으므로, '몽땅'으로 표기해야 한다.

④ [소쩍쌔]로 소리 나는 말은 '소쩍새'로 표기해야겠군.

⋯ '소쩍새'는 모음 'ㅗ'와 'ㅓ' 사이에서 [ㅉ]으로 된소리가 나고 있고, 'ㄱ' 받침 뒤에서 나는 된소리는 같은 음절이나 비슷한 음절이 겹쳐 나는 경우가 아니므로, '소쩍새'로 표기해야 한다.

⑤ [가끔]으로 소리 나는 말은 '가끔'으로 표기해야겠군.

⋯ '가끔'은 모음 'ㅏ'와 'ㅡ' 사이에서 [ㄲ]으로 된소리가 나고 있으므로, '가끔'으로 표기해야 한다.

---

4. 어문 규정 – 한글 맞춤법

16 형태에 관한 것

개념 완성 TEST
▶ 문제편 154쪽

01 (1) ○ (2) × (3) ○ (4) × **02** (1) ○ (2) × (3) ○ (4) × **03** (1) 햇볕
(2) 뒷머리 (3) 텃세 (4) 예삿일 **04** (1) ○ (2) ○ (3) × (4) × **05** (1) 오
(2) 오 (3) 요 (4) 이요 **06** (1)-ⓑ (2)-ⓒ (3)-ⓐ

내신 기출 문제
▶ 문제편 155쪽

01 ③ **02** ② **03** ③ **04** ②

01
한글 맞춤법 – 형태에 관한 것

〈보기〉의 ㉠의 예로 적절한 것은?

③ **지붕** 지붕: 집(어근)+-웅(접미사) → 파생어

⋯ '지붕'은 어근 '집'과 접미사 '-웅'이 결합한 파생어로, 어근의 원형을 밝히어 적지 않고 있다. 따라서 '지붕'은 '파생어이면서 어근의 원형을 밝히어 적지 않는 경우'인 ㉠의 예로 적절하다.

① **길이** 길이: 길-('길다'의 어근)+-이(접미사) → 파생어

⋯ '길이'는 '길다'의 어근 '길-'과 접미사 '-이'가 결합한 파생어로, 어근의 원형을 밝히어 적고 있다. 따라서 '길이'는 ㉠의 예가 아니다.

② **덮개** 덮개: 덮-('덮다'의 어근)+-개(접미사) → 파생어

⋯ '덮개'는 '덮다'의 어근 '덮-'과 접미사 '-개'가 결합한 파생어로, 어근의 원형을 밝히어 적고 있다. 따라서 '덮개'는 ㉠의 예가 아니다.

④ **쌀알** 쌀알: 쌀(어근)+알(어근) → 합성어

⋯ '쌀알'은 두 어근 '쌀'과 '알'이 결합한 합성어로, 어근의 원형을 밝히어 적고 있다. 따라서 '쌀알'은 ㉠의 예가 아니다.

---

⑤ **다듬이** 다듬이: 다듬-('다듬다'의 어근)+-이(접미사) → 파생어

⋯ '다듬이'는 '다듬다'의 어근 '다듬-'과 접미사 '-이'가 결합한 파생어로, 어근의 원형을 밝히어 적고 있다. 따라서 '다듬이'는 ㉠의 예가 아니다.

02
한글 맞춤법 – 형태에 관한 것

〈보기〉는 한글 맞춤법 규정의 일부이다. 규정이 적용된 사례로 적절하지 **않은** 것은?

② '2'는 'ㄷ 불규칙 활용'이라고 하며, '걷다(步), 듣다(聽), 묻다(問), 닫다(閉)' 등이 해당된다.

⋯ 〈보기〉의 한글 맞춤법 제18항 2는 어간의 끝 'ㄷ'이 'ㄹ'로 바뀔 적에 대해 설명하고 있으므로, 어간의 'ㄷ'이 모음 어미 앞에서 'ㄹ'로 바뀌는 'ㄷ 불규칙 활용'에 대한 조항이다. 제시된 예의 활용형은 다음과 같다.

예	활용형
걷다(步)	걸어, 걸으니, 걸었다
듣다(聽)	들어, 들으니, 들었다
묻다(問)	물어, 물으니, 물었다
닫다(閉)	닫아, 닫으니, 닫았다

'걷다(步), 듣다(聽), 묻다(問)'는 모두 어간의 끝 'ㄷ'이 모음 어미 앞에서 'ㄹ'로 바뀌고 있으므로 'ㄷ 불규칙 활용'의 예로 적절하다. 하지만 '닫다(閉)'는 어간의 끝 'ㄷ'이 모음 어미 앞에서 규칙 활용을 하고 있으므로, 'ㄷ 불규칙 활용'의 예로 적절하지 않다.

① '1'은 'ㅅ 불규칙 활용'이라고 하며, '짓다, 긋다, 낫다, 붓다' 등이 해당된다.

⋯ 〈보기〉의 한글 맞춤법 제18항 1은 어간의 끝 'ㅅ'이 줄어질 적에 대해 설명하고 있으므로, 어간의 'ㅅ'이 모음 어미 앞에서 탈락하는 'ㅅ 불규칙 활용'에 대한 조항이다. 제시된 예의 활용형은 다음과 같다.

예	활용형
짓다	지어, 지으니, 지었다
긋다	그어, 그으니, 그었다
낫다	나아, 나으니, 나았다
붓다	부어, 부으니, 부었다

'짓다, 긋다, 낫다, 붓다'는 모두 어간의 끝 'ㅅ'이 모음 어미 앞에서 탈락하고 있으므로, 'ㅅ 불규칙 활용'의 예로 적절하다.

③ '3'은 'ㅂ 불규칙 활용'이라고 하며, '깁다, 가깝다, 맵다, 밉다' 등이 해당된다.

⋯ 〈보기〉의 한글 맞춤법 제18항 3은 어간의 끝 'ㅂ'이 'ㅜ'로 바뀔 적에 대해 설명하고 있으므로, 어간의 'ㅂ'이 모음 어미 앞에서 '오/우'로 바뀌는 'ㅂ 불규칙 활용'에 대한 조항이다. 제시된 예의 활용형은 다음과 같다.

예	활용형
깁다	기워, 기우니, 기웠다
가깝다	가까워, 가까우니, 가까웠다
맵다	매워, 매우니, 매웠다
밉다	미워, 미우니, 미웠다

'깁다, 가깝다, 맵다, 밉다'는 모두 어간의 끝 'ㅂ'이 모음 어미 앞에서 'ㅜ'로 바뀌고 있으므로, 'ㅂ 불규칙 활용'의 예로 적절하다.

④ '4'는 '러 불규칙 활용'이라고 하며, '이르다(至), 누르다(黃), 푸르다' 등이 해당된다.

…→ 〈보기〉의 한글 맞춤법 제18항 4는 어간의 끝음절 '르' 뒤에 오는 어미 '-어'가 '-러'로 바뀔 적에 대해 설명하고 있으므로, 어간이 '르'로 끝나는 용언에서 어미 '-어'가 '-러'로 바뀌는 '러 불규칙 활용'에 대한 조항이다. 제시된 예의 활용형은 다음과 같다.

예	활용형
이르다(至)	이르러, 이르렀다
누르다(黃)	누르러, 누르렀다
푸르다	푸르러, 푸르렀다

'이르다(至), 누르다(黃), 푸르다'는 모두 어간이 '르'로 끝나는 용언에서 어미 '-어'가 '-러'로 바뀌고 있으므로, '러 불규칙 활용'의 예로 적절하다.

⑤ '5'는 '르 불규칙 활용'이라고 하며, '가르다, 구르다, 부르다, 오르다' 등이 해당된다.

…→ 〈보기〉의 한글 맞춤법 제18항 5는 어간의 끝음절 '르'의 'ㅡ'가 줄고 그 뒤에 오는 어미 '-아/-어'가 '-라/-러'로 바뀔 적에 대해 설명하고 있으므로, 어간의 '르'가 '-아/-어' 앞에서 'ㄹㄹ'로 바뀌는 '르 불규칙 활용'에 대한 조항이다. 제시된 예의 활용형은 다음과 같다.

예	활용형
가르다	갈라, 갈랐다
구르다	굴러, 굴렀다
부르다	불러, 불렀다
오르다	올라, 올랐다

'가르다, 구르다, 부르다, 오르다'는 모두 어간의 끝음절 '르'가 어미 '-아/-어' 앞에서 'ㄹㄹ'로 바뀌고 있으므로, '르 불규칙 활용'의 예로 적절하다.

03
한글 맞춤법 – 형태에 관한 것

〈보기〉에 제시된 한글 맞춤법 규정의 예에 해당하는 단어가 <u>아닌</u> 것은?

☀ 정답인 이유

③ 젓가락 ···→ 한글 맞춤법 제30항(사이시옷)의 예

…→ '젓가락'은 '저'와 '가락'의 합성어이다. 이때 뒷말의 첫소리가 된소리로 발음되므로, 사이시옷을 붙여 '젓가락'으로 표기한다. 즉, '젓가락'의 '저'는 끝소리가 'ㄹ'인 말이 아니므로, 〈보기〉에 제시된 한글 맞춤법 제29항의 규정에 해당하지 않는다.

☂ 오답인 이유

① 반짇고리

…→ '반짇고리'는 '바느질'과 '고리'가 결합한 합성어이다. 이때 앞말의 끝소리 'ㄹ'이 뒷말 '고리'와 어울리면서 [ㄷ]으로 소리 나므로, '반짇고리'로 적는다.

② 사흗날

…→ '사흗날'은 '사흘'과 '날'이 결합한 합성어이다. 이때 앞말의 끝소리 'ㄹ'이 뒷말 '날'과 어울리면서 [ㄷ]으로 소리 나므로, '사흗날'로 적는다.

④ 이튿날

…→ '이튿날'은 '이틀'과 '날'이 결합한 합성어이다. 이때 앞말의 끝소리 'ㄹ'이 뒷말 '날'과 어울리면서 [ㄷ]으로 소리 나므로, '이튿날'로 적는다.

⑤ 섣달

…→ '섣달'은 '설'과 '달'이 결합한 합성어이다. 이때 앞말의 끝소리 'ㄹ'이 뒷말 '달'과 어울리면서 [ㄷ]으로 소리 나므로, '섣달'로 적는다.

04
한글 맞춤법 – 형태에 관한 것

〈보기〉의 ㉠~㉢에 들어갈 예로 적절한 것은?

☀ 정답인 이유

	㉠	㉡	㉢
②	귓밥	뒷일	뱃병

…→		
귓밥	'귓밥'은 고유어 '귀'와 '밥'이 결합한 합성어이다. 앞말이 모음으로 끝나고 뒷말의 첫소리 'ㅂ'이 된소리로 소리 나므로, 사이시옷을 받치어 적는다.	㉠
뒷일	'뒷일'은 고유어 '뒤'와 '일'이 결합한 합성어이다. 앞말이 모음으로 끝나고 뒷말의 첫소리 모음 앞에서 [뒨:닐]처럼 'ㄴㄴ' 소리가 덧나므로, 사이시옷을 받치어 적는다.	㉡
뱃병	'뱃병'은 고유어 '배'와 한자어 '병(病)'이 결합한 합성어이다. 앞말이 모음으로 끝나고 뒷말의 첫소리 'ㅂ'이 된소리로 소리 나므로, 사이시옷을 받치어 적는다.	㉢

☂ 오답인 이유

	㉠	㉡	㉢
①	나뭇가지	뒷입맛	냇가

…→		
나뭇가지	'나뭇가지'는 고유어 '나무'와 '가지'가 결합한 합성어이다. 앞말이 모음으로 끝나고 뒷말의 첫소리 'ㄱ'이 된소리로 소리 나므로, 사이시옷을 받치어 적는다.	㉠
뒷입맛	'뒷입맛'은 고유어 '뒤'와 '입맛'이 결합한 합성어이다. 앞말이 모음으로 끝나고 뒷말의 첫소리 모음 앞에서 [뒨:님맏]처럼 'ㄴㄴ' 소리가 덧나므로, 사이시옷을 받치어 적는다.	㉡
냇가	'냇가'는 고유어 '내'와 '가'가 결합한 합성어이다. 앞말이 모음으로 끝나고 뒷말의 첫소리 'ㄱ'이 된소리로 소리 나므로, 사이시옷을 받치어 적는다.	㉠

	㉠	㉡	㉢
③	머릿방	훗일	봇둑

…→		
머릿방	'머릿방'은 고유어 '머리'와 한자어 '방(房)'이 결합한 합성어이다. 앞말이 모음으로 끝나고 뒷말의 첫소리 'ㅂ'이 된소리로 소리 나므로, 사이시옷을 받치어 적는다.	㉢
훗일	'훗일'은 한자어 '후(後)'와 고유어 '일'이 결합한 합성어이다. 앞말이 모음으로 끝나고 뒷말의 첫소리 모음 앞에서 [훈:닐]처럼 'ㄴㄴ' 소리가 덧나므로, 사이시옷을 받치어 적는다. 이는 '제30항 2-(3)' 규정의 예에 해당한다.	제30항 2-(3)

봇둑	'봇둑'은 한자어 '보(洑)'와 고유어 '둑'이 결합한 합성어이다. 앞말이 모음으로 끝나고 뒷말의 첫소리 'ㄷ'이 된소리로 소리 나므로, 사이시옷을 받치어 적는다.	㉢

④ **나룻배   예삿일   사잣밥**

나룻배	'나룻배'는 고유어 '나루'와 '배'가 결합한 합성어이다. 앞말이 모음으로 끝나고 뒷말의 첫소리 'ㅂ'이 된소리로 소리 나므로, 사이시옷을 받치어 적는다.	㉠
예삿일	'예삿일'은 한자어 '예사(例事)'와 고유어 '일'이 결합한 합성어이다. 앞말이 모음으로 끝나고 뒷말의 첫소리 모음 앞에서 [예:산닐]처럼 'ㄴㄴ' 소리가 덧나므로, 사이시옷을 받치어 적는다. 이는 '제30항 2-(3)' 규정의 예에 해당한다.	제30항 2-(3)
사잣밥	'사잣밥'은 한자어 '사자(使者)'와 고유어 '밥'이 결합한 합성어이다. 앞말이 모음으로 끝나고 뒷말의 첫소리 'ㅂ'이 된소리로 소리 나므로, 사이시옷을 받치어 적는다.	㉢

⑤ **귓병   두렛일   고랫재**

귓병	'귓병'은 고유어 '귀'와 한자어 '병(病)'이 결합한 합성어이다. 앞말이 모음으로 끝나고 뒷말의 첫소리 'ㅂ'이 된소리로 소리 나므로, 사이시옷을 받치어 적는다.	㉢
두렛일	'두렛일'은 고유어 '두레'와 '일'이 결합한 합성어이다. 앞말이 모음으로 끝나고 뒷말의 첫소리 모음 앞에서 [두렌닐]처럼 'ㄴㄴ' 소리가 덧나므로, 사이시옷을 받치어 적는다.	㉤
고랫재	'고랫재'는 고유어 '고래'와 '재'가 결합한 합성어이다. 앞말이 모음으로 끝나고 뒷말의 첫소리 'ㅈ'이 된소리로 소리 나므로, 사이시옷을 받치어 적는다.	㉠

4. 어문 규정 – 한글 맞춤법

17 준말 / 띄어쓰기

개념 완성 TEST

▶ 문제편 157쪽

01 (1) 내가 그를 만난 지 일 년이 지났다. (2) 마당에 나무 열 그루를 심었다.   **02** (1) ○ (2) × (3) ○   **03** (1) 헛되이 (2) 지긋이 (3) 곳곳이 (4) 생긋이 (5) 괴로이

내신 기출 문제

▶ 문제편 157쪽

01 ③   **02** ②

01

다음 중 띄어쓰기가 잘못된 것은?

☀ 정답인 이유

③ 안방 서랍 속에서 안경을 가지고와라.
　　　　　　　　　　본용언+본용언 → 가지고 와라

⋯ '안방 서랍 속에서 안경을 가지고와라.'에서 '가지고와라'는 '안경을 가지고'와 '(이리로) 와라'라는 두 개의 동작이 필요한 용언이다. 따라서 '본용언+본용언'의 구성으로 봐야 하며, 이 경우에는 두 용언을 반드시 띄어 써야 한다. 즉 '가지고와라'가 아니라 '가지고 와라'라고 써야 한다.

참고로, 용언 두 개가 연달아 나오는 경우에는 '본용언+본용언'인 경우도 있고, '본용언+보조 용언'인 경우도 있다. 이때 앞의 본용언 어간에 어미 '-서'를 붙여 문장이 성립하면 뒤의 용언은 본용언이다. ③의 경우 '안경을 가지고(서) 와라'와 같이 해석할 수 있으므로, '와라'가 본용언이라는 것을 알 수 있다.

☂ 오답인 이유

① 자전거를 타고 돌아가 버렸다.
　　　　　　　본용언(합성 동사)+보조 용언 → 돌아가 버렸다

⋯ '돌아가 버렸다'는 '본용언+보조 용언'의 구성이다. 이때 앞말 '돌아가다'는 동사 '돌다'와 '가다'가 결합한 합성 동사이다. 일반적으로 '본용언+보조 용언'은 보조 용언을 붙여 쓰는 것도 허용하지만 앞말이 합성 용언인 경우에 그 뒤에 오는 보조 용언은 띄어 써야 한다.

② 일단 내가 선생님께 여쭈는 볼게.
　　　　　　　본용언(+조사)+보조 용언 → 여쭈는 볼게

⋯ '여쭈는 볼게'는 '본용언+보조 용언'의 구성이다. 이때 본용언 '여쭤'에 조사 '는'이 붙었으므로, 그 뒤에 오는 보조 용언은 띄어 써야 한다.

④ 아파트는 오랜 기간 하중을 견디어냈다.
　　　　　　　　본용언+보조 용언 → 견디어 냈다 / 견디어냈다

⋯ '견디어 냈다'는 '본용언+보조 용언'의 구성이다. 본용언과 보조 용언은 띄어 쓰는 것이 원칙이지만 경우에 따라 붙여 쓰는 것도 허용한다. 따라서 '견디어 냈다'는 띄어 쓸 수도 있고 '견디어냈다'와 같이 붙여 쓸 수도 있다.

⑤ 이번 국어 시험 공부는 정말로 할만하다.
　　　　　　　　본용언+보조 용언 → 할 만하다 / 할만하다

⋯ '할 만하다'는 '본용언+보조 용언'의 구성이다. 본용언과 보조 용언은 띄어 쓰는 것이 원칙이지만 경우에 따라 붙여 쓰는 것도 허용한다. 따라서 '할 만하다'는 띄어 쓸 수도 있고 '할만하다'와 같이 붙여 쓸 수도 있다.

참고로, 한글 맞춤법 제47항에서는 의존 명사 '척, 체, 만, 법, 듯' 등에 '-하다'나 '-싶다'가 결합하여 된 보조 용언의 경우도 앞말에 붙여 쓸 수 있다고 하였다. 즉, '모르는 체하다'와 같이 띄어 쓸 수도 있고, '모르는체하다'와 같이 붙여 쓸 수도 있다.

02

밑줄 친 부분이 한글 맞춤법에 맞게 쓰인 것은?

☀ 정답인 이유

② 그가 발의한 안건은 다음 회의에 **부치기로** 했다.

⋯ 한글 맞춤법 규정 제57항에서는 '부치다'와 '붙이다'를 구별하여

적어야 할 어휘로 정하고 있다. '안건을 회의에 부치다'와 같이 '어떤 문제를 다른 곳이나 다른 기회로 넘기어 맡기다.'의 의미일 때는 '붙이다'가 아니라 '부치다'를 써야 한다. 따라서 ②의 '부치기로'는 한글 맞춤법에 맞게 쓰인 것이다.

---

* '부치다' vs '붙이다'

부치다	붙이다
힘이 부치는 일이다.	우표를 붙인다.
편지를 부친다.	책상을 벽에 붙였다.
논밭을 부친다.	흥정을 붙인다.
빈대떡을 부친다.	불을 붙인다.
식목일에 부치는 글	감시원을 붙인다.
회의에 부치는 안건	조건을 붙인다.
인쇄에 부치는 원고	취미를 붙인다.
삼촌 집에 숙식을 부친다.	별명을 붙인다.

오답인 이유

① 엇저녁에는 고향 친구들과 만나서 식사를 했다.
··· '어제저녁'의 준말은, '엇저녁'이 아니라 '엊저녁'이 바른 표기이다. 한글 맞춤법 규정 제32항에 따르면, '어제저녁'에서 '어제'의 끝 모음 'ㅔ'가 줄어지고 남은 자음 'ㅈ'은 앞 음절의 받침으로 올려붙여 적어야 한다.

③ 적잖은 사람들이 그 의견에 찬성의 뜻을 보였다.
··· '적지 않은'의 준말은, '적잖은'이 아니라 '적잖은'이 바른 표기이다. 한글 맞춤법 규정 제39항에 따르면, '적지 않은'과 같이 어미 '-지' 뒤에 '않-'이 어울려 '-잖-'이 될 적에는 준 대로 적어야 한다.

④ 동생은 누나가 직접 만든 깍뚜기를 먹어 보았다.
··· 김치류의 하나를 뜻할 때는, '깍뚜기'가 아니라 '깍두기'가 바른 표기이다. 한글 맞춤법 규정 제5항에 따르면, 'ㄱ, ㅂ' 받침 뒤에서 나는 된소리는, 같은 음절이나 비슷한 음절이 겹쳐 나는 경우가 아니면 된소리로 적지 아니한다고 하였다. '깍두기'는 'ㄱ' 받침 뒤에서 [깍뚜기]로 된소리가 나지만, 같은 음절이나 비슷한 음절이 겹쳐 나는 경우가 아니므로, '깍뚜기'가 아니라 '깍두기'로 적어야 한다. 이 규정의 다른 예로는 '국수', '법석' 등이 있다.

⑤ 저기 넙적하게 생긴 바위가 우리들의 놀이터였다.
··· '편편하고 얇으면서 꽤 넓다.'의 의미로 쓸 때는, '넙적하다'가 아니라 '넓적하다'가 바른 표기이다. 한글 맞춤법 규정 제21항에 따르면, 용언의 어간 뒤에 자음으로 시작된 접미사가 붙어서 된 말은 그 어간의 원형을 밝히어 적는다고 하였다. '넓적하다'는 '넓다'의 어간 '넓-'에 자음으로 시작하는 접미사가 붙어서 된 말이므로, 어간의 원형을 밝혀 '넓적하다'와 같이 적어야 한다.

01

〈보기〉의 [A]에 들어갈 말로 적절한 것만을 있는 대로 고른 것은?
앞말에 붙여 쓰는 조사

정답인 이유

⑤ ㉠의 '보다', ㉢의 '밖에', ㉣의 '만큼'
··· ㉠의 '보다'는 서로 차이가 있는 것을 비교하는 경우, 비교의 대상이 되는 말에 붙어 '~에 비해서'의 뜻을 나타내는 격 조사이므로 앞말에 붙여 써야 한다. 그리고 ㉢의 '밖에'는 '그것 말고는', '그것 이외에는', '기꺼이 받아들이는', '피할 수 없는'의 뜻을 나타내는 보조사이며, ㉣의 '만큼'은 앞말과 비슷한 정도나 한도임을 나타내는 격 조사이므로 [A]에 들어갈 말로 적절하다.
반면 ㉡의 '뿐'은 '다만 어떠하거나 어찌할 따름'의 뜻을 나타내는 의존 명사이므로 띄어 써야 한다.

오답인 이유

① [매력적인 오답] ㉠의 '보다', ㉢의 '밖에'
··· '오답인 이유'는 '정답인 이유'에서 확인할 수 있습니다.

② ㉡의 '뿐', ㉢의 '밖에'
··· '오답인 이유'는 '정답인 이유'에서 확인할 수 있습니다.

③ ㉡의 '뿐', ㉣의 '만큼'
··· '오답인 이유'는 '정답인 이유'에서 확인할 수 있습니다.

④ ㉠의 '보다', ㉡의 '뿐', ㉣의 '만큼'
··· '오답인 이유'는 '정답인 이유'에서 확인할 수 있습니다.

02

〈보기 1〉을 바탕으로 〈보기 2〉의 ㉠~㉤에 대해 이해한 내용으로 적절하지 않은 것은?

정답인 이유

② ㉡은 본용언 뒤에 보조 용언이 거듭 나타나는 경우이므로 '둘'과 '만하다'를
적어(본용언) + 둘(보조 용언) + 만하다(보조 용언)
붙여 쓸 수 있다.
··· ㉡은 본용언 '적어' 뒤에 보조 용언 '둘'과 '만하다'가 거듭 나타나는 경우이다. 따라서 '적어둘 만하다'와 같이 앞의 보조 용언인 '둘'만을 본용언 '적어'에 붙여 쓸 수 있다.

오답인 이유

⑤ [매력적인 오답] ㉤은 본용언이 파생어인 경우이므로 '공부해'와 '보아라'를
공부해(본용언)+보아라(보조 용언)
붙여 쓰지 않는다.
··· ㉤의 본용언 '공부해'는 명사 '공부'에 동사 파생 접미사 '-하(다)'가 붙은 파생어이다. 따라서 '공부해'와 그 뒤에 오는 보조 용언 '보아라'를 붙여 쓰지 않는다.

① ㉠은 본용언이 합성어이지만 활용형이 2음절인 경우이므로 '빛내'와 '준다'를
빛내(본용언)+준다(보조 용언)
붙여 쓸 수 있다.
··· ㉠의 본용언 '빛내(다)'는 '빛+내(다)'로 분석되므로 합성어이지만 활용형이 2음절인 경우에 해당한다. 따라서 '빛내준다'와 같이 본용언 '빛내'와 보조 용언 '준다'를 붙여 쓸 수 있다.

③ ㉢은 본용언에 조사가 붙은 경우이므로 '읽어는'과 '보았다'를 붙여 쓰지 않
읽어(본용언)+는(조사)+보았다(보조 용언)
는다.

··· ㉢의 '읽어는'은 본용언 '읽어'에 조사 '는'이 붙은 것이다. 따라서 '읽어는'과 그 뒤에 오는 보조 용언 '보았다'를 붙여 쓰지 않는다.

④ ㉣은 본용언이 합성 용언인 경우이므로 '다시없을'과 '듯하다'를 붙여 쓰지
다시없을(본용언)+듯하다(보조 용언)
않는다.
··· ㉣의 본용언 '다시없을'은 부사 '다시'와 형용사 '없을'이 결합한 합성 용언이다. 따라서 '다시없을'과 그 뒤에 오는 보조 용언 '듯하다'를 붙여 쓰지 않는다.

03
정답률 85%

(가)는 학생의 메모이고, (나)는 추가로 조사한 자료이다. (가)와 (나)를 참고하여 〈보기〉에 대해 탐구한 것으로 적절하지 않은 것은? [3점]

☀ 정답인 이유

③ ㉢은 각각의 용언이 모두 주어인 '그는'과 호응하고 있으므로 두 용언을 붙여 쓴 것이겠군.

··· ㉢의 '집어먹었다'는 국어사전에 '집어-먹다 「1」'로 등재된 합성 동사이다. (가)에서 합성 동사는 반드시 붙여 써야 한다고 하였으므로 ㉢과 같이 두 용언을 붙여 쓴 것이다. 각각의 용언이 모두 주어와 호응할 경우는 '본용언+본용언'의 관계일 때로, 이 경우에는 두 용언을 반드시 띄어 써야 한다.

☂ 오답인 이유

① ㉠은 국어사전에 단어로 등재되어 있는 합성 동사이므로 두 용언을 붙여 쓴 것이겠군.

··· ㉠의 '집어먹었다'는 국어사전에 '집어-먹다 「2」'로 등재된 합성 동사이다. (가)에서 합성 동사는 반드시 붙여 쓴다고 하였다.

② ㉡은 뒤의 용언만으로 문장이 성립되지 않으므로 원칙에 따라 두 용언을 띄어 쓴 것이겠군.

··· ㉡의 '잊어 먹었다'에서 뒤의 용언인 '먹었다'만으로는 문장이 성립되지 않으므로, 두 용언은 '본용언+보조 용언'의 관계이다. (가)에서 '본용언+보조 용언'의 관계일 때, 보조 용언은 띄어 쓰는 것이 원칙이라고 하였다.

④ ㉣은 두 용언 사이에 '허겁지겁'과 같이 다른 문장 성분이 올 수 있으므로 두
빵을 집어 허겁지겁 먹었다.
용언을 띄어 쓴 것이겠군.

··· ㉣의 두 용언 '집다'와 '먹었다' 사이에 부사 '허겁지겁'과 같이 다른 문장 성분이 올 수 있으므로, 두 용언은 '본용언+본용언'의 관계이다. (가)에서 '본용언+본용언'의 관계일 때, 두 용언을 반드시 띄어 쓴다고 하였다.

⑤ ㉤은 사전에 등재된 단어가 아니고, 뒤의 용언만으로 문장이 성립하지 않으므로 두 용언을 띄어 써야 하지만 붙여 쓴 것을 허용한 것이겠군.

··· ㉤의 '잊어먹었다'는 국어사전에 등재된 단어가 아니다. 또한 뒤의 용언인 '먹었다'만으로는 문장이 성립되지 않으므로, 두 용언은 '본용언+보조 용언'의 관계이다. (가)에서 보조 용언은 띄어 쓰는 것이 원칙이지만 경우에 따라 붙여 쓰는 것도 허용한다고 하였다.

04
정답률 65% | 매력적인 오답 ⑤ 15%

다음은 띄어쓰기 문제를 해결하는 과정이다. ㉠~㉢의 띄어쓰기가 바르게 된 것은?

☀ 정답인 이유

	㉠	㉡	㉢
①	살아가다	받아 가다	닮아 가다 또는 닮아가다

··· '문제 해결 과정'을 통해 사전에 표제어로 실려 있는 것은 ㉠의 '살아가다'임을 알 수 있다. 그리고 '확인 사항'에서 단어는 사전에 표제어로 실린다고 하였으므로, 표제어로 실려 있는 '살아가다'는 하나의 단어임을 알 수 있다. 하나의 단어는 띄어쓰기를 하지 않으므로, ㉠의 '살아가다'는 붙여 써야 한다.

다음으로 '문제 해결 과정'을 통해 사전에 표제어로 실려 있지 않으면서, '-아'를 '-아서'로 바꿔 쓸 수 있는 것은 ㉡의 '받아가다(받아서 가다 ○)'임을 알 수 있다. 그리고 '확인 사항'에서 '-아'를 '-아서'로 바꿔 쓸 수 있으면 '본용언+본용언' 구성이라고 하였으므로, '받아가다'는 '본용언+본용언' 구성임을 알 수 있다. 본용언은 각각 하나의 단어이고 단어와 단어는 띄어 써야 하므로, ㉡의 '받아가다'는 띄어 써야 한다.

마지막으로 '문제 해결 과정'을 통해 사전에 표제어로 실려 있지 않으면서, '-아'를 '-아서'로 바꿔 쓸 수 없는 것은 ㉢의 '닮아가다(닮아서 가다 ×)'임을 알 수 있다. '확인 사항'에서 '-아'를 '-아서'로 바꿔 쓸 수 없으면 한 단어이거나 '본용언+보조 용언' 구성이라고 하였으므로, '닮아가다'는 '본용언+보조 용언' 구성임을 알 수 있다. 보조 용언은 띄어 씀을 원칙으로 하되 붙여 씀도 허용하므로, ㉢의 '닮아가다'는 '닮아 가다'처럼 띄어 써도 되고 '닮아가다'처럼 붙여 써도 된다.

☂ 오답인 이유

⑤ 매력적인 오답

살아 가다	받아가다	닮아 가다 또는 닮아가다

··· '오답인 이유'는 '정답인 이유'에서 확인할 수 있습니다.

②	살아가다	받아 가다 또는 받아가다	닮아 가다

··· '오답인 이유'는 '정답인 이유'에서 확인할 수 있습니다.

③	살아가다	받아가다	닮아 가다

··· '오답인 이유'는 '정답인 이유'에서 확인할 수 있습니다.

④	살아 가다	받아 가다 또는 받아가다	닮아가다

··· '오답인 이유'는 '정답인 이유'에서 확인할 수 있습니다.

05
정답률 77%

〈보기〉는 '문법 학습 게시판'에 올라온 자료이다. 이를 참고할 때, (가)~(마) 중 적절하지 않은 것은?

☀ 정답인 이유

③ (다)

··· 〈보기〉에서 선생님의 답변에 따르면, '만큼, 대로, 뿐'이 조사로

쓰일 때는 앞말에 붙여 쓰고, 의존 명사로 쓰일 때는 띄어 쓴다. 즉, 앞말이 체언일 경우에는 붙여 쓰고, 용언의 관형사형일 경우에는 띄어 쓰는 것이다. (다)에서 '뿐'의 앞말인 '그것'은 대명사로, 체언에 해당한다. 따라서 (다)에서 '뿐'은 조사로 사용되었으므로 '그것뿐'과 같이 붙여 써야 한다.

① (가)

⋯ (가)에서 '만큼'의 앞말인 '할'은 용언 '하다'에 관형사형 어미 '-ㄹ'이 결합한 용언의 관형사형이다. 따라서 (가)에서 '만큼'은 의존 명사로 사용되었으므로 '할 만큼'과 같이 띄어 써야 한다.

② (나)

⋯ (나)에서 '대로'의 앞말인 '나'는 대명사로, 체언에 해당한다. 따라서 (나)에서 '대로'는 조사로 사용되었으므로 '나대로'와 같이 붙여 써야 한다.

④ (라)

⋯ '배가 고프다 못해 아프다.'는 '배가 매우 고프다'라는 의미이므로, (라)에서 '못해'는 '정도가 극에 달한 나머지'의 의미를 지닌 형용사이다. 형용사 '못하다'는 그 자체가 하나의 단어이므로 붙여 써야 한다.

⑤ (마)

⋯ '실력이 예전보다 많이 못하구나.'는 '예전에 비해 실력이 떨어졌다'라는 의미이므로, (마)에서 '못하구나'는 '비교 대상에 미치지 아니함'의 의미를 지닌 형용사이다. 형용사 '못하다'는 그 자체가 하나의 단어이므로 붙여 써야 한다.

06

정답률 75% | 매력적인 오답 ② 12%

〈보기〉는 국어 수업 게시판의 문답 내용이다. ㉠과 ㉡에 들어갈 단어를 바르게 짝지은 것은?

	㉠	㉡
③	혼삿길	섣달

⋯ '혼삿길'은 '혼사(婚事)'와 '길'이 결합된 합성어로, 앞말이 모음으로 끝나고 뒷말의 첫소리 'ㄱ'가 된소리(ㄲ)로 나기 때문에 '젓가락'에서처럼 사이시옷을 붙여 '혼삿길'로 적는다. '섣달'은 '설'과 '달'이 결합된 합성어로, 앞말의 끝소리 'ㄹ'이 뒷말 '달'과 어울리면서 'ㄷ' 소리로 나기 때문에 '숟가락'에서처럼 'ㄷ'으로 적어 '섣달'로 적는다.

② 매력적인 오답 맷돌 / 미닫이

⋯ '맷돌'은 '매'와 '돌'이 결합된 합성어로, 앞말이 모음으로 끝나고, 뒷말의 첫소리(ㄷ)가 된소리(ㄸ)로 나기 때문에 사이시옷을 붙여 '맷돌'로 적는다. '미닫이'는 어근 '미닫-'에 접미사 '-이'가 결합된 파생어이므로 ㉡에 들어갈 단어로 적절하지 않다.

① 첫째 / 삼짇날

⋯ '첫째'는 관형사 '첫'에 접미사 '-째'가 결합된 파생어이므로 ㉠에 들어갈 단어로 적절하지 않다. '삼짇날'은 '삼질'과 '날'이 결합된 합성어로, 앞말의 끝소리 'ㄹ'이 뒷말 '날'과 어울리면서 'ㄷ' 소리로 나기 때문에 '삼짇날'로 적는다.

④ 나뭇잎 / 섣부르다

⋯ '나뭇잎'은 '나무'와 '잎'이 결합된 합성어로, 앞말이 모음으로 끝나고 뒷말의 첫소리 모음 앞에서 'ㄴㄴ' 소리가 덧나기 때문에 사이시옷을 붙여 적는다. 그러나 '젓가락'과는 다른 원리가 적용된 것이므로, '나뭇잎'은 ㉠에 들어갈 단어로 적절하지 않다. '섣부르다'는 '설'과 '부르다'가 결합된 합성어로, 앞말의 끝소리 'ㄹ'이 뒷말 '부르다'와 어울리면서 'ㄷ' 소리로 나기 때문에 '섣부르다'로 적는다.

⑤ 샛노랗다 / 맏며느리

⋯ '샛노랗다'는 접두사 '샛-'에 형용사 '노랗다'가 결합된 파생어이므로 ㉠에 들어갈 단어로 적절하지 않다. '맏며느리' 역시 접두사 '맏-'에 명사 '며느리'가 결합된 파생어이므로 ㉡에 들어갈 단어로 적절하지 않다.

07

정답률 80%

다음 탐구 과정에서 ㉠에 들어갈 사례로 적절한 것은?

② 그는 자물쇠로 책상 서랍을 잠가 놓았다.

잠그-+-아 → 잠가('ㅡ' 탈락, 규칙 활용)

⋯ '잠가'의 기본형은 '잠그다'로, '치르다'와 같이 어간이 'ㅡ'로 끝나는 용언이다. '잠그다'의 어간 '잠그-'에 모음으로 시작하는 어미 '-아'가 결합하면 'ㅡ'가 탈락하여 '잠가'가 되므로, ㉠에 들어갈 사례로 적절하다.

① 할머니께서 아침에 동생을 깨워 주셨다.

깨우-+-어 → 깨워

⋯ '깨워'의 기본형은 '깨우다'로, '바꾸다'와 같이 어간이 'ㅜ'로 끝나는 용언이다. '깨우다'의 어간 '깨우-'에 어미 '-어'가 결합하면 '깨워'가 된다.

③ 오늘은 가족과 함께 고기를 구워 먹었다.

굽-+-어 → 구워('ㅂ' 불규칙 활용)

⋯ '구워'의 기본형은 '굽다'로, 어간 '굽-'에 어미 '-어'가 결합하면 'ㅂ'이 '우'로 바뀌는 'ㅂ' 불규칙 활용을 한다.

④ 언니의 얼굴이 오늘따라 몹시 하얘 보였다.

하얗-+-아 → 하얘('ㅎ' 불규칙 활용)

⋯ '하얘'의 기본형은 '하얗다'로, 어간 '하얗-'에 어미 '-아'가 결합하면 어간 끝의 'ㅎ'이 탈락하면서 어미의 모습도 바뀌는 'ㅎ' 불규칙 활용을 한다.

⑤ 오빠가 하는 이야기를 자세히 들어 보았다.

듣-+-어 → 들어('ㄷ' 불규칙 활용)

⋯ '들어'의 기본형은 '듣다'로, 어간 '듣-'에 어미 '-어'가 결합하면 'ㄷ'이 'ㄹ'로 바뀌는 'ㄷ' 불규칙 활용을 한다.

08

정답률 70% | 매력적인 오답 ③ 10%

〈보기〉의 대화에서 ㉠~㉢에 해당하는 예끼리 묶인 것으로 적절한 것은?

	㉠	㉡	㉢
①	멋쟁이	굵기	얄따랗다
	멋+-쟁이	굵+-기	얇다 → 얄따랗다

⋯ '멋쟁이'는 명사 '멋' 뒤에 자음으로 시작하는 접미사 '-쟁이'가 붙

어서 된 것으로 ㉠에 해당한다. '굵기'는 '굵다'의 어간 '굵-' 뒤에 자음으로 시작된 접미사 '-기'가 붙어서 된 것으로 ㉡에 해당한다. 따라서 '멋쟁이'와 '굵기'는 명사나 어간의 원형을 밝히어 적는 단어이다. '얄따랗다'는 '얇다'의 어간 '얇-'에서 겹받침의 끝소리 'ㅂ'이 드러나지 않는 경우이므로 ㉢에 해당하고 따라서 소리대로 적는 단어이다.

오답인 이유

③ **(매력적인 오답)** 먹거리   낚시   핥짝거리다
먹+-거리   낚+-시   핥다 → 핥짝거리다

··· '먹거리'는 어간 '먹-' 뒤에 의존 명사 '거리'가 붙어선 된 것이다. '낚시'는 어간 '낚-' 뒤에 자음으로 시작된 접미사 '-시'가 결합한 것으로 ㉡에 해당한다. '핥짝거리다'는 '핥다'의 어간 '핥-'에서 겹받침의 끝소리 'ㅌ'이 드러나지 않는 경우이므로 ㉢에 해당한다.

② 넋두리   값지다   말끔하다
넋+-두리   값+-지다   맑다 → 말끔하다

··· '넋두리'는 명사 '넋'에 자음으로 시작된 접미사 '-두리'가 붙어서 된 것이고, '값지다'는 명사 '값'에 자음으로 시작된 접미사 '-지다'가 붙어서 된 것이므로, '넋두리'와 '값지다' 모두 ㉠에 해당한다. '말끔하다'는 '맑다'의 어간 '맑-'에서 겹받침의 끝소리 'ㄱ'이 드러나지 않는 경우이므로 ㉢에 해당한다.

④ 오뚝이   굵적거리다   짤막하다
오뚝+-이   굵적-+-거리다   짧다 → 짤막하다

··· '오뚝이'는 부사 '오뚝'에 모음으로 시작하는 접미사 '-이'가 붙어서 된 것으로 ㉠에 해당하지 않는다. '굵적거리다'는 어근 '굵적' 뒤에 자음으로 시작된 접미사 '-거리다'가 결합한 것으로 ㉡에 해당하지 않는다. '짤막하다'는 '짧다'의 어간 '짧-'에서 겹받침의 끝소리 'ㅂ'이 드러나지 않는 경우이므로 ㉢에 해당한다.

⑤ 옆구리   지우개   깊숙하다
옆+-구리   지우-+-개   깊다 → 깊숙하다

··· '옆구리'는 명사 '옆'에 자음으로 시작된 접미사 '-구리'가 붙어서 된 것으로 ㉠에 해당한다. '지우개'는 어간 '지우-' 뒤에 자음으로 시작된 접미사 '-개'가 붙어서 된 것으로 ㉡에 해당한다. 그런데 '깊숙하다'는 어간의 원형이 '깊다'로, 겹받침이 사용된 단어가 아니므로 ㉢에 해당하지 않는다.

09
정답률 70% | 매력적인 오답 ⑤ 10%

〈보기〉를 바탕으로 ㄱ~ㅁ을 이해한 내용으로 적절하지 <u>않은</u> 것은? [3점]

정답인 이유

② ㄴ의 밑줄 친 '요'를 '이요'로 바꾸어 적을 수 있다.

··· 〈보기〉에 제시된 선생님의 설명에서, '-이오'가 모음으로 끝나는 체언과 결합하는 경우 '-요'로 줄어 쓰이기도 한다고 하였다. 그러나 '서울'은 자음으로 끝나는 체언이므로 '-이오'가 줄어드는 환경이 아니다. ㄴ은 선배의 물음에 후배가 대답하는 상황이므로, 밑줄 친 '요'는 청자인 선배에게 존대의 뜻을 나타내는 보조사 '요'이다. 따라서 ㄴ의 밑줄 친 '요'를 '이요'로 바꾸어 적을 수 없다.

오답인 이유

⑤ **(매력적인 오답)** ㅁ의 밑줄 친 '요'는 둘 다 청자에게 존대의 뜻을 나타내는 보조사에 해당한다.

··· '무얼 좋아하세요?'를 통해 ㅁ에서는 해요체가 쓰이고 있다는 것을 알 수 있다. 따라서 이어지는 '소설요'와 '영화요'의 '요'는 모두 청

자에게 존대의 뜻을 나타내는 보조사에 해당한다.

① ㄱ의 밑줄 친 '이오'는 [이요]로 발음할 수 있다.

··· 〈보기〉에 제시된 선생님의 설명에서, 종결형에서 사용되는 어미 '-오'는 [오]로 발음하는 것이 원칙이지만 [요]로 발음할 수도 있다고 하였다. ㄱ의 밑줄 친 '이오'는 종결형에서 사용되는 어미이므로, [이오]로 발음하는 것이 원칙이지만 [이요]로도 발음할 수 있다.

③ ㄷ의 밑줄 친 '부산이오'는 하오체 문장에 해당한다.

··· 〈보기〉에 제시된 선생님의 설명에서, 제15항 [붙임 2]에서 설명하는 어미 '-오'는 하오체 종결 어미라고 하였다. ㄷ에서는 고향을 묻는 물음에 대한 답으로 '부산이오.'라며 어미 '-이오'를 사용하여 문장을 종결하고 있으므로, ㄷ의 밑줄 친 '부산이오'는 하오체 문장에 해당한다.

④ ㄹ의 밑줄 친 '요'는 모음으로 끝나는 체언 뒤에서 '-이오'가 줄어든 형태에 해당한다.

··· '무얼 좋아하시오?'를 통해 ㄹ에서는 하오체가 쓰이고 있다는 것을 알 수 있다. 〈보기〉에 제시된 선생님의 설명에서, 하오체 종결 어미 '-오'가 '이다', '아니다'의 어간 뒤에 붙어 '-이오'로 활용할 때, 모음으로 끝나는 체언과 결합하는 경우 '-요'로 줄어 쓰이기도 한다고 하였다. '영화'는 모음으로 끝나는 체언이므로, ㄹ의 밑줄 친 '요'는 하오체 종결 어미 '-이오'가 줄어든 형태에 해당한다.

10
정답률 90%

〈자료〉의 밑줄 친 발음 표시 부분을 맞춤법에 맞게 표기할 때에 적용되는 원칙을 〈보기〉에서 찾아 바르게 짝지은 것은?

정답인 이유

① ㉠-ⓐ

··· ㉠의 '아니요'는 용언 '아니다'의 어간 '아니-'에 어미 '-오'가 결합한 것이다. 이렇게 종결형에서 사용되는 어미 '-오'는 '요'로 소리 나는 경우가 있더라도 그 원형을 밝혀 '오'로 적어야 하므로, '아니요'가 아니라 '아니오'로 표기해야 한다. 따라서 ㉠에 적용되는 원칙은 ⓐ이다.

㉡의 '가지요'는 용언 '가다'의 어간 '가-'와 종결 어미 '-지'가 결합한 '가지'에 높임을 나타내는 보조사 '요'가 결합한 것이다. 이렇게 어미 뒤에 덧붙는 조사 '요'는 '요'로 적어야 하므로, ㉡에 적용되는 원칙은 ⓒ이다.

㉢의 '설탕이요'는 '이것은 설탕이다.'라는 문장과 '저것은 소금이다.'라는 문장을 이어 주기 위해 서술격 조사 '이다'의 어간에 연결 어미 '요'가 결합한 것이다. 이렇게 연결형에서 사용되는 '이요'는 '이요'로 적어야 하므로, ㉢에 적용되는 원칙은 ⓑ이다.

오답인 이유

② ㉠-ⓑ

··· '오답인 이유'는 '정답인 이유'에서 확인할 수 있습니다.

③ ㉡-ⓑ

··· '오답인 이유'는 '정답인 이유'에서 확인할 수 있습니다.

④ ㉢-ⓐ

··· '오답인 이유'는 '정답인 이유'에서 확인할 수 있습니다.

⑤ ㉢-ⓒ

··· '오답인 이유'는 '정답인 이유'에서 확인할 수 있습니다.

11

〈보기〉를 바탕으로 하여 단어들의 표기 원리를 이해한 것으로 적절한 것은?

정답인 이유

④ '넘다'에서 파생된 '너머'는 어간의 원형을 밝히어 적지 않은 것으로, ㉢에 따른 것이다.

┅▶ '너머'는 동사 '넘다'의 어간 '넘-'에 모음으로 시작된 접미사 '-어'가 붙어서 명사가 된 것으로, 어간의 원형을 밝히어 적지 않았다. 〈보기〉의 ㉢에서 '-이'나 '-음/-ㅁ' 이외의 모음으로 시작된 접미사가 붙어서 다른 품사로 바뀐 것은 그 어간의 원형을 밝히어 적지 아니한다고 하였으므로, '너머'는 ㉢에 따른 것이다.

오답인 이유

① '맞다'에서 파생된 '마중'은 어간의 원형을 밝히어 적은 것으로, ㉠에 따른 것이다.
맞-+-웅

┅▶ '마중'은 동사 '맞다'의 어간 '맞-'에 모음으로 시작된 접미사 '-웅'이 붙어서 명사가 된 것으로, 어간의 원형을 밝히어 적지 않았다. 〈보기〉의 ㉢에서 '-이'나 '-음/-ㅁ' 이외의 모음으로 시작된 접미사가 붙어서 다른 품사로 바뀐 것은 그 어간의 원형을 밝히어 적지 아니한다고 하였으므로, '마중'은 ㉢에 따른 것이다.

② '걷다'에서 파생된 '걸음'은 어간의 원형을 밝히어 적지 않은 것으로, ㉡에 따른 것이다.
걷-+-음

┅▶ '걸음'은 동사 '걷다'의 어간 '걷-'에 접미사 '-음'이 붙어서 명사가 된 것으로, 이때 '걸음'은 어간의 뜻이 유지되고 있으므로 어간의 원형을 밝히어 적었다. 〈보기〉의 ㉠에서 어간에 '-이'나 '-음/-ㅁ'이 붙어서 명사로 된 것 중, 어간의 뜻을 유지하는 경우에는 그 어간의 원형을 밝히어 적는다고 하였으므로, '걸음'은 ㉠에 따른 것이다. '걷음'이 아닌 '걸음'으로 표기하는 이유는 '걷다'가 모음으로 시작하는 어미 앞에서 어간의 끝소리 'ㄷ'이 'ㄹ'로 바뀌는 'ㄷ' 불규칙 동사이기 때문이다.

③ '막다'에서 파생된 '마개'는 어간의 원형을 밝히어 적지 않은 것으로, ㉡에 따른 것이다.
막-+-애

┅▶ '마개'는 동사 '막다'의 어간 '막-'에 모음으로 시작된 접미사 '-애'가 붙어서 명사가 된 것으로, 어간의 원형을 밝히어 적지 않았다. 〈보기〉의 ㉢에서 '-이'나 '-음/-ㅁ' 이외의 모음으로 시작된 접미사가 붙어서 다른 품사로 바뀐 것은 그 어간의 원형을 밝히어 적지 아니한다고 하였으므로, '마개'는 ㉢에 따른 것이다.

⑤ '놀다'에서 파생된 '노름'은 어간의 원형을 밝히어 적지 않은 것으로, ㉡에 따른 것이다.
놀-+-음

┅▶ '노름'은 동사 '놀다'의 어간 '놀-'에 접미사 '-음'이 붙어서 명사가 된 것으로, 어간의 원형을 밝히어 적지 않았다. 〈보기〉의 ㉡에서 어간에 '-이'나 '-음'이 붙어서 명사로 바뀐 것이라도 그 어간의 뜻과 멀어진 것은 그 어간의 원형을 밝히어 적지 아니한다고 하였으므로, '노름'은 ㉡에 따른 것이다.

12

〈보기〉는 준말에 관한 한글 맞춤법의 일부이다. 이를 적용한 내용으로 적절하지 <u>않은</u> 것은? [3점]

정답인 이유

⑤ ㉺을 적용한 후 ㉣을 적용할 때, 어간 '(오줌을) 누-'에 '-이-'가 붙은 '(오줌을) 누이-'에 '-어'가 붙으면 '뉘여'로 적을 수 있다.

┅▶ '(오줌을) 누-'에 '-이-'가 붙으면 ㉺을 적용해 준 대로 적어 '뉘'가 되고 여기에 '-어'가 붙으면 '뉘어'가 된다. 또는 '(오줌을) 누이-'에 '-어'가 붙으면 ㉣을 적용해 '누여'가 된다. ㉺을 적용한 후 ㉣을 적용해 '뉘여'로 적는 것은 적절하지 않다.

오답인 이유

③ 〔매력적인 오답〕 ㉺을 적용할 때, 어간 '(발로) 차-'에 '-이-'가 붙은 '(발에) 차이-'에 '-었다'가 붙으면 '채었다'로 적을 수 있다.

┅▶ '(발에) 차이-'는 '(발로) 차-'에 '-이-'가 붙은 것으로, ㉺을 적용하면 준 대로 적어 '(발에) 채-'로 적을 수 있다. 그리고 거기에 '-었다'가 붙으면 '채었다'로 적을 수 있다.

① ㉠을 적용하면 '(날이) 개었다'와 '(나무를) 베어'는 각각 '갰다'와 '베'로 적을 수 있다.

┅▶ '(날이) 개었다'는 'ㅐ' 뒤에 '-었-'이 어울린 것이고, '(나무를) 베어'는 'ㅔ' 뒤에 '-어'가 어울린 것이므로, ㉠을 적용하면 준 대로 적어 각각 '갰다'와 '베'로 적을 수 있다.

② ㉡을 적용하면 '(다리를) 꼬아'와 '(죽을) 쑤었다'는 각각 '꽈'와 '쒔다'로 적을 수 있다.

┅▶ '(다리를) 꼬아'는 모음 'ㅗ'로 끝난 어간에 '-아'가 어울린 것이고, '(죽을) 쑤었다'는 모음 'ㅜ'로 끝난 어간에 '-었-'이 어울린 것이므로, ㉡을 적용하면 준 대로 적어 각각 '꽈'와 '쒔다'로 적을 수 있다.

④ ㉺을 적용한 후 ㉢을 적용할 때, 어간 '(벌이) 쏘-'에 '-이-'가 붙은 '(벌에) 쏘이-'에 '-어'가 붙으면 '쐐'로 적을 수 있다.

┅▶ '(벌에) 쏘이-'는 '(벌이) 쏘-'에 '-이-'가 붙은 것으로, ㉺을 적용해 준 대로 적어 '쐬'가 된다. 그리고 거기에 다시 '-어'가 붙으면 ㉢에 따라 준 대로 적어 '쐐'로 적을 수 있다.

13

〈보기〉의 선생님의 설명을 바탕으로 할 때, ㉠에 들어갈 말로 적절하지 <u>않은</u> 것은?

정답인 이유

① '쐬어라'는 '쐬-'와 '-어라'가 결합된 것이므로 '쐬라'로 줄어들 수 있겠네요.

┅▶ '쐬어라'는 어간 '쐬-'에 어미 '-어라'가 결합된 것인데, 〈보기〉에서 어간 모음 'ㅚ' 뒤에 '-어'가 붙어 'ㅙ'로 줄어지는 것은 'ㅙ'로 적는다고 하였다. 따라서 '쐬어라'는 '쐬라'가 아니라 '쐐라'로 적는다.

오답인 이유

② '괴-'와 '-느냐'가 결합될 때는 '어'가 들어갈 수 없으므로 '괘느냐'는 틀린 말이겠네요.

┅▶ '괴-+-느냐'는 어간 모음 'ㅚ' 뒤에 '-어'가 붙는 경우가 아니므로, '괘느냐'가 아니라 '괴느냐'로 적는다.

③ '쫴도'는 '죄-'와 '-어도'가 결합된 말이 줄어든 것이겠네요.

┅▶ '죄-+-어도'는 어간 모음 'ㅚ' 뒤에 '-어'가 붙는 경우이므로, 'ㅙ'로 줄어들어 '쫴도'로 적는다.

④ '뵈-'가 '-어서'와 결합되면 '봬서'로 줄어들 수 있겠네요.

┅▶ '뵈-+-어서'는 어간 모음 'ㅚ' 뒤에 '-어'가 붙는 경우이므로, 'ㅙ'로 줄어들어 '봬서'로 적는다.

⑤ '쇠–'와 '–더라도'가 결합될 때는 '쇄더라도'로 적으면 틀린 것이겠네요.
⋯▶ '쇠–+–더라도'는 어간 모음 'ㅚ' 뒤에 '–어'가 붙는 경우가 아니므로, '쇄더라도'가 아니라 '쇠더라도'로 적는다.

14
정답률 65% | 매력적인 오답 ② 10%

〈보기〉의 한글 맞춤법 규정을 적용한 것으로 옳지 <u>않은</u> 것은?

☀ 정답인 이유

④ '귀머거리'로 표기하는 것은 ㉣의 규정을 적용한 것이군.
귀먹–(어간)+–어리(접미사) → 귀머거리(어간의 원형을 밝혀 적지 않음)
⋯▶ '귀머거리'는 동사 '귀먹다'의 어간 '귀먹–'에 모음으로 시작되는 접미사 '–어리'가 결합하여 품사가 명사로 바뀐 말로, 어간의 원형을 밝혀 적지 않았다. 따라서 '귀머거리'는 ㉣의 규정이 아니라 ㉡의 규정을 적용한 것이다.

☂ 오답인 이유

② 매력적인 오답 '마개'를 '막애'로 표기하지 않는 것은 ㉡의 규정을 적용한 것이군.
막–(어간)+–애(접미사) → 마개(어간의 원형을 밝혀 적지 않음)
⋯▶ '마개'는 동사 '막다'의 어간 '막–'에 접미사 '–애'가 결합하여 명사가 된 말이므로, ㉡의 규정에 따라 어간의 원형을 밝히지 않고 '막애'가 아닌 '마개'로 표기한다.

① '다듬이'로 표기하는 것은 ㉠의 규정을 적용한 것이군.
다듬–(어간)+–이(접미사) → 다듬이(어간의 원형을 밝히어 적음)
⋯▶ '다듬이'는 동사 '다듬다'의 어간 '다듬–'에 접미사 '–이'가 결합하여 명사가 된 말이므로, ㉠의 규정에 따라 어간의 원형을 밝혀 적었다.

③ '삼발이'를 '삼바리'로 표기하지 않는 것은 ㉢의 규정을 적용한 것이군.
삼발(명사)+–이(접미사) → 삼발이(어간의 원형을 밝히어 적음)
⋯▶ '삼발이'는 명사 '삼발'에 접미사 '–이'가 결합한 말이므로, ㉢의 규정에 따라 명사의 원형을 밝혀 '삼바리'가 아닌 '삼발이'로 표기한다.

⑤ '덮개'로 표기하는 것은 ㉤의 규정을 적용한 것이군.
덮–(어간)+–개(접미사) → 덮개(어간의 원형을 밝히어 적음)
⋯▶ '덮개'는 동사 '덮다'의 어간 '덮–'에 자음으로 시작되는 접미사 '–개'가 결합한 말이므로, ㉤의 규정에 따라 어간의 원형을 밝혀 적었다.

15
정답률 85%

〈보기〉는 '한글 맞춤법'의 일부를 정리한 것이다. 이를 통해 알 수 있는 사실로 적절한 것은? [3점]

☀ 정답인 이유

⑤ '일찍이 없던 일'의 '일찍이'는 ㉢의 '더욱이'를 표기할 때 적용된 규정을 따른 것이군.
부사 '일찍'에 '–이'가 붙어서 역시 부사가 되는 경우
→ 부사의 원형을 밝히어 적음(㉢)
⋯▶ '더욱이'는 부사 '더욱'에 '–이'가 붙어서 역시 부사가 된 경우이므로, ㉢의 규정에 따라 부사 '더욱'의 원형을 밝혀 적었다. '일찍이' 역시 부사 '일찍'에 '–이'가 붙어서 부사가 된 경우이므로, ㉢의 규정에 따라 부사 '일찍'의 원형을 밝혀 적은 것이다.

☂ 오답인 이유

① '급히 떠나다'의 '급히'는 ㉠의 '굳이'를 표기할 때 적용된 규정을 따른 것이군.
'급하다'의 어근 '급–'에 '–히'가 붙어서 부사가 되는 경우
→ 어근의 원형을 밝히어 적음(㉡)
⋯▶ '굳이'는 어간 '굳–'에 '–이'가 붙어서 부사가 된 경우이므로, ㉠의 규정에 따라 어간의 원형을 밝혀 적었다. 하지만 '급히'는 '급하다'의 어근 '급–'에 '–히'가 붙어서 부사가 된 경우이므로, ㉡의 규정에 따라 어근의 원형을 밝혀 적은 것이다.

② '방긋이 웃다'의 '방긋이'는 ㉠의 '같이'를 표기할 때 적용된 규정을 따른 것이군.
부사 '방긋'에 '–이'가 붙어서 역시 부사가 되는 경우
→ 부사의 원형을 밝히어 적음(㉢)
⋯▶ '같이'는 어간 '같–'에 '–이'가 붙어서 부사가 된 경우이므로, ㉠의 규정에 따라 어간의 원형을 밝혀 적었다. 하지만 '방긋이'는 부사 '방긋'에 '–이'가 붙어서 역시 부사가 된 경우이므로, ㉢의 규정에 따라 부사 '방긋'의 원형을 밝혀 적은 것이다.

③ '많이 먹다'의 '많이'는 ㉡의 '꾸준히'를 표기할 때 적용된 규정을 따른 것이군.
어간 '많–'에 '–이'가 붙어서 부사가 되는 경우
→ 어간의 원형을 밝히어 적음(㉠)
⋯▶ '꾸준히'는 '꾸준하다'의 어근 '꾸준–'에 '–히'가 붙어서 부사가 된 경우이므로, ㉡의 규정에 따라 어근의 원형을 밝혀 적었다. 하지만 '많이'는 어간 '많–'에 '–이'가 붙어서 부사가 된 경우이므로, ㉠의 규정에 따라 어간의 원형을 밝혀 적은 것이다.

④ '깊이 파다'의 '깊이'는 ㉡의 '깨끗이'를 표기할 때 적용된 규정을 따른 것이군.
어간 '깊–'에 '–이'가 붙어서 부사가 되는 경우
→ 어간의 원형을 밝히어 적음(㉠)
⋯▶ '깨끗이'는 '깨끗하다'의 어근 '깨끗–'에 '–이'가 붙어서 부사가 된 경우이므로, ㉡의 규정에 따라 어근의 원형을 밝혀 적었다. 하지만 '깊이'는 어간 '깊–'에 '–이'가 붙어서 부사가 된 경우이므로, ㉠의 규정에 따라 어간의 원형을 밝혀 적은 것이다.

16
정답률 55% | 매력적인 오답 ③ 14%

〈보기〉의 1가지 조건으로 적절하지 <u>않은</u> 것은?

☀ 정답인 이유

① ㉠: ⓐ
⋯▶ '도매가격(都賣價格)'과 '도맷값(都賣값)'은 각각 '도매+가격', '도매+값'으로 이루어진 합성 명사이다(ⓐ). 둘 다 결합하는 두 말 중 앞말이 모음으로 끝나고(ⓒ), [도매까격]과 [도매깝]처럼 뒷말 첫소리가 된소리로 바뀐다(ⓓ). 그런데 '도매가격'은 '한자어+한자어'이고 '도맷값'은 '한자어+고유어'이기 때문에 '도맷값'만 사이시옷이 표기된 것이므로, ㉠에서 사이시옷 표기 여부를 가른 1가지 조건은 ⓐ가 아니라 ⓑ이다.

☂ 오답인 이유

③ 매력적인 오답 ㉢: ⓒ
⋯▶ '버섯국'과 '조갯국'은 각각 '버섯+국', '조개+국'으로 이루어진 합성 명사이다(ⓐ). 결합하는 두 말의 어종이 둘 다 '고유어+고유어'이고(ⓑ), [버섣꾹]과 [조개꾹]처럼 뒷말 첫소리가 된소리로 바뀐다(ⓓ). 그런데 '버섯국'은 결합하는 두 말 중 앞말이 자음으로 끝나고 '조갯국'은 앞말이 모음으로 끝나기 때문에 '조갯국'만 사이시옷이 표기된 것이므로, ㉢에서 사이시옷 표기 여부를 가른 1가지 조건은 ⓒ이다.

② ㉡: ⓑ
⋯▶ '전세방(傳貰房)'과 '아랫방(아랫房)'은 각각 '전세+방', '아래+방'으로 이루어진 합성 명사이다(ⓐ). 둘 다 결합하는 두 말 중 앞말이 모음으로 끝나고(ⓒ), [전세빵]과 [아래빵]처럼 뒷말 첫소리가 된소리로 바뀐다(ⓓ). 그런데 '전세방'은 '한자어+한자어'이고 '아랫방'은 '고유어+한자어'이기 때문에 '아랫방'에만 사이시옷이 표기된 것이므로, ㉡에서 사이시옷 표기 여부를 가른 1가지 조건은 ⓑ이다.

④ ㄹ: ⓓ

┈→ '인사말(人事말)'과 '존댓말(尊待말)'은 각각 '인사+말', '존대+말'로 이루어진 합성 명사이다(ⓐ). 결합하는 두 말의 어종이 둘 다 '한자어+고유어'이며(ⓑ), 결합하는 두 말 중 앞말이 모음으로 끝난다(ⓒ). 그런데 '인사말'과 달리 '존댓말'은 앞말 끝소리에 'ㄴ' 소리가 덧나 [존댄말]로 발음되기 때문에 사이시옷을 표기한 것이므로, ㄹ에서 사이시옷 표기 여부를 가른 [1가지 조건]은 ⓓ이다.

⑤ ㅁ: ⓓ

┈→ '나무껍질'과 '나뭇가지'는 각각 '나무+껍질'과 '나무+가지'로 이루어진 합성 명사이다(ⓐ). 결합하는 두 말의 어종이 둘 다 '고유어+고유어'이며(ⓑ), 결합하는 두 말 중 앞말이 모음으로 끝난다(ⓒ). 그런데 '나무껍질'과 달리 '나뭇가지[나무까지]'는 뒷말 첫소리가 된소리로 바뀌기 때문에 사이시옷을 표기한 것이므로, ㅁ에서 사이시옷 표기 여부를 가른 [1가지 조건]은 ⓓ이다.

---

4. 어문 규정 - 기타 규정

18 | 표준 발음법 / 로마자 표기법

개념 완성 TEST ▶ 문제편 171~172쪽

01 (1) [나의/나에], [히망], [수의사/수이사] (2) [연계/연게] **02** (1) [논는] (2) [싸치] (3) [안는] (4) [꼬치다] **03** (1) [손] (2) [욷:따] (3) [낟썰다] (4) [옫쏘매] **04** (1) ○ (2) × (3) ○ (4) × **05** (1)-㉠ (2)-㉢ (3)-㉣ (4)-㉡ (5)-㉤ **06** (1) [끄치다] (2) [다치다] (3) [마지] (4) [벼훌치] **07** (1) [담:녁] (2) [담:뇨] (3) [강능] (4) [남존녀비] **08** (1) [조:코], joko (2) [뱅마], Baengma (3) [낙똥강], Nakdonggang (4) [해도지], haedoji **09** (1) ○ (2) ○ (3) × **10** (1) × (2) ○ (3) × (4) ○ (5) ○

내신 기출 문제 ▶ 문제편 172~173쪽

01 ⑤ **02** ② **03** ③ **04** ⑤ **05** ②

01

표준 발음법 - 받침의 발음, 경음화

〈보기〉의 자료를 탐구한 내용으로 적절하지 <u>않은</u> 것은?

☀ 정답인 이유

⑤ '밟고[밥:꼬]'는 제9항과 제23항에 따른 것이다.

┈→ '밟고'에서 '밟-'의 받침 'ㄼ(ㅂ)' 뒤에 연결되는 'ㄱ'이 된소리 [ㄲ]으로 발음되는 것은 제23항에 따른 것이다. 하지만 받침 'ㄼ'이 [ㅂ]으로 발음되는 것은 제9항에 따른 것이 아니라, '밟-'은 자음 앞에서 [밥]으로 발음한다는 '제10항 다만'의 규정에 따른 것이다.

☂ 오답인 이유

① '밖[박]'은 제9항에 따른 것이다.

┈→ '밖'의 받침 'ㄲ'은 어말에 위치하므로, 제9항의 규정에 따라 대표음 [ㄱ]으로 발음한다.

② '잡고[잡꼬]'는 제23항에 따른 것이다.

┈→ '잡고'는 '잡-'의 받침 'ㅂ' 뒤에 'ㄱ'이 연결되고 있으므로, 제23항

의 규정에 따라 'ㄱ'을 된소리로 바꾸어 [잡꼬]로 발음한다.

③ '덮다[덥따]'는 제9항과 제23항에 따른 것이다.

┈→ '덮다'에서 '덮-'의 받침 'ㅍ'은 자음 앞에 위치하므로, 제9항의 규정에 따라 대표음 [ㅂ]으로 발음한다. 그리고 받침 'ㅂ' 뒤에 'ㄷ'이 연결되고 있으므로, 제23항의 규정에 따라 'ㄷ'을 된소리로 바꾸어 [덥따]로 발음한다.

④ '씻지[씯찌]'는 제9항과 제23항에 따른 것이다.

┈→ '씻지'에서 '씻-'의 받침 'ㅅ'이 자음 앞에서 대표음 [ㄷ]으로 발음되는 것은 제9항의 규정에 따른 것이다. 그리고 받침 'ㄷ' 뒤에 연결되는 'ㅈ'이 된소리 [ㅉ]으로 발음되는 것은 제23항의 규정에 따른 것이다.

02

표준 발음법 - 음의 동화, 음의 첨가

〈보기〉에 따라 표준 발음에 대하여 학습하였다. 각 예에 적용된 내용과 그 발음이 바르지 <u>못한</u> 것은?

☀ 정답인 이유

	예	적용 내용	발음
②	물약	ⓐ, ⓒ	[물냑]

┈→ '물약'은 '물'과 '약'의 합성어로, 먼저 앞 단어의 끝이 자음 'ㄹ'이고 뒤 단어의 첫음절이 '야'이므로, 'ㄴ' 음을 첨가하여 [물냑]으로 발음한다. 다음으로 받침 'ㄹ' 뒤에 'ㄴ' 음이 첨가되었으므로, 첨가된 'ㄴ' 음을 [ㄹ]로 바꾸어 [물략]으로 발음한다. 따라서 '물약'은 ⓐ의 규정에 따라 [물략]으로 발음해야 한다.

☂ 오답인 이유

① 색연필 ⓐ, ⓑ [생년필]

┈→ '색연필'은 '색'과 '연필'의 합성어로, 먼저 앞 단어의 끝이 자음 'ㄱ'이고 뒤 단어의 첫음절이 '여'이므로, ⓐ의 규정에 따라 'ㄴ' 음을 첨가하여 [색년필]로 발음한다. 다음으로 받침 'ㄱ'은 'ㄴ' 앞에서 [ㅇ]으로 발음되므로, ⓑ의 규정에 따라 'ㄱ'을 'ㅇ'으로 바꾸어 [생년필]로 발음한다.

③ 잡는다 ⓑ [잠는다]

┈→ '잡는다'는 받침 'ㅂ'이 'ㄴ' 앞에서 [ㅁ]으로 발음되므로, ⓑ의 규정에 따라 'ㅂ'을 'ㅁ'으로 바꾸어 [잠는다]로 발음한다.

④ 강릉 ⓒ [강능]

┈→ '강릉'은 받침 'ㅇ' 뒤에 연결되는 'ㄹ'이 [ㄴ]으로 발음되므로, ⓒ의 규정에 따라 'ㄹ'을 'ㄴ'으로 바꾸어 [강능]으로 발음한다.

⑤ 물난리 ⓓ [물랄리]

┈→ '물난리'는 '난'의 첫소리 'ㄴ'이 앞에 있는 'ㄹ'의 영향을 받아 [물란리]로 바뀌고, 다시 받침 'ㄴ'이 뒤에 있는 'ㄹ'의 영향을 받아 [물랄리]로 발음된다. 이는 ⓓ의 규정에 따른 것이다.

03

표준 발음법 - 경음화

〈보기〉는 표준 발음법 규정의 일부이다. 이 규정을 활용하여 해결할 수 있는 질문이 <u>아닌</u> 것은?

③ '발전'은 [발전]이 아니라 왜 [발쩐]인가요?

⋯ '발전'에서 '발'의 받침은 'ㄹ'이므로 표준 발음법 제23항을 적용할 수 없다. 또한 '발전'은 체언이므로 제24항도 적용할 수 없다. 따라서 ③은 〈보기〉에 제시된 표준 발음법 규정을 활용하여 해결할 수 없는 질문이다. '발전'의 표준 발음을 탐구하기 위해서는 "한자어에서, 'ㄹ' 받침 뒤에 연결되는 'ㄷ, ㅅ, ㅈ'은 된소리로 발음한다."는 제26항의 규정을 활용해야 한다. '발전(發展/發電)'은 한자어로, 받침 'ㄹ' 뒤에 'ㅈ'이 연결되고 있으므로, 'ㅈ'을 된소리로 바꾸어 [발쩐]으로 발음한다.

① '국밥'은 [국밥]인가요, [국빱]인가요?

⋯ '국밥'은 받침 'ㄱ' 뒤에 'ㅂ'이 연결되고 있으므로, 제23항의 규정에 따라 'ㅂ'을 된소리로 바꾸어 [국빱]으로 발음한다.

② '낯설다'는 [낟설다]인가요, [낟썰다]인가요?

⋯ '낯설다'는 받침 'ㅊ(ㄷ)' 뒤에 'ㅅ'이 연결되고 있으므로, 제23항의 규정에 따라 'ㅅ'을 된소리로 바꾸어 [낟썰다]로 발음한다.

④ '머금다'는 [머금다]가 아니라 [머금따]가 맞나요?

⋯ '머금다'는 어간 '머금-'의 받침 'ㅁ' 뒤에 어미의 첫소리 'ㄷ'이 연결되고 있으므로, 제24항의 규정에 따라 'ㄷ'을 된소리로 바꾸어 [머금따]로 발음한다.

⑤ '남기다'는 [남끼다]가 아니라 왜 [남기다]인가요?

⋯ '남기다'는 동사 '남다'의 어간 '남-'에 사동 접미사 '-기-'가 결합한 것이므로, 제24항 '다만'의 규정에 따라 된소리로 바꾸지 않고 [남기다]로 발음한다.

04

〈보기〉의 ㉠~㉤에 대한 탐구 내용으로 적절하지 않은 것은?

⑤ ㉤을 보니 '악수[악쑤]'의 로마자 표기에는 된소리되기가 반영되겠군.
　　　　　　　　　　　aksu

⋯ ㉤에서 '죽변'은 받침 'ㄱ' 뒤에 연결되는 'ㅂ'이 된소리로 바뀌어 [죽뼌]으로 발음(표준 발음법 제23항)되고, 한자어 '울산(蔚山)'은 받침 'ㄹ' 뒤에 연결되는 'ㅅ'이 된소리로 바뀌어 [울싼]으로 발음(표준 발음법 제26항)된다. 하지만 로마자로 표기할 때는 된소리되기를 반영하지 않고 각각 'Jukbyeon'과 'Ulsan'으로 적고 있다. 즉, 된소리되기는 로마자 표기에 반영되지 않는다. 따라서 '악수'는 된소리되기가 적용되어 [악쑤]로 발음되지만, 로마자 표기에는 된소리되기가 반영되지 않는다.

① ㉠을 보니 '달님[달림]'의 로마자 표기에는 자음 동화가 반영되겠군.
　　　　　　　　　　　　　dallim

⋯ ㉠의 '백마'에서 '백'의 받침 'ㄱ'은 뒤에 연결되는 'ㅁ'의 영향을 받아 비음화가 이루어져 [ㅇ]으로 발음되며, 로마자 표기에도 이를 반영하여 'Baengma'로 적고 있다. 또 '신라'에서 '신'의 받침 'ㄴ'은 뒤에 연결되는 'ㄹ'의 영향을 받아 유음화가 이루어져 [ㄹ]로 발음되며, 로마자 표기에도 이를 반영하여 'Silla'로 적고 있다. 즉, 비음화, 유음화와 같은 자음 동화는 로마자 표기에 반영된다. '달님'은 유음화

의 적용을 받아 [달림]으로 발음되므로, 로마자 표기에는 자음 동화가 반영된다.

② ㉡을 보니 '첫여름[천녀름]'의 로마자 표기에는 'ㄴ' 첨가가 반영되겠군.
　　　　　　　　cheonnyeoreum

⋯ ㉡의 '학여울'과 '알약'은 각각 'ㄴ' 음이 첨가되어 [항녀울]과 [알냑 → 알략]으로 발음되며, 로마자 표기에도 이를 반영하여 'Hangnyeoul'과 'allyak'으로 적고 있다. 즉, 'ㄴ' 첨가는 로마자 표기에 반영된다. '첫여름'은 'ㄴ' 음이 첨가되어 [천녀름]으로 발음되므로, 로마자 표기에는 'ㄴ' 첨가가 반영된다.

③ ㉢을 보니 '붙임[부침]'의 로마자 표기에는 구개음화가 반영되겠군.
　　　　　　　　buchim

⋯ ㉢의 '해돋이'와 '같이'는 구개음화의 적용을 받아 각각 [해도지]와 [가치]로 발음되며, 로마자 표기에도 이를 반영하여 'haedoji'와 'gachi'로 적고 있다. 즉, 구개음화는 로마자 표기에 반영된다. '붙임'은 구개음화가 적용되어 [부침]으로 발음되므로, 로마자 표기에는 구개음화가 반영된다.

④ ㉣을 보니 '넣고[너:코]'의 로마자 표기에는 거센소리되기가 반영되겠군.
　　　　　　　　neoko

⋯ ㉣의 '좋고'와 '놓다'는 'ㄱ, ㄷ'과 'ㅎ'이 만나 거센소리 'ㅋ, ㅌ'이 되는 거센소리되기의 적용을 받아 각각 [조:코]와 [노타]로 발음되며, 로마자 표기에도 이를 반영하여 'joko'와 'nota'로 적고 있다. 즉, 거센소리되기는 로마자 표기에 반영된다. '넣고'는 거센소리되기가 적용되어 [너:코]로 발음되므로, 로마자 표기에는 거센소리되기가 반영된다.

05

다음은 표준 발음법과 국어의 로마자 표기법의 일부이다. 이를 이해한 학생의 반응으로 적절한 것은?

② '탐라'는 'Tamna'로 표기해야겠군.

⋯ 표준 발음법 제5장 제19항에 따라 받침 'ㅁ, ㅇ' 뒤에 연결되는 'ㄹ'은 [ㄴ]으로 발음해야 하므로, '탐라'는 [탐나]로 발음한다. 따라서 로마자 표기법 제2장 제1항과 제2항의 모음과 자음 표기 원칙에 따라, '탐라'는 'Tamna'로 표기해야 한다. 이때 '탐라'는 '제주도'의 옛 이름으로 고유 명사이므로, 로마자 표기법 제3장 제3항에 따라 첫 글자를 대문자로 적어야 한다.

① '종로'는 'Jongro'로 표기해야겠군.
　　　　　　　Jongno

⋯ 표준 발음법 제5장 제19항에 따라 받침 'ㅁ, ㅇ' 뒤에 연결되는 'ㄹ'은 [ㄴ]으로 발음해야 하므로, '종로'는 [종노]로 발음한다. 로마자 표기법 제1장 제1항에 따르면 국어의 로마자 표기는 국어의 표준 발음법에 따라 적는 것이 원칙이다. 따라서 로마자 표기법에 따라 '종로'는 'Jongro'가 아니라 'Jongno'로 표기해야 하며, 고유 명사이므로 첫 글자를 대문자로 적어야 한다.

③ '벚꽃'은 'beotkkoj'으로 표기해야겠군.
　　　　　　　beotkkot

⋯ 표준 발음법 제4장 제8항에 따라 'ㄱ, ㄴ, ㄷ, ㄹ, ㅁ, ㅂ, ㅇ'의 7개 자음만 받침소리로 사용할 수 있으므로, '벚꽃'은 [벋꼳]으로 발음한다. 그리고 로마자 표기법 제2장 제2항의 [붙임 1]에 따라 'ㄷ'은

자음 앞이나 어말에서 't'로 적어야 한다. 따라서 '벚꽃'은 'beotkkoj'이 아니라 'beotkkot'으로 표기해야 한다.

④ '강릉'은 'Kangneung'으로 표기해야겠군.
   ~~Gangneung~~
   → 표준 발음법 제5장 제19항에 따라 받침 'ㅁ, ㅇ' 뒤에 연결되는 'ㄹ'은 [ㄴ]으로 발음해야 하므로, '강릉'은 [강능]으로 발음한다. 그리고 로마자 표기법 제2장 제2항의 [붙임 1]에 따라 'ㄱ'은 모음 앞에서 'g'로 적어야 한다. 따라서 '강릉'은 'Kangneung'이 아니라 'Gangneung'으로 표기해야 하며, 고유 명사이므로 첫 글자를 대문자로 적어야 한다.

⑤ '한라산'은 'Halrasan'으로 표기해야겠군.
   ~~Hallasan~~
   → 표준 발음법 제5장 제20항에 따라 'ㄴ'은 'ㄹ'의 앞이나 뒤에서 [ㄹ]로 발음해야 하므로, '한라산'은 [할:라산]으로 발음한다. 그리고 로마자 표기법 제2장 제2항의 [붙임 2]에 따라 'ㄹㄹ'은 'll'로 적어야 한다. 따라서 '한라산'은 'Halrasan'이 아니라 'Hallasan'으로 표기해야 하며, 고유 명사이므로 첫 글자를 대문자로 적어야 한다.

수능 기출 문제 **4. 어문 규정**
기타 규정

▶ 문제편 174~179쪽

| 01 ④ | 02 ② | 03 ⑤ | 04 ⑤ | 05 ⑤ | 06 ④ |
| 07 ③ | 08 ⑤ | 09 ② | 10 ② | 11 ① | |

01
정답률 82%

다음은 된소리되기와 관련한 수업의 일부이다. [A]에 들어갈 말로 적절하지 <u>않은</u> 것은? [3점]

☀ 정답인 이유

④ ⓓ의 'ㄴ'과 'ㄱ'이 어미끼리 결합하면서 이어진 소리이기
   × → 용언의 어간에 피·사동 접사가 결합하면서
   → ⓓ의 '안겨라'는 '안-(용언의 어간)+-기-(피·사동 접사)+-어라(어말 어미)'로 분석할 수 있다. 이때 'ㄴ'과 'ㄱ'은 용언의 어간에 피·사동 접사가 결합한 것이기 때문에 된소리되기가 일어나지 않는 것이다.

☂ 오답인 이유

① ⓐ의 'ㄴ'과 'ㄷ'이 모두 어미에 속해 있는 소리이기
   → ⓐ의 '푼다'는 '풀-(용언의 어간)+-ㄴ다(종결 어미)'로 분석할 수 있다. 이때 'ㄴ'과 'ㄷ'은 모두 어미에 속해 있는 소리이기 때문에 된소리되기가 일어나지 않는다.

② ⓑ의 'ㅁ'과 'ㄷ'이 체언과 조사가 결합하면서 이어진 소리이기
   → ⓑ의 '여름도'는 '여름(체언)+도(조사)'로 분석할 수 있다. 이때 'ㅁ'과 'ㄷ'은 체언과 조사가 결합한 것이기 때문에 된소리되기가 일어나지 않는다.

③ ⓒ의 'ㅁ'과 'ㄱ'이 모두 하나의 형태소 안에 속해 있는 소리이기
   → ⓒ의 '잠가'는 '잠그-(용언의 어간)+-아(어미)'로 분석할 수 있다. 이때 'ㅁ'과 'ㄱ'은 하나의 형태소에 속해 있는 것이기 때문에 된소리되기가 일어나지 않는다.

⑤ ⓔ의 'ㄴ'과 'ㅈ'이 어간과 어미가 결합하면서 이어진 소리가 아니기
   → ⓔ의 '큰지'는 '크-(용언의 어간)+-ㄴ지(어미)'로 분석할 수 있다. 이때 'ㄴ'과 'ㅈ'은 모두 어미에 속해 있는 것이기 때문에 된소리되기가 일어나지 않는다.

02
정답률 65% | 매력적인 오답 ① 15%

〈보기〉의 표준 발음법을 바르게 적용한 것은?

☀ 정답인 이유

② '솥이나 냄비를 준비하다'의 '솥이나'는 ㉠에 따라 'ㅌ'을 [ㅊ]으로 바꿔 [소치나]로 발음해야겠군.
   '솥'의 받침 'ㅌ'+조사 '이나'의 모음 'ㅣ' → [ㅊ] ⇒ ㉠
   → 〈보기〉에서는 구개음화에 관한 표준 발음법의 규정을 설명하고 있다. '솥이나'는 명사 '솥'의 받침 'ㅌ'이 접속 조사 '이나'의 모음 'ㅣ'와 결합하였으므로, ㉠에 따라 'ㅌ'이 [ㅊ]으로 바뀌어 [소치나]로 발음된다.

☂ 오답인 이유

① (매력적인 오답) '같이 걷다'의 '같이'는 ㉠에 따라 'ㅌ'을 [ㅊ]으로 바꿔 [가치]로 발음해야겠군.
   '같'의 받침 'ㅌ'+접미사 '-이'의 모음 'ㅣ' → [ㅊ] ⇒ ㉡
   → '같이'는 형용사 어근 '같-'의 받침 'ㅌ'이 부사 파생 접미사 '-이'의 모음 'ㅣ'와 결합하였으므로, ㉡에 따라 'ㅌ'이 [ㅊ]으로 바뀌어 [가치]로 발음된다.

③ '그것은 팥이다'의 '팥이다'는 ㉡에 따라 'ㅌ'을 [ㅊ]으로 바꿔 [파치다]로 발음해야겠군.
   '팥'의 받침 'ㅌ'+조사 '이다'의 모음 'ㅣ' → [ㅊ] ⇒ ㉠
   → '팥이다'는 명사 '팥'의 받침 'ㅌ'이 서술격 조사 '이다'의 모음 'ㅣ'와 결합하였으므로, ㉠에 따라 'ㅌ'이 [ㅊ]으로 바뀌어 [파치다]로 발음된다.

④ '자전거에 받히다'의 '받히다'는 ㉡에 따라 '티'를 [치]로 바꿔 [바치다]로 발음해야겠군.
   '받-'의 받침 'ㄷ'+접미사 '-히-' → [치] ⇒ ㉢
   → '받히다'는 동사 어근 '받-'의 받침 'ㄷ' 뒤에 피동 접미사 '-히-'가 결합하여 '티'를 이루었으므로, ㉢에 따라 '티'가 [치]로 바뀌어 [바치다]로 발음된다.

⑤ '우표를 붙이다'의 '붙이다'는 ㉢에 따라 '티'를 [치]로 바꿔 [부치다]로 발음해야겠군.
   '붙-'의 받침 'ㅌ'+접미사 '-이-'의 모음 'ㅣ' → [ㅊ] ⇒ ㉡
   → '붙이다'는 동사 어근 '붙-'의 받침 'ㅌ'이 사동 접미사 '-이-'의 모음 'ㅣ'와 결합하였으므로, ㉡에 따라 'ㅌ'이 [ㅊ]으로 바뀌어 [부치다]로 발음된다.

03
정답률 85%

〈보기〉에 따라 표준 발음법을 이해한 내용으로 적절한 것은? [3점]

☀ 정답인 이유

⑤ '(물건을) 얹지만'과 '(자리에) 앉을수록'에서의 된소리되기는 각각 ㉠, ㉢에
   [언찌만] → ㉠   [안즐쑤록] → ㉢
   따른 것이다.
   → '얹지만'은 동사 '얹다'의 어간 '얹-' 뒤에 어미 '-지만'이 결합하였으므로, ㉠에 따라 어미의 첫소리 'ㅈ'이 된소리 [ㅉ]으로 바뀌어 [언찌만]으로 발음된다. '앉을수록'은 '-(으)ㄹ'로 어미가 시작되고 그

뒤에 'ㅅ'이 연결되었으므로, ⓒ에 따라 'ㅅ'이 된소리 [ㅆ]으로 바뀌어 [안즐쑤록]으로 발음된다.

① '(가슴에) 품을 적에'와 '(며느리로) 삼고'에서의 된소리되기는 모두 ㉠에 따른 것이다.
　　　　　[푸믈쩌게]→ⓒ　　　　　[삼:꼬]→㉠

┈▶ '품을 적에'는 관형사형 '-(으)ㄹ' 뒤에 'ㅈ'이 연결되었으므로, ⓒ에 따라 'ㅈ'이 된소리 [ㅉ]으로 바뀌어 [푸믈쩌게]로 발음된다. '삼고'는 동사 '삼다'의 어간 '삼-'에 어미 '-고'가 결합하였으므로, ㉠에 따라 어미의 첫소리 'ㄱ'이 된소리 [ㄲ]으로 바뀌어 [삼:꼬]로 발음된다.

② '(방이) 넓거든'과 '(두께가) 얇을지라도'에서의 된소리되기는 모두 ⓛ에 따른 것이다.
　　　　　[널꺼든]→ⓛ　　　[얄블찌라도]→ⓒ

┈▶ '넓거든'은 동사 '넓다'의 어간 '넓-'에 어미 '-거든'이 결합하였으므로, ⓛ에 따라 어미의 첫소리 'ㄱ'이 된소리 [ㄲ]으로 바뀌어 [널꺼든]으로 발음된다. '얇을지라도'는 '-(으)ㄹ'로 어미가 시작되고 그 뒤에 'ㅈ'이 연결되었으므로, ⓒ에 따라 'ㅈ'이 된소리 [ㅉ]으로 바뀌어 [얄블찌라도]로 발음된다.

③ '(신을) 신겠네요'와 '(땅을) 밟지도'에서의 된소리되기는 모두 ⓛ에 따른 것이다.
　　　　[신:껜네요]→㉠　　　[밥:찌도]→ⓛ

┈▶ '신겠네요'는 동사 '신다'의 어간 '신-'에 어미 '-겠네요'가 결합하였으므로, ㉠에 따라 어미의 첫소리 'ㄱ'이 된소리 [ㄲ]으로 바뀌어 [신:껜네요]로 발음된다. 참고로, '신겠네요'는 된소리되기와 음절의 끝소리 규칙에 의해 [신:껜네요]로 바뀐 후, 비음화 현상에 의해 [신:껜네요]로 발음된다. '밟지도'는 동사 '밟다'의 어간 '밟-'에 어미 '-지'가 결합하였으므로, ⓛ에 따라 어미의 첫소리 'ㅈ'이 된소리 [ㅉ]으로 바뀌어 [밥:찌도]로 발음된다. 참고로 받침 'ㄼ'은 일반적으로 [ㄹ]로 발음하는데 '밟-'은 뒤에 자음이 오면 'ㄼ'에서 'ㄹ'이 탈락하여 [밥]으로 발음된다.

④ '(남들이) 비웃을지언정'과 '(먼지를) 훑던'에서의 된소리되기는 각각 ㉠, ⓛ에 따른 것이다.
　　　[비:우슬찌언정]→ⓒ　　　[훌떤]→ⓛ

┈▶ '비웃을지언정'은 '-(으)ㄹ'로 어미가 시작되고 그 뒤에 'ㅈ'이 연결되었으므로, ⓒ에 따라 'ㅈ'이 된소리 [ㅉ]으로 바뀌어 [비:우슬찌언정]으로 발음된다. '훑던'은 동사 '훑다'의 어간 '훑-'에 어미 '-던'이 결합하였으므로, ⓛ에 따라 어미의 첫소리 'ㄷ'이 된소리 [ㄸ]으로 바뀌어 [훌떤]으로 발음된다.

04

정답률 82%

〈보기〉에 따라 겹받침의 표준 발음에 대하여 단계별로 학습하였다. 각 예에 적용된 내용과 그 발음이 모두 바른 것은? [3점]

	⑩	적용 내용	발음
⑤	닭+하고	ⓑ, ⓔ	[다카고]

┈▶ '닭하고'에서 '닭'은 겹받침 'ㄺ'이 자음(ㅎ) 앞에 왔으므로 ⓑ에 따라 [닥]으로 발음한다. 그리고 'ㄱ'이 'ㅎ(하고)'과 결합하고 있으므로 ⓔ에 따라 두 음 'ㄱ'과 'ㅎ'을 합쳐서 [ㅋ]으로 발음한다. 따라서 '닭하고'는 [다카고]로 발음하게 되므로, ⑤는 예에 적용된 내용과 그 발음이 모두 바르다.

	①	여덟+이	ⓐ	[여더리]

┈▶ '여덟이'는 겹받침 'ㄼ'이 모음으로 시작된 조사 '이'와 결합하고 있으므로 ⓐ에 따라 겹받침 중 뒤엣것만을 뒤 음절 첫소리로 옮겨 [여덜비]로 발음한다.

	②	몫+을	ⓐ	[목슬]

┈▶ '몫을'은 겹받침 'ㄳ'이 모음으로 시작된 조사 '을'과 결합하고 있으므로 ⓐ에 따라 겹받침 중 뒤엣것만을 뒤 음절 첫소리로 옮겨 [목슬]로 발음한다. 그런데 이 경우 'ㅅ'는 [ㅆ]로 발음한다고 하였으므로 이를 반영하여 최종적으로 [목쓸]로 발음한다.

	③	흙+만	ⓑ, ⓒ	[흑만]

┈▶ '흙만'에서 '흙'은 겹받침 'ㄺ'이 자음(ㅁ) 앞에 왔으므로 ⓑ에 따라 [흑]으로 발음한다. 그리고 'ㄱ'은 'ㅁ' 앞에서 ⓒ에 따라 [ㅇ]으로 발음한다. 따라서 '흙만'은 [흥만]으로 발음한다.

	④	값+까지	ⓑ, ⓓ	[갑까지]

┈▶ '값까지'에서 '값'은 겹받침 'ㅄ'이 자음(ㄲ) 앞에 왔으므로 ⓑ에 따라 [갑]으로 발음한다. 그리고 'ㅂ' 뒤에 '까지'가 결합하여 [갑까지]로 발음한다. 이때 '값까지'를 [갑까지]로 발음하는 것은 ⓓ와 같은 된소리되기의 영향이 아니라, 결합한 단어가 원래부터 된소리로 시작하는 '까지'이기 때문이다. 따라서 '값까지'는 [갑까지]로 발음하고 ⓑ가 적용된 것은 맞지만, ⓓ의 적용을 받지 않는다.

05

정답률 88%

〈보기〉의 표준 발음 자료를 탐구한 내용으로 적절하지 않은 것은?

⑤ ⓜ에 따르면 '사랑할수록 참아야지.'에서 '사랑할수록'의 표준 발음은 [사랑할수록]이겠군.

┈▶ '사랑할수록'은 동사 '사랑하다'의 어간 '사랑하-'에 연결 어미 '-ㄹ수록'이 결합한 것이다. 따라서 ⓜ의 규정에 따라 '-(으)ㄹ'로 시작되는 어미의 뒤에 연결되는 'ㅅ'은 된소리로 발음해야 하므로, '사랑할수록'의 표준 발음은 [사랑할쑤록]이다.

① ㉠에 따르면 '꽃다발이 예쁘다.'에서 '꽃다발'의 표준 발음은 [꼳따발]이겠군.

┈▶ '꽃다발'은 '꽃'의 받침 'ㅊ(ㄷ)' 뒤에 'ㄷ'이 연결되었으므로, ㉠의 규정에 따라 'ㄷ'이 된소리 [ㄸ]으로 바뀌어 [꼳따발]로 발음된다.

② ⓛ에 따르면 '아기를 꼭 껴안고 갔다.'에서 '껴안고'의 표준 발음은 [껴안꼬]이겠군.

┈▶ '껴안고'는 동사 '껴안다'의 어간 '껴안-'에 어미 '-고'가 결합하였으므로, ⓛ의 규정에 따라 어미의 첫소리 'ㄱ'이 된소리 [ㄲ]으로 바뀌어 [껴안꼬]로 발음된다.

③ ⓒ에 따르면 '감기를 옮기다.'에서 '옮기다'의 표준 발음은 [옴기다]이겠군.

┈▶ '옮기다'는 동사 '옮다'의 어간 '옮-'에 사동 접미사 '-기-'가 결합하였으므로, ⓒ의 규정에 따라 어미의 첫소리 'ㄱ'이 된소리로 바뀌지 않아 [옴기다]로 발음된다.

④ ⓔ에 따르면 '여기 외엔 갈 데가 없다.'에서 '갈 데가'의 표준 발음은 [갈떼가]이겠군.

⋯▶ '갈 데가'는 동사 어간 '가-'에 결합한 관형사형 어미 '-(으)ㄹ' 뒤에 'ㄷ'이 연결되었으므로, ㉣의 규정에 따라 'ㄷ'이 된소리 [ㄸ]으로 바뀌어 [갈떼가]로 발음된다.

06
정답률 85%

〈보기 1〉은 문법 수업의 한 장면이다. 〈보기 1〉을 참고하여 〈보기 2〉를 탐구한 것으로 옳지 <u>않은</u> 것은? [3점]

☀ 정답인 이유

④ '집일'을 로마자로 표기하려면, 표준 발음법 제13항, 제18항에 대한 이해가
jimnil
필요하겠군.

⋯▶ 어근 '집'과 어근 '일'이 결합하여 형성된 합성어 '집일'은 앞 단어의 끝이 자음 'ㅂ'이고 뒤 단어의 첫음절이 '이'이므로, 제29항의 규정에 따라 'ㄴ' 소리를 첨가하여 [집닐]로 발음한다. 그리고 받침 'ㅂ'은 'ㄴ, ㅁ' 앞에서 [ㅁ]으로 발음된다는 제18항의 규정에 따라 'ㅂ'을 'ㅁ'으로 바꾸어 [짐닐]로 발음한다. 따라서 '집일'을 로마자로 표기하기 위해서는 표준 발음법 제18항과 제29항에 대한 이해가 필요하다.

☂ 오답인 이유

① '덮이다'를 로마자로 표기하려면, 표준 발음법 제13항에 대한 이해가 필요하
deopida
겠군.

⋯▶ '덮이다'는 홑받침 'ㅍ'이 모음으로 시작된 피동 접미사 '-이-'와 결합하고 있으므로, 제13항의 규정에 따라 'ㅍ'을 제 음가대로 뒤 음절 첫소리로 옮겨 [더피다]로 발음한다.

② '웃어른'을 로마자로 표기하려면, 표준 발음법 제15항에 대한 이해가 필요하
udeoreun
겠군.

⋯▶ '웃어른'은 받침 'ㅅ' 뒤에 모음 'ㅓ'로 시작되는 실질 형태소 '어른'이 연결되고 있으므로, 제15항의 규정에 따라 받침 'ㅅ'을 대표음 'ㄷ'으로 바꾸어서 뒤 음절 첫소리로 옮겨 [우더른]으로 발음한다.

③ '굳이'를 로마자로 표기하려면, 표준 발음법 제17항에 대한 이해가 필요하
guji
겠군.

⋯▶ '굳이'는 받침 'ㄷ'이 접미사의 모음 'ㅣ'와 결합하고 있으므로, 제17항의 규정에 따라 받침 'ㄷ'을 [ㅈ]으로 바꾸어서 뒤 음절 첫소리로 옮겨 [구지]로 발음한다.

⑤ '색연필'을 로마자로 표기하려면, 표준 발음법 제18항, 제29항에 대한 이해가
saengnyeonpil
필요하겠군.

⋯▶ 어근 '색'과 어근 '연필'이 결합하여 형성된 합성어 '색연필'은 앞 단어의 끝이 자음 'ㄱ'이고 뒤 단어의 첫음절이 '여'이므로, 제29항의 규정에 따라 'ㄴ' 소리를 첨가하여 [색년필]로 발음한다. 그리고 받침 'ㄱ'은 'ㄴ, ㅁ' 앞에서 [ㅇ]으로 발음된다는 제18항의 규정에 따라 'ㄱ'을 'ㅇ'으로 바꾸어 [생년필]로 발음한다.

07
정답률 90%

〈보기〉의 자료를 탐구한 내용으로 적절하지 <u>않은</u> 것은? [3점]

☀ 정답인 이유

③ '꽃망울'은 18항과 23항이 모두 적용되어 [꼰망울]로 발음된다.
꽃망울 → [꼰망울](음절의 끝소리 규칙) → [꼰망울](비음화) ⇒ 제18항

⋯▶ '꽃망울'은 받침 'ㅊ(ㄷ)'이 'ㅁ' 앞에서 [ㄴ]으로 바뀌어 [꼰망울]로 발음된다. 따라서 '꽃망울'에는 제18항만이 적용되었다.

☂ 오답인 이유

① '앞마당'은 18항이 적용되어 [암마당]으로 발음된다.
앞마당 → [압마당](음절의 끝소리 규칙) → [암마당](비음화) ⇒ 제18항

⋯▶ '앞마당'은 제18항의 규정에 따라 받침 'ㅍ(ㅂ)'이 'ㅁ' 앞에서 [ㅁ]으로 바뀌어 [암마당]으로 발음된다.

② '늦가을'은 23항이 적용되어 [는까을]로 발음된다.
늦가을 → [늗가을](음절의 끝소리 규칙) → [늗까을](된소리되기) ⇒ 제23항

⋯▶ '늦가을'은 제23항의 규정에 따라 받침 'ㅈ(ㄷ)' 뒤에 연결되는 'ㄱ'이 된소리 [ㄲ]으로 바뀌어 [늗까을]로 발음된다.

④ '맞먹다'는 18항과 23항이 모두 적용되어 [만먹따]로 발음된다.
맞먹다 → [맏먹다](음절의 끝소리 규칙) → [만먹다](비음화) → [만먹따](된소리되기) ⇒ 제18항, 제23항

⋯▶ '맞먹다'는 제18항의 규정에 따라 받침 'ㅈ(ㄷ)'이 'ㅁ' 앞에서 [ㄴ]으로 바뀌고, 제23항의 규정에 따라 받침 'ㄱ' 뒤에 연결되는 'ㄷ'이 된소리 [ㄸ]로 바뀌어 [만먹따]로 발음된다.

⑤ '홑낚시'는 18항과 23항이 모두 적용되어 [혼낙씨]로 발음된다.
홑낚시 → [혼낙시](음절의 끝소리 규칙) → [혼낙시](비음화) → [혼낙씨](된소리되기) ⇒ 제18항, 제23항

⋯▶ '홑낚시'는 제18항의 규정에 따라 받침 'ㅌ(ㄷ)'이 'ㄴ' 앞에서 [ㄴ]으로 바뀌고, 제23항의 규정에 따라 받침 'ㄲ(ㄱ)' 뒤에 연결되는 'ㅅ'이 된소리 [ㅆ]으로 바뀌어 [혼낙씨]로 발음된다.

08
정답률 35% | 매력적인 오답 ③ 45%

〈보기〉의 표준 발음 자료를 탐구한 내용으로 적절하지 <u>않은</u> 것은?

☀ 정답인 이유

⑤ '밟는[밤:는]'은 ⓐ를 지키기 위해 ㉠, ㉡이 모두 적용되었다.
밟는 → [밥:는](자음군 단순화) → [밤:는](비음화) ⇒ ㉡이 적용

⋯▶ '밟는[밤:는]'에서는 먼저 겹받침 'ㄼ' 중에서 'ㄹ'이 탈락되었으므로 ㉠이 적용되었다는 것을 알 수 있다. 다음으로 이 'ㅂ'이 [ㅁ]으로 교체되었는데, 받침 'ㅂ'은 받침소리로 발음할 수 있는 7개의 자음 중 하나이므로 받침 발음의 원칙을 지키기 위해 [ㅁ]으로 교체된 것이 아니다. 즉, 'ㅂ'은 뒤에 오는 비음 'ㄴ'의 영향에 따른 비음화의 결과로 인해 [ㅁ]으로 교체된 것으로, ㉡이 적용된 것은 아니다. 따라서 '밟는[밤:는]'은 ⓐ를 지키기 위해 ㉠만이 적용되었을 뿐, ㉡은 적용되지 않았다.

☂ 오답인 이유

③ <u>매력적인 오답</u> '닭지[닥찌]'는 ⓐ를 지키기 위해 ㉡이 적용되었다.
닭지 → [닥지](음절의 끝소리 규칙) → [닥찌](된소리되기) ⇒ ㉡ 적용

⋯▶ '닭지[닥찌]'에서는 받침 'ㄲ'이 다른 자음 [ㄱ]으로 교체되었으므로 ㉡이 적용된 것이다. 'ㄺ', 'ㄼ'과 같은 겹받침은 두 개의 자음이 결합된 것이지만, 'ㄲ', 'ㄸ'과 같은 쌍받침은 독립된 하나의 자음이다. 따라서 '닭지[닥찌]'는 'ㄲ'에서 'ㄱ'이 탈락한 것이 아니라 'ㄲ'이 'ㄱ'으로 교체된 것으로, ⓐ를 지키기 위해 ㉡이 적용되었다.

① '읽다[익따]'는 ⓐ를 지키기 위해 ㉠이 적용되었다.
읽다 → [익다](자음군 단순화) → [익따](된소리되기) ⇒ ㉠이 적용

⋯▶ '읽다[익따]'에서는 겹받침 'ㄺ' 중에서 'ㄹ'이 탈락되었으므로 ㉠이 적용된 것이다.

② '옮는[옴:는]'은 ⓐ를 지키기 위해 ㉠이 적용되었다.
옮는 → [옴:는](자음군 단순화) ⇒ ㉠이 적용

⋯▶ '옮는[옴:는]'에서는 겹받침 'ㄻ' 중에서 'ㄹ'이 탈락되었으므로 ㉠이 적용된 것이다.

④ '읊기[읍끼]'는 ⓐ를 지키기 위해 ⊙, ⓒ이 모두 적용되었다.

읊기 → [읖기](자음군 단순화) → [읍기](음절의 끝소리 규칙) → [읍끼](된소리되기) ⇒ ⊙, ⓒ 적용

⋯▶ '읊기[읍끼]'에서는 먼저 겹받침 'ㄿ' 중에서 'ㄹ'이 탈락되고 'ㅍ'만 남았으므로 ⊙이 적용된 것이다. 다음으로 이 'ㅍ'이 받침소리로 발음할 수 있는 7개의 자음 중 하나인 [ㅂ]으로 교체되었으므로 ⓒ도 적용된 것이다. 따라서 '읊기[읍끼]'는 ⓐ를 지키기 위해 ⊙과 ⓒ이 모두 적용되었다.

09   정답률 80% | 매력적인 오답 ③ 10%

〈보기〉는 표준 발음법의 일부이다. 이를 이해한 학생의 반응으로 적절하지 않은 것은?

☀ 정답인 이유

② '물약'은 제29항에 따라 [물냑]으로 발음해야겠군.

물약 → [물냑]('ㄴ' 첨가) → [물략](유음화) ⇒ 제29항

⋯▶ '물약'은 '물(명사)'과 '약(명사)'의 합성어이다. '물약'은 먼저 앞 단어의 끝이 자음 'ㄹ'이고 뒤 단어의 첫음절이 '야'이므로, 제29항에 따라 'ㄴ' 음을 첨가하여 [물냑]으로 발음한다. 다음으로 'ㄹ' 받침 뒤에 'ㄴ' 음이 첨가되었으므로, 제29항 [붙임 1]에 따라 첨가된 'ㄴ' 음을 [ㄹ]로 바꾸어 [물략]으로 발음한다. 따라서 '물약'은 제29항에 따라 [물략]으로 발음해야 한다.

☂ 오답인 이유

③ 매력적인 오답 '한 입'은 제29항에 따라 [한닙]으로 발음해야겠군.

⋯▶ '한 입'은 합성어는 아니지만, 두 단어를 이어서 한 마디로 발음하는 경우에 해당한다. '한 입'은 앞 단어의 끝이 자음 'ㄴ'이고 뒤 단어의 첫음절이 '이'이므로, 두 단어를 이어서 한 마디로 발음하는 경우에도 제29항을 적용한다는 제29항 [붙임 2]에 따라 'ㄴ' 음을 첨가하여 [한닙]으로 발음해야 한다.

① '먹물'은 제18항에 따라 [멍물]로 발음해야겠군.

⋯▶ '먹물'은 받침 'ㄱ'이 'ㅁ' 앞에서 [ㅇ]으로 발음된다는 제18항에 따라 [멍물]로 발음해야 한다.

④ '집일'은 제29항에 따라 [집닐]로, 다시 제18항에 따라 [짐닐]로 발음해야겠군.

⋯▶ '집일'은 '집(명사)'과 '일(명사)'의 합성어이다. '집일'은 먼저 앞 단어의 끝이 자음 'ㅂ'이고 뒤 단어의 첫음절이 '이'이므로, 제29항에 따라 'ㄴ' 음을 첨가하여 [집닐]로 발음한다. 다음으로 받침 'ㅂ'은 'ㄴ' 앞에서 [ㅁ]으로 발음된다는 제18항에 따라 [짐닐]로 발음해야 한다.

⑤ '색연필'은 제29항에 따라 [색년필]로, 다시 제18항에 따라 [생년필]로 발음해야겠군.

⋯▶ '색연필'은 '색(명사)'과 '연필(명사)'의 합성어이다. '색연필'은 먼저 앞 단어의 끝이 자음 'ㄱ'이고 뒤 단어의 첫음절이 '여'이므로, 제29항에 따라 'ㄴ' 음을 첨가하여 [색년필]로 발음한다. 다음으로 받침 'ㄱ'은 'ㄴ' 앞에서 [ㅇ]으로 발음된다는 제18항에 따라 [생년필]로 발음해야 한다.

10   정답률 55% | 매력적인 오답 ① 20%

(가)는 수업 게시판에 올라온 발음 관련 질문들이다. 답변할 때 (나)를 활용

할 필요가 없는 것은?

☀ 정답인 이유

② ㄴ • 육학년[유캉년]: ㄱ+ㅎ → [ㅋ] ⇒ 거센소리되기

⋯▶ (나)에서 '연음'은 '자음으로 끝나는 말 뒤에 모음으로 시작하는 조사, 어미, 접미사가 올 때 앞 음절의 종성이 그대로 뒤 음절의 초성으로 옮겨 가는 현상'이라고 하였다. 그런데 '육학년'은 '자음으로 끝나는 말+자음으로 시작하는 명사'의 구조이므로, '연음'이 일어나는 환경에 놓여 있지 않다. 따라서 '육학년'은 연음과 관련이 없다. '육학년'은 거센소리되기에 의해 'ㄱ'과 'ㅎ'이 만나 'ㅋ'으로 줄어들어 [유캉년]으로 발음된다.(표준 발음법 제12항)

☂ 오답인 이유

① 매력적인 오답 ㄱ • 여덟이: 여덟+이(조사) → [여덜비]
                   • 여덟이야: 여덟+이야(조사) → [여덜비야]

⋯▶ '여덟이'와 '여덟이야'는 둘 다 '자음으로 끝나는 말+모음으로 시작하는 조사'의 구조이므로, '연음'이 일어나는 환경에 놓여 있다. 따라서 겹받침 'ㄼ' 중 뒤엣것만을 뒤 음절 첫소리로 옮겨 [여덜비], [여덜비야]로 발음한다.(표준 발음법 제14항)

③ ㄷ • 겉으로: 겉+으로(조사) → [거트로]

⋯▶ '겉으로'는 '자음으로 끝나는 말+모음으로 시작하는 조사'의 구조이므로, '연음'이 일어나는 환경에 놓여 있다. 따라서 받침 'ㅌ'을 뒤 음절 첫소리로 옮겨 [거트로]로 발음한다.(표준 발음법 제13항)

④ ㄹ • 빛이: 빛+이(조사) → [비치]
      • 빛은: 빛+은(조사) → [비츤]

⋯▶ '빛이'와 '빛은'은 둘 다 '자음으로 끝나는 말+모음으로 시작하는 조사'의 구조이므로 '연음'이 일어나는 환경에 놓여 있다. 따라서 받침 'ㅊ'을 뒤 음절 첫소리로 옮겨 각각 [비치], [비츤]으로 발음한다.(표준 발음법 제13항)

⑤ ㅁ • 밤낮으로: 밤낮+으로(조사) → [밤나즈로]
      • 낮일: 낮+일(명사) → [낟닐](음절의 끝소리 규칙, 'ㄴ' 첨가) → [난닐](비음화)

⋯▶ '밤낮으로'는 '자음으로 끝나는 말+모음으로 시작하는 조사'의 구조이므로, '연음'이 일어나는 환경에 놓여 있다. 따라서 받침 'ㅈ'을 뒤 음절 첫소리로 옮겨 [밤나즈로]로 발음한다.(표준 발음법 제13항) 하지만 '낮일'은 '자음으로 끝나는 말+모음으로 시작하는 명사'의 구조이므로, '연음'이 일어나는 환경에 놓여 있지 않다. '낮일'은 '연음'과 관련이 없으며, 'ㄴ' 첨가와 비음화에 의해 [난닐]로 발음된다.(표준 발음법 제18항, 제29항)

11   정답률 85%

〈보기〉의 ⊙~ⓜ에 대한 설명으로 적절한 것은? [3점]

☀ 정답인 이유

① ⊙에서 일어나는 음운 변동은 '땀받이[땀바지]'에서도 일어나고, 로마자 표기에 반영되었다.

⋯▶ ⊙에서는 받침 'ㄷ, ㅌ'이 모음 'ㅣ'나 반모음 'ĭ'로 시작하는 형식 형태소(조사, 접미사)를 만나 경구개음인 'ㅈ, ㅊ'으로 바뀌는 구개음화가 일어난다. 이러한 구개음화는 '땀받이[땀바지]'에서도 일어난다. 또한 '같이[가치]'를 'gati'가 아니라 'gachi'로 적은 것을 통해 ⊙의 구개음화가 로마자 표기에 반영되었음을 확인할 수 있다.

☔ **오답인 이유**

② ㉡에서 일어나는 음운 변동은 '삭제[삭쩨]'에서도 일어나고, 로마자 표기에 반영되었다.

⋯→ ㉡에서는 예사소리가 된소리로 바뀌는 된소리되기가 일어나며, 이는 '삭제[삭쩨]'에서도 일어난다. 그런데 '잡다[잡따]'를 'japtta'가 아니라 'japda'로 적었으므로 ㉡에서 일어난 된소리되기는 로마자 표기에 반영되지 않았다.

③ ㉢에서 일어나는 음운 변동은 '닳아[다라]'에서도 일어나고, 로마자 표기에 반영되었다.

⋯→ ㉢에서는 'ㅎ'과 예사소리 'ㅈ'이 결합하여 거센소리 'ㅊ'으로 줄어드는 거센소리되기가 일어나고, '닳아[다라]'에서는 'ㅎ' 탈락이 일어난다. ㉢의 거센소리되기는 로마자 표기에 반영되었는데, 이는 '놓지[노치]'를 'nohji'가 아니라 'nochi'로 적은 것을 통해 확인할 수 있다.

④ ㉣에서 일어나는 음운 변동은 '한여름[한녀름]'에서도 일어나고, 로마자 표기에 반영되지 않았다.

⋯→ ㉣에서는 'ㄴ' 첨가가 일어나며, 이는 '한여름[한녀름]'에서도 일어난다. ㉣의 'ㄴ' 첨가는 로마자 표기에 반영되었는데, 이는 '맨입[맨닙]'을 'maenip'이 아니라 'maennip'으로 적은 것을 통해 확인할 수 있다.

⑤ ㉤에서 일어나는 음운 변동은 '밥물[밤물]'에서도 일어나고, 로마자 표기에 반영되지 않았다.

⋯→ ㉤에서는 비음이 아닌 자음이 비음의 영향을 받아 비음 'ㄴ, ㅁ, ㅇ'으로 바뀌는 비음화가 일어나며, 이는 '밥물[밤물]'에서도 일어난다. ㉤의 비음화는 로마자 표기에 반영되었는데, 이는 '백미[뱅미]'를 'baekmi'가 아니라 'baengmi'로 적은 것을 통해 확인할 수 있다.

---

19 훈민정음의 제자 원리

개념 완성 TEST
▶ 문제편 181쪽

01 (1) ○ (2) ○ (3) × (4) ○ **02** (1) 종성부용초성 (2) 입술소리(순음) (3) 각자 병서, 합용 병서

내신 기출 문제
▶ 문제편 181쪽

01 ② **02** ⑤

01
한글의 제자 원리

훈민정음 초성의 제자 원리에 대한 설명으로 적절하지 <u>않은</u> 것은?

☀ **정답인 이유**

② 'ㄱ'은 혀끝이 윗잇몸에 붙는 모양을 본떠서 만들었다.
혀뿌리가 목구멍을 막는 모양을 본떠서 만든 어금닛소리(아음)

⋯→ 'ㄱ'은 혀뿌리가 목구멍을 막는 모양을 본떠서 만든 것으로, '어금닛소리(아음)'에 해당한다. 혀끝이 윗잇몸에 붙는 모양을 본떠서 만든 것은 '혓소리(설음)'로, 'ㄴ, ㄷ, ㅌ'이 이에 해당된다.

☔ **오답인 이유**

① 'ㅇ, ㆆ, ㅎ'은 모두 목구멍의 모양을 반영하였다.

⋯→ 'ㅇ, ㆆ, ㅎ'은 모두 목구멍 모양을 본떠서 만든 것으로, '목구멍소리(후음)'에 해당한다.

③ 이체자*는 가획의 원리를 따르지 않고 만들어진 글자이다.

⋯→ 이체자는 상형이나 가획의 원리에 의한 것이 아니라, 기본자의 모양을 달리하여 만들어진 글자이다.

> *** 이체자:** 자음 중 'ㆁ, ㄹ, ㅿ'은 이체자로, 언뜻 보기에는 비슷하게 발음되는 'ㅇ, ㄴ, ㅅ'에 각각 획을 더한 모양이지만 소리의 세기와는 무관하여 가획의 원리를 따르지 않은 글자이다.

④ 'ㄷ'에 획을 더한 'ㅌ'은 'ㄷ'보다 더 강한 소리를 나타낸다.

⋯→ 가획의 원리는 소리의 세기에 따라 기본자에 획을 더하는 것이다. 따라서 'ㄷ'에 획을 더한 'ㅌ'은 'ㄷ'보다 더 강한 소리를 나타낸다.

⑤ 'ㅂ'은 'ㅁ'보다는 강하지만, 'ㅍ'보다는 약한 소리를 나타낸다.

⋯→ 기본자 'ㅁ'에 획을 한 번 더하면 'ㅂ', 두 번 더하면 'ㅍ'이 만들어지므로, 'ㅁ < ㅂ < ㅍ'의 순으로 소리의 세기가 커진다.

02
한글의 제자 원리

〈보기 1〉의 (가), (나)에 따른 표기의 사례를 〈보기 2〉의 ㉠~㉣에서 찾아 바르게 짝지은 것은?

☀ **정답인 이유**

	(가)	(나)
⑤	㉢	㉣

⋯ 〈보기 1〉의 (가)는 '순음(ㅁ, ㅂ, ㅃ, ㅍ)' 아래에 'ㅇ'을 이어 쓴 '순경음(ㅱ, ㅸ, ㅹ, ㆄ)'에 대한 것으로, ㉢에 쓰인 '비'의 'ㅸ'이 이에 해당한다. 그리고 〈보기 1〉의 (나)는 초성을 합하여 사용할 때 나란히 붙여 쓰는 '초성 합용 병서(ㅼ, ㅽ, ㅆ, ㅳ, ㅄ, ㅶ, ㅴ, ㅵ 등)'에 대한 것으로, ㉣에 쓰인 '싼'의 'ㅼ'이 이에 해당한다.

① ㉠   ㉡

⋯ ㉠에는 '순경음'이 사용되지 않았으며, ㉡에도 '초성 합용 병서'가 사용되지 않았다.

② ㉠   ㉢

⋯ ㉠에는 '순경음'이 사용되지 않았고, ㉢에는 '순경음'이 사용되었지만 '초성 합용 병서'는 사용되지 않았다.

③ ㉡   ㉣

⋯ ㉡에는 '순경음'이 사용되지 않았고, ㉣에는 '초성 합용 병서'가 사용되었다.

④ ㉢   ㉡

⋯ ㉢에는 '순경음'이 사용되었지만, ㉡에는 '초성 합용 병서'가 사용되지 않았다.

수능 기출 문제

5. 국어의 역사
한글 창제

▶ 문제편 182~183쪽

01 ④   02 ④

01

정답률 42% | 매력적인 오답 ⑤ 20%

윗글에 대한 이해로 적절한 것은?

④ 〈초성자 용자례〉 중 아음 이체자의 예시 단어는, 초성자의 반설음자와 종성자의 반설음자의 예시 단어로 쓸 수 있다.

⋯ 〈초성자 용자례〉를 보면 아음 이체자의 예시 단어는 '러울'이다. 이 단어의 초성자와 종성자는 반설음자 'ㄹ'이므로, '러울'은 초성자의 반설음자와 종성자의 반설음자의 예시 단어로 쓸 수 있다.

⑤ (매력적인 오답) 〈중성자 용자례〉 중 초출자 'ㅓ'의 예시 단어는, 반치음 이체자와 종성자 순음 기본자의 예시 단어로 쓸 수 있다.

⋯ 〈중성자 용자례〉 중 초출자 'ㅓ'의 예시 단어는 '브섭'으로, '섭'의 초성자는 반치음 이체자 'ㅿ'이지만 종성자는 순음 가획자 'ㅂ'이다. 따라서 〈중성자 용자례〉 중 초출자 'ㅓ'의 예시 단어는 반치음 이체자의 예시 단어로 쓸 수 있지만, 종성자 순음 기본자의 예시 단어로는 쓸 수 없다.

① 훈민정음의 모든 기본자는 발음 기관을 본떠 만든 것이다.

⋯ 훈민정음 초성자의 기본자는 발음 기관을 본떠서 만든 것이지만, 중성자의 기본자는 하늘, 땅, 사람의 모습을 본떠서 만든 것이므로, 훈민정음의 모든 기본자는 발음 기관을 본떠 만들었다는 설명은 적절하지 않다.

② 초성자 기본자는 모두 용자례 예시 단어의 종성에 쓰인다.

⋯ 〈초성자 용자례〉의 '콩, 부형'과 〈중성자 용자례〉의 '남샹', 〈종성자 용자례〉의 '굼벙'을 보면 종성에 'ㅇ'이 쓰였음을 알 수 있다. 초성자 기본자인 'ㄱ, ㄴ, ㅁ, ㅅ, ㅇ' 중 'ㅇ'이 종성에 쓰이지 않았으므로, 초성자 기본자가 모두 용자례 예시 단어의 종성에 쓰였다는 설명은 적절하지 않다.

③ 〈초성자 용자례〉의 가획자 중 단어가 예시되지 않은 자음자 하나는 아음에 속한다.

⋯ 1문단에서 초성자 가획자는 9자라고 했는데, 〈초성자 용자례〉에는 8자만 제시되어 있다. 제시되지 않은 자음자는 가획자 'ㆆ'으로, 후음에 속한다. 따라서 〈초성자 용자례〉의 가획자 중 단어가 예시되지 않은 자음자 하나가 아음에 속한다는 설명은 적절하지 않다.

02

정답률 83%

윗글을 바탕으로 중세 국어 단어의 변화 양상을 이해한 내용으로 적절하지 않은 것은?

④ '산 거믜'(>산 거미)의 '거믜'는 ⓓ에 해당한다.

⋯ ⓓ는 접사가 결합하여 같은 의미의 새 단어가 만들어진 유형이다. '거믜'가 '거미'로 변화한 것은 'ㅢ'가 'ㅣ'로 변화한 것일 뿐 접사가 결합한 것이 아니므로, '거믜'는 ⓓ에 해당하지 않는다.

① '벼리 딘'(>별이 진)의 '딘'은 ⓐ에 해당한다.

⋯ ⓐ는 구개음화가 일어나서 실제 소리가 변화한 유형이다. '딘'(>진)은 'ㄷ'이 구개음 'ㅈ'으로 변화한 것이므로, '딘'은 ⓐ에 해당한다.

② '셔울 겨샤'(>서울 계셔)의 '셔울'은 ⓑ에 해당한다.

⋯ ⓑ는 단모음화가 일어나서 실제 소리가 변화한 유형이다. '셔울'(>서울)은 'ㅕ'가 단모음 'ㅓ'로 변화한 것이므로, '셔울'은 ⓑ에 해당한다.

③ '플 우희'(>풀 위에)의 '플'은 ⓒ에 해당한다.

⋯ ⓒ는 원순모음화가 일어나서 실제 소리가 변화한 유형이다. '플'(>풀)은 'ㅡ'가 원순 모음 'ㅜ'로 변화한 것이므로, '플'은 ⓒ에 해당한다.

⑤ '닥 닙'(>닥나무 잎)의 '닥'은 ⓔ에 해당한다.

⋯ ⓔ는 단어가 결합하여 같은 의미의 새 단어가 만들어진 유형이다. '닥'(>닥나무)은 '닥'에 단어 '나무'가 결합하여 변화한 것이므로, '닥'은 ⓔ에 해당한다.

20 고대 국어

개념 완성 TEST

▶ 문제편 185쪽

01 (1) ○ (2) × (3) ○ (4) ○ **02** (1) ○ (2) × (3) ○ (4) ×

내신 기출 문제

▶ 문제편 185쪽

01 ①　　**02** ②

01

고대 국어의 특징

(가)~(라)에 대한 설명으로 적절하지 않은 것은?

☀ 정답인 이유

① (가): 이 시기에 '永同郡'과 '吉同郡'의 발음이 '길동군'으로 동일하다면 '永'은 음차를 한 것으로 추측할 수 있다.

···› '永同郡'과 '吉同郡'의 발음이 모두 '길동군'으로 동일하다면, '永同郡'의 '永'은 '길 영'이므로 한자의 음을 빌리는 음차가 아니라 한자의 뜻을 빌리는 훈차를 한 것이라고 추측할 수 있다.

☂ 오답인 이유

② (나): '天前誓'를 한문의 어순대로 썼다면 '誓天前'이 되어야 한다.

···› 우리말은 '목적어 + 서술어' 또는 '부사어 + 서술어'의 어순을 갖지만, 한문은 '서술어 + 목적어' 또는 '서술어 + 부사어'의 어순을 갖는다. 따라서 '하늘 앞에 맹세한다'(부사어 + 서술어)는 뜻의 '天前誓'는, 한문의 어순대로라면 서술어 '맹세한다(誓)'가 맨 앞으로 간 '誓天前'이 되어야 한다.

③ (나): '今自'는 한문을 우리말 어순에 따라 쓴 것이다.

···› '今自'를 한문의 어순대로 썼다면, '-로부터'의 뜻을 가진 '自'에 '지금'의 뜻을 가진 '今'이 순서대로 결합한 '自今'이 되어야 한다. 그러나 문법적 요소(조사, 어미)가 어휘적 요소의 뒤에 위치하는 우리말 어순에 따라 '今自'로 쓴 것이다.

④ (다): 신라인들은 이 한자들을 한자가 아닌 우리말로 읽었다.

···› 한자를 나열한 향찰은 겉으로 보기에는 한문처럼 보이지만, 신라인들은 이것을 한자가 아닌 우리말로 읽었다. (다)의 '善化公主主隱'은 한자의 음대로 읽으면 '선화공주주은'이지만, 신라인들은 이를 한자의 뜻(훈차)과 음(음차)을 이용하여 '선화공주님은'으로 읽었다.

⑤ (라): 주로 어휘적 요소는 한자의 뜻을, 문법적 요소는 음을 따서 표기하였다.

···› (라)의 '去隱春'은 한자 '갈 거', '숨을 은', '봄 춘'이 결합한 것이다. 신라인들은 이를 '거은춘'이라고 읽은 것이 아니라, '갈 거'의 뜻인 '가다'에 '숨을 은'의 음인 '은', '봄 춘'의 뜻인 '봄'을 붙여 '간 봄'으로 읽었다. 즉, 어휘적 요소인 '가다'와 '봄'은 한자의 뜻을, 문법적 요소인 '은'은 음을 따서 표기한 것이다.

02

고대 국어의 특징

〈보기〉를 참고할 때, ㉠~㉤ 중 읽는 방식이 다른 글자는?

〈향찰의 표기 방식〉
• 한자의 음과 훈(뜻)을 이용하여 우리말을 체계적으로 표기함
• 실질적 의미 요소(명사, 용언의 어간)는 훈(뜻)을 빌려 표기하고, 문법적 요소(조사, 용언의 어미)는 음을 빌려 표기함
• 우리말 어순에 따라 글자를 배열함

☀ 정답인 이유

② ㉡

···› 〈보기〉는 향찰의 표기에 대해 설명하고 있다. 이를 바탕으로 ㉠~㉤을 분석하면 다음과 같다.

원문	해석	분석
善化公主主隱	선화 공주주은 → 선화 공주님은	㉠: 主(임 주) → 뜻(훈독) ㉡: 隱(숨을 은) → 음(음독)
他密只嫁良置古	타밀지가량치고 → 남 몰래 결혼하고	㉢: 他(남 타) → 뜻(훈독)
夜矣卯乙抱遺去如	야의묘을포견거여 → 밤에 몰래 안고 가다	㉣: 夜(밤 야) → 뜻(훈독)
去隱春 慕理尸心	거은춘 모리시심 → 간 봄 그릴 마음	㉤: 去(갈 거) → 뜻(훈독)

따라서 ㉠~㉤ 중 읽는 방식이 다른 것은 음독한 ㉡이다.

☂ 오답인 이유

① ㉠

···› ㉠의 '主(임 주)'는 그 뜻을 빌려 훈독한 것이다.

③ ㉢

···› ㉢의 '他(남 타)'는 그 뜻을 빌려 훈독한 것이다.

④ ㉣

···› ㉣의 '夜(밤 야)'는 그 뜻을 빌려 훈독한 것이다.

⑤ ㉤

···› ㉤의 '去(갈 거)'는 그 뜻을 빌려 훈독한 것이다.

21 중세 국어

개념 완성 TEST

▶ 문제편 189쪽

01 (1) ㉣, ㉡, ㉢ (2) ㉡, ㉠ **02** (1) ○ (2) × (3) ○ (4) × **03** (1)-㉢ (2)-㉠ (3)-㉡ **04** (1)-㉢ (2)-㉡ (3)-㉠ **05** (1) 돌히 (2) 돐 (3) 돌콰 **06** (1) 이 (2) Ø (3) ㅣ (4) 이 **07** (1)-㉠ (2)-㉢ (3)-㉣ (4)-㉡

01
중세 국어의 특징

〈보기〉의 ㉠~㉤에 나타난 중세 국어의 특징을 이해한 내용으로 옳지 않은 것은?

☀ 정답인 이유

② ㉡: 'ㅣ'가 주격 조사로 사용되었군.

⋯ ㉡의 '제'는 현대어 '자기의'에 대응된다. 이로 보아 'ㅣ'는 주격 조사가 아니라 관형격 조사로 사용되었음을 알 수 있다.

☂ 오답인 이유

① ㉠: '에'가 비교의 의미로 사용되었군.

⋯ ㉠의 '中듕國귁·에'는 현대어 '중국과'에 대응된다. 이로 보아 '에'는 비교의 의미를 지닌 비교 부사격 조사로 사용되었음을 알 수 있다.

③ ㉢: 단어의 첫머리에 서로 다른 자음이 함께 쓰였군.

⋯ ㉢의 '·뜨·들'에서 '뜯'의 초성인 'ㅳ'에는 서로 다른 자음 'ㅂ'과 'ㄷ'이 함께 쓰였다.

④ ㉣: 이어 적기가 사용되었군.

⋯ ㉣의 '·노·미'는 현대어 '사람이'에 대응된다. 현대 국어에서는 '사람이(놈이)'처럼 그 형태를 밝혀 적는 끊어 적기를 하지만, 중세 국어에서는 '놈＋이'를 소리 나는 대로 이어 적어 '노미'로 표기하였다.

⑤ ㉤: 현대 국어에는 없는 자음이 쓰였군.

⋯ ㉤의 '便뼌安한·킈'에는 현대 국어에는 없는 자음 'ㆆ'이 쓰였다.

02
중세 국어의 특징

〈보기〉의 설명을 참고할 때, ㉠과 ㉡에 들어갈 단어로 적절한 것은?

☀ 정답인 이유

	㉠	㉡
①	나샤미신가	빅혼다

⋯ 〈보기〉는 중세 국어 의문문의 종결 어미에 대해 설명하고 있다. 첫 번째 의문문의 경우, 주어 '부톄'는 3인칭이고 물음말(의문사)이 없다. 따라서 '-ㄴ가', '-ㄹ가'와 같은 '아'형 종결 어미를 사용해야 하므로, ㉠에는 '나샤미신가'가 들어가야 한다. 그리고 두 번째 의문문의 경우, 주어 '네'는 2인칭이다. 따라서 물음말의 유무와 상관없이 종결 어미 '-ㄴ다'를 사용해야 하므로, ㉡에는 '빅혼다'가 들어가야 한다.

☂ 오답인 이유

②	나샤미신가	빅호ᄂᆞ고

⋯ '오답인 이유'는 '정답인 이유'에서 확인할 수 있습니다.

③	나샤미신고	빅혼다

⋯ '오답인 이유'는 '정답인 이유'에서 확인할 수 있습니다.

④	나샤미신다	빅호ᄂᆞ고

⋯ '오답인 이유'는 '정답인 이유'에서 확인할 수 있습니다.

⑤	나샤미신다	빅호ᄂᆞ가

⋯ '오답인 이유'는 '정답인 이유'에서 확인할 수 있습니다.

03
중세 국어의 특징

〈보기〉를 바탕으로 중세 국어의 특징을 탐구한 내용으로 적절하지 않은 것은?

☀ 정답인 이유

⑤ ㉣에 쓰인 선어말 어미 '-이-'는 '수달(須達)'을 높이고 있다.

⋯ ㉣의 '이ᄅᆞᇫᄫᆞ리이다'는 현대어의 '짓겠습니다'에 대응된다. 선어말 어미 '-이-'는 청자에 대한 존대를 표시하는 상대 높임 선어말 어미로, ㉣에서는 화자인 '수달(須達)'이 아니라 청자인 '세존(世尊)'을 높이기 위해 사용된 것이다.

☂ 오답인 이유

① ㉠에는 초성에 서로 다른 자음이 함께 쓰였다.

⋯ ㉠의 '쐬'에서 초성인 'ㅼ'에는 서로 다른 자음 'ㅅ'과 'ㄱ'이 함께 쓰였다.

② ㉡에 쓰인 선어말 어미는 '여래(如來)'를 높이고 있다.

⋯ ㉡의 '오샤'는 현대어의 '오셔서'에 대응된다. '오샤'의 '-샤-'는 중세 국어에서 쓰이던 주체 높임 선어말 어미로, 문장의 주체인 '여래(如來)'를 높이기 위해 사용된 것이다.

③ ㉢에는 'ㅣ'가 주격 조사로 사용되었다.

⋯ ㉢의 '내'는 현대어 '내가'에 대응되므로, '내'는 체언 '나'에 주격 조사 'ㅣ'가 결합됐다는 것을 알 수 있다. 중세 국어에서 자음으로 끝난 체언 뒤에는 주격 조사 '이'가, 'ㅣ' 모음 이외의 모음으로 끝난 체언 뒤에는 주격 조사 'ㅣ'가 결합하였다.

④ ㉣에 쓰인 선어말 어미 '-ᅀᆞᇦ-'은 '정사(精舍)'를 높임으로써 궁극적으로는 '세존(世尊)'을 높이고 있다.

⋯ ㉣의 '이ᄅᆞᇫᄫᆞ리이다'는 현대어의 '짓겠습니다'에 대응되는데, 객체를 높이기 위해 현대 국어에는 쓰이지 않는 객체 높임 선어말 어미 '-ᅀᆞᇦ-'이 사용되었다. 객체 높임 선어말 어미는 서술어의 객체인 목적어나 부사어를 높이기 위한 것이므로, ㉣에서는 생략된 목적어인 '정사(精舍)'를 높이고 있다고 볼 수 있다. 그리고 '정사'를 높이는 것은 궁극적으로는 '세존(世尊)'을 높이기 위한 것으로 이해할 수 있다.

04
중세 국어의 특징

〈보기〉를 바탕으로 중세 국어 시기에 사용된 조사의 기능에 대해 탐구하였다. 적절하지 않은 것은?

☀ 정답인 이유

③ ㉢의 '이며'는 현대 국어에서 '과'로 바뀐 것으로 보아 앞말이 뒷말과 비교하는 대상임을 나타내고 있어.

⋯ ㉢의 '몸이며'는 현대어의 '몸과'에 대응된다. 이때 현대 국어의 '과'에 대응되는 중세 국어의 '이며'는 앞말이 뒷말과 비교하는 대상임을 나타내는 것이 아니라, 앞말과 뒷말을 같은 자격으로 이어 주는 접속 조사이다.

☂ 오답인 이유

① ㉠의 'ㅣ'는 현대 국어에서 '가'로 바뀐 것으로 보아 앞말이 행위의 주체임을

나타내고 있어.

⋯ ⓐ의 '孔공子ᄌ의'는 현대어의 '공자가'에 대응된다. 이때 현대 국어의 '가'에 대응되는 중세 국어의 'ㅣ'는 앞말인 '공자'가 행위의 주체임을 나타내는 주격 조사이다.

② ⓒ의 'ᄃ려'는 현대 국어에서 '에게'로 바뀐 것으로 보아 앞말이 어떤 행동이 미치는 대상임을 나타내고 있어.

⋯ ⓒ의 '曾증子ᄌᄃ려'는 현대어의 '증자에게'에 대응된다. 이때 현대 국어의 '에게'에 대응되는 중세 국어의 'ᄃ려'는 앞말인 '증자'가 '이르다'라는 행동이 미치는 대상임을 나타내는 부사격 조사이다.

④ ⓓ의 '의'는 현대 국어에서 '의'로 바뀐 것으로 보아 앞말이 뒷말을 꾸며 주고 있음을 나타내고 있어.

⋯ ⓓ의 '효도의'는 현대어의 '효도의'에 대응된다. 이때 현대 국어의 '의'에 대응되는 중세 국어의 '의'는 앞말인 '효도'가 뒷말인 '시작'을 꾸며 주고 있음을 나타내는 관형격 조사이다.

⑤ ⓔ의 '를'은 현대 국어에서 '를'로 바뀐 것으로 보아 앞말이 동작이 미친 직접적 대상임을 나타내고 있어.

⋯ ⓔ의 '父부母모를'은 현대어의 '부모를'에 대응된다. 이때 현대 국어의 '를'에 대응되는 중세 국어의 '를'은 앞말인 '부모'가 '드러나게 함'이라는 동작이 미친 직접적 대상임을 나타내는 목적격 조사이다.

05
중세 국어의 특징

〈보기〉를 참고할 때, 제시된 단어의 주격 조사 실현 양상으로 적절한 것은?

☀ 정답인 이유

	말씀	하ᄂᆞᆯ	가마	불휘
②	말쓰미	하ᄂᆞ리	가매	불휘

⋯ 〈보기〉는 중세 국어의 주격 조사 실현 양상에 대해 설명하고 있다. 이를 참고하여 제시된 단어의 주격 조사 실현 양상을 정리하면 다음과 같다.

단어	끝소리	주격 조사	실현 양상
말씀	자음	이(연철 표기)	말쓰미
하ᄂᆞᆯ	자음	이(연철 표기)	하ᄂᆞ리
가마	모음 'ㅏ'	ㅣ(앞의 모음과 결합)	가매
불휘	모음 'ᆔ'	Ø	불휘

☂ 오답인 이유

①	말쓰미	하ᄂᆞ리	가마	불휘

⋯ '오답인 이유'는 '정답인 이유'에서 확인할 수 있습니다.

③	말쓰미	하ᄂᆞᆯ이	가매	불휘

⋯ '오답인 이유'는 '정답인 이유'에서 확인할 수 있습니다.

④	말씀이	하ᄂᆞᆯ이	가마	불휘이

⋯ '오답인 이유'는 '정답인 이유'에서 확인할 수 있습니다.

⑤	말씀이	하ᄂᆞᆯ	가매	불휘이

⋯ '오답인 이유'는 '정답인 이유'에서 확인할 수 있습니다.

06
국어의 변천

〈보기〉의 ㄱ~ㄷ에 들어갈 단어의 의미 변화 양상으로 적절한 것은?

☀ 정답인 이유

	ㄱ	ㄴ	ㄷ
①	의미의 이동	의미의 확대	의미의 축소

⋯ 단어의 의미 변화 양상은 의미의 축소, 의미의 확대, 의미의 이동 등으로 나눌 수 있다. 먼저 '어리다'는 '어리석다'에서 '나이가 적다'로 의미가 전혀 다르게 변화했으므로, 이는 '의미의 이동'에 해당한다. 또 '세수'는 '손을 씻는 행위'에서 '손이나 얼굴을 씻는 행위'로 의미 영역이 넓어졌으므로, 이는 '의미의 확대'에 해당한다. 그리고 '놈'은 '사람, 남자'에서 '남자를 낮잡아 이르는 말'로 의미 영역이 좁아졌으므로, 이는 '의미의 축소'에 해당한다.

☂ 오답인 이유

②	의미의 이동	의미의 축소	의미의 확대

⋯ '오답인 이유'는 '정답인 이유'에서 확인할 수 있습니다.

③	의미의 확대	의미의 이동	의미의 축소

⋯ '오답인 이유'는 '정답인 이유'에서 확인할 수 있습니다.

④	의미의 확대	의미의 축소	의미의 이동

⋯ '오답인 이유'는 '정답인 이유'에서 확인할 수 있습니다.

⑤	의미의 축소	의미의 확대	의미의 이동

⋯ '오답인 이유'는 '정답인 이유'에서 확인할 수 있습니다.

07
국어의 변천

〈보기〉의 ㄱ과 ㄴ에 속하는 사례를 바르게 제시한 것은?

☀ 정답인 이유

	ㄱ	ㄴ
②	마ᅀᆞᆷ > 마음 둘째 음절의 'ㆍ'→'ㅡ'	ᄡᆞ다 > 싸다 첫째 음절의 'ㆍ'→'ㅏ'

⋯ 〈보기〉는 중세 국어 이후 모음 'ㆍ'가 소실되는 과정에 대해 설명하고 있다. '마ᅀᆞᆷ'이 '마음'으로 변화한 것은 둘째 음절에 놓인 모음 'ㆍ'가 'ㅡ'로 변화한 것이므로 ㄱ의 예에 해당한다. 그리고 'ᄡᆞ다'가 '싸다'로 변화한 것은 첫째 음절에 놓인 모음 'ㆍ'가 'ㅏ'로 변화한 것이므로 ㄴ의 예에 해당한다.

☂ 오답인 이유

	ㄱ	ㄴ
①	ᄃᆞ리 > 다리 첫째 음절의 'ㆍ'→'ㅏ'	리년 > 래년(來年) 첫째 음절의 'ㆍ'→'ㅏ'

⋯ 'ᄃᆞ리'가 '다리'로 변화한 것은 첫째 음절에 놓인 모음 'ㆍ'가 'ㅏ'로 변화한 것이므로 ㄱ의 예에 해당하지 않는다. 하지만 '리년'이 '래년(來年)'으로 변화한 것은 첫째 음절에 놓인 모음 'ㆍ'가 'ㅏ'로 변화한 것이므로 ㄴ의 예에 해당한다.

	ㄱ	ㄴ
③	ᄀᆞ르치다 > 가르치다 첫째 음절의 'ㆍ'→'ㅏ'	아ᅀᆞ > 아우 둘째 음절의 'ㆍ'→'ㅜ'

⋯ 'ᄀᆞ르치다'가 '가르치다'로 변화한 것은 첫째 음절에 놓인 모음 'ㆍ'가 'ㅏ'로 변화한 것이므로 ㄱ의 예에 해당하지 않는다. 또 '아ᅀᆞ'가 '아우'로 변화한 것은 둘째 음절에 놓인 모음 'ㆍ'가 'ㅜ'로 변화한 것이므로 ㄴ의 예에 해당하지 않는다.

	ㄱ	ㄴ
④	마ᄎᆞᆷ > 마침 둘째 음절의 'ㆍ'→'ㅣ'	돌ᄑᆞᆼ이 > 달팽이 첫째 음절의 'ㆍ'→'ㅏ'

⋯ '마ᄎᆞᆷ'이 '마침'으로 변화한 것은 둘째 음절에 놓인 모음 'ㆍ'가 'ㅣ'로 변화한 것이므로 ㄱ의 예에 해당하지 않는다. 하지만 '돌ᄑᆞᆼ이'가 '달팽이'로 변화한 것은 첫째 음절에 놓인 모음 'ㆍ'가 'ㅏ'로 변화한

것이므로 ⓒ의 예에 해당한다.

⑤ 다른다 > 다르다   ᄒᆞᄆᆞ며 > ᄒᆞ믈며
　　둘째 음절의 'ᆞ'→'ᅳ'　　둘째 음절의 'ᆞ'→'ᅳ'

⋯ '다ᄅᆞ다'가 '다르다'로 변화한 것은 둘째 음절에 놓인 모음 'ᆞ'가 'ᅳ'로 변화한 것이므로 ㉠의 예에 해당한다. 하지만 'ᄒᆞᄆᆞ며'가 'ᄒᆞ믈며'로 변화한 것은 둘째 음절에 놓인 모음 'ᆞ'가 'ᅳ'로 변화한 것이므로 ㉡의 예에 해당하지 않는다.

---

22 근대 국어

개념 완성 TEST
▶ 문제편 193쪽

01 (1) × (2) ○ (3) × (4) ×　**02** (1) 것슨 (2) 치밀러 (3) 님믈 (4) 심미 (5) 말씀미　**03** (1) ○ (2) × (3) ○ (4) ○

내신 기출 문제
▶ 문제편 193쪽

01 ⑤　　**02** ⑤

01

〈보기〉의 ㉠~㉤에 대한 설명으로 적절하지 <u>않은</u> 것은?

☀ 정답인 이유

⑤ ㉤: 구개음화 현상이 나타난다.

⋯ 구개음화는 'ㄷ, ㅌ'이 모음 'ㅣ'나 반모음 'ㅣ̆' 앞에서 'ㅈ, ㅊ'으로 변하는 현상인데, '숫불빗'에는 구개음화 현상이 나타나지 않는다. '숫불빗'에는 입술소리 'ㅁ, ㅂ, ㅍ'의 영향으로 평순 모음 'ᅳ'가 원순 모음 'ㅜ'로 바뀌는 원순 모음화 현상이 나타난다(블 → 불).

☂ 오답인 이유

① ㉠: 재음소화* 현상이 나타난다.

⋯ 재음소화는 하나의 음소를 두 개의 음소로 쪼개어 표기하는 방식이다. '놉히'는 그 원형인 '높이(높-+-이)'에서 'ㅍ'을 'ㅂ+ㅎ'으로 쪼개어 '놉히'로 표기한 것이다.

```
* 재음소화
  원형이 거센소리였던 하나의 음소를 두 개의 음소로 쪼개어 표기하는
  방식이다. 'ㅊ, ㅋ, ㅌ, ㅍ'을 'ㅈ+ㅎ, ㄱ+ㅎ, ㄷ+ㅎ, ㅂ+ㅎ'으로 과
  잉 분석한 표기가 이에 해당된다.
  예) 붙-+-으며 → 븓흐며(재음소화) → 븟흐며(7종성법)
```

② ㉡: 모음 조화의 파괴가 나타난다.

⋯ 모음 조화는 양성 모음은 양성 모음끼리, 음성 모음은 음성 모음끼리 어울리는 현상이다. '나를'은 양성 모음 'ㅏ'와 음성 모음 'ᅳ'가 함께 사용되었으므로 모음 조화가 지켜지지 않은 것이다.

③ ㉢: 거듭 적기(중철)가 나타난다.

⋯ 거듭 적기(중철)는 앞 음절의 종성을 뒤 음절의 초성에도 표기하는 것으로, 이어 적기(연철)와 끊어 적기(분철)의 과도기적 표기이

다. '믈믯츨(믈믲+을 → 믈믲츨 → 믈믯츨)'은 '믈믲'에 목적격 조사 '을'이 결합한 것으로, 거듭 적기에 따라 앞 음절의 종성 'ㅊ'을 뒤 음절의 초성에도 표기하고(믈믯츨), 다시 7종성법에 따라 '믲'의 종성 'ㅊ'을 'ㅅ'으로 쓴 것이다.

④ ㉣: 명사형 어미 '-기'가 나타난다.

⋯ 근대 국어 시기에는 명사형 어미 '-기'가 활발하게 사용되었다. '붉기'는 '붉다'의 어간 '붉-'에 명사형 어미 '-기'가 결합한 것이다.

02

〈보기〉를 통해 알 수 있는 근대 국어의 특징이 <u>아닌</u> 것은?

☀ 정답인 이유

⑤ 'ᆞ'는 음가뿐만 아니라 표기까지 완전히 사라졌음을 알 수 있다.

⋯ 〈보기〉의 'ᄒᆞ', '슬', '를' 등을 통해, 'ᆞ'의 표기가 여전히 남아 있었음을 알 수 있다. 음가가 소실된 'ᆞ'는 1933년 한글 맞춤법 통일안이 공포된 후 표기까지 완전히 사라졌다.

☂ 오답인 이유

① 모음 조화가 파괴된 모습을 찾을 수 있다.

⋯ 모음 조화는 양성 모음은 양성 모음끼리, 음성 모음은 음성 모음끼리 어울리는 현상이다. 양성 모음과 음성 모음이 함께 사용된 '밥을', 'ᄃᆞ름' 등을 통해 모음 조화가 파괴된 모습을 찾을 수 있다.

② 주격 조사 '가'가 쓰인 단어를 찾을 수 있다.

⋯ '비위가'에서 체언 '비위'에 주격 조사 '가'가 결합한 것을 확인할 수 있다.

③ 18세기 후반까지 띄어쓰기가 이루어지지 않았다.

⋯ 〈을병연행록〉은 조선 후기의 실학자 홍대용이 영조 41년인 1765년 겨울부터 1766년 봄까지, 작은아버지 홍억이 청나라에 갈 때 군관으로 수행하면서 쓴 기행문이다. 〈보기〉에 제시된 자료를 통해 18세기 후반까지 띄어쓰기가 이루어지지 않았음을 알 수 있다.

④ '수비'로 쓰이던 단어의 변화된 모습을 찾을 수 있다.

⋯ 'ㅸ'은 15세기 중반부터 '오/우'로 변하거나 탈락하였다. 따라서 '수ᄫᅵ'는 '수이'가 되었는데, 이는 〈보기〉에서 확인할 수 있다.

수능 기출 문제

▶ 문제편 194~207쪽

01 ③	**02** ⑤	**03** ①	**04** ⑤	**05** ②	**06** ①
07 ①	**08** ①	**09** ①	**10** ①	**11** ①	**12** ③
13 ①	**14** ②	**15** ⑤	**16** ③	**17** ①	**18** ②
19 ⑤	**20** ⑤	**21** ⑤	**22** ④		

01

정답률 65% | 매력적인 오답 ② 15%

윗글의 ㉠~㉤을 이해한 내용으로 적절하지 <u>않은</u> 것은?

☀ 정답인 이유

③ ㉢은 현대 국어로 '저녁의'로 해석되어 관형격 조사의 쓰임이 확인된다.

⋯ ㉢의 '나조히'는 '나조ㅎ+이'로 분석되며, '나조ㅎ'은 부사격 조사 '애/에/예' 대신 '의/의'가 쓰이는 일부 특수한 체언으로 제시되어 있다. 따라서 '나조히'는 '저녁의'가 아니라 '저녁에'로 해석되어야 하며, 이때 '의'는 일부 특수 체언들과 결합하는 부사격 조사로 볼 수 있다.

(저녁에 / 부사격 조사)

☂ 오답인 이유

② (매력적인 오답) ㉡에 시간이나 장소를 나타내는 부사격 조사가 결합하면 '우희'가 된다.

⋯ ㉡의 '우ㅎ'은 부사격 조사 '애/에/예' 대신 '의/의'가 결합하는 일부 특수한 체언에 해당한다. '우ㅎ'는 선행 모음이 음성 모음이기 때문에 모음 조화에 따라 부사격 조사 '의'가 결합하여 '우희'가 된다.

① ㉠은 부사격 조사 '예'와 결합하는 선행 체언의 끝음절에서 반모음 'ㅣ'가 확인된다.

⋯ ㉠의 '뉘예'는 '뉘+예'로 분석되는데, 이때 부사격 조사 '애'나 '에'가 쓰이지 않고 '예'가 결합하는 이유는 선행 체언 '뉘'의 끝음절에서 반모음 'ㅣ'가 확인되기 때문이다.

④ ㉣의 '이그에'에서는 관형격 조사 '이'가 분석된다.

⋯ ㉣의 '느믜그에'는 '놈+의그에'로 분석되는데, '의그에'는 관형격 조사 '의'에 '그에'가 결합한 부사격 조사이다.

⑤ ㉤이 현대 국어에서 존칭 체언에 사용되는 것은 중세 국어 관형격 조사 'ㅅ'과 관련된다.

⋯ ㉤의 현대 국어 '께'는 중세 국어의 부사격 조사 'ㅅ긔'가 이어진 것으로, 'ㅅ긔'는 관형격 조사 'ㅅ'에 '긔'가 결합한 것이다. 관형격 조사 'ㅅ'은 존칭의 유정 체언에 결합하는 것이므로, 이러한 영향으로 현대 국어의 '께'도 존칭 체언에 사용된다.

02

정답률 65% | 매력적인 오답 ④ 12%

[A]를 바탕으로 〈자료〉를 탐구한 내용으로 적절한 것은? [3점]

☀ 정답인 이유

⑤ ⓔ: '孔子(공자)의'가 '기티신'의 의미상 주어이고, '의'는 예외적 결합이군.

⋯ ⓔ의 '공자의 남기신 글'은 '공자가 남기신 글'로 해석되며, '공자의'는 '기티신'의 의미상 주어로 볼 수 있다. 그리고 [A]에서 존칭의 유정 체언일 경우 관형격 조사 'ㅅ'이 결합하는 것이 원칙이라고 했으므로, 존칭의 유정 체언인 공자 뒤에 관형격 조사 'ㅅ'이 결합하지 않고 '의'가 결합한 것은 예외적 결합이라고 할 수 있다.

☂ 오답인 이유

④ (매력적인 오답) ⓓ: '이 사ᄅ미'가 '잇는'의 의미상 주어이고, '의'는 예외적 결합이군.

(사ᄅᆞᆷ+이)

⋯ '이 사ᄅ미'가 '잇는'의 의미상 주어인 것은 맞지만, 평칭의 유정 체언인 '사ᄅᆞᆷ'에 모음 조화에 따라 '의'가 결합하는 것은 원칙적 결합에 해당하므로 예외적 결합이라는 것은 적절하지 않다.

---

① ⓐ: '神靈(신령)'이 존칭의 유정 명사이므로 '수플'에 'ㅅ'이 결합한 것이군.

⋯ [A]에서 관형격 조사 'ㅅ'은 무정 체언 또는 존칭의 유정 체언에 결합한다고 설명하고 있다. 따라서 '수플'에 관형격 조사 'ㅅ'이 결합하는 이유는 '수플'이 무정 체언이기 때문이다.

② ⓑ: '놈'이 유정 명사이고 끝음절 모음이 음성 모음이므로 '의'가 결합한 것이군.

⋯ '놈'이 평칭의 유정 체언이고, 끝음절 모음이 음성 모음이 아니라 양성 모음(ㆍ)이기 때문에 '의'가 결합한 것이다.

③ ⓒ: '世界(세계)ㅅ'이 '보샤'의 의미상 주어이고, 'ㅅ'은 예외적 결합이군.

⋯ '世界(세계)ㅅ'은 '보샤'의 의미상 주어가 아니라 '일'을 수식하는 관형어이고, 무정 체언인 '세계'에 'ㅅ'이 결합하는 것은 원칙적 결합에 해당하므로 예외적 결합이라고 볼 수 없다.

03

정답률 69% | 매력적인 오답 ② 13%

〈자료〉를 바탕으로 〈보기〉의 ⓐ~ⓔ 중 체언과 조사가 결합하여 이루어진 부속 성분이 있는 것만을 고른 것은?

☀ 정답인 이유

('나랏', '中國에')

① ⓐ, ⓑ, ⓒ

('바ᄅ래' / '生人이')

⋯ ⓐ에서는 체언 '바ᄅᆞᆯ'에 부사격 조사 '애'가 결합한 '바ᄅ래'가 부속 성분인 부사어로 쓰이고 있고, ⓑ에서는 체언 '나라ㅎ'에 관형격 조사 'ㅅ'이 결합한 '나랏'이 부속 성분인 관형어로 쓰이고 있다. 또한 체언 '中國'에 부사격 조사 '에'가 결합한 '中國에'가 부속 성분인 부사어로 쓰이고 있다. ⓒ에서는 체언 '生人'에 관형격 조사 '이'가 결합한 '生人이'가 부속 성분인 관형어로 쓰이고 있다.

☂ 오답인 이유

② (매력적인 오답) ⓐ, ⓑ, ⓓ

('子息이', '양지': 주성분)

⋯ ⓓ에서 '子息이'와 '양지'는 체언과 조사가 결합하여 이루어졌지만 모두 주성분인 주어로 쓰이고 있다.

③ ⓐ, ⓓ, ⓔ / ④ ⓑ, ⓒ, ⓔ / ⑤ ⓒ, ⓓ, ⓔ

('내', '네': 주성분)

⋯ ⓓ에서 '子息이'와 '양지'는 체언과 조사가 결합하여 이루어졌지만 모두 주성분인 주어로 쓰이고 있고, ⓔ에서 '내'와 '네' 역시 체언과 조사가 결합하여 이루어졌지만 모두 주성분인 주어로 쓰이고 있다.

04

정답률 74% | 매력적인 오답 ③ 10%

윗글을 바탕으로 추론한 내용으로 적절한 것은?

☀ 정답인 이유

⑤ 중세 국어에서 체언에 조사 '의'가 붙은 말은 관형어나 부사어로 쓰였다.

⋯ 4문단에서 중세 국어에서는 '의'가 앞 체언에 붙어 관형격 조사와 부사격 조사로 쓰이기도 했다고 하였다. 격 조사는 체언과 결합하여 문장 안에서 일정한 자격을 갖게 하므로, 중세 국어에서 체언에 조사 '의'가 붙은 말은 관형어나 부사어로 쓰였음을 알 수 있다.

③ 매력적인 오답 현대 국어 '길이'처럼 중세 국어 '기릐'도 명사와 부사로 쓰였다.
길+-이   길+-의

┈▶ 1문단을 통해 현대 국어에서 '-이'는 명사 파생 접사로도 쓰이고 부사 파생 접사로도 쓰인다는 것을 알 수 있다. 따라서 현대 국어의 '길이'는 명사 파생 접사 '-이'가 결합한 명사로도 볼 수 있고, 부사 파생 접사 '-이'가 결합한 부사로도 볼 수 있다. 그런데 3문단에서 중세 국어의 용언 어간에 붙는 명사 파생 접사 '-의'는 '-이'와 달리 부사는 파생하지 않았다고 하였다. 따라서 중세 국어 '기릐(길-+-의)'는 명사로만 쓰였음을 알 수 있다.

① 현대 국어의 '책꽂이'에서 '-이'는 '…하는 행위'의 의미를 나타내는 접사이다.
책꽂+-이

┈▶ 현대 국어의 '책꽂이'는 '책을 세워서 꽂아 두는 물건이나 장치'를 뜻한다. 따라서 '책꽂이'에서 '-이'는 '…하는 행위'의 의미가 아니라 1문단에서 설명한 '연필깎이'에서의 '-이'처럼 '…하는 데 쓰이는 도구'의 의미를 나타내는 파생 접사이다.

② 현대 국어 '놀이'에서의 '-이'는 중세 국어 '사리'에서의 '-이'와 달리 '…하는 사람'의 의미로 쓰인다.
놀+-이   살+-이

┈▶ 1문단을 통해 현대 국어 '놀이'에서의 '-이'는 '…하는 행위'의 의미를 나타낸다는 것을 알 수 있다. 그리고 2문단을 통해 중세 국어 '사리'에서의 '-이'도 '…하는 행위'의 의미로 쓰였음을 알 수 있다.

④ 중세 국어에서 접사 '-의'가 붙어 파생된 단어는 두 가지 품사로 쓰였다.

┈▶ 3문단을 통해 중세 국어에서 용언 어간에 붙는 명사 파생 접사 '-의'는 모음 조화에 따라 양성 모음 뒤에서는 '-이'로 쓰였는데, '-이'와 달리 부사는 파생하지 않았음을 알 수 있다. 따라서 '-의'가 붙어 파생된 단어는 두 가지 품사가 아니라 한 가지 품사(명사)로 쓰였다.

05
정답률 80%

윗글을 바탕으로 〈보기〉의 중세 국어 자료를 이해한 내용으로 적절하지 않은 것은?

② ㉡에서 '구븨'의 '-의'는 모음 조화에 따라 결합한 부사 파생 접사이군.
굽+-의(명사 파생 접사)

┈▶ ㉡의 '구븨'는 현대어 '굽이'에 해당하고 뒤에 부사격 조사 '예(에)'가 결합한 것으로 보아 명사 파생 접사가 결합한 체언임을 알 수 있다. 3문단에서 접사 '-의'는 모음 조화에 따라 양성 모음 뒤에서는 '-이'로 쓰였다고 하였다. 따라서 ㉡에서 '구븨'의 '-의'는 모음 조화에 따라 결합한 것은 맞지만 부사 파생 접사가 아니라 명사 파생 접사이다.

① ㉠에서 '겨틔'의 '의'는 모음 조화에 따라 결합한 부사격 조사이군.
곁+의(부사격 조사)

┈▶ ㉠의 '겨틔'는 현대어 '곁에'에 해당하므로 체언에 부사격 조사가 결합한 것임을 알 수 있다. 4문단에서 "부사격 조사는 서술어와 호응하여 장소나 시간을 나타내는 부사어에서 쓰였다. 그런데 이들 '의'도 모음 조화에 따라 양성 모음 뒤에서는 '의'로 쓰였다."라고 하였다. 따라서 ㉠에서 '겨틔'의 '의'는 모음 조화에 따라 결합한 부사격 조사임을 알 수 있다.

③ ㉢에서 '불기'의 '-이'는 모음 조화와 무관하게 결합한 부사 파생 접사이군.
붉+-이(부사 파생 접사)

┈▶ ㉢의 '불기'는 현대어 '밝히'에 해당하므로 부사 파생 접사가 결합한 것임을 알 수 있다. 3문단에서 접사 '-이'는 중세 국어에서 'ㅣ' 모음이 양성 모음도 아니고 음성 모음도 아니어서 모음 조화와는 무관하게 결합하였다고 하였다. 따라서 ㉢에서 '불기'의 '-이'는 모음 조화와 무관하게 결합한 부사 파생 접사임을 알 수 있다.

④ ㉣에서 '글지싀'의 '-이'는 모음 조화와 무관하게 결합한 명사 파생 접사이군.
글+짓+-이(명사 파생 접사)

┈▶ ㉣의 '글지싀'는 현대어 '글짓기'에 해당하므로 명사 파생 접사가 결합한 것임을 알 수 있다. 3문단에서 접사 '-이'는 중세 국어에서 'ㅣ' 모음이 양성 모음도 아니고 음성 모음도 아니어서 모음 조화와는 무관하게 결합하였다고 하였다. 따라서 ㉣에서 '글지싀'의 '-이'는 모음 조화와 무관하게 결합한 명사 파생 접사임을 알 수 있다.

⑤ ㉤에서 '쏟리'의 '익'는 모음 조화에 따라 결합한 관형격 조사이군.
쏠+익(관형격 조사)

┈▶ ㉤의 '쏟리'는 현대어 '딸의'에 해당하므로 체언에 관형격 조사가 결합한 것임을 알 수 있다. 4문단에서 중세 국어의 관형격 조사 '의'는 평칭의 유정 체언 뒤에 쓰였고, 모음 조화에 따라 양성 모음 뒤에서는 '익'로 쓰였다고 하였다. 따라서 ㉤에서 '쏟리'의 '익'는 모음 조화에 따라 결합한 관형격 조사임을 알 수 있다.

06
정답률 85%

〈보기〉의 ㉠~㉤에 해당하는 예로 적절하지 않은 것은?

① ㉠: 드리 즈믄 ㄱㄹ매 비취요미 [달이 천 개의 강에 비치는 것이]
드리 → 돌+이

┈▶ '드리'는 '돌+이'로 분석되는데, 이는 'ㄹ'로 끝나는 체언 '돌(달)' 뒤에 주격 조사 '이'가 사용된 것으로 ㉠의 예가 아니다. 참고로 중세 국어에서는 모음 '이'나 반모음 'ㅣ'로 끝나는 체언 뒤에는 주격 조사가 '∅'의 형태로 사용되었으며, 그 밖의 모음으로 끝나는 체언 뒤에는 주격 조사가 'ㅣ'의 형태로 사용되었다.

② ㉡: 바볼 머굶 대로 혜여 머굼과 [밥을 먹을 만큼 헤아려 먹음과]
바볼 → 밥+올

┈▶ '바볼'은 '밥+올'로 분석되는데, 이는 모음 조화에 따라 자음으로 끝나는 체언 '밥' 뒤에 목적격 조사 '올'이 사용된 것으로 ㉡의 예로 적절하다.

③ ㉢: 그 나못 불휘롤 쌔혀 [그 나무의 뿌리를 빼어]
나못 → 나모+ㅅ

┈▶ '나못'은 '나모+ㅅ'으로 분석되는데, 이는 사물인 체언 '나모(나무)' 뒤에 관형격 조사 'ㅅ'이 사용된 것으로 ㉢의 예로 적절하다.

④ ㉣: 몰ㄱㄴ 믈로 모솔 밍ㄱ노라 [맑은 물로 못을 만드노라]
믈로→믈+로

┈▶ '믈로'는 '믈+로'로 분석되는데, 이는 'ㄹ'로 끝나는 체언 '믈(물)' 뒤에 부사격 조사 '로'가 사용된 것으로 ㉣의 예로 적절하다.

⑤ ㉤: 님금하 아르쇼셔 [임금이시여, 아십시오]
님금하 → 님금+하

┈▶ '님금하'는 '님금+하'로 분석되는데, 이는 존대 대상인 체언 '님금(임금)' 뒤에 호격 조사 '하'가 사용된 것으로 ㉤의 예로 적절하다.

정답률 75%

윗글의 내용과 일치하는 것은?

☀ 정답인 이유

① 중세 국어에서 '에' 앞의 명사는 공간의 의미를 나타낼 수 있었다.

⋯⟩ 3문단에 따르면 중세 국어 '애셔/에셔/예셔, 이셔/의셔' 앞의 명사는 공간으로 인식되었는데, '애셔/에셔/예셔, 이셔/의셔'가 쓰일 자리에 '애/에/예, 이/의'가 쓰이는 경우가 많았으며, 이는 '애/에/예, 이/의'가 현대 국어의 '에'와 '에서'의 쓰임을 모두 지니고 있었음을 의미한다고 하였다. 이를 통해 중세 국어에서 '에' 앞의 명사는 공간의 의미를 나타낼 수 있었음을 알 수 있다.

☂ 오답인 이유

② 현대 국어에서 '에' 앞에 붙을 수 있는 명사는 '에서' 앞에 붙을 수 없다.

⋯⟩ 지문에서 예문으로 제시된 (1)에서 '서울'이 '에'와 '에서' 앞에 붙을 수 있음을 확인할 수 있다. 똑같은 장소라도 지점으로 인식되면 '에'를 쓰고, 공간으로 인식되면 '에서'를 쓴다.

③ 중세 국어의 '애/에/예'는 '이/의'와 달리 주격 조사로 쓰일 수 있었다.

⋯⟩ 중세 국어에서 '애셔/에셔/예셔, 이셔/의셔'가 주격 조사로도 쓰인 경우가 있다고 하였을 뿐, 중세 국어의 '애/에/예'가 '이/의'와 달리 주격 조사로 쓰일 수 있었다는 내용은 제시되지 않았다.

④ 현대 국어 '에서'의 중세 국어 형태인 '에셔'에서 '셔'는 지점의 의미를 나타냈다.

⋯⟩ 중세 국어의 '에셔'는 부사격 조사 '에'에 '이시다(현대 국어 '있다')'의 활용형인 '이셔'가 결합되어 나타난 형태로, '이시다'를 포함한 말이기 때문에 그 의미상 어떤 공간 속에 있음을 전제한다. 이를 통해 '에셔'에서 '셔'가 지점의 의미를 나타낸 것이 아님을 알 수 있다.

⑤ 중세 국어 '에셔'가 주격 조사로 쓰일 수 있었던 이유는 '에셔' 앞에 유정 명사가 오기 때문이다.

⋯⟩ 마지막 문단에서 중세 국어의 '에셔', 현대 국어의 '에서'와 달리 중세 국어의 '씌셔', 현대 국어의 '께서'는 높임의 유정 명사 뒤에 나타난다고 하였다. 이를 통해 중세 국어 '에셔'는 현대 국어 '에서'와 마찬가지로 앞에 유정 명사가 오지 않음을 알 수 있다.

08

정답률 50% | 매력적인 오답 ④ 22%

윗글을 바탕으로 〈보기〉를 이해한 내용으로 적절하지 <u>않은</u> 것은?

☀ 정답인 이유

① ㉠: 공간을 의미하는 '그 지역'에 주격 조사 '에서'가 붙었군.

⋯⟩ ㉠의 '그 지역에서'는 부사어로, '에서'는 주격 조사가 아니라 부사격 조사이다.

☂ 오답인 이유

④ **매력적인 오답** ㉣: '그위예셔'는 '그위'에 주격 조사 '예셔'가 붙었군.

⋯⟩ '관청에서 다 빼앗음'으로 보아 ㉣에서 주어는 '관청에서'이다. 따라서 '그위예셔(관청에서)'는 주어이며 '예셔'는 주격 조사이다.

② ㉡: 집단을 의미하는 '정부'에 주격 조사 '에서'가 붙었군.

⋯⟩ ㉡의 '정부에서'는 집단을 의미하는 주어이며, '에서'는 주격 조사이다.

③ ㉢: 높임의 유정 명사인 '할머니'에 주격 조사 '께서'가 붙었군.

⋯⟩ 마지막 문단에 따르면 현대 국어의 '께서'는 높임의 유정 명사 뒤에 나타난다. ㉢의 '할머니께서'는 문장의 주어로, 높임의 유정 명사인 '할머니'에 주격 조사 '께서'가 붙은 것이다.

⑤ ㉤: 높임의 유정 명사인 '부텨'에 부사격 조사 '씌셔'가 붙었군.

⋯⟩ 마지막 문단에 따르면 중세 국어에서는 부사격 조사로 '씌셔'가 쓰였고, '씌셔'는 높임의 유정 명사 뒤에 나타난다. ㉤의 '부텨씌셔'는 '부처님으로부터'의 의미이므로 '부텨씌셔'는 부사어이고, '씌셔'는 높임의 유정 명사인 '부텨'에 붙은 부사격 조사임을 알 수 있다.

정답률 85%

〈보기 1〉의 ㉠~㉢에 해당하는 예만을 〈보기 2〉에서 고른 것은?

☀ 정답인 이유

① ㉠: ⓐ, ⓓ

⋯⟩ ⓐ의 '나리'는 '날+이'로 자음 다음에 주격 조사 '이'가 나타난 예이다. ⓓ의 '아드리'는 '아들+이'로 이 역시 자음 다음에 주격 조사 '이'가 나타난 예이다. 따라서 ⓐ, ⓓ는 ㉠의 예에 해당한다.

☂ 오답인 이유

② ㉠: ⓐ, ⓔ

⋯⟩ ⓐ는 ㉠의 예에 해당하지만 ⓔ는 해당하지 않는다. ⓔ의 '孔子ㅣ'는 '孔子(공자)+ㅣ'로, 모음 '이'와 반모음 'ㅣ' 이외의 모음 다음에 주격 조사 'ㅣ'가 나타난 예이다.

③ ㉡: ⓑ, ⓒ

⋯⟩ ⓑ의 '太子(태자)'는 모음 'ㅏ'로 끝났으므로 주격 조사 'ㅣ'가 나타나는 조건인데, 음운 조건에 관계없이 주격 조사가 생략된 경우이다. 따라서 ⓑ는 ㉢의 예에 해당한다. ⓒ의 '드리'는 '드리+Ø'로, 모음 '이' 다음에 주격 조사가 'Ø(영형태)'로 실현되어 나타나지 않은 경우이다. 따라서 ⓒ는 ㉡의 예에 해당한다.

④ ㉡: ⓑ, ⓓ

⋯⟩ ⓑ는 ㉢의 예에 해당하고 ⓓ는 ㉠의 예에 해당한다.

⑤ ㉢: ⓒ, ⓔ

⋯⟩ ⓒ는 ㉡의 예에 해당하고 ⓔ는 주격 조사 'ㅣ'가 나타난 예이다.

정답률 62% | 매력적인 오답 ⑤ 22%

〈보기 1〉을 참고하여 〈보기 2〉에서 밑줄 친 부분을 중심으로 ㉠~㉤을 이해한 내용으로 적절하지 <u>않은</u> 것은?

☀ 정답인 이유

① ㉠: 어휘적 수단으로 객체인 '너희 스승님'을 높이 대우하고 있다.
　　　　　✕ → 문법적 수단으로

⋯⟩ ㉠의 '보습고져'는 객체 높임의 선어말 어미 '-습-'을 사용해서 객체인 '너희 스승님'을 높이고 있다. 문법적 수단인 선어말 어미를 이용해 객체를 높이고 있으므로, 어휘적 수단으로 객체를 높이고 있다는 설명은 적절하지 않다.

⑤ (매력적인 오답) ⑩: 주체*와 객체*의 관계를 고려하면 동사 '여쭤'의 사용은 부적절하다.

→ ⑩에서 주체는 '선생님'이고 객체는 '그 아이'이다. 객체(그 아이)는 주체(선생님)가 높여야 하는 대상이 아니므로, 객체 높임의 동사 '여쭈다'를 사용하는 것은 부적절하다. 따라서 ⑤는 ⑩에 대한 이해로 적절하다.

> * 주체: 문장 내에서 술어의 동작을 나타내는 대상이나 술어의 상태를 나타내는 대상
> 예 철수가 운동장에서 축구를 한다. / 철수의 집은 여러 사람을 초대해도 될 정도로 넓다.
> * 객체: 문장 내에서 동사의 행위가 미치는 대상
> 예 준수는 지수에게 생일 선물을 주었다.

② ⓛ: 문법적 수단으로 객체인 '舍利弗(사리불)'을 높이 대우하고 있다.

→ ⓛ의 '사리불쯰'는 객체 높임의 조사 '쯰'를 사용해서 객체인 '사리불'을 높이고 있다. 객체 높임의 조사는 문법적 수단에 해당하므로, ②는 ⓛ에 대한 이해로 적절하다.

③ ⓒ: 조사 '쯰'와 동사 '숢노니'는 같은 대상을 높이기 위해 쓰이고 있다.

→ ⓒ의 '세존쯰'는 객체 높임의 조사 '쯰'를 사용해 객체인 '세존'을 높이고 있고, '숢노니'는 객체 높임의 동사 '숢–'을 사용해 객체인 '세존'을 높이고 있다. 조사 '쯰'와 동사 '숢노니'는 모두 '세존'을 높이고 있으므로, ③은 ⓒ에 대한 이해로 적절하다.

④ ⓔ: 조사 '께'와 동사 '모시고'는 서로 다른 대상을 높이기 위해 쓰이고 있다.

→ ⓔ의 '이모님께'는 객체 높임의 조사 '께'를 사용해 객체인 '이모님'을 높이고 있고, '모시고'는 객체 높임의 동사 '모시다'를 사용해 객체인 '어머님'을 높이고 있다. 조사 '께'와 동사 '모시고'는 서로 다른 대상을 높이고 있으므로, ④는 ⓔ에 대한 이해로 적절하다.

11

〈보기〉에 나타난 중세 국어의 특징을 탐구한 내용으로 적절하지 <u>않은</u> 것은?

① '불휘'와 '시미'를 보니, 'ㅣ' 모음으로 끝난 체언 뒤에 동일한 형태의 주격 조사가 사용되었음을 알 수 있군.
<small>불휘+∅   심+이</small>

→ '불휘'는 현대어 풀이에서 '뿌리가'에 해당한다. 즉 반모음 'ㅣ'로 끝난 체언 '불휘' 뒤에 ∅ 형태의 주격 조사가 사용된 것이다. 한편 '시미'는 '샘이'에 해당하므로, 자음으로 끝난 체언 '심' 뒤에 주격 조사 '이'가 사용된 것이다. 따라서 '불휘'와 '시미'는 서로 다른 형태의 주격 조사가 사용되었음을 알 수 있다.

⑤ (매력적인 오답) '내히'를 보니, 체언이 모음으로 시작하는 조사와 결합할 때 체언의 끝소리 'ㅎ'이 연음되어 나타나는 경우가 있었음을 알 수 있군.
<small>내ㅎ+이</small>

→ '내히(내가)'는 체언 '내ㅎ'가 조사 '이'와 결합한 형태로, 이를 통해 모음으로 시작하는 조사와 결합할 때 체언의 끝소리 'ㅎ'이 연음되어 나타나는 경우가 있었음을 알 수 있다.

② '부르매'와 'ㄱ무래'를 보니, '애'가 현대 국어의 부사격 조사와 같은 기능으로 사용되었음을 알 수 있군.
<small>부룸+애   ㄱ물+애</small>

→ '부르매(바람에)'는 '부름'에 부사격 조사 '애'가 결합된 형태이며, 'ㄱ무래(가뭄에)'는 'ㄱ물'에 부사격 조사 '애'가 결합된 형태이다. 따라서 중세 국어의 '애'가 현대 국어의 부사격 조사 '에'와 같은 기능으로 사용되었음을 알 수 있다.

③ '하느니'를 보니, '하다'가 현대 국어와 다른 의미로 쓰였음을 알 수 있군.

→ '하느니(많으니)'는 '많다'라는 의미로 사용되었으므로 현대 국어의 '하다'와 다른 의미로 쓰였음을 알 수 있다.

④ '므른'과 '바르래'를 보니, 앞 형태소의 끝소리를 다음 형태소의 첫소리로 옮겨 적는 방식이 사용되었음을 알 수 있군.
<small>믈+은   바롤+애</small>

→ '므른(물은)'은 '믈'에 조사 '은'이 결합한 것이며, '바르래(바다에)'는 '바롤'에 부사격 조사 '애'가 결합한 형태이다. 둘 다 앞 형태소의 끝소리 'ㄹ'이 다음 형태소의 첫소리로 옮겨 적는 방식이 사용되었음을 알 수 있다.

12

〈보기〉의 ㉠과 ㉡에 들어갈 말로 적절한 것은?

	㉠	㉡
③	불휘라	∅라

<small>불휘+∅라</small>

→ (가)의 '불휘라'는 '불휘+∅라'로 분석되는데, 이는 체언의 끝소리가 반모음 'ㅣ'일 때 조사의 형태가 '∅라'임을 보여 준다. 마찬가지로 (나)의 '이제라(이제이다)'는 '이제+∅라'로, '아래라(아래이다)'는 '아래+∅라'로 분석된다. 이를 통해 '이제'의 'ㅔ'와 '아래'의 'ㅐ'가 반모음 'ㅣ'로 끝나는 이중 모음임을 알 수 있다. 따라서 ㉠에는 '불휘라'가, ㉡에는 '∅라'가 들어가는 것이 적절하다.

② (매력적인 오답) 수쉬라   ∅라
<small>수쉬+∅라</small>

→ (가)의 '수쉬라'는 '수쉬+∅라'로 분석되는데, 이는 체언의 끝소리가 단모음 '이'일 때 조사의 형태가 '∅라'임을 보여 주는 사례에 해당한다.

① 지비라   이라
<small>집+이라</small>

→ (가)의 '지비라'는 '집+이라'로 분석되는데, 이는 체언의 끝소리가 자음일 때 조사의 형태가 '이라'임을 보여 주는 사례에 해당한다.

④ 전치라   ㅣ라
<small>전ㅊ+ㅣ라</small>

→ (가)의 '전치라'는 '전ㅊ+ㅣ라'로 분석되는데, 이는 체언의 끝소리가 그 밖의 모음일 때 조사의 형태가 'ㅣ라'임을 보여 주는 사례에 해당한다.

⑤ 곡되라   ㅣ라
<small>곡도+ㅣ라</small>

→ (가)의 '곡되라'는 '곡도+ㅣ라'로 분석되는데, 이는 체언의 끝소리가 그 밖의 모음일 때 조사의 형태가 'ㅣ라'임을 보여 주는 사례에 해당한다.

13

〈학습 활동〉을 수행한 결과로 적절하지 <u>않은</u> 것은?

☀ 정답인 이유

① ㉠: 아바니믜(아바님+의) 곁

아바님+ㅅ 곁 → 아바닚 곁

···▶ 〈학습 활동〉의 내용에 따르면 선행 체언이 유정물일 때는 관형격 조사 '익', '의' 등이 쓰이지만 유정물이라도 존칭의 대상일 때는 'ㅅ'을 사용한다고 하였다. '아바님(아버님)'은 유정물이지만 존칭의 대상이므로 관형격 조사 '의'가 아니라 'ㅅ'이 결합해야 한다. 따라서 ㉠은 '아바닚 곁'이 적절하다.

☂ 오답인 이유

② ㉡: 그려긔(그력+의) 목

···▶ '그력(기러기)'은 음성 모음으로 끝나는 유정물이므로 모음 조화에 따라 관형격 조사 '의'가 결합해야 한다. 따라서 ㉡은 '그려긔 목'이 적절하다.

③ ㉢: 아ᄃᆞ릐(아돌+익) 나ᄒ

···▶ '아ᄃᆞᆯ(아들)'은 양성 모음으로 끝나는 유정물이므로 모음 조화에 따라 관형격 조사 '익'가 결합해야 한다. 따라서 ㉢은 '아ᄃᆞ릐 나ᄒ'이 적절하다.

④ ㉣: 수픐(수플+ㅅ) 가온ᄃᆡ

···▶ '수플(수풀)'은 무정물이므로 관형격 조사 'ㅅ'이 결합해야 한다. 따라서 ㉣은 '수픐 가온ᄃᆡ'가 적절하다.

⑤ ㉤: 등잔(등잔+ㅅ) 기름

···▶ '등잔(등잔)'은 무정물이므로 관형격 조사 'ㅅ'이 결합해야 한다. 따라서 ㉤은 '등잤 기름'이 적절하다.

14

윗글을 참고할 때, ㉠~㉢과 같이 이러한 차이를 보이는 예를 〈보기〉에서 각각 하나씩 찾아 그 순서대로 제시한 것은?

'ㄹ' 받침의 명사가 합성어를 형성할 때	㉠: 'ㄹ'이 그대로 유지됨	쌀가루(쌀+가루), 솔방울(솔+방울)
	㉡: 'ㄹ'이 탈락함	무술(물+술), 푸나무(풀+나무)
	㉢: 'ㄹ'이 'ㄷ'으로 바뀜	섣달(설+달)

☀ 정답인 이유

② 솔방울, 푸나무, 섣달

···▶ 'ㄹ' 받침의 명사가 합성어를 형성할 때, ㉠은 'ㄹ'이 그대로 유지되는 경우이고, ㉡은 'ㄹ'이 탈락하는 경우이며, ㉢은 'ㄹ'이 'ㄷ'으로 바뀌는 경우이다. 〈보기〉에서 ㉠에 해당하는 사례는 '쌀가루(쌀+가루)', '솔방울(솔+방울)'이다. ㉡에 해당하는 사례는 '무술(물+술)', '푸나무(풀+나무)'이고, ㉢에 해당하는 사례는 '섣달(설+달)'이다. '낟알(낟+알)'의 '낟'은 'ㄷ' 받침이므로 'ㄹ' 받침의 명사가 합성어를 형성한 사례에 해당하지 않는다.

☂ 오답인 이유

① 솔방울, 무술, 낟알

···▶ '솔방울'은 ㉠, '무술'은 ㉡의 경우에 해당하나, '낟알'은 ㉠~㉢ 모두와 관련이 없다.

③ 푸나무, 무술, 섣달

···▶ '푸나무'와 '무술'은 ㉡, '섣달'은 ㉢의 경우에 해당한다.

④ 쌀가루, 푸나무, 낟알

···▶ '쌀가루'는 ㉠, '푸나무'는 ㉡의 경우에 해당하나, '낟알'은 ㉠~㉢ 모두와 관련이 없다.

⑤ 쌀가루, 솔방울, 섣달

···▶ '쌀가루'와 '솔방울'은 ㉠, '섣달'은 ㉢의 경우에 해당한다.

15

[A]를 바탕으로 〈보기〉의 '자료'를 탐구한 내용으로 적절하지 <u>않은</u> 것은?

[3점]

☀ 정답인 이유

⑤ 현대 국어 '숟가락'과 '뭇사람'의 첫 글자 받침이 다른 이유는 중세 국어 '숪'과 '뭀'이 현대 국어로 오면서 'ㄹ'이 탈락한 후 남은 'ㅅ'의 발음이 서로 달랐기 때문이군.

···▶ [A]에서, 근대 국어로 오면서 받침 'ㅅ'과 'ㄷ'의 발음이 구분되지 않게 되었다고 하였다. 이를 바탕으로 할 때 중세 국어 '숪'과 '뭀'이 각각 '숫', '뭇'이 되는 과정에서 'ㅅ'의 발음이 서로 다르지 않았으며, 이후 '숫가락'은 "끝소리가 'ㄹ'인 말과 딴 말이 어울릴 적에 'ㄹ' 소리가 'ㄷ' 소리로 나는 것"은 'ㄷ'으로 적는다는 한글 맞춤법을 적용하여 '숟가락'이 된 것으로 볼 수 있다.

☂ 오답인 이유

④ (매력적인 오답) 근대 국어 '숫가락'이 현대 국어에 와서 '숟가락'으로 적히는 것은, 국어의 변화 과정을 고려한 관점에 부합하지 않는다는 점에서 '이튿날'의 경우와 같군.

···▶ [A]에서는 중세 국어의 '이틄 날/이틋 날'이 근대 국어의 '이틋날'을 거쳐 현대 국어에 와서 '이튿날'로 적히는 것이 국어의 변화 과정을 고려한 관점에 부합하지 않으며, 중세 국어 '뭀 사름'에서 온 '뭇 사람'처럼 '이튿날'의 받침도 'ㅅ'으로 적는 것이 적절하다고 보고 있다. '숪 → 숫'의 역사적 변화 과정을 고려할 때, 근대 국어 '숫가락'이 현대 국어에 와서 '숟가락'으로 적히는 것 역시 [A]의 관점을 적용할 수 있다.

① 중세 국어 '술'과 '져'는 중세 국어 '이틀'처럼 자립 명사라는 점에서 현대 국어 '술'과는 차이가 있군.

···▶ [자료]에 제시된 중세 국어의 예 '술 자ᄇᆞ며 져 노ᄂᆞ니'에서 중세 국어의 '술'과 '져'가 자립 명사임을 알 수 있다. 그리고 [A]에서 중세 국어의 '이틀'은 자립 명사라고 하였다. 반면 [자료]에 제시된 현대 국어의 예 '술로 밥을 뜨다'가 문법에 맞지 않는 것을 통해 현대 국어의 '술'이 자립 명사로 쓰이지 않음을 알 수 있다. 현대 국어의 '술'은 '밥 한 술'에서처럼 '밥 따위의 음식물을 숟가락으로 떠 그 분량을 세는 단위'의 의미를 지니는 의존 명사로 쓰인다.

② 중세 국어 '술'과 '져'의 결합에서 'ㄹ'이 탈락한 합성어가 현대 국어 '수저'로 이어졌군.

···▶ [자료]에 제시된 중세 국어의 예에서 '술', '져', '수져'를 확인할 수 있다. 이로 보아 '수져'는 '술'과 '져'의 결합에서 'ㄹ'이 탈락한 합성어이며, 이것이 현대 국어 '수저'로 이어진 것으로 볼 수 있다.

③ 중세 국어 '술'과 '져'는 명사를 수식할 때, 중세 국어 '이틀'이나 '물'과 같이 모두 관형격 조사 'ㅅ'이 결합할 수 있었군.

···▶ [A]에서 설명한 '이틄 날'과 〈보기〉에서 제시한 [자료]의 '뭀 사름'을 통해, 중세 국어 '이틀'이나 '물'은 명사를 수식할 때 관형격 조사

'ㅅ'이 결합할 수 있었음을 알 수 있다. [자료]에 제시된 중세 국어의 예 '숤 귿(숟가락의 끝)', '젓 가락 귿(젓가락 끝)'에서 '술'과 '져'는 명사를 수식하고 관형격 조사 'ㅅ'이 결합되어 있으므로, 중세 국어 '이 틀'이나 '물'과 같이 명사를 수식할 때 관형격 조사 'ㅅ'이 결합할 수 있었음을 알 수 있다.

16

정답률 80%

〈보기〉의 ㉠과 ㉡에 들어갈 말로 바르게 짝지어진 것은?

☀ 정답인 이유

	㉠	㉡
③	부텨	듣ᄌᆞᇦ며

··· '王(왕)이 부텻긔 더옥 敬信(경신)ᄒᆞᆫ ᄆᆞᅀᆞᄆᆞᆯ 내ᅀᆞᄫᅡ'에서 '王(왕)이'는 주어, '부텻긔(부처께)'는 부사어, 'ᄆᆞᅀᆞᄆᆞᆯ(마음을)'은 목적어, '내ᅀᆞᄫᅡ(내어)'는 서술어이다. 즉 주어가 나타내는 대상인 '王(왕)'은 주체이고, 부사어가 나타내는 대상인 '부텨(부처)'는 객체이며, 객체인 '부텨(부처)'를 높이기 위해 객체 높임 선어말 어미 '-ᅀᆞᆸ-'을 써서 '내ᅀᆞᄫᅡ(내-+-ᅀᆞᆸ-+-아)'로 나타낸 것이다. 따라서 ㉠에 들어갈 말로 적절한 것은 '부텨(부처)'이다. 한편 ㉡이 포함된 문장에서, 객체 높임 선어말 어미는 어간 '듣-'과 어미 '-ᆞ며' 사이에 결합하는데, 〈보기〉에 따르면 어간 말음 조건이 'ㄷ'이고 뒤에 모음으로 시작하는 어미가 올 때 쓰이는 객체 높임 선어말 어미의 형태는 '-ᄌᆞᇦ-'이다. 따라서 ㉡에 들어갈 말로 적절한 것은 '듣ᄌᆞᇦ며(듣-+-ᄌᆞᇦ-+-ᆞ며)'이다.

☂ 오답인 이유

	㉠	㉡
①	王(왕)	듣ᄌᆞᇦ며

··· '오답인 이유'는 '정답인 이유'에서 확인할 수 있습니다.

②	王(왕)	듣ᄉᆞᄫᅡ며

··· '오답인 이유'는 '정답인 이유'에서 확인할 수 있습니다.

④	부텨	듣ᄌᆞᄫᅡ며

··· '오답인 이유'는 '정답인 이유'에서 확인할 수 있습니다.

⑤	ᄆᆞᄋᆞᆷ	듣ᄉᆞᄫᅡ며

··· '오답인 이유'는 '정답인 이유'에서 확인할 수 있습니다.

17

정답률 72% | 매력적인 오답 ② 12%

〈학습 활동〉을 수행한 결과로 적절하지 <u>않은</u> 것은?

☀ 정답인 이유

① ⓐ: 분, 싹, 흙

··· ⓐ는 초성에 쓰이는 글자를 종성에 다시 쓴다는 규칙을 설명하고 있다. '분, 싹, 흙'은 초성 글자를 종성에 다시 쓴 예이지만, 학습 활동에서 ⓐ~ⓔ를 확인할 수 있는 예를 모두 고르라고 했으므로 종성에 'ㄹ'이 사용된 '스ᄀᆞᄫᆯ'도 포함되어야 한다.

☂ 오답인 이유

② [매력적인 오답] ⓑ: 사ᄫᅵ, 스ᄀᆞᄫᆯ

18

정답률 65% | 매력적인 오답 ① 18%

〈보기〉의 ㉠~㉢에 들어갈 말로 적절한 것은?

☀ 정답인 이유

	㉠	㉡	㉢
②	므스고	가ᄂᆞᆫ다	아니ᄒᆞᄂᆞᆫ다

··· ㉠을 포함한 문장은 구체적인 설명을 요구하는 설명 의문문이다. 체언에 보조사가 결합하여 서술어가 될 때 설명 의문문에서는 보조사 '고'가 쓰인다고 하였으므로 ㉠에 들어갈 말로 적절한 것은 '므스고'이다. ㉡을 포함한 문장은 주어가 '네'로 2인칭이고, ㉢을 포함한 문장은 주어가 '그듸ᄂᆞᆫ'으로 역시 2인칭이다. 주어가 2인칭일 때에는 의문문의 종류와 관계없이 종결 어미 '-ㄴ다'가 쓰인다고 하였으므로 ㉡, ㉢에 들어갈 말로 적절한 것은 각각 '가ᄂᆞᆫ다'와 '아니ᄒᆞᄂᆞᆫ다'이다.

☂ 오답인 이유

	㉠	㉡	㉢
① [매력적인 오답]	므스고	가ᄂᆞᆫ뇨	아니ᄒᆞᄂᆞᆫ다

··· '오답인 이유'는 '정답인 이유'에서 확인할 수 있습니다.

③	므스고	가ᄂᆞᆫ뇨	아니ᄒᆞᄂᆞ녀

··· '오답인 이유'는 '정답인 이유'에서 확인할 수 있습니다.

④	므스가	가ᄂᆞᆫ다	아니ᄒᆞᄂᆞᆫ다

··· '오답인 이유'는 '정답인 이유'에서 확인할 수 있습니다.

⑤	므스가	가ᄂᆞᆫ뇨	아니ᄒᆞᄂᆞ녀

··· '오답인 이유'는 '정답인 이유'에서 확인할 수 있습니다.

(우측 상단)

··· ⓑ는 ㅇ을 순음 아래에 이어 쓰는 글자에 대해 설명하고 있다. '사ᄫᅵ, 스ᄀᆞᄫᆯ'에는 순음 ㅂ과 ㅇ을 이어 쓰는 순경음 비읍(ㅸ)이 사용되었으므로 ⓑ를 확인할 수 있다.

③ ⓒ: ᄢᅵ니, 싹, 흙

··· ⓒ는 초성 글자와 종성 글자를 옆으로 나란히 쓰는 표기법에 대해 설명하고 있다. 'ᄢᅵ니, 싹, 흙'의 'ᄢ, ㅺ, ㄺ'에서 ⓒ를 확인할 수 있다.

④ ⓓ: 분, 스ᄀᆞᄫᆯ, 흙

··· ⓓ는 초성 글자와 중성 글자를 함께 쓸 때 초성 글자 아래에 중성 글자를 쓰는 표기법에 대해 설명하고 있다. '분, 스ᄀᆞᄫᆯ, 흙'의 중성 글자 'ㅜ, ㅡ, ·'는 초성 글자 아래에 쓰였으므로 ⓓ를 확인할 수 있다.

⑤ ⓔ: ᄢᅵ니, 사ᄫᅵ, 싹

··· ⓔ는 초성 글자와 중성 글자를 함께 쓸 때 초성 글자 오른쪽에 중성 글자를 쓰는 표기법에 대해 설명하고 있다. 'ᄢᅵ니, 사ᄫᅵ, 싹'의 'ㅣ, ㅏ'는 초성 글자의 오른쪽에 쓰였으므로 ⓔ를 확인할 수 있다.

19

정답률 63% | 매력적인 오답 ② 15%

〈보기 1〉의 중세 국어의 특징을 바탕으로 〈보기 2〉의 ⓐ~ⓓ를 탐구하는 활동을 수행하였다. 학생들이 탐구한 내용으로 적절하지 <u>않은</u> 것은? [3점]

⑤ ⓓ의 '보ᅀᆞᆸ고'를 보면, ⑩을 확인할 수 있군.

··➔ ⓓ의 '보ᅀᆞᆸ고'는 현대어의 '뵙고'에 대응되는데, 서술의 대상인 객체를 높이기 위해 객체 높임 선어말 어미 '-ᅀᆞᆸ-'이 사용되었다. 즉, '보ᅀᆞᆸ고'는 듣는 이인 '世尊(세존)'을 높이기 위한 선어말 어미가 아니라, 객체인 '如來(여래)'를 높이기 위한 선어말 어미가 사용된 것이다. 듣는 이를 높이기 위한 상대 높임 선어말 어미에는 '-이-', '-잇-'이 있다.

② 매력적인 오답 ⓐ의 '마ᄅᆞᆯ'과 ⓒ의 '벼를'을 비교해 보면, ⓛ을 확인할 수 있군.

··➔ ⓐ의 '마ᄅᆞᆯ'과 ⓒ의 '벼를'은 각각 현대어의 '말을'과 '별을'에 대응되므로, 여기에 쓰인 'ᄅᆞᆯ'과 '을'이 모두 목적격 조사임을 알 수 있다. 다만 중세 국어에서는 모음 조화가 엄격히 지켜졌으므로 받침이 있는 체언의 양성 모음 뒤에서는 'ᄋᆞᆯ', 음성 모음 뒤에서는 '을'로 실현된 것이다.

① ⓐ의 '니ᄅᆞᄂᆞ뇨'와 ⓑ의 '잇ᄂᆞ녀'를 비교해 보면, ㉠을 확인할 수 있군.

··➔ 중세 국어에서는 의문문의 종류에 따라 서로 다른 종결 어미가 사용되었다. ⓐ는 의문사 '므슴'을 포함한 설명 의문문이므로 종결 어미 '-뇨'가, ⓑ는 의문사가 쓰이지 않은 판정 의문문이므로 종결 어미 '-녀'가 사용된 것이다.

③ ⓓ의 '世尊하'를 보면, ㉢을 확인할 수 있군.

··➔ 중세 국어에서는 현대 국어에는 없는 높임의 호격 조사가 사용되었다. ⓓ의 '世尊하'는 현대어의 '세존이시여'에 대응되는데, 이때 '하'는 부르는 대상인 '世尊(세존)'을 높이는 호격 조사로 사용된 것이다.

④ ⓒ의 '보더시니'를 보면, ㉣을 확인할 수 있군.

··➔ ⓒ의 '보더시니'는 현대어의 '보시더니'에 대응되므로, 선어말 어미 '-더-'와 '-시-'의 결합 순서가 중세 국어와 현대 국어에서 차이가 있음을 확인할 수 있다.

20 정답률 83%

〈자료〉에 나타난 중세 국어의 특징을 탐구한 내용으로 적절하지 않은 것은?

⑤ '먹고져'가 '먹고자'에 대응되는 것을 보니, '-고져'는 종결 어미로 쓰였군.

··➔ 〈자료〉에 제시된 문장을 [현대어 풀이]를 기준으로 분석하면, '오욕은 / ~ 보고자, ~ 듣고자, ~ 맡고자, ~ 먹고자, ~ 입고자 / 하는 것이다.'와 같은 구조로 이루어져 있으며, '보고자', '듣고자', '맡고자', '먹고자'의 뒤에는 '하는 것이다'가 생략되었다는 것을 알 수 있다. 따라서 '-고자'는 종결 어미가 아니라 연결 어미임을 알 수 있다. 이에 대응하는 중세 국어의 '-고져' 역시 종결 어미가 아니라 연결 어미로 쓰인 것이다.

① '五欲은'이 '오욕은'에 대응되는 것을 보니, 보조사 '은'이 있었군.

··➔ '五欲은'의 현대어 풀이가 '오욕은'인 것으로 보아, 중세 국어에는 문장에서 어떠한 대상이 화제임을 나타내는 보조사 '은'에 대응하는 '은'이 있었다는 것을 알 수 있다.

② '누네 됴ᄒᆞᆫ 빗 보고져'가 '눈에 좋은 빛 보고자'에 대응되는 것을 보니, '누네 됴ᄒᆞᆫ 빗'은 목적어로 쓰였군.

··➔ '누네 됴ᄒᆞᆫ 빗 보고져'의 현대어 풀이가 '눈에 좋은 빛(을) 보고자'인 것으로 보아, '누네 됴ᄒᆞᆫ 빗'은 목적격 조사 '을'이 생략된 목적어라는 것을 알 수 있다.

③ '귀예'가 '귀에'에 대응되는 것을 보니, 부사격 조사 '예'가 있었군.

··➔ '귀예'의 현대어 풀이가 '귀에'인 것으로 보아, 중세 국어에는 앞말이 목표나 목적 대상의 부사어임을 나타내는 부사격 조사 '에'에 대응하는 '예'가 있었다는 것을 알 수 있다.

④ '됴ᄒᆞᆫ'이 '좋은'에 대응되는 것을 보니, '됴ᄒᆞᆫ'은 용언의 관형사형이었군.

··➔ '됴ᄒᆞᆫ'의 현대어 풀이가 '좋은'인 것으로 보아, '됴ᄒᆞᆫ'은 뒤에 오는 체언 '맛'을 꾸며 주는 용언의 관형사형이라는 것을 알 수 있다.

21 정답률 70%

㉠과 ㉡을 모두 확인할 수 있는 예로 적절하지 않은 것은?

	15세기 국어		현대 국어	
	용언 어간	활용형	용언 어간	활용형
⑤	ᄀᆞᄃᆞᆨᄒᆞ-	ᄀᆞᄃᆞᆨᄒᆞ야	가득하-	가득하여

··➔ ㉠은 15세기 국어에서 '-아/-어'와 같은 어미가 선행하는 어간의 모음에 따라 규칙적으로 선택되어 모음 조화가 지켜졌다는 내용이고, ㉡은 현대 국어에서 모음 조화가 지켜지지 않는 경우가 많기는 하지만 일부 용언의 어간 뒤에 '-아/-어' 계열의 어미가 결합할 때 모음 조화가 지켜지고 있다는 내용이다.

⑤의 15세기 국어에서는 용언 어간 'ᄀᆞᄃᆞᆨᄒᆞ-'의 끝음절 모음이 양성 모음이고, 양성 모음으로 시작하는 어미 '-야'가 결합하고 있으므로 모음 조화가 지켜졌다. 반면 현대 국어에서는 용언 어간 '가득하-'의 끝음절 모음이 양성 모음이고 음성 모음으로 시작하는 어미 '-여'가 결합하고 있으므로 모음 조화가 지켜지지 않았다. 따라서 ⑤는 ㉠과 ㉡을 모두 확인할 수 있는 예로 적절하지 않다.

①	알-	아라	알-	알아

··➔ 15세기 국어와 현대 국어에서 용언 어간 '알-'의 모음이 양성 모음이고, 양성 모음으로 시작하는 어미 '-아'가 결합하고 있으므로 모두 모음 조화가 지켜졌다. 15세기 국어의 활용형 '아라'는 '알아'를 연철 표기한 것이다.

②	먹-	머거	먹-	먹어

··➔ 15세기 국어와 현대 국어에서 용언 어간 '먹-'의 모음이 음성 모음이고, 음성 모음으로 시작하는 어미 '-어'가 결합하고 있으므로 모두 모음 조화가 지켜졌다. 15세기 국어의 활용형 '머거'는 '먹어'를 연철 표기한 것이다.

③	ᄭᆡ오-	ᄭᆡ와	깨우-	깨워

··➔ 15세기 국어에서 용언 어간 'ᄭᆡ오-'의 끝음절 모음이 양성 모음이고, 양성 모음으로 시작하는 어미 '-아'가 결합하고 있으므로 모음 조화가 지켜졌다. 현대 국어에서도 용언 어간 '깨우-'의 끝음절 모

음이 음성 모음이고, 음성 모음으로 시작하는 어미 '-어'가 결합하고 있으므로 모음 조화가 지켜졌다.

| ④ | 쓰- | 뻐 | 쓰- | 써 |

┈▶ 15세기 국어에서 용언 어간 '쓰-'의 모음이 음성 모음이고, 음성 모음으로 시작하는 어미 '-어'가 결합하고 있으므로 모음 조화가 지켜졌다. 현대 국어에서도 용언 어간 '쓰-'의 모음이 음성 모음이고, 음성 모음으로 시작하는 어미 '-어'가 결합하고 있으므로 모음 조화가 지켜졌다.

22

윗글을 읽고, 〈보기〉를 이해한 내용으로 적절하지 <u>않은</u> 것은?

☀ 정답인 이유

④ 17세기에는 모음 조화의 약화에 따라 조사 사용에 혼란이 있었음을 (나)의 '초와'와 '파과'를 통해 확인할 수 있군.

┈▶ 1문단에서 15세기에 모음 조화가 비교적 잘 지켜지기는 했지만, 조사 '와/과'는 모음 조화가 적용되지 않았다고 하였다. 따라서 조사 '와/과'는 15세기부터 모음 조화가 적용되지 않았으므로, 이를 통해 17세기 모음 조화의 혼란을 확인할 수 있다고 이해하는 것은 적절하지 않다.

☂ 오답인 이유

⑤ [매력적인 오답] 둘째 음절의 'ᆞ'가 'ㅡ'로 변하였음을 (가)의 'ᄂᆞ뭀'과 (나)의 'ᄂᆞ믈'을 통해 확인할 수 있군.

┈▶ 2문단에서 16세기에는 둘째 음절 이하에서의 'ᆞ'가 소실되면서 주로 'ㅡ'에 합류했다고 하였다. 15세기 자료인 (가)의 'ᄂᆞ뭀'에서는 둘째 음절에 'ᆞ'가 사용되었지만, 17세기 자료인 (나)의 'ᄂᆞ믈'에서는 둘째 음절의 'ᆞ'가 'ㅡ'로 변하였다. 이를 통해 둘째 음절의 'ᆞ'가 'ㅡ'로 변하였음을 확인할 수 있다.

① 15세기에는 한 단어 내에서 모음 조화가 잘 지켜졌음을 (가)의 '겨슬'과 'ᄒᆞᄅᆞ'를 통해 확인할 수 있군.

┈▶ 1문단에서 15세기 국어의 모음 조화는 형태소 내부에서 비교적 잘 지켜졌다고 하였다. (가)의 '겨슬'에서는 음성 모음인 'ㅕ'와 'ㅡ'가 어울리고 있고, 'ᄒᆞᄅᆞ'에서는 양성 모음인 'ᆞ'끼리 어울리고 있다. 이를 통해 15세기에는 한 단어 내에서 모음 조화가 잘 지켜졌음을 확인할 수 있다.

② 15세기에는 체언에 목적격 조사가 결합할 때 모음 조화가 지켜졌음을 (가)의 '오ᄉᆞᆯ'과 '죽을'을 통해 확인할 수 있군.

┈▶ 1문단에서 15세기에는 체언에 조사가 연결될 때 조사의 첫 모음은 그에 선행하는 모음과 같은 성질의 모음이 연결되었다고 하였다. (가)의 '오ᄉᆞᆯ(옷+ᄋᆞᆯ)'은 체언의 모음이 양성 모음이므로 양성 모음으로 시작하는 목적격 조사 'ᄋᆞᆯ'이 결합하였다. 그리고 '죽을(죽+을)'은 체언의 모음이 음성 모음이므로 음성 모음으로 시작하는 조사 '을'이 결합하였다. 이를 통해 15세기에는 체언에 목적격 조사가 결합할 때 모음 조화가 지켜졌음을 확인할 수 있다.

③ 용언 어간에 '-더-'가 결합할 때에는 모음 조화가 적용되지 않았음을 (가)의 'ᄒᆞ더라'를 통해 확인할 수 있군.

┈▶ 1문단에서 어미 '-더-'는 모음 조화가 적용되지 않았다고 하였다. (가)의 'ᄒᆞ더라'에서 음성 모음을 가지고 있는 '-더-'가 양성 모음을 가지고 있는 용언 어간 'ᄒᆞ-'의 뒤에 결합되어 있다. 이를 통해

용언 어간에 '-더-'가 결합할 때는 모음 조화가 적용되지 않았음을 확인할 수 있다.

미리 배우는 핵심 개념

▶ 문제편 210~211쪽

개념 확인 문제   **01** (1) ○ (2) × (3) ○   **02** 복합 양식성   **03** ③   **04** ④
05 ④   **06** ⑤   **07** ④

01 (2) 매체 언어는 매체에서 의미 작용을 하는 문자 언어와 음성 언어뿐만 아니라 소리, 사진, 영상, 하이퍼링크 등 의미 작용을 하는 모든 언어와 기호를 뜻한다.

02 하이퍼링크를 통해 다른 정보에 접근할 수 있게 하는 등 다양한 매체 언어가 복합적으로 결합하여 의미를 구성하는 것을 '복합 양식성'이라고 한다.

03 전통적 대중 매체와 뉴 미디어는 모두 다수의 사람들에게 한 번에 많은 정보를 전달할 수 있다는 공통점이 있다.

04 텔레비전은 많은 대중에게 정보를 빠르게 전달할 수 있기 때문에 다른 매체에 비해 파급력이 크다.

05 매체 자료를 수용할 때에는 다른 사람의 반응을 보고 그 매체에 대해 평가할 것이 아니라, 타당한 근거나 이유를 가지고 스스로 매체 자료를 어떻게 평가할지 생각해 보아야 한다.

06 반 대항 축구 시합이 취소되었다는 정보를 전달할 뿐, 정서를 표현하고 있지 않다.

07 애견 용품을 파는 업체는 '규민'의 개인적인 사진을 무단으로 이용하여 홍보물을 만들고, 이를 통해 경제적 이익을 얻으려 했다. 즉 애견 용품을 파는 업체는 타인의 개인 정보와 저작권을 존중하지 않았다.

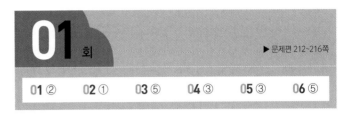

01 회   ▶ 문제편 212~216쪽

01 ②   **02** ①   **03** ⑤   **04** ③   **05** ③   **06** ⑤

[01~04]   2024 수능

제대로 자료 분석

가
- ◈ **매체 자료의 유형:** 텔레비전 방송 프로그램
- ◈ **매체 자료의 생산자:** 진행자, 김◇◇ 교수님
- ◈ **핵심 내용**
  - ① 방송 시작 및 전문가 소개
  - ② 방송 화제 제시 – 복수 표준어로 인정된 '짜장면'
  - ③ '짜장면'이 표준어로 인정된 이유 – 언어 사용 실태 반영
  - ④ 방송 내용 정리 및 마무리
- ◈ **주제:** '짜장면'이 복수 표준어가 된 배경

나
- ◈ **매체 자료의 유형:** 동아리 누리집 내 게시판
- ◈ **매체 자료의 생산자:** 단비, 아림, 준서, 성호
- ◈ **핵심 내용**
  - ① 게시 글(단비) – '오늘 상식' 10회 차 방송을 친구들에게 공유함. 정보 전달자의 전문성에 주목하여 방송 내용을 신뢰함
  - ② 댓글(아림) – 조사 기관이 언급되지 않음을 지적함
  - ③ 댓글(준서) – 자장면만 표준어로 인정됐던 이유가 제시되지 않아 아쉬움을 느낌
  - ④ 댓글(성호) – 신문에서 짜장면을 사용했다는 것만으로 일상에서 널리 쓰였다고 보는 것에 의문을 제기함
- ◈ **주제:** '오늘, 상식' 10회 차 방송을 본 소감

제대로 질문하기 정답
❶ 복수 표준어   ❷ ○   ❸ ×

---

01   정답률 **75%** | 매력적인 오답 ① **12%**

(가)에 나타난 정보 전달 방식으로 가장 적절한 것은?

☀ 정답인 이유

② '전문가'는 방송 내용에 대한 시청자의 이해를 돕기 위해 앞서 제시한 정보를 정리하여 전달하였다.

··→ '진행자'는 시청자의 이해를 돕기 위해 전문가에게 '시청자 여러분께서 내용을 잘 파악하실 수 있도록 간략하게 말씀해 주시겠어요?'라고 요청하고 있다. 이에 '전문가'는 '많은 사람들이 오랜 시간 짜장면을 ~ 인정되었다고 할 수 있습니다.'라고 앞서 제시한 정보를 정리하여 전달하고 있다.

① (매력적인 오답) '전문가'는 시청자에게 정보가 일방적으로 전달되는 상황에서 방송 내용과 관련된 정보를 방송 이후에 추가적으로 확인할 수 있는 방법을 안내하였다.

···➤ (가)는 텔레비전 방송 프로그램으로, 매체의 특성상 시청자에게 정보가 일방적으로 전달되고 있다. 진행자는 '오늘 방송은 공식 누리집에서 언제든 다시 시청하실 수 있습니다.'라고 말하며, 방송 이후에 방송을 다시 시청할 수 있는 방법을 안내하고 있다. 전문가가 방송 내용과 관련된 정보를 방송 이후에 추가적으로 확인할 수 있는 방법을 안내하고 있는 것은 아니다.

③ '전문가'는 방송의 첫머리에 '진행자'와 문답을 이어 가는 방식으로 주요 용어의 개념을 설명하였다.

···➤ '우리가 맛있게 먹는 ~ 알고 계신가요?'와 '아, 예전에 그런 내용을 본 적 있어요.'와 같이 (가)의 '전문가'와 '진행자'는 문답을 이어 가는 방식으로 시청자에게 정보를 전달하고 있다. 하지만 방송의 첫머리에 '전문가'가 주요 용어의 개념을 설명하고 있지는 않다.

④ '진행자'는 방송 내용이 시청자에게 미칠 영향을 언급하며 방송 내용을 재확인할 때 주목해야 할 부분을 안내하였다.

···➤ '진행자'는 마지막 부분에서 '오늘 방송은 공식 누리집에서 언제든 다시 시청하실 수 있습니다.'라며 방송 내용을 재확인하는 방법을 안내하고 있다. 하지만 방송 내용이 시청자에게 미칠 영향을 언급하며 방송 내용을 재확인할 때 주목해야 할 부분을 안내하고 있지는 않다.

⑤ '진행자'는 방송의 취지를 밝히며 방송에서 소개될 내용의 순서를 안내하였다.

···➤ '진행자'는 방송의 취지를 밝히며 방송에서 소개될 내용의 순서를 안내하고 있지 않다.

02

정답률 91%

(나)에 대한 설명으로 적절하지 않은 것은?

정답인 이유

① 게시물 수정 이력을 확인할 수 있는 기능이 제공되고 있다.

···➤ (나)는 게시물을 작성한 사람과 작성한 날짜를 확인할 수 있는 기능을 제공하고 있지만, 게시물 수정 이력을 확인할 수 있는 기능은 제공하고 있지 않다.

오답인 이유

② 게시물에 반응할 수 있는 공감 표시 기능이 제공되고 있다.

···➤ 게시물 하단에 '좋아요' 버튼을 제공하여 게시물에 대해 공감을 표시할 수 있도록 하였다.

③ 게시물을 누리 소통망으로 가져갈 수 있는 기능이 제공되고 있다.

···➤ 게시물 하단에 '누리 소통망 공유' 버튼을 제공하여 게시물을 누리 소통망으로 가져갈 수 있도록 하였다.

④ 게시물을 작성하여 올릴 수 있는 범주가 항목별로 설정되어 있다.

···➤ 상단에 '공지 사항', '활동 자료', '생각 나눔', '사진첩'과 같은 메뉴를 두어 게시물을 항목별로 작성하여 올릴 수 있도록 하였다.

⑤ 게시물에는 다른 누리집에 있는 정보로 연결되는 하이퍼링크가 포함되어 있다.

···➤ 게시물 하단에는 '오늘, 상식 10회차 다시 보기'를 클릭하면 방송사 누리집으로 연결되는 하이퍼링크가 포함되어 있다.

03

정답률 93%

(가)에 대해 (나)의 학생들이 보인 수용 태도에 대한 설명으로 적절하지 않은 것은?

정답인 이유

⑤ '성호'는 과거의 신문 기사를 다룬 내용에 주목하여 방송에서 다루는 정보가 최근의 상황을 반영하지 않았다고 판단하였다.

···➤ '성호'는 과거의 신문 기사를 다룬 내용에 주목하면서 신문에서 짜장면을 사용했다는 것만으로 일상에서 널리 쓰였다고 하는 방송 내용에 의문을 제기하고 있다. 하지만 방송에서 다루는 정보가 최근의 상황을 반영하지 않았다고 판단하고 있지는 않다.

오답인 이유

① '단비'는 정보 전달자의 전문성에 주목하여 방송에서 다룬 내용이 신뢰할 만한 것이라고 판단하였다.

···➤ '단비'가 올린 글의 '어문 규범을 가르치시는 교수님께서 설명해 주시니 믿음이 갔어요.'라는 부분을 통해, '단비'가 정보 전달자의 전문성에 주목하여 방송에서 다룬 내용이 신뢰할 만한 것이라고 판단하였음을 알 수 있다.

② '단비'는 짜장면이 복수 표준어로 인정된 이유에 주목하여 방송에서 언급된 내용이 다른 사람들에게도 유용할 것이라고 판단하였다.

···➤ '단비'가 올린 글의 '짜장면이 복수 표준어가 된 이유'를 통해 '단비'가 짜장면이 복수 표준어로 인정된 이유에 대해 주목하였음을 알 수 있다. 또한 '제가 본 이 내용이 동아리 부원들의 어문 규범 공부에도 도움이 될 것 같'다고 하며 해당 방송에 관한 링크를 걸어 둔 것을 통해 '단비'가 방송 내용이 다른 사람들에게도 유용할 것이라고 판단하였음을 알 수 있다.

③ '아림'은 발음 실태 조사에 주목하여 방송에서 제시된 정보의 출처를 확인할 수 없다고 판단하였다.

···➤ '아림'은 발음 실태 조사에 대해 듣고 당시 사람들도 짜장면을 자장면보다 훨씬 많이 썼다는 것'을 알았다고 하며, '조사 기관이 언급되지 않아서 관련 자료를 찾아봐야겠'다고 하였다. 이를 통해 '아림'이 발음 실태 조사에 주목하여 방송에서 제시된 정보의 출처를 확인할 수 없다고 판단하였음을 알 수 있다.

④ '준서'는 자장면만 표준어로 인정됐던 사실에 주목하여 그 사실과 관련된 내용이 충분히 다루어지지 않았다고 판단하였다.

···➤ '준서'는 '자장면만 표준어로 인정됐던 이유를 자세히 설명해 주었다면 좋았을 거라고 생각했어.'라며 아쉬움을 드러내고 있다. 이를 통해 '준서'가 자장면만 표준어로 인정됐던 사실에 주목하여 그 사실과 관련된 내용이 충분히 다루어지지 않았다고 판단하였음을 알 수 있다.

04

정답률 92%

㉠~㉤에 대한 설명으로 적절하지 않은 것은?

④ (**매력적인 오답**) '게시판'에 대한 도움말은 메뉴 이용 빈도에 대한 '창규'와 '미희'의 대화를 반영하여 그대로 유지되었다.

···→ '창규'는 '게시판 도움말은? 없애긴 좀 그런데.'라고 말하며 게시판 도움말을 없애는 것에 부정적인 견해를 제시하였고, '미희'는 '게시판 메뉴 조회 수를 보고 있는데 아직도 꽤 많이 클릭하네. 일단 놔두자.'라고 말하며 게시판을 그대로 유지하자고 제안하였다. 이러한 '창규'와 '미희'의 대화를 반영하여 수정된 앱의 화면에는 '게시판'에 대한 도움말이 그대로 유지되고 있다.

① '학습&활동 자료'에 대한 도움말은 메뉴 항목의 변화에 대한 '창규'와 '정호'의 대화를 반영하여 새로운 내용이 추가되었다.

···→ '창규'는 '학습&활동 자료' 하위 항목에 자율 활동, 진로 활동이 새로 생기는지에 대해 묻고 있고, '정호'는 '그것도 반영해야겠네.'라고 말하며 이를 수용하고 있다. 이러한 '창규'와 '정호'의 대화를 반영하여 수정된 앱의 화면에는 '자율 활동, 진로 활동'에 대한 새로운 내용이 추가되어 있다.

② '학습 공간 이용 예약'에 대한 도움말은 이용 예약이 가능한 공간 추가에 대한 '가원'과 '동주'의 대화를 반영하여 수정되었다.

···→ '가원'은 '예약 가능한 학습 공간에 도서관 자습실과 모둠 활동실이 추가'되었는지에 대해 묻고 있고, '동주'는 '기존의 컴퓨터실도 포함해서 예약 가능한 곳을 모두 알려 주자'고 제안하였다. 이러한 '가원'과 '동주'의 대화를 반영하여 수정된 앱 화면의 '학습 공간 이용 예약' 도움말에는 이용 예약이 가능한 공간이 추가되어 있다.

③ '공지 사항'에 대한 도움말은 메뉴 도움말의 필요성에 대한 '정호'와 '가원'의 대화를 반영하여 삭제되었다.

···→ '정호'는 '근데 공지 사항 도움말 꼭 필요해?'라며 묻고 있고, '가원'은 '그 정도는 알려 주지 않아도 아니까 없애자.'라고 답하고 있다. 이러한 '정호'와 '가원'의 대화를 반영하여 수정된 앱의 화면에는 '공지 사항'에 대한 도움말이 삭제되어 있다.

02회

▶ 문제편 217~221쪽

01 ⑤ **02** ② **03** ⑤ **04** ① **05** ③ **06** ④

[01~04]   2024 9월 모의평가

📋 **제대로 자료 분석**

가

❖ **매체 자료의 유형**: 실시간 교내 방송

❖ **핵심 내용**
 ① 진행자의 코너 소개(지켰다, 공약!) 및 화제 제시(학습실 사용 원칙)
 ② 학습실 사용의 불편함에 대한 실시간 대화 창
 ③ 학습실 사용 구분 방법에 대한 설문 조사 결과 소개
 ④ 학습실 사용 원칙 소개
 ⑤ 진행자의 마무리 인사

❖ **주제**: 학생회에서 정한 학습실 사용 원칙 소개

나

❖ **매체 자료의 유형**: 누리 소통망의 게시 글

❖ **매체 자료의 생산자**: 예지

❖ **핵심 내용**
 ① 학습실 사용 원칙에 대한 의문점
 ② 사용 원칙 마련에 친구들의 의견이 반영될 수 있는 방법
 ③ 학생회장의 소통 방식에 대한 아쉬운 점
 ④ 학습실 사용 원칙에 대한 친구들의 의견 권유

[**제대로 질문하기 정답**]

❶ 학습실 사용 원칙 ❷ 설문 조사 결과 ❸ ○

01

정답률 96%

(가)에 나타난 의사소통 방식으로 적절하지 <u>않은</u> 것은?

⑤ 학생회장은 자신의 발언 내용을 요약한 화면을 설명하며, 수용자가 요구한 정보를 강조하고 있다.

···→ 화면에서 '회의 등 투명한 절차에 따라! 공약 이행하는 멋진 학생회!'와 같은 내용을 자막으로 제시하고 있지만, 학생회장이 이에 대해 추가적으로 설명하거나 수용자가 요구한 정보를 강조하고 있지는 않다.

① 진행자는 방송의 시작에 학교명을 언급하며, 소식을 들을 수용자를 밝히고 있다.

···→ 진행자는 방송을 시작하면서 '□□고 학생들, 안녕하세요?'라고 말하며, 학교명 '□□고'를 언급하고 소식을 들을 수용자 '□□고 학생들'을 밝히고 있다.

② 진행자는 접속자 수를 언급하며, 두 번째 방송과의 접속자 수 차이를 알려 주고 있다.

···→ 진행자는 '세 번째 시간이죠. 현재 접속자 수가 253명인데요, 두

번째 방송보다 100명 더 입장했네요.'라고 말하며, 현재 접속자 수가 253명임을 언급하고 두 번째 방송과의 접속자 수 차이가 100명임을 알려 주고 있다.

③ 학생회장은 학생의 이름을 언급하며, 수용자의 실시간 반응을 살펴보고 있다는 것을 보여 주고 있다.

⋯▸ 학생회장은 실시간 대화 창에 글을 올린 '동주'와 '다예'의 이름을 직접 언급하며, 수용자의 실시간 반응을 살펴보고 있음을 보여 주고 있다.

④ 학생회장은 발화와 관련한 보충 자료로 표를 제시하며, 수용자에게 구체적인 정보를 전달하고 있다.

⋯▸ 학생회장은 학습실 사용 원칙에 대한 발화와 관련하여 '학습실 사용 시 학년 구분이 필요한가?'와 '학년 구분이 필요하다면 어떻게 구분하는 것이 좋은가?'에 대한 설문 조사 결과표를 보충 자료로 제시하며, 수용자에게 구체적인 정보를 전달하고 있다.

02
정답률 94%

[A]~[C]에서 알 수 있는 학생들의 수용 태도에 대한 설명으로 가장 적절한 것은?

☀ 정답인 이유

② [B]: 다예는 학생회장의 직전 발화를 듣고 학생회의 결정이 타당할 것 같다고 판단하였다.

⋯▸ '다예'는 '설문 조사 결과를 바탕으로 학생회 내부 회의를 통해 사용 원칙을 마련했습니다.'라는 학생회장의 직전 발화를 듣고 '학생회가 마련한 원칙은 객관적이고 합리적'일 것 같다고 말하고 있다. 이를 통해 '다예'가 학생회의 결정이 타당할 것 같다고 판단했음을 알 수 있다.

☂ 오답인 이유

① [A]: 동주는 자신의 경험을 근거로 학생회장의 이야기가 사실에 부합하지 않는다고 판단하였다.

⋯▸ '동주'는 학생회장의 말에 '맞아'라고 말하며 학습실 자리를 맡고 오느라 종례에 늦을 뻔한 적이 있었다는 것과 다른 학년하고 같이 쓰려니 눈치가 보였다는 자신의 경험을 근거로 제시하고 있다. 이를 통해 '동주'가 학생회장의 이야기가 사실에 부합한다고 판단했음을 알 수 있다.

③ [B]: 재호는 방송에서 제시된 자료를 보고 학생회의 설문 조사 결과가 잘못되었다고 판단하였다.

⋯▸ '재호'는 방송에서 제시된 학생회의 설문 조사 결과를 보고 '학년별로 선호하는 방법은 다른 게 신기해. 이유가 뭘까?'라며 의문을 제기하고 있다. 이는 학년별로 선호하는 방법이 다른 이유에 대해 궁금함을 나타낸 것이지 학생회의 설문 조사 결과가 잘못되었다고 판단한 것은 아니다.

④ [C]: 현지는 학생회장의 직전 발화를 듣고 발언 내용의 논리적 오류를 점검하였다.

⋯▸ '현지'는 '1학년은 금요일에 사용합니다.'라는 학생회장의 직전 발화를 듣고, 금요일만 사용해야 하는 것은 좀 그렇다며 사용 원칙에 대해 이의를 제기하고 있다. 이를 학생회장의 발언 내용의 논리적 오류를 점검했다고 할 수 없다.

⑤ [C]: 연수는 방송에서 제시된 자료를 보고 학생회가 마련한 원칙의 실행 가능성을 점검하였다.

⋯▸ '연수'는 방송에서 제시된 설문 조사 결과를 보고 '설문 결과만으로 끌어내기 어려운 원칙은 어떻게 마련했나요?'라고 묻고 있다. 제시된 설문 결과만으로 끌어내기 어려운 원칙은 어떻게 마련했는지를 질문하고 있을 뿐, 학생회가 마련한 원칙의 실행 가능성을 점검하고 있지는 않다.

03
정답률 65% | 매력적인 오답 ③ 13%

다음은 (나)를 작성하기 위한 메모이다. ㉠~㉢이 (나)에 반영된 양상으로 적절하지 않은 것은? [3점]

☀ 정답인 이유

⑤ ㉢: 학생회가 선정한 학습실 사용자들이 사용 원칙에 대해 제시한 의견을 학생회에 보낼 수 있도록 댓글 기능을 활성화하였다.

⋯▸ (가)에서 학생회장의 '다음 대의원회에서 안건이 통과되면 신청을 받을 계획'이라는 발화를 통해, 아직 학습실 사용자들을 선정하지 않았음을 짐작할 수 있다. 또한 (나)에서 댓글 창을 연 것은 학습실 사용 원칙에 대한 의견을 나누기 위함이지 사용자들이 학습실 사용 원칙에 대해 제시한 의견을 학생회에 보내기 위함이라고 볼 수 없다.

☂ 오답인 이유

③ [매력적인 오답] ㉡: 내부 회의에 대한 정보가 충분하지 않았다는 점을 언급하며, 학년별 사용 요일 결정에 대해 학생들의 의견을 반영할 수 있는 방법을 제안하였다.

⋯▸ (가)에서 학생회장은 '설문 조사 결과를 바탕으로 학생회 내부 회의를 통해 사용 원칙을 마련했습니다.'라고 했지만, 내부 회의 과정과 내용은 방송에 나오지 않았다. ㉡을 반영하여, (나)에서 '내부 회의의 과정과 내용이 방송에 나오지 않아 궁금해할 친구도 있을 거고요.'라고 말하며 정보가 충분하지 않음을 언급하였고, '설문 조사를 통해 학년별로 사용할 요일을 정하면 더 좋지 않을까요?'라며 학생들의 의견을 반영할 수 있는 방법을 제안하고 있다.

① ㉠: '요일별 구분'을 원칙으로 정한 이유를 밝히지 않아 미흡했다는 점을 언급하기 위해, 저장한 방송 화면의 일부를 보여 주었다.

⋯▸ ㉠을 반영하여 (나)에서는 '학년 구분이 필요하다면 어떻게 구분하는 것이 좋은가?'라는 설문 조사 결과를 다시 보여 주며, 학생회가 '요일별 구분'을 선택한 이유가 의아한 친구도 있다고 밝히고 있다. 이를 통해 학생회장이 방송에서 '요일별 구분'을 원칙으로 정한 이유를 밝히지 않은 점이 미흡했음을 언급하고 있다.

② ㉠: 실시간 대화 창에서 학생회를 응원하는 말에는 호응하며 답을 들려주었지만 질문에는 답변이 없었던 모습을 이야기하였다.

⋯▸ (가)에서 학생회장은 '학생회, 힘내세요!'라는 다예의 말에 '다예 학생, 감사합니다.'라고 호응하며 답을 했지만, '설문 결과만으로 끌어내기 어려운 원칙은 어떻게 마련했나요?'라는 연수의 질문에는 답변하지 않았다. ㉠을 반영하여 (나)에서는 '학생회장이 어떤 친구의 말에 반응한 건 좋았지만, 다른 친구가 궁금해하는 내용에는 답을 하지 않은 건 아쉬웠어요.'라며 학생회를 응원하는 말에는 호응하며 답을 들려주었지만 질문에는 답변이 없었던 학생회장의 모습에 아쉬움을 드러내고 있다.

④ ㉢: 자막으로 제공된 주소는 바로 연결하기가 어려우니, 의견을 전달할 수

있도록 학생회 공식 카페로 연결하는 하이퍼링크를 제공하였다.

…▶ (가)에서 화면의 자막으로 학생회 공식 카페 주소를 알려 주고 있지만, 이는 바로 연결이 어렵다. ㉢을 반영하여, (나)에서는 학생회에 의견을 쉽게 보낼 수 있도록 학생회 공식 카페의 하이퍼링크를 제공하고 있다.

❖ 핵심 내용
① 학생의 글: 도서관 앱 이용과 관련한 요청 사항과 질문
② 사서의 답변 글: 학생의 요청 사항과 질문에 대한 답변

┌ 제대로 질문하기 정답 ┐

❶ × ❷ 휴관 날짜 ❸ 추천 도서

04
정답률 66% | 매력적인 오답 ⑤ 22%

ⓐ~ⓔ에 대한 설명으로 적절하지 <u>않은</u> 것은?

☀ 정답인 이유

① ⓐ: 부사 '직접'을 사용하여, 학생회장이 자신의 방송 출연 사실을 학생들에게 전달할 것임을 나타내고 있다.

…▶ 학생회장이 학생들에게 '직접' 알리기로 한 것은 자신의 방송 출연 사실이 아니라, 학습실 사용 원칙을 정하겠다는 공약에 관한 내용이다.

☂ 오답인 이유

⑤ (매력적인 오답) ⓔ: 어미 '-면'을 사용하여, 사용 원칙이 적용되기 전에 갖추어져야 할 조건을 언급하고 있다.

…▶ 어미 '-면'은 뒤의 사실이 실현되기 위한 조건을 나타내는 연결 어미로, 학습실 사용 신청이 실현되기 위한 조건으로 대의원회에서 안건이 통과되어야 함을 언급하고 있다.

② ⓑ: 어미 '-어서'를 사용하여, 학습실이 인기가 많은 이유를 밝히고 있다.

…▶ 어미 '-어서'는 이유나 근거를 나타내는 연결 어미로, 학습실이 인기가 많은 이유를 '개별 및 조별 학습이 가능하고 다양한 기자재를 쓸 수 있어서'라고 밝히고 있다.

③ ⓒ: 어미 '-겠-'을 사용하여, 학생들이 학습실 사용의 불편에 공감할 것이라는 추측을 드러내고 있다.

…▶ 어미 '-겠-'은 추측을 나타내는 선어말 어미로, 학생들이 학습실 사용의 불편에 공감할 것이라는 추측을 드러내고 있다.

④ ⓓ: 보조사 '부터'를 사용하여, 이 질문은 학습실 사용 신청이 시작되는 시점이 언제인지 묻고 있음을 드러내고 있다.

…▶ '부터'는 어떤 일이나 상태 따위에 관련된 범위의 시작임을 나타내는 보조사로, '언제부터 새로운 사용 원칙에 따라 학습실 사용을 신청할 수 있나요?'라는 질문은 학습실 사용 신청의 시작 시점이 언제인지 묻고 있는 것이다.

[05~06]
2024 9월 모의평가

제대로 자료 분석

㉮

❖ 매체 자료의 유형: 도서관 앱 화면
❖ 핵심 내용
① 통합 검색
② 휴관 안내
③ 공지 사항
④ 추천 도서, 신간 도서, 인기 도서 소개

㉯

❖ 매체 자료의 유형: 도서관 누리집 게시판

05
정답률 97%

(가)와 (나)에 대한 설명으로 가장 적절한 것은?

☀ 정답인 이유

③ (가)에서는 (나)와 달리 도서 이용과 관련된 여러 기능이 제공된다.

…▶ (가)에서는 '대출 조회/연장', '대출 예약' 등 도서 이용과 관련된 여러 기능이 제공되지만, (나)에서는 도서 이용과 관련된 기능이 아니라 도서관 앱 이용과 관련된 요청 사항과 질문이 드러나 있다.

☂ 오답인 이유

① (가)에서는 (나)와 달리 게시물의 조회 수가 화면에 표시된다.
　× → (나)에서는 (가)와 달리

…▶ (가)는 조회수가 드러나 있지 않지만, (나)는 학생의 게시 글에 '조회수 53'과 같이 게시물의 조회 수가 화면에 표시되어 있다.

② (가)에서는 (나)와 달리 게시물을 수정할 수 있는 기능이 제공된다.
　× → (나)에서는 (가)와 달리

…▶ (나)는 '수정' 버튼을 통해 게시물을 수정할 수 있는 기능이 제공되지만, (가)에는 게시물을 수정할 수 있는 기능이 제공되어 있지 않다.

④ (나)에서는 (가)와 달리 도서 대출 상태에 관한 정보가 표시된다.
　× → (가)에서는 (나)와 달리

…▶ (가)에는 '추천 도서'와 '신간 도서'의 도서 이미지 옆에 '상태' 정보가 표시되어 있어 도서 대출 상태에 관한 정보가 표시되지만, (나)에서는 이러한 정보 표시를 확인할 수 없다.

⑤ (나)에서는 (가)와 달리 도서를 검색할 수 있는 기능이 제공된다.
　× → (가)에서는 (나)와 달리

…▶ (가)에서는 '통합 검색' 기능을 제공하여 도서를 검색할 수 있지만, (나)에서는 이러한 기능을 확인할 수 없다.

06
정답률 90%

㉠~㉢과 관련하여 (나)를 이해한 것으로 적절하지 <u>않은</u> 것은?

☀ 정답인 이유

④ 학생은 앱 이용자의 편의를 고려하여 ㉣의 기능에 새로운 기능을 추가해 줄 것을 요구하고 있다.

…▶ (나)에서 학생은 '관심 도서로 저장하는 기능도 앱에 추가되면 좋겠어요.'라고 하였다. 그리고 사서는 '관심 도서 기능은 도서 이미지의 오른쪽 하단에 있는 ♡를 눌러 사용하실 수 있습니다.'라고 답하고 있다. 학생은 ㉣과 같은 기능을 요청한 것이지 ㉣에 새로운 기능을 추가해 줄 것을 요청한 것이 아니다.

① 학생은 정보의 구체성을 고려하여 ㉠에 추가 정보를 게시해 줄 것을 요청하고 있다.

⋯▶ 학생은 '휴관 안내 설명이 있긴 한데 휴관 날짜를 함께 안내해 주시면 좋겠어요.'라며 휴관에 관련한 정보의 구체성을 고려해 추가 정보를 요청하고 있다.

② 사서는 앱 화면의 구성을 고려하여 ㉡에서 보이는 정보의 양을 늘리지 않겠다며 학생의 요청을 수용하지 않고 있다.

⋯▶ 사서는 '공지 사항 목록이 늘어나면 앱의 특성상 첫 화면이 너무 길어져 이용에 불편을 드릴 것 같아 현재 상태를 유지'할 것임을 밝히며 학생의 요청을 수용하지 않고 있다.

③ 사서는 정보 선정에 활용된 자료를 고려하여 ㉢의 선정 방식을 알려 주고 있다.

⋯▶ 사서는 '앱의 추천 도서는 국립 중앙도서관이 운영하는 도서관 정보나루의 자료를 토대로 우리 도서관 사서들이 의논하여 선정합니다.'라며 추천 도서의 선정 방식을 알려 주고 있다.

⑤ 사서는 정보의 추가 제공을 고려하여 ㉤을 여러 조건으로 정렬하여 확인할 수 있는 기능을 안내하고 있다.

⋯▶ 사서는 '인기 도서의 + 더 보기를 누르면, 기간, 연령, 분야 중 하나를 선택하여 순위에 따라 배열된 도서 목록을 볼 수 있다는 것도 추가로 알려드립니다.'라며 기능을 안내하고 있다.

[01~04]   2024 6월 모의평가

제대로 자료 분석

가
◆ 매체 자료의 유형: 라디오 방송의 대담
◆ 대담 참여자: 라디오 진행자, 여행가 안○○
◆ 핵심 내용
  장면1) 진행자의 코너 소개 – '여행과 함께'
  장면2) 등대 스탬프 여행 코스 – '풍요의 등대'
  장면3) 등대 스탬프 여행 순서와 완주 인증 방법
  장면4) '풍요의 등대' 완주 기념품 설명과 1부 마무리
◆ 주제: 등대 스탬프 여행인 '풍요의 등대' 소개

나
◆ 매체 자료의 유형: 학생의 메모
◆ 매체 자료의 내용: 등대 스탬프 여행에 관한 발표 계획

> 제대로 질문하기 정답
> ❶ ×   ❷ 앱, 누리집   ❸ 등대 오르골

01   정답률 85%

(가)에 나타난 정보 전달 방식으로 적절하지 <u>않은</u> 것은?

② 본방송을 중간부터 청취한 수용자는 흐름을 따라가지 못할 수 있으므로 앞부분의 정보를 정리해서 전달한다.

⋯▶ 음성 언어로만 전달되는 라디오는 그 특성상 청취자들이 종종 내용의 흐름을 놓쳐 진행자들이 중간중간 앞부분의 내용을 정리해서 전달하기도 한다. 하지만 (가)에는 진행자가 앞부분의 정보를 정리해서 전달하는 부분이 나타나 있지 않다.

① 수용자에게 일정한 주기로 새로운 정보가 제공되므로 지난주 방송과 현재 진행되는 방송의 연관성을 제시한다.

⋯▶ 진행자는 매주 수요일, 여행 정보를 제공하는 '여행과 함께'라는 코너를 진행하고 있는데, 코너 시작 부분에 '지난주부터 등대 스탬프 여행 ~ 오늘은 어떤 주제인가요?'와 같이 언급하며 지난주 방송과 현재 진행되는 방송의 연관성을 제시하고 있다.

③ 수용자에게 정보를 제공할 수 있는 시간상의 제약이 있으므로 방송에서 전달하려는 정보를 선택하여 조절한다.

⋯▶ 진행자는 '나머지 등대를 소개하기에는 시간이 부족할 것 같으니 ~ 완주 기념품에 대해 이야기해 볼까요?'와 같이 언급하며 시간상의 제약이 있으므로 전달하려는 정보를 선택하여 조절하고 있다.

④ 청각적 정보만 접할 수 있는 수용자가 있으므로 방송 중에 제공한 시각적 정

보를 음성 언어로 풀어서 설명한다.

⋯› 진행자는 '작고 예쁜 등대가 ~ 손잡이가 있습니다.'와 같이 언급하며 청각적 정보만 접할 수 있는 라디오 수용자들을 위해 시각적 정보를 음성 언어로 풀어서 설명하고 있다.

⑤ 수용자들이 방송에 실시간으로 참여하는 것이 가능하므로 실시간 댓글과 문자를 바탕으로 이어질 정보를 조정한다.

⋯› 진행자는 '많은 분들이 실시간 문자로 ~ 안내해 주시겠어요?', '실시간 댓글로 ~ 함께 알아볼까요?'와 같이 언급하며 실시간 댓글과 문자를 바탕으로 이어질 정보를 조정하고 있다.

02
정답률 80% | 매력적인 오답 ④ 17%

다음은 (가)가 끝난 후의 청취자 게시판이다. 참여자들의 소통 양상으로 가장 적절한 것은?

☀ 정답인 이유

① 방송 내용에 대한 '새달'의 잘못된 이해가 '알콩'과 '사슴'의 댓글에 의해 수정되고 있다.

⋯› '행복도 등대나 기쁨항 등대처럼 ~ 미리 확인하시는 것이 좋겠습니다.'라는 여행가의 말과 '스탬프가 등대 주변이 아닌 다른 곳에 위치한 경우도 있다는 거군요.'라는 진행자의 말을 고려하면, 행복도 등대나 기쁨항 등대에서는 스탬프를 찍을 수 없다는 '새달'의 이해가 잘못되었음을 알 수 있다. 이에 '알콩'은 등대 주변이 아닌 다른 곳에 스탬프가 있다고 하고, '사슴'은 스탬프가 있는 구체적인 장소를 제시하며 '새달'의 잘못된 이해를 댓글로 수정하고 있다.

☂ 오답인 이유

④ 〔매력적인 오답〕 방송 내용에 대해 가지고 있던 '새달'과 '알콩'의 서로 다른 생각이 '사슴'에 의해 절충되고 있다.
✕ → '알콩'의 의견에 동조하며, 구체적인 정보를 제공함

⋯› 행복도나 기쁨항 등대에서는 스탬프를 찍을 수 없다는 '새달'과 등대 주변이 아닌 다른 곳에 스탬프가 있다는 '알콩'은 서로 다른 생각을 하고 있다. '알콩'은 새달의 잘못된 이해를 바로잡아 주고 있으며 '사슴'은 '알콩'의 말에 동조하며 구체적인 정보를 제공하고 있다.

② 방송 내용에 대하여 가지고 있던 '새달'과 '알콩'의 공통된 생각에 '사슴'이 동조하고 있다.
✕ → '새달'과 '알콩'은 다른 생각을 가짐

⋯› '새달'과 '알콩'은 공통된 생각이 아닌 서로 다른 생각을 하고 있으며, '사슴'은 '새달'이 아닌 '알콩'의 말에 동조하며 더 구체적인 정보를 제공하고 있다.

③ 방송을 듣고 '새달'이 느낀 감정을 '알콩' 및 '사슴'과 공유하여 정서적 공감을 형성하고 있다.
✕

⋯› '새달'은 라디오를 듣고 잘못 이해한 내용을 바탕으로 아쉬운 마음을 드러내고 있다고 할 수 있지만, '알콩'과 '사슴'은 '새달'이 잘못 이해한 바를 바로잡아 주고 있을 뿐 정성적인 공감을 형성하고 있지는 않다.

⑤ 방송 내용에 대한 '새달'과 '알콩'의 긍정적 감정이 '사슴'의 댓글로 인해 부정적 감정으로 전환되고 있다.
✕

⋯› 방송 내용에 대해 '새달'과 '알콩'의 긍정적 감정이 드러난 부분은 찾아볼 수 없으며, '사슴'의 댓글로 인해 부정적 감정으로 전환되는 부분도 찾아볼 수 없다.

03
정답률 65% | 매력적인 오답 ④ 13%

다음은 (나)에 따라 제작한 발표 자료이다. 제작 과정에서 고려한 내용으로 적절하지 않은 것은? [3점]

☀ 정답인 이유

⑤ 내용을 포괄할 수 있는 제목을 넣기로 한 ⓒ은 여행가의 말을 가져와 슬라이드의 내용을 요약할 수 있는 제목을 달자.
✕ → 슬라이드의 내용을 요약할 수 있는 제목이 아님

⋯› ⓒ은 '천사의 날개와 선박을 형상화한 △△ 등대'라는 여행가의 말을 가져와 제목을 달았지만, 슬라이드의 내용인 등대의 특징, 주소, 스탬프 위치, 볼거리 등의 내용을 요약할 수 있는 제목이라고 볼 수 없다.

☂ 오답인 이유

④ 〔매력적인 오답〕 여행에 유용한 정보를 추가하기로 한 ⓒ에는 여행가가 언급한 먹을거리 이외에도 다양한 정보를 추가하자.

⋯› ⓒ에는 여행가가 언급한 전복 라면 이외에도 복어 튀김, 소금 사탕과 같은 먹을거리가 제시되어 있으며, 철새 전시관과 전망대와 같은 볼거리나 자전거 여행과 조개 잡기 체험과 같은 재밋거리에 관한 정보들도 추가되어 있다.

① 여행가의 말을 정리하기로 한 ㉠은 여행가가 제시한 여행의 순서와 주의 사항을 모아 하나의 슬라이드로 구성하자.

⋯› ㉠은 진행자가 여행의 순서 및 주의 사항에 관해 설명한 내용을 하나의 슬라이드로 제시하고 있다.

② 여행의 순서를 나타내기로 한 ㉠에는 여행가가 제시한 여행 순서를 구분하고 차례가 드러나게 화살표를 사용하자.

⋯› ㉠은 '참가 신청하기', '스탬프 찍고 사진 촬영하기', '완주 인증하기'의 여행 순서를 화살표를 사용하여 차례대로 제시하고 있다.

③ 시각적 이미지를 활용하기로 한 ㉠에는 여행가가 소개한 여행의 순서와 관련된 주요 소재를 그림 자료로 보여 주자.

⋯› ㉠은 스탬프 여행 순서에 따라 '모바일 여권과 종이 여권' 그림, '스탬프와 카메라' 그림, 완주 기념품인 '등대 오르골'의 그림을 제시하여 설명을 뒷받침하고 있다.

04
정답률 86%

ⓐ~ⓔ의 높임 표현에 대한 설명으로 적절하지 않은 것은?

☀ 정답인 이유

⑤ ⓔ: '말씀'을 사용하여, 화자인 여행가의 말을 높이고 있다.
✕ → 낮추고 있다

⋯› '말씀'은 남의 말을 높여 이르거나 자기의 말을 낮추어 이를 때 사용하는 말이다. ⓔ의 '말씀'은 화자인 여행가가 자신의 말을 낮추어 이르는 말로, 화자인 여행가의 말을 높이고 있다는 것은 적절하지 않다.

☂ 오답인 이유

① ⓐ: 종결 어미 '-ㅂ니다'를 사용하여, 방송을 듣고 있는 불특정 다수의 청자를 높이고 있다.

⋯› '-ㅂ니다'는 상대편을 아주 높일 때 사용하는 종결 어미로, 진행자는 '-ㅂ니다'를 사용하여 방송을 듣고 있는 불특정 다수의 청자를 높이고 있다.

② ⓑ: 특수 어휘 '모시다'를 사용하여, 객체인 여행가를 높이고 있다.

⋯› '모시다'는 '데리다'의 높임말로, 진행자는 '모시다'를 사용하여 객체인 여행가를 높이고 있다.

③ ⓒ: 선어말 어미 '-시-'를 사용하여, 여권 선택의 주체인 청자를 높이고 있다.

⋯› ⓒ의 '선택하셔서'는 높임의 선어말 어미 '-시-'를 사용하여 여권 선택의 주체인 청자를 높이고 있다.

④ ⓓ: '있으시다'를 사용하여, 궁금증이 있는 주체인 '6789 님'을 간접적으로 높이고 있다.

⋯› ⓓ의 '있으시답니다'에서 '있으시다'는 높임의 대상과 관련되는 '궁금증'을 높여 궁금증이 있는 주체인 '6789 님'을 간접적으로 높이고 있다.

② 기기를 휴대 전화와 연결하는 방법을 조작 순서에 맞추어 안내했다.

⋯› '2. 기기 연결 방법'을 보면 체중계와 휴대 전화의 연결 방법을 조작 순서에 따라 순서대로 안내하고 있음을 알 수 있다.

④ 기기 기능 안내에서는 안내받을 수 있는 기능의 항목을 나열하여 배치했다.

⋯› '3. 기기 기능 안내'를 보면 '몸무게 측정, 개인 데이터 분석, 자동 누적 기록, 기타 기능'과 같이 안내받을 수 있는 기능의 항목을 나열하여 배치하였음을 알 수 있다.

⑤ 사용 설명서의 버전 정보를 수정 시점과 함께 제공했다.

⋯› 설명서의 마지막 줄에 있는 '한국어 버전 2.1(2022. 10. 수정)'을 보면 버전 정보와 수정 시점이 함께 제공되어 있음을 알 수 있다.

[05~06] 2024 6월 모의평가

제대로 자료 분석

㉮

❖ 매체 자료의 유형: 전자 문서로 된 사용 설명서
❖ 핵심 내용
   1. 기기 구성 정보
   2. 기기 연결 방법
   3. 기기 기능 안내
   4. 기타 안내
❖ 주제: 체중계의 사용 방법

㉯

❖ 매체 자료의 유형: 누리 소통망 대화
❖ 매체 자료의 내용:
   할머니) 시윤에게 체중계의 사용 방법에 대해 묻고 있음
   시윤) 할머니의 질문에 필요한 정보를 제공하고 있으며, 자동 누적 기록 기능이 있음을 알리고 있음

> **제대로 질문하기 정답**
> ❶ 전자 문서 ❷ 휴대 전화 ❸ ×

---

05 정답률 94%

(가)의 정보 구성 및 제시 방식으로 적절하지 <u>않은</u> 것은?

☀ 정답인 이유

③ 기기 연결 방법에서 앱에 기록할 정보는 글자의 크기와 굵기를 다르게 표시했다.
   × → 휴대 전화의 메뉴에서 선택해야 할 항목

⋯› '2. 기기 연결 방법' 중 휴대 전화의 메뉴에서 선택해야 하는 항목을 글자의 크기와 굵기를 다르게 하여 표시하였다. 앱에 기록할 정보는 성별, 키와 같은 사용자 정보로, 이 항목들은 글자의 크기와 굵기를 다르게 표시하지 않았다.

☂ 오답인 이유

① 기기 구성 정보는 시각 자료를 활용하여 전달했다.

⋯› '1. 기기 구성 정보'를 보면 제품 사진을 활용해 체중계의 구성 요소에 대한 정보를 전달하고 있음을 알 수 있다.

---

06 정답률 84%

(가)와 (나)에서 확인할 수 있는 매체 활용에 대한 이해로 가장 적절한 것은?

☀ 정답인 이유

① (가)의 내용이 (나)를 통해 전달되는 과정에서 사용자들이 정보를 선별하여 유통할 수 있군.

⋯› (나)의 '2023년 4월 15일' 대화에서 '시윤'은 '할머니'에게 (가)의 '4. 기타 안내'에 있는 '기기 연결 동영상 바로 가기'에 대한 정보를 제공하고 있다. 그리고 '2023년 5월 6일' 대화에서는 (가)의 '3. 기기 기능 안내'에 있는 '자동 누적 기록'에 대한 정보를 제공하고 있다. (나)에서 시윤은 (가)의 정보를 선별하여 '할머니'에게 전달하고 있으므로, (가)의 내용이 (나)를 통해 전달되는 과정에서 사용자들이 정보를 선별하여 유통할 수 있다는 설명은 적절하다.

☂ 오답인 이유

② (나)의 사용자들이 서로 교환한 정보를 바탕으로 (가)의 수정 과정을 점검할 수 있군.
   ×

⋯› (나)에서 '할머니'와 '시윤'은 체중계의 사용 방법에 대한 이야기만 나누고 있으므로, (가)의 수정 과정과 관련한 정보는 확인할 수 없다.

③ (가)는 (나)와 달리 사용자가 필요한 정보를 질문하여 요청할 수 있군.
   × → (나)는 (가)와 달리

⋯› 사용자끼리 소통할 수 있는 쌍방향성을 지닌 매체는 전자 문서인 (가)가 아니라 누리 소통망인 (나)이기 때문에, 사용자가 필요한 정보를 질문하여 요청할 수 있는 것은 (가)가 아니라 (나)이다.

④ (나)는 (가)와 달리 사용자가 하이퍼링크를 통해 외부의 정보에 접근할 수 있군.
   × → (가)와 (나)는

⋯› (나)에 하이퍼링크가 제시되어 있지만 (가)의 '4. 기타 안내'에도 하이퍼링크가 제시되어 있으므로, (나)뿐만 아니라 (가)도 하이퍼링크를 통해 외부의 정보에 접근할 수 있다.

⑤ (가)와 (나)는 모두 정보를 교류한 이력에서 사용자가 필요한 부분을 불러와 상대방에게 이전 내용을 환기할 수 있군.
   × → (나)는 (가)와 달리

⋯› (나)의 경우 정보를 교류한 이력이 남아 있으므로, (나)의 사용자는 '2023년 4월 15일' 대화에서 쓴 글의 내용을 '2023년 5월 6일'에 불러와 상대방에게 이전 내용을 환기할 수 있다. 하지만 (가)는 전자 문서로 정보를 교류한 이력이 없으며, 상대방에게 이전 내용을 환기할 수도 없다.

[01~04]   2023 수능

제대로 자료 분석

가

◆ 매체 자료의 유형: ○○군 공식 누리집
◆ 매체 자료의 생산자: ○○군 관계자
◆ 핵심 내용: 기부제 행사와 관련한 홍보 포스터 공모

나

◆ 매체 자료의 유형: 온라인 화상 회의
◆ 대화 참여자: 해윤, 설아, 종서, 수영
◆ 대화 내용

해윤) '○○군'을 두루미 캐릭터로 표현하자고 제안함
수영) 포스터에 기부자, ○○군, ○○군 주민만 넣자는 의견을 제안함.
    화살표를 하트 모양으로 그려 사랑을 전할 수 있음을 표현하자고 함.
    세액 공제 혜택을 두루미가 말하듯 전달하자고 제안함
종서) 지역 답례품인 인삼을 그려 넣자고 제안함
설아) 기부자가 부각되도록 기부자를 가운데에 두자고 제안함

◆ 주제: '고향 사랑 기부제' 홍보 포스터 구성에 대한 논의

제대로 질문하기 정답

❶ × ❷ ○ ❸ ○ ❹ ×

01

정답률 92%

(가)에 대한 이해로 적절하지 않은 것은?

☀ 정답인 이유

② 지역에 대한 만족도 표시 기능을 활용하여 지역 정책에 대한 주민들의 반응을 확인하고 있군.
        × → 누리집에서 제공하는 정보의 만족도를 조사

⋯ (가)의 '만족도 표시 기능'은 누리집의 특정 페이지에서 제공하는 정보가 충분한지에 대해 누리집 이용자들의 의견을 수집하기 위해 마련된 것이다. 따라서 지역에 대한 만족도 표시 기능을 활용하여 지역 정책에 대한 주민들의 반응을 확인하고 있다는 설명은 적절하지 않다.

☂ 오답인 이유

① 댓글 기능을 활용하여 누리집 이용자가 작성한 질문에 대해 정보를 제공하고 있군.
⋯ '댓글 기능'을 활용하여 누리집 이용자는 기부금이 어디에 쓰이는지에 관해 질문을 하고 있고, 담당자는 그에 대해 주민 복지 사업에 이용될 것이라고 답변을 하며 정보를 제공하고 있다.

③ 민원 서비스 메뉴를 제공하여 증명서나 행정 서식이 필요한 사람들의 편의를 도모*하고 있군.

⋯ 누리집 하단에 있는 '민원 서비스 메뉴'를 통해 증명서 발급과 주요 행정 서식을 제공하여 사람들의 편의를 도모하고 있다.

> *도모(圖謀): 어떤 일을 이루기 위하여 대책과 방법을 세움 예 반 친구들 간의 친목을 도모하기 위해 담임 선생님의 지도하에 주말에 함께 소풍을 가기로 했다.

④ 누리집 상단에 홍보 문구와 풍경 그림을 제시하여 지역이 부각하고자 하는 특징을 강조하고 있군.
⋯ 누리집 상단에 '우리 곁에 살아 숨 쉬는 자연, ○○군'이라는 홍보 문구와 두루미가 날아다니는 자연 풍경 그림을 제시하여 지역의 특징을 강조하고 있다.

⑤ 지역의 관광 명소와 축제를 홍보하는 동영상을 볼 수 있도록 하여 관광객을 유치*하려고 노력하고 있군.
⋯ 누리집 하단의 '○○군으로 놀러 오세요' 메뉴에 두루미 생태 공원 동영상과 국화 축제 동영상을 게시하여 관광객을 유치하려고 노력하고 있다.

> *유치(誘致): 꾀어서 데려옴 예 유럽 각국은 축제를 문화 상품화하여 많은 관광객을 유치하였다.

02

정답률 90%

㉠~㉢에 대한 설명으로 가장 적절한 것은?

☀ 정답인 이유

① ㉠은 격 조사 '에서'를 사용하여 포스터를 공모*하는 주체가 단체임을 드러내고 있다.
⋯ ㉠의 '우리 군에서 홍보 포스터를 공모합니다.'에서 주체는 '우리 군'이고, '에서'는 단체를 나타내는 명사 뒤에 붙어 앞말이 주어임을 나타내는 격 조사이다. 따라서 격 조사 '에서'를 통해 포스터를 공모하는 주체가 '우리 군'이라는 단체임을 알 수 있다.

> *공모(公募): 일반에게 널리 공개하여 모집함 예 학교에서 학생들의 독서량을 늘리기 위해 독서 캠페인의 표어를 공모했다.

☂ 오답인 이유

② ㉠은 종결 어미 '-ㅂ니다'를 사용하여 ○○군 기부에 동참한 기부자를 공손하게 높이고 있다.
            × → 독자들을
⋯ 종결 어미 '-ㅂ니다'는 상대 높임법 중 하나로 청자를 높이고자 할 때 사용하는 표현이다. 이때 ㉠의 종결 어미 '-ㅂ니다'는 기부자를 높이기 위해 사용된 것이 아니라, 포스터 공모 글을 읽는 독자들을 높이기 위해 사용된 것이다.

③ ㉡은 명사형 어미 '-ㅁ'을 사용하여 포스터에서 제외해야 할 내용 항목을 간결하게 드러내고 있다.
           × → 포스터의 공모 대상이 ○○군 주민으로 한정됨
⋯ ㉡의 '제한함'에 사용된 명사형 어미 '-ㅁ'은 포스터에서 제외해야 할 내용 항목을 간결하게 드러낸 것이 아니라, 포스터 공모의 대상이 ○○군 주민으로 한정됨을 간결하게 표현한 것이다.

④ ㉢은 연결 어미 '-면'을 사용하여 기부 대상 지역에서 제공하는 혜택 중 하나를 선택하는 조건을 제시하고 있다.
           × → 세액 공제와 답례품을 받을 수 있는
⋯ ㉢의 연결 어미 '-면'은 세액 공제와 답례품을 받을 수 있는 조건을 제시한 것일 뿐, 제공 혜택 중 하나를 선택하는 조건을 제시한 것

은 아니다.

⑤ ⓒ은 피동 접사 '-되다'를 사용하여 <u>혜택을 제공하는 주체를 명확하게 밝히</u>~~~×~~~
<u>고 있다.</u>

⋯▸ ⓒ의 '제공됩니다'에서 피동 표현 '되다'가 쓰임으로써 혜택을 제공하는 주체가 명시적으로 드러나지 않고 있다.

03

(나)에 나타난 매체 활용 방식으로 가장 적절한 것은?

☀ 정답인 이유

③ '수영'은 회의 시간을 절약하기 위해 회의 중에 참고할 수 있는 파일을 '종서'에게 전송하였다.

⋯▸ '수영'은 '직접 말로 설명하려면 회의가 길어지니까 첨부 파일 보내 줄게. 파일에 자세히 설명돼 있으니까 읽으면서 들어.'라고 말하면서 '종서'에게 파일을 전송하고 있다. 이를 고려하면 수영이 회의 시간을 절약하기 위해 파일을 전송하였다는 설명은 적절하다.

☂ 오답인 이유

① '해윤'은 <u>음성 언어 사용이 불가능한 상황</u>에서 채팅 기능을 활용하여 정보를~~×~~
전달하였다.

⋯▸ (나)의 학생들은 음성 언어를 이용한 온라인 화상 회의를 하고 있다. '해윤'이 채팅 기능을 활용한 것은 답례품 정보가 있는 누리집 주소를 정확하고 편리하게 전달하기 위한 것으로, 음성 언어 사용이 불가능하기 때문은 아니다.

② '해윤'은 화면 공유* 기능을 활용하여 <u>참여자들의 의견을 반영하며 그래픽</u>
<u>자료의 오류를 수정</u>하였다.~~×~~

⋯▸ '해윤'은 '내가 만들어 온 그래픽 자료를 보면서 포스터를 어떻게 구성할지 이야기하자.'라고 하며, 화면 공유 기능을 활용하고 있다. '해윤'은 공유된 화면을 보며 포스터 구성에 대해 의견을 나눌 뿐, 참여자들의 의견을 반영하며 그래픽 자료의 오류를 수정하지는 않았다.

> *공유(共有): 두 사람 이상이 한 물건을 공동으로 소유함 ⓔ 인터넷을 통한 불법 파일 공유가 확산되고 있다.

④ '설아'는 회의에 참여하지 못하고 있는 '나연'에게 <u>문자 메시지</u>를 이용해 회
의 내용을 실시간으로 전달하였다.~~×~~

⋯▸ '설아'는 '오늘 나연이는 참석 못 한대. 내가 회의를 녹화해서 나중에 보내 주려고 해. 동의하지?'라고 말하며 화면 녹화 기능을 활용하고 있다. 이를 고려하면 '설아'가 문자 메시지를 이용해 '나연'에게 회의 내용을 실시간으로 전달하였다는 설명은 적절하지 않다.

⑤ '설아'는 특정 참여자에게 발언권을 부여하기 위해 해당 참여자의 음량을 조
절하였다.~~×~~

⋯▸ '설아'는 '해윤아, 소리가 너무 작아. 마이크 좀 확인해 줄래?'라며 '해윤'에게 마이크 음량을 확인할 것을 요청하고 있다. 그리고 '해윤'은 '내 마이크 음량을 키워 볼게.'라며 '설아'의 요청을 받아들이고 있다. 이를 고려하면 '설아'가 특정 참여자에게 발언권을 부여하기 위해 해당 참여자의 음량을 조절하였다는 설명은 적절하지 않다.

04

(나)를 바탕으로 다음과 같은 포스터를 만들었다고 할 때, 포스터에 대해 이해한 내용으로 적절하지 <u>않은</u> 것은? [3점]

☀ 정답인 이유

⑤ '수영'의 의견을 바탕으로, 세액 공제* 혜택을 제공하는 주체가 내용을 직접
~~~× → 포스터에 반영되지 않음~~~
알려 주듯이 말풍선을 제시했다.

⋯▸ '수영'은 마지막 발화에서 세액 공제 혜택을 두루미가 말을 전해 주듯 설명하자는 의견을 제시하고 있다. 하지만 포스터에는 두루미가 아닌 스피커 모양의 그림이 세액 공제 혜택에 대한 정보를 전달하고 있으므로, '수영'의 의견이 반영되었다고 볼 수 없다.

> *공제(控除): 받을 몫에서 일정한 금액이나 수량을 뺌 ⓔ 우리 회사는 직원들을 위해 의료비 공제 혜택을 제공하고 있다.

☂ 오답인 이유

① '설아'의 의견을 바탕으로, 제도를 활성화하는 데 중요한 역할을 하는 기부자를 중심에 배치했다.

⋯▸ '설아'는 '제도가 활성화되려면 많은 사람들이 기부에 동참하도록 하는 게 중요하니까, 기부자가 부각되도록 기부자를 가운데에 두자.'는 의견을 제시하고 있다. 포스터의 가운데에 기부자의 그림이 배치되어 있으므로, '설아'의 의견이 반영되었다고 볼 수 있다.

② '수영'의 의견을 바탕으로, 기부 행위에 담긴 긍정적인 마음을 연상시키는 기호의 모양을 사용했다.

⋯▸ '수영'은 '화살표를 곡선으로 해서 하트 모양으로 하면 기부자가 기부에 참여함으로써 사랑을 전할 수 있다는 걸 포스터에 드러낼 수 있을 거 같아.'라고 말하며, 기부 행위에 담긴 긍정적인 마음을 포스터에 표현하고자 했다. 포스터의 가운데에 하트 모양의 화살표가 그려져 있으므로, '수영'의 의견이 반영되었다고 볼 수 있다.

③ '종서'의 의견을 바탕으로, ○○군에 기부했을 때 기부자가 받을 수 있는 답례품을 그려 넣었다.

⋯▸ '종서'는 ○○군의 답례품인 인삼을 그려 넣자고 제안하고 있다. 포스터 상단의 오른쪽에 '답례품 제공'이라는 문구와 함께 인삼의 그림이 그려져 있으므로, '종서'의 의견이 반영되었다고 볼 수 있다.

④ '해윤'의 의견을 바탕으로, ○○군이 철새 도래지로 유명하다는 점을 활용하여 ○○군을 두루미 캐릭터로 표현했다.

⋯▸ '해윤'은 '우리 지역은 철새 도래지로 유명하니까, ○○군을 두루미 캐릭터로 나타내 보자.'는 의견을 제시하고 있다. 포스터에는 ○○군을 나타내는 두루미 캐릭터의 그림이 그려져 있으므로, '해윤'의 의견이 반영되었다고 볼 수 있다.

[05~06]

제대로 자료 분석

◆ 매체 자료의 유형: 온라인 카페 게시판과 게시글
◆ 매체 자료의 생산자: □□고 동아리 매체통
◆ 핵심 내용
　재원) 1인 미디어 방송을 통해 새로운 정보를 얻을 수 있으나, 신뢰성이 부족한 방송도 늘고 있으므로 1인 미디어 방송을 비판적으로 수용하는 태도가 중요하다고 함

민수) 상업성이 짙은 1인 미디어 방송도 있으므로 상업적인 의도에 현혹되지 않도록 조심해야 한다고 함

혜원) 입증되지 않은 정보를 제공하는 1인 미디어 방송도 있으므로 정보를 믿을 수 있는지 따져 봐야 한다고 함

영진) 1인 미디어 방송의 사회적 파급력이 제한적이라고 함

지수) 1인 미디어 방송이 사회에 큰 변화를 가져올 것이라고 함

❖ 주제: 1인 미디어 방송을 주체적으로 수용하는 태도의 필요성

제대로 질문하기 정답

❶ × ❷ × ❸ ○ ❹ ○

05

정답률 96%

〈보기〉를 바탕으로 [화면 1]을 이해한 내용으로 적절하지 <u>않은</u> 것은?

☀ 정답인 이유

④ ⓔ을 보니, '규칙 2'를 고려하여 사건 보도 기사를 작성하는 능력을 기르게 하기 위해 링크를 제시하였군.
　×→ 언론사의 매체 자료에 쉽게 접근하기 위해

⋯ '매체통' 동아리 카페는 다양한 매체 자료를 비평하는 활동을 하는 곳으로, ⓔ은 언론사에서 제공하는 매체 자료에 쉽게 접근하기 위해 만들어 놓은 링크이다. 따라서 사건 보도 기사를 작성하는 능력을 기르기 위해 링크를 제시하였다는 설명은 적절하지 않다.

☂ 오답인 이유

① ㉠을 보니, '개설 목적'을 고려하여 동아리 성격이 드러나도록 카페의 활동 주체와 활동 내용을 제시하였군.

⋯ ㉠은 카페의 활동 주체가 '□□고 동아리 매체통'이고, 활동 내용이 매체 자료를 비평하는 것임을 제시하고 있다. 이는 '매체통 동아리원들이 다양한 매체 자료 비평 활동을 통해 ~'라는 내용을 전달하는 〈보기〉의 개설 목적을 고려한 것으로 볼 수 있다.

② ㉡을 보니, '규칙 2'를 고려하여 매체 자료 유형에 따라 게시판을 항목별로 나누어 게시물을 체계적으로 분류하였군.

⋯ ㉡은 '텔레비전 방송, 영화, 1인 미디어 방송, 신문/잡지, 도서'와 같이 매체 자료의 유형에 따라 게시판을 항목별로 나누고 있다. 이는 '각 게시판의 성격에 맞게 올린다.'는 〈보기〉의 '규칙 2'를 고려한 것으로 볼 수 있다. 여러 항목으로 구분된 게시판(㉡)을 활용하면 게시물을 체계적으로 분류할 수 있다.

③ ㉢을 보니, '규칙 1'을 고려하여 동아리 활동 계획을 상기할 수 있도록 비평 활동 결과의 제출 기한을 제시하였군.

⋯ ㉢은 〈보기〉의 '규칙 1'을 고려하여, 비평 활동 결과 제출 기한을 제시하고 있다. 이를 통해 동아리원들은 동아리 활동 계획을 상기할 수 있고, 동아리 활동 계획을 성실하게 이행할 수 있다.

⑤ ㉣을 보니, '규칙 3'을 고려하여 예의를 지키지 않은 글이 동아리원에게 공개되지 않도록 게시물을 삭제하였군.

⋯ ㉣에는 글의 작성자가 욕설과 비속어를 사용하여 관리자가 게시물을 삭제했다는 내용이 제시되어 있다. 이는 무례한 표현을 사용하지 않는다는 〈보기〉의 '규칙 3'이 반영된 것으로 볼 수 있다.

06

정답률 94%

[화면 2]를 바탕으로 '1인 미디어 방송'에 대한 학생들의 수용 양상을 이해한 내용으로 적절하지 <u>않은</u> 것은?

☀ 정답인 이유

③ '재원'과 '민수'는 모두, 1인 미디어 방송의 상업적 의도를 알아차린 경험을
　　　　　　×→ '민수'는
근거로 1인 미디어 방송을 시청할 때 주의가 필요하다고 판단하였다.

⋯ '재원'과 '민수'는 모두 1인 미디어 방송을 시청할 때 주의가 필요하다고 판단하지만, 그에 대한 근거는 각기 다르다. '민수'는 '갑자기 특정 상표를 언급하며 칭찬할 때에는 상업성이 짙어 보이더라. 그런 상업적인 의도에 현혹되지 않도록 조심해야 해.'라며, 1인 미디어 방송의 상업적 의도를 알아차린 자신의 경험을 근거로 제시하고 있다. 반면 '재원'은 '1인 미디어 방송 가운데 신뢰성이 부족한 정보를 담은 방송이 늘고 있다.'며, 1인 미디어 방송의 신뢰성 부족을 근거로 제시하고 있다. 따라서 '재원'과 '민수'가 모두 상업적 의도를 알아차린 경험을 근거로 제시하였다는 설명은 적절하지 않다.

☂ 오답인 이유

① '재원'은 자신의 진로와 관련된 새로운 정보를 얻은 경험을 근거로 1인 미디어 방송이 유용*하다고 판단하였다.

⋯ '재원'은 '나처럼 여행 탐험가라는 직업을 꿈꾸는 사람들은 1인 미디어 방송을 통해 어디서도 얻지 못했던 새로운 정보를 얻을 수 있게 되었다.'라고 하며, 이를 근거로 1인 미디어 방송이 유용하다고 판단하고 있다.

* 유용(有用): 쓸모가 있음 ⓔ 전자계산기는 복잡한 계산을 재빨리 해치우기에 유용했다.

② '혜원'은 증명되지 않은 정보를 접했던 경험을 근거로 1인 미디어 방송이 제공하는 정보에 대한 신뢰성을 점검해야 한다고 판단하였다.

⋯ '혜원'은 효과가 입증되지 않은 성분이 건강에 좋다고 강조하는 1인 미디어 방송을 본 경험을 근거로, 1인 미디어 방송이 제공하는 정보에 대한 신뢰성을 점검해야 한다고 판단하고 있다.

④ '재원'은 '영진'과 달리, 자신이 본 여행 관련 1인 미디어 방송을 근거로 1인 미디어 방송의 소재가 다양하다고 판단하였다.

⋯ '재원'은 1인 미디어 방송에 대해 '기존 매체들이 주목하지 않았던 다양한 소재들을 다룬'다고 언급하지만, '영진'은 '1인 미디어 방송들은 소재가 한정적이고 다 비슷비슷하지.'라며 1인 미디어 방송의 소재가 다양하지 않다고 판단하고 있다.

⑤ '영진'은 '지수'와 달리, 고정 시청자 수가 늘지 않는 1인 미디어 방송 사례를 근거로 1인 미디어 방송이 사회에 미치는 영향력에는 한계가 있다고 판단하였다.

⋯ '영진'은 사회적으로 의미 있는 내용을 다루는 1인 미디어 방송이 고정 시청자 수가 적고 더 이상 늘지도 않는다고 언급하며, 1인 미디어 방송이 사회에 미치는 영향력에는 한계가 있다고 판단하고 있다. 반면 '지수'는 '독립운동가의 발자취 따라가기' 방송을 예로 들며 1인 미디어 방송이 사회에 큰 변화를 가져올 수 있다고 판단하고 있다.

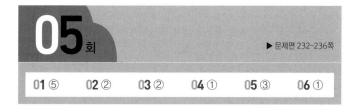
[01~03]

2023 9월 모의평가

제대로 자료 분석

가

❖ **자료의 성격:** 학습 활동
❖ **핵심 내용:** ○○구 고등학생들을 대상으로 '청소년 문화 한마당' 광고 계획 수립

나

❖ **매체 자료의 유형:** 전자책
❖ **핵심 내용**
   화면 1) 즐겨찾기 목록
   화면 2) 대중교통 광고의 효과 및 효과를 높이기 위한 방안 ①
   화면 3) 대중교통 광고의 효과를 높이기 위한 방안 ②, 버스 광고의 형태 및 장점

제대로 질문하기 정답

❶ 전자책 ❷ ✕ ❸ ○

01

정답률 95%

〈보기〉는 (나)의 전자책을 활용한 학생의 반응이다. 이를 바탕으로 (나)를 이해한 내용으로 적절하지 **않은** 것은?

☀ 정답인 이유

⑤ ⑩의 결과가 [화면 3]에 표시된 것은 학생이 '버스 광고'를 쉽게 찾아 버스 광고의 제작 기간을 확인하는 데 도움을 주었군.

✕ → [화면 3]에서 버스 광고의 제작 기간은 확인할 수 없음

⋯ [화면 3]은 전자책에 '버스 광고'라는 단어를 검색한 결과이다. [화면 3]에는 검색어 '버스 광고'가 진한 글씨와 네모 칸으로 눈에 띄게 표시되어 있는데, 이를 통해 버스 광고의 형태와 장점을 바로 확인할 수 있다. 하지만 검색 결과를 통해 버스 광고의 제작 기간을 확인할 수는 없다.

☂ 오답인 이유

① ⊙에 1, 3장이 포함된 것은 학생이 해당 장의 내용을 다시 볼 필요가 있다고 판단했기 때문이군.

⋯ 〈보기〉에서 전자책은 '다시 봐야 할 내용을 선택해 별도의 목록으로 만들' 수 있다고 했다. 1장과 3장이 저장된 ⊙의 '즐겨찾기 목록'은 학생이 다시 봐야 할 필요가 있다고 판단한 목록들을 별도로 정리해 놓은 것이다.

② ⓒ을 통해 대중교통을 이용한 광고가 효과적인 이유를 언급한 부분에 강조 표시가 된 것은 학생이 해당 문장을 중요하다고 판단했기 때문이군.

⋯ 〈보기〉에서 '전자책은 중요한 부분에 강조 표시를 할 수 있다'고 했다. 학생은 ⓒ의 '형광펜' 기능을 이용해 대중교통을 이용한 광고가 효과적인 이유를 언급한 부분에 강조 표시를 해 두었고, 이는 학생이 해당 문장을 중요하다고 판단했기 때문이다.

③ ⓒ의 '감안'에 대한 사전 찾기 결과는 [화면 2]에서 본문과 함께 제시되어 학생의 글 읽기에 도움을 주었군.

⋯ 〈보기〉에서 '모르는 단어가 나왔을 때, 사전을 찾아본 결과를 한 화면에서 바로 확인할 수 있어서 내용을 빠르게 이해했어.'라고 했다. ⓒ은 학생이 '감안'을 사전에서 찾은 결과로, 본문과 함께 제시되어 글 읽기에 도움을 주었을 것이다.

④ ②을 통해 [화면 3]의 글자 크기가 [화면 2]보다 커진 것은 학생의 읽기 편의성을 높여 주었군.

⋯ 〈보기〉에서 '화면 배율을 조정해 글자 크기를 조절하니 읽기에 편했어.'라고 했다. ②은 화면 배율을 100%에서 120%로 확대하였다는 표시로, 이는 읽기의 편의성을 높여 주었을 것이다.

02

정답률 80%

다음은 학생이 (가)를 수행하는 과정에서 (나)를 바탕으로 작성한 메모이다. 이에 대한 이해로 적절하지 **않은** 것은?

☀ 정답인 이유

② '메모 2'에서, 정류장 광고와 버스 내·외부 광고 중 후자를 선택한 것은 (나)에 제시된 반복 노출 효과의 유무라는 기준을 고려한 것이겠군.

   ✕

⋯ (나)의 [화면 2]에서 '버스 정류장 광고, 지하철역 광고, 버스 내·외부 광고 등은 대중교통을 자주 이용하는 사람에게 반복적으로 노출되는 효과가 있다.'고 했다. 이를 고려하면 정류장 광고와 버스 내·외부 광고는 모두 반복 노출 효과를 가지고 있음을 알 수 있다. 따라서 반복 노출 효과의 유무에 따라 버스 내·외부 광고를 선택했다는 설명은 적절하지 않다.

☂ 오답인 이유

① '메모 1'에서, 광고에서 부각할 내용을 선정한 것은 (나)에 제시된 목표 수용자와 관련하여 우선적으로 분석해야 할 요소를 고려한 것이겠군.

⋯ (나)의 [화면 2]에서 '광고 효과를 높이기 위해서는 무엇보다 목표 수용자의 관심과 흥미에 대한 분석이 선행되어야 한다.'고 했다. 메모 1에서 학생들이 좋아할 공연 프로그램이 많이 준비되어 있음을 강조하겠다고 한 것은 (나)에 제시된 내용처럼 목표 수용자의 관심과 흥미를 고려한 것이다.

③ '메모 2'에서, 버스 노선 중에서 특정 노선을 선택한 것은 (나)에 제시된 영화 광고의 예처럼 목표 수용자의 대중교통 이용 패턴을 고려한 것이겠군.

⋯ (나)의 [화면 3]에서 '다음으로 목표 수용자들의 주 이용 노선과 같은 대중교통 이용 패턴을 분석하는 것이 필요하다.'고 했다. 메모 2에서 ○○구 고등학생들이 주로 이용하는 10번이나 12번 버스를 언급한 것은 (나)에 제시된 내용처럼 목표 수용자들의 대중교통 이용 패턴을 고려한 것이다.

④ '메모 3'에서, 광고 게시 시간대를 설정할 수 있는 광고 형태를 제안하려는 것은 (나)에 제시된 목표 수용자의 대중교통 이용 시간이라는 기준을 고려한 것이겠군.

⋯ (나)의 [화면 3]에서 '또한 목표 수용자의 대중교통 이용 시간대도 고려할 필요가 있다.'고 했다. 메모 3에서 등·하교 시간에 집중적으로 광고를 하겠다는 것은 (나)에 제시된 내용처럼 목표 수용자의 대중교통 이용 시간을 고려한 것이다.

⑤ '메모 3'에서, 버스 옆면과 뒷면 광고가 필요하다고 판단한 것은 (나)에 제시

된 버스 외부 광고의 장점을 고려한 것이겠군.

⋯ (나)의 [화면 3]에서 버스 광고의 장점으로 '지하철과 달리 지상에서 운행하기 때문에 버스를 이용하지 않는 사람들 역시 버스 외부 광고의 목표 수용자가 될 수 있음'을 언급하고 있다. 메모 3에서 도보 통학 학생들에게 홍보하기 위해 버스 외부의 옆면과 뒷면에 광고를 게시하겠다는 것은 (나)에 제시된 내용처럼 버스 외부 광고의 장점을 고려한 것이다.

03
정답률 93%

ⓐ~ⓔ에 대한 설명으로 적절하지 **않은** 것은?

☀ 정답인 이유

② ⓑ: 젊은 층의 게임 광고 수용에 대한 자발적* 의지를 나타내기 위해 사용하였다.

⋯ ⓑ의 '보이는'은 '보다'의 피동사로, 행동의 주체보다는 대상인 '게임 광고'를 강조하기 위해 사용된 것이다. 문맥으로 파악해도 ⓑ는 대중교통 광고에 나오는 게임 광고를 설명하는 것일 뿐, 젊은 층의 게임 광고 수용에 대한 자발적 의지를 나타내기 위해 사용된 것은 아니다.

> * 자발적(自發的): 남이 시키거나 요청하지 아니하여도 자기 스스로 나아가 행하는 것 예 민수는 시키지 않아도 자발적으로 친구를 돕습니다.

☂ 오답인 이유

① ⓐ: 대중교통을 이용한 광고의 종류가 여럿임을 명시*하기 위해 사용하였다.

⋯ ⓐ의 '등'은 '그 밖에도 같은 종류의 것이 더 있음을 나타내는 말'로, '버스 정류장 광고, 지하철역 광고, 버스 내·외부 광고' 외에 대중교통을 이용한 광고의 종류가 여럿임을 나타내기 위해 사용된 것이다.

> * 명시(明示): 분명하게 드러내 보임 예 유효 기간을 상품에 명시한다.

③ ⓒ: 광고의 효과를 높이기 위해 분석해야 할 요소가 더 존재함을 드러내기 위해 사용하였다.

⋯ ⓒ의 앞부분은 대중교통 광고의 효과를 높이기 위해 분석해야 할 사항으로 '목표 수용자의 관심과 흥미'를 제시하고, ⓒ의 뒷부분도 광고 효과를 높이기 위해 분석해야 할 사항으로 '목표 수용자의 주 이용 노선과 이용 시간'을 제시한다. 이를 고려하면 ⓒ는 광고의 효과를 높이기 위해 고려해야 할 요소가 더 존재하고, 뒤에 그러한 내용이 이어질 것임을 드러내는 것이다.

④ ⓓ: 목표 수용자 분석과는 다른 내용으로 전환됨을 나타내기 위해 사용하였다.

⋯ ⓓ의 '한편'은 '어떤 일에 대하여, 앞에서 말한 측면과 다른 측면을 말할 때 쓰는 말'이다. ⓓ의 앞부분은 광고 효과를 높이기 위해 분석해야 하는 사항을 제시하고, ⓓ의 뒷부분은 버스 광고의 여러 가지 형태와 장점을 제시한다. ⓓ의 앞부분과 뒷부분의 내용이 다르다는 점을 고려하면 ⓓ는 다른 내용으로 전환됨을 나타내기 위해 사용된 것이다.

⑤ ⓔ: 앞에 나온 표현을 그대로 반복하지 않고 대신하기 위해 사용하였다.

⋯ ⓔ의 '그'는 앞에서 이미 이야기한 대상을 가리키는 지시 대명사로, '그'는 앞에 나온 버스 광고를 의미한다. 이를 고려하면 ⓔ는 앞에 나온 표현을 그대로 반복하지 않고 대신하기 위해 사용된 것이다.

[04~06]
2023 9월 모의평가

제대로 자료 분석

㉮
- ❖ 매체 자료의 유형: 교내 방송
- ❖ 핵심 내용: 학생의 사연 소개 (전학을 가는 친구와 있었던 일화를 소개하고 아쉬운 마음을 담은 노래를 신청)
- ❖ 특징
  ① 시간의 제약을 고려하여 정보의 양을 적절하게 조절함
  ② 음성 언어에 음향을 결합하여 정보를 효과적으로 전달

㉯
- ❖ 매체 자료의 유형: 휴대 전화 메신저의 대화
- ❖ 대화 참여자: 상우, 민지, 보미
- ❖ 대화 내용
  ① 화제 제시 – 지혜에게 선물로 줄 영상 제작
  ② 장면에 대한 의견 1 – 교문에서 운동장까지 걸어가는 민지
  ③ 장면에 대한 의견 2 – 교실에서 바라본 운동장의 모습
  ④ 장면에 대한 의견 3 – 상우, 보미, 민지가 지혜에게 전하는 메시지
  ⑤ 장면에 대한 추가 의견 및 날짜 선정

제대로 질문하기 정답
❶ × ❷ ○ ❸ ×

04
정답률 94%

(가), (나)에 드러나 있는 매체의 특성을 이해한 것으로 가장 적절한 것은?

☀ 정답인 이유

① (가)에서는 정보를 전달할 수 있는 시간의 제약을 고려하여 정보의 양을 조절하고 있다.

⋯ 정해진 시간 안에 정보를 전달하는 교내 방송은 매체의 특성상 시간의 제약을 많이 받는다고 볼 수 있다. (가)에서 진행자가 '어제까지 많은 사연이 왔는데요, 시간 관계상 하나만 읽어 드릴게요.'라고 말한 것은 시간의 제약을 고려하여 정보의 양을 조절한 것으로 이해할 수 있다.

☂ 오답인 이유

② (나)에서는 불특정 다수*의 수용자에게 정보를 제공하고 있다.
　　　　　　× → 메신저에 참여하는 개인

⋯ (나)는 휴대 전화 메신저 대화로, '상우', '민지', '보미'가 서로 대화를 나누고 있다. (나)에서는 특정한 개인끼리 소통을 하고 있으므로, 불특정 다수의 수용자에게 정보를 제공하고 있다는 설명은 적절하지 않다.

> * 불특정 다수(不特定多數): 특별히 정하지 않은 많은 수 예 국립 공원은 불특정 다수가 이용하는 개방된 공간이다.

③ (가)에서는 (나)와 달리 대화 목적에 따라 또 다른 온라인 대화 공간을 설정
　　　　　× → (나)에서는 (가)와 달리
하고 있다.

··· (나)에서 민지는 '지금 보미랑 과제 때문에 다른 대화방에서 얘기 중'이라고 했다. 대화 목적에 따라 또 다른 온라인 대화 공간을 설정할 수 있는 것은 (가)가 아니라 (나)에 해당한다.

④ (나)에서는 (가)와 달리 음성 언어에 음향을 결합하여 정보를 생산하고 있다.
× → (가)에서는 (나)와 달리
··· (가)에서 진행자는 '잔잔한 배경 음악'과 함께 청취자의 사연을 소개하고 있다. 음성 언어에 음향을 결합하여 정보를 생산하고 있는 것은 (나)가 아니라 (가)에 해당한다.

⑤ (가)와 (나)에서는 모두 정보 생산자가 정보 수용자의 반응에 따라 정보 제시 순서를 바꾸고 있다.
× → (가)와 (나) 모두에서 찾을 수 없음
··· 정보 수용자의 반응에 따라 정보 제시 순서를 바꾸는 부분은 (가)와 (나) 모두에서 찾아볼 수 없다.

05
정답률 95%

㉠~㉤에 드러난 의사소통 방식에 대한 이해로 적절하지 않은 것은?

☀ 정답인 이유

③ ㉢: '상우'의 이전 발화 중 일부를 재진술하면서 영상 제작에 관한 그의 의견에 이의를 제기하고 있다.
× → 동의하고 있음
··· ㉢에서 '아까 학교에 얽힌 추억을 지혜가 기억하면 좋겠다고 했으니까'는 상우의 발화 중 '지혜가 학교에 얽힌 추억을 기억할 수 있게'를 재진술한 것이다. 그리고 '그때를 떠올리면서 지혜한테 얘기하듯이 말하면 되겠지?'라고 한 것은 상우의 의견 중 '지혜랑 얘기하듯이 말해.'에 동의한 것이다. 따라서 상우의 의견에 이의를 제기하고 있다는 설명은 적절하지 않다.

☂ 오답인 이유

① ㉠: 새롭게 대화에 참여한 '보미'는 공유된 맥락을 기반으로 '상우'에게 질문하고 있다.
··· ㉠에서 '보미'는 '민지한테 얘기 다 들었어.'라고 말하며 지혜에게 영상을 선물하자는 대화의 맥락을 이해하고 있음을 밝히고 있다. 그리고 이를 기반으로 상우에게 '어떤 장면 찍을 거야?'라고 질문하고 있다.

② ㉡: 동의의 뜻을 시각적 이미지로 제시하여 '상우'의 제안을 수락하고 있다.
··· ㉡에서 '민지'는 두 팔로 큰 원을 만들고 있는 사람의 모습을 그린 시각적 이미지를 제시하여, 출연하면 어떠냐는 상우의 제안을 수락하고 있다.

④ ㉣: 진행된 대화 내용을 점검하여 영상 촬영과 관련해서 추가적으로 논의할 내용을 언급하고 있다.
··· ㉣에서 '민지'는 '대화 내용을 다시 보니까 장면 구상이나 각자 역할은 얘기했는데'라고 말하며 지금까지의 대화 내용을 정리하고 있고, '촬영 날짜는 안 정했네.'를 덧붙이며 촬영 날짜를 추가적으로 논의할 것을 언급하고 있다.

⑤ ㉤: 의견을 취합*할 수 있는 기능을 활용하여 촬영 날짜를 선택하기 위한 의사 결정에 참여해 줄 것을 요청하고 있다.
··· ㉤에서 '상우'는 촬영 날짜에 대한 의견을 취합하기 위해 메신저의 투표 기능을 활용하고 있으며, '가능한 날짜를 선택해 줘.'라며 의사 결정에 참여해 줄 것을 요청하고 있다.

✱ 취합(聚合): 모아서 합침 ⓔ 그는 요구 사항을 취합하여 건의서를 작성하였다.

06
정답률 85%

(나)의 대화 내용을 반영한 '영상 제작 계획'으로 적절하지 않은 것은? [3점]

☀ 정답인 이유

① 교문에서부터 운동장까지 끊지 않고 촬영하여 지혜가 여러 공간에 얽힌 추억을 떠올릴 수 있도록 연출해야겠어.
× → 교문과 운동장에서 각각 촬영하고 편집
··· (나)에서 '상우'는 처음에 '첫 장면으로 교문에서 운동장까지 걸어가는 네 모습을 쭉 이어서 찍을게.'라고 말했지만, 뒤에서는 '생각해 보니 교문에서 운동장까지 꽤 머니까 네가 운동장으로 이동하는 과정은 빼고 찍자. 교문과 운동장에서 각각 찍고 편집해서 이어 붙이자.'라고 말했다. 이러한 상우의 제안에 '민지'는 동의하고 있으므로, 교문에서 운동장까지 끊지 않고 촬영한다는 제작 계획은 적절하지 않다.

☂ 오답인 이유

② 학교 공간을 촬영할 때, 민지가 지혜와 대화하는 듯한 느낌을 드러내야겠어.
··· (나)에서 '상우'가 '민지'에게 '카메라를 보면서 지혜랑 얘기하듯이 말해.'라고 하고 이에 '민지'가 동의하는 것으로 보아, 학교 공간을 촬영할 때 민지가 지혜와 대화하는 듯한 느낌을 담아내겠다는 제작 계획은 적절하다.

③ 지혜가 바라보던 운동장을 위에서 아래로 내려다보는 각도로 교실에서 촬영해야겠어.
··· (나)에서 '상우'가 '교실로 올라가서 지혜가 즐겨 보던 운동장을 찍자.'고 한 것으로 보아, 5층 교실에서 운동장을 내려다보는 각도로 촬영하겠다는 제작 계획은 적절하다.

④ 운동장에 그린 하트 모양의 그림에 '다시 만날 우리들'이라는 글자가 적힌 장면을 촬영하여 영상을 제작하는 우리의 마음을 드러내야겠어.
··· (나)에서 '보미'가 '운동장에 ♡를 크게 그리고, 민지가 사연으로 신청했던 노래의 제목(다시 만날 우리들)을 그 안에 적어 놓자. 그렇게 하면 우리 마음이 드러날 것 같아.'라고 한 것으로 보아, 하트 모양의 그림과 '다시 만날 우리들'이라는 글자를 통해 마음을 드러내겠다는 제작 계획은 적절하다.

⑤ 우리가 다 같이 등장해서 '함께한', '순간들', '잊지 마'라고 나눠서 말한 내용이 하나의 문장처럼 보이게 자막을 삽입해야겠어.
··· (나)에서 '보미'가 '우리가 세 글자씩 말하고, 화면에는 그 말이 한 문장으로 보이도록 하면 어때? 자막은 내가 넣을게.'라고 한 것으로 보아, 나눠서 하는 말들이 하나의 문장처럼 보이게 자막을 삽입하겠다는 제작 계획은 적절하다.

[01~04]

2023 6월 모의평가

제대로 자료 분석

가

❖ 매체 자료의 유형: 텔레비전 뉴스
❖ 매체 자료의 생산자: 뉴스 제작팀
❖ 핵심 내용
  장면 1) 진행자의 코너 소개
  장면 2) 방송의 화제 제시
  장면 3) '탄소 중립 실천 포인트 제도'에 대한 사람들의 관심
  장면 4) 탄소 중립 활동에 대한 혜택
  장면 5) 포인트 제도에 관한 관계자와의 인터뷰
  장면 6) 진행자의 마무리 인사
❖ 주제: 탄소 중립 실천 포인트 제도에 대한 소개

나

❖ 매체 자료의 유형: 포스터
❖ 매체 자료의 생산자: ◇◇고등학교 환경 동아리
❖ 주제: 탄소 중립 실천 포인트 제도에 대한 홍보

제대로 질문하기 정답

❶ 탄소 줄이기 ❷ × ❸ ○

01

정답률 84% | 매력적인 오답 ③ 15%

㉠~㉤에 대한 이해로 적절하지 않은 것은?

☀ 정답인 이유

② ㉡은 기자의 발화 내용을 의문형으로 요약 진술하여 시청자의 이해를 돕고자 하였다.

···→ ㉡의 '나도 가입해 볼까?'는 의문형으로 표현된 문장이지만 발화 내용을 요약 진술한 문장이 아니라, 시청자들의 관심을 유발하고 참여를 이끌기 위해 사용된 문장이다. 기자의 발화 내용을 요약 진술한 것은 '가입자 10만 명 돌파'라는 문장이며, '제도 실시 후 석 달 만에 가입자 십만 명을 돌파했습니다.'라는 발화 내용을 간략하게 요약한 것이다. 다만 의문형으로 표현된 문장이 아니므로 선택지의 설명에 부합하지 않는다.

☂ 오답인 이유

③ (매력적인 오답) ㉢은 기자의 발화와 관련된 내용을 보충하여 정보의 구체성을 강화하였다.

···→ ㉢은 기자의 발화 '이 포인트를 받으려면 누리집에 가입해야 합니다.'와 관련하여 가입이 가능한 대상에 대한 설명과 누리집의 홈페이지 주소를 추가적으로 제시한 것이다. 이를 통해 정보의 구체성을

강화하고 있다.

① ㉠은 글자의 크기와 굵기를 달리하여 보도의 주요 제재를 부각하였다.

···→ ㉠의 '탄소 중립 실천 포인트'는 (가)의 보도의 주요 제재에 해당하여 다른 글자들보다 더 크고 더 굵은 글자로 제시되어 있다. 이러한 표현 방식을 통해 중심 제재가 다른 정보들보다 강조되고 부각되어 보이도록 하였다.

④ ㉣은 관계자의 발화에서 생략된 내용을 보완하여 의미를 정확하게 전달하였다.

···→ ㉣은 관계자의 발언을 자막으로 제시한 것으로, 관계자의 발화에서 생략된 '현금이나 카드 포인트를', '앞으로', '홍보를 강화하겠습니다' 등의 내용을 보충하여 의미를 보다 정확하게 전달하고 있다.

⑤ ㉤은 이후에 방영될 프로그램에 대한 정보를 제시하여 이에 대한 시청자의 관심을 유도하였다.

···→ ㉤은 뉴스와는 관련 없는 내용으로, 뉴스 이후에 방영될 프로그램에 대한 정보를 자막으로 제시하여 시청자의 관심을 유도하고 있다.

02

정답률 65% | 매력적인 오답 ① 17%

ⓐ~ⓔ에 대한 설명으로 가장 적절한 것은?

☀ 정답인 이유

⑤ ⓔ: 의존 명사 '만큼'을 사용해 많은 국민이 동참해야 효과가 있는 제도라는 점이 이어지는 내용의 근거임을 표현하였다.

···→ '만큼'은 '뒤에 나오는 내용의 원인이나 근거가 됨'을 나타내는 의존 명사이다. 이를 통해 참여도를 높여야 하는 이유로 국민이 동참해야 효과가 있는 제도이기 때문임을 드러내고 있다.

☂ 오답인 이유

① (매력적인 오답) ⓐ: 보조 용언 '있다'를 사용해 제도가 지속적으로 진행됨을 표현하였다.
× → 제도가 지속적으로 화제가 됨

···→ '있다'는 '앞말이 뜻하는 행동이 계속 진행되고 있'음을 나타내는 보조 용언으로, 이를 통해 제도가 지속적으로 화제가 됨을 표현하고 있다. 제도가 지속적으로 진행됨을 표현했다는 설명은 적절하지 않다.

② ⓑ: 보조사 '도'를 사용해 제도의 장단점을 아우르고자 하는 의도를 표현하였다.
× → 제도의 단점은 언급되지 않음

···→ '도'는 '이미 어떤 것이 포함되고 그 위에 더함'의 뜻을 나타내는 보조사로, 이를 통해 탄소 중립을 실천하면서 포인트까지 받을 수 있음을 표현하고 있다. 제도를 통해 얻을 수 있는 혜택들을 설명하고 있을 뿐, 제도의 장단점을 아울러 표현하고 있지는 않으므로 선택지의 설명은 적절하지 않다.

③ ⓒ: 감탄사 '자'를 사용해 시청자의 해당 누리집 가입을 재촉하려는 의도를 표현하였다.
× → 시청자들의 주의를 불러일으키기 위해 사용

···→ 감탄사 '자'는 '말이나 행동을 할 때 남의 주의를 불러일으키기 위하여 하는' 말이다. '자'는 누리집 가입을 재촉하기 위해 사용된 것이 아닌 탄소 중립 실천 포인트에 대한 시청자들의 주의를 불러일으키기 위해 사용된 표현이므로, 선택지의 설명은 적절하지 않다.

④ ⓓ: 선어말 어미 '-겠-'을 사용해 제도 시행 관련 정보를 관계자가 언급할 것이라는 추측을 표현하였다.
× → 관계자의 말을 들어 보겠다는 의지를 나타냄

···→ '-겠-'은 주체의 의지를 나타내는 선어말 어미로, 뒤에 이어지는 관계자의 말을 잘 듣겠다는 의지를 드러낼 뿐 추측을 표현하기 위해 사용한 것은 아니다. 따라서 선택지의 설명은 적절하지 않다.

03

(가)를 시청한 학생들의 휴대전화 대화방의 내용이다. 학생들의 수용 태도에 대한 설명으로 적절하지 <u>않은</u> 것은? [3점]

☀ 정답인 이유

④ 학생 4는 누리집 접근에 어려움을 겪는 사람에 주목해 제도의 실현 가능성 측면을 부정적으로 판단하였다.

···→ 학생 4는 인터넷이나 스마트폰 사용에 익숙하지 않아 누리집 접근이 어려운 사람들에게 주목하고 있고, 누구나 쉽게 누리집에 가입할 수 있도록 구체적인 방안을 제시했다면 좋았을 것이라며 아쉬움을 드러내고 있다. 이는 제도에 접근할 수 있는 방법 제시 여부에 대한 문제점을 지적한 것일 뿐, 제도의 실현 가능성 측면을 부정적으로 바라본 것은 아니다.

☂ 오답인 이유

① 학생 1은 보도에서 제시한 실천 항목의 효과에 주목해 제도의 실효성* 측면을 부정적으로 판단하였다.

···→ 학생 1은 보도에서 제시한 실천 항목 중 '세제나 화장품의 용기를 다시 채워' 쓰는 것에 주목하고 있다. 그것보다는 좀 더 강력한 규제가 필요하다는 견해를 덧붙이면서 제도를 실효성 측면에서 부정적으로 판단하고 있다.

> * 실효성(實效性): 실제로 효과를 나타내는 성질 ⓔ 이 제도의 실효성 여부를 놓고 의견이 분분하다.

② 학생 2는 일상에서 쉽게 할 수 있는 방법을 제시한 점에 주목해 제도의 실천 용이성* 측면을 긍정적으로 판단하였다.

···→ 학생 2는 '일상에서 쉽게 할 수 있는 방법을 알 수 있었어.'라며 일상에서 쉽게 실천할 수 있는 방안을 제시한 제도를 실천 용이성 측면에서 긍정적으로 평가하고 있다.

> * 용이성(容易性): 어렵지 아니하고 매우 쉬운 성질 ⓔ 접근 용이성 덕분에 이 도시가 개최지로 선정되었다.

③ 학생 3은 제도의 시행이 현재의 문제 해결에 필요하다는 점에 주목해 보도의 시의성 측면을 긍정적으로 판단하였다.

···→ 학생 3은 '세계가 이상 기후로 몸살을 앓고 있는 이 시점에 탄소 배출을 줄일 수 있는 제도를 알려 준 점에서 의미가 있어.'라며 보도를 시의성 측면에서 긍정적으로 판단하고 있다.

⑤ 학생 5는 기존 제도의 세부 내용을 설명하지 않은 점에 주목해 보도 내용의 충분성 측면을 부정적으로 판단하였다.

···→ 학생 5는 보도의 내용이 모자람 없이 넉넉한지에 관해 주목하고 있는데, '그 제도는 명칭만 언급되고 구체적인 설명이 없어'라며 보도 내용을 충분성 측면에서 부정적으로 판단하고 있다.

04

(나)의 정보 구성 및 제시 방식에 대한 이해로 적절하지 <u>않은</u> 것은?

☀ 정답인 이유

④ (가)에 제시된 가입자 증가 현황 이외에 증가 원인을 추가하여 제도 가입자
× → (나)에서 확인할 수 없음
가 지닌 환경 의식을 표현하였군.
× → (나)에서 확인할 수 없음

···→ (나)에는 탄소 중립을 위한 실천 방안과 누리집 주소, 누리집 접속 QR코드에 관한 정보가 제시되어 있다. 하지만 가입자 증가 현황 및 증가 원인은 (나)에서 찾아볼 수 없다. 더불어 제도 가입자가 지닌 환경 의식을 표현한 부분도 확인할 수 없다.

☂ 오답인 이유

① (가)에 제시된 제도의 실천 항목 중 청소년이 일상에서 실천할 수 있는 것을 선별하여 제시하였군.

···→ (나)에는 (가)에 제시된 여러 가지 실천 항목 중에 청소년이 일상에서 실천할 수 있는 '배달 음식 주문할 때 다회 용기 선택', '세제나 화장품의 용기는 다시 채워 쓰기', '물건 살 때 전자 영수증 받기'만 제시되어 있다. '무공해 차 대여'는 청소년이 실천할 수 없는 항목이므로 (나)에서는 삭제되었다.

② (가)에 제시된 누리집 주소와 함께 QR코드를 제시하여 누리집에 접속할 수 있는 경로를 추가하였군.

···→ (가)에는 누리집 주소만 제시되어 있는데, (나)에서는 누리집 주소와 QR코드를 함께 넣어 누리집에 접속할 수 있는 경로를 추가적으로 제시하고 있다.

③ (가)에 제시된 제도의 개인적 혜택을 시각적으로 표현하기 위해 돈과 저금통의 이미지를 활용하였군.

···→ (가)는 탄소 중립 활동을 실천하면 포인트를 받을 수 있다는 설명만 제시하고 있는데, (나)는 이러한 내용을 효과적으로 표현하기 위해 돈과 저금통의 이미지를 활용하고 있다.

⑤ (가)에 제시된 수용자보다 수용자 범위를 한정하고 생산자를 명시하여 메시지 전달의 주체와 대상을 표현하였군.

···→ 수용자가 불특정 다수인 (가)와 달리 교내 포스터인 (나)는 '◇◇고 친구들'로 수용자 범위를 한정하고 있다. 또 (나)는 왼쪽 상단에 '◇◇고등학교 환경 동아리'로 생산자를 명시하여 메시지 전달의 주체와 대상을 표현하고 있다.

[05~06]

제대로 자료 분석

❖ 매체 자료의 유형: 인터넷 방송
❖ 매체 자료의 생산자: 인터넷 방송의 진행자, 역사임당
❖ 핵심 내용
  장면 1) 방송의 화제 제시 – 궁중 채화 만들기
  장면 2) 용어의 의미에 대한 설명
  장면 3) 채화의 제작 과정 ①
  장면 4) 채화의 제작 과정 ②
  장면 5) 방송에 대한 소감
  장면 6) 다음 방송 예고
❖ 주제: 궁중 채화 만들기

> 제대로 질문하기 정답
> ❶ 궁중 채화 ❷ ○ ❸ ○

위 방송에 반영된 기획 내용으로 가장 적절한 것은?

☀ 정답인 이유

① 접속자 이탈을 막으려면 흥미를 유지해야 하니, 꽃잎을 미리 준비해 반복적인 과정을 생략해야겠군.

⋯ 진행자는 필요한 꽃잎 개수만큼 작업을 반복하면 시청자들이 지루해할 것을 고려하여, 방송 전에 필요한 꽃잎들을 만들어 놓아 반복적인 과정을 생략하였다. 이는 '필요한 꽃잎 숫자만큼 반복해야 하는데 여기서 이걸 계속하면 정말 지루하겠죠? (미리 준비해 둔 꽃잎들을 꺼내며) 짜잔! 그래서 꽃잎을 이만큼 미리 만들어 뒀지요!'라는 방송 진행자의 말을 통해 확인할 수 있다.

☂ 오답인 이유

② 소규모 개인 방송으로 자원에 한계가 있으니, 제작진을 출연시켜 인두로 밀랍을 묻히는 과정을 함께해야겠군. ✕ → 제작진 없이 혼자서 방송 진행

⋯ 진행자가 '혼자서 설명하고 시범까지 보이려니 미흡한 점이 많았'다고 말하고 있는 것으로 보아, 제작진이 출연했다는 내용은 적절하지 않다.

③ 실시간으로 진행되어 편집을 할 수 없으니, 마름질 과정에서 실수가 나올 것에 대비하여 미리 양해를 구해야겠군. ✕ → 지문에서 확인할 수 없음

⋯ 진행자는 마름질 과정에서 '꽃잎을 자를 때 가위는 그대로 두고 비단만 움직이며 잘라야 해요.'라며 유의점을 설명하고 있다. 다만 마름질 과정을 설명하는 부분에서 진행자가 실수에 대비해 양해를 구하는 내용은 확인할 수 없다.

④ 텔레비전 방송에 비해 비공식적이고 사적인 매체이니, 방송에 대한 긍정적 평가와 고정 시청자 등록을 부탁해야겠군. ✕ → 지문에서 확인할 수 없음

⋯ 진행자는 방송 초반에 실시간 채팅에 참여해 달라고 부탁하고 있지만, 긍정적 평가와 고정 시청자 등록을 부탁하는 내용은 지문에서 확인할 수 없다.

⑤ 방송 도중 접속한 사람은 이전 내용을 볼 수 없으니, 마무리 인사 전에 채화 만드는 과정을 요약해서 다시 설명해야겠군. ✕ → 지문에서 확인할 수 없음

⋯ 진행자는 방송 말미에 '다음 시간에는 궁중 채화를 장식하는 나비를 만들어 볼게요.'라며 다음 방송 내용을 소개하며 마무리 인사를 하고 있다. 마무리 인사 전에 채화 만드는 과정을 요약해서 설명하는 부분은 확인할 수 없다.

06

정답률 91%

〈보기〉를 바탕으로, [A]~[E]에서 파악할 수 있는 수용자의 특징에 대한 이해로 적절하지 않은 것은?

☀ 정답인 이유

③ [C]: '꼼꼼미'는 제시되지 않은 부분을 추가하도록 요청함으로써 진행자가 방송의 순서를 정하는 데 영향을 미치고 있다.

⋯ [C]에서 '꼼꼼미'는 '방금 그거 다시 보여 주실 수 있어요?'라며 바로 앞의 과정을 다시 보여 줄 것을 요청하고 있다. 이는 방송에서 제시되지 않은 부분을 추가해 달라고 요청하는 것이 아니라 이미 제시된 내용을 다시 보여 달라고 요청하는 것이다.

☂ 오답인 이유

① [A]: '빛세종'은 더 알고 싶은 내용을 질문함으로써 진행자가 방송 내용을 보충하여 제시하도록 하고 있다.

⋯ [A]에서 '빛세종'은 '채는 어떤 뜻이죠?'라며 궁금한 것을 질문하고 있고, 진행자는 '채'는 비단을 뜻하고, 비단을 비롯한 옷감이 궁중 채화를 만드는 재료로 많이 쓰였다고 설명하며 방송 내용을 보충하여 제시하고 있다.

② [B]: '햇살가득'은 자신이 원하는 바를 밝힘으로써 진행자가 생산할 내용을 선정하는 데 관여*하고 있다.

⋯ 채화를 만들 꽃을 골라 달라는 진행자의 부탁에 [B]에서 '햇살가득'은 '월계화'를 선택하고 있다. 진행자는 수용자의 답변에 따라 월계화로 방송을 진행하고 있고, 이를 통해 수용자가 방송 내용 선정에 관여하고 있음을 알 수 있다.

> **＊ 관여(關與)**: 어떤 일에 관계하여 참여함 **예** 이 작업에 관여한 사람만 해도 백 명이 넘는다.

④ [D]: '아은맘'은 제시된 내용 중 잘못된 부분을 언급함으로써 진행자가 오류를 인지하고 정정*하도록 하고 있다.

⋯ '궁중 채화 전시회가 다음 주에 ○○시에서 열릴 예정이니 가 보셔도 좋을 것 같네요.'라는 진행자의 말에 [D]에서 '아은맘'은 전시회가 지난주에 이미 시작했음을 언급하고 있다. 진행자는 수용자의 답변에 따라 자신의 오류를 인지하고 정정하고 있다.

> **＊ 정정(訂正)**: 글자나 글 따위의 잘못을 고쳐서 바로잡음 **예** 나는 틀린 글자를 정정하였다.

⑤ [E]: '영롱이'는 자신의 감정 변화를 제시함으로써 진행자와 정서적인 유대를 형성하고 있다.

⋯ [E]에서 '영롱이'는 '오늘 진짜 우울했는데 ~ 기분이 좋아졌어요.'라며 자신의 감정 변화를 표현하고 있고, '언니 팬 할래요. 사랑해요'와 같이 정서적인 유대감을 표현하고 있다. 이에 진행자도 '제 팬이 되어 주신다니 정말 힘이 납니다. 저도 사랑해요'라고 답변하며 정서적인 유대를 형성하고 있다.

| 01 ④ | 02 ③ | 03 ④ | 04 ④ | 05 ⑤ | 06 ③ |

[01~04]　　　　　　　　　　　　　　　2022 수능

제대로 자료 분석

❖ **매체 자료의 유형**: 텔레비전 방송 프로그램
❖ **담화 내용**
　① 프로그램의 화제 제시 – '지문 등 사전등록제'를 다룬 신문 기사
　② △△ 신문의 표제 및 주요 내용 소개
　③ △△ 신문과 관련하여 '지문 등 사전등록제'의 개념 제시
　④ 지문 등록률이 저조한 원인 분석 – 홍보 부족과 개인 정보 유출에 대한 우려가 원인으로 지목됨
　⑤ '지문 등 사전등록제'에서 개인 정보 유출을 방지하기 위해 마련한 시스템 소개
　⑥ 지문 등을 사전등록했을 때의 효과 제시
　⑦ □□ 신문의 핵심 내용 소개 / ○○ 신문에 수록된 '지문 등 사전등록 앱' 소개
❖ **주제**: '지문 등 사전등록제'를 다룬 신문 기사 소개

제대로 질문하기 정답

❶ × ❷ ○ ❸ 자동 폐기

01　　　　　　　　　　　　　　정답률 93%

위 방송 프로그램을 시청한 학생의 반응으로 적절하지 <u>않은</u> 것은?

☀ 정답인 이유

④ 진행자가 △△ 신문과 ○○ 신문의 기사 내용을 종합함으로써 특정 화제에
　　　　　　× → 기사 내용을 종합하지 않음
대한 비판적 입장을 나타내고 있군.
× → 특정 화제에 대한 비판적 입장은 나타나지 않음
⋯ 진행자는 '지문 등 사전등록제'를 화제로 하는 △△ 신문과 □□ 신문, ○○ 신문의 기사 내용을 각각 제시하고 있다. 하지만 △△ 신문과 ○○ 신문의 기사 내용을 종합하거나 특정 화제에 대한 비판적 입장을 나타내고 있지는 않다.

☂ 오답인 이유

① 진행자가 △△ 신문의 내용보다 □□ 신문의 내용을 간단히 언급함으로써
방송에서 어떤 기사에 더 비중을 두었는지 드러내고 있군.
　　　○ → △△ 신문의 기사에 더 비중을 둠
⋯ 진행자는 △△ 신문의 표제와 기사 내용 일부를 인용하고, 기사 내용과 관련하여 전문가에게 부연 설명을 요청하기도 하면서 △△ 신문의 기사 내용을 심도 있게 다루고 있다. 반면 □□ 신문은 기사의 화제만 간단하게 언급하였다. 진행자는 이러한 차이를 통해 방송에서 △△ 신문의 기사에 더 비중을 두었음을 드러내고 있다.

② 시의성* 있는 화제를 다룬 신문 기사들을 제시함으로써 사회적으로 주목할
　　　○ → '지문 등 사전등록제'를 다룬 기사 제시
만한 사안에 대한 다양한 정보를 전달하고 있군.
⋯ 진행자는 며칠 전 실종되었던 김 모 군이 '지문 등 사전등록제'의 도움으로 가족을 찾은 일과 관련하여 해당 제도를 다룬 신문 기사들을 소개하고 있다. 또한 기사 내용을 통해 지문 등록률 현황, 지문

등록률이 저조한 이유, 지문 등 사전등록의 효과 등 사회적으로 주목할 만한 사안에 대한 다양한 정보를 전달하고 있다.

> * **시의성**(時宜性): 당시의 상황이나 사정과 딱 들어맞는 성질 ⓔ 이 책은 시의성 있는 주제를 다룬다.

③ △△ 신문 기사의 일부를 화면에 확대하여 제시함으로써 신문 기사의 특정
　○
부분을 방송에서 선별하여 보여 주고 있군.
　　　○ → 주요 내용만 선별하여 제시
⋯ 진행자는 △△ 신문의 기사 내용 전체를 보여 주는 대신 중요한 정보가 포함된 부분을 선별하고, 이를 화면에 확대하여 제시하고 있다.

⑤ 전문가가 진행자의 질문에 답함으로써 △△ 신문 기사의 내용에 대한 자신
의 의견을 덧붙이고 있군.
　　　○ → 지문 등록률이 저조한 원인을 스스로 분석하여 제시함
⋯ 진행자는 전문가에게 지문 등록률이 왜 저조한지 묻고 있다. 이에 대한 답변으로 전문가는 홍보가 부족해 지문 등록률이 저조하다는 △△ 신문 기사의 내용을 언급하고, 지문 등록률이 저조한 데는 개인 정보 유출에 대한 우려도 크게 작용했을 것이라는 본인의 의견을 덧붙이고 있다.

02　　　　　　　　정답률 46% | 매력적인 오답 ⑤ 43%

㉠~㉤에 대한 설명으로 적절하지 <u>않은</u> 것은?

☀ 정답인 이유

③ ㉢: 보조사 '는'을 통해 '사전등록 정보'가 문장의 화제임과 동시에 주어로 사
　　　○　　　　　　　　　　　　　　　　　× → 목적어
용됨을 보여 주고 있다.
⋯ ㉢에서는 보조사 '는'을 사용하여 '사전등록 정보'가 문장의 화제임을 밝히고 있다. 하지만 '사전등록 정보'는 '저장하다'라는 동작의 대상이므로 주어가 아니라 목적어로 보아야 한다.

☂ 오답인 이유

⑤ (매력적인 오답) ㉤: 보조 용언 '보다'를 통해 '앱'을 사용하는 것이 시험 삼아
　　　　　　　　　　　　　　　　　○ → '보다'는 어떤 행동을 시험 삼아 함을 나타내는 말
하는 행동임을 나타내고 있다.
⋯ ㉤에서는 부사 '한번'과 보조 용언 '보다'를 사용하여 '지문 등 사전등록 앱'을 시험 삼아 사용해 볼 것을 권유하고 있다.

① ㉠: 하십시오체 종결 어미 '-ㅂ니까'를 통해 시청자를 높이며 방송의 시작을
　　　　　　○ → 하십시오체의 의문형 종결 어미
알리는 인사를 하고 있다.
⋯ ㉠에서는 '안녕하십니까!'와 같이 하십시오체의 의문형 종결 어미 '-ㅂ니까'를 활용하여 시청자들에게 인사를 건네며 방송을 시작하고 있다.

② ㉡: 접속 부사 '그래서'를 통해 앞 문장의 내용이 뒤에 이어지는 내용의 원인
　　　　　　　　　　　　　　　　　　　　　○
임을 드러내고 있다.
⋯ ㉡에서는 접속 부사 '그래서'를 활용하여, 실종되었던 김 군이 돌아오는 데 '지문 등 사전등록제'가 큰 역할을 한 것이 오늘 '지문 등 사전등록제'에 대한 기사들이 많이 올라온 일의 원인임을 드러내고 있다.

④ ㉣: 연결 어미 '-면'을 통해 앞 절의 내용이 '사전등록 정보'가 '자동 폐기'되
는 조건임을 나타내고 있다.
⋯ ㉣에서는 연결 어미 '-면'을 활용하여, 아동이 18세에 도달하

는 것이 사전등록 정보가 자동 폐기되는 일의 조건임을 나타내고 있다.

03

정답률 85% | 매력적인 오답 ③ 10%

다음은 위 방송 프로그램 '시청자 게시판'의 내용이다. 시청자의 수용 태도에 대한 설명으로 가장 적절한 것은? [3점]

☀ 정답인 이유

④ 시청자 3과 4는 △△ 신문 기사의 내용과 관련하여, 지문 등 사전등록제가 어떤 사람에게 유용한지 점검하였다.

⋯› 시청자 3은 누가 '지문 등 사전등록제' 대상자인지 궁금했던 사람들은 방송을 통해 알게 되었을 것이라고 하였다. 또한 시청자 4는 가족 중에 '지문 등 사전등록제' 대상자가 있지만 이런 제도가 있다는 것을 몰랐던 사람에게 방송 내용이 도움이 될 것이라고 하였다. 이와 같이 시청자 3과 4는 모두 '지문 등 사전등록제'가 어떤 사람에게 유용한지 점검하고 있다.

☔ 오답인 이유

③ (매력적인 오답) 시청자 2와 5는 △△ 신문 기사의 내용과 관련하여, 지문 등 사전등록제의 장단점을 공평하게 다루고 있는지 점검하였다.
시청자 2는 ○, 시청자 5는 ×

⋯› 시청자 2는 프로그램이 지문 등 사전등록의 필요성 위주로만 이야기하고 부작용에 대해서는 별로 언급하지 않은 점을 지적하고 있으므로 지문 등 사전등록제의 장단점을 공평하게 다루고 있는지 점검했다고 볼 수 있다. 하지만 시청자 5는 전문가가 제공한 정보가 정확한지 점검하고 있는 것이지, 사전등록제의 장단점을 공평하게 다루고 있는지 점검하고 있는 것이 아니다.

① 시청자 1과 2는 △△ 신문 기사의 내용과 관련하여, 지문 등 사전등록제의 등록률에 대한 정보의 출처가 믿을 만한지 점검하였다.
시청자 1은 ○, 시청자 2는 ×

⋯› 시청자 1은 '신문에 나온 등록률 현황은 어디에서 조사한 것인가요?'라고 물으며 등록률에 대한 정보의 출처가 믿을 만한지 점검하고 있다. 하지만 시청자 2는 정보의 출처에 대해 점검하고 있지 않다.

② 시청자 1과 4는 ○○ 신문 기사의 내용과 관련하여, 지문 등을 사전등록하는 방법에 대한 정보의 양이 충분한지 점검하였다.
시청자 1과 4 모두 ×

⋯› 시청자 1은 정보의 출처를 문제 삼고 있고, 시청자 4는 정보가 누구에게 유용한지 점검하고 있다. 시청자 1과 4 모두 정보의 양이 충분한지 점검하고 있지 않다.

⑤ 시청자 3과 5는 ○○ 신문 기사의 내용과 관련하여, 지문 등 사전등록제의 효과에 대한 정보가 사실인지 점검하였다.
× → △△ 신문 기사의 내용   시청자 5는 ○, 시청자 3은 ×

⋯› 시청자 5는 △△ 신문 기사의 내용과 관련하여 지문 등 사전등록제의 효과에 대한 정보가 사실인지 점검하고 있다. 시청자 3은 △△ 신문 기사의 내용과 관련하여 정보가 누구에게 유용한지 점검하고 있을 뿐 정보가 사실인지 점검하고 있지는 않다.

04

정답률 94%

'○○ 신문'을 바탕으로 할 때, ⓐ~ⓔ에서 확인할 수 있는 의사소통의 특징으로 가장 적절한 것은?

☀ 정답인 이유

④ ⓓ에서, 글을 쓸 수도 있고 다른 사람의 글을 읽을 수도 있는 것으로 보아 매체 자료의 생산과 수용이 쌍방향적으로 이루어질 수 있음을 알 수 있다.

⋯› '같이 찾아요' 메뉴(ⓓ)를 이용하면 잃어버린 사람을 찾는 글을 올릴 수도 있고, 다른 사람의 글을 확인하거나 다른 사람의 글에 댓글을 달 수도 있다고 하였다. 글을 올리거나 댓글을 다는 것은 매체 자료 생산에, 다른 사람의 글을 읽는 것은 수용에 해당하므로 ⓓ에서 매체 자료의 생산과 수용이 쌍방향적으로 이루어진다는 설명은 적절하다.

☔ 오답인 이유

① ⓐ에서, 화면에서 필요한 정보를 찾아 사용할 수 있는 것으로 보아 수용자가 대량의 정보를 요약하여 비선형적으로 표현할 수 있음을 알 수 있다.
× → 정보를 비선형적으로 표현한 것은 생산자임

⋯› 첫 화면(ⓐ)은 메뉴가 그림과 문자로 표현되어 있으므로 수용자들은 이를 통해 필요한 정보를 손쉽게 찾아 사용할 수 있다. 하지만 이때 대량의 정보를 요약해서 비선형적으로 표현한 것은 정보 수용자가 아니라 생산자이다.

② ⓑ에서, 시·공간의 제약 없이 정보를 생산하는 것으로 보아 생산자가 등록한 정보를 수용자가 변형하여 배포할 수 있음을 알 수 있다.
× → 신문을 통해서는 알 수 없음

⋯› '지문 등록' 메뉴(ⓑ)를 이용하면 시·공간의 제약 없이 대상자의 지문과 사진, 대상자와 보호자의 인적 사항 등을 등록할 수 있다고 하였다. 하지만 생산자가 등록한 정보를 수용자가 변형하여 배포할 수 있는지는 신문에서 확인할 수 없다.

③ ⓒ에서, 글과 이미지로 표현된 정보를 확인할 수 있는 것으로 보아 수용자가 둘 이상의 양식이 결합된 매체 자료에 접근하여 실시간으로 수정할 수 있음을 알 수 있다.
× → 매체 자료의 복합 양식성과 관련이 없고, 신문을 통해 알 수 없음

⋯› '함께 있어요' 메뉴(ⓒ)에 등록되는 자료는 인적 사항(글)과 사진들(이미지)로 이루어지므로 둘 이상의 양식이 결합된 매체 자료라고 볼 수 있다. 하지만 이러한 특성과 수용자가 정보를 실시간으로 수정할 수 있는지 여부는 직접적으로 관련이 없다. 또한 수용자가 매체 자료를 실시간으로 수정할 수 있는지 신문에서 확인할 수 없다.

⑤ ⓔ에서, 서로 다른 앱을 연결하여 사용할 수 있는 것으로 보아 매체 자료의 수용자가 생산자도 될 수 있음을 알 수 있다.
× → 다른 앱을 연결하여 사용하는 것도 자료를 수용하는 것임

⋯› '보호소' 메뉴(ⓔ)에 들어가면 이와 연동되어 있는 지도 앱을 사용할 수 있다고 하였다. 하지만 지도 앱에서 인근에 있는 보호소의 위치를 확인하는 것도 매체 자료의 수용에 해당하므로 ⓔ에서 다른 앱을 연결하여 사용하는 것이 매체 자료의 수용자가 생산자도 될 수 있음을 보여 준다고 할 수 없다.

[05~06]

2022 수능

제대로 자료 분석

㉮

❖ 매체 자료의 유형: 블로그 게시글
❖ 매체 자료의 생산자: 학생
❖ 핵심 내용
 1문단) 재생 종이의 정의
 2문단) 재생 종이를 사용해야 하는 이유 ① – 숲을 지킬 수 있음
 3문단) 재생 종이를 사용해야 하는 이유 ② – 유해 물질이 덜 발생함
❖ 주제: 재생 종이 사용의 필요성

⑷

◆ 매체 자료의 유형: 스토리보드(이야기판)

◆ 매체 자료의 생산자: 학생

◆ 핵심 내용

　#1) 재생 종이의 정의

　#2) 복사지의 10%만 재생 종이로 바꿔도 많은 나무를 지킬 수 있음

　#3) 일반 종이를 생산할 때 투입되는 에너지 양과 발생하는 물질 양

　#4) 재생 종이를 생산할 때 투입되는 에너지 양과 발생하는 물질 양 – 일반 종이를 만들 때에 비해 15% 줄어듦

◆ 주제: 재생 종이 사용의 필요성

제대로 질문하기 정답

❶ 40　❷ ○　❸ ×

05

정답률 93%

(가)에 나타난 표현 방식에 대한 설명으로 가장 적절한 것은?

☀ 정답인 이유

⑤ 숲을 지켜야 하는 이유를 다룬 다른 게시물을 하이퍼링크 기능을 활용하여 안내했다.
　　　　　　　　　○ → '이전 글 숲의 힘(☜ 클릭)을 참고해 주세요.'

⋯▸ 학생은 2문단에서 숲을 지켜야 하는 이유를 알고 싶으면 이전 글 '숲의 힘'을 참고해 달라고 말하며 이전 글로 연결되는 하이퍼링크를 제시하였다.

☂ 오답인 이유

① 재생 종이의 활용 사례를 글자의 굵기와 형태를 달리하여 강조했다.
　× → 재생 종이를 사용해야 하는 이유

⋯▸ 학생이 글자의 굵기와 형태를 달리하여 강조한 내용은 재생 종이를 사용해야 하는 이유이다. 재생 종이의 활용 사례는 1문단 마지막 문장에 제시되어 있는데, 글자의 굵기와 형태를 달리하지 않은 것을 확인할 수 있다.

② 재생 종이와 관련된 각 문단의 중심 내용을 소제목을 사용하여 부각했다.
　　　　　× → 소제목은 제시되지 않음

⋯▸ 맨 윗부분에서 글 전체를 아우르는 제목을 제시하고 있을 뿐, 각 문단의 중심 내용을 부각하는 소제목은 사용하지 않았다.

③ 종이를 만들기 위해 사라지는 숲의 면적을 동영상 자료를 활용하여 보여 주었다.
　　　　　　　　　　　　　　× → 동영상은 활용되지 않음

⋯▸ 나무를 베는 이미지를 제시하고 있을 뿐, 동영상 자료를 활용하여 종이를 만들기 위해 사라지는 숲의 면적을 보여 주지는 않았다.

④ 사무실에서 버려지는 일반 종이의 양을 글과 사진 자료를 함께 사용하여 제시했다.
　× → 블로그 글을 통해 알 수 없음

⋯▸ 2문단에 사무실에서 사용하는 복사지의 45%가 출력한 그날 버려진다는 정보가 제시되어 있다. 하지만 이를 통해 사무실에서 버려지는 일반 종이의 양이 어느 정도인지는 알 수 없고, 사진 자료로도 버려지는 일반 종이의 양은 확인할 수 없다.

06

정답률 85%

(가)를 참고하여 (나)를 만드는 과정에서 학생이 고려했을 내용으로 적절하지 <u>않은</u> 것은?

☀ 정답인 이유

③ 정보 간의 유기적인 관계가 드러나도록 (가)에서 두 문단으로 제시한 재생 종이 사용의 필요성을 배경 음악과 내레이션을 모두 포함한 각각의 화면 두 개로 구성해야지.
　　　세 화면으로 구성되었고, #3과 #4는 배경 음악이 사용되지 않음

⋯▸ (가)에서 재생 종이 사용의 필요성을 제시한 문단은 2문단과 3문단이다. 2문단에서는 숲을 지킬 수 있다는 점을, 3문단에서는 환경에 유해한 물질이 덜 발생한다는 점을 그 이유로 들었다. 이 중 2문단의 내용은 (나)의 #2로 구성되었고, 3문단의 내용은 (나)에서 에너지 투입량과 관련된 내용이 보강되어 #3과 #4로 구성되었다. 따라서 (가)에서 두 문단으로 제시한 내용을 (나)에서 각각의 화면 두 개로 구성했다고 볼 수 없다. 또한 #3과 #4는 배경 음악을 포함하고 있지 않다.

☂ 오답인 이유

① 정보가 보강될 수 있도록 (가)에서 제시한 종이 생산 과정에서 발생하는 물질 외에도 생산 과정에 투입되는 에너지의 양도 조사하여 추가해야지.

⋯▸ (가)에서는 일반 종이와 재생 종이 1톤을 각각 생산했을 때 발생하는 물질의 양만 제시하였다. (나)의 #3과 #4를 보면 여기에 더해 일반 종이와 재생 종이 1톤을 각각 생산할 때 투입되는 에너지의 양을 제시한 것을 확인할 수 있다. 따라서 생산 과정에 투입되는 에너지의 양을 추가 조사하여 정보를 보강했다는 설명은 적절하다.

② 정보가 복합 양식적으로 전달될 수 있도록 (가)에서 제시한 재생 종이의 정의를 시각 자료와 문자 언어를 결합한 화면으로 표현하면서 내레이션으로 보완해야지.

⋯▸ 재생 종이의 정의는 (가)의 첫 문단에 문자 언어로 제시되었다. 학생은 이를 (나)의 #1에서 시각 자료와 문자 언어가 결합된 화면으로 표현하고 있다. 또한 내레이션을 통해 재생 종이가 무엇인지 다시 한 번 설명하고 폐지에 대한 정보를 추가로 제공함으로써 화면 속 정보를 보완하고 있다.

④ 정보 간의 차이점이 드러나도록 (가)에서 제시한 일반 종이와 재생 종이의 생산으로 발생하는 물질의 양적 차이를 그래프로 제시하고 이를 설명하는 내레이션을 포함해야지.

⋯▸ (가)의 3문단에는 일반 종이와 재생 종이를 생산했을 때 발생하는 물질의 양이 각각 제시되었는데, 문자 언어로만 표현되었기 때문에 물질의 양적 차이가 한눈에 들어오지 않는다. (나)의 #3과 #4를 보면 (가)에 제시된 물질의 양적 차이를 막대그래프로 제시하고 이를 내레이션으로 설명함으로써 정보 간의 차이점이 잘 드러나도록 구성한 것을 확인할 수 있다.

⑤ 정보가 효과적으로 표현될 수 있도록 (가)에서 제시한 재생 종이 사용에 따른 나무 보존에 대한 내용을 화면과 내레이션으로 표현하면서 이에 어울리는 배경 음악을 사용하여 나타내야지.

⋯▸ (가)의 2문단에는 복사지의 일부를 재생 종이로 바꾸었을 때 발생하는 이점이 제시되어 있다. 이를 효과적으로 표현하기 위해 (나)의 #2에서는 '잘린 나무 밑동이 서서히 사라지면서, 그 옆에 나무 그림이 나타'나는 화면을 보여 주고, 내레이션으로 재생 종이를 사용했을 때의 이점을 설명하고 있다. 또한 화면 변화에 맞게 배경 음악을 무거운 느낌에서 경쾌한 느낌으로 바꾸고 있다.

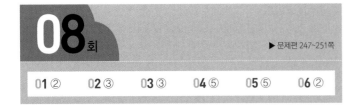

▶ 문제편 247~251쪽

| 01 ② | 02 ③ | 03 ③ | 04 ⑤ | 05 ⑤ | 06 ② |

[01~04]

2022 9월 모의평가

제대로 자료 분석

㉮

❖ 매체 자료의 유형: 인쇄 매체의 기사

❖ 매체 자료의 생산자: 박▽▽ 기자

❖ 핵심 내용

1문단) 많은 청소년들이 청소년 사회 참여의 필요성을 느낌

2문단) 청소년의 인식과 달리 실제로 사회 참여 활동을 경험한 학생은 많지 않음

3문단) 청소년의 사회 참여가 확산되지 못하는 이유는 현재의 청소년 사회 참여가 기관을 중심으로 이루어지기 때문임

4문단) 청소년 사회 참여의 활성화를 위해서는 기관 중심의 청소년 참여와 청소년이 주도가 된 사회 참여가 함께 이루어져야 함

❖ 주제: 청소년의 사회 참여를 활성화하기 위한 방안

㉯

❖ 매체 자료의 유형: 카드 뉴스

❖ 매체 자료의 생산자: (가)를 읽은 학생

❖ 핵심 내용

카드 1) (가)의 1문단과 동일

카드 2) (가)의 2문단과 동일

카드 3) (가)의 3문단과 동일

카드 4) (가)의 4문단과 동일

❖ 주제: 청소년의 사회 참여를 활성화하기 위한 방안

제대로 질문하기 정답

❶ 의사 결정 과정 ❷ ✕ ❸ ○

01

정답률 90%

(가), (나)를 수용할 때 유의할 점으로 가장 적절한 것은?

☀ 정답인 이유

② (나)는 제시된 정보 중 출처를 밝히지 않은 것이 있으므로 신뢰할 수 있는 정보인지 확인해야 한다.

⋯ (가)는 '○○ 기관 보고서에 따르면~', '○○ 기관 통계 자료에 따르면~'과 같이 첫째 문단과 둘째 문단에서 자료의 출처를 밝히고 있지만, (나)는 카드 1과 카드 2에서 자료의 출처를 밝히고 있지 않다. 따라서 (나)를 수용할 때에는 카드 뉴스에 제시된 정보가 신뢰할 수 있는 정보인지 확인해야 한다.

☂ 오답인 이유

① (가)는 다양한 이론을 종합하여 해결 방안을 마련하고 있으므로 이론에 대한 왜곡이 없는지 확인해야 한다.
✕ → 개념, 보고서, 통계 자료, 학생의 소감, 전문가의 견해 등 활용

⋯ (가)는 청소년 사회 참여가 잘 이루어지지 못하는 원인을 파악하고, 이를 해결하기 위한 방안을 제시한 기사문이다. 이 과정에서 청

소년 사회 참여의 개념(1문단), 보고서와 통계 자료(1, 2문단), 사회 참여 활동을 경험한 학생의 소감(3문단), 전문가의 견해(3, 4문단) 등을 활용하고 있으나 다양한 이론을 종합하고 있지는 않다.

③ (나)는 의견이 대립하고 있는 상황을 다루고 있으므로 편파적으로 서술되지 않았는지 확인해야 한다.
✕ → 의견이 대립하는 상황을 다루지 않음

⋯ (나)는 (가)를 토대로 제작된 카드 뉴스로, 청소년 사회 참여에 대한 청소년들의 인식(카드 1), 청소년 사회 참여 활동 실태(카드 2), 청소년 사회 참여가 확산되지 못하는 이유(카드 3), 청소년 사회 참여를 활성화하기 위한 방안(카드 4)을 다루고 있다. 의견이 대립하는 상황을 다루고 있지는 않다.

④ (가)와 (나)는 예상되는 반론에 반박하고 있으므로 논리적 타당성을 갖추었는지 확인해야 한다.
✕ → 예상되는 반론을 제시하지 않음

⋯ (가)와 (나) 모두 예상되는 반론을 제시하거나 이에 반박하고 있지 않다.

⑤ (가)와 (나)는 작성자의 주장이 나열되고 있으므로 납득할 만한 근거를 갖추고 있는지 확인해야 한다.
✕ → 여러 주장을 나열하고 있지 않음

⋯ (가)와 (나)의 작성자는 모두 청소년 사회 참여가 잘 이루어지지 못하는 원인과 그 해결 방안에 대해 일관된 하나의 주장을 드러내고 있을 뿐 여러 주장을 나열하고 있지 않다.

02

정답률 92%

(나)를 제작하는 과정에서 반영된 학생의 계획으로 적절하지 않은 것은?

☀ 정답인 이유

③ '카드 3'에는 (가)의 기관 중심의 사회 참여를 선호하는 청소년의 경향을 드러내기 위해 기관의 이미지를 더 크게 그려야겠군.
✕ → 사회 참여가 주로 기관 중심으로 이루어짐을 드러내기 위해

⋯ 청소년이 기관 중심의 사회 참여를 선호한다는 내용은 (가)에서 찾을 수 없다. 학생이 '카드 3'에서 청소년 이미지보다 기관의 이미지를 더 크게 그린 것은 현재의 청소년 사회 참여 활동이 기관을 중심으로 이루어지고 있다는 점을 표현하기 위해서라고 볼 수 있다.

☂ 오답인 이유

① '카드 1'에는 (가)의 보고서에 담긴 사회 참여 필요성에 대한 청소년의 인식을 보여 주기 위해 청소년이 말하는 이미지로 제시해야겠군.

⋯ (가)의 1문단에서는 ○○ 기관 보고서 내용을 인용하여 '청소년도 사회 참여가 필요하다.'라고 응답한 청소년이 88.3%에 달한다고 밝혔다. '카드 1'에서는 보고서에 나타난 청소년의 인식을 효과적으로 보여 주기 위해 청소년이 말하는 이미지를 활용하고 있다.

② '카드 2'에는 (가)의 사회 참여 활동을 경험해 본 청소년의 비율을 그래프로 시각화하여 문제 상황을 드러내야겠군.

⋯ (가)의 2문단에서는 ○○ 기관 통계 자료를 인용하여 사회 참여 활동 경험이 있다고 응답한 청소년이 21%에 그쳤다고 밝혔다. '카드 2'에서는 이 통계 자료를 그래프로 시각화하여 청소년의 인식과 달리 실제로 사회 참여 활동을 경험한 학생의 비율은 높지 않다는 문제 상황을 드러내고 있다.

④ '카드 4'에는 (가)의 청소년 사회 참여 활동의 두 가지 유형이 서로 조화를 이루는 이미지를 제시해야겠군.

⋯ (가)의 3~4문단은 청소년 사회 참여 활동을 청소년이 주도하는

사회 참여 활동과 기관을 중심으로 운영되는 사회 참여 활동으로 양분하고 있다. '카드 4'에서는 악수하는 이미지를 활용하여 이 두 가지 유형의 청소년 사회 참여 활동이 서로 조화를 이루어야 한다는 작성자의 관점을 드러내고 있다.

⑤ '카드 4'에는 (가)의 청소년 사회 참여에 관한 교수 인터뷰 내용 중 활성화의 방향에 해당하는 내용을 문구로 제시해야겠군.

⋯ (가)의 4문단은 김◇◇ 교수의 발언을 인용하고 있다. 김◇◇ 교수는 청소년 사회 참여 활동의 긍정적 측면과 청소년 사회 참여 활동을 활성화하기 위한 방향에 대해 언급하였는데, '카드 4'에서는 이 중 청소년 사회 참여 활성화의 방향에 해당하는 내용을 문구로 제시하고 있다.

03
정답률 94%

㉠~㉤에 대한 설명으로 적절하지 않은 것은?

☀ 정답인 이유

③ ㉢: 연결 어미 '-여'를 사용하여 사회 참여 활동 기회에 대한 앞 절의 내용이 뒤 절 내용의 목적에 해당함을 나타내고 있다.
✕ → 앞 절의 내용이 뒤 절 내용의 까닭이나 근거에 해당함

⋯ ㉢은 '청소년이 주도하는 사회 참여 활동 기회가 부족하-'와 '(청소년의 사회) 참여가 확산되지 못하고 있-'을 연결 어미 '-여'로 이어 앞 절의 내용이 뒤 절 내용의 까닭이나 근거에 해당함을 나타낸다.

☂ 오답인 이유

① ㉠: 의문형 종결 어미를 활용하여 글의 화제를 드러내는 제목을 질문의 형식으로 제시하고 있다.
'-ㄴ가'

⋯ (가)의 화제는 현재 청소년의 사회 참여가 가진 문제점과 이에 대한 해결 방안으로, ㉠은 의문형 종결 어미 '-ㄴ가'를 활용하여 질문의 형식으로 글의 화제를 드러내고 있다.

② ㉡: 부사 '무려'를 사용하여 청소년도 사회 참여가 필요하다고 응답한 청소년의 비율이 높음을 강조하고 있다.
그 수가 예상보다 상당히 많음을 나타내는 말

⋯ 부사 '무려'는 '그 수가 예상보다 상당히 많음을 나타내는 말'이다. ㉡은 부사 '무려'를 사용하여 청소년도 사회 참여가 필요하다고 응답한 청소년의 비율이 높다는 점을 강조하고 있다.

④ ㉣: 피동 표현을 활용하여 행위의 주체보다는 행위의 대상인 '사회적 분위기'에 초점을 두어 서술하고 있다.
'만들-+-어지다'

⋯ ㉣은 능동사 '만들-'에 '-어지다'를 결합한 피동 표현을 활용하여 '누가'라는 행위의 주체에 초점을 두기보다는 '사회적 분위기'라는 행위의 대상에 초점을 두어 서술하고 있다.

⑤ ㉤: 인용 표현을 활용하여 사회 참여 활동을 경험한 학생의 소감을 전달하고 있다.
앞말이 간접 인용된 말임을 나타내는 격 조사 '고'

⋯ ㉤은 앞말이 간접 인용된 말임을 나타내는 격 조사 '고'를 사용하여 사회 참여 활동을 경험한 적이 있는 김 모 학생의 소감을 전달하고 있다.

04
정답률 91%

다음의 '카드 뉴스 보완 방향'을 고려할 때, '카드 A', '카드 B'의 활용 방안

으로 가장 적절한 것은? [3점]

☀ 정답인 이유

⑤ (나)에서 청소년이 주도적으로 사회 참여를 할 수 있는 구체적 방법을 제시하지 않았으므로 '카드 B'를 활용하여 우리 학교 학생들이 실천할 수 있는 방법을 제안한다.

⋯ (나)는 기관 중심의 청소년 참여와 청소년이 주도가 된 사회 참여가 함께 이루어져야 한다는 의견을 밝히고 있을 뿐, 청소년이 주도적으로 사회 참여를 할 수 있는 구체적 방법을 제시하지는 않았다. '카드 B'에는 '우리 학교 쓰레기 분리배출 캠페인', '우리 학교 앞 신호등 설치 건의' 등 구체적 방법이 제시되었으므로, '카드 B'를 활용하여 실천 방법을 제안한다는 방안은 적절하다.

☂ 오답인 이유

① (나)에서 청소년의 사회 참여가 필요한 이유는 언급하지 않았으므로 '카드 A'를 활용하여 그 이유를 보여 준다.
✕ → '카드 A'에도 이유는 제시되지 않음

⋯ (나)에는 청소년의 사회 참여가 필요한 이유가 언급되지 않았다. 하지만 '카드 A'는 학생들이 사회 참여 활동을 하지 않는 이유를 보여 주고 있을 뿐, 청소년의 사회 참여가 필요한 이유와 관련된 내용을 언급하지 않았으므로 '카드 A'를 활용하여 그 이유를 보여 준다는 것은 적절하지 않다.

② (나)에서 청소년 주도의 사회 참여 기회가 부족함을 지적하였으므로 '카드 A'를 활용하여 우리 학교 학생들의 사회 참여 이유를 제시한다.
△ → 간접적으로 지적했다고 볼 수 있음
✕ → '카드 A'는 학생들이 사회 참여 활동을 하지 않는 이유를 보여 줌

⋯ (나)는 청소년 주도의 사회 참여가 부족하다는 점을 직접적으로 지적하지 않았으나, 현재의 청소년 사회 참여가 기관을 중심으로 이루어지고 있다는 설명에서 이를 간접적으로 확인할 수 있다. 하지만 '카드 A'는 사회 참여 경험이 없는 학생들을 대상으로 한 설문 조사 결과를 수록한 것이며, 학생들이 사회 참여 활동을 하지 않는 이유를 나타내므로 이를 통해 우리 학교 학생들의 사회 참여 이유를 제시하는 것은 적절하지 않다.

③ (나)에서 청소년 사회 참여 확산이 어려운 이유를 언급하지 않았으므로 '카드 A'를 활용하여 그에 대한 우리 학교 학생들의 생각을 보여 준다.
✕ → '카드 3'에 언급되어 있음

⋯ (나)는 '카드 3'에서 청소년 사회 참여 확산이 어려운 이유를 이미 언급하였다.

④ (나)에서 사회 참여가 청소년에게 미치는 영향을 강조하였으므로 '카드 B'를 활용하여 우리 학교 주변의 문제를 알려 준다.
✕ → (나)에 언급되지 않은 내용임. (가)의 4문단에 제시됨

⋯ (나)에는 사회 참여가 청소년에게 미치는 영향이 언급되어 있지 않다. 또한 '카드 B'는 청소년 사회 참여의 구체적인 예시로, 사회 참여가 청소년에게 미치는 영향과 관련이 없다.

[05~06]
2022 9월 모의평가

제대로 자료 분석

㉮

❖ 매체 자료의 유형: 채팅방 대화
❖ 대화 참여자: 웹툰 동아리 학생들(하진, 우주, 주혁)
❖ 대화 내용
  〈8월 1일〉
  ① 누리집에 올라온 학생의 사연 내용 확인
  ② 학생의 사연을 웹툰으로 표현하기 위한 구체적 방법 논의

〈8월 12일〉
① 댓글을 통해 독자들의 의견 확인
② 별점 등의 지표를 통해 웹툰에 대한 독자들의 평가 확인
❖ 주제: ① 학생의 고민 사연을 웹툰으로 표현하기 위한 방법 논의
　　　　② 웹툰에 대한 독자들의 반응 확인

④
❖ 매체 자료의 유형: 웹툰이 실린 누리집
❖ 매체 자료의 생산자: 우주
❖ 웹툰에 나타난 표현 방식
① 장면이 세로로 이어지는 것을 고려하여, 달력의 숫자를 세로로 배열함으로써 시간이 경과된 것을 표현함
② 화면을 세로로 분할하여 한쪽에는 사연 신청자를, 한쪽에는 그의 친구를 배치 – 두 사람의 감정을 비교하기 좋게 함
③ 인물들 사이의 여백을 점차 벌어지게 하여 멀어지는 친구 사이를 시각적으로 표현함
④ 대화는 말풍선에 쓰고, 속마음은 표정이나 몸짓에서 드러나게 표현
⑤ 사연 신청자의 속마음을 분명하게 표현하기 위해 표정이나 몸짓과 함께 글을 사용하여 명시적으로 드러냄
⑥ 말풍선을 의도적으로 비우고 댓글 참여를 권유하는 문구를 제시해 독자들의 조언을 유도함
❖ 주제: 웹툰 동아리 학생들이 제작한 웹툰과 이에 대한 독자들의 반응

제대로 질문하기 정답
❶ ○　❷ ○　❸ 댓글

05
정답률 94%

(가), (나)에 대한 이해로 적절하지 **않은** 것은?

☀ **정답인 이유**

⑤ (나)는 웹툰의 독자가 이미지에 담긴 의미에 대해 웹툰 제작자에게 직접 묻고 답을 얻고 있음을 보여 준다.
　× → 독자의 질문이나 제작자의 답변은 나타나지 않음

⋯ 웹툰은 제작자와 독자 사이에 상호 작용이 실시간으로 이루어질 수 있다는 특성을 갖는다. 하지만 (나)에서 독자들은 웹툰을 읽고 난 후의 감상을 댓글로 남기고 있을 뿐 웹툰 제작자에게 이미지에 담긴 의미에 대해 묻고 있지 않다. 또한 (나)에 웹툰 제작자의 댓글이나 답변은 제시되지 않았다.

☂ **오답인 이유**

① (가)는 웹툰 제작자가 웹툰을 제작하기 위해 사연 신청자의 요청을 반영할 수 있음을 보여 준다.

⋯ (가)에서 하진이 '학생들 사연을 받아서 연재하니 우리 웹툰에 관심이 높아졌어!'라고 말한 것과 '많은 독자들의 조언을 듣고 싶다고 했으니 ~ 유도해 줘.'라고 말한 것은 웹툰 제작자가 사연 신청자의 요청을 반영할 수 있음을 보여 준다.

② (가)는 웹툰 제작자가 (나)의 댓글이나 별점을 통해 웹툰의 독자가 보인 반응을 확인할 수 있음을 보여 준다.

⋯ (가)에서 웹툰 동아리 학생들이 20□□년 8월 12일에 나눈 대화 내용은 웹툰 제작자가 누리집의 댓글이나 별점을 통해 독자의 반응을 확인할 수 있음을 보여 준다.

③ (나)는 웹툰의 독자가 댓글로 서로 공감하며 상호 작용하고 있음을 보여 준다.

⋯ (나)에서 '파도'의 댓글에 '솜사탕'이 답글을 달고, 다시 '파도'가 답글을 다는 모습은 웹툰의 독자가 댓글로 서로 공감하며 상호 작용하고 있음을 보여 준다.

④ (나)는 웹툰의 독자가 하이퍼링크를 통해 웹툰 제작자가 지정한 곳으로 이동할 수 있음을 보여 준다.

⋯ (나)의 웹툰 끝에 하이퍼링크를 클릭하면 '사연 게시판'으로 이동한다는 내용의 안내문과 하이퍼링크가 제시되어 있다.

06
정답률 89%

(가)의 웹툰 제작 계획을 (나)에 반영한 내용으로 적절하지 **않은** 것은?

☀ **정답인 이유**

② 한 인물이 겪는 두 가지 사건을 비교하기 위해 화면을 세로로 분할하여 인물
　× → 두 인물이 한 달 동안 느꼈을 감정을 비교하기 위해
의 행동 변화를 나란히 보여 주었다.

⋯ (가)에서 '하진'이 '한 달 동안 두 사람이 느꼈을 감정을 비교하기 좋게 양쪽으로 배치해 보면 어떨까?'라고 제안하였고, '우주'는 이를 반영하여 실제로 웹툰을 제작하였다. 즉 (나)에서 화면을 세로로 분할한 것은 한 인물이 겪은 두 가지 사건을 비교하기 위해서가 아니라 두 인물이 한 달 동안 겪었을 감정 변화를 비교하기 위해서이다.

☂ **오답인 이유**

① 시간의 경과를 드러내기 위해 장면이 제시되는 방향을 고려하여 숫자를 세로로 배열해 날짜 변화를 표현했다.

⋯ (가)에서 '주혁'은 장면이 세로로 이어지는 것을 고려해서 시간이 지난 것을 시각적으로 표현하면 좋겠다고 하였다. (나)에서는 이를 반영하여 달력의 숫자들을 세로로 배열함으로써 시간의 경과를 표현하였다.

③ 멀어지는 친구 사이를 시각적으로 보여 주기 위해 인물들 사이에 여백을 두어 점차 간격이 벌어지게 그렸다.

⋯ (가)에서 '우주'는 '친구 사이가 점점 멀어지는 건 둘 사이의 간격으로 보여 줄게.'라고 하였다. (나)에서는 이를 반영하여 두 인물 사이에 여백을 두고 이 간격을 점차 벌어지게 그림으로써 친구 사이가 점점 멀어지는 것을 시각적으로 표현하였다.

④ 속마음을 분명하게 표현하기 위해 표정이나 몸짓으로 드러내는 것뿐만 아니라 글로도 적어 감정을 명시적으로 드러냈다.

⋯ (가)에서 '하진'이 '대화는 말풍선에 쓰고, 속마음은 표정이나 몸짓에서 드러나게' 하자고 제안하자 '주혁'은 '사연을 보낸 학생이 느낀 감정들은 다른 방법으로 좀 더 분명하게 표현'해 달라고 하였다. (나)에서는 이를 반영하여 친구의 속마음은 표정이나 몸짓으로만 드러나게 하고, 사연을 보낸 학생의 속마음은 표정이나 몸짓뿐만 아니라 글로도 적어 명시적으로 드러냈다.

⑤ 많은 독자들의 조언을 유도하기 위해 말풍선을 의도적으로 비우고 댓글 참여를 권유하는 문구를 제시했다.

⋯ (가)에서 '하진'은 사연 신청자가 '많은 독자들의 조언을 듣고 싶다고 했으니 마지막 부분에 말풍선과 문구를 활용해서 유도해 줘.'라고 하였다. (나)에서는 이를 반영하여 마지막 장면의 말풍선을 의도적으로 비우고 '댓글로 적어 주세요.'와 같이 독자들의 참여를 권유하는 문구를 제시하였다.

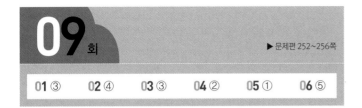

[01~03]   2022 6월 모의평가

제대로 자료 분석

❖ **매체 자료의 유형**: 지역 신문사(△△군민신문)의 웹 페이지 화면
❖ **매체 자료의 생산자**: 이◇◇ 기자
❖ **핵심 내용**
    1문단) 폐교된 ○○초등학교 시설을 '△△군 특색 숙박 시설'로 조성하는 사업이
        추진됨
    2문단) 사업의 구체적인 내용 안내
    3문단) 사업을 추진하게 된 배경 – 숙박 시설이 부족해 체류형 관광객을 유인
        하는 데 한계가 있었음
    4문단) 사업으로 기대되는 효과 – 지역 경제 활성화에 도움이 될 것
❖ **주제**: '△△군 특색 숙박 시설'로 조성되는 ○○초등학교

제대로 질문하기 정답

❶ ○   ❷ ○   ❸ 지역 경제

01   정답률 92%

위 화면을 통해 매체의 특성을 이해한 학생의 반응으로 가장 적절한 것은?

☀ 정답인 이유

③ 기사와 연관된 다른 기사를 열람할 수 있으니, 수용자의 선택에 따라 정보를
    ○ → '관련 기사' 코너
추가로 확인할 수 있겠군.

    ⋯ 웹 페이지 아래쪽에 기사와 연관된 다른 기사를 열람할 수 있는
'관련 기사(아래를 눌러 바로 가기)' 코너가 마련되어 있다. 수용자는
자신의 관심사에 따라 원하는 기사를 눌러 정보를 추가로 확인할 수
있다.

☂ 오답인 이유

① 기사를 누리 소통망[SNS]에 공유할 수 있으니, 기사 내용을 직접 수정할 수
    ○ → 'SNS에 공유' 기능   ×
있겠군.

    ⋯ 웹 페이지의 'SNS에 공유' 기능을 활용하면 기사를 누리 소통망
[SNS]에 공유할 수 있다. 하지만 이러한 공유 기능을 이용하여 기사
내용을 직접 수정할 수 있는 것은 아니다.

② 기사에 대한 수용자들의 선호를 확인할 수 있으니, 기사에 제시된 정보의 신
    ○ → '좋아요', '싫어요' 기능
뢰도를 검증할 수 있겠군.

    ⋯ 웹 페이지의 '좋아요', '싫어요' 기능을 활용하면 기사에 대한 선호
를 표현하거나 다른 수용자들의 선호를 확인할 수 있다. 하지만 '좋
아요', '싫어요' 지표로 기사에 제시된 정보의 신뢰도를 검증할 수는
없다.

④ 기사가 문자, 사진 등 복합 양식으로 구성되어 있으니, 시각과 청각을 결합
    ○
하여 기사 내용을 이해할 수 있겠군.
    × → 기사에 음성이나 음향이 포함되지 않음

    ⋯ 본문의 기사는 문자, 사진, 도표 등이 사용되어 복합 양식으로 구
성되었다. 하지만 기사에 음성이나 음향은 사용되지 않았으므로 시
각과 청각을 결합하여 기사 내용을 이해할 수 있다는 반응은 적절하
지 않다.

⑤ 기사의 최초 작성 시간과 수정 시간이 명시되어 있으니, 다른 수용자들이 기
    ○   ×
사를 열람한 시간을 확인할 수 있겠군.

    ⋯ 기사에 최초 작성 시간과 수정 시간이 명시되어 있으나, 이는 다
른 수용자들이 기사를 열람한 시간과 관련이 없다.

02   정답률 60% | 매력적인 오답 ① 25%

〈보기〉를 참고할 때, [A]에 대한 반응으로 적절하지 않은 것은? [3점]

☀ 정답인 이유

④ 체류형 관광 지출액의 증가 현상을 부각하기 위해 관광객 수와 여행 지출액
    × → [A]에서 체류형 관광 지출액의 증가 현상은 확인할 수 없음
에 대한 시각 자료를 나란히 배치한 것이겠군.

    ⋯ [A]에는 '△△군 관광객 및 숙박 시설 수 추이'에 대한 시각 자료
와 '여행 1회당 지출액'에 대한 시각 자료가 나란히 배치되었다. 왼쪽
의 시각 자료는 △△군을 방문하는 관광객 수는 점차 증가하고 있는
데 반해 숙박 시설 수는 그대로라는 정보를 제시하고 있고, 오른쪽
의 시각 자료는 당일 여행보다는 체류형 여행이 여행 1회당 지출액
이 더 크다는 정보를 제시하고 있다. 이 시각 자료들을 통해 ○○초
등학교를 숙박 시설로 조성하게 된 배경은 확인할 수 있지만 체류형
관광 지출액의 증가 현상은 확인할 수 없다.

☂ 오답인 이유

① 매력적인 오답 사업을 추진하게 된 배경을 부각하기 위해 체류형 관광이
어려운 실정이라는 내용에 이어 시각 자료를 배치한 것이겠군.

    ⋯ ○○초등학교를 '△△군 특색 숙박 시설'로 조성하게 된 배경을
부각하기 위해 ☆☆마을 인근에 숙박 시설이 거의 없어 체류형 관광
객을 유인하는 데 한계가 있다는 내용 바로 아래 그와 관련된 시각
자료를 배치하고 있다.

② 지역 관광객의 증가 추세를 부각하기 위해 △△군 관광객 수 추이를 제시할
때 화살표 모양의 이미지를 활용한 것이겠군.

    ⋯ 왼쪽 시각 자료에서 △△군을 찾아오는 관광객 수가 해마다 늘고
있다는 사실을 부각하기 위해 우상향하는 화살표 이미지를 활용하
고 있다.

③ 체류형 관광의 경제적 효과를 부각하기 위해 여행 유형에 따른 지출액의 차
이를 이미지로 강조하여 제시한 것이겠군.

    ⋯ 오른쪽 시각 자료에서는 당일 관광보다 체류형 관광의 경제적 효
과가 더 크다는 사실을 부각하기 위해 여행 유형에 따른 지출액의
차이를 지폐 이미지의 그래프로 제시하고 있다.

⑤ 지역 경제에 끼칠 긍정적 영향을 부각하기 위해 사업에 우호적*인 의견을
선별하여 구체적으로 제시한 것이겠군.

    ⋯ ○○초등학교를 숙박 시설로 조성하는 사업이 지역 경제에 끼칠
긍정적 영향을 부각하기 위해 사업에 우호적인 오□□ 박사의 의견
을 인용하여 구체적으로 제시하고 있다.

* 우호적(友好的) : 개인끼리나 나라끼리 서로 사이가 좋은 것 ⓔ 그는 전
보다 우호적으로 변했다.

03

정답률 92%

다음은 학생이 과제 수행을 위해 작성한 메모이다. 메모를 반영한 영상 제작 계획으로 적절하지 <u>않은</u> 것은?

☀ 정답인 이유

③ #3 숙박 시설에 대한 정보를 건물 내·외부 공간으로 나누어 한눈에 볼 수 있도록 항목화하여 제시

_{× → 학생의 메모에 적힌 내용과 일치하지 않음}

···› 학생의 메모를 보면 '셋째 장면(#3)'에서 건물 내부와 외부에 조성될 공간의 구체적 모습을 방문객의 동선에 따라 순차적으로 제시하겠다고 하였다. 하지만 '영상 제작 계획'의 셋째 장면(#3)에서는 메모의 내용을 반영하지 않고 숙박 시설에 대한 정보를 건물 내·외부 공간으로 나누어 항목화하여 제시하고 있다.

☂ 오답인 이유

① #1 ○○초등학교의 모습 위에 영상의 제목이 나타나도록 도입 장면을 구성

···› 기사의 제목을 활용한 제목 '○○초등학교, 폐교의 재탄생'이 ○○초등학교의 모습 위에 나타나도록 도입 장면을 구성했으므로 메모를 반영한 영상 제작 계획으로 적절하다.

② #2 무겁고 어두운 음악을 배경으로 텅 빈 폐교의 모습을 제시한 후, 밝고 경쾌한 음악으로 바뀌면서 사람들이 북적이는 모습으로 전환

···› 시설 조성 이전의 상황은 무겁고 어두운 배경 음악과 텅 빈 폐교의 모습으로 표현하고, 시설 조성 이후의 상황은 밝고 경쾌한 음악과 사람들이 북적이는 모습으로 표현하여 시설 조성 전후 상황을 시각·청각적으로 대비하는 것은 메모를 반영한 영상 제작 계획으로 적절하다.

④ #4 숙박 시설을 중심으로 인근 관광 자원의 위치를 표시하고, 관광 자원과의 연계로 기대되는 효과를 자막으로 구성

···› 숙박 시설을 중심으로 인근 관광 자원의 위치를 표시하여 ○○초등학교가 지역 관광 거점으로서의 지리적 위치에 놓여 있다는 점을 제시하고, '지역 경제 활성화'라는 자막을 달아 관광 자원과의 연계로 기대되는 효과를 드러내는 것은 메모를 반영한 영상 제작 계획으로 적절하다.

⑤ #5 가족 단위 관광객이 물놀이장, 캠핑장, 카페 등을 즐겁게 이용하는 모습을 제시. 앞의 그림이 사라지면서 다음 그림이 나타나도록 구성

···› 기사의 댓글을 참고하여 가족 단위의 관광객이 물놀이장, 캠핑장, 카페 등을 즐겁게 이용하는 모습을 연속적으로 제시하는 것은 메모를 반영한 영상 제작 계획으로 적절하다.

[04~06]

2022 6월 모의평가

제대로 자료 분석

㉮

❖ 매체 자료의 유형: 텔레비전 방송 뉴스
❖ 핵심 내용
장면 1) 진행자의 화제 제시 – 휴대용 선풍기 제품을 선택하는 방법
장면 2) 휴대용 선풍기의 인기가 높고, 다양한 휴대용 선풍기가 판매되고 있음
장면 3) 휴대용 선풍기를 선택하는 기준에 대한 시민의 인터뷰
장면 4) 소비자들은 다양한 기준을 바탕으로 휴대용 선풍기를 구매하지만, 안전성을 고려해 제품을 선택할 필요가 있음
장면 5) 제품의 안전성을 확인할 수 있는 방법

장면 6) 휴대용 선풍기를 구매할 때 안전성을 고려해야 한다는 당부
❖ 주제: 휴대용 선풍기를 구매할 때 안전성을 고려해야 한다.

㉯

❖ 매체 자료의 유형: 잡지의 인쇄 광고
❖ 주제: 디자인이 아름다운 ☆☆ 휴대용 선풍기

제대로 질문하기 정답

❶ 안전성 ❷ 디자인

04

정답률 81%

(가), (나)에 대한 설명으로 가장 적절한 것은?

☀ 정답인 이유

② (가)는 제품의 판매량이 늘고 있는 시기에 소비자에게 필요한 정보를 제공한다는 점에서, 시의성 있는 정보로 구성되어 있음을 알 수 있다.

_{○ → '더워지는 요즘, 판매량이 급증'}   _{○ → 휴대용 선풍기를 선택할 때 고려할 점}

···› (가)의 진행자가 한 말을 통해 뉴스 방영 시점에 휴대용 선풍기의 판매량이 급증하고 있었음을 알 수 있다. 이 시기에 맞추어 소비자에게 어떤 제품을 선택하는 것이 좋을지 알려 주고 있으므로 (가)는 시의성 있는 정보로 구성되었다고 볼 수 있다.

☂ 오답인 이유

① (가)는 수용자의 설문 조사 결과를 다루고 있다는 점에서, 수용자들이 뉴스의 정보를 주체적으로 구성하고 있음을 알 수 있다.

_○   _×

···› (가)는 [장면 4]에서 소비자들이 어떤 기준으로 휴대용 선풍기를 구매하는지 설문한 결과를 다루고 있다. 하지만 설문 조사 결과를 다루기로 결정한 것은 매체 자료 생산자이므로 이를 통해 수용자들이 뉴스의 정보를 주체적으로 구성하고 있다고 볼 수 없다.

③ (나)는 제품의 주된 소비자층을 명시*하고 있다는 점에서, 수용자의 특성을 고려한 정보로 구성되어 있음을 알 수 있다.

_{× → 명시하고 있지 않음}

···› (나)는 제품의 디자인을 강조하고 있을 뿐 주된 소비자층을 명시하고 있지 않다.

┄┄┄┄┄┄┄┄┄┄┄┄┄┄┄┄┄┄┄┄┄┄┄┄┄
* 명시(明示): 분명하게 드러내 보임 ⓓ 전세 계약을 하면서 이사할 날짜를 계약서에 명시했다.
┄┄┄┄┄┄┄┄┄┄┄┄┄┄┄┄┄┄┄┄┄┄┄┄┄

④ (가)는 제품 구매 기준이 다양함을 여러 소비자와의 인터뷰 영상으로 보여 준다는 점에서, (나)에 비해 정보를 현장감 있게 전달하고 있음을 알 수 있다.

_{× → 한 사람만 인터뷰한 영상을 보여 줌}

···› (가)는 [장면 3]에서 한 명의 소비자와 인터뷰한 영상만을 보여 주고 있다. 제품 구매 기준이 다양하다는 점은 설문 조사 결과를 통해 제시되었다.

⑤ (나)는 제품에 대해 소비자가 알고자 하는 점을 상세하게 밝히고 있다는 점에서, (가)에 비해 많은 양의 정보를 담고 있음을 알 수 있다.

_{× → 디자인의 우수성만을 강조}   _×

···› (나)는 제품의 디자인이 아름답다는 점을 강조하고 있을 뿐, 제품에 대해 소비자가 알고자 하는 점을 상세하게 밝히고 있지는 않다. 이에 비해 (가)는 휴대용 선풍기를 고를 때 고려해야 할 사항을 상세하게 안내하고 있다. 따라서 정보의 양도 (나)에 비해 (가)가 더 많다고 볼 수 있다.

05

정답률 88%

(가)의 언어적 특성을 고려할 때, ㉠~㉤에 대한 설명으로 적절하지 <u>않은</u>
것은?

☀ 정답인 이유

① ㉠: 의문형 어미를 사용하여 시청자에게 진행자 자신의 궁금한 점을 묻고
　　○ → '-ㄹ까' 사용　　　　×
있다.

┈→ 의문형 어미를 사용하고 있지만 진행자가 어떤 휴대용 선풍기를
선택해야 좋을지 실제로 궁금해하고 있는 것은 아니다. 진행자는 의
문문 형식을 통해 시청자의 관심을 유도하는 한편 뉴스의 화제를 제
시하고 있는 것이다.

☂ 오답인 이유

② ㉡: 명사로 문장을 종결함으로써 뉴스에서 다루고자 하는 대상에 주의를 집
　　○ → '휴대용 선풍기'로 문장 종결 → '휴대용 선풍기'에 주의 집중
중하게 하고 있다.

┈→ 서술어 대신 명사 '휴대용 선풍기'로 문장을 종결함으로써 소비자
들이 휴대용 선풍기에 주의를 집중하게 하고 있다.

③ ㉢: 접속 표현을 사용하여 뉴스의 중심 내용으로 화제를 전환하고 있다.
　　○ → '그런데'를 통해 화제 전환
┈→ ㉢ 앞에는 사람들이 다양한 구매 기준에 따라 휴대용 선풍기를
고른다는 내용이 제시되었고, ㉢에는 휴대용 선풍기를 선택할 때 안
전성을 고려해야 한다는 뉴스의 중심 내용이 제시되었다. 박 기자는
㉢에서 접속 부사 '그런데'를 사용하여 뉴스의 중심 내용으로 화제를
전환하고 있다.

④ ㉣: 묻고 답하는 방식을 통해 뉴스의 핵심 정보를 제시하고 있다.
　　○ → 문답 방식을 통해 휴대용 선풍기의 안전성을 확인하는 방법 제시
┈→ 박 기자는 ㉣에서 '그러면 안전성은 어떻게 확인할 수 있을까요?'
라고 묻고 '먼저, KC 마크가 부착되어 있는지 살펴보아야 합니다.'라
고 스스로 대답함으로써 뉴스의 핵심 정보(휴대용 선풍기의 안전성
을 확인하는 방법)를 제시하고 있다.

⑤ ㉤: 뉴스 내용에 따른 제품 선택을 '현명한 선택'이라고 표현함으로써 시청
　　　　　　　　　　　　　○
자들에게 기대하는 바를 전달하고 있다.

┈→ 박 기자는 ㉤에서 뉴스 내용에 따른 제품 선택을 '현명한 선택'이
라고 표현함으로써 시청자들에게 휴대용 선풍기를 구매할 때 안전
성을 고려할 것을 당부하고 있다.

06

정답률 70% | 매력적인 오답 ④ 17%

(가)를 본 학생이 (나)를 활용하여 다음의 학습 활동을 수행한 결과로 적절
하지 <u>않은</u> 것은?

☀ 정답인 이유

⑤ (나)는 유명인의 이미지를, '자료'는 제품의 이미지를 제시하여 제품의 성능
　　○　　　　　　　　　　　　　　　　　　　　　　　(나)는 ×
이 우수함을 강조하고 있다.

┈→ (나)에 유명인의 이미지가, '자료'에 제품의 이미지가 제시된 것은
사실이다. 하지만 (나)는 휴대용 선풍기의 디자인이 아름답다는 점
을 강조하고 있을 뿐 제품의 성능이 우수하다는 점을 강조하고 있지
는 않다.

☂ 오답인 이유

④ (매력적인 오답) (나)는 동일한 단어를 반복하여, '자료'는 비유적 표현을 활

용하여 제품의 장점을 제시하고 있다.

┈→ (나)는 '디자인'이라는 단어를 반복적으로 사용하여 제품의 디자
인이 아름답다는 점을 강조하고 있다. 그리고 '자료'는 '내 손 안의
태풍'이라는 비유적 표현을 통해 제품의 풍력이 좋다는 점을 강조하
고 있다.

① (나)는 바람의 움직임을 연상하게 하는 곡선의 형태로 문구를 배치하여 제품
의 쓰임새를 떠올리게 하고 있다.

┈→ (나)는 '디자인의 새로운 바람을 일으키다'라는 문구를 바람의 움
직임을 연상하게 하는 곡선의 형태로 배치하여, 문구를 본 광고 수
용자들이 휴대용 선풍기의 쓰임새를 떠올리게 하고 있다.

② '자료'는 기존 제품과의 비교를 통해 제품이 소비자들이 중시하는 구매 기준
에 부합한다는 점을 부각하고 있다.

┈→ '자료'는 ◇◇ 휴대용 선풍기가 자사 기존 제품과 비교했을 때 풍
력이 30% 더 강력해졌다는 문구를 넣어 ◇◇ 휴대용 선풍기가 소비
자들이 중시하는 구매 기준에 부합한다는 점을 부각하고 있다.

③ '자료'는 (나)와 달리 제품의 안전 관련 정보를 이미지와 문구로 표시하여 제
품의 안전성을 드러내고 있다.

┈→ (나)에는 제품의 안전성을 드러내는 이미지나 문구가 제시되지
않았다. 이와 달리 '자료'는 휴대용 선풍기에 새겨진 KC 마크를 보여
주고, '안전을 보증하는 KC 인증'이라는 문구를 사용하여 제품의 안
전성을 드러내고 있다.

1부 | 언어

01 음운의 개념과 체계

개념 완성 TEST p. 18

01 (1) × (2) ○ (3) ○ **02** (1) ○ (2) ○ (3) × **03** (1) × (2) × (3) ○ (4) × **04** (1) 초성(자음)+중성(모음)+종성(자음) (2) 중성(모음)+종성(자음) (3) 중성(모음) (4) 초성(자음)+중성(모음) **05** (1) ㅂ, ㅃ, ㅍ, ㅁ (2) ㅎ (3) ㅇ (4) ㅊ **06** (1) ㅈ, ㅉ, ㅊ (2) ㄱ, ㄲ, ㅋ, ㅇ (3) ㄹ (4) ㅌ **07** (1) ㅣ, ㅟ, ㅡ, ㅜ (2) ㅏ, ㅔ, ㅐ (3) ㅜ **08** 너

내신 기출 문제 p. 19

01 ⑤ **02** ④ **03** ② **04** ⑤

수능 기출 문제 1. 음운
음운의 체계

p. 20~21

01 ④ **02** ③ **03** ① **04** ③

02 음운 변동의 유형 / 교체

개념 완성 TEST p. 24

01 (1) [옫] (2) [꼳] (3) [무릅] (4) [나지] **02** (1) [오시] / [오단] (2) [꼬츨] / [꼬뒤] (3) [무르페] / [무르뷔] (4) [까까] / [더피다] **03** (1) 'ㄴ', [경노] (2) 'ㅇ', [능녁] (3) 'ㅁ', 'ㄴ', [범니] **04** (1) [암니] (2) [침ː냑] (3) [동닙] **05** (1) [궐력] (2) [설ː랄] (3) [뚤른] **06** (1) × (2) ○ (3) × **07** (1) [덥깨] (2) [안꼬] (3) [만날싸람] **08** (1) × (2) × (3) ○

내신 기출 문제 p. 25

01 ③ **02** ④ **03** ⑤ **04** ③

03 탈락, 첨가, 축약

개념 완성 TEST p. 28

01 (1) [흑], [점ː따] (2) [목], [훌찌] (3) [늘꼬], [넙쭈카다] **02** (1) 'ㅎ' (2) 'ㅡ' (3) 'ㄹ' (4) 'ㅏ' **03** (1) [나은] (2) [싸이다] (3) [노아] **04** (1) [맨닙] (2) [꼰닙] (3) [신녀성] **05** (1) [내ː까/낻ː까], [해쌀/핻쌀] (2) [퇸ː마루/퉷ː마루], [아랜니] (3) [퇸ː뉸], [도리깬널] **06** (1) [노코] (2) [조ː턴] (3) [싸치] (4) [수타다] **07** (1) ○ (2) × **08** (1) 거센소리되기, 축약 (2) 'ㄴ' 첨가, 첨가 (3) 비음화, 교체 (4) 유음화, 교체 (5) 자음군 단순화, 탈락

내신 기출 문제 p. 29

01 ④ **02** ⑤ **03** ② **04** ③

수능 기출 문제 1. 음운
음운의 변동

p. 30~39

01 ③ **02** ② **03** ④ **04** ② **05** ④
06 ⑤ **07** ④ **08** ④ **09** ⑤ **10** ④
11 ④ **12** ④ **13** ① **14** ③ **15** ①
16 ① **17** ②

04 단어의 구조와 단어 형성 방법

개념 완성 TEST

p. 42

01 (1) ○ (2) × (3) × (4) ○ **02** (1) 바다, 넓-, 푸르- (2) 가, -고, -다 (3) 바다 (4) 가, 넓-, -고, 푸르-, -다 **03** (1) 5개(꽃 / 이 / 매우 / 예쁘- / -다) (2) 4개(꽃 / 이 / 매우 / 예쁘다) **04** (1) 바다, 하늘 (2) 높푸르다, 밤낮 (3) 비웃음, 짓밟다 **05** (1) 목(어근)+[걸-(어근)+-이(접미사)] (2) [비비-(어근)+-ㅁ(접미사)]+밥(어근) (3) 어른(어근)+-스럽다(접미사) **06** (1) 힘쓰- / 힘, 쓰- (2) 꿈꾸- / 꿈, 꾸- (3) 열리- / 열- (4) 잡히- / 잡- **07** (1) 통 (2) 비 (3) 통 (4) 비 (5) 비 (6) 통 **08** (1) 논밭, 앞뒤 (2) 손수건, 얕보다 (3) 광음(光陰), 연세(年歲)

내신 기출 문제

p. 43

01 ② **02** ⑤ **03** ④ **04** ②

수능 기출 문제
2. 단어
단어의 형성

p. 44~53

01 ④ **02** ③ **03** ⑤ **04** ④ **05** ③
06 ④ **07** ② **08** ① **09** ② **10** ③
11 ④ **12** ④ **13** ② **14** ④ **15** ②

---

05 품사의 분류 / 체언

개념 완성 TEST

p. 56

01 (1) 신었다 (2) 새 (3) 민희, 구두 **02** (1) 샀다(사다) ‖ 은지, 는, 시장, 에서, 수박, 을, 하나 (2) 은지, 시장, 수박, 하나 ‖ 샀다(사다) ‖ 는, 에서, 을 (3) 은지, 시장, 수박 ‖ 하나 ‖ 샀다(사다) ‖ 는, 에서, 을 **03** (1) 아버지, 밖 (2) 친구, 꽃구경 (3) 것 **04** (1) 사과, 하늘 (2) 북한산, 한강 (3) 사과, 북한산, 하늘, 한강 (4) 만큼, 따름 **05** (1) 자립 명사 (2) 의존 명사 (3) 의존 명사 (4) 자립 명사 (5) 의존 명사 (6) 자립 명사 **06** (1) 2인칭 (2) 2인칭 (3) 3인칭 (4) 3인칭 (5) 1인칭 **07** (1) 미, 부 (2) 부, 미 (3) 미, 부 **08** 수사: ㉠, ㉡, ㉢ / 수 관형사: ㉢, ㉣

내신 기출 문제

p. 57

01 ① **02** ③ **03** ⑤ **04** ①

---

06 용언

개념 완성 TEST

p. 60

01 (1) 동사 (2) 형용사 (3) 동사 (4) 형용사 **02** (1)-㉠ (2)-㉢ (3)-㉡ **03** (1) (청유형) 종결 어미 (2) (관형사형) 전성 어미 (3) (종속적) 연결 어미 (4) (명사형) 전성 어미 **04** (1) ○ (2) ○ (3) ○ (4) × **05** (1) ○ (2) × (3) ○ **06** (1) 본 (2) 보조 (3) 보조 (4) 본 (5) 보조 **07** (1) 읽고, 읽어, 읽으니 등 → 규칙 활용 (2) 줍고, 주워, 주우니 등 → 불규칙 활용 (3) 씻고, 씻어, 씻으니 등 → 규칙 활용 (4) 노랗고, 노랗게, 노래서 등 → 불규칙 활용 **08** (1) 'ㅅ', 어간 (2) 'ㅂ', 어간 (3) 'ㅎ', 모두 (4) '르', 어간 (5) '러', 어미

내신 기출 문제

p. 61

01 ⑤ **02** ④ **03** ① **04** ③

07 수식언, 관계언, 독립언

개념 완성 TEST
p. 64

01 (1) 부사 (2) 관형사 (3) 관형사 (4) 부사
02 (1) 격 (2) 격 (3) 보 (4) 접 (5) 보 (6) 접 **03**
㉠ 자음 ㉡ 모음 ㉢ 자음 ㉣ 모음 ㉤ 이형태
04 (1)—㉡ (2)—㉣ (3)—㉢ (4)—㉠ **05** 네, 여보,
이런 **06** (1) 이, 새 (2) 아주, 더 (3) 은, 는, 보
다, 을 (4) 그래 **07** (1) 형용사, 동사 (2) 명사,
부사 (3) 부사, 조사 (4) 의존 명사, 조사

내신 기출 문제
p. 65

01 ④ **02** ③ **03** ③ **04** ④

수능 기출 문제
2. 단어
단어와 품사

p. 66~75

01 ③ **02** ③ **03** ② **04** ④ **05** ④
06 ①, ③ **07** ① **08** ⑤ **09** ⑤
10 ④ **11** ② **12** ⑤ **13** ③ **14** ③

08 단어의 의미 관계

개념 완성 TEST
p. 77

01 (1) 중심 (2) 주변 (3) 주변 (4) 중심 **02** (1)
벗다 (2) 뛰다 (3) 서다 **03** (1) 이동 (2) 확대
(3) 축소 (4) 축소 (5) 확대

내신 기출 문제
p. 77

01 ④ **02** ③

수능 기출 문제
2. 단어
단어의 의미

p. 78~91

01 ① **02** ① **03** ③ **04** ⑤ **05** ⑤
06 ② **07** ④ **08** ④ **09** ③ **10** ⑤
11 ⑤ **12** ⑤ **13** ⑤ **14** ⑤ **15** ①
16 ⑤ **17** ② **18** ③ **19** ① **20** ④

09 문장 성분 / 서술어의 자릿수

개념 완성 TEST
p. 94

01 (1) 주어(주성분) (2) 서술어(주성분) (3) 보
어(주성분) (4) 부사어(부속 성분) (5) 독립어
(독립 성분) **02** (1) 주어, 보어, 서술어 (2) 주
어, 목적어, 부사어, 서술어 **03** (1) ○ (2) ×
(3) ○ (4) × **04** (1) 딸기를 (2) 저녁만 (3) 목
적어 없음 (4) 국어(를) **05** (1) 매우 (2) 똑바
로 (3) 동생에게, 필수 (4) 마음에, 필수 **06**
(1) 【…에/에게】 (2) 【…와/과】 (3) 【…와/과】
07 (1) 목적어 (2) 부사어 (3) 목적어 **08** (1)
내린다, 한 자리 서술어 (2) 읽었다, 두 자리
서술어 (3) 먹었다, 두 자리 서술어 (4) 삼았다,
세 자리 서술어

내신 기출 문제
p. 95

01 ⑤ **02** ② **03** ② **04** ②

수능 기출 문제
3. 문장과 담화
문장 성분

p. 96~99

01 ② **02** ④ **03** ③ **04** ② **05** ④
06 ① **07** ①

10 문장의 짜임과 겹문장의 종류

개념 완성 TEST p. 102

01 (1) 겹문장 (2) 홑문장 (3) 홑문장 (4) 겹문장 **02** (1) × (2) ○ (3) × (4) ○ **03** (1) 대등 (2) 대등 (3) 종속 (4) 종속 **04** (1) 관형어 (2) 주어 (3) 부사어 (4) 부사어 (5) 목적어 **05** (1) 서술절 (2) 명사절 (3) 부사절 (4) 관형절 **06** (1) 그 일을 하기, 주어 (2) 네가 행복하기, 목적어 (3) 그 아이가 학생임, 목적어 **07** (1) 꽃이 어제 피었다. (2) 비행기가 5시에 출발한다. (3) 명수가 행사를 책임지고 준비했다. **08** (1) ○ (2) ○ (3) ○ (4) × (5) ×

내신 기출 문제 p. 103

01 ⑤ **02** ③ **03** ② **04** ③

수능 기출 문제 3. 문장과 담화
문장의 짜임

p. 104~111

01 ② **02** ⑤ **03** ② **04** ① **05** ①
06 ④ **07** ① **08** ④ **09** ① **10** ③
11 ③ **12** ② **13** ② **14** ① **15** ②
16 ④

11 종결 표현 / 높임 표현

개념 완성 TEST p. 114

01 (1) 감탄문 (2) 청유문 (3) 수사 의문문 (4) 설명 의문문 **02** (1) 요청 (2) 감탄 (3) 명령 (4) 감탄 **03** (1) 화자와 청자 (2) 청자 (3) 화자 (4) 청자 **04** (1) 주체 (2) 객체 (3) 주체 (4) 모두 **05** (1) 높임의 대상: 어머니 / 께서, -시- (2) 높임의 대상: 아버지 / 께, 드리다 (3) 높임의 대상: 할머니 / 께서, 주무시다 (4) 높임의 대상: 할아버지 / 모시다 **06** (1) 김 선생님은 아드님이 있으시다. (2) 고객님, 이 상품은 품절되었습니다. (3) 아버지께서 할머니께 드리려고 떡을 만드셨다.

내신 기출 문제 p. 115

01 ① **02** ③ **03** ⑤ **04** ③

12 시간 표현/피동·사동 표현/부정 표현

개념 완성 TEST p. 118

01 (1) 과거 (2) 미래 (3) 현재 (4) 과거 **02** (1) 완료상 (2) 진행상 (3) 완료상 **03** (1) 과거 시제 (2) 현재 시제 (3) 현재 시제 **04** (1) 사동사 (2) 사동사 (3) 피동사 (4) 피동사 **05** (1) 직접 사동 (2) 직접 사동 (3) 간접 사동 (4) 간접 사동 **06** (1) 잊히지 (2) 형성되고 (3) 추정되는 **07** (1) 안 (2) 안 (3) 못 (4) 마라 **08** (1) × (2) ○ (3) ○

내신 기출 문제 p. 119

01 ③ **02** ② **03** ③ **04** ①

수능 기출 문제 3. 문장과 담화
문법 요소

p. 120~133

01 ② **02** ④ **03** ③ **04** ③ **05** ①
06 ④ **07** ④ **08** ② **09** ⑤ **10** ②
11 ① **12** ③ **13** ⑤ **14** ④ **15** ⑤
16 ③ **17** ③ **18** ② **19** ③ **20** ②
21 ⑤ **22** ② **23** ③

빠른 정답 CHECK

13 올바른 문장 표현

개념 완성 TEST
p. 136

01 (1) ㉡ (2) ㉠ (3) ㉢　**02** (1) 구름이 끼고 (2) 만약 (3) 자연에　**03** (1) 부사어 (2) 목적어 (3) 주어　**04** (1) 정직하다는 것이다 (2) 일어나고 있다는 것이다　**05** (1) 로써 (2) 라고 (3) 든지, 든지　**06** (1) 손님들이 아무도 오지 않았다. (2) 친절한, 그의 누나가 전화를 받았다.(그의 친절한 누나가 전화를 받았다.) (3) 준현이와 민준이는 함께 휴가를 갔다.　**07** (1) 아빠는 나를 사랑하는 것보다 엄마를 더 사랑한다. (2) 아빠는 내가 엄마를 사랑하는 것보다 더 엄마를 사랑한다.　**08** (1) 물에 잠겼다(침수되었다) (2) 역 앞(역전) (3) 예고했다(미리 알려 주었다) (4) 새로 개발한 제품(개발한 신제품)

내신 기출 문제
p. 137

01 ⑤　　**02** ②　　**03** ⑤　　**04** ①

수능 기출 문제
3. 문장과 담화
문장 표현

p. 138~141

01 ①　**02** ①　**03** ①　**04** ③　**05** ④
06 ①　**07** ②　**08** ③

14 담화의 특성과 표현

개념 완성 TEST
p. 143

01 (1) ㉡ (2) ㉠ (3) ㉢　**02** (1) × (2) ○ (3) ○ (4) ○　**03** ㉠, ㉡, ㉢, ㉣ / ㉤, ㉥

내신 기출 문제
p. 143

01 ③　　**02** ①

수능 기출 문제
3. 문장과 담화
담화

p. 144~149

01 ④　**02** ⑤　**03** ⑤　**04** ④　**05** ②
06 ③　**07** ⑤　**08** ②　**09** ④　**10** ④

15 총칙 / 소리에 관한 것

개념 완성 TEST
p. 151

01 (1) 나무, 놀다, 하늘 (2) 꽃을, 늙지, 먹고　**02** (1) 바가지, 이파리 (2) 막일, 꿈이　**03** (1) 몹시 (2) 법석 (3) 살짝 (4) 산뜻하다 (5) 해쓱하다　**04** (1) ○ (2) × (3) ○ (4) ○

내신 기출 문제
p. 151

01 ①　　**02** ②

16 형태에 관한 것

개념 완성 TEST
p. 154

01 (1) ○ (2) × (3) ○ (4) ×　**02** (1) ○ (2) × (3) ○ (4) ×　**03** (1) 햇볕 (2) 뒷머리 (3) 텃세 (4) 예삿일　**04** (1) ○ (2) ○ (3) × (4) ×　**05** (1) 오 (2) 오 (3) 요 (4) 이요　**06** (1)-ⓑ (2)-ⓒ (3)-ⓐ

내신 기출 문제
p. 155

01 ③　**02** ②　**03** ③　**04** ②

17 준말 / 띄어쓰기

개념 완성 TEST
p. 157

01 (1) 내가 그를 만난 지 일 년이 지났다. (2) 마당에 나무 열 그루를 심었다.　**02** (1) ○ (2) × (3) ○　**03** (1) 헛되이 (2) 지긋이 (3) 곳곳이 (4) 생긋이 (5) 괴로이

내신 기출 문제
p. 157

01 ③　　**02** ②

수능 기출 문제
4. 어문 규정
한글 맞춤법

p. 158~167

01 ⑤　**02** ②　**03** ③　**04** ①　**05** ③
06 ③　**07** ②　**08** ①　**09** ②　**10** ①
11 ④　**12** ⑤　**13** ①　**14** ④　**15** ⑤
16 ①

18 표준 발음법 / 로마자 표기법

개념 완성 TEST
p. 171~172

01 (1) [나의/나에], [히망], [수의사/수이사]
(2) [연계/연게] **02** (1) [논는] (2) [싸치] (3)
[안는] (4) [꼬치다] **03** (1) [손] (2) [운:따]
(3) [낟썰다] (4) [온쏘매] **04** (1) ○ (2) × (3)
○ (4) × **05** (1)-㉠ (2)-㉢ (3)-㉣ (4)-㉡
(5)-㉢ **06** (1) [끄치다] (2) [다치다] (3) [마
지] (4) [벼훌치] **07** (1) [담:녁] (2) [담:뇨] (3)
[강능] (4) [남존녀비] **08** (1) [조:코], joko (2)
[뱅마], Baengma (3) [낙똥강], Nakdonggang
(4) [해도지], haedoji **09** (1) ○ (2) ○ (3) ×
10 (1) × (2) ○ (3) × (4) ○ (5) ○

내신 기출 문제
p. 172~173

01 ⑤ **02** ② **03** ③ **04** ⑤
05 ②

수능 기출 문제
4. 어문 규정
기타 규정

p. 174~179

01 ④ **02** ② **03** ⑤ **04** ⑤ **05** ⑤
06 ④ **07** ③ **08** ⑤ **09** ② **10** ②
11 ①

19 훈민정음의 제자 원리

개념 완성 TEST
p. 181

01 (1) ○ (2) ○ (3) × (4) ○ **02** (1) 종성부
용초성 (2) 입술소리(순음) (3) 각자 병서, 합용
병서

내신 기출 문제
p. 181

01 ② **02** ⑤

수능 기출 문제
5. 국어의 역사
한글 창제

p. 182~183

01 ④ **02** ④

20 고대 국어

개념 완성 TEST
p. 185

01 (1) ○ (2) × (3) ○ (4) ○ **02** (1) ○ (2) ×
(3) ○ (4) ×

내신 기출 문제
p. 185

01 ① **02** ②

21 중세 국어

개념 완성 TEST
p. 189

01 (1) ㉣, ㉡, ㉢ (2) ㉡, ㉠ **02** (1) ○ (2) ×
(3) ○ (4) × **03** (1)-㉢ (2)-㉠ (3)-㉡ **04**
(1)-㉢ (2)-㉡ (3)-㉠ **05** (1) 돌히 (2) 돐
(3) 돌콰 **06** (1) 이 (2) Ø (3) ㅣ (4) 이 **07**
(1)-㉠ (2)-㉢ (3)-㉣ (4)-㉡

내신 기출 문제
p. 190~191

01 ② **02** ① **03** ⑤ **04** ③
05 ② **06** ① **07** ②

22 근대 국어

개념 완성 TEST
p. 193

01 (1) × (2) ○ (3) × (4) × **02** (1) 것슨 (2)
치밀러 (3) 님믈 (4) 심미 (5) 말씀미 **03** (1)
○ (2) × (3) ○ (4) ○

내신 기출 문제
p. 193

01 ⑤ **02** ⑤

수능 기출 문제
5. 국어의 역사
국어의 변천

p. 194~207

01 ③ **02** ⑤ **03** ① **04** ⑤ **05** ②
06 ① **07** ① **08** ① **09** ① **10** ①
11 ① **12** ③ **13** ① **14** ② **15** ⑤
16 ③ **17** ① **18** ② **19** ⑤ **20** ⑤
21 ⑤ **22** ④

빠른 정답 CHECK